Schönpflug / Schönpflug
Psychologie

Wolfgang Schönpflug
Ute Schönpflug

Psychologie

Allgemeine Psychologie und ihre
Verzweigungen in die Entwicklungs-,
Persönlichkeits- und Sozialpsychologie

Ein Lehrbuch für das Grundstudium

Urban & Schwarzenberg
München–Wien–Baltimore 1983

Anschrift der Autoren:

Prof. Dr. Wolfgang Schönpflug
Dr. Ute Schönpflug
Institut für Psychologie der Freien Universität, Habelschwerdter Allee 45, 1000 Berlin 33

Anschriften des Wissenschaftlichen Beirates:

Prof. Dr. Siegfried Greif, Universität Osnabrück, Fachbereich 8 Psychologie, Knollstr. 15, 4500 Osnabrück
Prof. Dr. Ernst-D. Lantermann, Gesamthochschule Kassel, FB 3, Heinrich-Plett-Straße 40, 3500 Kassel
Prof. Dr. Rainer K. Silbereisen, Institut für Psychologie, FB 2, Technische Universität Berlin, Dovestraße 1–5, 1000 Berlin 10

Lektorat
Dr. H. Jürgen Kagelmann

CIP-Kurztitelaufnahme der Deutschen Bibliothek

Schönpflug, Wolfgang:
Psychologie : allg. Psychologie u. ihre Verzweigungen in d. Entwicklungs-, Persönlichkeits- u. Sozialpsychologie ; e. Lehrbuch für d. Grundstudium / Wolfgang Schönpflug ; Ute Schönpflug. – München ; Wien ; Balitmore : Urban und Schwarzenberg, 1983.
ISBN 3-541-09991-7
NE: Schönpflug, Ute:

86	85	84	83
4	3	2	1

Umschlagentwurf: Dieter Vollendorf; Satz, Pustet; Druck + Bindung, Auer, Donauwörth

ISBN 3-541-09991-7

Vorwort

„Vieles, was man sagen könnte, wird nicht ausgesprochen. Vieles, was ausgesprochen wird, trifft nicht zu, und dies, obwohl die Konsistenz der Theorie es fordert, obwohl der Autor danach verlangt und der Leser es schätzen würde, ... Drittens: Das Wenige, was zutrifft, ist meistens weder neu noch wissenswert."
(Vukovich 1974, S. 171f.)

Wovon die Rede ist? Von der modernen Psychologie. Diese Sätze zielen – von dem Regensburger Psychologen Adolf Vukovich mit satirischem Ernst seinem fiktiven Kollegen Ernst August Dölle in den Mund gelegt – auf ihre Versäumnisse, ihre Borniertheiten, ihre Belanglosigkeiten. In der Tat: Als akademisches Fach ist die Psychologie voll, als Beruf ist sie weitgehend etabliert; ihr Fundus an Erfahrungen und Erkenntnissen ist aber noch keineswegs konsolidiert. Ihr Methodenbewußtsein ist stark ausgeprägt; aber über das rechte Vorgehen in Forschung und Praxis herrschen oft Unsicherheit und Uneinigkeit. Expansiv und betriebsam – rund 27000 allein im Jahre 1980 weltweit registrierte psychologische Bücher und Zeitschriftenartikel bezeugen das – schwankt sie zwischen Tiefsinn und Oberflächlichkeit, zwischen Arroganz und Selbstzerfleischung, zwischen enthusiastischer Anteilnahme am gesellschaftlichen Leben und mimosenhafter Zurückgezogenheit.

Über ein im Aufbruch befindliches Fach kann man selbstverständlich kein abgerundetes, abgeschlossenes und abgeklärtes Lehrbuch schreiben. Aber man kann versuchen,

- die psychologische Forschungsthematik in ihren Umrissen nachzuzeichnen,
- Schwerpunkte und Zusammenhänge innerhalb dieser Thematik herauszustellen,
- den Spielraum theoretischer Kontroversen und methodischer Alternativen kenntlich zu machen,
- historische Entwicklungslinien aufzuzeigen.

Solche Beschreibungen sollen erweisen, daß die Psychologie trotz Wildwuchs und Zersplitterung ein beträchtliches Maß an Identität und Einheitlichkeit besitzt, daß ihre Vielfalt nicht frei von Systematik ist und ihre Entwicklung nicht ohne Logik.

So will dieses Lehrbuch einen Überblick und Durchblick verschaffen. Gegenüber der Breite soll jedoch die Vertiefung nicht zu kurz kommen. Deshalb werden regelmäßig ausgewählte Ausschnitte in größerem Detail behandelt – als Anreiz zur konkreten Auseinandersetzung mit repräsentativen Phänomenen und Lehrmeinungen. Die Darstellung konzentriert sich auf theoretische und empirische Grundlagen und dringt von der Allgemeinen Psychologie ausgehend bis zur Entwicklungspsychologie, Persönlichkeitspsychologie und Sozialpsychologie vor. Mit einer solchen Themenwahl und einer derartigen didaktischen Orientierung ist der Band auf Leser zugeschnitten, die eine Einführung in wissenschaftliche Fragestellungen, Denkansätze und Wissensbestände der gegenwärtigen Psychologie suchen. Dies sind vor allem die Studierenden der Psychologie in ihrem ersten Studienabschnitt sowie interessierte Studierende anderer Disziplinen – etwa der Medizin, der Erziehungs-, der Rechts- und Wirtschaftswissenschaften. Auch praktisch, lehrend oder forschend tätige Psychologen sind eingeladen, in Augenschein zu nehmen, was hier als Grundstock an Fachwissen angeboten wird; die Lektüre soll ihnen helfen, ihr eigenes Studienwissen aufzufrischen, zu ergänzen sowie Stellenwert und Innovationsmöglichkeiten ihrer eigenen Spezialisierungsrichtung neu einzuschätzen.

Das vorliegende Buch ist aus einem Studientext hervorgegangen, den wir ursprünglich für den von Bund und Ländern geförderten „Versuch für ein Fernstudium im Medienverbund (FIM)" (Geschäftsführung: Deutsches Institut für Fernstudien an der Universität Tübingen) verfaßt haben. Für die Beratung und Unterstützung dieser Arbeit haben wir der Fachkommission Psychologie des FIM-Versuchs zu danken sowie den zuständigen Mitarbeitern der Projektgruppe „FIM-Psychologie“ in Erlangen – allen voran dem Projekt-Koordinator Dr. Walter Kugemann. Nach Abschluß des Versuchs hat uns der Verlag Urban und Schwarzenberg ermutigt, unsere für das Fernstudium bestimmten Texte zu dem vorliegenden Lehrbuch umzuarbeiten. Es ist eine gründliche Umarbeitung geworden; dabei waren uns die verständnisvollen Ratschläge und der gute Zuspruch aus dem Wissenschaftlichen Beirat des Verlages – insbesondere von Prof. Rainer Silbereisen – sowie aus dem Verlagslektorat – insbesondere von Dr. Bernd Weidenmann – eine große Hilfe.

Herzlich gedankt sei Birgit Neubert für die Geduld, mit der sie das Manuskript in die endgültige Form brachte. Die Reproduktionen der wiedergegebenen Fotografien stammen zumeist von Peter Grunwald. Weiterhin zu erwähnen haben wir die Mitwirkung von Sigrid Greiff und Dipl.-Psych. Rainer Klima bei der Erstellung der Bibliographie sowie des Stichwortregisters mit den Mitteln automatischer Textverarbeitung.

Und schließlich: Wir haben uns oft aus unserem engeren Fachgebiet herausgewagt in andere Wissenschaftszweige (wie etwa die Philosophie) und wichtige, von unserem Fach noch nicht ausreichend erschlossene Lebensbereiche (wie etwa die Kunst und die Politik). Wir wollten zeigen, daß psychologische Problematik und psychologische Erkenntnis nicht allein dort gedeihen, wo professionelle Psychologen wirken. Dabei waren wir freilich oft auf sachverständiges Geleit angewiesen. Unser aufrichtiger Dank gilt daher auch zahlreichen Kennern verschiedener uns nicht vertrauter Gebiete, die uns bereitwillig mit Auskünften und Quellennachweisen versorgt haben.

Berlin, März 1982

Wolfgang und Ute Schönpflug

Inhalt

„Übelkeit nach zu viel Psychologie. Wenn einer gute Beine hat und an die Psychologie herangelassen wird, kann er in kurzer Zeit und in beliebigem Zickzack Strecken zurücklegen wie auf keinem andern Feld. Da gehen einem die Augen über."

Notiz des Schriftstellers Franz Kafka (1883–1924) (Hochzeitsvorbereitungen auf dem Lande. In: Kafka F.: Gesammelte Werke Bd. 6. Brod, M. (Hg.). Frankfurt a. M.: Fischer 1953, S. 153).

Kapitel 1

Psychologie – ein Fach und seine Probleme

Psychologie – was ist das?
Welche Gebiete umfaßt sie?
Wie lange gibt es schon Psychologie?
Auf welchem historischen und kulturellen Nährboden wächst die Psychologie?
Welche Perspektiven eröffnet sie?

Das sind Fragen, die alle diejenigen bewegen werden, die sich frisch der Psychologie nähern. Aber es sind gleichzeitig Fragen, die noch diejenigen fesseln, die schon tief in die Probleme der Psychologie eingedrungen sind. Es wäre vermessen, wenn dieses Kapitel sie knapp und abschließend beantworten wollte. Dieses Kapitel versucht daher etwas anderes: Es schließt die Fragen auf, verweist auf ihre Konsequenzen, führt Ansätze zu ihrer Beantwortung vor.

So wird am Anfang der Begriff der Seele zu erörtern sein; er bereitet Psychologen so große Schwierigkeiten, daß sie ihn am liebsten loswerden möchten. Es werden Möglichkeiten und Konventionen zur Gliederung der Psychologie beschrieben. Und es werden drei Perspektiven geschildert, unter denen Psychologie betrachtet und betrieben werden kann: Die historische, die ökologische und die interdisziplinäre Perspektive.

Der Begriff der Seele und sein Verständnis in der Psychologie

Über die Herkunft der Bezeichnung Psychologie

Die ersten Quellen, in denen *der Name „Psychologie“* (von griech. ‚psyche‘ – Seele, griech. ‚logos‘ – Wort, Kunde) ausdrücklich verwendet wird, sind verschollen. In Deutschland galt lange Zeit der Wittenberger Professor und Reformator Philipp Schwarzert, genannt Melanchthon (1497–1560) als Schöpfer der Bezeichnung; jedoch beruht diese Zuschreibung wohl auf einer falschen Textauslegung (Pongratz 1967, S. 17). Der Hinweis auf Melanchthon enthält aber insofern einen richtigen Kern, als die Bezeichnung aus der Zeit des Humanismus stammt.

Der dalmatinische Philosoph und Schriftsteller Marko Maurulič aus Split im heutigen Jugoslawien – im Stil des Humanismus latinisiert zu Marcus Marulus – ist der erste bis jetzt nachweisbare Autor einer Schrift mit dem Titel „Psychologie“ – vollständig: „Psychologia de ratione animae humanae“, zu deutsch kurz: „Psychologie des menschlichen Geistes“ (Krstič 1964). Die Abhandlung, deren Existenz nur noch aus einer alten Bibliographie zu erschließen ist, dürfte – folgt man dem Psychologiehistoriker Josef Brožek (1973) – zwischen 1511 und 1518 verfaßt worden sein. Brožek vermutet freilich, daß auch Marulus den Ausdruck „Psychologie“ nicht selbst geprägt hat; der Ausdruck sei vielmehr bereits in der zweiten Hälfte des 15. Jahrhunderts in Oberitalien entstanden.

Sicher ist es kein Zufall, daß die Psychologie als eigenes Fachgebiet erstmals zu Beginn der Neuzeit in Erscheinung tritt. Es ist eine Epoche der Besinnung auf das Ideal der autonomen Persönlichkeit (nach römischen und griechischen Vorbildern), eine Epoche der Befreiung von Abhängigkeiten (Kirchenreformation, Bauernaufstände, Auflösung der Zunftordnung). Die Suche nach einem neuen Menschenbild führt somit zur Ausgliederung eines auf Eigenständigkeit angelegten Erkenntnisbereichs.

> *„Müßiggang ist aller Psychologie Anfang. Wie? Wäre Psychologie ein Laster?“*
>
> Friedrich Nietzsche: Götzendämmerung, 1888. In: Nietzsches Werke, Bd. 10. Leipzig: Kröner 1922, S. 236.

Der Begriff der menschlichen Seele

Den Begriff Seele hat es sicher schon lange vor der Etablierung einer eigenen seelenkundlichen Disziplin gegeben. Als Menschen begannen, über ihre Ängste nachzudenken und die Ursachen ihrer Beschwernisse und Freuden zum Ausdruck zu bringen, als sie anfingen, ihre Träume und Erinnerungen aufzuarbeiten, da hat sich wohl der Begriff der menschlichen Seele gebildet. In der ersten Suche nach den allgemeinen Ursachen der Angst und der Unsicherheit sowie in den ersten Schritten zu ihrer Bewältigung kann man überhaupt den Anfang der Wissenschaft sehen, einer Wissenschaft, die Naturkunde und Religion in sich vereinigt (vgl. Topitsch 1969). So wird man die frühesten Belege für das menschliche Selbstverständnis nicht erst in Schriften suchen, sondern bereits in den Jahrtausende alten Zeugnissen ritueller Handlungen und Überresten bildhafter Darstellungen (vgl. Klix 1980).

Maßgebend für das Entstehen eines Seelenbegriffs dürfte das Erlebnis der Einheit der eigenen Person, des eigenen Ichs, geworden sein. Dieses Erlebnis ist wohl auf das engste verknüpft mit der Belebtheit des eigenen Körpers. In den frühen Religionen wird dabei zwischen *Körper und Seele* wenig unterschieden;

die Seele wird dabei oft als belebendes Prinzip mit einem Körperelement wie Atem, Blut und Mark gleichgesetzt. Somit werden Leib und Seele als Einheit gedeutet (Leib-Seele-Monismus); beiden zusammen werden Wunderkräfte (der Heilung, der Schädigung) zugeschrieben (vgl. van der Leeuw 1925).

In den Seelenvorstellungen der Frühzeit spiegeln sich bereits gesellschaftliche Motive wider. So führt etwa die Bindung an die Toten zu dem Glauben, die Seele wandere in den Ahnenreihen und werde als Name von den verstorbenen Sippenangehörigen auf die lebenden übertragen. Rangvorstellungen bestimmen die Überzeugung, nur einem Menschen in hoher Machtposition komme eine (unsterbliche) Seele zu. Erst später setzte sich die Auffassung einer vom Körper unabhängigen Seele durch (Leib-Seele-Dualismus). Nach der christlichen Glaubenslehre wird die Seele bei der Zeugung des Körpers erschaffen und überdauert diesen nach seinem Tod bis zum letzten Weltgericht; nach der buddhistischen Überlieferung befindet sie sich auf ewiger Wanderschaft und nimmt zwischenzeitlich ihren Sitz in verschiedenen Körpern. In den westlichen Kulturen hat sich die Geisteswissenschaft in enger Verbindung mit der religiösen Dogmatik entwickelt. Das hat zur Folge, daß bis in die Psychologie der Neuzeit hinein das dualistische Denken – hier Körper, dort Seele – eine gewichtige Rolle spielt. Insbesondere in der Wahrnehmungspsychologie und in der Persönlichkeitspsychologie wird das sogenannte Leib-Seele-Problem aufgeworfen, die Frage nach der Unabhängigkeit seelischer Strukturen und Prozesse von körperlichen Beschaffenheiten und Abläufen, aber auch nach deren Wechselbeziehungen (vgl. Metzger 1954).

Wie aber soll die menschliche Seele beschaffen sein? Der griechische Philosoph Aristoteles (384–322 v. Chr.) hat als einer der ersten eine umfassende Antwort auf diese Frage versucht und damit einen ungeheuren Einfluß auf das abendländische Denken bis hin zur modernen Psychologie ausgeübt. Für Aristoteles ist die Seele ein nicht stoffliches Prinzip, das sich in dreierlei Weise verwirklicht:

- als belebendes Prinzip (Vitalseele, ernährende Seele),
- als Prinzip der sinnlichen Empfindsamkeit, des Fühlens und Begehrens (Animalseele, empfindende Seele),
- als Prinzip der denkenden Erkenntnis und des reflektierten Willens (Geistseele, bewegende Seele).

Die Psychologie des Aristoteles ist teilweise in seinen Schriften zur Naturlehre enthalten, insbesondere seinen Abhandlungen „Physik" und „Über die Seele", darüber hinaus auch in seiner Metaphysik. Der christliche Theologe Thomas von Aquin (1225–1274) hat die Seelenlehre des Aristoteles aufgegriffen; aus seiner theologischen Sicht gipfelt sie in der Annahme, das höchste seelische Prinzip, die Geistseele, sei dem Körper von außen eingegeben und bleibe unsterblich.

In der Bestimmung des Aristoteles ist ein Großteil des *Problemkatalogs der modernen Psychologie* vorweggenommen. Unbeschadet seiner theologischen Festlegungen, eröffnet der Autor den naturwissenschaftlichen Zugang zum Seelenproblem, indem er die folgenden Grundfunktionen höher entwickelter Organismen voneinander trennt:

- physiologische Abläufe der Selbstregulation (z. B. Energieumsatz, Wachstum),
- die Sinnesempfindung („Sensation") als Mittel der Abbildung der Umwelt,
- die Gefühlsbewertung („Emotion"),
- der zielstrebige Wille („Motivation") und die daraus entspringende Handlung als Mittel zur Veränderung der Umwelt,
- das Denken („Kognition") als Weise der vernunftgeleiteten Reflexion und der phantasiegeleiteten Vorstellung.

Noch bis vor wenigen Jahren erfreute sich in Deutschland eine Persönlichkeitstheorie großer Beliebtheit, welche die aristotelische Dreiteilung uneingeschränkt übernahm. Es war die Schichttheorie des Münchner Psychologen Philipp Lersch (1898–1972). Auch Lersch nimmt eine Vitalschicht als Grundlage

Die Seele als belebendes Prinzip

In mittelalterlichen Darstellungen und schriftlichen Zeugnissen lebt die antike Vorstellung von der Seele als Hauch oder Atem weiter fort. Entsprechend „weicht die Seele aus dem Mund", wenn der Mensch stirbt. Im „Sachsenspiegel", einem der ersten Rechtsbücher aus dem frühen 13. Jahrhundert, findet sich eine solche Darstellung einer entweichenden Seele. Sie hat – wie übrigens auch in anderen Darstellungen jener Zeit – die Form des menschlichen Körpers.

Aus: Der Sachsenspiegel. Bilder aus der Heidelberger Handschrift. E. von Künssberg (Hg.). Leipzig: Insel Bd. 347, o. J.

aller psychischen Prozesse an; in den weiteren angenommenen Personenschichten des „endothymen Grundes" und des „noetischen Oberbaus" kehren in neuer Beschreibung die von Aristoteles geforderte Animalseele und Geistseele wieder.

Schichttheorien nehmen in der Persönlichkeitstheorie der letzten Jahre keine beherrschende Stellung mehr ein. Gleichwohl kommt die Psychologie, insbesondere die Persönlichkeitstheorie vom Kern des Seelenproblems nicht los, vom Problem der Seele als Zentralinstanz. Vor allem zwei Fragen sind zu beantworten: Erstens die *Frage der personalen Ganzheit:* Was stiftet die Einheit in der Fülle miteinander koordinierter Prozesse in einer Person (wie kommt es zum Beispiel, daß Wahrnehmen, Denken und Emotion aufeinander abgestimmt sind?) Worauf beruht die Erfahrung der eigenen und fremden Identität (u. a. das Erleben des „Ich" und des „Anderen")? Zweitens stellt sich die *Frage nach dem Ursprung menschlicher Aktivität:* Was sind die Quellen der Lebendigkeit, der Selbstbehauptung? Warum will der Mensch seiner Natur entsprechend existieren und nicht etwa ein auferlegtes Geschick ohne eigene Beteiligung hinnehmen?

Die moderne Psychologie ohne Seelenbegriff

Die moderne Psychologie (mit ihrem Schrifttum, ihren wissenschaftlichen Instituten, Berufsverbänden und Veranstaltungen) führt unverändert den Ausdruck *„Psyche"* in ihrem Titel; in ihren Theorien sucht sie dagegen zunehmend den Begriff der Seele zu vermeiden. Dies hängt zum Teil mit der historischen *Vorbelastung des Seelenbegriffs* zusammen. Es würde dem Selbstverständnis der modernen Psychologie als aufgeklärter Wissenschaft zutiefst widersprechen, zusammen mit dem Seelenbegriff auch nur im Ansatz die auf Glaubenssätze gestützten Annahmen der Unsterblichkeit und der göttlichen Herkunft der menschlichen Seele übernehmen zu müssen. (Das braucht freilich einen wissenschaftlichen Psychologen nicht davon abzuhalten, sich jenseits der Grenzen seiner wissenschaftlichen Überzeugung den Glauben an die Unsterblichkeit einer von Gott erschaffenen Seele zu eigen zu machen.) Insbesondere im deutschen Sprachgebiet dürften auch schöngeistige und emotionale Nebenbedeutungen von „Seele" als Ballast empfunden werden, welche dem Begriff seit der Romantik anhaften.

Ausdrücklich sind gegen die Verwendung des Begriffs der Seele in der neueren Psychologie vor allem zwei Argumente ins Feld geführt worden: Erstens *das erkenntnistheoretische Argument:* die Existenz einer einheitlichen menschlichen Seele läßt sich empirisch nicht belegen. Vielmehr muß man den Eindruck gewinnen, die Seele als zentrale Instanz sei ein leerer Begriff; man könne sie zwar nicht selbst beschreiben, könne aber das „Seelengespenst" (Lange 1875) bequem als verursachendes Prinzip heranziehen, wenn man um eine andere Erklärung verlegen sei. Hinzu kommt zweitens *das physiologische Argument:* Es gibt in der Tat eine zentrale Steuerungsinstanz im Menschen. Diese Steuerungsinstanz ist das zentrale Nervensystem mit dem menschlichen Gehirn. Alle Erlebnisweisen und Verhaltensmuster sind im Gehirn repräsentiert und werden dort aufeinander abgestimmt. Aus der Ganzheitlichkeit der Gehirnprozesse entsteht dann die Einheitlichkeit der Person. Im Seelenbegriff wird das Prinzip der zentralen Steuerung des Menschen global vorweggenommen, solange keine ausreichenden technischen Möglichkeiten der Untersuchung von Gehirnprozessen bestehen. Sobald der technische Fortschritt jedoch die Direktbeobachtung der Gehirnaktivität ermöglicht, wird der globale Seelenbegriff durch exakte Beschreibungen von Gehirnfunktionen abgelöst.

Zum Seelenbegriff der Romantik

In der deutschen Romantik (literarischer Höhepunkt: 1805 Liedersammlung ‚Des Knaben Wunderhorn' von Achim von Arnim und Clemens Brentano) entstand das Ideal der empfindsamen, d. h. erlebnisfähigen Seele. Nach der Naturauffassung der Romantik entfaltet sich die menschliche Seele in der Begegnung mit der Natur, die mit ihren Tieren, Gewächsen und anderen Naturwesen selbst als beseelt erlebt wird.

Eines der schönsten Zeugnisse des romantischen Seelenbegriffs ist Josef Frh. von Eichendorffs (1788–1857) Gedicht „Mondnacht":

Es war, als hätt' der Himmel
Die Erde still geküßt,
Daß sie im Blütenschimmer
Von ihm nun träumen müßt'!

Die Luft ging durch die Felder,
Die Ähren wogten sacht,
Es rauschten leis die Wälder,
So sternklar war die Nacht.

Und meine Seele spannte
Weit ihre Flügel aus,
Flog durch die stillen Lande,
Als flöge sie nach Haus.

Aus: Joseph Frh. von Eichendorff: Werke, 1. T. Berlin: Simion 1842, S. 382.

„Von allen Eigentümlichkeiten dieses Wortes Seele ist aber die merkwürdigste, daß junge Menschen es nicht aussprechen können, ohne zu lachen."

Musil, R.: Der Mann ohne Eigenschaften. Hamburg: Rowohlt 1972, S. 183.

Die Psychologie ist an dem erkenntnistheoretischen Argument nicht vorbeigegangen. Als empirische Wissenschaft kann sie mit weiteren Auslegungen des philosophischen Seelenbegriffs keine Fortschritte erzielen. Vielmehr muß sie sich mit den beobachtbaren Prozessen befassen, welche als Funktionen des Psychischen gelten: Das sind

- Inhalte des Bewußtseins (z. B. die Wahrnehmung von Personen, der Vorstellungsverlauf beim Denken),
- äußerlich beobachtbare Verhaltensweisen (z. B. Körperbewegungen, Sprache),
- innere Verhaltensweisen (z. B. Veränderungen des Herzschlags).

Die Psychologie hat sich daher einer Vielfalt von Bewußtseins- und Verhaltensfunktionen zugewandt, die sie noch nach alter philosophischer Tradition „psychisch“ nennt. Den Glauben an eine einheitliche Zentralinstanz der „Seele“ hat sie gleichwohl aufgegeben; sie ist zu einer „Psychologie ohne Seele“ (Lange 1875, S. 381) geworden.

Zusammenfassung

1. Die Bezeichnung „Psychologie“ ist erst seit dem 16. Jahrhundert (Humanismus) nachweisbar.
2. Zu unterscheiden ist vor allem ein monistischer Seelenbegriff (Körper und Seele eine Einheit) und ein dualistischer Seelenbegriff (Seele unabhängig vom Körper).
3. Die moderne Psychologie führt den Begriff der Seele (griech. ‚psyche‘) noch in ihrem Titel. Den Begriff Seele sucht sie jedoch tunlichst zu vermeiden, wohl wegen seiner Nebenbedeutungen aus der Theologie (z. B. Unsterblichkeit der Seele, Seelenwanderung) und aus der Naturphilosophie der Romantik.
4. Als „Psychologie ohne Seelenbegriff“ konzentriert sich die moderne Psychologie stärker auf einzelne Funktionen des Bewußtseins und des Verhaltens (einschließlich seiner physiologischen Begleitvorgänge). Bestehen bleibt allerdings die Frage nach einer Zentralinstanz, welche die Einzelfunktionen aufeinander abstimmt und die Einheitlichkeit der menschlichen Person stiftet.

Literaturhinweise

Krstič, N.: Marko Maurulič – the author of the term „psychology“. Acta Instituti Psychologici Universitatis Zagrebiensis. Nos. 35–48 (1964), 7–17

Brożek, J.: Psychologia of Marcus Maurulus (1450–1524). Episteme 7 (1973), 125–131

Pongratz, L.: Problemgeschichte der Psychologie. Bern: Francke 1967

Topitsch, E.: Mythos – Philosophie – Politik. Freiburg: Rombach 1969

Klix, F.: Erwachendes Denken. Berlin: Deutscher Verlag der Wissenschaften 1980

Leeuw, G. van der: Phänomenologie der Religion. München: Reinhardt 1925

Metzger, W.: Psychologie. Darmstadt: Steinkopff 1954

Aristoteles Werke. Gohlke, P. (Hg.). Übersetzt von Rolfes, E. Hamburg: Meinersche Philosophische Bibliothek 1948

Aquin, Th. von: Zu Aristoteles „Über die Seele“. Wien: Hegener 1937 (verfaßt ca. 1270–1272)

Lersch, Ph.: Aufbau der Person. München: Barth 1962, 8. Aufl. (vorher: Aufbau des Charakters. München: Barth 1938)

Lange, F. A.: Geschichte des Materialismus. Iserlohn: Baedeker. Bd. 1: 1873, 2. Aufl., Bd. 2: 1875, 2. Aufl.

Wissenschaftliche Psychologie – ihre Inhalte und ihre Teildisziplinen

Psychologie: Ein Fach aus einem Guß?

Dem Außenstehenden erscheint die Psychologie leicht als ein geschlossenes *Lehr- und Forschungsgebiet.* Bei näherer Betrachtung entpuppt sich die Psychologie jedoch als Ansammlung verschiedenartiger Teilbereiche, deren Zusammenhang sich nicht ohne weiteres bestimmen läßt. Die Psychologie zerfällt in mehrere *Teilpsychologien.* Aufteilungen ergeben sich vornehmlich aus einer Unterscheidung von

- ○ Phänomen- oder Inhaltsbereichen (z. B. Denkpsychologie, Entwicklungspsychologie),
- ○ theoretischen Richtungen (z. B. Tiefenpsychologie, behavioristische Psychologie),
- ○ methodischen Ansätzen (z. B. experimentelle Psychologie, verstehende Psychologie),
- ○ Anwendungsbereichen (z. B. Schulpsychologie, Marktpsychologie).

Mitunter verbergen sich solche Unterscheidungen unter Kürzeln, die nur Eingeweihten verständlich sind, wie etwa der Kennzeichnung nach

- ○ Autoren (z. B. Freudsche Psychologie),
- ○ Regionen (z. B. Sowjetische Psychologie),
- ○ Epochen (z. B. Psychologie des 19. Jahrhunderts).

Die folgenden Abschnitte werden sich zunächst um eine Beschreibung und Ordnung psychischer Phänomene bemühen und sollen die Gliederung der Psychologie in Teildisziplinen einsichtig machen.

Psychische Phänomene und ihre psychologischen Aspekte

Das rechts abgebildete Foto hat ein Pressephotograph im Jahre 1975 in einem Lokal in Berlin-Charlottenburg aufgenommen. Die Frau, die auf dem Bild zu sehen ist, hatte sich zufällig in dem Lokal aufgehalten; da betrat der Mann das Lokal und erklärte sie zu seiner Geisel. Für die Freilassung der Frau verlangte er 50000 DM und Stellung eines Flugzeuges zur freien Ausreise in ein afrikanisches Land. Er werde die Geisel töten, drohte er, falls seinen Forderungen nicht entsprochen werde.

Ein Fall von Aggression: Geiselnahme.

Nach mehrstündigen Verhandlungen gelang es der Polizei, den Mann zu überwältigen und die Frau zu befreien.

Zweifellos ein Fall von Aggression. Zweifellos ein Fall für die psychologische Analyse. (Sicher auch ein Fall, dessen vollständige Aufklärung die Psychologie gegenwärtig überfordern würde.) Unter welchen Aspekten läßt sich dieser Fall betrachten?

Am Fall des Geiselnehmers sollen die folgenden *psychologischen Aspekte* unterschieden werden:

- der verhaltenspsychologische Aspekt,
- der emotionspsychologische Aspekt,
- der motivationspsychologische Aspekt,
- der wahrnehmungspsychologische Aspekt,
- der denkpsychologische Aspekt,
- der lernpsychologische Aspekt,
- der entwicklungspsychologische Aspekt,
- der allgemeinpsychologische Aspekt,
- der persönlichkeitspsychologische Aspekt,
- der sozialpsychologische Aspekt.

Zunächst der *verhaltenspsychologische* Aspekt: Arnold H. Buss (1961, S. 1) definiert Aggression als ein Verhalten, das einen schädlichen Reiz für einen anderen Organismus darstellt. Die Definition trifft auf den oben festgehaltenen Fall von Geiselnahme zu. Man könnte überlegen, wie weit es sinnvoll ist, die obige Definition auf Schäden von Gegenständen zu erweitern; dann fielen etwa alle vandalistischen Verhaltensweisen von vornherein unter die Aggressionen, auch wenn die Menschen diesen Gegenständen gerade gleichgültig gegenüberstehen: Zerstören verlassener Häuser, Demolieren aus dem Verkehr gezogener Fahrzeuge u. ä.

Hier gilt es zunächst, Verhaltensweisen genau zu beobachten und zu beschreiben. Hält der Erpresser seine Geisel fest? Bedroht er sie mit dem Messer? Bedroht er die Kehle des Opfers? Zu analysieren ist weiterhin die Funktion des beobachteten Verhaltens. Ist etwa die Geiselnahme ein in sich geschlossener Akt oder Teil einer größeren Verhaltenskette? Die Forderungen des Mannes machen deutlich, daß seine Aggression ein Druckmittel ist, um in den Besitz einer größeren Summe Geldes zu gelangen. Sein aggressives Verhalten ist also ein instrumenteller Akt.

Der Fall hat auch einen *emotionspsychologischen* Aspekt. Auf dem Bild macht der Mann einen erregten Eindruck. Aus seinem Gesichtsausdruck kann man schließen, daß ihn Gefühle, Emotionen bewegen. Das ist nicht immer so. Manche Gewalttäter wirken bei und nach ihrer Tat gelassen und gefühllos. Der deutsche Psychiater Kurt Schneider (1946) hat für solche Menschen die Bezeichnung „gefühlskalte Psychopathen“ eingeführt. Allerdings ist sehr zu bezweifeln, daß gefühllos erscheinende Kriminelle stets wirklich frei von innerer Erregung sind. Oft fehlen ihnen lediglich die Ausdrucksmöglichkeiten in der Sprache, der Mimik und der Gestik, um ihre Gefühle den Außenstehenden kenntlich zu machen. Das ist jedenfalls das Ergebnis neuerer Untersuchungen von Stanley Schachter (1971). Schachter hat auch bei sogenannten gefühlskalten Psychopathen (er nennt sie Soziopathen) innere Erregungen feststellen können – durch Messung des elektrischen Hautwiderstandes, eines guten Indikators der Gefühlserregung.

Der Fall hat weiterhin eine *motivationspsychologische* Seite. Eine Frage, die sich bei kriminellen Akten geradezu aufdrängt, ist: „Warum tun Menschen so etwas?“ Diese Frage führt zum Problem der Motive. Die Forderung nach 50000 DM und freiem Abzug macht wahrscheinlich, daß Habsucht, möglicherweise erwachsen aus einer finanziellen Notlage, der Beweggrund des Verhaltens, das Motiv ist. Selbst wenn diese Vermutung richtig ist: Ist dies das einzige Motiv des Mannes? Möglicherweise treibt ihn auch die Sättigung am monotonen Alltag, gepaart mit einem Bedürfnis nach mehr persönlicher Freiheit zu seiner Gewalttat.

Sigmund Freud nimmt in seiner Abhandlung aus dem Jahre 1923 sogar einen grundlegenden Aggressionstrieb bei jedem Menschen an, einen Trieb, dessen sich die Menschheit erwehren muß, um ihm nicht zum Opfer zu fallen. Selbst Autoren, die ihm hier nicht kritiklos folgen, betonen immerhin die Absichtlichkeit des als aggressiv zu bezeichnenden Verhaltens. Im Gegensatz zu Buss in seiner Schrift von 1961 definiert etwa Leonard Berkowitz (1965, S. 302) Aggression nicht einfach als ein Verhalten, welches Schaden zufügt. Er nennt ein Verhalten vielmehr nur dann aggressiv, wenn es mit der Absicht ausgeführt wird, Schaden zuzufügen. Nach Berkowitz kann also – anders als nach Buss (s. o.) – ein Verhalten auch als aggressiv bezeichnet werden, wenn es gar keinen Schaden herbeiführt – dann nämlich, wenn der Täter damit einen Schaden herbeiführen wollte; und schädliches Verhalten kann als nicht aggressiv gelten – wenn der Täter den Schaden nicht wollte.

Zweifellos ist der Geiselnehmer nicht frei von *Wahrnehmungen, Überlegungen, Deutungen.* Er beobachtet sich und seine Umgebung. Er stellt fest, wie ihm die Wege versperrt werden. Hat er schon die Polizisten auftauchen sehen? Rechnet er sich eine Chance aus, trotz der Übermacht des Polizeiaufgebots zu entkommen? Vielleicht dadurch, daß er die Polizei durch eine lebensgefährliche Bedrohung der Geisel erpreßt? Offenbar gibt es hier eine Fülle von Wahrnehmungen und Denkvorgängen, die typisch sind für die Aggressionssituation.

Zum *lernpsychologischen* Aspekt: Wie hat der Täter den Umgang mit Messern gelernt? Wie hat er erfahren, daß man mit einem Messer Menschen bedrohen kann? Wie hat er gelernt, die Bedrohung einer vorher unbeteiligten Geisel als Mittel der Erpressung einzusetzen? Die letzte Frage läßt sich vergleichsweise leicht beantworten: Die Geiselnahme hat der Täter durch Nachahmung von Vorbildern gelernt. Unverkennbar ist die Ähnlichkeit mit politisch motivierten Gewalttaten, die durch die Prominenz oder die Zahl ihrer Opfer große Publizität erhalten haben: die Forderung nach Abtransport durch ein eigens bereitgestelltes Flugzeug und die Wahl eines afrikanischen Landes als Fluchtziel.

Entwicklungspsychologische Fragen schließen sich an. Viele Voraussetzungen für sein Verhalten, seine Wahrnehmungen, seine Denkabläufe, seine Gefühle und Motive hat der gezeigte Geiselnehmer wohl durch Lernen – etwa durch Imitationslernen – erworben. Anderes mag ohne Vorbild und Übung herangereift sein. Manche Autoren sind bestrebt, Veränderungen im menschlichen Leben, die auf Lernen zurückgehen, von anders entstandenen Veränderungen scharf zu trennen. Andere Autoren betonen demgegenüber, daß man im Entwicklungsprozeß gerade das Lernen vom Reifen oder anderen Ursachen der Veränderung nicht oder zumindest nicht ohne weiteres unterscheiden kann. Auf jeden Fall bleiben Entwicklungsprozesse im Verlauf des gesamten Lebens eines Menschen, ja sogar in der Geschichte der Lebewesen, zu untersuchen.

Da ist zuerst die Entwicklung des Individuums, die Ontogenese (von griech. ‚einai' – sein, griech. ‚genesis' – Entstehen). Kommt etwa ein Kind bereits mit aggressiven Neigungen und Verhaltensweisen zur Welt? Gibt es typische Unruhephasen im menschlichen Leben, die mit Trotz und Angriffslust einhergehen – etwa in der Pubertät? Wie steht es mit der Aggressivität des alten Menschen – gibt es eine spezifische Feindseligkeit im hohen Alter? Wie weit ergeben sich Veränderungen im menschlichen Leben spontan – und dann auch in praktisch beliebigen Umgebungen? Wie weit sind Entwicklungen durch spezifische Erziehungsmaßnahmen (oder deren Unterlassung) bedingt?

Verhaltensänderungen ergeben sich auch über Generationen hinweg. Der Ontogenese ist daher die Entwicklung der Gattungen von Lebewesen überhaupt gegenüberzustellen, die Phylogenese (von griech. ‚phylon' – Stamm, griech. ‚genesis' – Entstehen). Die Aggressivität hat etwa nach Konrad Lorenz (1963) eine Naturgeschichte, die sich über viele Generationen erstreckt. Lorenz hält die Aggression für ein Instinktverhalten. Am eindeutigsten zeige es sich bei der Revierverteidigung gegenüber dem eindringenden Artgenossen. Ungehemmtes Instinktverhalten beobachtet man nach Lorenz vorwiegend bei entwicklungsgeschichtlich früh auftretenden Lebewesen. Der Mensch und andere Tierarten, die später in der Stammesgeschichte erschienen sind, sichern ihr Leben durch soziale Übereinkunft mit den Artgenossen, wie es z. B. die Revieraufteilung bei vielen Tierarten deutlich macht. Nur noch bei Verletzung der Regeln erfolgt ein Angriff. Die Aggression wird aber auch dann noch gehemmt, weil meist ein Verscheuchen des Eindringlings bereits durch Drohen gelingt. Der Ablauf der Aggressionshandlung wird so zum Ritual. Beim erwachsenen Menschen findet der Kampftrieb – nach Lorenz – vorwiegend nur noch in Kampfspielen wie Sportveranstaltungen seine Entladung.

Weiterhin stellen sich *allgemeinpsychologische* und *persönlichkeitspsychologische* Fragen. Einerseits gilt: Kein Mensch ist dem anderen völlig gleich. Und doch gibt es viele Gemeinsamkeiten zwischen Menschen. So läßt sich bei vielen, wenn nicht bei allen Menschen, feststellen, daß sie durch Nachahmung lernen und daß sie durch aggressive Akte ihren Willen durchzusetzen versuchen. Selten an dem gezeigten Fall sind Ablauf und Stärke des aggressiven Verhaltens.

Der wissenschaftliche Psychologe steht bei seinen Untersuchungen stets vor dem Problem, sich im Vergleich verschiedener Personen entweder den allgemeinen, überindividuellen Gesetzmäßigkeiten zuzuwenden (und dabei individuelle Abweichungen zu vernachlässigen) oder sich auf die Beschreibung der Eigenarten einzelner Personen zu konzentrieren (und dabei auf die Erhebung von Gemeinsamkeiten zwischen Individuen zu verzichten). Es ist die allgemeinpsychologische Betrachtungsweise, die sich auf die Gemeinsamkeiten von Menschen konzentriert, während die persönlichkeitspsychologische Betrachtung bevorzugt die Besonderheiten von Menschen und Personengruppen herauszuarbeiten trachtet. Die Bestimmung allgemeiner, überindividueller Gesetzmäßigkeiten nennt man die nomothetische (von griech. ‚nomos' – Gesetz, griech. ‚thesis' – Aufstellung, Behauptung) Vorgehensweise. Die Beschreibung einzelner Individuen in ihrer Eigenart wird dagegen als idiographische (von griech. ‚idios' – eigen, griech. ‚thesis' – Aufstellung, Behauptung) Vorgehensweise bezeichnet.

Zur Charakterisierung von einzelnen Personen muß man eigene Merkmale heranziehen. Vielleicht gibt es Persönlichkeitsmerkmale, die völlig individuell, d. h. bei einem und nur bei einem Menschen anzutreffen sind. Die in der Psychologie am meisten beachteten Persönlichkeitsmerkmale trifft man bei allen Menschen an, jedoch in verschiedener Ausprägung. Solche Merkmale sind:

- individuelle Fähigkeiten (z. B. Intelligenz, Handgeschick),
- psychische Verhaltensweisen und Dispositionen (z. B. Zuwendung zur Außenwelt, Angstneigung),
- Entwicklungsstand (z. B. Kindheit, Jugend, Reifezeit, hohes Alter),
- körperliche Konstitution und Geschlecht,
- soziale Befindlichkeit (z. B. Zugehörigkeit zu einer sozialen Schicht).

Für den Gerichtsgutachter, welcher den Geiselnehmer bei seinem unweigerlich folgenden Prozeß zu beurteilen hat, wird die Bestimmung derartiger Persönlichkeitsmerkmale wesentlich sein (z. B. seine Intelligenz, seine affektive Kontrolle). Darüber hinaus wird der Gerichtsgutachter sich aber auch bemühen, die festgestellten Merkmale in einen Zusammenhang zu bringen; er muß dann ein Persönlichkeitsbild des Angeklagten erstellen.

Auch der *sozialpsychologische* Aspekt ist hier bedeutsam. Bei der psychologischen Analyse des oben veranschaulichten Falles einer Geiselnahme wird man die soziale Umwelt nicht außer acht lassen dürfen. So wird man zu fragen haben nach der Beteiligung von

○ anwesenden Einzelpersonen – etwa der Geisel (provoziert sie etwa den Geiselnehmer durch Widerstand und Fluchtversuche?),
○ abwesenden Personen (vielleicht eine befreundete Frau, mit welcher der Mann die erpreßte Beute teilen will),
○ Organisationen und Institutionen (möglicherweise ist der Mann bereits Mitglied einer Bande, in der Gewalttätigkeit geübt und propagiert wird),
○ sozialen Einstellungen und Normen (etwa dem in der westlichen Kultur verbreiteten Ideal von Freiheit und Geld).

Funktionsbereiche und psychologische Fächer

Zehn psychologische Aspekte sind soeben vorgestellt worden. Man hätte ohne Mühe auch zwölf oder fünfzehn Aspekte unterscheiden können. So wird etwa im Bereich des Denkens gerne das Problemlösen vom Begriffsbilden getrennt. Man hätte auch zusammenfassen können – zum Beispiel den emotionspsychologischen und den motivationspsychologischen Aspekt. Die einzelnen Aspekte sind nicht immer scharf zu trennen; es ist nicht einmal immer wünschenswert, sie scharf voneinander abzusetzen. Denn wer zu scharf trennt, der läuft Gefahr zu vergessen, daß in jeder Situation in der Regel alle Aspekte gleichzeitig psychologisch bedeutsam sind.

Das Bestreben ist selbstverständlich naheliegend, das schwer überschaubare Gesamtgebiet der Psychologie zu gliedern, und dabei sind die unterschiedenen Aspekte eine wirkungsvolle Hilfe. So läßt sich beispielsweise eine Lernpsychologie, eine Emotionspsychologie, eine Wahrnehmungspsychologie usw. definieren. Die geltenden Studien- und Prüfungsordnungen im deutschsprachigen Bereich haben sich allerdings nicht zu einer so weitgehenden Untergliederung entschlossen und haben es im Bereich der psychologischen *Grundlagen* bei einer Zahl von vier Fächern belassen: Allgemeine Psychologie, Entwicklungspsychologie, Persönlichkeitspsychologie, Sozialpsychologie.

Die Definition der vier Grundlagenfächer beruht auf der Annahme: Die zehn oben aufgezählten psychologischen Aspekte sind nicht als gleichwertig zu betrachten. Die allgemein-, entwicklungs-, persönlichkeits- und sozialpsychologischen Aspekte begründen in stärkerem Maße eine methodisch und theoretisch eigenständige Sichtweise; insofern sind sie eher zur Definition von Teildisziplinen geeignet. Die sechs weiterhin aufgeführten Aspekte betreffen hingegen spezielle *Funktionsbereiche:* Wahrnehmung, Denken, Lernen, Emotion, Motivation, Handeln. Diese Funktionsbereiche lassen sich gleichermaßen als Gegenstände der Grundlagendisziplinen auffassen; insofern ist jeder der sechs Funktionsbereiche in jedem der vier Grundlagenfächer vertreten und dort aus jeweils neuer Sicht einer Untersuchung unterzogen.

Zuordnung von Grundlagendisziplinen und Funktionsbereichen.

Grundlagendisziplinen	Funktionsbereiche: Wahrnehmung	Denken	Lernen	Emotion	Motivation	Handeln
Allgemeine Psychologie						
Entwicklungs-psychologie						
Persönlichkeits-psychologie						
Sozial-psychologie						

Die praktizierte Fächergliederung mag in der schematischen Darstellung überzeugen, in der eingehenderen Analyse führt sie zu Widersprüchen und Unstimmigkeiten. In der praktischen Anwendung ergeben sich eine Menge von Zuordnungsschwierigkeiten und Mehrfachzuordnungen. Die Fächergliederung rechtfertigt sich mehr durch ihre Entstehung im Laufe der Geschichte der Psychologie und ihre Etabliertheit im Bewußtsein der Psychologen. Der Student muß sich darauf einstellen, dieselben Themen, ja sogar die gleichen Theorien in verschiedenen Fächern eingeordnet zu finden. Im übrigen kann er sich damit trösten, daß die aufgeführten Fächereinheiten nur eine begrenzte Ordnungsfunktion haben, und das Überschreiten von Fächergrenzen in der Psychologie nicht nur geduldet, sondern oft geradezu gefordert und begrüßt wird.

Zu den Grundlagenfächern treten die *Anwendungsfächer*, vor allem

- Erziehungspsychologie,
- Klinische Psychologie,
- Arbeits- und Organisationspsychologie.

Diese nehmen die Erkenntnisse der verschiedenen Grundlagendisziplinen in den verschiedenen Funktionsbereichen in sich auf und machen diese für einzelne Anwendungsfälle (z. B. Klienten mit Verhaltensstörungen, Gestaltung neuer Arbeitsplätze) und größere Tätigkeitsfelder (z. B. Schule, Familie, Industrie) nutzbar. Umgekehrt regen sie durch ihr Problembewußtsein die Forschung in den Grundlagendisziplinen an und bereichern diese selbst durch ihre Praxiserfahrung. So lassen sich Funktionsbereiche, Grundlagendisziplinen und Anwendungsfächer komplett miteinander kombinieren; in anschaulicher Darstellung entsteht der folgende Würfel:

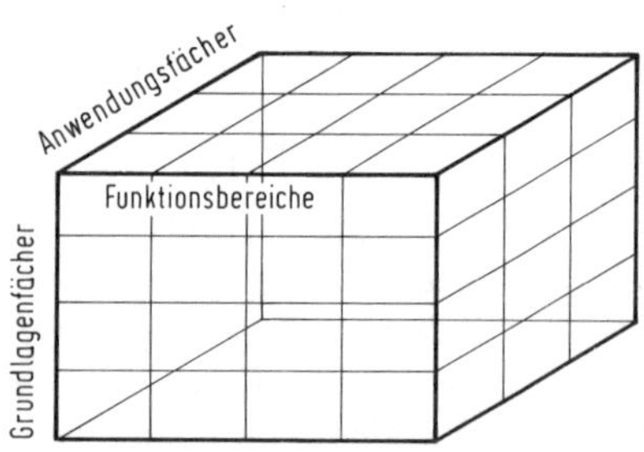

Systematische Zuordnung von Grundlagenfächern, Anwendungsfächern und Funktionsbereichen.

Fächergliederung in der Diplomprüfungsordnung

Das Selbstverständnis eines Faches schlägt sich nicht zuletzt in seinen Prüfungsordnungen nieder. Für die Definition einzelner psychologischer Teilfächer ist vor allem die Diplomprüfungsordnung für Psychologen maßgebend. Die Diplomprüfungsordnungen in der Bundesrepublik Deutschland und in Berlin (West) richten sich nach einer im Jahre 1973 verabschiedeten Rahmenordnung. Diese Rahmenordnung hat sich jedoch nicht voll bewährt und deshalb auch nicht in allen Punkten durchsetzen lassen. Daher hat eine neue Phase der Studienreform im Fach Psychologie eingesetzt (vgl. Stephan 1980).

Nach neueren wie nach älteren Entwürfen dürfte der Schwerpunkt im ersten Studienabschnitt (bis zum Vordiplom) bei den Grundlagenfächern liegen, der Schwerpunkt im zweiten Studienabschnitt dagegen bei den Anwendungsfächern. Hohe Übereinstimmung besteht bei der Nennung folgender Prüfungsfächer:

Erster Studienabschnitt:
(Abschluß: Vordiplom)

Allgemeine Psychologie
Persönlichkeitspsychologie
Sozialpsychologie
Entwicklungspsychologie
Psychologische Methodenlehre
Physiologische Psychologie

Zweiter Studienabschnitt:
(Abschluß: Hauptdiplom)

Psychologie im Erziehungs- und Bildungswesen (Erziehungspsychologie)
Psychologie im Gesundheits- und Sozialwesen (Klinische Psychologie)
Psychologie im Wirtschaftswesen (Arbeits- und Organisationspsychologie)

Zusammenfassung

1. Die Inhalte der Psychologie kann man wahlweise verschiedenen Funktionsbereichen (vor allem Wahrnehmung, Denken, Lernen, Emotion, Motivation, Verhalten), Grundlagenfächern (Allgemeine Psychologie, Persönlichkeitspsychologie, Entwicklungspsychologie) sowie Anwendungsfächern (vor allem Erziehungspsychologie, Klinische Psychologie, Arbeits- und Organisationspsychologie) zuordnen.
2. Funktionsbereiche, Grundlagenfächer und Anwendungsfächer stehen in einem systematischen Zusammenhang.

Literaturhinweise

Buss, A. H.: The psychology of aggression. New York: Wiley 1961

Schneider, K.: Die psychopathischen Persönlichkeiten. Wien: Deuticke 1946

Schachter, S.: Emotion, obesity and crime. New York: Academic Press 1971

Freud, S.: Das Ich und das Es. Gesammelte Werke Bd. 13. Frankfurt: Fischer 1972 (Erstausgabe 1923)

Berkowitz, L.: The concept of aggression drive: Some additional considerations. Advances in Experimental Social Psychology 2 (1965), 301–329

Lorenz, K.: Das sogenannte Böse. Wien: Borotha-Schöler 1963

Stephan, E. (Hg.): Ausbildung und Weiterbildung in Psychologie. Weinheim: Beltz 1980

Drei Perspektiven in der Psychologie

Die historische Perspektive

Kurze Geschichte der wissenschaftlichen Psychologie. Es wäre falsch zu glauben, es gäbe einen ewigen Bestand an psychologischen Wahrheiten, eine „Psychologia perennis", und die Geschichte der Psychologie erschöpfe sich darin, die Geheimnisse der „ewigen Psychologie" nacheinander zu lüften. Theoretische Richtungen, Methoden, Fragestellungen kommen auf, werden aufgegriffen. Manche bleiben erhalten. Um andere wird es wieder still, sie geraten in Vergessenheit, ja manchmal sogar in Verruf. In der Geschichte der Psychologie spiegelt sich der kulturelle Wandel. Es spiegelt sich in ihr der Fluß politischer Ereignisse, sozialer Probleme und wissenschaftlicher Leistungen aus anderen Disziplinen.

Betrachtet man die fortgesetzte Produktion psychologischer Bücher und Fachzeitschriften, ist man geneigt, von einem ungeheuren Wachstum psychologischer Erkenntnis zu sprechen. Verfolgt man dagegen die Diskussionen der jeweils tätigen Psychologen, hat man eher den Eindruck: Ihr Problembewußtsein und ihre Erkenntnis unterliegen einem fortdauernden Wandel. Forschungs- und Praxiserfolge haben nicht selten die Konsequenz, daß alte Probleme, Überlegungen und Verfahrensweisen wie Ballast über Bord geworfen werden; dafür wendet sich die Aufmerksamkeit neuen Problemen, Theorien und Methoden oder alten Problemen, Theorien und Methoden in neuer Form zu.

Wie bereits zu Beginn dieses Kapitels dargelegt, lassen sich die Wurzeln der wissenschaftlichen Psychologie weit über die Zeit hinaus verfolgen, in der die Bezeichnung „Psychologie" selbst auftauchte (s. S. 2). Die älteste überhaupt überlieferte Abhandlung zu seelenkundlichen Fragen ist ein ägyptischer Papyrus aus dem dritten vorchristlichen Jahrtausend: „Das Gespräch eines Lebensmüden mit seiner Seele (Ba)" (Jacobsohn 1952). Spätestens mit der Lehre des Aristoteles (s. S. 3) nimmt in Europa drei Jahrhunderte vor Christus die wissenschaftliche Psychologie ihren Anfang.

In Indien und China herrschen die Seelenvorstellungen des Buddhismus, des Taoismus und der Konfuzius-Lehre; sie entstehen etwa zur gleichen Zeit wie die ersten griechischen Philosophien. Die ältesten Schriften des Buddhismus lassen sich etwa um 1200 v. Chr. datieren. Auf die Psychologie Westeuropas haben sie nur geringen Einfluß gehabt.

Seit dem 18. Jahrhundert hat die Psychologie in der Systematik der europäischen Philosophie einen festen Platz. Sie tritt dort als eigene Disziplin auf – neben der Metaphysik, der Logik, der Ästhetik, der Ethik und der Erkenntnistheorie (Paulsen 1965). Gegen Anfang des 19. Jahrhunderts beginnt sich die Psychologie aus dem Verbund philosophischer Disziplinen zu lösen. Ohne durchweg Bindungen an die Geisteswissenschaften aufzugeben, sucht die Psychologie zunehmend Anschluß an die Naturwissenschaften, die Medizin und die Mathematik, in denen gerade seit dieser Zeit umwälzende Fortschritte zu verzeichnen sind. Die Kette der Gründungen eigener Psychologischer Institute beginnt in Deutschland 1875 mit der vier Jahre dauernden Einrichtung des psychologischen Laboratoriums an der Universität Leipzig durch Wilhelm Wundt (der auch noch als Direktor dieses Laboratoriums die Stellung eines Professors der Philosophie behielt.) Im gleichen Jahr (vgl. Harper 1950) wurde das erste psychologische Laboratorium an der Harvard Universität auf Veranlassung von William James eingerichtet. Es sollte zu Demonstrationen für seinen ersten Kurs über die Beziehung von Physiologie und Psychologie dienen. (Dies war übrigens auch das Thema der ersten Vorlesung gewesen, die James selbst gehört hatte.) In Frankreich wurde im Jahre 1889 an der Universität Sorbonne in Paris das erste psychologische Laboratorium gegründet. Der erste Direktor war der Physiologe Beaunais. Drei Jahre später wurde Alfred Binet Co-Direktor des Instituts und bald darauf einziger Leiter.

> Selten ist in der Psychologie eine Äußerung so häufig zitiert worden wie der Satz von Hermann Ebbinghaus (Professor für Philosophie an der Universität Halle, vor allem bekannt durch seine gedächtnispsychologischen Studien):
>
> *„Die Psychologie hat eine lange Vergangenheit, doch nur eine kurze Geschichte."*
>
> (Ebbinghaus 1908, S. 9)

Bis zur Mitte dieses Jahrhunderts kam die Einheit der Geisteswissenschaften (klassische Fächergruppen: Philosophie, Philologie, Geschichtswissenschaften, Pädagogik) in Deutschland in der Organisationsform der Philosophischen Fakultät zum Ausdruck. An den meisten deutschen Universitäten war das Fach Psychologie in der Philosophischen Fakultät vertreten. (Ausnahmen: an der Universität Frankfurt a. M. gehörte das Fach der Naturwissenschaftlichen Fakultät an, an der Universität Göttingen gab es eine Doppelvertretung sowohl innerhalb der Philosophischen als auch in der Naturwissenschaftlichen Fakultät.) Während der Universitätsreformen in der Bundesrepublik Deutschland und in Berlin (West) der vergangenen Jahre sind die großen Philosophischen Fakultäten zumeist aufgeteilt worden; an ihre Stelle traten kleinere Fachbereiche. Die Psychologie findet sich seitdem mit wechselnden Restfächern der alten Philosophischen Fakultäten in einem lockeren Verwaltungszusammenhang oder hat in einem eigenen Fachbereich ihre völlige organisatorische Selbständigkeit gewonnen.

Wissenschaftsgeschichte als Teil der politischen und kulturellen Geschichte. Wissenschaftliche Autoren können sich dem Zeitgeist unterwerfen; sie können sich ihm widersetzen. In beiden Fällen bleibt ihr Werk auf den Geist ihrer Zeit und ihres Ortes bezogen. Als im nationalsozialistischen Deutschland ein radikales Führerprinzip eingeführt wurde, Minderheiten rücksichtslos unterdrückt und vernichtet wurden und die politischen Machthaber nicht vor einer kriegerischen Annexionspolitik zurückschreckten, war die Frage nicht mehr abzuweisen, wie einerseits jene Menschen beschaffen sein mußten, welche derartige Herrschaftsansprüche erhoben

Psychologie im deutschsprachigen Raum: Auf dem Weg zur Selbständigkeit

Die Psychologie ist allmählich aus der Philosophie sowie aus der Physiologie und Psychiatrie hervorgegangen. Der Prozeß ihrer Verselbständigung läßt sich nicht exakt beschreiben. Die folgenden Daten dürften jedoch seinen Ablauf erhellen:

1851: Der wahrscheinlich erste deutsche Lehrstuhl für Psychologie wird an der Universität Gießen eingerichtet und mit Gustav Schilling besetzt.

1860: Der wahrscheinlich erste schweizerische Lehrstuhl für Psychologie wird an der Universität Bern eingerichtet und mit Moritz Lazarus besetzt.

1879: Einrichtung des ersten Laboratoriums für Psychologie durch Wilhelm Wundt an der Universität Leipzig als eigenes Institut.

1880: Das erste Doktorat mit Psychologie als Hauptfach wird an der Universität Leipzig vergeben. Doktorand ist Max Friedrich, ein Schüler Wundts. (Titel seiner Dissertation: ‚Über die Apperzeptionsdauer bei einfachen und zusammengesetzten Vorstellungen.')

1904: Erster Kongreß für experimentelle Psychologie in Gießen. (Unter experimenteller Psychologie wird eine Richtung verstanden, welche die Ablösung von der Philosophie betreibt.)

1908: Erster Internationaler Kongreß für Psychoanalyse in Salzburg.

1929: Gründung der Gesellschaft für experimentelle Psychologie als Vereinigung der akademisch tätigen Psychologen. (1955 neu begründet als Deutsche Gesellschaft für Psychologie.)

1941: Einführung einer Diplomprüfungsordnung für das Fach Psychologie mit Geltung im sog. Großdeutschen Reich, d. h. einschließlich Österreichs.

1946: Gründung des Berufsverbands deutscher Psychologen als Vereinigung praktisch tätiger Psychologen.

1971: Nach Auflösung der klassischen Fakultäten an den meisten Universitäten des Bundesgebietes Einrichtung des ersten selbständigen Fachbereichs für Psychologie an der Universität Münster i. W.

1975: Bildung eines eigenen Fachausschusses Psychologie bei der Deutschen Forschungsgemeinschaft, der wichtigsten Institution zur Forschungsförderung in der Bundesrepublik.

und durchsetzten, und andererseits jene Menschen, die sich in ihren Dienst begaben. So war es nur folgerichtig, daß gerade in jener Zeit die Theorie einer autoritätsgebundenen Persönlichkeit entstand. Ein Teil der Autoren eines umfangreichen Untersuchungsprojekts zur autoritätsgebundenen Persönlichkeit, Else Frenkel-Brunswik und Theodor W. Adorno, waren nicht zufällig Mitglieder der jüdischen und kritisch-intellektuellen Minderheit, welche der nationalsozialistischen Verfolgung gerade entgangen waren. Sie waren nicht nur Zeugen, sondern auch Betroffene. Und während sie noch nach den tiefliegenden Ursachen ihrer Leiden und der Leiden von unzählbaren nicht entkommenen Opfern forschten, machten andere Vertreter der Psychologie in Deutschland bereits Anstalten zur Untermauerung der faschistischen Rassenideologie und zur psychologischen Unterstützung der Kriegsführung (vgl. etwa Jaensch 1939).

Die geschichtliche Situation und die daraus resultierende persönliche Betroffenheit lenken nicht nur das individuelle Forschungsinteresse, sondern auch die Forschungsplanung des Staates und der einschlägigen Forschungsinstitutionen.

Noch weitere soziale, wirtschaftliche und technische Verhältnisse spiegeln sich in der jeweiligen wissenschaftlichen Thematik und Methodik. Die Nachricht von einer überfallenen jungen Frau, die mehrere Stunden von Passanten unbeachtet ohne Hilfe blieb – ein typisches Problem der modernen Gesellschaft –, hat eine Serie von Untersuchungen über die Hilfeleistung in Notfällen zur Folge gehabt (zusammenfassend Helmut E. Lück 1975). Die Arbeitslosigkeit in den Siebziger Jahren ist bereits kurz nach ihrem Entstehen zum psychologischen Untersuchungsgegenstand geworden (vgl. Wacker 1978). Und es gehört nicht viel Phantasie dazu, zwischen der Entwicklung von elektronischen Rechnersystemen und Theorien der Informationsverarbeitung beim Menschen einen Zusammenhang zu vermuten.

Zeitgeist

Was ist der Zeitgeist? Ein eigenes geistiges Prinzip, das von den Zeitgenossen Besitz ergreift? Oder ein Kondensat des Denkens von Zeitgenossen? Der Dichter und Politiker Johann Wolfgang von Goethe (1749–1832) neigte zur letzteren Auffassung. In seinem Schauspiel „Faust I“ läßt er den Titelhelden zu seinem Famulus Wagner sagen:

„Was Ihr den Geist der Zeiten heißt, das ist im Grund der Herren eigener Geist, in dem die Zeiten sich bespiegeln.“

Goethe Werke Bd. 12. H. Düntzer (Hg.). Berlin, Stuttgart: Spemann 1883–1892, S. 27.

Forscherpersönlichkeit und wissenschaftliche Tradition. Der einzelne Forscher unterliegt nicht nur Wirkungen des allgemeinen Zeitgeistes, sondern auch der vorgefundenen Tradition in seinem Fachgebiet. Man darf sich also nicht scheuen, auch bei großen Forscherpersönlichkeiten zu fragen: Wer waren ihre Lehrer? Wer ihre Freunde? Welche Bücher haben sie gelesen? Welche Reisen haben sie unternommen?

Zu den Autoren, deren Werdegang recht bekannt ist, gehört der Schöpfer der Psychoanalyse, der Wiener Arzt und Universitätsprofessor Sigmund Freud. Ernest Jones, der Freund, Mitarbeiter und Biograph Sigmund Freuds berichtet, in Freuds letztem Jahr im Gymnasium – es war das Jahr 1872 – habe dem Unterricht unter anderem Gustav Adolf Lindners „Lehrbuch der empirischen Psychologie nach genetischer Methode“, erschienen im Jahr 1858, zugrunde gelegen (Jones 1960, S. 432). Lindner war ein überzeugter Anhänger des Philosophen und Psychologen Johann Friedrich Herbart (1776–1841), und so fehlte in dem Lehrbuch auch nicht die Theorie Herbarts von dem Konflikt der starken und der schwachen Vorstellungen. Es findet sich darin sogar die Formulierung:

„... beweist, daß Vorstellungen, die einmal im Bewußtsein waren und aus irgend einem Grund aus ihm verdrängt wurden, nicht verloren gegangen sind, sondern unter gewissen Umständen wiederkehren können".
(Lindner 1858, S. 63).

Ist also schon im Schulunterricht der Keim zur Freuds Verdrängungstheorie gelegt worden?

Freilich ist die Freudsche Verdrängungstheorie mehr als nur eine Darstellung des freien Aufsteigens und Absteigens von Vorstellungen im Bewußtsein. Seine Psychoanalyse ist ja eine zutiefst dynamische Theorie. Triebkräfte spielen darin eine beherrschende Rolle. Ist also die Entdeckung verborgener Triebkräfte die historische Leistung Sigmund Freuds? Eine vollkommene Neuentdeckung sicher nicht. Trieb- und Affektlehren bewegen gerade im 19. Jahrhundert die Philosophie.

Die drei Stockwerke

Der Kampf zwischen Verstand und unbewußten Triebkräften ist ein zentrales Thema der Freudschen Psychologie. Revolutionär neu ist das Thema freilich nicht. Es fügt sich in die Tradition philosophischer Schichttheorien ein (vgl. S. 3f.), die im wesentlichen bereits vor Freud zu einem allgemeinen Bildungsgut geworden sind. Das bezeugt ein Aphorismus des Göttinger Physikers und Schriftstellers Georg Christoph Lichtenberg (1742–1799):

„Ein gewisser Freund, den ich kannte, pflegte seinen Leib in drei Etagen einzuteilen, den Kopf, die Brust und den Unterleib, und er wünschte öfters, daß sich die Hausleute der obersten und untersten Etage besser vertragen könnten."

Lichtenberg, G. Ch.: Aphorismen, Briefe, Satiren. Düsseldorf: Diederichs 1962, S. 15.

So kritisiert der Philosoph Friedrich Nietzsche (1844–1900), es sei „die gesamte Psychologie bisher an Vorurteilen und Befürchtungen hängengeblieben: Sie hat sich nicht in die Tiefe gewagt" (Nietzsche 1885/1930, S. 31). Und er fordert ausdrücklich (1930, S. 661):

„Jede Lehre ist überflüssig, für die nicht alles schon bereit liegt an angehäuften Kräften, an Explosivstoffen. Eine Umwertung der Werte wird nur erreicht, wenn eine Spannung von neuen Bedürfnissen, von Neubedürftigen da ist, welche an den alten Werten leiden, ohne zum Bewußtsein zu kommen".

Freud hat sich den revolutionären Moralbegriff Nietzsches nie zu eigen gemacht; gleichwohl hat er in seiner Beschreibung der patriarchalischen Familie im europäischen 19. Jahrhundert eine Grundlage für die spätere Ablösung patriarchalischer Machtstrukturen geschaffen.

Die spätere Freudsche Hypothese von der Existenz zweier Grundtriebe, der Sexualität und des Todestriebes, deckt sich vollständig mit den Grundannahmen Arthur Schopenhauers (1788–1860) zur Triebtheorie in seinem Werk „Die Welt als Wille und Vorstellung" (1818/1960). Freud selbst merkt in seiner Abhandlung „Jenseits des Lustprinzips" (ein stilistischer Anklang an Nietzsches 21 Jahre vorher erschienene Schrift „Jenseits von Gut und Böse") selbst an:

„Wir können uns nicht verhehlen, daß wir unversehens in den Hafen der Philosophie Schopenhauers eingelaufen sind, für den ja der Tod ‚das eigentliche Resultat' und insofern der Zweck des Lebens ist, der Sexualtrieb aber die Verkörperung des Willens zum Leben."
Freud (1920/1972), S. 53.

Den Gedanken, er habe seine Hypothesen zum Triebleben bereits in der Philosophie vorgefunden und von da in seine psychoanalytische Theorie übernommen, weist Freud jedoch zurück:

„In der Lehre von der Verdrängung war ich sicherlich selbständig, ich weiß von keiner Beeinflussung, die mich in ihre Nähe gebracht

hätte, und ich hielt diese Idee auch lange Zeit für eine originelle, bis uns O. Rank die Stelle in Schopenhauers „Welt als Wille und Vorstellung“ zeigte, in welcher sich der Philosoph um eine Erklärung des Wahnsinnes bemüht. Was dort über das Sträuben gegen die Annahme eines peinlichen Stückes der Wirklichkeit gesagt ist, deckt sich so vollkommen mit dem Inhalt meines Verdrängungsbegriffes, daß ich wieder einmal meiner Unbelesenheit für die Ermöglichung einer Entdeckung verpflichtet sein dürfte ... Den hohen Genuß der Werke Nietzsches habe ich mir dann in späterer Zeit mit der bewußten Motivation versagt, daß ich in der Verarbeitung der psychoanalytischen Eindrücke durch keinerlei Erwartungsvorstellung behindert sein wolle. Dafür mußte ich bereit sein – und ich bin es gerne –, auf alle Prioritätsansprüche in jenen häufigen Fällen zu verzichten, in denen die mühselige psychoanalytische Forschung die intuitiv gewonnenen Einsichten des Philosophen nur bestätigen kann.“
(Freud 1914/1969, S. 53).

Immerhin: Wenn der Autor es sich versagt, Nietzsche zu lesen, um nicht von ihm beeinflußt zu werden, muß er doch genug über dessen Philosophie wissen, um seinen Einfluß zu befürchten. War also Freud gar nicht der Schöpfer der Psychoanalyse? Eine solche Frage wäre von vornherein falsch gestellt und daher müßig. Gibt es das je, daß ein einzelner Autor, abgeschnitten von dem Denken seiner Zeit völlig auf sich allein gestellt eine umfassende Theorie entwirft und damit die Aufmerksamkeit eines großen Teils seiner Zeitgenossen gewinnt? Es wäre wirklichkeitsfremd, von einem derartigen Bild eines einsamen wissenschaftlichen Helden auszugehen. Die Geschichte der Wissenschaften ist eine Geschichte der Mehrfachentdeckungen, der Vorbildwirkung, der Kritik und der Entfaltung von methodischen und theoretischen Ansätzen in der Zeit. Daß Freud Vorbilder hatte – wohl mehr als der Autor und seine persönlichen Verehrer anzuerkennen bereit sind –, schließt nicht aus, daß er selbst zum Vorbild werden konnte. Es schließt nicht aus, daß ihm bedeutsame Neuentdeckungen und Neuformulierungen gelungen sind, in denen er das Vorgefundene umgesetzt und fortentwickelt hat. Zum „Vater der Psychoanalyse“ ist er vollends geworden als sensitiver Sammler von Ideen, als reflektierter Integrator, als Initiator der psychoanalytischen Bewegung und als brillanter Schriftsteller, der höchst wirkungsvoll seine Gedanken zu verbreiten wußte.

Die ökologische Perspektive

Zum Begriff der Ökologie. Zu den großen Leistungen der Biologie gehörte die Aufstellung von Klassifikationssystemen. Beispiele sind die Ordnungssysteme für Pflanzen und Tiere des schwedischen Forschers Carl von Linné (1707–1778). Die Einteilung erfolgt dabei nach anatomischen Merkmalen – wie Staubgefäßen und Blütenblättern bei den Pflanzen, nach Organen wie Lunge und Kiemen bei den Tieren. Solche Merkmale beschreiben die feste Ausstattung der Lebewesen und können in diesem Sinne als Strukturmerkmale bezeichnet werden. Solche Strukturmerkmale bleiben im wesentlichen erhalten, solange das Lebewesen unverletzt ist, unabhängig von seinem Aufenthaltsort und seiner Tätigkeit, ja sogar weitgehend unabhängig davon, ob es überhaupt noch am Leben ist. So schadet es der anatomischen Struktur eines Schmetterlings keineswegs, wenn ihn der Forschungsreisende aus dem tropischen Südamerika in sein heimisches Laboratorium bringt.

In seiner 1866 erschienenen Schrift: „Generelle Morphologie der Organismen“ hat der deutsche Biologe Ernst Haeckel (1834–1919) darauf hingewiesen, daß – im Gegensatz zu Strukturmerkmalen – Funktionseigenschaften von Lebewesen nur innerhalb ihrer Umwelt zu bestimmen sind. Ein Beispiel für eine Lebensfunktion ist die Atmung. Wer die Atmung eines Säugetieres untersuchen will, muß das Tier in seiner gewohnten Umwelt belassen, die ihm sauerstoffhaltige Atemluft bietet. Die Untersuchung der Funktionen von Lebewesen in ihrer (natürlichen) Umgebung bildet dann den Gegenstand der Ökologie (von griech. ‚oikos' – Haus, Heim). Der ökologische Ansatz ist auch für die Psychologie von großer Bedeutung. Denn auch das Erleben und Verhalten sind Funktionen, die sich erst in der Auseinandersetzung mit der jeweiligen Umwelt entfalten. So wird es ein Markstein für die Psychologie, als der Heidelberger Psychologe Willy Hellpach 1924 den ersten Entwurf einer *ökologischen Psychologie, einer Umweltpsychologie* vorlegte.

Drei Situationen – eine Gesetzmäßigkeit. Was ist das Besondere an einer Umgebung? Welchen Einfluß nimmt sie auf psychische Prozesse? Diese Fragen sind immer angebracht. Denn einerseits stellen sich dieselben Gesetzmäßigkeiten in verschiedenen Situationen unterschiedlich dar; andererseits sind es verschiedene Gesetzmäßigkeiten, die in unterschiedlichen Situationen Geltung beanspruchen.

So findet sich etwa in einer Studienanleitung für Teilnehmer eines Fernstudienlehrgangs (Kugemann 1980, S. 23) der Satz:

„Ähnliche Inhalte zu lernen fordert ... mehr Zeit und Mühe als verschiedenartige Stoffe. ... Besonders beeinträchtigt es, wenn man ähnliche Lernstoffe in großer zeitlicher Nähe zu lernen versucht."

Der Leser wird aufgefordert, sich von der Richtigkeit dieses Satzes selbst zu überzeugen. Er muß zuerst italienische Vokabeln auswendig lernen; gleich danach kommen sechs ähnliche Vokabeln aus dem Portugiesischen.

Der Leser, der sich von dem Auftreten von Ähnlichkeitshemmungen überzeugen will, befindet sich dabei an seinem häuslichen Arbeitsplatz und nimmt die gewohnte Studierhaltung ein. Der Selbstversuch läßt viele Freiheiten: Die Dauer des Einprägens ist freigestellt, man kann die portugiesischen Vokabeln beliebig oft mit den italienischen vergleichen, es wird nicht vorgeschrieben, wie man das Gelernte abprüft.

Dem strengen Untersucher wäre eine solche häusliche Studiersituation mit ihren vielen Freiheitsgraden zu unübersichtlich. Er würde es bevorzugen, den Satz in seinem Laboratorium zu überprüfen, wo er die Lernbedingungen stärker beeinflussen und über Versuchswiederholungen hinweg konstant halten kann. So ließen etwa die amerikanischen Autoren Benton J. Underwood und Jack Richardson (1955) in ihrem Labor sieben Listen mit Buchstabenkombinationen lernen (z. B. GTX). Die Ähnlichkeit zwischen den Listen konnte variiert werden; sie richtete sich nach der Häufigkeit gleicher oder gleichartiger Buchstaben auf verschiedenen Listen. Variiert wurde auch die Zeit zwischen Darbietun-

Häusliches Studieren.

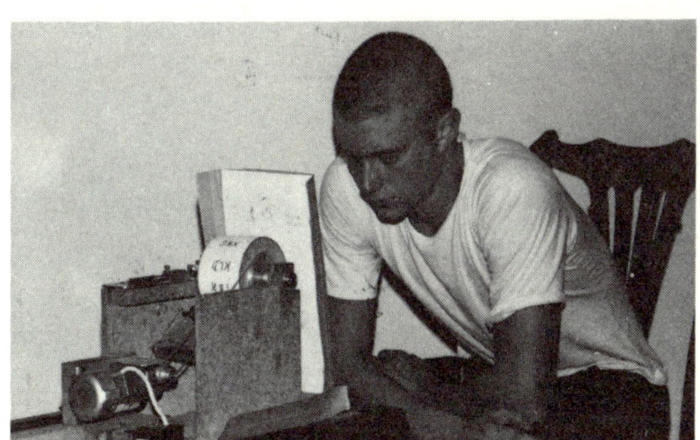

Lernen an einer Gedächtnistrommel.

gen. Im übrigen wurden die Probanden in das Laboratorium gebeten, wo ihnen die einzelnen Buchstabenkombinationen auf einer sogenannten Gedächtnistrommel vorgeführt wurden. Die Darbietung der Listen wurde so lange wiederholt, bis die Probanden die gesamte Reihe hersagen konnten. Jede Buchstabenkombination wurde während jeder Darbietung für 2 Sekunden gezeigt.

Wiederholtes Lernen ähnlichen Materials gibt es auch noch in anderen Situationen, die man auf den ersten Blick gar nicht als Lernsituationen einschätzen würde. Begleiten wir einmal eine Besucherin der großen Kunstausstellung „Tendenzen der Zwanziger Jahre", veranstaltet vom Europarat 1977 in Berlin. Frau Studienrätin M. beginnt am Vormittag mit einem Besuch einer Gemäldeausstellung in der Orangerie des Charlottenburger Schlosses.

Besucherin einer Kunstausstellung (vor George Grosz: „Stützen der Gesellschaft").

Der zweite Teil der Europaratausstellung ist dem Konstruktivismus gewidmet. Dieser Teil der Ausstellung wird in der Nationalgalerie gezeigt – etwa zehn Autominuten vom Charlottenburger Schloß entfernt. In der Nationalgalerie sind neben weiteren Bildern Plastiken und Gebrauchsgegenstände zu sehen.

Am nächsten Tag besucht Frau M. in der Akademie der Künste zwei weitere Ausstel-

Fortsetzung der Ausstellung (mit A. Pevsners „Konstruktion im Raum").

lungen „Planen und Bauen in Europa" und „Dada in Europa". Die erste enthält Entwürfe, Photographien, Beschreibungen von Wohnsiedlungen und Gebäuden, die zweite Bilder, Collagen, Plastiken und Schriften aus einer Kunstrichtung, die sich als Anti-Kunst versteht.

Gibt es eine Gemeinsamkeit zwischen dem Studenten, dem Probanden im Lernexperiment und der Ausstellungsbesucherin? Sicherlich diese: Alle begegnen einer Serie von Materialien, welche sie zu erfassen und sich

Zwei weitere Ausstellungen in der Akademie der Künste.

einzuprägen versuchen. Innerhalb dieser Gemeinsamkeit gibt es jedoch eine Menge von Unterschieden:

○ *Im Lernmaterial:* Der Student lernt neue Wörter kennen, der Proband Buchstabenkombinationen, die Ausstellungsbesucherin Kunstgegenstände. Die Kunstgegenstände sind (unbeschadet ihrer Symbolhaltigkeit) gegenständlich, konkret. Die Wörter und Buchstabenkombinationen haben Zeichencharakter, sie sind eher abstrakt.

○ *In der Motivation:* Die Ausstellungsbesucherin widmet sich den Kunstwerken aus unmittelbarem Interesse; sie reizt der Anregungsgehalt der ausgestellten Stücke. Der Proband nimmt zumeist aus Gefälligkeit dem Versuchsleiter gegenüber am Experiment teil; der Student lernt die Wörter, weil er dazu in seinem Studientext aufgefordert wird.

○ *In der Lernabsicht:* Der Student und der Proband lernen mit der festen Vornahme, den Lernstoff für eine spätere Wiedergabeprüfung einzuprägen; bei der Ausstellungsbesucherin erfolgt das Einprägen mehr beiläufig.

○ *Im zeitlichen Ablauf des Lernens:* Die Ausstellungsbesucherin kann weitgehend selbst bestimmen, wie lange sie bei jedem Gegenstand verweilt, wie oft sie zu einem Gegenstand zurückkehrt und wie lange sie Pausen macht. Der Versuchsteilnehmer erhält Darbietungen, deren Zeitpunkt, Dauer und Häufigkeit vom Versuchsleiter festgelegt sind. Der Student ist wiederum frei in seiner Zeiteinteilung.

Drei Fälle von „Listenlernen“ – die genauere Analyse würde noch mehr Unterschiede zwischen ihnen zutage fördern. Jeder Fall ist durch eine eigene Situations- und Tätigkeitscharakteristik gekennzeichnet. Die Regel freilich „Häufungen ähnlichen Materials führen zu Lernhemmungen“ gilt in jeder der drei Situationen. Nicht nur der Student kann sich

Situations- und Tätigkeitscharakteristik in drei Fällen von Serienlernen.

	Studium	*Forschungsexperiment*	*Ausstellung*
Lernmaterial	Wörter	Schriftzeichen	Konkrete Gegenstände
Motivation	Aufforderung im Studientext	Anweisung durch Vl	Eigeninteresse
Lernabsicht	absichtliches Einprägen	absichtliches Einprägen	beiläufiges Einprägen
Zeitlicher Ablauf	frei	durch Versuchsleiter vorgegeben	frei

davon überzeugen, daß Vokabeln aus den verwandten Sprachen Italienisch und Portugiesisch beim Lernen leicht verwechselt werden. Auch der Versuchsteilnehmer wird Wiederholungen von ähnlichen Buchstabenkombinationen als verwirrend empfinden. Frau M. wird ebenfalls Schwierigkeiten haben, ihre Eindrücke zu ordnen, wenn sie innerhalb von zwei Tagen vier verschiedene Ausstellungen mit mehreren hundert Bildern, Objekten und Collagen gesehen hat. Ökopsychologisch ist somit festzustellen, daß ein Satz der Lerntheorie sich in verschiedenen Situationen bewährt, daß die Erscheinungsform der von ihm beschriebenen Gesetzmäßigkeit aber mit der Situation wechselt.

Verschiedene Situationen – verschiedene Gesetzmäßigkeiten. War im vorangehenden Abschnitt dargestellt, daß in Situationen mit verschiedenem Erscheinungsbild die gleichen Gesetzmäßigkeiten herrschen können, so ist nun der Punkt hervorzuheben, daß in verschiedenen Situationen auch verschiedene Gesetzmäßigkeiten zur Geltung gelangen. Bleiben wir zunächst noch beim Listenlernen. Da ist der Umstand, daß eine Wiederholung ähnlichen Materials zu Lernhemmungen führt, nicht die einzige beobachtbare Gesetzmäßigkeit. Manchmal beobachtet man gleichzeitig auch das Gegenteil: Die Wiederholung ähnlichen Materials führt zur Förderung des Lernens. Wie kommt das? Offenbar bemerken die betroffenen Personen die Gefahr oder das Auftreten von Hemmungen und versuchen, diesen Hemmungen entgegenzuarbeiten. Zum Beispiel können sie Verwechslungen vermeiden, wenn sie sich die Unterschiede zwischen aufeinanderfolgenden Listen besonders klarmachen. Oder indem sie zu neuem Lernstoff erst übergehen, wenn sie sicher sind, den vorangehenden Lernstoff gut genug zu beherrschen. Mit anderen Worten: die Wiederholung ähnlicher Lernaufgaben gibt die Chance, die Lernstrategien zu verbessern. Das bestätigt der Lernpsychologe Walter Kintsch in seiner Zusammenfassung einschlägiger Forschungsergebnisse:

„Gibt man Versuchspersonen unmittelbar hintereinander mehrere Listen zum Lernen, so stellt sich meist von Liste zu Liste eine Steigerung der Behaltensleistung ein; die Versuchspersonen haben gelernt, ‚wie man lernt'."

Eigene Übersetzung aus Kintsch (1977), S. 53.

Dieses „Lernen-wie-man-lernt" (engl. ‚learning to learn') wird nicht in allen Situationen gleich gut glücken. So ist etwa der Selbstversuch mit seinen beiden kurzen Wörterlisten schon zu Ende, bevor der Student aus seinen Schwierigkeiten lernt, den Lernvorgang zu verbessern. Mehr Gelegenheit zu einem „Lernen-lernen" bietet schon der beschriebene Forschungsversuch von Underwood und Richardson mit seinen vielfachen Wiederholungen. Hervorragende Bedingungen zur Entwicklung von Lernstrategien herrschen beim individuellen Besuch der Ausstellungen. Die Besucherin kann zum Beispiel den Besuch jeder Ausstellungsstätte mit einem kurzen Rundgang beginnen. Dabei ergeben sich Einsichten zu folgenden Fragen: „Was gibt es hier Neues?" „Inwiefern ist die Ausstellung hier mit den früher besuchten Ausstellungen vergleichbar?" „Welche Ausstellungsstücke in dieser Ausstellung gehören stilistisch oder historisch zusammen?" Solche Einsichten helfen, der sonst drohenden Verwirrung und Abstumpfung zu begegnen. Der Lernende erhält dadurch Ordnungs- und Vergleichskategorien; er lernt Ähnlichkeiten als Ähnlichkeiten zu erkennen und Unterschiede als Unterschiede. „Lernen-lernen" bedeutet dann: Erfahrungen aus späteren Ausstellungsbesuchen können auf Erfahrungen aus früheren Ausstellungen aufbauen. Wenn Kunstfreunde sich solche Lernstrategien zunutze machen, werden sie nicht mehr von der Überfülle des angebotenen Materials überwältigt; sie sind vielmehr in der Lage, immer mehr Material aufzunehmen, zu vergleichen, einzuordnen und schließlich auch in Erinnerung zu behalten.

Während also das Gesetz der Lernhemmung grundsätzlich in allen Beispielfällen gilt, ist ein zusätzliches „Lernen-lernen" nur im längerdauernden Forschungsversuch und beim Ausstellungsbesuch anzunehmen. Allgemein gilt der ökopsychologische Grundsatz: Psychologische Situationen sind deshalb verschieden zu nennen, weil in ihnen unterschiedlich viele und unterschiedlich geartete psychologische Gesetzmäßigkeiten in Erscheinung treten.

Kulturen als historische und soziale Umwelten. Wenn die Situationen des Studenten, des Versuchsteilnehmers und des Ausstellungsbesuchers – wie oben beschrieben – auch ihre Unterschiede aufweisen, so haben sie doch alle den gleichen kulturellen Hintergrund: Studium, Laborforschung, Kunstausstellung – das sind typische Erscheinungsformen der industriellen (westlichen) Kultur. Man ist oft über die grundlegenden Unterschiede zwischen verschiedenen Kulturen erstaunt. So nimmt beispielsweise in der industriellen Kultur das Rechnen und Zählen einen breiten Raum ein, und als Angehöriger dieser Kultur kann man sich kaum vorstellen, daß Zählen und Rechnen anderswo nutzlose und unübliche Fertigkeiten sein könnten. Trotzdem lassen sich solche Beobachtungen machen. Forscher, welche die Aborigines, die Ureinwohner Australiens aufgesucht haben, konnten bei ihnen zunächst nur einen eingeschränkten Zahlenbegriff feststellen; sie verwendeten keine Zahlen, die über die Drei hinausgingen. Die Vermutung lag nahe, die Intelligenz der Aborigines sei nur schwach ausgebildet, und deshalb seien sie – ähnlich wie kleine Kinder oder schwer Debile in Europa – zum Umgang mit größeren Zahlen nicht fähig. Der Vermutung widersprach jedoch, daß die Aborigines in sehr komplexer Weise zwischen verschiedenen Klassenzugehörigkeiten, Verwandtschaftsgraden und Abstammungsbeziehungen zu unterscheiden wissen; solche Unterscheidungen erfordern wiederum ein hohes Maß an Abstraktions- und Kategorisierungsfähigkeit – und das sind gerade Merkmale hoher Intelligenz. Der Hamburger Psychologe Kurt Pawlik, der die Aborigines selbst besucht hat, verwirft daher die Hypothese von der niedrigen Intelligenz der Aborigines und führt die Begrenzung des Zahlenbegriffs auf die Besonderheit ihres Lebensraums und ihrer Lebensgewohnheiten zurück:

„Da Ackerbau und Viehzucht (abgesehen von der Haltung von Hunden) fehlen, ein fester Wohnplatz nicht gewünscht und auch nicht sinnvoll ist (der Jäger und Sammler folgt dem Wild und dem Jagdgut) und der bewegliche Hausrat in einer Nomadenkultur noch dazu ohne Transporttiere (die dafür domestizierbaren Säuger fehlen in Australien!) naturgemäß kleingehalten wird, existieren in der natürlichen Stammesfamilie selten gleichartige (und des Abzählens werte) Objekte in Mengen von mehr als einigen wenigen Exemplaren. Dies dürfte auch mit der egalitären Besitztumsverwaltung innerhalb der Stammesfamilie zu tun haben und mit der Tatsache, daß den Aborigines traditionsgemäß eine geldartige Zahlungsparität für Tauschgeschäfte fehlt. Diese werden vielmehr auf der Basis von Eheversprechungen (A sagt B eine seiner Töchter oder Enkelinnen als eine (u. U. weitere) Ehefrau zu) ‚verrechnet'."
Pawlik (1976), S. 66.

Solche Beobachtungen haben zu der Forderung geführt, psychische Phänomene seien jeweils in ihrer Einbettung in die zugehörige Kultur zu beschreiben, und die psychologische Theoriebildung habe jeweils einen *Kulturvergleich* einzuschließen. In Deutschland hat sich vor allem Ernst Boesch zum Anwalt dieser Forderung gemacht. Was ist dabei als Kultur zu verstehen? Ein Zusammenhang von geographischen und technischen Gegebenheiten (u. a. Landschaftsform, Bodenbeschaffenheit, Wetter, Industrieanlagen, Verkehrswege), sowie von sozial vereinbarten Konventionen (Erziehungsziele, Eßgewohnheiten, Gesetze u. ä.). Wie bereits Hellpach in seiner oben erwähnten Schrift ausführt, mit welcher die Tradition der Umweltpsychologie begründet wurde, ist die Umwelt des Menschen in mindestens dreifacher Weise bestimmt:

○ Sie ist *regional* begrenzt, umfaßt also bestimmte Gebiete wie Wohnviertel, Städte und Länder.
○ Sie ist *sozial* begrenzt, umfaßt also nur bestimmte Gruppen von Menschen mit hinreichend gleichen Grundvorstellungen, gleicher Sprache und gleichen Lebensgewohnheiten.
○ Sie ist *historisch* begrenzt, bezieht sich also jeweils nur auf den Zustand einer Region in einer bestimmten Epoche, auf Sprache, Vorstellungen und Gewohnheiten sozialer Gruppen innerhalb dieser Epoche. Die historische Begrenztheit einzelner Kulturepochen erlegt der Psychologie Folgeprobleme auf: die Analyse des Wechsels aufeinanderfolgender Kulturepochen, des kulturellen Wandels.

Der wissenschaftlichen Psychologie ist nicht selten der Vorwurf gemacht worden, sie ziehe sich in eigens für sie eingerichtete lebensfremde Laboratorien zurück und verliere den Kontakt zu der Lebenswirklichkeit, die sich in Kulturen und Subkulturen entfalte. Deshalb ist seit mehreren Jahren der Ruf nach der Anwendung „naturalistischer" Untersuchungsmethoden in „natürlichen Umgebungen" laut geworden (zum Beispiel von Edwin P. Willems u. Harald L. Raush 1969). Der Ruf nach der Begründung einer eigenen ökologischen Psychologie (oder: Umweltpsychologie) hat gelegentlich den Eindruck entstehen lassen, in der Psychologie bilde sich eine ökologische und eine nicht-ökologische Richtung heraus.

Demgegenüber hat Carl Graumann (1976) zu Beginn der Phase der Wiederbelebung der ökologischen Tradition in der deutschen Psychologie sich dagegen gewandt, mit der ökologischen Psychologie ein eigenes Fach etablieren zu wollen. Anstatt der ökologischen Psychologie innerhalb der Psychologie eine Sonderrolle zuzuweisen, sei es sinnvoller, den Bezug der bestehenden Fächer und Forschungsrichtungen zur Lebenswirklichkeit zu verstärken und damit der gesamten Psychologie eine ökologische Perspektive zu eröffnen.

Der ökopsychologische Ansatz ist eine faszinierende Herausforderung für die psychologische Forschung. Allerdings ist nach zahlreichen Versuchen, seinen Ansprüchen gerecht zu werden, nicht zu verkennen: Er stellt seinerseits die Forscher vor erhebliche methodische und theoretische Schwierigkeiten (Patry 1982).

Die interdisziplinäre Perspektive

Psychologisch zu nennende Fragestellungen werden nicht nur in der Psychologie abgehandelt, sondern auch in anderen eigenständig organisierten Einzelwissenschaften. Aus diesem Umstand ergeben sich zwischen der Psychologie und zahlreichen anderen Fächern vielfältige Verbindungen. Häufig berufen sich Vertreter anderer Wissenschaften auf Ergebnisse aus der Psychologie und übernehmen ihre Methoden. Auf der anderen Seite suchen Psychologen oft Unterstützung und Ergänzung bei Vertretern anderer Fächer. Die interdisziplinäre Orientierung der Psychologie rührt von mindestens drei Ursachen her: der zentralen Stellung der Psychologie in den Human- und Sozialwissenschaften, ihrem hohen Engagement in verschiedenen Praxisfeldern sowie ihrer starken Verankerung in der naturwissenschaftlich orientierten Methodik.

Als *Human-* und *Sozialwissenschaft* findet sich die Psychologie eng benachbart zur Soziologie, zur Philosophie und zur Biologie. Enge Beziehungen bestehen zu den Spezialdisziplinen innerhalb der Humanwissenschaften, insbesondere den Sprach- und Literaturwissenschaften.

In den *Praxisfeldern, in denen sich Psychologen betätigen,* haben sich bereits auf diese Felder zugeschnittene Wissenschaften etabliert: die Pädagogik im Erziehungs- und Bildungswesen, die Wirtschafts- und Ingenieurwissenschaften im Bereich der Produktionsbetriebe, die Rechtswissenschaften im Bereich der Rechtssprechung und des Strafvollzugs, die Medizin im Bereich des Gesundheitswesens. Mit ihnen allen hat sich inzwischen die Kooperation angebahnt.

Sofern sich Vertreter der Psychologie das Vorgehen der *Naturwissenschaften* zum Vorbild genommen haben, beschäftigen sie sich vor allem mit deren Meß- und Auswertungstechniken. So haben physikalische Meßmethoden Eingang in die Psychologie gefunden. Und in einigen Bereichen haben mathematische Methoden, insbesondere statistische Auswertungsverfahren eine erhebliche Bedeutung gewonnen. Mit dem Ausbau der Computerwissenschaften wächst auch der Einfluß der Informatik in der Psychologie.

Für die Psychologie ist es eine Gewissensfrage, ob sie sich von anderen Fächern abschließen und ihren eigenen Weg gehen will oder ob sie den Kontakt mit anderen Disziplinen sucht. Gegenwärtig scheint die Bereitschaft zur Kooperation auf seiten der Psychologen groß zu sein. Zumindest hat man den Eindruck: Mit ihrer selbst gewählten Rolle als zentrale Humanwissenschaft hat sich die Psychologie in Forschung und Praxis so sehr belastet, daß sie nun auf vielseitige Kooperation angewiesen ist, um ihren Aufgaben gerecht zu werden.

Mitunter plagt die Vertreter der Psychologie die Sorge, ob sie bereits bei dem gegenwärtigen Entwicklungsstand ihres Faches als gleichberechtigte Partner gegenüber Vertretern lange etablierter Fächer bestehen können. Auf der anderen Seite entwerfen sie wieder selbstbewußte Utopien: Der Psychologie komme im Verbund der Humanwissenschaften eine Mittlerrolle zu, oder gar: die Psychologie bilde den Kern einer sich in absehbarer Zeit herausbildenden Einheitswissenschaft vom Menschen. So spekuliert etwa Webb (1970) über die Möglichkeit, weite Bereiche von Universitäten zu gigantischen Psychologischen Fachbereichen umzugestalten (vgl. auch Groeben 1972, Hummel u. Opp 1971).

Man mag die zukünftige Wissenschaftsentwicklung unterschiedlich einschätzen. Aber eines dürfte doch feststehen: daß die interdisziplinäre Perspektive in der Psychologie unverzichtbar ist. Sie erwächst einerseits aus der Fülle theoretischer und methodischer Probleme, denen sich die Psychologie stellt, andererseits aus ihrer ökologischen und praktischen Orientierung. Sie muß auch Erfahrungen nutzen, die außerhalb ihrer eigenen Grenzen gewonnen wurden und selbst bereit sein, eigene Einsichten an Vertreter anderer Disziplinen weiterzugeben.

Zusammenfassung

1. Als eigenständiges akademisches Fach etabliert sich die Psychologie in Deutschland seit der zweiten Hälfte des 19. Jahrhunderts.
2. Die Theorie- und Forschungsentwicklung in der Psychologie ist unter der historischen Perspektive zu sehen. In ihr spiegelt sich die politische und kulturelle Geschichte. Bei der Beurteilung einzelner Forscherpersönlichkeiten sind die Einflüsse der fachwissenschaftlichen Tradition zu berücksichtigen.
3. Unter der ökologischen Perspektive wird der Einfluß der jeweiligen Situation in Rechnung gestellt. Je nach Situation können die gleichen Gesetzmäßigkeiten in verschiedener Form zur Geltung gelangen oder überhaupt verschiedene Gesetzmäßigkeiten in Erscheinung treten.
4. Die Psychologie ist weiterhin unter einer interdisziplinären Perspektive zu sehen. So tritt sie in Beziehung mit anderen Human- und Sozialwissenschaften (z. B. Soziologie, Sprachwissenschaften), mit den auf die großen Praxisfelder gerichteten Wissenschaften (wie Pädagogik, Wirtschafts- und Rechtswissenschaften) sowie mit den thematisch und methodisch für sie bedeutsamen Fächern der Mathematik und der Naturwissenschaften (z. B. Informatik, Physik, Biologie).

Literaturhinweise

Jacobsohn, H.: Das Gespräch eines Lebensmüden mit seinem Ba. In: Jacobsohn, H., Franz, M.-L. von u. Hornwitz, S. (Hg.): Zeitlose Dokumente der Seele. Zürich: Rascher 1952

Paulsen, F.: Geschichte des gelehrten Unterrichts auf den deutschen Schulen und Universitäten vom Ausgang des Mittelalters bis zur Gegenwart. Berlin: De Gruyter 1965

Harper, R. S.: The first psychological laboratory. Isis 41 (1950), 158–161

Ebbinghaus, H.: Abriß der Psychologie. Leipzig: Veit 1908

Frenkel-Brunswik, E., Adorno, T. W., Levison, D. J. u. a.: The authoritarian personality. New York: Harper 1950

Jaensch, E. R.: Wozu Psychologie? Eröffnungsrede des Vorsitzenden, gehalten in der Weihehalle des Hauses deutscher Erziehung. In: Klemm, O. (Hg.): Charakter und Erziehung. Bericht über den 16. Kongress der Deutschen Gesellschaft für Psychologie. Leipzig: Barth 1939

Lück, H. E.: Prosoziales Verhalten. Köln: Kiepenheuer u. Witsch 1975

Wacker, A. (Hg.): Vom Schock zum Fatalismus? Frankfurt: Campus 1978

Jones, E.: Das Leben und Werk Sigmund Freuds. 3 Bände. Bern: Huber 1960–1962

Nietzsche, F.: Jenseits von Gut und Böse. Leipzig: Kröner 1930 (Erstausgabe 1885)

Nietzsche, F.: Wille zur Macht. Förster-Nietzsche, E. u. Gast, P. (Hg.). Leipzig: Kröner 1930 (posthum)

Schopenhauer, A.: Die Welt als Wille und Vorstellung. 2 Bände. Stuttgart: Cotta-Insel 1960 (Erstausgabe 1818)

Freud, S.: Jenseits des Lustprinzips. Gesammelte Werke Bd. 13. Frankfurt: Fischer 1972 (Erstausgabe 1920)

Freud, S.: Zur Geschichte der psychoanalytischen Bewegung. Gesammelte Werke Bd. 10. Frankfurt: Fischer 1969 (Erstausgabe 1914)

Hellpach, W.: Psychologie der Umwelt. In: Abderhalden, E. (Hg.): Handbuch der biologischen Arbeitsmethoden. Abt. VI, Teil C, Heft 3. Wien: Urban u. Schwarzenberg 1924

Kugemann, W.: Lern- und Studientechniken. Erlangen: Fernstudium im Medienverbund (Psychologie) 1980

Underwood, B. J. u. Richardson, J.: Studies of distributed practice: XIII. Interlist interference and the retention of serial nonsense lists. Journal of Experimental Psychology 50 (1955), 39–46

Kintsch, W.: Memory and cognition. New York: Wiley 1977. (Dt.: Gedächtnis und Kognition. Berlin: Springer 1982)

Pawlik, K.: Ökologische Validität. Ein Beispiel aus der Kulturvergleichsforschung. In: Kaminski, G. (Hg.): Umweltpsychologie. Stuttgart: Klett 1976, 59–72

Boesch, E. E.: Zwischen zwei Wirklichkeiten. Prolegomena zu einer ökologischen Psychologie. Bern: Huber 1971

Willems, E. P. u. Raush, H. L. (Hg.): Naturalistic viewpoints in psychological research. New York: Holt 1969

Graumann, C. F.: Die ökologische Fragestellung – 50 Jahre nach Hellpachs ‚Psychologie der Umwelt'. In: Kaminski, G. (Hg.): Umweltpsychologie. Stuttgart: Klett 1976, 20–25

Patry, J.-L. (Hg.): Feldforschung. Bern: Huber 1982

Groeben, N.: Literaturpsychologie. Stuttgart: Kohlhammer 1972

Hummel, H. J. u. Opp, H. D.: Die Reduzierbarkeit von Soziologie auf Psychologie. Braunschweig: Vieweg 1971

Webb, W. W.: The university-wide department of psychology model. American Psychologist 25 (1970), 424–427

Ausgewählte Literatur zur Ergänzung und Vertiefung

Brožek, J. u. Pongratz, L. J.: Historiography of modern psychology. Göttingen: Hogrefe 1980
(Übersicht über die Probleme der Geschichtsschreibung in der Psychologie).

Kaminski, G. (Hg.): Umweltpsychologie. Perspektiven – Probleme – Praxis. Stuttgart: Klett 1976
(Sammelband mit Beiträgen zur ökologischen Forschung).

Laucken, U. u. Schick, A.: Einführung in das Studium der Psychologie. Stuttgart: Klett-Cotta 1978
(Einstimmung in Studieninhalte, Angaben zur Studienorganisation, bibliographische Hinweise).

Mehrabian, A.: Public places and private spaces. New York: Basic Books 1976. (Dt.: Räume des Alltags. Frankfurt a. M.: Campus 1978)
(Über den Einfluß der Umwelt bei der Arbeit und in der Freizeit).

Pongratz, L. J., Traxel, W. u. Wehner, E. G.: Psychologie in Selbstdarstellungen. Bern/Stuttgart: Huber, Bd. 1 (1972), Bd. 2 (1979)
(Eine lebendige Darstellung der neueren Geschichte der Psychologie im deutschen Sprachraum anhand kurzer Autobiographien bekannter Wissenschaftler).

Schultz, D.: A history of modern psychology. New York: Academic Press 1981
(Geschichte der Psychologie in Europa und Amerika, die auch neuere Entwicklungen berücksichtigt).

Sexton, V. S. u. Misiak, H.: Psychology around the world. Monterey: Brooks and Cole 1976.
(Internationaler Stand psychologischer Lehre, Forschung und Praxis)

Thomae, H.: Psychologie in der modernen Gesellschaft. Hamburg: Hoffmann und Campe 1977
(Stellung und Aufgaben der heutigen Psychologie).

Kapitel 2

Theoretische Richtungen und methodische Ansätze

Kognitivismus, Tiefenpsychologie, Behaviorismus als beherrschende theoretische Richtungen in der modernen Psychologie
Ihre theoretischen Grundprinzipien
Ihre bevorzugte Methodik
Die von ihnen gestützte Praxis

Das sind die zentralen Themen des zweiten Kapitels. Das Kapitel geht von der Voraussetzung aus, der Spielraum für theoretische Aussagen in der Psychologie sei im wesentlichen durch drei theoretische Positionen abgesteckt: durch den Kognitivismus, der den Menschen als ein vernunftbegabtes und selbstverantwortliches Wesen behandelt, durch die Tiefenpsychologie mit ihrer Betonung unbewußter Triebkräfte und durch den Behaviorismus, der das Studium des Menschen auf exakte Verhaltensbeschreibungen zu beschränken trachtet. Man erkennt leicht: In den theoretischen Sätzen und methodischen Anweisungen der drei verschiedenen Richtungen treten unterschiedliche Menschenbilder zutage. Und ein Blick in die Philosophiegeschichte lehrt: Die drei großen Richtungen der modernen Psychologie wurzeln in alten Denktraditionen.

Manchem wird die Zusammenfassung zu nur drei Richtungen als unzulässige Vereinfachung erscheinen. Von anderen aber wird die Vielfalt theoretischer Ansätze oft als Ärgernis empfunden. Aus dieser Empfindung entspringt die Frage: Braucht man denn in der Psychologie so viele Theorien? Können sich denn die Psychologen nicht auf eine einzige richtige Theorie einigen? Tatsächlich mag es manchmal ein Zuviel an konkurrierenden Theorien geben. Aber – wie ein Abschnitt dieses Kapitels zeigen soll – es läßt sich der Theorienvielfalt auch ein guter Sinn abgewinnen.

Über Theorien im Allgemeinen

Theorie und Empirie

In Wissenschaften wie der Psychologie erweist es sich als sinnvoll, Theorie und Empirie zu trennen. Empirie (griech. ‚empeiria') heißt nichts anderes als Erfahrung. Der empirische Gehalt eines Faches ergibt sich aus der Menge konkreter Beobachtungen, über die ein Fach verfügt. Dazu gehören Ergebnisse von Messungen und Zählungen, wie sie in Tabellen zusammengefaßt sind (z. B. Statistiken von Eßgewohnheiten), aber auch Beschreibungen von Sachverhalten, die sich nicht in Maß und Zahl ausdrücken lassen (z. B. das Erlebnis des Sonnenuntergangs). Unter einer Theorie (von griech. ‚theoria') versteht man dagegen eine (von konkreter Erfahrung abhebbare) Ansicht, eine Betrachtungsweise, eine Meinung.

Es ist umstritten, wie weit in der Wissenschaft Theorie und Empirie übereinzustimmen haben bzw. sich tatsächlich decken. Ein Extremstandpunkt ist, daß in theoretischen Aussagen nur das zum Ausdruck kommen darf, was vorher durch Beobachtungen gesichert worden ist. Die Theorie wird dann zu einer Sammlung von Beobachtungsprotokollen. Diesen strengen Standpunkt nennt man *positivistisch;* er wurde in diesem Jahrhundert insbesondere von den Philosophen des sog. Wiener Kreises um Moritz Schlick (1918) und Rudolf Carnap (1932) vertreten. Im stärksten Gegensatz dazu steht der Standpunkt, die Entwicklung einer Theorie stelle eine geistige Leistung dar und bedürfe nicht der exakt protokollierenden Beobachtung, ja werde durch solche Erfahrung mitunter sogar aufgehalten und eingeengt, weil sie sich nur auf das Bestehende richte und damit daran hindere, im Denken über das Bestehende hinauszugelangen (vgl. etwa Habermas 1969).

Mittelpositionen betonen die *Wechselbeziehung zwischen Theorie und Empirie.* Theorie leite an bei der Auswahl und Anlage von Beobachtungen, Empirie helfe dagegen bei der Entscheidung, welche Sätze in eine Theorie aufzunehmen seien (vgl. Bunge 1967). Entsprechend bemühen sich Vertreter von Mittelpositionen um eine Widerspruchsfreiheit zwischen theoretischen Aussagen und empirischen Daten. Die Theorie erscheint bei ihnen als eine Darstellung von Sachverhalten, die weiter gefaßt ist als die empirischen Befunde. Dabei gilt: Theorien

- verallgemeinern die Beobachtungsdaten (vor allem über Personen, Zeiten und Situationen),
- überbrücken Lücken zwischen Beobachtungsdaten,
- ordnen die Beobachtungsdaten in größere Deutungs- und Erklärungszusammenhänge ein.

Geltungsbreite von Theorien

Manche Theorien in der Psychologie beanspruchen einen recht breiten Geltungsbereich; andere sind auf einen vergleichsweise engen Geltungsbereich zugeschnitten. Vergleichsweise eng zugeschnitten ist etwa die Aussage von Michael O'Mahony und Margaret Brown:

„... Witze, die in einer Serie kleiner Späße eingebettet sind, werden als komischer empfunden als einzeln vorgetragene Witze."
(Eigene Übersetzung aus O'Mahony und Brown 1977, S. 253.)

Die Autoren führen dieses Phänomen auf eine Humoranregung (humorous arousal) zurück, die sich von Witz zu Witz steigert und spätere Witze komischer erscheinen läßt als die ihnen vorangehenden. Es handelt sich dabei um eine Verallgemeinerung, die recht nahe an den Beobachtungsdaten bleibt. Die Theorie der Humoranregung von O'Mahony und Brown will keine größeren gedanklichen Perspektiven vermitteln, sondern bescheidet sich mit der Aufklärung eines vergleichsweise engen Wirklichkeitsbereichs, nämlich der Reaktion auf Witzserien.

Deutlich höher im Allgemeinheitsgrad, in der Abstraktion gegenüber Beobachtungsdaten und in dem Anwendungsbereich ist die Theorie des Sozialvergleichs von Festinger. Hier die Kernsätze daraus:

„Im menschlichen Organismus existiert ein Trieb, die eigenen Meinungen und Fähigkeiten zu bewerten. Zunächst neigen die Menschen dazu, die Bewertung an objektiven Gegebenheiten zu orientieren. Wenn kein objektiver Bezugsrahmen vorhanden ist, werden soziale Maßstäbe (durch Vergleich mit Meinungen und Fähigkeiten anderer) herangezogen".

(Eigene Übersetzung aus Festinger 1954, S. 117 ff.)

Festinger macht hier eine vergleichsweise spezielle Aussage, die sich auf eine Tendenz zur Bewertung zweier Gegebenheiten bezieht: der eigenen Meinungen und der eigenen Fähigkeiten. Die Theorie erhellt beispielsweise, warum Schüler sich nicht nur für die eigenen Noten interessieren, sondern auch für die Noten der Klassenkameraden. Aber die Theorie macht auch plausibel, warum Bürger einer Stadt die Leistung ihres Bürgermeisters nicht nur an ihrem persönlichen Wohlergehen messen, sondern auch an dem Zustand ihrer Nachbarstädte. Die Aussage von Festinger – übrigens einer der einflußreichsten amerikanischen Sozialpsychologen – hat nicht nur Bedeutung für die Entstehung von Urteilen, sondern auch für die Bildung und den Bestand von Arbeitsgruppen, bei der Wahl von Aufgaben und bei der Formung des Selbstbildes.

Noch weiter geht der Geltungsanspruch in dem folgenden Zitat:

„Wer das Problem lösen will, wie das Psychische entstanden ist, muß mit der Analyse der Lebensbedingungen und des materiellen Lebensprozesses beginnen.

Nun entsteht das Psychische auf einer bestimmten Entwicklungsstufe nicht zufällig, sondern notwendig und gesetzmäßig. Wodurch wird das Entstehen notwendig? Die Antwort auf diese Frage liegt auf der Hand. Ist das Psychische nicht eine rein subjektive Erscheinung, sondern eine Eigenschaft, der reale Bedeutung im Leben zukommt, ist es nicht nur ein ‚Epiphänomen' objektiver Prozesse, dann wird die Notwendigkeit seines Entstehens durch die Entwicklung des Lebens bestimmt, dessen komplizierte Bedingungen von den Organismen die Fähigkeit erfordern, die objektive Realität in Form einfacher Empfindungen widerzuspiegeln. Das Psychische gesellt sich nicht einfach zu den Lebensfunktionen des Organismus, sondern stellt – indem es im Laufe ihrer Entwicklung entsteht – den Beginn einer qualitativ neuen Form des Lebens dar, eines Lebens, das durch die Fähigkeit gekennzeichnet ist, die objektive Realität widerzuspiegeln.

Wer daher den Ursprung von der lebenden aber unbeseelten Materie zur lebenden, mit dem Psychischen ausgestatteten Materie erschließen will, darf nicht von den inneren subjektiven Zuständen ausgehen und sie losgelöst von der Lebenstätigkeit des Subjekts betrachten; er darf sich auch nicht auf das Verhalten konzentrieren und es getrennt vom Psychischen sehen. Er muß vielmehr stets die Einheit des Psychischen und die Tätigkeit des Subjekts im Auge behalten und deren innere wechselseitige Verbindungen und Wandlungen zu erschließen trachten".

(Leontjew 1973/1959, S. 22).

Diese Aussagen sind nun stark abgehoben von allen konkreten Beobachtungen und sollen den unterschiedlichsten Anwendungssituationen gerecht werden. Deshalb sind sie auch vergleichsweise schwer zu verstehen. Was der Autor Alexej Nikolajewitsch Leontjew (1904–1979), Professor für Psychologie an der Universität Moskau, damit sagen will, ist knapp das folgende: Menschen und Tiere leben in einer materiellen Welt und sind selbst körperliche Wesen. Im Laufe der Entwicklungsgeschichte bildet sich eine psychische Funktion heraus, indem die Lebewesen ihre Umgebung – immer noch als körperliche Wesen – in sich abbilden (z. B. durch die Erregungsmuster in ihrem Gehirn). Diese Abbildung („Widerspiegelung") der Realität im Organismus ist nicht beliebig, sondern richtet sich nach den Lebens- und Handlungszielen (frei für: „Lebenstätigkeit") der betroffenen Organismen.

Was Leontjew hier versucht, ist eine Erklärung des Psychischen im Rahmen der Philosophie des Materialismus, wie sie von Autoren wie Ludwig Feuerbach (1804–1872) und Karl Marx (1818–1883) ausgearbeitet wurde. Eine Philosophie, deren Aussagen auch für andere Einzelwissenschaften Geltung beansprucht – wie etwa die Biologie. Die Grundthese des Materialismus: Die gesamte Wirklichkeit ist als Materie aufzufassen; Phänomene wie das Bewußtsein, das Leben, der Geist, die Kultur bestehen nicht eigenständig, sondern sind aus der Materie abgeleitet. Es handelt sich hier also um eine – weit über die Psychologie in ihrer gegenwärtigen Thematik hinausgehende – Weltkonzeption.

In derartigen Weltkonzeptionen begegnet der Theorietypus mit der größten Geltungsbreite und der höchsten Abstraktion. Er ist fächerübergreifend und insofern nicht mehr allein der Psychologie als einer Einzelwissenschaft zuzurechnen.

Es bietet sich an, nach dem Merkmal der Geltungsbreite mindestens drei *Arten von Theorien* zu unterscheiden:

○ Die „großen" *Philosophien und Weltkonzeptionen;* sie sind fächerübergreifend angelegt und beanspruchen prinzipiell Geltung für alle Phänomene, die innerhalb der Einzelfächer behandelt werden. (Beispiele sind der Materialismus oder der in Kapitel 1 erwähnte Leib-Seele-Dualismus.)

○ Grundlegende *theoretische Richtungen innerhalb einzelner Wissenschaften* (darunter auch der Psychologie); innerhalb ihrer Wissenschaft sind sie als grundlegend zu bezeichnen, weil sie für viele, wenn nicht für alle innerhalb dieser Wissenschaft behandelten Phänomene Geltung beanspruchen. (Als solche grundlegenden theoretischen Richtungen erscheinen in den folgenden Abschnitten für die wissenschaftliche Psychologie: der Kognitivismus, die Psychoanalyse, der Behaviorismus.)

○ *Spezifische fachwissenschaftliche* (darunter auch psychologische) *Beschreibungs- und Erklärungsansätze,* die lediglich für einen begrenzten Phänomenbereich innerhalb einer Einzelwissenschaft Geltung beanspruchen. (Als Beispiele wurden hierzu genannt: die vergleichsweise eng zugeschnittene Theorie der Humoranregung von O'Mahony und Brown sowie die vergleichsweise breit anwendbare Theorie des Sozialvergleichs von Festinger).

Es versteht sich nach den vorangegangenen Erläuterungen, daß die Grenzen zwischen den hier aufgeführten Theorienarten fließend sind und die hier vorgeschlagene Dreierklassifikation die tatsächlich vorhandenen feineren Übergänge nur in grober Abstufung wiedergibt.

Hohe Gedanken

Vor der Überschätzung theoretischer Konzeptionen warnt der Schriftsteller und Zeichner Wilhelm Busch (1832–1908) in seinem Gedichtband „Kritik des Herzens":

Es wohnen die hohen Gedanken
in einem hohen Haus.
Ich klopfe, doch immer hieß es:
die Herrschaft fuhr eben aus!

Nun klopf ich ganz bescheiden
bei kleineren Leuten an.
Ein Stückel Brot, ein Groschen
ernähren auch ihren Mann.

Aus: W. Busch: Kritik des Herzens. Heidelberg: Bassermann 1874.

Die Frage liegt nahe: *In welchem Verhältnis stehen Theorien verschiedener Geltungsbreite?* Eignen sich Psychologen (vielleicht sogar unversehens in ihrer Kindheit und Jugend) bestimmte philosophische Grundpositionen an und leiten daraus später (möglicherweise wieder, ohne dessen gewahr zu werden) in immer stärkerer Einengung und Konkretisierung ihre fachspezifischen Meinungen ab? Oder ist es umgekehrt: Erwerben sie erst handfeste Einsichten über enge Phänomenbereiche und fassen diese nach und nach zu immer breiteren und allgemeineren Theorien zusammen, bis sie zu einer grundlegenden Weltkonzeption gelangt sind? Beide Fragen erscheinen berechtigt. Große philosophische Konzeptionen nehmen Einfluß auf fachspezifische Theorien; in umgekehrter Richtung bereichern fachspezifische Theorien die übergreifenden Philosophien. Zwischen Theorien mit hohem Geltungsbereich (bzw. hoher Allgemeinheit) einerseits und Theorien mit niedrigem Geltungsbereich (bzw. niedrigem Allgemeinheitsgrad) scheint somit eine Wechselbeziehung zu bestehen (vgl. Klaus 1958).

Gibt es in der Psychologie zu viele Theorien?

In der Psychologie gibt es zahlreiche Theorien unterschiedlichen Inhalts und Geltungsanspruchs. Die meisten von ihnen lassen sich zu Gruppen zusammenfassen und (uneingeschränkt oder tendenziell) einigen wenigen Richtungen zuordnen. Als die drei breitesten und gegenwärtig einflußreichsten Richtungen sollen im folgenden – wie bereits erwähnt – eingeführt werden: der Kognitivismus, der Behaviorismus, die Psychoanalyse.

Orthodoxe Verfechter dieser drei Richtungen neigen zu zwei Haltungen: Sie nehmen die Arbeit anderer Richtungen nicht zur Kenntnis oder sie bestreiten deren Wert. Sowohl das beziehungslose Nebeneinander unterschiedlicher Richtungen als auch ihre Zwistigkeiten stürzen Fachkollegen und interessierte Laien, vor allem wenn sie sich keiner der Richtungen fest zugehörig fühlen, in Zweifel und Konflikte. Deshalb werden oft die Fragen laut: Warum gibt es in der Psychologie so viele Theorien? Können sich die Psychologen nicht auf eine theoretische Richtung einigen? Kann man nicht – etwa durch ein neutrales Schiedsgericht – die beste Theorie herausfinden?

Mit solchen Forderungen hat es freilich seine Schwierigkeit. Das Drängen nach einem *Theoriemonismus*, d. h. nach einer Einheitstheorie innerhalb der Psychologie wurzelt nämlich in zwei Grundannahmen: erstens, die Psychologie besitze einen einheitlichen Gegenstand, und zweitens, die Wahrheit über diesen Gegenstand sei unteilbar. Solchen Grundannahmen begegnet die moderne Wissenschaftstheorie allerdings mit großer Skepsis. Der ungarische Wissenschaftstheoretiker Lakatos (1970) beschreibt auf der einen Seite die Schwierigkeiten, die Falschheit einer Theorie nachzuweisen, auf der anderen Seite die Fülle sich anbietender Forschungsansätze in den einzelnen Wissenschaften. Die Einzelwissenschaften seien nicht durch einen festen Forschungsauftrag zu bestimmen, sondern durch das Tun der sich zu ihnen bekennenden Wissenschaftler, durch ihre *Forschungsprogramme.* Der Zusammenhang zwischen den Forschungsprogrammen einer Wissenschaft könne dabei locker sein; Anfang und Ende von Programmen sei von historischen und sozialen Bedingungen mitbestimmt und brauche keiner fachsystematischen Entfaltungslogik zu folgen.

Die Programme einer Wissenschaft lassen sich dabei nach zwei Gegebenheiten gliedern:
- ○ nach Problemfeldern (Domänen) und
- ○ nach Erklärungsansätzen (Paradigmen).

Unter *Problemfeldern* oder *Domänen* versteht man nach Shapere (1974) bestimmte Themengebiete oder Erscheinungen, die Fragen für die Forschung aufwerfen (in der Physik etwa das Thema der Elektrizität oder das Thema der Schwerkraft). Der Begriff des *Paradigmas* (vom griech. ‚paradigma' – Vorbild) stammt von Kuhn (1962) und bezeichnet die Anwendung eines bestimmten Untersuchungs- und Deutungsprinzips in einem Problemfeld (z. B. in der Geschichte der Physik die Wellentheorie und die Korpuskeltheorie des Lichts).

Diese allgemeine Charakterisierung scheint auch für die Psychologie zuzutreffen. Der deutsche Psychologe Theo Herrmann (1976, besonders S. 29 ff.) sieht in der Psychologie ebenfalls eine Fülle von Forschungsprogrammen. Die Programme seien einerseits auf bestimmte Domänen zugeschnitten (z. B. auf das Problem der Angst, das Problem der Intelligenz, das Problem der Farbwahrnehmung, das Problem des Erziehungsstils); andererseits folgten sie bestimmten Erklärungsprinzipien (Herrmann nennt als Beispiel hierfür die auf S. 39 noch einzuführende Gestalttheorie). Zu einer Einheit fügten sich diese Programme nicht zusammen; man müsse sie als ein „Netz", ein „Geflecht" betrachten und sich auf eine Vielfalt theoretischer Aussagen einstellen. Diese Aussagen können durchaus miteinander in Konkurrenz treten; dies geschieht immer dann, wenn verschiedene Paradigmen auf dasselbe Problemfeld angewandt werden. Verschiedene Paradigmen können aber grundsätzlich nicht in Konkurrenz zueinander treten, solange sie sich auf verschiedene Problemfelder beziehen.

Welche Rolle spielen aus dieser Sicht die drei großen, im folgenden noch eingehender vorzustellenden Theorierichtungen der Psychologie – der Kognitivismus, die Tiefenpsychologie und der Behaviorismus? Stellen sie unterschiedliche Paradigmen dar, die auf jedwedem psychologischen Problemfeld um die rechte Erklärung wetteifern können? Oder beschränkt sich jede von ihnen auf ein eigenes Problemfeld, so daß eigentlich gar keine Konkurrenz zwischen ihnen entsteht? Vielleicht trifft auch beides gleichzeitig zu: die drei Richtungen haben zunächst verschiedene Domänen gewählt – der Kognitivismus das Bewußtsein, die Tiefenpsychologie das Unbewußte, der Behaviorismus das beobachtbare Verhalten. In Konkurrenz treten die verschiedenen Richtungen erst, indem sie darum streiten, wessen Domäne ein Problemfeld überhaupt ist und wessen Erklärungsansatz daraufhin gelten soll. So ist es durchaus strittig, wie weit die Eltern-Kind-Beziehung über das Bewußtsein der Betroffenen hergestellt wird, über ihr Unbewußtes oder über ihr wechselseitiges Verhalten mit dessen Folgen (dies soll ein Fallbeispiel sogleich veranschaulichen).

Angesichts des gegenwärtigen Zustands der Psychologie erscheint der Wunsch nach einer Vereinheitlichung psychologischer Theorien unrealistisch. Die Konsequenz daraus ist: Wer sich der Psychologie widmet, muß grundsätzlich auch für die Vielfalt ihrer Theorien offen bleiben. Man kann (wie Herrmann 1979) verschiedene Paradigmen als Instrumente zur Lösung wissenschaftlicher und praktischer Probleme begreifen; die Einschätzung der verschiedenen Paradigmen wird sich dann nach ihrer Bewährung in verschiedenen Problemfeldern richten.

Zusammenfassung

1. In Wissenschaften wie der Psychologie ist Empirie (d. h. die Summe der durch Beobachtung gewonnenen Erfahrungen) von Theorie (d. h. die Summe der Ansichten über Sachverhalte und deren Zusammenhang) zu trennen. Das Verhältnis von Empirie und Theorie ist Gegenstand eigener Diskussionen.
2. Theorien kann man grob einteilen in fächerübergreifende philosophische Weltkonzeptionen (z. B. Materialismus), grundlegende fachspezifische (darunter psychologische) theoretische Richtungen (z. B. Psychoanalyse) sowie – innerhalb einzelner Fächer (wie der Psychologie) – spezielle Theorien zu vergleichsweise engen Phänomenbereichen (z. B. Theorie des Sozialvergleichs).
3. Die Vielzahl sich widersprechender und befehdender Theorien in der Psychologie wird oft als Ärgernis empfunden. Daraus erwächst die Forderung nach Einigung über eine einzige wahre Theorie. Diese Forderung wird jedoch angesichts der Vielzahl von Problemfeldern und Erklärungsansätzen in der Psychologie von maßgebenden Wissenschaftstheoretikern für unrealistisch gehalten.

Literaturhinweise

Schlick, M.: Allgemeine Erkenntnislehre. Berlin: Springer 1918

Carnap, R.: Psychologie in physikalischer Sprache. Erkenntnis 3 (1932), 107–142

Habermas, J.: Analytische Wissenschaftstheorie und Dialektik. In: Adorno, Th. W., Dahrendorf, R., Pilot, H. u. a.: Der Positivismusstreit in der deutschen Soziologie. Neuwied: Luchterhand 1969, 155–191

Bunge, M.: Scientific Research. 2 Bände. Berlin: Springer 1967

O'Mahony, M. u. Brown, M.: The interstimulus humour effect. European Journal of Social Psychology 7 (1977), 253–257

Leontjew, A. N.: Probleme der Entwicklung des Psychischen. Frankfurt: Athenäum Fischer 1973 (Erstausgabe: Moskau 1959)

Festinger, L.: A theory of social comparison processes. Human Relations 7 (1954), 117–140

Feuerbach, L.: Grundsätze der Philosophie der Zukunft. In: Werke. Schuffenhaul, W. (Hg.). Berlin: Akademie Verlag 1909 (Erstausgabe 1843)

Marx, K.: Das Kapital. In: Marx, K. u. Engels, F.: Werke Bd. 23. Berlin: Dietz 1962 (Erstausgabe 1867)

Klaus, G.: Beiträge zu philosophischen Problemen der Einzelwissenschaften. Berlin: Akademie Verlag 1958

Lakatos, I.: Falsification and the methodology of scientific research programs. In: Lakatos, I. u. Musgrave, A. (Hg.): Criticism and the growth of knowledge. Cambridge: University Press 1970, 91–195. (Dt.: Falsifikation und die Methodologie wissenschaftlicher Forschungsprogramme. In: Lakatos, I. u. Musgrave, A. (Hg.): Kritik und Erkenntnisfortschritt. Braunschweig: Vieweg 1974, 89–189

Shapere, D.: Scientific theories and their domains. In: Suppe, F. (Hg.): The structure of scientific theories. Urbana/Illinois: University Press 1974, 518–565

Kuhn, T. S.: The structure of scientific revolutions. Chicago: University Press 1962. (Dt.: Die Struktur wissenschaftlicher Revolutionen. Frankfurt: Suhrkamp 1967)

Herrmann, Th.: Die Psychologie und ihre Forschungsprogramme. Göttingen: Hogrefe 1976

Herrmann, Th.: Psychologie als Problem. Stuttgart: Klett-Cotta 1979

Kognitivistische Richtungen

Ein jugendlicher Ausreisser.

Jan, 15 Jahre alt, wird von der Polizei 50 km von seinem Wohnort entfernt in verwahrlostem Zustand aufgefunden. Vier Tage vorher war er von zu Hause ausgerissen. Kurz davor war bekannt geworden, daß er bei zwei Schulkameraden kleinere Geldbeträge entwendet hatte.

Die Eltern zeigten sich sehr besorgt und stellten eine Vermißtenanzeige. Es ist nicht das erste Mal, daß Jan auffällig wird. Er wird zunächst in einem Heim für Jugendliche untergebracht. Jan's Eltern – der Vater ist von Beruf Architekt – reisen an und wollen ihren Jungen wieder nach Hause holen. Der Heimpsychologe untersucht Jan und unterhält sich mit seinen Eltern. Da die Familienverhältnisse in Jans Elternshaus geordnet sind, bestehen keine Bedenken, Jan nach Hause zu entlassen.

Da aber Jan nun mehrfach Diebstähle begangen hat und von zu Hause ausgerissen ist, ist eine ausführliche psychologische Beratung der Familie nötig. Und das ist die Diagnose des Psychologen: Jan hat ein recht hohes Selbstbewußtsein, gepaart mit einem erheblichen Drang nach Selbständigkeit. Er ist egozentrisch und betrachtet seine Eltern und Freunde vorzugsweise als Mittel zur Erfüllung seiner Zwecke. Dabei trifft er in seinem Vater auf einen starken Partner. Der Vater hat feste Vorstellungen von der Zukunft seines Sohnes und den erstrebenswerten Erziehungszielen und läßt keine Gelegenheit aus, auf Jan erzieherisch Einfluß zu nehmen. Kurzum: Der Junge befindet sich in einer Ablösungskrise. Seine Bedürfnisse, sein Leben nach eigener Entscheidung zu gestalten, sind bereits stark ausgeprägt. Der Vater kann oder will dem Jungen nicht den gewünschten Freiraum gestatten. Deshalb entwickelt der Junge Symptome von Reaktanz.

Reaktanz – das ist ein Begriff, den der amerikanische Sozialpsychologe Jack Brehm eingeführt hat. Reaktanz ist die Gegenwehr, welche einsetzt, wenn sich ein Individuum in seinem Freiheitsraum unangemessen eingeengt sieht. Jan wehrt sich möglicherweise gegen die erlebte Einengung seiner Freiheit, indem er sonst sinnlose Handlungen vollzieht wie Stehlen und Davonlaufen. Dabei interessiert ihn nicht der Wert des Geldes, und auch das Fernsein als solches hat keinen besonderen Reiz für ihn. Die mit dem Stehlen und Weglaufen verbundene Verletzung von väterlichen Geboten und Erziehungsregeln geben ihm lediglich die Gewißheit, noch Herr seiner Entschlüsse und nicht hoffnungslos abhängig zu sein.

Was wird der Psychologe nun den Eltern für Ratschläge geben? Offensichtlich unterstellt er in seiner Diagnose eine mißglückte Verständigung zwischen Vater und Sohn. Deshalb wird es Ziel der Therapie sein müssen, die Verständigung vor allem zwischen Jan und seinem Vater zu verbessern. So wird er sich bemühen, beim Vater Verständnis für die Selbständigkeitsbestrebungen seines Sohnes zu wecken. Dem Sohn wird er dagegen die

Jan wird in einem Park aufgefunden.

Der Heimpsychologe berät die Familie.

Jan wird nach Hause entlassen.

Motive für die Sorge des Vaters verständlich machen. Er wird Sohn und Vater anhalten, in gemeinsamer Bemühung ausreichende Freiheitsräume für den Jungen zu schaffen (z. B. Einrichten eines eigenen Zimmers nach eigenem Geschmack, Erlaubnis zur Teilnahme an einem Ferienlager). Gleichzeitig werden jedoch Vater und Sohn auch gehalten sein, bezüglich der Grenzen dieser Freiräume zu einer Übereinkunft zu gelangen (z. B. Vereinbarungen über ein dem Sohn angemessen erscheinendes und dem Vater zumutbares Taschengeld, über Zeiten der Anwesenheit zu Hause u. ä.).

Theoretische Prinzipien im Kognitivismus.

Der Psychologe, der Jan untersucht und seine Eltern beraten hat, neigt offensichtlich dem Kognitivismus zu. Er glaubt daran, daß Jan und seine Familie sich selbst Klarheit über ihre Probleme verschaffen können und daß sie dazu in der Lage sind, durch Verständigung ihre Probleme einer Lösung zuzuführen. Für diesen Psychologen ist das Erkennen, die *Kognition* (von lat. ‚cognoscere' – erkennen), die wichtigste psychologische Funktion. Und er glaubt auch, daß dieses Erkennen sich im *Bewußtsein* vollzieht und daher einen sprachlichen Ausdruck finden kann. Der Kognitivismus beruht im wesentlichen auf fünf Prinzipien:

○ Das (bereits genannte) Prinzip der *Erkenntnis:* Den Kern des Psychischen bildet die Erkenntnis, die Kognition. Im Erkennen entsteht die Welt und die eigene Person aufs neue (Welteinsicht und Selbsterkenntnis).

○ Das (ebenfalls schon erwähnte) Prinzip der *Bewußtheit:* Grundsätzlich vollzieht sich das Erkennen im Medium des Bewußtseins.

○ Das Prinzip der *kognitiven Ordnung:* Das Erkennen erschöpft sich nicht einfach in der Kenntnisnahme einzelner Daten (zum Beispiel Farbpunkte oder Einzeltöne). Wesentlich für das Erkennen ist vielmehr die Bildung von Zusammenhängen. Es ergibt sich die *Einsicht* (ein wichtiger Schlüsselbegriff des Kognitivismus) in strukturelle Zusammenhänge (z. B. „Kopf, Rumpf und Gliedmaßen bilden zusammen den Körper") sowie in funktionale Zusammenhänge (dazu gehören alle Ursachenerklärungen, z. B. „Feuer bringt Wasser zum Kochen" oder „wenn Maria merkt, daß ein Mann sie heiraten will, verläßt sie ihn").

Aus den gebildeten Zusammenhängen ersteht eine kognitive Ordnung. Die Ordnung schließt zukünftige Gegebenheiten ebenso ein wie gegenwärtige und vergangene. Denn aufgrund seiner Einsichten in die Gegenwart und in die Vergangenheit kann der Mensch *Erwartungen* (ein anderer wichtiger Schlüsselbegriff) für die Zukunft aufbauen.

○ Das Prinzip des *einsichtigen Handelns:* Wenn die Zukunft in der Erwartung vorweggenommen wird, kann sich Handeln planmäßig auf die Zukunft richten. Der Mensch kann nützliche Ziele setzen und Strategien entwerfen, mit deren Hilfe diese Ziele zu erreichen sind. Vor allem kann er dann nach Nützlichkeitserwägungen („Wie lohnend ist dieses Ziel?") und nach Erfolgserwartungen („Mit welcher Wahrscheinlichkeit werde ich das gesteckte Ziel erreichen?") entscheiden, welche Handlungen er ausführt und welche er unterläßt.

Aus dem Prinzip des einsichtigen Handelns ergibt sich einerseits das Bekenntnis zum Grundsatz der menschlichen Entscheidungsfreiheit, andererseits der Glaube an die menschliche Fähigkeit zur Rationalität und Ökonomie.

○ Das Prinzip der *Selbstverantwortung und Selbstregulation:* Der Mensch, der grundsätzlich frei, einsichtig und zur Selbsterkenntnis fähig ist, wird selbst zum Urheber seines Geschicks und zum Gestalter seiner Persönlichkeit. Er trägt Verantwortung für sich selbst und ist zur Selbstregulation fähig.

Freilich stößt der Mensch – das räumen auch die Verfechter des Kognitivismus ein – immer wieder auf soziale und physikalische Grenzen. Gerade diese vorgefundenen Grenzen solle der Mensch als Herausforderung an

Bewußtseinspsychologie – eine frühe Form des Kognitivismus

Die Bewußtseinspsychologie setzt das Psychische mit dem Bewußten gleich. Voraussetzung hierfür ist die Ausgrenzung des Bewußtseins aus der Körperwelt, wie sie von dem französischen Philosophen und Mathematiker René Descartes (1596–1650) vorgenommen wurde. Der berühmte Kernsatz aus seinen „Meditationes de prima philosophia" „cogito, ergo sum" (‚ich denke, also existiere ich') verweist auf die Gewißheit, die nur dem eigenen Denken entspringen kann.

Die Psychologie des 19. Jahrhunderts ist weitgehend eine Bewußtseinspsychologie. Sie findet in Wilhelm Wundt (1832–1920) einen überragenden Vertreter. Wundt war zunächst Professor für Physiologie an der Universität Heidelberg, wechselte aber dann zur Philosophie über, die er 1874 in Zürich und ab 1875 in Leipzig lehrte (vgl. bereits S. 14f.). In seinem umfangreichen psychologischen Werk standen die Phänomene der Sinnesempfindung, der Aufmerksamkeit, der Vorstellung sowie der Gefühle im Vordergrund. Bewußtsein ist für ihn das Medium, welches diese Einzelerscheinungen zusammenfaßt. So schrieb er in seinem „Grundriß der Psychologie":

„Da sich jedes psychische Gebilde aus einer Vielheit elementarer Processe zusammensetzt, die weder sämmtlich genau im selben Moment zu beginnen noch aufzuhören pflegen, so reicht der Zusammenhang, der die Elemente zu einem Ganzen verbindet, im allgemeinen stets über diesen hinaus, so dass verschiedene gleichzeitige wie successive Gebilde selbst wieder, wenn auch loser, untereinander verbunden werden. Diesen weiteren Zusammenhang der psychischen Vorgänge nennen wir das Bewusstsein."
Wundt (1896), S. 238

Freud hat sich der These von der Identität des Psychischen mit dem Bewußtsein mehrfach widersetzt. In einer für ihn ungewöhnlich sarkastischen Anmerkung zu einer Schrift aus dem Jahre 1909 vergleicht er die Überzeugung der Wundtschen Schule, wonach „das Bewußtsein der nie fehlende Charakter des Seelischen" sei, mit dem Kinderglauben seines fünfjährigen Patienten Hans, aus der unsichtbaren Klitoris seiner kleinen Schwester werde noch einmal ein großer männlicher Penis. (Freud 1909/1941, S. 249).

seine soziale Verantwortung und seine Kreativität betrachten. Vernunft und Voraussicht sollen den Menschen dazu führen, sich selbst gemäß seinen Bedürfnissen zu entfalten (Selbstverwirklichung) und gleichzeitig seinen Mitmenschen eine solche Entfaltung zu ermöglichen.

Die kognitivistische Psychologie ist geprägt von der Philosophie des *Rationalismus*. Das Naturbild der rationalistischen Philosophen lebt im Kognitivismus ebenso weiter wie ihr Menschenbild. Der Rationalismus (von lat. ‚ratio' – Verstand, Vernunft) erlebt seine erste Blütezeit im 17. und 18. Jahrhundert und befaßt sich vor allem mit dem Verhältnis von Natur und Vernunft. Vor allem lehrt der Rationalismus:

○ Die Welt ist nach logischen und mathematischen Prinzipien aufgebaut. Sie ist daher mit den Mitteln der Vernunft zu erfassen. Der Hallenser Philosoph Christian Wolff (1667–1754) verkündet: „Nihil est sine ratione sufficiente" – „alles hat seinen zureichenden Grund" (Wolff 1730/1962, § 70) und fordert damit auf, nach Erklärungen für die Ursachen der Dinge zu forschen.

○ Das sittliche Handeln wird durch Vernunft geleitet. Für den Rationalisten ist die Natur ein geordnetes Ganzes. Der deutsche Universalgelehrte Gottfried Wilhelm Leibniz (1646–1716) nennt die Welt die beste aller möglichen Welten, weil sie sich in Übereinstimmung mit der höchsten, der göttlichen Vernunft befinde.

Kognitivisten erweisen sich nicht nur als Nachfahren rationalistischer Philosophen, indem sie Begriffe wie Ursachenerklärung, gesetzmäßige Ordnung, vernunftgeleitetes Entscheiden und verantwortungsvolles Handeln in den Mittelpunkt ihrer Theorie stellen. Sie haben mit ihnen auch gemeinsam, daß sie die Fähigkeit zum Verständnis, zur Vernunft und zur Übernahme von Verantwortung grundsätzlich allen Menschen zubilligen. Das hat zur Folge: Der Kognitivist will sich als Wissenschaftler von seinen Klienten und Probanden nicht abheben. Er hat großen Respekt vor ihrer Fähigkeit zur Selbsterkenntnis und zur Selbstbestimmung; er will weder klüger sein als sie noch mächtiger (vgl. Little 1972). Von vorwissenschaftlichen psychologischen Annahmen, Beobachtungen und Erklärungen sucht sich der Kognitivist – weniger als andere Theoretiker der Psychologie – zu distanzieren. Ganz im Gegenteil: Zu den Merkmalen der kognitivistisch orientierten Theorie gehört die starke Berücksichtigung der Alltagspsychologie, der „naiven Psychologie".

Jeder Mensch ist (zumindest in begrenztem Umfang) ein Wissenschaftler – lautet eine der provokanten Thesen aus dem Bereich des Kognitivismus. Und einige Vertreter des Kognitivismus ergänzen: Jeder Mensch ist (aufgrund seiner Erlebnis- und Gestaltungsfähigkeit) ein Künstler. Der Mensch als Wissenschaftler und Künstler – für eine solche These braucht es schon einigen Mut. Das kognitivistische Denken braucht den Mut zur Unbefangenheit, so wie das tiefenpsychologische Denken des Muts zur schonungslosen Analyse bedarf. So war es ein Markstein in der neueren Geschichte des Kognitivismus, als sich in seinem 1958 erschienenen Buch „The Psychology of Interpersonal Relations" der aus Österreich stammende und später in den Vereinigten Staaten tätige Fritz Heider offen zur „naiven Psychologie" bekannte und deren wissenschaftliche Qualitäten herausarbeitete.

Kognitivistische Methoden

Der nach kognitivistischen Grundsätzen arbeitende Diagnostiker wird sich bemühen, aufgetretene Probleme zunächst aus der Sicht der jeweils Betroffenen kennenzulernen. Er bedient sich dabei der die Erlebnisse beschreibenden Methode, der phänomenologischen (von griech. ‚phainomenon' – die Erscheinung) Methode. Dadurch erkundet er das Selbstbild und das Weltbild seiner Probanden, die Deutung der jeweiligen Situation und die Einschätzung von sozialen Partnern. Aus den zentralen Begriffen der kognitivistischen Theorie folgen dann insbesondere die Fragen: Welche Anreize sieht ein Mensch in seiner Umwelt? Wie beurteilt er seine Fähigkeiten? Wie beurteilt er seine Interessen? Was setzt er sich für Ziele? Wie schätzt er die Folgen seiner Handlungen ein? Wie erlebt ein Mensch seine Mitmenschen?

Erlebnisse werden am klarsten mit Hilfe der gesprochenen und geschriebenen Sprache vermittelt. So führt der kognitivistisch orientierte Untersucher mit seinen Probanden und Klienten *Gespräche* (Interviewmethode), oder er wertet von ihnen verfaßte Texte wie *Tagebücher und Aufsätze* aus (Inhaltsanalyse). Freilich sind frei gestaltete Gesprächsbeiträge und Niederschriften nicht immer eindeutig und sachdienlich. Daher versucht der Untersucher, seine Probanden und Klienten zu lenken. Er kann etwa sein Interview durch einen Leitfaden „strukturieren". Am weitesten fortgeschritten ist die Technik der „Strukturierung" in *Fragebogen*. Es gibt Fragebogen mit offenen Antwortmöglichkeiten sowie Fragebogen mit vorgegebenen Antwortmöglichkeiten.

Ganzheit und Gestalt

Metzger (1953, S. 72) demonstriert die Ganzheitlichkeit der Erkenntnis an der Wahrnehmung von sog. Sternbildern. Der Wahrnehmung von Sternbildern liegen einige objektiv zusammenhanglose Lichtpunkte am Nachthimmel zugrunde – etwa diese:

Die objektiv zusammenhanglosen Elemente werden jedoch in der Wahrnehmung zu bedeutungsvollen Figuren zusammengefaßt, indem einige der Lichtpunkte durch „Brückenlinien" verbunden werden. So entsteht aus dem obigen Punkteschwarm das Sternbild des „Wagens":

Das Sternbild stellt ein ganzheitliches Gebilde dar; seinen einzelnen Teilen, den Lichtpunkten, fällt im Ganzen jeweils eine bestimmte, nur in diesem Ganzen definierbare Rolle zu.

Ganzheitliche Gebilde werden *Gestalten* genannt. Auf Tendenzen zur Gestaltbildung hat in neuerer Zeit erstmals der Prager Philosoph Christian von Ehrenfels (1859–1932) hingewiesen. Gestalttendenzen in der menschlichen Wahrnehmung sowie im Denken dienen seitdem als Belege für die Eigenständigkeit des Erkenntnisprozesses gegenüber der vorgegebenen Wirklichkeit, jedoch auch für das Wirken natürlicher Ordnungskräfte im menschlichen Erkennen. Auf dem Gestaltprinzip baut eine eigene theoretische Richtung innerhalb des Kognitivismus auf, die *Gestaltpsychologie*. Sie tritt vor allem in der Zeit zwischen den beiden Weltkriegen in Deutschland in Erscheinung und bringt zwei Forschergruppen hervor, die mit den Namen „Berliner Schule der Gestaltpsychologie" und „Leipziger Schule der Ganzheitspsychologie" belegt werden.

Die Leipziger Schule betont die Einbettung der Erkenntnis im Gefühl. Sie wird angeführt durch Felix Krueger (1874–1948), als Nachfolger von Wilhelm Wundt Professor für Philosophie und Psychologie an der Universität Leipzig. Die Berliner Schule konzentriert sich auf die präzise Beschreibung von Gestalttendenzen in kognitiven Strukturen beim Wahrnehmen, Denken, Einprägen und Handeln. Als ihre auf Dauer einflußreichsten Vertreter sind Wolfgang Köhler (1887–1967), Kurt Lewin (1890–1947) und Max Wertheimer (1880–1943) zu nennen. Sie lehrten an der Universität Berlin, Wertheimer später auch an der Universität Frankfurt am Main. Die nationalsozialistische Machtübernahme setzte ihrer Tätigkeit in Deutschland ein vorzeitiges Ende. Lewin und Wertheimer mußten wegen ihrer jüdischen Abstammung das Land verlassen. Köhler verzichtete wegen der für ihn untragbaren politischen Verhältnisse aus eigenen Stücken auf seinen Berliner Lehrstuhl. In den Vereinigten Staaten fanden die drei Wissenschaftler ein neues Wirkungsfeld – Köhler am Swarthmore College, Lewin an der Universität von Iowa, Wertheimer an der New School of Social Research in New York.

So sehr der überzeugte Kognitivist die offene Aussprache und Befragung nutzt, so sehr kennt er die Grenzen, welche sprachliche Fähigkeiten dem Ausdruck setzen. Deshalb sucht auch er nach Ausdrucks- und Verständnismöglichkeiten, welche nicht den Gebrauch der gesprochenen und geschriebenen Sprache voraussetzen. Dazu gehört die *zeichnerische und bildnerische Darstellung,* das Spielen (z. B. Puppenspiel) und Bauen (z. B. Aufbau von Familienszenen).

Weil der kognitivistisch ausgerichtete Psychologe glaubt, daß es vor allem ein Mangel an Einsicht ist, welche seinen Klienten in Schwierigkeiten bringt, wird er seine Therapie darauf abstellen, ihm Einsicht zu verschaffen. Er wird ihm einerseits zur Klarheit über seine gegenwärtige Situation zu verhelfen versuchen (z. B. über die Gefühle seiner Eltern, die Einstellungen seiner Freunde, die Anforderungen in der Schule oder bei der Arbeit), zum anderen wird er ihm Entscheidungshilfen für sein zukünftiges Handeln vermitteln wollen (z. B. über Berufschancen, über Nut-

Gesellschaftspolitische Konsequenzen in der Humanistischen Psychologie

Kognitivistische Ansätze wurden zunächst in westlichen Ländern vertreten. Ihre Prinzipien der Einsicht, der Selbstverantwortung und der Selbstverwirklichung nährten sich aus der Tradition der bürgerlichen Freiheitsbewegung in Europa und Amerika und dienten auch als Stütze dieser Bewegung – vor allem in der bildungs- und wirtschaftspolitischen Auseinandersetzung. Neuerdings finden kognitivistische Prinzipien auch verstärkte Beachtung in der psychologischen Fachliteratur sozialistischer Länder.

Im Jahre 1962 wurde in den Vereinigten Staaten von Charlotte Bühler, Abraham Maslow, Kurt Goldstein, Rollo May, Carl Rogers, Henry Murray, Sidney M. Jourard, David Riesman und James F. Bugenthal eine Gruppe ins Leben gerufen, die auf den Prinzipien des Kognitivismus aufbaut: die Humanistische Psychologie. Die Humanistische Psychologie zeichnet sich nicht zuletzt durch ihr gesellschaftspolitisches Engagement aus. Eine ihrer ersten Aktivitäten war die Verabschiedung eines Manifestes mit folgenden Thesen:

- Im Zentrum der Aufmerksamkeit steht die erlebende Person. Damit rückt das Erleben als das primäre Phänomen beim Studium des Menschen in den Mittelpunkt. Sowohl theoretische Erklärungen wie auch sichtbares Verhalten werden im Hinblick auf das Erleben selbst und auf seine Bedeutung für den Menschen als zweitrangig betrachtet.
- Der Akzent liegt auf spezifisch menschlichen Eigenschaften wie der Fähigkeit zu wählen, der Kreativität, Wertsetzung und Selbstverwirklichung – im Gegensatz zu einer mechanistischen und reduktionistischen Auffassung des Menschen.
- Die Auswahl der Fragestellungen und der Forschungmethoden erfolgt nach Maßgabe der Sinnhaftigkeit – im Gegensatz zur Betonung der Objektivität auf Kosten des Sinns.
- Ein zentrales Anliegen ist die Aufrechterhaltung von Wert und Würde des Menschen, und das Interesse gilt der Entwicklung der jedem Menschen innewohnenden Kräfte und Fähigkeiten. In dieser Sicht nimmt der Mensch in der Entdeckung seines Selbst, in seiner Beziehung zu anderen Menschen und zu sozialen Gruppen eine zentrale Stellung ein.

Aus: Bühler u. Bugenthal 1974/1962, S. 7.

Beispiel einer nicht-direktiven Gruppentherapie

Diese Gruppe besteht aus Klienten mit psychischen Störungen und zwei Therapeuten, den Hamburger Psychologieprofessoren Rainer und Annemarie Tausch. Die Gruppe befindet sich in einem Langzeitgespräch (rund 20 Stunden). Eine solche Dauersitzung wird auch Marathon genannt.

Die von R. und A. Tausch angewandte Methode ist die der Konfrontation (englisch: Encounter). Die Klienten beraten sich gegenseitig. Die Therapeuten ordnen sich als gleichberechtigte Mitglieder in die Gruppe ein.

Encountergruppe.

zen und Nachteile des Festhaltens an einer Partnerbeziehung). Beides kann in einer Gesprächs- und Beratungssituation erfolgen. Der Klient kann dabei mit dem Therapeuten allein sein; es sind jedoch auch Gruppengespräche und -beratungen üblich.

Eine Alternative zur Gesprächsführung ist das *Vorführen von Vorbildern* – in der Psychologie (wie im Textilgewerbe) Modelle genannt. Ein solches Modell kann einem Leistungsängstlichen beispielsweise vorführen, wie man in realen Anforderungssituationen seine Ängste überwindet und zu Erfolgen gelangt, welche die ursprünglichen Leistungsängste vergessen lassen; oder das Modell zeigt einem Alkoholiker, wie man Einladungen zu einem Glas Wein oder Bier freundlich, aber bestimmt zurückweisen kann, ohne deshalb von den Kameraden verspottet zu werden. Ein solches Modell kann real auftreten (in der Regel im Rollenspiel) oder kann im Film (notfalls in einem schriftlichen Bericht) festgehalten sein.

In der kognitivistisch orientierten Therapie ist es umstritten, wie weit der Therapeut aktiv werden darf. Direktive Therapieformen stehen nichtdirektiven gegenüber. Direktiv verhält sich ein Therapeut, wenn er den Klienten von der Richtigkeit seiner eigenen Einschätzungen zu überzeugen und für seine Vorschläge zu gewinnen versucht. Bei der *nicht-direktiven Therapie* – die auch von ihrem ersten prominenten Verfechter Carl Rogers klientenzentrierte Therapie genannt wurde – hält sich der Therapeut mit eigenen Einschätzungen und Vorschlägen zurück. Er bestärkt vielmehr seinen Klienten, selbständig Einschätzungen und Lösungen zu entwickeln.

Literaturhinweise

Brehm, J.: A theory of psychological reactance. New York: Academic Press 1966
Descartes, R.: Meditationes de prima philosophia. Paris: Soly 1641. (Dt.: Meditationen über die Grundlagen der Philosophie. Gäbe, L. (Hg.). Hamburg: Meiner 1959)
Wundt, W.: Grundriss der Psychologie. Leipzig: Engelmann 1896
Freud, S.: Analyse der Phobie eines fünfjährigen Knaben. Gesammelte Werke Bd. 7. Frankfurt: Fischer 1941 (Erstausgabe 1909)
Wolff, Chr.: Philosophia prima sive ontologia. Gesammelte Werke. 2. Abt. Bd. 3. Ecole, J. (Hg.) Hildesheim: Olms 1962 (Erstausgabe 1730)
Leibniz, G. W.: Essais de théodicée sur la bonté de dieu, la liberté de l'homme et l'origine du mal. Amsterdam: Troyel 1710. (Dt.: Die Theodicee. Neu übersetzt und herausgegeben von Buchenau, A. Leipzig: Meiner 1925)
Little, B. R.: Psychological man as scientist, humanist, and specialist. Journal of Experimental Research in Personality 6 (1972), 95–118. (Dt. gekürzt: Der Mensch in der Psychologie – Wissenschaftler, Humanist und Spezialist. In: Schönpflug, W. (Hg.): System Mensch – Beispiele aus der psychologischen Fachliteratur. Stuttgart: Klett-Cotta 1977, 26–32)
Metzger, W.: Gesetze des Sehens. Frankfurt: Kramer 1953
Ehrenfels, Chr. von: Über Gestaltqualitäten. Vierteljahresschrift für Philosophie 14 (1890), 249–292
Bühler, Ch. u. Bugenthal, J. F.: Broschüre der Association for Humanistic Psychology. In: Bühler, Ch. u. Allen, M.: Einführung in die humanistische Psychologie. Stuttgart: Klett 1974 (Erstausgabe 1962)
Heider, F.: The psychology of interpersonal relations. New York: Wiley 1958. (Dt.: Psychologie der interpersonalen Beziehungen. Stuttgart: Klett 1977)
Rogers, C. R.: Counseling and psychotherapy. Boston: Houghton Mifflin 1942. (Dt.: Die nicht-direktive Beratung. München: Kindler 1976)
Tausch, R.: Gesprächspsychotherapie. Göttingen: Hogrefe 1974, 6. Aufl.

Tiefenpsychologische Richtungen

Noch einmal der Fall Jan: Geht der Konflikt tiefer?

Zurück zum Fallbeispiel von Seite 34. Wie äußert sich eigentlich der betroffene Junge zu seinem Problem? Vielleicht so: „Manchmal habe ich es zu Hause satt. Dann muß ich einfach heraus – egal wohin. Ich habe meinen Vater im Grunde ganz gerne. Aber manchmal wird er mir einfach zu viel. Immer ist er hinter mir her, immer hat er etwas an mir auszusetzen. Das Geld von den Schulkameraden habe ich gebraucht, um wegzukommen. Die brauchten es gerade nicht. Nach ein paar Tagen komme ich sowieso wieder von meinem Trip zurück. Bis dahin gibt mein Vater ihnen alles wieder zurück".

Und der Vater? Er sieht die Sache vielleicht so: „Ich lebe ganz für meinen Beruf und meine Familie. Ich liebe meinen Sohn und will sein Bestes. Warum er stiehlt und davonläuft, weiß

ich nicht. Er hat bei uns doch alles, was er braucht. Wir kümmern uns jeden Tag um seine Aufgaben. Natürlich, Strenge muß sein. Aber das sieht er auch ein, und deshalb sind wir im Grunde die besten Freunde".

Das sind Äußerungen, die durchaus als Belege für die Berechtigung der kognitivistischen Reaktanzhypothese betrachtet werden können. Aber kann man den Aussagen der Betroffenen wirklich trauen? Wissen sie selbst, wie es um sie bestellt ist? Braucht es da nicht den erfahrenen Psychologen, der den vorhandenen Schwierigkeiten auf den Grund geht? Das Bemühen, jenseits der bewußten Erkenntnis der Betroffenen und über ihre sprachlichen Äußerungen hinaus zu wissenschaftlichen Diagnosen zu gelangen, ist kennzeichnend für die Tiefenpsychologie.

Jans Fall ist nicht erfunden. Helm Stierlin und Kent Ravenscroft haben ihn 1974 in einer wissenschaftlichen Abhandlung beschrieben. (Die Abbildungen sind allerdings nachgestellt.) Stierlin und Ravenscroft gehören zu den modernen Vertretern der Tiefenpsychologie. Und so ist auch ihre Deutung des Falles tiefenpsychologisch orientiert. Es handelt sich hier – so die beiden Autoren – um einen Trennungskonflikt. Schlüsselfigur des Konflikts sei nicht etwa der auffällig gewordene Junge, sondern sein Vater. Der Vater hat eine entbehrungsreiche, lieblose Kindheit und Jugend erfahren, gesteht sich dies aber nicht ein. Die uneingestandenen Enttäuschungen kommen im Verhalten des Vaters gleichwohl zum Vorschein. Erstens versucht er, dem Sohn alle Freude und Liebe zu verschaffen, die ihm in der eigenen Kindheit entgangen sind. Zweitens erwartet er bei seinem Sohn Schwierigkeiten und Unzulänglichkeiten, um sich von seinen eigenen Problemen abzulenken.

So entsteht eine komplizierte Erziehungssituation für den Jungen: Auf der einen Seite umwirbt ihn der Vater mit undistanzierter Liebe und überschüttet ihn mit Geschenken. Auf der anderen Seite verfolgt er ihn mit Verdächtigungen und ruht nicht, bis er Mißerfolge und Verfehlungen bei ihm festgestellt hat. Der Junge paßt sich an. Um seinen Vater zu befriedigen, übernimmt er die Rolle des Problemlieferanten, er begeht Unarten und Verfehlungen. Jan kann nicht umhin, seinen Vater wegen seiner liebevollen Zuwendung selbst zu lieben. Weil ihn aber der Vater mit seinem ständig nach Bestätigung drängenden Mißtrauen in Bedrängnis bringt, haßt er ihn gleichzeitig. Sein Konflikt zwischen Liebe und Haß bereitet ihm Angst, und diese Angst treibt ihn immer wieder aus dem Haus. Das Schlimme an dieser Situation sei – so weiter die Autoren: der entstehende Konflikt, die ihm zugrunde liegenden Verdrängungen, Verschiebungen und Kompensationen bleiben unbewußt. Wenn somit die Betroffenen blind sind für die Ursachen ihrer Leiden, können sie diese Ursachen auch nicht beseitigen.

Therapie muß unter diesen Voraussetzungen zur Aufklärung verhelfen. Sie wird nicht allein beim Sohn anzusetzen haben, der zunächst auffällig geworden ist, sondern auch beim Vater, dessen langjähriges Verhalten der

Anlaß für die Auffälligkeit des Jungen geworden ist. Der Therapeut wird versuchen, dem Vater seine Kindheit in Erinnerung zu bringen, er wird dabei auch seine früheren Entbehrungen und Enttäuschungen wachrufen; er wird ihm aber nicht gestatten, die Ursachen seiner Unlust erneut zu verdrängen, sondern wird sie mit ihm durcharbeiten und zeigen, daß man vor leidvollen Erfahrungen keine Angst zu haben braucht. Wenn der Vater diese Aufklärung annimmt, wird er sich in Zukunft mit seinen eigenen Problemen auseinandersetzen und nicht mehr zum Ersatz die Probleme seines Jungen benötigen. Und wenn er die Enttäuschung seiner an Liebe armen Kindheit bewußt verarbeitet hat, wird er nicht mehr seinen Sohn als Objekt benutzen, dem er zum Ersatz seine verfügbare Liebe aufdrängt.

Entsprechend wird er den Jungen aufklären, wird ihm seine früheren Ängste vor Augen führen und ihm deutlich machen, daß er in Zukunft weder die selbstsüchtige Liebe seines Vaters zu fürchten braucht, noch dessen Kritik herausfordern muß.

Theoretische Prinzipien der Tiefenpsychologie

Mit ihrer Annahme unbewußter Verdrängungen, Kompensationen und Konflikte bekennen sich die oben herangezogenen Autoren Stierlin und Ravenscroft zur Tiefenpsychologie. Es gibt mehrere tiefenpsychologische Richtungen, die jedoch einige Prinzipien gemeinsam haben.

○ Das Prinzip des *Unbewußten:* Die Annahme eines dem Bewußtsein vorgelagerten Bereichs.

○ Das *Ich-Prinzip:* Die Ausgliederung einer Ich-Instanz. Vom Ich wird behauptet, es folge der Realität. Das heißt, im Ich seien die Funktionen zusammengefaßt, welche die Wahrnehmung der Welt vermitteln, wie sie wirklich ist, welche vernunftgeleitetes Handeln steuern.

○ Das *Libido*-Prinzip: Alle psychische Tätigkeit bedarf der psychischen Energie, die in tiefenpsychologischen Theorien zumeist Libido genannt wird. Die Libido drängt auf Abfuhr, auf Triebbefriedigung. Die Ich-Funktion vermag einige Triebbefriedigung zu verschaffen (z. B. durch Suche nach Nahrung, durch rationale Absicherung von Partnerbeziehungen); insofern hat auch die Ich-Funktion Anteil an der psychischen Energie einer Person und ihrer Abfuhr. Aber ein Großteil von ungenutzter und unbefriedigter Energie bleibe zurück – lehrt die Tiefenpsychologie – und dränge auf Abfuhr.

○ Das Prinzip der *Verdrängung:* Die nicht durch das Ich bewältigte Triebenergie verbleibt im Unbewußten. Ja, das Ich wird sogar als Instanz beschrieben, welche für einen Verbleib nicht zu bewältigender Triebenergie im Unbewußten sorgt. Denn nicht allen Triebansprüchen kann das bewußte, realitätsangepaßte Ich entsprechen. Das Ich ist um Anpassung, Umsicht und Vorausschau bemüht. So vermag es beispielsweise zu erkennen, daß ein augenblicklicher aggressiver Impuls die Zerstörung einer langfristig befriedigenden Partnerschaft bewirken kann. Im Interesse der langfristig befriedigenden Partnerschaft gibt das Ich den aggressiven Impulsen nicht nach. Dadurch droht es aber selbst in Bedrängnis zu geraten. Die nicht befriedigten aggressiven Impulse haben selbst keine Realitätseinsicht und drängen weiter auf Befriedigung. Das Ich wird dadurch in seiner Funktionsfähigkeit gestört und reagiert darauf mit dem Affekt der Angst. Aus Angst verbannt es dann die störenden libidinösen Impulse aus dem Bewußtsein, es verdrängt sie ins Unbewußte.

○ Das Prinzip der *Gegenverdrängung:* Als verdrängt bezeichnet werden libidinöse Impulse und die damit verbundenen Bewußtseinsinhalte (Vorstellungen, Erinnerungen u. ä.). Verdrängte Impulse und Inhalte bleiben im Unbewußten aktiv, suchen ins Bewußtsein zurückzukehren und Handlungen in ihrem Sinne zu beeinflussen. Es tauchen möglicherweise verdrängte Vorstellungen als Symbole in Träumen wieder auf. Verdrängte Handlungsimpulse verändern den Ablauf des Verhaltens; das rationale, realitätsgerechte Ver-

Symbole des Unbewußten nach Carl Gustav Jung

Unbewußte Inhalte streben – nach der tiefenpsychologischen Lehre – ins Bewußtsein. Verdrängungsmechanismen stehen diesem Streben entgegen. Um die Verdrängungsmechanismen zu überwinden, wird die Kunst der Täuschung eingesetzt. Die verdrängten Inhalte treten nicht offen auf, sondern verhüllt und verschlüsselt. Neue Gestalten treten an ihre Stelle, die Symbole.

Wie kaum ein anderer hat der schweizerische Psychologe Carl Gustav Jung (1875–1961) nach Symbolen des Unbewußten gesucht – in den Träumen seiner Patienten, in Märchen und Legenden, in der religiösen Überlieferung, der Mythologie, der Alchemie.

Die folgende symbolträchtige Darstellung aus dem „Rosarium philosophorum" von 1593 analysiert Jung (1972/1944) in seinem Buch „Psychologie und Alchemie". Die Mittelfigur deutet er als Sinnbild des zu sich kommenden Selbst, der Einheit der Person im Erleben, wie sie sonst als (Himmels-)König, Mandala und Stein der Weisen erscheint. Nicht zufällig sei das Selbst-Symbol als Hermaphrodit, das heißt als zweigeschlechtliches Wesen dargestellt; enthalte das Selbst doch einen weiblich-unbewußten und einen männlich-bewußten Anteil – vom Autor „Anima" und „Animus" genannt. Weiterhin findet man auf dem Bild nach Jung weitere Urbilder (Archetypen) – mehrfach die Schlange, das Symbol des bewußtwerdenden Zentrums (vgl. die Heilschlange des Äskulap), und den Löwen, das Bild der Macht und des Gegensatzes.

Symboldarstellung der Individuation. (Jung, C. G. 1972/1944, S. 138)

halten wird durch irrationales, neurotisches Verhalten abgelöst.

○ Das Prinzip der *frühkindlichen Fixierung:* In aller Regel schreiben Tiefenpsychologen der frühen Kindheit eine maßgebende Rolle in der menschlichen Entwicklung zu. In der frühkindlichen Sozialisation erfahre der Mensch seine ersten schweren Konflikte und behalte davon auf Dauer seelische Wunden, die sogenannten Traumata (von griech. ‚trauma' – Wunde, Verletzung) zurück. Mit seinem ersten großen Trauma beginne seine Verdrängungsgeschichte. Frühe Verbindungen von verdrängten Inhalten und Affekten bilden Kerne des Unbewußten, an welche sich später leicht neue Erlebnisse anschließen. Solche Verbindungen von Inhalten und Affekten werden auch *Komplexe* genannt. Solange der Mensch nicht von seinen Komplexen befreit wird, bleibt er auf sie fixiert.

Die Szene tiefenpsychologischer Richtungen, Gruppen und Schulen ist vielgestaltig. Sie ist darüber hinaus von außerordentlicher Lebendigkeit und in ständigem Wandel begriffen. Während innerhalb der Psychoanalyse Freudscher Herkunft Liebe und Aggression die Zentralmotive bilden, stehen in anderen tiefenpsychologischen Richtungen weitere Motive im Mittelpunkt. Otto Rank (1884–1939) leitet etwa die neurotischen Störungen von dem Geburtstrauma des Menschen her, von dem Schock, welchem der Mensch nach Ranks Auffassung schon zu Beginn seines Lebens ausgesetzt ist, wenn er aus dem wärmenden und schützenden Mutterleib austritt. Eine weitere tiefenpsychologische Triebtheorie, welche bis heute viele Anhänger gefunden hat, ist die von dem Arzt Alfred Adler (1880–1937) begründete Individualpsychologie.

Nach Adler ist das Zentralmotiv des Menschen das Bedürfnis nach Bewährung und Überlegenheit. Deshalb leidet er an seinem Minderwertigkeitskomplex. Seinen Minderwert erfährt er – so der Ausgangspunkt der Adlerschen Lehre – zuerst an seinem schwächsten Körperorgan. Jeder Mensch hat ein schwächstes oder ein krankes Organ. Und an seiner erfahrenen Körperschwäche oder -krankheit entzündet sich sein Willen, sein Ehrgeiz: er sucht die Kompensation seiner Minderwertigkeit. Und oft tut er weit mehr, als zum Ausgleich seiner Schwäche notwendig ist: die übersteigerte Kompensation wird zur Überkompensation. Adlers Interesse gehört vor allem den Menschen, die mit Geburtsfehlern zur Welt gekommen sind, sowie den Kleinwüchsigen, Stotterern, Bettnässern, die unter dem Spott ihrer Altersgenossen aufwachsen mußten. Unter ihnen glaubt er besonders viele zu finden, die als Künstler, Wissenschaftler, Politiker und Wirtschaftler große Leistungen vollbracht haben. Er warnt aber gleichzeitig vor ihrem überschießenden Leistungsstreben und ihrer sozialen Rücksichtslosigkeit.

Tiefenpsychologische Methoden

Tiefenpsychologen gehen mit einer recht kritischen Haltung an Einzelschicksale und an menschliche Gesellschaften heran. Das Vorhandensein unbewußter Bereiche ist für sie ein Ärgernis. Denn was im Unbewußten verborgen liegt, entzieht sich der Einsicht und Kontrolle. Zum Ärgernis wird für den Tiefenpsychologen vollends der Vorgang der Verdrängung, des Abschiebens unbequemer Vorstellungen und Wünsche. Die Kritik der Tiefenpsychologie entzündet sich vornehmlich an zwei Arten von (individuellen und gesellschaftlichen) Erscheinungen:

○ Fehleinschätzung der Wirklichkeit: Inwiefern handelt es sich tatsächlich immer um unangemessene Triebansprüche und Vorstellungen, welche der Vergessenheit anheimfallen sollen? Erlebt man nicht etwa oft in westlichen Kulturen, daß sexuelle Wünsche als unsittlich und unerfüllbar unterdrückt werden, obwohl bei nüchterner Beurteilung der Wirklichkeit und bei unvoreingenommener Einschätzung der menschlichen Natur nicht nur die Berechtigung dieser Wünsche, sondern auch ihre Erfüllbarkeit anzuerkennen wäre?

○ Die Illusion der Unterdrückbarkeit: Wie können vitale Bedürfnisse und lebhafte Vorstellungen überhaupt unterdrückt werden, ohne daß das betroffene Individuum darunter Schaden leidet? Konflikte müssen bis zur Lösung durchgestanden werden; Verzicht, wo er unumgänglich ist, muß einsichtig sein und akzeptiert werden. Unerledigte Reste sind stets ein Potential für neu entstehende Störungen.

Kurt Tucholsky zur Psychoanalyse

Unter den tiefenpsychologischen Richtungen hat die klassische Psychoanalyse eine außerordentliche Popularität erreicht. Die in Freuds Schriften vorzufindende starke Gewichtung der sexuellen Problematik ging einher mit einer zunehmenden Liberalisierung partnerschaftlicher Konventionen, der sogenannten sexuellen Revolution. Die Zentralthesen der Freudschen Psychoanalyse zu den sexuellen und inzestuösen Neigungen des Kindes (in der sogenannten Ödipus- bzw. Elektrasituation strebe das Kind nach sexuellem Kontakt mit dem gegengeschlechtlichen Elternteil) hat auf die Zeitgenossen jedoch als Provokation gewirkt.

Der Schriftsteller Kurt Tucholsky soll – wie J. Cremerius (1975) schreibt – Freud sehr verehrt haben. Seinen „Pansexualismus" habe der Autor eines der unbefangensten deutschen Liebesromane („Schloß Gipsholm") jedoch abgelehnt. Aus dem Jahre 1925 stammt das folgende Gedicht:

Psychoanalyse

Drei Irre gingen in den Garten
und wollten auf die Antwort warten.

Der erste Irre sprach: „O Freud!
Hat dich noch niemals nicht gereut,
daß du Schüler hast? Und was für welche –?
Sie gehen an keinem vorüber, die Kelche.
Ich kenne ja wirklich allerhand
als Mitglied vom Deutschen Reichsirrenverband –
aber die alten Doktoren sind mir beinah lieber
als das Getue dieser
Ja."

Der zweite Irre sprach: „Schmecks.
Ich habe hinten einen Komplex.
Den hab ich nicht richtig abreagiert,
jetzt ist mir die Unterhose fixiert.
Und ich verspüre mit großer Beklemmung
rechts eine Hemmung und links eine Hemmung.
Vorn hängt meine ältere Schwester und
in der Mitte bin ich ziemlich gesund.
Ja."

Der dritte Irre sprach: „Wenn
heut einer mal muß, dann sagt er's nicht, denn
er umwickelt sich mit düstern Neurosen,
mit Analfunktionen und Stumpfdiagnosen –"
(„Ha! – Stumpf!" riefen die beiden anderen Irren,
konnten den dritten aber nicht verwirren.
Der fuhr fort:)
„Vorlust, Nachlust und nächtliches Zaudern –
es macht soviel Spaß, darüber zu plaudern!
Jeder Jüngling von etwas Manieren
geht heute mal Muttern deflorieren.
Jede Frau, die in die Epoche paßt,
hat schon mal ihren Vater gehaßt.
Keine Tischkante ohne Symbol und kein Loch ...
Wie lange noch –? Wie lange noch –?"
Drei Irre standen in dem Garten
und täten auf die Antwort warten.

Aus: K. Tucholsky: Gesammelte Werke Bd. 4, M. Gerold-Tucholsky und F. J. Raddatz (Hg.). Reinbek: Rowohlt 1975, S. 277 ff. gekürzt.

Gegen die Verdrängung (und ihre oft unüberschaubaren Folgen) setzt der Tiefenpsychologe seine *Aufklärung*. Sein Ziel ist, das Verdrängte im Unbewußten aufzuspüren und eine Aufarbeitung alter Konflikte zu ermöglichen.

Wie aber kann der Tiefenpsychologe zu den Inhalten des Unbewußten gelangen, wenn Verdrängungsmechanismen ihr Hervortreten verhindern? Er muß der Symbole des Unbewußten habhaft werden und muß aus ihnen die Inhalte des Unbewußten und die Geschichte ihrer Verdrängung erschließen. Der tiefenpsychologische Diagnostiker braucht dann eine gehörige Sachkenntnis und nicht wenig Scharfsinn, um Botschaften zu entziffern, welche bis zur Unkenntlichkeit verschlüsselt wurden, damit sie die Verdrängungsmechanismen unbeanstandet passieren können.

Um Material zu erhalten, dessen Deutung nicht unüberwindliche Schwierigkeiten bereitet, sucht oder schafft der Tiefenpsychologe Situationen, in denen die Aufmerksamkeit und Wachsamkeit seiner Klienten gemindert ist; dann kann er damit rechnen, daß auch die Leistungsfähigkeit der Verdrängungsmechanismen herabgesetzt ist und auch schwach verschlüsselte Symbole eine Chance haben, die Schranke zum Bewußtsein zu passieren. Der tiefenpsychologische Diagnostiker läßt sich daher von seinem Klienten seine *Träume* berichten, er bettet ihn auf eine bequeme Couch, um ihn in entspannter Lage zu befragen; er läßt ihn – scheinbar unvermittelt und ohne Zusammenhang – auf unerwartete Wörter wie „Mutter“, „Schwester“ spontan einfallende Antworten nennen – sogenannte *Assoziationen*. Er kann ihm weiterhin Bilder von Personen vorlegen und ihn bitten, dazu eine Geschichte zu erzählen. Die Erwartung ist dann, daß er seine eigenen Affekte, Probleme und Einschätzungen, die er sich selbst nicht einzugestehen wagt, den dargestellten Personen zuschreibt. Mit anderen Worten: Es wird erwartet, daß der Betroffene seine Gefühle und Empfindungen auf andere verlagert, nach außen projiziert. Deshalb heißen solche Verfahren auch *projektive Methoden*. Als projektive Methode kann schließlich auch das eigene Gestalten benutzt werden, vor allem das Zeichnen, das Kneten von Figuren und das Spielen mit Puppen.

Mit der geglückten Diagnose hat der Tiefenpsychologe bereits einen Großteil der Therapie geleistet. Wenn etwa dem Vater aus dem obigen Fallbeispiel mitgeteilt wird: „Sie hatten eine lieblose Kindheit und wollten sich das nicht eingestehen. Deshalb haben Sie ihren Jungen mit Liebe verwöhnt und nicht einsehen wollen, daß ihm Ihre Liebe zu viel war“, dann muß der Vater lediglich diese Erklärung akzeptieren, und es werden sich von selbst seine Einstellungen und sein Verhalten ändern. Das Akzeptieren solcher Erklärungen ist freilich nicht immer einfach. Die alten Konflikte müssen neu aufgerollt, in ihren Einzelheiten durchgearbeitet werden. Dazu bedarf es manchmal vieler und langer Gespräche. Und manchmal hilft dann auch das nochmalige Durchleben in der Vorstellung, sogar im Spiel. So sind *Rollenspiele* in der tiefenpsychologisch inspirierten Praxis nicht nur eine diagnostische Hilfe bei der Rekonstruktion vergangener Konflikte, sondern auch ein therapeutisches Mittel zu ihrer Bewältigung.

Rollenspiel als diagnostisches und therapeutisches Mittel.

Eine tiefenpsychologisch orientierte Methode des Rollenspiels ist von Josef Moreno (1959) entwickelt worden: das Psychodrama.

Im Psychodrama soll der Patient seinen Konflikten Ausdruck verleihen. Eine Konfliktsituation wird zum Thema des Rollenspiels. Der Patient nimmt darin mehrere Rollen ein, andere Mitglieder seiner therapeutischen Gruppe spielen ebenfalls mit; ein anderer Teil bleibt Zuschauer. Ein Spielleiter greift – je nach therapeutischer Auffassung – mehr oder weniger stark in den im übrigen spontan gestalteten Spielverlauf ein.

Ein Psychodrama kann etwa so ablaufen: Eine Patientin erlebt sich als äußerst unattraktiv. Sie ist kontaktscheu, da sie in jeder Kontaktaufnahme eine Ablehnung des Partners erwartet. Im Psychodrama werden nun verschiedene Kontaktsituationen aufgegriffen. Die Patientin spielt z. B. die Rolle der Nachbarin, die sich bei ihrem Nachbarn, der Gartenarbeit erledigt, einen Rat holen möchte. Sie spielt sowohl die Ratsuchende als auch den Nachbarn, um ihre Einstellungen und Gefühle auszudrücken. Die anderen Mitspieler übernehmen die Rollen von Hilfs-Ichen, die ein ähnliches Verhalten in der gleichen Situation, ein alternatives Verhalten oder genau das gleiche Verhalten wie ein Spiegelbild vorführen.

Literaturhinweise

Stierlin, H. u. Ravenscroft, K.: Trennungskonflikte bei Jugendlichen. Psyche 28 (1974), 719–746

Jung, C. G.: Psychologie und Alchemie. Gesammelte Werke Bd. 12. Olten: Walter 1972 (Erstausgabe 1944)

Rank, O.: Das Trauma der Geburt. Wien: Psychoanalytischer Verlag 1924

Adler, A.: Studie über die Minderwertigkeit von Organen. Darmstadt: Wissenschaftliche Buchgemeinschaft 1945 (Erstausgabe 1907)

Cremerius, J.: Kurt Tucholsky über Psychoanalyse. Psyche 29 (1975), 355–359

Moreno, J.: Gruppentherapie und Psychodrama. Stuttgart: Klett 1959

Behavioristische Richtungen

Jan schließt einen Vertrag mit seinen Eltern

Was wäre geschehen, wenn Jan in die Obhut eines behavioristisch (von engl. ‚behavior' – Verhalten), eines verhaltenswissenschaftlich orientierten Psychologen gelangt wäre? Ein solcher Psychologe hätte sicherlich nicht die Frage nach unbewußten Konflikten gestellt wie ein Tiefenpsychologe. Und er hätte sich auch nicht um bewußte Einstellungen und Wahrnehmungen kümmern wollen wie ein Kognitivist. „Woher wissen eigentlich meine nicht-behavioristischen Kollegen", würde er konkret argumentieren, „daß es so etwas wie Reaktanz oder unbewußten Haß überhaupt gibt? Das sind doch alles vage Vermutungen, mit denen sich ein Wissenschaftler gar nicht abgeben sollte." Nach seinem Wissenschaftsverständnis zählt nur die objektive Messung.

So würde sich der behavioristische Psycho-

Elterliche Reaktion auf eine Schulnote.

dieser Absichten keinen Zweifel aufkommen zu lassen, läßt er die Eltern mit Jan einen „Vertrag“ abschließen.

Der „Vertrag“ enthält in mehreren Paragraphen die zukünftigen Verpflichtungen von Jan und die in Aussicht genommenen „Strafen“ bei Verletzung der Vertragsverpflichtungen. Bei Einhalten des Vertrages sichern die Eltern dagegen ein angemessenes Taschengeld und regelmäßige Ausgehzeiten zu. Beide Seiten unterzeichnen den Vertrag; der Vertragsabschluß wird durch einen Umtrunk bekräftigt.

loge zunächst nur auf die *Verhaltensbeobachtung* beschränken. Aus der Beobachtung von Jan in seiner natürlichen Umgebung oder aus verläßlichen Berichten würde er zuerst die *situativen Bedingungen* ermitteln wollen, unter denen Jan sein unerwünschtes Verhalten hervorbringt. Er könnte etwa feststellen: Besonders gefährdet ist Jan, wenn er in der Schule eine schlechte Note bekommen hat.

Außerdem: Stehlen hat für Jan eigentlich nie unangenehme *Konsequenzen.* Der Sohn verbraucht jeweils den entwendeten Betrag, bevor der Schaden bemerkt wird; und nach der Entdeckung ersetzt der Vater den entstandenen Verlust, ohne den Sohn zur Wiedergutmachung anzuhalten.

Das sind zwei Beobachtungen, welche dem Psychologen gestatten, therapeutisch einzugreifen. Zunächst wird er den Eltern den Rat geben, jedem Schulversagen durch Hausarbeiten, Nachhilfeunterricht u. ä. vorzubeugen. Zum anderen wird der Psychologe insbesondere den Vater anhalten, den Jungen die Folgen etwaiger weiterer Diebstähle unmittelbar spüren zu lassen (etwa durch Entzug von Taschengeld, Verpflichtung zu Wiedergutmachungsarbeiten). Um über die Ernsthaftigkeit

Vertragsabschluß.

Operationale Definitionen

Das wichtigste Ergebnis des Kontaktes zwischen behavioristischen Psychologen und neopositivistischen Philosophen war die Übernahme der Forderung nach operationalen Definitionen in der Psychologie. Jeder Begriff in einer psychologischen Theorie solle durch einen Meßvorgang (allgemein: eine Beobachtungsoperation) definiert sein. Was ist aber in der Psychologie der unmittelbaren Beobachtung und Registration zugänglich? Die physikalischen und physiologischen Bedingungen (z. B. Helligkeit im Raum, Säuregehalt des Magensaftes), unter denen sich Verhalten abspielt, und das äußerlich beobachtbare Verhalten selbst (z. B. Greifbewegungen, sprachliche Äußerungen) – mit anderen Worten: die wirksamen Reize, die darauf folgenden Reaktionen und die daraus sich ergebenden Reizänderungen.

Theoretische Prinzipien im Behaviorismus

Die für den Behaviorismus maßgebenden Prinzipien sind nicht psychologischer, sondern erkenntnistheoretischer Natur. Es sind die vom logischen Positivismus vorgetragenen Prinzipien der Wissenschaftlichkeit überhaupt: die Objektivität und die intersubjektive Vergleichbarkeit von Beobachtungen. Behavioristische Autoren greifen damit die Formulierungen des Wiener Kreises von Neopositivisten um Moritz Schlick und Rudolf Carnap (s. bereits S. 29) wieder auf. Eine wissenschaftliche Theorie ist demnach eine Beschreibung der Realität anhand von Beobachtungsprotokollen. Zum Vorbild für ein solches Protokoll dient die in den exakten Naturwissenschaften übliche Messung und Zählung (z. B. Ablesen einer Uhr, Ausmessen einer Strecke).

Der Behaviorismus ist im wesentlichen eine Lerntheorie und beschäftigt sich mit dem Aufbau von *Reiz-Reaktions-Beziehungen* (z. B. die schlechte Note als Auslöser des Diebstahls) bzw. *Reiz-Folge-Beziehungen* (z. B. die Beziehung zwischen dem Ausreißen und der Gewährung eines erhöhten Taschengeldes). Die Kopplung von Reaktionen an vorangehende Bedingungen wird Konditionieren (von lat. ‚conditio' – Bedingung) genannt: die Förderung des Verhaltens durch spätere Konsequenzen (umgangssprachlich: Lohn, Strafe) heißt dagegen Verstärkung (engl. ‚reinforcement').

Als Begründer der behavioristischen Psychologie gilt der Amerikaner John Broadus Watson (1878–1958). Watson war ein unermüdlicher Verfechter des Verstärkerprinzips. Er glaubte, man könne jedem Menschen alle Fertigkeiten lehren, ihm seine Ängste nehmen und seine Unarten abgewöhnen, wenn man ihn nur in geeigneter Weise belohne und bestrafe. Der Behaviorismus fand besonders starke Verbreitung in den Vereinigten Staaten, wo er sich auf die philosophische Tradition des Pragmatismus stützen konnte. Der Pragmatismus – Watson begegnete ihm insbesondere in der Version des amerikanischen Philosophen John Dewey (1859–1952) – sieht die Erfahrung, das Denken und das Handeln im Dienst der Anpassung. Jede menschliche Tätigkeit ist auf die Bewältigung der Lebensprobleme gerichtet – in der geographischen, der technischen und der sozialen Umwelt. Da sich die Welt in ständigem Wandel befinde, müßten auch Denken und Handeln sich ständig neu anpassen. Konditionierungen sind aus dieser Sicht Ergebnisse vollzogener Anpassung, Verstärkungen sind Mittel zur Neuanpassung.

Der Pragmatismus hat seinerseits stets enge Beziehungen zur erkenntnistheoretischen Richtung des Positivismus unterhalten. Nach der positivistischen Lehre kann sich Erkenntnis nur aus der Erfahrung von Tatsachen (d. h. von positiven, vorgesetzten Gegebenheiten) ableiten. Alle Erfahrung aufgrund subjektiver Erlebnisse und alle Annahmen über unbewußt bleibende Prozesse werden damit als spekulativ und unwissenschaftlich verworfen.

Der Behaviorismus hat vorwiegend in den westlichen Ländern Einfluß gewonnen. Die Ausarbeitung seiner theoretischen Grundlagen verdankt er vor allem zwei Männern: Clark L. Hull (1884–1952), Psychologieprofessor an der Universität Yale, der – wie kaum ein anderer vor ihm – das Verhalten durch hoch formalisierte Gesetze zu beschreiben versuchte, sowie Burrhus F. Skinner (geb. 1904), Psychologieprofessor an der Harvard Universität, ein geschickter Experimentator und Anwender und darüber hinaus ein engagierter Verfechter seiner Thesen in der wissenschaftlichen und gesellschaftspolitischen Diskussion. Der Begründer des modernen Behaviorismus, John B. Watson (s. o.), ist im wesentlichen nur während seiner akademischen Lehrtätigkeit an der John-Hopkins-Universität von 1908–1920 wissenschaftlich tätig gewesen; er hat mehr durch seine grundsätzlichen Äußerungen gewirkt als durch ausgefeilte Untersuchungsprogramme.

Reflexologie

Im nachrevolutionären Rußland erreicht eine psychologische Lehre eine beherrschende Stellung, welche wesentliche Grundeinschätzungen mit dem Behaviorismus teilt, im übrigen aber eine eigenständige Entwicklung nimmt: die Reflexologie. Die Reflexologie ist in der ganzen Welt mit dem Namen des russischen Physiologen Iwan P. Pawlow (1849–1936) verknüpft. Pawlow war an der Militärakademie in Petrograd, dem heutigen Leningrad tätig und hat sich zunächst viele Jahre mit der Physiologie des Kreislaufs und der Verdauung beschäftigt. Für seine Untersuchungen zur Verdauungsphysiologie erhielt er 1904 den Nobelpreis für Medizin. Er war bereits über fünfzig Jahre alt, als er seine als wissenschaftliche Sensation aufgenommenen Lernexperimente an Hunden begann. In diesen Experimenten demonstrierte Pawlow in klassischer Weise das Prinzip der Konditionierung, d. h. das Erlernen neuer Auslösebedingungen für vorhandenes Verhalten. (Als vorhandenes Verhalten wählte Pawlow zumeist dabei den Speichelreflex, der normalerweise der Darbietung von Futter folgt; wenn ein Glockenton zusammen mit dem Futter dargeboten wird, ist nach einiger Zeit auch der Ton allein imstande, den Speichelreflex auszulösen.)

In einem Punkt zumindest unterscheidet sich jedoch die Reflexologie vom Behaviorismus, und darin wird die unterschiedliche philosophische Herkunft der beiden Strömungen kenntlich: Reaktionen werden stets konsequent als physiologische Reflexe gedeutet. Die Reflexologie steht nämlich im Gefolge der materialistischen Philosophie. Der Materialismus – im vorrevolutionären Rußland u. a. vertreten durch Sechenow (1829–1905) – erkennt nur die (organische und anorganische) Materie als wirklich an. Das menschliche Verhalten ist demnach einerseits von der objektiven Umwelt bestimmt – daher die Betonung der Bedeutung objektiver auslösender und verstärkender Reize; andererseits ist der sich verhaltende Mensch ebenfalls nur als organischer Körper aufzufassen; sein Bewußtsein ist allenfalls eine Folgeerscheinung, ein Epiphänomen seiner Gehirntätigkeit. Geist und Vernunft als eigenständige Gegebenheiten werden verworfen. Unter diesen Voraussetzungen erübrigt sich die Untersuchung von Wahrnehmungs-, Denk- und Gefühlserlebnissen. Die Untersuchung wendet sich statt dessen der höheren Nerventätigkeit zu. Durch Beobachtung von nervös gebahnten Reflexen sucht Pawlow den Zugang zur (nur unzureichend direkt beobachtbaren) Gehirntätigkeit. Die Reflexologie ist daher stärker hirnphysiologisch orientiert als der Behaviorismus, und die Erkenntnistheorie, welche der Reflexolo-

Die Reflexologie Pawlows im nachrevolutionären Rußland

Der philosophische Materialismus in der Reflexologie Iwan P. Pawlows deckte sich mit den entsprechenden Thesen des marxistisch-leninistischen dialektischen Materialismus. Pawlows Lehre genoß daher im nachrevolutionären Rußland eine außerordentlich hohe staatliche Anerkennung und Unterstützung. Das beweist der folgende Beschluß des Rats der Volkskommissare aus dem Jahre 1921 – vier Jahre nach der Oktoberrevolution:

„In Anbetracht der ganz außerordentlichen wissenschaftlichen Verdienste des Akademiemitglieds I. P. Pawlow, die von ungeheurer Bedeutung für die Werktätigen der ganzen Welt sind, hat der Rat der Volkskommissare beschlossen:

1. Auf Grund der Vorlage des Petrograder Sowjets eine Sonderkommission mit weitgehenden Vollmachten in folgender Zusammensetzung zu bilden: Gen. M. Gorki, Gen. Kristi, Leiter der Petrograder Hochschulen, und Gen. Kaplun, Mitglied des Kollegiums der Abteilung Verwaltung beim Petrograder Sowjet. Die Kommission wird beauftragt, in kürzester Frist maximal günstige Bedingungen zu schaffen, die die wissenschaftliche Arbeit des Akademiemitglieds Pawlow und seiner Mitarbeiter gewährleisten.

2. Der Staatsverlag wird beauftragt, das von Akademiemitglied Pawlow besorgte wissenschaftliche Werk, das die Ergebnisse seiner wissenschaftlichen Arbeiten während der letzten 20 Jahre zusammenfaßt, in der besten Druckerei der Republik in einer Luxusausgabe herauszubringen, wobei das Eigentumsrecht an diesem Werk für Rußland wie auch für das Ausland Akademiemitglied I. P. Pawlow vorbehalten bleibt.

3. Die Kommission für Arbeiterversorgung wird beauftragt, Akademiemitglied Pawlow und seiner Frau eine Sonderzuteilung zu bewilligen, die den doppelten Kaloriengehalt hat wie die üblichen Lebensmittelzuteilungen für Akademiemitglieder.

4. Der Petrograder Sowjet wird beauftragt, Professor Pawlow und seiner Frau die lebenslängliche Benutzung ihrer Wohnung zu sichern und diese sowie das Laboratorium des Akademiemitglieds Pawlow mit maximalen Bequemlichkeiten auszustatten.

Der Vorsitzende des Rats der Volkskommissare

W. Uljanow (Lenin)

Moskau, Kreml

24. Januar 1921

Aus: Lenin: Gesammelte Werke 32, Berlin: Akademie Verlag 1961, S. 56f.

gie zugrunde liegt, ist stärker, als dies bei dem im Westen betriebenen Positivismus der Fall ist, in eine Naturphilosophie eingebettet.

Die Reflexologie gelangte nach der Oktoberrevolution in der Sowjetunion in den Rang einer Staatslehre. Nach dem Tode Stalins hat das Spektrum von Fragestellungen und Theorieansätzen in der sowjetischen Psychologie an Breite gewonnen. Ihre ehemals beherrschende Stellung hat die Reflexologie seitdem eingebüßt.

Behavioristische Methoden

Der Behaviorismus und die Reflexologie haben eine kaum zu überschauende Vielfalt von Forschungsunternehmen angeregt, welche sich nach den Idealen der exakten Naturwissenschaften ausrichteten. In unzählbaren Experimenten wurden verschiedene Arten von Verstärkern erprobt und ihre Wirkung in Abhängigkeit von ihrer Menge, Häufigkeit und zeitlichen Abfolge bestimmt. Die Art und

Menge auslösender Reize und ihre Beziehungen zu Reaktionen wurden ermittelt. Der geforderten Meßgenauigkeit und der *Bedingungskontrolle* waren dabei Opfer zu bringen. Die beobachteten Reaktionen durften nicht zu kompliziert sein, die dargebotenen Reize leicht und schnell genug herstellbar. Die Vorerfahrungen der untersuchten Subjekte mußten bekannt sein und ihr Bedürfniszustand beeinflußbar. So war es nur folgerichtig, daß die behavioristische Forschung in großem Stil zum *Tierversuch* überging. Tauben, Ratten Affen und Hunde konnte man ja ohne Schwierigkeiten in Gefangenschaft halten, dabei überprüfen und beeinflussen, welche Erfahrungen die Tiere sammelten und durch Angebote oder Entzug von Futter, Flüssigkeit, sozialen Partnern u. ä. ihre Bedürfnisse verändern.

Insbesondere für Tauben und Ratten wurden spezielle Standardversuchsanordnungen konstruiert – Labyrinthe, Sprungapparate, Laufräder, Futterspender. Besonders bekannt geworden ist ein von Skinner entworfener Experimentierkäfig für Tauben und Ratten – die „Skinnerbox". In der Skinnerbox können Tiere einen Kontakt betätigen: Tauben durch Picken auf eine Scheibe, Ratten durch Niederdrücken eines Hebels. Das ist eine Reaktion, welche mit Futter oder Flüssigkeit belohnt werden kann. Dabei muß freilich nicht immer sogleich eine Belohnung folgen, wenn sich der Kontakt geschlossen hat. Eine Belohnung kann zeitweilig völlig ausbleiben, zu anderen Zeiten nur unregelmäßig erfolgen – es gibt da zahlreiche Variationsmöglichkeiten.

Die behavioristische Forschungspraxis ist vielfach zum Vorbild für pädagogische und klinische Methoden geworden. Psychologen der Universität Harvard haben als erste aufgrund ihrer Erfahrungen mit Skinnerboxen Anordnungen zum Programmierten Unterricht entworfen; der Schüler lernt dabei im Dialog mit einer Lehrmaschine, welche ihn für richtige Reaktionen mit neuen Fragen belohnt. Methoden der Verstärkung erwünschten Verhaltens werden allenthalben zur Verhaltensänderung, zur *Verhaltensmodifikation* eingesetzt. Behavioristisch ausgerichtete Techniken der Verhaltensmodifikation haben die klinische Psychologie um eine neue Therapieart bereichert, die Verhaltenstherapie.

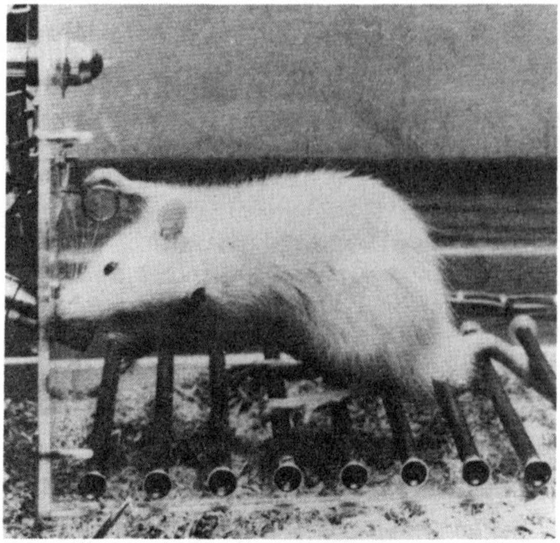

Ratte in einem Experimentierkäfig mit Schalthebel, Lichtsignal und Futterspender.

Eine *Verhaltenstherapie* kann so informell ablaufen, wie das zuletzt anhand des Falles von Jan veranschaulicht wurde. Der Therapeut gibt seinen Klienten Anweisungen für ihr Verhalten. Nicht untypisch ist die erwähnte Verwendung der „Vertragstechnik". Alle Klienten treffen quasi-formelle (meist schriftlich fixierte) Abmachungen über ihr zukünftiges Verhalten (z. B. der Sohn wird nie mehr stehlen, der Vater wird mindestens einmal in der Woche mit dem Sohn ins Kino gehen); in den Vertrag eingeschlossen sind „Sanktionen" für den Fall des „Vertragsbruchs" (z. B. Entzug des Taschengeldes bei erneutem Kameradendiebstahl). Dabei wird oft – wie ebenfalls aus dem zuletzt beschriebenen Fall ersichtlich – der Vertragsabschluß selbst von dem Therapeuten bekräftigt (etwa durch einen Umtrunk).

Totale Verhaltenskontrolle?

Die behavioristischen Methoden der Verhaltenskontrolle sind oft als Manipulationstechniken verurteilt worden. Durch Umweltreize und Sanktionen solle der Mensch zu einem stereotypen Verhalten gebracht werden; seine Freiheit und Würde blieben dabei auf der Strecke. Skinner hat sich mehrfach zu dem Prinzip der Verhaltenskontrolle bekannt – etwa in seinem Buch „Jenseits von Freiheit und Würde". Er könne Verhaltenskontrolle schon deshalb nicht als unsozial und unmoralisch ablehnen, weil sie auf Gegenseitigkeit beruhe (z. B. beeinflusse der Schüler seinen Lehrer ebenso wie der Lehrer seinen Schüler).

Wie eine zukünftige Welt mit konsequenter Verhaltenskontrolle beschaffen sein könnte, hat Skinner in seinem Roman „Futurum II" (im Original „Walden II") darzustellen versucht. In Futurum II wird eine alternative Lebensform in einer eigens zu ihrer Verwirklichung eingerichteten Gemeinde beschrieben. Ein amerikanischer Professor besucht mit einer kleinen Gruppe von Studenten die Gemeinde für mehrere Tage; sie unterhalten sich mit deren Gründer Frazier über die Grundsätze des Zusammenlebens. In der ausgesuchten Textstelle klärt Frazier die Besucher über die Arbeitsverteilung in der Gemeinde auf. Hier ein Abschnitt aus dem Roman:

„Letzten Endes sind alle Arbeiten gleichermaßen begehrt, sobald die Werte festgesetzt sind. Wenn nicht, wäre Nachfrage für die begehrtesten vorhanden, und der Wert würde geändert. Ab und zu manipulieren wir Begünstigungen, sobald ein Job ohne Ursache gemieden wird."

„Ich nehme an, Sie stellen in den Schlafzimmern Bandgeräte auf, die ständig wiederholen: ‚Ich möchte bei der Sielreinigung arbeiten, das macht Spaß.'"

„Nein, diese Art ‚Schöne Neue Welt'[1] macht Futurum II nicht mit," erwiderte Frazier. „Propaganda betreiben wir nicht, das ist ein Grundprinzip. Ich leugne nicht, daß es möglich wäre. Wir könnten die schwerste Arbeit als die ehrenhafteste und erwünschteste hinstellen.... Sie mögen einwenden, daß wir sozusagen jegliche Arbeit propagieren, aber dagegen sehe ich keine Bedenken. Wenn wir Arbeiten durch richtiges Zureden angenehmer machen können, warum nicht?"

[1] Anspielung auf Aldous Huxleys Roman „Brave new world" aus dem Jahre 1932.

Aus: Skinner, B. F.: Futurum II. Hamburg: Wegener 1970, S. 52f.

Der behavioristische Praktiker wird sich mit der Ätiologie (d. h. den zurückliegenden Ursachen) von Verhaltensstörungen nicht lange aufhalten. Er wird es einerseits für schwierig erachten, die Geschichte der Entstehung von Fehlverhalten nachträglich zu rekonstruieren; andererseits wird ihm die Ätiologie eines Fehlverhaltens für die Wahl der Behandlungsmethode unerheblich erscheinen. Es komme auf die Zukunft an und nicht auf die Vergangenheit – wird er argumentieren: Fehlverhalten sei abzubauen und erwünschtes Verhalten an seiner Stelle aufzubauen, und dazu seien einfach neue Lernprozesse in Gang zu setzen. Die Lernprozesse seien aber grundsätzlich gleich, wie immer die Entstehung des universellen Verhaltens beschaffen gewesen sein mag.

Zusammenfassung:
Die drei großen psychologischen Theorien: Unterschiede auf einen Blick

	Kognitivismus	*Psychoanalyse*	*Behaviorismus*
Zentraler Untersuchungsgegenstand	Bewußtsein	Triebe und unbewußte Inhalte	äußeres Verhalten (Reaktionen, Reflexe)
Maßgebende Ursachen des Verhaltens	Erkenntnisstrukturen	(unbewußte) Komplexe, Triebfixierungen	Milieubedingungen (Reize, Verstärker)
Menschenbild	Der Mensch besitzt Einsicht und Voraussicht und daher auch Verantwortung und Entscheidungsfreiheit	Der Mensch ist Gefangener seiner Triebe	Freiheit und Vernunft sind vorwissenschaftliche Begriffe. Das Verhalten des Menschen ist voll durch seine Umgebung und seine Triebreize bestimmt.
Bevorzugte Untersuchungsmethode	offene Befragung	Suche nach Symbolen des Unbewußten in Sprache und nichtsprachlichem Ausdruck	Messung von Reizen und Reaktionen
Bevorzugte Behandlungsmethode	Beratung, Hilfe zur Selbstreflexion und Selbstregulation	Aufklärung über Komplexe, Traumata, Verdrängungen	Verhaltensmodifikation durch Reizkontrolle, Verstärkungspläne, Verhaltenspläne

Literaturhinweise

Watson, J. B.: Behaviorism. New York: Norton 1925. (Dt.: Behaviorismus. Köln: Kiepenheuer u. Wietsch 1968)
Dewey, J.: The quest for certainty. New York: Minton, Blach u. Co 1929
Hull, C. L.: A behavior system. New Haven: Yale University Press 1952
Skinner, B. F.: About behaviorism. New York: Knopf 1974, 2. Aufl. (Dt.: Was ist Behaviorismus? Hamburg: Rowohlt 1978)
Pawlow, I. P.: Sämtliche Werke. Berlin: Akademie Verlag 1953–1955
Sechenow, I. M.: Selected physiological and psychological works. Gibbons, G. (Hg.). Moskau: Foreign Language Publication House 1960

Die Bedeutung von Tiefenpsychologie, Kognitivismus und Behaviorismus für die Entwicklungs-, Persönlichkeits- und Sozialpsychologie

Entwicklungspsychologie

Unter den drei übergreifenden Theorien der Psychologie hat sich wohl keine so eingehend und gleichzeitig so umfassend mit Problemen des heranwachsenden und alternden Menschen auseinandergesetzt wie der *Kognitivismus*. Für viele Vertreter des Kognitivismus ist die menschliche Entwicklung zugleich Fundgrube und Prüfstein für ihre Theorie. Psychische Erscheinungen im Denken, im Fühlen, im Handeln träten ja nicht in stets gleichbleibender Form auf, sie seien vielmehr einem ständigen *entwicklungsgeschichtlichen Wandel* unterworfen – so der Gestaltpsychologe Kurt Koffka. Die zeichnerische Gestalt des reifen Erwachsenen könne man etwa nur dann deuten, wenn man verstehe, wie sie sich aus der Kinderzeichnung entwickelt habe; und das Verständnis des Alterswerks setze wiederum die Kenntnis des Schaffens in der Reifezeit voraus. So fordert Koffka für die psychologische Analyse die Betrachtung von vollständigen Entwicklungsreihen, über Altersstufen (Kindheit – Jugend – Reife – Alter) in der Entwicklung des einzelnen Menschen hinweg sowie über die Stufen der Entwicklung menschlicher Kulturen (völkerkundlicher Vergleich).

Kognitivistische Autoren haben sich insbesondere der Entwicklung des Denkens und Erkennens, der Motivation und der Handlung zugewandt. Zum prominentesten unter ihnen ist zweifellos der früher in Genf und Paris lehrende Psychologie- und Philosophieprofessor Jean Piaget (1896–1980) geworden. Im Werk Piagets und seiner Mitarbeiter am Genfer Institut für Psychologie und Erziehungswissenschaften sowie am Genfer Centre International d' Epistémologie Génétique begegnet eine Fülle von Themen zur *Entfaltung der menschlichen Intelligenz und der Weltauffassung:*

- ○ die Entwicklung des Zahl- und Mengenbegriffs,
- ○ die Entwicklung des logischen Denkens,
- ○ die Entwicklung des kausalen Denkens,
- ○ die Entwicklung des Zeitbegriffs,
- ○ die Entwicklung des moralischen Urteils.

Nach Piaget entwickelt der heranwachsende Mensch zur inneren Darstellung seiner Welt *kognitive Strukturen;* daher wird Piagets Theorie auch als Strukturalismus bezeichnet. Kognitive Strukturen seien teilweise durch die Wirklichkeit geprägt; insofern passe sich die Erkenntnis der Realität an (Akkomodation). Aber der Erkenntnisprozeß besitze auch seine Eigengesetzlichkeit; insofern trachte der Mensch danach, eigene Erkenntnisstrukturen in Form selbstgestalteter, subjektiver Schemata zu schaffen und das Bild der Wirklichkeit in seine subjektiven Schemata einzupassen (Assimilation). Die Entwicklung vollziehe sich im Widerstreit zwischen Akkomodation und Assimilation, in einem Ringen um das Gleichgewicht der beiden Prinzipien oder – wie Piaget (1976) gesondert ausführt – im Bestreben um Äquilibration.

Die starke Resonanz der originellen wie tiefgründigen Demonstrationen und Analysen von Piaget und seinen Mitarbeitern – hervorzuheben unter ihnen sind vor allem Bärbel Inhelder und Alina Szeminska – haben eine doppelte Wirkung gehabt. Zum einen haben sie die Verbreitung der genetischen Betrachtungsweise in der kognitivistisch betriebenen Psychologie gefördert. Zum anderen haben sie die Stellung des Kognitivismus erheblich gestärkt – und dies sowohl in den Staaten der westlichen Welt als auch in den sozialistischen Ländern.

Von der Kognition gehen Impulse für das Handeln aus – lehren kognitivistische Entwicklungspsychologen. Das gilt zum Beispiel für den jeweils erreichten Stand des moralischen Urteils. Sobald ein Kind etwa ein Regelbewußtsein entwickelt hat, wird es auch bestrebt sein, sein Handeln nach diesen Regeln

Zur Entwicklung des moralischen Urteils

Lawrence Kohlberg hat die Studien Piagets zur Entstehung des moralischen Urteils fortgeführt. Die von ihm nachgewiesenen Haltungen sollen hier als Beispiele für eine sich wandelnde kognitive Struktur dienen.

	Maßgebendes Kriterium	*Moralische Maxime*	*Anwendungsbeispiel*
Phase 1	Ergebnis der Handlung	Schlecht ist, was schadet	Jetzt ist die Tasse kaputt – jetzt kriegst du Haue!
Phase 2	Allseitige Bedürfnisbefriedigung	Gut ist, was in guter Absicht geschieht	Ich hatte doch Hunger – und dem Peter macht das doch gar nichts aus!
Phase 3	Übereinstimmung mit anderen Personen	Gut ist, was (einzelne) andere gut finden	Die Oma hat aber gesagt, ich bin ein liebes Mädchen!
Phase 4	Überindividuelle feste Regeln	Was gut (und schlecht) ist, ist in Vorschriften, Lebensregeln u. a. festgelegt	Bei Rot ist das Überqueren der Straße nicht gestattet.
Phase 5	Überindividuelle, aber relativierbare Vereinbarungen	Gut ist, was den Regeln entspricht; aber man muß auch den Sinn der Regeln einsehen.	Am Sonntag fahren hier wenig Autos; wenn man gut aufpaßt, kann man da auch bei Rot über die Straße.
Phase 6	Allgemein geltende ethische Grundsätze	Gut ist, was überall und jederzeit als gut gelten sollte.	Das höchste Gut ist die Erhaltung menschlichen Lebens.

Nach Kohlberg (1963) treten diese sechs Phasen nacheinander auf, ohne daß spätere Auffassungen frühere völlig ablösen.

einzurichten. Überhaupt glauben Kognitivisten, daß der menschlichen Erkenntnis ein Drang zum Fortschreiten innewohnt. Insbesondere der jüngere Mensch gebe sich mit dem Erwerb einer Einsicht nicht zufrieden; über seinen jeweils erreichten Kenntnisstand hinaus strebe er stets nach neuen Erkenntnissen. Und seine Neugier, seine Wißbegier, sein Bedürfnis nach Abwechslung erfasse auch andere Bereiche – vor allem die Motorik. So fördere das Interesse an Gegenständen in der Umgebung das Kriechen, das Aufrichten und das Greifen. Neuere Diskussionen über die Selbstmotivierung der menschlichen Entwicklung knüpfen zumeist an eine Abhandlung des amerikanischen Psychologen McVicker Hunt aus dem Jahre 1960 an, der einige theoretische Grundlagen für diese Annahme zusammengetragen hat.

Auch die *Tiefenpsychologie,* insbesondere die Psychoanalyse, hat innerhalb der Entwicklungspsychologie einen starken Einfluß ausgeübt, ist sie doch in wesentlichen Anteilen ein Stück Entwicklungspsychologie. Für den Tiefenpsychologen und wiederum besonders für den Psychoanalytiker entscheiden ja die frühen Kinderjahre über die gesamte Persönlichkeitsentwicklung. Freud hat in seinen „Drei Abhandlungen zur Sexualtheorie" eine komplette Lehre von den menschlichen Entwicklungsphasen vorgelegt.

In den Darstellungen psychoanalytischer Autoren verengt sich die Entwicklungspsychologie auf die Entwicklung von Trieben, auf deren Befriedigung und Frustration, auf die daraus entstehenden Gewohnheiten und sozialen Einstellungen. Wenn damit auch weitere Bereiche der Entwicklung ausgespart bleiben – wie etwa die Intelligenzentwicklung – so ergibt sich doch ein breiter Zugang zu einer großen Vielfalt theoretischer und praktischer Probleme.

Behavioristisch orientierten Psychologen ist die Idee einer kontinuierlichen und phasentypischen Entwicklung fremd. Denn nur durch innere Faktoren kann eine solche Entwicklung gesteuert sein, und gerade den Bezug auf solche inneren Faktoren lehnen *Behavioristen* ab. Für sie vollzieht sich die menschliche Entwicklung als eine Folge aufeinander aufbauender Lernprozesse.

Dabei hängt das Auftreten der *Lernprozesse* von dem Angebot förderlicher Reize und Verstärker ab. Da die Natur der Lernprozesse stets als gleich angesehen wird, besteht keine sonderliche Veranlassung, Vergleiche zwischen verschiedenen Altersstufen anzustellen.

Entwicklungsphasen nach Freud

1. Lebensjahr	Orale Phase	Befriedigung durch Berührung und Manipulation von Objekten, insbesondere durch Mundkontakt (Oralerotik)
2. Lebensjahr	Anale Phase	Befriedigung durch Beherrschung von Körperfunktionen, inbesondere durch Kontrolle der Afterausscheidungen (Analerotik)
3. Lebensjahr	Phallische oder Genitale Phase	Befriedigung durch Berührung der Sexualorgane, durch Kontrolle der Harnausscheidung (Urethralerotik)
5. Lebensjahr	Latenzphase	Ruhen der Sexualentwicklung bis zum Ausbruch der Pubertät.

Bedeutsame theoretische Beiträge speziell zur Entwicklungspsychologie sind daher von seiten behavioristischer Autoren selten. Nach dem behavioristischen Reiz-Reaktions-Verstärkungs-Schema werden lediglich einzelne Verhaltensweisen wie etwa das Daumenlutschen oder das aggressive Verhalten untersucht. Dabei geht es – wie etwa in einer Studie von Mees und Fieguth (1977) – um die Bestimmung von Entstehungsbedingungen auffälliger (bei Mees und Fieguth aggressiver) Verhaltensweisen bei Kindern. Ziel einer Ermittlung von Auslösebedingungen auffälliger Verhaltensweisen ist meistens die Entwicklung von pädagogischen Interventionstechniken – Maßnahmen zum Abbau unerwünschten Verhaltens (z. B. der Aggression) sowie zum Aufbau erwünschten Verhaltens (z. B. Erziehung zur Kooperation).

Persönlichkeitspsychologie

Ebenso wie Kognitivismus und Tiefenpsychologie den intra-individuellen Unterschieden im Verlaufe des menschlichen Lebens große Aufmerksamkeit widmen, so beachten sie auch interindividuelle Unterschiede, d. h. Unterschiede zwischen verschiedenen Individuen gleichen Entwicklungsstandes. Beide Richtungen sind geneigt, Unterschiede zwischen Menschen auf deren unterschiedliche Entwicklungsgeschichte zurückzuführen. Mit besonderer Konsequenz wird dieser Ansatz von *tiefenpsychologischen Autoren* verfolgt, welche – wie schon mehrfach erwähnt – den frühen Kinderjahren einen maßgeblichen Einfluß auf die Persönlichkeitsbildung zuschreiben.

So unterscheidet der an der Universität von Mexiko lehrende Psychoanalytiker Erich Erikson die Menschen – auch die reifen Erwachsenen – nach dem Grad des Vertrauens, welches sie in ihrer Kindheit zu ihrer Mutter und zu ihrer gesamten Umgebung ausbilden konnten. Menschen, denen es an einem solchen Vertrauen – Erikson nennt es *Urvertrauen* – mangelt, sollen dabei anfällig für Neurosen und Depressionen sein. Freud selbst deutet eine Persönlichkeitstypologie an, ausgehend von der Annahme einer *frühkindlichen Fixierung* an einzelnen Phasen der Triebentwicklung (Freud 1972/1905, S. 144). Bleibt ein Mensch auf die Urethralerotik fixiert (Lustgefühle bei Harndrang, Harnentleerung, die in der phallischen Phase auftreten), so wird er nach Freud Ehrgeiz entwickeln. Bei einer Fixierung auf oralen Lustgewinn, der in der frühesten Entwicklungsphase auftritt, sollten sich entsprechend Passivität und Anlehnungsbedürfnis im Erwachsenenalter erhalten.

Am eingehendsten von Freud selbst behandelt und über Fachkreise hinaus bekannt geworden ist seine Abhandlung über „Charakter und Analerotik" (1972/1908). Das Beherrschen der Körperfunktionen, das Einhalten von Ausscheidungen sei die Quelle der Lust in dieser Phase. Und der anal fixierte Mensch versuche sein Leben lang an dieser Art des Lustgewinns festzuhalten: durch Sauberkeit und Pedanterie, aber auch – verallgemeinert auf Besitz – durch Sparsamkeit, ja Geiz, und schließlich – durch weitere Verallgemeinerung– durch Herrschsucht, ja Grausamkeit. (Freuds Theorie vom Analcharakter ist deshalb so populär geworden, weil sie den Verdacht begründete, eine frühe und intensive Reinlichkeitserziehung würde das oben beschriebene Syndrom von Persönlichkeitseigenschaften hervorbringen.)

Ein *Kognitivist* würde sich scheuen, sämtliche Menschen einigen wenigen Typen zuzuordnen. Getreu seiner Überzeugung von den individuellen Fähigkeiten der Erkenntnisbildung und der Selbstverwirklichung wird er mit einer großen Vielfalt menschlicher Erscheinungen rechnen. In seinem 1948 erschienenen Buch „Personality" vertritt der amerikanische Psychologe Gordon W. Allport sogar die Meinung, kein Mensch sei dem anderen gleich; jede Persönlichkeit sei einzigartig.

Wer wirklich an die *Einzigartigkeit der Persönlichkeit* glaubt, wird nicht für möglich halten, zwei Menschen anhand desselben Eigenschaftsbegriffs zu vergleichen. Es gibt dann für ihn keinen rechten Sinn, zwei Personen bezüglich des Grades ihrer Intelligenz oder in der Stärke ihrer Liebesfähigkeit zu vergleichen. Zwei Personen – wird er argumentieren – unterscheiden sich nicht nur in der Quantität ihrer Denk- oder ihrer Liebesfähigkeit, sondern vor allem in deren Qualität; das Problemverständnis und die liebende Zuwendung wird bei zwei verschiedenen Personen von vornherein von anderer Beschaffenheit sein. Diese Auffassung läßt nur die Möglichkeit der Anwendung der jeweils individuellen Beschreibung, der sogenannten idiographischen Methode (vgl. S. 10), zu.

Die Annahme einer völligen Einzigartigkeit der Persönlichkeit wird bei weitem nicht von allen kognitivistisch ausgerichteten Autoren geteilt. Sie entspricht zumeist auch nicht der Einschätzung der betroffenen Personen. Die Eigenschaftsbegriffe der Sprache, welche sie alle benutzen, sind ja zum Vergleich vieler Individuen bestimmt. So bedeutet es nur eine konsequente Anwendung der phänomenologischen Methode (s. S. 38), Personen anhand von Eigenschaften ihres Sprachgebrauchs miteinander zu vergleichen, Eigenschaften wie Freundlichkeit, Ehrlichkeit, Geselligkeit, Müdigkeit, Ängstlichkeit und ähnlichem. Der psychologische Untersucher läßt den Betroffenen meist sich selbst bezüglich solcher Eigenschaften einstufen; manchmal bittet er auch Freunde, Lehrer und andere um eine Beurteilung.

Einige *Persönlichkeitseigenschaften* haben sich aus kognitivistischer Sicht als theoretisch besonders fruchtbar erwiesen und werden deshalb häufig mit eigenen Fragebogen oder anderen Testmethoden erfaßt. Zwei Beispiele sind:

○ die Erwartung eigener Freiheit bzw. eigener Ohnmacht (nach Rotter 1966),

○ die Feldabhängigkeit, d. h. die Fähigkeit, einen Gegenstand unabhängig von seiner Umgebung zu beurteilen (nach Werner u. Wapner 1965, Witkin u. a. 1954).

Auszug aus einem Persönlichkeitsfragebogen zur Selbstbeurteilung

Der MMPI (Minnesota Multiphasic Personality Inventory) von S. R. Hathaway und J. C. McKinley; deutsche Bearbeitung von D. Spreen, Saarbrücken, fordert u. a. folgende Beurteilungen:

richtig	falsch	
☐	☐	Ich habe häufig das Gefühl, als ob ich einen Klumpen im Halse habe.
☐	☐	Es fällt mir schwer, meine Gedanken bei der Arbeit oder Aufgabe zu behalten.
☐	☐	Meine Eltern und Freunde haben mehr an mir auszusetzen als nötig.
☐	☐	Ich bin empfindsamer als die meisten Menschen.
☐	☐	Manchmal habe ich Lach- oder Weinanfälle, die ich nicht beherrschen kann.
☐	☐	Manchmal habe ich einen starken Drang, etwas Verletzendes oder Anstößiges zu tun.
☐	☐	Ich habe Problemen gegenübergestanden, die so voll Möglichkeiten waren, daß ich mich nicht mehr entscheiden konnte.
☐	☐	Ich habe niemals der Aufregung wegen etwas Gefährliches getan.

Behavioristen konstatieren das Auftreten von individuellen Unterschieden als eine beobachtbare Tatsache. Als häufigste Ursache individueller Unterschiede nennen sie die unterschiedliche Lerngeschichte der Individuen und damit – im Sinne der Reiz-Reaktions-Verstärkungstheorie – ihr unterschiedliches *Milieu.* Insbesondere die Variation der Lerngeschwindigkeit wird aufmerksam analysiert, aber auch Unterschiede in der Emotionalität (die sich etwa bei Ratten nach der Menge der Kotausscheidungen bestimmen läßt). Dabei wurde auch die genetische Bedingtheit individueller Unterschiede untersucht. Tatsächlich scheinen Zuchtversuche zu belegen, daß die Lernfähigkeit von Elterntieren auf ihre Nachkommen übergeht. Ebenso gibt es Belege für eine Vererbung des Emotionsgrades.

Vererbung der Lernfähigkeit

Ergebnisse von Tryon (unveröffentlicht): Es wurden jeweils über mehrere Generationen hinweg schnell lernende und langsam lernende Tiere miteinander gepaart. Die Züchtung gelang: Es bildeten sich zwei Stämme von Mäusen, deren Angehörige sich darin unterschieden, daß sie sich verschieden schnell in einem Labyrinth orientieren konnten.

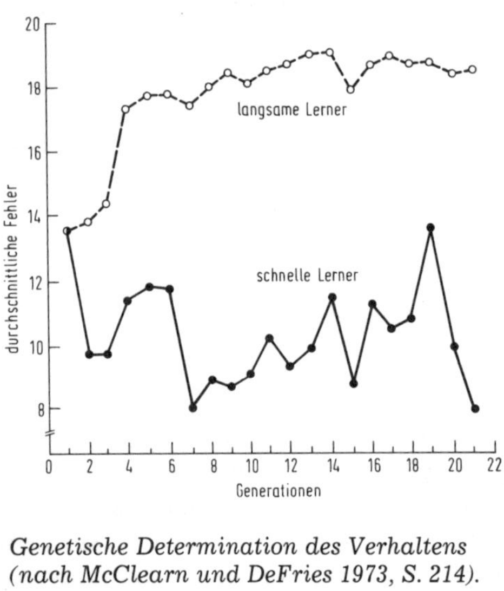

Genetische Determination des Verhaltens (nach McClearn und DeFries 1973, S. 214).

Sozialpsychologie

Das behavioristische Begriffssystem läßt sich ohne Schwierigkeiten zur *Beschreibung sozialen Verhaltens* anwenden. Ein sozialer Partner, der Belohnung und Befriedigung vermittelt, kann danach selbst zu einem Verstärker werden; die Personen, denen er Befriedigung verschafft hat, schließen sich ihm an und führen Tätigkeiten aus, um in den Genuß seiner Anwesenheit zu gelangen (Mehrabian 1970). Eine andere Möglichkeit ergibt sich aus behavioristischer Sicht: Eine Person A wird für eine Person B zum (konditionierten) Auslöserreiz. Gruppenbildung entsteht nach A. J. Lott u. B. E. Lott durch einen Lernvorgang. Es schließen sich jeweils diejenigen Personen zusammen, welche gemeinsam belohnt werden. Lott u. Lott führten dazu den folgenden Versuch durch: Sie ließen Kinder miteinander spielen; einige Kinder erhielten dabei vom Versuchsleiter eine Belohnung. Als die belohnten Kinder danach befragt wurden, welches andere Kind sie zu einer weiteren Unternehmung mitnehmen wollten, wählten die belohnten Kinder bevorzugt solche Partner aus, welche zum Zeitpunkt ihrer Belohnung anwesend gewesen waren. Dabei hatten diese gewählten Kinder gar nicht selbst zur Verabreichung der Belohnung beigetragen. Aber das partnerschaftliche Verhalten ihnen gegenüber sei durch die Belohnung gefestigt worden.

Auf diese Weise läßt sich das Entstehen vieler sozialer Verhaltensweisen und Einstellungen erklären, nicht nur der Affiliation (d. h. des Anschlusses an andere), sondern auch der Kooperation (d. h. des Zusammenwirkens im Dienste eines gemeinsamen Zieles), der altruistischen Unterstützung, der kämpferischen Auseinandersetzung und der sprachlichen Verständigung.

Kognitivistische Autoren suchen nach umfassenderen Begriffen, die im Denken der Menschen verankert sind und deren soziale Einstellungen und Handlungen bestimmen: das *Gruppenbewußtsein* (z. B. ‚Wir sind eine alteingesessene Familie'), das *Rollenbewußt-*

sein des Einzelnen (z. B. ‚Ich bin der Briefträger; ich bin für die Postzustellung verantwortlich'), die Ausgeglichenheit von Gruppen (z. B. das Vorhandensein gleichmäßig freundlicher Beziehungen zwischen sämtlichen Gruppenmitgliedern) und ähnliches. Insbesondere durch Heiders Aufwertung der naiven Psychologie (s. S. 38) haben sich zahlreiche Untersucher einer Fülle von sozialen Problemen zugewandt, welche auch die Menschen im Alltag bewegen: die Regeln bei der Einnahme von Sitzplätzen, die Wirkung verschiedener Argumente beim Überreden, die Beschaffenheit von Vorurteilen und viele andere.

Von geradezu umwälzender Wirkung war in der Sozialpsychologie die Einführung des Begriffs der *kognitiven Konsistenz*. Kognitive Konsistenz – das bedeutet eine Übereinstimmung zwischen Werthaltungen (z. B. politischen Überzeugungen), sozialen Beziehungen (z. B. Sympathiebeziehungen zu Nachbarn), Wahrnehmungen (z. B. Wahrnehmung der physischen Attraktivität) und Handlungen. Der Mensch strebt – war die zentrale These – in seinen Entscheidungen nach einer solchen Konsistenz. Eingeleitet wurde die Konsistenzforschung 1957 durch ein Buch des amerikanischen Psychologen Leon Festinger. Festinger gibt mehrere Beispiele für die Entstehung kognitiver Dissonanzen und ihre Reduktion. In einem seiner Versuche bittet er beispielsweise junge Leute, einen Aufsatz zu schreiben, in dem sie Ansichten vertreten müssen, die sie sonst ablehnen. Das führt eine Dissonanz herbei zwischen der im Aufsatz dargestellten Ansicht und der vorher gefaßten Meinung. Was ist zumeist die Folge? Die eigene Meinung gleicht sich der dargestellten (zumindest teilweise) an – die quälende Dissonanz wird verringert. Aber nicht alle Aufsatzschreiber ändern ihre Meinung. Einige erhalten für ihren Aufsatz eine größere Summe Geldes. Die Abweichung von ihrer Überzeugung wird damit durch einen willkommenen finanziellen Gewinn gerechtfertigt. An der eigenen Überzeugung kann so ohne ein Dissonanzerleben festgehalten werden.

Einen starken sozialpsychologischen Gehalt besitzt auch die *Tiefenpsychologie*. Alfred Adler (s. S. 46) hat ausführlich die sozialen Konsequenzen des von ihm angenommenen Kampfes gegen die eigene *Minderwertigkeit* beschrieben. Und die Familientheorie Freuds hat weitreichende Konsequenzen für die Deutung des Soziallebens der Erwachsenen. Denn die von Freud angenommene Konfrontation des Kindes mit dem gegengeschlechtlichen Elternteil in der genitalen Phase (s. S. 59) ist ja als eine erste, prägende Begegnung mit der äußeren Macht zu verstehen. In ihr bildet sich ein System von auferlegten Normen – Freud nennt es das *Über-Ich*. In diesem Über-Ich werden in der Folge alle gesellschaftlichen Forderungen verinnerlicht, und die Furcht vor dem drohenden Elternteil, insbesondere dem Vater, mündet schließlich in eine Unterwerfung gegenüber der äußeren Autorität. In seiner kulturgeschichtlichen Schrift „Totem und Tabu" führt Freud aus, wie aus der Auseinandersetzung der Söhne mit dem übermächtigen Hordenvater das Phänomen der gesellschaftlichen – zugespitzt ausgedrückt: der staatlichen – Macht entsteht.

Die psychoanalytische Sozialtheorie ist über die Fachwelt hinaus in das öffentliche Bewußtsein gedrungen. Vor allem zwei Thesen haben Betroffenheit hervorgerufen: die im Über-Ich verinnerlichten Normen können die Eigenständigkeit des Ich schwächen, und die unheilvolle Über-Ich-Entwicklung sei in den europäischen Kulturen eine Folge einer allzu strengen Familienerziehung, speziell einer Dominanz der Vaterrolle. Nachdem Sich in den letzten Jahrzehnten nicht zuletzt aufgrund der psychoanalytisch fundierten Gesellschaftskritik – eine Abkehr von der patriarchalischen Familienstruktur und den strengen Erziehungspraktiken angebahnt hat, wird ein neues Problem aktuell: ein Defizit an verbindlichen Normen. Die vaterlos werdende Gesellschaft – so der Frankfurter Psychoanalytiker Alexander Mitscherlich (1908–1982) – beginne an Orientierungsnöten zu leiden.

Zusammenfassung

Der entwicklungspsychologische Aspekt:

1. Kognitivisten beschäftigen sich hauptsächlich mit der Entwicklung der Erkenntnisfunktionen und der Motivation. Ihrer Ansicht nach bauen die verschiedenen kognitiven Funktionen und Strukturen aufeinander auf und entfalten sich zum Teil logisch zwingend in einer bestimmten Reihenfolge.
2. Behavioristen sehen die Entwicklung als eine Folge von Lernprozessen, die durch Umweltbedingungen gesteuert ist.
3. Tiefenpsychologen wenden sich besonders der Entwicklung der Persönlichkeit zu; die Psychoanalyse leitet sie aus der Sexualentwicklung ab.

Der differentiell-psychologische Aspekt:

1. Der Kognitivismus führt die Verhaltens- und Erlebensunterschiede zwischen den Menschen auf deren unterschiedliche Entwicklung zurück. Kognitivisten betonen die Individualität der Persönlichkeit.
2. Tiefenpsychologen gehen davon aus, daß die Entwicklung in der frühen Kindheit die Persönlichkeit bestimme. Sie tendieren zu einer Typisierung der Persönlichkeit (z. B. der anale Charakter).
3. Behavioristen führen individuelle Unterschiede auf unterschiedliche Lernbedingungen zurück.

Der sozialpsychologische Aspekt:

1. Die Kognitivisten sehen in den kognitiven Vorgängen die Steuerungsmechanismen des sozialen Verhaltens (z. B. bestimmen Werturteile das Verhalten einem Partner gegenüber).
2. Die an Freud orientierte Tiefenpsychologie leitet soziales Verhalten aus der Dynamik der Familienkonstellation ab (z. B. Machtpositionen in der Gesellschaft sind analog der Machtposition des Vaters in der Familie zu deuten).
3. Soziales Verhalten wird nach Ansicht der Behavioristen durch Verstärkungen (Belohnungen) bestimmt (z. B. kann Kontaktverhalten Partnern gegenüber durch positive Verstärkung gefördert werden).

Literaturhinweise

Koffka, K.: Die Grundlagen der psychischen Entwicklung. Osterwieck/Harz: Zickfeldt 1921

Piaget, J.: Die Äquilibration der kognitiven Strukturen. Stuttgart: Klett 1976

McHunt, V. J.: Experience and the development of motivation: Some reinterpretations. Child Development 31 (1960), 489–504

Freud, S.: Drei Abhandlungen zur Sexualtheorie. Gesammelte Werke Bd. 5. Frankfurt: Fischer 1972 (Erstausgabe 1905)

Kohlberg, L.: The development of children's orientation towards a moral order: I. Sequence in the development of moral thought. Vita Humana 6 (1963), 14–33

Mees, U. u. Fieguth, G.: Sequentielle Beobachtungen und Analyse aggressiven Kinderverhaltens. In: Tack, W. (Hg.): Bericht über den 30. Kongress der Deutschen Gesellschaft für Psychologie 1976 in Regensburg. Göttingen: Hogrefe 1977, Bd. 2, 77–79

Erikson, E. H.: Childhood and society. New York: Norton 1959. (Dt.: Kindheit und Gesellschaft. Stuttgart: Klett 1968)

Freud, S.: Charakter und Analerotik. Gesammelte

Werke Bd. 7. Frankfurt: Fischer 1972 (Erstausgabe 1908)
Allport, G. W.: Personality. New York: Holt 1948. (Dt.: Persönlichkeit. Mainz: Klett 1949)
Rotter, J. B.: Generalized expectancies for internal versus external control of reinforcement. Psychological Monographs 80 (1966), Nr. 609
Werner, H. u. Wapner, S.: An experimental approach to the organismic-developmental point of view. In: Werner, H. u. Wapner, S. (Hg.): The body percept. New York: Random House 1965, 9–25
Witkin, H. A., Lewis, H. B., Hertzman, M. u. a.: Personality through perception. New York: Harper 1954
Mc Clearn, G. E. u. De Fries, J. C.: Introduction to behavioral genetics. San Francisco: Freeman 1973
Mehrabian, A.: Some determinants of affiliation and conformity. Psychological Reports 27 (1970), 19–29
Lott, A. J. u. Lott, B. E.: Group cohesiveness as interpersonal attraction: A review of relationships with antecedent and consequent variables. Psychological Bulletin 64 (1965), 259–309
Festinger, L.: A theory of cognitive dissonance. Stanford: Stanford University Press 1957. (Dt.: Theorie der kognitiven Dissonanz. Bern: Huber 1978)
Freud, S.: Totem und Tabu. Gesammelte Werke Bd. 9. Frankfurt: Fischer 1973 (Erstausgabe 1912/13)
Mitscherlich, A.: Auf dem Wege zur vaterlosen Gesellschaft. München: Piper 1963

Ausgewählte Literatur zur Ergänzung und Vertiefung

Ammon, G.: Psychoanalytische Pädagogik, Hamburg: Hoffmann u. Campe 1973
(Vermittelt einen Eindruck von der Bedeutung des psychoanalytischen Ansatzes für die Erziehungspsychologie)
Eberlein, G. u. Pieper, R. (Hg.): Psychologie – Wissenschaft ohne Gegenstand? Frankfurt: Campus 1976
(Sammlung von Beiträgen zum Selbstverständnis der Psychologie)
Neel, A. F.: Theories of psychology: A handbook. Cambridge, Mass.: Schenkman 1969. (Dt.: Handbuch der psychologischen Theorien. München: Kindler 1974).
(Vergleichende Darstellung theoretischer Entwicklungen bis etwa 1950)
Sahakian, W. S.: History and systems of psychology. New York: Schenkman/Wiley 1975
(Psychologische Forschungsrichtungen seit dem klassischen Altertum; Einbeziehung neuerer Entwicklungen im Fernen Osten und in Lateinamerika)
Sanders, C.: De behavioristische revolutie in de psychologie. (Dt.: Die behavioristische Revolution in der Psychologie. Salzburg: Müller 1978)
(Zur Entwicklung des Behaviorismus und des Neobehaviorismus)
Schneewind, K. A. (Hg.): Wissenschaftstheoretische Grundlagen der Psychologie. München: Reinhardt 1977
(Beiträge zur Anwendung der Wissenschaftstheorie auf die Psychologie)
Thomae, H. u. Feger, H.: Hauptströmungen der neueren Psychologie. Bern: Huber 1969
(Theoretische Richtungen und Forschungstraditionen)
Toman, W.: Tiefenpsychologie. Stuttgart: Kohlhammer 1978
(Allgemeine Einführung mit Schwerpunkt bei der Psychoanalyse)
Wandersman, A., Poppen, P. u. Ricks, D.: Humanism and behaviorism: Dialogue and growth. Oxford: Pergamon 1976
(Auseinandersetzung zwischen zwei theoretischen Ansätzen mit dem Ziel einer Synthese)

Kapitel 3

Wahrnehmung

Wahrnehmen: Die Welt im Inneren noch einmal erstehen lassen
Wozu überhaupt Wahrnehmung?
Egozentrische Wahrnehmung
Sinnesempfindungen
Gegenstands- und Raumwahrnehmung
Semantik und Symbolik
Verschiebungen der Aufmerksamkeit
Verkennung und Verleugnung

Die Wahrnehmung ist ein lebendiger, aktiver Vorgang. Das Hinlaufen zu einem Wahrnehmungsobjekt gehört ebenso dazu wie das Betrachten des Objekts mit den Augen, das Befühlen mit den Händen, das Riechen, das Schmecken. Die Sinne sind für die Wahrnehmung unentbehrlich. Aber ohne Verarbeitung im Gehirn blieben die Sinnesempfindungen konfus, unzusammenhängend, räumlich ungeordnet, frei von gegenständlicher Bedeutung. Wenn als Wahrnehmungsbild eine Rose erscheint, in ihrer Bedeutung als Gewächs der Natur, eingebettet in einen wahrgenommenen Raum, etwa als Inhalt einer Vase, für viele Betrachter zudem ein Sinnbild der Schönheit und des Stolzes, so ist dies das Ergebnis eines zwar schnell ablaufenden, aber vielschichtigen Wahrnehmungsprozesses. Es versteht sich, daß es bei diesem Prozeß zahlreiche Pannen geben kann. Sie ziehen Fehleinschätzungen und Verkennungen nach sich.

Seine Eigenempfindungen und Bedürfnisspannungen bringt der Beobachter in den Wahrnehmungsprozeß ein. Die aus diesem Umstand erschlossene Folgerung lautet: Der Mensch ist kein neutraler, sondern ein parteiischer Beobachter; er sieht die Welt nicht, wie sie ist, sondern wie er sie zu sehen wünscht. Dies hat die Forschung mehrfach bestätigt.

Wahrnehmung, Orientierung und Wissen

Zuschauer bei der Bergung des gesunkenen Kabinenschiffs ‚Princes Irene' am Rhein bei Köln.

Aktive Beobachtung

Am Freitag, dem 18. 4. 1975, ging das niederländische Kabinenschiff ‚Princes Irene' in Köln am Rhein vor Anker. An Bord befanden sich neben der Besatzung über 90 ältere und behinderte Passagiere. In der Nacht zum Samstag geriet das Schiff aus unbekannter Ursache in Brand und sank. Die Katastrophe forderte zwanzig Tote.

Die Nachricht von dem Unglück wurde durch Rundfunk und Fernsehen verbreitet. Die Sonntagsblätter berichteten in großer Aufmachung darüber. Zahlreiche Bewohner von Köln und von den umliegenden Orten benutzten das Wochenende, um die Unglücksstelle zu besichtigen und den Fortgang der Bergungsarbeiten zu beobachten. Die Schaulustigen drängten sich um günstige Beobachtungsplätze; zeitweise mußte die Polizei ordnend eingreifen.

Der Fall zeigt: Menschen sind neugierig. Sie wollen wissen, was auf der Welt vor sich geht. Sie streben nach Information. Die Information wird ihnen durch ihre Wahrnehmung vermittelt. Aber Wahrnehmung setzt wiederum räumliche Nähe und ungestörten Kontakt zum Gegenstand der Wahrnehmung voraus. Wo Nähe und Kontakt fehlen, werden diese hergestellt, indem sich der Betrachter in eine günstige Beobachtungsposition bringt (im Fallbeispiel: Anreisen von Schaulustigen über eine längere Entfernung, Hochklettern auf Bäume, Neigen des Kopfes).

Mit Interesse verfolgen die Zuschauer die Bergung des Schiffes, das Anheben über die Wasseroberfläche. Am liebsten würden sie es wie ein Spielzeugschiffchen in die Hand nehmen, in der Hand drehen und wenden, um es nach Brandspuren und Lecks abzusuchen. In solchen Fällen ist es nicht der Beobachter, der seine Stellung oder seinen Ort ändert, um besseren Kontakt mit dem Wahrnehmungsgegenstand aufnehmen zu können. Es ist vielmehr der Gegenstand, der an einen Ort oder in eine Lage gebracht wird, in der er sich der eingehenderen und bequemeren Betrachtung anbietet.

Das Beispiel steht für viele. Es ist darin zu bestimmen:

○ ein Wahrnehmungsgegenstand *(Wahrnehmungsobjekt),*

○ die wahrnehmende Person *(Wahrnehmungssubjekt),*

○ das *Wahrnehmungsbild,* das ist die innere Abbildung des Wahrnehmungsgegenstandes in der wahrnehmenden Person (auch innere Repräsentation oder inneres Modell genannt),

○ die räumliche Beziehung zwischen Gegenstand und wahrnehmendem Subjekt.

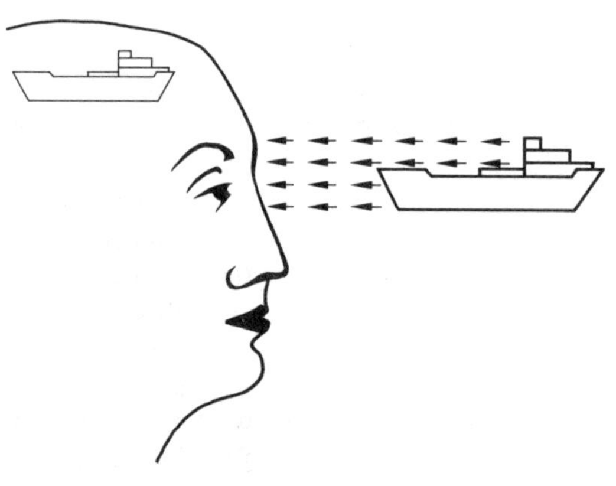

Wahrnehmungsbild, Subjekt und Objekt der Wahrnehmung.

Wahrnehmung nennt man in diesem Zusammenhang zweierlei:

1. die innere Abbildung des Wahrnehmungsobjekts im wahrnehmenden Subjekt *(Wahrnehmung als Ergebnis)* und

2. den inneren Vorgang, durch den die Abbildung herbeigeführt wird *(Wahrnehmung als Prozeß).*

Die Beziehung des Wahrnehmenden zum Objekt braucht keine unmittelbare zu sein. Für viele Betrachter ist das Unglücksschiff zu weit entfernt, es kann auch nicht wie ein Spielzeugschiff zur bequemeren Betrachtung gehoben, gedreht und gewendet werden. Und doch ist es möglich, das Schiff über weite Entfernungen und aus verschiedenen Blickwinkeln Betrachtern nahezubringen: durch Photographien, Filme und Reportagen, die über Presse, Rundfunk und Fernsehen über das Land verbreitet werden. Die menschliche Wahrnehmung, selbst ein inneres Abbild, hat als Inhalt also nicht allein reale Objekte (wie das Unglücksschiff selbst), sondern auch äußere Wiedergaben realer Objekte (wie Photos und Nachrichten). Dabei besteht ein wesentlicher Unterschied zwischen Bildwiedergaben und Berichten. Bildwiedergaben bewahren die äußere Gestalt realer Objekte (so ist etwa die Form des Unglücksschiffes auf einem Photo ungefähr erhalten); es sind *analoge Repräsentationen.* In Berichten sind Gegenstände durch sprachliche Zeichen ersetzt (das Wort SCHIFF dient z. B. als Zeichen für das reale Objekt Schiff, ohne daß eine äußere Ähnlichkeit zwischen Wort und bezeichnetem Objekt besteht); sprachliche Beschreibungen gehören zu den *symbolischen Repräsentationen.* Die Fähigkeit des Menschen, sowohl gleichgestaltige (analoge) als auch zeichenhafte (symbolische) Information zu bilden und zu verarbeiten, wirft grundsätzliche Probleme auf, die später (S. 114 ff.) im Zusammenhang mit der menschlichen Vorstellung noch eingehender behandelt werden. Das Erkennen der Bedeutung von Zeichen gehört zu den Problemen der Wahrnehmung, auf welche noch in diesem Kapitel (s. S. 95f.) eingegangen wird; im übrigen stellen die Sprache und überhaupt die Verständigung durch Zeichen so wichtige und so häufig untersuchte Themen dar, daß ihnen ein eigenes Kapitel (S. 424ff.) gewidmet ist.

Auffällig sind im Fallbeispiel die an der Beobachtung beteiligten oder zur Beobachtung führenden motorischen Prozesse, die Bewegungen zur Annäherung des Beobachters an das Objekt, zur Lageänderung der Sinnesorgane, zur Annäherung des Objekts an den Beobachter, zur Lageänderung des Objekts, zum Herstellen, Verteilen und Beschaffen von (analogen und symbolischen) Wiedergaben des Objekts. Die mit dem Wahrnehmungsprozeß einhergehenden Bewegungen und Handlungen lassen sich unter dem Begriff des *Orientierungsverhaltens* zusammenfassen.

Nicht ebenso augenscheinlich wie das Orientierungsverhalten sind die während der Wahrnehmung ablaufenden *geistigen* und *nervösen Prozesse* (s. später S. 78ff.). Insgesamt ist jedoch das Urteil gerechtfertigt: Die Wahrnehmung ist ein aktiver Vorgang des Zusammentragens und Deutens von Informationen. Der Wahrnehmende gleicht nicht der Kamera, die mechanisch aufnimmt, was ihr vor die Linse gerät. Er gleicht vielmehr dem Maler, der seine Bilder mit Kunst und Umsicht entwirft.

Wahrnehmung und Vorwissen

Was erfahren eigentlich die Schaulustigen an der Unfallstelle Neues? Touristendampfer wie die ‚Princes Irene' haben sie schon oft gesehen. Auch die Rheinlandschaft wird ihnen vertraut sein. Dagegen: Einen Bergungskran mit eigenen Augen zu sehen, noch dazu in vollem Einsatz – das mag schon die Mühen einer längeren Fahrt wert sein. Hier bringt die Wahrnehmung neues Wissen. Aber selbst, wer Bergungskräne schon ebenso gut kennt wie Landschaft und Schiff, kann an der Unfallstelle etwas Neues, weil in dieser Konstellation Einmaliges, erleben: die vertraute ‚Princes Irene' vor Köln unter Wasser. Vertrautes vereinigt sich so zu einer einzigartigen Episode. Grundsätzlich bringt jede Wahrnehmung neues Wissen, denn sie zeigt entweder einen bisher unbekannten Gegenstand oder einen schon vorher wahrgenommenen Gegenstand in einem neuen raum-zeitlichen Zusammenhang.

Zwischen neu gebildeten Wahrnehmungen und dem im Gedächtnis gespeicherten Wissen findet ein ständiger Vergleich statt: Was ist bekannt, was ist neu? Und es spricht viel für die Annahme, daß ohne einen solchen Vergleich überhaupt keine komplexeren Erkenntnisleistungen in der Wahrnehmung möglich wären. Was nehmen eigentlich die Kleinkinder an der Unfallstelle wahr? Ihre Eltern haben sie in Tragetaschen mitgebracht, halten sie vielleicht noch hoch und muntern sie auf: „Da, guck einmal!" Ihnen bietet sich die gleiche Szene wie ihren Eltern. Aber erkennen sie: die untergegangene ‚Princes Irene', Bergungskräne, den Rhein? Sicherlich nur in ganz eingeschränktem Umfang. Weil sie noch nicht das Wissen von der Existenz von Schiffen, Kränen, Unglücken und Bergungen erworben haben, bleibt ihre Wahrnehmung wohl auf einige Umrisse, auf die Unterscheidung verschiedenartiger Körper beschränkt.

Zwischen Wahrnehmung und gespeichertem Wissen ist die Beziehung zweiseitig. Gespeichertes Wissen fördert das Erkennen bei der Objektwahrnehmung (s. o.). Das Erkennen in der Wahrnehmung schlägt sich jedoch auch im gespeicherten Wissen nieder: Wer viel erlebt, weiß viel. Zur genaueren Darstellung dieses Zusammenhangs ist eine These des kanadischen Gedächtnispsychologen Endel Tulving hilfreich. Tulving (1972) befürwortet die Unterscheidung zweier Arten von Gedächtnisinhalten: *Episoden* und *Bedeutungen*. Episoden sind raum-zeitliche Ereignisse

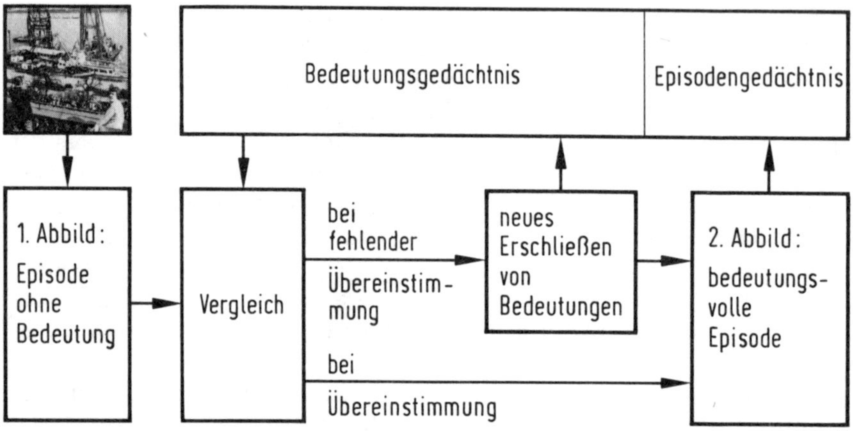

Die Beziehung zwischen Wahrnehmung und Gedächtnis.

wie das Schiffsunglück am Rhein im April 1975. Bedeutungen sind jedoch Begriffe und Begriffsbeziehungen, abgelöst von einzelnen Episoden – etwa: Es gibt Schiffe (nicht nur die ‚Princes Irene'), und diese Schiffe gehören in die Klasse der Fahrzeuge, es sind Wasserfahrzeuge. Was in der Wahrnehmung erfaßt wird, sind Episoden, aber das Erkennen dieser Episoden erfordert ein Bedeutungswissen. Fehlt das Bedeutungswissen, versagt das Erkennen oder die Bedeutung muß neu erschlossen werden. Gespeichert werden können sowohl Episoden als auch Bedeutungen.

So ergibt sich im Verlauf folgende *Wechselwirkung zwischen Wahrnehmung und Gedächtnis:*

○ eine Szene bietet sich zur Wahrnehmung an,

○ ein erstes Abbild der Szene entsteht; ihm fehlt es noch an Bedeutung,

○ die Inhalte des ersten Abbilds werden mit gespeicherten Bedeutungen verglichen,

○ Übereinstimmungen beim Vergleich führen zu einem Erkennen von Bedeutung,

○ bei fehlender Übereinstimmung kann die Bedeutung neu erschlossen werden,

○ es entsteht ein zweites Abbild der Szene, dieses hat eine bedeutungshaltige Episode zum Inhalt,

○ neu erschlossene Bedeutungen werden gespeichert und vermehren den Bestand an Bedeutungswissen,

○ bedeutungshaltige Episoden werden gespeichert.

Motive der Wahrnehmung

Warum sind die Menschen so neugierig? Warum wollen sie so vieles sehen und hören? Warum wollen sie so viel wissen? Hätte man eine Befragung unter den Schaulustigen an der Unglücksstelle veranstaltet, wären die häufigsten Antworten wahrscheinlich gewesen: „Das interessiert mich eben." „Ich habe schon im Fernsehen Aufnahmen gesehen, da wollte ich mir das Schiff selbst ansehen." Obwohl der Anlaß der Orientierung eigentlich ein trauriger ist – man denke nur an die zwanzig Toten, welche das Unglück gefordert hat – ist die Orientierung selbst eher heiter, lustvoll. Über die Motive des Wahrnehmens und der Orientierung gibt es drei Theorien: die Theorie von der Existenz eines eigenen Erkenntnismotivs, die Theorie der optimalen Stimulierung sowie die Handlungstheorie der Wahrnehmung.

Nach der erstgenannten Theorie ist der Mensch ein Wesen, das seiner Natur folgend nach Erkenntnis strebt. Er sucht Lücken in seinem Wissen zu schließen. Dazu trägt die Wahrnehmung bei. Der englische, später in den Vereinigten Staaten lehrende Psychologe William McDougall (1908) hat ausdrücklich die Existenz eines eigenen *Neugier- und Erkundungstriebs* angenommen (s. S. 393). Auch der Wahrnehmungsvorgang selbst wird als motivierend beschrieben. So vertritt der englische, später an der Universität von Toronto lehrende Psychologe Daniel E. Berlyne (1960) die Ansicht, Widersprüchlichkeiten und Verwicklungen bei der Wahrnehmung führten zu körperlicher Erregung; um die Klarheit der Wahrnehmung wieder herzustellen und dadurch die Erregung abzubauen, werde die Wißbegier, die epistemische Neugier (engl. ‚epistemic curiosity') angestachelt und Erkundungsverhalten in Gang gesetzt.

Die *Theorie der optimalen Stimulierung* wurde von C. Leuba (1955) neu zur Diskussion

Überraschung, Ästhetik, Kunst

Die Dame ohne Unterleib, das Kalb mit zwei Köpfen, der „freak", das Monstrum – sie alle lassen das Herz höher schlagen und erregen ein manchmal mit Grausen gemischtes Entzücken. Von dieser Erfahrung hat sich Daniel E. Berlyne (1958) in seiner psychologischen Ästhetik leiten lassen. Ästhetisch anregende Erscheinungen zeichnen sich nach Berlyne aus durch ein Überraschungsmoment, durch die Unverträglichkeit von Elementen und durch eine anregende Komplexität. Diese Eigenschaften schaffen beim Beobachter Unsicherheit und Konflikt. Unsicherheit und Konflikt aber regen das Denken und das Gefühl an.

Kunst entsteht nach Berlyne, wenn Menschen dazu übergehen, selbst Gegenstände, Abbildungen, Tonfolgen u.ä. herzustellen, die Unsicherheit und Konflikt erzeugen und dadurch ästhetische Erlebnisse herbeiführen. Dieser Beschreibung entsprechen z. B. die spannungsgeladenen und erwartungswidrigen Bilder des Malers Pablo Picasso.

Allerdings gibt es auch andere Kunstwerke wie die Skulpturen des Bildhauers Auguste Rodin: Sie wollen das als vollkommen Erwartete, Überdauernde darstellen, suchen nach Harmonie und Einheit und üben eine beruhigende Wirkung auf den Betrachter aus.

Picasso (1881–1973): Mädchen.

Rodin (1840–1917): Der Gedanke.

gestellt. Danach kämpft der Mensch gegen Eintönigkeit und Langeweile, denn sie lassen seine Körpererregung, seine organismische Aktivierung, absinken. Um seine Aktivierung wieder zu erhöhen, setzt er sich neuen, anregenden Erfahrungen aus. Deshalb ist der Mensch stets auf der Suche nach dem Neuen, dem Ungewöhnlichen.

> *"Kunst ist überhaupt nichts, wenn sie nicht neu ist."*
> Carl Friedrich Schinkel, Baumeister, Maler, Möbelentwerfer (1781–1841)

Die *Handlungstheorie der Wahrnehmung* betrachtet die Suche, Aufnahme und Verarbeitung von Information als Voraussetzung und Mittel der erfolgreichen Tätigkeit. Die Wahrnehmung zeigt Mangelzustände in der Welt an und ermöglicht so das Setzen von Zielen. Sie gestattet, den Ablauf von Tätigkeiten und die durch sie herbeigeführten Änderungen zu verfolgen. Erst im Tätigkeitszusammenhang gewinnt ein Gegenstand seine Bedeutung. Die Wahrnehmung erweist sich als unerläßlich im Lebensvollzug, und der Lebensvollzug gibt der Wahrnehmung erst ihren Sinn. So mag für die meisten Menschen eine Ahle ein bedeutungsarmer Gegenstand sein, dem sie nicht lange ihre Aufmerksamkeit zuwenden. Der Schuster erkennt jedoch darin ein Werkzeug zum Durchstoßen von Löchern; will er sein Leder bearbeiten, wird ihm die Wahrnehmung seines Werkzeugs ebenso Mittel zur Fortführung der Tätigkeit wie das Werkzeug selbst; darin liegt die Bedeutung des Gegenstandes. Ebenso erlaubt ihm die Wahrnehmung, die Reparatur eines Schuhs vom Anfang bis Ende zu verfolgen. Insofern leitet sich aus dem Bedürfnis des Schusters, seiner Berufstätigkeit nachzugehen, das Motiv ab, sich durch Wahrnehmung über Werkstücke, Werkzeuge und Arbeitsfortschritte zu informieren. Die Handlungstheorie der Wahrnehmung ist von dem Moskauer Psychologieprofessor Leontjew (1973/1959) als Beitrag der materialistisch ausgerichteten Psychologie vertreten worden (vgl. bereits S. 52); in Deutschland hat sich seiner Auffassung mit Nachdruck der Berliner Psychologieprofessor Klaus Holzkamp (1973) angeschlossen, der selbst vor allem durch seinen Ansatz einer Kritischen Psychologie hervorgetreten ist.

Die drei Theorien stehen möglicherweise nicht in ernsthafter Konkurrenz, weil sie verschiedene Problemfelder abdecken (zur Konkurrenz von Theorien vgl. S. 32f.). Vor allem fällt auf, daß die Handlungstheorie Aussagen über die Wahrnehmung bei zielgerichteter Tätigkeit macht, während die beiden anderen Theorien auch in Situationen ohne erkennbares Handlungsziel anwendbar sind.

Wahrnehmung und Realität

Keiner der Betrachter des Unglücksschiffs von Köln wird auf den Gedanken gekommen sein, die ‚Princes Irene' gäbe es in Wirklichkeit gar nicht; die Wahrnehmung spiegele ein solches Schiff nur vor. Die Entsprechung von Wahrnehmung und wahrgenommener Realität ist den betroffenen Betrachtern eine Selbstverständlichkeit. Es gibt Wissenschaftler, welche für diese Selbstverständlichkeit eine Erklärung bereit haben: Das Erlebnis, ein Schiff zu sehen, ist eine Erscheinung des Bewußtseins. Ein eigenständiges Bewußtsein gibt es jedoch nicht. Das Bewußtsein beruht vielmehr auf Nervenerregungen. Auch diese Nervenerregungen sind nicht selbständig. Sie gehen zurück auf die Erregungen in den Sinnesorganen, und diese sind wiederum abhängig von den Sinnesreizen aus ihrer Umgebung. Daher: Die Wahrnehmung ist abhängig von der Wirklichkeit. Und weiterhin: Es gibt eine Wirklichkeit, die unabhängig von der Wahrnehmung besteht. Oder allgemein: Die Inhalte des Bewußtseins werden durch Erfahrung der Wirklichkeit vermittelt.

Die Lehre von der Vorherrschaft der Realität, der Materie über das Bewußtsein heißt *Materialismus.* Eine derart materialistische Wahrnehmungspsychologie findet sich zuerst in England bei David Hartley (1705–1757) und John B. Priestley (1733–1804). Sie wird im 19. Jahrhundert aufgenommen und ausgearbeitet in der Anthropologie Ludwig Feuerbachs (1804–1872).

Ist es denn überhaupt möglich, die Abhängigkeit der Wahrnehmung von einem realen Wahrnehmungsobjekt zu bestreiten? Der englische Philosoph und Bischof George Berkeley (1685–1753) hat dies gewagt. Seine Erkenntnistheorie läßt sich auf den Satz bringen: „Alle Erkenntnis durch Sinne und Erfahrung ist Schein, zur Wahrheit führt nur die eigene Vernunft.“ (Berkeley 1869/1710) Er meint damit: Weil man den Sinnen und der Erfahrung nicht trauen dürfe, könne man auch keine Aussagen über eine äußere Realität machen. Die These, daß mit Vernunft und Bewußtsein zu rechnen sei, aber man so wenig Zugang zur Realität habe, daß man nicht einmal ihre Existenz behaupten könne, findet sich noch im 19. Jahrhundert bei dem später in Wien lehrenden Philosophen Franz von Brentano (1838–1917). Er bezweifelt schon die intersubjektive Vergleichbarkeit von Sinneserlebnissen. „Woher weiß ich“, fragt er, „daß ich als ‚grün‘ dasselbe empfinde wie ein anderer Mensch?“ Und seine Folgerung ist: Der Inhalt der eigenen Wahrnehmung ist nicht ein äußerer Wahrnehmungsgegenstand, sondern die eigene Wahrnehmungstätigkeit. Doch glaubt er, durch Fortschritte in der Erkenntnis eine immer angemessenere Erfassung des Realen vorhersagen zu können (Brentano 1874, 1911).

Die Position, den Inhalten der bewußten Erkenntnis und ihrer Gestaltungskraft den Vorrang gegenüber der Realität und der von ihr abgeleiteten Erfahrung einzuräumen, ist ein Merkmal des *Idealismus.* Idealistische Positionen leben heute im Kognitivismus weiter (vgl. S. 36f.). Das bedeutet beileibe nicht, daß moderne Kognitivisten wie früher Bischof Berkeley die Realität für ungewiß und die Erfahrung für unwahr halten. Aber sie betonen – anders als die Materialisten – die Eigenständigkeit des Phänomens, der bewußten Wahrnehmung, den Variationsspielraum in der Abbildung der Umwelt und das Vorhandensein angeborener Wahrnehmungskategorien. Das Bewußtsein eines wahrgenommenen Gegenstandes sei etwas gänzlich anderes als der reale Gegenstand. Der Kammerton a ist real, d. h. physikalisch als eine Serie von Druckwellen der Luft zu beschreiben (genau als 440 Luftschwingungen pro Sekunde). Empfunden wird der Ton dagegen als völlig gleichmäßig; für das Erlebnis seiner Höhe gibt es keine Entsprechung in der Wirklichkeit. Verallgemeinernd kann man sagen: Die reale Luftschwingung und der empfundene Ton gehören verschiedenen Welten an: der *realen oder objektiven Welt* und der *erlebten oder subjektiven Welt.*

Zwischen der Erlebniswelt und der Wirklichkeit gibt es zahlreiche Entsprechungen. Die Wahrnehmung mag sich da der Wirklichkeit anpassen. Aber muß man stets annehmen, die Wahrnehmung habe sich der Wirklichkeit angepaßt, wenn Wahrnehmung und Wirklichkeit übereinstimmen? Das ist nicht notwendig. Beide können ja übereinstimmen, weil sie – unabhängig voneinander – den gleichen Gesetzen folgen. So hat etwa der Gestaltpsychologe Wolfgang Köhler (1920, s. a. S. 39) eine interessante Parallelität gezeigt: Der Spannungsausgleich an der Oberfläche von Flüssigkeiten in elektrischen Feldern u. ä. führt zur Ausbildung von runden Strukturen (z. B. von Fettaugen in der Suppe). Aber auch die Wahrnehmung tendiert zur Bildung runder Figuren als „guten Gestalten“. Ob also die gleiche naturgesetzliche Tendenz zum Spannungsausgleich für kreisförmige Gegebenheiten in der Flüssigkeit und in der Wahrnehmung sorgt? Dann würde die gleiche Gestalt von realen Objekten und Wahrnehmungen auf das gleiche natürliche Ordnungsprinzip zurückgehen; es wäre aber nicht die äußere (reale) Form, die sich unmittelbar der subjektiven Wahrnehmung aufprägt und diese in ihre Abhängigkeit bringt. Köhlers Überlegungen über wirksame Gestaltprinzipien konzentrieren sich auf eine *Gestaltgleichheit (Isomorphie)* von anschaulich Erlebtem und den parallel ablaufenden physiologischen Prozessen im Gehirn *(psycho-physischer Parallelismus)*.

Von besonderer theoretischer Bedeutung sind die regelmäßigen *Abweichungen der Wahrnehmung von der Realität*. Als Belege für das Auftreten solcher Abweichungen dienten vor allem Nachweise *geometrisch-optischer Täuschungen*. Die wohl bekannteste Figur zur Erzeugung einer geometrisch-optischen Täuschung ist 1889 von dem Physiologen Müller-Lyer publiziert worden. Sie verlangt den Vergleich zweier Strecken, von denen die eine von einem einwärts gekehrten Winkelpaar begrenzt wird, die andere von einem Paar nach außen offener Winkel. Der unmittelbare Eindruck und dessen Wiedergabe in der Zeichnung von Versuchspersonen besagt recht eindeutig: die beiden Strecken sind ungleich. Die objektive Messung beweist jedoch: die beiden Strecken sind gleich. Müller-Lyer folgt bei seiner Erklärung der Täuschung dem Ganzheitsprinzip. Da die Figur mit den Auswärtswinkeln als ganze mehr Raum ausfülle, werde auch ihren Teilen mehr Ausdehnung zugeschrieben als den Bestandteilen der raumsparenden Figur mit den Einwärtswinkeln. Daß der Gesamteindruck auf die Wahrnehmung der Teile „abfärbe", ist als Hinweis auf die Eigendynamik der Wahrnehmung gewertet worden.

So eindrucksvoll geometrisch-optische Täuschungen oft sind – als Beweise für die Erfahrungsunabhängigkeit der Wahrnehmung sind sie nicht allgemein anerkannt. Selbst die Abweichung läßt sich noch als eine auf Erfahrung beruhende Fehlanpassung deuten. Die Müller-Lyer-Täuschung ist auch mit Hilfe einer Perspektiventheorie zu erklären, die sich ihrerseits auf das Erfahrungsprinzip stützt: der Betrachter – an die Rechtwinkligkeit von Räumen gewöhnt – sähe die Figuren dreidimensional. Die Figur mit den nach

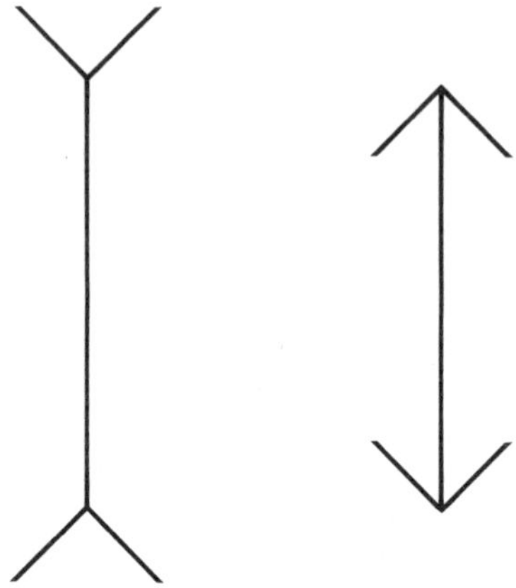

Figuren zur Erzeugung einer geometrisch-optischen Täuschung nach Müller-Lyer (1889).

außen offenen Winkeln erscheine dann als eine zurückweichende Kante (etwa wie die hintere Ecke eines Zimmers), die Figur mit den einwärts gekehrten Winkeln als vorspringende Kante (wie z. B. eine Hausecke). Nun kenne der Betrachter die Wirkung der Perspektive, entferntere Gegenstände kleiner abzubilden als nähere. Gewohnt, solche Perspektivewirkungen auszugleichen, vergrößere er das entfernter Erscheinende bzw. verkleinere er das Nähere (vgl. etwa Tausch 1954).

In der Kontroverse zwischen Verfechtern der These der Wahrnehmungsautonomie und den Befürwortern einer Bindung der Wahrnehmung an die vorgegebene Wirklichkeit könnte man eine Entscheidung durch die Beobachtung *angeborener Wahrnehmungsfähigkeiten* erhoffen. So schreibt etwa der frühere Münsteraner Psychologieprofessor Wolfgang Metzger als Gegner einer generell anzuwendenden Erfahrungstheorie in einem Handbuchartikel aus dem Jahre 1966, die Leistung des einäugigen Tiefensehens hänge von Gestaltfaktoren ab; das Tiefensehen sei somit eine dem Organismus von Geburt an mitgegebene Fähigkeit. Auch hier steht jedoch Argument gegen Argument. Epstein und seine Mitarbeiter (Epstein 1967, S. 88f.) stellten ihrerseits deutliche Verbesserungen des Schätzens von Entfernungen durch Übung fest – ein Zeichen, daß das Tiefensehen von Erfahrung doch nicht unbeeinflußt bleibt. Viel Beachtung hat in diesem Zusammenhang das Verhalten von Kleinkindern und neugeborenen Tieren am „visuellen Abgrund" (visual cliff) gefunden. Der visuelle Abgrund besteht aus einer ebenen Glasplatte, unter der ein tiefer und ein flacher Hohlraum mit gleichem Muster zu sehen sind. Man kann sich sicher auf der Platte bewegen. Nur der Blick auf den Hohlraum ist geeignet, vor der Gefahr der Tiefe zu warnen.

Kants Lehre von den erfahrungsabhängigen und -unabhängigen Erkenntnissen

Ein epochaler Schritt in der Entwicklung des Idealismus ist die Lehre des Königsberger Philosophieprofessors Immanuel Kant (1724–1804) vom Verhältnis von Anschauung und Realität. Kant bezweifelt nicht die Existenz der realen Dinge. Er nimmt jedoch an, daß das Bewußtsein seine eigene Anschauungsform hat. Insbesondere glaubt er, im Bewußtsein herrschten Ordnungen vor, die nicht in der Realität vorhanden, also gar nicht erfahrbar seien. Die Begriffe, welche diese Ordnungen herstellten, seien angeboren, von vorneherein, a priori, gegeben. Zu diesen a-priori-Kategorien zählt er: den Raum, die Zeit, die Kausalität.

Kant hat seine Lehre vor allem in seiner ‚Kritik der reinen Vernunft', erstmals veröffentlicht im Jahre 1781, vertreten. Hier eine Leseprobe:

„Von dem Raume

Vermittels des äußeren Sinnes (einer Eigenschaft unseres Gemüts), stellen wir uns Gegenstände als außer uns und diese insgesamt im Raume vor. Darinnen ist ihre Gestalt, Größe und Verhältnis gegeneinander bestimmt, oder bestimmbar. Der innere Sinn, vermittels dessen das Gemüt sich selbst oder seinen inneren Zustand anschaut, gibt zwar keine Anschauung von der Seele selbst als einem Objekt, allein es ist doch eine bestimmte Form, unter der die Anschauung ihres inneren Zustandes allein möglich ist, so daß alles, was zu den inneren Bestimmungen gehört, in Verhältnissen der Zeit vorgestellt wird. Äußerlich kann die Zeit nicht vorgestellt werden; so wenig wie der Raum als etwas in uns. Was sind nun Raum und Zeit? Sind es wirkliche Wesen? Sind es zwar nur Bestimmungen oder auch Verhältnisse der Dinge, aber doch solche, welche ihnen auch an sich zukommen würden, wenn sie auch nicht angeschaut würden, oder sind sie solche, die nur an der Form der Anschauung allein haften und mithin an der subjektiven Beschaffenheit unseres Gemüts, ohne welche diese Prädikate gar keinem Dinge beigelegt werden können? Um uns hierüber zu belehren, wollen wir zuerst den Raum betrachten.

1. Der Raum ist kein empirischer Begriff, der von äußeren Erfahrungen abgezogen worden ...
2. Der Raum ist eine notwendige Vorstellung a priori, die allen äußeren Anschauungen zugrundeliegt ...
4. Der Raum ist kein diskursiver, oder wie man sagt, allgemeiner Begriff von Verhältnissen der Dinge überhaupt, sondern eine reine Anschauung."

Aus Kant, I.: Kritik der reinen Vernunft. Schmidt, R. (Hg.), Leipzig: Reclam jr. o. J., S. 95 ff.

Ab wann erkennen Lebewesen die Gefahr der Tiefe, ab wann erkennen sie überhaupt die Tiefe? Hierzu die Beobachtung: Bereits Säuglinge und neugeborene Tiere schrecken vor dem tiefen Hohlraum zurück, wenn sie ihn – durch die Mutter angelockt – krabbelnd überqueren sollen. Das spricht für eine Unabhängigkeit der Fähigkeit zum Tiefensehen von der individuellen Erfahrung (Gibson u. Walk 1960). Eine andere Wahrnehmungsleistung, die sich schon früh im Leben einstellt, ist das Erkennen von Formen; auch hierauf berufen sich Autoren, welche die Erfahrungsunabhängigkeit der Wahrnehmung unter Beweis zu stellen suchen (Zuckerman u. Rock 1957).

„Visueller Abgrund" – eine von Eleanor J. Gibson entwickelte Versuchsanordnung. Kinder und Jungtiere scheuen gleichermaßen die Tiefe, obwohl sie noch keine Erfahrung mit den Gefahren der Tiefe gemacht haben.

Zusammenfassung

1. Wahrnehmen ist ein aktiver Prozeß, in dessen Verlauf ein wahrnehmendes Subjekt ein inneres Abbild eines Wahrnehmungsgegenstandes herstellt.
2. Wahrnehmen ist in der Regel begleitet von Orientierungsverhalten; dazu sind vor allem solche Bewegungen zu rechnen, welche die räumliche Beziehung zwischen Subjekt und Objekt verändern (z. B. Annäherung eines Betrachters, Kopfbewegung, Drehung eines Objekts).
3. In die Wahrnehmung wird vorhandenes Wissen (aus dem Gedächtnis) einbezogen; die Wahrnehmung hilft, dieses Wissen zu ergänzen.
4. Als Motive der Wahrnehmung werden diskutiert: eigenständige Erkenntnisbedürfnisse (Neugier, Wißbegier), Bedürfnisse nach äußerer Anregung (Stimulierung) sowie das Bedürfnis, Wahrnehmungen für den Vollzug zielgerichteter Handlungen dienstbar zu machen.
5. In der Wahrnehmungstheorie tritt der Gegensatz zwischen idealistischen und materialistischen Auffassungen zutage. Er gipfelt in der Kontroverse, wie weit der Wahrnehmungsgegenstand außerhalb des Bewußtseins des Wahrnehmenden tatsächlich existiert.

Literaturhinweise

Tulving, E.: Episodic and semantic memory. In: Tulving, E. (Hg.): Organisation of memory. New York: Academic Press 1972, 381–403

McDougall, W.: Social Psychology. London: Methuen 1908. (Dt.: Grundlagen einer Sozialpsychologie. Jena: Fischer 1928)

Berlyne, D. E.: Conflict, arousal, and curiosity. New York: Mc Graw Hill 1960. (Dt.: Konflikt, Erregung und Neugier. Stuttgart: Klett 1974)

Leuba, C.: Toward some integration of learning theories: The concept of optimal stimulation. Psychological Reports 1 (1955), 27–33

Leontjew, A. N.: Probleme der Entwicklung des Psychischen. Frankfurt: Athenäum 1973 (Erstausgabe: Moskau 1959)
Holzkamp, K.: Sinnliche Erkenntnis. Frankfurt: Athenäum 1973
Berlyne, D. E.: The influence of complexity and novelty in visual figures on orienting responses. Journal of Experimental Psychology 55 (1958), 289–296
Berkeley, G.: A treatise concerning the principles of human knowledge. Dublin: Rhames 1710. (Dt.: Abhandlungen über die Prinzipien der menschlichen Erkenntnis. Überweg, F. u. Klemmt, A. (Hg.) Leipzig: Meiner 1869)
Brentano, F.: Psychologie vom empirischen Standpunkt. Leipzig: Meiner 1874
Brentano, F.: Untersuchungen zur Sinnespsychologie. Leipzig: Duncker u. Humblot 1911
Köhler, W.: Die physischen Gestalten in Ruhe und im stationären Zustand. Erlangen: Weltkreis Verlag 1920
Müller-Lyer, F. C.: Optische Urteilstäuschungen. Archiv für Psychologie o. Bd. (1889) (Ergänzungsband), 263–270
Tausch, R.: Optische Täuschungen als artifizielle Effekte der Gestaltungsprozesse von Größen- und Formkonstanz in der natürlichen Raumwahrnehmung. Psychologische Forschung 24 (1954), 299–348
Metzger, W.: Das einäugige Tiefensehen. In: Metzger, W. (Hg.): Die allgemeine Psychologie, 1. Halbband. Gottschaldt, K., Lersch, P., Sander, F. u. a. (Hg.): Handbuch der Psychologie Bd. 1. Göttingen: Hogrefe 1966, 533–555
Epstein, W.: Varieties of perceptual learning. New York: Mc Graw Hill 1967
Gibson, E. J. u. Walk, R. D.: The visual cliff. Scientific American 202 (1960), 67–71
Zuckerman, C. B. u. Rock, I.: A reappraisal of the roles of past experience and innate organizational perception. Psychological Bulletin 54 (1957), 269–296
Kant, I.: Kritik der reinen Vernunft. Schmidt, R. (Hg.). Leipzig: Reclam jr. o. J. (Erstausgabe 1781)

Leistungen der Wahrnehmung

Vom physikalischen Raum zum Wahrnehmungserlebnis

Oliver Selfridge hat 1959 das visuelle System mit einer Werkstatt voller guter Geister verglichen. Jeder dieser Geister – Selfridge nennt sie „Dämonen" – hat seine eigene Aufgabe. Einige sind für das Anzeigen von Helligkeiten zuständig, andere für das Ermitteln von Formen (z. B. Winkel, Krümmungen), wieder andere für das Entdecken von Mustern (z. B. Buchstaben); über allen thront ein Oberdämon, der die Bedeutung identifizierter Muster bestimmt (z. B. „dieses Viereck mit einem Dreieck darauf stellt ein Haus dar"). Andere Sinnessysteme (wie Gehör, Geruch, Geschmack) ließen sich ebenfalls als „Pandämonium" im Sinne von Selfridge beschreiben, in dem über eine *Hierarchie von Analyse- und Verarbeitungsstufen* ein Wahrnehmungsbild aufgebaut wird. Dabei sind die folgenden Wahrnehmungsfunktionen zu unterscheiden:

- die Ermittlung von Reizintensitäten (z. B. Lichtstärke, Schalldruck, Konzentration von Geschmacksstoffen),
- die Bestimmung räumlicher und zeitlicher Abstände von Reizen (z. B. Entfernung von Lichtreizen im Raum, Veränderung des Schalldrucks in der Zeit),
- das Entdecken von Formen und Mustern (z. B. Kreisformen, Formen von Buchstaben, Perioden von Schalldruckschwankungen),
- die Klassifikation und Bewertung der identifizierten Muster (Erkennen der Bedeutung von Gegenständen, Erkennen der Bedeutung von Zeichen).

Die Wahrnehmungsforschung verlangt drei Arten von Untersuchungen: physikalische, physiologisch-anatomische und psychologische. *Physikalisch* zu bestimmen sind die objektiv zu nennenden Eigenschaften der Wahrnehmungsgegenstände (z. B. objektive Lichtstärke einer Lampe) sowie der Informationen, die von den Gegenständen im Raum verbreitet werden (z. B. in Lichtstrahlen). Physikalische Messungen ergeben: Was geht dem Wahrnehmenden objektiv an Information zu? Oder anders ausgedrückt: Welche Reize empfängt er? Dabei kann der Wahrnehmende manchmal mit seinen Gegenständen in unmittelbaren Kontakt treten (z. B. beim Ertasten der Form einer Vase, das Fühlen der Temperatur beim Eintauchen in eine Flüssigkeit). Andere Gegenstände sind nicht unmittelbar zugänglich: etwa ein Baum am Horizont, der Klang einer fernen Trompete. Über die nicht unmittelbar zugänglichen Gegenstände kann der Wahrnehmende gleichwohl Kenntnis gewinnen. Der ferne Baum reflektiert Lichtwellen; die Trompete setzt Luftschwingungen in Gang. Dadurch wird das Medium der Umgebung verändert, moduliert. Durch Modulation elektromagnetischer Wellen, mechanischer Schwingungen u. ä. breitet sich Information von einer Quelle in ihre Umgebung aus und wird so bis zum wahrnehmenden Subjekt übertragen. Einem Vorschlag von Egon Brunswik (1934) folgend, unterscheidet man in der Wahrnehmungspsychologie distale (von lat. ‚distare‘ – fern sein) und proximale (von lat. ‚proximus‘ – der nächste) Reize. Distal nennt man dann die Wahrnehmungsgegenstände, zu denen kein unmittelbarer Kontakt besteht. Proximale Reize sind dagegen die Trägerprozesse, die den Wahrnehmenden unmittelbar erreichen.

Von großer Wichtigkeit ist: Der Wahrnehmende empfängt und verarbeitet nicht nur Informationen aus der Ferne und Nähe des ihn umgebenden Raumes. Er erhält auch Informationen über sich selbst: sein äußeres Erscheinungsbild (z. B. seine Gliedmaßen), seinen körperlichen Zustand (z. B. Sättigung, Ermüdung, Anspannung), ja sogar seine geistigen Prozesse (z. B. Selbstbeobachtung beim Denken). Deshalb gehen Selbstwahrnehmung und Fremdwahrnehmung, d. h. Beobachtung der eigenen Person und Beobachtung der Umgebung stets miteinander einher.

Funktion und Aufbau des körpereigenen Sinnessystems (sensorisches System) zu beschreiben ist Aufgabe der *Physiologie* und der *Anatomie*. Das Sinnessystem erstreckt sich von den Sinnesorganen (wie Auge, Ohr) bis zur Hirnrinde. Es scheint tatsächlich hierarchisch gegliedert zu sein. Die für Umgebungsreize empfindlichen Teile der Sinnesorgane, die Rezeptoren (von lat. ‚recipere‘ – aufnehmen), entsprechen dabei den dienstbaren Geistern der unteren Stufe von Selfridges Pandämonium-Modell; sie sprechen im wesentlichen auf Reizintensitäten an, in sehr beschränktem Umfang auch auf einfache Muster. Der beherrschende Geist, der über Bedeutungen entscheidet, ist dagegen offenbar am obersten Teil des Gehirns, der Hirnrinde, anzusiedeln. Zwischen den Rezeptoren und der Hirnrinde besteht offenbar nicht nur eine einfache Nervenleitung; die Nervenleitung ist mehrfach unterbrochen durch Kerngebiete, das sind Umschaltstellen, an denen die Analyse und Verarbeitung der eingehenden Information jeweils ein Stück fortgeführt wird (zur Physiologie der Wahrnehmung s. Guttmann 1982, S. 200ff.).

Ein bewußtes Wahrnehmungserlebnis stellt sich erst ein, wenn die aufgenommene Information die Hirnrinde erreicht. Deshalb weist die bewußte Wahrnehmung alle Zeichen der fortgeschrittenen Verarbeitung auf:

- Das Wahrnehmungsbild ist bedeutungsvoll,
- die Sinneseindrücke sind zu einem raumzeitlichen Ganzen organisiert (z. B. einer natürlichen Landschaft),
- Eindrücke von seiten der Umgebung und von seiten der wahrnehmenden Person sind verwoben zu einem Weltbild, in dessen Mittelpunkt das eigene Ich steht (egozentrisches Weltbild).

Es ist gerade das bewußte Wahrnehmungserlebnis, worauf sich die *psychologische Betrachtung* zumeist konzentriert; auch Reaktionen, die ein vorheriges Erkennen voraus-

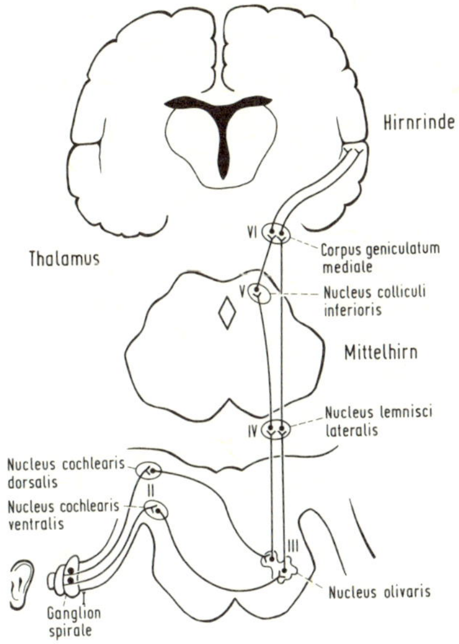

Das akustische System als Beispiel eines spezifischen Sinnessystems (nach Guttmann 1982, S. 212).

setzen, werden in die psychologische Untersuchung einbezogen. Die Aufmerksamkeit des psychologischen Forschers richtet sich damit auf die höchste Stufe der Verarbeitung, auf das Ergebnis des Wahrnehmungsprozesses. Die niedrigeren Stufen bleiben in der psychologischen Wahrnehmungsforschung dagegen weitgehend unberücksichtigt; damit entgeht dem Psychologen der Ablauf des Wahrnehmungsprozesses selbst. Wie läßt sich das Wahrnehmungsbild als Ergebnis der Informationsverarbeitung bestimmen? Es gibt im wesentlichen drei *Methoden:*

○ Die Ermittlung des entstehenden Erregungsmusters an der Hirnrinde durch Ableitung der dort entstehenden Potentiale. Der Psychologe und Neurophysiologe Karl Pribram gehört zu den Wissenschaftlern, die diesen Weg zu gehen versuchen (vgl. Pribram 1971). Wenn man allerdings bedenkt, daß es notwendig wäre, von einem ausreichenden Anteil der 9 Billionen Zellen der menschlichen Hirnrinde gleichzeitig elektrische Ableitungen zu machen, um das dortige Erregungsmuster zu erfassen, wird man einsehen: Vorderhand läßt sich das „neuronale Modell" – ein Ausdruck des Moskauer Psychologen und Neurophysiologen Sokolow – auch unter Einsatz modernster und kostspieligster Untersuchungsmethoden nicht direkt bestimmen.

○ Im Detektionsversuch (von engl. ‚detection' – Entdeckung) aufgrund von vereinbarten Reaktionen. Der Versuchsleiter vereinbart etwa mit einem Probanden: Sooft ein bestimmter Gegenstand oder ein bestimmtes Ereignis zu bemerken ist, gibt das der Proband durch Niederdrücken einer Taste zu erkennen. Auf diese Weise kann man leicht Häufigkeit und Geschwindigkeit von Entdekkungsleistungen registrieren und erhält als Beigabe noch recht interessante Daten über Verwechslungen (der Proband drückt nämlich manchmal auch die Taste, wenn der kritische Gegenstand oder das kritische Ereignis nicht aufgetaucht sind). Die Entdeckungsmethode hat allerdings zwei erhebliche Nachteile: Man kann nur die Wahrnehmung einiger weniger kritischer Gegenstände, Ereignisse oder Merkmale damit prüfen. Und außerdem: Man muß dem Probanden die zu beachtenden Gegenstände und Ereignisse vorher benennen, damit man mit ihm die Reaktionen vereinbaren kann, die darauf vorgesehen sind.

○ Die dritte Methode ist die Beschreibung des bewußten Wahrnehmungsbildes durch den Beobachter. Die Beschreibung kann in Worten erfolgen, aber auch andere Ausdrucksmittel wie Zeichnungen sind zugelassen. Die Methode der Erlebnisbeschreibung nennt man auch phänomenologische Methode (von griech. ‚phainomenon' – das Erscheinende). Sie beruht auf Selbstbeobachtung, auch Introspektion (von lat. ‚introspectus' – Hineinsehen) genannt (vgl. bereits S. 38). Die phänomenologische Methode hat einen erheblichen Vorteil und einen erheblichen Nachteil. Der Vorteil: Wie keine andere Methode erschließt sie den Umfang, die Subtilität und die Anschaulichkeit der Wahrnehmung. Ihr Nachteil: Die Selbstbeschreibung ist subjektiv; ihre Richtigkeit ist durch andere Personen nicht kontrollierbar.

Sinnesempfindungen und die Probleme der Psychophysik

In seinen Sinnesorganen, aber auch frei über das Körpergewebe verteilt, besitzt der Mensch mehrere hundert Millionen von *Sinnesrezeptoren* (s. o.). Rezeptoren sind jeweils hoch spezialisiert und reagieren nur auf eine Art oder wenige Arten von Reizen; in der Regel gibt es nur eine Art der für sie adäquaten Reizung. So reagieren die Rezeptoren in der Nasenschleimhaut lediglich auf die Zusammensetzung der Atemluft; die Rezeptoren der Zunge sind dagegen nur empfindlich für die Zusammensetzung von Flüssigkeiten.

Mit hoher Sicherheit lassen sich neun Gruppen von Rezeptoren unterscheiden, deren Reaktionen rund ein Dutzend verschiedener Zustände anzeigen. Diese Zustände werden jeweils als *Empfindungen* eigener Art im Bewußtsein abgebildet: als Farbe, Helligkeit, Tonhöhe, Lautheit, Berührung, Stellung und Haltung, Geruch, Geschmack, Temperatur und Schmerz.

Die Stell- und Halterezeptoren, sowie die Schmerzrezeptoren sind offenbar – mehr als andere Aufnehmer – auf die Informationsaufnahme aus dem eigenen Körper gerichtet und heißen deshalb auch Enterozeptoren oder *Propriozeptoren* (von lat. ‚proprium' – eigen). Andere Rezeptorengruppen sind stärker auf die Umwelt gerichtet und werden deshalb *Exterozeptoren* genannt. Es fällt auf, daß es viel mehr Exterozeptoren als Propriozeptoren gibt. Wenn man weiterhin berücksichtigt, wieviele Nervenfasern die Erregung der Rezeptoren ins Gehirn weiterleiten – nicht immer gehört zu einem Rezeptor eine und nur eine weiterführende Nervenfaser –, so kommt man zu dem Schluß, daß der Mensch durch seine Sinne ungleich mehr über seine Umgebung erfährt als über sich selbst.

Einen Überblick über die *Sinnesgebiete des Menschen* gibt die folgende Tabelle. Der Beitrag der verschiedenen Sinnesgebiete zur gesamten Wahrnehmung ist schwer einzuschätzen. Ist das Sehen für den Menschen wichtiger als das Hören? Wozu braucht der Mensch einen Geruchssinn? Gäbe es einen aufrechten Gang auch ohne Gleichgewichtsempfindung? Welche Schwerpunkte sich in der Entwicklung der menschlichen Art ergeben haben, ist zumindest ansatzweise zwei Größen zu entnehmen: der Ausstattung der Sinnesgebiete mit Rezeptoren sowie der Zahl der von den Rezeptoren wegführenden Nervenfasern. Danach sieht man, daß dem Gesichtssinn eine recht großzügige Ausstattung an Aufnehmern

Leben mit Sinnesausfällen

Eine erhebliche Anzahl von Menschen leidet unter dem teilweisen oder vollständigen Verlust einzelner Sinnesempfindungen. Solche Menschen müssen dann bemüht sein, Ausfälle auf einem Sinnesgebiet durch erhöhte Inanspruchnahme funktionstüchtiger Sinnesgebiete auszugleichen. So benutzen etwa Blinde in gesteigertem Maße ihr Gehör und ihren Tastsinn, um sich im Raum (z. B. auf der Straße) zu orientieren.

Die Möglichkeiten der Kompensation sind oft erstaunlich. Berühmtheit hat der Fall der Amerikanerin Helen Keller (1880–1968) erlangt. Die Frau verlor mit neunzehn Monaten Augenlicht und Gehör. Mit Unterstützung einer engagierten Lehrerin machte sie sich durch Tasten mit ihrer Umgebung vertraut und erlernte die Zeichensprache sowie die Blindenschrift. So konnte sie regen Anteil am Leben ihrer Zeit nehmen. Sie studierte bis zum Erwerb des Doktorgrades und widmete sich der Schriftstellerei. Zu ihrem Lebensziel wurde es, anderen Behinderten und Benachteiligten durch ihr Vorbild Mut zu geben.

Keller, H.: The story of my life. New York: Doubleday 1954. (Dt.: Die Geschichte meines Lebens. Bern: Scherz 1955).

Die Sinnesgebiete des Menschen und einige ihrer Merkmale

Sinnesorgan	*Adäquater Reiz*	*Modalität der Empfindung*	*Zahl der Rezeptoren*	*Zahl der Nervenfasern*
Auge	Elektromagnetische Wellen (Länge/Amplitude)	Farbe Helligkeit	$7 \cdot 10^6$ 10^8	10^6
Innenohr (Schnecke)	Mechanische Schwingungen (Frequenz/Amplitude)	Tonhöhe Lautstärke	$2 \cdot 10^4$	$3 \cdot 10^4$ Gehörsrezeptoren vermitteln gleichzeitig Empfindungen der Tonhöhe und der Lautstärke
Innenohr (Bogengänge, Labyrinth)	Beschleunigung, Schwerkraft	Bewegung, Drehung, Gleichgewicht	$2 \cdot 10^4$	$2 \cdot 10^4$
Nase	Moleküle in Gasen	Geruch	$2 \cdot 10^7$	$2 \cdot 10^3$
Zunge, Mund, Rachen	Moleküle in Flüssigkeiten	Geschmack	$3 \cdot 10^6$	$2 \cdot 10^3$
Haut, Muskel, innere Organe	Verformung, Belastung	Berührung, Druck	$5 \cdot 10^6$	10^6
	Muskelspannung	Stellung, Haltung	10^6	
	Verletzung, Belastung	Schmerz	$3 \cdot 10^6$	
	Temperatur	Kälte, Wärme	$2 \cdot 10^5$	

und Leitungen zugewachsen ist. Bescheiden ist im Vergleich dazu der Geschmackssinn ausgestattet.

Im Vergleich zu anderen Arten von Lebewesen besitzt der Mensch ein ziemlich leistungsfähiges Sinnessystem. Trotzdem entgeht ihm viel von der im Raum verfügbaren (und physikalisch nachweisbaren) Information. Das hat vor allem drei Gründe:

- Für manche Arten von Zuständen in der Welt hat der Mensch keine geeigneten Rezeptoren entwickelt. So fehlt ihm beispielsweise ein Sinn zum Entdecken von radioaktiver Strahlung.
- Die Rezeptoren sprechen nur innerhalb eines begrenzten Bereiches auf ihre Umgebung an. So gibt es wesentlich „tiefere" und wesentlich „höhere" Töne, als der Mensch zu hören vermag. Aber auf Schallwellen mit einer Frequenz von weniger als 20 und mehr als 18000 Hertz (d. h. Schwingungen in der Sekunde) reagieren seine Gehörsrezeptoren nicht mehr.
- Da insbesondere die Exterozeptoren in kleinen Sinnesorganen konzentriert sind, entgeht ihnen Information aus einem Teil des Wahrnehmungsraumes. Besonders groß ist der Informationsverlust (bzw. der Nicht-Gewinn) beim Sehen. Mit feststehenden Augen überblickt der Mensch ein Gesichtsfeld von rund 130 Grad in vertikaler Richtung und 150 Grad in horizontaler Richtung. Aber was hinter seinem Kopf vorgeht, kann er nicht sehen, weil seine Augen gleichsam im Schatten seines Kopfes liegen.

In welcher quantitativen Beziehung stehen subjektive Sinnesempfindungen zur Rezeptoraktivität einerseits und zur objektiven Sinnesreizung andererseits? Diesen beiden Fragen ist eines der ältesten psychologischen Forschungsprogramme gewidmet: die *Psychophysik*. Mit den psychophysischen Untersuchungen des Leipziger Anatomie- und Physiologieprofessors Ernst Heinrich Weber (1795–1878) und des ebenfalls an der Universität Leipzig lesenden Physikers und Philosophen Gustav Theodor Fechner (1801–1887) beginnt die Geschichte der neueren Wahrnehmungspsychologie. Beide Forscher hatten nichts weniger im Sinn, als durch Untersuchung des Zusammenhangs von Rezeptorerregung und subjektiver Empfindung das Leib-Seele-Problem einer Lösung näherzubringen. So schreibt Fechner in einer späteren Zusammenfassung seiner Lehre:

> „Nun bietet sich leicht die Betrachtung dar, dass der äußere Reiz, der eine Empfindung auslöst, dies nicht direct, sondern dadurch thut, dass er eine körperliche Thätigkeit, ich nenne sie die psychophysische, in unserem Nervensystem auslöst, von welcher die psychische Thätigkeit der Empfindung in unmittelbarer Abhängigkeit steht. Könnte man nun die durch den Reiz ausgelöste psychophysische Tätigkeit ihrem Masse nach dem Reize selbst seinem Masse nach proportional setzen, oder Proportionalität zwischen den beiden gültig finden, so würden jene Gesetze und Formeln erstenfalls unmittelbar zugleich für das Abhängigkeitsverhältnis zwischen Empfindung und psychophysischer Thätigkeit gelten, zweitenfalls noch auf dasselbe zu schließen gestatten, hiermit, abgesehen vom Masse der Empfindung, ein wichtiger Beitrag, ja erster Angriffspunct für eine exacte Lehre von den unmittelbaren Beziehungen zwischen Leib und Seele nach quantitativer Seite gegeben sein. ..."
> (Fechner 1877, S. 1f.)

Fechner (siehe schon seine 1860 erschienenen „Elemente der Psychophysik") unterscheidet eine äußere Psychophysik von einer inneren. Die *äußere Psychophysik* befaßt sich mit der Beziehung zwischen einem Außenreiz (z. B.

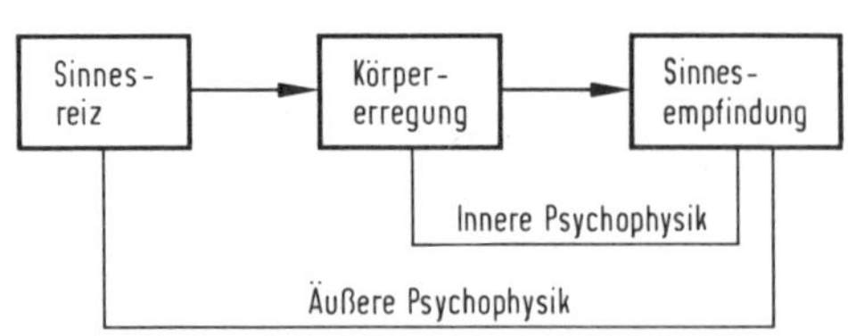

Innere und äußere Psychophysik nach Fechner (1860).

dem Licht) und der dadurch ausgelösten Empfindung (z. B. der Helligkeitsempfindung) – nach Fechner eine Funktion des Psychischen. Die *innere Psychophysik* behandelt dagegen die Beziehung der Empfindungen zu den von den Außenreizen ausgelösten Körperreaktionen.

Sofern nun die Körperreaktion dem Außenreiz proportional ist oder sonstwie aus dem Außenreiz erschlossen werden kann, kann man den Außenreiz zur Bestimmung des körperlichen Zustandes benutzen. Die Empfindung kann man als Maß des psychischen Zustandes betrachten. Durch Herstellung einer Beziehung zwischen Außenreiz und Empfindung hofft Fechner damit den Zusammenhang zwischen Leib und Seele, Physis und Psyche zu erfassen: die gewünschte psychophysische Funktion.

Die erste Schätzung einer psychophysischen Funktion hatte vor Fechner bereits E. H. Weber vorgenommen. Seine Entdekkung: Die Fähigkeit zur Unterscheidung von Reizintensitäten (Gewichten, Lichtintensitäten, Lautstärken) hängt ganz von der Reizintensität ab. Er demonstrierte das zuerst an Gewichten (Weber 1851). Ein Gewicht von 25 g erscheint beim Heben schwerer als ein Gewicht von 20 g. Gewichte von 500 und 505 g erscheinen dagegen als gleich schwer. Dabei unterscheidet sich das Paar schwerer Gewichte von dem leichten Paar jeweils um den gleichen Betrag von 5 g. Auf den absoluten Unterschied im Gewicht kommt es also bei der Empfindung nicht an. Die Gewichte müssen sich in einem bestimmten Verhältnis unterscheiden, damit der Unterschied auch wahrgenommen wird. Bei gehobenen Gewichten ist das erforderliche Verhältnis nach Feststellung Webers etwa 2%. Ein Gewicht muß also mindestens 10 g und nicht nur 5 g schwerer sein als ein Pfundgewicht, um auch als schwerer empfunden zu werden.

Weber hat daraufhin die folgende Schlußfolgerung gezogen, die nach ihm das *Webersche Gesetz* genannt wird: Der eben merkliche Unterschied zweier Reize (dS) steht zur absoluten Größe eines Standardreizes (S) in konstantem Verhältnis k. Kurz:

$$k = \frac{dS}{S}$$

Webersche Konstanten für einige Sinnesmodalitäten

Helligkeit	1,8–5%
Längenschätzungen	1%
Hautdruck	3–10%
Gewicht	2,5–3%

Fechner (1860) hat Webers Ausdruck umgeformt und ist dadurch zu der folgenden Aussage gelangt: Die Stärke der Empfindung (I) wächst mit dem Logarithmus der Reizstärke (S). Oder:

$$I = k \cdot \log S$$

Der Ausdruck k entspricht dabei der Weberschen Konstanten. Die Maßformel zur Bestimmung der Empfindungsstärke aus der Reizstärke ist als *Fechnersches Gesetz* in die Psychologie eingegangen. Die Generalisierbarkeit der angegebenen logarithmischen Funktion ist durch spätere Untersuchungen, vor allem durch Stanley S. Stevens (1975) erheblich in Zweifel gezogen worden. Aber das darin enthaltene Grundprinzip hat sich immer wieder bestätigt: Je stärker (oder ausgedehnter) ein Reiz ist, desto grober ist das menschliche Unterscheidungsvermögen.

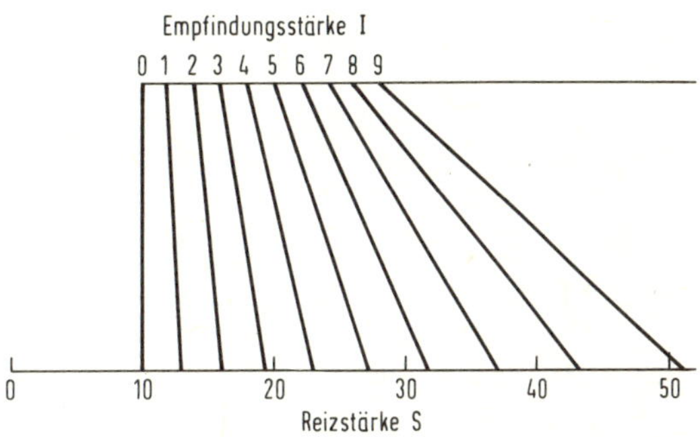

Empfindungsstärke als Funktion der Reizstärke.

Die Psychophysik und das psychologische Skalieren

Das Leib-Seele-Problem haben Weber und Fechner nicht lösen können. Aber mit ihren Untersuchungen haben sie eine neue Epoche in der Geschichte der Psychologie eingeleitet: die Epoche der Messung psychischer Größen. Gemessen werden seit dem Beginn der Psychophysik die verschiedensten *Intensitäten von Erlebnissen*: die Stärke von

○ sinnlichen Empfindungen (z. B. erlebte Lautheit),

○ Gefühlserregungen (z. B. Stärke der erlebten Angst),

○ Einstellungen (z. B. erlebte Hilfsbereitschaft gegenüber Ausländern),

○ Bedürfnissen (z. B. erlebte Stärke des Hungers),

○ Funktionszuständen (z. B. erlebte Müdigkeit).

Zur Messung können verschiedene Verfahren verwendet werden:

○ *Der Paarvergleich:* Dazu benötigt man eine Serie von Urteilsgegenständen (wie z. B. Politiker) und mindestens ein Beurteilungskriterium (z. B. Beliebtheit). Aus der Serie der Urteilsgegenstände werden alle möglichen Paarkombinationen gebildet. Zu jeder Paarkombination wird eine Verteilung von Urteilen ermittelt (z. B. Politiker A ist bei 60% der Befragten beliebter als Politiker B). Aus den Verteilungen der Urteile läßt sich dann (1) eine Beliebtheitsskala konstruieren und (2) jedem berücksichtigten Politiker ein Platz auf der Skala zuweisen.

○ *Die Intervallschätzung:* Beurteiler schätzen Abstände zwischen Urteilsgegenständen (z. B. Politiker A hat gegenüber B einen ebenso großen Vorsprung in der Beliebtheit wie B gegenüber Politiker C).

○ *Die Verhältnisschätzung:* Beurteiler schätzen das Verhältnis zwischen Urteilsgegenständen (z. B. Politiker A ist doppelt so beliebt wie Politiker B).

○ *Rangschätzung:* Urteilsgegenstände werden nach vorgegebenen Kriterien in eine Rangordnung gebracht (z. B. Politiker A ist am beliebtesten, ihm folgt in der Beliebtheit Politiker B und so fort).

○ *Einstufung in vorgegebene Skalen:* Dies ist die am häufigsten benutzte Skalierungsmethode. Man gibt eine Meßskala vor und läßt Beurteiler die Urteilsgegenstände unmittelbar auf dieser Skala einstufen. Hierzu ein Beispiel (nach Schäfer 1975): Es wird die ideologiespezifische Bewertung politischer Schlüsselwörter erfaßt, z. B. „Vaterland". Dazu wird der Begriff u. a. auf den folgenden beiden Skalen eingestuft:

dumm	3	2	1	0	1	2	3	klug
alt	3	2	1	0	1	2	3	jung

Aus der Frühzeit der Psychophysik stammen Methoden der *Schwellenbestimmung*. Es sind zwei Arten von Schwellen zu unterscheiden:

○ *die Absolutschwelle:* Dabei wird der minimale Betrag der Reizintensität oder -extensität ermittelt, der eine Empfindung auslöst. Durch Bestimmung der Absolutschwelle versucht man, den Nullpunkt psychologischer Skalen festzulegen.

○ *die Unterschiedsschwelle* (Relativschwelle): Dabei wird der minimale Unterschied zwischen Urteilsgegenständen ermittelt, den Beurteiler bemerken. Die Unterschiedsschwellen sind nichts anderes als die oben bereits beschriebenen „eben merklichen Unterschiede" nach Weber.

Die Messung psychischer Größen nennt man psychologisches Skalieren. Die Entwicklung, Prüfung und Anwendung von Methoden der psychologischen Skalierung beschäftigt inzwischen eine eigene Disziplin innerhalb der Psychologie, die Psychometrie (vgl. Guilford 1954; Sixtl 1967).

Bezugssysteme für subjektive Urteile

Ältere Schriften zur Psychophysik erwecken den Eindruck, jede Empfindung beruhe auf dem zum Zeitpunkt der Empfindung gerade anwesenden Reiz. Entsprechend könne ein und derselbe Reiz jeweils nur eine einzige Empfindung hervorrufen. Ein Ton von 600 Hertz (am Klavier die Note *e* in der fünften Oktave) werde etwa stets als hoch empfunden, ein Gewicht von 700 Gramm stets als schwer. Dies ist jedoch keineswegs der Fall. Hat man einem Menschen längere Zeit hohe Pfeiftöne von 2000–3000 Hertz vorgeführt, kommt ihm ein 600 Hertz-Ton tief vor; er erscheint jedenfalls tiefer als nach der Vorführung einiger dunkler Töne von 200–400 Hertz. Die Stärke einer Empfindung beruht also keineswegs nur auf der Intensität gerade anwesender Reize, sondern steht auch unter dem Einfluß des Angebots vorangehender Reize. Dieser Grundsatz läßt sich für eine Fülle von Reizen und anderen Urteilsgegenständen belegen. Was man als groß oder klein, stark oder schwach, teuer oder billig, gerecht oder ungerecht beurteilt, hängt nicht zuletzt von früherer Erfahrung ab.

Der Amerikaner Harry Helson (1964) hat diesem Effekt sein Lebenswerk gewidmet. In Laboratoriumsanordnungen hat er ihn präzise demonstriert. So ließ Helson (1947) von verschiedenen Personen eine Serie von fünf Gewichten zwischen 200 und 400 g nach ihrer Schwere auf einer neunstufigen Skala einstufen; die Skala reichte vom Wert „sehr, sehr leicht“ über „mittel“ zum Wert „sehr, sehr schwer“. Seine Probanden teilte der Autor in drei Versuchsgruppen ein. Die erste Gruppe hatte vor der Beurteilung der Serie Gewichte von 100 g zu heben, die zweite Gewichte von 300 g und die dritte Gruppe Gewichte von 900 g. Im Vergleich zur zweiten Gruppe beurteilte die dritte Gruppe die Gewichte als leichter, die erste Gruppe jedoch als schwerer.

Helson nannte die Erfahrungswirkung einen Anpassungs- oder *Adaptationseffekt*. Der Organismus führe gleichsam Buch über die ihm begegnenden Reize. Kennzeichnend für die Verteilung vorangehender Reize sei ihr Mittelwert. An ihn sei der Organismus am besten angepaßt. Diesen Mittelwert vorangehender Reizung nennt Helson das *Adaptationsniveau*. Reize von der Größe des Adaptationsniveaus würden stets als neutral beurteilt – im Falle von Tönen als weder hoch noch tief, im Falle von Gewichten als weder leicht noch schwer. Andere Reize würden dann je nach ihrer Größe mit dem Adaptationsniveau in Beziehung gesetzt. Frühere Reize wirkten somit als Anker für spätere Serienreize.

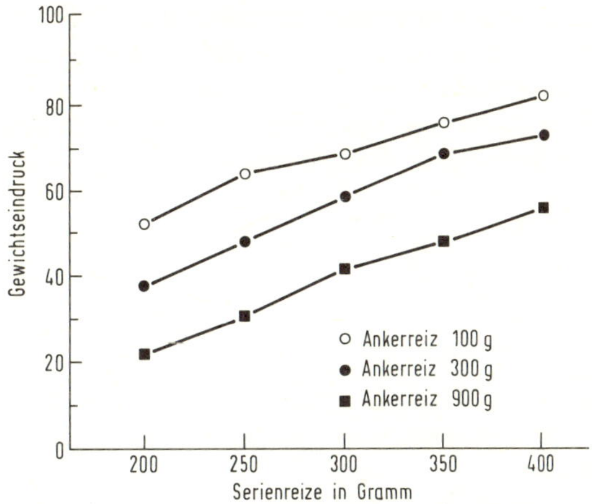

Adaptationswirkungen nach Helson (1947, S. 10). Vorreize (Ankerreize) lassen spätere Reize (Serienreize) als leichter oder schwerer erscheinen.

Der deutsche Psychologieprofessor Wilhelm Witte (1960) beschreibt den Zusammenhang noch eingehender. Beurteiler besäßen nicht nur die Anschauung eines Mittel- oder Neutralwerts von Reizen, sondern auch von Extremwerten, Zwischenstufen und deren Abständen. Beurteiler verfügen somit über *Maßstäbe für ihre Urteile.* Solche Maßstäbe werden gewöhnlich als *Bezugssysteme* bezeichnet. Bezugssysteme überdauern die einzelnen Reize. Sie sind – wie Witte sagt – „mnestisch“ (d. h. im Gedächtnis) stabilisiert. Ist diese Auffassung richtig, dann geht eine Empfindung nicht in einfacher Weise aus einer isolierbaren Rezeptor- oder Nervenerregung hervor; sie erfordert vielmehr erst eine Einordnung in ein kognitives Maßsystem. Diese Einordnung umfaßt einen Vergleich mehrerer Empfindungen und stellt deshalb einen Akt der kognitiven Verarbeitung dar.

Man wäre nun versucht zu verallgemeinern: Ist ein Vorreiz („Anker") besonders groß, erscheinen alle späteren Reize als besonders klein. Umgekehrt: Ein besonders kleiner Vorreiz läßt alle nachfolgenden Reize als beson-

Sensualismus und Elementarismus – eine Sackgasse in der Geschichte der Wahrnehmungspsychologie?

Die Wahrnehmungspsychologie am Ende des vergangenen Jahrhunderts war weitgehend sensualistisch und elementaristisch eingestellt. Gerade erst aus der Sinnesphysiologie hervorgegangen betrachtete sie das Wahrnehmungsbild als ein Mosaik einzelner Sinnesempfindungen. Das Bestreben wahrnehmungspsychologischer Forschung war dann, die elementaren Sinnesempfindungen möglichst exakt in der Selbstbeobachtung (Introspektion) zu ermitteln. Als konsequentester Vertreter dieser Richtung gilt der aus England stammende und später an der Cornell Universität in den Vereinigten Staaten lehrende Psychologe Edward B. Titchener (1867–1927). Titchener hatte bei Wilhelm Wundt in dessen gerade gegründeten Leipziger Psychologischen Laboratorium (s. S. 15) seine Doktorarbeit geschrieben und von seinem Lehrer dessen Vorliebe für die Physiologische Psychologie sowie dessen elementaristische und sensualistische Grundhaltung übernommen. Das bezeugt der folgende Ausschnitt aus einer seiner Vorlesungen:

„Empfindung – das ist in der Psychologie jeder Sinnesprozeß, der durch Introspektion nicht weiter aufgegliedert werden kann: Jede der vierzigtausend Helligkeiten und Farben, die wir sehen können, jeder der elftausend Töne,die wir zu hören vermögen, ist eine psychische Empfindung. ... Ein mentales Element ... muß freilich durch die Aufzählung seiner Attribute definiert werden. Was sind dann die Attribute der Empfindung?

Ein Attribut einer Empfindung wird gewöhnlich definiert als ein Aspekt oder eine Eigenschaft oder eine Dimension der Empfindung, welche zwei Bedingungen erfüllt: die Unabtrennbarkeit und die Fähigkeit zur unabhängigen Variation. Die Attribute einer Empfindung sind immer mit der Empfindung selbst gegeben, und die Beseitigung eines Attributs zieht die Beseitigung, das Verschwinden der Empfindung selbst nach sich; das ist mit „Unabtrennbarkeit" des Attributs gemeint. Eine Empfindung ohne Qualität, ohne Intensität, ohne Dauer etc. ist keine Empfindung; sie ist gar nichts. ... In zweiter Linie haben wir gesagt, die Attribute einer Empfindung müßten unabhängig variieren können; die Qualität mag sich ändern, während die Intensität konstant bleibt. ..."

Eigene Übersetzung aus Titchener (1908), S. 8f.

Damit war ein konkretes Untersuchungsprogramm gegeben: die genaue Beschreibung von Einzelempfindungen beim Anblick von Gegenständen. Etwa in folgender Form:

ders groß erscheinen. Eine solche Verallgemeinerung wäre jedoch nicht zulässig. Das hat der an der Universität Frankfurt lehrende Psychologieprofessor Viktor Sarris in einer Vielzahl von recht exakten Versuchen belegt.

Ich sehe zwei dunkelbraune, etwa 3 cm breite und 20 cm lange Rechtecke, parallel zueinander in 40 cm Entfernung, sowie zwei weitere dunkelbraune Rechtecke etwa 3 × 40 cm. Die kurzen und die langen Rechtecke treffen sich an den Enden und bilden zusammen jeweils einen rechten Winkel.

Die Beschreibung des gleichen Gegenstandes durfte nicht etwa lauten:

Ein brauner Bilderrahmen, Größe 20 × 40 cm, 3 cm dick.

Die Suche nach Wahrnehmungselementen erbrachte lediglich die wiederholte Bestätigung der Existenz verschiedener Empfindungsqualitäten, Intensitäten u. ä. im Bewußtsein, aber weiter keinen Aufschluß über die Synthese der „Bewußtseinselemente“. Sie berücksichtigte nur die sensorische Information und nicht deren zentralnervöse Verarbeitung. Sie blieb daher bereits den Versuch einer Antwort auf die Frage nach dem Zustandekommen der Gegenstands- und Raumwahrnehmung, der Entstehung bedeutungsvoller Einheiten in der Wahrnehmung schuldig.

Der elementaristische und introspektionistische Ansatz verfiel deshalb zunehmend der heftigen Kritik der Gestalt- und Ganzheitspsychologie, die sich gerade dem Problem der bedeutungsvollen Einheiten zuwandte (s. S. 69). Der Ansatz ist bisher auch nicht fortgeführt worden.

So hat Sarris (1967) – wie vor ihm schon Helson – Gewichte schätzen lassen. Die kritische Serie enthielt Gewichte zwischen 200 g und 400 g. Die Ankerreize vorher variierten jedoch zwischen 10 g und 4,5 kg. Das Ergebnis: Ankerreize verschieben das Adaptationsniveau nur, wenn sie mäßig davon abweichen; extreme Anker (von denen man besonders dramatische Verschiebungen erwarten könnte) bleiben ohne Einfluß.

Sarris (1971) hat für diesen Effekt folgende Erklärung bereit: Urteilsgegenstände seien nach ihrer Ähnlichkeit zu Klassen zusammengefaßt. So seien sehr leichte Gewichte („Federgewichte“, „Papiergewichte“) von mittleren Gewichten und diese wiederum von hohen Gewichten („Schwergewichten“) abzusetzen. Eine Urteilsverschiebung durch Vorreizung finde nur innerhalb gleicher Klassen statt, nicht über Klassengrenzen hinweg. Folgt man dieser Auffassung, so erscheint der Ordnungsprozeß, in dem ein Größeneindruck entsteht, noch komplizierter. Denn danach

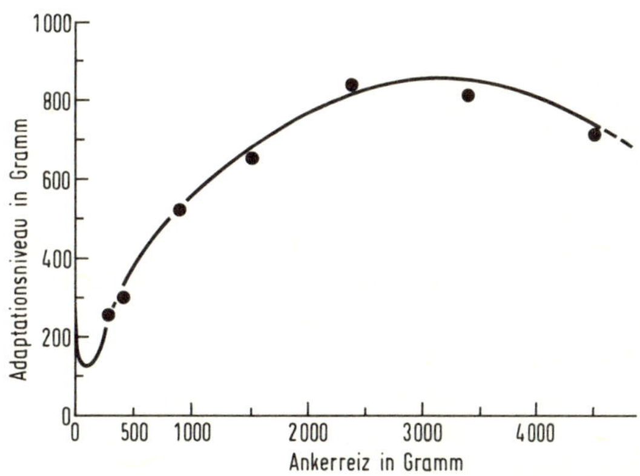

Lage des Adaptationsniveaus (d. h. Schwere des als „mittel“ eingestuften Gewichts) bei einer Serie von Gewichten zwischen 200 und 400 g nach Heben von Gewichten zwischen 12 g und 4500 g (Ankerreize). Eine Verschiebung des Adaptationsniveaus ist nur bei einer mäßig vom Adaptationsniveau abweichenden Vorreizung zu beobachten, nicht bei stark abweichender Vorreizung (nach Sarris 1967, S. 32).

entsteht nicht nur für jedes Sinnesgebiet ein eigenes kognitives Bezugssystem, sondern innerhalb jedes Sinnesgebiets entwickeln sich mehrere (größen- bzw. objektspezifische) Bezugssysteme nebeneinander. Vor jedem Urteil ist demnach nicht nur die Einordnung in ein Bezugssystem erforderlich, sondern zuvor noch die Wahl des (für die jeweilige Größe bzw. das jeweilige Objekt) angemessenen Bezugssystems. Von einer „einfachen" Empfindung kann bei derart vielseitigen geistigen Anforderungen wahrlich nicht mehr die Rede sein.

Die Entstehung komplexer Wahrnehmungsbilder auf höheren Stufen der Informationsverarbeitung

In diesem Abschnitt wird die Entstehung räumlicher Bilder behandelt. Diese ergeben sich nicht ohne weiteres durch Zusammensetzen von Sinnesempfindungen. Würde man die Sinnesinformation ohne weitere Überarbeitung zusammenfügen, ergäben sich recht unvollkommene Abbildungen. Dem bedeutenden Physiker und Physiologen Hermann von Helmholtz (1821–1894) wird die Äußerung zugeschrieben: „Wenn das Auge von einem Optiker angefertigt worden wäre, dann müßte man ihm dieses zurückgeben." In der Tat ist selbst das gesunde Auge ein recht unvollkommenes Sinnesorgan. Die Linse verzerrt die Farben (chromatische Aberration): der Augenhintergrund mit den Lichtrezeptoren ist uneben und keinesfalls glatt wie ein guter Hohlspiegel. Mitten in das Projektionsfeld hinter der Linse mündet der Sehnerv und verdrängt die Rezeptoren (blinder Fleck). Aber nicht nur die Unvollkommenheiten der Sinnesorgane macht die Wahrnehmung zu einem schier aussichtslosen Unternehmen. Die *Hindernisse für eine wirklichkeitsgetreue Wahrnehmung*, eine – wie man auch sagt – veridikale Wahrnehmung erscheinen nahezu unüberwindlich:

○ Die aus dem Wahrnehmungsraum zugehenden Informationen sind nicht vollständig (z. B. verstellt eine Wand im Vordergrund die Sicht auf die Gegenstände dahinter).

○ Die von den Rezeptoren zugehenden Informationen sind mehrdeutig. Ihre Mehrdeutigkeit, ihre Ambiguität ergibt sich aus Veränderungen von Trägerprozessen in ihren Medien (vgl. S. 78). So breitet sich etwa Schall nur mit Energieverlusten aus; Licht nimmt beim Durchdringen einer Scheibe die Färbung dieser Scheibe an. Dem Wahrnehmenden stellen sich somit viele Rätsel: Hört er lauten Schall aus der Ferne oder leisen Schall aus der Nähe? Sieht er einen weißen Gegenstand hinter einer roten Scheibe oder einen roten Gegenstand hinter einer weißen Scheibe?

○ Manche zugehenden Informationen werden von den Rezeptoren nicht erfaßt, entweder weil Rezeptoren für sie nicht empfindlich sind oder weil die für sie empfindlichen Rezeptoren von ihnen abgewendet sind (s. S. 82).

○ Die Unvollkommenheiten (neutraler: die Eigenheiten) im Bau und in der Funktion der Sinnesorgane und Rezeptoren führt zu weiteren Informationsverlusten und Verzerrungen (wie z. B. die oben erwähnten Verzerrungen durch die Linse des Auges).

○ Die durch die Rezeptoren erfaßten sensorischen Informationen über den Wahrnehmungsraum sind extrem zerstückelt. Man stelle sich nur vor: Sinnesinformationen über die Farben, Gerüche, Töne von verschiedenen Stellen eines Wahrnehmungsraums verteilen sich zunächst auf mehrere hundert Millionen getrennt arbeitende Rezeptoren (vgl. S. 80f.).

Schon Helmholtz hat vermutet, das Nervensystem würde die Lücken im Informationsangebot und die Schwächen der Sinne durch „unbewußte Schlüsse" ausgleichen (1867). Die Vermutung wird durch die moderne Neurophysiologie und Wahrnehmungspsychologie eindrucksvoll bestätigt. Der zentrale Teil des sensorischen Nervensystems stellt sich inzwischen als ein höchst leistungsfähiges *Informationsverarbeitungssystem* dar. Es gelingt ihm, in großer Geschwindigkeit fehlende Informationen zu ergänzen, Ambiguitäten aufzulösen und die weit verstreuten Informationen zu einem einheitlichen Bild zu organisieren. Dabei hilft ihm – wie mehr materialistisch eingestellte Autoren sagen – sein erworbenes Wissen; mehr idealistisch orientierte Autoren fügen hinzu: Auch ungelernte Ordnungsprinzipien tragen zur Wahrnehmungsleistung bei.

Zuerst die *Kompensation von Informationsmängeln*. Demonstrationen wie die folgende sind in großer Zahl und mit großer Raffinesse im Laboratorium von Adelbert Ames in Hanover, New Hampshire, entworfen worden (Ittelson 1952). Zusammen mit William H. Ittelson und H. Cantril hat Ames darauf seine Theorie des *Transaktionalismus* gestützt (Ittelson u. Cantril 1954). Die Hauptthese: Der Mensch erwirbt Erfahrung von der Welt und nutzt seine Erfahrung, um seine Umwelt zu deuten – das ist der Vorgang der Transaktion (wechselseitige Beeinflussung). Solange seine Welt seiner Erfahrung entspricht, deutet er sie richtig. Zu seinem Glück ist die Welt recht beständig und der Mensch kann sich auf seine Erfahrung verlassen (z. B. sind Spielkarten meistens ganz). Aber manchmal läßt ihn seine Erfahrung im Stich (wie bei der abgeschnittenen Karte). Man könnte im Sinne des Idealismus auch sagen: Es gibt eine (ungelernte) Tendenz, das sichtbare Fünfeck der abgeschnittenen Karte zu der einfacheren Figur eines Rechtecks zu ergänzen (z. B. nach dem Prinzip der „guten Gestalt"). Wie immer man die Ergänzung fehlender Teile erklären mag: Auch entgangene Information kann im Wahrnehmungsbild ergänzt werden.

Wie steht es mit der *Ambiguität?* Ambiguität in einem Merkmal läßt sich nicht selten durch Hinzuziehung eines anderen Merkmals auflösen. Ganz leicht läßt sich erkennen, ob ein leises Rufen aus der Nähe oder aus der Ferne kommt, wenn man den Rufer und seine Mundbewegungen sieht. Der aus Ungarn stammende Physiologe und Physiker Georg von Bekésy – übrigens Nobelpreisträger für Medizin im Jahre 1961 – hat noch ein anderes Korrekturmerkmal gefunden: Tiefe Töne werden mit der Entfernung schneller gedämpft als hohe. Eine weit entfernte Stimme klingt

Was hält der Junge in den Händen?

Richtig. Zwei Spielkarten. Der Pik-Bube steckte hinter dem As.

Und jetzt?

Hereingefallen. Diesmal verschwand der Pik-Bube nicht hinter dem As; die Karte war nämlich abgeschnitten!

Demonstration von Erfahrungs- bzw. Erwartungswirkungen in der Wahrnehmung (in Anlehnung an Ittelson 1952).

deshalb dünner, eine nahe Stimme kräftiger. Selbstverständlich ist das Klangspektrum allein ebenfalls kein sicheres Merkmal zur Schätzung der Entfernung; schließlich gibt es Menschen mit hohen und tiefen Stimmen. Ein aufmerksamer Hörer wird jedoch aus der Kombination von Lautstärke und Klangspektrum mehr über die Entfernung eines Rufers erfahren als aus der Lautstärke und aus dem Klangspektrum allein (Bekésy 1960).

Einen Eindruck von der *Korrektur von Verzerrungen* durch die Sinnesorgane liefern Brillenversuche. Besonders bekannt geworden sind solche Versuche aus dem Psychologischen Institut der Universität Innsbruck (Erismann 1948, Kohler 1956). Probanden hatten mehrere Tage lang Spezialbrillen zu tragen. Den stärksten Einfluß hatten Prismenbrillen: Sie kehrten den Strahlengang um, so daß die Welt zunächst auf dem Kopf zu stehen schien. Kann man sich an eine solche Brille gewöhnen? Das ist offenbar der Fall. Nach einer knappen Woche unablässiger Benutzung richtet sich das Wahrnehmungsbild wieder auf.

Veränderungen des Strahlengangs durch eine Brille sind durchaus vergleichbar mit Veränderungen durch die Linse des Auges. Die Annahme von Erismann und Kohler lautet nun: So wie in der Wahrnehmung eine Verzerrung durch eine Brille korrigiert wird, werden auch etwaige Verzerrungen von seiten der Sinnesorgane ausgeglichen. Dies sei eine Korrekturleistung des Zentralnervensystems, und sie beruhe auf Erfahrung. So lasse sich etwa die Umkehrung des Wahrnehmungsbildes durch eine Prismenbrille rückgängig machen durch Einbeziehung taktiler Empfin-

Veranschaulichung eines Brillenversuchs von Erismann (1948) und Kohler (1956).

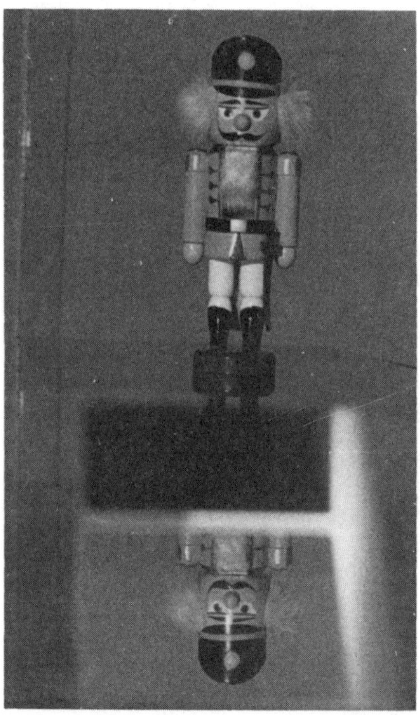

So erscheint der Gegenstand durch ein Prisma betrachtet.

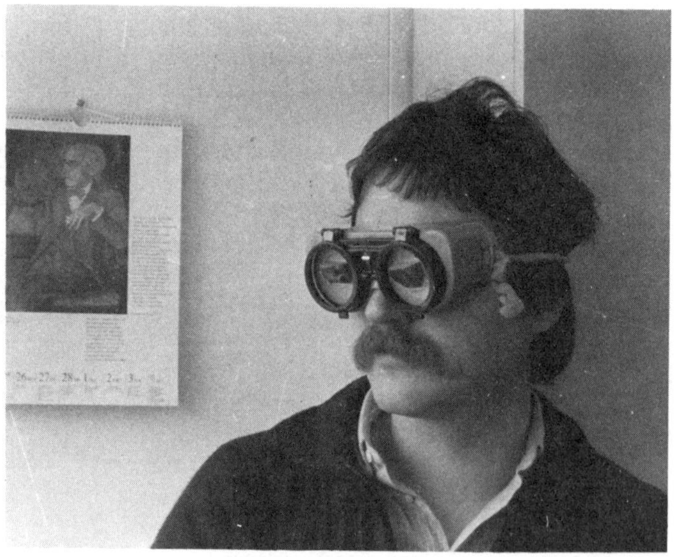

Proband mit Umkehrbrille. Die Brille enthält Prismen, welche die Welt zunächst auf dem Kopf stehend erscheinen lassen. Nach mehrtägiger Gewöhnung wird die Welt jedoch wieder aufrecht gesehen.

dungen und des Erlebens der Schwerkraft. Um sich solche Empfindungen und Erlebnisse zu verschaffen, mußten die Probanden in den Innsbrucker Experimenten mit Umkehrbrillen fechten, radfahren u. ä. Erismann und Kohler deuten damit die Korrekturleistung des Zentralnervensystems als Anpassung an die Wahrnehmungsbedingungen und bezeichnen diese mit dem ebenfalls von Helson (s. S. 85 f.) benutzten Ausdruck als *Adaptation*.

Eindrucksvoll ist die Leistung der *Organisation und Integration* der vielen Millionen auf getrennte Rezeptoren verteilten sensorischen Informationen:

○ Verstreute Informationen, die von denselben Gegenständen stammen, werden im Bild dieses Gegenstandes zusammengefaßt. So mündet Brunswiks (s. S. 78) eingeführte Unterscheidung von distalem Reiz und proximalen Reizen (die verstreuten, den einzelnen Rezeptoren zugehenden Informationen) in das von ihm entworfene Linsenmodell: Die Wahrnehmung vereinigt, was bei der Aufnahme verstreut war.

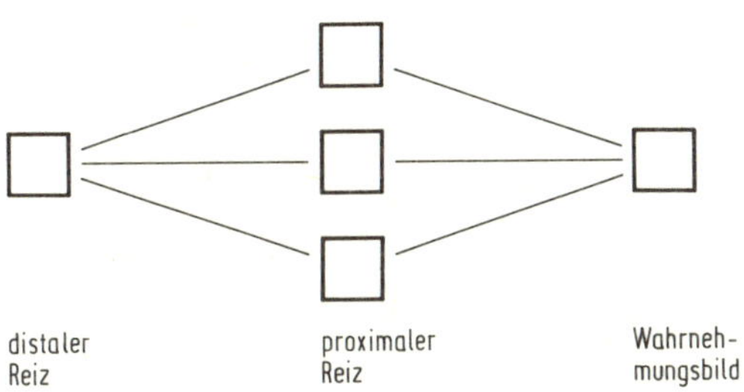

Linsenmodell von Brunswik (1934, S. 97).

○ Die Abbildungen einzelner Gegenstände werden miteinander kombiniert und zum Bild eines mit Gegenständen gefüllten Raumes organisiert.

Etwa auf der folgenden Abbildung: Man sieht nicht einfach eine Fläche mit Punkten verschiedener Helligkeit; als eine solche Fläche mit Punkten verschiedener Helligkeit ist diese Photographie noch in den Rezeptoren der Augen wiedergegeben. Die Verarbeitung im Zentralnervensystem organisiert das aufgenommene Punktmuster zu einer Abbildung von Möbelstücken, Lampen und einem Porträt in einem prunkvollen Raum. Man hat einen Eindruck von der Höhe und Breite der Möbel – man schätzt den Abstand zwischen der Oberkante des Spiegels und dem Fußboden etwa 2 m hoch.

Bei der Organisation von Einzelinformationen zu einem räumlichen Bild sind diese selbstverständlich miteinander in Einklang zu bringen. Die Auffassung der nebenstehenden Photographie ändert sich daher sofort, wenn man sie in einen größeren Zusammenhang bringt.

Bitte gleich umblättern!

Ein mehrdeutiges Bild: Riesenkind in Menschenstube oder Menschenkind in Puppenstube?

Nun sieht man den Raum ganz. Eingeweihte werden darin den ‚Red Room' im Weißen Haus in Washington erkennen. Das Ganze ist eine Miniaturnachbildung des Ehepaars Zweifel aus Orlando im US-Staate Florida für seine achtjährige Tochter Kimby. Weiß man das nicht, bleibt das Bild mehrdeutig. Man könnte daraus auch den Eindruck gewinnen, ein Riesenkind benutzte den ‚Red Room' als seine Puppenstube. Auf jeden Fall: So oder so wird die Erscheinung des Mädchens mit der Erscheinung der Möbel und Wände zu einem Bild eines einheitlichen Raumes organisiert.

○ Im Bild eines Gegenstandes und mehr noch in der Repräsentation eines Wahrnehmungsraumes werden Informationen aus verschiedenen Sinnesmodalitäten zusammengeführt. In der veridikalen Wahrnehmung einer Rose fließen etwa zusammen: ihre Form, ihre Farbe, ihr Geruch, mitunter die Empfindung bei der Berührung ihres glatten Stiels oder ihrer spitzen Dornen.

Veranschaulicht man sich noch einmal die Szene bei der Bergung der ‚Princes Irene', so wird man dort vereinigt finden: den Anblick

Multimodalität und Synästhesie

Im Erleben empfindsamer Menschen steigert sich die Multimodalität der Wahrnehmung – die Kombination verschiedenartiger Sinneseindrücke – zur Synästhesie, der Verschmelzung verschiedenartiger Sinneseindrücke. Synästhetische Erlebnisse, insbesondere Verschmelzungen von Gesichts- und Gehörseindrücken („goldene Töne", „der Töne Licht") hat der Lyriker Clemens Brentano (1778–1842) in seinem Gedicht „Abendständchen" zum Ausdruck gebracht:

Hör, es klagt die Flöte wieder,
Und die kühlen Brunnen rauschen,
Golden wehn die Töne nieder –
Stille, stille, laß uns lauschen!

Holdes Bitten, mild Verlangen,
Wie es süß zum Herzen spricht!
Durch die Nacht, die mich umfangen,
Blickt zu mir der Töne Licht.

Brentano, C.: Gesammelte Werke Bd. 1. Amelung, H. u. Vietor, K. (Hg.). Frankfurt/M.: Frankfurter Verlagsanstalt 1923, S. 52.

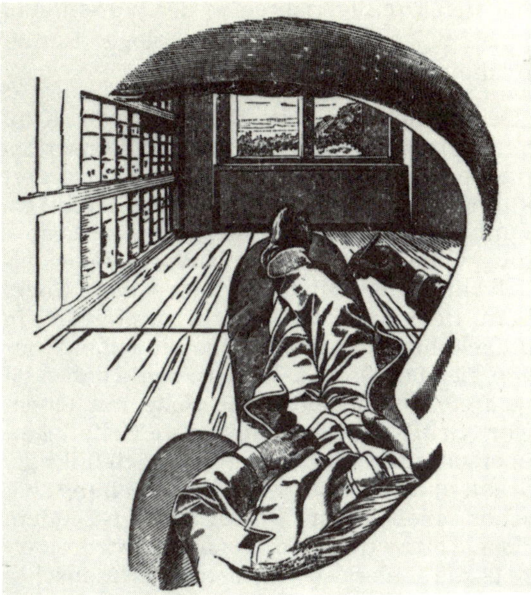

Egozentrische Weltsicht. In seinem Werk „Analyse der Empfindungen“ (1885, S. 15) veranschaulicht der Physiker und Psychologe Ernst Mach (1838–1916) – zuletzt Professor an der Universität Wien – mit dieser Abbildung die zentrale Position des Ich in der Wahrnehmung. Die Zeichnung stellt den einäugigen Blick des Autors in sein Arbeitszimmer dar; dabei treten sogar Teile seines eigenen Gesichts ins Blickfeld.

der Szene, das Schreien der Menschen und das Geräusch der Kräne, den Geruch des Flußwassers, die frische Kühle der Frühjahrsluft. In der veridikalen Wahrnehmung sind viele oder alle Sinnesmodalitäten – ihrer Trennung an der Sinnesperipherie zum Trotz – wieder vereinigt. Die Wahrnehmung ist dann *multimodal.*

○ Zusammengefaßt werden weiterhin Informationen über die Umgebung und über die eigene Person. Ein anschauliches Ich gliedert sich im Wahrnehmungsraum aus; das Ich rückt leicht in den Mittelpunkt des wahrgenommenen Raums. Das Bild wird dadurch – wie schon erwähnt – egozentrisch (von lat. ‚ego‘ – Ich, lat. ‚centrum‘ – Mitte).

○ Die Informationen, die über die eigene Person eingehen und in das Wahrnehmungsbild integriert werden, spiegeln nicht zuletzt die Bedürfnislage der wahrnehmenden Person. Die Wahrnehmung wird somit bedürfnisbezogen und subjektiv. Diesen bereits im Alltag auffallenden Sachverhalt haben 1942 Robert Levine, Isidor Chein und Gardner Murphy vom College der Stadt New York experimentell belegt. Sie ließen ihre Probanden Bilder beschreiben, die hinter geriffeltem Glas nur verschwommen zu sehen waren. Die Versuche fanden eine, drei, sechs und neun Stunden nach dem Mittagessen statt. Bis zur Zeit des Abendessens stieg der Anteil der Bilder an, auf denen die Probanden Eßwaren zu erkennen glaubten. Erst in den späten Abendstunden, als der Hunger von selbst nachließ, ging die Zahl der vermeintlich gesehenen Eßwaren wieder zurück.

Schon wegen der *Bedürfnisabhängigkeit der Wahrnehmung* kann man die Wahrnehmung nicht als objektgetreu (objektiv), sondern nur als subjektabhängig (subjektiv) be-

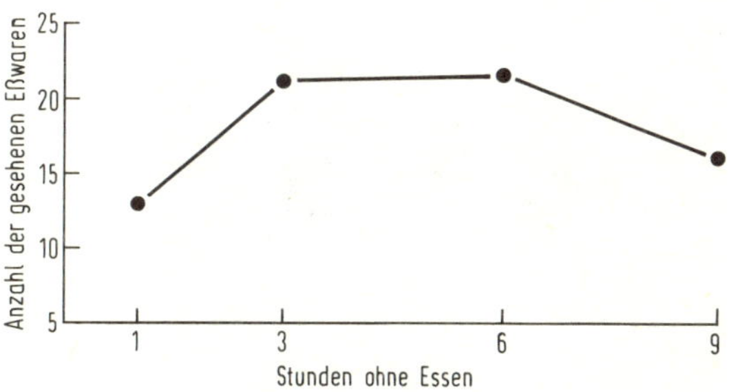

Vermeintlich erkannte Eßwaren in Abhängigkeit von der Zeit ohne Essen (nach Levine, Chein u. Murphy 1942).

zeichnen. Im Schlußabschnitt (S. 106f.) wird darauf hinzuweisen sein, daß durch die Subjektivität der Wahrnehmung auch soziale Erwartungen in die Wahrnehmung eingehen, denen das wahrnehmende Subjekt unterliegt. Die motivierte Wahrnehmung wird so zur Sozialwahrnehmung.

Die Zuerkennung von Bedeutung

Subjektive Schilderungen können sich eng an objektivierbare Gegenstände halten. So mag ein Betrachter des folgenden Bildes schlicht feststellen: „Ich sehe hier ein Mädchen mit einem Krug." Ein anderer Betrachter kann über diese Feststellung weit hinausgehen. So etwa der aus Deutschland stammende und seit den Dreißigerjahren in den Vereinigten Staaten lebende Kunstpsychologe Rudolf Arnheim zu demselben Bild:

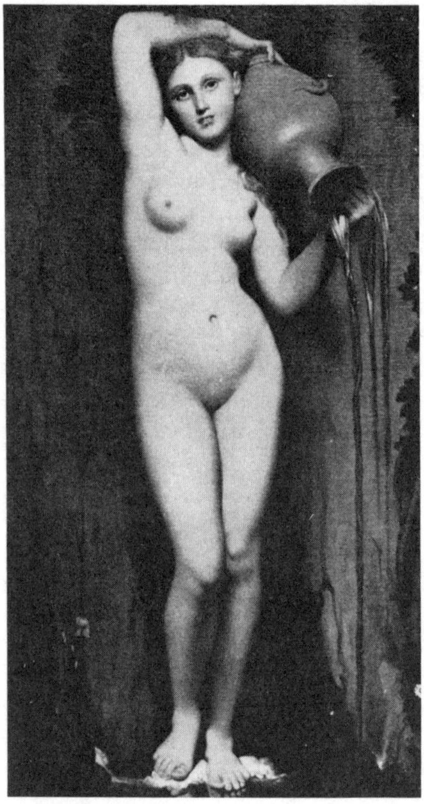

Bildnis eines jungen Mädchens (‚La Source'), gemalt 1856 von dem französischen Maler J. A. D. Ingres im Alter von 76 Jahren.

„Den rechten Arm einen Umweg um den Kopf herum machen zu lassen, ohne daß unser betrachtendes Auge sich beschwert, erfordert kühne Phantasie. Weiterhin rufen auch Ort, Funktion und Gestalt des Kruges bedeutungsvolle Assoziationen hervor. Offensichtlich ähnelt der Leib des Kruges seinem Nachbarn, dem Kopf des Mädchens, obgleich in umgekehrter Raumlage. Sie sind nicht nur von gleicher Gestalt, sondern beide haben eine freie, ununterbrochene Seite mit einem Ohr (Griff), während die andere Seite leicht überschnitten wird. Beide sind nach links gedreht, und es besteht eine Entsprechung zwischen fließendem Wasser und fallendem Haar. Durch diese Formanalogie wird einerseits die fehlerlose Geometrie der menschlichen Gestalt unterstrichen, andererseits werden durch die naheliegenden Vergleiche die Unterschiede betont. Durch den Kontrast zum leeren ‚Gesicht' des Kruges stellen die Gesichtszüge des Mädchens einen noch auffälligeren Kontakt zum Betrachter her. Gleichzeitig läßt der Krug offen das Fließen des Wassers zu, während der Mund des Mädchens nur leicht geöffnet ist ..."
(Arnheim 1965, S. 124ff.)

Und schließlich gelangt Arnheim gar zu Aussagen wie dieser:

„Der Krug reimt sich auch mit dem Körper – er hat die Nebenbedeutung eines Uterus – und hebt die Übereinstimmung hervor, daß das Gefäß den Strom offen entläßt, während der Schoß verschlossen ist ..." (S. 126).

An solchen Schilderungen erfährt man Vorzug und Nachteil der phänomenologischen Methodik (s. o. S. 79). Handelt es sich um eine differenzierte Wiedergabe des Erlebens eines empfindsamen und ausdrucksfähigen Beobachters? Oder handelt es sich um private, für andere nicht nachvollziehbare, jedenfalls wissenschaftlich nicht verwertbare Äußerungen? Hier scheiden sich die Geister. Vertreter des Behaviorismus lehnen die phänomenologische Methode rundweg ab. Kognitivisten erscheint sie nicht nur als eine wissenschaftlich statthafte Methode, sondern auch als ein leistungsfähiger Zugang zur Erschließung, Feststellung und Weitergabe komplexer Eindrükke und umfassenderer Wahrnehmungssituationen – wie z. B. den Eindruck von einem Kunstwerk oder einer Situation wie „Krankenhaus“, „Wald“ (vgl. etwa Graumann 1974).

Kognitivistische Autoren glauben jedenfalls, in solchen subjektiven Schilderungen zwei Arten von Inhalten zu entdecken, die über die Fülle der Empfindungen (die sensorische Information) weit hinausgehen: Sinn- und Bedeutungsgehalte (semantische Information) und symbolische Bezüge (symbolische Information).

Bedeutung oder *Sinn* erhält ein Wahrnehmungsinhalt, indem er eine Beziehung zu einem Gegenstand erkennen läßt. Von Bedeutung spricht man oft in Zusammenhang mit Worten und anderen sprachlichen Zeichen (z. B. was bedeutet „Capriccio“?). Die Bedeutungshaltigkeit nennt man *Semantik* (von griech. ‚sema‘ – Zeichen); Semantik heißt übrigens auch die Wissenschaft von den Bedeutungen. Die Semantik von Wörtern und anderen Zeichen wird noch ausführlicher in Kapitel 11 über Sprache und Kommunikation zu

Ein Gegenstand – fünf Ansichten – eine Bedeutung: Ein Fall von Invarianz (s. folgende Seite)

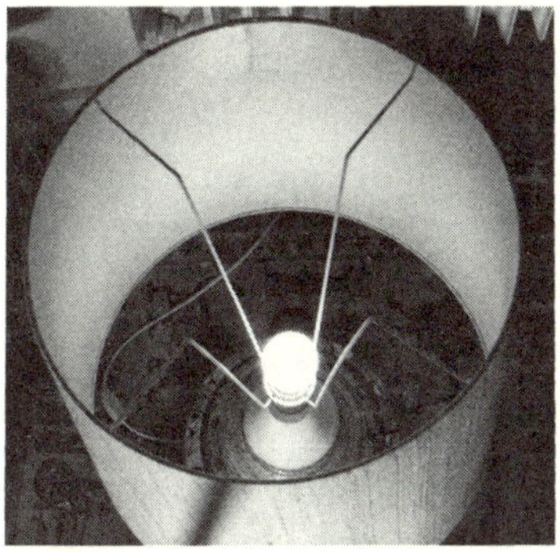

von oben aus der Nähe

von schräg oben, weiter entfernt

von unten aus der Nähe

von der Seite aus der Nähe

von der Seite aus der Ferne

behandeln sein (insbesondere S. 460f.). Aber auch Wahrnehmungsbilder haben ihre Semantik. Denn auch das Wahrnehmungsbild offenbart einen eigenen Sinn, indem es Bezug zu einem Gegenstand nimmt. Dies ist ganz offensichtlich bei der Betrachtung von Zeichnungen (z. B. „mit dieser Linie ist ein Krug gemeint“), ereignet sich jedoch auch bei jeder Objektwahrnehmung. Denn stets liegen der Wahrnehmung Formen, Helligkeiten, Töne und ähnliche einfache Gegebenheiten zugrunde, die zur vollen Gegenstandswahrnehmung erst mit Bedeutung ausgestattet werden müssen.

Bei der Zuordnung von Bedeutungen gibt es allerdings ein großes Problem. Denn zu jedem Gegenstand gibt es nur eine (zutreffende) Gegenstandsbedeutung. Aber jeder Gegenstand bietet sich in zahlreichen Formen, Größen, Farben u. ä. dem Beobachter dar. Bei gesehenen Gegenständen ändert sich das Wahrnehmungsbild mit der Entfernung, dem Blickwinkel und der Beleuchtung. Hier entstehen viele Fälle vom Ambiguität (s. S. 88f.). Diese Ambiguitäten müssen aufgelöst werden, damit kein Zweifel bleibt: Obwohl der Gegenstand in der unmittelbaren Anschauung – in Abhängigkeit von Entfernung, Blickwinkel und Beleuchtung – ein unterschiedliches Erscheinungsbild aufweist, besitzt er trotzdem dieselbe Form, Größe und Farbe. Erst das Erreichen von Formkonstanz, Größenkonstanz, Helligkeitskonstanz und vielen anderen Arten von Konstanzen unter wechselnden Wahrnehmungsbedingungen – Friedhart Klix (1971) benutzt dafür den zusammenfassenden Begriff der *Invariantenbildung* –, schafft die Voraussetzung dafür, daß die Vielfalt unterschiedlicher Wahrnehmungsbilder auf die Menge der vorhandenen Gegenstände reduziert wird.

Wenn Arnheim in seiner Deutung des Gemäldes von Ingres den Krug als ein Sinnbild des weiblichen Schoßes deutet (s. o.), so hat er mehr und anderes getan als eine Zuerkennung einer Gegenstandsbedeutung. Denn als Gegenstandsbedeutung stellt er unmißverständlich fest: Hier handelt es sich um einen Krug. Aber der so erkannte Gegenstand verweist im Erleben des Betrachters auf einen weiteren Gegenstand: In diesem Fall auf den weiblichen Uterus. Solche Querbezüge kommen häufig vor: ein Wappen verweist auf eine Familie, ein Schriftzug auf eine Person. Man nennt einen Gegenstand mit weitergehender Bedeutung ein *Symbol* (von griech. ‚symballein‘ – zusammenlegen, vergleichen). Zahlreiche Gegenstände in der Wahrnehmungswelt tragen derartige Zusatzbedeutungen, enthalten somit symbolische Information (vgl. bereits S. 69f.). Sie entstehen wohl zumeist durch soziale Vereinbarung (auch hierüber mehr in Kapitel 11 über Sprache und Kommunikation). Sie reichern die subjektiven Wahrnehmungserlebnisse an über den Informationsgehalt hinaus, den der objektive Betrachter in der wahrgenommenen physikalischen Welt feststellen kann.

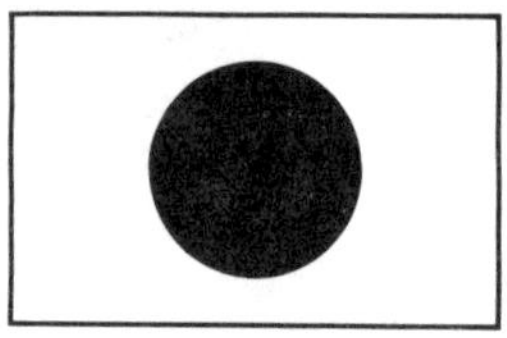

Flagge (Symbol des Staates Japan)

Fingerzeichen (Siegeszeichen Churchills: „V“ für „victory“)

Symbole

Zusammenfassung

1. Der Mensch ist empfindlich für etwa ein Dutzend Arten von Zuständen in seiner Umgebung (z. B. elektromagnetische Wellen, mechanische Schwingungen) und an seiner eigenen Person (z. B. Ermüdung, Sättigung). Empfindungen dieser Zustände werden durch Sinnesrezeptoren vermittelt. Den Zusammenhang von Empfindungsstärke, Rezeptorerregung und Reizintensität sucht die Psychophysik festzustellen.
2. Erregungen der Rezeptoren werden zur Hirnrinde weitergeleitet, wo ein bewußtseinsfähiges Wahrnehmungsbild entsteht. Die Sinnesinformation wird auf dem Weg zur Hirnrinde in mehreren Stufen einer kognitiven Verarbeitung unterzogen.
3. Bereits einfache Sinnesempfindungen werden – je nach Vorerfahrung (Adaptation) – in Bezugssysteme eingebettet.
4. In der Verarbeitung werden Verzerrungen bei der Aufnahme korrigiert, Informationslücken geschlossen und Ambiguitäten aufgelöst. Die auf mehrere hundert Millionen Rezeptoren verteilten Sinnesinformationen werden zu einem geschlossenen Wahrnehmungsbild organisiert.
5. Das Wahrnehmungsbild trägt gegenständliche Bedeutung (Bezug von Abbild zu Gegenstand) und Symbolgehalt (Bezug von Gegenstand bzw. Zeichen zu anderen Gegenständen).

Literaturhinweise

Selfridge, O. G.: Pandemonium: A paradigm for learning. Symposium on the mechanization of thought processes. London: HM Stationary Office 1959

Brunswik, E.: Wahrnehmung und Gegenstandswelt. Leipzig: Deuticke 1934

Guttmann, G.: Lehrbuch der Neuropsychologie. Bern: Huber 1982

Pribram, K. H.: Languages of the brain. Englewood Cliffs. New York: Prentice Hall 1971

Sokolow, E. N.: Perception and the conditioned reflex. Oxford: Pergamon 1963

Fechner, G. Th.: In Sachen der Psychophysik. Leipzig: Breitkopf u. Härtel 1877

Weber, E. H.: Die Lehre vom Tastsinne und Gemeingefühle. Braunschweig: Vieweg 1851

Fechner, G. Th.: Elemente der Psychophysik. Leipzig: Breitkopf u. Härtel 1860

Stevens, S. S.: Psychophysics. New York: Wiley 1975

Schäfer, B.: Konstruktion eines Eindrucksdifferentials zur Erfassung der ideologiespezifischen Bewertung politischer Schlüsselwörter. In: Bergler, R. (Hg.): Das Eindrucksdifferential. Bern: Huber 1975, 139–156

Guilford, J. P.: Psychometric methods. New York: Mc Graw Hill 1954, 2. Aufl.

Sixtl, F.: Meßmethoden der Psychologie. Weinheim: Beltz 1967

Helson, H.: Adaptation level theory. New York: Harper u. Row 1964

Helson, H.: Adaptation level as frame of reference for prediction of psychophysical data. American Journal of Psychology 60 (1947), 1–29

Titchener, E. B.: Lectures on the elementary psychology of feeling and attention. New York: Macmillan 1908

Witte, W.: Experimentelle Untersuchungen von Bezugssystemen. I. Struktur, Dynamik und Genese von Bezugssystemen. Psychologische Beiträge 4 (1960), 218–252

Sarris, V.: Die Abhängigkeit des Adaptationsniveaus von Ankerreizen. Zeitschrift für experimentelle und angewandte Psychologie 14 (1967) 1–53

Sarris, V.: Wahrnehmung und Urteil. Göttingen: Hogrefe 1971
Helmholtz, H.: Handbuch der physiologischen Optik. Leipzig: Voss 1867
Ittelson, W. H.: The Ames demonstrations in perception. Princeton University Press 1952
Ittelson, W. H. u. Cantril, H.: Perception. A transactional approach. Garden City: Doubleday 1954
Bekésy, G. von: Experiments in hearing. New York: McGraw Hill 1960
Erismann, T.: Das Werden der Wahrnehmung. In: v. Allesch, J., Jacobsen, W., Munsch, G. u. a. (Hg.): Bericht über den Kongreß des Berufsverbandes deutscher Psychologen 1947 in Bonn, Bd. 1. Hamburg: Nölke 1948, 51–86
Kohler, I.: Der Brillenversuch in der Wahrnehmungspsychologie mit Bemerkungen zur Lehre von der Adaptation. Zeitschrift für experimentelle und angewandte Psychologie 3 (1956), 381–417
Mach, E.: Analyse der Empfindungen. Jena: Fischer 1885
Levine, R., Chein, I. u. Murphy, G.: The relation of the intensity of a need to the amount of perceptual distortion: A preliminary report. The Journal of Psychology 13 (1942), 283–293
Arnheim, R.: Kunst und Sehen. Eine Psychologie des schöpferischen Auges. Berlin: De Gruyter 1965
Graumann, C. F.: Psychology and the world of things. Journal of Phenomenological Psychology 4 (1974), 389–405
Klix, F.: Information und Verhalten. Bern: Huber 1971

Dynamische Prozesse: Aufmerksamkeit und Wahrnehmungsabwehr

Aufmerksamkeit und Orientierungsverhalten

Die Aufmerksamkeit kann man als einen Zustand intensiver oder konzentrierter Wahrnehmung definieren. Die Aufmerksamkeit kann sich richten auf

○ Ausschnitte des Wahrnehmungsraums (z. B. die Bühne eines Theaters),
○ bestimmte Gegenstände, Personen oder Ereignisse (z. B. spielende Kinder),
○ bestimmte Gegenstandsmerkmale (z. B. auf die Farbe Rot),
○ bestimmte Sinnesmodalitäten (z. B. das Gehör).

Die Aufmerksamkeit kann von einem Augenblick zum anderen ihre Richtung wechseln. Sofern sie zwischen verschiedenen Ausschnitten des Wahrnehmungsraumes wechselt, ist sie mit Orientierungsbewegungen verbunden (s. S. 67 ff.). Unter den verschiedenen Formen des Orientierungsverhaltens, die mit Verschiebungen und Fixierungen der Aufmerksamkeit verbunden sind, haben die Augenbewegungen in der psychologischen Forschung eine besondere Beachtung gefunden.

Die Analyse von Augenbewegungen bestätigt im allgemeinen die Regel: Je informationsreicher und interessanter eine Stelle ist, desto länger und häufiger wird sie fixiert (Yarbus 1976, Andrejewa, Vergiles & Lomow 1975/1979). In der Schweiz hat Amos Cohen (1976) mit Hilfe einer Spezialkamera die Augenbewegungen von Autofahrern beim Passieren einer Baustelle gefilmt. Die längste Zeit heftete sich der Blick auf eine Umleitungsrampe, auf der das Kollisionsrisiko am höchsten war; dabei konzentrierte sich der Blick zunehmend auf den Nahbereich vor dem Fahrzeug. Hatten die Fahrer den Engpaß durchquert, richtete sich ihr Blick wieder in die Ferne.

Ein *Aufmerksamkeitswechsel* bzw. eine Änderung der Orientierung ist regelmäßig erforderlich, wenn ein Mensch zu einer bestimmten Zeit Information nur aus einem Teil seines Wahrnehmungsraums erhält. Dann ist er gezwungen, sich den verschiedenen Teilen bzw. Gegenständen seines Wahrnehmungsraums nacheinander zuzuwenden. Die Frage ist dann nur: Wie kommt ein Mensch dazu, sich einem Gegenstand zuzuwenden, den er gerade nicht beobachtet? Auf diese Frage gibt es drei Arten von Antworten:

○ weil er weiß, daß sich außerhalb seines Wahrnehmungsfeldes noch ein Gegenstand

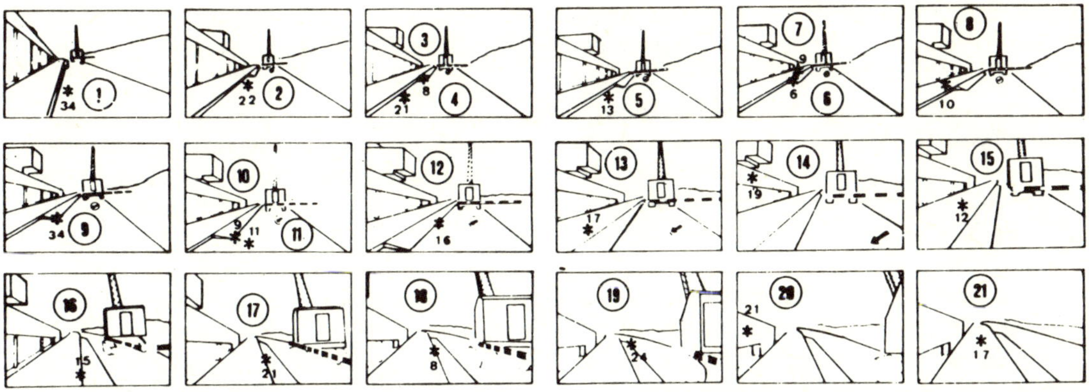

Blickfeld und Blickfixationen eines Autofahrers beim Passieren einer Baustelle. Die Sterne geben den Ort der Blickfixation an, die nebenstehenden Ziffern die Dauer der Fixation in Millisekunden. Eingekreist ist die laufende Nummer der Blickfixation (Cohen 1976, S. 70).

befindet, über den Informationen zu beschaffen angebracht ist,

○ weil er systematisch seine Umgebung nach Informationen absucht (wie etwa ein Radarschirm) und dabei notwendig auf den Gegenstand stößt,

○ weil er unsystematisch nach Informationen sucht und dabei zufällig auf den Gegenstand stößt.

Im ersten Fall wird das Suchverhalten gesteuert mit Hilfe des Wissens über den umgebenden Raum und des Wissens über die darin befindlichen Gegenstände (auch die gerade nicht beobachteten). Für das systematische Suchen – Fall 2 – ist lediglich das Wissen über die Ausdehnung des erkundeten Raumes erforderlich. Und das unsystematische Suchen – Fall 3 – kann ganz ungesteuert vonstatten gehen. Selbstverständlich setzt Suchverhalten nur ein, wenn das Gegenstandswissen als unbefriedigend empfunden wird. Ist das Informationsbedürfnis gesättigt, endet das Suchverhalten. Je nach der Suche verteilt sich die Aufmerksamkeit: Im ersten Fall wird sie sich auf Punkte des bevorzugten Interesses konzentrieren, im zweiten Fall wird sie gleichmäßig über die gesamte Umgebung verteilt sein. Im dritten Fall wird sie unstet wechseln. Das Absuchen des Raumes wird als Durchmustern oder Abtasten bezeichnet (engl. ‚scanning‘).

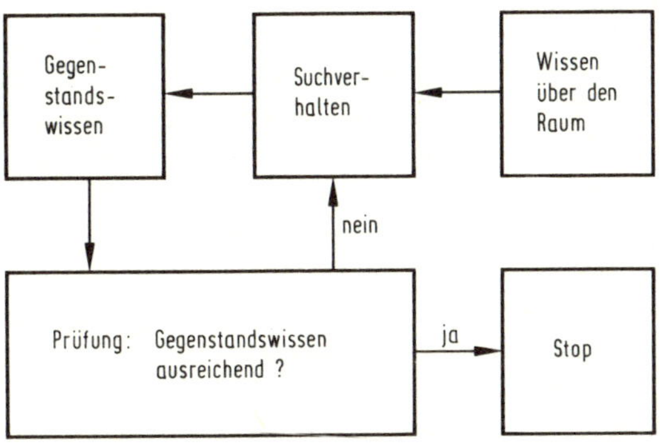

Steuerung des Suchverhaltens.

Aufmerksamkeitslenkung als Vorgang der inneren Selektion

Auch von dem Ausschnitt der Welt, dem sich der Mensch zuwendet, erhält der Mensch durch seine Wahrnehmung nicht volle Kenntnis. Um volle Kenntnis über das gesamte Wahrnehmungsfeld zu erhalten, müßte er es in allen seinen Teilen intensiv beobachten – und das würde seine Wahrnehmungsfähigkeiten überfordern. So bleibt ihm nur die Wahl zwischen einem oberflächlichen Muster des gesamten Wahrnehmungsfeldes oder einer Konzentration auf einen Teil daraus. Es kommt zum Phänomen der *Enge der Aufmerksamkeit*, auch *Enge des Bewußtseins* genannt (vgl. etwa James 1890). Durch innere Selektion werden vor allem einzelne Sinnesmodalitäten (z. B. Gehörseindrücke), Gegenstandsmerkmale (z. B. rote Farben) sowie Personen, Gegenstände und Ereignisse (z. B. spielende Kinder) ausgegliedert und hervorgehoben.

Bei der Analyse von Aufmerksamkeitsphänomenen stellt sich stets die Frage: Wo im Prozeß der Informationsgewinnung sitzt der Engpaß, der den Wahrnehmenden zu einer Informationsauswahl zwingt? Der erste Autor, der sich in neuerer Zeit zu dieser Frage zu Wort gemeldet hat, war der englische Psychologe Donald Broadbent. Er hat – zusammen mit seinen Mitarbeitern in der ‚Applied Psychology Unit' des ‚Medical Research Council' in Cambridge – das Aufmerksamkeitsproblem gerade zum Anlaß genommen, einen neuen Ansatz zur Wahrnehmungstheorie zu begründen: der Prozeß der Wahrnehmung als Vorgang der Informationsverarbeitung. In seinem vielzitierten Buch aus dem Jahre 1958 vertritt Broadbent die Auffassung, die Sinnesperipherie des Menschen sei verschiedenen Informationskanälen vergleichbar. Die auf den Kanälen einlaufenden Informationen müßten kurzzeitig gespeichert und dort entschlüsselt (dekodiert) werden. Da der Kurzzeitspeicher nicht alle einlaufenden Informationen gleichzeitig fassen könne, sei eine Auswahl zu treffen. Den Auswahlmechanismus beschreibt Broadbent in Analogie zu einem Filter: ein Gitter, das sich vor einzelne Kanäle legt und andere frei läßt. Nach dieser Theorie findet die *Selektion vor der zentralen Informationsverarbeitung* statt, noch *in der Sinnesperipherie*.

Gegen diese Auffassung haben sich J. A. Deutsch und D. Deutsch (1963) gewandt. Sie meinen: Die *Auswahl* findet erst *während der zentralen Verarbeitung* statt. Alle Informationen werden zuerst verarbeitet und bewertet, und erst die Bewertung entscheidet über ihren Verbleib im Verarbeitungsprozeß.

Zuwendung der Aufmerksamkeit zu einzelnen Sinnesgebieten

Welchem Sinnesgebiet sich gerade die Aufmerksamkeit zuwendet, hängt u. a. von den gerade herrschenden Wahrnehmungsbedingungen ab. Durch Verschiebung der Aufmerksamkeit von einer Sinnesmodalität zur anderen können Schwächen kompensiert werden.

So berichtet in Shakespeares Komödie „Ein Sommernachtstraum" Hermia ihrem Geliebten Lysander:

Die Nacht, die uns der Augen Dienst entzieht,
Macht, daß dem Ohr kein leiser Laut entflieht.
Was dem Gesicht an Schärfe wird genommen,
Muß doppelt dem Gehör zu Gute kommen.
Mein Aug' war's nicht, das dich, Lysander fand;
Mein Ohr, ich dank' ihm, hat die Stimm' erkannt.

W. Shakespeare: Ein Sommernachtstraum, 2. Szene. Sämtliche Werke Bd. 2. Berlin: Aufbau Verlag 1956, S. 298.

An Belegen für beide Auffassungen ist kein Mangel. Für Broadbents Version sprechen Beobachtungen über die Verschiebung der Aufmerksamkeit von einem Sinnesgebiet auf das andere (z. B. Überhören eines Geräuschs beim Lesen). Für die Version von Deutsch und Deutsch sprechen dagegen Beobachtungen zur Verengung der Aufmerksamkeit auf bestimmte Objekte oder Objektklassen (z. B. erhöhte Aufmerksamkeit für Männer, verminderte für Frauen); hier muß in der Tat die zentrale Verarbeitung bis zum Erkennen der Gegenstandsbedeutung (s. S. 91 ff.) fortgeschritten sein, bevor eine Auswahl erfolgen kann.

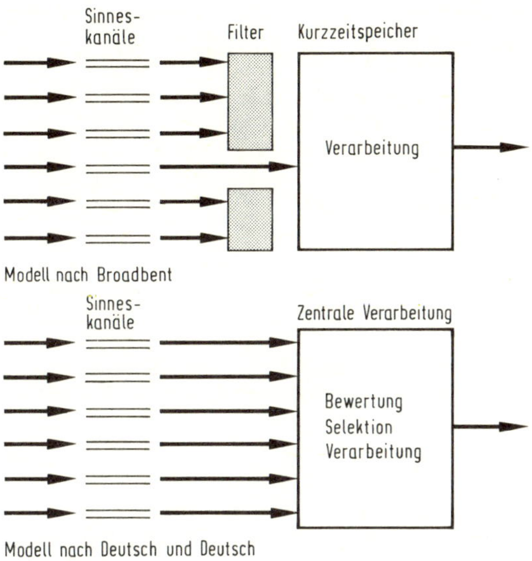

Zwei Modelle der Aufmerksamkeit: Selektion an der Sinnesperipherie (Broadbent 1958) und Selektion bei der zentralen Verarbeitung (Deutsch u. Deutsch 1963).

Wahrnehmungsabwehr und Verkennung

Im März 1981 ging der folgende Bericht über die Budgetdebatte des englischen Parlaments durch die Presse:

„Der konservative Abgeordnete Christopher Brocklebank-Fowler attackierte am Montag in seiner letzten Rede als konservativer Abgeordneter in scharfer Weise die von ihm als ‚falsch, unmenschlich und gefährlich' bezeichnete Wirtschaftspolitik der konservativen Regierung. Frau Thatcher, die schon vorher wußte, was er sagen würde, verließ demonstrativ das Parlament, als Brocklebank-Fowler zu sprechen begann."

Die britische Premierministerin wollte also nicht hören, was ihr Kritiker zu sagen hatte. Sie zog es aus diesem Grund vor, das Parlament demonstrativ zu verlassen. Wäre es ihr nicht um die Wirkung ihrer Demonstration gegangen, wäre ihr etwas Einfacheres zu tun geblieben: Bleiben und Weghören.

Dies ist ein Fall von *Wahrnehmungsmeidung* oder *Wahrnehmungsabwehr*. Das Verlassen des Parlaments stellt dabei eine negative Version des Orientierungsverhaltens dar, das Gegenteil einer Suche nach Information. Die andere Möglichkeit, im Parlament zu bleiben und wegzuhören, wäre entsprechend das Gegenstück zur inneren Aufmerksamkeitslenkung auf einen Gegenstand des Interesses. Es wäre eine Ablenkung der inneren Aufmerksamkeit. Allgemein kann man feststellen, daß sich eine Abwehr von Wahrnehmungen ereignen kann, bei der man unwillkommene Inhalte ausblendet. Diese Abwehr kann sich auf zwei Ebenen ereignen: auf der Ebene der aktiven Orientierung und auf der Ebene der inneren Verarbeitung.

Die Wahrnehmungsmeidung durch *Wegorientierung*, durch Abwendung des Blicks, Abdecken des Gehörs u. ä. ist Gegenstand mehrerer psychologischer Forschungsvorhaben geworden. So berichtet etwa Seymour Epstein aus seinen vielbeachteten Untersuchungen von Fallschirmspringern: Fallschirmspringer würden bereits in ihrem Training unterwiesen, beim Absprung nicht in die Tiefe, sondern zum Horizont zu blicken. Begründet wird die Wahrnehmungsmeidung jeweils durch die Furcht vor Unmutsemotionen. Den Fallschirmspringern soll mit dem Blick in die Tiefe die dadurch eingeflößte Angst erspart werden. Die britische Premierministerin sucht mit ihrem Auszug aus dem Parlament vermutlich einer Ärgerreaktion vorzubeugen.

Daß Information noch aus dem laufenden Wahrnehmungsprozeß ausgeschieden werden kann, nachdem sie als unmutsauslösend erkannt worden ist, gehört zu den meistdiskutierten Thesen der Wahrnehmungspsychologie. Die Psychoanalyse hat die Annahme innerer *Abwehrmechanismen* zu einer ihrer zentralen Forderungen gemacht (vgl. Freud 1972/1940). Umstritten ist diese Annahme wegen des folgenden Problems: Wie kann behauptet werden, daß die Wahrnehmung eines Gegenstandes wegen ihrer emotionsauslösenden

Wirkung unterbleibt, wenn eine solche Wahrnehmung notwendig ist, um den Gegenstand als Ursache einer Emotion zu erkennen? (So ist ja bereits an dem Bericht aus dem britischen Unterhaus bemerkenswert, daß die Regierungschefin die Rede ihres Kritikers nicht hören will, obwohl sie deren Inhalt schon kennt.)

Die Psychoanalyse sucht den Widerspruch durch ein Zwei-Stufen-Modell zu lösen. Das Erkennen eines Inhalts in der ersten Stufe der Informationsverarbeitung bleibt unbewußt; in dieser Stufe können jedoch bereits angstauslösende Eigenschaften erkannt werden. Erst in der zweiten Stufe findet danach ein bewußtes Erkennen statt, das die Bezeichnung der Wahrnehmung voll verdient. Steht die emotionale Gefährlichkeit des Inhalts auf der ersten Stufe fest, dann wird eine Übertragung des Inhalts in die zweite Stufe unterbunden.

Ein *vorbewußtes Erkennen* – zur Unterscheidung von der bewußten Wahrnehmung, der Perzeption, auch *Subzeption* (von lat. ‚sub' – unter, lat. ‚capere' – erfassen) genannt, – wird inzwischen auch von neurophysiologisch und experimentalpsychologisch orientierten Forschern für möglich gehalten. Der Londoner Psychologe N. F. Dixon (1971) deutet die Subzeption als frühes Stadium der Ausfilterung bei der Aufmerksamkeitszuwendung (vgl. S. 100). Darüber hinaus verweist er auf die bisher angestellten Vergleiche zwischen Wach- und Schlafbewußtsein (vgl. S. 121 ff.) und entwickelt ein Modell, nach welchem das Schlafbewußtsein auch im Wachen aktiv ist und dann die Rolle des Vorbewußten übernimmt.

Die Psychoanalyse geht sogar noch einen Schritt weiter. Das Bemühen um Verleugnung eines angsteinflößenden Gegenstandes kann sich bis zur *Verkennung* steigern. In diesem Fall wird anstelle des nicht zur Bewußtwerdung zugelassenen Inhalts ein anderer, unverfänglicher gesetzt. Sigmund Freud selbst erläutert diesen Vorgang am Fall des Fetischismus:

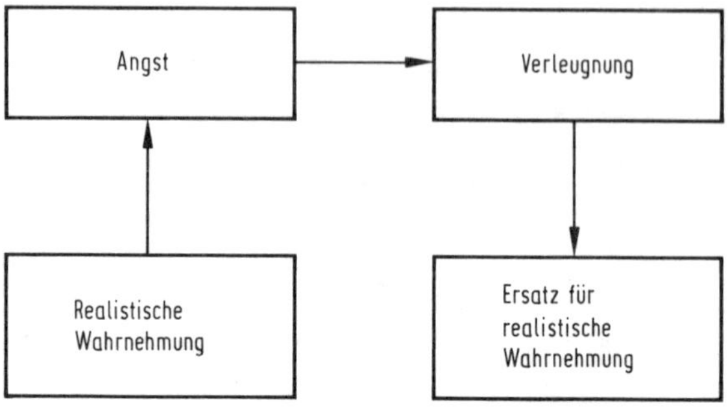

Verkennung als Ersatz für angsteinflößende realistische Wahrnehmungen nach Freud (1972/1940).

„Diese Abnormität . . ., begründet sich bekanntlich darauf, daß der fast immer männliche Patient die Penislosigkeit des Weibes nicht anerkennt, die ihm als Beweis für die Möglichkeit der eigenen Kastration höchst unerwünscht ist. Er verleugnet darum die eigene Sinneswahrnehmung, die ihm den Penismangel am weiblichen Genitale gezeigt hat, und hält an der gegenteiligen Überzeugung fest. Die verleugnete Wahrnehmung ist aber auch nicht ganz ohne Einfluß geblieben, denn er hat doch nicht den Mut zu behaupten, er habe wirklich einen Penis gesehen. Sondern er greift etwas anderes, Körperteil oder Gegenstand, auf und verleiht dem die Rolle des Penis, den er nicht vermissen will."
(Freud 1972/1940, S. 133.)

Verkennungen der Umwelt ergeben sich nach der psychoanalytischen Lehre mitunter durch *Projektion* (von lat. ‚pro' – vor, voraus, lat. ‚iacere' – werfen). Zur Abwehr von unangemessenen Triebansprüchen werden der Umwelt Eigenschaften und Motive angelastet, die eigentlich der betroffenen Person eigen sind. Ein Fall von Projektion liegt beispielsweise vor, wenn ein Kind unter seiner eigenen Aggressivität leidet und diese zu seiner Entlastung einem anderen, ihm freundlich oder neutral begegnenden Kind zuschreibt. (Es bezichtigt dann das andere Kind: „Du bist immer böse; ich bin lieb!") Die Projektion gehört nach Anna Freud (1936), der Tochter und Schülerin von Sigmund Freud, zu den wirkungsvollsten Mechanismen der Triebabwehr. Sie führt dazu aus:

„Dem Ich des kleinen Kindes in der ganzen ersten Infantilperiode ist der Gebrauch von Projektionen jedenfalls natürlich. Sie dienen ihm dazu, seine Handlungen und Wünsche, wenn sie gefährlich werden, von sich abzuweisen und in der Außenwelt einen neuen Urheber für sie zu suchen. Ein ‚fremdes' Kind, ein Tier, selbst unbelebte Gegenstände sind ihm zur Unterbringung der eigenen Vergehen gleichmäßig recht. Das kindliche Ich entledigt sich auf diese Art normalerweise ständig verpönter Regungen und Wünsche und gibt sie freigiebig an die Umgebung ab. Wo diese Wünsche von außen her mit Strafandrohung belegt sind, schiebt es die Ersatzpersonen, auf die es projiziert hat, zur Bestrafung vor, wo Schuldgefühle es zur Projektion veranlaßt haben, wendet es die Selbstkritik als Anklage nach außen."

(A. Freud 1975/1936, S. 128f.)

Zusammenfassung

1. Durch unterschiedliche äußere Zuwendung sowie durch innere Verschiebungen der Aufmerksamkeit werden einzelne (meist informative und interessante) Wahrnehmungsinhalte bevorzugt, andere (meist Ärger oder Angst erregende) gemieden.
2. Durch sukzessives Abtasten des Wahrnehmungsfeldes läßt sich der Beobachtungsraum erweitern.
3. Die Selektion von Wahrnehmungsinhalten kann bereits an der Sinnesperipherie einsetzen; sie kann auch in der zentralen Verarbeitung stattfinden.
4. Nach der psychoanalytischen Theorie ist die Abwehr eine Funktion des Unbewußten; der Verschleierung der Abwehr – so ebenfalls die Psychoanalyse – dienen die Vorgänge der Verkennung und der Projektion ich-bedrohlicher Triebansprüche nach außen.

Literaturhinweise

Yarbus, A. L.: Eye movements and vision. New York: Plenum 1976

Andrejewa, E. A., Vergiles, N. J. u. Lomow, B. F.: Der Mechanismus elementarer Augenbewegungen als Folgesystem. In: Lomow, B. F. u. Vergiles, N. J. (Hg.): Motorie komponenti srenia. Moskau: Isdatelswo Nauka 1975 (Dt.: Motorische Komponenten des Sehens. Berlin: Verlag der Wissenschaften 1979, 11–53)

Cohen, A. S.: Augenbewegungen des Autofahrers beim Vorbeifahren an unvorhergesehenen Hindernissen und auf freier Strecke. Zeitschrift für Verkehrssicherheit 22 (1976), 68–75

James, W.: The principles of psychology. New York: Holt 1890

Broadbent, D. E.: Perception and communication. London: Pergamon Press 1958

Deutsch, J. A. u. Deutsch, D.: Attention: Some theoretical considerations. Psychological Review 70 (1963), 80–90

Epstein, S.: Toward a unified theory of anxiety. In: Maher, B. A. (Hg.): Progress in Experimental Personality Research 4 (1967), 1–89

Freud, S.: Abriß der Psychoanalyse. Gesammelte Werke Bd. 17. Frankfurt: Fischer 1972 (Erstausgabe 1940)

Dixon, N. F.: Subliminal perception. London: McGraw Hill 1971

Freud, A.: Das Ich und die Abwehrmechanismen. München: Kindler 1975 (Erstausgabe 1936)

Wahrnehmungspsychologische Probleme in der Entwicklungs-, Persönlichkeits- und Sozialpsychologie

Entwicklungspsychologie

Bereits bald nach der Geburt sind einfache Wahrnehmungsfähigkeiten festzustellen – etwa bei Reaktionen auf Schalle, Helligkeiten und eigene Körperreize (s. a. S. 370). Und doch ist die Wahrnehmung des Kleinkindes von der des Erwachsenen verschieden. Maßgebend für die Unterschiede sind wohl weniger Unterschiede in der Tüchtigkeit der Sinnesrezeptoren. Wichtiger dürften die folgenden Faktoren sein (vgl. auch Haith 1978):

○ Die für die Orientierung erforderlichen *motorischen Fähigkeiten* sind noch unzureichend ausgeprägt (Drehen des Kopfes, Augenbewegung, Akkomodation der Linse im Auge).

○ Das *sensorische Nervensystem* ist noch nicht ausgereift und daher die Kapazität zur Informationsverarbeitung eingeschränkt.

○ Das Kleinkind hat noch nicht genügend *Wissen* über die Welt erworben, um seine Sinneseindrücke zu einem widerspruchsfreien Bild ordnen zu können.

○ Das Kind erfährt die Welt zunächst nur aus einer sehr *eingeschränkten Perspektive*. Informationen über den eigenen Körper erhalten ein starkes Übergewicht gegenüber Informationen aus der Umwelt.

Erst langsam erweitert sich die Erfahrung. Das Kind wendet seine Aufmerksamkeit immer komplexeren Gegenständen zu. Es orientiert sich immer besser in dem ihn umgebenden Raum. Man kann dies aus einzelnen Leistungen schließen, wie aus der Fähigkeit zum Schätzen von Entfernungen. Die Fähigkeit zum Schätzen von Entfernungen verbessert sich in den ersten Lebensjahren laufend, bis sie etwa im Alter von 10–12 Jahren den Stand des Erwachsenen erreicht (Epstein 1967).

Der Zuwachs an sinnlich vermittelter Erfahrung scheint dabei nicht nur ein quantitativer, sondern auch ein qualitativer zu sein. So unterscheidet der amerikanische Entwicklungspsychologe Jerome Bruner (1964) drei aufeinanderfolgende *Stadien der kognitiven Repräsentation:* Das enaktive, das ikonische und das symbolische Stadium. Das Erkennen im *enaktiven Stadium* ist geprägt durch das Manipulieren mit nahen Gegenständen; Berührungs-, Stell- und Halteempfindungen kommt dabei eine große Bedeutung zu. Später lernt das Kind, ohne unmittelbares Berühren und Hantieren auszukommen und die in den Trägerprozessen (s. S. 78) enthaltene Information auszunutzen; so entsteht die *ikonische* (von griech. ‚eikon' – Bild) *Auffassung* mit einer Dominanz von Gesichts- und Gehörseindrücken. Die ikonische Repräsentation wird jedoch bald überlagert durch die symbolische Repräsentation. Unter *symbolischer Repräsentation* versteht Bruner die Herausbildung von Invarianten, von feststehenden Begriffen von Dingen, Personen, Ereignissen (s. o. S. 96), die sich von der hier und jetzt und konkret verwirklichten ikonischen Repräsentation ablösen lassen und diese überdauern.

Bruners Analyse macht deutlich: Die Untersuchung der Wahrnehmungsentwicklung mündet ein in die Untersuchung des Entstehens individueller menschlicher Erkenntnis. Die Entwicklung der Wahrnehmung ist nicht zu trennen von der Entwicklung der Kognition überhaupt (s. vor allem S. 144).

Persönlichkeitspsychologie

Bei der Wahrnehmung ist eine Fülle von *Unterschieden zwischen verschiedenen Personen* festzustellen. Einige davon sind einer eingehenderen Untersuchung unterzogen worden. Sie beziehen sich unter anderem auf:

○ Funktionstüchtigkeit der Sinne (z. B. Hörfähigkeit, Farbtüchtigkeit, Sehschärfe usf.),
○ Anfälligkeit für Sinnestäuschungen,
○ Geschwindigkeit und Genauigkeit des Erkennens von Gegenständen,
○ Feldabhängigkeit (d. h. unterschiedliche Fähigkeit, einen Gegenstand unabhängig von seiner Umgebung einzuschätzen),
○ Tendenzen, Unterschiede im Wahrnehmungsfeld zu betonen (Präzisierung) oder auszugleichen (Nivellierung).

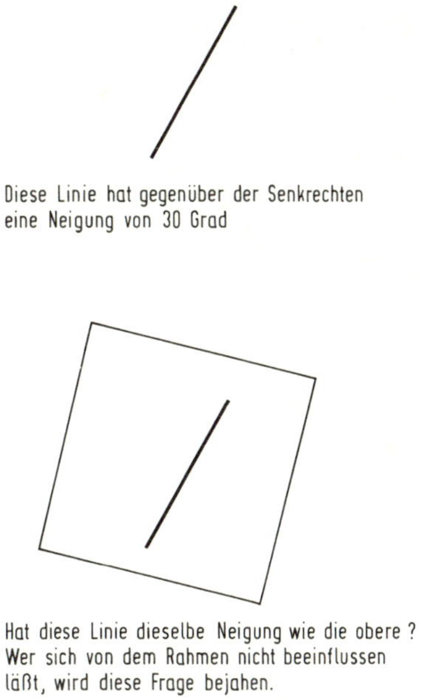

Demonstration zur Feldabhängigkeit der Wahrnehmung.

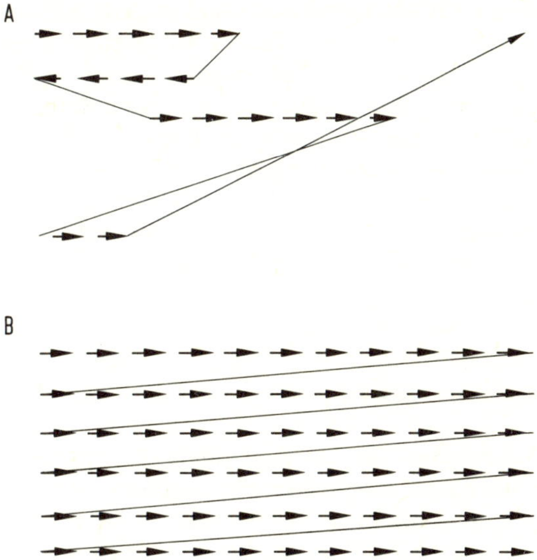

Augenbewegungen beim Lesen. A: Impulsive Kinder. B: Reflexive Kinder (nach Wagner u. Cimiotti 1975, S. 11).

Stark beachtet sind *Unterschiede in der Aufmerksamkeit* sowie im Orientierungsverhalten. So gibt es beispielsweise impulsive Kinder, die beim Lesen, Betrachten von Bildern und ähnlichem ständig unstet die Augen wandern lassen und dabei viel Information verpassen, während andere – reflexiv genannte – Kinder ruhig Zeile für Zeile und Bild für Bild ansehen und alle angebotene Information aufnehmen (Wagner u. Cimiotti 1975).

Weit ist der Variationsspielraum für unterschiedliche Wahrnehmungen, die von unterschiedlichen *individuellen Bedürfniszuständen* herrühren. Einige von ihnen wurden bereits erwähnt (S. 93): Hunger, Durst, Angst, Erfolgsstreben. Sofern solche Zustände sich bei Individuen verfestigen und mit ihnen die jeweiligen Lebensumstände überdauern – wie das beim Erfolgsstreben und bei der Angst der Fall sein kann – sind die auf ihnen beruhenden Wahrnehmungs- und Aufmerksamkeitsunterschiede ebenfalls überdauernd. Bei Ängstlichen findet man etwa eine dauernd erhöhte Aufmerksamkeit für bedrohliche Ereignisse, die freilich ein Meiden und eine Abwehr belastender Wahrnehmungen nicht ausschließt (s. Krohne 1976).

Es hat immer wieder Vorschläge gegeben, Personen nach ihren überdauernden Wahrnehmungsneigungen in Gruppen zu ordnen. So war der französische Psychiater J. M. Charcot bemüht, seine Probanden nach ihrem bevorzugten Sinnesgebiet in optische (visuelle); akustische (auditive) und motorische *Vorstellungstypen* einzuteilen. Von R. Scholl (1927) und O. Kroh (1929–1934) stammt die Einteilung nach Farb- und Formsehern. Viel Aufsehen hat zu ihrer Zeit auch die Definition eines ganzheitlichen Auffassungstyps von E. R. Jaensch (1932) erregt. Wahrnehmungstypologien haben in der neueren Persönlichkeitstheorie schon deshalb nur wenig Anhänger gefunden, weil die modernen Vertreter der Persönlichkeitspsychologie Typeneinteilungen nach Einzelmerkmalen grundsätzlich mit Skepsis beurteilen.

Sozialpsychologie

Die Sozialpsychologie ist reich an wahrnehmungspsychologischen Problemen:
○ Die soziale Interaktion setzt das Identifizieren und Beurteilen von Partnern und Bezugsgruppen voraus (Personenwahrnehmung, Wahrnehmung von Gruppen);
○ die Verständigung, die Kommunikation zwischen Partnern ist selbst ein Akt der Wahrnehmung;
○ die Wahrnehmung von Dingen und Ereignissen in der Umgebung, aber auch der sozialen Interaktion selbst, schafft Inhalte für die soziale Kommunikation;
○ auf gemeinsamen Wahrnehmungen bauen die soziale Einstellung und das soziale Handeln auf.

Rechte und Pflichten der Beobachtung sind in Gruppen teils ausdrücklich, teils stillschweigend geregelt: welche Mitglieder eine erhöhte Beachtung verdienen, welchen Mitgliedern Schutz vor Beobachtung gebührt, bei welchen Verrichtungen das Zuschauen und Zuhören erlaubt, bei welchen es verboten ist. In der Beziehung einzelner Partner kann das Abwenden des Blickes Desinteresse bezeugen. Ein Fixieren des Partners schafft ein Verhältnis der Intimität. Die Intimität kann als willkommen, aber auch als lästig empfunden werden. Der an der Universität Oxford lehrende Sozialpsychologe Michael Argyle hat zusammen mit J. Dean die Theorie entwickelt, Menschen trachteten jeweils nach einem optimalen Grad an Intimität. Zu geringe Intimität werde ebenso vermieden wie zu hohe Intimität. Zur Herstellung des gewünschten Intimitätsgrades sei der Blickkontakt hilfreich. Eine Verlängerung des Blickkontaktes steigere die Intimität; ein Senken des Blicks oder ein Vorbeischauen lasse die Intimität wieder sinken. Augenbewegungen könnten auch Veränderungen der Intimität durch andere Einflüsse ausgleichen. So sei die Intimität nicht nur durch den Blickkontakt, sondern ebenfalls durch die räumliche Entfernung der Partner und durch ihr Gesprächsthema bestimmt. Solange Individuen bestrebt seien, das vorher gewählte Optimum an Intimität beizubehalten, reagierten sie auf das Näherrücken ihres Partners mit einer Verringerung des Blickkontakts; der Blickkontakt werde ebenfalls gemindert bei einer Erhöhung der Emotionalität des Themas (Argyle u. Dean 1965).

Ein enger Zusammenhang wird gesehen zwischen der sozialen Einstellung eines Menschen, seinen Bedürfnissen und seinen Wahrnehmungen. Als in den vierziger Jahren der

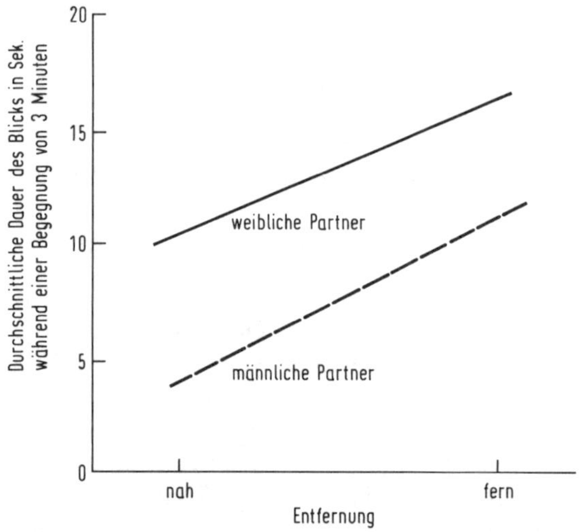

Blickverhalten in einer Wartesituation. Je geringer die Entfernung zwischen Personen, desto peinlicher ist ihnen ein Blickkontakt. Weibliche Partner tauschen außerdem häufiger Blicke aus als männliche (nach Coutts u. Schneider 1975).

Gruppe um Gardner Murphy die experimentelle Demonstration der Bedürfnisabhängigkeit von Wahrnehmungen gelang (s. S. 93), wurde dies in der Fachliteratur als Beginn einer neuen Ära der Wahrnehmungspsychologie gefeiert, als „new look" der *Sozialwahrnehmung* (engl. ‚social perception'). Die Grundüberlegung war dabei: Wenn die Wahrnehmung von Bedürfnissen beeinflußt wird, wird sie auch von sozialen Situationen und von Gruppenvorgängen abhängig; denn die soziale Situation und die Gruppe nehmen ja ihrerseits Einfluß auf die individuellen Bedürfnisse (Tajfel 1969). Im Verein mit sozialen Intentionen spiegeln sich soziale Ängste und Konflikte tatsächlich in Wahrnehmungen. Und Wahrnehmungen können zur Erfüllung der Intentionen, zur Beseitigung der Ängste und Konflikte ebenso beitragen wie zur Frustration von Absichten, zur Steigerung von Ängsten und zur Verschärfung von Konflikten.

So entstand im Sommer des Jahres 1977 eine kritische Situation zwischen der Bundesrepublik Deutschland und Italien. Dem in Italien inhaftierten ehemaligen SS-Kommandeur Herbert Kappler war unter ungeklärten Umständen die Flucht nach Deutschland gelungen. Die italienischen Behörden und die italienische Öffentlichkeit verlangten energisch von den deutschen Behörden die Verhaftung und Auslieferung Kapplers. Der Deutsche hatte vor Kriegsende die Erschießung von italienischen Geiseln angeordnet und damit eine Betroffenheit ausgelöst, die auch dreißig Jahre nach dem Krieg noch nicht abgeklungen war. Die deutsche Regierung weigerte sich jedoch, eine Verhaftung und

Herbert Kappler

Hermann Hesse

Zur sozialen Bestimmtheit und Bedeutsamkeit von Wahrnehmungen. Eine Verwechslung der Abbildungen des ehemaligen SS-Kommandeurs Herbert Kappler und des Schriftstellers Hermann Hesse löste 1977 in der italienischen Öffentlichkeit erhebliche Emotionen aus.

Auslieferung Kapplers vorzunehmen; es fehlten ihr dafür die Rechtsgrundlagen. Die Verbitterung in der italienischen Öffentlichkeit war groß. Gewaltig war dann auch die Empörung, als das italienische Fernsehen einen Film ausstrahlte, in dem berichtet wurde, ein Geschäft in Kapplers Heimatort Soltau habe zum Willkommen ein Kappler-Photo in sein Schaufenster gestellt. Dem italienischen Reporter war hier allerdings eine Verwechslung unterlaufen. Der gefilmte Soltauer Laden war eine Buchhandlung gewesen, die ihre Schaufenster gerade mit einem Bild des Schriftstellers Hermann Hesse dekoriert hatte. Die Bilder des hageren Schriftstellers und des krebskranken ehemaligen SS-Mannes weisen in der Tat einige Ähnlichkeiten auf. Ihre Verwechslung wird jedoch erst verständlich aus der emotionalen Erregung des Reporters und dem Verdacht einer breiten Komplizenschaft. Weil der Bericht diesen Verdacht bei seinen Landsleuten noch bestärkte, hat er die Belastung der Beziehungen zwischen den betroffenen Ländern noch erhöht.

Wie dieser Fall und andere Fälle belegen, steht einerseits die Wahrnehmung unter dem Einfluß des sozialen Lebens. Es gilt andererseits aber auch die Umkehrung: Das soziale Leben vollzieht sich unter dem Einfluß der jeweiligen Wahrnehmung.

Zusammenfassung

1. Die Fähigkeiten der Wahrnehmung und des Erkennens wachsen in den ersten Lebensjahren beträchtlich. In dieser Zeit ereignet sich sowohl eine Ausreifung des sensorischen Nervensystems als auch ein Wahrnehmungslernen; die Beweglichkeit im Orientierungsverhalten steigert sich. Zu Beginn der Entwicklung beruht das Erkennen vorwiegend auf den Nahsinnen (Berührung); es schreitet über ein bildhaftes Stadium, in dem die Fernsinne (Gesicht und Gehör) die Oberhand gewinnen, zur symbolischen Repräsentation fort.
2. Bei der Wahrnehmung ist eine Fülle individueller Unterschiede festzustellen. Neben Unterschieden in der Tüchtigkeit der Sinne (z. B. Hörvermögen, Fähigkeit zum Farbensehen) ist u. a. eine Variation der Feldabhängigkeit der Wahrnehmung, der Sensibilität für einzelne Objekte und Aspekte (z. B. angsteinflößende Gegenstände) sowie des Orientierungsverhaltens (Impulsivität der Augenbewegung) zu beobachten.
3. Die soziale Interaktion baut auf gemeinsamen Wahrnehmungen (z. B. von Mitgliedern der eigenen Gruppe, Mitgliedern anderer Gruppen) auf. Indem die Wahrnehmung in Abhängigkeit von Bedürfnissen steht, diese jedoch sozial bestimmt sind, ergibt sich ein Einfluß der sozialen Situation auf die Wahrnehmung (Sozialwahrnehmung).

Literaturhinweise

Haith, M. M.: Visual competence in early infancy. In: Held, R., Leibowitz, H. W. u. Teuber, H.-L. (Hg.): Handbook of sensory physiology. Bd. 8. Perception. Heidelberg: Springer 1978, 311–356

Epstein, W.: Varieties of perceptual learning. New York: McGraw Hill 1967

Bruner, J. S.: The course of cognitive growth. American Psychologist 19 (1964), 1–15

Wagner, I. u. Cimiotti, E.: Impulsive und reflexive Kinder prüfen Hypothesen: Strategien beim Problemlösen, aufgezeigt an Blickbewegungen. Zeitschrift für Entwicklungspsychologie und Pädagogische Psychologie 7 (1975), 1–15

Krohne, H. W.: Theorien zur Angst. Stuttgart: Kohlhammer 1976

Scholl, R.: Theorie und Typologie der teilinhaltlichen Beachtung von Form und Farbe. Zeitschrift für Psychologie 101 (1927), 281–320

Kroh, O.: Experimentelle Beiträge zur Typenkunde. Bd. 1–3. Leipzig: Barth 1929–1934 (Zeitschrift für Psychologie 1. Abt., Ergänzungsband II)

Jaensch, E. R.: Das Verhältnis der Integrationstypologie zu anderen Formen der Typenlehre. Zeitschrift für Psychologie 125 (1932), 113–148

Argyle, M. u. Dean, J.: Eye-contact, distance and affiliation. Sociometry 28 (1965), 289–304

Coutts, L. M. u. Schneider, F. W.: Visual behavior in an unfocused interaction as a function of sex and distance. Journal of Experimental Social Psychology 11 (1975), 64–77

Tajfel, H.: Social and cultural factors in perception. In: Lindzey, G. u. Aronson, E. (Hg.): The handbook of social psychology. Reading/Mass.: Addison Wesley 1969, 315–394

Ausgewählte Literatur zur Ergänzung und Vertiefung

Gibson, J. J.: The senses considered as a perceptual system. Boston: Houghton and Mifflin 1966. (Dt.: Die Sinne und der Prozeß der Wahrnehmung. Bern: Huber 1973)
(Wahrnehmungspsychologie vom Standpunkt der Lerntheorie)

Gregory, R. L.: Concepts and mechanisms of perception. London: Duckworth 1974
(Neurophysiologisch orientierte Einführung)

Hajos, A.: Einführung in die Wahrnehmungspsychologie. Darmstadt: Wissenschaftliche Buchgesellschaft 1980
(Breit angelegte Einführung mit Schwerpunkt im Bereich der sensorischen Prozesse)

Metzger, W.: Gesetze des Sehens. Frankfurt a. M.: Kramer 1953
(Gestaltpsychologisch orientierte Einführung mit einer Fülle von Demonstrationen zur visuellen Wahrnehmung)

Neisser, U.: Cognition and reality. San Francisco: Freeman 1976. (Dt.: Kognition und Wirklichkeit. Stuttgart: Klett-Cotta 1979)
(Eine Psychologie der Erkenntnisprozesse)

Stadler, M., Seeger, F. u. Raeithel, A.: Psychologie der Wahrnehmung. München: Juventa 1975
(Einführung mit Berücksichtigung handlungs- und sozialpsychologischer Fragestellungen)

Voss, H. G. u. Keller, H. (Hg.): Neugierforschung. Weinheim: Beltz 1981
(Behandelt Grundlagen und Anwendungen der Theorie der Wißbegier)

Kapitel 4

Vorstellung, Begriffe, Wissen

Bildhaftes und Symbolisches in der Vorstellung und im Denken
Begriffe und ihre Ordnung
Phantasie und Traum
Das Phänomen des gesteigerten Bewußtseins
Bedeutungs- und Wissensstrukturen
Realitätsgebundenheit und Freiheit von Denk- und Vorstellungsinhalten

Mit diesen Themen stößt das folgende Kapitel weit vor in die Psychologie der menschlichen Erkenntnis, in die Kognitionspsychologie. Der Forschungsbereich der Kognitionspsychologie ist keinesfalls gleichzusetzen mit der Theorierichtung des Kognitivismus (vgl. Kap. 2); die Leistungen und Inhalte der menschlichen Kognition lassen sich auch aus tiefenpsychologischer und behavioristischer Sicht erklären. Trotzdem gibt es einen unübersehbaren Zusammenhang zwischen der Kognitionspsychologie als Forschungsbereich und dem Kognitivismus als theoretischer Richtung, denn es sind vor allem kognitivistisch orientierte Psychologen, die aus dem Bereich des menschlichen Erkennens ihre Forschungsthemen wählen.

Die Behandlung von kognitionspsychologischen Fragen beschränkt sich nicht auf dieses Kapitel. Aufgenommen wurde sie bereits im vorangegangenen Kapitel, denn auch Wahrnehmungen sind Kognitionen. Das Denken und Vorstellen führt die Erkenntnis über den durch Wahrnehmung gesicherten Bestand hinaus. Wie sind Denk- und Vorstellungsinhalte beschaffen? Mit dieser Frage wird das vorliegende Kapitel ausgefüllt sein. Weitere Kapitel zur Psychologie der Kognition werden folgen: über die Prozesse des logischen Urteilens (Kapitel 5), über das Vorgehen beim Lösen von Problemen (Kapitel 7), über das Gedächtnis (Kapitel 6); auch die Erörterung der Sprache (Kapitel 11) und der Handlung (Kapitel 8) wird gewichtige kognitionspsychologische Fragestellung einschließen.

„Kognitive Wende“ hat man die in neuerer Zeit einsetzende Tendenz genannt, immer mehr psychischen Sachverhalten einen kognitiven Gehalt zuzuschreiben. Das mag eine wissenschaftliche Mode sein. Vielleicht bedeutet die Hinwendung zum Kognitiven aber auch mehr: nämlich die Anerkennung des Prinzips, daß der Mensch als vorläufiges Endglied einer langen Entwicklungsreihe mit einem hohen Maß an Erkenntnisfähigkeit ausgestattet ist, die alle seine psychischen Funktionen durchdringt.

Grundsätzliche Probleme bei der Beschreibung und Deutung von Vorstellungen

Korallendom und Sternenkrieg

„Die blauen Tintenfische schwimmen vor den Fenstern, die Saugnäpfe kleben an den Scheiben, Algen schlingern vor dem Blick, moosköpfige Fische treiben vorbei, die Tintenfische entfernen sich, und das blaue Polypengeflecht zerfällt in den Wirbeln des Kräuterwassers; die Luft in meinem Gehäuse ist ein Gemisch aus Balsam, Harz und Wind, ich fahre durch Korallenriffe, die komplizierten Gebilde glühen, Reflexe in den blauen Schatten der Tintenfische, die nun zahlreicher werden; harte Wolken schwimmen über dem Polypengeflecht, ich fahre in eine Höhle, die Korallenriffe werden zu Felsen, korallenköpfige Pilaster gegen den Schatten des Kräuterwassers, der Wind mischt die Substanzen Staub und Glas, ich fahre durch Dome, für Augenblicke bin ich in Wolken gehüllt, dann ein glühender Horizont vor Augen, immer noch fahre ich durch Dome, die Korallen zerstieben, die Schnelligkeit muß zugenommen haben, ich fahre zwischen Lichtgewächsen hindurch, ich fahre windverpackt, lichtdurchbebt, die Reflexe der zerstörten Korallenriffe auf der Haut, nun wieder das schwimmende Blau der Tintenfische, ich fahre durch die Membran der Jahrtausende, immer noch fahre ich durch Dome, und wieder die Korallenriffe, die glühenden Monstren, ein Zufall, daß ich hier durchfahre, durch das Äonengeflecht, der Balsam und der poröse Rauch des Harzes, die Dome wachsen in den Horizont hinein, ich fahre im Geflecht der Korallen, Wind im Gesicht, ein fremdes Gemisch, das Kräuterwasser, kobaltblaue Tintenfische, das algenfransige Gewebe vor Augen, ich fahre im Geflecht der Korallen, und über dem Horizont aus Tusche öffnen sich die Augen eines Totenschä-

Szene aus dem Film „Krieg der Sterne“ von George Lucas (1978).

dels, ich fahre durch die Augen in den Totenschädel, das Innere des Totenschädels ist ein geräumiges Verlies ..."

Mit dieser phantastischen Schilderung einer Unterwasserfahrt beginnt ein Roman des Berner Schriftstellers Heinz Weder („Der Makler", erschienen 1966 im Verlag Hoffmann und Campe in Hamburg). Beschrieben wird darin ein Schweizer Geschäftsmann, der sich in allerlei surrealen Szenerien bewegt. Phantastisch und unrealistisch wirkt auch die Darstellung eines Kampfes zwischen hochtechnisierten und geradezu kosmisch zu nennenden Mächten in dem Film „Krieg der Sterne", eines Kampfes zwischen dem galaktischen Imperium, das in finsterer Absicht das Weltall zu unterjochen trachtet, und den mutigen Rebellen auf dem Gestirn Alderaan, die sich dem Imperium entgegenstellen. Die vorangehende Seite zeigt eine Szene aus diesem Film.

In beiden Fällen handelt es sich um die Wiedergabe von *Phantasievorstellungen.* Die Form der Wiedergabe ist dabei grundsätzlich verschieden. Die im Film gestaltete Szene ist *bildhaft,* der Romanausschnitt tritt dem Leser in *sprachlicher* Form entgegen. Die Inhalte der Vorstellung decken sich ihrer Art nach mit denen der Wahrnehmung. Sie umfassen Räume mit ihren Gegenständen (z. B. häusliche Szenen, Naturszenerien), zeitliche Entwicklungen (z. B. kämpferische Auseinandersetzungen, Reisen), Empfindungen der verschiedenen Sinnesmodalitäten (z. B. Geruchsempfindungen wie das Erlebnis des „Gemischs von Balsam, Harz und Wind" im Text Weders, visuelle Empfindungen wie das Erlebnis des „glühenden Horizonts" im gleichen Text). Allerdings weisen Vorstellungen gegenüber Wahrnehmungen nicht selten bemerkenswerte Unterschiede auf:

○ Vorstellungen weichen mitunter erheblich von der vorfindbaren Realität ab. (So mutet die von Weder geschilderte Fahrt „durch die Membran der Jahrtausende" in die Augen eines von Kräuterwasser umspülten Totenschädels ebenso wirklichkeitsfern an wie die Filmdarstellung kosmischer Giganten.)

○ Die Betroffenen wissen zumeist recht sicher zwischen ihren Vorstellungen („das habe ich mir so zurechtphantasiert") und ihren Wahrnehmungen zu unterscheiden. Phantasievorstellungen wird deshalb von vielen Autoren ein eigener Wert zugeschrieben: als Schöpfungen des menschlichen Geistes, als selbstgestalteter Teil der menschlichen Erlebniswelt.

Vorstellung und Erfahrung

Unbestritten sind Unterschiede in der Herkunft von Vorstellungen und Wahrnehmungen. Während Wahrnehmungen auf unmittelbar vorangehender Sinnesinformation beruhen, fehlt eine solche unmittelbare Grundlage bei den Vorstellungen. Tatsächlich findet man Phantasievorstellungen bevorzugt in Zeiten herabgesetzter Sinnestätigkeit: im Schlaf, in monotoner Umgebung (z. B. in karg eingerichteten Wartezimmern), in vertrauter, entspannter Atmosphäre (z. B. beim Kneipengespräch). Daraus kann man nun den Schluß ziehen, die Vorstellung sei das Ergebnis einer an Erfahrung nicht gebundenen und in der Gestaltung *freien geistigen Tätigkeit.* Aber auch ein anderer Schluß ist möglich: die Vorstellung stehe sehr wohl in Abhängigkeit von der durch die Sinne vermittelten Erfahrung; sie lasse lediglich die im *Gedächtnis* festgehaltenen Eindrücke wieder aufleben.

Mit dem Problem, wie weit Vorstellungen auf Sinneseindrücke zurückgehen, steht – da Sinnesempfindungen der Außenreizung folgen – sogleich ein umfassenderes Problem zur Debatte: die Abhängigkeit der Vorstellungen und Ideen von der vorgegebenen Realität oder – anders ausgedrückt – die Freiheit des menschlichen Denkens. Die Diskussion über die Abhängigkeit der menschlichen Vorstellung und Ideenwelt vollzieht sich daher als Teil der umfassenderen Auseinandersetzung zwischen den Philosophien des *Materialismus* und des *Idealismus* (vgl. S. 73).

Einen Höhepunkt erreicht die Kontroverse über die Erfahrungsabhängigkeit der Vorstellungswelt im 17. Jahrhundert. In seinem Werk „Über das menschliche Verstehen“ behandelt der englische Philosoph John Locke (1632–1704) die Ideen als letzte, nicht weiter analysierbare Bestandteile des Bewußtseins. Die maßgebende Quelle der Ideenwelt sei die sinnliche Erfahrung. Diese Lehre bringt Locke auf den seither viel zitierten Satz: „Nihil est in intellectu, quod non ante in sensu fuerit“ (Was im Bewußtsein ist, muß vorher in den Sinnen gewesen sein). Damit schließt der Autor zwei Möglichkeiten aus: das Vorhandensein angeborener Ideen sowie die freie und schöpferische Entwicklung neuer Ideen. Dem Geist billigt der Philosoph lediglich die Freiheit zu, Ideen verschiedener Herkunft neu miteinander zu verknüpfen. Nach dieser Deutung wäre der anfangs wiedergegebene Wedersche Text in seinen Elementen – den erlebten Tintenfischen und Korallen, den Lichtreflexen und Balsamgerüchen, der Schiffskabine und dem Totenkopf – durchaus realistisch. Was die Szene unrealistisch, phantastisch erscheinen läßt, ist das ungewöhnliche Arrangement der Elemente, u. a. ermöglicht durch bizarre Merkmalsverschiebungen (z. B. paßt das vorgestellte Boot in die Augenöffnung eines Totenschädels). Die Eigenaktivität des Geistes nennt Locke die Reflexion. Der Geist ist dabei imstande, sein eigenes Wirken zum Gegenstand seiner Erkenntnis zu machen. Wörtlich:

„Äußere, materielle Dinge als Gegenstände der Empfindung“ (engl. ‚sensation‘) „und innerhalb unseres Geistes unsere eigenen Tätigkeiten“ (engl. ‚operations‘) „als Gegenstände der Reflexion“ (engl. ‚reflection‘), „das sind – meines Ermessens – die einzigen Quellen, von denen alle unsere Ideen ihren Ursprung nehmen.“

(Eigene Übersetzung aus Locke 1690, Buch II, § 4.)

Die Lehre Lockes ist in der Philosophiegeschichte als *empiristisch* (von griech. ‚empeiria‘ – Erfahrung) eingestuft worden, weil sie der Erfahrung eine maßgebliche Rolle zuschreibt, dazu noch als *sensualistisch* (von lat. ‚sensus‘ – Sinn), weil er in den Sinnen die Mittler dieser Erfahrung sieht. Der empiristischen und sensualistischen Auffassung Lokkes haben bereits seine englischen Landsleute, der bereits als Verfechter des Idealismus erwähnte Bischof Berkeley (s. S. 73) sowie der Philosoph, Psychologe und Soziologe John Stuart Mill (1806–1873) widersprochen (1829). Sie haben das Entstehen von Ideen und Vorstellungen ohne und vor jeder Erfahrung für möglich gehalten. Trotz idealistisch orientierter Gegenvorstellungen blieb der Sensualismus bis zu den Anfängen der modernen Psychologie dominierend. In Deutschland fand er insbesondere in Wilhelm Wundt (1862, s. S. 37) einen einflußreichen Vertreter.

Daß in jedem Denkvorgang und in jeder Idee Reste früherer sinnlicher Erfahrung enthalten seien, versuchte die beginnende experimentelle Forschung nachzuweisen. Typisch war in diesem Stadium die Verwendung der Reizwort-Methode. Probanden wurden mit Wörtern wie „Apfel“ oder „Café“ konfrontiert und sollten dann über die Einfälle berichten, welche diese Begriffe auslösten. In der Tat berichteten die Probanden häufig über visuelle, akustische oder andere sensorische Merkmale (z. B. die rote Farbe eines Apfels, der süßliche Konditoreigeruch in einem Café). Solche Beobachtungen wurden als Belege für die sinnliche Gebundenheit des Denkens gewertet, die dann auch als *Anschaulichkeit des Denkens* bezeichnet wurde.

Um die Jahrhundertwende regte sich Widerstand gegen die These von der Anschaulichkeit des Denkens. Der in Würzburg lehrende Philosophieprofessor Oswald Külpe (1862–1915), selbst ein Schüler Wundts, bemühte sich darum, im Denk- und Vorstellungsverlauf unanschauliche Phasen zu entdecken. In diesem Bemühen wurde er von mehreren jungen Wissenschaftlern unterstützt, so daß schnell eine Gruppe entstand, die sog. „Würzburger Schule“. Zu den prominentesten Mitgliedern der Würzburger Schule gehörte der später nach Wien berufene Karl Bühler (1879–1963). Bühler bot seinen Probanden nicht nur einzelne Reizwörter, sondern auch Aphorismen (z. B. „Und wenn das Gewürm Euch Ekel macht, daß Ihr seinetwegen einen Schritt schneller emporsteigt, so soll es zu Recht geschehen."). Es interessierte ihn: Welche Gedanken gehen den Probanden beim Anhören von solchen Sätzen durch den Kopf? Neben anschaulichen Komponenten (z. B. die Vorstellung einer Treppe) waren auch unanschauliche festzustellen: Wissensbestände (z. B. „Der Aphorismus ist mir nicht bekannt"), Lückenerlebnisse (z. B. „Hier fehlt doch etwas") oder das Empfinden der Unsicherheit einer Aussage (z. B. „Das könnte von Nietzsche sein"). Unanschauliche Gedanken nennt Bühler Allgemeinvorstellungen; in der Würzburger Gruppe hat sich später dafür der Name *Bewußtseinslagen* durchgesetzt.

Vorstellungen – Bilder im Kopf?

In der modernen Kognitionsforschung hat sich die Diskussion von der Frage der sinnlich-anschaulichen Herkunft von Vorstellungen verlagert zum Problem ihrer *inneren Repräsentation* oder – wie man in Anlehnung an die Terminologie der Technik auch sagt – der *inneren Kodierung*. Welche Entsprechungen haben Vorstellungen im Nervensystem? In welcher Form werden sie dort über die Zeit festgehalten, im Gedächtnis gespeichert? Drei Möglichkeiten bieten sich an:

- eine analoge Form der Repräsentation (analoge Kodierung),
- eine symbolisch-sprachliche Form der Repräsentation (symbolische Kodierung),
- eine doppelte Repräsentation in analoger und symbolisch-sprachlicher Form (Doppelkodierung).

Analoge Wiedergaben bilden die räumlichen, zeitlichen und sensorischen Merkmale von Vorbildern weitgehend original- und maßstabsgetreu (nach griech. ‚ana logon' – im gleichen Verhältnis) nach. Eine Darstellung in Analogform war das anfangs gezeigte Bild aus „Krieg der Sterne". Die Zeichnung zeigt ein visuelles Thema wiederum in visueller Form. Dabei bleibt nicht nur die beanspruchte Sinnesmodalität, der Gesichtssinn, konstant; es bleiben auch die Verhältnisse zwischen den sichtbaren Eigenschaften bei Vorbild und Wiedergabe erhalten (in der unverzerrten Zeichnung etwa das Größenverhältnis von Kopf und Rumpf, Helligkeitsabstufungen, Farbabstufungen). Diese unmittelbare Entsprechung von Sinnesqualität und Merkmalsbeziehung gibt der Analogdarstellung den Charakter einer Kopie des Originals.

Man kann verallgemeinern: Analogdarstellungen im Bereich des Psychischen zeichnen sich durch zwei Merkmale aus: die Spezifität für ein Sinnesgebiet und die weitgehende Isomorphie (vgl. bereits S. 74) zwischen Vorbild und Wiedergabe.

Sofern Menschen überhaupt zur Analogkodierung in der Lage sind (s. u.), müßten sie über so viele Wiedergabeformen oder Kodes verfügen, wie Sinnesmodalitäten in ihrer Vorstellung vertreten sind. Es müßte daher neben einem visuellen Kode ein Gehörs-, Geschmacks-, Geruchs- und Tastkode angenommen werden. In jedem Kode müßten andere Eigenschaften und Eigenschaftsbeziehungen auszudrücken sein, d. h. für jedes spezifische Sinnesgebiet müßten andere Isomorphien gelten.

Die Vielfalt anzunehmender analoger Kodes hat sich übrigens bisher in der psychologischen Literatur nur unvollkommen niedergeschlagen. Man liest darin wenig über Geschmacks-, Geruchs- und Gehörsvorstellungen; zumeist werden visuelle Vorstellungen behandelt. Dies wäre zu rechtfertigen, wenn die visuellen Vorstellungen in der Vorstellungswelt des Menschen eine beherrschende Rolle spielen würden. Ob dies jedoch bei allen Menschen der Fall ist, ist gegenwärtig schwer zu beurteilen. So wird möglicherweise auch dieser Text dem Bereich des Sichtbaren zu viel Gewicht beimessen, wenn er analoge Repräsentationen ebenfalls als bildhaft bezeichnet. Dem Begriff „bildhaft" wird jedoch regelmäßig das Merkmal „anschaulich" beigefügt, wenn zum Ausdruck gebracht werden soll, daß nicht nur Analogformen der Gesichtsmodalität sondern auch anderer Sinnesgebiete in die Betrachtung einbezogen sind.

Die *sprachlich-symbolische Darstellungsform* läßt die beiden Merkmale des Analogkodes vermissen: der sprachlich-symbolische Kode besteht aus Laut- bzw. Buchstabenfolgen und ändert sich nicht mit der Sinnesmodalität der darzustellenden Inhalte; weiterhin gibt es keine bildhaft-anschauliche Isomorphie zwischen Inhalt und Darstellungsform. Von sprachlich-symbolischer Form ist der anfangs eingeführte Romanausschnitt. Die Form des sprachlichen Ausdrucks ist weitgehend unabhängig von der Sinnesmodalität beschriebener Inhalte (so nimmt die Geruchsbezeichnung BALSAM ebenso die Gestalt einer sechsgliedrigen Buchstabenfolge an wie die Farbbezeichnung TUSCHE). In der Form einzelner Wörter und Sätze spiegelt sich nur in Ausnahmefällen die Gestalt der bezeichneten Gegenstände. Das Wort TOTENSCHÄDEL

Gegenstandslose Kunst

Die Vorgaben der sinnlichen Erfahrung haben auch Künstler in diesem Jahrhundert als einschränkende Bedingung für ihre Gestaltungsfreiheit empfunden. Ihre Konsequenz: auf gegenständliche Darstellungen (wie z. B. Portraits, Stilleben, Landschaften) ganz zu verzichten und – ohne Bindung an die erfahrbare Umwelt – Farben und Formen frei zu entwickeln. Dies ist die Grundlage der von einigen als „abstrakt" von anderen als „gegenstandslos" bezeichneten Richtung in der Malerei und Bildhauerei. Der Maler Wassily Kandinsky (1866–1944) faßt sie im Programm der „Neuen Künstlervereinigung München" aus dem Jahre 1909 zusammen:

„Wir gehen aus von dem Gedanken, daß der Künstler außer den Eindrücken, die er von der äußeren Welt, der Natur, erhält, fortwährend in einer inneren Welt Erlebnisse sammelt und das Suchen nach künstlerischen Formen, welche die gegenseitige Durchdringung dieser sämtlichen Erlebnisse zum Ausdruck bringen sollen – nach Formen, die von allem Nebensächlichen befreit sein müssen, um nur das Notwendige stark zum Ausdruck zu bringen ... dies scheint uns eine Losung, die gegenwärtig immer mehr Künstler geistig vereint."

(Aus Buchheim 1959, S. 23)

Paul Klee (1879–1960) betont die eigenständige Welt, die sich der Künstler mit seinen Mitteln zu schaffen vermag:

„Aus abstrakten Formelementen wird über ihre Vereinigung zu konkreten Wesen oder zu abstrakten Dingen wie Zahlen und Buchstaben hinaus zum Schluß ein formaler Kosmos geschaffen, der mit der großen Schöpfung solche Ähnlichkeit aufweist, daß ein Hauch genügt, den Ausdruck des Religiösen, die Religion zur Tat werden zu lassen."

(Klee 1976/1920, S. 121)

Freilich ist in der Kunsttheorie (vgl. Münch 1960, Abell 1936) umstritten, wie weit die Darstellung reiner Formen und Farben lediglich einer ungebundenen Sinnlichkeit dient oder ob sie darüber hinaus ein höheres Bewußtsein geistiger Ordnung entstehen lassen kann.

Kandinsky: Unbenannte Improvisation 1914.

Buchheim, L. G.: Der ‚Blaue Reiter' und die ‚Neue Künstlervereinigung München'. Feldafing: Buchheim 1959

Klee, P.: Beitrag für den Sammelband ‚Schöpferische Konfession' (1920). In: Geelhaar, Chr.: Paul Klee. Schriften. Köln: Du Mont 1976, S. 118–122 hat keineswegs selbst das Aussehen eines Totenschädels; seiner äußeren Form, Farbe, Helligkeit nach unterscheidet sich das Wort nur wenig von den Wörtern KRÄUTERWASSER und TINTENFISCH. In der Tat sind diese Wörter nur durch sprachliche Konvention den von ihnen bezeichneten Gegenständen zugeordnet; eine neue Konvention könnte ihren Austausch bewirken. Die eigene Gestalt der sprachlich-symbolischen Wiedergabe läßt diese daher mehr als den Bericht eines distanzierten Beobachters erscheinen und nicht mehr als unmittelbare Kopie eines Originals aus der Realität wie bei der analogen Kodierung.

Wo liegen nun die Schwierigkeiten zu entscheiden, ob Menschen ihre Erlebnisse bildhaft-anschaulich, sprachlich-symbolisch oder in beiden Formen kodieren? Über eines besteht kein Zweifel: die Fähigkeit des Menschen zur sprachlich-symbolischen Repräsentation. Das bezeugt der Reichtum und die Wandelbarkeit seines Wortschatzes, der für eine Vielfalt von Gegenständen, Ereignissen und Eigenschaften passende Bezeichnungen bereithält. Oft stößt man noch auf sprachlich ausdrückbares abstrakt-begriffliches Wissen, wenn die anschaulichen Vorstellungen bis zur Unkenntlichkeit verblaßt sind (z. B. „Ach ja, die Heyelmanns, das war doch die Familie – drei Kinder hatten sie –, die vor einigen Jahren neben uns im Erdgeschoß gewohnt hat; wie sie ausgesehen haben, weiß ich aber nicht mehr!"). (Mehr über das langfristige Behalten bildhaft-anschaulicher und begrifflich-abstrakter Information auf S. 205f.) Die erste der oben aufgezählten Möglichkeiten einer nur analogen Repräsentation wird deshalb in keiner einflußreicheren psychologischen Theorie in Betracht gezogen. Dafür liegt es nahe, die Theorie einer doppelten Repräsentation von Vorstellungsinhalten in bildhaft-anschaulicher und symbolisch-sprachlicher Form zu entwickeln. Insbesondere der Kanadier Allan Paivio (1971) hat sich für eine solche Theorie eingesetzt. In seiner *Theorie der dualen Kodierung* nimmt er zwei getrennte Speichersysteme an, deren sich ein Mensch bedienen kann: ein Speichersystem für Analogabbildungen (etwa vergleichbar einem Photoarchiv) und ein Speichersystem für sprachlich-begriffliche Wiedergaben (etwa vergleichbar einem Tagebuch).

Andere Autoren halten die Annahme eines eigenen Analogsystems für überflüssig. So hat Zenon W. Pylyshin von der Western Ontario Universität in seiner Kritik zu Theorien der anschaulichen Vorstellung aus dem Jahre 1973 über das „geistige Auge" gespottet, das sich das Hirn zulegen müsse, um sich die „Bilder im eigenen Kopf" zu betrachten. Pylyshin bestreitet dabei einerseits die Fähigkeit des Organismus zur Analogspeicherung über die Wahrnehmung hinaus, andererseits die Fähigkeit, etwaige Analogrepräsentationen wieder abzurufen. Er schlägt vielmehr eine einzige Form der Kodierung in sprachlich-symbolischer Form vor; sie sei auch zur Wiedergabe bildhaft-anschaulicher Merkmale geeignet.

Den neueren Stand der Kontroverse haben Kosslyn und Pomerantz (1977) zusammenzufassen versucht. Nach ihrer Auffassung spricht für die Theorie der sprachlich-begrifflichen Wiedergabe und gegen die Theorie der dualen Kodierung das Prinzip der größeren Ökonomie. Zum einen ist die Verwendung einer einzigen Form der Wiedergabe offensichtlich wirtschaftlicher als die Benutzung zweier Formen; die Einheitlichkeit der Wiedergabe erspart Übersetzungsregeln, die zwischen unterschiedlichen Formen notwendig werden. Außerdem kann man aus Erfahrungen mit technischen Speichersystemen (z. B. Bildplatten) und Bildarchiven verallgemeinern, daß sowohl die Speicherung von Analogmaterial als auch die Suche danach vergleichsweise aufwendig sind. Es wird somit verständlich, daß Forscher sich die schwierige Aufgabe der Theorienbildung erleichtern können, wenn sie sich auf die Berücksichtigung eines einzigen Wiedergabesystems, nämlich des sprachlich-begrifflichen, beschränken. Kosslyn und Pomerantz warnen jedoch davor, der Natur ebenfalls das Prinzip äußerster Wirtschaftlichkeit unterstellen zu wollen. Die Natur sei oft verschwenderisch in ihren Hervorbringungen, und es sei sehr wohl denkbar, daß das menschliche Nervensystem zum gleichzeitigen Umgang mit analogem und sprachlich-begrifflichem Material in der Lage sei.

Die Kontroverse über die Art innerer Repräsentationen wird letztlich nur unter Beteiligung der physiologischen Forschung zu entscheiden sein. Die wichtigste Frage, die in diesem Zusammenhang an die Physiologie zu richten ist, lautet: Kann das Wahrnehmungssystem, das zum Zeitpunkt der Sinnesreizung analoge Wiedergaben in Form räumlicher Wahrnehmungen vermittelt, bei Fehlen einer äußeren Sinnesreizung erneut in Aktion treten und dabei gleiche oder ähnliche Bilder neu erstehen lassen? Es gibt Gründe, diese Frage bereits jetzt vorsichtig zu bejahen. Beim Auftreten von Phantasievorstellungen im Bewußtsein lassen sich Erregungen an den sensorischen Feldern des Gehirns registrieren. Diese Erregungen sind denen recht ähnlich, die man während bewußter Wahrnehmungen beobachten kann. Dies behauptet jedenfalls der amerikanische Psychophysiologe John Anthrobus mit seinen Kollegen (1970) in seinem Bericht an die New Yorker Akademie der Wissenschaften. Vorstellungen besäßen demnach die gleiche physiologische Grundlage wie Wahrnehmungen; sie wären jedoch nicht über die Sinnesorgane, sondern über zentralnervöse Instanzen ausgelöst.

Vorstellungen als Alternativen zur wahrgenommenen Wirklichkeit

Wenn Vorstellungen anders als Wahrnehmungen nicht die unmittelbare Sinnesreizung zum Ursprung haben, bilden sie nicht das Hier und Jetzt der betroffenen Person ab, sondern eine andere Welt. Dem so entstehenden Entwurf von *Alternativen zum Bestehenden* kann man unterschiedliche Wirkungen unterstellen:

○ Theoretisch-ästhetische Wirkungen: Danach ist der Fluß der Vorstellungen eher als spielerischer Ablauf aufzufassen; er ist motiviert durch das Vergnügen, die Fülle der Erlebnismöglichkeiten zu erkunden, sich an neuen Bewußtseinsinhalten zu erfreuen oder sich von ihnen in angstvolle Spannung versetzen zu lassen.

○ Praktische Wirkungen: Die Vorstellung zeigt mögliche zu befürchtende und wünschenswerte Veränderungen in der Welt der Betroffenen an; Vorstellungen sind aus dieser Sicht Vorwegnahmen zukünftiger Zustände, auf deren Herstellung oder Meidung sich Wünschen und Handeln richten können.

○ Wunscherfüllung durch Phantasie: Wo die Wirklichkeit die Erfüllung von Wünschen nicht gestattet, spiegelt die Vorstellung eine neue Situation vor, in der die Bedürfnisse eine Befriedigung finden.

Der *ästhetische Reiz* von Vorstellungen wird oft beteuert. Die damit verbundene Erweiterung des Bestands an Bewußtseinsinhalten wird als Schritt zur Entwicklung der eigenen Persönlichkeit erfahren (vgl. S. 38). Allerdings sind Tiefenpsychologen oft skeptisch gegenüber Bekundungen der eigenen Vorstellungsfreiheit. Es sei geradezu ein psychischer Schutzmechanismus, die eigene Phantasieproduktion für eigenständig und frei gestaltbar zu halten; in Wirklichkeit sei sie durch unbewußte Strebungen bestimmt (vgl. bereits S. 44ff.)

Unverkennbar ist die praktische Bedeutung vieler Vorstellungen. Das Bild eines Hauses erscheint vor dem „inneren Auge", bevor es als Bau erstellt ist; die Vorstellung einer Berufskarriere läuft der beruflichen Tätigkeit mitunter um Jahre voraus. Und es gibt Grund zu der Annahme: Wäre das Ziel nicht als Vision einer erstrebenswerten Zukunft, als Utopie vorweg erschienen, wären die Anstrengungen unterblieben, es zu erreichen. Die Annahme einer *gedanklichen Vorwegnahme von Handlungszielen* spielt eine maßgebliche Rolle im kognitivistischen Ansatz und hat unter dem neueren Forschungstrend, psychische Prozesse zunehmend im Rahmen geplanter

Freiheit über den Wolken

Phantasievorstellungen sind oft durch das Bedürfnis nach Abkehr von bestehenden, als quälend empfundenen Lebensumständen geprägt. So ist es eine weitverbreitete Erscheinung, daß Jugendliche, die unter Elternhaus, Schule und Lehre leiden, Freiheitsphantasien entwickeln, die sie aus ihrer gewohnten Umgebung in ferne Länder oder überhaupt aus irdischen Grenzen herausführen. Die Vorstellung, der Welt mit ihren Belastungen und ihren Zwängen zu entrücken, hat Reinhard Mey in folgendem Text zum Ausdruck gebracht:

Über den Wolken
muß die Freiheit wohl grenzenlos sein,
alle Ängste, alle Sorgen,
sagt man,
blieben darunter verborgen
und dann
würde, was hier groß und wichtig erscheint,
plötzlich nichtig und klein.

Aus Reinhard Mey: Alle Lieder von Anfang bis heute. Bonn: Voggenreiter 1977, S. 58f.

und vollzogener Handlungen zu untersuchen, zusätzliche Bedeutung gewonnen (vgl. dazu S. 299ff.). Selbst das Tagträumen von Schülern, oft als Störung des Lernens und als Rückzug von Unterricht und Hausaufgaben gescholten, scheint noch auf die Gestaltung und Bewältigung der Zukunft gerichtet zu sein. So zieht etwa Ursula Morf-Rohr (1981) das folgende Fazit aus einer Schweizerischen Studie über das Tagträumen von 11–13jährigen:

„So phantastisch die Tagträume oft klingen mögen, liegt die Vermutung nahe, daß sich in ihrer Struktur die sozialen Regeln der Erwachsenen spiegeln und daß sie deshalb verstanden werden können als Einüben in die kommende Wirklichkeit; dabei darf aber das Phantastische, manchmal Utopische nicht aus dem Auge verloren werden, das die Erwartungen und Wünsche an die Zukunft zum Ausdruck bringt."
(Morf-Rohr 1981, S. 446.)

Der Baseler Psychologieprofessor Gerhard Steiner leitet aus der These von der Handlungsbezogenheit von Vorstellungen sogar ein Argument für die Bildhaftigkeit ihrer Repräsentation (s. o.) her: In der Vorstellung erfolge eine „Antizipation sensorischer Information", und das Vorstellen selbst bilde eine „verinnerlichte Handlung" (Steiner 1980, S. 216, 219). Damit meint der Autor: In der (visuellen) Vorstellung geht eine Person mit einem innerlich abgebildeten Gegenstand ebenso um wie beim äußerlich vollziehbaren Handeln. Der realen Handlung kann der Vorstellungsverlauf nur entsprechen, wenn auch der Gegenstand der Handlung realitätsgetreu, d. h. analog, isomorph und damit bildhaft im Bewußtsein in Erscheinung tritt.

Die dritte These, Phantasie diene unmittelbar der *Wunscherfüllung*, mutet wie eine Verkürzung der zweiten an, in der Vorstellung ereigne sich eine Vorwegnahme von Handlungsergebnissen und Handlungen. Können schon Vorstellungen allein Bedürfnisse befriedigen, wird die äußere Tätigkeit entbehrlich, die das Vorgestellte Wirklichkeit werden läßt; die Vorwegnahme in der Vorstellung wird vielmehr Ersatz für die Wirklichkeit. Dann brauchte der Ehrgeizige nicht mehr die Anerkennung seiner Mitmenschen, wenn er sich in seinen Gedanken den eigenen Ruhm nur lebhaft genug ausmalt; der Hungernde würde bereits von der Vision einer reich gedeckten Tafel satt.

Ist Befriedigung nur durch die Kraft des eigenen Bewußtseins tatsächlich zu leisten? Eine Untersuchung zu dieser Frage hat bereits im Jahre 1933 Wera Mahler veröffentlicht. Ihr Interesse galt dem Leistungsmotiv. Mahler beauftragte ihre Probanden mit dem Erledigen mehrerer Aufgaben (u. a. Zeichnen eines Titelblatts für ein Märchenbuch, Ausstechen von Wörtern auf einem Blatt Papier), verhin-

Symbolik in der Phantasie – offen oder verdeckt?

Die Tiefenpsychologie lehrt: Verdrängte Wünsche mischen sich – unerkannt von den Betroffenen – in die Phantasie und treten dort in Form von Symbolen des Unbewußten (s. a. S. 44f.) in Erscheinung. Allerdings ist auch zu beobachten: Symbole können offen in Erscheinung treten – als unverhüllter und gerade in seiner Offenheit ebenso eindringlich wie aufdringlich wirkender Ausdruck bewußt gewordener Strebungen. Das zeigt wohl das folgende Gedicht des Lyrikers Reiner Kunze (geb. 1933):

die brücken von budapest
für Elisabeth

Die brücken erinnern ans lieben
weil sie
überbrücken
wie die arme der liebenden die nacht
der phallus den tod
Weil sie
von neuem überbrücken und
dennoch
dennoch
dennoch
Die brücken erinnern ans lieben: spannung
wie in den muskeln liebender
Die Margareteninsel,
entbunden des keuschheitsgelübdes, spreizt
die schenkel ihrer brücke, der himmel
ein männerauge
Zwischen ferse und schulter
ein einziger bogen, erinnert ans lieben
die brücke der brücken
mit deinem namen

Kunze, R.: Sensible Wege. Reinbek: Rowohlt 1969, S. 62.

derte aber durch eine Störung (z. B. Unterbrechung durch einen Neuankömmling) den Abschluß der Arbeit. Personen mit ausgeprägten Leistungsbedürfnissen pflegen nach einer Unterbrechung die Arbeit wieder aufzunehmen, um sich das befriedigende Gefühl der Erledigung zu verschaffen. In Versuchen wie denen von Mahler nehmen 70–80% der Probanden spontan ihre Tätigkeit wieder auf, wenn sie nach der Unterbrechung dazu die Gelegenheit erhalten. Wie hoch ist nun die Wiederaufnahmetendenz, wenn Probanden die unterbrochenen Tätigkeiten nicht manuell zu Ende führen können, aber dies wenigstens in ihrer Vorstellung tun? Wenn die Betroffenen durch gedankliche Erledigung zu der Überzeugung kamen, der Aufgabe gewachsen zu sein, sank die Wiederaufnahmequote auf 40%. Die Vorstellung der erfolgreichen Fortführung hatte also die Enttäuschung über den erzwungenen Abbruch zum Teil ausgeglichen.

Die gedankliche Ersatzbefriedigung mag allerdings bei dem von Mahler untersuchten Leistungsmotiv leichter herbeizuführen sein als bei anderen Motiven (wie zum Beispiel dem Durst). Trotzdem drängt sich die Frage auf, ob nicht die Phantasie zur Ersatzwelt wird, die alles aufbietet, was die Wirklichkeit versagt (und damit schließlich wiederum zum negativen Abklatsch der Realität gerät). Das ist offensichtlich nicht immer der Fall. Es gibt wohl keinen Ausgleichsautomatismus, der notwendig in die Phantasie einbringt, was die Wirklichkeit versagt. Wäre dies so, müßten Personen, die sich sexuell weniger betätigen, mehr sexuelle Phantasien hervorbringen. Die von Davidson (1975) in seiner Doktorarbeit erhobenen Daten von 200 unverheirateten Studentinnen sprechen ausdrücklich gegen eine solche Vermutung. Die meisten sexuellen Tagtraumphantasien wurden von Frauen angegeben, die mehr als einen Partner erfahren und starke Orgasmen erlebt hatten; sexuell inaktive Frauen, für welche die Phantasie einen Ersatz hätte darstellen können, fielen in der Stichprobe offenbar nicht auf.

Zusammenfassung

1. Vorstellungen sind wahrnehmungsähnliche Erlebnisse; sie gehen jedoch nicht auf eine unmittelbar vorhergehende Sinnesreizung zurück.
2. Bereits in der philosophischen Diskussion ist es kontrovers, ob Vorstellungen nur die erfahrene Realität wiedergeben (Empirismus) und daher sinnlicher Natur sind (Sensualismus), oder ob der Mensch seine Vorstellungswelt frei gestalten kann und ihm auch ein unanschauliches Denken möglich ist.
3. In der neueren Kognitionsforschung ist die Form der Repräsentation von Vorstellungen im Nervensystem strittig. Angenommen werden Formen der analogen Kodierung (isomorphe, bildhaft-anschauliche Repräsentation) sowie der symbolisch-sprachlichen Kodierung.
4. Vorstellungen bilden Alternativen zu den hier und jetzt herrschenden Weltzuständen ab. Als Alternativdarstellungen kann man ihnen drei Wirkungen zuschreiben: eine ästhetisch befriedigende Variation der Erlebniswelt; eine Vorwegnahme zukünftiger Handlungen und Handlungsergebnisse als Planung zur Neugestaltung der Welt; die Erfüllung von Wünschen durch Vorspiegelung von erstrebten Objekten und Zuständen in der Phantasie.

Literaturhinweise

Locke, J.: An essay concerning human understanding. Menston, Yorkshire: Solar Press 1970 (Erstausgabe 1690)

Mill, J. St.: Analysis of the phenomenon of the human mind. London: Longmans u. Dyer 1829

Wundt, W.: Beitrag zur Theorie der Sinneswahrnehmung. Leipzig: Winter 1862

Külpe, O.: Versuche über Abstraktion. In: Schumann, F. (Hg.): Bericht über den 1. Kongreß für experimentelle Psychologie 1904. Leipzig: Barth 1904, 56–68

Bühler, K.: Eine Analyse komplizierter Denkvorgänge. In: Schumann, F. (Hg.): Bericht über den 2. Kongreß für experimentelle Psychologie 1906. Leipzig: Barth 1907, 263–266

Bühler, K.: Tatsachen und Probleme zu einer Psychologie der Denkvorgänge. I. Über Gedanken. Archiv für die gesamte Psychologie 9 (1907), 297–365

Münch, H.: Die gegenstandslose Kunst – ein Denkfehler. Wels: Wancara 1960, 2. Aufl.

Abell, W.: Representation and form. A study of aesthetic values in representational art. London: Scribner 1936

Paivio, A.: Imagery and verbal processes. New York: Holt, Rinehart u. Winston 1971

Pylyshin, Z.: What the mind's eye tells the mind's brain: A critique of mental imagery. Psychological Bulletin 80 (1973), 1–24

Kosslyn, S. M. u. Pomerantz, J. R.: Imagery, propositions, and the form of internal representations. Cognitive Psychology 9 (1977), 52–76

Anthrobus, J. S., Singer, J. L., Goldstein, S. u. a.: Mindwandering and cognitive structure. Transactions of the New York Academy of Sciences 32 (1970), 242–252

Morf-Rohr, U.: Tagträume in der Vorpubertät. In: Michaelis, W. (Hg.): Bericht über den 32. Kongreß der Deutschen Gesellschaft für Psychologie 1980 in Zürich. Bd. 1. Göttingen: Hogrefe 1981, 444–446

Steiner, G.: Visuelle Vorstellungen beim Lösen von elementaren Problemen. Stuttgart: Klett-Cotta 1980

Mahler, W.: Ersatzhandlungen verschiedenen Realitätsgrades. Psychologische Forschung 18 (1933), 27–89

Davidson, A. D.: The relationship of reported sexual daydreaming to sexual attitude, sexual knowledge and reported sexual experience in college women. Dissertation Abstracts (International) 35 (1975), (7 B) 3574–3575

Divergentes Denken in der Phantasie

Wachträume und Schlafträume

Unzählbar viele Szenen, Figuren und Konstellationen erfüllen die Phantasie; sie stehen in häufigem Wechsel und lösen einander oft in überraschenden Folgen ab. Die Phantasie gelangt – wie es umgangssprachlich heißt – vom Hundertsten ins Tausendste. Man nennt einen solchen Denk- und Vorstellungsverlauf verzweigt und auseinanderstrebend oder *divergent* (von lat. ‚divergere' – auseinanderlaufen). Im Gegensatz zum divergenten Denken stehen das schlußfolgernde Denken (mehr darüber in Kap. 5) und das Probleme lösende Denken (mehr darüber in Kap. 7), die – möglicherweise von verschiedenen Ausgangspunkten her – auf feste Lösungen zulaufen und insofern als *konvergent* (von lat. ‚convergere' – zusammenlaufen) zu bezeichnen sind.

> *„Die im Wachen träumen, haben Kenntnis von tausend Dingen, die jenen entgehen, die nur im Schlaf träumen."*
> Wolfgang Schulze (WOLS) (Maler: 1913–1951): Aufzeichnungen. W. Haftmann, (Hg.). Köln: Du Mont Schaumberg 1963.

Als wichtige Phantasietätigkeiten unterscheidet man den Wachtraum (auch Tagtraum) und den Schlaftraum (auch Nachttraum). Es scheint gesichert, daß weit über 90% aller Menschen von Wachträumen berichten können (Singer 1966). Schlafträume sind ebenfalls weit verbreitet. Obwohl viele Personen aus ihrer alltäglichen Selbsterfahrung den Eindruck gewinnen, traumlos zu schlafen, zeigt die eingehende Untersuchung auch bei ihnen regelmäßig Traumerlebnisse. Weckt man sie nämlich unmittelbar nach ihren Tiefschlafphasen (s. später S. 125), sind ihnen noch Träume gewärtig, die sie bis zum Ende der Schlafperiode wieder vergessen.

Wo liegen die *Unterschiede zwischen Wachtraum und Schlaftraum?* Unterschiede ergeben sich wohl überhaupt dadurch, daß im Wachen der Umweltkontakt noch weitgehend besteht, während er im Schlafen stark herabgesetzt ist. Im Wachen muß sich die Phantasie daher mehr als im Schlaf gegen *Wahrnehmungsinhalte* durchsetzen; sie wird sich stärker mit ihnen mischen und sich dabei ihnen anpassen. So wird aus der Wachtraumphantasie leicht ein Fortspinnen aktueller Erlebnisse. Ein Beispiel hierfür sind die von Davidson (1975) erhobenen Tagtraumphantasien sexuell aktiver Frauen (s. bereits S. 119).

Die Weiterverarbeitung wahrgenommener Szenen in der Phantasie gibt weiterhin Gelegenheit, diese mit neuen Charakteren und Aspekten auszustatten, ihnen Neuigkeiten und Wünschbarkeiten einzuverleiben. Die im vorangegangenen Kapitel beschriebene motivierte bzw. soziale Wahrnehmung erklärt sich auf diese Weise als Mischung von realistischen Wahrnehmungsverhalten und (wunschgerechten) Alternativvorstellungen.

Die *willentliche Beeinflußbarkeit* der Wachphantasie gilt allgemein als hoch, diejenige des Schlaftraums als gering. Tatsächlich hat der Schläfer zumeist den Eindruck, seinen Träumen ausgeliefert zu sein, während der Tagträumer Anfang und Ende, Inhalt und Verlauf seiner Vorstellungen weitgehend nach seinem Willen lenken kann. Allerdings wird diese Unterscheidung vielen Einzelfällen nicht gerecht. Manchen Phantasien kann sich auch der Tagträumer nicht ohne weiteres entziehen. In pathologisch zu nennenden Fällen werden Vorstellungen sogar zwanghaft; sie können weder abgebrochen, noch in ihrem Inhalt verändert werden. Andererseits scheint es – folgt man dem Frankfurter Psychologen Paul Tholey – die Fähigkeit zu geben, auch im Schlaf Klarheit über das Auftreten eines

Ein stimulierter Traum

Im Schlaf ist die Wahrnehmung gegenüber dem Wachen herabgesetzt, aber keineswegs völlig ausgeschaltet. Bekannt ist das Phänomen des Ammenschlafs: Die Mutter oder eine andere Pflegeperson schläft beim Schreien fremder Kinder weiter, wacht aber beim Schreien des eigenen Kindes auf. Ein experimentelles Gegenstück dazu: Schläfer erkennen unter einer Reihe von vorgelesenen Namen ihren eigenen wieder und reagieren – noch immer im Schlaf – durch ein Handzeichen darauf (Oswald, Taylor u. Treisman 1960). Derartige Wahrnehmungen und Erkenntnisse können Träume stimulieren. Ein stimulierter Traum wird von Freud anhand einer Bildserie aus dem ungarischen Witzblatt „Fidibusz" veranschaulicht (Freud 1973/1900, S. 371f.):

Eine Kinderfrau erlebt im Traum das Urinieren ihres Schützlings.

Der Strom des Urins wird zu einer Fahrstraße für kleinere . . .

und größere Schiffe,

bis die Frau erwacht und in dem Schreien des ihr anvertrauten Jungen der Anlaß ihres Traums erkennbar wird.

Traums zu gewinnen und dann willentlich Einfluß auf das eigene Traumgeschehen zu nehmen. Der Autor schreibt über diesen Zustand, den er Klartraum nennt:

„Dem Verfasser ist es gelungen, in Untersuchungen mit 14 Personen, die zuvor nie Klarträume gehabt hatten, eine Technik zu entwickeln, die es ermöglicht, Klarträume in einer bisher nicht beobachteten Frequenz bewußt herbeizuführen. Diese ... Technik beruht auf dem Grundgedanken, daß Personen, die sich im Wachzustand häufig die Frage stellen, ob sie träumen oder nicht, auch im Traum eine kritische Einstellung gegenüber ihrem Bewußtseinszustand gewinnen und dann ... in der Regel leicht erkennen können, daß sie sich im Zustand des Träumens befinden. Die bisherigen Untersuchungen des Verfassers lassen den Schluß zu, daß die meisten Menschen lernen können, sich im Traum des Träumens bewußt zu werden und handelnd in das Traumgeschehen einzugreifen."
(Tholey 1977, S. 376.)

Das Phänomen der Bewußtseinserweiterung

Nicht selten stößt man in der Phantasie auf das Phänomen eines Bewußtseins, das gegenüber dem Alltagserleben eindrucksvoll erhöht und erweitert erscheint. Bewußtseinserweiterungen begleiten häufig die künstlerische und religiöse Betätigung; mit Hilfe von Drogen ist das Phänomen vergleichsweise leicht herbeizuführen.

In einem Interview aus dem Jahre 1973 hat der Dramatiker Eugène Ionesco von einem Erlebnis aus seinem 18. Lebensjahr berichtet: „... eines Tages spazierte ich in einer Provinzstadt herum, im Juni, am Morgen. Plötzlich erschien die Welt mir wie verwandelt, so stark, daß ich von einer überrumpelnden Freude ergriffen war und bei mir selbst sagte: was auch immer geschehen möge, jetzt weiß ich. Und ich werde diesen Augenblick nie vergessen. Und folglich werde ich nie mehr völlig verzweifelt sein. Ich kann Ihnen nicht erzählen, was es war, denn es ist wirklich unerzählbar. Es war gleichsam eine Veränderung eingetreten im Anblick der Stadt selbst, der Welt, der Leute. Der Himmel schien mir viel näher zu sein, fast mit Händen greifbar. Ich kann nichts anderes sagen als Intensität, Anwesenheit, Licht. Man kann es mit diesen Wörtern mehr oder weniger umschreiben. Aber es ist unmöglich, es zu definieren."
(Nach Mommaers 1979, S. 35f.)

Es ist offenbar nicht einfach, das Erlebnis der Bewußtseinserweiterung nüchtern nachzuvollziehen; es fehlen die Worte, seine inspirierende Wirkung in einer knappen Beschreibung festzuhalten. Zumindest annähern kann man sich jedoch dem Erlebnis durch eine *Analyse einiger Inhalte,* wie sie Masters und Houston (1966) protokolliert haben. Die Autoren gehörten zu den ersten Forschern, die Reihenversuche über Bewußtseinsänderungen durch Drogen durchgeführt haben. Aus ihrem Material stammt die folgende Wiedergabe einer im LSD (Lysergsäurediäthylamid)-Rausch erlebten Szene:

„Das erste Bild, an das ich mich erinnere, war ein ägyptisches Grabmal aus Granit, Alabaster und Marmor. Dahinter erhoben sich goldene Skulpturen von Pharaonen, und der Duft von Eukalyptus, der in dreibeinigen Kupferschalen auf Falkenfüßen verbrannte, erfüllte die Luft. Priester in prächtigem Kopfschmuck umgaben das Grab; sie erhoben die Arme, um einen Zug von hell gekleideten Gestalten zu begrüßen, die Fackeln trugen und ihr Gesicht hinter Tiermasken verbargen. Grabgebete schienen sich mit einem Hochzeitsritual zu mischen. Obst und große Fleischplatten, sogar das verbotene Schwein, wurden von schwarzen Sklaven aufgetragen."
(Eigene Übersetzung aus Masters u. Houston 1966, S. 8.)

Diese Beschreibung enthält Züge, die nicht nur für andere Rauschphantasien, sondern auch für viele künstlerische und religiöse Erlebnisse charakteristisch sind: eine illusionär-exotische Szenerie (Pharaonen-Kult, Tiermasken), eine mystisch-transzendentale Stimmung (Mischung von Begräbnis- und Hochzeitsritual, Sakralhandlung), Empathie (eine Neuprägung aus griech. ‚en' – hinein,

Gesteigertes Erleben – gesteigerte Menschlichkeit?

Die Steigerung des sinnlichen, sozialen und transzendentalen Erlebens über die Alltagserfahrung hinaus, im Verein mit einer Vermehrung der Lebensfreude, der subjektiven Einsicht und des Selbstvertrauens mündet oft in das Erlebnis der Erhebung des Menschen in eine höhere Form des Daseins. Kunst und Religion, die solche Erhebungserlebnisse vermitteln, genießen in vielen Kulturen ein hohes Ansehen.

Allerdings stößt man im Laufe der Geschichte immer wieder auf kunst- und religionsfeindliche Richtungen. Sie bekämpfen gerade die Förderung des sinnlichen und transzendentalen Erlebens sowie die Festigung des damit verbundenen Gefühls des Über-sich-und-die-Welt-Hinauswachsens; solche Änderungen des Bewußtseins halten sie für äußerlich aufgedrängt, illusionär und schädlich – keineswegs für Anzeichen eines höher entwickelten Menschentums.

Als Beispiel einer sinnesfeindlichen Bewegung kann der Puritanismus gelten, der sich in Europa seit dem 15. Jahrhundert im Zuge der Kirchenreformation ausbreitete. In Abkehr von dem prächtigen Sakramenten- und Heiligenkult der römisch-katholischen Kirche bemühte er sich um eine schlichte Innerlichkeit. Andreas Bodenstein, genannt Karlstadt (1480–1541), ursprünglich Doktorvater und Bundesgenosse Martin Luthers, später von ihm als Schwärmer und falscher Prophet bekämpft, schaffte in seiner Orlamünder Gemeinde Orgel und Bilder ab; als Gemeindepfarrer vertauschte er den geistlichen Talar mit einem grauen Bauernkittel (Wallmann 1973, S. 54f.).

Die Innerlichkeit, die Karlstadt anstrebte, sollte freilich einer vermehrten Verbindung mit dem Göttlichen zugute kommen. Gegen derartige auf das Außer- und Überirdische gerichtete Erlebnisse wenden sich wiederum Vertreter des Materialismus. Bekannt geworden ist die Kritik von Karl Marx an der durch die christliche Religion genährten Hoffnung auf eine überirdische Gerechtigkeit, die lediglich von der sozialen Ungerechtigkeit in der realen Lebenswelt ablenke:

„Der Mensch macht die Religion, die Religion macht nicht den Menschen. Und zwar ist die Religion das Selbstbewußtsein und das Selbstgefühl des Menschen, der sich selbst entweder noch nicht erworben oder schon wieder verloren hat. Aber der Mensch, das ist kein abstraktes, außer der Welt hockendes Wesen. Der Mensch, das ist die Welt des Menschen, Staat, Sozietät. Dieser Staat, diese Sozietät produzieren die Religion, ein verkehrtes Weltbewußtsein, weil sie eine verkehrte Welt sind. Die Religion ist die allgemeine Theorie dieser Welt, ihr enzyklopädisches Kompendium, ihre Logik in populärer Form, ihr spiritualistischer Point-d'honneur, ihr Enthusiasmus, ihre moralische Sanktion, ihre feierliche Ergänzung, ihr allgemeiner Trost- und Rechtfertigungsgrund. Sie ist die phantastische Verwirklichung des menschlichen Wesens, weil das menschliche Wesen keine wahre Wirklichkeit besitzt.

Das religiöse Elend ist in einem der Ausdruck des wirklichen Elends und in einem die Protestation gegen das wirkliche Elend. Die Religion ist der Seufzer der bedrängten Kreatur, das Gemüt einer herzlosen Welt, wie sie der Geist geistloser Zustände ist. Sie ist das Opium des Volks."
(Marx 1972/1844, S. 378).

griech. ‚pathos' – Leid, Mitempfinden), d. h. das Gefühl eines wechselseitigen Verstehens und Einverständnisses, Sinnlichkeit (Helligkeit, Duft von Eukalyptus), Freizügigkeit (Pracht von Kultgegenständen, Fleischplatten, das „verbotene Schwein"). Solche Züge übertreffen in der Tat die alltägliche Erfahrung und sind daher vorzüglich geeignet, das Empfinden eines neuen, geweiteten Bewußtseins zu vermitteln.

Die Inhalte des als geweitet empfundenen Bewußtseins brauchen dabei nicht gegenständlich zu sein; sie brauchen nicht – wie in dem obigen Protokoll – Menschen, Plätze und Handlungen abzubilden. Oft wird berichtet, im Rausch würde Sinnlichkeit, Empathie und Transzendenz ohne Bezug zu konkreten Situationen erfahren – etwa lediglich in einem Meer von Farben.

Entstehung und Funktion von Schlafträumen

Der unvoreingenommene Beobachter glaubt, in tiefen Schlaf zu versinken, nachdem er sich zur Ruhe begeben hat, und bis zum Aufwachen in annähernd gleicher Schlaftiefe zu verharren. Dieser Eindruck trügt jedoch – zumindest was den normalen Nachtschlaf anbelangt. In Wirklichkeit durchläuft der durchschnittliche Schläfer jede Nacht ungefähr fünf Zyklen, in deren Wechsel eine Phase tiefen Schlafes in eine Phase flachen Schlafes übergeht. Die wechselnde Schlaftiefe ist unmittelbar durch die Leichtigkeit festzustellen, mit der sich der Schläfer wecken läßt. Ohne Störung des Schlafes durch Weckreize kann man den Schlafverlauf im Elektroenzephalogramm, der Aufzeichnung der elektrischen Aktivität des Gehirns, verfolgen.

Die Häufigkeit und Beschaffenheit von Träumen ändert sich mit der Schlaftiefe. Weckt man Schläfer aus unterschiedlicher Schlaftiefe (wie sie im Elektroenzephalogramm angezeigt wird) und bittet sie um Wiedergabe ihrer frischen Traumerlebnisse, so werden aus dem tiefsten Schlaf die meisten Träume berichtet. Die Träume aus dieser Phase sind auch die lebhaftesten und detailliertesten; sie zeichnen sich durch den höchsten Grad an Deutlichkeit, Folgerichtigkeit und zeitlicher Ordnung aus. Bereits die ersten Studien zur experimentellen Traumforschung stimmten in diesem Befund überein (Foulkes 1964). Traumberichte aus Phasen geringer Schlaftiefe erscheinen demnach kurz, diffus, punktuell. Etwa:

„Ein rotes Licht, welches näher kommt."

Im Vergleich dazu haben Berichte aus Phasen hoher Schlaftiefe erzählenden und ausmalenden Charakter, z. B.:

„Ich befinde mich in einer Höhle. In der Dunkelheit unter mir glitzert Wasser. Das Wasser steigt. Da höre ich Stimmen. Ich rufe um Hilfe. Da nähert sich ein Froschmann. Er richtet seine Taschenlampe auf mich."

Der Traum ist zu den rätselhaftesten psychischen Erscheinungen gezählt worden. Auch der modernen Wissenschaft hat sich die Frage nach dem Ursprung und dem etwaigen Nutzen von Träumen aufgedrängt. Unter den Traumtheorien stehen sich vor allem eine tiefenpsychologische Version aus Sigmund Freuds umfassendem Werk „Die Traumdeutung" von 1900 und eine strenge psychophysiologische Auffassung gegenüber, die von

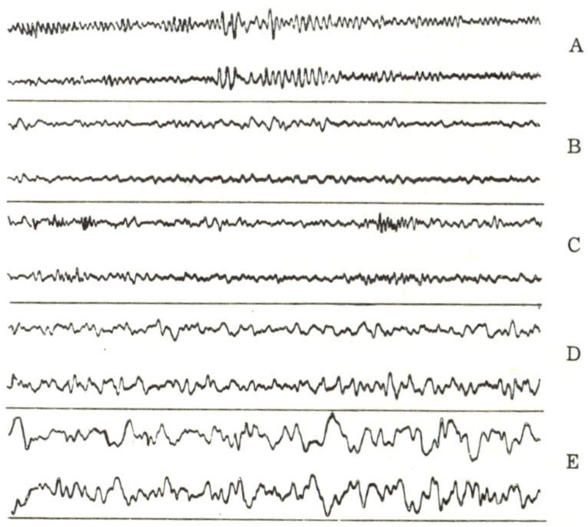

Elektroenzephalogramm bei verschiedener Schlaftiefe. Stadium A: Entspanntes Wachsein. Stadium E: Tiefschlaf (Baust 1970, S. 106).

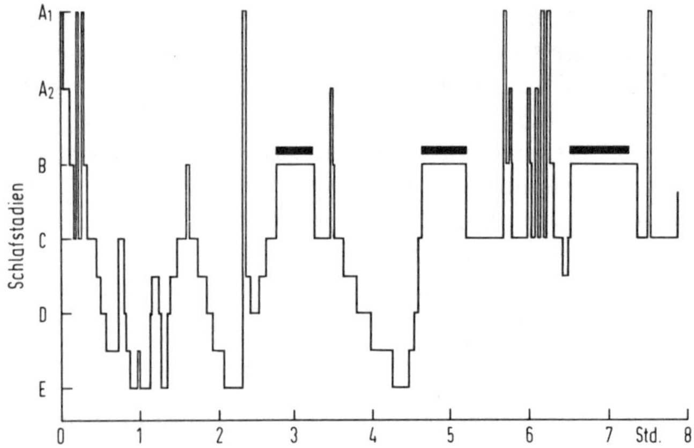

Schlaftiefenschwankungen innerhalb einer Nacht; die schwarzen Balken bezeichnen Traumperioden (Baust 1970, S. 107).

Ephron und Carrington im Jahre 1966 systematisch ausgearbeitet wurde.

Die Freudsche Theorie, die zu einem beachtlichen Einfluß auch in der breiteren Öffentlichkeit gelangt ist, stellt sich keinesfalls als ein einheitlicher Ansatz dar, sondern als Bündel von Einzelthesen, unter denen die folgenden drei herausragen:

- die These von der Traumsymbolik,
- die These von der Wunscherfüllung,
- die These von der Aufarbeitung der Tagesreste.

In detaillierten Analysen zur *Traumsymbolik* versucht der Autor nachzuweisen, daß zunächst unverfänglich erscheinende Trauminhalte wie Hüte, Stiegen und Gebäudeschächte anstelle von Genitalorganen und anderen Gegebenheiten stehen, welche die Betroffenen aus ihrem Bewußtsein zu verdrängen trachten. Der Schlaf ist demnach ein Zustand verringerter Kontrolle, in welchem Unbewußtes – zumindest in verschlüsselter Form – die Grenzen zum Bewußtsein übersteigen kann (vgl. bereits S. 44f.). Bewußte und unbewußte Inhalte gehen dabei eine Verbindung ein:

„Ich stelle mir vor, daß der bewußte Wunsch nur dann zum Traumerreger wird, wenn es ihm gelingt, einen gleichlautenden unbewußten zu wecken, durch den er sich verstärkt. Diese unbewußten Wünsche betrachte ich, nach den Andeutungen aus der Psychoanalyse der Neurosen, als immer rege, jederzeit bereit, sich Ausdruck zu verschaffen, wenn sich ihnen Gelegenheit bietet, sich mit ihrer Regung aus dem Bewußten zu alliieren, ihre große Intensität auf deren geringere zu übertragen."

(Freud 1973/1900, S. 558.)

Wegen ihrer Herkunft aus dem Unbewußten seien Trauminhalte letztlich alle infantil (kindlich, von lat. ‚infans' – Kind). Freilich behauptet auch Freud nicht, allen Traumvorstellungen käme eine symbolische Bedeutung zu, die sich dem unmittelbaren Verständnis der Betroffenen verschließe. Tatsächlich gibt es ja eine Fülle von Traumepisoden, für welche die Betroffenen plausibel und vollständig erscheinende Erklärungen anzubieten haben. Die amerikanischen Traumforscher Hall und Van de Castle (1966) halten den Anteil von Träumen mit offenkundiger und unverhüllter Bedeutung für so hoch, daß sie ernsthafte Zweifel an der Berechtigung der Symbol-Theorie anmelden.

Die These von der *Wunscherfüllung im Traum* ist eine spezielle Ausarbeitung der allgemeineren These von der bedürfnisbefriedigenden Wirkung der Phantasie (s. S. 117ff.).

Freud legt hierfür in seiner „Traumdeutung" umfangreiches Belegmaterial vor und schließt seine Ausführungen mit der humorvollen Bemerkung:

„Ein Sprichwort, dessen Erwägung ich einem meiner Hörer danke, ... stellt die Frage auf: Wovon träumt die Gans? und beantwortet sie: Vom Kukuruz (Mais). Die ganze Theorie, daß der Traum eine Wunscherfüllung sei, ist in diesen zwei Sätzen enthalten."
(Freud 1973/1900, S. 137.)

Die dritte These Freuds behauptet, dem Traum komme eine *Schutzfunktion für den Schlaf* zu. Der Autor veranschaulicht seine These am zuvor (S. 122) geschilderten Wassertraum der Kinderfrau. Die Frau habe das Urinieren des schreienden Kindes in eine fremde Situation verlegt – und habe zunächst beruhigt weiterschlafen können. Auch in Abwesenheit äußerer Reize sei der Schlaf bedroht: durch unerledigte Gedanken an den Vortag, die Tagesreste. Diese würden im Traum aufgearbeitet, so daß sie keinen Anlaß zum Aufwachen mehr böten. Im Kampf gegen die Störungen von seiten der Tagesreste werde so der Traum zum Hüter des Schlafes.

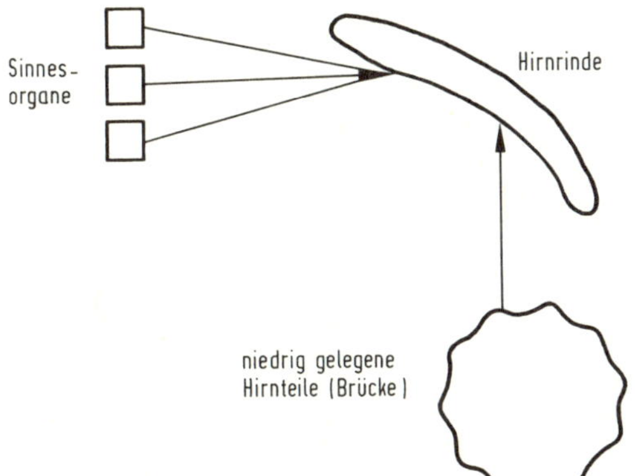

Nach Ephron und Carrington (1966) benötigt die Hirnrinde stets ein Minimum an Stimulierung. Bleibt im Schlaf die Stimulierung von seiten der Sinnesorgane aus, erfolgt eine Stimulierung aus niedrigen Hirnregionen. Die dann angeregte Rindenaktivität tritt als Traumerlebnis ins Bewußtsein.

Die tiefenpsychologischen Thesen fußen alle auf einer Deutung der Trauminhalte. Für Harmon Ephron und Patricia Carrington (1966) sind die Trauminhalte unerheblich. Wesentlich seien nur Zeitpunkt und Intensität von Träumen. Der Traum sei ausgelöst durch die *Aktivitäts- und Stoffwechselbedürfnisse der Hirnrinde.* Im Wachen werde die Hirnrinde durch die aufsteigenden Impulse aus den Sinnesbahnen zur Tätigkeit angeregt. Mit zunehmender Schlaftiefe (s. o.) nehme die Anregung von seiten der Sinne ab; mit der Unterforderung drohe der Rinde ein Verfall und damit dem Organismus ein Dauerschaden. Um die Schädigung abzuwenden, trete ein Gleichgewichtsmechanismus in Aktion: Aus niedriger gelegenen Hirnteilen – vor allem aus dem Bereich der Brücke – werden Impulse zur Rinde gesandt, die dort den Stoffwechsel anregen und die Aktivität erhöhen. Diese Ersatzreizung sei besonders ausgeprägt in Tiefschlafphasen und führe zu einer vorübergehenden Minderung der Schlaftiefe; so werde der Schlafverlauf zyklisch gesteuert (s. o.). Die Traumerlebnisse seien gewissermaßen ein Nebenprodukt; in ihnen träten die ausgelösten nervösen Erregungsmuster der Rinde subjektiv in Erscheinung. Die Art der Muster sei dabei vergleichsweise beliebig: Reste aus der Zeit unmittelbar vor dem Einschlafen, emotional herausgehobene Strukturen, weitere aus unbekannten Gründen gerade aktivierbare Muster. Die Traumerlebnisse spiegelten diese Beliebigkeit wider. Schließlich spiele das Traumgeschehen – so das Fazit aus der Theorie von Ephron und Carrington – lediglich die Rolle eines Lückenfüllers für die Zeit der Regeneration, in welcher die Informationszufuhr aus der Umwelt weitgehend unterbrochen ist.

Zusammenfassung

1. Phantasietätigkeit ist sowohl während des Wachens als auch im Schlaf festzustellen (Wachtraum und Schlaftraum). Ihr Verlauf ist oft unregelmäßig und verzweigt (divergentes Denken). Mitunter wird sie von Wahrnehmungen ausgelöst (stimulierter Traum) oder sie mischt sich mit Wahrnehmungen.
2. In Sonderfällen (vor allem bei künstlerischer oder religiöser Betätigung sowie nach Drogengenuß) stellt sich das Phänomen des über das Alltagserleben hinaus erweiterten Bewußtseins ein. Dieses Bewußtsein ist u. a. gekennzeichnet durch mystisch-transzendentale und empathische Stimmungen, durch erhöhte Sinnlichkeit sowie durch ein Gefühl von Freizügigkeit.
3. Träume gibt es in allen Stadien des Schlafes; in den sich zyklisch wiederholenden Tiefschlafphasen gewinnen sie an Häufigkeit, Lebhaftigkeit und Zusammenhang.
4. Die Psychoanalyse hebt die Bedeutung der Trauminhalte und ihrer Verarbeitung hervor (Symbolisierung des Unbewußten, Wunscherfüllung, Beseitigung von Tagesresten). Aus psychophysiologischer Sicht beruht der Schlaftraum auf einer Erregung der Hirnrinde von seiten niedrig gelegener Hirnteile; diese Erregung dient als Ersatz für die während des Schlafes ausbleibende Außenreizung von seiten der Sinnesorgane.

Literaturhinweise

Singer, J. L.: Daydreaming. New York: Random House 1966

Oswald, I., Taylor, A. M. u. Treisman, M.: Discriminative responses to stimulation during human sleep. Brain 83 (1960), 440–453

Freud, S.: Die Traumdeutung. Gesammelte Werke Bd. 2/3. Frankfurt: Fischer 1973 (Erstausgabe 1900)

Tholey, P.: Der Klartraum. Seine Funktion in der experimentellen Traumforschung. In: Tack, W. (Hg.): Bericht über den 30. Kongreß der Deutschen Gesellschaft für Psychologie in Regensburg 1976 (Bd. 1). Göttingen: Hogrefe 1977, 376–378

Mommaers, P.: Was ist Mystik? Frankfurt: Insel 1979

Masters, R. E. L. u. Houston, J.: The varieties of psychedelic experience. New York: Holt, Rinehart u. Winston 1966

Wallmann, J.: Kirchengeschichte Deutschlands. Bd. 2. Frankfurt: Ullstein 1973

Marx, K.: Zur Kritik der Hegelschen Rechtsphilosophie. In: Marx, K. u. Engels, F.: Werke. Bd. 1. Berlin: Dietz 1972, 378–391 (Erstausgabe 1844)

Baust, W.: Die Phänomenologie des Schlafes. In: Baust, W. (Hg.): Ermüdung, Schlaf und Traum. Stuttgart: Wissenschaftliche Verlagsgesellschaft 1970, 99–144

Foulkes, W. D.: Theories of dream formation and recent studies of dream consciousness. Psychological Bulletin 62 (1964), 236–247

Hall, C. S. u. Castle, R. van de: The content analysis of dreams. New York: Appleton Century Crofts 1966

Ephron, H. S. u. Carrington, P.: Rapid eye movement sleep and cortical homeostasis. Psychological Review 73 (1966), 500–526

Begriffe

Begriffe, Klassen und ihre Merkmale

Personen, Gegenstände und Ereignisse lassen sich nach ihrer Ähnlichkeit in Klassen ordnen. Ihrer Individualität entkleidet, tritt das ihnen Gemeinsame in einer neuen kognitiven Einheit in Erscheinung, dem Begriff.

Palmer (1975, S. 301) veranschaulicht hier, wie die Individualität von Personen und Dingen, die in der Wahrnehmung noch erhalten ist (A), im begrifflichen Denken (B) auf eine Schematik von Objektklassen (Menschen, Bücher, Tische etc.) zurückgeführt wird.

Innerhalb wie außerhalb der psychologischen Forschung gibt es eine lange Tradition, Begriffe bzw. Klassen anhand einer *Liste von Merkmalen* zu definieren. Geschieht dies, so stellen sich mindestens drei Fragen:

- ○ Wieviele Merkmale sind nötig, um einen Begriff zu bestimmen?
- ○ Wie sind die Merkmale beschaffen, die einen Begriff definieren?
- ○ In welcher Weise benutzen Personen Merkmale zur Bildung neuer und zum Erkennen vorgegebener Begriffe?

Mitunter genügt ein einziges Merkmal, um eine Klasse zu definieren. So ließ in einer der ersten experimentellen Studien zur Begriffsbildung die amerikanische Psychologin Edna Heidbreder (1946a, b) Karten mit verschiedenen Zeichnungen ordnen. Dabei entstand u. a. ein Stoß mit den unten abgebildeten Karten: Sie zeigten lauter Paare. Und da die Abbildungen auf den Karten so verschiedene Dinge wie Socken und Löffel darstellten, ist anzunehmen, daß allein das Merkmal der Zweiheit die Einordnung unter dem Begriff des Paares ermöglichte – eine Mengeneigenschaft.

Drei Karten mit Paaren von Gegenständen (Heidbreder 1946a).

Andere Stöße wurden nach Gegenstandsklassen zusammengestellt: So wurden verschiedene Gebäude und verschiedene Gesichter einander zugeordnet. In wieder anderen Stößen fanden sich Zeichnungen mit gleicher Form: kreisförmige Muster und Schlangenmuster. Aus solchen Versuchen und anderen Beobachtungen kann man schließen: Zur Begriffsbildung können zahlreiche Merkmale

Gegenstände gleicher Klasse aus den Versuchen von Heidbreder (1946a, S. 182).

herangezogen werden: Form, Farbe, Größe, Menge und vieles andere.

Nun sind die genannten Merkmale sicherlich nicht gleichwertig. Mengen und Formen sind vergleichsweise elementar; sie lassen sich ihrerseits nicht auf einfachere Merkmale zurückführen. Nicht so Gebäude und Gesichter; sie sind komplex, da sie ihrerseits wieder durch eine größere Zahl einfacherer Merkmale zu beschreiben sind (z. B. die Gesichter durch vorherrschend runde Formen, die Gebäude durch vorherrschend gerade Linien). Das Eigenartige ist nun: Mit komplexeren Merkmalen ist durchaus nicht schwerer umzugehen als mit elementaren. Vergleicht man die Zeiten, welche die Probanden in Heidbreders Untersuchung benötigten, um ihre Kartenstöße zu ordnen, so stellt man fest: Am schnellsten legten sie die Gegenstände (Gesichter und Gebäude) zusammen, am langsamsten die Mengen. Dies macht auf eine weitere Eigenschaft von Begriffen aufmerksam: ihre Konkretheit bzw. ihre Abstraktheit (von lat. ‚abstrahere' – abziehen). Die Gegenstandsbegriffe stehen der wahrnehmbaren Wirklichkeit näher; sie sind konkreter, weniger abstrakt. Die Mengenbegriffe erfordern eine gedankliche Abhebung von der Wahrnehmung; sie sind in diesem Sinne abstrakter, weniger konkret. Die Abstraktion erschwert offenbar den Umgang mit Begriffen, wie aus dem erhöhten Zeitbedarf beim Ordnen ersichtlich wird.

An der Definition von Klassen bzw. Begriffen kann mehr als ein Merkmal beteiligt sein (z. B. „Antic-cars sind Automobile aus der Zeit vor 1905"). Neben Positivbestimmungen von Merkmalen (z. B. „weiblich", „blond") sind auch Negativbestimmungen zugelassen (z. B. „nicht weiblich", „nicht blond"). Es lassen sich weiterhin logisch verschiedene *Zuordnungsregeln* bilden. Haygood und Bourne (1965) haben das am Beispiel von neun Figuren erläutert, die sich in zwei Merkmalen (Form und Ausfüllung) unterscheiden; beide Merkmale variieren jeweils in drei Ausprägungen (Form: Kreis, Dreieck, Viereck. Ausfüllung: schwarz, weiß, schraffiert). Sowohl eine positive Merkmalszuordnung (Affirmation) als auch eine negative (Negation) ist zu-

Durch Kombination zweier Merkmale (Form und Ausfüllung) mit je drei Ausprägungen entstehen neun Objekte.

gelassen. Die folgende Tabelle zeigt: Es existieren sowohl für den Fall der Affirmation als auch für den Fall der Negation vier Regeln. Schon beim Durchsehen der Tabelle dürfte deutlich werden: Die Regeln besitzen eine unterschiedliche Schwierigkeit. Zum Beispiel sind Konjunktionsregeln leichter anzuwenden als Disjunktionsregeln. Und die Negation erhöht im allgemeinen die Schwierigkeit gegenüber der Affirmation.

Solche Regeln kann eine Person selbst entwickeln. Sie können aber auch vorgegeben sein; die Aufgabe der betroffenen Person ist dann, die jeweils geltende Regel herauszufinden. In einer groß angelegten Studie zur Begriffsbildung haben Bruner, Goodnow und Austin (1956) zu ermitteln versucht, auf welche Weise Personen versuchen, die jeweils anwendbaren Regeln herauszufinden. Dabei unterscheiden sie verschiedene Strategien. Die am häufigsten gewählte Strategie nennen die Autoren positive Zentrierung (engl. ‚positive focussing'). Die Probanden suchen zuerst nach einem bedeutsamen Merkmal (z. B. „Aha, es muß sich um ein Dreieck handeln"). An diesem Merkmal wird dann festgehalten und nach weiteren Merkmalen gesucht (z. B. „Ist es nun ein schraffiertes oder ein schwarzes Dreieck?"). Eine solche einfache und wegen ihrer Einfachheit bevorzugte Strategie ist zur Bestimmung von Konjunktionen (X und Y) hervorragend geeignet, nicht jedoch zur Bestimmung von Disjunktionen (X oder Y).

Bruner, Goodnow und Austin weisen außerdem darauf hin, daß die Begriffsbildung bzw. das Ermitteln von Begriffen nicht immer logisch vollständig festgelegt ist. Das liegt an zwei Umständen:

○ Merkmale sind manchmal einer Klasse nicht fest zugeordnet, sondern nur mit einer bestimmten Wahrscheinlichkeit. So ist Fieber zwar eine häufige Begleiterscheinung von Gelbsucht, aber es kommt auch Gelbsucht ohne Fieber vor.

Regeln der Zuordnung von zwei Merkmalen zu Begriffen (nach Haygood u. Bourne 1965).

Affirmation			*Negation*		
Merkmalskombination (Beispiel)	Regel	Symbolische Beschreibung	Merkmalskombination (Beispiel)	Regel	Symbolische Beschreibung
Alle schwarzen Dreiecke	Konjunktion	$S \wedge D$	Alle Figuren, die entweder nicht schwarz oder nicht dreieckig sind	Alternativer Ausschluß	$\bar{S} \vee \bar{D}$
Alle Dreiecke oder alle schwarzen Figuren oder schwarze Dreiecke	Disjunktion	$S \vee D$	Alle Figuren die weder schwarz noch dreieckig sind	Gemeinsamer Ausschluß	$\bar{S} \wedge \bar{D}$
Wenn die Figur schwarz ist, muß sie ein Dreieck sein	Implikation	$S \rightarrow D$	Alle schwarzen Figuren, die nicht dreieckig sind	Einfacher Ausschluß	$S \wedge \bar{D}$
Eine schwarze Figur, aber nur dann, wenn sie ein Dreieck ist	Äquivalenz	$S \leftrightarrow D$	Alle schwarzen oder dreieckigen Figuren, aber keine schwarzen Dreiecke	Disjunktiver Ausschluß	$S \bar{\vee} D$

○ Menschen bemühen sich bei ihren Klassifikationen nicht immer um ein Ausschöpfen der logischen Möglichkeiten. Sie treffen oft riskante Entscheidungen aufgrund weniger Merkmale. Ein Psychiater hört etwa von einem Patienten einige Konfabulationen, und schon hat er ihn als Schizophrenen eingestuft, ohne noch anhand von anderen Symptomen die Diagnose zu überprüfen.

Prototypen

Den traditionellen Ansatz, Begriffe über einen Satz von Merkmalen zu definieren (s. o.), hat in neuerer Zeit Eleanor Rosch mit ihrer Arbeitsgruppe an der Universität von Kalifornien in Berkeley entschieden kritisiert (Rosch 1978). Nach einzelnen Merkmalen würden sich Personen nur richten, wenn man sie künstlich konstruierte Begriffe bilden oder erkennen lasse (z. B. den Begriff DREIECKE, DIE NICHT SCHWARZ SIND). Solche Konstruktionen seien typisch für das traditionelle Forschungsexperiment: Der Untersucher denke sich eine beliebige Merkmalskombination aus, und der Proband habe schließlich keine andere Wahl, als diese Kombination durch geduldiges Prüfen herauszufinden. Ganz anders gehe man dagegen beim Bilden von *natürlichen Begriffen* vor, d. h. von Begriffen zur natürlichen Welt. Hier erfahre man den Begriffsinhalt als ein *Ganzes* und sei zunächst sogar in großer Verlegenheit, wenn man einzelne seiner Merkmale zu benennen habe. Rosch spielt hier auf das Phänomen an, daß Menschen insbesondere vertraute Begriffe durch diese selbst zu definieren pflegen (z. B. „Ein Fahrrad ist eben ein Fahrrad – was soll man noch mehr dazu sagen"). Erst die über das spontane Denken hinausgehende wissenschaftliche Analyse oder eine verwaltungstechnische Regelung greift wieder einzelne Bestimmungsmerkmale heraus (z. B. „Ein Fahrrad ist ein zweirädriges, einspuriges Fahrzeug, das über eine Tretkurbel ...").

Nach Rosch erfolgt die Klassenbildung vielmehr durch einen globalen Ähnlichkeitsvergleich. Eine solche Klasse mag z. B. alle als Vögel begriffenen Lebewesen umfassen. Welche *Ähnlichkeitsbeziehungen* rechtfertigen die Bildung und Besetzung einer Klasse? Rosch und ihre Mitarbeiter haben dafür vor allem drei Faktoren namhaft gemacht:

○ Objekte in gleichen Klassen ähneln sich in ihrem Umriß mehr als Objekte in verschiedenen Klassen (vgl. etwa die trotz Größen- und Formvariation vorhandenen Ähnlichkeiten in der äußeren Gestalt von Vögeln im Vergleich zur äußeren Gestalt von Flugzeugen).

○ Sie haben ähnliche Funktion (z. B. Vögel fliegen, legen Eier).

○ Man führt ihnen gegenüber ähnliche Handlungen aus (z. B. man kann Vögel im Netz fangen, ihr Fleisch braten, ihren Balg ausstopfen).

Ein Begriff sei aber keineswegs ein Konglomerat solcher Eigenschaften. Vielmehr gebe es für jede Klasse ein beispielhaftes Exemplar oder– wie die Autoren sagen– einen Prototyp (von griech. ‚protos' – erster, griech. ‚typos' – Form, Gestalt). Die Klassenzugehörigkeit

Verschiedene Mitglieder der Begriffsklasse Vogel.

Ein flüssiges, dickflüssiges oder kristallines Lebensmittel

Ein Argument für die ganzheitliche Auffassung von Begriffen ist die Beobachtung, daß ausführliche und detaillierte Definitionen von vertrauten Gegenständen verfremdend und nicht selten geradezu erheiternd wirken. Die Aufzählung präziser Bestimmungsmerkmale wird zumeist mit Justiz- und Verwaltungsbedürfnissen begründet. So hat sich etwa im Jahre 1976 der Bundesminister für Jugend, Familie und Gesundheit veranlaßt gesehen, eine „Honigverordnung" zu erlassen und in Anlage dazu den Honig zu definieren als

„flüssiges, dickflüssiges oder kristallines Lebensmittel, das von Bienen erzeugt wird, indem sie Blütennektar, andere Sekrete von lebenden Pflanzenteilen oder auf lebenden Pflanzen befindliche Sekrete von Insekten aufnehmen, durch körpereigene Sekrete bereichern und verändern, in Waben speichern und dort reifen lassen."
Bundesgesetzblatt 1976, Teil I, S. 3393.

werde nach der *Familienähnlichkeit eines Objekts mit dem Prototyp* bemessen. Danach reicht die Feststellung, ob ein Objekt einer Klasse zugehört oder nicht, keinesfalls aus. Die Klassenzugehörigkeit wird vielmehr als variable Größe aufgefaßt: je nach Familienähnlichkeit kann sie stärker oder schwächer ausfallen.

Die Theorie des Prototyps und der Familienähnlichkeit deckt sich mit Beobachtungen wie diesen (nach Rosch 1975): Jedermann zählt das Haushuhn und die Schwalbe zu den Vögeln. Aber auf die Bitte, doch ein Beispiel für einen Vogel zu nennen, geben viele Menschen die Schwalbe an und kaum jemand das Huhn. Zur Erklärung wird dann vorgebracht, eine Schwalbe sei eben ein „besserer", „typischerer" Vogel. Beurteiler können sogar so weit gehen und die Schwalbe zum „Idealfall eines Vogels", zum „Vogel schlechthin" erheben. Dann ist in ihrem Denken die Schwalbe zum Prototyp der Klasse VOGEL geworden. Anders ausgedrückt: zum Inbegriff eines Vogels; sie füllt den Begriff des Vogels vollständig aus. Wie weit andere Tiere wie das Huhn zu den Vögeln gerechnet werden, hängt nun von einem Vergleich mit dem Prototyp SCHWALBE, dem Inbegriff eines Vogels, ab.

Drei Gegenstandsklassen und einige ihnen zugehörige Gegenstände in der Reihenfolge ihrer Nähe zum Prototyp (nach Rosch 1975, S. 229 ff.).

Möbel	*Obst*	*Kleidung*
Stuhl	Apfelsine	Hose
Sofa	Banane	Hemd
Couch	Pfirsich	Kleid
Tisch	Birne	Rock
Sessel	Aprikose	Anzug
Schaukelstuhl	Pflaume	Mantel
Kommode	Weintrauben	Unterhose
Bett	Johannisbeere	Büstenhalter
Lampe	Zitrone	Schuhe
Radio	Tomate	Armband

Begriffshierarchien

Die Begriffe ARZT – GYNÄKOLOGE – ORTHOPÄDE sind miteinander verwandt. Die Verwandtschaft der drei Begriffe ergibt sich aus ihrer Zugehörigkeit zur gleichen Klasse. Die Beziehungen zwischen ihnen verbleiben innerhalb der Klassengrenzen. Friedhart Klix, Professor für Psychologie an der (Ost-)Berliner Humboldt-Universität nennt deshalb die Verwandtschaft von Begriffen präziser *Beziehungen innerhalb von Klassen* (Klix 1978).

Nach der Merkmalstheorie, die Klix und seine Mitarbeiter bevorzugen, lassen sich Gemeinsamkeiten und Unterschiede zwischen verwandten Begriffen anhand der für sie charakteristischen Merkmale darstellen. So dürfte der Begriff GYNÄKOLOGE durch die gleichen gemeinsamen Merkmale charakterisiert sein wie der Begriff ARZT. Aber dem Begriff ARZT dürften einige spezifische Merkmale fehlen, die den Begriff GYNÄKOLOGE kennzeichnen:

Begriff	*Merkmale*
ARZT	Hat medizinische Ausbildung, diagnostiziert Krankheiten, therapiert, hat eine berufsständische Vertretung.
GYNÄKOLOGE	Hat eine medizinische Ausbildung und dazu eine Facharztausbildung in Frauenheilkunde und Geburtshilfe. Spezialisiert sich auf Diagnose und Therapie von Frauenkrankheiten; berät bei Schwangerschaften. Kann – außer einem großen ärztlichen Berufsverband – auch einer gynäkologischen Vereinigung angehören.

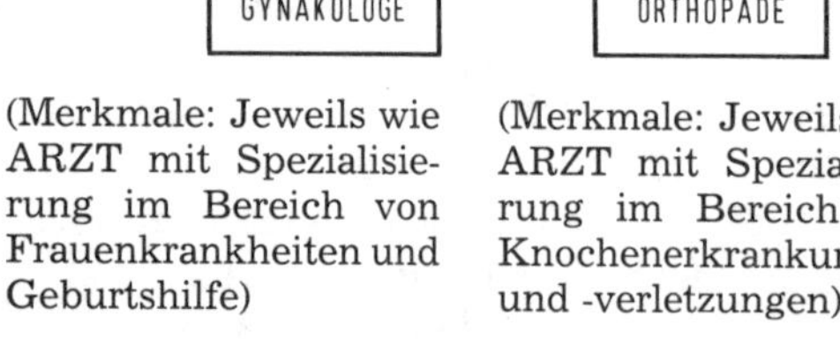

(Merkmale: Jeweils wie ARZT mit Spezialisierung im Bereich von Frauenkrankheiten und Geburtshilfe)

(Merkmale: Jeweils wie ARZT mit Spezialisierung im Bereich der Knochenerkrankungen und -verletzungen)

(Abstrakter) Oberbegriff und (konkretere) Unterbegriffe als Ausschnitt aus einer Begriffshierarchie.

Schon aus dieser knappen Charakterisierung geht hervor: Der Gynäkologe ist ein Spezialfall eines Arztes. Stattet man den Begriff ARZT mit anderen spezifischen Merkmalen aus, so gelangt man zu anderen Spezialfällen, etwa zum ORTHOPÄDEN, INTERNISTEN oder KINDERARZT.

In dieser Betrachtung erscheint der Begriff ARZT als der weiteste; schließt er doch alle anderen (durch spezifischere Merkmale gekennzeichneten) Begriffe (GYNÄKOLOGE, ORTHOPÄDE, KINDERARZT) ein. Als weitesten und übergreifenden Begriff kann man ihn als Oberbegriff auffassen, in dem die anderen genannten Begriffe als Unterbegriffe eingebettet sind. Solche Einbettungen bzw. derartige Über- oder Unterordnungen lassen sich auf mehr als zwei Ebenen vollziehen. Durch stufenweise Anreicherung eines allgemeinen Begriffs mit spezifischen Merkmalen – bzw. umgekehrt: durch stufenweisen Entzug von Merkmalen eines recht spezifischen Begriffs, sind nach der Merkmalstheorie so viele Über- bzw. Unterordnungsverhältnisse zu erzeugen, wie es charakterisierende Merkmale gibt. Eine siebenstufige Schichtung ist z. B. festzustellen bei der Reihe: LEBEWESEN – PFLANZE – BLUME – ROSE – MORGENLÄNDISCHE ROSE – TEEROSE – GLOIRE DE DIJON (Rosensorte). Derartige Schichtungen von Begriffen nennt man *Begriffshierarchien* (von griech. ‚hieros' – heilig, griech. ‚archein' – herrschen).

Je spezifischer ein Begriff, d. h. je niedriger sein Rang in einer Hierarchie ist, desto vollständiger sind in ihm die Eigenschaften eines wahrgenommenen Gegenstandes erhalten. Er erscheint daher der Realität näher, erscheint konkreter. Je mehr spezifische Merkmale beim Aufstieg in der Hierarchie zurücktreten, desto mehr erscheinen Begriffe von der Realität abgelöst, erscheinen abstrakt (von lat. ‚abstrahere' – abziehen). Mit einer Zunahme der Abstraktion ist oft ein Verlust an Anschaulichkeit verbunden (s. bereits S. 116). Konkrete Begriffe wie TEEROSE wirken lebendiger als abstraktere wie PFLANZE.

Von Eleanor Rosch und ihrer Forschungsgruppe (s. S. 132 f.) stammt ein gewichtiger Beitrag auch zum Problem der Hierarchisierung von Begriffen. Zahl und Art von Über- und Unterordnungen würden nicht beliebig durch Hinzufügen und Auslassen von Gegenstandsmerkmalen bestimmt, wie eine formale Auslegung der Merkmalstheorie vermuten ließe. In der natürlichen Begriffsbildung (außerhalb des psychologischen Laboratoriums, der Wissenschaft und der Verwaltung) komme es im wesentlichen lediglich zum Aufbau von drei Abstraktionsebenen. Der Aufbau vollziehe sich von *Grundbegriffen* aus, die zugleich die mittlere Ebene besetzten. Durch Zusammenfassung und Generalisierung von Grundbegriffen entstünden Oberbegriffe; durch Differenzierung des Grundbegriffs entwickelten sich Unterbegriffe. Für die Klasse der Möbelstücke etwa:

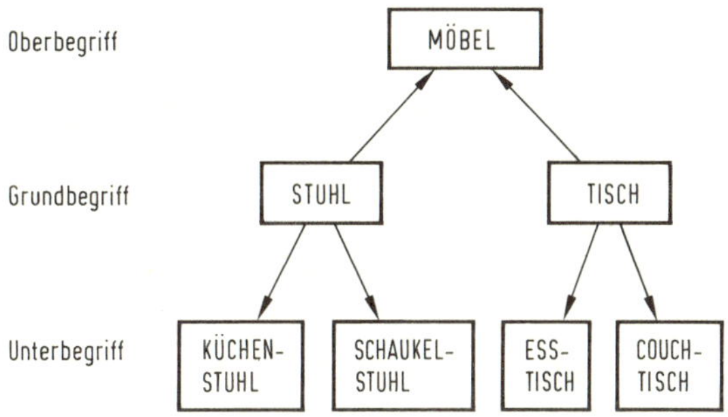

Ein umfangreiches Untersuchungsprogramm (Rosch u. a. 1976) sollte belegen: Der Dreiteilung liegen Ökonomieerwägungen zugrunde. Begriffe sollen handlich sein. Daher sollen sie – so die Autoren – zwei Prinzipien genügen: Erstens, je mehr Klassen und Begriffe, desto größer die Differenziertheit. Zweitens, je weniger Klassen und Begriffe, desto größer die Überschaubarkeit. Offensichtlich sind beide Prinzipien im Widerspruch, und es gilt, ein Optimum zu finden, das größtmögliche Differenziertheit bei größtmöglicher Überschaubarkeit gewährleistet.

Jenes Optimum ist nach Rosch gerade in den Grundbegriffen verwirklicht. Das sei aus zwei Befunden ersichtlich: der Zahl genannter Eigenschaften (z. B. „ist aus Holz", „hat einen Schnabel") und der Häufigkeit zugeordneter Bewegungen (z. B. „man setzt sich darauf", „man brät es in der Pfanne"). Ohne langes Überlegen zählen Erwachsene zu Grundbegriffen wie TISCH, HOSE, KLAVIER im Durchschnitt rund zehn Eigenschaften und zwanzig auszuführende Handlungen auf. Bei Oberbegriffen wie MÖBEL, KLEIDUNG, MUSIKINSTRUMENT sinken die Nennungen beider Arten drastisch ab; bei Unterbegriffen wie KÜCHENTISCH, BADEHOSE, KONZERTFLÜGEL steigen die Nennungen nur wenig oder gar nicht. Daraus schließen die Autoren: Oberbegriffe differenzieren im Vergleich zu Grundbegriffen nur wenig und lassen insofern an Nützlichkeit zu wünschen übrig. Unterbegriffe weisen gegenüber den Grundbegriffen nur einen kleinen Gewinn an Differenziertheit auf, der den Aufwand der Unterteilung nur knapp rechtfertigt. Alles in allem sei der Zuschnitt der Grundbegriffe also für die meisten praktischen Zwecke am günstigsten bemessen.

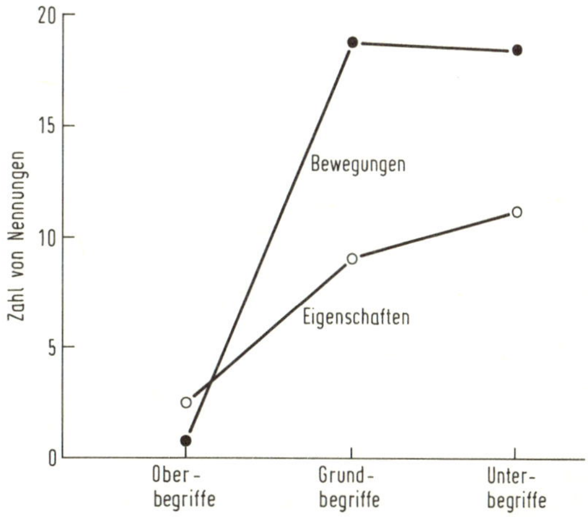

Durchschnittliche Zahl genannter Eigenschaften und Bewegungen zu Grund-, Ober- und Unterbegriffen der fünf Gegenstandsklassen KLEIDER, MÖBEL, MUSIKINSTRUMENTE, OBST, WERKZEUG (modifiziert nach Rosch u. a. 1976, S. 391 u. 396).

Zusammenfassung

1. Begriffe sind kognitive Einheiten, in denen Gemeinsamkeiten von Personen, Gegenständen und Ereignissen in Erscheinung treten. Begriffe können von real wahrgenommenen Gegebenheiten verschieden stark abstrahiert sein. Je höher der Abstraktionsgrad, desto kleiner der Satz der zur Definition der Begriffe benötigten Merkmale.
2. Nach der Merkmalstheorie entstehen Begriffe bzw. Klassen von Gegenständen durch eine Kombination von Merkmalen; die Auswahl kombinierter Merkmale und die Kombinationsregeln sind dabei grundsätzlich beliebig.
3. Nach der ganzheitlich orientierten Prototypentheorie wird zu jeder Begriffsklasse ein Beispielexemplar gebildet; die Zugehörigkeit anderer Gegenstände zu dieser Klasse richtet sich nach der Familienähnlichkeit zu dem Beispielexemplar.
4. Begriffshierarchien ordnen Begriffe innerhalb gleicher Klassen nach ihrer Abstraktionshöhe. Je höher ein Begriff in der Hierarchie rückt, desto kleiner ist die Zahl seiner charakteristischen Merkmale. Nach der Prototypentheorie erwerben Menschen zuerst Grundbegriffe, die sie um Ober- und Unterbegriffe ergänzen.

Literaturhinweise

Palmer, S. E.: Visual perception and world knowledge. In: Norman, D. A. u. Rumelhart, D. E. (Hg.): Explorations in cognition. San Francisco: Freeman 1975, 279–307. (Dt.: Visuelle Wahrnehmung und Wissen. In: Norman, D. A. u. Rumelhart, D. E. (Hg.): Strukturen des Wissens. Stuttgart: Klett-Cotta 1978, 281–307)
Heidbreder, E.: The attainment of concepts: I. Terminology and methodology. Journal of General Psychology 35 (1946), 173–189
Heidbreder, E.: The attainment of concepts: II. The problem. Journal of General Psychology 35 (1946), 191–223
Haygood, R. C. u. Bourne, L. E.: Attribute- and rule-learning aspects of conceptual behavior. Psychological Review 72 (1965), 175–195
Bruner, J. S., Goodnow, J. J. u. Austin, G. A.: A study of thinking. New York: Wiley 1956
Rosch, E.: Principles of categorization. In: Rosch, E. u. Lloyd, B. B. (Hg.): Cognition and categorization. Hillsdale: Erlbaum 1978, 27–48
Rosch, E.: Cognitive representations of semantic categories. Journal of Experimental Psychology: General 104 (1975), 192–233
Klix, F.: On the representation of semantic information in human long-term memory. Zeitschrift für Psychologie 186 (1978), 26–38
Rosch, E., Mervis, C. D., Gray, W. D. u. a.: Basic objects in natural categories. Cognitive Psychology 8 (1976), 382–439

Wissen und Beziehungen zwischen Begriffen

Assoziationen

Das Bewußtsein wandert von Vorstellung zu Vorstellung, von Begriff zu Begriff. Es kreist innerhalb von Begriffsklassen (z. B. in der Gedankenfolge KLARINETTE – TROMPETE – BLASINSTRUMENTE); es überspringt aber auch Klassengrenzen (z. B. in der Folge ENTE – JÄGER – GEWEHR). Die *Beziehungen von Begriffen verschiedener Klassen* setzt Klix (1978) scharf von den Beziehungen innerhalb der Klassen (S. 133) ab. Während die Beziehungen innerhalb von Klassen ihr Entstehen der sprachlichen Logik verdanken, beruhen die Beziehungen zwischen Klassen auf der Erfahrung einer Zusammenhang stiftenden Episode; zur Kopplung der Begriffe ENTE – JÄGER – GEWEHR bedarf es etwa der Kenntnis einer Jagdszene, bei welcher ein Jäger eine Ente zu erlegen trachtet.

Die Verknüpfung von Bewußtseinsinhalten ist ein Thema mit langer Tradition. Bereits der englische Philosoph David Hume (1711–1776) entwickelte drei Prinzipien, die Zusammenhänge zwischen Ideen stiften sollten:

- räumliche und zeitliche Nähe (Kontiguität),
- Ähnlichkeit,
- Häufigkeit der Verknüpfung.

Mit diesen drei Prinzipien war eine Lehre geboren, die sich zusammen mit dem Empirismus (s. bereits S. 113) verbreitete: der *Assoziationismus.* Die Lehre versprach, aus den Einzelverbindungen, den Assoziationen (von lat. ‚associare‘ – sich verbinden), das Gefüge der menschlichen Gedanken- und Vorstellungswelt abzuleiten.

Beispiele aus dem Assoziationslexikon von Saling (1908): Reizwörter mit Reaktionen und deren Häufigkeit.

Akkord		*August*	
Klavier	22.2	September	50.0
Musik	11.1	Hitze	11.1
Arbeit	11.1	Ferien	11.1
Klang	–	*Band*	
anonym		Seide	22.2
Brief	33.3	binden	11.1
synonym	–	schwarz	11.1

Assoziationsversuch und Tatbestandsdiagnostik

Gertrud Salings Erhebung von Assoziationen stand im Dienste kriminalpsychologischer Interessen. Die Autorin hatte bevorzugt Reizwörter ausgewählt, die in Vernehmungsprotokollen aus Strafverfahren auftauchten (ANONYM, DIETRICH, ENTKOMMEN, LEBENSWANDEL u. ä.). Die Überlegung der Autorin war nun: Kennt man die häufigen und damit als normal zu bewertenden Reaktionen, so lassen sich im Einzelfall auch Abweichungen feststellen; solche Abweichungen sind unter geeigneten Umständen als Indizien für einen Tatverdacht zu werten. Meidet etwa ein mutmaßlicher Täter, der für einen Totschlag mit einem Hammer in Frage kommt, auf das Reizwort NAGEL die Reaktion HAMMER, obwohl diese bei unbefangenen Probanden recht geläufig ist, so kann dies als Anzeichen seiner uneingestandenen Schuld ausgelegt werden.

Der Ansatz Salings, der übrigens schon in früheren psychologischen Untersuchungen (z. B. Wertheimer 1905) verfolgt worden ist, hat freilich erhebliche Schwächen und ist juristisch bedenklich. Die Assoziationsmethode wird daher bei Strafprozessen in Deutschland nicht angewandt.

Die Konzeption eines assoziativ gebildeten Gefüges von Begriffen und bildhaft-anschaulichen Vorstellungen erwies sich bis in die neueste Zeit hinein als attraktiv, und es fehlte nicht an Bemühungen, Assoziationen genauer zu bestimmen. Hierfür stand auch eine Methode bereit: Personen bekamen Wörter (Reizwörter) oder Bilder vorgelegt und sollten mit den ihnen dazu einfallenden Wörtern (Reaktionswörter) antworten. So ließen sich *Einzelassoziationen* sammeln. Man konnte den Versuch fortführen, indem man die Probanden bat, auch gleich ihre Einfälle zu den Reaktionswörtern kundzutun. So ließen sich ganze *Assoziationsketten* bestimmen.

Die erste umfassendere Erhebung von Assoziationen hat zu Beginn dieses Jahrhunderts Gertrud Saling (1908) in Frankfurt a. M.

durchgeführt. Sie legte Schulkindern und Studierenden Reizwörter wie DOLCH, HARFE, SCHÜRZE vor und stellte deren Reaktionen darauf zusammen. Das Ergebnis nannte die Autorin einen Grundstock für ein Assoziationslexikon. Zu jedem Reizwort waren die protokollierten Assoziationen verzeichnet, und zwar in der Reihenfolge ihrer Geläufigkeit. Die von Gertrud Saling begonnenen Erhebungen wurden von späteren Autoren zum Teil in großem Stil fortgesetzt. Inzwischen gibt es Assoziationslexika oder – wie man heute sagt – Assoziationsnormen für verschiedene Sprachen und Bevölkerungsgruppen (vgl. z. B. Postman u. Keppel 1970).

Selbstverständlich sind Einzelassoziationen nur die kleinstmöglichen Ausschnitte aus einem größeren Netz von Assoziationen. Ein *Assoziationsnetz* enthält mehrere Begriffe und diese Begriffe sind teilweise wechselseitig voneinander abhängig (das Reizwort NADEL ruft z. B. die Reaktion FADEN hervor, aber umgekehrt auch FADEN als Reizwort die Reaktion NADEL). Die wechselseitige Abhängigkeit zweier Begriffe braucht nicht symmetrisch zu sein (z. B. ruft NADEL die Reaktion FADEN häufiger hervor als FADEN die Reaktion NADEL). Schließlich kann die Beziehung zwischen zwei Begriffen über einen dritten vermittelt sein.

Die Erhebung von Einzelassoziationen und die Konstruktion von Assoziationsnetzen aus Einzelassoziationen sind nicht ohne Widerspruch geblieben. Schon John Stuart Mill (S. 113) hat sich dafür eingesetzt, Ideenverbindungen weniger nach dem Vorbild der Mechanik, sondern nach dem Vorbild der Chemie darzustellen. Es gehe nicht um paarweise Kopplungen von Einzelelementen, sondern um deren Verschmelzung („mental chemistry"). Was Bewußtseinsinhalte zusammenwachsen lasse, sei – so eine auf Ganzheitlichkeit bedachte Auffassung – eine gemeinsame Funktion und eine übergreifende Bedeutungsstruktur. In diesem Sinne schreibt der Breslauer Philosophieprofessor Richard Hönigswald:

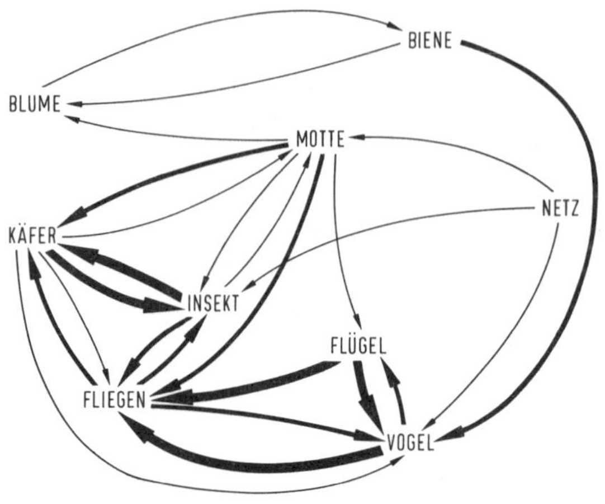

Teil eines Assoziationsnetzes (Deese 1961). Die Begriffe stellen am Anfang von Pfeilen Reizwörter dar, am Ende von Pfeilen Reaktionen. Begriffe, bei denen Pfeile anfangen und andere enden, sind sowohl als Reiz- als auch als Reaktionswörter in Erscheinung getreten. Die Breite der Pfeile soll die Enge der Beziehung, erschlossen aus der Häufigkeit von Nennungen, wiedergeben.

„Aber noch andere Dinge kommen dabei entscheidend in Betracht: vor allem der Gedanke, daß es unmöglich sei, Psychisches in ein Mosaik isolierter Einzelelemente zerklüftet zu denken. Es gibt eben keine ‚Vorstellung', die als Tatsache für sich betrachtet werden könnte. Und andererseits finden sich ‚Vorstellungen' untereinander niemals in aggregativer, sondern stets in funktioneller Gemeinschaft von spezifischer, nämlich durch den Begriff der ‚Bedeutung' bedingter Struktur."
(Hönigswald 1925, S. 211.)

Semantische Netze

Wie lassen sich Bedeutungsstrukturen bestimmen, die mehr sind als Netze paarweise miteinander verkoppelter Elemente? Der Linguist Charles Fillmore (1968) hat hierzu eine vielfach aufgegriffene Anregung gegeben: In einem Verbund kommt jedem Element eine eigene Rolle zu. Könnte man demnach nicht die Rolle von Begriffen in *Bedeutungszusammenhängen* genauer bestimmen? Von einer Analyse der Deklinationsfälle im Satz ausgehend, unterscheidet Fillmore zunächst vier Rollen:

- die Rolle des Handelnden, des Agenten,
- die Rolle des Behandelten, des Objekts,
- die Rolle des Mittels der Behandlung, das Instrument,
- die Rolle des Orts der Behandlung, die Lokation.

Diese vier Rollen finden sich in vielen einfachen Sätzen wie:

IN DER WERKSTATT (Lokation) GLÄTTET DER SCHREINER (Agent) DAS BRETT (Objekt) MIT DEM HOBEL (Instrument).

Graphisch dargestellt:

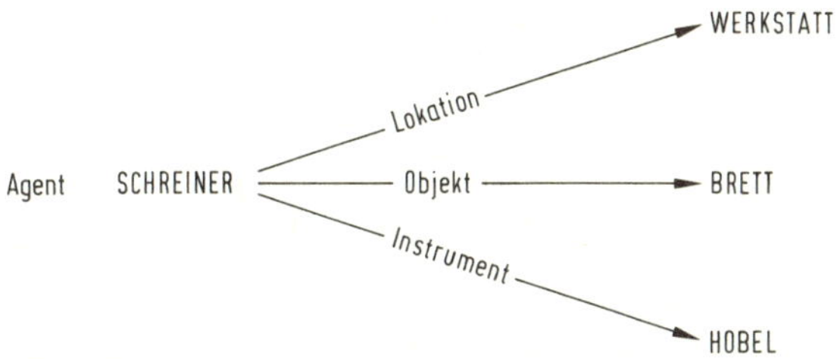

Um größere Wissens- und Erfahrungszusammenhänge darzustellen, muß man diesen Ansatz erweitern. Dazu wurden bisher vor allem zwei Wege beschritten: Zum einen wird die Zahl berücksichtigter Rollenfunktionen vermehrt (z. B. kommt hinzu: der Zweck, der Nutznießer); zum anderen werden Regeln zum Aufbau größerer Netze definiert. Das Ergebnis sind *Aussagensysteme* verschiedener Art. Zu ihnen gehören die von der Gruppe um Donald Norman und David Rumelhart in San Diego (Kalifornien) entwickelten *semantischen Netze* (zum Begriff Semantik vgl. S. 95).

Die Autoren versuchen, Wissensstrukturen aus Prädikaten mit ihren Argumenten oder – einfacher ausgedrückt – aus Beziehungen (Relationen) und den durch sie verbundenen Begriffen aufzubauen. Eine solche Beziehung mag vom Typus GEBEN sein. Wie jede Beziehung (Prädikat) bedarf GEBEN einer näheren Bestimmung durch Begriffe (Argumente); einige dieser Bestimmungen sind für das Verständnis notwendig (obligatorisch), andere sind es nicht:

1. Wer ist der Geber, d. h. der Agent (obligatorisch)?
2. Wer ist der Empfänger (obligatorisch)?
3. Was ist das Gegebene, d. h. das Objekt (obligatorisch)?
4. Wann wurde etwas gegeben, d. h. die Zeit (nicht obligatorisch)?

Eine derartig beschaffene Beziehung wird etwa in dem Satz beschrieben:

KLAUS (Agent) GAB (Relation) GABY (Empfänger) AM MORGEN (Zeit) EINEN BRIEF (Objekt).

Als mathematischer Graph läßt sich diese Aussage folgendermaßen darstellen:

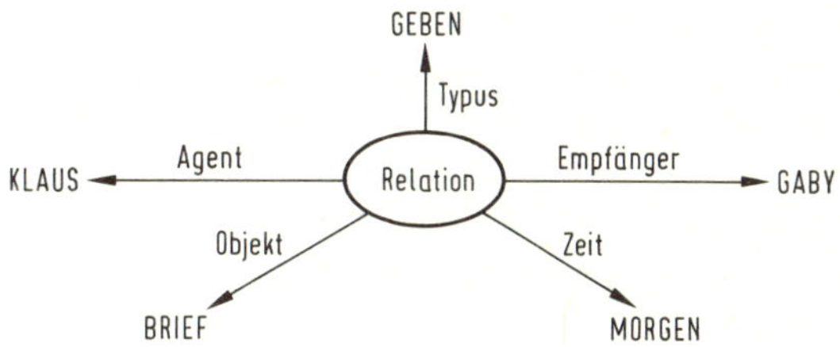

Den Verknüpfungspunkt in diesem Graphen (in der Sprache der mathematischen Graphentheorie: Knoten) bildet die Relation. Gerichtete Linien (Kanten) verweisen auf die zugehörigen Argumente. Da der Knoten ohnehin als Relation definiert ist, kann man die Darstellung vereinfachen, indem man sie sogleich ihrem Typus nach (hier: GEBEN) kennzeichnet:

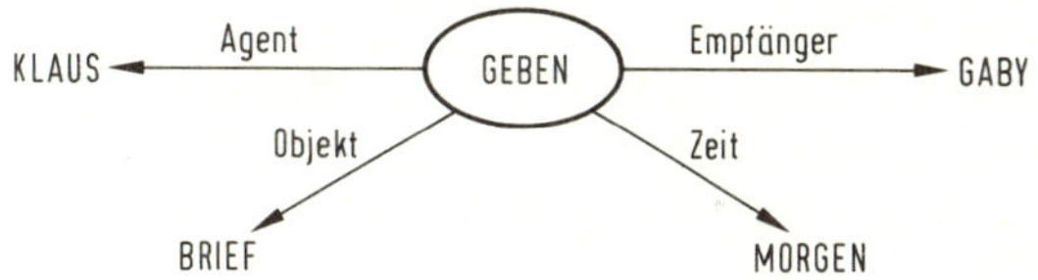

Eine Relation kann nun selbst zum Argument werden. Zum Beispiel wird GEBEN zum Argument von SAGEN in dem Satz:

KLAUS SAGTE MARGARETE, ER HABE GABY AM MORGEN DEN BRIEF GEGEBEN.

Es werden dann zwei Knoten miteinander verknüpft, und KLAUS tritt zweimal als Agent auf:

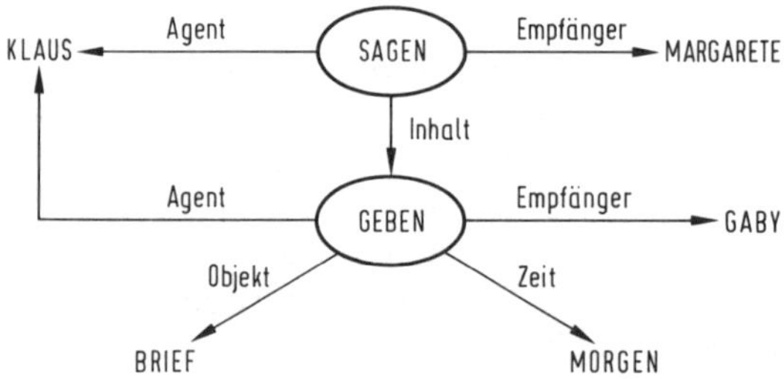

Durch weitere Verknüpfungen kann man noch größere semantische Netze in der Form mathematischer Graphen schaffen. Ziel der Arbeiten der Gruppe um Norman und Rumelhart war, die Spielarten menschlichen Wissens in solchen semantischen Netzen festzuhalten und ihren Nutzen für das Verstehen und das Handeln nachzuweisen.

Weitere Wissensstrukturen: Scripts

Eine stärkere Besinnung auf die tragenden Inhalte von Wissensstrukturen, die menschliches Verstehen und Handeln leiten, zeichnet die 1977 publizierten Untersuchungen von Roger Schank und Robert C. Abelson aus. Was setzt zum Beispiel viele Personen in die Lage, zu einem übereinstimmenden Verständnis einer so rätselhaften Beschreibung zu gelangen, wie sie der folgende Satz – für sich genommen – enthält:

IRMA STAND RATLOS VOR DEM FAHRKARTENSCHALTER; IHR PORTEMONNAIE WAR VERSCHWUNDEN.

Isoliert betrachtet ist der Satz unverständlich. Warum war Irma ratlos? Was hat das Portemonnaie mit ihrer Ratlosigkeit zu tun? Wenn sich das Rätsel doch recht schnell auflöst, dann aufgrund eines *Hintergrundwissens.* Der Ausdruck FAHRKARTENSCHALTER wird zum Schlüsselbegriff. Er verweist darauf: Irma befindet sich in einem Bahnhof. Diese Erkenntnis hilft weiter: Zum Bahnhof hat sie ihre Absicht geleitet, mit dem Zug wegzufahren; dazu mußte sie am Schalter eine Fahrkarte besorgen. Die Fahrkarte kostet Geld. Dieses befindet sich im Portemonnaie. Wenn aber das Portemonnaie verschwunden ist, läßt sich die Absicht zu verreisen nicht ausführen. Was aber dann? Diese Frage ist der Grund von Irmas Ratlosigkeit.

Der Deutungsprozeß offenbart die Kenntnis einer Situation und der ihr angepaßten Motive und Tätigkeiten. Und Schank und Abelson wagen ein großes Gleichnis: Die Weltläufe gleichen Filmszenen, und das Wissen um sie ähnelt dem Inhalt von *Drehbüchern,* von *Scripts.* Scripts enthalten Angaben über

- Örtlichkeiten (z. B. Ausdehnung und Gestalt eines Bahnhofsgebäudes),
- Requisiten (z. B. Fahrkartendrucker in einem Bahnhof),
- Rollen (z. B. Beamter am Fahrkartenschalter),
- Eingangsbedingungen bzw. Motive (z. B. Menschen kommen zum Bahnhof, um zu verreisen),
- Ausgangsbedingungen (z. B. Reisende verlassen den Bahnhof an ihrem Reiseziel),
- Szenen bzw. Handlungsabläufe (z. B. der Reisende kauft am Bahnhof eine Fahrkarte, bevor er den Zug besteigt).

In den Scripts stehen die einzelnen Angaben in einem jeweils spezifischen und in seiner Art einsichtigen Zusammenhang, der den Eindruck eines bedeutungsvollen Ganzen entstehen läßt. (So folgt etwa aus den herrschenden Ausgangsbedingungen im Drehbuch „Mahlzeit im Restaurant“, daß der Gast beim Kellner eine Bestellung aufgibt und nicht umgekehrt der Kellner beim Gast.)

Die Script-Forschung geht in zwei Richtungen: Erstens, Bestandsaufnahme verfügbarer Scripts (Zahl, Art, Ausführlichkeit von

Scripts – Gegenstände im Sachkundeunterricht

Die Kenntnis von Situations- und Handlungszusammenhängen ist nicht nur für die Bewährung im Lebensalltag wichtig (z. B. Fahren im Bus, Benehmen im Kino), sondern erleichtert auch den Erwerb formaler Bildung (Verständnis für den Lesestoff beim Lesenlernen, Verständnis für den Inhalt eingekleideter Rechenaufgaben, Bedeutungsverstehen als Voraussetzung für den Fremdsprachenunterricht u. ä.). Im modernen Unterricht wird der Erwerb script-ähnlichen Wissens deshalb planmäßig gefördert und nicht nur der außerschulischen Erziehung überlassen. Ein eigenes Unterrichtsfach Sachkunde wurde teilweise zu diesem Zweck eingerichtet. In Vor- und Grundschule werden Schüler darin vertraut gemacht mit Themen wie „Benutzung öffentlicher Verkehrsmittel", „In einem Handwerksbetrieb", „Polizei", „Post".

Das Thema „Post" ist nach dem Rahmenplan für den Unterricht an den Schulen Berlins (West) für die 3. und 4. Klassen der Grundschulen vorgesehen und umfaßt die folgenden Anteile:

„Postanschrift und Fernsprechnummer der Schule. Einige Postwertzeichen. Besuch eines Postamtes. Wichtige Postdienste (Briefdienst, Paketdienst, Fernsprechdienst). Verhalten am Fernsprecher. Richtige Beschriftung von Postkarten und Briefen. Briefgeheimnis."

Rahmenplan für den Unterricht an den Schulen des Landes Berlin (West), Teil B II 1, E.

Scripts als Wissensbestand bei Individuen und Personengruppen). Zweitens, die Nützlichkeit verfügbarer Scripts für das Verständnis von Äußerungen und das Bewältigen von Situationsanforderungen. Schank und Abelson analysieren in ihrem Buch aus dem Jahre 1977 vorzugsweise Scripts als Voraussetzungen für das Verstehen und als Quellen von Mißverständnissen. Als Computerwissenschaftler interessieren sie sich nicht zuletzt für das Problem, welche Script-Informationen man in Textverarbeitungssysteme einfüttern muß, damit diese die Bedeutung neuer Sätze automatisch zu erkennen vermögen.

Zusammenfassung

1. Vorstellungen und Begriffe erscheinen miteinander verknüpft; das Bewußtsein einer Vorstellung bzw. eines Begriffs ruft oft in gesetzmäßiger Weise eine neue Vorstellung bzw. einen neuen Begriff hervor (Assoziation).
2. Aus Paarassoziationen lassen sich umfassendere Assoziationsnetze aufbauen.
3. Dem Bemühen, Bedeutungszusammenhänge und Wissensstrukturen theoriegeleitet darzustellen, entspringen neuere Ansätze zur Konstruktion von Aussagesystemen. Zu ihnen gehören die Darstellungsformen des semantischen Netzes und des Scripts (Drehbuch).

Literaturhinweise

Klix, F.: On the representation of semantic information in human long-term memory. Zeitschrift für Psychologie 186 (1978), 26–38
Hume, D.: A treatise of human nature: Being an attempt to introduce the experimental method of reasoning into moral subjects. Bd. 1 (anonym). Später als: An enquiry concerning human understanding. London: Noon 1739. (Dt.: Eine Untersuchung über den menschlichen Verstand. Leipzig: Dürr 1907, 6. Aufl.)
Saling, G.: Assoziative Massenversuche. Zeitschrift für Psychologie 49 (1908), 238–253
Postman, L. u. Keppel, G. (Hg.): Norms of word association. New York: Academic Press 1970
Wertheimer, M.: Experimentelle Untersuchungen zur Tatbestandsdiagnostik. Archiv für die gesamte Psychologie 6 (1905), 59–131
Deese, J.: From the isolated verbal to the connected discourse. In: Cofer, C. N. (Hg.): Verbal learning and verbal behavior. New York: McGraw Hill 1961, 11–31
Hönigswald, R.: Die Grundlagen der Denkpsychologie. Leipzig: Teubner 1925
Fillmore, C. J.: The case for case. In: Bach, E. u. Harms, R. T. (Hg.): Universals in linguistic theory. New York: Holt, Rinehart u. Winston 1968, 1–88. (Dt.: Plädoyer für Kasus. In: Abraham, W. (Hg.): Kasustheorie. Frankfurt: Athenäum 1977, 1–118)
Norman, D. A. u. Rumelhart, D. E.: Explorations in cognition. San Francisco: Freeman 1975. (Dt.: Strukturen des Wissens. Stuttgart: Klett-Cotta 1978)
Schank, R. C. u. Abelson, R. P.: Scripts, goals, plans and understanding. Hillsdale: Erlbaum 1977

Vorstellung, Begriffsbildung, Wissen in der Entwicklungs-, Persönlichkeits- und Sozialpsychologie

Entwicklungspsychologie

Kommen Menschen tatsächlich mit einem Grundbestand an inneren Bildern und Begriffen auf die Welt? Carl Gustav Jung (1972/1924) behauptet das in seiner Archetypenlehre (vgl. S. 45). Schon das Neugeborene trage ein Kollektivbewußtsein, in dem ihm Inhalte wie MUTTER, GUT oder MAGIER vorgegeben seien. Andere Theorien gehen davon aus, daß Neugeborene außer der Erfahrung einfacher Empfindungen kein Vorwissen aus dem Mutterleib mitbringen. Aber selbst wer eine kognitive Grundausstattung des Neugeborenen für möglich hält, wird nicht bestreiten: Der Erwerb von Wissen und begrifflicher Ordnung, die Entfaltung der Vorstellungswelt macht einen wesentlichen Teil der lebenslangen Entwicklung aus.

Der *kindlichen Phantasie* sagt man oft eine besondere Lebendigkeit und einen bemerkenswerten Gestaltungsreichtum nach. Zum Beleg wird auf originelle Hervorbringungen beim Kinderspiel, in der Kindersprache und in der Kinderzeichnung hingewiesen (vgl. etwa Wallach 1970). Als Grund für diese Originalität wird angegeben: Die Vorstellung des jüngeren Kindes sei weniger als die des Erwachsenen durch die Erfahrung der Realität eingeengt. Zweifellos eröffnen sich der Phantasie Freiräume, wo die Welterfahrung zurücktritt. Auf der anderen Seite darf man die Eigenständigkeit und den Reichtum der Phantasie jüngerer Kinder auch nicht überschätzen: So ist konkretes Denken vor Beginn der Schulzeit weit verbreitet. Die Vorstellung eines fliegenden Fisches mit drei Köpfen etwa ist vielen jüngeren Kindern völlig fremd (Mussen, Conger u. Kagan 1976). Erst später lernen sie, Erfahrungselemente frei zu kombinieren und zu phantasievolleren Vorstellungen zu gelangen wie zu dem erwähnten dreiköpfigen fliegen-

Tiere machen einen Zirkus (Zeichnung eines Siebenjährigen): Produkt der freien Phantasie oder Ausarbeitung der vorhandenen Erfahrung?

den Fisch. Man könnte folgern: Das Vertrautsein mit der Wirklichkeit ist erst Voraussetzung für die Ablösung von der Realität in der Phantasie.

Allerdings gilt auch: Was vielen Erwachsenen als Produkt kindlicher Vorstellung erscheint, ist den Kindern durch Märchen und andere Phantasieberichte von Erwachsenen vorgegeben. Da Kinder einen erheblichen Teil ihrer Welterfahrung ohnehin aus den Berichten Erwachsener beziehen, hat die Märchenwelt für sie zunächst möglicherweise einen ähnlich hohen Realitätscharakter wie die wirklich vorfindbare Welt. Die Märchenfee und die im Ausland lebende Tante erscheinen aus ihrer Sicht gleich nah und fern, greifbar und unerreichbar, wirklich und unwirklich.

Wissenserwerb und Begriffsbildung gehen in der Regel Hand in Hand. Die Aneignung von Wissen und Begriffen gleicht in vielen Bereichen einem Schreiten über Stufen; das Erreichen höherer Stufen setzt das Einnehmen niedrigerer Stufen voraus. Beispielhaft zeigt dies eine Studie von Dendre Gentner – angefertigt als Doktorarbeit im Projekt von Norman und Rumelhart über semantische Netze (s. S. 138ff.). Gentner untersuchte den Erwerb der Verben des Besitzwechsels wie GEBEN, NEHMEN, BEZAHLEN, TAUSCHEN, KAUFEN, VERKAUFEN. Die Vorhersage der Autorin war: Die Verben werden nacheinander gelernt, da sich ihre Bedeutungselemente stufenweise aufhäufen:

Reihenfolge	*Verben*	*Bedeutungselemente*
1	GEBEN/NEHMEN	Tun mit Ursache/Verursacher und der Folge eines Transfers (Besitzwechsel)
2	TAUSCHEN/BEZAHLEN	Tun, Ursache, Transfer (wie GEBEN/NEHMEN), vollzogen als wechselseitige soziale Verpflichtung
3	KAUFEN/VERKAUFEN	Tun, Ursache, Transfer, Verpflichtung (wie TAUSCHEN/BEZAHLEN), dazu der Charakter eines Vertrags als genereller Übereinkunft zur Umsetzung von Geld und Ware

Man kann diese Bedeutungen präzise in Form von semantischen Netzen darstellen und dann detailliert zeigen: Das Netz wächst von Stufe 1 (GEBEN/NEHMEN) bis Stufe 3 (KAUFEN/VERKAUFEN) an. Dabei sind die Knoten der niedrigeren Stufen in den Netzen der höheren Stufen mit enthalten.

Zur Prüfung ihres Modells ließ Gentner Kinder zwischen 3½ und 8½ Jahren an Puppen aus der Fernsehsendung „Sesamstraße" vorführen, was GEBEN, NEHMEN, TAUSCHEN usw. bedeutet (z. B. „Bert tauscht mit Ernie ein Flugzeug gegen zwei Boote"). Tatsächlich konnte sie beobachten, daß das Verständnis der Begriffe GEBEN/NEHMEN ab drei Jahren fast vollkommen vorhanden war, während sich das Verständnis der Begriffe TAUSCHEN/BEZAHLEN und KAUFEN/VERKAUFEN darauf aufbaute und daher langsamer in Erscheinung trat.

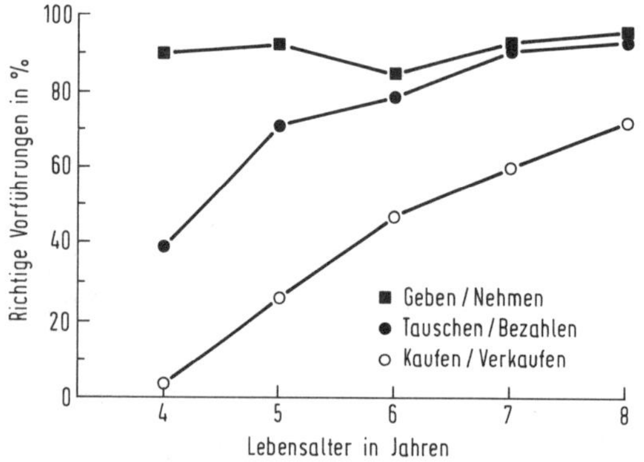

Anteil richtiger Vorführungen von Begriffen des Besitzwechsels (vereinfacht nach Gentner 1975, S. 241).

Nach Piaget (1950/1974) beruht der Erkenntnisfortschritt im Laufe der psychosozialen Entwicklung nicht allein auf einer Anhäufung von Wissen; er schließt auch einen beträchtlichen qualitativen Wandel ein. Die ersten Erfahrungen des Kindes seien aktiv, konkret, egozentrisch. Durch Greifen und Manipulieren erkenne das Kind Personen und Gegenstände in seiner Umgebung, erlebe seine Umwelt und sich selbst als Auslöser zahlreicher Ereignisse – etwa beim Ballspiel, beim Anstoßen von Klappern (vgl. auch Bruners Theorie des enaktiven Stadiums, S. 104). Aufgrund des äußeren Umgangs bildeten sich eigene Erkenntnisstrukturen; es seien äußerliche Schemata, geprägt von unmittelbarer Erfahrung, gegenstandsgebunden und egozentrisch. Mit fortschreitender Entwicklung würden jedoch die von außen übernommenen Schemata zunehmend kognitiv verarbeitet, zu *inneren Schemata* umgeformt (s. bereits S. 57). Die inneren Schemata seien von größerer Abstraktion. Das gegenstandsgebundene und egozentrische Erkennen weiche damit einem Weltbild von größerer Flexibilität und allgemeinerem Geltungsanspruch.

Persönlichkeitspsychologie

Es wäre sicherlich eine Übertreibung zu behaupten, jeder Mensch besitze seine eigene Begriffs- und Vorstellungswelt. Wäre diese Behauptung richtig, wäre keine Verständigung zwischen Menschen möglich. Aber erhebliche interindividuelle Unterschiede im Begriffsrepertoire, im Wissen und in der Vorstellung sind doch festzustellen, und diese wirken sich als Hemmnisse für die Verständigung aus.

Theoretisch kann man den Zusammenhang von Persönlichkeit und Bewußtseinsinhalten auf zweierlei Weise zu fassen versuchen:
○ Man bestimmt eine grundlegende Persönlichkeitseigenschaft oder -struktur und versucht nachzuweisen, daß diese Persönlichkeitsbasis das Denken lenkt und seine Inhalte prägt.
○ Man definiert die Persönlichkeit sogleich als Gefüge der Denk- und Vorstellungsinhalte eines Menschen, einschließlich seines Wissens und Glaubens.

Als Beispiel für den ersten Ansatz *(Denken in Abhängigkeit von Personmerkmalen)* kann man die Introversionstheorie von Carl Gustav Jung (1921) anführen. Die Introversion (von lat. ‚intro' – hinein, lat. ‚vertere' – wenden) bezeichnet nach Jung einen biologisch verankerten Typus der Energiesteuerung. Im Gegensatz zum Extravertierten lenke der Introvertierte seine Lebensenergie (Libido) nach innen. Dort besetze sie die innere Reflexion, anstatt sich – wie beim Extravertierten – in außengerichtete Handlungen zu entladen. Die Typusveranlagung (als Basisstruktur der Persönlichkeit) ziehe deshalb die Neigung zum Spekulieren, Phantasieren und Träumen nach sich:

„Dieses Denken verliert sich leicht in die immense Wahrheit des subjektiven Faktors. Es schafft Theorien um der Theorie willen, anscheinend im Hinblick auf wirkliche oder wenigstens mögliche Tatsachen, aber mit deutlicher Neigung, vom Ideellen zum bloß Bildhaften überzugehen. Dadurch kommen zwar Anschauungen von vielen Möglichkeiten zustande, von denen aber keine zur Wirklichkeit wird, und schließlich werden Bilder geschaffen, die überhaupt nichts äußerlich Wirkliches mehr ausdrücken, sondern ‚bloß' noch Symbole des schlechthin Unerkennbaren sind. Damit wird dieses Denken mystisch ..."
(Jung 1921, S. 547.)

Der zweite der oben unterschiedenen Ansätze (*Persönlichkeit als Gefüge von Kognitionen*) läßt sich anhand der Persönlichkeitstheorie von George Kelly (1955) verdeutlichen. Kelly zählt zu den entschiedensten kognitivistischen Autoren (s. S. 36ff.). Maßgebend für seine Theorie ist das bewußte Erleben der Menschen. Jeder Mensch schaffe sich seine Erlebniswelt mit ihren Personen, Gegenständen und Ereignissen wie ein Wissenschaftler seine Theorie: durch Beobachtung, Schlußfolgerung und Interpretation. Mit dieser selbstgeschaffenen Erlebniswelt sei auch die persönliche Eigenart, die Persönlichkeit eines Menschen definiert.

Anders als beim Jungschen Ansatz zieht Kelly keine tieferliegenden Persönlichkeitseigenschaften heran, um den Prozeß der Konstruktion einer kognitiven Welt zu erklären. Er erklärt ihn vielmehr aus sich selbst heraus, indem er sich den Begriffen zuwendet, welche den Konstruktionsprozeß prägen. Jeder Mensch betrachte die Welt wie mit einer eigenen Brille. Die eigene Sichtweise sei vermittelt durch – so Kelly – persönliche Begriffe wie „gut und schlecht" oder „schön und häßlich". Solche Begriffe wähle der Betroffene selbst aus; er könne sie aber auch aufgeben und neue Begriffe berücksichtigen. Indem die Begriffe mit seiner Weltsicht seine Persönlichkeit definieren, führe ein Wandel in der Begrifflichkeit auch einen Persönlichkeitswandel herbei. Dazu ein Beispielfall von Kelly selbst:

„Nehmen wir an, ein Mensch beginnt mit einem Begriff ‚Angst und Überlegenheit' und geht dann über zu einem Begriff ‚Achtung und Verachtung'. Während er früher seine Bekannten einteilte in solche, vor denen er Angst hatte, und solche, denen er überlegen war, hat er mit zunehmender Reife seine Mitmenschen eher in geachtete und verachtete eingeteilt. Aber um diesen Umschwung zu vollziehen, braucht er einen anderen Begriff, in dessen Bereich ‚Angst und Überlegenheit' liegt und der sich auch als hinreichend zugänglich für die neue Idee ‚Achtung und Verachtung' erweist ...

Der ... Begriff, in dessen Bereich die genannten Varianten liegen, mag etwa den Sinn haben ‚Reife und Unreife'."
(Eigene Übersetzung aus Kelly 1955, S. 81f.)

Sozialpsychologie

Die Entwicklung und Pflege gemeinsamer Denkinhalte ist zugleich Voraussetzung und Folge des Zusammenlebens in Gruppen. Die Sozialpsychologie hat sich daher den Vorstellungen und den Begriffsbildungen in Gruppen zugewandt, dem sozialen Wissen und Meinen, den Glaubenssätzen, Einstellungen und Voreingenommenheiten. Denk- und Vorstellungsinhalte mit sozialer Bedeutsamkeit faßt man mit den sozial bedeutsamen Wahrnehmungen (vgl. bereits S. 106f.) zu den *sozialen Kognitionen* zusammen. Sozial bedeutsam können Denk- und Vorstellungsinhalte genannt werden,

- wenn sie soziale Sachverhalte betreffen,
- wenn sie Individuen zu partnerschaftlichen Gruppen vereinen oder sie in rivalisierende Gruppen trennen,
- wenn sie soziales Handeln leiten.

Die Sozialforschung beschränkt sich nicht auf das Erheben der Verbreitung sozialer Kognition (z. B. „90% der Bevölkerung in der deutschen Bundesrepublik ist der Begriff ‚Umweltschutz' bekannt"). Durch Interviews und Umfragen wird auch die Struktur gemeinsamer Kognitionen in ihrem zeitlichen Wandel ermittelt. So ist neuerdings festzustellen, daß das ökologische Bewußtsein zu Beginn der achtziger Jahre stark geprägt ist durch die Sorge um Energie- und Rohstoffvorräte, durch Skepsis gegenüber der Kernkraft und durch Annahmen über Grenzen des wirtschaftlichen Wachstums (Fietkau, Kessel u. Tischler 1982).

Soziale Kognitionen haben zumeist einen motivationalen Aspekt. Sie schließen Wertvorstellungen und Einstellungen ein (vgl. auch später S. 384). Ein früher Ansatz zur systematischen Erfassung der Struktur sozialer Kognitionen und Einstellungen stammt von Abelson und Rosenberg aus dem Jahre 1958. Darin wird versucht, soziale Kognitionen in drei Elemente zu zerlegen:
Handelnde (Betroffene, andere, Gruppen usw.), Mittel (Handlungen, instrumentelle Reaktionen usw.) und Ergebnisse (Schaden, Nutzen usw.). Zwischen diesen Elementen vermitteln vier Arten von Beziehungen: positive, negative, neutrale und ambivalente.

Soziale Stereotypen – gemeinsame Kognitionen

In sozialen Gemeinschaften entstehen Eindrücke von Mitgliedern ethnischer, rassischer, religiöser und anderer Gruppen. Sie werden – ungeachtet aller individueller Variationen – über alle Mitglieder der betroffenen Gruppen verallgemeinert. Einer Anregung des New Yorker Publizisten Walter Lippmann folgend, werden solche Eindrücke Stereotypen genannt.

So besteht bei Japanern, die in Deutschland leben oder gelebt haben, gegenwärtig folgender Eindruck vom Deutschen und der Bundesrepublik: Der Deutsche ist nicht sehr warmherzig, aber vernünftig, ziemlich dickhäutig, aber hilfsbereit. Er ist bis zum Exzeß korrekt und außerordentlich zuverlässig. In Deutschland muß man alle seine Gedanken in Worte fassen, sonst wird man nicht verstanden. Der Deutsche liebt gutes Essen, wobei Schweinefleisch besonders gut zubereitet wird. Die Städte der Bundesrepublik sind so sauber und ordentlich, daß man sich gehemmt fühlt. Die Dörfer sind unglaublich aufgeräumt, sehr klein und voll von hübschen kleinen Fachwerkhäusern.

Abschied nehmen die Japaner zur Zeit vom alten Bild der Deutschen, das durch kulturelle Persönlichkeiten wie Beethoven, Schiller und Goethe geprägt war: Entgegen seinem Ruf sei der Deutsche weniger kulturverbunden und statt dessen praktisch und geschäftstüchtig. (Repräsentative Äußerungen in japanischen Zeitungen, welche die Deutsche Botschaft in Tokio 1976 und 1977 zum „Tag des Grundgesetzes“ angeregt hatte.)

Das Deutschlandbild der mit Deutschland vertrauteren Japaner ist nicht unkritisch, aber freundlich. Das ist nicht bei allen Stereotypen der Fall. Häufig nimmt das Bild von Menschen in anderen Gruppen den Charakter eines Feindbildes an. Vom Feindbild zur Aggression ist es dann nur ein kurzer Schritt. Nicht zuletzt deshalb hat sich die Sozialpsychologie eingehend mit sozialen Stereotypen auseinandergesetzt und ihre Entstehung, ihren Wandel sowie ihre Folgen zu bestimmen versucht (vgl. etwa Mees 1974).

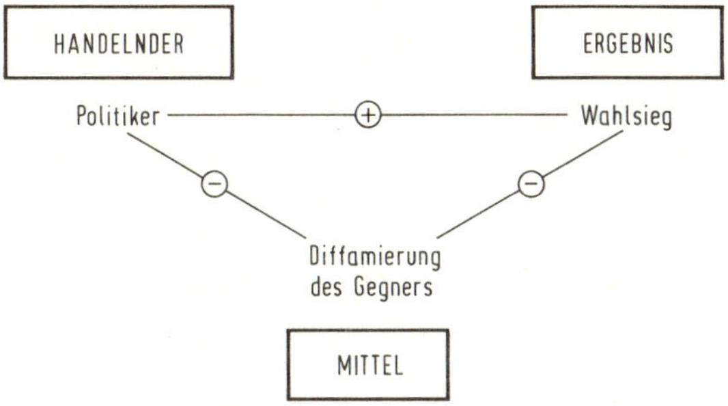

Beispiel für eine soziale Kognition in der Analyse nach Abelson und Rosenberg (1958): Der Wahlsieg eines Politikers wird begrüßt, obwohl seine Wahlkampfmethode sowohl im Hinblick auf seine Person als auch auf das Ergebnis abgelehnt wird.

Die Faustregel, daß gemeinsame Kognitionen Gruppen zusammenhalten und Gruppen bei Divergieren ihrer Meinungen auseinanderbrechen – von Muzafer und Carolyn Sherif bereits 1953 in einer eindrucksvollen Studie über Gruppen in Ferienlagern unter Beweis gestellt – erfährt oft eine bemerkenswerte Umkehrung: Um die Gruppe zu erhalten, üben ihre Mitglieder Druck aufeinander aus, ihre Meinungen und Kenntnisse einander anzugleichen (Sherif u. Sherif 1953). Aus diesen Zusammenhängen erwächst ein neues Problem: das *Wissen über das Denken des anderen.* Es ist keine Selbstverständlichkeit, selbst Kenntnis über das Denken eines anderen zu besitzen (Denken als Teil des Bildes vom anderen) sowie Unterschiede zwischen dem eigenen Denken (Selbstbild) und dem Denken des anderen (Fremdbild) in Rechnung zu stellen. Mit P. H. Miller u. a. (1970) nennt man das Nachdenken über die Gedanken anderer *rekursives Denken.* Das rekursive Denken kann dabei – wie die Autoren es ausdrücken – mehrere Schleifen durchlaufen. Im einfachsten Fall hat es die Form: „A denkt, daß B denkt" (eine einzige Schleife). Die Form läßt sich erweitern nach dem Muster: „A denkt, daß B denkt, daß C denkt, …" (mehrere Schleifen). Die Fähigkeit zum rekursiven Denken bildet eine Voraussetzung für das Verständnis der Sichtweise des anderen, seiner Perspektive.

In diesem Auto wurde 1977 der Arbeitgeberpräsident Hanns-Martin Schleyer ermordet aufgefunden. Politisch motivierte Terroristen hatten vorher seine Entführung bekanntgegeben.

Die auf gesellschaftliche Umwälzung bedachten Gruppen der deutschen Bundesrepublik betrachteten den Arbeitgeberpräsidenten als einen ihrer härtesten Widersacher. Die Fotomontage von Ernst Volland (1977) bringt ihre Vorstellung zum Ausdruck, den Gegner „unter den Teppich zu kehren".

Louis Oppenheimer (1978) von der Katholischen Universität Nijmwegen (Holland) arbeitet heraus, wie aus dem rekursiven Denken einerseits die Differenzierung verschiedener Perspektiven hervorgeht (z. B. „ich sehe das so; du siehst das anders; er sieht es wieder anders"), andererseits die Übernahme einer fremden Perspektive.

Soziale Kognitionen finden Verbreitung im persönlichen Kontakt und in der Darstellung von Kommunikationsmedien (Schriften, Plakate, Rundfunk, Fernsehen). Auf ihnen fußt gemeinschaftliches Handeln, an dem sich alle oder viele Gruppenmitglieder beteiligen. Auch Individuen können sich – zu Recht oder zu Unrecht – darauf berufen. Ein (sicherlich kontrovers zu diskutierendes) Beispiel: Im Jahre 1977 wurde der damalige Präsident der Bundesvereinigung der deutschen Arbeitgeberverbände, Hanns-Martin Schleyer, entführt und ermordet. Durch seine Wirtschaftspolitik hatte er sich zahlreiche Gegner geschaffen. Man kann ohne weiteres unterstellen: Die Vorstellung, Schleyer aus dem politischen Leben der Bundesrepublik zu entfernen, wurde von allen jenen Gruppen geteilt, die radikale sozialpolitische Umwälzungen befürworteten. Diese allgemeine Vorstellung verdichtete sich im Denken der an Schleyers Ermordung beteiligten Terroristen zur Idee seiner physischen Beseitigung, welche die Täter dann angeblich „im Namen des Volkes" in die Wirklichkeit umsetzten.

Zusammenfassung

1. Wissen und begriffliche Ordnung bauen sich während der lebenslangen Entwicklung in Stufen auf; die tiefenpsychologische Archetypentheorie behauptet darüber hinaus die Existenz angeborener (kollektiver) Zentralbegriffe oder -bilder.
2. Die Vorstellung des Kindes erscheint dem Erwachsenen oft besonders lebhaft und reichhaltig. Es ist zu diskutieren, wieweit die kindliche Phantasie sich aufgrund des Fehlens realistischer Erfahrung entfaltet.
3. Wissen, Vorstellung und begriffliche Ordnung weisen erhebliche individuelle Unterschiede auf. Diese Unterschiede kann man auf das Wirken tieferliegender Persönlichkeitseigenschaften zurückführen. Man kann aber auch unmittelbar annehmen: Die Persönlichkeit eines Menschen ist nichts anderes als seine kognitive Struktur, d. h. das Gefüge seines Wissens, Begreifens, Vorstellens und Glaubens.
4. Denk- und Vorstellungsinhalte werden zu den sozialen Kognitionen gerechnet, wenn sie soziale Sachverhalte betreffen, zum Bestand und zur Auflösung von Gruppen beitragen und soziales Handeln leiten. Voraussetzung für den Austausch in Gruppen wird die Fähigkeit zur Übernahme der Perspektive von anderen.

Literaturhinweise

Jung, C. G.: Über die Entwicklung der Persönlichkeit. Gesammelte Werke Bd. 17. Olten: Walter 1972 (Erstausgabe: Vorlesungen 1924)

Wallach, M. A.: Creativity. In: Mussen, P. H. (Hg.): Carmichael's manual of child psychology. Bd. 1. New York: Wiley 1970, 1211–1272

Mussen, P. H., Conger, J. J. u. Kagan, I.: Lehrbuch der Kinderpsychologie. Stuttgart: Klett 1976

Gentner, D.: Evidence for the psychological reality of semantic components: The verbs of possession. In: Norman, D. A. u. Rumelhart, D. E. (Hg.): Explorations in cognition. San Francisco: Freeman 1975. (Dt.: Der experimentelle Nachweis der psychologischen Realität semantischer Komponenten: Die Verben des Besitzes. In: Norman, D. A. u. Rumelhart, D. E. (Hg.): Strukturen des Wissens. Stuttgart: Klett-Cotta 1978, 213–247)

Piaget, J.: La construction du réel chez l'enfant. Neuchâtel: Delachaux & Niestlé 1950. (Dt.: Der Aufbau der Wirklichkeit beim Kinde. Stuttgart: Klett 1974)

Jung, C. G.: Psychologische Typen. Zürich: Rascher 1921

Kelly, G. A.: The psychology of personal constructs. New York: Norton 1955

Fietkau, H. J., Kessel, H. u. Tischler, W.: Umwelt im Spiegel der öffentlichen Meinung. Frankfurt: Campus 1982

Abelson, R. P. u. Rosenberg, M. J.: Symbolic psycho-logic: A model of attitudinal cognition. Behavioral Science 3 (1958), 1–13

Lippmann, W.: Public opinion. New York: Macmillan 1922

Mees, U.: Vorausurteil und aggressives Verhalten. Stuttgart: Klett 1974

Sherif, M. u. Sherif, C. W.: Groups in harmony and tension. New York: Harper u. Row 1953

Miller, P. H., Kessel, F. S. u. Flavell, J. H.: Thinking about people thinking about people thinking about ...: A study of social cognitive development. Child Development 41 (1970), 613–623

Oppenheimer, L.: The development of processing the social perspectives: A cognitive model. International Journal for Behavior Development 1 (1978), 149–171

Oppenheimer, L.: Die Beziehung zwischen rekursivem Denken und sozialer Perspektivenübernahme: Eine Entwicklungsstudie. In: Eckensberger, L. u. Silbereisen, R. K. (Hg.): Entwicklung sozialer Kognitionen. Stuttgart: Klett-Cotta 1980, 211–227

Ausgewählte Literatur zur Ergänzung und Vertiefung

Aebli, H.: Das Denken als Ordnen des Tuns. Stuttgart: Klett-Cotta, Band I 1980. Band II 1982
(Begriffsbildung und Wissensorganisation aus handlungspsychologischer Sicht)

Cohen, D. B.: Sleep and dreaming. Oxford: Pergamon 1979
(Zusammenstellung und Diskussion von Ergebnissen der modernen psychologischen Schlaf- und Traumforschung)

Cole, M., Gay, J., Glick, J. A. u. a.: The cultural context of learning and thinking. London: Methuen 1971
(Überlegungen und empirische Studien zur Kulturabhängigkeit von Schlußfolgerungen und Lernprozessen)

Dixon, N. F.: Preconscious processing. Chichester: Wiley 1981
(Auseinandersetzung mit dem Problem des Vorbewußten)

Horowitz, M. J.: Image formation and cognition. London: Butterworth 1970
(Über die Entstehung von Phantasievorstellungen, mit zahlreichen Illustrationen)

McGuigan, F. J.: Thinking: Studies of covert language processes. New York: Appleton Century Crofts 1966
(Untersuchungen des Denkens auf der theoretischen Grundlage des Behaviorismus)

Oerter, R.: Psychologie des Denkens. Donauwörth: Auer 1971
(Umfassende Darstellung der Denkpsychologie; Schwerpunkte im Bereich der Begriffsbildung und des Problemlösens)

Weinert, F. E. u. Kluwe, R.: Metakognition, Motivation und Lernen. Stuttgart: Kohlhammer 1981
(Studientext über neuere Fragestellungen der Denkpsychologie, insbesondere Probleme der Selbstreflexion)

Kapitel 5

Schlußfolgerndes Denken

Hypothesenbildung und Beobachtung
Induktives und deduktives Urteil
Denken in Analogien
Wahrscheinlichkeitsschlüsse
Fehler im menschlichen Denken

Wenn der Mensch an Weltverständnis, an Naturbeherrschung und an gesellschaftlicher Organisation alle anderen Gattungen übertrifft, so verdankt er das seiner herausragenden Fähigkeit, sein Wissen zu vermehren. Dies tut er nicht nur durch Beobachtung. Aus seinen Beobachtungen und Vorstellungen kann er vielmehr Schlußfolgerungen ziehen und dadurch neue Erkenntnis ableiten. Die kognitiven Vorgänge, in deren Verlauf aus vorhandener Erfahrung neue Erkenntnis geschöpft wird, faßt man unter dem Begriff des Denkens zusammen. Die hier vorzustellenden Formen schlußfolgernden Denkens bilden eine Auswahl aus der Vielfalt vorfindbarer Denkprozesse. Sie gehören wohl zu denjenigen, die sich in der psychologischen Forschung stärkerer Aufmerksamkeit erfreuen, da sich ihr Ablauf in der formalen Sprache der mathematischen Logik darstellen läßt.

Das schlußfolgernde Denken bewährt sich bei der Analyse von Sachverhalten und Geschehnissen, die der Beobachter in seiner Welt vorfindet (z. B. in der Wetterkunde, in der Geschichtsforschung). Die Schlußfolgerung tritt aber ebenfalls in den Dienst von Überlegungen zur eigenen Gestaltung der Welt beim Probleme lösenden Denken (z. B. bei der Beseitigung sozialer Mißstände, bei der Herstellung von Werkzeugen). Das vorliegende Kapitel wird sich darauf beschränken, die ausgewählten Denkfiguren im Rahmen des analysierenden Denkens zu beschreiben. Das Thema des Problemlösens bleibt zunächst ausgespart; ihm wird ein eigenes Kapitel gewidmet sein.

Denken – Kampf gegen die Ungewißheit

Eine historische Kontroverse:
Wer erschoß den Präsidenten?

Der 22. November 1963 war einer jener Tage, an denen die Welt den Atem anhält. An diesem Tag befand sich John F. Kennedy, Präsident der Vereinigten Staaten von Amerika, auf dem Weg zu einer Wahlversammlung in Dallas (Texas). (Auf dem nebenstehenden Bild in Begleitung des Präsidenten seine Frau Jacqueline Kennedy und der Gouverneur des Staates Texas, John Connally.)

Plötzlich fielen Schüsse, die den Präsidenten und den Gouverneur trafen. In rasender Fahrt wurden die Opfer des Attentats zum Parkland-Hospital der Stadt gebracht. Das Leben des Gouverneurs konnte gerettet werden. Für den Präsidenten kam die ärztliche Hilfe zu spät.

Ein Gewehr, das als Mordwaffe in Frage kam, wurde in einem nahe gelegenen Schulbuchlager gefunden. In der Nähe eines Fensters im fünften Stock lagen noch drei leere Patronenhülsen. Gegen diesen Augenschein sprachen jedoch anders lautende Zeugenaussagen: Die Schüsse seien von einem Hügel vor einer Brückeneinfahrt zu hören gewesen.

Als der Tat dringend verdächtig wurde in einem Kino der 24jährige Lee H. Oswald festgenommen. Bei der Verhaftung soll er zu den Polizisten geäußert haben: „Jetzt ist alles vorbei!" Lee Oswald war mit einer Russin verheiratet; er hatte die Jahre 1959–1962 in der So-

wjetunion verbracht. Ein Paraffintest ergab Pulverspuren an Gesicht und Händen. Hand- und Fingerabdrücke am Schaft des gefundenen Gewehrs stimmten mit den seinen überein. Das Gewehr war durch eine Nummer identifiziert. Es war im März 1963 beim Versandhaus Klein in Chicago gekauft worden; der vorliegende Bestellschein lautete zwar nicht auf Oswalds Namen, war aber in seiner Handschrift ausgefüllt.

Oswald hat nie ein Geständnis abgelegt. Als er zwei Tage nach dem Attentat aus dem Rathaus in das Bezirksgefängnis überführt werden sollte, wurde er von dem 52jährigen Nachtclub-Besitzer Jack Ruby aus Dallas erschossen. Ruby gab an, er habe der Frau des toten Präsidenten die seelischen Qualen eines Prozesses ersparen wollen. Ruby wurde von seinen Freunden als Patriot beschrieben, von seiner Schwester als hilfsbereiter Mensch. In seinem Nachtclub trat er gern in Cowboy-Ausrüstung auf und betätigte sich als rabiater Rausschmeißer.

Aus strafrechtlichen wie aus politischen Gründen kam der Aufklärung des Hergangs und der Hintergründe des Attentats auf den Präsidenten eine hervorragende Bedeutung zu. War Oswald ein Agent der Sowjetunion gewesen, mit deren Regierung der getötete Präsident die Konfrontation nicht gescheut hatte? Ein solcher Zusammenhang hätte unübersehbare diplomatische Konsequenzen gehabt, und der Botschafter der Sowjetunion stellte eine Beteiligung seines Landes energisch in Abrede. War das Attentat ein Racheakt gegen die mächtige Kennedy-Familie? Dann war auch das Leben anderer Familienmitglieder gefährdet. (Tatsächlich fiel der Bruder Robert Kennedy fünf Jahre später ebenfalls einem Attentat zum Opfer.) War das Attentat gegen die Reformpolitik des Präsidenten gerichtet, insbesondere gegen seine Politik der Rassenintegration? Dann mußte man auf weitere Gewalttaten gegenüber fortschrittlichen Politikern gefaßt sein. (Und in der Tat wurde etwas später im gleichen Jahr der Führer der Bürgerrechtsbewegung, Pastor Martin Luther King jr., ebenfalls ermordet.)

Die örtliche Polizeibehörde erklärte am 26. 12. 1963, es bestünden nicht die geringsten Zweifel an der Schuld Oswalds. Diese Erklärung wurde selbst von hohen Beamten als voreilig bezeichnet. War Oswald wirklich der Mörder? Und wenn er der Mörder war: Hatte er Helfer oder Hintermänner? Das amerikanische Bundeskriminalamt FBI wurde mit einer Untersuchung beauftragt, danach eine Kommission unter der Leitung des Obersten Richters der USA, Earl Warren. Beide kamen zu dem Schluß, Oswald sei wahrscheinlich allein und ohne Auftrag tätig geworden. Aber Gerüchte und weitere Indizien gaben der Komplott-Theorie neue Nahrung. So beschloß das amerikanische Repräsentantenhaus noch 1975 die Einsetzung eines Sonderausschusses zur Überprüfung neuer Beweismittel. Eine Sensation bedeutete die Aussage der Professoren Weiss und Ashkenasay vor diesem Ausschuß: Mit 95%iger Wahrscheinlichkeit seien zur Tatzeit vier Schüsse aus zwei verschiedenen Richtungen abgegeben worden. Die Akustik-Experten hatten eine Tonbandaufnahme eines Polizisten aus der Eskorte des Präsidentenwagens nach neuen Methoden analysiert. Zur Sicherung ihrer Ergebnisse hatten sie an der Stelle des Attentats eigene Schießexperimente veranstaltet. Ihre Aussage wurde jedoch wieder durch die Erklärung des betroffenen Polizisten entwertet, das analysierte Tonband stamme nicht von ihm.

Beobachtung, Hypothese, Theorie

Im Mordfall Kennedy sind einige unbestrittene Tatsachen festzustellen: die tödlichen Schüsse, das Opfer, Ort und Zeit der Tat. Hinzu kommen Indizien, die Lee Oswald belasten: die im Paraffintest ermittelten Pulverspuren, die Herkunft der Tatwaffe, die leeren Patronenhülsen, die oppositionelle Gesinnung. Was darüber hinausgeht, ist trotz amtlicher und gerichtlicher Feststellungen umstritten geblieben: der Hergang und die Motive der Tat, insbesondere die Frage der Alleinschuld Oswalds. Wenn er beteiligt war: War er vielleicht doch nur ein Helfer des Schützen gewesen, aber nicht der Schütze selbst? War er ein Alleingänger oder Mitglied einer Verschwörung?

Die Schüsse, ihr Opfer, Ort und Zeit der Tat verdienen die Anerkennung als *unbestreitbare Sachverhalte,* weil sie auf *Beobachtung* beruhen. Eine breite Öffentlichkeit ist ihr Zeuge geworden; Filmdokumente, deren Echtheit über jeden Verdacht erhaben ist, halten sie fest. Wäre die Vorbereitung und Durchführung der Mordtat ebenso der Beobachtung zugänglich gewesen, hätten sie sich wenigstens nachträglich in übereinstimmenden Zeugenaussagen rekonstruieren lassen, hätte es keine Ungewißheit gegeben, keine Zweifel und keine Kontroversen. Hier klaffen jedoch Lücken im Geflecht der Beobachtungen, und diese Lücken versucht das Denken durch *Annahmen* zu schließen. Im Falle der Indizienkette knüpfen sich die Annahmen noch recht eng an weitere Beobachtungen an. (So ist es etwa recht plausibel anzunehmen, der Besitzer der Tatwaffe sei auch der Mörder, vor allem wenn er die Waffe unter falschem Namen beschafft hat.) Die Frage der Alleinschuld Oswalds stützt sich dagegen mehr auf allgemeine Überzeugungen („so etwas kann nur ein Einzelgänger tun") und das Fehlen einschlägiger Indizien (z. B. Beobachtungen von Zusammenkünften).

Freilich sind Annahmen oft mehr als Lückenbüßer. Sie überbrücken die Lücken zwischen feststehenden Tatsachen so überzeugend, daß ihnen ihre Vertreter den gleichen Rang geben wie den Beobachtungen. Oft ergänzen sich mehrere Annahmen in so überzeugender Weise, daß ihr gesamtes Gefüge von ihren Vertretern als sicher gewertet wird. Annahmen erscheinen also umso glaubwürdiger, je mehr sie sich auf Beobachtungen stützen und je mehr sie sich gegenseitig bestärken.

Eine einzelne Annahme nennt man inzwischen nicht nur in der Wissenschaft, sondern auch im Privatleben und Beruf *Hypothese.* Das Gefüge mehrerer aufeinander bezogener Annahmen stellt eine *Theorie* dar (zur wissenschaftlichen Verwendung des Begriffs der Theorie s. bereits S. 29).

Das Hinausgehen über die gesicherte Information der Wahrnehmung hat bereits der britische Psychologe Frederic Bartlett (1951) als vorrangiges Charakteristikum des Denkens beschrieben:

„Wenn jemand Erkenntnisse irgendwelcher Herkunft interpretiert und seine Interpretation die Grundlage der unmittelbaren sinnlichen Beobachtung oder Wahrnehmung verläßt, dann denkt dieser Mensch."
(Eigene Übersetzung aus Bartlett 1951, S. 18.)

Dabei ist von vornherein die Unhaltbarkeit einer strengen Trennung von sicherem Wahrnehmen und unsicherem Denken einzuräumen. Denn eine Wahrnehmung, die völlige Sicherheit des Erkennens gewährleistet, gibt es nicht. Vielmehr ist die unmittelbare sinnliche Erfahrung in aller Regel unvollständig, widersprüchlich und schlecht geordnet; sie bedarf selbst einer weitergehenden, dem Denken entsprechenden Deutung und Korrektur (vgl. S. 88ff.). So fährt Bartlett fort:

„Das Problem ist: Niemand hat je einen Fall von menschlichem Umgehen mit Erkenntnissen gefunden, an dem nicht Gegebenheiten beteiligt gewesen wären, die über die unmittelbare sinnliche Erfahrung hinausgehen. Deshalb kann man sagen: Menschen denken immer, wenn sie sich mit Erkenntnissen beschäftigen."
(Eigene Übersetzung aus Bartlett 1951, S. 1.)

Gewißheit verschafft demnach weder die Wahrnehmung allein noch das Denken allein. Die *Sicherheit der Erkenntnis* wächst vielmehr

- durch das Entwickeln und Anwenden der Regeln effektiven Denkens,
- durch die Einbeziehung einschlägiger Erfahrung,
- durch die Entwicklung, Prüfung und Kombination einschlägiger Hypothesen,
- durch das Sammeln neuer Beobachtungen.

In komplexen oder sonstwie schwer überschaubaren Situationen einen Zuwachs an Erkenntnis zu erzielen, erfordert demnach ein umfangreiches Programm. Nur zu gern überläßt man ein solches Programm den Experten, von denen man einen überlegenen Sachverstand und eine besondere Ausdauer erwartet. So wurden mit der Klärung des Kennedy-Attentats Untersuchungskommissionen betraut, die ihrerseits wieder Wissenschaftler zu Rate zogen.

Im Denkfortschritt wird nicht nur die Zahl eingebrachter Annahmen erhöht und deren Stimmigkeit unter Beweis gestellt. Wirksames Denken schreitet auch fort durch

- die begründete Rückweisung von Annahmen,
- den Nachweis von Widersprüchen,
- den Hinweis auf Erkenntnislücken.

Insbesondere die Ermittlung von Widersprüchen und Informationslücken leitet die Suche neuer Information ein. So ergab die fortschreitende Untersuchung des Kennedy-Falls immer wieder neue Gesichtspunkte zur Analyse der Tonbänder, auf denen die Explosionsgeräusche der Schüsse festgehalten waren. Und in dem Bemühen, die kritische Situation zu rekonstruieren und darin Beobachtungen nachzuholen, welche die Hektik zur Tatzeit nicht zuließ, führten – wie erwähnt – Akustik-Fachleute sogar Schießexperimente am Tatort durch.

Metakognition: Nachdenken über das eigene Denken

Es hieße die Denkleistung verkürzt darzustellen, wenn man ihr nur die Wirkung zuschriebe, Lücken zwischen Wahrnehmungen auszufüllen und Widersprüche zwischen ihnen aufzulösen. Lücken und Widersprüche ergeben sich möglicherweise auch im Geflecht der Hypothesen selbst. Diese gilt es dann zu entdecken und zu beseitigen. Auch das ist eine Leistung des Denkens. Das Denken kann dabei im Bereich seines ursprünglichen Erfahrungsgegenstandes bleiben. Dies wäre etwa

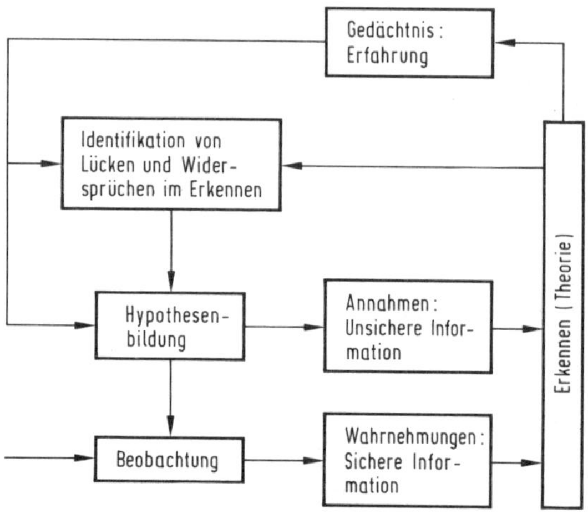

Zusammenhang zwischen Beobachtung, Denken und Gedächtnis. Das Erkennen nährt sich von vergleichsweise sicheren Informationen aus der Wahrnehmung und den vergleichsweise unsicheren Annahmen, welche Widersprüche und Lücken im Erkennen zu beseitigen trachten. Das Denken dient freilich nicht nur dem Beseitigen von Widersprüchen und Lücken, es lenkt auch das Ermitteln dieser Widersprüche und Lücken; es kann weiterhin zu neuen Beobachtungen anregen. In den Denkprozeß gehen Erfahrungen ein; die erzielten Erkenntnisfortschritte können im Gedächtnis festgehalten werden und vermehren so die Erfahrung.

der Fall, wenn in der Untersuchung des Kennedy-Mordes der Annahme „Oswald muß vom Schulbuchlager aus geschossen haben" das Argument entgegengesetzt wird: „Eigentlich ist einem derart labilen Menschen doch über eine so weite Entfernung kein treffsicherer Schuß zuzutrauen." Das Denken kann aber auch seinen eigenen Verlauf zum Gegenstand machen, wie etwa in Überlegungen zu den Fragen: „Wie bin ich zu dieser Ansicht gekommen?" „Habe ich nicht vorschnell geschlossen?" „Soll ich mir meinen früheren Gedankengang nicht noch einmal durch den Kopf gehen lassen?"

Denken über das eigene Denken bedeutet im einzelnen:

- Wissen über das eigene Wissen,
- Kenntnis des eigenen Denkablaufs,
- Fähigkeit, in den eigenen Denkablauf und damit den eigenen Wissenserwerb einzugreifen.

Metakognition und Agnostizismus

Die Fähigkeit des Menschen, Wissen über sein Wissen zu besitzen und über sein Denken nachdenken zu können, eröffnet ihm die Möglichkeit des Agnostizismus (vom griech. ‚agnosia' – Unkenntnis, Unverstand): seinem eigenen Denken kritisch und skeptisch zu begegnen. Eines der frühesten Zeugnisse des Agnostizismus ist das dem griechischen Philosophen Sokrates (469–399 v. Chr.) zugesprochene Wort: „Ich weiß, daß ich nichts weiß."

Während der griechische Philosoph wenigstens Gewißheit bezüglich seines Nicht-Wissens bekundet, äußert sich der deutsche Schachmeister Robert Hübner noch eine Stufe skeptischer. Auf die Frage eines Journalisten, ob eine Partie für ihn auf Gewinn stünde, soll der Meister geantwortet haben, er könne nicht einschätzen, ob er das einschätzen könne (nach Kluwe 1981, S. 246).

Eine solche Leistung ist nur vorstellbar in einer Stufenorganisation des kognitiven Systems. Die erste Stufe befaßt sich mit dem *Erkennen von Gegenständen außerhalb der eigenen Erkenntnis* (z. B. einem ungeklärten Mord), die zweite Stufe gilt dann der *Erkenntnis der eigenen Erkenntnis.* Diese zweite Stufe des Erkennens, in der gehobenen Umgangssprache gerne als Selbsterkenntnis bezeichnet, hat in der neueren psychologischen Literatur einen neuen Namen erhalten: *Metakognition* (von griech. ‚meta' – nach, hinter, lat. ‚cognitio' – Erkennen). Der Begriff wurde von dem kanadischen Psychologen John H. Flavell (vgl. etwa Flavell 1979) eingeführt. Entwickelt wurde der Begriff von Flavell und seinen Mitarbeitern in gedächtnispsychologischen Untersuchungen an Kindern. In diesen Untersuchungen fiel auf, wie gut Kinder sich über Lernschwierigkeiten, ihre eigenen Lernfähigkeiten und über verschiedene Lernmethoden äußern konnten; auch wurde deutlich, daß sie ihr Wissen über das Lernen zur Verbesserung ihrer Lernleistung nutzbar machten (Kreutzer, Leonhard u. Flavell 1975). In der Folge wurde deutlich, daß nicht nur das Lernen der Selbsterkenntnis unterliegt, sondern auch alle anderen Formen der kognitiven Tätigkeit.

In einer Analyse metakognitiver Inhalte unterscheidet Rainer Kluwe (1981) detailliert:

- Allgemeines und diagnostisches kognitives Wissen: über kognitiv zu lösende Aufgaben und ihre Anforderungen, über Lösungsstrategien, über die eigenen kognitiven Fähigkeiten u. ä.,
- Kenntnisse von Kontrollprozeduren: Identifizierung, Prüfung, Bewertung und Prognose von Informationsverarbeitungsprozessen,
- Verfügung über Steuerprozeduren: vor allem Bestimmung des Umfangs, der Intensität und der Geschwindigkeit der Informationsverarbeitung.

Für das über die Wahrnehmung hinausgehende Denken (vgl. S. 153) scheint also nicht zu gelten, was über die Wahrnehmung auszuführen war: Ihr Produkt, das Wahrnehmungsbild, wird bewußt, aber ihr Ablauf, der Wahrnehmungsprozeß, kann nicht bewußt verfolgt und beeinflußt werden (vgl. S. 79). Der denkende Mensch kennt nicht nur das Ergebnis seines Denkens, sondern auch die Schritte, die ihn zu diesem Ergebnis geführt haben. So kann er sie wiederholen, beschleunigen, verzögern; er kann sie gegeneinander abwägen und in die bevorzugte Richtung lenken. Kurz: Die Metakognition wird zum Mittel der Selbstregulation.

Rekonstruktives, prognostisches und konstruktives Denken

In der breit gefächerten Diskussion nach dem Kennedy-Attentat lassen sich drei Stränge voneinander trennen. Erstens: Wie hat sich das Attentat abgespielt, und wie ist es dazu gekommen? Zweitens: Welche Folgen wird das Attentat haben – für die betroffene Familie Kennedy, für die internationale Politik usw.? Drittens: Was kann man tun, um in Zukunft das Leben des amerikanischen Präsidenten und anderer Spitzenpolitiker wirkungsvoller zu schützen? Ist eine Verschärfung des Schußwaffengesetzes ein geeignetes Mittel? Soll der Präsident stets durch Panzerglas von der Öffentlichkeit getrennt sein? Offensichtlich unterscheiden sich die drei Stränge hinsichtlich ihres Erkenntnisziels. Der erste sucht vergangene Ereignisse gedanklich nachzubilden, zu rekonstruieren. Der zweite und der dritte sind gleichermaßen bemüht, zukünftige Geschehnisse gedanklich vorwegzunehmen. Die Vorausschau auf die Zukunft erfolgt jedoch aus unterschiedlicher Perspektive. In einem Fall herrscht die Perspektive des Betrachters vor, der zukünftigen Entwicklungen ihren Lauf läßt, ohne darauf Einfluß zu nehmen („was wird geschehen?“). Im anderen Fall erkundet ein Handelnder seine Gestaltungsmöglichkeiten und trachtet, aus ihnen den besten Weg zum lohnendsten Ziel herauszufinden („was ist zu tun?“).

Selbstverständlich darf man in dieser Übersicht nicht das auf die Gegenwart gerichtete Denken vergessen – etwa das Nachdenken über Zusammenhänge in der Natur oder die Absichten der Mitmenschen. Die geistige Tätigkeit zur Klärung gegenwärtiger Verhältnisse gleicht freilich dem schon beschriebenen Bemühen um die Klärung der Vergangenheit. In beiden Fällen ist dem Denkenden ein Sachverhalt vorgegeben, den er gedanklich zu rekonstruieren hat. Gedankliche Klärungen von gegenwärtigen und vergangenen Sachverhalten sind demnach beide als *rekonstruktives Denken* zu bezeichnen (vgl. o. Strang 1). Das in die Zukunft gerichtete Denken erhält dann den Namen *prognostisches Denken* (von griech. ‚prognosis‘ – Vorherwissen), sofern es sich auf die Vorausschau späterer Zustände beschränkt (vgl. o. Strang 2). Befaßt es sich jedoch mit den Möglichkeiten des aktiven Herbeiführens dieser späteren Zustände, so sei es *konstruktives* Denken, auch schöpferisches oder produktives Denken genannt (vgl. o. Strang 3).

Nun betrifft die zeitliche Ausrichtung des Denkens zunächst mehr dessen Inhalt als dessen Form. Die grundlegenden *Denkformen* sind im rekonstruktiven, konstruktiven und prognostischen Denken in gleichem Maße vertreten. Das sei an der Form des Induktionsschlusses veranschaulicht. In der Induktion wird von einem Fall (oder wenigen Fällen) auf alle (oder einzelne) ähnliche Fälle verallgemeinert (Genaueres zum Induktionsschluß ab S. 170). Als ein solcher Fall bietet sich das Attentat auf den amerikanischen Präsidenten Abraham Lincoln an. Auch Lincoln wurde in der Öffentlichkeit (in einem Theater) erschossen, knapp hundert Jahre vor Kennedy. Im Gegensatz zum Kennedy-Mord steht das historische Urteil über den Täter fest. Es war William Booth, ein fanatischer Südstaatler, der die Haltung des Präsidenten in der Sklavenfrage ablehnte. Er war nicht Mitglied eines Komplotts, sondern ein Einzeltäter. An diesem Punkt könnte die Verallgemeinerung einsetzen: Präsidentenmörder sind immer Einzeltäter. Eine solche Verallgemeinerung des Lincoln-Falles ist geeignet, für die Allein-

Unvermeidlichkeit des Denkens?

Obwohl die einzelnen Menschen ihr Denkvermögen und ihre Denkleistung oft als unbefriedigend empfinden, hat die Menschheit in ihren Wissenschaften doch einen erheblichen Erkenntnisfortschritt aufzuweisen. Kritiker insbesondere der Naturwissenschaften geben zu bedenken, ob dieser Fortschritt die Menschheit nicht ins Verderben stürzt. Die Kenntnis der Natur führe zur hemmungslosen Ausbeutung irdischer Resourcen und zum Bau immer verheerenderer Vernichtungswaffen.

So läßt der schweizerische Dramatiker Friedrich Dürrenmatt in seinem Schauspiel „Die Physiker" einen genialen Naturwissenschaftler zu dem Entschluß kommen, sich unter Vortäuschung eines Wahns in eine Irrenanstalt zurückzuziehen. Seine Begründung:

„Es gibt Risiken, die man nicht eingehen darf: Der Untergang der Menschheit ist ein solches. Was die Welt mit den Waffen anrichtet, die sie schon besitzt, wissen wir; was sie mit jenen anrichten würde, die ich ermögliche, können wir uns denken. Dieser Einsicht habe ich mein Handeln untergeordnet. Ich war arm. Ich besaß eine Frau und drei Kinder. Auf der Universität winkte Ruhm, in der Industrie Geld. Beide Wege waren zu gefährlich. Ich hätte meine Arbeiten veröffentlichen müssen... Die Verantwortung zwang mir einen anderen Weg auf. Ich ließ meine akademische Karriere fahren, die Industrie fallen und überließ meine Familie ihrem Schicksal. Ich wählte die Narrenkappe. Ich gab vor, der König Salomo erscheine mir, und schon sperrte man mich in ein Irrenhaus...

... Unsere Wissenschaft ist schrecklich geworden, unsere Forschung gefährlich, unsere Erkenntnisse tödlich... Wir müssen unser Wissen zurücknehmen, und ich habe es zurückgenommen."

Dürrenmatt, F.: Die Physiker. Zürich: Verlag der Arche 1962, S. 68f.

Aber das Opfer ist vergebens. Die umwälzenden Theorien, die vor der Welt geheimgehalten werden sollen, werden doch bekannt; ein Trust wertet sie aus. Das Fazit:

„Was einmal gedacht wurde, kann nicht mehr zurückgenommen werden."

Und:

„Alles Denkbare wird einmal gedacht. Jetzt oder in Zukunft."

Dürrenmatt, a.a.O., S. 75 u. S. 77.

schuld Oswalds einzunehmen. Die induktive Verallgemeinerung wäre dann in den Dienst der Rekonstruktion des Vergangenen getreten.

Induktionen helfen jedoch nicht nur bei der Aufarbeitung von Vergangenheit und Gegenwart, sie helfen auch bei der Prognose. Möglicherweise galt das Attentat dem Präsidenten als Mitglied eines mächtigen und daher vielen Gegnern verhaßten Familienclans. Dann war die Verallgemeinerung zulässig: Ein Kennedy mit politischen Ambitionen hat Gegner, die ihm nach dem Leben trachten. Dieser Schluß, von dem ältesten Kennedy-Bruder John Fitzgerald abgeleitet, ließe sich auf die jüngeren Brüder Robert und Edward Kennedy anwenden. Auch um deren Leben müsse man bangen, wenn sie sich weiter um hohe Posten bewerben würden – eine Prognose, die sich bald für Robert Kennedy als zutreffend erweisen sollte.

Schließlich leisten Induktionen große Dienste im konstruktiven Denken. Kann etwa die Verallgemeinerung gewagt werden: „Länder mit strengen Waffengesetzen haben auch ein geringes Maß an Terrorismus", so drängt sich in einem Land, das politische Gewalttaten zurückdrängen will, die Einführung strenger Waffengesetze geradezu auf.

Zusammenfassung

1. Die Wahrnehmung (Beobachtung) liefert vergleichsweise sichere Information; ihre Ergebnisse bleiben aber oft lückenhaft und widersprüchlich. Das Denken führt die Erkenntnis über die Wahrnehmung hinaus und sucht Lücken in der Erkenntnis auszufüllen, Widersprüche aufzulösen.
2. Das Denken bringt Annahmen (Hypothesen) hervor. Diese Annahmen können sich zu Gefügen (Theorien) zusammenschließen. Die Glaubwürdigkeit einer Annahme richtet sich nach ihrer Übereinstimmung mit der Wahrnehmung und ihrer Angepaßtheit an andere Annahmen.
3. Das Denken macht auch Erkenntnislücken und -widersprüche genauer kenntlich. Dadurch wird das Sammeln neuer, klärender Beobachtungen und Überlegungen angeregt.
4. Denkvorgänge und -inhalte können selbst wieder zum Gegenstand des Denkens werden (Metakognition).
5. Denken kann sich auf die Klärung vergangener und gegenwärtiger Sachverhalte oder auf die Vorhersage zukünftiger Zustände und Ereignisse erstrecken (rekonstruktives und prognostisches Denken). Es dient darüber hinaus dem Abschätzen von Handlungsmöglichkeiten und -folgen (konstruktives Denken).

Literaturhinweise

Bartlett, F. C.: Thinking. Manchester Memoirs 93 (1951), 3

Flavell, J. H.: Metacognition and cognitive monitoring. A new area of cognitive-developmental inquiry. American Psychologist 34 (1979), 906–911

Kreutzer, M. A., Leonhard, C. u. Flavell, J. H.: An interview study of children's knowledge about memory. Monographs of the Society of Child Development 40 (1975), Nr. 159

Kluwe, R. H.: Metakognition. In: Michaelis, W. (Hg.): Bericht über den 32. Kongreß der Deutschen Gesellschaft für Psychologie in Zürich 1980. Bd. 1. Göttingen: Hogrefe 1981, 246–258

Schlußfolgern durch Deduktion

Was ist ein deduktiver Schluß?

Die Deduktion (von lat. ‚deducere' – herabführen, herleiten) ist eine zwingende Form der Ableitung neuer Aussagen aus vorgegebenen Aussagen. Ein Deduktionsschluß ist zum Beispiel:

1. ALLE PASSAGIERE WURDEN GERETTET
2. HORST FISCHER WAR EIN PASSAGIER
3. ALSO WURDE HORST FISCHER GERETTET

Die beiden Sätze sind dabei vorgegeben, sie dienen als *Prämissen* (von lat. ‚praemittere' – vorausschicken). Aus ihnen wird die Schlußfolgerung, auch *Konklusion* (von lat. ‚conclusio' – Folgerung) hergeleitet. Prämissen und Konklusion bilden zusammen einen *Syllogismus* (Neubildung nach griech. ‚syn-' – zusammen, ‚logos' – Satz, Behauptung).

Syllogismen vom Typ ALLE PASSAGIERE ... sind gekennzeichnet durch die Struktur der in ihnen enthaltenen Sätze. Die Sätze können dabei positiv (affirmativ, von lat. ‚affirmare' – zustimmen) oder negativ formuliert sein. Der erste Satz hier ist affirmativ gefaßt; negativ hätte er gelautet: ALLE PASSAGIERE WURDEN NICHT GERETTET.

Außerdem kann die Quantifizierung solcher Sätze verändert werden. Universell bestimmt erstreckt sich eine Aussage auf sämtliche Mitglieder einer Klasse (z. B. ALLE PASSAGIERE ...), partikulär bestimmt auf einige Mitglieder oder ein einzelnes Mitglied der Klasse (z. B. EINIGE PASSAGIERE ... oder EIN EINZELNER PASSAGIER ...).

Logiker unterscheiden je nach der Form der kombinierten Prämissen insgesamt 512 verschiedene Syllogismen (Johnson-Laird 1977). Ein großer Teil dieser Syllogismen besitzt jedoch keine schlüssige Lösung. So läßt sich aus den Prämissen

1. ALLE CHINESEN FAHREN RAD
2. EINIGE RADFAHRER HABEN HERZFEHLER

selbst bei größtem Scharfsinn kein zwingender Schluß ziehen, da offen bleibt, ob die Teilgruppe der Radfahrer mit Herzfehlern ganz oder teilweise aus China stammt oder sich auf andere Länder verteilt.

Ob zwei Prämissen einen eindeutigen Schluß zulassen, darüber läßt sich nach einsichtigen, wenn auch nicht für alle Menschen immer leicht verständlichen logischen Regeln Übereinstimmung erzielen. Nach logischen Regeln ist dann auch jede Konklusion als richtig oder falsch zu bewerten. So läßt sich aus den Prämissen

1. ALLE SPANIER SIND SÜDEUROPÄER
2. ALLE SPANIER SIND KATHOLIKEN

ein als richtig zu bewertender Schluß ziehen, nämlich:

3. EINIGE SÜDEUROPÄER SIND KATHOLIKEN.

Eindeutig falsch wäre jedoch nach den logischen Regeln:

4. ALLE SÜDEUROPÄER SIND KATHOLIKEN.

Schafft die Deduktion neue Erkenntnisse? Man kann darüber geteilter Meinung sein. Auf der einen Seite könnte man die Frage verneinen. Die Konklusion enthält nämlich kein Wissen, das nicht schon in den Prämissen vorhanden gewesen wäre. Gerade aus psychologischer Sicht wird die Frage jedoch bejaht. Aus der Synthese der vorgegebenen Aussagen in der Schlußfolgerung entsteht nämlich zumindest eine neue Sicht eines bereits bekannten Sachverhalts. So mag oben im Syllogismus ALLE PASSAGIERE WURDEN GERETTET usw. einem Betroffenen erst im Augenblick der Schlußfolgerung klarwerden, daß die Rettung aller Passagiere auch für den individuellen Passagier HORST FISCHER die Rettung bedeutet. Personen erleben jedenfalls bei einem Dekuktionsschluß oft einen Erkenntnisfortschritt. Das hat schon der Psychologe Max Wertheimer, Mitbegründer der Gestalttheorie (vgl. S. 39) und maßgeblicher Denkpsychologe (s. a. später S. 241 f.) in seiner Abhandlung über Syllogismen aus dem Jahre 1925 hervorgehoben:

„Man spürt: Irgendwie ist man wirklich vorwärtsgekommen; etwas von dem Schönen des Eindringens, Vorwärtsdringens von Erkenntnis liegt drin."
(Wertheimer 1925, S. 165)

Aus Universal- und Partikularaussagen zusammengesetzte Syllogismen lassen sich *mengentheoretisch* analysieren und in sog. Venn-Diagrammen (nach dem englischen Moralphilosophen und Logiker John Venn (1834–1923)) darstellen. Ein Venn-Diagramm ist eine schematische Darstellung von Mengen und ihren Verknüpfungen. So wird etwa die logische Struktur des Syllogismus ALLE PASSAGIERE augenfällig in der folgenden Graphik:

Die Fläche innerhalb des äußeren Kreises gibt die Menge aller Passagiere wieder, für die – nach der ersten Prämisse – die Eigenschaft GERETTET gilt. Der innere Kreis stellt den individuellen Passagier HORST FISCHER dar; entsprechend Prämisse 2 erscheint er als Teil der Gesamtmenge. Daraus folgt nun, daß er auch an der kritischen Eigenschaft der Gesamtmenge GERETTET Anteil hat.

Zum Vergleich das Venn-Diagramm zum obigen Syllogismus ALLE SPANIER:

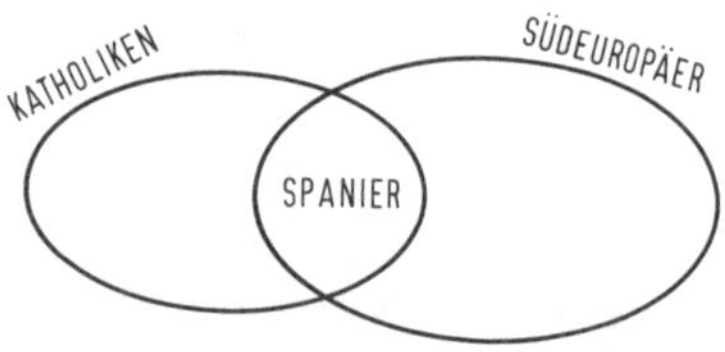

SPANIER erscheinen hier als Schnittmenge der Mengen SÜDEUROPÄER und KATHOLIKEN.

Die Mengendarstellung veranschaulicht, mit welcher unerbittlichen Schärfe die Deduktion Gemeinsamkeiten in verschiedenen Aussagen kenntlich macht und diese als neue Aussagen formuliert. In der Konklusion geht freilich der überschüssige Gehalt der Prämissen, jener Anteil, in dem sich die beiden Aussagen nicht überlappen, verloren. Der deduktive Schluß begnügt sich mit einem Ausschnitt des gesamten Wissens. Joseph Klemens Kreibig (1909) hat deshalb diese Art des Denkens regressiv, zurückweichend genannt.

Ebenfalls ein Syllogismus mit Deduktion ist das folgende Gefüge:

1. DIE KATZE SITZT AUF DEM RÜCKEN DES ESELS
2. DER HAHN SITZT AUF DEM KOPF DER KATZE
3. DEMNACH SITZT DER HAHN ÜBER DEM ESEL

Dieser Syllogismus ist freilich anderer Art als der Syllogismus ALLE PASSAGIERE. Die Unterschiede zwischen den beiden Arten von Syllogismen beginnen schon bei der Struktur ihrer Prämissen. Sind Aussagen vom Typ PASSAGIERE WURDEN GERETTET zu trennen in ein Prädikat und ein Subjekt (formal ausgedrückt P(S) bzw. konkret GERETTET (Passagiere)), so beschreiben Sätze vom Typ KATZE AUF DEM ESEL eine Beziehung zweier Einheiten (formal ausgedrückt B (E1, E2) bzw. konkret HÖHER (KATZE, ESEL)). Die Beziehung ist noch dazu näher zu bestimmen als Paarbeziehung innerhalb einer längeren, durchgehend geordneten Reihe. Es handelt sich um eine *Reihenbildung,* auch *Seriation* genannt.

Die Reihenbeziehung läßt sich in vielfältiger Weise sprachlich ausdrücken: mit Ortsbezeichnungen wie AUF, ÜBER, UNTER oder mit den verschiedensten Eigenschaftsvergleichen wie GRÖSSER, KLEINER, SCHNELLER, LANGSAMER, MUTIGER, FEIGER u.s.w. Letztlich zählt in der Analyse nur das MEHR oder WENIGER einer Lage oder einer Eigenschaft. Für Seriationsaufgaben gibt es – wie für andere Syllogismen – eindeutige Regeln, die gestatten, Schlußfolgerungen einvernehmlich als richtig oder falsch zu bewerten. Sie zeigen auch an, in welchen Fällen ein richtiger Schluß überhaupt nicht zu ziehen ist – wie etwa in dem Beispiel:

Pioniere der Psychologie des deduktiven Denkens

Die ersten systematischen Beobachtungen über den Ablauf des deduktiven Denkens stammen von Gustav Störring (1860–1946), seit 1919 Professor für Psychologie und Philosophie an der Universität Bonn. Störring befaßte sich sowohl mit einstelligen Prädikaten (z. B. alle ... sind ...) als auch mit zweistelligen Relationen (z. B. ... ist größer als ...). Störring stand in der Tradition der formalen Logik und hat daher seinen Probanden abstrakte Syllogismen zur Bearbeitung vorgelegt, etwa der Form

1. ALLE X SIND M
2. ALLE M SIND Y
3. DARAUS FOLGT: ...

Störrings erste Studie zum deduktiven Denken erscheint 1908; über seine wichtigsten Untersuchungen zu diesem Thema berichtet er in einer Monographie aus dem Jahre 1926.

In der Tradition der Würzburger Schule (vgl. S. 113) nimmt 1912 der Jesuitenpater und spätere Professor für Psychologie an der Prager Karls-Universität, Johannes Lindworsky (1875–1939), seine Studien zum schlußfolgernden Denken auf. Im Jahre 1916 erscheint sein erster Untersuchungsbericht. Anders als Störring arbeitet er nicht mit symbolischen Ausdrücken, sondern mit bedeutungsvollen Sätzen. Ein Aufgabenbeispiel aus dem 191 Syllogismen umfassenden Hauptversuch des Verfassers:

1. Nie haben kluge Politiker Schutzzölle verworfen.
2. Einzelne Demokraten wollen von Schutzzöllen nichts wissen.
3. ...

1. HANS IST GRÖSSER ALS KURT
2. PAUL IST GRÖSSER ALS KURT

Die Konklusion scheitert offensichtlich an dem Fehlen einer Angabe über die Beziehung von HANS und PAUL. Mit Venn-Diagrammen sind Reihenbildungen nicht mehr darstellbar; hierfür gibt es jedoch andere mathematische Darstellungsformen.

Der Ablauf des deduktiven Schließens

Mit dem logischen Schließen verhält es sich ähnlich wie mit dem Sprechen: Es gibt dafür recht präzise Regeln; diese Regeln sind jedoch nur den wissenschaftlich gebildeten Spezialisten – beim Schließen den Logikern, bei der Sprache den Linguisten – derart geläufig, daß sie sie ausdrücklich benennen können. Sein Unvermögen, logische und sprachliche Regeln aufzuzählen, hindert den Nichtspezialisten allerdings nicht daran, zutreffende Schlüsse zu ziehen und korrekt aufgebaute Sätze zu bilden. Es gibt also beim Denken wie beim Sprechen ein tief gründendes Verständnis; freilich können nur die wenigsten Menschen darüber detailliert Rechenschaft ablegen. Was ihr Urteil leitet, erleben sie global als Sprachgefühl und als logisches Empfinden. Das innere Wissen um die Beschaffenheit einer idealen Sprache hat der Linguist Noam Chomsky (1965) als Sprachkompetenz bezeichnet (vgl. später S. 458); der Sprachkompetenz entspricht offenbar ein ähnliches Wissen um das angemessene Denken, eine *logische Kompetenz.*

Nun erweist es sich als recht schwierig zu ermitteln, wie die logische Kompetenz be-

Formale Logik

Die *Logik* (von griech. ‚logike techne' – Kunst des Denkens) ist die Lehre von den formalen Beziehungen zwischen Denkinhalten und liefert auch Regeln zur Bewertung der Gültigkeit von Schlüssen. Sie hat sich als Disziplin der Philosophie entwikkelt. Im griechischen Altertum ist die Logik durch die Schule der Stoiker begründet worden. Sie sollte einerseits die Wahrheitsfindung fördern, andererseits Regeln für die Argumentation im Dialog aufstellen; in ihrer Anwendung auf den Dialog wird die Logik bereits von den Stoikern als *Dialektik* bezeichnet. Seit der Mitte des vergangenen Jahrhunderts hat die Logik eine starke Formalisierung erfahren und ist dadurch in die Mathematik hineingewachsen.

Logische Theorien leisten eine detaillierte Aufgliederung der zu Urteilen führenden gedanklichen Schritte; darüber hinaus definieren sie Voraussetzungen, unter denen die einzelnen Schritte zu begründen sind. Zu den klassischen Fragestellungen der Logik gehören:

○ Die *Struktur von Aussagen* – z. B. die Analyse von Sätzen mit Identitätsfeststellungen wie DER ALBATROS IST EIN VOGEL.

○ Die *Verknüpfung von Aussagen* mit Hilfe von Operatoren wie UND, ODER, WENN-DANN – z. B. zu dem Schluß:

WENN GILT (DER ALBATROS IST EIN VOGEL)
UND
(VÖGEL SIND KEINE SÄUGETIERE),
DANN GILT (DER ALBATROS IST KEIN SÄUGETIER).

○ Die *Zuordnung von Wahrheitswerten zu Aussagen*. Der Wahrheitswert ist einer Aussage nicht von vornherein eingegeben. Grundsätzlich kann man davon ausgehen, daß jeder Satz den Wert „wahr" oder „falsch" annehmen kann. Die Zuordnung von Wahrheitswerten hat dann Konsequenzen für die Urteilsbildung. (Würde man z. B. den Satz DER ALBATROS IST EIN VOGEL als falsch einstufen, den Satz VÖGEL SIND KEINE SÄUGETIERE als wahr, so wäre der oben gezogene Schluß DER ALBATROS IST KEIN SÄUGETIER ebenfalls falsch.)

○ Die *Interpretation von Aussagen*. In dem bisher geschilderten Programm der logischen Betrachtung sind die Gegenstän-

schaffen ist, und wie sie sich in tatsächliche Denkabläufe umsetzt. Dabei muß man auch mit mißglückten Umsetzungen rechnen. Denn ebensowenig wie der Besitz von Sprachkompetenz stets grammatikalisch richtige Sätze garantiert, schützt eine logische Grundkompetenz vor Denkfehlern (wobei die beweiskräftige Bewertung einer Schlußfolgerung als fehlerhaft wiederum von den spezialisierten Logikern zu treffen ist). Die erste Klippe, die bei der Analyse von Denkprozessen zu überwinden ist, ist die Entscheidung über die Beschaffenheit der kognitiven Inhalte, die da einer gedanklichen Verarbeitung unterzogen werden. Bekanntlich (s. S. 114ff.) gibt es hier zwei Auffassungen. Nach der einen Auffassung sind kognitive Inhalte stets von sprachlicher (propositionaler) Beschaffenheit, nach der anderen bilden sie Gegenstände anschaulich ab. Mit anschaulichen Vorstellungen muß man selbstverständlich anders umgehen als mit Propositionen. Deshalb hängt von der Entscheidung über die anzunehmende Beschaffenheit der kognitiven Inhalte die Theorie über den Schlußprozeß ab.

Als Schüler Wundts in der Tradition des

de der Aussagen abstrakte Größen. Es zählt zunächst nur ihre Platzhalterfunktion, ihre Rolle als Baustein von Aussagen. So kann etwa der Satz DER ALBATROS IST EIN VOGEL stellvertretend für alle gleichartigen Sätze mit Identität stehen, z. B. für TOBIAS IST EIN KIND oder DIE PSYCHOLOGIE IST EINE WISSENSCHAFT. ALBATROS, TOBIAS und PSYCHOLOGIE gleichen sich in ihrer Rolle als Subjekt der Sätze ebenso wie VOGEL, KIND und WISSENSCHAFT in ihrer Rolle als Prädikat. Insofern braucht man zur Ausfüllung solcher Aussagen gar nicht Begriffe aus der Umgangssprache zu verwenden; man kann als Platzhalter allgemeine und beliebige Zeichen einsetzen – etwa X und Y. Mit ihnen lassen sich dann allgemeine Aussagen bilden wie X IST EIN Y.

Man kann allerdings – und so gelangt man auf die nächste Stufe der logischen Analyse – zusätzlich fragen, welche Ausschnitte aus der Wirklichkeit bzw. aus der Vorstellung im Einzelfall Platzhalter ersetzen. Die allgemeinen Ausdrücke nehmen dann spezifische Werte an. Diesen Vorgang, für den sich ebenfalls Regelhaftigkeiten bestimmen lassen, nennt man Interpretation.

Die moderne Logik hat eine Fülle von Richtungen und Problemstellungen hervorgebracht (zur Einführung s. u. a. Kutschera u. Breitkopf 1971; Essler 1969). Für die Denkpsychologie ist die Logik zu einem Vorbild geworden, weil sie mit höchster Rationalität und minutiöser Darstellungstechnik ideale Denkabläufe entfaltet. Zu Unrecht wird von Laien an die Logik die Erwartung herangetragen, sie liefere Normanweisungen, d. h. Denkregeln, deren Anwendung im Interesse der Wahrheit verpflichtend sei. Eine solche Erwartung wurzelt in einem *absoluten Wahrheitsbegriff*, welchen sich die Vertreter der modernen Logik nicht zu eigen machen. Für sie gibt es keine absolute Wahrheit, an der sich die Gültigkeit eines Satzes messen läßt. Die Gültigkeit eines Satzes ergibt sich vielmehr aus der Stimmigkeit, mit der er aus den jeweils gegebenen Voraussetzungen folgt. Logisch ist aus dieser Sicht ein Denken, das sich seiner vollständigen Voraussetzungen bewußt bleibt und in Treue zu diesen Voraussetzungen fortschreitet.

Empirismus und des Sensualismus stehend (vgl. dazu S. 113), hat Gustav Störring gleich zu Beginn der psychologischen Erforschung individueller Schlußprozesse (vgl. S. 161) die These von der *Bildhaftigkeit des logischen Schließens* vorgebracht. Selbst seine abstrakten Syllogismen seien bildhaft erlebt worden. So hätten sich seine Probanden bei den Prämissen

ALLE X SIND M
ALLE M SIND Y

die Werte X, M und Y visuell vorgestellt und auch deren Anordnung im Raum behalten. Die Konklusion hätten sie durch Verschiebung im Raum und anschauliche Verschmelzung gefunden, und zwar in drei Stadien:

Stadium 1 X = M
M = Y
Stadium 2 X = M = Y
Stadium 3 X = Y

Stadium 3 habe dann der Lösung ALLE X SIND Y entsprochen.

Konsequenterweise warf Störring dann die Frage auf, inwieweit der Schlußvorgang nicht überhaupt an die visuelle Vorstellung gebunden sei. Gelingt der Schluß ebenso leicht, wenn die Prämissen nicht schriftlich vorgelegt, sondern vorgelesen werden? Geht in der akustischen Darbietung nicht etwa der Vorteil der anschaulicheren Raumgliederung verloren?

Die Auffassung, die Seriation vollziehe sich als anschauliche Anordnung im Vorstellungsraum, ist bis in die neuere Forschung hinein lebendig geblieben. Die Prämissen beschreiben ja manchmal unmittelbar eine räumliche Ordnung (z. B. X ÜBER Y, Z UNTER Y), die sich zur Übertragung in eine bildhafte Vorstellung anbietet. Und selbst ein Eigenschaftsvergleich (z. B. SABINE IST FREUNDLICHER ALS MARIANNE) läßt sich leicht in ein bildhaftes Übereinander oder Nebeneinander, d. h. in eine vertikale oder horizontale Ordnung umsetzen. Janellen Huttenlocher hat im Rahmen einer Vorstellungstheorie der Seriation zu begründen versucht, wie manche Prämissen den Aufbau einer räumlichen Anordnung erleichtern, andere ihn erschweren. So fiel ihren Probanden der Schluß aus Prämissen wie

1. HANS IST GRÖSSER ALS PAUL
2. KURT IST KLEINER ALS PAUL

vergleichsweise leicht (Fehlerquote knapp 10%), und sie zogen ihn vergleichsweise schnell (Durchschnittszeit zwischen dem Vorlesen der Prämissen und dem Beginn einer richtigen Antwort 1,4 Sekunden). Nach Auffassung der Autorin sind die Probanden dabei folgendermaßen vorgegangen: Aufgrund der ersten Prämisse bildete sich die anschauliche Reihe

HANS VOR PAUL

Die Frage schloß sich dann an: „Und wo steht nun der Dritte in der Reihe?“ Auf diese Frage gab die zweite Prämisse sogleich eine bündige Antwort: KURT kommt hinter PAUL. Das bedeutete eine Fortschreibung der Reihe nach hinten (bzw. rechts)

Schritt 1	Schritt 2
HANS VOR PAUL	DAHINTER KURT

Als schwieriger erwiesen sich Syllogismen der Form

1. PAUL IST KLEINER ALS HANS
2. PAUL IST GRÖSSER ALS KURT

Huttenlochers Probanden machten dabei knapp 20% Fehler und benötigten zwischen Vorlesen der Prämissen und Beginn der Antwort rund 1,6 Sekunden. Die Erschwerung sei – so die Autorin – hier bei der Verarbeitung der zweiten Prämisse eingetreten. Nach der ersten Prämisse habe der Reihenanfang wieder gelautet:

HANS VOR PAUL

Auf die sich anschließende Frage: „Wohin gehört nun der Dritte?“ sei jedoch keine Aussage über den interessierenden KURT unmittelbar erfolgt (d. h. kein Satz mit KURT als Subjekt). Vielmehr habe die zweite Prämisse eine unmittelbare Aussage über PAUL enthalten (d. h. PAUL war Subjekt des Satzes); erst mittelbar, d. h. über den Vergleich mit PAUL sei die Lage von KURT zu ermitteln gewesen (KURT als Objekt). Um daher die Lage von KURT in der Reihe zu ermitteln, hätten die Probanden erst die Subjekt-Objekt-Beziehung der zweiten Prämisse umgekehrt (zu KURT IST KLEINER ALS PAUL) und hätten dadurch erfahren: KURT ist hinter PAUL anzuhängen. Im Gegensatz zum vorher analysierten Syllogismus habe hier die Lösung also drei Schritte umfaßt:

Schritt 1	Schritt 3
HANS VOR PAUL	DAHINTER KURT

Schritt 2
PAUL VOR KURT

Huttenlochers „Anhängelogik“ hat sich nicht ungeteilter Zustimmung erfreut. Als ersten Kritikpunkt hat Herbert Clark (1969) bereits den Befund berichtet, daß keineswegs alle Probanden in Seriationsexperimenten visuelle Vorstellungen hätten; in seinen Untersuchungen sei das nur die knappe Hälfte gewesen. Und außerdem gebe es gute Möglichkeiten, die Serienbildung ohne Annahme von

Raumvorstellungen nur aufgrund von sprachlichen Faktoren zu erklären.

Clarks *linguistische Theorie:* Wenn Vergleiche zwischen Personen oder anderen Urteilsgegenständen gefällt werden, wird das Ergebnis des Vergleichs und der zum Vergleich herangezogene Maßstab symbolisch ins Gedächtnis eingetragen. Es entstehen dann Kurzprotokolle (engl. ‚compressed markings'), ähnlich etwa den Notizen eines Lehrers über Pluspunkte der Schüler in den einzelnen Fächern. Die Prämisse

JOHN IST BESSER ALS BILL

wird dann umgesetzt in die folgende Liste:

Personen	*Vergleichsmaßstab*	*Vorrang*
Bill	Tüchtigkeit	
John	Tüchtigkeit	+

Aus dieser Liste geht dann ohne weitere anschauliche oder gar räumliche Vorstellung hervor, daß John bezüglich seiner Tüchtigkeit vor Bill rangiert. Kommt nun als zweite Prämisse hinzu:

BERT IST BESSER ALS JOHN

so wird der Vorzug BERTs vor dem JOHNs eingetragen und die Reihe

BERT VOR JOHN VOR BILL

ist komplett. Eine solche Serie zu bilden wäre vergleichsweise leicht.

Schwieriger wäre jedoch das Finden der Reihenfolge, wenn zur ersten Prämisse JOHN IST BESSER ALS BILL die zweite Prämisse hieße:

BILL IST BESSER ALS BERT

Dann wäre nämlich ein Vergleich von BILL und BERT fällig, in der nach der ersten Prämisse gebildeten Liste (s. o.) würde jedoch ein Eintrag zu BILL fehlen. Deshalb müßte, um die Beziehung von JOHN und BERT zu klären, die Liste unter Rückgriff auf die erste Prämisse neu ausgefüllt werden. Etwa so:

Personen	*Vergleichsmaßstab*	*Vorrang*
Bert	Tüchtigkeit	
Bill	Tüchtigkeit	+
John	Tüchtigkeit	++

Die Überlegenheit seiner linguistischen Theorie über die Theorie der Raumvorstellung begründet Clark mit Beobachtungen bei der Bearbeitung von Syllogismen mit Prämissen der Form:

PETER IST NICHT SO SCHLECHT WIE MIKE

Eigentlich sind solche Prämissen gleichbedeutend mit

PETER IST BESSER ALS MIKE

Diese Gleichheit besteht jedoch – wie der Autor im Anschluß an den Linguisten Chomsky (1965) herausarbeitet – nur oberflächlich. Unter der sprachlichen Oberfläche liege eine sprachliche Tiefenstruktur (s. a. S. 465), und bezüglich dieser Tiefenstruktur würden sich Formulierungen wie BESSER ALS und NICHT SO SCHLECHT WIE deutlich unterscheiden; sie würden nämlich auf verschiedene Vergleichsmaßstäbe Bezug nehmen. BESSER ALS weist allen Beurteilten in dem hypothetischen Gedächtnisprotokoll einen Wert für die Eigenschaft GUT zu, NICHT SO SCHLECHT WIE einen Wert für die Eigenschaft SCHLECHT. Je nachdem welche Formulierung gewählt werde, würden andere Beurteilungsgegenstände als vorrangig markiert. Das heißt für das obige Beispiel: MIKE erhält eine Vorrangmarkierung vor PETER bezüglich der Eigenschaft SCHLECHT, bezüglich der Eigenschaft GUT erhält PETER die Vorrangmarkierung vor MIKE.

Offensichtlich ist der Umgang mit Negativvergleichen (NICHT SO ... WIE) schwieriger als mit Positivvergleichen (... ALS) – empirische Befunde bestätigen das. Clark führt diese Erscheinung auf den Umstand zurück, daß bei Positivvergleichen stets der zuerst genannte Urteilsgegenstand eine Markierung erhält, während die Markierung bei Negativvergleichen auf den später genannten Urteilsgegenstand fällt; letzteres ziehe eine Verlängerung der Markierungszeit nach sich.

Ähnlich wie Clark in seiner Markierungstheorie stellen auch andere Autoren zwei *Phasen im Deduktionsprozeß* als wesentlich heraus: die Wahrnehmung und Einspeicherung der Prämissen sowie die Verknüpfung der Prämissen zur Erreichung der Konklusion. Genauere Untersuchungen legen nach Mayer und Revlin (1978) sogar nahe, die erste Phase in zwei weitere aufzuteilen: Die Selektion beim Wahrnehmen und Einspeichern und das Konstruieren von Zusammenhängen. Die Bedeutung dieser Phasen wird am augenfälligsten bei der Analyse von Fehlschlüssen.

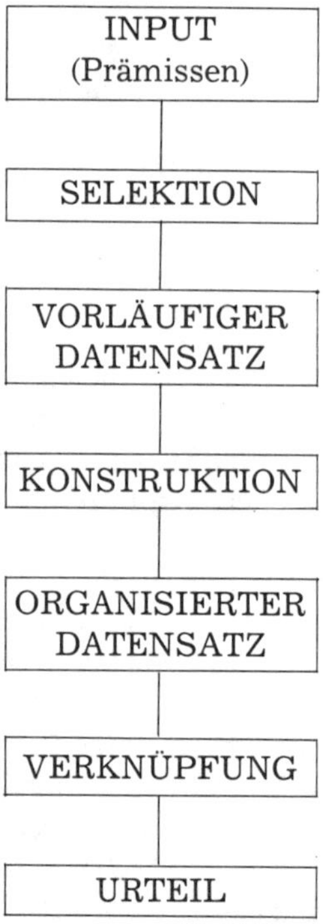

Ablauf des Schlußprozesses (modifiziert nach Mayer u. Revlin 1978, S. 2).

Fehlschlüsse entstehen mitunter aufgrund der falschen oder lückenhaften Auffassung einer Prämisse. Statt wie vorgegeben
EINIGE A SIND NICHT B
wird z. B. aufgefaßt und gemerkt
EINIGE A SIND B
oder
A (d. h. dann: ALLE A) SIND NICHT B,
und diese Änderungen schlagen sich selbstverständlich in der Schlußfolgerung nieder (vgl. Wyer u. Podeschi 1978).

Hinweise auf eine Phase der Konstruktion gibt eine weitere Fehlerquelle: die Konversion (von lat. ‚convertere' – umwenden, vertauschen). Durch Konversion wird z. B. aus der Aussage ALLE A SIND B die Aussage ALLE B SIND A. Die beiden Aussagen sind keinesfalls gleich, weshalb die aus ihnen gezogenen Schlüsse sich ebenfalls unterscheiden (Revlis 1975). Vertauschungen gehören übrigens zu den häufigen Fehlern; sie werden oft nicht beachtet, weil sie mitunter unschädlich sind (z. B. gilt EINIGE X SIND Z ebenso wie die Umkehrung EINIGE Z SIND X).

In der Phase der Verknüpfung würde man von einem idealen Beurteiler die vollständige und richtige Anwendung der logischen Schlußregeln erwarten. Solche logischen Regeln werden aber mitunter nicht angewandt; die Beurteiler sind dann außerstande, zu einem Schluß zu gelangen. Oder die anzuwendenden Regeln werden durch andere Tendenzen, möglicherweise eine eigene Psycho-Logik, außer Kraft gesetzt. Davon vermittelt der von Woodworth und Sells im Jahre 1935 entdeckte „Atmosphären-Effekt" einen Eindruck. Der Atmosphären-Effekt tritt u. a. ein, wenn in einem Syllogismus die beiden Prämissen sich in ihrer Form gleichen; dann zeigt sich eine Fortsetzungstendenz, die auch die Konklusion in dieselbe Form zu bringen trachtet. Zum Beispiel

1. EINIGE A SIND B
2. EINIGE C SIND A
3. EINIGE C SIND B

Der Schluß ist selbstverständlich falsch; der Beurteiler hat sich lediglich von der durch die Prämissen geschaffenen Einstellung „hier sind alle Aussagen partikulär und affirmativ" gefangen nehmen lassen.

Charakteristische Fortsetzungstendenzen sind übrigens nicht nur zu beobachten, wenn die Prämissen sich in ihrer Form gleichen. Auch einige Paare ungleichartiger Prämissen suggerieren eine bevorzugte Konklusion. So hat eine überwiegende Mehrheit der Probanden von Begg und Denny (1969), welche aus Prämissen der Form

1. ALLE A SIND B
2. KEIN C IST EIN A

einen falschen Schluß zogen, diesem Schluß die Form gegeben:

3. KEIN C IST EIN B

Abstraktes und konkretes Schließen

Strenggenommen ist der Schlußprozeß ein formaler Ablauf, der sich unabhängig von der Vertrautheit mit den Urteilsgegenständen und der Einstellung zu ihnen vollziehen sollte (s. a. S. 162f.). Die Erfahrung der meisten Menschen spricht jedoch gegen die beliebige Austauschbarkeit von Inhalten in Denkfiguren. Man nehme nur den Satz: „Die Kämpfer in Troja haben Schwerter getragen, sagte Heinrich Schliemann, und dieser König hat doch in Troja mitgekämpft; deshalb muß er selbstverständlich ein Schwert haben." Dieser dem großen Archäologen in den Mund gelegte Satz ist formal nichts anderes als ein Syllogismus der Art:

ALLE X SIND Y; Z IST EIN X. ALSO IST Z EIN Y.

Die *formale Gleichheit* anzuerkennen fällt jedoch angesichts unterschiedlicher Einstellungen zu den Inhalten der Aussage schwer. Manche Menschen werden sich überhaupt gegen ein Denken über symbolische Größen sträuben und sich nur auf Überlegungen zu konkreten Gegenständen einlassen wollen.

Nun sind die historischen Krieger um Troja wenigstens als konkrete Gestalten vorstellbar; ihre Kenntnis stellt jedoch ein Bildungsgut dar und ist insofern kulturgebunden und von der lebendigen Alltagserfahrung abgehoben – also ebenfalls nicht unbeträchtlich abstrahiert. Schon der Grad an Abstraktion, der mit der Vorstellung von hypothetischen Personen oder Objekten verbunden ist, erscheint manchen Personen als unzumutbar. Von solchen Menschen berichtet Sylvia Scribner (1975). Sie hat sie bei den Kpelle Bauern in Westafrika getroffen. Was ihr ein Mann gesagt hat, den sie um die Beurteilung der Richtigkeit von Syllogismen gebeten hatte, hat sie wörtlich aufgezeichnet. Sie hatte ihrem Probanden den folgenden Syllogismus vorgelegt:

„Alle Kpelle Männer sind Reisbauern. Mr. Smith (der Name eines Weißen) ist kein Reisbauer. Ist er dann ein Kpelle Mann?"

Darauf entwickelte sich der folgende Dialog:

„Proband: Ich kenne den Mann doch nicht. Ich habe mir den doch nicht mit meinen Augen angesehen.

Versuchsleiter: Dann denke doch einfach über die Feststellung nach.

Proband: Wenn ich ihn selbst kenne, dann kann ich die Frage beantworten. Aber ich kenne ihn doch gar nicht, da kann ich doch die Frage nicht beantworten.

Versuchsleiter: Versuche es trotzdem und antworte wie ein Kpelle Mann.

Proband: Wenn man einen Menschen kennt, und es wird eine Frage über ihn gestellt, dann kann man sie beantworten. Aber wenn man den Menschen nicht kennt, und eine Frage ergibt sich, dann ist es doch wirklich schwer, eine Antwort zu geben."

(Eigene Übersetzung aus Scribner 1975, S. 155)

Es darf nicht von vornherein unterstellt werden, daß dem Mann die geistigen Fähigkeiten zur verlangten Schlußfolgerung abgehen. Seine Schwierigkeit erwächst wahrscheinlich mehr aus einer ökonomischen Haltung: das Denken nur zur Beurteilung der eigenen Lebenszusammenhänge einzusetzen. Schon vier Jahrzehnte vor Sylvia Scribners Studie hat der russische Psychologe Alexander R. Luria ähnliche Beobachtungen gemacht – bei den Einwohnern eines Dorfes in Zentralasien (Usbekistan). Diese Menschen, damals Analphabeten, weigerten sich, formal angelegte Denkoperationen mitzumachen; gleichwohl gaben sie einleuchtende Urteile ab. Um eine Begründung gebeten, äußerten sie nur: „Das weiß ich eben. So ist das eben" (Luria 1971). Die Ableitung ihrer Erkenntnis war ihnen verborgen geblieben.

Der früher in Frankfurt a. M. tätige Psychiater Kurt Goldstein (1878–1965) und der Psychologe Martin Scheerer haben der Unterscheidung von Verhalten, das der konkreten Lebenswelt verhaftet ist, und dem Verhalten, das sich von der konkret gegebenen Lebenswelt ablöst, große Bedeutung beigemessen. Das *abstrakte Verhalten* werten sie als eine höhere Stufe der Erkenntnis als das *konkrete Verhalten*. Es zeichne sich unter anderem aus durch

- eine Verselbständigung des Ich von der Außenwelt und der inneren Erfahrung,
- eine positive Haltung zum „einfach Möglichen",
- die Fähigkeit, symbolisch zu denken und zu handeln.

Diese Beschreibung des abstrakten Verhaltens trifft voll auf das formalisierte Denken zu.

Die Abstraktheit bzw. Konkretheit der Urteilsgegenstände hat nicht nur etwas mit der Erfahrung zu tun, sondern auch mit der Einstellung gegenüber diesen Gegenständen. Aussagen über Symbole wird der Beurteiler in der Regel leidenschaftslos akzeptieren. Aber wird er auch bei Aussagen über seine für ihn vital bedeutsame Lebenswelt dazu bereit sein? Im Rahmen des Modells von Mayer und Revlin (S. 166) wird man fragen:

- Wird nicht schon die Selektion der Prämisseninformation durch Überzeugungen und Interessen gelenkt?
- Wird die Konstruktion von Aussagen nicht den Wünschbarkeiten angepaßt?
- Wird die Verknüpfung von Aussagen nicht die den eigenen Bedürfnissen entsprechenden Schlußfolgerungen bevorzugen?

Tatsächlich sind Menschen keine kühlen Beurteiler, die von ihrer *Motivationslage* völlig absehen können. Ihre Einstellungen schlagen sich durchaus nieder in den Fehlern, die ihnen unterlaufen. Dieser Umstand – von Logikern schon seit alters her beklagt – läßt sich seit einer Studie von Janis und Frick (1943) auch experimentell belegen. Janis und Frick legten ihren Probanden Syllogismen vor, mit der Aufforderung, deren Schlüssigkeit zu beurteilen. Gleichzeitig wurde die Einstellung jedes Probanden zu den gezogenen Schlußfolgerungen erhoben. So lautete einer der Syllogismen:

Eskimos sind die einzigen Menschen, die nur Fleisch essen. Dabei haben alle Eskimos gute Zähne. Daraus können wir schließen, daß Menschen, die kein Fleisch essen, schlechte Zähne haben.

Der Syllogismus ist nicht schlüssig. (Denn wie kann man von Fleischessern auf Nicht-Fleischesser schließen?). Von der Konklusion wird sich jedoch ein leidenschaftlicher Fleischesser in seiner Überzeugung bestätigt sehen. Um seinen Glauben zu erhalten, wird er geneigt sein, Fehler beim Schlußvorgang zu übersehen. Bei einem Vegetarier entfielen dagegen die Gründe für ein Tolerieren der Urteilsfehler.

Zur Gegenprobe diente dann ein anderer Syllogismus:

Bauern essen viel Obst und Gemüse. Dabei haben sie gute Zähne. Daraus folgt, daß Menschen, die Fleisch essen, schlechte Zähne haben.

Dieser Syllogismus ist ebensowenig schlüssig wie der vorher wiedergegebene. Aber im Gegensatz zu dem vorherigen entspricht seine Konklusion der Überzeugung des Vegetariers und nicht der Überzeugung des Fleischessers. Wird also die Tendenz des Schlusses bei der Beurteilung seiner Stimmigkeit mit berücksichtigt, müßte es diesmal der Vegetarier sein, der dem Syllogismus unkritisch zustimmt.

Es war also zunächst zu überprüfen: Wenn eine logisch falsche Schlußfolgerung der Einstellung des Beurteilers entgegenkommt, wird sie dann leichter als richtig anerkannt?

Und in Umkehrung dieser Fragestellung war weiterhin festzustellen: Wenn eine logisch zwingende Schlußfolgerung der Einstellung zuwiderläuft, wird sie dann eher als falsch zurückgewiesen? Das Ergebnis der Untersuchung war: Die Treue zur eigenen Einstellung setzt die Regeln der Logik nicht immer außer Kraft, und sie ist nicht die einzige Fehlerquelle; aber für eine Reihe von Fehlurteilen ist sie doch verantwortlich.

Verteilung von Fehlern im Versuch von Janis und Frick (1943). Die meisten Fehler entstanden durch inhaltliche Zustimmung zu falsch gezogenen Schlüssen, sowie durch inhaltliche Ablehnung von richtig gezogenen Schlüssen.

Einstellung zur Konklusion	*Vorgegebener Syllogismus* richtig	falsch
Zustimmung	13 Fehler	24 Fehler
Ablehnung	22 Fehler	11 Fehler

Zusammenfassung

1. Deduktive Schlüsse leiten aus vorgegebenen Aussagen (Prämissen) eine neue Aussage (Konklusion) ab; die Konklusion beim deduktiven Schluß umfaßt die Gemeinsamkeiten in den Prämissen. Schlußfolgerungen können sowohl die Zuordnung von Subjekten und Prädikaten betreffen als auch die Beziehung in Reihen.
2. Psychologische Theorien der Deduktion gehen teilweise davon aus, daß bildliche Vorstellungen gebildet werden; teilweise nehmen sie eine sprachliche Repräsentation an.
3. In der psychologischen Analyse von Deduktionsvorgängen werden gegenwärtig vor allem die Phasen der Informationsselektion, der Konstruktion von Zusammenhängen zwischen den ausgewählten Informationen und die Verknüpfung des organisierten Wissens unterschieden. Typische Fehler in diesen drei Phasen beruhen auf Vernachlässigung von vorgegebenen Aussageinhalten, auf Vertauschung von Inhalten und auf schematischer Übernahme von Prämissenformen in die Konklusion (Atmosphären-Effekt).
4. Manche Menschen verweigern ein von ihrer konkret erfahrenen Wirklichkeit abgehobenes Schlußfolgern (z. B. mit Symbolen). Bei Konkretheit der Denkinhalte ist die Neigung zu beobachten, die Stimmigkeit einer Schlußfolgerung danach zu beurteilen, ob sich die Konklusion mit der eigenen Überzeugung deckt.

Literaturhinweise

Johnson-Laird, P. N.: Reasoning with quantifiers. In: Johnson-Laird, P. N. u. Wason, P. C. (Hg.): Thinking. Cambridge: Cambridge University Press 1977, 129–142

Wertheimer, M.: Drei Abhandlungen zur Gestalttheorie. Erlangen: Palm u. Enke 1925, 164–184

Kreibig, J. K.: Die intellektuellen Funktionen. Untersuchungen über Grenzfragen der Logik, Psychologie und Erkenntnistheorie. Wien: Hölder 1909

Störring, G.: Experimentelle Untersuchungen über einfache Schlußprozesse. Archiv für die gesamte Psychologie 11 (1908), 1–127

Störring, G.: Das urteilende und schließende Denken in kausaler Behandlung. Leipzig: Akademische Verlagsgesellschaft 1926

Lindworsky, J.: Das schlußfolgernde Denken. Freiburg: Herder 1916
Kutschera, F. von u. Breitkopf, A.: Einführung in die moderne Logik. Freiburg: Alber 1971
Essler, W. K.: Einführung in die Logik. Stuttgart: Kröner 1969, 2. Aufl.
Chomsky, N.: Aspects of the theory of syntax. Cambridge: MIT Press 1965. (Dt.: Aspekte der Syntaxtheorie. Frankfurt: Suhrkamp 1969)
Huttenlocher, J.: Constructing spatial images: A strategy in reasoning. Psychological Review 75 (1968), 550–560
Clark, H. H.: Linguistic processes in deductive reasoning. Psychological Review 76 (1969), 387–404
Mayer, R. E. u. Revlin, R.: An information processing framework for research on human reasoning. In: Revlin, R. u. Mayer, R. E. (Hg.): Human reasoning. New York: Wiley 1978, 1–32
Wyer, R. S. u. Podeschi, D. M.: The acceptance of generalizations about persons, objects and events. In: Revlin, R. u. Mayer, R. E. (Hg.): Human reasoning. New York: Wiley 1978, 101–137
Revlis, R.: Syllogistic reasoning: Logical decisions from a complex data base. In: Falmagne, R. J. (Hg.): Reasoning: Representation and process in children and adults. Hillsdale: Erlbaum 1975, 93–133
Woodworth, R. S. u. Sells, S. B.: An atmosphere effect in syllogistic reasoning. Journal of Experimental Psychology 18 (1935), 451–460
Begg, I. u. Denny, J. P.: Empirical reconciliation of atmosphere and conversion interpretation of syllogistic reasoning errors. Journal of Experimental Psychology 81 (1969), 351–354
Scribner, S.: Recall of classical syllogisms: A cross-cultural investigation of error on logical problems. In: Falmagne, R. S. (Hg.): Reasoning: Representation and process in children and adults. Hillsdale: Erlbaum 1975, 153–173
Luria, A. R.: Toward the problem of the historical nature of psychological processes. International Journal of Psychology 6 (1971), 259–272
Goldstein, K. u. Scheerer, M.: Abstract and concrete behavior. An experimental study with special tests. Psychological Monographs 53 (1941), Nr. 239
Janis, I. u. Frick, F.: The relationship between attitudes towards conclusions and errors in judging logical validity of syllogisms. Journal of Experimental Psychology 33 (1943), 73–77

Schlußfolgern durch Induktion

Arten von induktiven Schlüssen

Die *Induktion* (von lat. ‚inducere‘ – hineinführen) als Form des verallgemeinernden Denkens ist bereits auf S. 156 veranschaulicht worden. Eines der dort genannten Beispiele sei noch einmal aufgegriffen, wenn nunmehr die Induktion eingehender erörtert werden soll. Daher noch einmal zurück zum Kennedy-Fall. Wenn Kommentatoren nach dem Attentat auf den Präsidenten voraussagten: „Und jetzt trachten die Mörder nach dem Leben der Brüder Robert und Edward“, so lag dem folgender Schluß zugrunde:

1. DAS ATTENTAT GALT DEM PRÄSIDENTEN ALS REICHEM, LIBERALEM, EHRGEIZIGEM ANGEHÖRIGEN DER KENNEDY-FAMILIE
2. ROBERT UND EDWARD SIND EBENSOLCHE ANGEHÖRIGE DER KENNEDY-FAMILIE
3. ALSO WERDEN AUCH SIE VON DEN NEIDERN VERFOLGT

Stellt man diese Verhältnisse wieder in einem Diagramm dar, so ergibt sich das auf der gegenüberliegenden Seite wiedergegebene Bild. Die durch den äußeren Kreis begrenzte Fläche repräsentiert die Gesamtmenge der Kennedy-Brüder. Im inneren Kreis erscheint John als Teil dieser Gesamtmenge. An diesem Teil setzt der induktive Schluß an: Einer Prämisse wird ein Prädikat von John entnommen (formal: VERFOLGT (JOHN)). Dieses Prädikat wird dann allen anderen Mitgliedern der Gesamtmenge zugeschrieben (formal: VERFOLGT (KENNEDY-BRÜDER)).

Die Kennedy-Brüder

Das obige Diagramm gleicht in seiner Form völlig dem Venn-Diagramm zum Syllogismus ALLE PASSAGIERE (s. S. 160). Die hier angewandte Induktion nimmt jedoch genau den umgekehrten Verlauf wie bei der oben beschriebenen Deduktion. Die Induktion setzt bei der Teilmenge an und schreitet zur Gesamtmenge fort; eine bei der Teilmenge vorgefundene Eigenschaft wird dann auf die Gesamtmenge übertragen. Die Deduktion hatte dagegen bei der größeren Menge angesetzt und war zur kleineren Menge fortgeschritten. Während also bei der Deduktion die Verengung der Aussage auf die Gemeinsamkeiten in den Prämissen das hervorstechende Merkmal ist, leistet die Induktion gerade eine Ausweitung der Aussage über die Prämissen hinaus. Der oben (S. 160) erwähnte Joseph Kreibig hat deshalb die Induktionsschlüsse – im Gegensatz zu den von ihm als regressiv gekennzeichneten Deduktionsschlüssen – als progressiv bezeichnet.

Die Induktion ist wohl die am häufigsten angewandte Methode des logischen Schließens. Bei genauerer Betrachtung kann man verschiedene *Arten der Induktion* unterscheiden:

○ Von einem Teilelement (oder wenigen Teilelementen) auf die gesamte Klasse (z. B. „In meiner Kindheit hat mich ein Schäferhund gebissen; seitdem weiß ich, daß Schäferhunde gefährlich sind").

○ Von einer Teilklasse auf die Gesamtklasse (z. B. „Gold, Eisen und Silber sind Metalle und schwerer als Wasser, also sind Metalle schwerer als Wasser").

○ Innerhalb derselben Gesamtklasse von einer Teilklasse A auf eine Teilklasse B (z. B. „Tabakwaren werden höher besteuert, da werden sicher auch die Steuern für Spirituosen erhöht, denn beides sind Genußmittel").

Solche Schlüsse sind mitunter riskant, da die Beziehung der kritischen Eigenschaften von Gegenständen zur gebildeten Klasse keineswegs immer feststeht. So kann die Verallgemeinerung vorschnell sein. Die drei soeben angeführten Beispiele für induktive Schlüsse brauchen alle nicht akzeptiert zu werden. Insbesondere der zweite „Metalle sind schwerer als Wasser" ist nachweislich falsch. Er war nur so lange vertretbar, bis H. Davy im Jahre 1807 die Gewinnung reinen Kaliums gelang. Da erwies es sich: Kalium ist ein Metall, besitzt jedoch ein geringeres spezifisches Gewicht als Wasser. Trotz ihrer Risiken sind induktive Schlüsse für Laien wie für Wissenschaftler unentbehrlich. Dazu der Mathematiker Georg Polya (1949):

„In der Mathematik wie in der Physik können wir Beobachtung und Induktion benutzen, um allgemeine Gesetze zu entdecken. Aber es gibt einen Unterschied. In der Physik gibt es keine höhere Autorität als Beobachtung und Induktion, aber in der Mathematik existiert eine solche: der strenge Beweis.

... Wir enthalten uns weiterer Bemerkungen über das Thema der Induktion, über das eine weitgehende Meinungsverschiedenheit unter den Philosophen besteht. Aber es soll hinzugefügt werden, daß viele mathematische Resultate zuerst durch Induktion gefunden und erst später bewiesen worden sind."
(Polya 1949, S. 136.)

Polya hebt zu Recht die Bedeutung der Beobachtung für die Induktion hervor. Eine Verallgemeinerung kann aufrechterhalten bleiben, solange Erfahrung sie stützt. Oft genügt eine einzige entkräftende Beobachtung, um eine Verallgemeinerung ungültig werden zu lassen. So glauben viele Menschen, Schwäne seien immer weiß, und die Erfahrung gibt ihnen oft recht. Bis sie einmal einen schwarzen Schwan erblicken; dann werden sie nach einer einzigen Beobachtung ihre Annahme aufgeben.

Die Vielfalt oft widersprüchlicher Erfahrungen und Erwartungen lassen sich jedoch in Aussagen eigener Art auffangen, in *Wahrscheinlichkeitsaussagen.* Von den Schwänen läßt sich dann feststellen, sie seien mit hoher Wahrscheinlichkeit – wenn auch nicht immer – weiß. Das Einschätzen von Wahrscheinlichkeiten ist im Zeitalter der statistischen Erhebung zu einer besonders verbreiteten Übung geworden: Versicherungen schätzen die Wahrscheinlichkeit von Unfällen, Touristenbüros die Wahrscheinlichkeit von Sonnentagen an Urlaubsorten und so fort. Wahrscheinlichkeitsansätze können ebenfalls Prämissen von induktiven Schlüssen werden. Das Ergebnis sind dann Wahrscheinlichkeitsschlüsse. So wäre etwa ein *Wahrscheinlichkeitsschluß:*

1. 70% DER LEHRER IN UNSERER STADT SIND FRAUEN
2. DIRK KOMMT JETZT IN DIE SCHULE
3. DA BEKOMMT ER ZU 70% EINE LEHRERIN.

Die Bedeutung und Verbreitung von Wahrscheinlichkeitsschlüssen ist offenkundig: Menschliche Entscheidungen in Familie, Beruf und Freizeit stützen sich zumeist auf Wahrscheinlichkeitserwartungen (z. B. Sicherheit von Einkommensquellen, Zuverlässigkeit von Partnern). Insofern entspricht das Rationale eines Entscheidungsvorgangs einem Wahrscheinlichkeitsschluß (vgl. Jungermann 1976).

Fortschreitende Induktion

Wenn Beobachtung – wie oben beschrieben – die Grundlage der Induktion ist, so vollzieht sich die Erkundung eines Gegenstandes in der Regel als ein mehrfacher *Wechsel zwischen Beobachtung und Induktion.* Eine solche Erkundung kann zweierlei Ergebnisse hervorbringen:

○ eine quantitative Anreicherung einer Kategorie mit neuen Merkmalen; das Hinzufügen neuer Merkmale ändert dabei nichts an dem Bestand der alten Merkmale;

○ eine stufenweise Veränderung der Qualität von kennzeichnenden Merkmalen; die alten Merkmale werden dabei durch die neuen ersetzt.

Das zuerst genannte Ergebnis ist die Folge einer sukzessiven Zuwendung zu verschiedenen Merkmalen eines Gegenstandes. Ein Beispiel: Ein Kind erfährt in seinem Garten: Erdbeeren sind süß. Es verallgemeinert dieses Wissen (1. Induktion) und sucht die häusliche Küche auf, in der die Mutter Erdbeeren zu Marmelade verkocht. Das Kind verallgemeinert: Man kann aus Erdbeeren Marmelade machen (2. Induktion). In der Konditorei entdeckt es dann: Aus Erdbeeren kann man auch Eis machen (3. Induktion). So fügt es eine Erkenntnis an die andere.

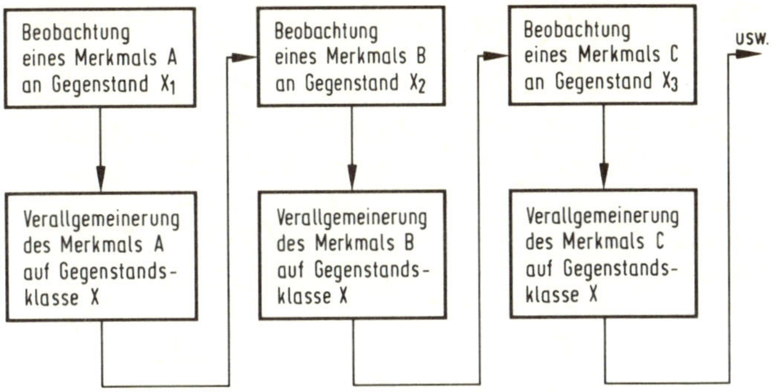

Quantitative Anreicherung einer Kategorie mit neuen Merkmalen durch fortschreitende Induktion.

Wie durch fortschreitende Beobachtung und Induktion ein Merkmalsgefüge drastisch verändert und dabei unter Umständen sogar vereinfacht wird, hat die naturwissenschaftliche Forschung in ihren eindrucksvollsten Leistungen gezeigt. Der Mensch, der als Laie die Naturgesetze für sich neu entdeckt, folgt dem Naturwissenschaftler auf seinen Wegen. Auch sein Denken wandelt sich qualitativ durch fortschreitende Induktion. Ein schönes Beispiel hierfür stammt aus einer Untersuchungsreihe des ‚Institut Universitaire des Sciences de l'Education' in Genf. Es handelt von Kindern und Jugendlichen, die sich mit der Frage auseinandersetzen: Wann schwimmen Körper auf dem Wasser (Piaget u. Inhelder 1955)?

Kinder von weniger als fünf Jahren (und wohl noch manche Erwachsene) haben da recht feste Vorstellungen. Sie sortieren einfach Gegenstände nach ihrer Eigenschaft, auf dem Wasser zu bleiben oder darin unterzugehen. Also etwa: Schiffe schwimmen, Enten schwimmen, Wasserbälle schwimmen – Steine schwimmen nicht. Die Induktion erfolgt hier offenbar innerhalb eng umrissener und voneinander abgesetzter Gegenstandsklassen. Etwa die Klasse ‚Ente': Man hat ein Exemplar oder wenige Exemplare dieser Gattung schwimmen gesehen und schreibt nun diese Fähigkeit der gesamten Gattung zu. Dasselbe geschieht mit Schiffen usw.

Gibt es Möglichkeiten, über solche Gegenstandsklassen hinweg zu generalisieren? Etwa Gemeinsamkeiten zu finden bei Enten und Schiffen, welche die Fähigkeit des Schwimmens begründen? Schulkinder haben in der Regel solche gemeinsamen Eigenschaften entdeckt. Sie verweisen vor allem auf Materialqualitäten und Gewicht. Holz – sagen sie etwa – schwimmt, und Metall geht unter. Damit ist die Zuordnung des Merkmals „Schwimmen" zu kompakten Gegenstandskategorien zurückgetreten hinter die Beziehung zu Teilkomplexen dieser Gegenstandskategorie. Diese fortgeschrittene Erkenntnis beruht ihrerseits auf Beobachtung und Verallgemeinerung des Beobachteten. Aber sie hält der Überprüfung durch weitere Beobachtung nicht stand: Manches Holz sinkt, während Metallnadeln und -folien ohne weiteres auf dem Wasser treiben.

Solche Widersprüche geben Anlaß zum Nachdenken. Und langsam wächst die Erkenntnis der maßgebenden Eigenschaften: das spezifische Gewicht des Gegenstandes (d. h. das Verhältnis seines Gewichtes zu seiner Ausdehnung) sowie das Verhältnis seines spezifischen Gewichtes zum spezifischen Gewicht des Wassers – die Massendichte eines Körpers. So erläutert der 12jährige Mal:

„Das Silber ist schwer, deshalb geht es unter. ... Der Baum ist sehr viel schwerer, aber er ist aus Holz. Das Wasser ist leichter als das Silber,

Eine einflußreiche Theorie und ihre Widerlegung

Beobachtungen haben nicht nur die Funktion, Annahmen zu verifizieren, d. h. als wahr zu belegen. Sie bewähren sich auch bei der Falsifikation, d. h. der Widerlegung von Annahmen. Die Geschichte der Naturwissenschaften bezeugt das. Eine der spektakulärsten Falsifikationen traf die Phlogistontheorie. Ihr Urheber war einer der ersten Vertreter der wissenschaftlichen Chemie, Georg Ernst Stahl (1660–1734) aus Ansbach, Leibarzt des Preußischen Königs Friedrich Wilhelm I. Stahl wurde berühmt durch die These, alle brennbaren Körper, auch die unedlen Metalle, enthielten als gleiche Substanz das brennbare Phlogiston (von griech. ‚phlegein' – brennen). Durch Verbrennung könne man daher Stoffe in ihre Bestandteile zerlegen: Es entweiche dabei das Phlogiston, und die Grundbestandteile blieben zurück.

Die Phlogistontheorie hat die Chemie des 18. Jahrhunderts beherrscht und zahlreiche wegweisende Forschungen angeregt. Ihre Bedeutung war: Sie hat die Chemie über ihren alchemistischen und pharmazeutischen Ursprung (Goldgewinnung und Verlängerung des Lebens) hinausgeführt und auf Grundlagenprobleme hingelenkt. Dabei war die Phlogistontheorie ganz und gar unrichtig. Schon im Jahre 1732 meldete Herman Boerhaves grundsätzlichen Widerspruch dagegen an. Er hatte Metall in kaltem und in glühendem Zustand gewogen und dabei keinen Gewichtsunterschied festgestellt. Wie konnte da ein Bestandteil entwichen sein? Zeitgenossen versuchten, den Widerspruch durch Zusatzannahmen zur Phlogistontheorie aufzulösen. Erst dem französischen Chemiker Antoine Laurent Lavoisier (1743–1794) – übrigens Mitglied der französischen Akademie der Wissenschaften und unter dem Bourbonenkönig Louis XVI. Generalpächter der Steuern – gelang der Nachweis der Natur der Verbrennung und damit die endgültige Widerlegung der Phlogistontheorie. Er leitete Wasserdampf über glühendes Eisen; der Sauerstoff des Wassers verband sich mit dem Metall, und Wasserstoff wurde freigesetzt. So gelangte er zur Verallgemeinerung, daß ein Körper bei der Verbrennung Sauerstoff aufnimmt (Oxydation) und ihm nicht etwa ein Brennstoff entzogen wird.

aber es ist nicht leichter als das Holz ..., man nimmt die Wassermenge, die der Größe des Gegenstandes entspricht: man nimmt die gleiche Größe Wasser. ... Wenn das die gleiche Menge Kork wäre, würde es schwimmen, weil Kork weniger schwer als die gleiche Wassermenge ist."

(Piaget u. Inhelder 1977, S. 47f.)

Auf dieser Stufe erweist sich sowohl die Kategorisierung nach Gegenstandsklassen als auch die Zuweisung von Materialqualitäten als entbehrlich. Das allen konkreten Körpern zukommende Merkmal der Massendichte (spezifisches Gewicht) reicht aus, um die Fähigkeit des Schwimmens zu erklären. Eigentlich könnte ein Mensch, der die letzte Stufe der Erkenntnis erreicht hat, die früheren Stufen seines Erkennens (Schwimmen als materialspezifische Qualität und Schwimmen als gegenstandsspezifische Qualität) vergessen. (Daß gleichwohl frühere Erkenntnisstufen in der Regel gegenwärtig bleiben und fallweise weiter genutzt werden, ist ein Problem, auf das hier nicht einzugehen ist.)

Charakteristisch an diesem stufenweisen Prozeß des Entdeckens ist, daß dabei Beobachtung und Induktion stets bei einem Merkmalskomplex verharren und diesem immer

Kinder bei der Diskussion der Frage: Wann schwimmen Körper auf dem Wasser?

präzisere Kenntnis abgewinnen. Es entwikkelt sich somit eine Kette der folgenden Art:

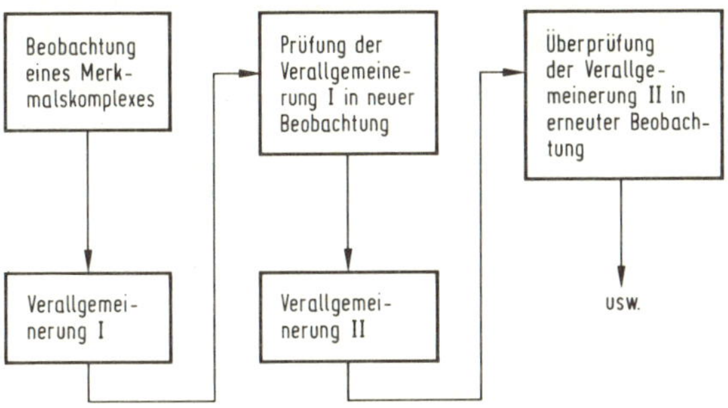

Ein derartiges stufenweises Entdecken offenbart letztlich jenes Geflecht von Kausalbeziehungen, das für ein Individuum die Bedeutungszusammenhänge aller Veränderungen in seiner Umwelt repräsentiert (Heider 1944).

Schwierigkeiten mit Wahrscheinlichkeitsschlüssen

Die Wahrscheinlichkeitsschlüsse gehören in die Familie der Induktionsschlüsse; deshalb gilt, was im vorangehenden Abschnitt über die Induktion ausgeführt wurde, grundsätzlich auch für Wahrscheinlichkeitsschlüsse. Allerdings enthalten sie als Besonderheit den Begriff der Wahrscheinlichkeit, und der Umgang mit diesem Begriff stellt seine spezifischen Anforderungen.

Die Schwierigkeiten beginnen mitunter bereits bei der Bildung von Wahrscheinlichkeitsschätzungen. Es seien etwa Wetten auf zwei Tennisspieler A und B abzuschließen, die sich demnächst in einem Wettkampf gegenüberstehen werden. Wer wird gewinnen? Von A sei bekannt, er habe in der laufenden Saison bereits 30 Spiele gewonnen; B habe in der gleichen Zeit erst 20 Spiele für sich entschieden. Für manche Beurteiler folgt daraus: A ist stärker als B. Sie vergessen dabei freilich zu fragen: Haben A und B sich an den gleichen Gegnern gemessen? Und vor allem: Haben sie gleich viele Spiele absolviert? Stammen die 20 Siege des B aus 22 Spielen, die 30 Siege des A jedoch aus 40 Spielen, so erscheint B als Favorit. Er hat nämlich eine Siegesquote von 90% aufzuweisen, während sein Gegner A nur auf eine Siegesquote von 75% kommt. Das Urteil, das A zum Favoriten erklärt ist also nicht haltbar. Durch welchen Fehler ist es zustande gekommen? Das Urteil baute auf *absoluten Häufigkeiten* auf, anstatt auf *relativen Häufigkeiten*.

Die Wahrscheinlichkeit eines Ereignisses ist zu verstehen als dessen relative Häufigkeit. Die relative Häufigkeit ist identisch mit dem Anteil kritischer Fälle (im obigen Beispiel:

gewonnene Spiele) an der Gesamtzahl einschlägiger Fälle (im obigen Beispiel: absolvierte Spiele). In den Begriff der Wahrscheinlichkeit gehen somit zwei Bestimmungsgrößen ein. Die erste von ihnen – Anzahl kritischer Fälle – wird dabei mit Vorrang aufgefaßt. Die zweite von ihnen – die Gesamtzahl einschlägiger Fälle (bzw. die Summe von kritischen Fällen und Gegenfällen) – wird oft vernachlässigt. Der Psychologe William Estes, der diesen Sachverhalt in einigen Experimenten untersucht hat, führt ihn auf ein unterschiedliches Behalten zurück. Die Menschen würden sich bevorzugt die Fälle merken, die sie zur Vorhersage und anderen Verallgemeinerungen benutzen wollten – Siege in sportlichen Wettkämpfen und politischen Wahlen, Verkaufserfolge und ähnliches. Die Gegenfälle – Niederlagen und Mißerfolge – würden sie sich jedoch nicht einprägen. So entsteht aus ihrer Erinnerung ein verzerrtes Bild der tatsächlichen Verhältnisse (Estes 1976).

Überhaupt ist der Fehler, *entscheidungsnotwendige Ausgangsgrößen* zu vernachlässigen, beim Wahrscheinlichkeitsschluß weit verbreitet. Der Schlußprozeß selbst wird durch eine solche Vernachlässigung unzulässig verkürzt. Dies sei gleich an einem Beispiel (mit fiktiven Zahlen) erläutert: Eine Statistik früherer Lebensgewohnheiten von Herzinfarktpatienten ergäbe, daß 70% von ihnen überwiegend weniger als sieben Stunden Schlaf je Tag gefunden hätten. Eine solche Feststellung könnte leicht den Verdacht wecken, die Schlafminderung komme als Ursachenfaktor für einen Herzinfarkt in Frage. Und mancher Leser wird aus der Statistik den Schluß ziehen: 70% der Kurzschläfer werden früher oder später einen Herzinfarkt erleiden. In jedem Fall handelt es sich um eine Prognose von einer Testgruppe auf eine größere Bevölkerung. Der Autor der Behauptung, 70% der Kurzschläfer würden einmal einen Herzinfarkt erleiden, hat außerdem eine Umkehrung vorgenommen: Aus 70% Kurzschläfern in der Testgruppe der Infarktpatienten sind 70% zu-

Sparsamkeit des Denkens

In der europäischen Geistesgeschichte ist häufig die Befürchtung geäußert worden, das Denken könne sich von seinem Gegenstand lösen und ihn dadurch verfehlen. Aus dieser Befürchtung entspringt u. a. die Forderung nach Sparsamkeit im Denken. Der englische Philosoph und Theologe William Ockham (~ 1285– ~ 1350) stellt als erster maßgeblicher Autor diese Forderung in den Mittelpunkt seiner Erkenntnistheorie und warnt vor einem ausufernden Denken, das über die Realität hinausgeht. Was durch wenige Annahmen erklärbar sei, solle nicht durch eine Vielzahl von Annahmen erklärt werden (‚frustra fit per plura quod potest fieri per pauciora'). Mehrfachannahmen seien durch Belege zu rechtfertigen (‚pluralitas non est ponenda sine necessitate'). Die Belege könnten dabei der Offenbarung oder der Erfahrung entstammen; sie könnten auch durch logische Ableitung aus einer offenbarten Wahrheit oder aus einem Erfahrungssatz gewonnen sein.

Es ist übrigens eine interessante Analogie, daß Ockham nicht nur mit einer Lehre zur Sparsamkeit im Denken hervorgetreten ist, sondern sich auch engagiert an Auseinandersetzungen über die Mönchsarmut beteiligt hat. Ockham war selbst Mitglied des Franziskanerordens und geriet in Gegensatz zu dem damals in Avignon residierenden Papst Johannes XXII. Er wurde vom Papst exkommuniziert und fand Zuflucht in München, wo er später in der alten Franziskanerkirche bestattet wurde. Sein Grab wurde allerdings im Jahre 1802 an einen unbekannten Ort verlegt.

künftige Infarktpatienten in der Prognosegruppe der Kurzschläfer geworden.

Eine solche Verallgemeinerung braucht nicht falsch zu sein. Sie stimmt unter zwei Voraussetzungen: Erstens, in der Bevölkerung muß es gleich viele Personen mit und ohne Herzinfarkt geben (Gleichverteilung des Prognosemerkmals Infarktrisiko). Zweitens, wenn unter Infarktpatienten sich 70% Kurzschläfer befinden, müssen unter Gesunden lediglich 30% Kurzschläfer sein (symmetrische Verteilung des Diagnosemerkmals Schlafdauer). Die obere der beiden folgenden graphischen Darstellungen zeigt: Eine Aufschlüsselung der Bevölkerung (angenommene Größe 10000 Personen) nach diesen Werten stimmt mit der obigen Verallgemeinerung überein. Man sieht: Nach dieser Aufstellung beträgt das Infarktrisiko der Kurzschläfer tatsächlich 70%.

Nun ist es sicher nicht zulässig, derart spezifische Voraussetzungen stillschweigend zu machen. Man muß möglicherweise eine ungleiche Verteilung des Prognosekriteriums und eine asymmetrische Verteilung des Diagnosekriteriums in Rechnung stellen. Dann gelangt man zu einem völlig anderen Ergebnis. Veranschlagt man etwa, daß lediglich 20% der Bevölkerung ein Herzinfarkt ereilt und sich unter den nicht Gefährdeten 40% Kurzschläfer befinden, so ergibt sich – die untere der beiden folgenden graphischen Darstellungen veranschaulicht das – ein völlig anderes Bild: Das Infarktrisiko der Kurzschläfer beträgt nur noch 30%.

Der hier beschriebene Wahrscheinlichkeitsschluß liegt allen Prognosen zugrunde, die sich auf ein Diagnosemerkmal stützen. Gesucht ist dabei jeweils
p(P+ / D), die Wahrscheinlichkeit des Eintretens eines Prognosefalls (z. B. Herzinfarkt) bei Vorliegen eines bestimmten Diagnosefalls (z. B. Schlafstörungen).

Zur Ermittlung dieser Wahrscheinlichkeit benötigt der umsichtige Beurteiler jedoch Schätzungen dreier weiterer Größen:

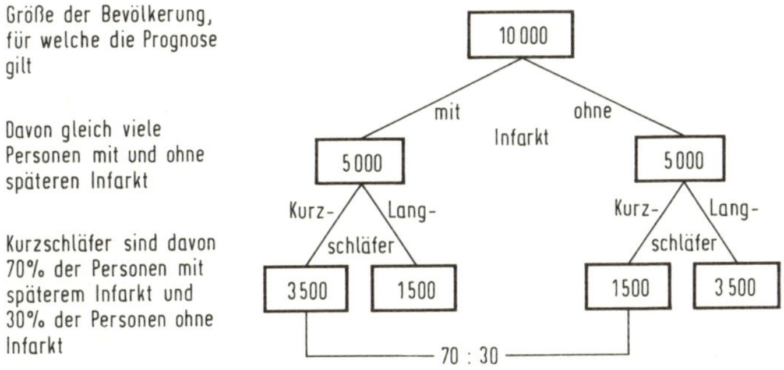

Prognose bei Gleichverteilung des Prognosemerkmals und symmetrischer Verteilung des Diagnosemerkmals

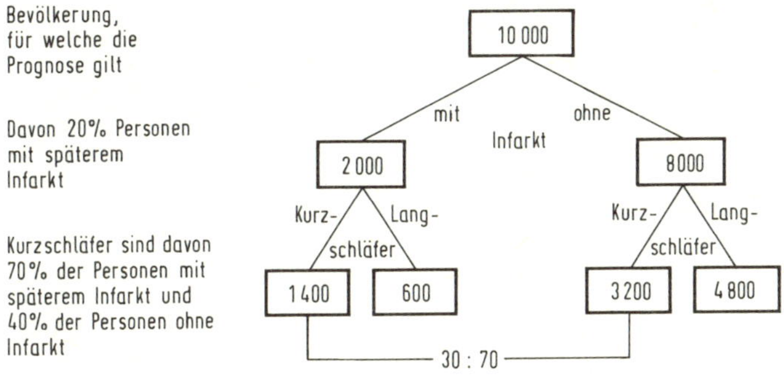

Prognose bei ungleicher Verteilung des Prognosemerkmals und asymmetrischer Verteilung des Diagnosemerkmals

p(P), die Wahrscheinlichkeit des Prognosefalls überhaupt (z. B. die Häufigkeit von Herzinfarkten in der Gesamtbevölkerung),
p(D/P+), die Wahrscheinlichkeit einer positiven Diagnose vor Eintreten des Prognosefalles (z. B. Häufigkeit von Schlafstörungen bei Personen mit Herzinfarkt),
p(D/P−), die Wahrscheinlichkeit einer positiven Diagnose ohne Eintreten des Prognosefalles (z. B. Häufigkeit von Schlafstörungen bei Personen ohne Herzinfarkt).

Der angemessenen Verknüpfung dieser Größen dient die Formel

$$p(P+/D) = \frac{p(P) \cdot p(D/P+)}{p(P) \cdot p(D/P+) + (1-p(P)) \cdot p(D/P-)}$$

Die Formel geht auf den englischen Pastor und Mathematiker Thomas Bayes (1702–1761) zurück. Bayes hat eine für Wahrscheinlichkeitsfolgerungen eigene Logik erschlossen, die inzwischen zur Grundlage der modernen Diagnostik und Entscheidungstheorie geworden ist.

Zusammenfassung

1. Induktion ist eine Verallgemeinerung von einem Fall (oder wenigen Fällen) auf sämtliche Fälle derselben Klasse; die Induktion beruht zumeist auf Beobachtung.
2. Im Wahrscheinlichkeitsschluß erfolgt ein Urteil über die relative Häufigkeit eines Ergebnisses; Wahrscheinlichkeitsschlüsse zählen zu den Induktionsschlüssen.
3. Durch fortschreitende Induktion werden teilweise neue Merkmale eines Gegenstandes entdeckt, ohne daß sich dadurch die Auffassung über früher entdeckte Merkmale zu ändern braucht. Zum Teil wird jedoch durch das Entdekken neuer Merkmale das Wissen über früher entdeckte Merkmale überholt.
4. Fehler beim Wahrscheinlichkeitsschluß entstehen oft durch Vernachlässigung entscheidungsnotwendiger Ausgangsgrößen wie z. B. die Gesamthäufigkeit einschlägiger Fälle, oder die Wahrscheinlichkeit, daß ein Ereignis vorhergesagt wird, ohne daß es eintritt.

Literaturhinweise

Polya, G.: Schule des Denkens. Bern: Francke 1949
Jungermann, H.: Rationale Entscheidungen. Bern: Huber 1976
Piaget, J. u. Inhelder, B.: De la logique de l'enfant à la logique de l'adolescent. Paris: Presses Universitaires de France 1955. (Dt.: Von der Logik des Kindes zur Logik des Heranwachsenden. Olten: Walter 1977)
Ockham: Philosophical writings. Boehner, Ph. (Hg.). London: Nelson 1957
Heider, F.: Social perception and phenomenal causality. Psychological Review 51 (1944), 359–374
Estes, W. K.: The cognitive side of probability learning. Psychological Review 83 (1976), 37–64
Bayes, Th.: An essay towards solving a problem in the doctrine of chances. The Philosophical Transactions 53 (1763), 370–418. Nachdruck in Biometrika 45 (1958), 296–315

Analogieschlüsse

Analogien zwischen gleich- und verschiedenklassigen Begriffen

„Die Satire ist der Zahnschmerz des Staates" – dieser Aphorismus des Belgrader Schriftstellers Milovan Vitezovič (nach der Zeitschrift ‚Stern' Nr. 41, 1978) bildet eine (elegante) Verkürzung der Aussage: „Die Satire ist für den Staat, was der Zahnschmerz für den einzelnen Menschen ist" (nämlich ein quälender Hinweis auf einen Krankheitsherd). In formaler Schreibweise läßt sich der Satz folgendermaßen ausdrücken:

SATIRE : STAAT ≈ ZAHNSCHMERZ : INDIVIDUUM

Damit wird eine Analogie (von griech. ‚analogia' – Verhältnis, Entsprechung) aufgestellt. Die Analogie behauptet eine Gemeinsamkeit oder Ähnlichkeit in der Beziehung zweier Begriffspaare. Die Art der Beziehung ist nicht immer ausdrücklich benannt; sie muß oft aus den vorgegebenen Begriffen erschlossen werden.

Manchmal sind auch die in Analogie gesetzten Begriffe nicht vollzählig aufgeführt. In der Analogieaufgabe

STUTE : FOHLEN ≈ HENNE : X

sind z. B. drei Begriffe vorgegeben, das zweite Glied des zweiten Paares ist jedoch zu suchen. Die unbekannte Größe X läßt sich bestimmen, indem man zuerst die Beziehung des vollständigen Paares ermittelt (hier: Zwischen STUTE und FOHLEN besteht eine Mutter-Kind-Beziehung) und das zweite Paar gemäß dieser Beziehung ergänzt (hier: HENNE nimmt in der Mutter-Kind-Beziehung die Rolle der Mutter ein, X ist also das Kind der Henne). Durch Ersetzen der Größe X läßt sich demnach die Analogie vervollständigen zu:

STUTE : FOHLEN ≈ HENNE : KÜKEN

Folgt man Klix (1978) in seiner Trennung von Beziehungen innerhalb und zwischen Klassen (vgl. S. 133 und S. 136), so wird man die oben dargestellten Beziehungen als Beziehungen zwischen Begriffen verschiedener Klassen werten. Denn die Begriffe SATIRE und ZAHNSCHMERZ, INDIVIDUUM und STAAT, auch STUTE und FOHLEN sind nicht innerhalb gleicher Begriffshierarchien einander zugeordnet; zwischen ihnen herrschen gesondert zu definierende semantische Relationen.

Ebenso lassen sich Analogien zwischen Begriffen gleicher Klasse bilden. Hierzu sind jene Beziehungen auszunutzen, die innerhalb der Klassen herrschen. Etwa nach der Beziehung der Über- bzw. Unterordnung:

MÖBEL : TISCH ≈ KLEIDUNG : MANTEL.

Oder nach der Gegensätzlichkeit:

FEUER : WASSER ≈ RIESE : ZWERG.

Oder nach der Steigerung:

GROSS : RIESIG ≈ KLEIN : WINZIG.

Neben positiven (vorhandenen) Analogien wie in den obigen Beispielen lassen sich auch negative (fehlende, falsche) Analogien bestimmen, wie etwa in dem Beispiel:

ELEPHANT : MAUS ≉ HÜGEL : BERG.

Soll hier der Vergleich über kein anderes Merkmal erfolgen als über die Größe, dann ist die Analogie falsch. Denn bezieht man den Vergleich jeweils auf das erste Glied eines Paares, so besteht beim ersten Paar eine GRÖSSER-Relation, beim zweiten Paar jedoch eine KLEINER-Relation.

Denken in Analogien

Von der Merkmalstheorie der Begriffe aus (s. S. 129ff.) ist vor allem die Bildung von *Analogien bei Begriffen gleicher Klasse* leicht zu erklären. Zugehörigkeit zu gleichen Begriffsklassen bedeutet ja hiernach: Teilhabe an gleichen Merkmalssätzen. Unmittelbar ergibt sich diese Beziehung zwischen hierarchisch

Analogien in der Rechtssprechung

Zu den Gebieten, in denen das Denken in Analogien gebräuchlich ist, gehört die Rechtssprechung (vgl. etwa Heller 1961). Vieles ist durch Gesetz geregelt. Aber das Gesetz hat auch Lücken. Die Lücken lassen sich schließen, indem ein vom Gesetz nicht ausdrücklich geregelter Tatbestand in Entsprechung zu einem gesetzlich geregelten behandelt wird. Dann gilt die folgende Analogie:

Gesetzlich erfaßter Tatbestand	:	Gesetzlich vorgesehene Regelung	≈	Neu aufgetretener Tatbestand	:	Neu zu beschließende Regelung

Ein Beispiel: Nach § 463 Satz 2 des Bürgerlichen Gesetzbuchs kann ein Käufer Schadenersatz oder eine Vertragsänderung verlangen, wenn der Verkäufer ihm einen Fehler des Kaufobjekts arglistig verschwiegen hat. Wie steht es aber mit der arglistigen Vorspiegelung eines (nicht vorhandenen) Vorzugs? Dieser Fall ist im Gesetz nicht erwähnt. Dabei handelt es sich doch grundsätzlich um die gleiche Verfehlung: einen Betrug am Kunden. Deshalb ist nach dem Grundsatz der Gleichbehandlung des Gleichartigen auch im Falle der arglistigen Vorspiegelung eines Vorzugs nach § 463 Satz 2 BGB zu verfahren (Larenz 1975, S. 367).

Allerdings läßt das Rechtswesen bei der Anwendung von Analogien Vorsicht walten: Nach dem Strafrecht, nach dem die sog. Kriminaldelikte geahndet werden, darf kein Angeklagter durch Analogieschlüsse einen Nachteil erleiden. Dort gilt der Grundsatz: „Nullum crimen, nulla poena sine lege", d. h. „Ohne (ausdrückliche) gesetzliche Regelung ist kein Verbrechen festzustellen und keine Strafe zu erteilen".

geordneten Begriffen. TISCH und MANTEL in der oben dargestellten Analogie haben gemeinsam, daß sie Unterbegriffe sind – TISCH der Unterbegriff von MÖBEL, MANTEL der Unterbegriff von KLEIDUNG. Die Unterbegriffe werden von den Oberbegriffen voll eingeschlossen, d. h. die Merkmale der Oberbegriffe sind auch die der Unterbegriffe; zur Kennzeichnung der Unterbegriffe treten lediglich einige spezifische Merkmale hinzu. Insofern ist ohne weiteres zu begründen, daß MÖBEL ebenso eine Abstraktion von TISCH ist wie KLEIDUNG von MANTEL.

Nun hat im Laboratorium von Friedhart Klix an der Humboldt-Universität in Berlin Dieter Häuser (nach Klix 1980) eine aufschlußreiche Beobachtung gemacht. In Häusers Versuchen wurden Probanden komplette Analogien vorgelegt; die Probanden hatten deren Richtigkeit zu beurteilen. Dabei ergab sich: Die Geschwindigkeit der Beurteilung von Analogien, die aus Ober- und Unterbegriffen bestehen, hängt von der Reihenfolge ab, in welcher die Begriffe erscheinen. Die Beziehung eines Unterbegriffs zu einem Oberbegriff wird schneller erkannt als umgekehrt die Beziehung eines Oberbegriffs zu einem Unterbegriff. Vergleichsweise schnell als richtig erkannt wird also eine Analogie der Form:

ROSE : BLUME ≈ KARPFEN : FISCH.

Im Vergleich hierzu langsam wird die Umkehrung erkannt:

BLUME : ROSE ≈ FISCH : KARPFEN.

Klix führt dies auf das unterschiedliche Durchmustern der Merkmalssätze zurück. Wird der Unterbegriff zuerst geboten, so sind damit sowohl die spezifischen Merkmale des Unterbegriffs gewärtig als auch die allgemeinen Merkmale, die der Unterbegriff mit dem Oberbegriff gemeinsam hat. Wird also ein Oberbegriff wie BLUME nach einem zugehörigen Unterbegriff wie ROSE geboten, ist dessen Merkmalssatz bereits durchmustert und braucht nicht mehr neu abgefragt zu werden.

Anders ist es nach dieser Theorie, wenn der Oberbegriff zuerst erscheint. Zu seinem Erkennen wird lediglich der kleinere Satz der gemeinsamen Merkmale durchmustert. Erscheint dann der Unterbegriff, müssen seine spezifischen Merkmale gesondert abgefragt werden. Der Zeitunterschied verschwindet interessanterweise bei Vergleichen auf hohem Abstraktionsniveau. Das Erkennen der Analogie

BLUME : PFLANZE ≈ FISCH : TIER

benötigt etwa genau so viel Zeit wie das Erkennen der Umkehrung

PFLANZE : BLUME ≈ TIER : FISCH.

Die Erklärung der Autoren: Bei hohem Abstraktionsniveau bleiben nur wenige, dafür aber komplexe Merkmale zur Beurteilung übrig. Wegen der Komplexität steigt der Zeitbedarf für ein Urteil insgesamt an; Unterschiede in der Zahl gemeinsamer und spezifischer Merkmale schlagen sich nicht mehr im Zeitbedarf nieder.

Bei *Analogien von Begriffen aus verschiedenen Klassen* ist eine andere Art der Erklärung vonnöten. Hier greifen Klix und seine Mitarbeiterin Elke van der Meer auf Modelle semantischer Netze (vgl. S. 138f.) zurück (Klix 1980). Die darin gebräuchlichen semantischen Relationen können ohne weiteres zur Analogienbildung herangezogen werden. Die Analogie

LEHRER : SCHÜLER ≈ ARZT : PATIENT

lebt etwa von der Agent-Objekt-Relation. Eine andere Analogie

SCHNEIDEN : MESSER ≈ MALEN : PINSEL

beruht auf der Instrumenten-Funktion.

Die Autoren argumentieren, die Schwierigkeit einer Analogie mit verschiedenklassigen Begriffen spiegle die Komplexität ihres semantischen Zusammenhangs wider. Sie unterscheiden drei verschiedene Werte der Komplexität, je nach der Zahl der ausdrücklich und stillschweigend beteiligten Teilrelationen in der Verbindung zweier Begriffe. Eine einwertige Beziehung herrscht danach zwischen zwei Begriffen, wenn keine weiteren Begriffe zur Erläuterung ihres Zusammenhangs notwendig sind. Dies wird etwa angenommen für die Begriffe SONNE/SCHEINEN. (Der Satz: „Die Sonne scheint" bedarf danach keiner weiteren Bestimmung, um verständlich zu sein.) Bei zweiwertigen Beziehungen wird ein weiterer dritter Begriff zur Ergänzung erwartet. Als Beispiel geben die Autoren an: TRAGEN/KOFFER; hier fragt

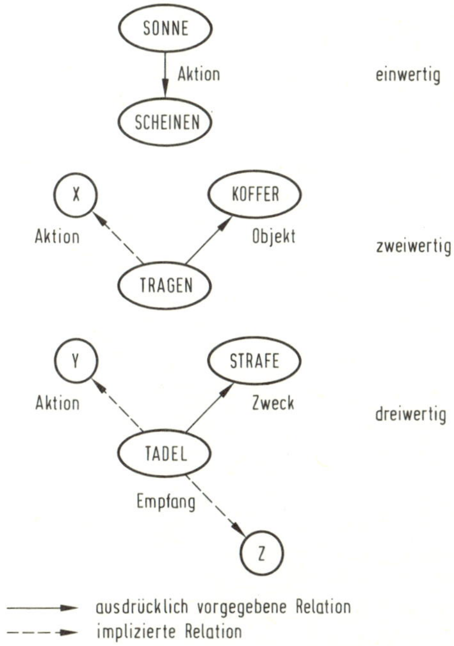

Ein-, zwei-, und dreiwertige semantische Beziehungen zwischen zwei Begriffen. Die Wertigkeit nimmt zu mit der Zahl der zur vollen Klärung der Beziehung notwendigen Teilbeziehungen (nach Klix 1980, S. 17).

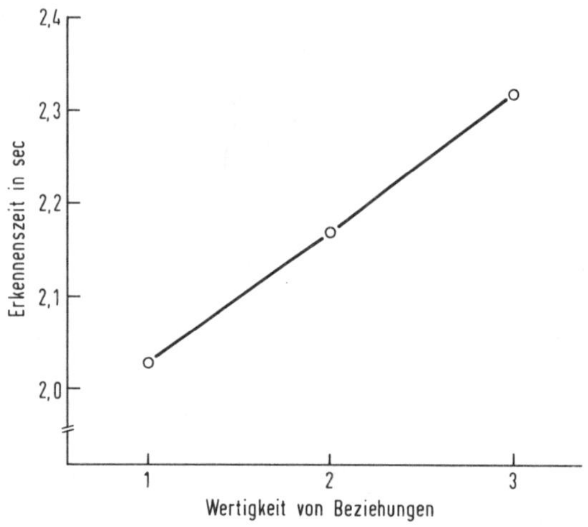

Erkennungszeit von Analogien in Abhängigkeit von der Wertigkeit der in ihnen enthaltenen Beziehungen (nach Klix 1980, S. 18).

man offen oder stillschweigend nach einem Agenten („wer trägt den Koffer?"). Zwei weitere Begriffe seien zur Ergänzung erwartet in einer dreiwertigen Beziehung, etwa in der Beziehung TADEL/STRAFE. Hier werde Objekt und Zweck genannt, es fehle aber der Agent und der Rezipient („wer erteilt wem zur Strafe einen Tadel?"). Im Rahmen der Theorie semantischer Netze könnte man allgemein formulieren: Die Wertigkeit einer Beziehung innerhalb eines Begriffspaares ergibt sich aus der Zahl der das Begriffspaar charakterisierenden obligatorischen Argumente (s. dazu S. 139).

Wiederum legten die Autoren ihren Probanden komplette Analogien vor und ließen deren Richtigkeit beurteilen. Und tatsächlich konnten Klix und van der Meer dabei nachweisen: Das Urteil über höherwertige, d. h. stärker erklärungsbedürftige Beziehungen nimmt mehr Zeit in Anspruch. Eine Analogie der Art

TADEL : STRAFE ≈ SCHLOSS : SICHERHEIT

ist also offenbar schwerer zu erfassen als eine Analogie der Art

SONNE : SCHEINEN ≈ VOGEL : FLIEGEN.

Zusammenfassung

1. Analogien bringen Gemeinsamkeiten in der Beziehung zweier Begriffspaare zum Ausdruck. Die betroffenen Beziehungen können dabei innerhalb gleicher Begriffsklassen angesiedelt sein (z. B. MÖBEL/TISCH) oder Begriffe verschiedener Klassen miteinander verbinden (z. B. KOFFER/TRAGEN).
2. Beziehungen zwischen Begriffen gleicher Klasse lassen sich als Gemeinsamkeiten in den die Begriffe charakterisierenden Merkmalssätzen deuten. Unterschiede in der Geschwindigkeit des Erkennens von Analogien sind dann zurückzuführen auf ein unterschiedlich schnelles Durchmustern von Merkmalssätzen.
3. Zwischen Begriffen verschiedener Klasse lassen sich semantische Beziehungen (z. B. Aktion, Objekt, Zweck) bestimmen. Unterschiede in der Geschwindigkeit des Erkennens von Analogien sind dann aufgrund der verschiedenen Komplexität der semantischen Beziehungen zu erklären.

Literaturhinweise

Klix, F.: On the representation of semantic information in human long-term memory. Zeitschrift für Psychologie 186 (1978), 26–38

Klix, F.: On the structure and function of semantic memory. In: Klix, F. u. Hoffmann, J. (Hg.): Cognition and memory. Berlin: Deutscher Verlag der Wissenschaften 1980, 11–25

Heller, T.: Logik und Axiologie der analogen Rechtsanwendung. Berlin: De Gruyter 1961

Larenz, K.: Methodenlehre der Rechtswissenschaft. Berlin: Springer 1975

Logisches Denken als Gegenstand der Entwicklungs-, Persönlichkeits- und Sozialpsychologie

Entwicklungspsychologie

Markante Veränderungen innerhalb der Lebensspanne zeigen nicht nur die Inhalte des Denkens (vgl. S. 142 f.), sondern auch die Denkoperationen. Nicht selten dient das Studium der Entwicklung von Denkfähigkeiten dem Erkennen von Strukturen des Denkablaufs. In der Regel bewährt sich der Grundsatz, daß Denktätigkeiten, die dem Erwachsenen schwerfallen, sich bei Kindern und Jugendlichen erst spät einstellen. Vielleicht ist die Umkehrung dieses Satzes sogar zutreffender: Denktätigkeiten, die sich erst spät in Kindheit und Jugend entwickelt haben, bereiten auch dem Erwachsenen oft noch erhebliche Schwierigkeiten.

Solange die Denkinhalte des Kindes vorwiegend konkret und anschaulich sind, herrschen die erfahrungsnahen Denkformen der Induktion und der Analogie vor. Erst später gesellt sich mit der Kenntnis abstrakter Symbole das Denken in formalen Beziehungen hinzu. Ein Beispiel hierfür ist schon früher in diesem Kapitel gegeben worden: die Entdekkung der Gesetzmäßigkeit schwimmender Körper. Beginnt die Induktion hier zunächst mit der Zuschreibung der Eigenschaft SCHWIMMEN zu spezifischen Gegenständen, so endet sie mit der universellen Regel der Verdrängung von Wasser (S. 173 f.).

Ein anderes recht aufschlußreiches Beispiel stammt aus einer Studie von Tom Trabasso, Christine Riley und Elaine Wilson von der Princeton Universität (1957). Untersucht wurde darin die Fähigkeit zur Reihenbildung. Die Autoren stellten Sechsjährige, Neunjährige und Erwachsene vor dieselbe Aufgabe: Sie sollten sechs verschiedenfarbige Stäbchen nach ihrer Länge in eine Reihe bringen. In einer Trainingsphase beschäftigten sich die Probanden mit Paaren von Stäbchen, die bezüglich ihrer Länge in der Reihe benachbart waren. Sobald die Probanden die Beziehung zwischen den benachbarten Paaren gelernt hatten, wurden sie nach der Beziehung jener Paare gefragt, die in der Reihe nicht benachbart waren; so wurde ermittelt, wie weit die Probanden aus den Paarbeziehungen (z. B. „das blaue Stäbchen ist länger als das grüne", „das rote Stäbchen ist größer als das blaue") tatsächlich eine widerspruchsfreie Reihe (z. B. „von grün über blau nach rot nimmt die Länge der Stäbchen zu") gebildet hatten. Die entscheidende Variable war die Form der Darbietung. Unter einer der Bedingungen wurden die Stäbchen deutlich sichtbar vorgezeigt (visuelle Bedingung); unter einer anderen Bedingung wurde über die Länge der Stäbchen nur gesprochen (sprachliche Bedingung).

Das Ergebnis: Bei visueller Darbietung erzielten alle Altersgruppen fast fehlerlose Leistungen und unterschieden sich somit nicht. Unterschiede zwischen den Altersgruppen waren jedoch unter der sprachlichen Bedingung festzustellen: Während den Erwachsenen auch bei sprachlicher Bezeichnung der Relationen eine fast fehlerlose Leistung gelang, fiel die Leistung der Kinder nach Maßgabe des Alters ab. Die Autoren deuten dies unter Berufung auf Huttenlocher (s. S. 164) als Beleg für die Ausbildung einer räumlichen Vorstellung der Reihe; sprachliche Informationen hätten dabei in räumliche Vorstellungen übersetzt werden müssen. Bei dieser Übersetzung seien vor allem die jüngeren Kinder benachteiligt gewesen. Folgt man den Autoren bei ihrer Deutung, gelangt man zu der Auffassung: Es ist gar nicht die Fähigkeit zur Reihenbildung als solche, in welcher sich Kinder und Erwachsene unterscheiden; die festgestellte Überlegenheit der Erwachsenen über die Kinder liegt vielmehr in ihrer stärker ausgebildeten Fähigkeit zur Abstraktion begründet.

Die zunehmende Abstraktion des Denkens im Laufe der psychosozialen Entwicklung folgt nach Piaget und seinen Anhängern (s. S. 144) einer zwingenden Logik. Die ersten

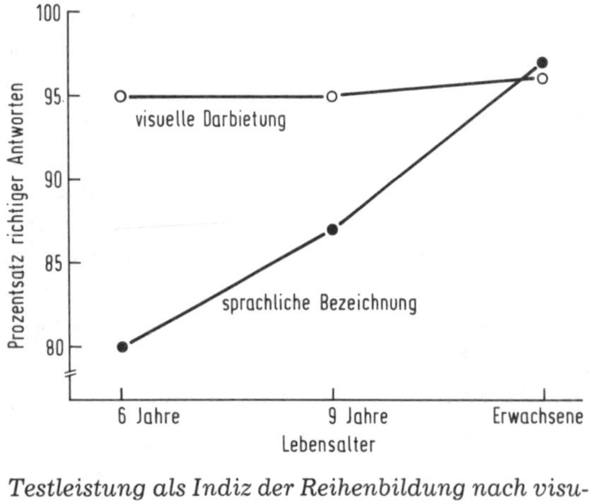

Testleistung als Indiz der Reihenbildung nach visueller Darbietung und nach sprachlicher Bezeichnung der Größenrelation zwischen Paaren der Reihe (nach Trabasso, Riley u. Wilson 1975, S. 217).

Operationen des Kindes seien auf Objekte fixiert und würden sensumotorisch vollzogen: Stoßen und Ziehen, Zufügen und Wegnehmen, Umfüllen und Abgießen. Solche Operationen seien auch gebunden an die eigene Person. Abstrakte Operationen würden dann aus den konkreten abgeleitet. Dabei werde die Bindung an konkrete Gegenstände und die eigene Person schrittweise gelockert. So werde aus dem konkret vollzogenen Zufügen und Wegnehmen das allgemein anzuwendende Verfahren des Addierens und Subtrahierens. Aus der Erfahrung des Vereinigens und Trennens von Mengen ergäbe sich die Logik der Implikation und der Induktion (vgl. wiederum Piaget u. Inhelder 1955).

Persönlichkeitspsychologie

Besitz und Einsatz geistiger Fähigkeiten charakterisieren einen Menschen. Die Fähigkeiten zum logischen Denken gehen ein in die Summe aller kognitiven Fähigkeiten, die man unter dem Begriff der *Intelligenz* zusammenzufassen versucht. Die Persönlichkeitsforschung steht somit vor der Aufgabe,

- den Beitrag logischer Fähigkeiten zur Gesamtpersönlichkeit zu beurteilen und
- Unterschiede in den logischen Fähigkeiten verschiedener Individuen festzustellen.

Die Intelligenzforschung hat sich bemüht, im Vergleich verschiedener geistiger Leistungen grundlegende Intelligenzdimensionen ausfindig zu machen. Sie war zeitweise auch von der Hoffnung getragen, einen Generalfaktor der Intelligenz, d. h. eine ganz allgemeine – möglicherweise abstraktiv-logische – Fähigkeit zu entdecken, die in sämtlichen geistigen Leistungen ihren Niederschlag findet. Diese Hoffnung ist freilich bisher enttäuscht worden. Eine umfassende Intelligenz scheint es nicht zu geben, dafür aber viele voneinander unabhängige Intelligenzfaktoren.

Im deutschsprachigen Raum haben sich vor allem zwei Autoren mit ihren Mitarbeitern um eine Aufklärung der Intelligenzstruktur, d. h.

um den Nachweis von Intelligenzfaktoren bemüht: in der Schweiz Richard Meili und in Deutschland Adolf Otto Jäger. An einer Stichprobe von über dreihundert Probanden hat Jäger (1967) vor allem die folgenden Intelligenzfaktoren ermittelt:

- anschauungsgebundenes Denken (u. a. Vermögen zur Visualisierung, Vorhersehen von Ereignissen),
- Einfallsreichtum und Produktivität (u. a. Assoziationsflüssigkeit, Originalität),
- formallogisches Denken und Urteilsfähigkeit,
- zahlengebundenes Denken,
- sprachgebundenes Denken.

Man sieht, daß in dieser Reihe die formalen Denkoperationen einen eigenen Platz erhalten; sie werden jedoch nicht als alleinige oder übergeordnete geistige Tätigkeiten ausgewiesen.

Unter dem persönlichkeitspsychologischen Aspekt ist nicht nur die erbrachte Denkleistung von Interesse, sondern auch das individuelle Herangehen an die Denkaufgabe. Dies umfaßt auch die Wahrnehmung des einbezogenen Materials (vgl. S. 104 ff.). In der Literatur hat sich dafür die Bezeichnung *kognitiver Stil* eingebürgert. Der Begriff wird häufig, aber in uneinheitlicher und oft unscharfer Weise verwendet. Der deutsche Psychologe Suitbert Ertel hat 1966 in einer Untersuchung zu Intelligenzleistungen drei Dimensionen der geistigen Tätigkeit herausgestellt:

- die Anspannung (vom angestrengten zum gelassenen Denken),
- die Variabilität (vom phantasievollen zum nüchternen Denken),
- die Strukturiertheit (vom integrativ zusammenfassenden zum differenziert analytischen Denken).

Intelligenzmessung mit Denkaufgaben

Der Progressive Matrizentest nach Raven (1956) definiert die Intelligenz als Fähigkeit zum schlußfolgernden Denken. Er benutzt sprachfreies Material und kann so besser als die üblichen Intelligenztests dem Anspruch gerecht werden, die Intelligenz unabhängig von sozialen Faktoren zu messen, die über die Sprachentwicklung auch die Leistungen im Intelligenztest bestimmen können. Hier zwei typische Aufgaben: In einem Feld mit regelhaftem Aufbau fehlt ein Ausschnitt; er soll ergänzt werden. Hierfür stehen sechs Alternativen zur Auswahl (richtige Lösungen Nr. 6 und Nr. 5).

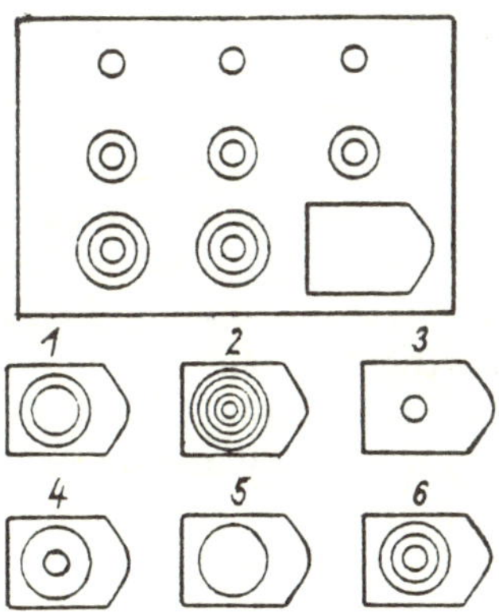

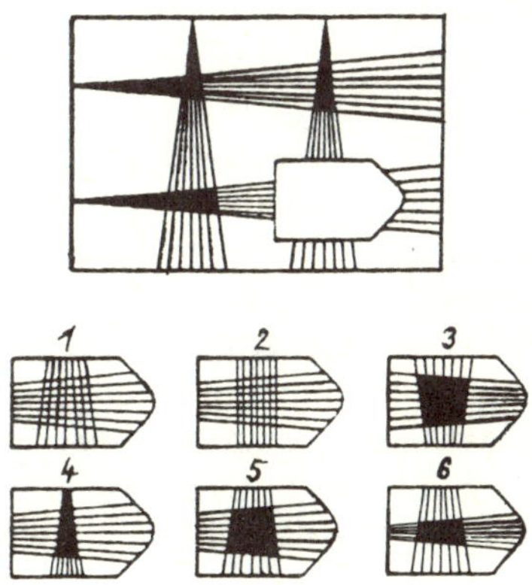

Ein Stilmerkmal, das viele Autoren hervorheben, ist die Komplexität des Denkens. Damit ist wahlweise der Reichtum an Denkschritten, die Breite des Denkansatzes oder einfach die Menge des im Denken verarbeiteten Materials gemeint (vgl. Mandl u. Huber 1978); in dieser Bedeutung schließt sich der Begriff auch unmittelbar an den der Feldabhängigkeit der Wahrnehmung an (zur Feldabhängigkeit als Bereitschaft, auch Umfeldgegebenheiten in die Wahrnehmung einzubeziehen, vgl. wieder S. 105). Als weitere Aspekte des kognitiven Stils werden auch die Rigidität und der Dogmatismus genannt, d. h. zum einen die Neigung zu starrem Denken, zum anderen die Abhängigkeit des Denkens von Autoritäten und Ideologien (vgl. Goldstein u. Blackman 1978).

Sozialpsychologie

Das intensive, folgerichtige Denken bedarf der Ungestörtheit und Konzentration. Deshalb sind Phasen des konzentrierten Denkens oft mit einem Rückzug von der sozialen Umwelt verbunden. Das regelgebundene Denken darum einen rein individuellen Vorgang nennen zu wollen, dem soziale Züge fehlen, wäre dennoch nicht angebracht. Denn wenn sich das Denken im Einzelnen vollzieht, kann es doch arbeitsteilig verlaufen. Wo eine Person ihre Überlegungen abschließt, kann eine zweite ansetzen und die Überlegungen weiterführen. So wird etwa die Geistesgeschichte zu einer verzweigten Kette von Schlußfolgerungen, bei der jede Generation von Denkern auf den Leistungen vorangegangener Generationen aufbaut.

Sofern Schlußfolgerungen mitgeteilt werden, entsteht

- ein Austausch von Argumenten zwischen Individuen,
- eine Verständigung über die bei der Argumentation zugrunde zu legenden Regeln,
- eine gegenseitige Korrektur auf der Grundlage vereinbarter oder einseitig festgelegter Regeln.

Nicht unterschätzt werden sollte die Bedeutung vereinbarter logischer Regeln für die Vereinheitlichung von Meinungen und Schlußfolgerungen in Gruppen; die aus der Anwendung der Regeln erwachsende Rationalität ist geeignet, Konflikten vorzubeugen und die Stabilität der Gruppen zu erhöhen.

Manche Autoren schätzen freilich die Fähigkeit großer Gruppen, sich von der Logik leiten zu lassen, als gering ein. Zu stark seien darin die Widerstände bei der Verständigung; als hinderlich wirke sich auch die Emotionalität in Gruppen aus. So behauptet etwa der französische Soziologe Gustave Le Bon (s. a. S. 420 f.) von den Massen:

„Man kann nicht mit unbedingter Bestimmtheit sagen, daß Massen durch Schlußfolgerungen nicht zu beeinflussen wären. Aber die Beweise, die sie anwenden, und die, welche auf sie wirken, scheinen vom Standpunkt der Logik von so untergeordneter Art, daß man sie allein mit Hilfe der Analogie als Schlüsse gelten lassen kann."
(Le Bon 1953, S. 49, Übersetzung aus dem Französischen von Helmuth Dingeldey.)

Die behauptete Unvernunft von Menschen in großen Gruppen rührt oft von ihrem starren Festhalten an vorgefaßten Meinungen her. So hängt etwa die Bereitschaft zu einer induktiven Verallgemeinerung von der Glaubwürdigkeit einer Aussage ab, die Glaubwürdigkeit wiederum von sozialen Stereotypen und Einstellungen (vgl. S. 106 und S. 146). Eine Aussage PASTOR BEI LADENDIEBSTAHL ERTAPPT würde, da mit den geltenden Wertvorstellungen nicht konform, viel seltener generalisiert als die Aussage TÜRKENJUNGE BEI LADENDIEBSTAHL ERTAPPT (vgl. Gilson u. Abelson 1965).

Schließlich ist darauf hinzuweisen, daß die Sozialisation eines Menschen auf dessen kognitiven Stil (s. S. 185) Einfluß nehmen dürfte (Fröhlich 1972).

Zusammenfassung

1. Aus konkreten Operationen entwickeln sich im Laufe der Kindheit und Jugend mit zunehmender Abstraktion die formalen Operationen.
2. Die Fähigkeit zum logischen Denken gilt als Komponente der allgemeinen Intelligenz. Somit charakterisiert sie den einzelnen Menschen und dient auch zur Unterscheidung von Individuen. Neben den klar zu umreißenden logischen Leistungen befaßt sich die Persönlichkeitspsychologie mit den viel schwerer zu definierenden kognitiven Stilen.
3. Zwingende logische Regeln sind geeignet, die Meinungsbildung in Gruppen zu stabilisieren. Vereinbarungen über solche Regeln gehören daher zu den wichtigen sozialen Errungenschaften. Allerdings scheint die konsequente Anwendung dieser Regeln gefährdet, wenn Schlußfolgerungen den sozialen Stereotypen und Einstellungen zuwiderlaufen.

Literaturhinweise

Trabasso, T., Riley, C. A. u. Wilson, E. G.: The representation of linear order and spatial strategies in reasoning: A developmental study. In: Falmagne, R. J. (Hg.): Reasoning: Representation and process in children and adults. Hillsdale: Erlbaum 1975, 201–229

Piaget, J. u. Inhelder, B.: De la logique de l'enfant à la logique de l'adolescent. Paris: Presses Universitaires de France 1955. (Dt.: Von der Logik des Kindes zur Logik des Heranwachsenden. Olten: Walter 1977)

Meili, R.: Struktur der Intelligenz. Faktorenanalytische und denkpsychologische Untersuchungen. Bern: Huber 1981

Jäger, A. O.: Dimensionen der Intelligenz. Göttingen: Hogrefe 1967

Ertel, S.: Ein differential-methodischer Versuch zum Intelligenzproblem. Psychologische Forschung 30 (1966), 151–195

Raven, J. C.: Standard progressive matrices. London: Watt 1956. (Dt.: Raven-Matrizen-Test. Deutsche Bearbeitung von Schmidtke, A., Schaller, S. u. Becker, P. Weinheim: Beltz 1978)

Mandl, H. u. Huber, G. L. (Hg.): Kognitive Komplexität. Göttingen: Hogrefe 1978

Goldstein, K. M. u. Blackman, S.: Cognitive style. New York: Wiley 1978

Le Bon, G.: Psychologie des foules. Paris: Alcan 1895. (Dt.: Psychologie der Massen. Stuttgart: Kröner 1953)

Gilson, C. u. Abelson, R. P.: The subjective use of inductive evidence. Journal of Personality and Social Psychology 2 (1965), 301–310

Fröhlich, W. D.: Sozialisation und kognitive Stile. In: Graumann, C. F. (Hg.): Handbuch der Psychologie. Bd. 7, 2. Halbband. Göttingen: Hogrefe 1972, 1020–1039

Ausgewählte Literatur zur Ergänzung und Vertiefung

Brainerd, C. D.: Childrens logical and mathematical cognition. Berlin: Springer 1982
(Entwicklungspsychologie des logischen und mathematischen Denkens)

Evans, J. St.: The psychology of deductive reasoning. Henley-on-Thames: Routledge and Kegan Paul 1982
(Einführung in den neuesten Stand der Forschung)

Fiedler, K.: Urteilsbildung als kognitiver Vorgang. München: Minerva 1980.
(Über das Ineinandergreifen von Induktion und Deduktion sowie über Zusammenhänge von Entscheidungen, Begriffsbildung und Einstellung)

Nisbett, R. E. u. Ross, L.: Human inference: Strategies and shortcomings of social judgment. Englewood Cliffs: Prentice Hall 1980
(Über die Theorienbildung im Alltag und die Strategien des Urteilens in sozialen Zusammenhängen)

Rubinstein, S. L.: Das Denken und die Wege seiner Erforschung. Berlin. Deutscher Verlag der Wissenschaften 1977, 6. Aufl.
(Denkpsychologie aus der Sicht der materialistisch orientierten Psychologie)

Kapitel 6

Gedächtnis

**Wie viele Inhalte kann ein Mensch im Gedächtnis behalten?
Wie sind die Gedächtnisspuren im Gehirn beschaffen?
Kann es sein, daß man einmal Gemerktes nie vergißt?
Hat der Mensch nur ein einziges Gedächtnis oder mehrere Gedächtnisse?
Gibt es eine Verdrängung aus dem Gedächtnis?
Woher kommen die quälenden Erinnerungen?**

Wenn Wahrnehmen, Denken, und Handeln von Erfahrung begleitet und durch Erfahrung geprägt sind, so ist es das Gedächtnis, welches diese Erfahrung festhält und bei Bedarf bereitstellt. Aus diesem Grunde fällt dem Problem des Gedächtnisses eine zentrale Bedeutung innerhalb psychologischer Theorien zu.

In wohl kaum einem anderen Gebiet der Psychologie hat sich die Experimentierfreude der Psychologen und ihre Lust am Entwerfen theoretischer Modelle stärker entfalten können als in der Gedächtnisforschung. In kaum einem anderen Gebiet ist die Methoden- und Theorienbildung so weit (und so schnell) fortgeschritten wie in diesem Bereich. Das hat der modernen Gedächtnispsychologie den Ruf eingetragen, ein Thema für Spezialisten zu sein. Daß aber der Zugang auch zu neueren Themen der Gedächtnispsychologie keine unüberwindlichen Schwierigkeiten bereiten sollte, will der folgende Text zeigen.

Über Gedächtnisfunktionen

Gedächtnis – Basis für Erkennen und Handeln

Am 13. 2. 1958 ist der Schlosser P. S. im Psychiatrischen Landeskrankenhaus Emmendingen (Baden) gestorben. Er ist 63 Jahre alt geworden. Sein letztes Lebensjahr hat er in Krankenanstalten verbracht, weil er seinen häuslichen Alltag nicht mehr bewältigen konnte. Sein Sohn berichtete aus den Wochen vor der Einweisung ins Krankenhaus u. a.:

„In der letzten Zeit ist der Vater nicht mehr ausgegangen. Er hat wohl gemerkt, daß er unsicher ist. Vor einigen Tagen geschah es dann, daß er gegen Abend plötzlich verschwunden war. Man fand ihn einige Stunden später weinend im Stadtzentrum: er fand sich nicht mehr zurecht."

Der Psychiater Alfred E. Adams hat P. S. untersucht und später (1971) über seinen Fall berichtet. Die Diagnose von Adams, die durch einen Obduktionsbefund nach dem Ableben des Patienten erhärtet wurde: Hirnatrophie (d. h. Abbau des Gehirns). Als zentrales Symptom der Atrophie stellte der Arzt eine mnestische Leistungsschwäche (von griech. ‚mneme' – Gedächtnis) fest. Aus seiner detaillierten Krankheitsschilderung (Adams 1971, S. 63 f.):

„Die Personen aus seiner näheren Umgebung schienen ihm nur selten und flüchtig bekannt zu sein. Stellte man Fragen, so ergaben seine Antworten vorwiegend Verwechslungen und weniger grobe Verkennungen. Bei persönlichen Verrichtungen (Essen, An- und Ausziehen) konnte er begonnene Handlungen nach kurzer Zeit entweder einstellen oder in ein ungeordnetes Hantieren verkehren. Unter ständiger Kontrolle und Anleitung konnte er andererseits noch verhältnismäßig differenzierte Handlungsfolgen durchführen. Dies zeigte sich beispielsweise bei krankengymnastischen Übungen, besonders beim Ballspielen, das er mit geradezu auffälligem Geschick bewältigte. Er konnte richtig und auch mit Verständnis auffassen, er konnte auch nachsprechen und Handlungen richtig wiederholen. Das Nachsprechen führte zuweilen zu Echolalien, und der Sinngebungsbezug ging binnen weniger Augenblicke verloren, sobald die Fremdanregung oder die Kontrolle des Untersuchers ausblieben. Einzelne Sprach- und Handlungsfragmente blieben dann zunächst erhalten, der Bezug auf das verbale und motorische Ganze fiel offensichtlich auseinander. Die Wort- und Satzfragmente verloren die Reihenfolge und schließlich jeden Sinnbezug, sie mündeten in einen aufgeregt und hastig vorgetragenen ‚Wortsalat'."

Der Patient klagte:

„Wenn ich etwas machen will, kommt immer etwas anderes heraus."

Das ist ein Krankheitsbild mit einer Fülle von Symptomen. Und doch scheint der Arzt recht zu haben, wenn er sämtliche Störungen und Ausfälle des Patienten auf dessen krankhafte Gedächtnisschwäche zurückführt. Er kann offensichtlich neue Einfälle, Absichten und Erfahrungen nicht länger als einige Sekunden „im Kopf" behalten; darüber hinaus scheint er abnorme Erinnerungslücken zu haben (z. B. scheint er sich in seiner Heimatstadt nicht mehr auszukennen). Die Folgen sind:

- Er erkennt Altbekanntes (z. B. seine Freunde) nicht mehr,
- längere Sätze versteht er nicht (wahrscheinlich weil ihm am Ende des Satzes dessen Anfang entfallen ist),
- er kann weder längere Sätze bilden noch diese nachsprechen,
- er kann keine länger andauernden Handlungen ausführen (offenbar weil ihm nach kurzer Dauer deren Ziel bzw. seine ursprüngliche Handlungsabsicht nicht mehr gewärtig ist).

Aus dem Fall des Schlossers P. S. lassen sich zwei Lehren ziehen: *Ohne Gedächtnis gä-*

be es kein umfassendes Erkennen (vgl. dazu schon die Erörterung der Rolle der Erfahrung bei der Wahrnehmung auf S. 69f.). Und: *Ohne Gedächtnis gäbe es kein planvoll aufgebautes, zielgerichtetes Verhalten* (vgl. S. 359). Genauer:

○ Erst auf der Grundlage langfristig gespeicherter Wahrnehmungsschemata lassen sich Personen, Objektive, Ereignisse u. ä. identifizieren.

○ Die kurzfristige Speicherung im Gedächtnis ermöglicht die Wahrnehmung zeitlich erstreckter Ereignisse (z. B. einer Melodie oder eines Satzes), sowie das sukzessive Abtasten eines Gegenstandes bzw. des Wahrnehmungsraumes (vgl. S. 98ff.).

○ Die Ausführung von Handlungen sowie die sprachliche Äußerung setzen das Vorhandensein von ausgearbeiteten Handlungsplänen, Aktionsmustern u. ä. voraus (z. B. handwerkliche Fertigkeiten, grammatikalische Regeln des Satzbaus).

○ Das kurzfristige Gedächtnis für aktuell ablaufende Handlungen und sprachliche Äußerungen sichert deren Koordination im zeitlichen Zusammenhang (z. B. müssen beim Sprechen eines Satzes die bereits gesprochenen Worte gemerkt werden, damit unnötige Wiederholungen vermieden werden und der Satz eine angemessene grammatikalische Ordnung erhält).

In gedächtnispsychologischen Untersuchungen ist bisher sprachliches *Lernmaterial* (Buchstaben, Buchstabenfolgen, Wörter, Sätze, Texte) am häufigsten benutzt worden. Die Gedächtnispsychologie stellt sich daher in breiten Anteilen als eine Psychologie des Sprachgedächtnisses, als Psychologie des verbalen (von lat. ‚verbum' – Wort) Lernens dar. Aber auch das Behalten einfacher Sinneseindrücke – wie etwa das Merken von Gerüchen (z. B. Engen u. Ross 1973) – und das Erinnern an eigene Bewegungen (z. B. Adams u. Dijkstra 1966) sind bereits einer Untersuchung unterzogen worden.

Gedächtnisspuren und Einprägung

Worauf beruht die Gedächtnisschwäche des oben beschriebenen Patienten von Dr. Adams? Es kommen drei Funktionen in Betracht: Erstens, der Patient kann sich nichts Neues mehr merken, zweitens, der Patient kann einmal Gemerktes nicht lange behalten, und er kann drittens das Gemerkte nicht zur gewünschten Zeit erinnern. In der wissenschaftlichen Diskussion werden die Begriffe Merken, Behalten und Erinnern zumeist durch Fachtermini ersetzt, die man fallweise genauer definieren kann. So sagt man oft

○ anstatt Merken: Einspeichern, Enkodieren (engl. ‚encoding')

○ anstatt Behalten: Speichern, Retention (engl. ‚storage', ‚rentention')

○ anstatt Erinnern: Abruf (engl. ‚retrieval').

Die genaue Bedeutung dieser Begriffe hängt wesentlich ab von der Vorstellung, die sich einzelne Autoren von der Beschaffenheit der im Gedächtnis enthaltenen Informationen machen. Die älteste maßgebliche Darstellung dazu stammt von dem griechischen Philosophen Platon (427–347 v. Chr.). In seinem Dialog „Theatet" läßt Platon seinen Lehrer Sokrates sagen:

„Nimm also zum Zweck unserer Untersuchung an, in unserer Seele befinde sich eine wächserne Tafel, bei dem einen größer, bei dem anderen kleiner, bei dem einen aus reinerem Wachs, bei dem anderen aus schmutzigerem, hier aus härterem, bei anderen wieder aus weicherem ...

Diese Tafel soll uns nun ein Geschenk der Mutter der Musen, der Mnemosyne, heißen; auf diese Tafel, so nehmen wir an, drücken wir ab, was wir im Gedächtnis behalten wollen von dem, was wir sehen oder hören oder selbst denken, indem wir sie unseren Wahrnehmungen und Gedanken als Unterlage dienen lassen, ähnlich wie bei dem Abdruck von Zeichen der Siegelringe. Und was sich da abgeprägt hat, dessen erinnern wir uns und das wissen wir, solange das Abbild davon sich auf der Tafel erhält. Wenn es aber verwischt wird

Hermann Ebbinghaus und der Beginn der experimentalpsychologischen Gedächtnisforschung

Das Verdienst, die experimentalpsychologische Gedächtnisforschung begründet zu haben, gebührt Hermann Ebbinghaus (1850–1909). In den Jahren 1879–1884 führte er – damals Privatdozent der Philosophie an der Universität Berlin – mehrere Versuchsreihen durch. Sein Bericht darüber erschien als Buch 1885.

Ebbinghaus diente selbst als Versuchsperson und beobachtete sich und seine Gedächtnisleistung in zahlreichen – sicher oft mühsamen – Einzelversuchen. Bekannt geworden ist seine Technik der Konstruktion „sinnloser Silben“ (z. B. RAK, ROP). Die Wahl seines Materials begründet der Autor folgendermaßen:

„Das beschriebene, völlig sinnlose Material bietet, zum Teil wegen seiner Sinnlosigkeit, mannigfache Vorteile. Es ist zuvörderst verhältnismäßig einfach und verhältnismäßig gleichartig. Bei den zunächst sich darbietenden Stoffen, Gedichten oder Prosastücken muß der bald erzählende, bald reflektierende Inhalt, hier eine pathetische, dort eine lächerliche Wendung, die Schönheit oder Härte der Metaphern, die Glätte oder Eckigkeit von Rhythmus und Reim eine Fülle von unregelmäßig wechselnden und deshalb störenden Einflüssen ins Spiel bringen: hin- und herspielende Assoziationen, verschiedene Grade der Anteilnahme, Rückerinnerungen an besonders treffende oder schöne Verse usw. Alles dies wird bei unseren Silben vermieden.“

(Ebbinghaus 1885, S. 31 f.)

Der Autor benutzte aber nicht ausschließlich sinnlose Silben. Er lernte auch wiederholt mehrere Stanzen aus Byrons „Don Juan“. Hier eine solche Stanze:

„Sevilla war die Stadt, die Juan gebar,
Sie hat die schönsten Frau'n und Apfelsinen;
‚Der kennt nichts, der nicht in Sevilla war,‘
Dies Sprüchwort mag zu ihrem Lobe dienen:
Die schönste Stadt in Spanien ist's, sogar
Cadix ist mir nicht lieblicher erschienen.
Die Eltern wohnten in dem Flußquartier,
Man nennt den prächt'gen Strom Guadalquivir.“

Stanze 8, 1. Gesang aus: Byron: Gesammelte Werke Bd. 3. Übersetzt von W. Schäffer. Leipzig: Bibliographisches Insitut, o. J.

Und hier die durchschnittliche Anzahl von Wiederholungen, die an vier aufeinanderfolgenden Tagen bis zur völligen Beherrschung von sechs Stanzen notwendig waren:

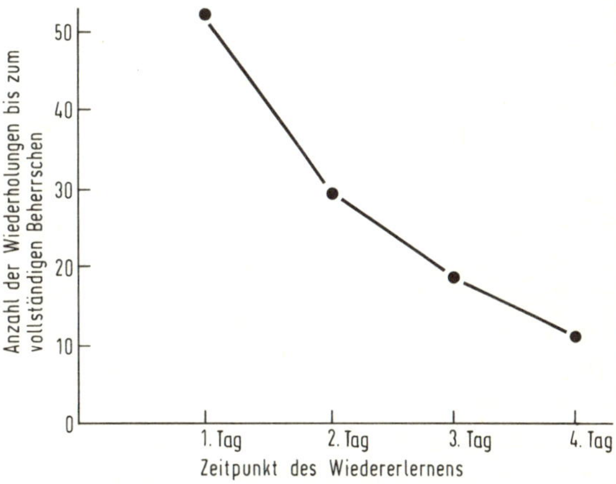

oder überhaupt nicht die Kraft gehabt hat, sich abzuprägen, so haben wir es vergessen und wissen es nicht."

(Übersetzung von O. Apelt aus Platon: Theatet, Kap. 33.)

Die Wachstafeltheorie bietet nur eine Metapher, ein Bild. Denn selbstverständlich enthält der Organismus, insbesondere das Gehirn keine Wachsblätter, auf denen irgendwelche Zeichen eingeritzt werden könnten. Aber die Idee der organisch fest verankerten Spur ist erhalten geblieben. Der deutsche Physiologe Richard Semon (1908) hat sie zu Beginn dieses Jahrhunderts erneuert. Seitdem hat sich die naturwissenschaftliche Forschung auf die Suche nach *Gedächtnisspuren*, oder – wie Semon schrieb – nach *Engrammen* (von griech. ‚engraphein' – einschreiben) begeben. Man ist zur Zeit nicht in der Lage, Gedächtnisspuren exakt zu beschreiben. Aber zumindest zwei inzwischen gut begründete Annahmen nähren die Zuversicht, daß es Gedächtnisspuren tatsächlich gibt und daß ihr exakter Nachweis in absehbarer Zukunft gelingen könnte. Gemeint sind die folgenden beiden Hypothesen:

○ Die Bildung von „Gedächtnismolekülen" durch *Protein-Synthese.* Proteine sind Eiweißstoffe und bilden nicht nur den farblosen Inhalt des Hühnereis, sondern auch den Hauptbestandteil von lebenden Körperzellen. Die Proteine sind aufgebaut aus Aminosäuren. Katz und Halstead haben 1950 wohl als erste im Bereich der Psychologie die Annahme geäußert, eine dieser Aminosäuren, die Ribonukleinsäure (abgekürzt RNS) im Gehirn verändere sich beim Lernen. Der schwedische Biochemiker Holger Hydén (1973) hat diese Annahme aufgegriffen und in einer langen Serie von Untersuchungen eindrucksvolle Belege für ihre grundsätzliche Berechtigung zutage gefördert. Es ist daraus zu folgern: Aus Proteinen bzw. Ribonukleinsäuren werden „Gedächtnismoleküle" im Gehirn aufgebaut; in ihnen sind Erfahrungen festgehalten, einkodiert.

○ *Elektrophysiologische Veränderungen* im Gehirn durch Lernen. Stellvertretend für zahlreiche angenommene Veränderungen im Zentralnervensystem sei hier auf die Möglichkeit der Bahnung der Erregungsleitung hingewiesen. Auch hier dürften biochemische Substanzen eine Rolle spielen, wie u. a. der australische Neurophysiologe Eccles (1964) gezeigt hat. Das Nervensystem ist ja ein umfassendes Erregungsleitungssystem. Durch selektive Bahnung in diesem System könnten Erregungsmuster entstehen, in denen sich die Erfahrung eines Individuums abbildet.

> *„De subjecto vetustissimo novissimam promovemus scientiam."*
> Motto der Schrift „Über das Gedächtnis" von H. Ebbinghaus (1885)

Es sind vergleichsweise wenige Psychologen, die sich an der Untersuchung von Gedächtnismolekülen und lernbedingten elektrophysiologischen Veränderungen beteiligen. Viele Psychologen befassen sich jedoch mit den allgemeinen Eigenschaften und Funktionen solcher Gedächtnisspuren; darüber kann man bereits Aussagen versuchen, bevor man noch ihre physiologischen und chemischen Beschaffenheiten kennt. Hier gibt es vor allem Probleme der Informationsübertragung und -erhaltung.

Die *Spurenbildung,* das *Einspeichern,* darf man sich nicht als ein mechanisches Einprägen vorstellen. Angebotener Lernstoff wird keineswegs ungeprüft und unverändert in das Gedächtnis übernommen. Das haben zahlreiche Studien gezeigt, darunter diejenige von Jacqueline Strunk Sachs (1967). Die Autorin trug ihren Probanden einige Texte vor – wie etwa die Geschichte der Erfindung des Fernrohrs durch den holländischen Optiker Lippershey. In jeder der Geschichten befand sich ein kritischer Satz; in der Geschichte vom Fernrohr lautete er:

ER SCHICKTE DARÜBER EINEN BRIEF AN GALILEO, DEN BERÜHMTEN ITALIENISCHEN NATURFORSCHER

Auf der Suche nach der Gedächtnisspur im Gehirn

Wilder Penfield ist Professor für Neurologie und Neurochirurgie an der McGill Universität in Kanada gewesen. Er hat Gehirnoperationen, bei denen die Patienten bei vollem Bewußtsein blieben, zu Untersuchungen über Wahrnehmungen, Halluzinationen und Erinnerungen eingesetzt.

So berichtet er über eine Operation an einem 14jährigen Mädchen. Wegen epileptischer Anfälle wurde der Schädel geöffnet und ein Schnitt an der Hirnrinde ausgeführt. (Dadurch sollte die Ausbreitung von Erregungs- und Krampfzuständen verhindert werden.) Nachdem nun die Hirnrinde offen vor dem Operateur lag, benutzte er die Gelegenheit, einige Rindenpunkte durch schwachen elektrischen Strom zu reizen. (Hirnrindenoperationen sind schmerzlos für den Patienten!)

Floß der Strom an den Punkten 13 und 17 (s. Abbildung), so berichtete das Mädchen, Farben zu sehen. Hier befand sich offenbar die Sehrinde. Reizte er dagegen die Punkte 11, 10, 5, 6, 2 und 3, so erinnerte das Mädchen Teile eines traumatischen Erlebnisses, welches es mit sieben Jahren gehabt hatte: Sie war mit ihren Brüdern über die Felder gewandert. Da kam ein Mann mit einem Sack und sagte: „Da sind Schlangen drin; willst du auch hinein?" In höchstem Schrecken hatte sie sich mit ihren Brüdern zur Mutter nach Hause geflüchtet. Die Mutter konnte zur Zeit der Operation den Vorfall bezeugen.

Penfield glaubte daher, bei der Reizung die Stelle getroffen zu haben, wo die Spuren des alten Angsterlebnisses aufbewahrt wurden. Der Autor führte weiter aus:

> „Der Kortex enthält sicher noch die Muster für viele andere Erlebnisse. Aber dieses Erlebnis war so stark, daß es allein auf die Reizung reagierte. Verschiedene Teile ließen sich durch Reizung verschiedener Hirngebiete wachrufen. Es war nicht ein einheitliches Bild . . ."

(Eigene Übersetzung aus Penfield u. Rasmussen 1957, S. 180.)

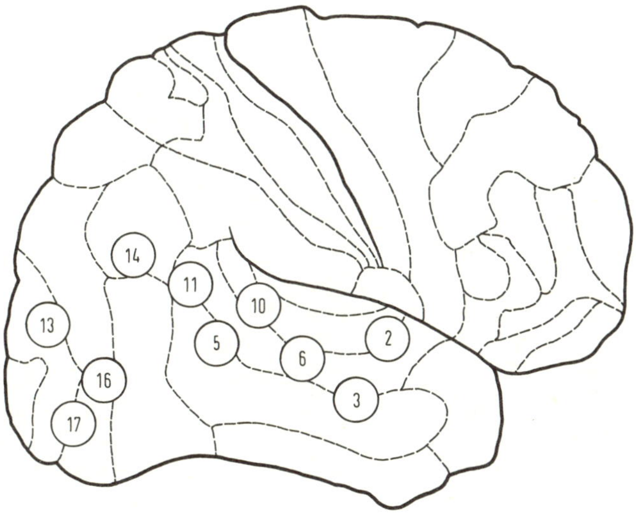

Schematische Wiedergabe der Hirnrinde (rechte Hälfte) und Bezeichnung einiger elektrisch gereizter Punkte bei der Operation eines 14-jährigen Mädchens (aus Penfield u. Rasmussen 1957, S. 165).

Der vorgelesene Text konnte nach dem kritischen Satz abbrechen, er konnte auch wahlweise 80 Silben lang (etwa ½ Minute) oder 160 Silben lang (etwa ¾ Minute) fortgesetzt werden. (So ließ sich etwa wahlweise weiterhin berichten, wie Galileo das Fernrohr erprobte und dabei die Jupitermonde entdeckte.) Nach dem Vortrag jedes Textes hörten die Probanden vier Sätze:

- den kritischen Ausgangssatz aus dem vorangegangenen Text (s. o.),
- den Ausgangssatz mit veränderter Bedeutung (z. B. GALILEO, DER BERÜHMTE ITALIENISCHE NATURFORSCHER, SCHICKTE IHM DARÜBER EINEN BRIEF),
- den Ausgangssatz in veränderter grammatikalischer Form (z. B. EIN BRIEF DARÜBER WURDE AN GALILEO, DEN BERÜHMTEN ITALIENISCHEN NATURFORSCHER GESANDT),
- den Ausgangssatz mit veränderter Wortstellung (z. B. ER SCHICKTE AN GALILEO, DEN BERÜHMTEN ITALIENISCHEN NATURFORSCHER, EINEN BRIEF).

Die Probanden sollten sagen, ob die Sätze so oder anders in dem Text vorgekommen waren. Das Ergebnis: Unmittelbar nach Hören der kritischen Sätze waren Inhalt, Satzform und Wortstellung noch recht gut gewärtig. Aber bereits nach einer Fortsetzung der Geschichte um 80 Silben waren Grammatik und Wortstellung nur noch schwach erinnerlich; gut wurde jedoch selbst nach 160 Silben die inhaltliche Bedeutung wiedererkannt. Die Autorin meint daher, die Probanden hätten zum Einspeichern die Sätze ihrer sprachlichen Form entkleidet und lediglich ihren Sinngehalt in das Gedächtnis übernommen.

Beim Einspeichern setzt sich offenbar fort, was schon bei der Wahrnehmung einsetzt: Eine Auswahl vorhandener Information und die Einbindung neuer Erfahrung in vorhandenes Wissen (s. bereits S. 69f.). Dabei können bestimmte Aspekte des Lernstoffs hervorgehoben werden, z. B. kann – ein Beispiel nach Tulving und Thomson (1973, S. 359) – das Wort ROSA in einem Fall vorzugsweise als ein

Sicherheit des Wiedererkennens von Sinngehalt, Form und Wortstellung von Sätzen (Sachs 1967, S. 441).

Wieder-erkannte Eigenschaft	*Zahl eingeschobener Silben* 0	80	160
Sinngehalt	3,7	2,6	2,5
Satzform	3,8	0,9	0,8
Wortstellung	3,2	0.5	0,2

Farbname eingeprägt und erinnert werden, in einem anderen Fall vorzugsweise als ein Mädchenname. Auf diese Weise kommt es im Spurenfeld gleich beim Einprägen zur Ausbildung von Kodierungseigenheiten (engl. ‚encoding specificity‘), die teilweise den späteren Abruf erschweren, teilweise ihn erleichtern (Tulving u. Thomson 1973). Was zu einem späteren Zeitpunkt nicht erinnert werden kann, braucht also nicht unbedingt im Laufe einer längeren Zeit zwischen Einprägen und dem Versuch der Wiedergabe vergessen worden sein. Möglicherweise ist es gar nicht erst auf Dauer eingeprägt worden.

Die Auffassung, der Mensch beschränke sich beim Lernen nicht auf ein mechanisches Einprägen des angebotenen Lernstoffs, sondern suche dabei aktiv sein Wissen zu vermehren, billigt überhaupt dem Lernenden viel Gestaltungsfreiheit beim Aufbau seines Gedächtnisabbilds zu. Dieser Aufbau sei geleitet durch *Zielvorstellungen, Schlußfolgerungen* und *vorhandenes Wissen.* Zielvorstellungen entscheiden über die Auswahl der Inhalte, die dem Gedächtnisabbild einverleibt werden (s. S. 216ff.). Durch Schlußfolgerungen kann der Lernende nach eigenem Ermessen Unklarheiten, Lücken und Widersprüche beseitigen (s. S. 88). Vorhandenes Wissen läßt sich als Grundlage für die Aneignung neuen Wissens ausnutzen (s. S. 210ff.); die bestehenden Möglichkeiten der Anknüpfung entscheiden also mit über Art und Umfang des Behaltens. Tatsächlich scheint das Lernen einen Prozeß darzustellen, der mehr Zeit und Aufwand erfordert als das einfache Verstehen (Schwarz 1981). Und es läßt sich auch zeigen, daß Personen sich den verschiedenen Teilen des Lernstoffs nicht gleichmäßig zuwenden, sondern sich länger mit den Anteilen beschäftigen, welche sie im Zusammenhang mit ihrer Lernaufgabe für wichtig halten (Rothkopf u. Billington 1979).

Erinnern und Vergessen

Können Gedächtnisspuren noch nach längerem Behalten verlorengehen? Ein derartiger *Spurenzerfall* ließe sich durchaus für das Vergessen verantwortlich machen. Insbesondere biochemische und neurophysiologische Gedächtnistheorien bevorzugen eine solche Erklärung. Werden etwa die Spuren tatsächlich durch RNS-Moleküle gebildet (s. o.), dann können diese – wie andere organische Stoffe auch – im Laufe der Zeit zerfallen. Die Information, die sie enthalten, geht dann verloren.

In der neueren Gedächtnistheorie wird freilich auch betont: Die Erhaltung einer Gedächtnisspur ist noch keine Garantie für ein sicheres und vollständiges Erinnern; selbst bei erhaltener Gedächtnisspur kann das Erinnern mißlingen, weil in der Zeit des beabsichtigten Abrufs die Spur nicht aufgefunden wird. Theorien des Vergessens könnten daher auf die Annahme eines Spurenzerfalls verzichten, wenn sie anstatt dessen geeignete Annahmen über den *Suchprozeß beim Abruf* einführten. Die Suche im Gedächtnis ist vielen Menschen vom „Zungenspitzenphänomen" bekannt, im Psychiaterdeutsch auch ‚reproduktives Tatonnement' (Witte 1960) genannt. Man wünscht, einen Namen, einen Begriff oder etwas Ähnliches zu erinnern, glaubt auch, diesen fest im Gedächtnis zu haben, ja diesen unmittelbar benennen zu können; die beabsichtigte Wiedergabe scheitert jedoch „auf der Zunge". Daß man sich über seinen Gedächtnisbesitz nicht getäuscht hat, bestätigt sich manchmal schnell, manchmal erst nach einigen Tagen, wenn – ohne weitere Übung – das gesuchte Wort einfällt. Hier muß der Abruf aus dem Speicher für einige Zeit versagt haben bzw. das Durchsuchen des Gedächtnisses erfolglos geblieben sein. Das Zungenspitzenphänomen ist eine eindrucksvolle Veranschaulichung der Notwendigkeit einer gesonderten Suche und eines gesonderten Abrufs beim Erinnern.

Unter den Autoren, welche die Gedächtnissuche und den Gedächtnisabruf zu erforschen

Zungenspitzenphänomene

Von dem Berliner Publizisten und Satiriker Adolf Glasbrenner (1810–1876) stammt die folgende Glosse mit einer Aneinanderreihung von Zungenspitzenphänomenen:

Die neue Geschichte

A. *Sag mal, hast du denn schon davon gehört?*
B. *Wovon denn?*
A. *Nu von die Jeschichte mit den – mit den – na, da draußen, da neben die – jees! Wie heeßen denn die Leute?*
B. *Meenst du vielleicht die neue Bierkneipe?*
A. *I, nee doch! Ick meene die Jeschichte da mit den – na, der Name schwebt mir uff de Lippe. Die da draußen vorjejangen is, da bei – da draußen bei – Jott, du mußt ja den Ort kennen!*
B. *Ach, jees, des is die Jeschichte mit den – ja, die kenn' ick – mit den – na, mit den, jees, wie heeßt er doch? Die meenste?*
A. *Richtig, die meen ick. Also du kennst se schon?*
B. *Ja, die kenn' ick; die hat mir der – der – na, wie heeßt er denn? erzählt. Der – da draußen – du weeßt ja!*
A. *Ja, ick weeß schon, det is die Jeschichte! Von den hab' ick se ooch.*

(Aus Glasbrenner, A.: . . ne scheene Jejend is det hier! Berlin: arani 1977, S. 14) begonnen haben, ist vor allem Saul Steinberg zu nennen. Steinberg hat 1975 eine Zwischenbilanz seiner eigenen Forschungen und derjenigen seiner Kollegen gezogen. Danach sind zumindest einige Fragen klarer geworden, die es zu beantworten gilt. Vor allem:

○ Wird das gesamte Gedächtnis durchmustert, bevor ein Abruf erfolgt? Oder geht die Suche gleich zielstrebig auf den gesuchten Inhalt zu?

○ Woran erkennt ein Mensch, ob ein gefundener Inhalt der gesuchte ist und er die Suche erfolgreich beenden kann?

Diese beiden Fragestellungen verweisen gleichzeitig auf zwei theoretische Möglichkeiten des Versagens beim Versuch des Abrufs: das Verfehlen einer vorhandenen Spur sowie das Unvermögen, eine gefundene Spur als die gesuchte zu erkennen.

Die *freie Wiedergabe aus dem Gedächtnis* nennt man Reproduktion (von lat. ‚re-' – wieder; lat. ‚producere' – hervorbringen). Die Wiedergabe aus dem Gedächtnis kann unwillkürlich oder willkürlich erfolgen. Im Alltag bedarf es oft keiner besonderen Vornahme, um einen Inhalt zu erinnern. Die Erinnerung kommt spontan, ergibt sich aus anderweitigen Wahrnehmungen, Bedürfnissen und Handlungen „wie von selbst". Schon früh in der Geschichte der Gedächtnispsychologie haben der Göttinger Philosoph und Psychologe Georg Elias Müller (1850–1934) und A. Pilzecker die unwillkürlichen Erinnerungen als „frei steigende Assoziationen" beschrieben.

„Wer die Fähigkeit der geistigen Concentration besitzt, weiß, wie sehr Vorstellungen und Gedankenreihen, die man längere Zeit hindurch mit lebhaftem Interesse verfolgt hat, hinterher noch geraume Zeit hindurch auch ganz gegen den Wunsch das Bewußtsein heimsuchen können, falls letzteres nicht durch anderweitige Dinge stark in Anspruch genommen ist. An die Tatsache, daß wir Melodien, die uns einigen Eindruck gemacht haben, oft ‚nicht loswerden' können, braucht nicht erst erinnert zu werden. Wenn ferner ein Schachvirtuose die Schachpartie, die er des Tages über mit angespanntester Aufmerksamkeit gespielt hat, des Nachts vor dem Einschlafen sich noch 4–5 Mal wiederholen muß, so kann man nicht umhin, diese und ähnliche Erscheinungen in ganz analoger Weise wie die Wiederholungsempfindungen zu erklären. Wie endlich bereits von verschiedenen Seiten geltend gemacht worden ist, kommen zahlreiche Fälle, wo wir uns versprechen, verlesen oder verschreiben, dadurch zu Stande, daß soeben oder vor kurzem gesprochene, gehörte, geschriebene oder gelesene Laute, Silben oder Wörter sich von selbst wieder geltend machen (‚nachklingen') ... Diejenigen, welche eine Tendenz dagewesener Vorstellungen zum freien Steigen bestritten haben, dürften nicht einmal die hierher gehörigen Fehler des Sprechens, Schreibens usw. in Überlegung gezogen haben."
(Müller u. Pilzecker 1900, S. 60f.)

Mit der Entwicklung exakterer gedächtnispsychologischer Untersuchungsmethoden erlahmte das Interesse an freien Erinnerungen. Die Forscher gingen zunehmend dazu über, ihren Probanden einen festen Lernstoff vorzugeben, und diesen später abzufragen. Die Probanden machten sich ihre Absicht zu eigen und setzten ihren Willen, mitunter sogar ihren Ehrgeiz ein, vorher gelernte Wörter, Zahlen, Sätze oder ähnliches wiederzugeben.

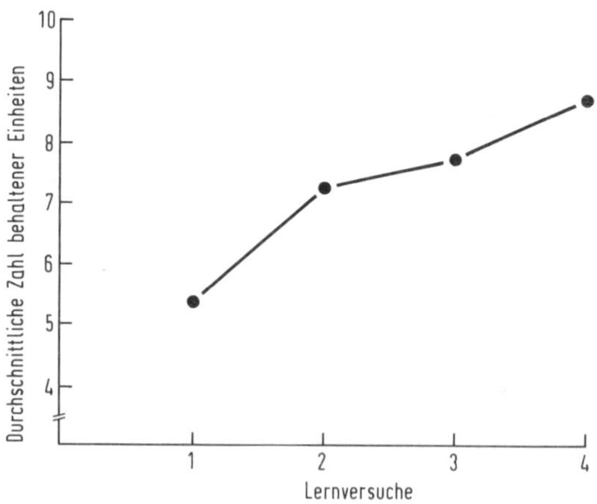

Lernkurve für Wörter (nach Paivio et al. 1969).

Die Wiedergabeleistung gilt als guter Indikator für das Fortschreiten des Lernens und das Fortschreiten des Vergessens nach dem Lernen. In der Regel wird dabei der Lernstoff mehrmals vorgelegt; nach jeder Darbietung kann das Behalten geprüft werden. (Der Proband im Gedächtnisversuch benimmt sich dann wie ein Schüler, der ein auswendig zu lernendes Gedicht mehrfach durchliest und es nach jedem Durchlesen herzusagen versucht, bis er es ausreichend beherrscht.) Der Übungsphase folgt dann die Behaltensphase; sie ist von Wiederholungen des Gelernten frei.

Den Verlauf des Einprägens während der Lernphase zeigt die sogenannte *Lernkurve* an. Sie stellt die Wiedergabeleistung in Abhängigkeit von der Häufigkeit oder der Dauer der Wiederholung in der Lernphase dar. Entsprechend zeigt die sogenannte *Vergessenskurve* das Nachlassen der Wiedergabeleistung in der Zeit nach dem Lernen.

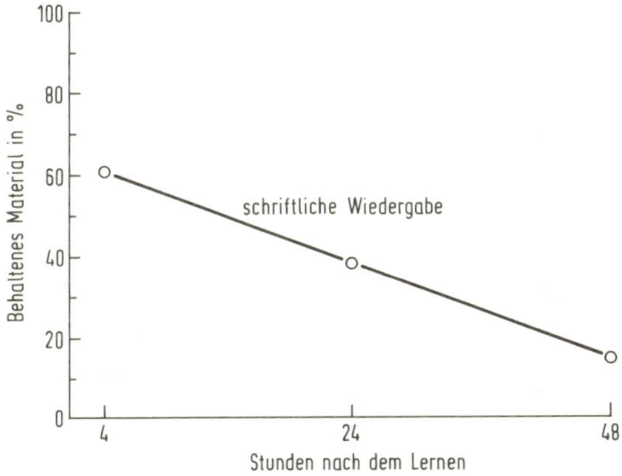

Vergessenskurve nach Luh 1922 (die Prüfung des behaltenen Lernstoffs erfolgte durch schriftliche Wiedergabe).

Das gute Gedächtnis bewährt sich auch beim *Wiedererkennen*. Das Wiedererkennen wird auch als Rekognition (von lat. ‚recognoscere' – wiedererkennen) bezeichnet. Der Sänger auf dem nebenstehenden Bild wird für seinen freien Vortrag Texte und Melodien aus dem Gedächtnis reproduzieren. Kaum einer seiner Zuhörer wird zu einer solchen Reproduktion in der Lage sein. Aber nicht wenige der Zuhörer werden beim Hören des einen oder anderen Liedes zutreffend beurteilen können: „Das habe ich schon einmal gehört". „Ich kenne es aus einem früheren Konzert." Oder: „Ich kenne es von einer Schallplatte." Das ist die Leistung des Wiedererkennens, der Rekognition. Das Wiedererkennen vermittelt den Eindruck des Schondagewesen-Seins, das déjà-vu-Erlebnis (franz. ‚déjà vu' – bereits gesehen), im Unterschied zum Eindruck des Neuen, zum jamais-vu-Erlebnis (franz. ‚jamais vu' – noch nie gesehen).

Das Wiedererkennen ist bedeutend leichter als das freie Wiedergeben. Das hat auch

Der Liedermacher Wolf Biermann bei einem Konzert in Köln.

Adrienne Miler (1960) in ihrer Doktorarbeit belegt. Sie ließ ihre Probanden Silben auswendig lernen. Dann teilte sie ihre Probanden in mehrere Gruppen ein. Die Hälfte von ihnen wurde nach der Reproduktionsmethode geprüft: sie mußten die gelernten Silben aus dem Gedächtnis niederschreiben. Die andere Hälfte wurde nach der Rekognitionsmethode geprüft: Sie erhielten eine Liste, auf denen die gelernten Silben mit neuen Silben vermischt niedergeschrieben waren, und mußten die ihnen bereits aus der Lernphase bekannten anstreichen. Die Tests wurden nicht nur unmittelbar nach dem Einprägen vorgenommen, sondern auch zu verschiedenen Terminen nach dem Lernen; die letzte Prüfung fand 14 Tage nach dem Lernen statt.

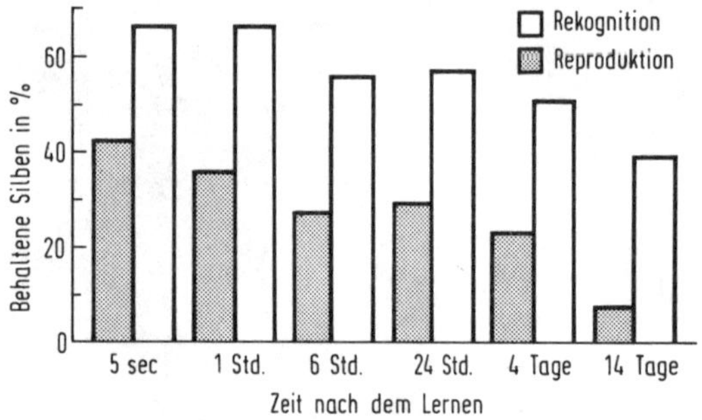

Vergleich von Reproduktions- und Rekognitionsleistung (nach Miler 1960).

Das Ergebnis ist eindeutig: Das Wiedererkennen ist weitaus erfolgreicher als das Reproduzieren. Die Überlegenheit des Wiedererkennens wächst dabei mit dem Fortschreiten des Vergessens. Zur Erklärung des besseren Abschneidens beim Wiedererkennen zog die Autorin eine neurophysiologische Theorie des Gedächtnisses heran. Der wesentliche Punkt darin: Die gebildeten Spuren weisen jeweils eine gewisse Stärke auf. Bei unvollkommenem Lernen oder nach fortgeschrittenem Vergessen sinke ihre Stärke unter die „Schwelle der freien Reproduzierbarkeit" ab. Die erneute Darbietung des gelernten Materials im Wiedererkennungstest frische dagegen die abgesunkene Spur so weit auf, daß ihr Vorhandensein im Gedächtnis festgestellt werden könne.

Die Theorie der unterschiedlich hohen Spurenstärke beim Reproduzieren und Wiedererkennen hat allerdings eine entscheidende Schwäche – wie sich inzwischen herausgestellt hat. Würde sie stimmen, dann müßte vertrauter und geläufiger Lernstoff leichter wiedererkannt werden als neuer, ungeläufiger Lernstoff. Denn je geläufiger ein Lernstoff ist, desto stärker müßte seine Spur im Gedächtnis ausgeprägt sein; desto leichter müßte auch das Wiedererkennen fallen. Genau das geschieht jedoch nicht. Seltene, auffällige Wörter (wie z. B. der Name der mexikanischen Pyramidenstadt TEOTIHUACAN für Europäer) sind leichter wiederzuerkennen als Allerweltswörter (wie STRASSE, KUH, BLEISTIFT). Das hat unter anderem Shepard (1967) mit gut kontrollierten Beobachtungen nachgewiesen.

Was ist also der Unterschied zwischen Reproduzieren und Wiedererkennen? Offenbar erfordert das Reproduzieren zwei Teilleistungen: erstens einen Abruf aus dem Speicher und zweitens das Erkennen, daß der abgerufene Inhalt wirklich der gesuchte ist. (So muß der Sänger auf dem zuletzt gezeigten Bild sich jeweils das Lied einfallen lassen, das er als nächstes zu singen gedenkt, muß aber gleichzeitig überprüfen, ob das ihm einfallende Lied auch als nächstes auf dem Programmzettel angekündigt ist.) Beim Wiedererkennen ist der zu prüfende Inhalt vorgegeben, und erforderlich ist nur die Überprüfung, ob der Inhalt der gesuchte ist. (Der Zuhörer im obigen Beispiel hört das Lied unmittelbar und braucht nur zu überlegen: Könnte dies das erwartete bzw. mir bekannte Lied sein?) Im Reproduzieren ist also das Wiedererkennen mit enthalten. So ist nicht verwunderlich, daß das Reproduzieren schwerer fällt als das Wiedererkennen, denn beim Reproduzieren ist ein wichtiger Schritt mehr zu leisten (s. Kintsch 1970). Aus dieser Sicht wird auch erklärlich, warum sel-

Gebräuchliche Methoden zur Gedächtnisprüfung

○ *Freie Wiedergabe (Reproduktion):* Probanden erhalten Texte oder Listen von kürzeren Einheiten (z. B. 20 Wörter, 30 Strichfiguren, 10 Sätze) zum Einprägen vorgelegt. Später müssen sie wiedergeben, was sie noch behalten haben. Die Behaltenszeit zwischen Lernen und Wiedergabe schwankt dabei in der Regel zwischen 5 sec. und vier Wochen.

○ *Vorhersagemethode (Antizipationsmethode):* Probanden erhalten die Elemente einer Liste mehrfach in stets gleichbleibender Reihenfolge vorgeführt. Sie müssen jeweils vorhersagen, welcher Teil der Liste (z. B. welches Wort) als nächster folgen wird.

○ *Paarlernen (engl. ‚paired–associate learning'):* Probanden erhalten in der Lernphase mehrfach eine Liste von Paarkombinationen dargeboten. Die Paare können aus Wörtern, Buchstabenkombinationen, Zahlen und ähnlichem bestehen. Die Paare können aus gleichartigen Gliedern zusammengesetzt sein (z. B. VATER-MUTTER oder GWL – NJK oder ‚5 – 9') oder aus verschiedenartigen (z. B. KIND – 3 oder SKP – 5). Es wird jeweils zunächst das erste Glied des Paares gezeigt (z. B. KIND –) und dabei nach dem zugehörigen zweiten Glied gefragt.

○ *Wiederlernen (Ersparnismethode):* Probanden lernen zunächst eine Liste, einen Text oder ähnliches – in der Regel bis zur völligen Beherrschung. Dem Lernen folgt ein Behaltensintervall, in dem Vergessen eintritt. Nach dem Behaltensintervall wird das Material erneut gelernt. Zumeist wird das Wiedererlernen weniger Zeit bzw. weniger Wiederholungen beanspruchen als das ursprüngliche Lernen: Die Probanden haben dann beim Wiederlernen gegenüber dem Neulernen an Übung „gespart". Die Größe der Ersparnis erlaubt Rückschlüsse auf den Umfang des vorherigen Vergessens.

○ *Wiedererkennen (Rekognition):* Probanden erhalten eine Reihe von zu lernenden Materialien vorgelegt. Später werden dieselben Materialien noch einmal dargeboten; diesmal sind sie jedoch gemischt mit neuem Material (Distraktoren). Die Probanden haben nun die Aufgabe, die aus der früheren Lernphase bekannten Einheiten ausfindig zu machen. Dabei können ihnen zwei Arten von Fehlern unterlaufen:

1. Bereits früher vorgeführte Wörter, Photos und ähnliches werden als neu gekennzeichnet.
2. Neu vorgelegte Wörter, Bilder oder ähnliches werden als bereits bekannt eingestuft.

tene Wörter besser wiedererkannt werden als häufige (s. o.). Sie bieten für das Wiedererkennen markantere Anhaltspunkte als Allerweltsworte.

Nun muß man sich von der Vorstellung freimachen, der Inhalt der Wiedergabe (oder des Wiedererkennens) stimme mit dem Inhalt des Gedächtnisses stets ganz überein. Offenbar lassen sich manchmal in Vergessenheit geratene Erfahrungen neu erschließen. Dies ist schon Georg Elias Müller (s. o. S. 196) aufgefallen. Er schreibt in einem Kapitel über „Erinnerungsintention und Sichbesinnen":

„Auch ein früher erlebtes einzelnes Ereignis kann uns nur in Gestalt einer Richtungsvorstellung innerlich gegeben sein, indem uns eben eine Vorstellung begleitender Umstände völlig fehlt ... in einem solchen Falle ... bleibt uns nur der Weg übrig, in mehr oder weniger methodischer Weise verschiedene Vorstellungen als Ausgangsvorstellungen durchzuprobieren und zuzusehen, ob sich etwa eine von ihnen als erfolgreiche Hilfe für die Reproduktion der gesuchten Vorstellung erweise. Fällt mir z. B. beim Schreiben eines Briefes ein, in der letzten Woche irgendeine Mitteilung erhalten zu haben, von der ich dem Adressaten Kenntnis geben wollte, vermag ich mich aber dieser Mitteilung nicht ohne weiteres näher zu erinnern, so gehe ich dazu über, mir so gut, als es eben geht, die verschiedenen in Betracht kommenden Situationen, die ich in der letzten Woche erlebt habe, oder die verschiedenen Interessenkreise des Adressaten zu vergegenwärtigen, in der Hoffnung, daß es vielleicht mit Hilfe einer von diesen Vorstellungen zu der angestrebten Erinnerung kommen werde."

(Müller 1913, S. 422f.)

Die Beschreibung veranschaulicht: Vorhandenes Wissen kann Gedächtnislücken ausfüllen helfen. Es kommt zu einer *Rekonstruktion* (von lat. ‚re-'– zurück, lat. ‚construere' – herstellen) von Gedächtnisinhalten. Bei der Rekonstruktion besteht allerdings die Gefahr, daß der Gedächtnisinhalt seine ursprüngliche Gestalt verliert. Eine der überzeugendsten Demonstrationen hierzu bietet eine Studie von Hanawalt u. Demarest (1939). Die Autoren ließen eine Serie von zwölf gezeichneten Figuren betrachten. Danach sollten die Probanden die Figuren nachzeichnen und zwar in einer von den Versuchsleitern angesagten Reihenfolge. Um die Reihenfolge anzusagen, mußten die Versuchsleiter die Figuren mit Namen belegen. Dabei benutzten sie bei verschiedenen Probandengruppen für jede der zwölf Figuren zwei unterschiedliche Namen. Forderten sie etwa eine Gruppe auf: „Zeichnet als nächstes die Brille", so lautete bei der anderen Gruppe die Aufforderung zur selben Figur: „Zeichnet als nächstes die Hantel". Wie erwartet änderten sich die Nachzeichnungen in Richtung auf die gewählten Namen; das durch die Einführung der Namen eingebrachte Wissen hatte sich der Erinnerung beigemischt. Auffassungsunterschiede beim Einprägen (s. S. 194) sind für die unterschiedlichen Wiedergaben sicherlich nicht verantwortlich zu machen, auch keine Prozesse während des Behaltensintervalls. Die Benennung der Figuren erfolgte ja erst kurz vor der Reproduktion. Die mit den Namen verbundenen Vorstellungen müs-

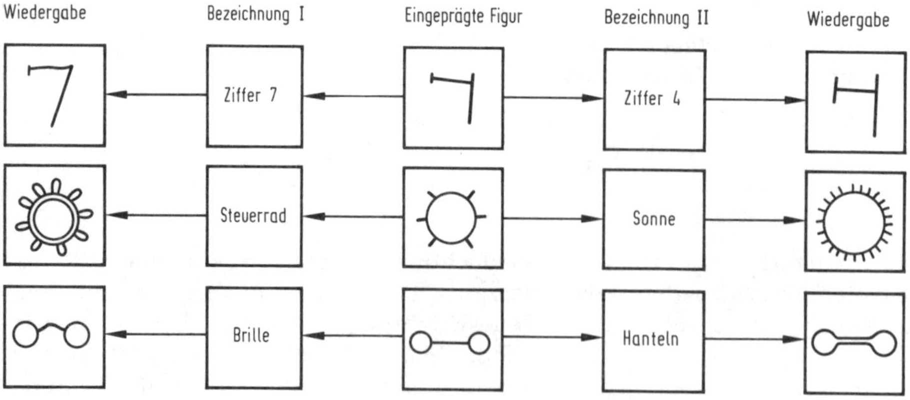

Änderungen während der Reproduktion bei unterschiedlicher Bezeichnung (nach Hanawalt u. Demarest 1939).

sen also unmittelbar in die Rekonstruktion der – wohl nicht mehr präzise erinnerten – Figuren eingegriffen haben.

Externe Speicher und Erinnerungshilfen

Spätestens seit der Erfindung des Buchdrucks hat das Buch die Rolle eines Informationsspeichers übernommen, dessen Fassungsvermögen dasjenige eines einzelnen Menschen weit übersteigt. Mit der Schrift hat sich der Mensch ungeheure Möglichkeiten der Konservierung von Daten und Kenntnissen geschaffen. Und die Leistungsfähigkeit der Büchersammlung wird noch übertroffen durch die in diesen Jahren entwickelten elektronisch gesteuerten Speichermedien, die Datenplatten und Magnetbänder.

Viele Inhalte, die sonst das Gehirn belasten und überlasten würden, können so bequem nach außen verlagert werden. Der erfolgreiche Umgang mit *Speichermedien* setzt jedoch mehr voraus als nur deren Entwurf und ihre Erstellung. Menschen, die sie benutzen, müssen sich neue Verhaltensweisen zulegen, neue Fertigkeiten und Einstellungen. Sie müssen neue Formen der Einspeicherung lernen (z. B. Abfassen von wissenschaftlichen Arbeiten, Anfertigen von Listen) und neue Formen der Datenorganisation und des Datenabrufs (z. B. Katalogisieren, Zugriff zu Datenplatten). Die Tätigkeit der Informationskonservierung und -wiederbeschaffung tritt hier gleichberechtigt neben die Orientierungstätigkeit (vgl. Muthig u. Schönpflug 1981).

Reale Gegenstände und Konstellationen können überhaupt zu Zeugen des Vergangenen werden und zur Rekonstruktion von Erlebnissen beitragen. Die umgefallene Weinflasche sagt über den vorangegangenen Abend manchmal mehr aus als das verbliebene Gedächtnis. Das Souvenir aus einem fernen Land wird im Laufe der Jahre zu einem Kristallisationspunkt der Erinnerungen an die Reise in dieses Land. Solche Erinnerungshilfen werden nicht nur vorgefunden, sondern auch oft mit Absicht angefertigt (z. B. ein Knoten im Taschentuch).

Der Lesesaal der Staatsbibliothek in Berlin. Der von Scharoun entworfene Bau faßt rund acht Millionen Bände.

Zusammenfassung

1. Gedächtnisausfälle und -störungen zeigen, daß es ohne Behalten und Erinnern kein umfassendes Erkennen geben kann; ebenso kann es nicht zu planvollem, zielgerichtetem Handeln kommen.
2. Beim Gedächtnis lassen sich drei Prozesse gegeneinander abgrenzen: Einspeichern, Behalten und Abrufen.
3. Zwei Hypothesen leiten heute die Forschung zur Speicherung im Gedächtnis: 1. Die Speicherung erfolgt durch Bildung von Gedächtnismolekülen aus Ribonukleinsäuren und Proteinen (Eiweißstoffen). 2. Die Speicherung erfolgt durch elektrophysiologische Erregungsleitung im Gehirn.
4. Ein gespeicherter Inhalt wird möglicherweise nicht für alle Zeiten aufbewahrt. Über die Art, wie das Vergessen vor sich geht, gibt es einige Hypothesen, die unter anderem auch den Abbau bzw. den Verfall organischer Gedächtnissubstanzen annehmen.
5. Das Abrufen aus dem Gedächtnis läßt sich als Suchvorgang auffassen. Man kann das Vergessen dann als fehlgeschlagenen Suchvorgang ansehen, wobei vorausgesetzt wird, daß Spuren – einmal angelegt – immer erhalten bleiben.
6. Die Gedächtnisleistung hängt u. a. von den Prüfungsmethoden ab; beim Wiedererkennen zeigen sich die höchsten Erinnerungsleistungen. Rekonstruktionen helfen, Erinnerungslücken aufzufüllen. Die menschliche Kultur entwickelt zahlreiche Erinnerungshilfen in Form von externen Gedächtnissen (z. B. Bücher, Magnetbänder).

Literaturhinweise

Adams, A. E.: Informationstheorie und Psychologie des Gedächtnisses. Berlin: Springer 1971

Engen, T. u. Ross, B. M.: Long-term retention of orders with and without verbal descriptions. Journal of Experimental Psychology 100 (1973), 221–227

Adams, J. A. u. Dijkstra, S.: Short-term memory for motor responses. Journal of Experimental Psychology 71 (1966), 314–318

Platon: Theatet. Übersetzt von Apelt, O. Leipzig: Meiner 1920, 3. Aufl.

Ebbinghaus, H.: Über das Gedächtnis. Leipzig: Duncker u. Humblot 1885

Semon, R.: Die Mneme als erhaltendes Prinzip im Wechsel des organischen Geschehens. Leipzig: Engelmann 1908

Katz, J. J. u. Halstead, W. C.: Protein organization and mental functions. Comparative Psychology Monographs 20 (1950), 1–38

Hydén, H.: Neuronal plasticity, protein conformation and behavior. In: Zippel, H. P. (Hg.): Memory and transfer of information. New York: Plenum 1973, 511–520

Eccles, J. C.: Excitatory responses of spinal neurones. In: Eccles, J. C. u. Schade, J. P. (Hg.): Progress in brain research. Bd. 12. Physiology of spinal neurons. Amsterdam: Elsevier 1964, 1–34

Sachs, J. S.: Recognition memory for syntactic and semantic aspects of connected discourse. Perception and Psychophysics 2 (1967), 437–442

Penfield, W. u. Rasmussen, Th.: The cerebral cortex of man. New York: Macmillan 1957

Tulving, E. u. Thomson, D. M.: Encoding specificity and retrieval processes in episodic memory. Psychological Review 80 (1973), 352–373

Schwarz, M.: Verstehen und Erinnern – ihre Auswirkungen als vorgegebene Zielkriterien auf die Verarbeitung von Texten. In: Mandl, H. (Hg.): Zur Psychologie der Textverarbeitung. München: Urban u. Schwarzenberg 1981, 41–62

Rothkopf, Z. E. u. Billington, M. J.: Goal-guided learning from text: Inferring a descriptive processing model from inspection times and eye movements. Journal of Educational Psychology 71 (1979), 310–327

Witte, W.: Mnemische Determination und Dynamik des reproduktiven Tatonnements. Psychologische Beiträge 4 (1960), 174–205
Steinberg, S.: Memory scanning: New findings and current controversies. Quarterly Journal of Experimental Psychology 27 (1975), 1–32
Müller, G. E. u. Pilzecker, A.: Experimentelle Beiträge zur Lehre vom Gedächtnis. Leipzig: Barth 1900
Paivio, A., Yuille, J. C. u. Rogers, T. B.: Noun imagery and meaningfulness in free recall and serial recall. Journal of Experimental Psychology 79 (1969), 509–514
Luh, C. W.: The conditions of rentention. Psychological Monographs 31 (1922), Nr. 142
Miler, A.: Vergleich der Vergessenskurven für Reproduzieren und Wiedererkennen von sinnlosem Material. Zeitschrift für experimentelle und angewandte Psychologie 7 (1960), 29–38
Shepard, R. N.: Recognition memory for words, sentences and pictures. Journal of Verbal Learning and Verbal Behavior 6 (1967), 156–163
Kintsch, W.: Models for free recall and recognition. In: Norman, D. A. (Hg.): Models of human memory. New York: Academic Press 1970
Müller, G. E.: Zur Analyse der Gedächtnistätigkeit und des Vorstellungsverlaufs. Zeitschrift für Psychologie, Ergänzungsband 8 (1913)
Hanawalt, N. G. u. Demarest, I. H.: The effect of verbal suggestion in the recall period upon the reproduction of visually perceived forms. Journal of Experimental Psychology 25 (1939), 159–174
Muthig, K. P. u. Schönpflug, W.: Externe Speicher und rekonstruktives Verhalten. In: Michaelis, W. (Hg.): Bericht über den Kongress der Deutschen Gesellschaft für Psychologie 1980 in Zürich. Bd. 1. Göttingen: Hogrefe 1981, 225–229

Modellvorstellungen vom Gedächtnis

Mehr-Speicher-Modelle

Kein Thema hat die moderne Gedächtnispsychologie wohl mehr beschäftigt als die Unterscheidung eines

○ *Langzeitgedächtnisses* bzw. Langzeitspeichers (engl. ‚long term memory', ‚long term store') von einem

○ *Kurzzeitgedächtnis* bzw. Kurzzeitspeicher (engl. ‚short term memory', ‚short term store').

Das Begriffspaar wurde ursprünglich von Donald Broadbent im Zusammenhang mit seinen Aufmerksamkeitsuntersuchungen im Jahre 1958 eingeführt (s. S. 100) – von dem Autor selbst allerdings ursprünglich anders benutzt als gegenwärtig üblich.

Die Unterscheidung von Kurzzeit- und Langzeitgedächtnis stützt sich vor allem auf vier Arten von Beobachtungen. Sie betreffen

○ die erlebte Dauer des Erinnerns,
○ die objektive Dauer des Behaltens,
○ die Menge des behaltenen Stoffes und
○ die Organisation des gemerkten Stoffes.

Die *Flüchtigkeit des Kurzzeitgedächtnisses* und die *Dauerhaftigkeit des Langzeitgedächtnisses* glaubt man unmittelbar an sich selbst beobachten zu können. Man will etwa einen Bekannten anrufen und läßt sich von der Vermittlung seine Telefonnummer geben. Etwa: 8337496. Nun beginnt ein Wettlauf mit der Zeit, wenn man die Nummer nicht notieren oder noch einmal erfragen will. Man muß schnell wählen, denn man merkt, wie die Ziffern im Gedächtnis sich verflüchtigen und die letzte Ziffer bereits entfallen sein kann, wenn beim Wählen die Reihe an sie kommt. Anders ist dies bei Telefonnummern, die man häufig benutzt – etwa die Nummer des eigenen Telefons. Diese entfällt einem nicht so leicht. Wenn man sie wählt, kann man sich getrost Zeit lassen. Sie ist beliebig reproduzierbar.

Wie ist es zu erklären, daß in einem Fall der Eindruck der Flüchtigkeit, im anderen Fall der Dauerhaftigkeit des Behaltens entsteht? Eine mögliche Antwort ist: Es gibt in der Tat zwei verschiedene Gedächtnisse mit unterschiedlich langer Haltezeit. Die frisch gemerkte Telefonnummer ist lediglich bis zum Kurzzeitgedächtnis gelangt, die häufig benutzte Nummer ist dagegen im Langzeitgedächtnis eingeprägt worden.

Diesen subjektiven Eindruck kann man durch objektive Leistungsmessungen überprüfen. Wie lange kann man Zahlenreihen nach einmaligem Hören noch nachsprechen? Die Dauer läßt sich recht exakt bestimmen. Sie liegt bei rund zehn Sekunden (vgl. Melton 1963). Prägen sich die Reihen freilich durch häufigeres Üben (wie beim Vokabellernen) oder wegen ihrer Bedeutsamkeit (wie bei einem Unfall) ein, so können sie unbegrenzt im Gedächtnis erhalten bleiben. Die objektiven Befunde bestätigen also den subjektiven Eindruck von zwei unterschiedlichen Gedächtnismechanismen.

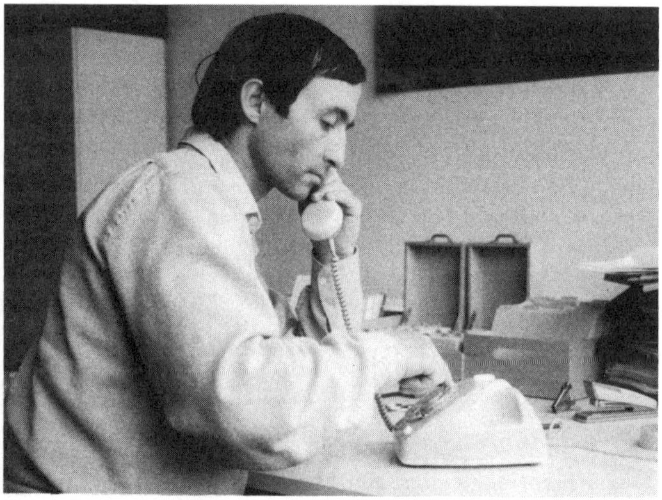

Eiliges Wählen einer Telefonnummer, die schnell zu entfallen droht.

Entspanntes Wählen einer Nummer, die langfristig eingeprägt ist.

Unterschiede sind auch in der Aufnahmefähigkeit, der Speicherkapazität beim kurzfristigen und langfristigen Behalten festzustellen. Für die Zeit des kurzen Behaltens kann man nicht viele Inhalte aufnehmen. Grob geschätzt sind es rund zehn Einheiten, wobei die Einheiten die verschiedenste Gestalt annehmen können. Es können Ziffern sein, Wörter, Gesichter, Töne oder ähnliches (Miller 1956). Dieser Effekt ist schon seit längerer Zeit bekannt (vgl. Wundt 1905); die Menge der so zu merkenden Inhalte – Wundt nennt sie ‚einfache Eindrücke' – wird als Gedächtnisspanne (engl. ‚memory span') bezeichnet.

Die Menge der langzeitig behaltenen Einheiten geht selbstverständlich über die (kurzzeitige) Gedächtnisspanne weit hinaus. Wie hoch das Fassungsvermögen beim langzeitigen Behalten ist, läßt sich schwer bestimmen. Schätzungen führen zu recht großen Zahlen von Einheiten. Schon die Beherrschung der deutschen Sprache verlangt die Kenntnis von rund 150000 Wörtern. Wer noch andere Sprachen lernt, kann dieses Wortrepertoire ohne weiteres verdoppeln oder verdreifachen. Zu dem Wortrepertoire treten jeweils die grammatikalischen Regeln. Und wer die Sprache benutzt, muß auch dauernde Kenntnis von den zu bezeichnenden Personen, Dingen, Ereignissen, Tätigkeiten und ähnlichem besitzen. Eine Zahl von rund einer Million langfristig behaltener Einheiten ist nach dieser Rechnung schnell erreicht (Frank 1966).

Zu den eindrucksvollsten Argumenten für die Trennung eines Kurzzeit- und eines Langzeitgedächtnisses gehört die unterschiedliche

Organisation des Lernstoffs nach kurzem und langem Behalten. Ordnungstendenzen bei einkodierten Inhalten sind freilich nicht ganz einfach nachzuweisen, solange die Gedächtnisspuren der Beobachtung nicht unmittelbar zugänglich sind. Deshalb haben sich zahlreiche Forscher ausgeklügelte Anordnungen einfallen lassen, um trotzdem Aufschluß über die Ordnung im Gedächtnis zu erhalten. Einer von ihnen, Allen Baddeley – inzwischen übrigens Nachfolger von Donald Broadbent in der Leitung der Cambridger Forschungsgruppe des Medical Research Council – hat es mit der Erschwerung des Behaltens durch Ähnlichkeitshemmung versucht (Baddeley 1966 a, b). Um die Versuchsanordnung Baddeleys und seine Ergebnisinterpretation zu verstehen, muß man erstens das Phänomen der Ähnlichkeitshemmung kennen und zweitens des Autors Hypothesen über die Kodierung bei kurzem und langem Behalten.

Zum Phänomen der Ähnlichkeitshemmung: Erfahrungsgemäß kommt es beim Wiedergeben manchmal zu Verwechslungen; solche Verwechslungen sind zwischen ähnlichem Lernstoff (z. B. zwischen zwei Schubert-Liedern) wahrscheinlicher als zwischen unähnlichem Lernstoff (z. B. zwischen Liedern von Schubert und Richard Strauss). Das spricht für eine engere Zuordnung ähnlichen Materials im Gedächtnis und eine weniger enge Zuordnung unähnlichen Materials. Aber wodurch wird der Eindruck der Ähnlichkeit gestiftet? Als Kriterien der Ähnlichkeit kommen mehrere Merkmale in Betracht, bei Wörtern der Klang (klangähnlich sind etwa die Wörter BAUM, RAUM, SAUM, TRAUM) oder die Bedeutung (bedeutungsähnliche Wörter sind u. a. KAMPF, KRIEG, FEHDE, SCHLACHT).

Baddeley hatte aufgrund früherer Beobachtungen Anlaß zu der Annahme, Wörter würden zunächst nach ihren akustischen Merkmalen geordnet und später nach ihrer Bedeutung. Stimmte diese Annahme, dann mußte sich eine Klangähnlichkeit vor allem kurz nach dem Lernen hemmend auswirken – denn zu diesem Zeitpunkt ist ja der Klang ein wichtiges Ordnungsmerkmal. Eine Bedeutungsähnlichkeit müßte dagegen mehr nach längerem Behalten stören, wenn eine Ordnung nach Bedeutungskategorien stattgefunden hat. So ließ Baddeley seine Probanden einerseits klangähnliche Wörter lernen, andererseits bedeutungsähnliche Wörter. Teilweise ließ er die Wörter sofort nach dem Lernen reproduzieren, teilweise erst zwanzig Minuten danach. Wie erwartet war die Hemmung durch eine Klangähnlichkeit unmittelbar nach dem Lernen stärker als 20 Minuten später; die Bedeutungsähnlichkeit hatte dagegen nach 20 Minuten die stärkere Hemmwirkung.

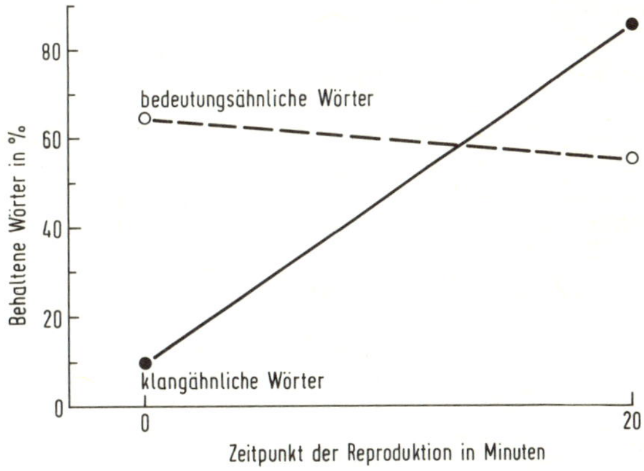

Ähnlichkeitshemmung nach kurzem und langem Behalten (nach Baddeley 1966 a, b).

Die geschilderte Studie legt – ebenso wie andere Untersuchungen (z. B. Baddeley u. Levy 1971) – die Verallgemeinerung nahe: Im Kurzzeitgedächtnis herrscht eine sensorische Ordnung vor, eine Ordnung, wie sie bereits in der Sinnesinformation (vgl. S. 80f.) enthalten ist, im Langzeitgedächtnis dagegen eine semantische Ordnung, eine Ordnung nach Bedeutungsgehalten. Das Überwiegen der semantischen Organisation im Langzeitgedächtnis geht offenbar einher mit einer Bevorzugung von semantischer Information, mit einer vorwiegend *semantischen Kodierung*. Die These der vorwiegend semantischen Kodierung im Langzeitgedächtnis wird von Beobachtungen gestützt, nach denen der Wortlaut von Sätzen bald nach dem Hören vergessen wird, während der Sinngehalt der Sätze noch längere Zeit erinnerlich ist. Dieser Befund hatte sich schon in der oben erwähnten Arbeit von Jacqueline Sachs (s. S. 192) ergeben und in anderen Studien (z. B. Anderson u. Bower 1971) wiedergefunden.

Kurze Haltezeit, geringe Kapazität und eine „primitive“ Ordnung, wie sie gerade die Sinne vermitteln – das fügt sich zusammen zu der Vorstellung vom Kurzzeitgedächtnis als einem einfachen Speichersystem, das allerdings einen erheblichen Vorzug besitzt: Es kann schnell und unkompliziert neue Information aufnehmen. Das Kurzzeitgedächtnis betrachten viele Autoren dabei als Vor- und Durchgangsstufe zum Langzeitgedächtnis. Dort ist der Zugang nicht so leicht. Die Einordnung muß erst nach den oft komplizierten Kategorien der Sprache und des Denkens erfolgen. Dafür ist die Speicherung beständig und das Fassungsvermögen groß.

Die wichtigsten Unterschiede zwischen Kurzzeitgedächtnis und Langzeitgedächtnis.

	Kurzzeit-gedächtnis	*Langzeit-gedächtnis*
Haltezeit	etwa 10 Sekunden	unter Umständen lebenslang
Erlebte Beständigkeit der Spuren	flüchtig	beständig
Zeitdruck bei der Reproduktion	groß	klein
Kapazität	etwa 10 Einheiten	nicht bekannt, geschätzte Größenordnung: 1 Million Einheiten
Vorherrschende Ordnung (Organisation, Kodierung)	nach sensorischen insbesondere akustischen Merkmalen	nach semantischen Merkmalen

Ein Ultrakurzzeitspeicher

Die Trennung eines Kurzzeitspeichers und eines Langzeitspeichers reicht vielen Autoren noch nicht aus. Sie fordern die zusätzliche Berücksichtigung einer dritten Speichereinheit, eines Kürzestzeitspeichers oder *Ultrakurzzeitspeichers* (engl. ‚very short term store‘). Grund hierfür waren – neben den bereits erwähnten Beobachtungen Broadbents zur Aufmerksamkeitsleistung (s. S. 100) – Experimente von George Sperling. Sperling (1960) zeigte seinen Probanden Karten mit Buchstaben; die Vorführung dauerte jeweils nur wenige Tausendstelsekunden. Die Zahl der auf einer Karte dargebotenen Buchstaben variierte von 2 bis 12. Unmittelbar nach der Darbietung um die Nennung der Buchstaben gebeten, konnten die Probanden aber nie mehr als durchschnittlich vier Buchstaben richtig angeben. Man hätte daraus schließen können: Die Probanden konnten in der Kürze der Darbietungszeit nicht mehr als vier Buchstaben erfassen.

Es gab aber noch eine andere Möglichkeit: Vielleicht erfaßten die Probanden alle dargebotenen Buchstaben; während der Zeit, in der sie die ersten vier Buchstaben reproduzierten, vergaßen sie aber die restlichen. Sperling überprüfte diese Annahme, indem er seinen Probanden nur noch die Nennung eines einzigen Buchstabens abverlangte. Damit sie gleichwohl genötigt waren, sich allen gebotenen Buchstaben gleichzeitig zuzuwenden, ließ er sie bis zur Reproduktion im Ungewissen, welcher der Buchstaben abgefragt würde. Dabei wählte er folgendes Vorgehen: Zuerst zeigte er kurz eine Tafel mit mehreren

Buchstaben. Nach ihrem Verschwinden erschien eine Markierung an einer Stelle, an der vorher ein Buchstabe gestanden hatte; dieser Buchstabe war dann zu benennen. Der Vorgang wurde mehrfach wiederholt, wobei die Markierung in unregelmäßiger Folge ihren Ort wechselte. Unter dieser Bedingung konnten die Probanden fast alle markierten Buchstaben wiedergeben. Es durften nur nicht mehr als rund zwei Zehntelsekunden seit der Darbietung vergangen sein. Es bestätigte sich somit die zweite These: Nicht die Auffassung war eingeschränkt, sondern das Behalten zeitlich begrenzt.

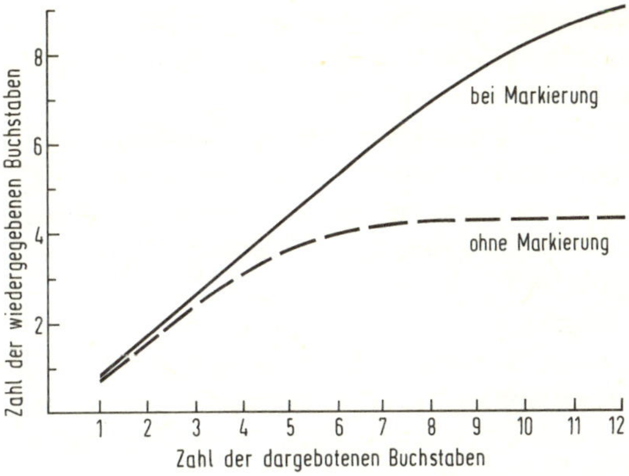

Versuchsergebnisse nach Sperling (1960).

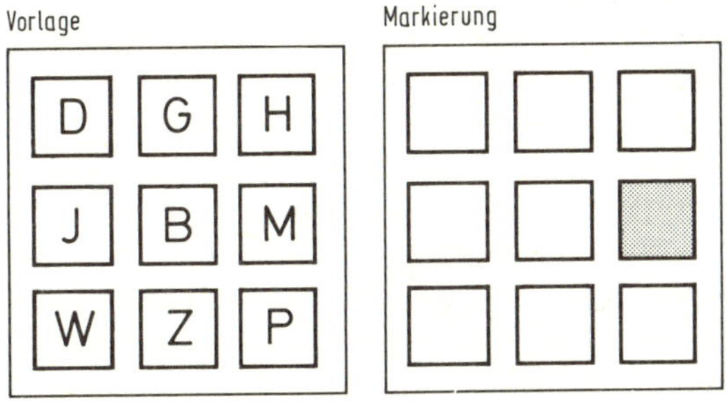

Beispiel für Sperlings Versuchsmaterial.

Die Begrenzung der Haltezeit auf 2/10 sec unterschreitet die sonst für das Kurzzeitgedächtnis angesetzte Haltezeit ganz wesentlich. Sperling nimmt daher an, dem Kurzzeitspeicher sei eine weitere Speichereinheit vorgelagert. Vor der Übertragung in den Kurzzeitspeicher sei die Information in einem „sensorischen Register" festgehalten. Das sensorische Register wechsle seinen Inhalt so schnell, daß eine vollständige Übertragung in den Kurzzeitspeicher nicht möglich sei.

Man kann so fortschreiten und noch mehr als drei unterscheidbare Speichereinheiten annehmen, wie dies etwa Baddeley tut (Baddeley u. Hitch 1974). Repräsentativ für die theoretischen Vorstellungen vieler Autoren ist jedoch ein *Drei-Speicher-Modell,* wie es Shiffrin u. Atkinson im Jahre 1969 entworfen haben.

Folgende Modelleigenschaften sind zu beachten:

○ Das Modell enthält drei Speicher: ein sensorisches Register, einen Kurzzeitspeicher und einen Langzeitspeicher.

○ Eintreffende Information muß das sensorische Register durchlaufen, wenn sie den

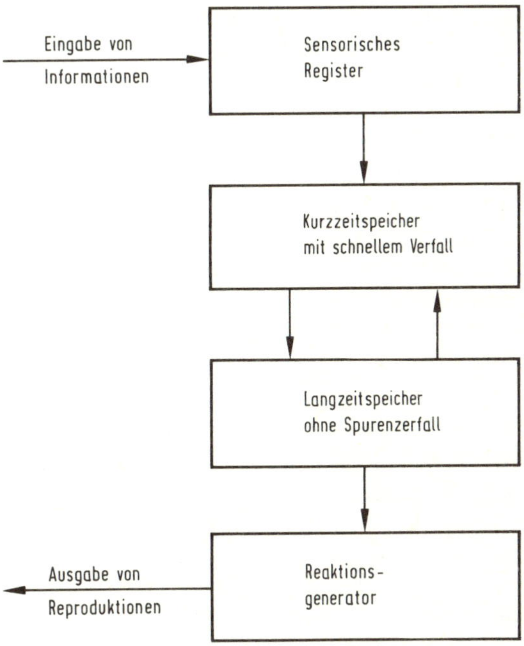

Drei-Speicher-Modell von Shiffrin und Atkinson (1969).

Kurzzeitspeicher erreichen soll; ein Zugang zum Langzeitspeicher ist nur über den Kurzzeitspeicher möglich.

○ Inhalte des Langzeitspeichers können in den Kurzzeitspeicher abgerufen werden.

○ Reproduktionen erfolgen sowohl aus dem Kurzzeitspeicher als auch aus dem Langzeitspeicher.

○ Spuren im Kurzzeitspeicher verfallen schnell. Spuren im Langzeitspeicher bleiben unbegrenzt erhalten. (Vergessen beruht dann auf der Unfähigkeit zum Abruf der gespeicherten Information.)

Eine Alternative zu Mehr-Speichermodellen: Ein Speicher mit mehreren Bearbeitungsstufen

Zu Beginn der siebziger Jahre wurden die ersten Einwände und Zweifel gegenüber den bis dahin dominierenden Mehr-Speicher-Modellen laut. So bezweifelten etwa Shallice u. Warrington (1970) die Berechtigung der Annahme, ein Gedächtnisinhalt müsse erst den Kurzzeitspeicher durchlaufen, bevor er in den Langzeitspeicher aufgenommen werden könne. Im Jahre 1972 stellten schließlich die kanadischen Psychologen Fergus I. M. Craik und Robert S. Lockhart die Notwendigkeit und Berechtigung der Mehr-Speicher-Modelle grundsätzlich in Frage. Sie schlugen an ihrer Stelle eine Ein-Speicher-Konzeption vor; verschiedene Zustände von Gedächtnisinhalten (und die darauf beruhenden unterschiedlichen Leistungen) versuchten sie durch eine verschieden weit fortgeschrittene Bearbeitung der gespeicherten Informationen zu erklären. Ihr Fazit:

„Dem Phänomen eines Haltemechanismus im Gedächtnis mit begrenzter Kapazität wird in der vorliegenden Rahmentheorie durch die Annahme Rechnung getragen, daß eine flexible zentrale Verarbeitungseinheit auf verschiedenen Stufen der Informationsverarbeitung eingesetzt werden kann ...; diese Zentraleinheit besitzt lediglich die Kapazität für eine begrenzte Zahl von Inhalten zu einer gegebenen Zeit."
(Eigene Übersetzung aus Craik u. Lockhart 1972, S. 679.)

Die Annahme, die gespeicherte Information werde einer Bearbeitung in mehreren Stufen unterzogen, hat dem Ansatz seinen Namen gegeben: *Mehr-Stufen-Ansatz*. Im Englischen nennt man die Bearbeitungsstufen ‚levels of processing'. Die Autoren führen eine Reihe von experimentellen Belegen an, die – ihrer Meinung nach – den Mehr-Stufen-Ansatz stützen. Kennzeichnend für ihre Beweisführung ist eine Versuchsserie, über die im Jahre 1975 F. Craik und E. Tulving berichtet haben.

In dieser Serie wurde Probanden eine Reihe zweisilbiger Hauptwörter nacheinander vorgeführt. Jedes Wort war 0,2 Sekunden lang zu sehen. Zu jedem der Wörter wurde eine Frage gestellt. Zumeist war es eine Frage

○ nach dem Schriftbild des Wortes („War das Wort in Großbuchstaben geschrieben?") oder

○ nach dem Klang des Wortes (z. B. „Reimt sich das Wort auf ‚Eisen'?") oder

○ nach der Bedeutung des Wortes (z. B. „Paßt das Wort in den Satz: ‚Er sah ein(e) ... auf der Straße'?")

Hatte der Versuchsleiter also beispielsweise vorher das Wort KUTSCHE gezeigt, so war die erste Frage zu bejahen (das Wort war in Großbuchstaben geschrieben), die zweite zu verneinen (KUTSCHE reimt sich nicht auf EISEN), die dritte wiederum zu bejahen („Er sah eine Kutsche auf der Straße" ist ein sinnvoll gebildeter Satz).

Die zentrale Überlegung war nun die folgende: Fügt jemand ein Wort in einen Satz ein, so muß er auf dessen Bedeutung achten. Hierzu muß er sich stark in das Wort vertiefen. Weniger vertiefen muß man sich in ein Wort, wenn man nur seinen Klang einzuschätzen hat. Und ganz oberflächlich beurteilt man ein Wort aufgrund seines äußeren Druckbildes. Nach der Theorie der Bearbeitungsstufen hat die *Tiefe der Bearbeitung* zwei Folgen: Erstens, je tiefer die Bearbeitung fortschreitet, desto mehr Zeit nimmt sie in Anspruch. Und zweitens, je weiter ein Lernstoff ausgearbeitet wird, desto besser haftet er im Gedächtnis.

Die erste Annahme versuchten Craik und Tulving zu überprüfen, indem sie die Zeit für die Beantwortung der gestellten Fragen maßen. Und sie fanden tatsächlich die vorausgesagten Zeitunterschiede: Einfügungen von Worten in Sätze benötigten mehr Zeit als Vergleiche mit möglichen Reimwörtern; am schnellsten ging die Beurteilung des Druckbildes. Die zweite Annahme überprüften die Autoren durch Bestimmung der Gedächtnisleistung. Dabei verfuhren sie besonders sorgfältig. In verschiedenen Versuchsreihen wurde die Güte des Behaltens teilweise beim Wiedererkennen, teilweise bei der freien Wiedergabe ermittelt (zum Vergleich der Leistungen beim Wiedererkennen und freien Reproduzieren s. bereits S. 197f.).

Die Ergebnisse bestätigten auch die zweite Annahme der Autoren: Die Beschäftigung mit der Bedeutung eines Wortes fördert das Behalten mehr als die Beschäftigung mit seinem Klang; am wenigsten förderlich ist das Beachten des äußeren Erscheinungsbildes.

Für einen wichtigen Hinweis auf die Richtigkeit ihres Ansatzes halten die Vertreter der Stufentheorie auch den Befund, daß durchaus nicht alle Fragen nach dem Gehalt eines Wortes dessen Behalten fördern. Dies tun vielmehr – wie Schulman (1974) demonstriert hat – nur sinnvoll erscheinende Fragen, die zur weiteren Vertiefung in die Bedeutung des Wortes anregen (z. B. „Ist ‚Sopran‘ eine Singstimme?“), nicht jedoch sinnlos wirkende Fragen, mit denen die Befragten nichts anzufangen wissen (z. B. „Ist ‚Senf‘ gebogen?“).

Zusammenhang von Bearbeitungszeit, Wiedererkennungsleistung und Wiedergabeleistung nach Craik u. Tulving (1975).
(Die Autoren versuchten ihre Probanden zu unterschiedlicher Bearbeitungstiefe zu veranlassen, indem sie zu den Wörtern verschiedenartige Fragen stellten: Zum Druckbild, zum Klang (Reim) oder zur Bedeutung (Einfügung in Satz). Für die Tabelle ausgewählt wurden Daten aus Versuchsreihen ohne Ankündigung einer späteren Gedächtnisprüfung.)

Bearbeitungsstufe *Frage*	1 *Druck*	2 *Reim*	3 *Satz*
Zeit für Beantwortung der Frage	0,5 sec	0,6 sec	0,7 sec
Anteil wiedererkannter Wörter	18%	32%	64%
Anteil frei wiedergegebener Wörter	8%	20%	53%

Zusammenfassung

1. Es gibt mehrere Modelle vom Aufbau und der Funktion des menschlichen Gedächtnisses. Häufig vertreten ist eine Zwei-Speicher-Konzeption mit einem Kurzzeitspeicher und einem Langzeitspeicher; die beiden Speicher unterscheiden sich in ihrer Kapazität, ihrer Haltezeit und ihrer Organisation.
2. Einige Modelle nehmen zusätzlich noch einen Ultrakurzzeitspeicher (sensorisches Register) für Behaltenszeiten von rund 0,2 sec an.
3. Eine Alternative zu Mehr-Speicher-Modellen ist ein Ein-Speicher-Modell mit mehreren Bearbeitungsstufen; je tiefer die Bearbeitung eines Lernstoffes fortschreitet, desto fester ist seine Verankerung im Gedächtnis.

Literaturhinweise

Broadbent, D. E.: Perception and communication. London: Pergamon 1958
Melton, A. W.: Implications of short-term memory for a general theory of memory. Journal of Verbal Learning and Verbal Behavior 2 (1963), 1–21
Miller, G. A.: The magical number seven, plus or minus two: Some limits on our capacity for processing information. Psychological Review 63 (1956), 81–97 (gekürzte deutsche Übersetzung: Die magische Zahl sieben plus oder minus zwei: Einige Grenzen unserer Fähigkeit zur Informationsverarbeitung. In: Schönpflug, W. (Hg.): System Mensch – Reader. Stuttgart: Klett-Cotta 1977, 125–131)
Wundt, W.: Grundriß der Psychologie. Leipzig: Engelmann 1905
Frank, H.: Kybernetik, Brücke zwischen den Wissenschaften. Frankfurt: Umschau 1966
Baddeley, A. D.: The influence of acoustic and semantic similarity on long-term memory for word sequences. Quarterly Journal of Experimental Psychology 18 (1966), 302–309
Baddeley, A. D.: Short-term memory for word sequences as a function of acoustic, semantic, and formal similarity. Quarterly Journal of Experimental Psychology 18 (1966), 362–365
Baddeley, A. D. u. Levy, B. A.: Semantic coding and memory. Journal of Experimental Psychology 89 (1971), 132–136
Sachs, J. S.: Recognition memory for syntactic and semantic aspects of connected discourse. Perception and Psychophysics 2 (1967), 437–442
Anderson, J. R. u. Bower, G. H.: On an associative trace for sentence memory. Journal of Verbal Learning and Verbal Behavior 10 (1971), 673–680
Sperling, G.: The information available in brief visual presentations. Psychological Monographs 74 (1960), Nr. 498
Baddeley, A. D. u. Hitch, G.: Working memory. In: Bower, G. H. (Hg.): The psychology of learning and motivation. Bd. 8. New York: Academic Press 1974, 47–90
Shiffrin, R. M. u. Atkinson, R. C.: Storage and retrieval processes in long-term memory. Psychological Review 76 (1969), 179–193
Shallice, T. u. Warrington, E. K.: Independent functioning of verbal memory stores: A neuro-psychological study. Quarterly Journal of Experimental Psychology 22 (1970), 261–273
Craik, F. I. M. u. Lockhart, R. S.: Levels of processing: A framework for memory research. Journal of Verbal Learning and Verbal Behavior 11 (1972), 671–684
Craik, F. I. M. u. Tulving, E.: Depth of processing and the retention of words in episodic memory. Journal of Experimental Psychology: General 104 (1975), 268–294
Schulman, A. I.: Memory for words recently classified. Memory and Cognition 2 (1974), 47–52

Spezielle Probleme der Organisation von Gedächtnisinhalten

Neues und vorhandenes Wissen

Ihren Studenten haben die amerikanischen Psychologen John D. Bransford und Marcia K. Johnson den folgenden Text zum Lernen aufgegeben:

„Wenn die Ballons platzen würden, wäre der Ton zu leise; das richtige Stockwerk wäre dann nämlich zu weit entfernt. Auch durch ein verschlossenes Fenster könnte der Schall nicht dringen, denn die meisten Gebäude sind ja recht gut isoliert. Da der gesamte Vorgang von der Erhaltung einer elektrischen Spannung abhängt, würde ein Bruch in der Mitte des Drahtes Schwierigkeiten bereiten. Natürlich könnte es der junge Mann auch mit seiner Stimme versuchen, aber die menschliche Stimme ist ja viel zu schwach für solche Entfernungen. Weiterhin könnte eine Saite am Instrument reißen, dann gäbe es keine Begleitung.

Es ist klar: Bei einer Verkürzung der Entfernung wäre das Risiko für ein Mißlingen geringer. Am wenigsten könnte schiefgehen, wenn die Beteiligten nahe beieinander wären."

(Eigene Übersetzung aus Bransford u. Johnson 1972, S. 719.)

Man kann es leicht nachvollziehen: Der Text ist – derart geboten – schwer zu behalten. Nach einmaligem Lesen konnten die Studenten nur etwa die Hälfte der Sätze dem Inhalt nach richtig wiedergeben. Sie stuften den Text auch als ziemlich unverständlich ein (Durchschnittswert: 2,3 auf einer Verständlichkeitsskala mit sieben Stufen).

Einer anderen Gruppe von Studenten erschien der Text gar nicht unverständlich (durchschnittliche Einstufung 6,1 auf der siebenstufigen Verständlichkeitsskala). Sie konnten auch fast alle Sätze dem Inhalt nach richtig wiedergeben. Was war geschehen? Nur dieses: die zweite Gruppe erhielt den Text zusammen mit der nebenstehenden Zeichnung. Offensichtlich stellt die Zeichnung eine Situation dar, in der die Sätze des Textes Sinn und Zusammenhang gewinnen.

Allgemein kann man aus diesem Beispielfall schließen:

○ Neues Wissen wird umso leichter erworben und behalten, je mehr es auf bestehendem Wissen aufbauen kann.

○ Die bildliche Anschauung ist in hervorragender Weise geeignet, Vorwissen zu vermitteln und zu aktualisieren.

Grundsätzlich ist wohl kein Lernen denkbar, das ein vollständiges Neulernen wäre. Immer ist schon ein Wissensbestand vorhanden, der anläßlich neuer Erfahrungen ergänzt und verändert wird. Deshalb ist es für den Erfolg des Lernens wichtig, Beziehungen zwischen neuem Lernstoff und bekannten Inhalten kenntlich zu machen. Diese Auffassung trifft sich mit der oben behandelten Theorie der Bearbeitungsstufen (S. 208): Eingespeichertes Wissen ist danach tief durchgearbeitet; setzt man frisch gewonnene Erfahrung damit in Beziehung, so gelangt man dadurch ebenfalls schnell zu einer tiefen Durchdringung des neuen Wissens.

Auch die zweite Folgerung aus dem Beispielfall hat in der Forschung der letzten Jahre erhebliche Beachtung gefunden: Bildliche Darstellungen und Vorstellungen (vgl. S. 116) vereinen in sich oft eine Fülle wohlorganisier-

„Wenn die Ballons platzen würden, wäre der Ton zu leise; das richtige Stockwerk wäre dann nämlich zu weit entfernt. Auch durch ein verschlossenes Fenster könnte der Schall nicht dringen, denn die meisten Gebäude sind ja recht gut isoliert. Da der gesamte Vorgang von der Erhaltung einer elektrischen Spannung abhängt, würde ein Bruch in der Mitte des Drahtes Schwierigkeiten bereiten. Natürlich könnte es der junge Mann auch mit seiner Stimme versuchen, aber die menschliche Stimme ist ja viel zu schwach für solche Entfernungen. Weiterhin könnte eine Saite am Instrument reißen, dann gäbe es keine Begleitung.

Es ist klar: Bei der Verkürzung der Entfernung wäre das Risiko für ein Mißlingen geringer. Am wenigsten könnte schief gehen, wenn die Beteiligten nahe beieinander wären."

Lernmaterial aus dem Experiment von Bransford u. Johnson (1972, S. 718f.)

Historische Zeugnisse der Mnemotechnik

Vorstellungshilfen zur Förderung der Gedächtnisleistung sind bereits aus dem klassischen Altertum bekannt. Sie zählten zu den Gedächtniskünsten, den Mnemotechniken (von griech. ‚mneme' – Gedächtnis, griech. ‚techne' – Kunst), und wurden als Teil der Rhetorik, der Kunst der freien Rede unterrichtet.

Im Mittelalter verbreiteten sich astrologische und okkulte Systeme; sie wurden oft zur anschaulichen Verknüpfung von Gedächtnisinhalten empfohlen (s. Yates 1966). Der deutsche Dominikanerpater Johannes Host von Romberch schlug im Jahre 1533 u. a. ein Abtei-Schema vor, in das neue Gegenstände eingeordnet und dadurch besser gemerkt werden konnten.

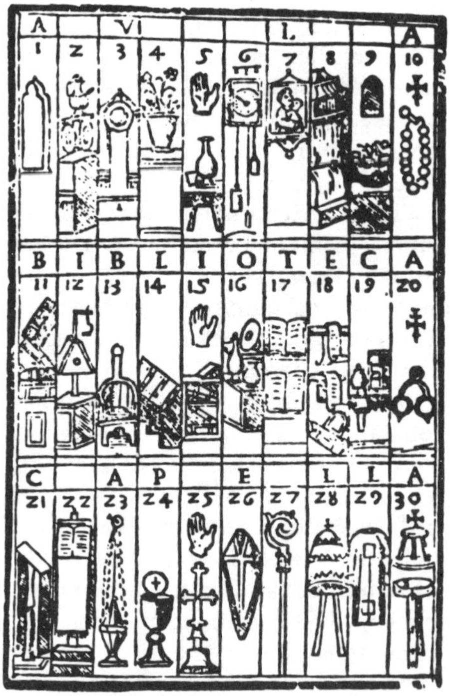

Mnemotechnisches Schema des Dominikanerpaters Johannes Host von Romberch (1533, nach Yates 1966, S. 112). Als Grundgerüst war zunächst eine Abtei mit ihren verschiedenen Gebäuden einzuprägen. Innerhalb der einzelnen Gebäude (im zweiten Bild: Wohnhaus, Bibliothek, Kapelle) waren charakteristische Einrichtungsgegenstände und Utensilien vorzustellen. Neu zu merkende (zeitlich wechselnde) Gegenstände sollten zur besseren Haftung im Gedächtnis recht anschaulich in das Standardschema eingepaßt werden (z. B. könnte, wer einige Bücher zu merken hat, sich diese in der Bibliothek aufgereiht denken, zu merkende Bilder ließen sich in der Vorstellung auf Wohnraum und Kapelle verteilen u.s.f.).

ter Informationen. Man kann wesentlich mehr einzelne Worte behalten, wenn man sie in einen anschaulichen, möglichst drastischen und plastischen Zusammenhang bringt. So ließen Gordon H. Bower und Judith S. Reitman an der Universität Harvard Studenten mehrere Listen mit je 20 Wörtern erlernen. Vorher hatten sie ihnen beigebracht, wie man in anschaulicher Weise Verknüpfungen zwischen diesen Wörtern und vorher eingeprägten Schlüsselwörtern herstellt. Waren etwa die Wörter „Hund", „Hut", „Fahrrad" und „Zigarre" zu merken, konnten diese an ein Schlüsselwort „Ei" bildhaft angebunden werden; dies erfolgte beispielsweise mit Hilfe der Vorstellung „ein Bernhardiner-HUND mit einem Zylinder-HUT, der auf einem FAHRRAD sitzend ein EI ißt, während er in seiner Hand eine rauchende ZIGARRE hält". Solche Vorstellungen versetzten die Probanden in die Lage, am Ende des Lernens rund 80 von 100 Wörtern zu reproduzieren; eine Woche später waren es immerhin noch 54%. Das ist eine hervorragende Leistung. Von vergleichbaren Gruppen aus anderen Studien, die ohne Veranschaulichung lernen, werden weitaus geringere Werte berichtet.

Differenzierendes und integrierendes Lernen

Die Theorie, der Mensch erstelle beim Lernen in aktiver Weise ein merkfähiges Abbild und nehme dabei eine Fülle von Auffassungs- und Gestaltungsfreiheiten in Anspruch (s. S. 194), hat zu der Frage nach den beim Lernen verfolgten Strategien geführt. Wie wird der *Aufbau des Gedächtnisabbildes* begonnen? Wie setzt er sich fort? Der Psychologe Walter Kintsch von der Universität von Colorado und der Linguist Teun van Dijk von der Universität Amsterdam haben zur Beschreibung dieses Vorgangs zwei Konstruktionsebenen unterschieden: eine globale Makrostruktur, welche den Lernstoff in groben Zügen wiedergibt, und eine lokale Mikrostruktur, welche die Detailinhalte repräsentiert. Kintsch und van Dijk (1978) legen ihren Analysen Prosatexte zugrunde – vor allem Märchen und andere Arten von Erzählungen. Analyseeinheiten sind in diesem Falle Aussagen (Propositionen). Die Aussagen, welche die Makrostruktur ausmachen, sind dabei von allgemeiner Natur (z. B. „zuerst wird der Held der Geschichte vorgestellt", „dann ereignet sich eine Komplikation"). Eine zusammenhängende Reihe derart allgemeiner Bestimmungen bildet das Erzählschema (mehr über Erzählschemata auf S. 468). Im Gegensatz dazu besteht die Mikrostruktur aus Detailaussagen, welche die Makrostruktur auffüllen und spezifizieren (z. B. „die Geschichte handelt von Rübezahl, einem Berggeist aus dem Riesengebirge", „eines Tages begegnete ihm ein altes Hutzelweib"). So läßt sich ein Text als *Hierarchie von Aussagen* darstellen (s. wieder S. 468); dabei kann je nach Analysemethode die Zahl der angenommenen Ebenen über zwei hinausgehen (vgl. etwa Thorndyke 1977).

Die Beobachtung von Kintsch und van Dijk ist nun die folgende: In der Regel erarbeiten sich lernende Personen zuerst die Makrostruktur. Oder besser noch: Sie greifen auf ein vertrautes Schema als Makrostruktur zurück. Ist einmal die Makrostruktur gesichert, wird sie ergänzt um die Einzelheiten der Mikrostruktur. Die Geschwindigkeit und Richtigkeit des Lernens hängt deshalb maßgeblich von der Beherrschung der Makrostruktur ab. Ein solches Lernen, das vom Allgemeinen zum Speziellen fortschreitet, kann man als differenzierendes Lernen bezeichnen. Betrachtet man die Makrostruktur als höhere Ebene der Aussagenhierarchie und die Mikrostruktur als niedrigere Ebene, so kann man auch sagen: Das Lernen ist in diesem Fall von *„oben" nach „unten"* verlaufen.

Allerdings konnten die Autoren fallweise auch den umgekehrten Lernverlauf feststellen, ein Lernen von *„unten" nach „oben"*. Personen hielten zuerst Detailaussagen aus der Mikrostruktur fest und suchten dann nach globaleren Einheiten der Makrostruktur, um die Einzelheiten dort einzuordnen (z. B. „da war doch noch eine Hornisse – ach ja, die gehört wohl zum Heer des Zaunkönigs und sollte den Fuchs in die Flucht schlagen"). Weil das Fortschreiten von „unten" nach „oben" die zunächst zusammenhanglosen Einzelaussagen sinnvoll verknüpft, kann man diese Art des Lernens als integrierend bezeichnen. Das integrierende Verfahren hat allerdings seine Gefahren. Es lädt zum eigenständigen Kombinieren und Phantasieren ein. Der Lernende kann dabei leicht die vorgegebene Textbasis verfehlen; es häufen sich Erfindungen und Verwechslungen.

Neuere Untersuchungen gehen der Frage nach, welche kognitiven Operationen beim Nachkonstruieren hierarchisch aufgebauter Texte von einer Aussageebene zur anderen führen. Als *differenzierende Operationen* kommen dabei in Betracht: das Elaborieren und Schlußfolgern (so kann z. B. die Aussage „er führte die Räuber an" ersetzt werden durch „er war der Hauptmann der Räuber und führte sie an" bzw. „die Räuber wählten ihn zu ihrem Hauptmann, und er führte sie an"). Als *integrative Operationen* werden untersucht: das Weglassen (z. B. „er betrat die niedrige Hütte" wird ersetzt durch „er betrat die Hütte"), das Verallgemeinern (z. B. „der Vater putzte die Fenster, und die Mutter spülte das Geschirr" wird ersetzt durch „die Eltern machten Hausarbeiten"), das Kombinieren (z. B. „Jens verschloß den Briefumschlag, klebte eine Marke darauf und brachte den Brief zur Post" wird zu „Jens schickte den Brief weg"). Die Schritte, die zu höheren Aussageebenen führen, werden Makrooperatoren genannt (van Dijk 1977).

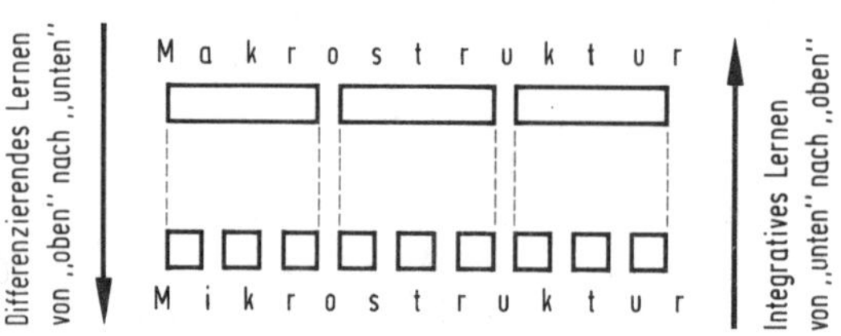

Zwei Richtungen des Aufbaus einer Textrepräsentation (nach Kintsch u. van Dijk 1978).

Steuerungs- und Überwachungsprozesse im Gedächtnis

Sofern das Einspeichern und das Abrufen aus dem Gedächtnis individuell gestaltete und aktive Prozesse sind, wird man dafür eine Steuerung und Überwachung annehmen dürfen. Metakognitionen (s. S. 155) beziehen sich auch auf das Gedächtnis. Menschen glauben, ein gutes oder schlechtes Gedächtnis zu haben, sich Zahlen gut oder schlecht merken zu können. Sie schätzen die Dauer des Behaltens und die Wirksamkeit verschiedener Lernstrategien ein. Flavell (vgl. Flavell u. Wellman 1977) hat ein recht umfangreiches Wissen über das eigene Gedächtnis und seine Leistungsfähigkeit schon bei Kindern festgestellt und dem Erkennen der eigenen Gedächtnisfunktion den Namen *Metagedächtnis* gegeben.

Aus dem Wissen über das eigene Gedächtnis ist die Fähigkeit zum Eingriff in Gedächtnisprozesse abzuleiten. Im Rahmen ihres oben (S. 207) dargestellten Modells weisen Atkinson und Shiffrin die folgenden *Steuerungsprozesse* aus:

- ○ die Analyse von Informationen aus dem sensorischen Register,
- ○ die Voreinstellung von Empfindlichkeiten auf den verschiedenen Sinneskanälen,
- ○ Bestimmung der Stärke des Informationsflusses vom sensorischen Register zum Kurzzeitspeicher,
- ○ Kodierung und Übertragung von Information aus dem Kurzzeit- in den Langzeitspeicher,
- ○ Suche im Langzeitspeicher.

Freilich läßt sich auch bezweifeln, daß für alle Gedächtnisvorgänge ein gleich hoher Überwachungs- und Steuerungsaufwand betrieben wird. Deshalb unterscheiden Schneider und Shiffrin (1977) zwei Arten von Prozessen:

○ *Kontrollierte Prozesse:* Sie beanspruchen viel Aufmerksamkeit, scheitern leicht an der Kapazitätsbegrenztheit des menschlichen Systems und sind wenig geübt.
○ *Automatische Prozesse:* Sie sind hoch geübt, beanspruchen wenig Aufmerksamkeit und sind deshalb von Kapazitätsbegrenzungen wenig beeinträchtigt.

Die Unterscheidung von kontrollierten und automatischen Prozessen läßt sich an einer Versuchsanordnung von Schneider u. Shiffrin erläutern. Die Autoren ließen ihre Probanden unter anderem eine Karte mit 4 Ziffern einprägen. Diese Ziffern machten einen „Merksatz" (engl. ‚memory set') aus. Danach wurden den Probanden 20 weitere Karten gezeigt, auf denen ebenfalls vier Eintragungen waren. Auf den Prüfkarten konnten eingetragen sein: eine Ziffer aus dem Merksatz, mehrere Ziffern, die im Merksatz nicht enthalten waren, oder Buchstaben. Aufgabe der Probanden war es, sich sofort zu melden, wenn sie eine Ziffer aus dem Merksatz auf einer Karte wiedererkannten. Wichtig war dabei die Konsistenz bzw. die Variation der Eintragungen auf der Prüfkarte. Befanden sich nämlich außer einer gemerkten Ziffer auf einer Prüfkarte nur noch Buchstaben – eine solche Bedingung nennen die Autoren eine „variierte Kombination" –, so gelang das Wiedererkennen sehr schnell und sicher. In spätestens 20 Millisekunden war ein solcher Vorgang abgeschlossen; Fehler wurden dabei fast keine gemacht. Standen jedoch auf der Prüfkarte nur Ziffern – die Bedingung der „konsistenten Kombination" – dann dauerte der Vorgang im Durchschnitt 800 Millisekunden, und dabei waren noch 30% der Reaktionen falsch.

Die Autoren schließen aus diesen und weiteren Beobachtungen: Die Unterscheidung von Buchstaben und Ziffern ist ein hoch geübter und deshalb wenig aufwendiger automatischer Vorgang. Nicht so jedoch die Unterscheidung von Ziffern untereinander. Dieser bedarf noch der Aufmerksamkeitskontrolle und ist daher ebenso zeit- wie kapazitätsaufwendig.

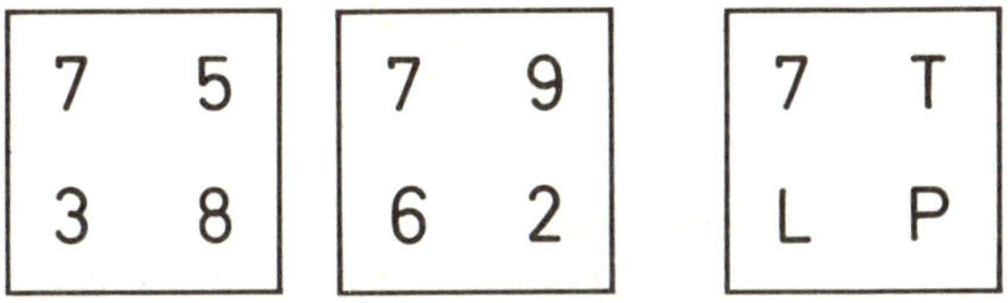

Merksatz mit vier Ziffern

Prüfkarte mit vier Ziffern, darunter eine Ziffer aus dem Merksatz (konsistente Kombination)

Prüfkarte mit einer Ziffer und drei Buchstaben (variierte Kombination)

Vorlagen aus der Versuchsanordnung von Schneider und Shiffrin (1977).

Zusammenfassung

1. Neues Wissen wird umso leichter erworben, je besser es auf vorhandenem aufbauen kann.
2. Veranschaulichungen schaffen einen breiten Erfahrungshintergrund und fördern deshalb das Einprägen.
3. Es gibt ein differenzierendes Lernen, das vom Allgemeinen zum Speziellen fortschreitet. Daneben ist ein integratives Lernen festzustellen, welches vom Speziellen zum Allgemeinen gelangt.
4. Personen verfügen über ein Wissen von ihrem eigenen Gedächtnis; darauf beruht die Steuerung von Gedächtnisabläufen.

Literaturhinweise

Bransford, J. D. u. Johnson, M. K.: Contextual prerequisites for understanding: Some investigations of comprehension and recall. Journal of Verbal Learning and Verbal Behavior 11 (1972), 717–726

Yates, F. A.: The art of memory. Chicago: Chicago University Press 1966

Romberch, J. Host von: Congestorium artificiose memorie. Venedig 1533. Nach: Yates, F. A.: The art of memory. Chicago: Chicago University Press 1966

Bower, G. H. u. Reitman, J. S.: Mnemonic elaboration in multilist learning. Journal of Verbal Learning and Verbal Behavior 11 (1972), 478–485

Kintsch, W. u. Dijk, T. A. van: Toward a model of text comprehension and production. Psychological Review 85 (1978), 363–394

Thorndyke, P. W.: Cognitive structures in comprehension and memory for narrative discourse. Cognitive Psychology 9 (1977), 77–110

Dijk, T. A. van: Semantic macrostructures and knowledge frames in discourse comprehension. In: Just, M. A. u. Carpenter, P. A. (Hg.): Cognitive processes in comprehension. Hillsdale: Erlbaum 1977, 3–32

Flavell, J. H. u. Wellman, H.: Metamemory. In: Kail, R. V. u. Hagen, J. W. (Hg.): Perspectives on the development of memory and cognition. Hillsdale: Erlbaum 1977, 3–33

Schneider, W. u. Shiffrin, R. M.: Controlled and automatic human information processing. I. Detection, search, and attention. Psychological Review 84 (1977), 1–66

Motivation und Gedächtnis

Die Lernabsicht

Die Schule ist eine Institution zum Lernen. Schüler sollen dort mit Bedacht, Freude und gutem Willen den Lernstoff aufnehmen. Ihre Lehrer muntern sie dazu mit den Worten auf: „Paßt bitte auf!“, „Merkt euch das!“.

Solcher Aufforderungen bedarf es nicht immer. Und auch eine ausdrückliche Vornahme ist beim Einprägen nicht immer notwendig, – etwa auf dem Weihnachtsmarkt, mit seinen Lichtern, der festlichen Musik, dem Duft der Buden. Ein Kind, das dorthin gerät, wird sich nicht sagen: „Das muß ich mir gut merken.“

Formelle Lernsituation: Frontalunterricht in der Schule.

Und trotzdem kann ihm die Szene unvergeßlich bleiben.

Die Lernabsicht ist in den beiden veranschaulichten Situationen verschieden: *Absichtliches, intentionales Lernen* herrscht in der geschilderten Schulsituation vor; *beiläufiges, inzidentelles Lernen* dagegen in der weihnachtlichen Szene. Eingehendere Untersuchungen des absichtlichen und beiläufigen Lernens haben den Eindruck bestätigt: Die Lernintention vermag das Einprägen zu fördern, eine unverzichtbare Voraussetzung für das Lernen ist sie nicht. Insbesondere findet Lernen auch in Abwesenheit einer besonderen Lernabsicht statt, wenn es durch die Bedeutsamkeit des Lernstoffs motiviert ist.

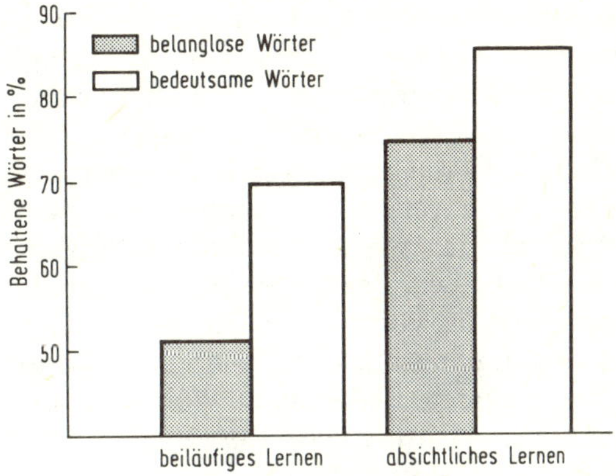

Behalten von belanglosen und bedeutsamen Wörtern nach absichtlichem und beiläufigem Lernen (nach Schönpflug u. Beike 1964).

Im psychologischen Experiment lassen sich die Wirkungen der Lernabsicht und der Bedeutsamkeit des Lernstoffs gut trennen. So führten Schönpflug und Beike (1964) ihren Probanden jeweils eine Serie von Wörtern vor. Bei einer Hälfte der Probanden waren es Wörter, die persönlich betroffen machten (wie ERHÄNGEN, KUSS, EXAMEN), bei der anderen Hälfte unverfängliche Wörter (darunter BLUME, GRAS, WÜRFEL). Während der Vorführung wurden an den Probanden physiologische Messungen der elektrischen Hautleitfähigkeit durchgeführt; dieses Maß zeigt die Stärke der Errregung an. Ein Teil der Probanden wurde gebeten, die Wörter zur baldigen Wiedergabe einzuprägen. Den anderen Versuchsteilnehmern wurde eine Gedächtnisprüfung nicht angekündigt; es wurde ihnen nur mitgeteilt, man wolle die physiologische Erregung beim Betrachten der Wörter messen. Tatsächlich mußten alle Versuchs-

Informelle Lernsituation: Christkindlmarkt in Nürnberg.

teilnehmer nach Betrachten der Serie wiedergeben, was sie behalten hatten. Diejenigen, welche intentional gelernt hatten, waren den anderen im Behalten überlegen. Aber auch die anderen konnten sich noch an einige der Wörter erinnern. Sie mußten also beim Betrachten der Wörter beiläufig mitgelernt haben. Dabei war der Unterschied in der Behaltensleistung von absichtlich und beiläufig Lernenden nur groß, wenn belanglose Wörter zu lernen waren. Bedeutsame Wörter blieben auch ohne ausdrückliche Lernabsicht recht gut im Gedächtnis haften.

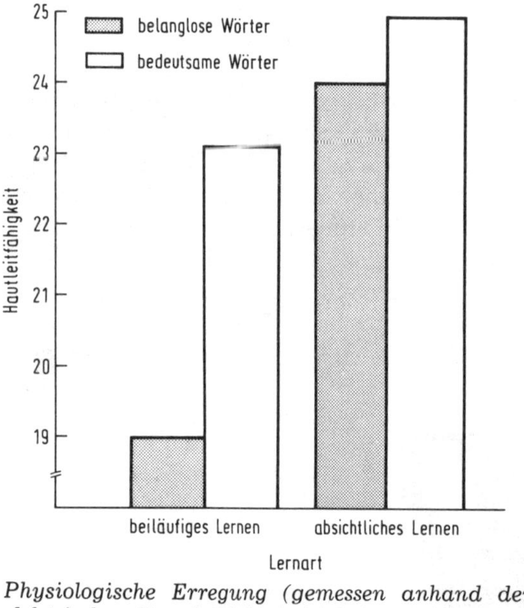

Physiologische Erregung (gemessen anhand der elektrischen Hautleitfähigkeit) beim absichtlichen und beiläufigen Lernen von belanglosen und bedeutsamen Wörtern (nach Schönpflug u. Beike 1964).

Daß bedeutsame Wörter ohne Lernabsicht fast ebenso gut behalten werden wie belanglose Wörter mit Lernabsicht, erstaunt nicht, wenn man die physiologische Erregung vergleicht, die während der Vorführung der Wörter gemessen wurde. Die emotionale Betroffenheit durch die Wörter steigerte die Erre-

Lernmotivation in der Schule

Erzieher und Lehrer versuchen oft, die Lernmotivation des Schülers durch Anknüpfen an die für ihn bedeutsamen Erlebnisse zu wecken. Dies entspricht der Forderung nach stärkerer intrinsischer Motivierung (vgl. Portele 1975, s. a. S. 316). Auf das Prinzip kommt auch der Held von Wilhelm Raabes (1831–1910) Roman „Stopfkuchen" im Gespräch mit seinem Freund Eduard zu sprechen:

„Und wenn du auch die halbe neue Weltgeschichte miterlebt ... hast, Eduard, das mußt du doch auch mal wissen, daß in meines Vaters Hausgiebel eine Kanonenkugel stak und heute noch steckt, die er – der Xaverl – damals im Siebenjährigen Krieg zu uns in die Stadt hineingeschossen hat!... Sie war ja eine Merkwürdigkeit der Stadt und mein erstes Denken haftet an ihr: ‚Die ist von der Roten Schanze gekommen, Junge', sagte mein Vater, und nun sage mir, Eduard, hast du .. etwas Besseres als eine Kugel im Gebälk oder in der Hauswand, um deinem Jungen .. den Verstand für irgend etwas aufzuknöpfen? So ein Wort schlägt ein und haftet im Gehirn und in der Phantasie wie die Kugel selber in der Mauer. ‚Sie komme noch aus dem Kriege des Alten Fritz her, Heinrich', sagte mein Vater. ‚Paß in der Schule ordentlich auf, denn da können sie das Genauere darüber erzählen!' – Na, ich habe um alles andere in der Schule Prügel gekriegt, nur um den Siebenjährigen Krieg nicht, und daran ist die Geschützkugel des Prinzen Xaver an unserer Hauswand, die Kugel, die von der Roten Schanze hergekommen war, schuld gewesen."

(Aus Raabe, W.: Stopfkuchen. In: Gesammelte Werke, Bd. 2, Gütersloh: Mohn, S. 628 (Erstausgabe 1890)) gung nicht viel weniger, als es die Lernanstrengung vermochte. Darin kann man ein Indiz sehen, daß die Beschäftigung mit dem Material unter beiden Bedingungen stark war. Und wo eine intensive Auseinandersetzung mit einem Lernstoff stattfindet, sind auf jeden Fall gute Voraussetzungen für das Behalten gegeben.

Die Wirkung der Wichtigkeit des Behaltens

Die Motivierung des Einprägens durch die einfache Lernabsicht wird noch gesteigert durch zusätzliche Motive und Gewinnerwartungen: durch das Bedürfnis nach guten Noten, durch die Erwartung eines besonderen Nutzens des Lernstoffs. *Vornahmen und Motive* greifen jedoch nicht nur in der Lernphase beim Einprägen ein, sondern auch noch beim Reproduzieren. Besonders eindrucksvoll zeigt dies eine Studie des amerikanischen Psychologen Judson S. Brown, die dieser zu Beginn der dreißiger Jahre während seiner Studienzeit in Deutschland angefertigt hat.

Brown lud die Teilnehmer eines Seminars zu einem Versuch ein, den er als „Intelligenztest" bezeichnete. Sie hatten zehn Aufgaben zu lösen (z. B. Entwerfen eines Möbelstücks, Übersetzung einer Geschichte ins Englische oder Französische, Beweis des Lehrsatzes von Pythagoras). Zwischen dem Lösen der „Testaufgaben" hatten sie zehn ähnliche Aufgaben zu bearbeiten – angeblich zur Erholung. Als die Probanden nach einer Woche wiederkamen, um ihre Testergebnisse zu erfahren, wurden sie zuerst einer Gedächtnisprüfung unterzogen: Sie sollten sämtliche bearbeitete Aufgaben noch einmal nennen. Bei der Prüfung wurden „Intelligenztestaufgaben" doppelt so häufig genannt wie „Erholungsaufgaben". Der Autor erklärt dies mit dem Umstand, daß sich an die „Testaufgaben" mehr Hoffnungen und Befürchtungen bezüglich des Abschneidens im Intelligenztest knüpften.

Nun hätte es ja sein können, daß dieser Effekt gar nichts mit dem Behalten und Wiedergeben zu tun hat, sondern von der intensiveren Beschäftigung der Versuchsteilnehmer mit den vermeintlichen Testaufgaben herrührt. Deshalb wiederholte Brown den Versuch mit einer zweiten Gruppe von Teilnehmern. Wieder ließ er sie zehn „Testaufgaben" bearbeiten und dazwischen zehn „Erholungsaufgaben". Als sie aber nach einer Woche wiederkamen, um ihre Ergebnisse zu erfahren, eröffnete er ihnen:

„Ich habe Sie aus technischen Gründen täuschen müssen. ... Es kommt für die Prüfung der Intelligenz tatsächlich auf die Aufgaben an, die ich als Erholungsaufgaben bezeichnet hatte. Von diesen werden die Noten berechnet. Die anderen Aufgaben werden nicht gerechnet."

Nach dieser Eröffnung erfolgte erneut eine Gedächtnisprüfung. Diesmal nannten die Probanden häufiger die Aufgaben, die eine Woche lang als „Erholungsaufgaben" galten, bis der Versuchsleiter sie als die eigentlichen „Testaufgaben" bezeichnete. Die Motivierung zur Zeit der Reproduktion scheint demnach mehr Einfluß ausgeübt zu haben als die Motivierung zur Zeit des Einprägens und Behaltens.

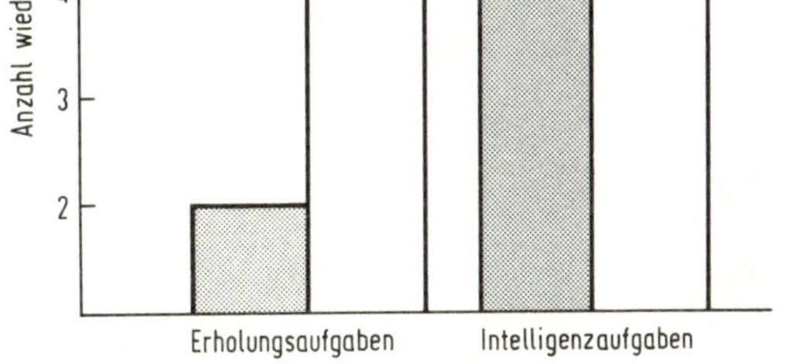

Wiedergabe von „Intelligenztestaufgaben" und unwichtigen „Erholungsaufgaben" (nach Brown 1933).

Das Verdrängen unangenehmer Erlebnisse

Für die Richtigkeit der psychoanalytischen Verdrängungstheorie (s. S. 44) wäre es ein überzeugender Beweis, wenn sich unbestreitbar feststellen ließe: Unangenehme Erlebnisse werden schlechter erinnert als angenehme, ja sogar als affektiv neutrale. So berichten psychoanalytisch orientierte Autoren gern über Fälle von *Unfähigkeit, sich an Unangenehmes oder Peinliches zu erinnern.* Ein Beispiel dafür ist eine von Theodor Reik (1920) festgehaltene Begebenheit:

„In einer kleinen Gesellschaft von Akademikern, in der sich auch zwei Studenten der Philosophie befanden, sprach man von den zahlreichen Fragen, welche der Ursprung des Christentums der Kulturgeschichte und Religionswissenschaft aufgibt. Die eine der jungen Damen, welche sich am Gespräch beteiligte, erinnerte sich, in einem englischen Roman, den sie kürzlich gelesen hatte, ein anziehendes Bild der vielen religiösen Strömungen, welche jene Zeit bewegten, gefunden zu haben. Sie fügte hinzu, in dem Roman werde das ganze Leben Christi von der Geburt bis zu seinem Tode geschildert, doch wollte ihr der Name der Dichtung nicht einfallen ... Auch drei von den anwesenden Herren behaupteten, den Roman zu kennen, und bemerkten, daß auch ihnen sonderbarerweise der Name nicht zur Verfügung stehe ...“
(Reik 1920, S. 204.)

Der gesuchte Buchtitel lautete: Ben Hur (von Lewis Wallace). Nachdem dies festgestellt war, erklärte die betroffene junge Frau selbst dem Autor, sie habe den Namen wohl vergessen, „weil er einen Ausdruck enthält, den ich und jedes andere junge Mädchen – noch dazu in der Gesellschaft junger Leute – nicht gern gebrauchen wird“. Anstatt dessen fielen ihr andere Titel ein: ‚Ecce homo‘ – ‚Homo sum‘ – ‚Quo vadis‘.

Freud hat diesen Fall in die späteren Ausgaben seiner wohl populärsten Abhandlung, der Schrift „Zur Psychopathologie des Alltagslebens“, aufgenommen. Er rechnet darin das

Sigmund Freud als Gedächtnispsychologe

Freud hat sich ausführlich mit Gedächtnisproblemen auseinandergesetzt. Er unterscheidet dabei

- das einfache Vergessen,
- das durch Verdrängung hervorgerufene Vergessen.

In seinem in Jahre 1900 erstmals veröffentlichten Buch über „Traumdeutung“ entwickelt Freud (1973/1900, S. 546) das folgende Modell vom Informationsfluß im menschlichen System:

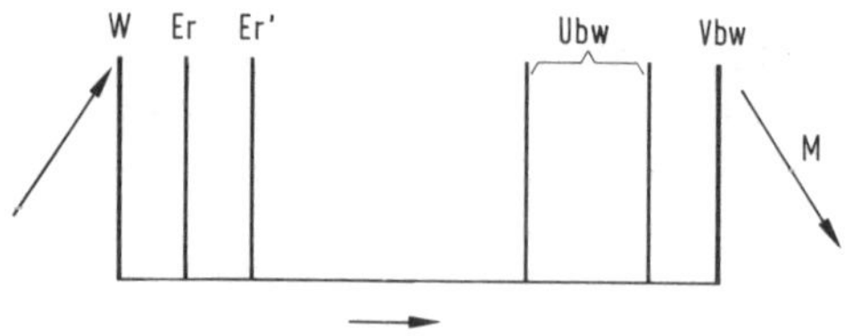

Die Symbole darin bedeuten: Wahrnehmungen W erreichen den Organismus und bilden darin in mehrfacher Verknüpfung verschiedene Schichten von Erinnerungsspuren E. Aus den Erinnerungsspuren nähren sich das Unbewußte Ubw, das Vorbewußte Vbw, sowie das Bewußtsein (hier nicht gesondert eingezeichnet). Auf den Inhalten des Bewußten und Unbewußten beruht das Verhalten, die Motorik M.

Die Erregungsspuren sind nach Freud stets unbewußt. Bevor sie in das Bewußtsein treten und sich in Handlungen umsetzen, müssen sie jedoch die Instanz des Unbewußten passieren und können dabei blockiert werden.

durch Verdrängung entstandene Vergessen zusammen mit einigen Formen des Vergreifens und Versprechens zu den alltäglichen *Fehlleistungen* (Freud 1973/1904). Charakteristisch ist für ihn dabei nicht nur die Unfähigkeit zur Erinnerung, sondern auch die Suche nach Ersatzeinfällen. Ähnlich wie bei der Verleugnung, die durch Verkennung kaschiert wird (s. a. S. 101 f.), nimmt Freud aktive Mechanismen an, die nicht nur die Bewußtwerdung eines Gedächtnisinhalts verhindern, sondern auch einen Ersatzinhalt an seine Stelle bringen. Die durch Verdrängung entstehende Erinnerungslücke wird so durch Vortäuschen einer Erinnerung, durch eine – wie Freud sagt – verschobene Erinnerung geschlossen. Das Motiv der Verdrängung ist die Angst.

Wer aufgrund von Einzelfallstudien erwartet hatte, die Benachteiligung unlustvollen Materials beim Behalten werde sich auch in größeren Versuchsreihen regelmäßig nachweisen lassen, mußte von den Ergebnissen der nachfolgenden systematischen Forschung enttäuscht sein. Die ersten experimentellen Studien zum Problem des Behaltens von lustvollem und unlustvollem Material hat David Rapaport (1942) zusammenfassend dargestellt. Aus seinem Überblick ergibt sich recht eindeutig: Affektive Erlebnisse – lustvolle wie unlustvolle – haften besser im Gedächtnis als affektiv neutrale. Von einer generellen Unterdrückung unangenehmer Eindrücke kann demnach nicht die Rede sein. Es bleibt allenfalls zu prüfen, ob lustvolle Erinnerungen – bei gleicher Gefühlsstärke – häufiger vorkommen als unlustvolle; jedoch hier sind die Ergebnisse widersprüchlich.

An dem von Rapaport gezeichneten Bild hat auch die neuere Forschung nichts geändert. Offenbar hat Freud einen Sonderfall beschrieben: Unlustvolles Material kann im Gedächtnis benachteiligt sein, wenn ein Motiv vorhanden ist, seine Bewußtwerdung zu unterdrükken. Aber – und hier gehen neuere Hypothesen über Freud hinaus – es kann auch Motive geben, gerade unlustvolle Erinnerungen bevorzugt hervorzubringen. Wieder andere Motive dürften zu ihrer Zeit das Erinnern lustvoller Erlebnisse fördern. Der Spielraum der Selektivität scheint also größer zu sein, als man zunächst annehmen würde. Einen Eindruck hiervon vermittelt eine Untersuchung von Margarete Reiss. (Die Studie selbst – eine Dissertation der Universität Münster – ist nie veröffentlicht worden, aber der Betreuer der Arbeit, Heinz Heckhausen, hat 1968 darüber berichtet.)

Margarete Reiss ließ ihre Probanden – wie bereits Judson S. Brown (s. S. 219) – zunächst mehrere Aufgaben lösen und sorgte dafür, daß einige der Aufgaben erfolgreich zu Ende geführt werden konnten, während andere ungelöst blieben. Es ist anzunehmen: Das Lösen einer Aufgabe erzeugt ein lustvoll empfundenes Erfolgserlebnis, während der Mißerfolg bei den ungelösten Aufgaben Unlust hervorruft. Welche Aufgaben würden nun besser behalten, die gelösten oder die ungelösten? Reiss und Heckhausen machen klar, daß man die Frage nicht so allgemein stellen darf. Man muß schon näher eingrenzen: Wie ist die Stimmung, die Motivation der betroffenen Personen? Die Probanden wurden deshalb einer Behandlung unterzogen, die ihre Erfolgsstimmung verändern sollte, und zwar zwischen dem Bearbeiten der Aufgaben und einem nachfolgenden Reproduktionstest. Es war eine Behandlung nach der Technik des gelenkten Tagtraums. Die Probanden legten sich für fünf Minuten auf eine Couch und wurden angehalten, sich lebhaft vorzustellen, sie hielten einen Vortrag vor einem wichtigen Publikum. Eine Hälfte sollte sich dabei in eine Erfolgsstimmung versetzen – ihr Vortrag sei brillant, werde vom Publikum mit Beifall aufgenommen usw. Die andere Hälfte der Probanden sollte sich dagegen ein Mißerfolgserlebnis vergegenwärtigen – ihr Vortrag sei schlecht, das Publikum reagiere mit verunsichernder Kritik usw. Nach dieser Einstimmung fand die Reproduktion der behaltenen Aufgaben aus dem ersten Versuchsteil statt. Unter Erfolgsmotivation wurden bevorzugt ungelöste Aufgaben wiedergegeben – einerseits wohl, weil sie den Eindruck des vollen Erfolgs beeinträchtigten, andererseits weil die Erfolgssicherheit das Eingeständnis des Mißerfolgs erleichterte. In Mißerfolgsstimmung sind die Unterschiede in der Wiedergabe der gelösten und ungelösten Aufgaben verschwunden. Offenbar hat die Vorstellung des Mißerfolgs das Bedürfnis gesteigert, sich an Erfolge zu erinnern und sich Gedanken an weitere Mißerfolge zu ersparen.

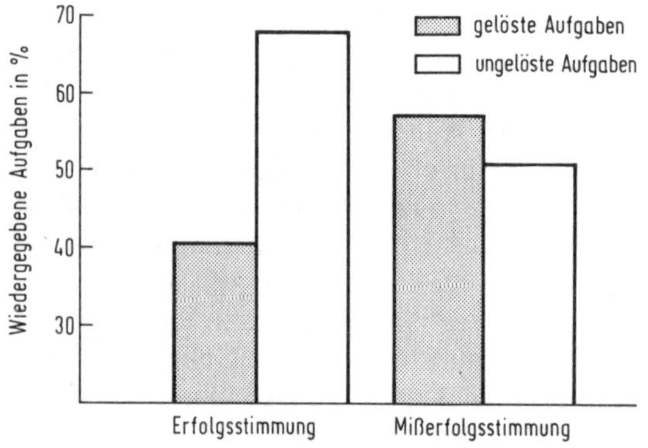

Wiedergabe gelöster und ungelöster Aufgaben in Erfolgs- und Mißerfolgsstimmung (nach Heckhausen 1968).

Die unerwünschte Erinnerung

Oft klagen Menschen über ihr schlechtes Gedächtnis; sie erinnern weniger, als ihnen lieb ist. Aber auch das Gegenteil ist zu beobachten: Manchmal werden Menschen von Erinnerungen geplagt, die sie entweder überhaupt nicht oder zumindest nicht zur gegebenen Zeit zu haben wünschen.

> *„Glücklich ist,*
> *wer vergißt,*
> *was doch nicht zu ändern ist."*
> Kehrreim aus der Operette „Die Fledermaus" von Johann Strauss (1825–1899)

In solchen Fällen gibt es zwei Möglichkeiten der Deutung:

- Das Gedächtnis hat versagt, denn es stellt Inhalte bereit, die zur gegebenen Zeit stören.
- Das Gedächtnis wirkt als Mahner. Es erinnert an unbewältigte Probleme, deren Bewältigung vorrangig ist. Daher unterbricht es zu Recht die gerade ablaufenden Gedanken und Handlungen.

> *„Das Vergessenwollen verlängert das Exil, und das Geheimnis der Erlösung heißt Erinnerung."*
> Inschrift an der Mahnstätte für die Opfer des Faschismus in Jerusalem.

Die *störenden Einflüsse* „frei steigender Vorstellungen" haben bereits Müller u. Pilzecker (1900) zum Gegenstand ihrer Untersuchungen gemacht (s. bereits S. 196). Zu einem wichtigen Thema für die psychologische Praxis und die psychologische Forschung ist neuerdings die Störung von Denkprozessen und Handlungen durch ängstigende und sorgenvolle Gedanken (Angstkognitionen) geworden. Sorgen und Ängste nehmen die knapp werdende Aufmerksamkeit in Anspruch und führen so Verzögerungen und Leistungseinbußen herbei. Und dabei ist jeweils festzustellen: Die Störung erfolgt nicht von außen, sondern von seiten des Gedächtnisses; sie wird durch „innerlich erzeugte sekundäre Information" (Hamilton 1975) hervorgerufen.

Zusammenfassung

1. Die Gedächtnisleistung hängt von der Motivation ab, mit der Inhalte gemerkt und wiedergegeben werden. Die Motivation leitet sich aus der Lernabsicht sowie aus der Bedeutsamkeit des Lernstoffes her.
2. Unangenehme Inhalte sind mitunter nicht oder nur verzögert abrufbar; dies kann als Wirkung einer Verdrängung gedeutet werden. Aber es gibt auch Motive, die das Festhalten unangenehmer Erinnerungen fördern.
3. Erinnern und Vergessen sind nicht vollkommen dem Willen unterworfen; mitunter drängen sich gegen den Willen der Betroffenen störende Erinnerungen auf.

Literaturhinweise

Schönpflug, W. u. Beike, P.: Einprägen und Aktivierung bei gleichzeitiger Variation der Absichtlichkeit des Lernens und der Ich-Bezogenheit des Lernstoffs. Psychologische Forschung 27 (1964), 366–376

Portele, G.: Lernen und Motivation. Weinheim: Beltz 1975

Brown, J. S.: Über die dynamischen Eigenschaften der Realitäts- und Irrealitätsschicht. Psychologische Forschung 18 (1933), 2–26

Reik, Th. Über kollektives Vergessen. Internationale Zeitschrift für Psychoanalyse 6 (1920), 202–215

Freud, S.: Zur Psychopathologie des Alltagslebens. Gesammelte Werke Bd. 4. Frankfurt: Fischer 1973 (Erstausgabe 1904)

Rapaport, D.: Emotions und memory. Baltimore: Williams u. Wilkins 1942

Heckhausen, H.: Achievement motive research: Current problems and some contributions towards a general theory of motivation. In: Arnold, W. J. (Hg.): Nebraska Symposium on Motivation 16 (1968), 103–174

Freud, S.: Die Traumdeutung. Gesammelte Werke Bd. 2/3. Frankfurt: Fischer 1973 (Erstausgabe 1900)

Müller, G. E. u. Pilzecker, A.: Experimentelle Beiträge zur Lehre vom Gedächtnis. Leipzig: Barth 1900

Hamilton, V.: Socialization anxiety and information processing: A capacity model of anxiety-induced performance deficits. In: Sarason, I. G. u. Spielberger, C. D. (Hg.): Stress and anxiety. Bd. 2. Washington: Hemisphere 1975, 45–68

Gedächtnispsychologische Probleme in der Entwicklungs-, Persönlichkeits- und Sozialpsychologie

Entwicklungspsychologie

Gedächtnistests ergeben bis etwa zum 25. Lebensjahr einen *Anstieg der Gedächtnisleistung*; etwa ab dem 30. Lebensjahr ist ein zunehmendes *Nachlassen des Gedächtnisses* zu beobachten. Aus dem schlechten Abschneiden verschiedener Altersgruppen in herkömmlichen Gedächtnistests wird man freilich nicht allzu viele Rückschlüsse auf die Entwicklung und den Verfall einzelner Gedächtnisfunktionen ziehen können. Was heißt eigentlich hier Entwicklung und Nachlassen des Gedächtnisses? Reift während der frühen Lebensjahre das Gehirn aus und entsteht so mehr Gedächtniskapazität? Verfallen die Gehirnzellen im Alter- und geht so Gedächtniskapazität verloren? Oder sind es mehr die Speicherungs- und Abrufprozesse, deren Vervollkommnung zu einem Anstieg der Gedächtnisleistungen in Kindheit und Jugend führt, während ihre unzureichende Nutzung im Alter maßgeblich zum Nachlassen des Gedächtnisses beiträgt?

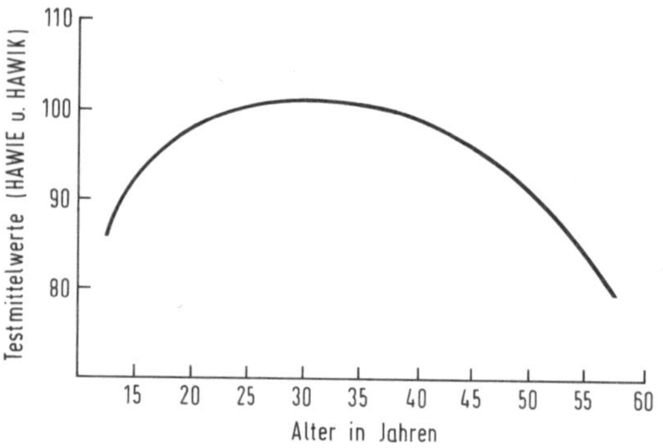

Alterskurve des Kurzzeitgedächtnisses im Hamburg-Wechsler-Test für Kinder (Hawik) und für Erwachsene (Hawie) (nach Wechsler 1964, S. 70).

Die Entwicklungspsychologie und die Physiologische Psychologie sind noch gemeinsam auf der Suche nach Antworten zu diesen Fragen. Ein wichtiger Befund erscheint jedoch gesichert: Sobald Kinder Bilder, Sätze, Geschichten oder Zahlenfolgen richtig zu erkennen in der Lage sind, können sie diese auch im Gedächtnis aufbewahren. Die Schwierigkeit ist für den Beobachter nur herauszufinden, was das Kind nun tatsächlich erkennt und behalten hat.

Jerome Kagan und seine Mitarbeiter von der Harvard Universität haben 1973 im Rahmen einer großangelegten Untersuchung über die geistige Entwicklung auch die Fähigkeit zum *Wiedererkennen* geprüft. Sie zeigten Kindern 60 Abbildungen aus Zeitschriften und ließen am folgenden Tag aus einer größeren Zahl von Bildern die bereits gezeigten heraussuchen. Amerikanische Schulkinder, denen die Inhalte der Abbildungen bekannt waren, hatten wenig Mühe, sämtliche Abbildungen wiederzuerkennen. Selbst Fünfjährige erreichten noch eine stattliche Trefferquote.

Derart ausgeglichene Leistungen im frühen Schulalter sind sonst selten. Prüft man das Gedächtnis nach der *Reproduktionsmethode,* so hängt das Ergebnis in viel stärkerem Maße vom Alter ab. Die Ergebnisse von Cole und seinen Kollegen (1971) sind dafür ein repräsentatives Beispiel. Sie ließen Erst-, Dritt- und Achtkläßler je 20 Wörter oder 20 Objekte einprägen und fragten sie gleich nach dem Einprägen ab. Die Kinder konnten sich jeweils besser an die Objekte als an die Wörter erinnern. Aber – ob nun Wörter oder Gegenstände zu merken waren – die Achtkläßler vermochten fast doppelt soviel zu reproduzieren wie die Erstkläßler. Es scheinen also mehr die Abrufprozesse zu sein, die der Entwicklung bedürfen, als die Einspeicherung.

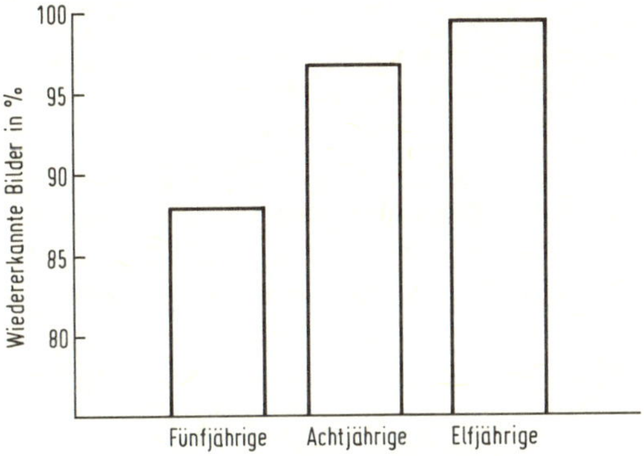

Wiedererkennen von Bildern bei Kindern (nach Kagan u. a. 1973).

Durch die Ausbildung *semantischer Netze* (s. S. 138ff.) wird wahrscheinlich sowohl das Einspeichern gefördert als auch der Abruf aus dem Speicher. Je besser organisiert das Begriffssystem von Kindern und Erwachsenen ist, desto leichter können sie neue Erfahrungen darin einordnen und bei Bedarf wiederfinden.

Darüber hinaus eignen sich Kinder offenbar *Übungs- und Suchstrategien* an (z. B. Wiederholen von Wort- und Zahlenfolgen, systematisches Durchsuchen des Gedächtnisses). So beobachtete etwa Flavell (1970) an Siebenjährigen ein häufigeres Wiederholen des Lernstoffs als bei Fünfjährigen. Daß ältere Kinder Zahlen zu Gruppen ordnen und sich dadurch gegenüber jüngeren Kindern Behaltensvorteile verschaffen, haben Harris und Burke (1972) nachgewiesen. Sie projizierten Reihen mit jeweils neun Ziffern auf einen Bildschirm. Die Ziffern erschienen dort entweder mit stets gleichen Abständen oder geordnet zu drei Dreiergruppen. Etwa so:

Bedingung 1	Bedingung 2
581473962	581 | 473 | 962

Zweitkläßler schnitten bei einem nachfolgenden Reproduktionstest wesentlich besser ab, wenn die Ziffernreihe zu Dreiergruppen geordnet war (Bedingung 2). Für Sechstkläßler machte die Darbietungsform keinen Unterschied. Die Autoren nehmen an (und können diese Annahme auch auf weitere Beobachtungen stützen):

„Ältere Kinder sind bereits gewohnt, eigene Gruppierungen herzustellen; auf äußere Hilfen sind sie dabei nicht mehr angewiesen."

Das *Gedächtnis älterer Menschen* übt stets eine besondere Faszination aus, sind doch dort Erfahrungen aufbewahrt, über die jüngere Zeitgenossen nicht verfügen. Oft ist die These zu hören, ältere Menschen könnten sich nur noch mit Schwierigkeiten Neues einprägen; dafür könnten sie sich um so besser an ihre Kindheit und ihre Jugend erinnern (z. B. Gilbert 1941). In der Tat erzählen alte Männer und Frauen oft gerne von ihren frühen Jahren, die sich in der Regel von der Gegenwart erheblich unterscheiden; aber ob ihr Erinnerungsvermögen für frühe Erlebnisse sich im Alter verstärkt hat, ist mit der für eine wissenschaftliche Aussage erforderlichen Sicherheit nicht erwiesen (vgl. Olechowski 1969).

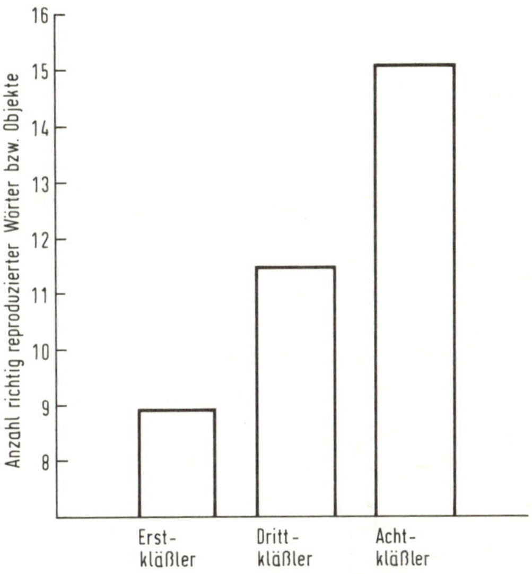

Reproduzieren von Wörtern und Objekten bei Schülern verschiedenen Alters (nach Cole u. a. 1971).

Persönlichkeitspsychologie

Gedächtnisleistungen zeigen beträchtliche *individuelle Unterschiede in der Quantität und Qualität der Erinnerung.* Vor allem sind zu beachten:

○ die Geschwindigkeit des Einprägens und Vergessens,

○ der Umfang des Behaltens (die individuelle Gedächtnisspanne),

○ die Bevorzugung verschiedener Arten von Lernstoff (z. B. bevorzugtes Behalten von Zahlen verglichen mit Wortmaterial).

Zu den üblichen Batterien von Intelligenztests gehört in der Regel ein eigener Untertest „Gedächtnis". Zumeist handelt es sich um einen Test des Kurzzeitgedächtnisses, der Gedächtnisspanne (s. S. 204). Obwohl auch andere Untertests Ansprüche an die Merkfähigkeit stellen dürften, ergeben faktorenanalytische Untersuchungen immer wieder Belege für die (statistische) Unabhängigkeit der Gedächtnisleistung von anderen Intelligenzleistungen (Guilford 1967; Jäger 1967). Aber die eingehendere Untersuchung scheint zu belegen: Wer Zahlen gut behalten kann, braucht nicht gleichzeitig ein gutes Gedächtnis für Bilder und Figuren zu besitzen; wer kurzzeitig gut erinnert, braucht nicht gleichzeitig ein gutes Langzeitgedächtnis zu haben.

Wenn es also (erworbene oder ererbte) Gedächtnisfertigkeiten gibt, in denen sich Menschen unterscheiden, so sind diese Fertigkeiten nicht jeweils bei ein und derselben Person vereinigt, sondern zumeist über verschiedene Personen verteilt. Es ist daher theoretisch nicht sinnvoll, Menschen mit schlechthin „gutem Gedächtnis" von Menschen mit durchweg „schlechtem Gedächtnis" unterscheiden zu wollen. Das ist jedenfalls eine allgemeine Schlußfolgerung, die man aus umfangreichen Untersuchungen Katzenbergers (1967) ziehen kann.

Auf der Suche nach individuellen Unterschieden in der Kognition ist die Gruppe um George Klein auch auf *qualitative Veränderungen beim langzeitigen Behalten* gestoßen (Gardner u. a. 1959). Auf solche Unterschiede hat erstmals Friedrich Wulf (1922) aufmerksam gemacht. Wulf legte seinen Probanden einige Strichzeichnungen vor und bat sie – teilweise nach einer halben Stunde, teilweise nach einem vollen Tag – die Vorlagen nachzuzeichnen. Offensichtlich gab es eine Gruppe von Personen, welche die charakteristischen Merkmale der Figuren im Gedächtnis noch stärker herausarbeiteten als in der Wirklichkeit: Sie erinnerten spitze Winkel noch spitzer, Längenunterschiede und Krümmungsunterschiede noch ausgeprägter als bei der Vorlage. Wulf nannte sie „Präzisierer". Im Gedächtnis anderer Personen verloren die cha-

Ausschnitt aus einem Untertest zur Prüfung der Merkfähigkeit

Merkfähigkeitstest nach dem Hamburg-Wechsler Intelligenztest für Erwachsene (Wechsler 1964): Der Prüfer spricht einzelne Zahlenreihen vor; der Prüfling soll versuchen, die Reihen (vorwärts oder rückwärts) nachzusprechen.

Zahlen Nachsprechen

Zahlen vorwärts	Zahlen rückwärts
5 8 2	2 4
6 9 4	5 8
6 4 3 9	6 2 9
7 2 8 6	4 1 5
4 2 7 3 1	3 2 7 9
7 5 8 3 6	4 9 6 8
6 1 9 4 7 3	1 5 2 8 6
3 9 2 4 8 7	6 1 8 4 3
5 9 1 7 4 2 8	5 3 9 4 1 8
4 1 7 9 3 8 6	7 2 4 8 5 6
5 8 1 9 2 6 4 7	8 1 2 9 3 6 5
3 8 2 9 5 1 7 4	4 7 3 9 1 2 8
2 7 5 8 6 2 5 8 4	9 4 3 7 6 2 5 8
7 1 3 9 4 2 5 6 8	7 2 8 1 9 6 5 3

rakteristischen Merkmale ihre Auffälligkeit. Spitze Winkel wurden stumpfer, Unterschiede in Länge und Krümmung nahmen ab. Wulf nannte sie die „Nivellierer", weil sie dazu tendierten, die Unterschiede zwischen den Figuren zu verwischen. In seiner Darstellung von *kognitiven Stilen* (s. bereits S. 185) kommt George Klein auf die Unterscheidung von Wulf zurück (seinc Termini: ‚leveling' und ‚sharpening') und verallgemeinert sie über das Gedächtnis hinaus in weitere Bereiche des Wahrnehmens und des Denkens.

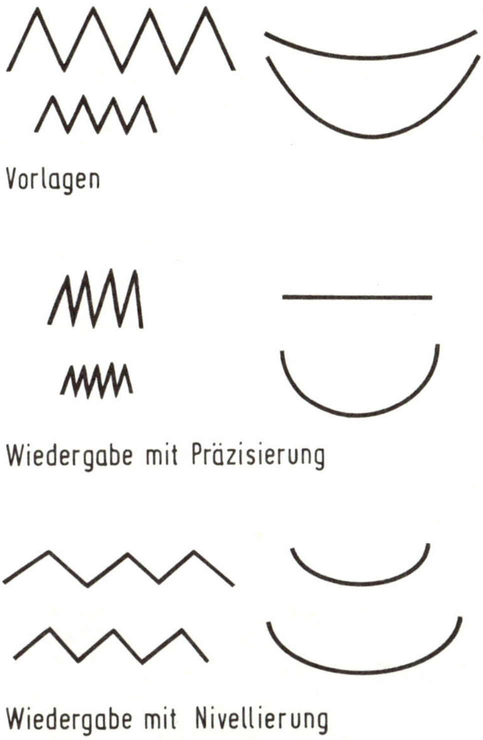

Vorlagen und Wiedergaben aus der Studie von Friedrich Wulf (1922).

In der *Persönlichkeitstheorie* findet das Gedächtnis jedoch nicht nur wegen der individuellen Variation von Gedächtnisleistungen Beachtung. Das Gedächtnis erscheint einigen Autoren auch unentbehrlich für die Entstehung des *Selbstbildes* einer Person, ja ihrer eigenen *Identität*. Jeder Mensch erlebt sich zu verschiedenen Zeiten und in verschiedenen Situationen; dabei erlebt er aber auch, daß er – unbeschadet seiner körperlichen und geistigen Entwicklung – stets er selbst bleibt. Der Persönlichkeitstheoretiker Raymond C. Cattell (1950) nennt den sich auf Erfahrung gründenden Begriff von der eigenen Person das „empirische Ich". Andere Autoren nennen mit Gordon W. Allport (1965) das empirische Ich „Selbst" oder „Proprium".

Sozialpsychologie

Die Gedächtnispsychologie und die Sozialpsychologie verbinden zwei Themen:

○ Wie sind die Gedächtnisleistungen von Individuen beschaffen, die in einer Gruppe miteinander kooperieren?

○ Welche Rolle spielt das Gedächtnis für das Sozialleben und inwiefern werden Gruppen aktiv, um einzelne Inhalte in Erinnerung zu behalten, andere aber in Vergessenheit geraten zu lassen?

Die *Vorzüge gemeinsamen Einprägens und Erinnerns* liegen auf der Hand, wie teilweise bereits die von Lorge u. a. (1958) zusammengefaßten Untersuchungen über Problemlösen in Gruppen ergeben:

○ Je mehr Personen versammelt sind, desto größer ist die Wahrscheinlichkeit, daß eine von ihnen einen gesuchten Inhalt (z. B. einen Namen, ein Hilfsmittel, eine Verfahrensregel) richtig erinnert. Was aber eine Person in einer Gruppe erinnert, wissen alle Gruppenmitglieder (falls die betreffende Person ihre Erinnerung nicht für sich behält).

○ Mehrere Personen können Teilerinnerungen zusammentragen, aus denen sich der gesamte gesuchte Inhalt ergibt (z. B. Rekonstruktion eines Gedichts aus mehreren Strophen).

○ Mehrere Personen können helfen, eine falsche Erinnerung zurückzuweisen und nach einer neuen zu suchen.

○ Mehrere Personen können im Zweifel die Richtigkeit einer Erinnerung bestätigen.

Soziale Denkschemata dürften Einfluß auf die Organisation des Gedächtnisses nehmen und damit auch auf die Einspeicherung und den Abruf von Gedächtnisinhalten. In der Gruppe kommt der Motivierung des Gedächtnisses (vgl. S. 216 ff.) besondere Bedeutung zu. Personen, Ereignisse, Sachverhalte, die sozial erwünscht sind, werden bereitwilliger eingeprägt und wiedergegeben als sozial unerwünschte Inhalte. Und wenn es eine individuelle Verdrängung aus dem Gedächtnis gibt, so werden zu Gruppen organisierte Individuen das *Phänomen der sozialen Verdrängung* zeigen. Eindeutige empirische Belege für die Richtigkeit dieser Annahmen sind nicht leicht zu beschaffen. Es liegen zunächst mehr anekdotenhafte Beobachtungen wie der von Reik auf S. 220 geschilderte Fall kollektiver Reproduktionsstörung vor. Der zu reproduzierende Inhalt rief sozial unerwünschte Assoziationen hervor, er fiel der Gruppe deshalb nicht ein.

Aber auch einige systematisch durchgeführte Studien dürften für die Frage der kollektiven Verdrängung bedeutsam sein. In einer detailliert durchgeführten Inhaltsanalyse von Zeitungsartikeln, die sich mit der Frage des deutschen Nationalismus in der Zeit von 1949–1966 befaßt, stellt E. Liebhart (1971) fest: Das nationale Prestigebedürfnis der Deutschen reagiert empfindlich auf die Frage der Kriegsschuld. In entsprechenden Artikeln häufen sich Rechtfertigungsargumente wie jenes, daß der Krieg allen beteiligten Nationen gelegen kam usw. Sofern ein Entlastungsbedürfnis besteht, werden vorzugsweise die Grausamkeiten des Feindes geschildert, die eigenen bleiben unerwähnt.

Die *Sozialfunktion des Gedächtnisses* wird insbesondere bei der Einrichtung externer Speicher (vgl. S. 201) deutlich. So wurde etwa in Kornelimünster bei Aachen ein eigenes Archiv der Bundesrepublik gegründet, das Tausende von Dokumenten der Deutschen Wehrmacht aus dem Zweiten Weltkrieg aufbewahrt. Das Archiv wurde 1978 einer größeren Öffentlichkeit bekannt, weil dort Akten über Kriegsgerichtsverfahren aufgefunden wurden, die den damaligen Ministerpräsidenten von Baden-Württemberg, Dr. H. G. Filbinger, belasteten. Filbinger selbst hatte keine Erinnerung mehr an die dort dokumentierten Todesurteile, an denen er selbst mitgewirkt hatte. Seine Gedächtnislücken wurden zu einem noch größeren politischen Ärgernis als seine – ebenfalls umstrittene – frühere Tätigkeit als Marinerichter. Sie hatten zahlreiche Rücktrittsforderungen zur Folge, denen Filbinger schließlich entsprach. In Fällen wie diesem erweist sich einmal mehr die – oben schon angesprochene – soziale Funktion des individuellen Gedächtnisses. Gleichzeitig – und deshalb wird der Fall hier erneut aufgegriffen – demonstriert er die Wirksamkeit sozial organisierter Speichermedien.

Karteien, Archive, neuerdings Datenbänder und -platten gibt es in immer größerer Zahl; sie werden eingerichtet und genutzt von Organisationen wie Behörden, Verbänden und privatwirtschaftlichen Unternehmen. In ihnen werden Personendaten, Wirtschaftsdaten, Sportresultate und vieles andere registriert.

Bundesarchiv in Kornelimünster bei Aachen. (Im Bild der Leiter der Zentralnachweisstelle des Archivs, Rudolf Absalon).

Diese stehen dann für einen Zugriff offen, auch dann noch, wenn individuelle Gedächtnisse sie nicht mehr fassen können. Die Aufbewahrung solcher Daten und der Zugriff selbst werden zu einem sozialpsychologischen und sozialpolitischen Problem. Was soll in Speicher eingebracht, was soll gelöscht werden? Welche Delikte sind z. B. für welche Dauer in die Verkehrssünderkartei einzutragen? Welche Personen sind zu einem Zugriff berechtigt? Die Diskussion dieser Fragen deckt bisher regelmäßig ein sozialpsychologisches Dilemma auf: das Dilemma zwischen einem gesellschaftlichen Bedürfnis nach Öffentlichkeit und einem individuellen Bedürfnis nach Privatheit. Das Dilemma betrifft sogar die psychologische Grundlagenforschung. Mehr über die gegenwärtige rechtliche Lage und die absehbaren sozialen Konsequenzen enthält der Bericht einer von Juristen und Psychologen veranstalteten Tagung zum Problem des Datenschutzes in der psychologischen Forschung (Kruse u. Kumpf 1979).

Zusammenfassung

1. Im Verlauf der menschlichen Entwicklung verändern sich die Gedächtnisleistungen. Wieweit Leistungsminderungen im höheren Alter auf Speicherschwächen oder auf Abrufhemmungen beruhen, ist nicht bekannt.
2. Es gibt individuelle Unterschiede in der Geschwindigkeit des Lernens und Vergessens, des Behaltensumfangs und der Veränderung der Vorstellung während des Behaltens.
3. Das Gedächtnis trägt zur Ausbildung eines Selbst-Konzepts bei.
4. Erinnerungsleistungen von Gruppen sind dem individuellen Gedächtnis überlegen. Wie beim individuellen Gedächtnis scheint es auch beim kollektiven Gedächtnis eine Verdrängung zu geben.

Literaturhinweise

Wechsler, D.: Die Messung der Intelligenz Erwachsener. Bern: Huber 1964

Kagan, J., Klein, R. E., Haith, M. M. u. a.: Memory and meaning in two cultures. Child Development 44 (1973), 221–223

Cole, M., Frankel, F. u. Sharp, D.: Development of free recall learning in children. Developmental Psychology 4 (1971), 109–123

Flavell, J. H.: Developmental studies of mediated memory. In: Reese, H. P. u. Lipsit, L. P. (Hg.): Advances in child development and behavior. Bd. 5. New York: Academic Press 1970, 182–211

Harris, G. J. u. Burke, D.: The effects of grouping on short term serial recall of digits by children: Developmental trends. Child Development 43 (1972), 710–716

Gilbert, J. G.: Memory loss in senescence. Journal of Abnormal and Social Psychology 36 (1941), 73–86

Olechowski, R.: Das alternde Gedächtnis. Bern: Huber 1969

Guilford, J. P.: The nature of human intelligence. New York: Mc Graw Hill 1967

Jäger, A. O.: Dimensionen der Intelligenz. Göttingen: Hogrefe 1967

Katzenberger, L. F.: Gedächtnis oder Gedächtnisse? München: Ehrenwirth 1967

Gardner, R. W., Holzman, P. S., Klein, G. S. u. a.: Cognitive control: A study of individual consistencies in cognitive behavior. Psychological Issues 1 (1959), Nr. 4

Wulf, F.: Über die Veränderungen von Vorstellungen (Gedächtnis und Gestalt). Psychologische Forschung 1 (1922), 333–373

Cattell, R. B.: Personality. New York: McGraw Hill 1950

Allport, G. W.: Pattern and growth in personality.

New York: Holt, Rinehart u. Winston 1961. (Dt.: Werden der Persönlichkeit. Bern: Huber 1958) (Erstausgabe 1937)

Lorge, I., Fox, D., Davitz, J. u. a.: A survey of studies contrasting the quality of group performance and individual performance (1920–1957). Psychological Bulletin 55 (1958), 337–372

Liebhart, E.: Nationalismus in der Tagespresse. Meisenheim: Hain 1971

Kruse, L. u. Kumpf, W.: Psychologische Grundlagenforschung: Ethik und Recht. Bern: Huber 1979

Ausgewählte Literatur zur Ergänzung und Vertiefung

Bredenkamp, J. u. Wippich, W.: Lern- und Gedächtnispsychologie. Bd. 2. Stuttgart: Kohlhammer 1977
(Studientext zur modernen Gedächtnispsychologie mit Schwerpunkt beim sprachlichen Gedächtnis)

Dutta, S. u. Kanungo, R. N.: Affect and memory: A reformulation. New York: Pergamon Press 1975
(Über Affektzustände und ihre Auswirkungen auf verschiedene Gedächtnisleistungen)

Jüttner, C.: Gedächtnis. Grundlagen der psychologischen Gedächtnisforschung. München: Reinhardt 1979
(Eingehende Darstellung der Mehr-Speicher-Modelle des Gedächtnisses)

Kintsch, W.: Memory and cognition. New York: Wiley 1977. (Dt.: „Gedächtnis und Kognition". Berlin: Springer 1982)
(Systematisch aufgebautes Lehrbuch, das einen lebendigen Eindruck von gedächtnispsychologischen Forschungsprogrammen der Siebzigerjahre vermittelt)

Ornstein, P. A.: Memory development in children. Hillsdale, N. J.: Lawrence Erlbaum 1978
(Entwicklungspsychologische Aufarbeitung zahlreicher Aspekte der modernen Gedächtnistheorie)

Sinz, R.: Lernen und Gedächtnis. Stuttgart: Fischer 1974
(Informiert über biologische und neurophysiologische Grundlagen des Behaltens)

Wender, K. F., Colonius, H. u. Schulze, H. H.: Modelle des menschlichen Gedächtnisses. Stuttgart: Kohlhammer 1980
(Studientext mit Schwerpunkt im Bereich des sprachlichen Gedächtnisses)

Kapitel 7

Problemlösen

Schöpferisches Denken, Originalität, Kreativität
Erkennen von Problemen
Strategien des Problemlösens
Lösungsprinzipien
Gebrauchswerte von Gegenständen
„Stille Phasen" im kreativen Prozeß
Erfahrung als Hilfe beim Lösen neuer Probleme
Konvention als Hemmnis der Kreativität

Dieses Kapitel soll eine Brücke schlagen zwischen den vorangegangenen Darstellungen des Denkens (Kapitel 4 und 5) und den folgenden Darstellungen des Handelns und seiner Motivation (insbesondere Kapitel 8). Es handelt nicht mehr von Erkenntnisproblemen, wie sie im rekonstruktiven Denken (s. S. 156) hervortreten – von Fragen der Art „Was soll das bedeuten?", „Wie ist das zu erklären?". Es beschäftigt sich vielmehr mit der Bestimmung von praktischen Problemen, jenen Unzulänglichkeiten und Bedrohungen, die Anlaß für Handlungen werden; weiterhin befaßt es sich mit der Suche nach Wegen zur praktischen Bewältigung dieser Probleme, mit den Entwürfen für schöpferische, produktive Handlungen. Das schöpferische, das kreative Denken und Handeln verdient seinen Namen dann, wenn es – vom Vorgefundenen nicht befriedigt – sich auf das Neue, das als besser Erachtete richtet. Am prägnantesten verwirklicht es sich in seinen als originell empfundenen Beispielen. Die Kreativität setzt Phantasie voraus, die sich von der vorgegebenen Wirklichkeit abhebt (s. S. 117). Sollen Lösungsentwürfe eine Realisierungschance haben, muß sich jedoch die schöpferische Phantasie mit einer getreuen Einschätzung der Wirklichkeit verbinden.

Das vorliegende Kapitel folgt einer Forschungstradition, die allgemeine Problemstrukturen und generelle Gesetzmäßigkeiten beim Lösen von Problemen herauszustellen trachtet. Es enthält daher keine detaillierten Anweisungen zur Lösung spezieller Lebensprobleme und bietet auch keine Einführung in die besondere Problematik der psychologischen Praxis.

Problemlösen – ein Problem in der psychologischen Forschung

Lohhausen – die Stadt mit den neunundvierzig Bürgermeistern

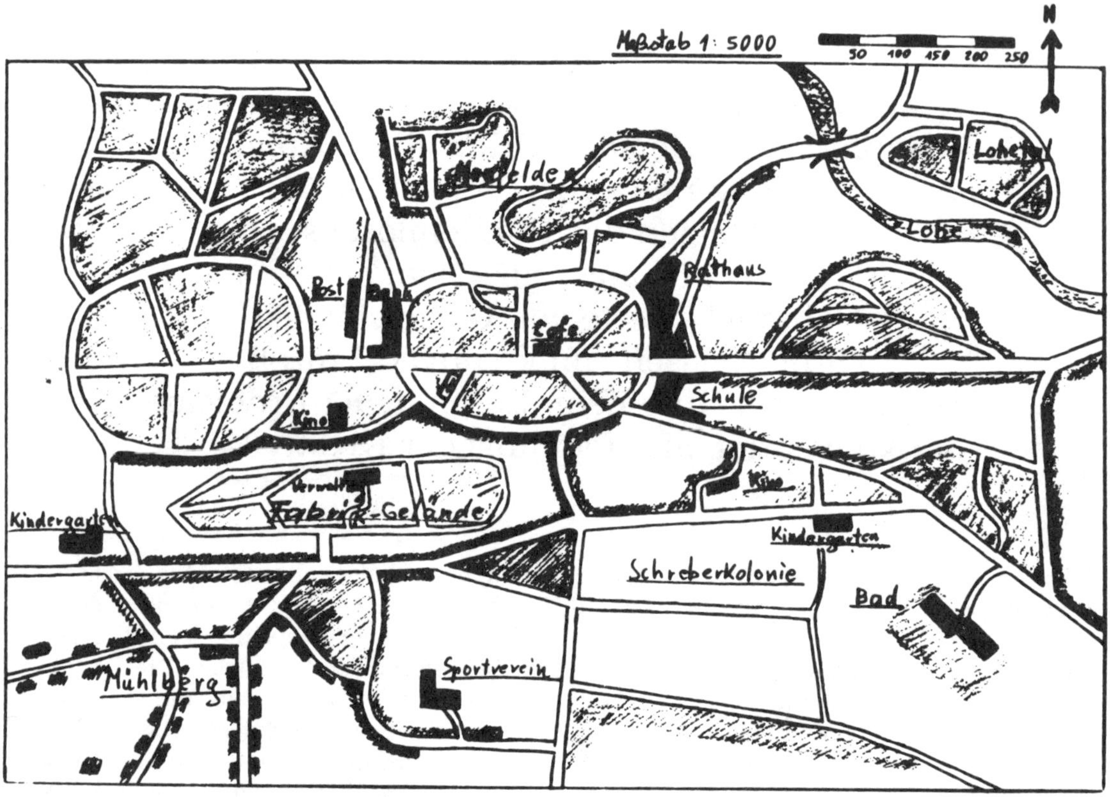

Dies ist der Stadtplan von Lohhausen an der Lohe. Lohhausen hat etwa 4000 Einwohner und liegt in einer hübschen, waldreichen Gegend, etwa 60 km von einer größeren Stadt entfernt. Auf dem Plan erkennt man eine Eisenbahnlinie; außerdem gibt es Busverbindungen zu den umgebenden Ortschaften. Die beiden Ortsteile Neufelden und Lohetal sind Neubausiedlungen mit zum Teil mehrstöckigen Mietshäusern, während im Westen und Nordwesten alte Wohnviertel liegen, die hauptsächlich von Arbeitern bewohnt werden. Die Häuser am Mühlberg im Südwesten der Stadt besitzen dagegen Villencharakter.

Die ökonomische Basis der Stadt, wenn auch nicht die einzige Einnahmequelle, ist eine Uhrenfabrik. Außerdem gibt es eine Bank, Gaststätten, Lebensmittelhändler, Textilwarenhandlungen und andere Geschäfte, dazu eine Schule, Kindergärten, ein Bad, einen Sportverein und eine Stadtverwaltung. Alle Betriebe in der Stadt mit Ausnahme der Geschäfte, der Post und der Bahn sind städtisch. Die Stadt nimmt Mieten und Steuern ein. Dafür hat sie aber auch Verpflichtungen: die medizinische Versorgung, die Pensionen und die Arbeitslosengelder.

Der Bürgermeister von Lohhausen wird mit folgenden Worten in sein Amt eingeführt:

„Sie betreten am 2. Januar 1976 das Rathaus, um Ihr neues Amt anzutreten. ... Alles, was Sie beschließen, wird tatsächlich durchgeführt. Ihre Aufgabe ist es, für das Wohlergehen der Stadt in der näheren und ferneren Zukunft zu sorgen. Was Sie dafür unternehmen, ist Ihre Sache."

Die Stadt, in der der Bürgermeister mit fast diktatorischen Vollmachten ausgestattet ist, wird man auf der Landkarte vergeblich suchen. Der Psychologieprofessor Dietrich Dörner und seine Mitarbeiter haben sie sich lediglich für Versuchszwecke ausgedacht (Dörner 1979, 1980, Kreuzig 1979, Reither 1979). Als Bürgermeister eingeführt wurden auch keine gewählten Politiker, sondern Studenten verschiedener Fachrichtungen der Universität Gießen. Insgesamt 49 Studenten haben Dörner und seine Mitarbeiter nacheinander mit den Eigenarten des fiktiven Ortes Lohhausen vertraut gemacht und es ihnen überlassen, die Geschicke des Ortes über einen Zeitraum von zehn Jahren hinweg zu lenken. Lohhausen gab es nämlich nicht nur in der Phantasie der Versuchsleiter. Von Lohhausen gab es auch ein Spielmodell. Die wesentlichen Merkmale der vorgestellten Stadt (z. B. Einwohnerzahl, Steueraufkommen, Zahl der Wohnungen) waren in einem Computer gespeichert. In Form von Computerdaten wurde so ein Bild der Stadt hergestellt; die Stadt wurde im Computer simuliert. Die Versuchsteilnehmer konnten Entscheidungen treffen, die ihrerseits in den Computer eingegeben wurden (z. B. „alle Steuereinnahmen des laufenden Jahres gehen in den sozialen Wohnungsbau"); der Computer berechnete dann die Folgen der getroffenen Maßnahmen (z. B. „Erhöhung der Einwohnerzahl durch vermehrten Wohnungsbau"). Weil sich Entscheidungen auf diese Weise schnell realisieren ließen, konnten Versuchsleiter und Probanden einen fiktiven Verwaltungszeitraum von zehn Jahren in mehreren Sitzungen innerhalb weniger Wochen durchspielen.

Manche Teilnehmer hatten bei der Verwaltung eine glückliche Hand. Die folgende Graphik zeigt die Veränderungen von Lohhausen während der „Regierungszeit" des Probanden Konrad. Produktivität und Zufriedenheit der Bürger nehmen in dieser Zeit deutlich zu. Die Zahl der Arbeitslosen und der Wohnungssuchenden bleibt etwa auf dem gleichen Stand. Anders bei dem Probanden Marcus. Obwohl Marcus zu Beginn seiner „Regierungszeit" dieselben Bedingungen antrifft wie Konrad, wirtschaftet er die Stadt herunter. Aufgrund seiner Entscheidungen steigen Arbeitslosigkeit und Wohnungsnot, die Produktivität sinkt und mit ihr die Zufriedenheit der Bürger.

Die Aufgabe „Verwaltung der Stadt Lohhausen" weist eine Reihe von Merkmalen auf, die für realistische Problemsituationen wesentlich sind. Dörner (1976, S. 18) hält fünf Merkmale für besonders wichtig:

○ *Komplexität.* Die Komplexität wird vor allem bestimmt durch die Zahl der gestellten Anforderungen. So sind in der Stadt Lohhausen mehrere Größen gleichzeitig zu optimieren. Ein tüchtiger Bürgermeister könnte sich nicht damit zufriedengeben, genügend Wohnungen bereitzustellen; er müßte gleichzeitig genügend Arbeitsplätze schaffen und ausreichend viele Schulen bauen.

○ *Vernetztheit.* Verschiedene Teilprobleme und ihre Lösungen sind miteinander verknüpft. Selbstverständlich hätte es wenig Sinn, Bauland für eine neue Industrieansiedlung bereitzustellen, ohne gleichzeitig das Industriegebiet an das Verkehrsnetz der Stadt anbinden zu wollen. Allerdings: Jede Mark an Steuern, die der Bürgermeister in den Straßenbau investiert, kann er nicht mehr für den Schulbau verwenden.

○ *Dynamik.* Es gibt langfristige Veränderungen und Folgewirkungen zu bedenken. Ein Beispiel einer langfristigen Änderung ist die wirtschaftliche Konjunktur. Im laufenden Jahr mag die Absatzlage der örtlichen Uhrenfabrik vorzüglich sein; im nächsten Jahr ist der Uhrenmarkt vielleicht schon gesättigt.

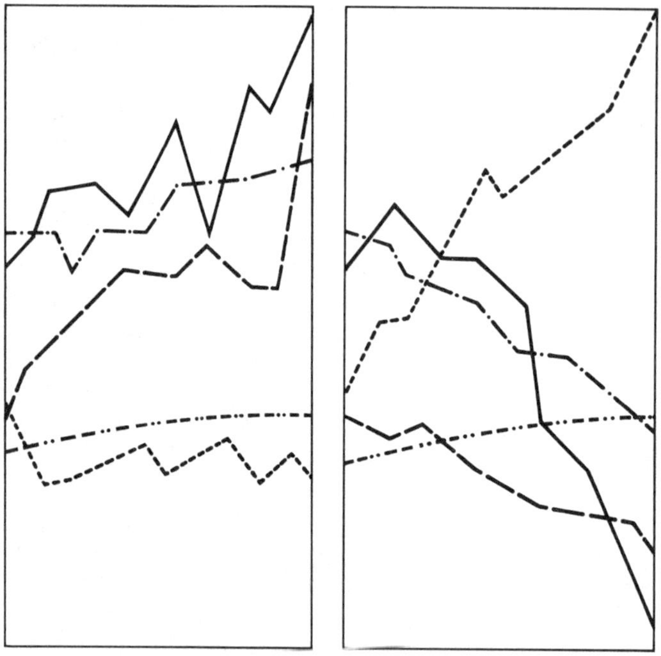

Die Lage während der Regierungszeit von Konrad

Die Lage während der Regierungszeit von Marcus

—— Kapital —— Produktion —·— Zufriedenheit
—··— Wohnungssuchende ------ Arbeitslose

Ergebnisse eines erfolgreichen und eines erfolglosen Versuchsteilnehmers (nach Dörner 1980, S. 246).

Und ein Beispiel für eine langfristige Folgewirkung: Durch ein einseitiges Wachstum kann sich der Erholungswert der Stadt mindern. Der Stadtkern ist dann an den Abenden und Wochenenden verwaist; der früher für die Stadt einträgliche Wochenendtourismus kommt zum Erliegen.

○ *Transparenz.* Die Beziehung zwischen den Problemen und den zu ihrer Lösung getroffenen Maßnahmen erscheint einsichtig. Wenn der Bürgermeister für ein ansprechendes Kulturprogramm im Gemeindehaus sorgt (Filme, Theatergastspiele, Konzerte), so ist unschwer zu verstehen: Die Bürger werden dies als einen Beitrag zur Unterhaltung und Bildung zu würdigen wissen, und die Attraktivität der Stadt wird zunehmen.

○ *Vorhandensein freier Komponenten.* Die Aufgabe „Lohhausen" ist im Experiment durch das benutzte Computerprogramm weitgehend festgelegt. Aber so mancher echter Bürgermeister wird schon geseufzt haben: „Es gibt Dinge, die gibt es gar nicht!" Gemeint sind unerwartete Einflußgrößen. Da entstehen plötzlich Auseinandersetzungen in fernen Ländern, die jahrzehntelang verfügbare Rohstoffe knapp werden lassen. Oder: Die Kinderzahl nimmt abrupt ab, Schulen und Kindergärten stehen leer. Das Vorhandensein freier Komponenten führt zu Unsicherheit über die volle Zahl und Art bedeutsamer Bedingungen.

Noch mehr Probleme – ihre Unterschiede und Gemeinsamkeiten

Probleme finden sich in großer Zahl. In ihnen spiegelt sich der Reichtum menschlicher Erfahrung und die Vielfalt menschlicher Gestal-

Problemlösen – interdisziplinär

Die allgemeine Theorie des Problemlösens ist keineswegs nur ein Gegenstand der Psychologie. Außer der Psychologie befassen sich mit diesem Thema vor allem

- die Philosophie,
- die Mathematik und Informatik,
- die Soziologie,
- die Geschichtswissenschaft.

Die Philosophie bemüht sich vorwiegend um die erkenntnistheoretischen Grundlagen des Problemlösens. So hat der deutsche Philosoph Nicolai Hartmann (1882–1950) eine eigene Aporetik zu entwickeln versucht, das ist eine Theorie des Versuchs zur Bewältigung schwer lösbarer Aufgaben (von griech. ‚aporia' – Weglosigkeit, Ausweglosigkeit). Neuere Vertreter der Philosophie, wie der Erlanger Philosoph Paul Lorenzen (1955), widmen sich den beim Problemlösen anwendbaren logischen Operationen und ihren Voraussetzungen.

Allgemeine Prozeduren zur Lösung von Problemen sucht auch die Mathematik zu entwickeln. Ihr computerwissenschaftlicher Zweig, die Informatik, macht sich dabei die Vorzüge moderner Großrechner zunutze (vgl. Mesarovič 1965).

Die Soziologie behandelt das Erfinden und Problemlösen als gesellschaftliches Phänomen. Sie erkundet die sozialen Vorbedingungen und Folgen von Neuerungen wie z. B. Bevölkerungswachstum, Industrialisierung, Handelsbeziehungen, Lebensstandard (vgl. etwa Gilfillan 1970). Von den historischen Disziplinen geht insbesondere die Technikgeschichte und die Sozialgeschichte dem Entstehen von Neuerungen nach. So hat z. B. der in Dänemark lebende Historiker für alte Geschichte A. G. Drachmann die Entwicklung der Mechanik im griechischen Altertum (Erfindung und Vervollkommnung von Mühlen, Pressen, Katapulten u. ä.) zu seinem Forschungsgegenstand gemacht.

Im Grunde leistet jedes Fach einen Beitrag zur Theorie des Problemlösens, sobald es eine eigene Methodik hervorbringt. So ist auch das gemeinsame Bemühen um die Lösung von Problemen als einigendes Band zwischen den Wissenschaften gesehen worden. Hier setzt die Allgemeine Systemtheorie an. Sie trachtet nach einer „präzisen Sprache für multidisziplinäres Problemlösen und interdisziplinäre Kommunikation" (Mesarovič 1972), um mit ihrer Hilfe die auseinanderstrebenden Einzelwissenschaften zu einem großen Verbund zu organisieren.

tungsbedürfnisse. Sie betreffen unterschiedliche *Wirklichkeitsbereiche* – die Lebens- und Arbeitsumwelt (z. B. Bau-, Produktions- und Transportprobleme), das Zusammenleben von Gruppen und in Gruppen (soziale Probleme insbesondere in Familien, Gemeinden, Betrieben; Beziehungen zwischen Völkern) sowie das Wohlergehen von Individuen (persönliche Probleme wie die Wiederherstellung der eigenen Gesundheit und die Überwindung innerer Konflikte). Die zur *Lösung von Problemen erforderlichen Tätigkeiten* sind ebenso vielfältig wie die Probleme selbst. So verlangen manche Aufgaben zu ihrer Lösung mathematische Operationen, andere politische Aktivitäten (wie z. B. das Herbeiführen gemeinschaftlicher Entscheidungen).

Allerdings stellt sich die Frage, ob nicht alle Probleme – ungeachtet ihres Reichtums an Erscheinungsformen – nicht eine gemeinsame Grundstruktur aufweisen und Lösungstätigkeiten einem allgemeinen Grundmuster folgen. Gäbe es tatsächlich solche allgemeine Problemstrukturen und Lösungsmuster, könnten sie den Gegenstand einer *allgemeinen Theorie des Problemlösens* bilden. Nicht zuletzt für die Entwicklung automatischer Problemlöseprozeduren wäre eine derartige Theorie von großer Bedeutung. Daher ist es kein Zufall, daß es in neuerer Zeit mit G. W. Ernst und A. Newell (1969) zwei Computerspezialisten waren, die Ansätze zu einer allgemeinen Theorie des Problemlösens formuliert haben. Jeweils bezogen auf den Bereich, dem das Problem entspringt, definieren sie generell zwei Zustände: einen *Ausgangszustand* und einen *Ziel- oder Endzustand.* Was oben Lösungstätigkeit genannt wurde, definieren die Autoren allgemein als die zur Veränderung von Zuständen zulässigen *Operationen.* Durch Anwendung zulässiger Operationen ergeben sich *Übergangszustände* zwischen Ausgang und Ziel.

Dazu ein einfaches Beispiel (Wickelgren 1974). Gegeben sind als Ausgangszustand eine Serie von vier dreigliedrigen Ketten A–D:

Kette A

Kette B

Kette C

Kette D

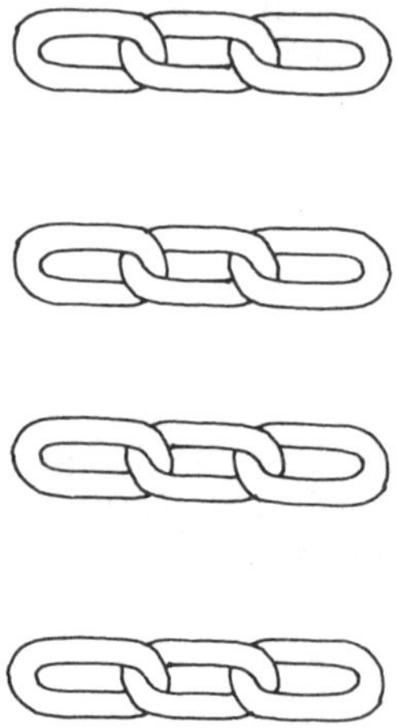

Kettenproblem (aus Wickelgren 1974, S. 56). Ausgangszustand: vier dreigliedrige Ketten.

Zielzustand sei eine große, zwölfgliedrige Halskette, hergestellt aus den vier kleinen dreigliedrigen:

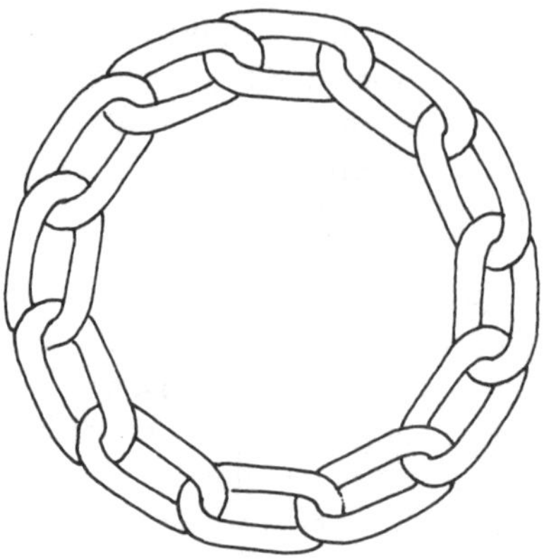

Kettenproblem (aus Wickelgren 1974, S. 56). Zielzustand: eine zwölfgliedrige Kette.

Als Lösungsoperationen seien zugelassen: Jedes Glied der Ketten darf geöffnet und geschlossen werden; jedoch dürfen nicht mehr als drei Glieder geöffnet werden. (Das Problem ist recht leicht zu lösen. Wer die Lösung nicht auf Anhieb schafft, findet sie auf der übernächsten Seite dargestellt).

In dieses Schema passen in der Tat unzählige, wenn nicht alle auftretenden Problemfälle. Man kann das Schema nun um weitere allgemeine Bestimmungen zu erweitern versuchen, so wie etwa Dörner mit den Merkmalen der Komplexität, Vernetztheit und Dynamik (s. S. 233f.) die Beschreibung von Zuständen zu differenzieren trachtet.

Psychologische Forscher werden bei der Untersuchung der Fülle real auftretender Probleme leicht in zweifacher Hinsicht überfordert:

○ Das Verständnis von Problemzuständen und Lösungsoperationen erfordert oft Spezialkenntnisse, über welche Psychologen aufgrund ihrer Aus- und Vorbildung nicht verfügen (z. B. technisches oder juristisches Fachwissen).

○ Die Komplexität, Vernetztheit und Dynamik vieler Problemzustände übersteigt das

Auffassungs- und Analysevermögen der Forscher.
Deshalb sind psychologische Untersuchungen zur Lösung komplexer und dynamischer Probleme, wie sie Dörner mit seiner oben vorgestellten Lohhausen-Studie gewagt hat, die Ausnahme geblieben. Man analysierte bisher in der Regel eng umschriebene Probleme ohne Dynamik und freie Zusatzbedingungen. Logische und mathematische Aufgaben hatten den höchsten Anteil.
Unter den logischen Aufgaben scheint sich bei den Forschern die „Kannibalen-Missionare"-Aufgabe einer besonderen Beliebtheit zu erfreuen. Sie lautet:

Drei Menschenfresser und drei Missionare wollen zusammen über einen Fluß. Aber sie haben nur ein Boot mit zwei Plätzen. Und wenn auf einem Ufer mehr Kannibalen als Missionare sitzen, ist es um die Missionare geschehen. Wie kann die ganze Expedition übersetzen, ohne daß ein Missionar ums Leben kommt?

Operationen und Zustandsänderungen sind bei dieser Aufgabe leicht auszumachen. Der Problemlöser muß das Boot mindestens elfmal den Fluß überqueren lassen, bis alle sechs Reisenden heil am anderen Ufer sind. Die Lösung umfaßt also elf Schritte. Die ursprüngliche Formulierung der „Kannibalen-Missionare"-Aufgabe könnte übrigens Vorurteile gegen Dunkelhäutige bestärken und diese verletzen. Deshalb werden die Akteure neuerdings manchmal umbenannt. So nennt etwa Thomas (1974) die gefräßigen Wesen „Orcs" und die gefährdeten Wesen „Hobbits"– im Anklang an Tolkiens Fabelwelt (s. etwa Tolkien, J. R.: Der kleine Hobbit und der große Zauberer. Recklinghausen: Paulus 1957). In Deutschland taucht neuerdings eine Version mit Jungfrauen und Vampiren auf.

Dem Kannibalen/Missionar- bzw. dem Orc/Hobbit-Problem ähnlich ist die im deutschen Sprachraum geläufige Aufgabe von dem Fährmann, der einen Wolf, eine Ziege und einen Kohlkopf über den Fluß setzen muß, aber nur einen Platz in seinem Boot frei hat.

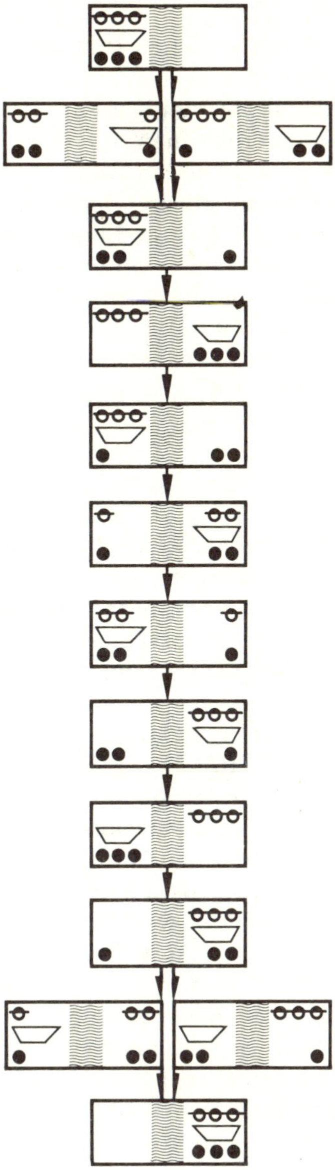

Lösung der „Kannibalen-Missionare"-Aufgabe.

(Wenn er sich nicht vorsieht, bleibt entweder der Wolf mit der Ziege am Ufer zurück und frißt sie auf, oder die Ziege bleibt mit dem Kohl allein und verschlingt ihn).

Mathematische Aufgaben müssen nicht immer Ziffern enthalten. So werden in denkpsychologischen Untersuchungen seit Bartlett

Lösung des Halsketten-Problems

Es muß eine der vier Ketten vollständig aufgelöst werden. Dann erhält man drei Glieder, die man braucht, um die verbleibenden Ketten miteinander zu verbinden. (Würde man die vier Ketten jeweils durch ihr Anfangs- oder Endglied miteinander verbinden, würde man vier Glieder verändern müssen, und das verstößt gegen die Lösungsregeln).

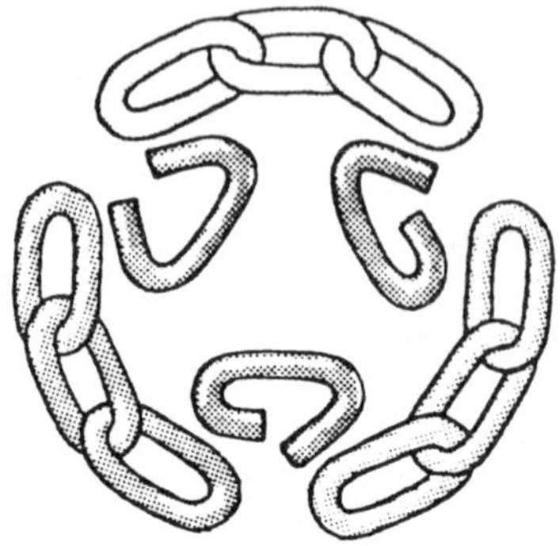

(1958) gerne kryptoarithmetische (von griech. ‚kryptos' – verborgen, griech. ‚arithmos' – Zahl) Aufgaben verwendet (zur Bedeutung von Bartlett als Denkpsychologe s. S. 153). Bei kryptoarithmetischen Aufgaben sind Ziffern durch Buchstaben ersetzt. So lautet eine kryptoarithmetische Aufgabe von Bartlett:
DONALD + GERALD = ROBERT
(Auflösung auf der folgenden Seite)

Während die Voraussetzungen für das Verständnis von logischen und mathematischen Aufgaben im täglichen Leben und im Schulunterricht vermittelt werden und daher den meisten Menschen in zivilisierten Ländern verfügbar sind, sind mehrere Aufgaben nur speziell geübten Experten zugänglich. Dazu gehören etwa Schachaufgaben. Die Lösung von Schachaufgaben haben neben anderen der Holländer Adriaan de Groot (1946) und der Russe O. K. Tichomirow (1975) untersucht. Sie analysierten u. a. das Spiel von Schachmeistern wie Euwe, Keres, Alechin und Botwinnik.

Erschöpft sich die Psychologie des Problemlösens in Beiträgen zu einer allgemeinen Theorie des Problemlösens? Erprobt sie ihre Fähigkeiten nur an Denksportaufgaben und bei der Nachanalyse von Lösungswegen einiger Experten aus anderen Berufszweigen? Diesen Eindruck kann man beim Durchmustern der einschlägigen Literatur aus der Denkpsychologie gewinnen. Aber der gesamten Psychologie fallen darüber hinaus spezifische Probleme zu, für die von ihr professionelle Lösungen erwartet werden. Es sind zumeist Probleme aus dem Bildungs- und Erziehungswesen, dem Sozial- und Gesundheitsbereich, aus dem Arbeits- und Freizeitbereich. Autoren wie Gerhard Kaminski (1970) oder Donald Meichenbaum (1977) mahnen ihre praktisch tätigen Kollegen, die Anwendung von Psychologie als einen Problemlösungsprozeß zu begreifen und Angewandte Psychologie als Spezifizierung einer allgemeinen Prozedur des Problemlösens zu betreiben.

Das Bleibende im Wechsel der Systeme ist die Aporetik, sind die Probleme.
Hartmann (1933), S. 285.

Problemlösen als zielgerichtetes Denken und Handeln

Beim Vorgang des Problemlösens lassen sich unterscheiden:
○ Eine *äußere Handlung* – dazu bestimmt,

Lösung der kryptoarithmetischen Aufgabe

DONALD + GERALD = ROBERT

0 = T
1 = G
2 = O
3 = B
4 = A
5 = D
6 = N
7 = R
8 = L
9 = E

Die Addition lautet dann:

```
  5 2 6 4 8 5
+ 1 9 7 4 8 5
  -----------
  7 2 3 9 7 0
```

ein anstehendes Problem zu beseitigen (z. B. Löschen von Feuer, Trösten eines Trauernden),

○ *innere Denkvorgänge* – sie nehmen das problemlösende Handeln vorweg und steuern dieses (z. B. taktische Überlegungen, Vorstellen eines Lösungsweges).

Innere Denkvorgänge beim Problemlösen haben eine Eigenschaft, die ihnen gegenüber dem Handeln gleichzeitig einen Vorteil und einen Nachteil verschafft. Der Nachteil: Die gedachte (theoretische) Lösung ändert nicht das geringste an der Realität. Aber das ist auch ein Vorteil. Denn nicht jede gedachte Lösung bewährt sich in der Realität. Mancher Einfall erweist sich schlicht als untauglich, und der Problemlöser muß nachträglich froh sein, ihn erst „im Kopf" geprüft und nicht gleich in der Realität erprobt zu haben. Denn – und hier geht es um die Kosten inneren und äußeren Problemlösens – die gedachte Lösung ist in der Regel – verglichen mit dem ausgeführten (praktischen) Lösungsversuch – wenig aufwendig. Sie benötigt meist weniger Zeit, verbraucht kein Material, hat keine nachteiligen Folgewirkungen. Wer etwa ohne reifliche Planung an den Bau eines Hauses geht, wird möglicherweise viel Zeit und Geld unnütz aufwenden; darüber hinaus kann noch großer Schaden entstehen, wenn z. B. das schlecht geplante Haus einstürzt. Ein Bauplan des Hauses ist schneller und leichter zu erstellen und zu prüfen; werden Fehler in der Statik durch Vorausberechnung rechtzeitig entdeckt, wird niemand dadurch zu Schaden kommen. Sigmund Freud hat daher das (problemlösende) Denken ein „probeweises Handeln" genannt und es als Funktion dem Ich des Menschen (s. S. 44) zugeschrieben. In seiner „Neuen Folge der Vorlesungen zur Einführung in die Psychoanalyse" aus dem Jahr 1932 hat Freud selbst formuliert:

„Das Denken ist ein probeweises Handeln mit kleinen Energiemengen, ähnlich wie die Verschiebungen kleiner Figuren auf der Landkarte, ehe der Feldherr seine Truppenmassen in Bewegung setzt."
(Freud 1969/1932, S. 96.)

Charakteristischerweise stammt dieser Satz aus einer Abhandlung über Angst und Verdrängung. Denken als „probeweises Handeln mit kleinen Energiemengen" erscheint dort eingebunden zwischen einem Triebanspruch (bzw. einer Gefahr) einerseits und dem Handeln andererseits. Der Begründer der Psychoanalyse trifft sich in diesem Punkt mit Vertretern des modernen Kognitivismus. Nach ihrer Sicht verschafft das problemlösende Denken eine doppelte Erkenntnis: die *Vorwegnahme eines Zielzustandes* als Alternative zum bestehenden Zustand und den *Entwurf einer Handlung* zur Erreichung dieses Zielzustandes (vgl. bereits S. 36).

Wie bilden sich nun ein Problembewußtsein und eine Zielvorstellung, die Denken und Handeln in neue Bahnen drängen? Manchmal hat man den Eindruck: Manche Anforderungen sind so beschaffen, daß sich der Mensch ihnen gar nicht entziehen kann. Die Hungersnot, die Naturkatastrophe, der Angriff eines Feindes, die Verweigerung von Partnern mögen einem naturgegebenen Grundbedürfnis des Menschen nach Leben und sozialer Gemeinschaft so sehr entgegenstehen, daß sie

Modellsimulationen

Eine Zwischenstellung zwischen den rein gedanklichen Vorwegnahmen einer Lösung und der realen Bewältigung von Problemen nimmt die Arbeit am Realmodell ein. Ein Realmodell bildet ein Stück der Wirklichkeit nach, in der Regel in wesentlich kleinerem Maßstab. Auf der folgenden Abbildung ist ein solches Realmodell zu sehen. Es stellt den Entwurf einer Talsperre dar, gebaut und geprüft vom Institut für Wasserbau an der Technischen Universität in Berlin.

Wenn das Realmodell dem nachgebildeten Bezugsbereich in der Realität hinreichend ähnlich ist, kann die Güte von erdachten Problemlösungen daran erprobt werden. Die Arbeit am Realmodell ist zwar materiell aufwendiger als der reine Denkprozeß, jedoch weniger aufwendig als die Arbeit im Bezugsbereich. Die Folgekosten eines Fehlschlags sind im Modell zumeist gering.

Neben den Realmodellen der Ingenieure, Architekten und Stadtplaner spielen in letzter Zeit vor allem Computermodelle eine Rolle. Computermodelle versuchen einen Bezugsbereich der Wirklichkeit durch einen Satz von Meßgrößen zu erfassen. Sie sind besonders geeignet, Prozeßabläufe darzustellen und vorauszuberechnen. Sie finden deshalb starke Verbreitung in der Produktions- und Wirtschaftsplanung. Nachbildungen der Wirklichkeit in Real- und Computermodellen nennt man auch Simulationen.

Modell einer Talsperre (Technische Universität Berlin).

ihm notwendig zum Problem werden müssen. Insofern kann man derartige Probleme als objektiv bezeichnen. Allerdings ist schon mancher Untersucher an der Annahme naturgegebener Grundbedürfnisse irre geworden. Zahlreiche Fälle von Selbsttötungen nähren etwa Zweifel, ob man einen Willen zum Leben zur festen Grundausstattung eines jeden Menschen rechnen kann (vgl. etwa Weinert 1976). In Konzentrationslagern mit starken Entbehrungen, Mißhandlungen und täglicher Lebensgefahr stellt sich mitunter Apathie ein (vgl. etwa den Bericht von Bruno Bettelheim 1943). So gelangt man zur Auffassung: Zum Problem wird eine Gegebenheit erst, wenn sie subjektiv als Problem gefaßt wird.

Für die Annahme einer *subjektiven Bestimmung der Bedrohlichkeit und der Problemhaftigkeit* treten vor allem kognitivistisch orientierte Autoren ein. So erklärt der Persönlichkeits- und Streßforscher Richard S. Lazarus von der Universität in Berkeley (Kalifornien), jedwede Belastung und Bedrohung unterliege einer subjektiven Bewertung (engl. ,appraisal'), und diese Bewertung könne in der Folge revidiert werden, einer Neubewertung (engl. ‚reappraisal') Platz machen (vgl. S. 412). Allen Newell und Herbert A. Simon von der Carnegie Mellon Universität haben sich wie wenige andere mit der objektiven Beschaffenheit von Problemen auseinandergesetzt, indem sie systematische Lösungsprozeduren für Prozeßrechner zu entwickeln versucht haben. Gerade ihnen ist aber bei der Beobachtung menschlicher Problemlöser aufgefallen, wie subjektiv diese die Problemeigenschaften festlegen: Sie treffen eigene Entscheidungen und haben ihre eigenen Wahrnehmungen bezüglich des Ausgangszustandes, des Zielzustandes, der Zwischenzustände und der verfügbaren Operationen. So sprechen Newell und Simon von individuellen Definitionen von Problemen (engl. ‚redefinition of problems').

Die Frage „Was wird für einen Menschen zum Problem?" ist eng verknüpft mit der Frage nach den Bedürfnissen des Menschen. Zum Problem wird ihm, was seinen Wünschen zuwiderläuft, und seine Fähigkeiten zum Problemlösen wird er vor allem einsetzen, um seinen Wünschen Befriedigung zu verschaffen. Autoren wie Berlyne (1965) nehmen jedoch an, die Lösung von Problemen könne zum Selbstzweck werden. Die Suche nach einer Lösung diene dann der Stillung eines epistemischen Bedürfnisses (von griech. ‚episteme' – Verständnis), der Befriedigung der Wißbegier. (Mehr über menschliche Bedürfnisse, insbesondere über die Annahme kognitiver Bedürfnisse wie der Wißbegier in Kapitel 10, S. 384f.)

Kontroverse Theorien zum Problemlösen

Die unterschiedlichen theoretischen Grundpositionen von behavioristischen und kognitivistischen Autoren haben auch zu unterschiedlichen Deutungen des Problemlösens geführt. Vergleichsweise einfach und pragmatisch ist die behavioristische Theorie ausgefallen. Problemlösen gelinge entweder aufgrund vorheriger Übung oder durch Zufall. Damit wird das *behavioristische Prinzip* des Lernens nach Versuch und Irrtum auf das problemlösende Verhalten angewandt (mehr darüber in Kapitel 9 über das Lernen von Verhaltensweisen).

Ein Autor, der aus der Sicht des Behaviorismus eine Theorie des Problemlösens entwikkelt hat, ist der amerikanische Psychologe Irving Maltzman. Nach Maltzman (1955) vollzieht sich das Lernen des praktischen Problemlösens auf zwei Ebenen. Zu unterscheiden sind dabei

○ spezielle Reaktionen, die unmittelbar ausgeführt und beobachtet werden können (z. B. Knüpfen eines Knotens, Zusammenkleben, Aneinanderhaken),

○ allgemeine Reaktionen, welche innerlich ablaufen und nicht unmittelbar zu beobachten sind (z. B. Verbinden, Trennen).

Die jeweilige Problemsituation wirkt nach Maltzman als komplexer Reiz. Ein solcher Reiz mag ein Wägelchen sein, das ein Kind vor seiner Haustür findet. Das Kind will den gefundenen Wagen mitnehmen, kann dies aber nicht, da es schon einen anderen Wagen hinter sich herzieht. In dieser Situation mag eine vorher gelernte allgemeine innere Reaktion „Verbinden" erregt werden. Diese Allgemeinreaktion dient nun als Vermittler (engl. ‚mediating response') zu den speziellen ausführbaren Reaktionen. Durch eine Schnur mit Knoten oder durch Anhaken kann der zweite Wagen an den ersten angehängt werden. Die speziellen Reaktionen sind also vergleichsweise variabel gegenüber der vermittelnden Allgemeinreaktion.

Die ersten *kognitivistischen Autoren*, die sich mit dem Problemlösen beschäftigt haben, sind der Gruppe der Gestaltpsychologen zuzurechnen. Zu ihnen gehören als maßgebliche Vertreter der zuerst an der Berliner Universität und dann an der Universität Frankfurt lehrende Professor Max Wertheimer (s. S. 39) und sein Berliner Schüler Karl Dunkker. Wertheimer und Duncker haben gemein-

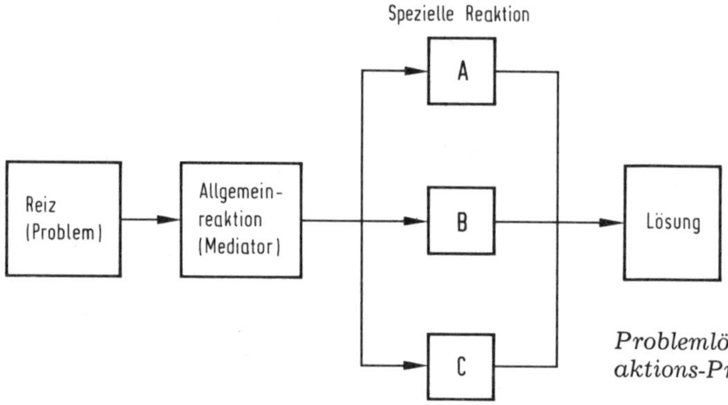

Problemlösen nach dem behavioristischen Reiz-Reaktions-Prinzip (vereinfacht nach Maltzman 1955).

sam den Begriff des produktiven bzw. schöpferischen Denkens (s. o.) wenn nicht geprägt, so doch weithin propagiert. (Karl Duncker, geboren 1903, Sohn des Gewerkschaftsführers Hermann Duncker, hat Ende der dreißiger Jahre mit seinen Lehrern Deutschland verlassen, weil er sich mit den faschistischen Kräften nicht arrangieren wollte; in den Vereinigten Staaten, wohin er emigrierte, glaubte er jedoch nicht Fuß fassen zu können und nahm sich im Alter von 37 Jahren das Leben.)

Wertheimer hielt gar nichts von der behavioristischen Erfahrungstheorie. Vielmehr war er fasziniert von der Unmittelbarkeit und Plötzlichkeit, mit der sich seiner Ansicht nach Lösungseinfälle einstellen. In seinem Buch „Produktives Denken" (Wertheimer 1957, S. 144ff.) erläutert er das an einer Fülle von Beispielen; darunter ist auch die folgende Episode von zwei Jungen (dem Vernehmen nach Wertheimers eigene Söhne): Die beiden Jungen spielen Federball. Zuerst spielen sie gegeneinander um Punkte; aber daran verlieren sie bald die Lust, denn der eine ist zwei Jahre älter und dem anderen in allen Spielen weit überlegen. Ein Wettkampf hatte unter diesen Umständen gar keinen Sinn. Aber was sollten die Jungen sonst machen? Die Jungen finden eine Lösung dieses sozialen Problems. Sie spielen nicht mehr in Konkurrenz, indem sie sich gegenseitig Fehlerpunkte anrechnen. Sie spielen vielmehr kooperativ und zählen, wie oft sie den Ball hin- und herschlagen können. Der ältere Junge setzt nun seine Überlegenheit dazu ein, die Bälle dem jüngeren klug zuzuspielen und auch ungeschickt geschlagene Bälle noch zu erreichen. Der Jüngere hat es nun leichter, den Ball in der Luft zu halten. So ist jeder der beiden Partner nach seiner Fähigkeit gefordert, und beide beobachten mit Stolz, wie ihre Schlagserien mit fortschreitender Übung immer länger werden.

Für solche Lösungen braucht es nach Wertheimer nicht unbedingt einschlägige Erfahrung, es braucht vielmehr *Einsicht.* Das „Kapieren" erwachse aus einer Erneuerung der Wahrnehmung, es zeige einen alten Sachverhalt in neuer Sicht. Mit anderen Worten: Das Problemlösen gehe einher mit der Ausbildung einer neuen kognitiven Struktur. Für diesen Wechsel prägte Wertheimer einen eigenen Begriff, den Begriff der *Umstrukturierung.* Der Autor beschreibt Wahrnehmen und produktives Denken also als Erkenntnisprozesse, deren Gleichartigkeit es herauszustellen gilt. Zuerst kommt die Wahrnehmung zum Zuge und mündet in eine erste Struktur, eine erste Form der Ordnung im Erkennen (z. B. „Federball ist ein Wettkampfspiel"). Das produktive Denken leistet einen Strukturwechsel, eine Umstrukturierung (z. B. „Federball kann man auch partnerschaftlich spielen!").

Freilich hat Wertheimers Analyse ihre Grenzen. Sie konzentriert sich auf den Augenblick der schlagartig einsetzenden neuen Erkenntnis. Aber nicht jede neue Erkenntnis setzt blitzartig ein. Sie kann sich auch stufenweise entwickeln, in einem Prozeß des längeren Suchens und Prüfens. Ein solches Suchen und Prüfen erstreckt sich zunächst auf das zu erreichende Ziel. Der Betroffene fragt: „Was will ich eigentlich?“, und wenn er eine Antwort auf diese Frage hat, entwirft er eine Strategie zur Erreichung des gesteckten Ziels. Dabei stehen ihm oft mehrere Wege zum Ziel offen, er kann verschiedenen Lösungsprinzipien folgen. Wie sich der Prozeß des produktiven Denkens schrittweise entfaltet, hat Karl Duncker in seiner berühmt gewordenen Dissertation untersucht (dazu mehr ab S. 248ff.).

In gewisser Weise schließen sich der behavioristische Ansatz und die beiden vorgestellten kognitivistischen Ansätze nicht aus; sie sind sogar geeignet, einander zu ergänzen. Für das Problemlösen gibt es offensichtlich mehrere Verfahren. Darauf haben 1974 in einem Überblickartikel D. E. Egan und J. G. Greeno hingewiesen. Das Problemlösen kann sich vornehmlich auf früher gesammelte Erfahrungen stützen und wendet sich dabei verstärkt der Vergangenheit zu. Problemlösen kann aber auch in der Gegenwart verbleiben und durch kluge Analyse neue Erkenntnis aus der gerade verfügbaren Information schöpfen. Eine dritte Möglichkeit ist: Die Aufmerksamkeit verlagert sich in die Zukunft, das Denken richtet sich auf zukünftige Ziele und auf die zu diesen Zielen führenden Strategien. Je nach Art des Problems und je nach der Zugänglichkeit früherer Erfahrung wird das Verfahren vergangenheits-, gegenwarts- oder zukunftsorientiert sein. Man könnte die Meinung vertreten: Behavioristische Autoren wie Maltzman heben den Vergangenheitsbezug des Problemlösens hervor, Autoren wie Wertheimer den Gegenwartsbezug und Autoren wie Duncker den Zukunftsbezug.

Zusammenfassung

1. Probleme unterscheiden sich u. a. in ihrer Komplexität, ihrer Vernetztheit und ihrer Dynamik. Beim erfolgreichen Problemlösen wird mit Hilfe zulässiger Operationen ein Ausgangzustand in einen End- oder Zielzustand überführt.
2. Das Problemlösen besitzt einen inneren Anteil – das problemlösende Denken – und einen äußeren Anteil – das Probleme lösende Handeln. Das problemlösende Denken läßt sich als Probehandeln deuten, in dem Ziele und Lösungstätigkeiten in ökonomischer Weise gedanklich vorweggenommen werden.
3. Das Gelingen einer Lösung führen behavioristisch orientierte Autoren auf günstige Zufälle oder auf einschlägige Erfahrungen zurück.
4. Kognitivistisch orientierte Autoren messen der Erfahrung für das Problemlösen weniger Bedeutung bei. Sie betonen die Unmittelbarkeit, mit der sich im Augenblick der Lösung eine neue Sicht eines alten Sachverhalts einstellt; es handle sich dabei um einen der Wahrnehmung vergleichbaren Erkenntnisprozeß (Umstrukturierung).

Literaturhinweise

Dörner, D.: Kognitive Merkmale erfolgreicher und erfolgloser Problemlöser beim Umgang mit sehr komplexen Systemen. In: Ueckert, H. u. Rhenius, D. (Hg.): Komplexe menschliche Informationsverarbeitung. Bern: Huber 1979, 185–195

Dörner, D.: The construction and use of memory structures in controlling very complex systems. In: Klix, F. u. Hoffmann, J. (Hg.): Cognition and memory. Berlin: Deutscher Verlag der Wissenschaften 1980, 244–252

Kreuzig, H. W.: Gütekriterien für die kognitiven Prozesse bei Entscheidungssituationen in sehr komplexen Realitätsbereichen und ihr Zusammenhang mit Persönlichkeitsmerkmalen. In: Ueckert, H. u. Rhenius, D. (Hg.): Komplexe menschliche Informationsverarbeitung. Bern: Huber 1979, 196–209

Reither, F.: Über die kognitive Organisation bei der Bewältigung von Krisensituationen. In: Ueckert, H. u. Rhenius, D. (Hg.): Komplexe menschliche Informationsverarbeitung. Bern: Huber 1979, 210–222

Dörner, D.: Problemlösen als Informationsverarbeitung. Stuttgart: Kohlhammer 1976

Hartmann, N.: Grundzüge einer Metaphysik der Erkenntnis. Berlin: De Gruyter 1921

Lorenzen, P.: Einführung in die operative Logik und Mathematik. Berlin: Springer 1955

Mesarovič, M. D.: Toward a formal theory of problem solving. In: Saff, M. A. u. Wilkinson, W. D. (Hg.): Computer augmentation of human reasoning. Washington: Macmillan 1965, 37–64

Gilfillan, F. C.: The sociology of invention. Cambridge/Mass.: Massachusetts Institute of Technology Press 1970

Drachmann, A. G.: Große griechische Erfinder. Zürich: Artemis 1967

Mesarovič, M. D.: Mathematical theory of general systems. In: Klir, G. J. (Hg.): Trends in general systems theory. New York: Wiley 1972, 251–269

Ernst, G. W. u. Newell, A.: GPS: A case study in generality and problem solving. New York: Academic Press 1969

Wickelgren, W. A.: How to solve problems. San Francisco: Freeman 1974

Thomas, J. C.: An analysis of behavior in the hobbits-orcs problem. Cognitive Psychology 6 (1974), 257–269

Bartlett, F. C.: Thinking. London: Allen u. Unwin 1958

De Groot, A. D.: Het Denken von den Schaker. Amsterdam: Utig 1946. (Engl.: Thought and choice in chess. Den Haag: Mouton 1978)

Tichomirow, O. K.: Struktur der Denkfähigkeit des Menschen. In: Bruschlinski, A. W. u. Tichomirow, O. K. (Hg.): Zur Psychologie des Denkens. Berlin: Deutscher Verlag der Wissenschaften 1975, 133–352

Kaminski, G.: Verhaltenstheorie und Verhaltensmodifikation. Stuttgart: Klett 1970

Meichenbaum, D.: Cognitive behavior modification. New York: Plenum 1977. (Dt.: Kognitive Verhaltensmodifikation. München: Urban u. Schwarzenberg 1979)

Hartmann, N.: Systematische Darstellung. Berlin: Duncker u. Dünnhaupt 1933

Freud, S.: Neue Folge der Vorlesungen zur Einführung in die Psychoanalyse. Gesammelte Werke Bd. 15. Frankfurt: Fischer 1969 (Erstausgabe 1932)

Weinert, Th.: Aggression und Depression. Göttingen: Verlag für medizinische Psychologie 1976

Bettelheim, B.: Individual and mass behavior in extreme situations. Journal of Abnormal and Social Psychology 38 (1943), 417–452

Lazarus, R. S.: Psychological stress and the coping process. New York: McGraw Hill 1966

Newell, A. u. Simon, H. A.: Human problem solving. Englewood Cliffs: Prentice Hall 1972

Berlyne, D. E.: Structure and direction in thinking. New York: Wiley 1965

Maltzman, I.: Thinking: From a behavioristic point of view. Psychological Review 62 (1955), 275–286

Wertheimer, M.: Productive thinking. New York: Harper u. Row 1943. (Dt.: Produktives Denken. Frankfurt: Kramer 1957)

Duncker, K.: Zur Psychologie des produktiven Denkens. Berlin: Springer 1935

Egan, D. E. u. Greeno, J. G.: Theory of rule induction: Knowledge acquired in concept learning, serial pattern learning and problem solving. In: Green, L. W. (Hg.): Knowledge and cognition. Potomac: Erlbaum 1974, 43–104

Der Prozeß des Problemlösens

Problemlösen durch systematische Variation

Wenn ein Mensch mit einem Problem in seinem Ausgangszustand konfrontiert ist und einige Operationen zur Verfügung hat, diesen Ausgangszustand zu verändern, so interessiert, welche Zustände er überhaupt herstellen kann. So hat sich etwa Sydow (1970) mit den möglichen Lösungsschritten zum Problem des „Turms von Hanoi" befaßt. Der „Turm von Hanoi" besteht aus mehreren Scheiben, die der Größe nach auf einem Feld A gestapelt sind. Sie sollen in der gleichen Reihenfolge auf ein Feld C gebracht werden. Dabei gelten die Regeln: Es darf erstens jeweils nur eine Scheibe zu einer Zeit bewegt werden, es darf zweitens ein Zwischenfeld B zur Ablage verwendet werden, und es darf drittens nie eine kleinere Scheibe unter einer größeren liegen. Gespielt wird in der Regel mit 5–6 Scheiben.

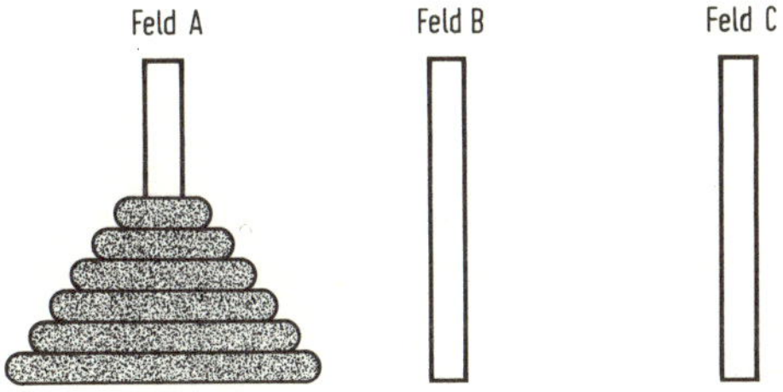

Turm von Hanoi: Ausgangsstellung.

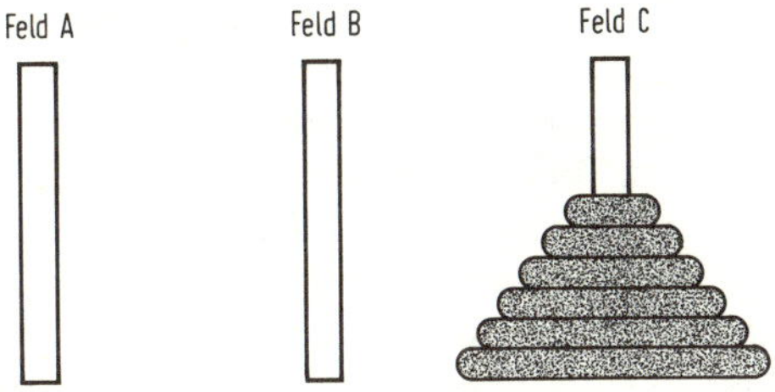

Turm von Hanoi: Endstellung.

Schon der einfache Fall eines Spiels mit zwei Scheiben eröffnet in drei Zügen 16 Aktionsmöglichkeiten mit 9 unterschiedlichen Ergebnissen, darunter die Lösung. Bei Verwendung von sechs Scheiben sind bereits mindestens 63 Züge zur Lösung erforderlich; die Zahl verschiedener Aktionsmöglichkeiten ist nach 63 Zügen auf 729 angewachsen.

Etwa zur gleichen Zeit, als Sydow zusammen mit Klix (vgl. Klix 1971) an der (Ost-) Berliner Humboldt-Universität seine Untersuchungen zu den Aktionsmöglichkeiten bei der „Turm von Hanoi"-Aufgabe durchführte, bemühten sich an der Carnegie Mellon Universität in den Vereinigten Staaten G. W. Ernst, A. Newell und Herbert Simon um die Handlungsmöglichkeiten bei anderen Aufgaben. (Herbert Simon ist Professor für Informatik und Psychologie und hat sich auch im Bereich der Wirtschaftswissenschaften hervorgetan; im Jahre 1978 wurde er mit dem Nobelpreis für Wirtschaftswissenschaften ausgezeichnet). Beide Forschergruppen bekunden ihre Absicht, eine komplette Beschreibung von Anfangs-, Zwischen- und Endzuständen von Problemen zu liefern (vgl. S. 236) und wählen für die Gesamtheit dieser Zustände übereinstimmend die Bezeichnung *Problemraum* (engl. ‚problem space'). Die Verwandlung früherer Zustände des Problemraumes in spätere erfolgt durch Operationen des Problemlösens. Die Darstellung von Problemräumen zeigt somit auch die Handlungsmöglichkeiten des Problemlösens an. Insofern nennt die Carnegie-Mellon-Gruppe solche Darstellungen auch *Aktionsbäume* oder ausführlicher Zustands-Aktions-Bäume (engl. ‚state-action-trees').

Nach Newell und Simon (1972) ist das Vorgehen im Problemraum durch zwei Grundoperationen bestimmt: durch das Hervorbringen neuer Zustände und durch die Überprü-

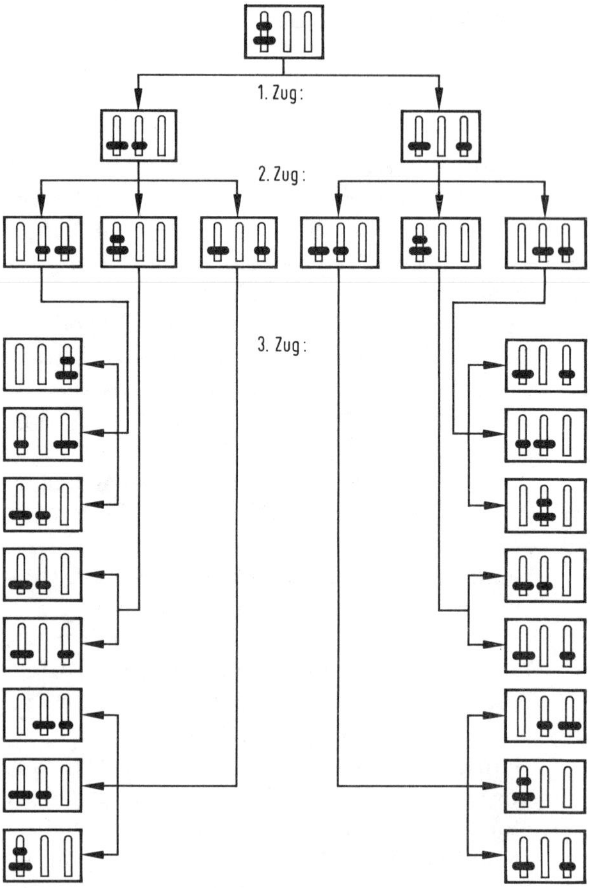

Vollständiger Aktionsbaum zur „Turm von Hanoi"-Aufgabe (bei drei Feldern und zwei Scheiben).

fung der hervorgebrachten Zustände. Beim „Turm von Hanoi" ist das Erzeugen neuer Zustände nicht schwer. Man kann es durch völlig mechanisches Hantieren erreichen. Vielleicht noch einfacher ist das Erzeugen neuer Zustände beim Safe-Problem, über das Newell und Simon berichten:

An einem Safe befindet sich ein Zahlenschloß. Ein Einbrecher will das Schloß öffnen, kennt aber nicht die richtige Zahlenkombination. Er muß also alle möglichen Zahlenkombinationen durchprobieren. Hat das Schloß zehn Räder mit je zehn Einstellungen, so wird der Räuber – wenn er großes Pech hat – erst bei der letzten Kombination nach 10^{10} oder 10 Milliarden Versuchen die Tür offen haben. Wiederholt er solche Unternehmungen öfters, wird er im Mittel fünf Milliarden Einstellungen je Schloß einkalkulieren müssen.

Der fiktive Räuber geht hier nach dem Prinzip der *vollständigen und systematischen Variation* vor: Er stellt erst neun Räder auf „1" und läßt das zehnte Rad alle Stellen von „1" bis „0" durchlaufen usw. Obwohl das Erzeugen neuer Zustände und das Prüfen des Erfolgs keine nennenswerten Schwierigkeiten mit sich bringt, ist die systematische Variation doch beschwerlich, und zwar wegen der großen

Zahl durchschnittlich erforderlicher Zustandsänderungen. Die große Zahl kommt im obigen Beispiel dadurch zustande, daß die Bedeutsamkeit einzelner Faktoren (hier: der Stellung jedes einzelnen Rades) nicht getrennt zu prüfen ist. So wäre die Lösung des Safe-Problems drastisch erleichtert, wenn sich die Endstellungen der einzelnen Räder unabhängig voneinander prüfen ließen. Dies wäre etwa bei einem schadhaften Schloß möglich, bei dem ein Klicken das Einrasten eines Rades in der Öffnungsstellung anzeigt. Könnte der Einbrecher einzeln überprüfen, bei welcher Stellung jedes Rad den Öffnungsmechanismus freigibt, dann würde sich der Aktionsbaum auf maximal 10×10 = 100 Operationen verkürzen. Der Aktionsbaum hätte dann folgende Gestalt:

Rad 1 $0 \rightarrow 1 \rightarrow 2 \rightarrow 3 \rightarrow 4 \rightarrow 5 \rightarrow 6 \rightarrow 7 \rightarrow 8 \rightarrow 9$

Rad 2 $\rightarrow 0 \rightarrow 1 \rightarrow 2 \rightarrow 3 \rightarrow 4 \rightarrow 5 \rightarrow 6 \rightarrow 7 \rightarrow 8 \rightarrow 9$

Rad 3 $\rightarrow 0 \rightarrow 1 \rightarrow 2 \rightarrow 3 \rightarrow 4 \rightarrow 5 \rightarrow 6 \rightarrow 7 \rightarrow 8 \rightarrow 9$

Rad 4 $\rightarrow 0 \rightarrow 1 \rightarrow 2 \rightarrow 3 \rightarrow 4 \rightarrow 5 \rightarrow 6 \rightarrow 7 \rightarrow 8 \rightarrow 9$

– – – – – – – – – – – – – – – – –

Rad 10 $\rightarrow 0 \rightarrow 1 \rightarrow 2 \rightarrow 3 \rightarrow 4 \rightarrow 5 \rightarrow 6 \rightarrow 7 \rightarrow 8 \rightarrow 9$

Das Safe- und das Turm-von-Hanoi-Problem sind vergleichsweise überschaubar; insbesondere ist die Zahl der bei ihnen zu beachtenden Faktoren gering. Nur unter diesen Bedingungen konnte der Aufbau und die Beschreibung eines Verfahrens der systematischen Variation gelingen. Es gibt noch weitere, übrigens praktisch bedeutsamere Probleme, bei denen der Versuch einer systematischen Variation angebracht ist. Insbesondere seitdem schnell arbeitende Rechner die Simulation von Prozessen und Gegenständen gestatten, hat das Verfahren der systematischen Variation an Bedeutung gewonnen. Ein wichtiges Anwendungsgebiet ist etwa der konstruktive Ingenieurbau. Beim Entwurf konstruktiver Elemente wie Gebäudedächern, Schiffsschrauben und Tragflächen sind die wesentlichen Einflußfaktoren wie Material, Größe und Form mit ihren Eigenschaften bekannt. Gesucht wird aber die optimale Form ihrer Verbindung (z. B. „Aus welcher Metallegierung und in welcher Form fertigt man am besten eine Tragfläche bestimmter Größe?“). Sämtliche Kombinationen von Material, Größe und Form lassen sich dann mit Hilfe eines Rechnermodells simulieren; ihre Eigenschaften lassen sich berechnen und vergleichen. So ist unter allen möglichen Varianten der beste Entwurf ausfindig zu machen.

Der Methode der systematischen Variation sind freilich enge Grenzen gesetzt. Dafür sind folgende Gründe maßgebend:

- Die für die Lösung bedeutsamen Faktoren sind oft am Beginn des Lösungsvorgangs gar nicht bekannt.
- Die Prüfung der Eigenschaften eines Zustandes ist oft mit schwierigen und langwierigen Erhebungen verbunden. (So erfordert die Beurteilung von Modellversuchen im Erziehungswesen in der Regel umfangreiche Begleituntersuchungen).
- Eine systematische Variation verspricht zwar auf Dauer die Entdeckung sämtlicher vorhandener Problemlösungen. Ist der Problemlöser aber nicht von Glück begünstigt, so droht ihn die Beschäftigung mit unbrauchbaren Lösungsvorschlägen zu entmutigen, bevor er auf eine brauchbare Lösung stößt.

Der Problemlöser – und mit ihm der Untersucher des Problemlösungsprozesses – geraten also in ein Dilemma: Grundsätzlich müßte es zu jedem Problem einen vollständigen Aktionsbaum und mindestens eine Lösung durch systematische Variation geben (falls das Problem überhaupt lösbar ist). Aber solange die Fähigkeit des Menschen, große Informationsmengen zu gewinnen, beschränkt bleibt, werden ihm die Aktionsbäume in der Regel „über den Kopf wachsen“, und die systematische Variation wird ihn rettungslos überfordern. Daher wird nach Möglichkeiten zu suchen sein, „den Aktionsbaum zu beschneiden“ – wie Wickelgren (1974) das ausgedrückt hat.

Algorithmische und heuristische Lösungen

„Den Aktionsbaum beschneiden“ bedeutet für den Problemlöser: alle Zweige entfernen, die ohnehin nicht zur Lösung führen, dafür aber die Aufmerksamkeit auf jene Zweige zu richten, die ihn einer Lösung näher bringen. Ein solches Vorhaben führt von einer systematischen Variation zu einer *planmäßig auswählenden Variation.* Eine planmäßige Auswahl ist nach zwei Verfahren möglich:

○ durch feste Lösungsprozeduren, sogenannte Algorithmen (so benannt nach Al-Chwarismi, einem arabischen Mathematiker),

○ durch Suchverfahren und Findemethoden, für die es keine feste Vorschrift gibt, die sogenannten Heuristiken (von griech. ‚heuriskein‘ – finden).

Ein unfehlbares Rezept zur Verlagerung des „Turms von Hanoi“ lautet:

1. Bei ungeraden Zügen bewege die kleinste Scheibe.
2. Bei geraden Zügen bewege die nächstkleinste freie Scheibe.
3. Ist die Zahl der Scheiben ungerade, wandert die kleinste Scheibe in Richtung A→C→B→A u.s.f. über die Felder.
4. Ist die Zahl der Scheiben gerade, wandert die bewegte Scheibe von A→B→C→A u.s.w.

Diese Regeln kann man noch stärker formalisieren (vgl. Klix 1971, S. 727). In dem Satz von Anweisungen, deren Befolgung die Lösung der „Turm-von-Hanoi“-Aufgabe garantiert, hat man ein Beispiel für einen *Algorithmus.*

Heuristiken sind weniger klar zu beschreiben. Sie können speziell auf ein bestimmtes Problem zugeschnitten sein. Ein heuristisches Prinzip, anwendbar bei der „Turm-von-Hanoi“-Aufgabe, kann etwa lauten: Beim Abräumen des Turms von Feld A muß zum Schluß Feld C frei sein, damit die größte Scheibe dahin verlagert werden kann. Oder ein anderer Fall: ein Schloß soll geöffnet werden, aber der zugehörige Schlüssel ist abhanden gekommen. Dann kann nach einem der folgenden Prinzipien verfahren werden: einen Schlüssel aus Draht o. ä. nachformen, das Schloß aufbrechen u.s.w.

Die denkpsychologische Forschung hat sich neuerdings verstärkt der Untersuchung allgemein anwendbarer Heuristiken zugewandt. Bei jedem Problem ist z. B. die Prüfung nützlich: Warum geht das eigentlich nicht? Welche Randbedingungen sind für mein Problem wesentlich, welche unwesentlich? Durch Zusammenstellung derart allgemeiner Heuristiken erhält man Leitfäden zur Behandlung von Problemen schlechthin (wie z. B. von Putz-Osterloh 1974). In allgemeine Heuristiken gehen auch Metakognitionen, d. h. Wissen über das eigene Problemlösen ein (vgl. S. 154f.).

Lösungsprinzipien und ihre Konkretisierung

Stehen keine Algorithmen bereit und fällt auch nicht schlagartig eine Lösung ein, so muß der Lösungsweg schrittweise erarbeitet werden. Allgemeine und spezielle Heuristiken sind dabei wesentliche Wegmarken. Sie helfen, die zieldienlichen Teile des Aktionsbaumes auszusondern. Dabei ist zu beachten: Zu vielen Problemen gibt es mehrere Lösungen. Verschiedene denkbare Lösungen brauchen dabei nicht gleichwertig zu sein, so daß Entscheidungen zwischen ihnen nötig werden. Außerdem herrscht auf dem Wege zur Lösung eine subjektive Unsicherheit, denn erst mit dem endgültigen Erreichen der Lösung steht die Angemessenheit des Lösungsweges außer Zweifel.

Es war Karl Duncker, der als erster den gedanklichen Weg zur Lösung einer eingehenden phänomenologischen Analyse unterzogen hat (s. bereits S. 243). Zu den von ihm am häufigsten vorgelegten Aufgaben gehört die „Bestrahlungsaufgabe“:

„... gesucht ein Verfahren, um einen Menschen von einer inoperablen Magengeschwulst zu befreien mit Hilfe von Strahlen, die bei genügender Intensität organisches Gewebe zerstören – unter Vermeidung einer Mit-

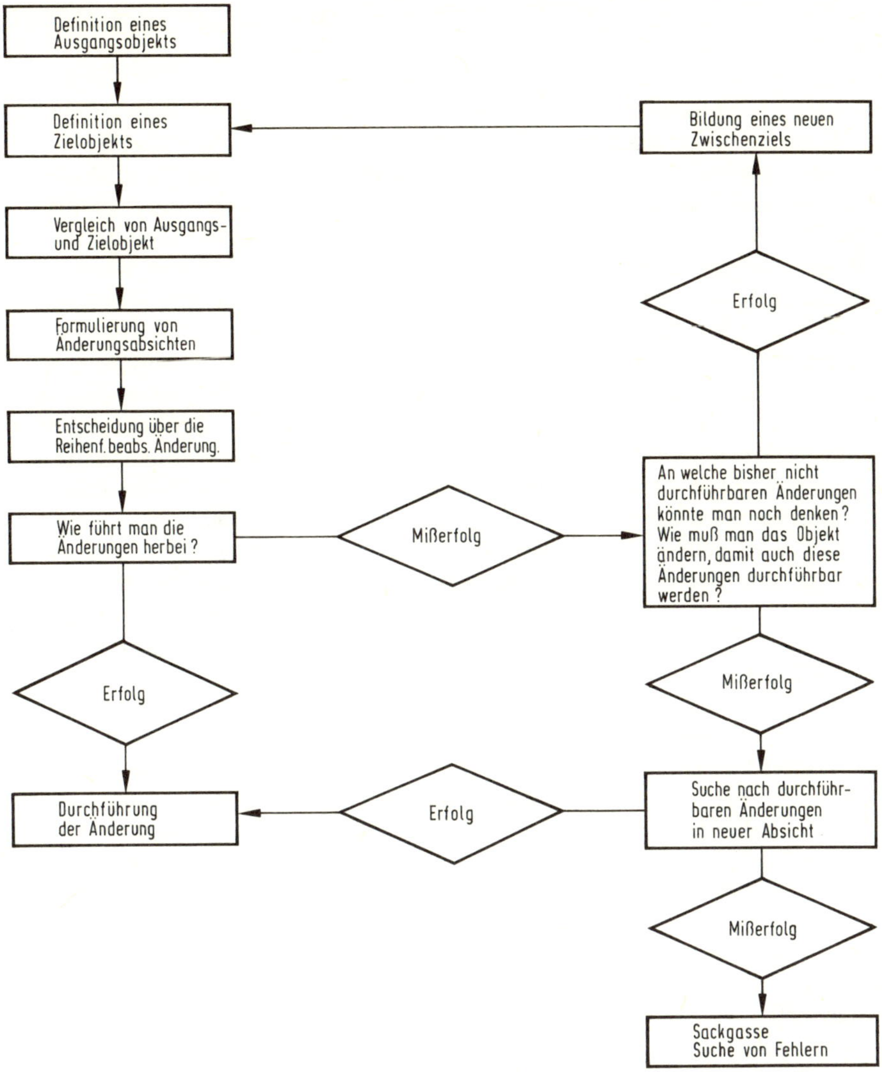

Heuristisches Schema (Allgemeinstrategie) zur Lösung von Problemen (modifiziert nach Putz-Osterloh 1974, S. 259).

zerstörung der umliegenden gesunden Körperpartien."
(Duncker 1935, S. 1.)

Mit dieser Aufgabe konfrontiert, äußern Probanden die verschiedensten Ideen: „Strahlen durch die Speiseröhre schicken", „die gesunden Gewebe durch Einspritzung unempfindlich machen", „Freilegung der Geschwulst durch Operation", „Herabsetzung der Strahlenintensität unterwegs" und manche andere. Die Lösungsvorschläge lassen sich nach drei Grundideen gruppieren: Vermeidung eines

„Evolutionistische" Lösungsverfahren

Mit Neid betrachtet der Techniker oft die Natur. Einige ihrer Schöpfungen erscheinen unübertrefflich. Ein Beispiel ist der menschliche und tierische Blutkreislauf. Die Abstufung seiner Durchmesser und die Lage seiner Verzweigungspunkte macht ihn zu einem idealen Rohrleitungssystem (nach Rechenberg 1973). Wie ist die Natur zu solchen Leistungen gelangt? Dazu die auf den Engländer Charles Darwin, den englischen Evolutionstheoretiker, zurückgehende Theorie: durch den Vorgang der Evolution. Von Generation zu Generation haben sich Erbanlagen spontan geändert (Mutation). Individuen mit verbesserten Eigenschaften hatten gegenüber anderen eine erhöhte Überlebens- und Fortpflanzungschance (Selektion).

Läßt sich dieses Verfahren, das möglicherweise in Milliarden von Jahren die heutigen Lebensformen hervorgebracht hat, auch bei kurzfristigen Problemlösungen anwenden? Der Berliner Professor für Verfahrenstechnik Ingo Rechenberg ist davon überzeugt. Er hat ein mathematisches Konstruktions- und Prüfverfahren entwikkelt, das der Evolutionsstrategie folgt. Mit Hilfe dieses Verfahrens hat er in vergleichsweise kurzen Zeiten Strahldüsen, Kühlrippen und andere konstruktive Elemente optimiert. Das gleiche Verfahren erweist sich auch in der Medizintechnik als recht nützlich. Dies zeigt ein Projekt zur Bekämpfung des Bluthochdrucks (Krowalewski, Peters u. Zerbst 1979). Patienten mit Bluthochdruck erhalten dabei einen „Nervenschrittmacher" eingepflanzt, ein elektronisches Gerät, das Impulse zum Carotissinusnerv senden kann. Der Carotissinusnerv meldet den Druck an der Halsschlagader an das Kreislaufzentrum. Wird der Nerv nun elektrisch gereizt, täuscht dies einen erhöhten Gefäßdruck vor und löst eine Gegenregulation aus. Die Folge ist ein Absinken des Blutdrucks. Ein Nervenschrittmacher kann so den Blutdruck des Patienten auf einem Normalniveau halten, ohne daß dieser zu Medikamenten greifen muß. Allerdings muß der Schrittmacher recht genau an den individuellen Patienten, insbesondere an seinen tatsächlichen Blutdruck und seine Herzfrequenz angepaßt werden. Dabei bedienen sich die Autoren der Rechenbergschen Evolutionsstrategie.

In allen diesen Fällen ist das Prinzip das gleiche: Es werden Eigenschaften in den zu optimierenden Systemen geändert – dies entspricht der Mutation. In der nachfolgenden Prüfung wird festgestellt, ob die Veränderung Vorteile bringt. Varianten mit Vorzügen werden beibehalten und weiteren Veränderungen mit nachfolgender Prüfung unterworfen (Selektion). In den genannten Fällen benötigt man in der Regel 200 bis 300 „Generationen", um Erfolg zu haben.

Evolutionistische Lösungsverfahren nehmen offenbar eine Zwischenstellung zwischen heuristischen und algorithmischen Prozeduren ein.

Kontakts zwischen Strahlen und gesundem Gewebe, Immunisierung des gesunden Gewebes gegenüber Strahlen sowie Herabsetzung der Strahlung auf dem Wege durch das gesunde Gewebe. Diese Grundideen enthalten in allgemeiner Form drei Möglichkeiten der Lösung des Bestrahlungsproblems, sie verkörpern drei allgemeine *Lösungsprinzipien.*

Jedes Lösungsprinzip kann nun weiter präzisiert werden. Ein Kontakt zwischen Strahlen und gesundem Gewebe wäre etwa zu vermeiden

○ durch Benutzung eines gewebefreien Zugangs zum Magen; als ein solcher freier Zugang ließe sich die Öffnung der Speiseröhre benutzen,

○ durch eine operative Entfernung gesunder Gewebe aus der Strahlenbahn; das wäre der Fall bei einer Freilegung des Magens,

○ durch Einführung einer Schutzwand zwischen Strahlenbahn und gesundem Gewebe; so könnte man die Strahlen durch eine Kanüle bis zum Magen leiten.

Eine Herabsetzung der Bestrahlung auf dem Wege durch das gesunde Gewebe ließe sich u. a. erreichen

○ durch Streuung der Strahlen auf dem Wege durch das Gewebe und Bündelung der Strahlen am Ort des Tumors (eine Person macht den Vorschlag, dies durch eine Linse zu bewerkstelligen),

○ durch eine Rotation des Patienten bei fester Bestrahlungsrichtung; diese soll so beschaffen sein, daß der Tumor stets von den Strahlen voll getroffen wird, das von den Strahlen passierte gesunde Gewebe aber stets wechselt,

○ durch eine Rotation des Bestrahlungsapparates um den Patienten; dadurch ist ebenfalls eine dauernde Bestrahlung des Tumors bei wechselnder Einflußnahme auf das umgebende Gewebe gewährleistet.

Duncker nennt die Darstellung verzweigter Lösungswege *Lösungsstammbäume.* In der Tat ähneln sie den Stammbäumen der Genealogie (Ahnenforschung).

Die Dunckerschen Lösungsstammbäume haben mit den Aktionsbäumen der Carnegie-Mellon-Gruppe (s. S. 245) die Form gemeinsam. Sie beziehen sich aber auf andere Inhalte. Werden in den Aktionsbäumen aufeinanderfolgende Operationen erfaßt, so beschreiben Lösungsstammbäume gedankliche Schritte. Während im Aktionsbaum grundsätzlich die Begründung für die Wahl einzelner Operationen offen bleiben kann, liefern die Denkschritte im Lösungsstammbaum die Argumentationsgrundlage für die Ausführung von Handlungen.

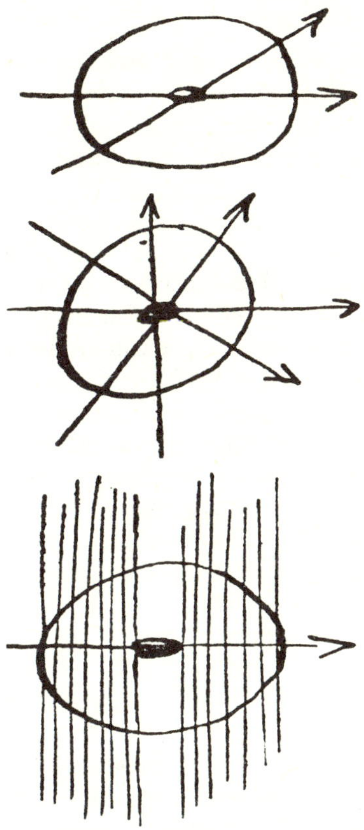

Drei Lösungsvorschläge, wahrscheinlich von Duncker für eine Veröffentlichung aus dem Jahre 1926 selbst skizziert (Faksimile-Abdruck).

Die Dunckerschen Lösungsstammbäume entfalten sich jeweils in mehreren Zweigen; diese gliedern sich insbesondere nach herangezogenen allgemeinen Lösungsprinzipien. Indem Zweige verschiedene Ebenen erreichen, gewinnen sie an Konkretheit. So bleibt in der Idee „Leitung der Strahlen durch die Speiseröhre“ der gesamte Inhalt des übergeordneten Prinzips „Vermeidung eines Kontakts zwischen Strahlen und gesundem Gewebe“ erhalten. In der untergeordneten Idee wird die übergeordnete lediglich durch zusätzliche Merkmale genauer bestimmt.

Es gibt keine richtigen und falschen Theorien. Es gibt nur fruchtbare und sterile Theorien.
Claude Bernard 1813–1878, Physiologe

Nicht alle erdachten Lösungen sind akzeptabel. Lösungen sind oft falsch, weil sie auf nicht zutreffenden Voraussetzungen beruhen. Manche Lösungen sind nicht geradezu falsch zu nennen; sie sind aber doch für praktische Zwecke zu verwerfen, weil sie unter den gegebenen Umständen nicht zu verwirklichen sind oder weil sie ungünstige Nebenwirkungen haben. So ist es zweifellos eine hervorragende Idee, das Gewebe durch eine Injektion vor Strahlung zu schützen. Aber die Idee läßt sich nicht verwirklichen, solange die schützende Substanz nicht entdeckt ist. Die operative Freilegung des Tumors würde in der Tat unerwünschte Strahlenschäden vermeiden – aber um welchen Preis! So scheint tatsächlich der Wechsel der Bestrahlungsrichtung die praktikabelste Lösung innerhalb des dargestellten Lösungsstammbaumes zu sein.

Ein Lösungsstammbaum kann sich „von oben her" – wie Duncker schreibt – durch fortschreitende Konkretisierung entwickeln. Typisch für diese Lösung „von oben her" ist das Durchlaufen der Stadien:
- ursprüngliche Problemstellung,
- Finden eines Lösungsprinzips,
- sukzessive Konkretisierung des Prinzips bis zum Erreichen der Praktikabilität.

Die praktische Auswertung theoretischer Erkenntnisse

Entdeckungen und Erfindungen bleiben mitunter ungenutzt, weil kein hinreichend großer Bedarf dafür vorhanden ist oder es an der nötigen Technologie fehlt, um sie in größerem Maßstab nutzbar zu machen. Recht lehrreich ist in diesem Zusammenhang die Geschichte der Zuckerfabrikation (nach Darmstaedter 1926, S. 76ff.).

Zunächst war nur der Rohrzucker bekannt. Erst im Jahre 1747 hat Andreas Sigismund Marggraf (1709–1782), Apotheker und Privatgelehrter in Berlin eine Abhandlung über „Chymische Versuche, einen wahren Zucker aus verschiedenen Pflanzen, die in unseren Ländern wachsen, zu ziehen" veröffentlicht. In dieser Schrift sagt er: „Ich kam gelegentlich auf den Gedanken, auch die Teile verschiedener Pflanzen, welche einen süßen Geschmack besitzen, zu erforschen, und nach mannigfachen Versuchen, welche ich angestellt habe, fand ich, daß einige dieser Pflanzen nicht nur einen dem Zucker ähnlichen Saft, sondern in der Tat wirklichen Zucker enthalten, der dem bekannten, aus dem Zukkerrohr gewonnenen, genau gleicht." Als Pflanzen, aus deren Wurzeln er solchen Zucker isoliert hat, nennt er den weißen Mangold, die Zuckerwurzel und den „Rübenmangold" oder „Runkelrübe" genannten roten Mangold.

Marggraf hat die Gewinnung und Reinigung des Rübenzuckers beschrieben, aber nie eine Rübenzuckerfabrikation größeren Stils angestrebt. Die gewerbsmäßige Rübenzuckerfabrikation wurde vielmehr erst von seinem Schüler Franz Karl Achard begonnen. Benjamin Delessert brachte das Verfahren 1812 zu großer Ergiebigkeit. Das war damals von erheblicher wirtschaftlicher Bedeutung, denn Europa stand unter einem „Zuckerschock". Durch die Kontinentalsperre Napoleons I. gegen England waren die Einfuhren an Zuckerrohr aus Übersee drastisch zurückgegangen.

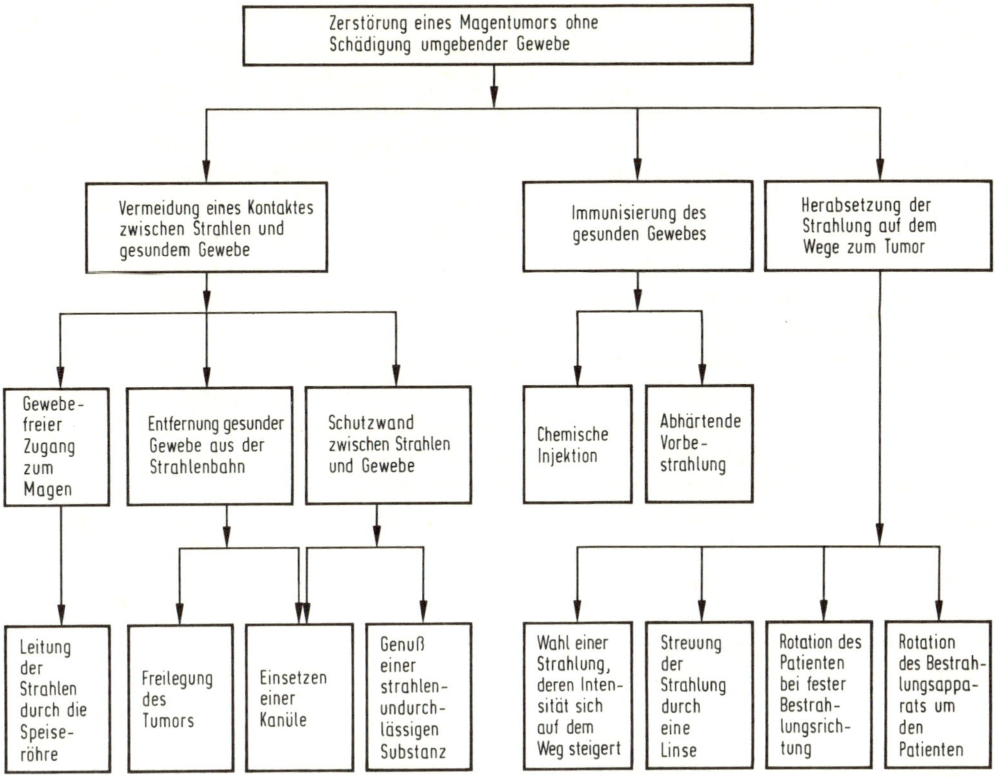

Wege zur Lösung des Bestrahlungsproblems (nach Duncker 1935, S. 5, ergänzt nach Angaben im Text).

Im Einzelfall bedarf es freilich nicht des gewissenhaften Abarbeitens dieser Kette. Oft folgt auf die Problemstellung gleich der Einfall einer konkreten Lösung (z. B. „da lassen wir den Patienten einfach rotieren"). Der Lösungsstammbaum wird dann „von unten her" entwickelt. Zu dem konkreten Lösungsvorschlag werden sinnvolle Lösungsprinzipien gesucht; lassen sie sich finden, wird die konkrete Lösung als funktional anerkannt.

Fraktioniertes Problemlösen

Im Rückblick erscheint der Weg zur Lösung oft klar und gradlinig. Hat man erst Kenntnis von dem einschlägigen Aktionsbaum, sind die kürzesten und unaufwendigsten Pfade vom Problem zur Lösung leicht auszumachen. Solche Kenntnis fehlt aber zumeist bei der Konfrontation mit neuen, komplexen Problemen. Schon die Probanden Dörners, die für einige Stunden den Bürgermeister von Lohhausen spielen sollen (s. S. 232 f.), werden in den ersten Minuten ratlos sein: „Was soll ich denn nur anfangen!" Noch größer und bedrückender kann diese Ratlosigkeit in komplexen Situationen mit Ernstcharakter werden: beim Flüchtling, den das Schicksal in ein fremdes Land verschlagen hat; beim Regierungschef, der sein Amt während einer Krise antritt; beim Planer zu Beginn eines großen Vorhabens. Solche Personen werden gut daran tun, dem Ratschlag zu folgen: „Nicht das gesamte

Problem auf einen Schlag bewältigen wollen! Lieber das Problem in mehrere kleinere Brokken aufgliedern!"

Diese Aufgliederung kann in zweierlei Weise erfolgen:

○ nach Teilproblemen, die zeitlich parallel zu bewältigen sind; (zum Beispiel wird der Regierungschef getrennt, aber zeitlich parallel die Versorgung der Bevölkerung mit Nahrungsmitteln und den Aufbau einer leistungsfähigen Verwaltung zu betreiben haben),

○ nach Teilproblemen, die nacheinander zu bewältigen sind; (so wird der Flüchtling in einem fremden Land zuerst eine Unterkunft und danach eine Arbeitsstelle suchen).

Die Aufgliederung eines Gesamtziels oder Oberziels in mehrere (simultan oder sukzessiv zu erreichende) Teilziele oder Unterziele erhöht die Überschaubarkeit der Anforderungen und teilt den Lösungsprozeß in mehrere (simultan oder sukzessiv abzuwickelnde) Schritte. Man kann dies als *Fraktionierung* (von lat. ‚fractio' – Bruch) des Problemlösens bezeichnen.

Insbesondere die Gliederung des Lösungsprozesses in mehrere aufeinanderfolgende Schritte kann man bei fast allen schwierigen Aufgaben beobachten. Bei der Missionar-Kannibalen-Aufgabe (s. S. 237) ist ein häufig verfolgtes Zwischenziel: Erst einmal alle Missionare über den Fluß bringen. Bei der Verlagerung des „Turms von Hanoi" ist ein häufiges Zwischenziel: Erst einmal die größte Scheibe freilegen.

Am eingehendsten ist die Zieldifferenzierung in psychologischen Untersuchungen beim Schachspiel behandelt worden. Der Reiz des Schachspiels liegt ja nicht zuletzt darin, daß kaum eine Partie der anderen gleicht und sich im Verlauf des Spiels die verschiedensten Probleme stellen. Tichomirow (1975, S. 147) benennt eine Hierarchie von Aufgaben:

○ entscheidend: das Matt (von pers.-arab. ‚esch-schah-mat' – der König ist tot), d. h. die Eroberung des fremden Königs;

○ strategische (langfristig angelegte) Pläne: Überlegungen, durch welche langfristigen Entwicklungen (Stellungsvorteil, Materialvorteil) man in den Besitz des gegnerischen Königs gelangen kann;

○ taktische (kurzfristig angelegte) Methoden wie Zerstörung einer Figurenreihe, Vertreiben des gegnerischen Königs in eine Ecke, aus der es kein Entkommen gibt usw.

Innerhalb dieser Hierarchie findet jede Aktion eines Spielers, jeder Spielzug einen Sinn.

Zu Beginn des Spiels sind die gegnerischen Figuren – unterscheidbar an ihrer Farbe Weiß und Schwarz – in größtmöglicher Entfernung an den Grundlinien des Schachbretts versammelt. Die Figuren sind eingezwängt und müssen „entwickelt", d. h. sicher zur Mitte des Bretts gebracht werden, wo sie eine größere Bedrohlichkeit entfalten. Die Mittelphase des Schachspiels ist durch recht komplizierte Stellungen mit zahlreichen Figuren gekennzeichnet. Auch in dieser Phase ergibt sich nicht immer die Gelegenheit zum Angriff auf den gegnerischen König. Neben der stetigen Verbesserung der eigenen Stellung gilt das Streben deshalb dem Gewinn eines Übergewichts an Figuren. In der Schlußphase sind die beiden Könige ihrer meisten dienenden Figuren beraubt. Sie werden dann selbst aktiv, bis einer von ihnen mattgesetzt ist oder – der Fall des unentschiedenen Ausgangs – keiner der beiden Spieler ein Matt erzwingen kann.

Die verschiedenen Ziele des Schachspiels, „Entwickeln von Figuren", „Figurengewinn", „Stellungsvorteil" und „Mattsetzen des gegnerischen Königs", werden so in eine zeitliche Reihenfolge gebracht. Einem *Oberziel* „Mattsetzen" werden mehrere *Unterziele* vorgelagert. Dabei stehen die Unterziele im Dienste des Oberziels. Die Zielhierarchie setzt sich in eine Abfolge von Zielen um.

Sukzessiv und simultan zu verfolgende Ziele im Ablauf des komplexen Problemlösens kann man als Netz darstellen. Ein solches Netz von Zielen wird auch als *Zielstruktur* bezeichnet.

Die Fraktionierung eines Problems in Teilprobleme bzw. die Trennung eines Lösungs-

Schachspiel Anfangsstellung:
Die Figuren müssen zuerst in eine günstige Stellung gebracht werden.

Schachspiel Mittelphase:
Die Figuren sind weitgehend in Stellung gebracht, nun geht es vorzugsweise um Materialvorteile.

Schachspiel Endphase:
Der schwarze König kann sich der Übermacht weißer Figuren nicht erwehren und steht vor dem Matt.

ablaufs in Teilschritte birgt freilich auch eine Gefahr: die einseitige Konzentration auf Teilaufgaben zum Schaden des Ganzen. Dörner (1979) nennt einen solchen Rückzug „Einkapselung". Aus seiner Lohhausen-Studie berichtet er zum Beispiel:

„... nahm eine Versuchsperson die Nachricht vom beschleunigten Niedergang der städtischen Finanzen zwar zur Kenntnis, beschloß kurz einige Gehaltskürzungen, um sich sodann intensiv und mit hohem Zeitaufwand der Organisation eines Popfestivals zuzuwenden ... Dies war wohl hauptsächlich eine Fluchtreaktion."
(Dörner 1979, S. 180)

So wird es wichtig, bei einer Aufgliederung von Problemen den Überblick über die gesamte Zielstruktur nicht zu verlieren. Das bedeutet bei simultan zu erledigenden Aufgaben: Keine Einschränkung der Aufmerksamkeitsbreite! Und bei sukzessiv sich stellenden Anforderungen: Hinreichend weit vorausschauen!

Analysen und Transformationen auf dem Weg zur Lösung

Erschwert wird das Problemlösen, wenn das Problem nicht klar ist. Oft gibt es das diffuse Erleben, etwas sei nicht in Ordnung, ohne die Gewißheit, was da nicht in Ordnung sei. Der von solchem Erleben Erfaßte gerät leicht in Zwiespalt mit der Wirklichkeit. Der Schriftsteller (und Soziologieprofessor) Urs Jaeggi hat dieses Befinden in einer seiner Erzählungen zum Ausdruck zu bringen versucht:

„Floßli saß auf einem langen, flachen Stein, und sein Atem pfiff kaum vernehmbar. ... Er wußte nicht, wie ihm geschah. Er gab seinem Körper schuld, der seit seiner Jugend von einer Müdigkeit befallen war, deren Ursache keiner der vielen Ärzte, die er deswegen aufgesucht hatte, ermitteln konnte. Er hatte das Rauchen aufgegeben und auch das Trinken, aber es half nichts. Mit zunehmendem Alter wurden die Beschwerden heftiger. Ihn schwindelte. Er brach in Schweiß aus, wenn

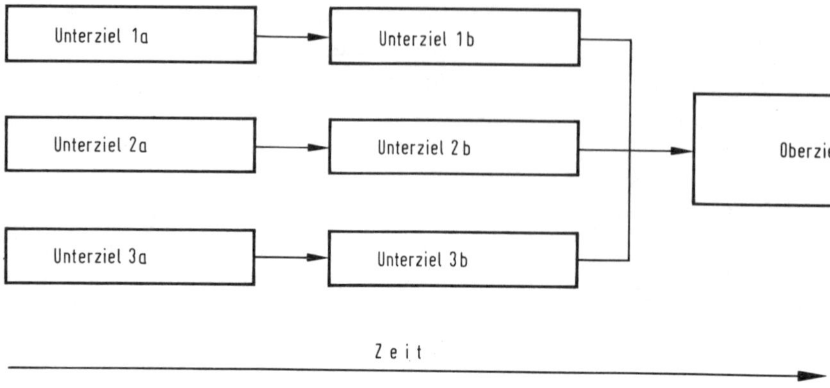

Graphische Darstellung einer Zielstruktur.

er länger als eine Stunde auf den Füßen war. Er fühlte eine unermeßliche Kluft zwischen sich und der Welt, sobald er mit seinen Mitmenschen in Berührung kam. Fühlte sich beschmutzt und verraten. Es überfiel ihn sichtliche Trauer."

(Jaeggi, U.: Die Wohltaten des Mondes. München: Piper 1963, S. 34f.)

Wenn die Kenntnis des zu lösenden Problems unzureichend ist, muß das Problemlösen mit einer Präzisierung des Problems beginnen. Diese Präzisierung schließt regelmäßig die Fragen ein:

○ Was sind die unmittelbaren Störfaktoren (z. B. Krankheiten, Versorgungsmängel, Unverträglichkeit von Partnern)?

○ Was sind die weiterreichenden Ursachen dieser unmittelbaren Störfaktoren (z. B. falsche Diät als Ursache von Gesundheitsstörungen, Mängel im Transportsystem als Ursache von Versorgungsschwierigkeiten)?

Die Definition der Ausgangslage erfordert einen eigenen Prozeß, den Prozeß der *Problemanalyse*. Einen wesentlichen Teil der Problemanalyse hat bereits Karl Duncker als Konfliktanalyse beschrieben. Die Konfliktanalyse beschäftigt sich mit der Frage „Warum geht das eigentlich nicht?", bzw. „Was ist der Grund des Übels (Konflikts)?" (Duncker 1935, S. 25).

Eine Unklarheit anderer Art kann den Lösungszustand, das Endziel betreffen. Das Endziel mag sich – falls der Anfangszustand bekannt ist – lediglich als Verneinung des Anfangszustandes darstellen. Dazu ein Beispiel: Die historische Forschung und die aktuelle Berichterstattung haben ein recht genaues Bild der kriegerischen Auseinandersetzungen in diesem Jahrhundert vermittelt. Bekannt sind aus Kriegszeiten die politischen Krisen, die militärischen Potentiale, Truppenbewegungen, die Opfer unter den Kämpfenden und der Zivilbevölkerung. Die Leiden der von Kriegen betroffenen Völker sind so eindringlich empfunden worden, daß für eine überwältigende Zahl von Menschen die Folgerung unabweislich wurde: „Nie wieder Krieg!" Dies ist eine Zielvorstellung, hervorgegangen aus einer Negation der Existenz von Kriegen. Aber wie stellt man den Zielzustand unter den gegebenen politischen, geographischen, wirtschaftlichen und kulturellen Bedingungen her? Friede läßt sich ja nicht nur als passiv zu genießende Abwesenheit von Kriegen auffassen, sondern auch als aktive Sicherung vor Gewalt. Ist also etwa die totale Abrüstung der zumindest mittelfristig anzustrebende Zustand oder das Gleichgewicht der militärischen Kräfte? Solchen und weiteren Fragen der Zieldefinition widmet sich neben einer breiten Öffentlichkeit ein neuer Zweig der interdisziplinären Forschung, die Friedensforschung oder Konfliktforschung (vergleiche etwa die „Friedensanalysen für Theorie und

Praxis" 1975–1977). Duncker hat auch auf den Vorgang der Zielpräzisierung hingewiesen. Er hat ihn als *Zielanalyse* bezeichnet. Nach Duncker (1935, S. 27)

„... ist für einen echten Denkprozeß charakteristisch die Analyse des Ziels, des Geforderten, die Frage ‚was will ich eigentlich?' und etwa die ergänzende Frage ‚was kann ich entbehren?'"

Selbst wenn Anfangs- und Endzustand hinreichend bekannt sind, kann der Lösungsprozeß eine Lücke aufweisen: Es fehlt noch der Übergang zwischen Anfangs- und Endzustand. So ist bei der „Turm-von-Hanoi"-Aufgabe ebenso wie bei der Missionar-Kannibalen-Aufgabe (s. wieder S. 237 und S. 245) der Anfangs- und Endzustand eindeutig angegeben. Die Frage ist dann: Wie gelangt man zum Endzustand? Dörner (1976, S. 14) nennt solche Aufgaben Interpolationsprobleme, Klix (1971, S. 691 ff.) spricht in solchen Fällen wie schon Duncker (1935, S. 9f.) von Transformationen (Umformungen).

Transformationen betreffen den Zustand von Gegenständen, Personen, Ereignissen. So mag bei der Behandlung des Problems „Abschleppen von Fahrzeugen" die Idee einer Verwendung von Abschleppseilen nicht befriedigen, weil die Verformbarkeit des Seils ein Auffahren des abgeschleppten Fahrzeugs begünstigt. Hier stellt sich dann die Frage nach einer Verbindung, die alle wesentlichen Vorzüge des Seils besitzt, keine erheblichen Nachteile und darüber hinaus noch die Eigenschaft, den Abstand zwischen abgeschlepptem Fahrzeug und Abschleppfahrzeug konstant zu halten. Dies läßt sich – wie bekannt – durch eine feste Metallstange bewerkstelligen. Die „Verwandlung" eines Seils in eine Metallstange beruht auf einer gedanklichen Veränderung bzw. Transformation von Eigenschaften. Eine solche Transformation erfordert das Entfalten von *Eigenschaftsräumen.* Die Entfaltung eines Eigenschaftsraums hat Klix (1971) für den Bereich „Metalle" veranschaulicht:

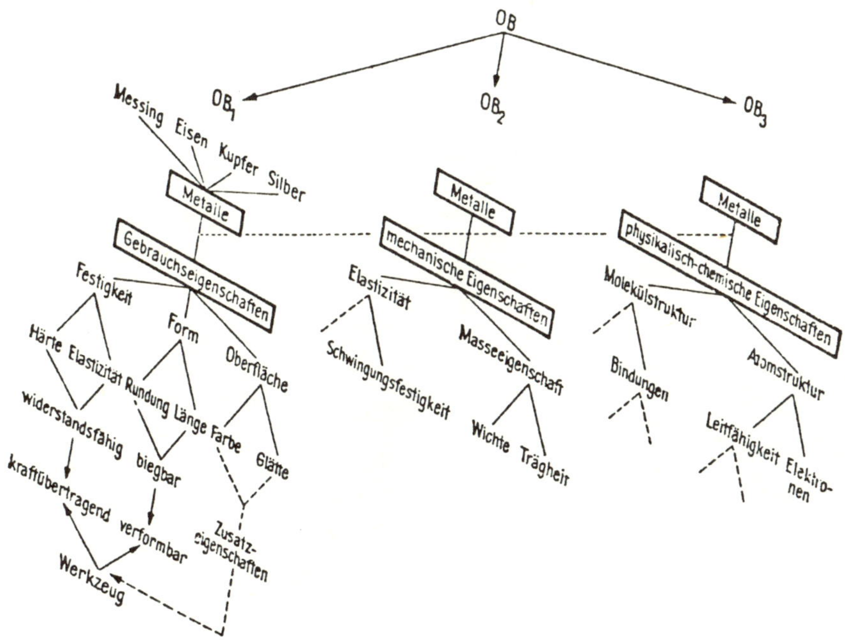

Eigenschaftsraum für den Bereich „Metalle" (Klix 1971, S. 667).

Fortschrittsglaube

Eigentlich muß der Weg zu einem Ziel genau bekannt sein, bevor die jeweilige Entfernung zum Ziel einzuschätzen ist. So wäre auch anzunehmen: Solange ein Mensch ein Problem nicht gelöst hat, ist er nicht imstande anzugeben, wieviel Zeit er noch bis zur Lösung des Problems benötigt, ja ob ihm überhaupt eine Lösung gelingen wird. Erfahrungsgemäß ist das aber nicht so. Noch bevor eine Person ihr Problem gelöst hat, hat sie mitunter den Eindruck: „Nun hab' ich's aber bald!" Wie kann das geschehen?

Offenbar verfolgen Menschen recht aufmerksam ihren Lösungsprozeß. Sie stellen dabei Fortschritte in diesem Prozeß fest: zunehmende Klarheit der Problem- und Zielauffassung, Vermehrung der Zahl erreichter Unterziele, Erfolge bei der Merkmalstransformation. Sie erfahren auch die Geschwindigkeit dieser Fortschritte. Und sofern sie Erwartungen bezüglich der fehlenden Teile der Lösung entwickeln, stellt sich auch ein Urteil über die Wahrscheinlichkeit, die Geschwindigkeit und die Mühseligkeit des endgültigen Erfolges ein.

Ein starker Fortschrittsglaube regt die Forschungsbemühung und den Erfindungseifer an. Deshalb kommt den Vorhersagen wichtiger Neuerungen große Bedeutung zu. Die Verläßlichkeit solcher Vorhersagen im wissenschaftlich-technischen Bereich wird freilich oft mit Skepsis beurteilt. So sind etwa die Prognosen von Experten aus dem Jahre 1963 bekanntgeworden. Der Wirtschaftswissenschaftler Olaf Helmer hat 1966 eine repräsentative Auswahl von ihnen zusammengestellt.

Wie sich nunmehr aus der Sicht der achtziger Jahre feststellen läßt, sind nicht alle der bis 1980 vorhergesagten technisch-naturwissenschaftlichen Fortschritte tatsächlich eingetroffen. Dafür fehlt in der Liste die wohl praktisch bedeutsamste Neuerung der siebziger Jahre: die Einführung von Mikroprozessoren.

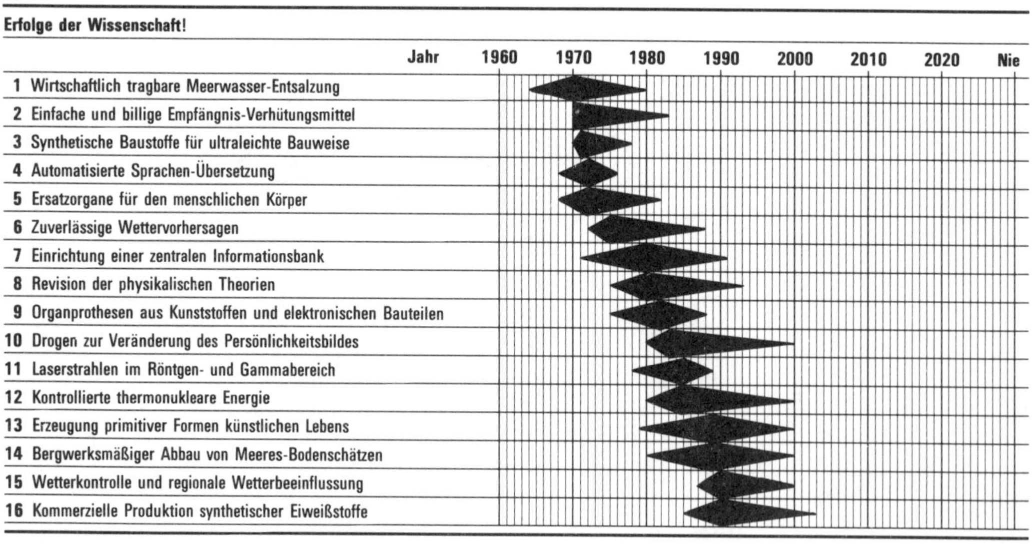

Expertenprognosen über wissenschaftlich-technische Fortschritte aus der Sicht der frühen sechziger Jahre (nach Helmer 1966).

Anhand der Graphik auf S. 257 ist leicht nachzuvollziehen, wie man mit Hilfe von „Wanderungen" durch den Eigenschaftsraum unliebsame Merkmalskombinationen durch erwünschte ersetzen kann.

Die Prozesse der Problemanalyse, der Zielanalyse und der Transformation (bzw. Interpolation) sind hier getrennt dargestellt worden. Das soll freilich nicht bedeuten, daß es zur Lösung konkret auftretender Probleme jeweils nur der Problemanalyse oder nur der Zielanalyse oder nur der Transformation bedürfe. In vielen Problemsituationen sind vielmehr Problemanalyse, Zielanalyse und Transformation gleichermaßen vonnöten; zum Teil bauen sie aufeinander auf, zum Teil entwikkeln sie sich nebeneinander. Möglicherweise hat LeFaivre (1974) recht, wenn er meint, beim praktischen Problemlösen sei zunächst keine der Gegebenheiten klar. Die Theorie des Problemlösens müsse sich daher auf die Bedingungen der Verschwommenheit einrichten. Er schreibt:

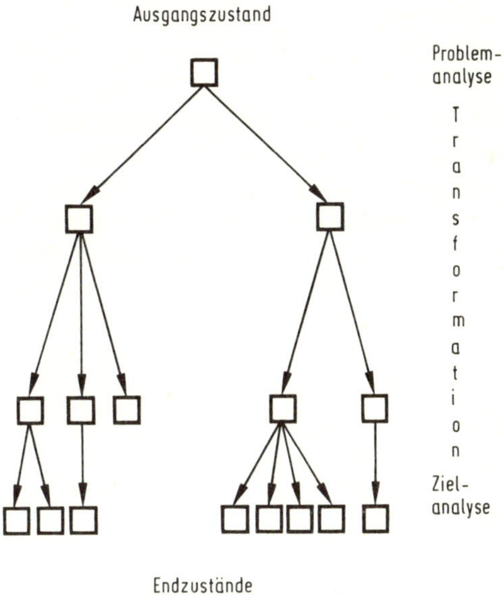

Lösungsprozesse, dem Aktionsbaum zugeordnet (vgl. S. 245f.).

„Man könnte meinen, daß wir noch nicht weit genug sind, uns mit dem verschwommenen Wissen (im Original: ‚fuzzy knowledge') zu beschäftigen – schließlich haben wir ja genug Schwierigkeiten mit der Behandlung des nicht-verschwommenen Wissens (im Original: ‚non-fuzzy knowledge'). Selbstverständlich hatten wir es in Gebieten wie Mustererkennen, Problemlösen und Lernen immer mit verschwommenem Wissen zu tun. Deshalb sollte man jetzt versuchen, sich mit der allgemeinen Beschaffenheit des Lösens unscharfer Probleme (im Original: ‚fuzzy problem-solving') zu befassen und erörtern, wie weit die traditionellen klaren Probleme ‚verunklart' (und damit den Problemen der natürlichen Welt angenähert) werden können."
(Eigene Übersetzung aus LeFaivre 1974, S. 153.)

Zusammenfassung

1. Zur Lösung eines Problems kann man gelangen durch systematische (und möglichst vollständige) Variation der Zustände im Problemraum, durch Anwendung von Algorithmen (festen Lösungsregeln) und durch Einsatz von Heuristiken (Such- und Findehilfen).
2. Beim schrittweisen Problemlösen wird durch zunehmende Konkretisierung aus einem allgemeinen Lösungsprinzip die ausführbare Lösung gewonnen. Das Fortschreiten von abstrakten Lösungsprinzipien zu konkreten Lösungen läßt sich in Form eines Lösungsstammbaumes darstellen.

3. Das Problemlösen erfolgt oft fraktioniert, d. h. nach Teilproblemen gegliedert. Diese Teilprobleme sind mitunter zeitlich parallel zu bewältigen, mitunter erscheinen sie in zeitlicher Staffelung.
4. Die Schwierigkeiten des Problemlösens erwachsen aus der Unklarheit der Ausgangslage, des Zielzustandes oder des Weges vom Ausgang zum Ziel. Zur Beseitigung dieser Unklarheiten wird eine Problemanalyse, eine Zielanalyse oder eine Suche nach Transformationen erforderlich. Die Suche nach Transformationen schließt das Durchmustern von Eigenschaftsräumen ein.

Literaturhinweise

Sydow, H.: Zur metrischen Erfassung von subjektiven Problemzuständen und deren Veränderungen im Denkprozeß. Zeitschrift für Psychologie 177 (1970), 145–198

Klix, F.: Information und Verhalten. Bern: Huber 1971

Ernst, G. W. u. Newell, A.: GPS: A case study in generality and problem solving. New York: Academic Press 1969

Newell, A. u. Simon, H. A.: Human problem solving. Englewood Cliffs: Prentice Hall 1972

Wickelgren, W. A.: How to solve problems. San Francisco: Freeman 1974

Putz-Osterloh, W.: Über die Effektivität von Problemlösungstraining. Zeitschrift für Psychologie 182 (1974), 253–276

Duncker, K.: Zur Psychologie des produktiven Denkens. Berlin: Springer 1935

Rechenberg, I.: Bionik, Evolution und Optimierung. Naturwissenschaftliche Rundschau 26 (1973), 465–472

Darwin, Ch.: The origin of species. London: Murray 1859. (Dt.: Die Entstehung der Arten durch natürliche Zuchtwahl. Leipzig: Kröner o. J.)

Krowalewski, H. E., Peters, T. u. Zerbst, E.: Prozessorgesteuerte Reizparameteroptimierung für ein rückgekoppeltes Nervenschrittmachersystem. Biomedizinische Technik 24 (1979), 229–230

Duncker, K.: A qualitative (experimental and theoretical) study of productive thinking (solving of comprehensible problems). Journal of Genetic Psychology 33 (1926), 642–708

Darmstaedter, L.: Naturforscher und Erfinder. Bielefeld: Velhagen u. Klasing 1926

Tichomirow, O. K.: Struktur der Denkfähigkeit des Menschen. In: Bruschlinski, A. W. u. Tichomirow, O. K. (Hg.): Zur Psychologie des Denkens. Berlin: Deutscher Verlag der Wissenschaften 1975, 133–352

Dörner, D.: Ut desint vires ... Scheidewege 9 (1979), 167–188

Hessische Stiftung für Friedens- und Konfliktforschung (Hg.): Friedensanalysen für Theorie und Praxis. Vierteljahresschrift für Erziehung, Politik und Wissenschaft. Frankfurt: Suhrkamp 1975–1977

Dörner, D.: Problemlösen als Informationsverarbeitung. Stuttgart: Kohlhammer 1976

Helmer, O.: Social technology. New York: Basic Books 1966. (Dt.: 50 Jahre Zukunft. Hamburg: Mosaik 1966)

Le Faivre, R.: Fuzzy problem-solving. Ann Arbor: University of Wisconsin (Dissertationsdruck) 1974

Kreatives und Konventionelles im Prozeß des Problemlösens

Über „Baummieter", Kreativität und Originalität

Kein alltäglicher Anblick: Ein Baum haust einträglich unter Menschen in einer Stadtwohnung, als „Baummieter" neben „Menschenmietern". Er zahlt seine Miete mit „Sauerstoff, durch seine Staubschluckkapazität, ... Erzeugung von Ruhe, durch Giftvertilgung, durch Reinigung des verseuchten Regenwassers, als Produzent des Glücks und der Gesundheit, als Schmetterlingsbringer und durch Schönheit und mit vielen anderen Valuten." So der Maler und Propagandist einer ökologischen Lebensweise Friedensreich Hundertwasser (geboren 1928) in einem Projektentwurf zur Mailänder Triennale von 1973. Die Idee wurde tatsächlich verwirklicht: An der Via Manzoni in Mailand wurden etwa 15 Bäume in Wohnungen eingepflanzt (Hundertwasser Katalog zur Ausstellung im Haus der Kunst München. Glarus/Schweiz: Grüner Janura 1975, S. 369 f.)

Der Gedanke des Initiators ist sicher bestechend: Rückführung der Natur in die Stadt, Symbiose von Pflanze und Mensch. Und dieser Gedanke wird nicht nur gedacht, sondern in die Tat umgesetzt. Solche Gedanken kann man als *schöpferisch*, als *kreativ* (von lat. ‚creare' – schaffen) bezeichnen; die darauf aufbauenden Tätigkeiten nennt man dann schöpferisches oder kreatives Handeln oder Verhalten.

Zwei Arten von Widerstand sind beim kreativen Denken und Handeln zu überwinden: die Konvention und die emotionale Abwehr. Konvention (von lat. ‚convenire' – zusammenkommen) ist die durch Wiederholung und soziale Übereinkunft erzeugte Festgelegtheit des Erlebens und Verhaltens. „Ein Baum gehört nicht ins Haus, der steht draußen vor dem Haus!" So bezeugt es die Erfahrung, und darin stimmen auch die Bewohner von Städten überein. Es bedarf eines durchschlagenden

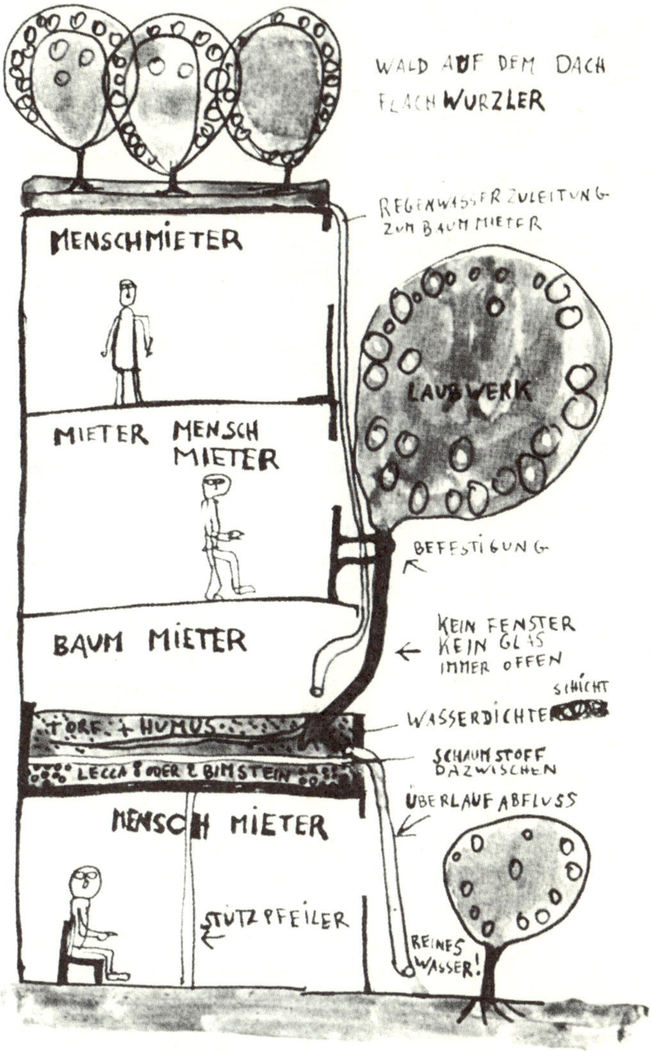

F. Hundertwasser: Baummieter (1973).

Einfalls, eines eigenständigen Denkakts, um sich aus dieser Festgelegtheit zu lösen.

Hundertwasser hat mit seinen „Baummietern" auch provoziert. „Wie kann man Bäume in so teure Wohnungen setzen?" „Hat der Mann nichts Besseres zu tun als solchen Unsinn?" Selbstverständlich verstößt der „Baummieter" gegen die gängige wirtschaftliche Vernunft, denn der Sauerstoff, mit dem er nach der Vorstellung des Künstlers bezahlt, hat keinen so hohen Marktwert wie der Wohnraum, den er ausfüllt. Hier kämpft der Künstler offensichtlich gegen geltende Wertvorstellungen. Er setzt sich ein für die Höherbewertung von Sauerstoff und Pflanzengrün. So erregt er Abwehrgefühle bei seinen Mitbürgern und hat möglicherweise selbst emotionale Hemmungen zu überwinden. Das Abweichen von Konventionen und das Erregen von Gefühlen hängt wohl eng miteinander zusammen. Denn die Festlegung auf das Gewohnte gibt Sicherheit und Ruhe, während die Abweichung vom Gewohnten Sicherheit raubt und Anspannung fordert (vgl. S. 71). So stehen Angst, Scham und andere Gefühle dem kreativen Akt oft im Wege (Maslow 1958).

Kreative Lösungen sind meistens gleichzeitig originell. Originell nennt man eine Lösung dann, wenn sie ohne erkennbares Vorbild entstanden ist. Im Unterschied zum Begriff der Kreativität bezieht sich der Begriff der Originalität nur auf die Neuheit einer Lösung, ihre Unabhängigkeit von vorher angesammelter Erfahrung. Freilich wird in der psychologischen Analyse die Neuheit einer Lösung differenziert zu beurteilen sein. So unterscheidet etwa Rausch (1952) drei Arten der *Originalität:*

○ Eine Lösung ist völlig neu. Kein Mensch, keine Wissenschaft hat je vorher die gleiche Erkenntnis besessen.

○ Eine Person hat eine Lösung für sich neu entdeckt. Zwar war die Lösung anderen bereits bekannt, die betroffene Person ist jedoch ohne fremdes Vorbild zu ihrer Lösung gelangt.

○ Eine Person hat eine ihr früher geläufige Lösung wiederentdeckt. Dies ist dann denkbar, wenn sie die Lösung zwischenzeitlich vergessen hat.

In der öffentlichen Diskussion zählt in der Regel nur die Originalität erster Art. Nur der erste Urheber einer Entdeckung oder Erfindung genießt die öffentliche Ehrung (z. B. durch Verleihung eines Preises) oder kann Anspruch auf die Beteiligung am Nutzen der Erfindung erheben (z. B. durch patentrechtlichen Schutz). In der psychologischen Analyse ist die Originalität der ersten Art unerheblich. Wenn eine Person ohne Vorbild eine Lösung entwickelt, dann kümmert es den Denkpsychologen – wie Rausch schreibt – wenig, ob andere die Lösung vor ihr hatten. Entscheidend ist der Prozeß, der zur selbständigen Lösung geführt hat. Und für den Denkpsychologen ist auch der Vorgang des Wiederentdekkens einer bereits vergessenen Lösung von Interesse.

Mutmaßungen über den kreativen Akt

Die Beschaffenheit des kreativen Aktes, der – unbekümmert um bestehende Konventionen und emotionale Hindernisse – das Besondere hervorbringt, hat sich nie recht beschreiben lassen. Zwei Merkmale werden jedoch immer wieder genannt: Die *Plötzlichkeit* und die *Spontaneität* der einsetzenden Erkenntnis. Ein gutes Beispiel für die Plötzlichkeit des kreativen Einfalls ist in einem Tagebucheintrag des Physikers und Mathematikers Ampère festgehalten (nach ihm ist die Maßeinheit der elektrischen Stromstärke benannt):

„Am 27. April 1802 stieß ich einen hellen Freudenschrei aus ... Sieben Jahre zuvor hatte ich mir eine Aufgabe gestellt, die ich nicht sofort lösen konnte, für die ich aber durch Zufall eine Lösung fand. Ich wußte zwar, daß sie richtig war, konnte sie aber nicht beweisen. Die Sache ging mir immer wieder durch den Kopf, und wohl zwanzigmal habe ich nach einer Lösung gesucht – doch vergebens. Tagelang schleppte ich den Gedanken mit mir herum, und schließlich – ich weiß nicht wie – hatte ich sie, ..."
(Übersetzung aus DeLaunay 1925 nach Koestler 1966, S. 117.)

Der Psychologe Karl Bühler (1879–1963), Mitglied der Würzburger Schule (s. S. 113), Professor an der Universität Wien und nach seiner Emigration im Jahre 1938 Dozent an verschiedenen amerikanischen Colleges und Universitäten, hat solche Einfälle in die Gruppe der

‚Aha-Erlebnisse' eingereiht (Bühler 1907, 1920). Solchen Erlebnissen geht in der Regel eine – oft mehrere Tage andauernde – Zeit der Stagnation voraus. Manche Autoren (vgl. Olton 1979) warnen jedoch, die dem kreativen Einfall vorangehende Zeit als unkreativ und verloren zu betrachten. Vielmehr sei es eine Zeit, in welcher der kreative Gedanke heranreife. Sie bezeichnen diese Zeit dann als *Inkubationszeit* (von lat. ‚incubare' – brüten, sorgsam bewachen).

Ein solches Hervorbrechen des kreativen Gedankens nach ausreichender Inkubation ist zu unterscheiden von dem langsamen Fortschreiten auf dem Wege zur Lösung, wie es oben (S. 248ff.) beschrieben worden ist. Darin liegt das Wesen der Spontaneität. Der spontane Einfall – etwa beim Erkennen von Lösungsprinzipien – hat im Dunckerschen Lösungsstammbaum durchaus seinen Platz, erklärt aber nicht die Entfaltung des gesamten Lösungsstammbaumes. Während die schrittweise Annäherung an die Lösung als bewußt gesteuerter Vorgang erscheint, wird der spontane Einfall gern den Kräften des Unbewußten zugeschrieben. Dazu Arthur Koestler:

> „Während der ‚Inkubationszeit' ist die gesamte Persönlichkeit bis hin zu den sprachlosen und unbewußten Schichten so mit dem Problem angereichert, daß auf einer der geistigen Ebenen die Suche weitergeht, auch wenn die bewußte Aufmerksamkeit sich auf ganz andere Gebiete richtet ..."
> (Eigene Übersetzung aus Koestler 1964, S. 119)

Die „stillen Phasen" beim Problemlösen können freilich mehr enthalten als lediglich ein Heranreifen von Ideen. Der Psychologe und Mathematiker Jacques Hadamard (1951) hat jedenfalls drei Vorgänge während „stiller Phasen" in Erwägung gezogen:

- ○ das unbeachtete Fortschreiten vorher unbewußter Denkprozesse,
- ○ das Wegräumen von Hindernissen,
- ○ das Vergessen von erfolglosen Lösungsansätzen.

Allerdings gibt es auch bewußt anzuwendende Regeln zur Erhöhung der Kreativität. Eine Regel ist: Den Suchraum für Lösungsmöglichkeiten erweitern. Sie wird von Klix an der folgenden Streichholzaufgabe demonstriert (Klix 1971, S. 678ff.):

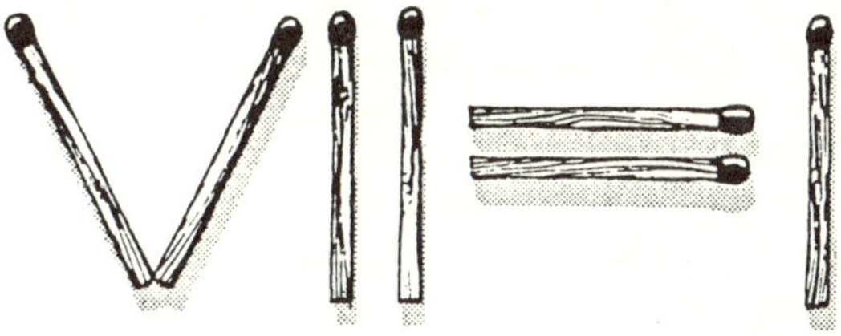

Faßt man die Anordnung als Gleichung mit den römischen Ziffern 7 und 1 auf, so erweist sie sich selbstverständlich als falsch. Die Aufgabe lautet nun, eines und nur eines der Hölzer so umzulegen, daß die Gleichung wieder stimmt. Typische Lösungsversuche waren:

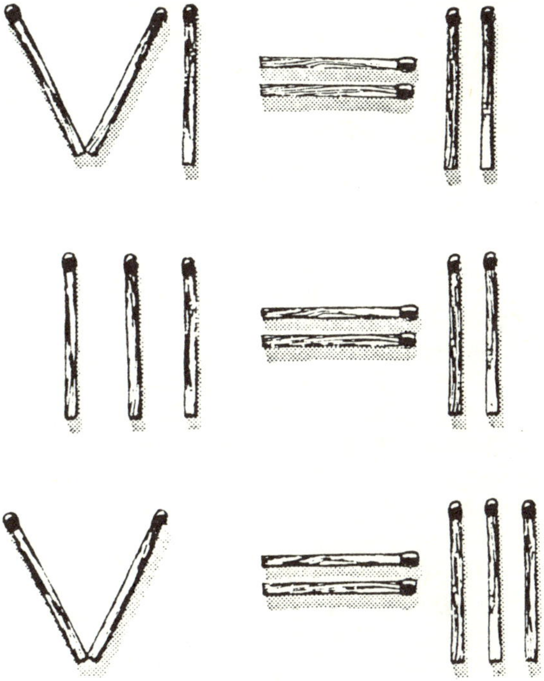

Offenbar dachten die Probanden nur an die Möglichkeiten der Veränderung von Zahlen. Die richtige Lösung sieht aber folgendermaßen aus:

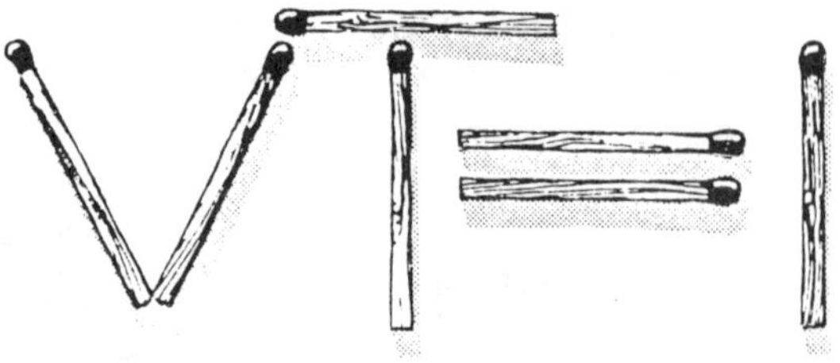

Man muß einen Teil der VII zu einem Wurzelzeichen „umfunktionieren". Diese – durchaus als kreativ anzuerkennende – Lösung setzt voraus, daß eine völlig neue Klasse von Prozeduren erschlossen wird: das Legen von mathematischen Operationszeichen. Naheliegend war nur die Klasse „Verändern von Zahlen" gewesen. Nimmt man den Newell-Simonschen Aktionsbaum (S. 245) zur Veranschaulichung zu Hilfe, kann man verallgemeinern: Zur Erhöhung der Kreativität empfiehlt sich das „Anhängen" neuer Zweige am Aktionsbaum.

Versenkung und Kreativität

Vertrauen in die unbewußten Kräfte läßt kreative Lösungen von der Konzentration, der Versenkung in die eigene Person, erwarten. Nach dieser Auffassung kommt es nicht darauf an, äußere Informationen zu sammeln und bewußte Regeln zu ihrer Verwertung zu benutzen. Diese Auffassung hat das fernöstliche Denken wesentlich geprägt, wie der folgende Spruch des legendären chinesischen Philosophen Laotse (um 300 v. Chr.) zeigt:

„Ohne aus dem Hause zu treten/kann man die Welt erkennen/ohne aus dem Fenster zu blicken/kann man des Himmels Sinn sehen/je mehr einer aus sich herausgeht/desto weniger kann er in sich gehen/also erzielt der Weise sein Ziel ohne zu wandern/er ruft deinen Namen ohne sich umzuschauen/er tut nichts und erlangt alles."

Laotse: Sprüche. (Dt. von Klabund). Berlin: Heyder 1922, S. 3.

„Das Erkennen eines Problems ist meist wichtiger als seine Lösung, die lediglich von dem mathematischen oder experimentellen Geschick abhängen dürfte. Neue Fragen zu stellen, neue Möglichkeiten zu eröffnen, alte Probleme aus einem neuen Blickwinkel zu sehen, erfordert schöpferische Vorstellungskraft und bedeutet wirklichen Fortschritt in der Wissenschaft."

Albert Einstein, eigene Übersetzung aus dem Englischen. Abgedruckt in: Getzels (1975), S. 12

Der amerikanische Psychologe J. W. Getzels hat in mehreren Beiträgen (z. B. Getzels 1979, Getzels u. Csikszentmihalyi 1975) die Überzeugung vertreten, im kreativen Prozeß spiele nicht nur das Lösen, sondern auch das *Finden von Problemen* eine Rolle. Getzels (1979) empfiehlt die Unterscheidung zwischen

- der Kenntnisnahme ausdrücklich vorgegebener Probleme (z. B. bei Darstellung von Problemen durch Lehrer im Schulunterricht),
- dem Entdecken nicht ausdrücklich vorgegebener Probleme (z. B. selbständiges Finden von Problemen in der Natur),
- der selbständigen Entwicklung von Problemen (z. B. Entwicklung von Gestaltungsproblemen durch Künstler).

In Untersuchungen an kreativ tätigen Personen, vor allem bildenden Künstlern, hat Getzels zu zeigen versucht, daß schöpferisches Gestalten das Aufwerfen geeigneter Fragen voraussetzt oder – besser gesagt – einschließt.

„Wenn es keine Fragen gäbe – woher kämen die Antworten?"

Gertrude Stein, Schriftstellerin, anläßlich einer Pressekonferenz in New York im Jahre 1934.

Geschärftes Problembewußtsein

Die Fähigkeit zum Entdecken von Problemen wird zu Recht als eine der Voraussetzungen der Kreativität bezeichnet. Sie kann beglückende Erkenntnis vermitteln und zur rechtzeitigen Vorsorge beitragen. Die Empfindsamkeit für Probleme kann aber auch geradewegs ins Unglück führen. Wer viele Probleme sieht, findet sich leicht von einer Übermacht von Anforderungen umgeben. Und wer noch dazu die Wahrscheinlichkeit drohender Gefahren nicht realistisch einzuschätzen weiß, ist einer Fülle quälender Sorgen ausgeliefert.

Einen Fall emotionaler Belastung durch übersteigerte Problemempfindsamkeit schildert das Märchen „Die kluge Else“ aus der Sammlung der Kinder- und Hausmärchen, herausgegeben von den Brüdern Jacob und Wilhelm Grimm:

„Es war ein Mann, der hatte eine Tochter, die hieß die kluge Else. Als sie nun erwachsen war, sprach der Vater ‚wir wollen sie heiraten lassen‘. ‚Ja‘, sagte die Mutter, ‚wenn nur einer käme, der sie habe wollte‘. Endlich kam von weither einer, der hieß Hans, und er hielt um sie an, er machte aber die Bedingung, daß die kluge Else auch recht gescheit wäre. ‚O‘, sprach der Vater, ‚die hat Zwirn im Kopf‘, und die Mutter sagte, ‚ach, die sieht den Wind auf der Gasse laufen und hört die Fliegen husten‘. ... Als sie nun zu Tisch saßen und gegessen hatten, sprach die Mutter ‚Else, geh in den Keller und hol Bier‘. Da nahm die kluge Else den Krug von der Wand, ging in den Keller und klappte unterwegs brav mit dem Deckel, damit ihr die Zeit ja nicht lang würde. ... Dann stellte sie die Kanne vor sich und drehte den Hahn auf, und während der Zeit, daß das Bier hineinlief, wollte sie doch ihre Augen nicht müßig lassen, sah oben an die Wand hinauf und erblickte nach vielem Hin- und Herschauen eine Kreuzhacke gerade über sich, welche die Maurer da aus Versehen hatten stecken lassen. Da fing die kluge Else an zu weinen und sprach ‚wenn ich den Hans kriege und wir kriegen ein Kind, und das ist groß, und wir schicken das Kind in den Keller, daß es hier soll Bier zapfen, so fällt ihm die Kreuzhacke auf den Kopf und schlägt es tot‘. Da saß sie und weinte und schrie aus Leibeskräften über das bevorstehende Unglück. Die oben warteten auf den Trunk, aber die kluge Else kam immer nicht. ...“

(Aus: Grimm, J. u. Grimm, W. (Hg.): Kinder- und Hausmärchen. Darmstadt: Wissenschaftliche Buchgemeinschaft 1975 (Erstausgabe 1819), S. 210f.)

Vom Nutzen der Erfahrung

Der Satz „Übung macht den Meister“ ist in der Theorie des Problemlösens zwiespältig aufgenommen worden. Auf der einen Seite ist nicht zu bestreiten: Erfahrung spielt bei der Lösung von Problemen eine ungeheuere Rolle. Auf der anderen Seite wird geltend gemacht: Gerade die wertvollen kreativen und originellen Lösungen übertreffen die vorhandene Erfahrung. Mehr noch: Frühere Erfahrung erstarrt leicht zur Konvention und macht dann blind für neue Probleme und originelle Lösungen. In diesem Abschnitt soll die hilfreiche Erfahrung behandelt werden, im folgenden die Behinderung durch Erfahrung.

Zunächst ist festzustellen: Wem einmal die Lösung eines Problems gelungen ist, oder wer die Lösung eines Problems durch einen anderen mit Verständnis verfolgen konnte, der wird aller Wahrscheinlichkeit nach beim zweiten Auftreten des Problems weniger Mühe mit der Lösung haben. Allgemein: Je häufiger ein Problem bearbeitet und gelöst wurde, desto größer ist die Wahrscheinlichkeit, daß bei erneutem Auftreten dasselbe Problem bewältigt wird. Mit wiederholter erfolgreicher Bearbeitung werden die benötigte Zeit, die Zahl durchlaufener Schritte und die erlebte Anstrengung zurückgehen. Aber diese Aussage ist eigentlich trivial. Nicht trivial ist dagegen die Aussage: Durch Lösen eines Problems A läßt sich unter Umständen Erfahrung erwerben, die das Lösen eines anderen Problems B erleichtert. Das wäre der Fall der *Übungsübertragung* (engl. ‚transfer'). Ebenfalls nicht trivial wäre: Es läßt sich für eine ganze Klasse von Problemen ein Verfahren einüben, das bei der Lösung jedes einzelnen Problems – auch wenn dieses vorher nie bearbeitet wurde – förderlich ist. Dies wäre ein Fall von *Induktion* (zur Induktion als Verfahren des logischen Schließens s. S. 170ff.). Vor allem drei Bereiche haben in psychologischen Untersuchungen zur Förderung des Problemlösens durch Lernen Beachtung gefunden:

○ das Lernen von Gebrauchswerten (Funktionalwerten),
○ das Lernen von einzelnen, aufeinanderfolgenden Lösungsschritten (Taktiken),
○ das Lernen von allgemein anwendbaren Lösungsregeln (Strategien).

Auf die *Funktionalwerte* oder *Gebrauchswerte* von Gegenständen, Personen u. ä. hat Karl Duncker die Aufmerksamkeit gelenkt. Funktionswerte bestimmen das „Wozu“ eines Gegenstandes; sie stiften die Beziehung zwischen einem Gegenstand und einer Lösung (Duncker 1935, S. 5f.). So ist ein Funktionalwert eines Hammers „Einschlagen von Nägeln“, ein Funktionalwert einer Schere ist „Zerschneiden von Papier“. In der Regel hat ein Gegenstand mehr als einen Funktionalwert. Ein Hammer eignet sich nicht nur zum Einschlagen von Nägeln; er taugt auch zum Zerschlagen von Steinen, gelegentlich sogar als Gewicht. Freilich sind nicht alle Funktionalwerte gleich geläufig: Einen Hammer als Schlagwerkzeug wird fast jeder Erwachsene in einer technischen Kultur kennen. Aber wer wird auf die Idee kommen, ein Hammer sei als Gewicht für eine Pendeluhr verwendbar? Da die verschiedenen Funktionalwerte eines Gegenstandes verschieden geläufig sind, sind sie zu einer Hierarchie zu ordnen.

Mit solchen Hierarchien haben sich die norwegischen Forscher Per Saugstad und Kjell Raaheim (1957/58) von der Universität Oslo beschäftigt. Sie stellten etwa fest: Ein Nagel kann verwendet werden,

○ um Dinge zu befestigen,
○ um Dinge damit zu ergreifen,
○ um Dinge damit aufzuspießen,
○ um Dinge damit zu kratzen,
○ um Dinge daran aufzuhängen.

Entsprechend ist eine Zeitung nicht nur zum Lesen gut; sie eignet sich außerdem

○ zum Isolieren,
○ zum Trocknen,
○ zum Leiten (Herstellen eines Übergangs),
○ zum Einwickeln,
○ zum Entfachen eines Feuers.

Saugstad und Raaheim befragten in einer Studie rund 150 Gymnasiasten nach den Funktionen der Gegenstände „Zeitung“, „Nagel“ und anderer Objekte; anhand von Beispielen sollten die Schüler erläutern, was man alles mit den Gegenständen machen könne. Dabei ergaben sich – wie nicht anders zu erwarten – große Unterschiede in den Antworten. Einige Funktionen erwiesen sich als geläufig; hier herrschte große Übereinstimmung. Andere Funktionen wie „aus einem Nagel kann man einen Haken formen“ und „eine Zeitung kann man zu einer Röhre rollen“ erwiesen sich als „ausgefallen“ und wurden seltener genannt.

Gerade auf diese „ausgefallenen“ Funktionen kam es den Autoren an. Denn in einem nachfolgenden praktischen Versuch waren die beiden Funktionen für die Lösung erforderlich. Dieselben Probanden, die vorher Funktionen genannt hatten, wurden gebeten, Stahlkugeln aus einem Glas in ein Metallgefäß zu befördern. Die Situation war allerdings vertrackt: Denn sowohl das Glas mit den Kugeln,

Vorläufer großer Erfindungen

Selten werden große Erfindungen ohne erkennbare Vorerfahrungen gemacht. Ganz im Gegenteil: Eine oft stattliche Reihe von Teil- und Vorentwicklungen macht deutlich, daß die Zeit für sie reif geworden ist. Einen der größten Fortschritte in der Kulturentwicklung stellt die Erfindung des Buchdrucks durch Johannes Gutenberg in Mainz dar; er dürfte die erste Druckmaschine mit beweglichen Lettern um das Jahr 1450 hergestellt haben. Bereits vorher gab es jedoch unvollkommene Techniken der Vervielfältigung von Bildern und Schriften. So liest man in der „Einführung in die Geschichte der Erfindungen" von Julius Zöllner, Oscar Mothes und Franz Luckenbacher (1864, S. 342f.):

„Wie wohl selten eine Erfindung plötzlich und unvorbereitet in's Leben getreten ist, so übte man schon lange vor Erfindung des Buchdrucks gewisse Künste, die als Vorläufer desselben angesehen werden können, und die mit einer gewissen kulturgeschichtlichen Notwendigkeit endlich auf dieses Ergebnis hinführen mußten. Daß schon die ältesten gebildeten Völker Münzen schlugen, Petschafte und Stempel, Patronen und bewegliche Alphabete in Gebrauch hatten, wurde schon vorhin erwähnt. Unter allen Druckkünsten aber steht dem Buchdruck am nächsten die Holzschneidekunst; sie bildete erweislich den Boden, aus welchem die Kunst des Buchdrucks unmittelbar hervorwuchs. Der Holzschnitt war damals selbst noch eine junge Kunst, denn seine Anfänge können kaum über das Jahr 1400 zurückverfolgt werden. Zwar wissen wir jetzt, daß Chinesen, Inder und andere Völker weit früher von geschnittenen Holztafeln druckten ...; bei der geringen Kenntnis aber, welche man damals von fernen Ländern hatte, ist es ganz unwahrscheinlich, daß der Holzschnitt sich aus Asien nach Europa verpflanzt habe, vielmehr weit eher anzunehmen, daß der Behelf, Zeichnungen auf Holzplatten erhaben auszuschneiden und davon in Ölschwärze Abzüge auf Papier zu machen, im Abendlande selbständig aufgefunden wurde, ..."

Gutenberg bei seinen ersten Druckversuchen (aus Zöllner, Mothes und Luckenbacher 1864, S. 337).

als auch das Gefäß, in das sie umgefüllt werden sollten, stand nicht in Reichweite. Es mußte daher zuerst ein Nagel zu einem Haken gebogen und an einer Schnur befestigt werden; dann ließ sich das Glas mit den Kugeln heranziehen. Das zweite Gefäß war ein Metallzylinder, der nicht beweglich war. Um die Kugeln in den Zylinder zu bringen, mußte man eine bereitliegende Zeitung zu einer Röhre rollen; durch die Röhre konnte man die Kugeln in den Zylinder leiten.

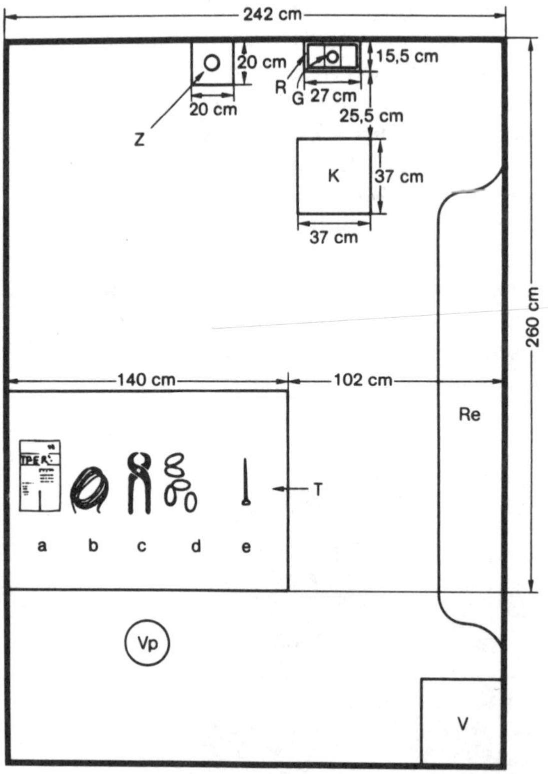

Die Problemsituation nach Saugstadt und Raaheim (1957/58) im einzelnen: K – Holzkiste (schwer beweglich), Z – Metallzylinder auf Tisch (Ziel für Stahlkugeln), G – Glas mit Stahlkugeln auf R – Holzrahmen (fahrbar), Re – Regal, T – Tisch mit a – vier Zeitungen, b – Bindfaden, c – Zange, d – fünf Gummibändern, e – Eisennagel, V – Tisch des Versuchsleiters, Vp – Platz des Probanden (er mußte hinter dem Tisch bleiben).

Wirkten sich die Vorkenntnisse der Probanden bei der Transportaufgabe aus? Das war in der Tat der Fall. Denn Probanden, die von Anfang an erklärt hatten, aus einer Zeitung ließe sich eine Röhre formen und aus einem Nagel ein Haken biegen, fanden ausnahmslos die Lösung, während von den Teilnehmern, die keine der beiden Funktionen angegeben hatten, die meisten scheiterten.

Vorkenntnis und Lösungsschwierigkeit: die vier wichtigsten Probandengruppen aus der Studie von Saugstad u. Raaheim (1957/58).

Genannte Funktionen im Vortest	*Personenzahl*	*Lösungen Zahl*	*Lösungen Prozent*
Haken und Röhre	8	8	100
nur Haken	14	8	57
nur Röhre	10	5	50
weder Haken noch Röhre	37	7	19

Die Autoren halten für möglich, daß Funktionen wie „Heranziehen", „Verbinden" nicht gelernt zu werden brauchen. Unter Umständen könne man Funktionen unmittelbar wahrnehmen, also Gegenständen „ansehen", wozu sie zu gebrauchen seien. Allerdings liege es nahe, die Kenntnis des Gebrauchwerts von Gegenständen aus ihrem früheren Gebrauch herzuleiten. Dabei dürfe es keine erhebliche Rolle spielen, bei welcher Gelegenheit man den Wert eines Gegenstandes zuerst erfahren habe. Wer also beim Angeln gelernt hat, aus einem Stift einen Haken zu biegen, wird beim Transportproblem auf diese Erfahrung zurückgreifen können. Er hat damit eine Übertragung von einer Problemsituation auf eine andere vorgenommen. Man kann diesen Fall wohl verallgemeinern: Die Erfahrung von Funktionalwerten kann auf neue Problemsituationen übertragen werden.

Die *Wirksamkeit allgemeiner Lösungsstrategien* hat Wiebke Putz-Osterloh am Institut für Psychologie in Kiel einer eingehenden Prüfung unterzogen. Sie verglich vor allem die Effektivität eines Trainings in der Taktik mit einer Unterweisung in der Strategie des Problemlösens (zur Unterscheidung von Taktik und Strategie vergleiche den Anfang dieses Abschnitts). Das Training erfolgte anhand eigens konstruierter „Käferaufgaben". Es sind dabei jeweils – ausgehend von einem vorgegebenen Käfer – neue Käfertypen herzustellen. So wird etwa (nach einem Beispiel Dörners 1976, S. 56 ff.) durch „genetische Eingriffe" aus einem nutzlosen „Startkäfer" ein „Umweltschutzkäfer" zur Ölbeseitigung in Flüssen und Seen. Die „Verwandlung" des Tieres läßt sich einfach vorführen, wobei man sich mit den einzelnen Schritten vertraut machen kann. Dies ist das Ziel des Taktik-Trainings. Anders verläuft das Strategietraining. Hier liegt der Schwerpunkt der Unterweisung auf der „Organisation von Problemlösungsprozeduren" (Putz-Osterloh 1974, S. 253). Es wurde anhand der „Käferaufgaben" ein allgemeines Lösungsschema eingeübt (s. bereits S. 249).

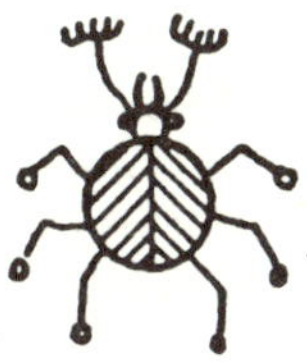

Runder „Startkäfer" mit langen Beinen, Saugnäpfen, langen Flügeln mit schraffierten Flügeldecken, Fächerfühlern und Mundzangen.

„Zielkäfer" mit kurzen Paddelfüßen (zur besseren Fortbewegung), Leuchtpunkten (zur Orientierung der Schiffahrt), und Saugrohr (zum Absaugen der Ölrückstände in Gewässern)

Beispiel einer Trainingsaufgabe in den Versuchen von Putz-Osterloh (1974).

In einem späteren Teil der Untersuchung wurde der Erfolg des Trainings geprüft. Es wurden neue Aufgaben (aus der Prädikatenlogik) vorgelegt, und die Probanden wurden bei ihrer Lösung beobachtet. Es zeigte sich: Strategisch geschulte Probanden hatten wesentlich kürzere Lösungszeiten; nur taktisch geschulte Personen unterschieden sich nicht von Untrainierten. Die Äußerungen der Probanden – diese waren zum „lauten Denken" angehalten worden – gaben Aufschluß über die Gründe für die Überlegenheit der strategisch trainierten Personen: Sie waren erstens mehr um eine Vorausschau bemüht und waren zweitens hartnäckiger bei der Suche nach möglichen Veränderungen. Obwohl sich die strategisch trainierten Probanden an einem vorgegebenen Lösungsschema orientierten, fielen – so betont die Autorin – ihre Lösungswege nicht stereotyp aus. Will man diese Ergebnisse verallgemeinern, wird man gegenüber der Möglichkeit einer Übertragung von isolierten Lösungsschritten auf neue Problemsituationen skeptisch sein. Heuristische Regeln des Problemlösens gelten dagegen vermutlich für eine größere Menge von Problemen und kommen daher der Lösung neuer Aufgaben eher zugute.

Blindheit durch Erfahrung

Daß Erfahrung den Blick für neue Möglichkeiten trübt, läßt sich sowohl im Bereich der Funktionalwerte als auch an Lösungsverfahren zeigen. Bereits die Wahrnehmung einer Funktion trägt dazu bei, daß weitere *Funktionen* nicht mehr oder nur verzögert erkannt werden. Martin Scheerer (1963) hat dazu einen einprägsamen Beispielfall geschildert. Er ließ Personen Ringe an einem Pflock aufreihen. Die Schwierigkeit dabei: Sie mußten während des Hantierens sowohl zu den Ringen als auch zu dem Pflock knapp 2 m Entfernung halten. Dies war nicht schlimm, denn sie hatten zwei Stöcke zur Verfügung; diese konnten sie zur Überbrückung verwenden. Die beiden Stöcke

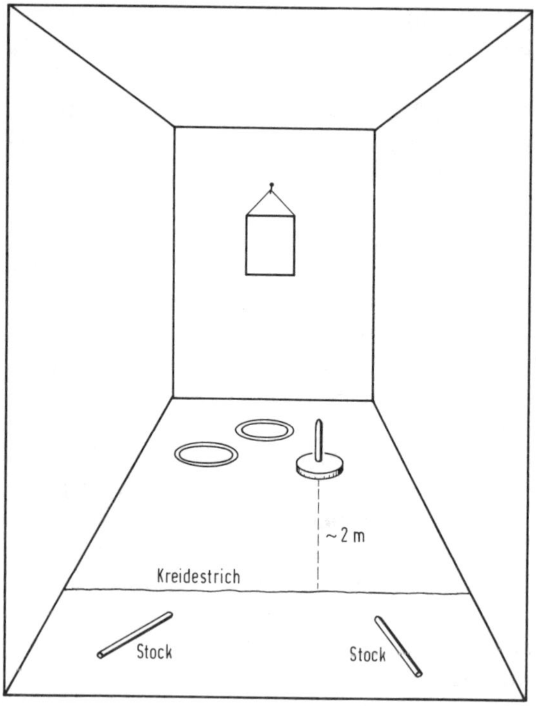

Versuchsanordnung von Scheerer (1963).

waren allerdings nur je 60 cm lang. Man mußte sie also zusammenbinden, um mit ihrer Hilfe bis zu den Ringen und zum Pflock zu reichen. Wenn die Probanden von einem Nagel an der Wand eine Schnur herunterhängen sahen, zögerten sie nicht, diese Schnur von der Wand zu nehmen und damit die Stöcke zu verbinden. Anders war es jedoch, wenn an derselben Stelle an der Schnur ein Bild hing. Dann „sahen" die Probanden einfach nicht, daß sich hier eine Schnur befand, mit deren Hilfe man die Stöcke verbinden konnte. Nach zwanzig Minuten Versuchszeit hatte die Hälfte dieser Probanden noch nicht die Lösung gefunden. Das Erlebnis „an der Schnur hängt etwas dran" hatte den Einfall „mit der Schnur könnte ich doch die Stöcke zusammenbinden" weitgehend unterdrückt.

Ebenfalls nicht unbedenklich sind *Lösungsprozesse*, die zur Routine geworden sind. Ihre Anwendung mag mit häufiger Wiederholung immer weniger Mühe bereiten. Aber ist die Problemsituation dieselbe geblieben? Oder erfordert ein Wandel der Problemsituation auch eine Veränderung des Lösungsverfahrens? Dieser Frage hat Abraham Luchins, ein Schüler Max Wertheimers (s. S. 39) von der New Yorker New School for Social Research, sein Lebenswerk gewidmet. Seine im Jahre 1942 veröffentlichte Studie ist inzwischen zu einer klassischen Demonstration des zur Routine erstarrten Denkens geworden.

Auch Luchins hat den von ihm analysierten Sachverhalt in einem Experiment herbeigeführt. In einem ersten Erkundungsversuch bat er die Teilnehmer aus Wertheimers Seminar, das Umfüllen von Flüssigkeiten zu üben. Die Aufgabe wurde nicht praktisch, sondern theoretisch gestellt und gelöst. Sie lautete:

„Schreiben Sie bitte nieder, wie man eine gewünschte Wassermenge erhalten kann, wenn bestimmte leere Meßgefäße zur Verfügung stehen."

Zuerst ging es darum, mit Hilfe von zwei Krügen mit einem Inhalt von 29 und 3 Liter eine Menge von 20 Liter abzumessen. Die Lösung: Man füllt zuerst den 29-Liter-Krug, schüttet daraus dreimal den 3-Liter-Krug voll und behält dann 20 Liter zurück. Die nächste Aufgabe war komplizierter: Es gab drei Krüge mit 3, 21 und 127 Liter, und es sollten 100 Liter abgemessen werden. Die Lösung: Man füllt zuerst das 127-Liter-Gefäß und gießt dann aus ihm einmal den 21-Liter-Krug voll und zweimal den 3-Liter-Krug. Im 127-Liter-Krug bleiben dann die gewünschten 100 Liter Wasser zurück.

Von dieser Art wurden zunächst fünf Aufgaben gegeben:

Aufgabe	*Fassungsvermögen* *Krug 1*	*Krug 2*	*Krug 3*	*Abzumessende Menge*
1	21	127	3	100
2	14	163	25	99
3	18	43	10	5
4	9	42	6	21
5	20	59	4	31

Diese Aufgaben ließen sich stets nach dem gleichen Schema lösen:

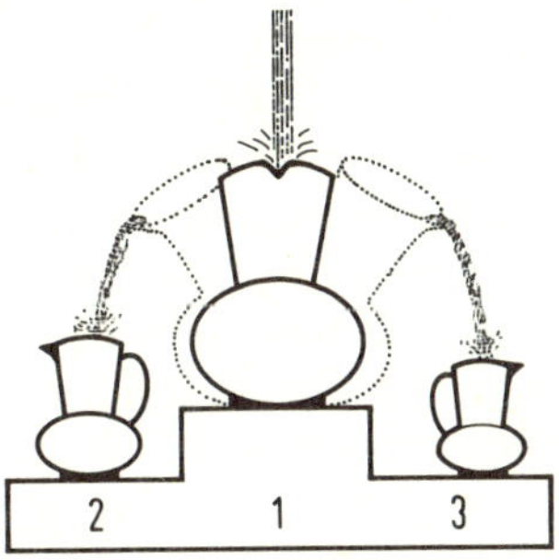

○ Fülle den mittleren Krug bis zum Rand.
○ Gieße aus dem mittleren Krug einmal den linken Krug voll.
○ Gieße aus dem mittleren Krug zweimal den rechten Krug voll.
Dann verbleibt im mittleren Krug die jeweils abzumessende Menge.

Das Schema bewährt sich bei den ersten fünf Aufgaben. Wenn sich die Probanden jedoch darauf verließen, rächte sich das bei den folgenden Aufgaben:

Aufgabe	*Fassungsvermögen Krug 1*	*Krug 2*	*Krug 3*	*Abzumessende Menge*
6	23	49	3	20
7	15	39	3	18
8	28	76	3	25

Zwar war bei den Aufgaben 6 und 7 das Schema noch anwendbar. Aber es war viel zu umständlich. Statt dreimal aus dem mittleren Krug abzuschütten, konnte man die erforderliche Menge leichter erhalten, indem man Krug 1 füllte und nach Krug 3 abgoß (Aufgabe 6) oder, indem man die Krüge 1 und 3 füllte und deren Inhalt zusammengoß (Aufgabe 7). Völlig versagte das Schema bei Aufgabe 8; einmaliges Abgießen nach links und zweimaliges Abgießen nach rechts brachte einfach nicht das richtige Resultat.

Das Auffallende war: Die betroffenen Personen gewöhnten sich nur allzu schnell an das Schema und wandten es mechanisch an. Der Autor schreibt: Sie bildeten eine *Einstellung* und ließen sich von ihr leiten. Die Einstellung verführte sie zu der umständlichen Lösung der Aufgaben 6 und 7; bei der Aufgabe 8 waren die Einstellungsabhängigen verwirrt und hilflos.

Luchins hat seinen ersten Erkundungsversuch aus Wertheimers Seminar später mit mehreren hundert Schülern und Erwachsenen wiederholt. Im Durchschnitt wählen rund 70% der Personen, welche die Einstellungs-Aufgaben bearbeitet haben, den umständlicheren Weg bei den Aufgaben 6 und 7; und es sind ebenfalls rund 70%, welche nicht imstande sind, nach Bearbeitung der Einstellungs-Aufgaben die Aufgabe 8 in der vorgesehenen Zeit von 2½ Minuten zu lösen. Interessant ist der Vergleich mit Personen, welche an die Prüfaufgaben 6, 7 und 8 herangingen, ohne die Einstellungs-Aufgaben 1–5 zu kennen. Von ihnen scheiterten nur etwa 5% an der Aufgabe 8, und es waren verschwindend wenige unter ihnen, die bei den Aufgaben 6 und 7 die umständlichere Lösung wählten. So gelangt der Autor zu dem Schluß:

„Einstellung oder Gewöhnung verursacht eine Automatisierung der Denkvorgänge, ein blindes Vertrauen gegenüber Aufgaben; man geht an die Aufgabe nicht mit den ihr angepaßten Überlegungen heran, sondern bleibt automatisch an dem eingeübten Denkmuster."
(Luchins 1965, S. 185.)

Die prinzipielle Auseinandersetzung über die Natur des Problemlösens ist durch die Befunde zur Erfahrungsabhängigkeit des problemlösenden Denkens bereichert, aber nicht entschieden worden. In dieser Auseinandersetzung haben vor allem behavioristisch orientierte Autoren die Meinung vertreten, Erfolge beim Problemlösen beruhten auf einschlägiger Erfahrung; vor allem kognitivistisch ausgerichtete Autoren traten für die Fähigkeit des Menschen ein, in seinem Denken über die Erfahrung hinauszugehen (zum Grundsatzstreit siehe bereits S. 241f.). Die Erfahrungstheoretiker fühlten sich durch alle Beobachtungen von Übungsgewinnen bestätigt. Sogar der Nachweis hemmender Einstellungswirkungen bestärkte sie in ihrer Auffassung, zeigte sich doch noch in der Unzweckmäßigkeit die Macht der Gewohnheit (z. B. Maier 1930). Die Gegner der Erfahrungstheorie schlossen selbstverständlich den Einfluß von Erfahrungen nicht aus. Jedoch legten sie innerhalb ihrer Theorie den Schwerpunkt in den Bereich des Denkens, das zu neuen, vorher nicht gekannten Lösungen vorstößt. So berufen sie sich bevorzugt auf kreative Leistungen, die sich nicht oder zumindest nicht vollständig aus vorangegangener Erfahrung herleiten lassen. Und für besonders beweiskräftig erklärten sie jene schöpferische Tätigkeit, welche über mechanische Einstellungen und starre Gewohnheiten triumphiert.

Zusammenfassung

1. Eine Lösung nennt man kreativ oder originell, wenn sie ohne Vorbild zustande gekommen ist oder von bestehenden Vorbildern abweicht. Indem Kreativität und Originalität die Konvention überwinden, müssen sie auch emotionale Widerstände beseitigen.
2. Kreative Lösungen erscheinen oft plötzlich und unerwartet; ihnen geht jedoch nicht selten eine stille Phase voraus, die manche Autoren als Inkubationszeit deuten.
3. Das Problemlösen wird durch die Kenntnis von allgemeinen Lösungsstrategien und Gebrauchswerten (Funktionalwerten) von Gegenständen erleichtert. Routine kann in neuen Situationen jedoch den Übergang zu nicht vertrauten Lösungsprinzipien, Strategien und Funktionalwerten erschweren und damit die Lösung behindern.

Literaturhinweise

Maslow, A. H.: Emotional blocks to creativity. Journal of Individual Psychology 14 (1958), 51–56

Rausch, E.: Zum Ganzheitsproblem in der Psychologie des Denkens. Studium Generale 5 (1952), 473–489

Koestler, A.: The act of creation. London: Hutchinson 1964. (Dt.: Der göttliche Funke. München: Scherz 1966)

Bühler, K.: Tatsachen und Probleme zu einer Psychologie der Denkvorgänge. I. Über Gedanken. Archiv für die gesamte Psychologie 9 (1907), 297–365

Bühler, K.: Die geistige Entwicklung des Kindes. Jena: Fischer 1920, 2. Aufl.

Olton, R. M.: Experimental studies of incubation: Search for the elusive. Journal of Creative Behavior 13 (1979), 9–22

Hadamard, J.: A propos de la psychologie de l'invention. Acta Psychologica 8 (1951), 147–153

Klix, F.: Information und Verhalten. Bern: Huber 1971

Getzels, J. W.: Problem finding: A theoretical note. Cognitive Science 3 (1979), 167–172

Getzels, J. W. u. Csikzentmihalyi, M.: From problem solving to problem finding. In: Taylor, I. A. u. Getzels, J. W. (Hg.): Perspectives in creativity. Chicago: Aldine 1975, 90–116

Duncker, K.: Zur Psychologie des produktiven Denkens. Berlin: Springer 1935

Saugstad, P. u. Raaheim, K.: Problem solving and availability of functions. Acta Psychologica 13 (1957/58), 263–278. (Dt.: Problemlösen und Verfügbarkeit von Funktionen. In: Schönpflug, W. (Hg.): System Mensch – Reader. Stuttgart: Klett-Cotta 1977, 146–150)
Putz-Osterloh, W.: Über die Effektivität von Problemlösungstraining. Zeitschrift für Psychologie 182 (1974), 253–276
Dörner, D.: Problemlösen als Informationsverarbeitung. Stuttgart: Kohlhammer 1976
Scheerer, M.: Problem solving. Scientific American 208 (1963), 118–128
Luchins, A. S.: Mechanization in problem solving: The effect of „Einstellung". Psychological Monographs 54 (1942), Nr. 248. (Dt.: Mechanisierung beim Problemlösen. Die Wirkung der „Einstellung". In: Graumann, C. F. (Hg.): Denken. Köln: Kiepenheuer u. Witsch 1965, 171–202)
Maier, N. R. F.: Reasoning in humans. I. On direction. Journal of Comparative Psychology 10 (1930), 115–143

Problemlösen in der Entwicklungs-, Persönlichkeits- und Sozialpsychologie

Entwicklungspsychologie

Hilflos kommt der Mensch auf die Welt; zunehmende Hilflosigkeit beschwert sein Alter. Der Heranwachsende und reife Mensch ist dagegen sehr wohl in der Lage, eine Fülle von Problemen zu bewältigen. Er verfügt über Algorithmen, um bekannte Aufgaben anzugehen, und über Heuristiken, um neuen Anforderungen gerecht zu werden. Indem immer mehr Wissen über die Welt erworben wird, gelingt es immer besser, sie nach eigenen Wünschen und Zielen zu gestalten. Die Anpassung des Denkens an die Realität geht einher mit der Anpassung der Wirklichkeit an die Vorstellung (vgl. Oerter, Dreher u. Dreher 1977). Wie weit Kinder, unbelastet von Konventionen, zu besonders kreativen Lösungen imstande sind, ist unklar (vgl. dazu bereits S. 142); in der Beobachtung fällt oft ihre Neigung zur Imitation und zum starren Festhalten an früher bewährten Lösungen auf (Yando, Seitz u. Zigler 1978; Lesser u. Hlavacek 1977.)

Bei der Entwicklung des produktiven Denkens scheint das Elternhaus – allgemein: das *Verhalten der Erzieher* – eine wesentliche Rolle zu spielen. Nicht selten stößt man auf die Behauptung, Kreativität entfalte sich spontan. Daraus wird die Empfehlung abgeleitet, Erzieher sollten Kinder mit größtmöglicher Freizügigkeit behandeln (z. B. Watson 1957). Diese Aussagen können keinesfalls als gesichert gelten. In einer Studie von Rainer Krause haben sie sich jedenfalls nicht bestätigt.

Krause untersuchte in einer Schweizer Großstadt 107 Kinder mit ihren Eltern. Die Kinder waren nach den Ergebnissen einschlägiger Tests entweder als hoch oder als niedrig kreativ einzustufen. Die Eltern berichteten anhand von Fragebogen über ihren Erziehungsstil. Ein ganz charakteristisches Ergebnis war: Väter von hoch kreativen Kindern (Jungen und Mädchen) bestanden auf anspruchsvollen Forderungen, auch wenn die Kinder sich dagegen wehrten; Unmutsäußerungen nahmen sie dabei in Kauf. Väter von Kindern mit niedriger Kreativität legten in erster Linie Wert auf ein gutes Einvernehmen; um dieses Einvernehmen nicht zu gefährden, steckten sie ihre Forderungen zurück. Der Autor beurteilt die Erziehungshaltung von Vätern kreativer Kinder folgendermaßen:

„Die Väter der Hochkreativen sind selbstzufrieden, haben also keinen internen Konflikt, dafür aber einen vorprogrammierten zwischen sich und dem Kind. Wohl in der Annahme, daß ihre Anordnungen vernünftig sind, verlangen sie strikte Befolgung, allerdings ohne das Kind dabei zu demütigen, indem sie

auch noch verlangen würden, daß das Kind die Befolgung gerne machen würde. Die sadistisch autoritäre Erziehung verlangt eigentlich von dem Kind, daß es nach der Bestrafung auch noch sagt, ich danke für die Züchtigung. Wohingegen diese Art von Autorität eher so aufgebaut scheint, daß der Vater sagt, ich verlange von dir das und das, ob du es gerne tust, spielt keine Rolle... Ich möchte davor warnen, diese Haltung als autoritär zu verstehen. Ich würde eher meinen, sie ist eher transparenter als diejenige eines Vaters, der meint, er müsse eigentlich strenger sein, es dann aber auf Kosten seiner eigenen Zufriedenheit nicht ist."
(Krause 1977, S. 207.)

Persönlichkeitspsychologie

Spätestens seitdem der französisch-schweizerische Psychologe Edouard Claparède (1873–1940) die Intelligenzhandlungen als Akte des Problemlösens beschrieben hat (Claparède 1924, S. 219 f.), ist die Bedeutung des Problemlösens für die Persönlichkeitspsychologie offenkundig. Dabei ist die Auseinandersetzung unerheblich, ob man eine einheitliche Fähigkeit des Problemlösens annehmen darf, die sich bei den verschiedenartigsten Problemen bewährt (allgemeine Intelligenz), oder ob verschiedene Fähigkeiten zu unterscheiden sind, die sich ungleich über Individuen verteilen. Auf jeden Fall sind Fähigkeiten zur Überwindung von Schwierigkeiten als wichtige Persönlichkeitseigenschaften zu veranschlagen. Solche Fähigkeiten, auch *Kompetenzen* (von lat. ‚competentia') genannt,

- ○ bestimmen den Lebensweg und die Sozialisation eines Menschen,
- ○ ihr Besitz vermittelt das Gefühl der Selbstsicherheit,
- ○ ihr Mangel führt zu Versagen und Angst.

Kreativität – so der Persönlichkeitstheoretiker und Mitbegründer der Humanistischen Psychologie (s. S. 40) Abraham Maslow – kennzeichne den autonomen Menschen. Sie helfe ihm, seinen Bedürfnissen gerecht zu wer-

Kreativitätstest

Kreativitätstests erheben den Anspruch, individuelle, schöpferische Möglichkeiten eines Menschen diagnostizieren zu können. Ein solcher Kreativitätstest für den deutschen Sprachraum stammt von dem Bonner Psychologen Karl-Josef Schoppe. Sein Verfahren soll lediglich die verbal-produktiven Merkmale der Kreativität erfassen, da die stark am Inhalt orientierten amerikanischen Tests nach Schoppe auf ernste Bewertungsschwierigkeiten stoßen und damit eine objektive Auswertung in Frage stellen. Der verbale Kreativitätstest von Schoppe erfaßt den verbalen Assoziations- und Einfallsreichtum. Eine Aufgabe, die den Einfallsreichtum bezüglich der Funktionen von angegebenen Gegenständen erfassen soll, ist die folgende:

„Zu einem Gegenstand, der Ihnen genannt wird, sollen Sie sich möglichst viele ungewöhnliche Verwendungsarten einfallen lassen. ... Verzichten Sie auf Begründungen und umständliche Erklärungen. Schreiben Sie Ihre Einfälle im Telegrammstil einzeilig untereinander auf."
Die beiden vorgegebenen Gegenstände sind unter anderem

leere Konservendose	*einfache Schnur*

Die Zeitbegrenzung für jedes Testwort beträgt 120 Sekunden. Als originell anerkannt werden u. a. solche Antworten, die unmoralische oder verbrecherische Verwendungen darstellen (ermorden, zerschneiden, erwürgen), die die übliche Funktion in Zusammenhang bringen mit unüblichen Situationen oder ungewöhnlichen anderen Gegenständen.
(Schoppe 1975)

den, und diene damit der *Selbstverwirklichung* (mehr über Maslows Persönlichkeitstheorie S. 401 f.). Jeder Mensch könne auf seinem Weg zur Selbstverwirklichung seine individuelle Form der Kreativität entwickeln. Nicht nur dem gefeierten Künstler oder dem bewunderten Erfinder ist daher Kreativität zuzubilligen, sondern auch dem spielenden Kind, dem Handwerker und der Hausfrau, dem Sportler und dem Bastler, wenn sie nur mit Hingabe und Einfallsreichtum bei der Sache sind (Maslow 1954).

> *„Eine erstklassige Suppe zu kochen ist kreativer als ein zweitklassiges Bild zu malen."*
> Abraham Maslow zugeschriebene Äußerung.

Im Gegensatz zu dieser optimistischen Sicht der Kreativität stehen einige Tiefenpsychologen. So hat Sigmund Freud bereits zu Beginn dieses Jahrhunderts die Vermutung geäußert, die schönsten Schöpfungen der Kunst und der Wissenschaft verdankten ihre Entstehung einer frühkindlichen *Enttäuschung*. So trachte etwa der Maler Leonardo da Vinci (1452–1519) durch seine herrlichen Madonnenbilder insgeheim danach, seiner Mutter habhaft zu werden, die trotz ihrer Zärtlichkeit seinem vollen Liebesverlangen nicht gefolgt sei (Freud 1965/1910). Alfred Adler, dessen tiefenpsychologische Richtung von ihm Individualpsychologie genannt wurde (vgl. S. 46), geht noch einen Schritt weiter. Für ihn ist jede große Leistung ein Wiedergutmachen eines Versagens. Sie ist ein Versuch der *Kompensation*. Stärken und Schwächen eines Menschen seien so untrennbar miteinander verbunden. Adler versucht das Kompensationsprinzip unter anderem an den Fällen einiger berühmt gewordener Künstler zu erläutern:

„Daß Redner, Schauspieler, Sänger die Zeichen der Organminderwertigkeit aufweisen, habe ich sehr häufig gefunden. Von Moses berichtet die Bibel, er habe eine schwere Zunge besessen, seinem Bruder Aron war die Gabe der Rede verliehen. Demosthenes, der Stotterer, wurde zum größten Redner Griechenlands, und von Camille Demoulin, der im gewöhnlichen Leben stotterte, berichten seine Zeitgenossen, daß seine Rede wie geschmolzenes Gold dahinfloß.

Ähnlich bei Musikern, die ziemlich oft an Ohrenleiden erkranken. Beethoven, Robert Franz, Smetana, die das Gehör verloren, seien als bekannte Beispiele hierher gesetzt."
(Adler 1973/1907, S. 51 f.)

Es hat nicht an Versuchen gefehlt, Kompetenz zur Lösung von Problemen zu messen. Viele mit Hilfe von Intelligenztests geprüfte Fähigkeiten wie das induktive und deduktive Denken (s. S. 170 und S. 158), die Merkfähigkeit (s. S. 226) und die Raumanschauung (s. S. 88 ff.) kommen zweifellos dem praktischen Problemlösen zugute. Der Ablauf des praktischen Problemlösens stellt jedoch auch seine spezifischen Anforderungen – wie die Fähigkeit zur Vorausschau und zur Setzung von Teilzielen (vgl. S. 254). Solche Kompetenzen sind nicht leicht zu bestimmen, und deshalb stecken Tests zur unmittelbaren *Erfassung der Kompetenz zum praktischen Problemlösen* noch in den Anfängen (vgl. Goldfried u. D'Zurilla 1969).

Sozialpsychologie

Problemlösen wird zum Gegenstand der sozialpsychologischen Betrachtung, wenn

- ○ die zur Lösung anstehenden Probleme sozialer Natur sind (z. B. Rangkonflikte, Konkurrenz um knappe Ressourcen, Entscheidung über Aufnahme und Ausschluß von Gruppenmitgliedern, Verteilung von Aufgaben) und wenn
- ○ mehrere Individuen sich gemeinsam um die Lösung von (sozialen und nicht sozialen) Problemen bemühen (z. B. wissenschaftliche Teams, Künstlergruppen, Flugzeugbesatzungen).

Der deutsche Sozialpsychologe Helmut Crott (1979, S. 112f.) bescheinigt den Gruppen, sie würden „im Vergleich mit dem durchschnittlichen Individuum ... Probleme im allgemeinen mit größerer Wahrscheinlichkeit" bewältigen. Dieses Urteil teilen viele Autoren. Und die Gründe für die häufige Überlegenheit von Gruppen liegen auf der Hand:

○ Je mehr Köpfe zusammenwirken, desto größer ist die Wahrscheinlichkeit, daß in einem von ihnen der entscheidende Lösungseinfall heranreift.

○ Unvollständige Lösungsvorschläge eines Gruppenmitglieds können von anderen weitergedacht werden.

○ Irreführende Einfälle können von anderen leichter als solche erkannt und verworfen werden.

○ Verschiedene Aspekte eines Problems können in Gruppen arbeitsteilig bearbeitet werden.

○ Je mehr Menschen versammelt sind, desto mehr einschlägige Erfahrungen fließen in ihre Beratungen ein.

Mitunter wird noch ein sechster, nicht ganz präzise formulierbarer Grund genannt:

○ In Gruppen entsteht manchmal ein besonderes „Kretivitätsklima" (Taylor u. Ellison 1975, S. 202ff.), eine Stimmung oder Bewußtseinslage, welche die Offenheit für neue Probleme und Lösungseinfälle begünstigt.

Die Vorzüge der Gruppe können freilich in ihr Gegenteil umschlagen: Die wechselseitige Erwartung, der jeweils andere Partner werde schon die Lösung beibringen, setzt das Engagement der gesamten Gruppe herab. Irreführende Lösungsvorschläge finden oft die gemeinschaftliche Unterstützung, während erfolgversprechende Ansätze auf Mehrheitsbetreiben nicht weiter verfolgt werden. Der Psychologieprofessor Irving L. Janis von der Yale Universität glaubt sogar feststellen zu können: Die Rücksicht auf die eigene Gruppe steht einer sachgerechten Problemlösung nicht selten im Wege.

Janis nennt die produktivitätsfeindliche Form des Gruppendenkens *„groupthink"*; er führt den Begriff folgendermaßen ein:

„Ich benutze den Begriff ‚groupthink', um schnell und einfach eine Denkweise zu bezeichnen, derer sich Menschen in stark kohärenten Gruppen befleißigen; ein Fall von ‚groupthink' liegt dann vor, wenn das Bestreben der Mitglieder nach Einmütigkeit ihr Bemühen unterdrückt, verschiedene Handlungsalternativen realistisch zu bewerten ... ‚Groupthink' steht in Beziehung zu einer Beeinträchtigung der geistigen Leistungsfähigkeit, des Realitätsbewußtseins und des moralischen Urteils, welches sich aus dem Druck innerhalb der Gruppe ergibt."
(Eigene Übersetzung aus Janis 1972, S. 9.)

Janis versucht seine These von der möglichen Beeinträchtigung des realistischen Problemlösens durch soziale Prozesse anhand von 6 Fallstudien aus dem Bereich der amerikanischen Außenpolitik zu erhärten. Als Paradefall von blindem Gruppendenken führt er die Kuba-Invasion aus dem Jahre 1961 an.

Die Invasion gegen das Kuba Fidel Castros wurde im April 1961 von 1400 Exilkubanern unternommen. Sie landeten an einem sumpfigen Strand der Insel, genannt „Schweinebucht" (engl. ‚bay of pigs'), unterstützt vom amerikanischen Geheimdienst, der US-Marine und der US-Luftwaffe. Das Unternehmen, gegen den frisch etablierten Diktator Castro gerichtet, wurde innerhalb von drei Tagen zum vollständigen Debakel. Durch die vorgewarnten und gut ausgerüsteten Truppen Castros wurden die eindringenden Angreifer völlig aufgerieben. Die 1200 Mann, die in Gefangenschaft gerieten, mußten sieben Monate später gegen Warenlieferungen im Werte von 53 Millionen Dollar freigelöst werden.

Die Gründe für den Fehlschlag sind schnell zusammengefaßt: Überschätzung der eigenen Kraft (insbesondere der Kampfkraft der Exilkubaner), Unterschätzung des Gegners, Fehlinformationen über die geographischen Verhältnisse. Die sozialpsychologische Frage war: Wie konnte der damals verantwortlichen, an hervorragenden Köpfen reichen Regierung

Kennedy ein solcher Fehlschlag unterlaufen? Janis deutet die Situation folgendermaßen: Die Regierung Kennedy war zur Zeit der Planung neu im Amt. Ihr Bedürfnis nach Solidarität war groß. Gerade weil sie hervorragende Persönlichkeiten vereinigte, war die Scheu vor gegenseitiger Kritik vorherrschend. Den Invasionsplan hatte die Regierung von der vorangegangenen Regierung Eisenhower/Nixon übernommen; das Unternehmen glich einem fahrenden Zug, den niemand mehr gerne aufhält. Die neue Regierungsmannschaft hatte noch zu viel Respekt vor der alteingesessenen Verwaltung, brachte deren Information zu viel Vertrauen entgegen und ließ sich durch antiquierte Geheimhaltungsvorschriften davon abhalten, unabhängige Experten zu Rate zu ziehen. Hinzu gesellte sich die Überzeugung von der eigenen moralischen und militärischen Überlegenheit. Kurz gesagt: Das Kabinett agierte so, daß das Einvernehmen zwischen seinen Mitgliedern sowie zwischen Kabinett und Ministerialverwaltung möglichst ungetrübt blieb. Der Preis dafür: eine gründliche Verkennung der Wirklichkeit und ein völliges Fiasko. Nach Janis ein klassischer Fall von Gruppendenken mit fatalen Folgen. (Zum Kontrast schildert der Autor allerdings auch einen Fall, in dem das Gruppendenken sich in den Dienst einer realistischen Problemlösung gestellt hat, nämlich der Entwicklung, Durchsetzung und Verwirklichung des Marshall-Plans zum Wiederaufbau Europas nach dem Zweiten Weltkrieg.)

Kabinettsitzung in Bonn, 1978. Eine Reihe von Sachproblemen steht zur Lösung an (Bau von Kernkraftwerken und Entsorgungsanlagen, Rentenfinanzierung, Scheidungsrecht usw.). Gleichzeitig besteht das Problem, die Regierungsmannschaft arbeits- und kooperationsfähig zu erhalten (Erhaltung der Koalition der die Regierung tragenden Parteien, Integration der Ressortminister im Gesamtkabinett). Die Behandlung von Sachproblemen hat soziale Konsequenzen, und die ausreichende Bewältigung sozialer Probleme in der Entscheidungsgruppe ist Voraussetzung für die gemeinschaftliche Lösung der Sachprobleme.

Zusammenfassung

1. Im Verlauf der lebenslangen Entwicklung spielen Veränderungen in der Fähigkeit zum Lösen von Problemen eine hervorragende Rolle. Starrheit in der Anwendung von Lösungsregeln fällt bei jüngeren Kindern stärker auf als eine von Konventionen unbelastete Kreativität. Die spätere Entfaltung der Kreativität wird durch eine anspruchsvolle Erziehungshaltung offenbar gefördert.
2. In der Persönlichkeitspsychologie wird die Kreativität als überdauernde Persönlichkeitseigenschaft betrachtet. Die Eigenschaft der Kreativität bestimmt den Lebensweg und formt die Persönlichkeit. Für manche Persönlichkeitstheoretiker gehört sie unabdingbar zum autonomen, sich selbst verwirklichenden Menschen, für andere – tiefenpsychologische – Theoretiker wurzelt sie in frühkindlichen Konfliktsituationen.
3. In der Sozialpsychologie wendet man sich dem Problemlösen zu, wenn die zur Lösung anstehenden Probleme sozialer Natur sind oder wenn mehrere Individuen zusammen Probleme lösen. Das Lösen von Problemen in Gruppen hat Vorteile und Nachteile: Durch die Mitwirkung mehrerer Individuen erhöht sich die Wahrscheinlichkeit, eine Lösung zu finden; gleichzeitig besteht jedoch die Gefahr, daß sich die Gruppe auf eine falsche Lösung einigt, um ihren Zusammenhalt zu wahren.

Literaturhinweise

Oerter, R., Dreher, E. u. Dreher, M.: Kognitive Sozialisation und subjektive Struktur. München: Oldenbourg 1977

Yandó, R., Seitz, V. u. Zigler, E.: Imitation: A developmental perspective. Hillsdale: Erlbaum 1978

Lesser, H. u. Hlavacek, P.: Problem-solving rigidity of children on perceptual tasks as a function of parental authoritarianism. Journal of Genetic Psychology 131 (1977), 97–106

Watson, G.: Some personality differences in children related to strict or permissive parental discipline. Journal of Psychology 44 (1957), 227–249

Krause, R.: Produktives Denken bei Kindern. Weinheim: Beltz 1977

Claparède, E.: Comment diagnostiquer les aptitudes chez les écoliers. Paris: Flammarion 1924

Schoppe, K. J.: Verbaler Kreativitätstest. Handanweisung. Göttingen: Hogrefe 1975

Maslow, A.: Motivation and personality. New York: Harper 1954

Freud, S.: Eine Kindheitserinnerung des Leonardo da Vinci. Gesammelte Werke Bd. 8. Frankfurt: Fischer 1965 (Erstausgabe 1910)

Adler, A.: Die Theorie der Organminderwertigkeit und ihre Bedeutung für Philosophie und Psychologie. In: Adler, A. u. Furtmüller, C. (Hg.): Heilen und Bilden. Frankfurt: Fischer 1973 (Erstausgabe 1907)

Goldfried, M. R. u. D'Zurilla, T. J.: A behavioral analytic model for assessing competence. In: Spielberger, C. D. (Hg.): Current topics in clinical and community psychology. Bd. 1. New York: Academic Press 1969, 151–196

Crott, H.: Soziale Interaktion und Gruppenprozesse. Stuttgart: Kohlhammer 1979

Taylor, C. W. u. Ellison, R. L.: Moving towards working models in creativity: Utah creativity experiences and insights. In: Taylor, I. A. u. Getzels, J. W. (Hg.): Perspectives in creativity. Chicago: Aldine 1975, 191–223

Janis, I. L.: Victims of groupthink. A psychological study of foreign policy decisions and fiascoes. Boston: Houghton u. Mifflin 1972

Ausgewählte Literatur zur Ergänzung und Vertiefung

Dörner, D.: Problemlösen als Informationsverarbeitung. Stuttgart: Kohlhammer 1976
(Abhandlung über den Prozeß und die Gesetzmäßigkeiten des Problemlösens)

Preiser, S.: Kreativitätsforschung. Darmstadt: Wissenschaftliche Buchgesellschaft 1976
(Übersichtliche und anschauliche Darstellung von Bedingungen und Erscheinungsweisen der Kreativität)

Putz-Osterloh, W.: Problemlöseprozeß und Intelligenztestleistung. Bern: Huber 1981
(Bericht über eigene theoretische und empirische Studien zum Zusammenhang von allgemeinen Strategien beim Problemlösen und individuell bestimmbarer Intelligenz)

Rohr, A. R.: Kreative Prozesse und Methoden der Problemlösung. Weinheim: Beltz 1975
(Ausarbeitung von theoretischen Modellvorstellungen und Bericht über eigene empirische Studien zur Erhöhung der Kreativität beim Problemlösen)

Roth, E., Oswald, W. D. u. Daumenlang, K.: Intelligenz. Stuttgart: Kohlhammer 1975, 3. Aufl. (Erstausgabe 1971)
(Einführung in die wichtigsten Methoden und Ergebnisse der Intelligenzforschung)

Seiffge-Krenke, J.: Probleme und Ergebnisse der Kreativitätsforschung. Bern: Huber 1974
(Überblick über neuere Forschungsansätze; besondere Berücksichtigung von Methoden des Kreativitätstrainings)

Kapitel 8

Zielgerichtetes Verhalten

Reaktives Verhalten
Instinktverhalten
Planen und Handeln
Zielsetzung
Erfolgserwartungen
Intrinsische und extrinsische Motivation
Kybernetisches Denken
Mehrfachtätigkeiten

Die Fragen: „Wie vollzieht der Mensch seine Tätigkeiten?" und „Was sind die Beweggründe menschlicher Handlungen?" haben viele Psychologen zum Nachdenken, zur Beobachtung und zum Experimentieren veranlaßt. Die moderne Psychologie hat eine allgemeine Verhaltens- und Handlungspsychologie hervorgebracht, in deren Begriffsinventar und Erfahrungsfundus das vorliegende Kapitel einen Einblick geben will.

Daß dieses Kapitel zur Psychologie des Verhaltens unmittelbar an das Kapitel über Problemlösen anschließt, ist kein Zufall, erweist sich doch in vieler Hinsicht das menschliche Handeln als eine praktische Umsetzung problemlösenden Denkens.

Die Rolle der Motivation im menschlichen Verhalten ist ein zentrales Thema dieses Kapitels. Gleichwohl ist eine systematische Übersicht über die vielfältigen Motive menschlicher Tätigkeit (z. B. Hunger, Liebe, Herrschsucht) hier nicht beabsichtigt. Die Frage der Beschaffenheit menschlicher Motive wird vielmehr ausgeklammert und erst im Kapitel 10 über „Motivation und Emotion" aufgegriffen.

Auch die Frage der Verhaltensänderung durch Lernen wird im folgenden ausgespart; ihr ist das gesamte Kapitel 9 gewidmet.

Menschliche Tätigkeiten – ihr Aufbau, ihre Anlässe, ihre Ziele

Tathergang und persönliche Schuld

Als Ungeheuerlichkeit wurde der 1867 erstmals erschienene Roman „Raskolnikoff – Schuld und Sühne" des russischen Schriftstellers Fjodor Michailowitsch Dostojewski (1821–1881) aufgenommen, denn er beschrieb nichts weniger als die Vorbereitung, Ausführung und Sühne eines brutalen Doppelmordes. Held des Romans ist Raskolnikoff, ein junger Mann, verelendet, verschuldet, innerlich zerrissen, in einer städtischen Umwelt voller Not und Erniedrigung.

Die zentrale Szene in dem Roman: Raskolnikoff hat sich entschlossen, die Pfandleiherin Lisabetha Iwanowna und ihre Schwester Aljona aufzusuchen. In der vorangegangenen Nacht war er spät nach Hause gekommen und hatte den Tag in einem fiebrigen Schlaf verbracht. Dann fährt der Erzähler fort:

„Unterdessen schlug es sechs Uhr. Ein seltsames Fieber, aufreibende Unruhe bemächtigte sich jetzt seiner anstatt der bisherigen Schlafsucht und Stumpfheit.

An Vorbereitungen war übrigens nicht viel erforderlich. Er hatte alle seine Kraft darauf gerichtet, daß alles vorbedacht und nichts vergessen war; aber sein Herz schlug und hämmerte, daß ihm der Atem schwer wurde. Zunächst war es erforderlich, eine Schleife zu verfertigen und sie an dem Rock anzunähen – das Werk eines Augenblicks. Er suchte in seinem Kissen und zog aus der hineingestopften Wäsche ein vollständig zerfetztes, altes, ungewaschenes Hemd. Aus dessen Fetzen drehte er ein Band. Dieses legte er doppelt, dann nahm er seinen dicken, haltbaren, aus starkem Baumwollstoff gefertigten Überrock – sein einziges Oberkleid – und begann, beide Enden des Bandes unter der linken Achselhöhle von unten anzunähen. Seine Hände zitterten bei dieser Arbeit, aber er ermannte sich und nähte es an, so daß von außen nichts zu sehen war, wenn er den Rock wieder anzog. Nadel und Zwirn hatte er schon längst in Bereitschaft in der Brieftasche in seinem Tisch. Was die Schlinge anlangte, so hatte er einen eigentümlichen Gedanken ersonnen. Sie war für die Axt bestimmt; er konnte auf der Straße die Axt nicht in den Händen tragen; wenn er sie unter dem Rock verbarg, so hätte er sie mit

Juri Taratorkin als Raskolnikoff in der sowjetischen Verfilmung von Dostojewski's „Schuld und Sühne" (1970).

den Händen halten müssen, und das wäre aufgefallen. Jetzt, mit dieser Schlinge, brauchte er sie nur in diese hineinzustecken, und sie hing ruhig darin unter seinem Arm, während er auf dem Wege war. Steckte er die Hände in die Seitentaschen seines Überziehers, so konnte er auch das Ende des Axtstieles festhalten, damit es nicht hin und her schwang ... Diese Schlinge hatte er sich schon vor vierzehn Tagen ausgedacht."

Nach kurzer Zeit macht er sich auf den Weg und erreicht das Haus der Pfandleiherin.

„Die Tür öffnete sich, wie schon bei seinem früheren Besuche, nur bis auf einen schmalen Spalt, wiederum richteten sich zwei scharfe, mißtrauische Augen aus der Finsternis auf ihn ...

‚Verzeiht, Aljona Iwanowna, ich bin ein Bekannter von Euch, Raskolnikoff, und bringe Euch das Pfand, das ich neulich schon versprach.' Er hielt ihr sein Pfand entgegen. Die Alte blickte es an, doch richtete sie gleich wieder das Auge auf den ungebetenen Besucher; sie blickte forschend, bösartig und mißtrauisch ...

‚Was ist das?' fragte sie nochmals, Raskolnikoff durchdringend musternd und sein Pfand in der Hand wägend.

‚Ein Zigarettenetui aus Silber, seht nur nach!'

‚Ja, aber wenn es gar nicht von Silber wäre; Ihr habt es ja eingewickelt.'

Sie bemühte sich, die Schnur zu lockern, und drehte sich dabei nach dem Fenster zum Licht ... Er knöpfte seinen Rock auf, hob die Axt aus der Schlinge, nahm sie aber noch nicht ganz heraus, sondern hielt sie mit der Rechten noch unter dem Rock. Seine Hände waren entsetzlich schwach, es schien ihm, als ob sie mit jedem Augenblick mehr abstürben und erstarrten. Er fürchtete, die Axt loszulassen und zu verlieren – plötzlich drehte sich ihm alles vor den Augen. ‚Wozu hat Er es nur eingewickelt!' rief jetzt die Alte verdrießlich und wandte sich zur Seite nach ihm.

Es war kein Augenblick mehr zu verlieren; er zog die Axt jetzt ganz hervor, schwang sie mit beiden Händen, sich selbst mehr kaum empfindend und fast ohne Anstrengung, wie eine Maschine, und ließ sie im Schwunge herniedersausen. Es war ihm, als fühle er gar keine Kraft mehr in sich, aber sobald die Axt herniedergefallen war, überkam ihn frischer Mut.

... Der Schlag hatte mitten auf den Scheitel getroffen, ... Die Alte schrie auf, aber nur schwach, und sank plötzlich lang zu Boden, indem sie noch Versuche machte, beide Hände nach ihrem Kopf zu heben; in der einen hielt sie immer noch das Pfand. Jetzt versetzte ihr Raskolnikoff mit ganzer Kraft noch einen zweiten Hieb wieder auf den Scheitel. Das Blut lief wie aus einem zerbrochenen Glase, und ihr Körper streckte sich nach rückwärts."

(Aus: Dostojewski, F. M.: Raskolnikoff – Schuld und Sühne. Übersetzt von H. Moser. München: Goldmann 1957, S. 67ff.)

Nach vollbrachter Tat beraubt Raskolnikoff die getötete Aljona Iwanowna ihres Brustbeutels und stopft sich die Taschen mit den Wertgegenständen voll, die er in ihrem Zimmer findet. Dabei wird er von ihrer Schwester Lisabetha überrascht. Er streckt auch diese mit der Axt nieder und entflieht.

Der Leser verfolgt gespannt den Hergang der Tat. Das Verstecken der Axt, das Zurücklegen des Weges, das einleitende Gespräch, der Doppelmord, der Raub, die Flucht, das ist eine Kette von aufeinanderfolgenden Tätigkeiten, die zum Gegenstand nüchterner Beschreibung werden können.

Darf man sich mit der Beschreibung des Tathergangs zufriedengeben? Stellt sich nicht auch die Frage nach den Ursachen der Tat, nach der Verantwortung? Was sind Raskolnikoffs Beweggründe? Handelt er aus Habgier, aus Not, aus Rachsucht oder aus Grausamkeit? Trifft den Täter eine persönliche Schuld? Haben sich die ermordeten Frauen ihr Schicksal selbst zuzuschreiben? Ist eine Gesellschaft, die Not und Ausbeutung hervorbringt, für die Tat verantwortlich zu machen? Oder war Raskolnikoff gar das Werkzeug einer höheren Macht?

Die Aufmerksamkeit wendet sich weiterhin den Empfindungen und anderen inneren Vorgängen bei der handelnden Person zu. Welche Empfindungen und Gedanken begleiten Ras-

> Zur Frage der persönlichen Schuld läßt Dostojewski seinen Helden Raskolnikoff sagen: *„Die Alte hat der Teufel gemordet, nicht ich!“* Gleichwohl fühlt er sich persönlich für die Tat verantwortlich, getreu dem Wort seines Autors: *„Alle Menschen sind schuldig, alle sind schuldig. Wenn doch alle das einsehen würden!“*

kolnikoffs Tat? Der Verfasser erwähnt ausdrücklich: Herzklopfen und Atemnot während der Vorbereitungsphase, Muskelschwäche und Schwindel vor dem ersten Mord, Gefühllosigkeit vor dem ersten Schlag, „frischer Mut“ danach. Und es ist zusätzlich zu fragen: Wie erlebt der Täter seine Welt? Was denkt er über sein Opfer? Was verspricht er sich für einen Nutzen von seinem Tun?

In der Beschreibung werden also getrennt:

○ der *äußere Hergang der Tat,* die Abfolge von Muskelbewegungen des Handelnden (z. B. Raskolnikoff macht sich auf den Weg, schwingt die Axt und ähnliches),

○ die *inneren Beweggründe* des Handelnden, seine Motive (z. B. Habgier, Rachsucht, Not),

○ die *Eigenempfindungen und Gefühle* (Emotionen) vor, bei und nach der Tat (z. B. Schwindel, Angst und ähnliches),

○ die nervösen, hormonalen und kardiovaskulären *Veränderungen des Körpers* vor, bei und nach der Tat (z. B. Herzklopfen, Schweißausbruch und ähnliches),

○ die *kognitiven Voraussetzungen des Handelns,* die Wahrnehmung und Einschätzung der jeweiligen Situation, das im Gedächtnis gespeicherte Wissen über die jeweilige Situation, die darin möglichen Handlungen und deren zu erwartende Folgen. (So erwächst etwa das Bemühen Raskolnikoffs, die Axt auf dem Wege zur Pfandleiherin zu verbergen, aus der Erwartung, das offene Vorzeigen des späteren Mordinstruments könnte Verdacht erregen und frühzeitige Gegenwehr hervorrufen.)

Reaktives Verhalten, zielgerichtetes Handeln und unbewußte Impulse

Als Raskolnikoff die Axt unter seinem Mantel versteckte, als er sich Zugang zur Pfandleiherin verschaffte, als er sie mit zwei Hieben niederstreckte: Hat er da nicht lediglich auf vorgegebene Umstände reagiert? Auf Situationsbedingungen wie die Wehrlosigkeit der Alten, die Verfügbarkeit des Mordinstruments, die Zerrüttung seiner Gesellschaft? Und auf innere Bedingungen: seinen Hunger, seine fiebrige Erregung? Behavioristische und reflexologische Autoren sind genau dieser Auffassung. Für sie ist Verhalten eine *Reaktion, ein Reflex auf vorgegebene (innere und äußere) Reize.* Verhalten spielt sich in der Gegenwart ab und hat seine unmittelbaren Ursachen stets in der Gegenwart (s. bereits S. 50f.).

Anders kognitivistische Autoren: für sie ist der Mensch ein vorausschauendes, planendes Wesen. Er setzt sich Ziele und arbeitet in seinem Handeln auf diese Ziele zu. Da die Ziele eine Vorwegnahme zukünftiger Umstände darstellen, ist auch das Handeln auf die Zukunft gerichtet. Aus dieser Sicht wird man dem Fall Raskolnikoff nicht gerecht, wenn man ihn lediglich als ein Produkt gegenwärtig herrschender Lebensbedingungen betrachtet. Vielmehr muß man die erhofften Handlungsfolgen ausfindig machen, die Raskolnikoffs Tat motivieren. Hofft er z. B., durch den Raubmord die Befreiung von drückenden Schulden zu erlangen? Wie schätzt er die Wahrscheinlichkeit einer Bestrafung nach Entdeckung der Tat ein? Was tut er, um den Gewinn zu sichern und die Bestrafung zu vermeiden? Die kognitivistische Analyse wird einem Täter wie Raskolnikoff zumindest in begrenztem Umfang ein *Bewußtsein seines Tuns* zuschreiben; sie wird eine Kalkulation des Für und Wider der geplanten Tat annehmen, eine Zweckbestimmung seines Handelns, eine willentliche Entscheidung und eine persönliche Verantwortlichkeit (s. bereits S. 36).

Zwischen der Beschreibung und Deutung einer Tätigkeit aus kognitivistischer und behavioristischer bzw. reflexologischer Sicht liegt eine schwer überbrückbare Kluft. Bemängelt der Behaviorist an der kognitivistischen Analyse deren subjektiven und spekulativen Gehalt, vermißt der Kognitivist in der behavioristischen Beschreibung maßgebliche Bestandteile des Psychischen. Sogar die Wahl einer Bezeichnung für menschliche Tätigkeiten hat die Vertreter der kognitivistischen und der behavioristischen Richtung entzweit. Kognitivisten benutzen bevorzugt den Begriff *„Handlung"* (engl. ‚action'), weil dieser in seinen Nebenbedeutungen die Merkmale der Bewußtheit, der Zweckrationalität, der willentlichen Entscheidung und der Verantwortlichkeit enthält. Eben wegen dieser offen in Anspruch genommenen Nebenbedeutungen lehnen Vertreter der behavioristischen Position den Begriff der Handlung ab und benutzen an seiner Stelle den nüchternen Begriff *„Verhalten"* (engl. ‚behavior'). Es mag übrigens als einseitige Parteinahme für die behavioristische Position gewertet werden, wenn der Titel des vorliegenden Kapitels nur den Begriff des Verhaltens nennt, nicht jedoch den Begriff der Handlung. Dazu ist jedoch zu bedenken: Der Begriff des Verhaltens ist mit weniger Zusatzbedeutungen belegt als der Begriff der Handlung und eignet sich daher eher zur neutralen Kennzeichnung äußerlich sichtbarer Tätigkeiten. Vor allem mit dem – auch von vielen Behavioristen akzeptierten – Zusatz „zielgerichtet" sollte er auch für Vertreter der kognitivistischen Position annehmbar und aussagekräftig sein. Er wird hier auch dem in der russischen Literatur häufig gebrauchten Begriff *„Tätigkeit"* vorgezogen, der in der deutschen Sprache merkwürdig blaß klingt.

Über der Auseinandersetzung zwischen Behavioristen und Kognitivisten darf man die dritte große Gruppe von Theoretikern, die Tiefenpsychologen, nicht vergessen (vgl. S. 44). Sie haben sich bei der Erforschung des Verhaltens vorzugsweise den *Fehlleistungen* zugewandt, dem Verlesen, Versprechen, Verschreiben, Vergreifen. Wie die Kognitivisten nehmen sie an, daß die Tätigkeit ihre wesentliche Ursache in der tätigen Person hat und nicht in der sie umgebenden Situation. Im Gegensatz zu den Kognitivisten bezweifeln sie jedoch die Bewußtheit und Zweckmäßigkeit des Verhaltens; es sei gelenkt von triebhaften Impulsen, deren Existenz und Herkunft im Unbewußten verborgen bleibe. Im Falle des Raskolnikoff würden sie vermutlich dessen triebhafte Aggressivität, möglicherweise sogar eine zum Frauenhaß verkehrte Mutterliebe hervorheben.

Fehlleistungen brauchen aus tiefenpsychologischer Sicht keine dramatischen Wirkungen zu zeigen. Oft sind sie harmlos und alltäglich. Ein solches Vorkommnis beschreibt der Wiener Psychoanalytiker Viktor Tausk unter dem Titel „Falsche Fahrtrichtung":

„Ich war ... auf Urlaub nach Wien gekommen. Ein alter Patient hatte von meiner Anwesenheit Kenntnis bekommen und ließ mich bitten, daß ich ihn besuche, da er krank zu Bette lag. Ich leistete der Bitte Folge und verbrachte zwei Stunden bei ihm. Beim Abschied fragte der Kranke, was er schuldig sei. ‚Ich bin auf Urlaub hier und ordiniere jetzt nicht', antwortete ich. ‚Nehmen Sie meinen Besuch als einen Freundschaftsdienst.' Der Kranke stutzte, da er wohl das Empfinden hatte, er habe kein Recht, eine berufliche Leistung als unentgeltlichen Freundschaftsdienst in Anspruch zu nehmen. Aber er ließ sich meine Antwort schließlich gefallen ... – Mir selbst stießen schon wenige Augenblicke später Bedenken über die Aufrichtigkeit meiner Noblesse auf, und, von Zweifeln erfüllt, bestieg ich die elektrische Straßenbahnlinie X. Nach einer kurzen Fahrt hatte ich in die Linie Y umzusteigen. Während ich an der Umsteigestelle wartete, vergaß ich die Honorarangelegenheit ... Indem kam der von mir erwartete Wagen und ich stieg ein. Aber bei der nächsten Haltestelle mußte ich wieder aussteigen. Ich war nämlich statt in einen Y-Wagen versehentlich und ohne es zu merken in einen X-Wagen eingestiegen und fuhr in der Richtung zum Patienten, von dem ich kein Honorar annehmen wollte. Mein Unbewußtes aber wollte sich das Honorar holen."
(Tausk 1916/17, S. 157 f.)

Tätigkeitsziele und Verhaltensketten

Bereits die kurze, zu Beginn wiedergegebene Romanepisode enthält eine Fülle von Beschreibungen einzelner Tätigkeiten. Raskolnikoff stellt eine Schlinge her, transportiert mit ihrer Hilfe eine Axt, unterhält sich mit der Pfandleiherin; die Pfandleiherin ihrerseits mustert ihn durchdringend und prüft die Echtheit des Silberetuis. Diese Tätigkeiten sind von verschiedener Art, und ihre verschiedene Art ergibt sich aus ihren unterschiedlichen Zielen. In grobem Überblick lassen sich u. a. folgende *Tätigkeitsklassen* nach ihren Zielen unterscheiden:

○ Produktionstätigkeiten (von lat. ‚producere' – hervorbringen); ihr Ziel ist die Herstellung eines Gegenstandes oder eines Zustandes (wie z. B. die beschriebene Herstellung einer Schlinge).

○ Lokomotionen (von lat. ‚locus' – Ort und ‚motio' – Bewegung); sie dienen der Ortsveränderung von Personen und Gegenständen (wie z. B. der Transport der Axt).

○ Orientierungstätigkeiten (ursprünglich ‚nach dem Sonnenaufgang, dem Orient, die Himmelsrichtungen bestimmen'); ihr Ziel ist die Beschaffung einer Kenntnis (wie z. B. die Prüfung der Echtheit des Etuis).

○ Kommunikationstätigkeiten (von lat. ‚communicare' – teilnehmen, mitteilen); sie dient der Verständigung zwischen sozialen Partnern mit den Mitteln der Sprache (wie z. B. die Unterhaltung zwischen Raskolnikoff und der Aljona Iwanowna).

○ Regenerations- und Rekreationstätigkeiten (von lat. ‚regenerare' – wiederherstellen und ‚recreare' – erfrischen, kräftigen); sie umfassen so unterschiedliche Tätigkeiten wie Spielen, Essen und Trinken sowie Ruhen und Schlafen.

In der Verhaltenspsychologie werden zumeist die Produktions- und Lokomotionstätigkeiten berücksichtigt. Deshalb fällt auch die überwiegende Zahl der Beispiele in diesem Kapitel in den Bereich der Produktion und Lokomotion. Orientierungstätigkeiten werden zumeist im Zusammenhang mit Wahrnehmungsproblemen behandelt; sie wurden daher bereits in Kapitel 3 zur Wahrnehmung erwähnt. Der Kommunikation wird später ein eigenes Kapitel gewidmet sein (Kap. 11), damit für die Behandlung der Sprache und verwandten Ausdruckserscheinungen genügend Raum gegeben ist.

Die *Ziele und Ergebnisse* der Produktionen und Lokomotionen werden äußerlich sichtbar, sobald sie die Form hergestellter Gegenstände angenommen haben oder als Ortsveränderungen in Erscheinung treten. Die Befriedigung der Neugier durch Orientierung, der Austausch von Kenntnissen im Verlauf der Kommunikation, die Erheiterung im Spiel und die Erholung im Schlaf vollziehen sich dagegen im Inneren der Betroffenen; Fremde erhalten davon zumeist nur verläßlich Kenntnis durch Auskunft der Betroffenen. Insofern ist die Behauptung gerechtfertigt: Orientierung und Kommunikation, Rekreation und Regeneration dienen inneren Zielen und führen innere Zustandsänderungen herbei.

Die Annahme innerer Ziele ist die Voraussetzung dafür, die zuletzt genannten Tätigkeiten ebenfalls als zielgerichtetes Verhalten zu deuten. Was ist etwa Sinn und Funktion des Spiels von Kindern und Erwachsenen? Nicht etwa das zur Berufstätigkeit gewordene Spielen des honorierten Sportlers oder Künstlers, sondern das scheinbar absichtslose, von verwertbaren Ergebnissen freie Spiel des Nachlaufens, des Werfens und Fangens von Bällen, des Balgens mit Tieren. Nach äußeren, verwertbaren Ergebnissen dieser Tätigkeiten wird man vergeblich suchen. Aber es gibt offenbar innere Wirkungen, welche das Spiel reizvoll machen und die Mühe, die auch das Spiel erfordert, lohnen: die Erfahrung von Spannung und Spannungslösung, die Selbsterprobung bei der Begegnung mit neuen, verwickelten und gefährlichen Situationen, die Bewährung der eigenen Tüchtigkeit auch im Vergleich mit Sozialpartnern (vgl. etwa Heckhausen 1963).

Sind Ziele miteinander verknüpft, entstehen *Verhaltensketten.* Wenn Raskolnikoff die Axt hebt und damit Aljona Iwanowna den Schädel spaltet, so erreicht mit diesem Akt die kriminelle Handlung ihren Höhepunkt; aber der Akt steht in einem größeren *Handlungszusammenhang.* Einerseits folgt dem Mord der Raub von Geld und Kostbarkeiten; insofern ist der Mord Vorstadium und Mittel zum Raub. Andererseits gehen dem Mord vorbereitende Schritte voraus – darunter die Beschaffung des Mordinstruments und sein versteckter Transport. Aus dem Roman Dostojewskis läßt sich ein über mindestens vierzehn Tage erstreckter Tathergang rekonstruieren:

Tag 1	Vorplanung	Überlegungen über Vorgehen bei der Tötung der Pfandleiherin
Tag 2–13	Erste Vorbereitungen	Zurechtlegen der Utensilien
Tag 14	Abschluß der Vorbereitungen	Nähen der Schlinge für die Axt und ähnliches
	Beginn der Hauptphase	Aufsuchen der Pfandleiherin
	Hauptphase	Ermordung der Pfandleiherin sowie ihrer Schwester
	Nachphase	Beraubung und Flucht

Die einzelnen Abschnitte in dem zweiwöchigen Handlungsablauf sind durch Ziele markiert (z. B. Utensilien zurechtlegen, Schlinge fertigstellen). Die letzten Ziele haben dabei den Charakter von Endzielen, die ersten Ziele den Charakter von Zwischenzielen oder Teilzielen auf dem Weg zum Endziel. Insofern spiegelt sich in derartigen Verhaltensketten eine Zielhierarchie wider, wie sie auch beim Problemlösen festzustellen ist (s. S. 254). Menschen sind über ihre Wege zu Zielen orientiert; sie können auf zurückgelegte Wegstrecken ebenso zurückblicken, wie sie auf die noch vor ihnen liegenden vorausschauen können. Mit Leonhard Frank (1939) nennt man dies eine *Zeitperspektive.*

Verhaltensketten bzw. Handlungszusammenhänge können eine lange Zeitperspektive aufweisen. Studientätigkeiten dehnen sich über mehrere Jahre aus, bis sie den angestrebten Abschluß finden. Politiker sowie Führungskräfte der Wirtschaft durchlaufen oft eine jahrzehntelange Karriere, bis sie eine angestrebte Position erreichen. Sogar die Möglichkeit eines lebenslangen Strebens zu einem einzigen, beherrschenden Ziel ist diskutiert worden. Von dem Tiefenpsychologen Alfred Adler (1870–1937) stammt die These, das Leben vieler Menschen stehe unter einem einheitlichen Lebensziel – und sei es nur das Lebensziel, „mit liebenswürdigen Mitteln die überlegenere Rolle zu spielen“ (Adler 1929, S. 70). Unter dem Eindruck des Lebensziels folge das Leben daher – wie Adler in einer Schrift aus dem Jahre 1912 formuliert – einem Lebensplan.

Kognitivisten haben sich nicht gescheut, Tätigkeiten mit langfristiger Zielsetzung zu verfolgen. Insofern langfristige Ziele jedoch nur als kognitive Vorwegnahmen zu deuten sind, hatten Behavioristen die schon mehrfach beschriebenen erkenntnistheoretischen Bedenken, derartige Ziele zu behandeln und entsprechend lang sich erstreckende Verhaltensketten in ihren Theorien zu berücksichtigen. Die Wahl der Größe von Verhaltens- bzw. Handlungseinheiten, verbunden mit einer Entscheidung über die zeitliche Entfernung der Ziele, wird somit zu einem kritischen Punkt bei der Verhaltensanalyse.

Als *Verhaltenseinheiten* verschiedener Größe bieten sich an:

- ○ die Kontraktion einzelner Muskelfasern bzw. einzelner Gefäße (z. B. Blutgefäße, Hormondrüsen, Schweißdrüsen),
- ○ die Aktion einzelner Muskeln und Muskel-

gruppen bei einzelnen Körperbewegungen (z. B. im Akt des Greifens, des Schreitens u. ä.),
○ die kurzfristige Bewegungsfolge im zusammenhängenden Ablauf (z. B. Drehung beim Tanz, beim Montieren eines Gegenstandes),
○ die mittelfristige Bewegungsabfolge (z. B. ein Sonntagsausflug, Nähen eines Kleides),
○ die langfristige Tätigkeitsabfolge (z. B. Entwicklung eines Fahrzeuges bis zur Produktionsreife, Sanierung eines Stadtgebietes).

Der ehemals Wiener Psychologiedozent Egon Brunswik (1952) hat darauf hingewiesen, daß in der Handlung periphere Muskelaktionen ebenso zusammengefaßt und zu übergreifenden Einheiten organisiert werden müssen wie in der Wahrnehmung periphere Sinneseindrücke zu ganzheitlichen Abbildungen von Gegenständen. Insofern hat sein Linsenmodell (S. 91) zwei Hälften, von denen eine in der folgenden Abbildung nachzutragen ist.

Der amerikanische Verhaltenspsychologe Edward C. Tolman (s. a. S. 299f), mit dem Brunswik nach seiner erzwungenen Emigration aus Wien an der Universität von Kalifornien eng zusammengearbeitet hat, vergleicht die Beziehung zwischen den einzelnen Muskelaktionen und dem geordneten Handlungsablauf mit der Beziehung zwischen den chemischen Molekülen und den aus ihnen gebildeten Stoffmengen. Danach unterscheidet man bis heute das molekulare Verhalten (der einzelnen Muskeln oder Muskelfasern) vom molaren Verhalten (der geordneten Bewegung).

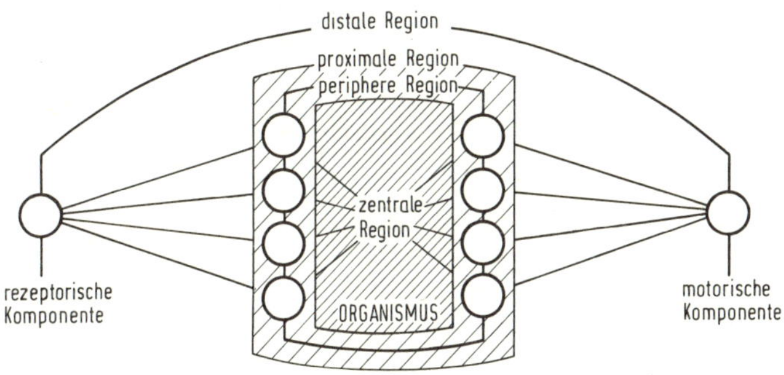

Vollständiges Linsenmodell von Egon Brunswik (1952). Verschiedene periphere Muskelaktionen schließen sich zu einheitlichen Handlungen zusammen; ebenso werden verschiedene Sinneseindrücke zu einem einheitlichen Wahrnehmungsbild zusammengefaßt.

Zusammenfassung

1. Bei der psychologischen Verhaltensanalyse werden berücksichtigt: der äußere Hergang der Tätigkeit, die dafür maßgebenden inneren Motive, Eigenempfindungen und Gefühle, psychophysiologische Begleiterscheinungen, kognitive Voraussetzungen der Tätigkeit.
2. Behavioristische und reflexologische Autoren beachten die Abhängigkeit des Verhaltens von äußeren und inneren Reizen. Kognitivistische Autoren betonen dagegen die Bewußtheit der Handlungen, die Zweckbestimmtheit von Tätigkeiten sowie die rationalen Planungen und Entscheidungen, die einer Tätigkeit zugrunde liegen. Tiefenpsychologische Theorien behandeln vor allem Fehlverhalten (Versprechen, Verschrei-

ben u. ä.), das sie auf das Wirken unbewußter Antriebe zurückführen.

3. In den Verhaltens- und Handlungstheorien spielen vor allem Produktions- und Lokomotionstätigkeiten eine Rolle. Neben diesen Tätigkeiten, die äußere Ziele verfolgen, sind Rekreations- und Regenerationstätigkeiten zu beachten (z. B. Spiele), die auf die Veränderung innerer Zustände gerichtet sind.
4. Verhaltenseinheiten können verschieden groß definiert werden; insbesondere ist molekulares Verhalten (einzelne Muskelkontraktionen) von molarem Verhalten (geordneten Bewegungen) zu unterscheiden. Verhaltenseinheiten lassen sich zu längeren Ketten zusammenschließen.

Literaturhinweise

Tausk, V.: Falsche Fahrtrichtung. Internationale Zeitschrift für Psychoanalyse 4 (1916/17), 157–158

Heckhausen, H.: Entwurf einer Psychologie des Spielens. Psychologische Forschung 27 (1963), 225–243

Frank, L. K.: Time perspectives. Journal of Social Philosophy 4 (1939), 293–312

Adler, A.: Menschenkenntnis. Leipzig: Hirzel 1929

Adler, A.: Organdialekt. In: Adler, A. u. Furtmüller, C. (Hg.): Heilen und Bilden. Fischer 1973, 114–122 (Erstausgabe 1912)

Brunswik, E.: The conceptual framework of psychology. In: International Encylopedia of Unified Science. Bd. 10/1. Chicago: Chicago University Press 1952

Tolman, E. C.: Purposive behavior in animals and men. New York: Appleton Century Crofts 1932

Reaktives Verhalten

Instinktverhalten

Lebewesen unterscheiden sich in ihrer körperlichen Beschaffenheit und damit auch in ihrer äußeren Gestalt. Wie unterscheiden sie sich in ihrem Verhalten? Dieser Frage widmet sich eine eigene Disziplin der Biologie, die Verhaltensforschung oder Ethologie (von griech. ‚ethos' – Wohnort, Lebensweise). Die Ethologie hat inzwischen eine Fülle von Beobachtungen zusammengetragen, aus denen man schließen kann: Jede Tierart zeichnet sich durch ihre eigenen Verhaltensmuster aus – zumindest solange sich ihre Angehörigen in demselben Lebensraum aufhalten.

Ein Beispiel für ein solches „arteigenes" Verhalten hat der niederländische Ethologe Nikolaas Tinbergen in seinem inzwischen klassisch zu nennenden Werk „Instinktlehre" gegeben: das Paarungsverhalten des dreistachligen Stichlings. Das Paarungsverhalten dieses Fisches läuft stets nach dem gleichen Muster ab:

1 Das Stichlingsmännchen vollführt vor dem weiblichen Stichling einen Zickzacktanz.
2 Daraufhin wendet das Weibchen dem Männchen seinen Bauch zu.
3 Nunmehr führt das Männchen das Weibchen zum Nest.
4 Das Weibchen folgt.
5 Das Männchen zeigt den Nesteingang.
6 Das Weibchen schwimmt in das Nest.
7 Das Männchen vollführt ein Schnauzentremolo.
8 Das Weibchen laicht ab.
9 Das Männchen besamt den Laich.

Jeder Verhaltensakt in diesem Ablauf scheint durch einen eigenen Außenreiz ausgelöst zu sein. Beim Stichlingsmann: der Weg zum Nest durch den Anblick des Bauches, das Schnauzentremolo durch den Anblick des Weibchens im Nest. Bei dem Weibchen: Die Bauchwendung wird ausgelöst durch den Zickzacktanz, das Ablaichen durch die Berührung beim Schnauzentremolo. Tinbergen nennt solche Reize in Übereinstimmung mit dem deutschen Ethologen Konrad Lorenz *Auslöser-* oder *Schlüsselreize* (Lorenz 1968, S. 36).

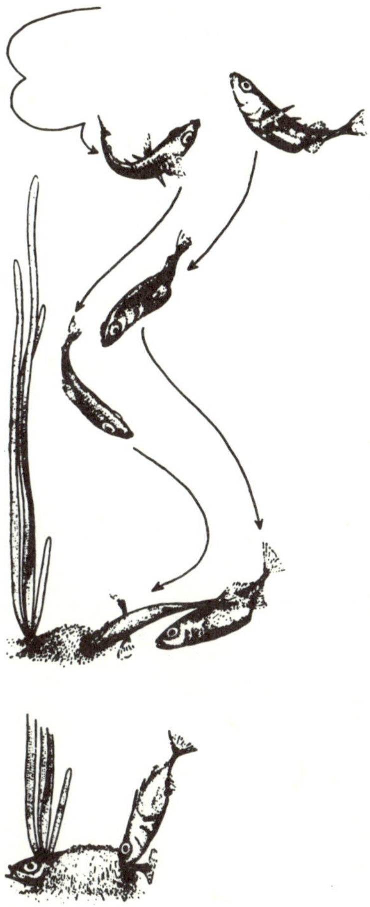

Paarungsverhalten des dreistachligen Stichlings (Tinbergen 1952, S. 45).

Die genannten Schlüsselreize wirken beim Stichling allerdings nicht zu allen Zeiten. Nur in der Brunstzeit ist die Bereitschaft zum Paarungsverhalten vorhanden. Tinbergen nennt solche Bereitschaften *Stimmungen.*

Es müssen also stets eine innere Stimmung und ein äußerer Auslöser zusammentreffen, damit ein Verhaltensakt hervorgebracht wird. Dabei kommt der Intensität der Stimmung eine große Bedeutung zu. Je stärker die Stimmung ist, desto schwächer kann der Auslöser sein (vgl. dazu noch S. 387). Eine extrem starke Stimmung ist in Einzelfällen offenbar allein imstande, ein Verhalten auszulösen, ohne daß es eines erkennbaren äußeren Reizes bedarf. Lorenz berichtet etwa von einem gefangenen Star, der sich auf Insektenjagd begab, ohne daß ein Insekt zu sehen war. Er zeigte eine für Stare charakteristische Verhaltenskette: Anspähen der Beute – Nachfliegen – Fangen – Töten – Verschlucken; sein Blick und seine Schnabelhiebe gingen aber ins Leere. Lorenz machte für dieses Verhalten eine starke Ansammlung von Antriebsenergie verantwortlich. Verhalten, das derart unabhängig von Umweltreizen auftritt, nennt er Leerlaufhandlung.

Nach Tinbergen und Lorenz vereinigen Tiere (und wohl auch Menschen) in sich eine Reihe von Verhaltenstendenzen, wie die Tendenz zur Paarung oder zur Nahrungsbeschaffung. Die Autoren nennen sie *Instinkte.* Den Instinkt definiert Tinbergen (1952, S. 104) als einen

> „... nervösen Mechanismus, der auf bestimmte ... Impulse, sowohl innere wie äußere, anspricht, und sie mit wohlkoordinierten, lebens- und arterhaltenden Bewegungen beantwortet.“

Zu trennen sind nach dieser Definition die inneren Instinktmechanismen und das darauf beruhende Instinktverhalten. Instinktverhalten gilt dabei als zweckmäßig – es sichert das Überleben des Individuums ebenso wie die Erhaltung der Gattung. Aber es ist nirgendwo davon die Rede, daß der Instinkt in seiner Zweckmäßigkeit dem betroffenen Individuum einsichtig ist. Im Gegenteil: Das Lebewesen folgt seinen Instinkten in einem dunklen Drange; es kann sich seiner Instinkte nicht erwehren.

Zweckmäßigkeit und Blindheit treten innerhalb der Instinkthandlung in eine bemerkenswerte Beziehung. Es ist, als ob die Natur ihre Lebewesen unter Vormundschaft stellte. Sie gibt ihnen ein Repertoire sinnvoller Verhaltensweisen, entzieht ihnen aber gleichzeitig die selbständige Verfügung über ihr Verhalten. So wird das Instinktwesen zum Träger des instinktiven Verhaltens, nicht aber zu seinem Urheber.

Ist Instinktverhalten ererbt?

Wenn die Instinkte und das Instinktverhalten zur arteigenen Ausstattung eines Lebewesens gehören, müßten sie über Generationen weitervererbt werden. Es gibt zahlreiche Untersuchungen, die versuchen, dies zu belegen. Eine davon stammt von Irenäus Eibl-Eibesfeldt, einem Schüler von Konrad Lorenz. Er untersucht die Vererbung des Nestbauinstinkts bei Ratten und anderen Tieren.

Die Studie ist nach der sogenannten „Kaspar-Hauser-Technik“ angelegt. Die Tiere wachsen nach Öffnen der Augen ohne Kontakt mit Artgenossen auf – wie angeblich auch der legendäre Kaspar Hauser, der als vermuteter Sohn Napoleons bis zu seinem 17. Lebensjahr von den Menschen getrennt gelebt haben soll.

Die Tiere konnten also den Nestbau nicht durch Beobachtung anderer Tiere erlernen; sie erhielten darüber hinaus in ihren Käfigen keine Gelegenheit, mit festen Gegenständen zu hantieren. Sogar ihr Schwanz wurde amputiert, damit sie ihn nicht als Ersatz für andere Gegenstände zum Üben verwenden konnten. Erst als sie 8–12 Wochen alt waren und damit in das Alter kamen, in dem Ratten mit dem Nestbau beginnen, erhielten sie Material für ein Nest. Und siehe da – nachdem einige Anfangsschwierigkeiten überwunden waren (z. B. Auswahl des geeigneten Platzes), gingen sie damit um wie normal aufgewachsene Ratten. Sie sammelten das benötigte Material ein, ordneten es in der für Ratten charakteristischen Rundform an und klopften es schließlich fest. So kann man nicht umhin zu schließen: das Nestbauverhalten ist den Ratten durch ihr Erbgut mitgegeben.

Die Untersuchung der Erblichkeit anderen Instinktverhaltens fiel nicht so eindeutig aus. So haben isoliert aufgewachsene Tiere Schwierigkeiten beim Sexualverhalten; offenbar setzt der sexuelle Kontakt die Aufnahme von Sozialbeziehungen mit anderen Partnern in einem früheren Entwicklungsstadium voraus (Hanby u. Brown 1974).

Unerfahrene Ratte beim Bau ihres Nestes (Eibl-Eibesfeldt 1963, S. 738).

Die moderne Ethologie und ihre Begründer

Zu allen Zeiten haben Naturfreunde Beobachtungen an Tieren angestellt. Aber erst in diesem Jahrhundert hat die Ethologie den Rang einer eigenständigen Disziplin erreicht.

Viele Ethologen warnen vor vorschnellen Vergleichen zwischen tierischem und menschlichem Verhalten. Und doch: Gerade die Suche nach Ähnlichkeiten zwischen Mensch und Tier verleiht der Ethologie oft einen besonderen Reiz. Leben etwa im modernen Menschen seine tierischen Vorfahren weiter? Ist das Lachen des Menschen aus dem Zähnefletschen des Tieres entstanden? Breitet der Mensch zum Drohen ebenso die Arme aus wie der ihm stammesgeschichtlich vorangehende Anthropoide? Ist die Aggression des Menschen ein Überbleibsel seiner tierischen Angriffslust? Und rührt sein Hang zur Monogamie von der Paarbindung im Tierreich her?

Aus den früheren Vertretern der modernen Ethologie ragen zwei Persönlichkeiten hervor: der 1903 in Wien geborene Konrad Lorenz und Nikolaas Tinbergen, geboren im Jahre 1907 in Den Haag. Lorenz und Tinbergen haben in den Jahren 1936 und 1937 eng zusammengearbeitet. Lorenz war damals Privatdozent an der Universität Wien. Tinbergen war an der Universität Leiden beschäftigt. Lorenz besuchte erst Tinbergen in Holland, dann verbrachten die beiden Wissenschaftler gemeinsam einen dreimonatigen Forschungsaufenthalt in Altenberg an der Donau.

1949 übernahm Tinbergen eine Professur für Zoologie an der englischen Universität Oxford und verfaßte mit seiner „Instinktlehre" das erste Lehrbuch der Ethologie. Lorenz wurde 1940 als Professor für Philosophie mit Schwerpunkt „Vergleichende Psychologie" nach Königsberg berufen. Nach dem Kriege verlor er seinen Lehrstuhl. Für ihn richtete die Max-Planck-Gesellschaft 1950 ein eigenes Forschungsinstitut für Verhaltensphysiologie ein. Es befindet sich seit 1955 in Seewiesen (Bayern) und umfaßt neben Wohnhäusern und Laboratorien ein naturbelassenes Seen- und Waldgebiet. Lorenz hat es meisterhaft verstanden, seine Beobachtungen und Theorien auch einer breiten Öffentlichkeit verständlich zu machen.

Im Jahre 1973 wurden Lorenz und Tinbergen gemeinsam mit dem Nobelpreis ausgezeichnet. Es war übrigens der Nobelpreis für Medizin, denn die hohe Ehrung ist bisher für die Gebiete der Biologie und der Psychologie nicht vorgesehen.

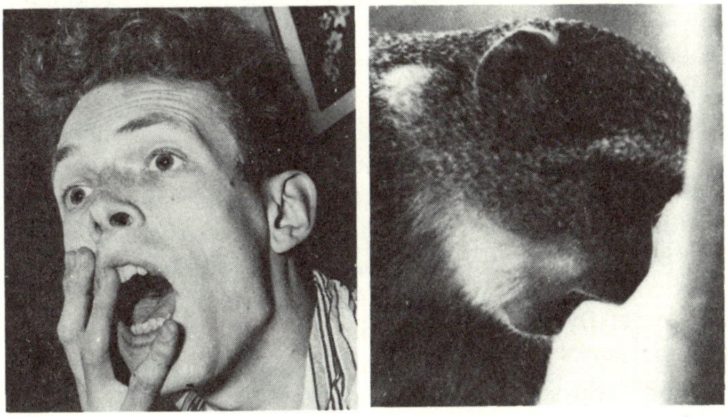

Ausdruck des Schreckens bei Mensch und Tier.

Verhalten – ein Produkt von Auslösermechanismen?

Beruht jedes Verhalten – auch alles menschliche Verhalten – auf dem Wirken von Auslösermechanismen? Ist somit eine der Grundannahmen der Reflexologie und des Behaviorismus gerechtfertigt? Pawlow (s. S. 52) scheint die Begriffe „Instinkt(verhalten)" und „Reflex" ohne Unterschied zu gebrauchen. So führt er auf dem 3. Kongreß für experimentelle Pädagogik im Jahre 1916 in Petrograd (heute Leningrad) wörtlich aus:

„Das ganze Leben stellt die Verwirklichung eines Ziels dar, und zwar die Erhaltung des Lebens selbst, eine unermüdliche Arbeit dessen, was als allgemeiner Lebensinstinkt bezeichnet wird. Dieser allgemeine Lebensinstinkt oder Lebensreflex besteht aus einer Menge einzelner Reflexe. Den größten Teil dieser Reflexe stellen die positiven motorischen Reflexe dar, d. h. Reflexe, die auf Bedingungen gerichtet sind, die für das Leben günstig sind, Reflexe, die das Ziel haben, diese Bedingungen für den betreffenden Organismus zu erringen, sich anzueignen. Es sind zugreifende, packende Reflexe. Ich werde bei zwei Reflexen dieser Art als den gewöhnlichsten und gleichzeitig stärksten stehenbleiben. Es sind dies der Nahrungs- und Orientierungs- oder Untersuchungsreflex."
(Pawlow 1953, S. 223 f.)

Pawlow läßt dabei offen, welche der Einzelreflexe, deren Gesamtheit den von ihm angenommenen *Lebensreflex* ausmachen, dem Individuum von Geburt an mitgegeben sind und welche im Laufe des Lebens hinzuerworben werden. Er läßt jedoch keinen Zweifel daran: Um sich seinen jeweiligen Lebensbedingungen anzupassen, bildet jedes Lebewesen eine Reihe von Reflexen heraus (s. a. später S. 340). Mit seiner Reflexausstattung wird der Mensch zu einem automatenhaft reagierenden Wesen. Sooft ihm seine Umgebung einen bekannten Auslöserreiz anbietet, wird – eine hinreichende Bereitschaft vorausgesetzt – der damit verbundene Verhaltensakt hervorgerufen. So führt die Darbietung von Nahrung bei Hunger

Der Mensch als Automat

Die strenge Gesetzlichkeit, die Behaviorismus und Reflexologie im menschlichen Verhalten sehen, läßt sich auch als automatenhafte Mechanik charakterisieren. Mensch, Tier und Maschine lassen sich demnach als Konstruktionen begreifen, die – von außen angestoßen und durch Motoren angetrieben – ihre jeweils arteigenen Bewegungen vollziehen. Diese Grundauffassung fußt auf einer langen philosophischen Tradition, die im französischen Materialismus des 18. Jahrhunderts ihren stärksten Ausdruck fand.

Der Begriff der Maschine ist freilich zunächst kein philosophischer, sondern ein technischer und bezeichnet in der Antike vornehmlich das Theater- und Kriegswerkzeug. Im späten Mittelalter – die mechanische Uhr war inzwischen erfunden worden – erweitert sich jedoch der schlichte Begriff der Maschine zu dem Bild eines regelhaften Kosmos: Die Uhr ahme die Bewegung der Gestirne nach, und in den Gestirnen walte die göttliche Vernunft; so werde im Kosmos die göttliche Ordnung sichtbar (Nicolaus Oresme im Jahre 1377).

Der in der Uhrenmetapher zum Ausdruck gebrachten Idee einer Durchdringung von materieller und geistiger Ordnung setzte der französische Philosoph, Physiker und Mathematiker René Descartes (1596–1650) seine einflußreiche Lehre von der Trennung von Geist (‚res cogitans') und Materie (‚res extensa') entgegen. Nur die Materie folge den mechanischen Gesetzen und verhalte sich wie ein Automat. Automatenhaft-mechanisch verhielten sich auch die Tiere sowie der menschliche Körper. Es war Descartes, dem die Physiologie die erste – übrigens anatomisch noch recht unvollkommene – Reflexdarstellung verdankt. Allerdings bestritt der Autor die Automatenhaftigkeit des menschlichen Geistes; die Wandelbarkeit des Denkens und der Sprache schließe dies aus.

Insbesondere im 18. Jahrhundert wurde das materialistisch-mechanistische Denken auf den menschlichen Geist und das menschliche Sozialleben ausgedehnt. Der französische Autor Clemens A. Helvétius strebte nach einer Physiologie und Psychologie mit eigenen, der Strenge der Mechanik entsprechenden Gesetzen. Diese seien nicht nur auf Sinnesvorgänge und einfache Reaktionen anwendbar. Auch die Moral – d. h. nach älterem philosophischem Sprachgebrauch: Motivation, Emotion, Handeln – werde von ihnen erfaßt:

„Wenn das Universum der Physik den Gesetzen der Bewegung unterworfen ist, dann ist das Universum der Moral nicht weniger denen der Interessen unterworfen.“
(Eigene Übersetzung aus Helvétius 1792, S. 139f.)

Nicht nur der Einzelne, auch Familie und Staat ließen sich als nach Kriterien der Zweckmäßigkeit funktionierende Mechanismen beschreiben. Das Weltbild vereinheitlichte sich. Im Werk von d'Holbach etwa erscheint der Entwurf einer völlig kausal determinierten Natur, als deren Teil die Individuen und ihre politischen und familiären Verbände ebenfalls nach strengen Gesetzen organisiert sind.

Das mechanistische Bild des Menschen wurde nicht wenig gefördert durch die seit der Renaissance verbreiteten Menschenautomaten – Puppen, die tanzten, Instrumente spielten und einige Worte schreiben konnten. Hier die Abbildung einer Kriegerstatuette aus dem Pariser Louvre (Metall, 26 cm hoch). Die Figur kann vorwärts schreiten sowie Kopf und Arme wie ein Bogenschütze bewegen, der einen Pfeil auf ein Ziel ausrichtet.

zur Nahrungsaufnahme, der Anblick eines unbekannten Gegenstands zum Erkundungsverhalten.

Auch Hull (s. S. 51) legt seiner Verhaltenstheorie die Annahme fester Verbindungen von Reizen und Reaktionen zugrunde. Dabei unterscheidet er die von Geburt an vorhandenen, ungelernten Verbindungen (die Rezeptor-Effektor-Verbindungen, in seiner eigenwilligen Notation symbolisiert im Ausdruck ${}_{S}U_{R}$) und die danach durch Lernen gebildeten Verbindungen, die Gewohnheiten (engl. ‚habits', symbolisiert als ${}_{S}H_{R}$). Hulls Theorie ist somit ebenfalls als Automatentheorie des Verhaltens zu bezeichnen; die biologisch zweckmäßige Anpassung an die jeweilige Lebensumwelt wird darin zum Hauptproblem.

Nun verfügt der Mensch über ein ziemlich ausgedehntes Verhaltensrepertoire, und seine Umwelt hält ein ungeheuer reichhaltiges Reizangebot für ihn bereit. Entsprechend muß man sich – so die Vertreter der Reflexologie und des Behaviorismus – die *Reiz-Reaktions-Verbindungen* als recht kompliziert vorstellen. Dazu werden (von verschiedenen Autoren) die folgenden Zusatzannahmen gemacht (vgl. auch später S. 344):

○ Mit einem Reiz (z. B. einem Sirenenton) können gleichzeitig mehrere Reaktionen verknüpft sein (z. B. Weglaufen oder Notruf bei der Feuerwehr).

○ Mit mehreren verschiedenen Reizen kann ein und dieselbe Reaktion verknüpft sein (z. B. Flucht bei Sirenenton oder bei Anblick eines Tieres oder bei Feuer).

○ Verhaltensweisen können an spezifische Reizkomplexe gebunden sein, d. h. an Kombinationen gleichzeitig auftretender Reize (z. B. Rückzug bei Feuer und gleichzeitiger Abwesenheit der Mutter).

○ Verknüpfungen von Reizen und Reaktionen können – vor allem je nach vorangegangener Lerngeschichte – verschiedene *Stärke* haben (z. B. mag die Fluchttendenz bei Feuer im Einzelfall stärker ausgeprägt sein als beim Anblick eines Tierkadavers).

Innerhalb jeder bekannten Situation verfügt ein Individuum nach Hull über eine eigene *Reaktionshierarchie*, eine *Familie von Gewohnheiten* (engl. ‚habit family hierarchy'). Es handelt sich dabei um einen Satz von Reaktionsalternativen, deren Ausführbarkeit in der jeweiligen Situation das betroffene Individuum bereits erfahren hat. So mögen etwa Menschen, die in einem Bus einem Bekannten begegnen, mehrere Verhaltensweisen zur Auswahl haben: Grüßen mit nachfolgendem Abwenden, Ansprechen und Unterhalten, starres Vorbeischauen u. ä. Wenn Menschen im Laufe der Zeit alle diese Reaktionen mehrfach ausgeführt haben, wird man jedoch in der Regel auffällige Unterschiede in der Häufigkeit dieser Reaktionen feststellen. Der eine wird Bekannte meistens nur grüßen und selten danach eine Unterhaltung beginnen, andere werden ihr Gegenüber bevorzugt in eine Unterhaltung verwickeln und eine Begrüßung unterlassen. Die unterschiedliche Auf-

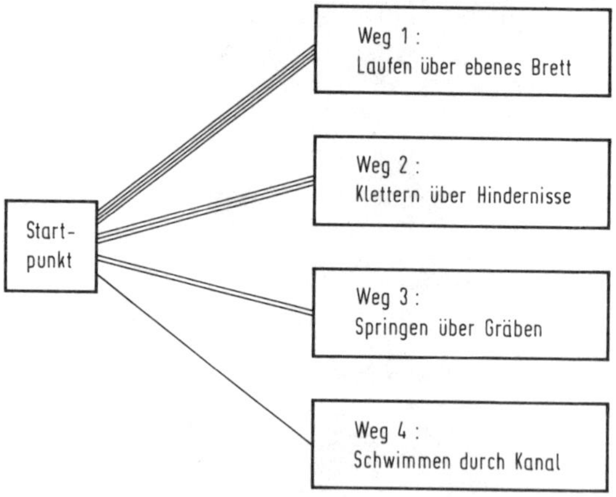

Beispiel einer Reaktionshierarchie (erweitert nach Hull 1952, S. 310 f.). Beschrieben wird das Verhalten einer Ratte, die auf vier verschiedenen Wegen und mit vier verschiedenen Bewegungsformen zu einer Futterbox gelangen kann. Das Laufen in der Ebene sei dabei die wahrscheinlichste Bewegung, das Schwimmen durch den Kanal die unwahrscheinlichste.

tretenshäufigkeit erklärt der Autor durch unterschiedliche Gewohnheitsstärke, beruhend auf unterschiedlich häufiger Übung. So mag ein Mensch, der bei einer zufälligen Begegnung einen knappen Gruß bevorzugt, schon in seiner Jugend dazu angehalten worden sein, bis er sich dies als dominierende Gewohnheit angeeignet hat. Je nach Häufigkeit der Wiederholung habe sich die Bindung der Reaktion an die Situation verfestigt. Nach der Stärke der Bindung an die Situation ordnen sich die Mitglieder einer Familie von Gewohnheiten in eine Rangreihe (mehr über Aufbau und Veränderungen von Reaktionshierarchien auf S. 347).

Freilich folgt das Verhalten nicht immer streng der Hierarchie – erklärt Hull (1952, S. 11 f.); denn sonst käme ja stets nur die ranghöchste Gewohnheit zum Vorschein. Wie alle biologischen Größen würden nämlich Reaktionstendenzen spontanen Schwankungen unterliegen, Oszillationen. Dadurch können zu einer gegebenen Zeit mitunter schwächere Gewohnheiten die stärkeren überflügeln und dadurch zur Ausführung gelangen.

Auf welche Weise Organismen die Zusammenhänge zwischen Reizen und Reaktionen festhalten, wird von behavioristischen Autoren nicht im einzelnen erläutert. Die Vermutung liegt jedoch nahe, daß die Speicherung von Reizen und Reaktionen sowie die Fixierung ihrer Beziehungen zu den Leistungen des Zentralnervensystems gehören. Edward C. Tolman, als Vertreter des Kognitivismus ein Kritiker des Reiz-Reaktionsansatzes (s. später S. 299), hat die von seinen behavioristischen Kollegen im Gehirn vermuteten Reiz-Reaktionsverbindungen mit einem riesigen Telefonnetz verglichen. Tatsächlich ist das System gelernter Verbindungen recht anschaulich als Netzwerk darzustellen. Auf der einen Seite des Netzwerkes stehen dabei die bekannten Situationen bzw. die situativen Reize, auf der anderen Seite die geübten Reaktionen.

Längere Ketten zielgerichteter Tätigkeit lassen sich nach dem Reiz-Reaktionsprinzip als

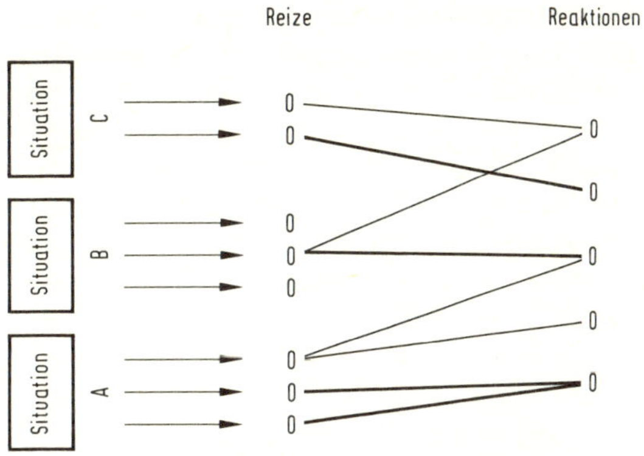

Hypothetisches Netz von Reizen und Reaktionen. Die Dicke der Verbindungslinien soll die unterschiedliche Stärke der Beziehungen wiedergeben.

Folgen von Reiz-Reaktionseinheiten beschreiben. Jede Reaktion R_i bringt den Tätigen in eine neue Reizsituation S_{i+1} bis das Ziel erreicht ist und mit der Vereinnahmung des Zielobjekts die Kette ihr Ende findet. Allgemein stellt dies Hull so dar:

„... Schon beim bloßen Beobachten des Verhaltens von Säugetierorganismen wird klar, daß nicht alles Lernen zur Vereinfachung führt; auf mancherlei Weise ergibt sich beim Lernen ein komplizierterer Aufbau des Verhaltens. Dies ist dann der Fall, wenn Verhaltensweisen zu einer mehr oder weniger langen Reaktionskette miteinander verbunden werden ... Ist mit der letzten Reaktion das Ziel erreicht, erfolgt eine Endverstärkung ..."
(Eigene Übersetzung aus Hull 1952, S. 156 f.)

Hulls Reaktionskette läßt sich folgendermaßen darstellen:

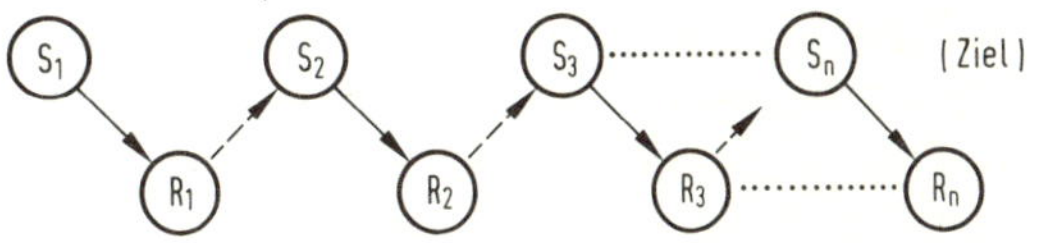

Die Kombination von Einzelreaktionen zu einer zusammenhängenden Tätigkeit im behavioristischen Sinne veranschaulicht Gagné

am Beispiel eines Fahrschülers, der von seinem Lehrer aufgefordert wird: „Starten Sie den Wagen!" (nach Gagné 1969, S. 75):

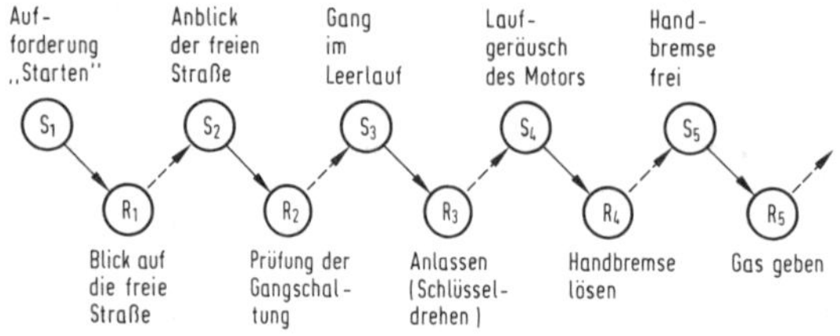

Die Rolle der Antriebe in der behavioristischen Verhaltenstheorie

Insbesondere frühe Behavioristen neigten dazu, Begriffe wie „Antrieb" (engl. ‚drive'), „Instinkt" oder „Motiv" als unwissenschaftlich abzulehnen. Antriebe seien entweder zu definieren als subjektive Erlebnisse (z. B. Hungergefühl, Liebesbedürfnis) und würden daher dem wissenschaftlichen Anspruch der Objektivität nicht genügen, oder sie seien erschlossen aus dem Verhalten (z. B. „Wer so gierig ißt, muß Hunger haben!"). Aber ein solcher Schluß vom beobachtbaren Verhalten zum zugrundeliegenden Trieb bringe keinen Erkenntnissgewinn – so Edwin B. Holt, einer der ersten Professoren für Psychologie an der Harvard Universität in einer Schrift aus dem Jahre 1931. In der Tat liegt hier ein Zirkelschluß vor: Es wird erst vom Verhalten auf den Trieb geschlossen und sodann zurück vom Trieb auf das Verhalten (z. B. „am Essen erkennt man den Hunger, und der Hunger ist die Ursache des Essens").

Spätere Behavioristen folgten dieser Kritik nur mit Einschränkungen, und Hull entwickelte sogar innerhalb der behavioristischen Theorie eine eigene Trieblehre (Hull 1951, 1952). Zwar versuchte er auch nicht, verschiedenen Verhaltensweisen eigene Triebe zuzuordnen (z. B. Hunger als Ursache der Nahrungsaufnahme, Ehrgeiz als Ursache des Wettkampfs). Aber er erkannte Bedürfniszustände doch an und schlug eine Definitionsgröße zu ihrer objektiven Erfassung vor: die *Entzugsdauer* (engl. ‚deprivation time'). Der Entzug von Futter – nahm er an – würde ein Tier in einen bestimmten Bedürfniszustand versetzen, der Entzug von Flüssigkeit in einen anderen Bedürfniszustand. Dieser Bedürfniszustand habe zwei Charakteristika:

○ Er erzeuge verschiedene Triebreize (z. B. Hunger-, Durstempfindungen).

○ Er erhöhe den Spannungszustand bzw. das Energieniveau.

Triebreize (engl. ‚motivational stimuli') fielen bei verschiedenen Bedürfniszuständen (engl. ‚drive states') unterschiedlich aus. Insofern könnten Lebewesen etwa unterscheiden, ob sie an dem Entzug von Nahrung oder von Flüssigkeit litten. Entsprechend seien Triebreize an der Steuerung des Verhaltens beteiligt. Nicht nur Umgebungsreize dienten als Auslöser von Verhalten; auch Innenreize seien dazu imstande – allein oder in Kombination mit anderen Innenreizen oder in Kombination mit Außenreizen. So wird etwa plausibel, daß ein Lebewesen nicht in stets gleicher Weise auf den Anblick von Nahrung reagiert, sondern fallweise die Nahrung verzehrt, fallweise unberührt liegen läßt – je nach den gerade verspürten Hungerreizen.

Jeder Entzug erhöhe weiterhin das allgemeine *Triebniveau* (engl. ‚drive level'). Dieses Triebniveau kennzeichne die dem Individuum gerade verfügbare Energiemenge. Auf Einzelbedürfnisse zurückgehende Anteile werden im allgemeinen Triebniveau nicht mehr unterschieden. (So ergibt sich bei langem Nahrungs- und kurzem Flüssigkeitsentzug grundsätzlich das gleiche Triebniveau wie bei kurzem Nahrungs- und langem Flüssigkeitsentzug.) Das Triebniveau hat nun eine besondere Funktion: es aktiviert die vorhandenen Gewohnheiten (zu ähnlichen Theorien der allgemeinen Aktivierung s. S. 399).

Hull erfaßt den Zusammenhang von Gewohnheit und Trieb im Begriff des *Reaktionspotentials* (engl. ‚reaction potential'). Er behauptet:

„Das Reaktionspotential ($_SE_R$) eines gelernten Verhaltens ... wird bestimmt durch den ... Antrieb (D) ... vervielfacht mit der Gewohnheitsstärke ($_SH_R$), d. h.

$$_SE_R = D \times \ldots {_SH_R}.“$$

(Eigene Übersetzung von Postulat VII aus Hull 1952, S. 7)

Bereits in einem früheren Werk (Hull 1943, S. 106) belegt und veranschaulicht der Autor den Zusammenhang von Gewohnheitsstärke und Triebniveau. Er benutzt hierfür Daten von C. T. Perin (1942). Perin ließ Ratten durch ein Labyrinth laufen, an dessen Ende sie zunächst Futter fanden. Je häufiger sie das Labyrinth durchquert (und das gebotene Futter vorgefunden) hatten, desto hartnäckiger blieben sie bei dieser Gewohnheit. Hatten sie erst einmal die Erfahrung des Futters am Ende des Labyrinths gemacht, so durchquerten sie das Labyrinth auch dann noch unverdrossen, wenn ihnen kein Futter mehr geboten wurde; erst nach mehreren Mißerfolgen gaben sie auf und stellten weitere Läufe ein. Ihre Ausdauer stieg dabei mit der Zahl vorheriger erfolgreicher Wiederholungen an. Nun hing das Festhalten an der alten Gewohnheit nicht nur von der Häufigkeit früherer Wiederholungen ab, sondern auch von dem jeweiligen Hunger der Tiere. Je länger sie gehungert hatten, desto ausdauernder durchliefen sie das Labyrinth. Die folgenden Kurven halten die wesentliche Beziehung fest: auf der Abszisse abgetragen ist die Zahl vorheriger Übungsläufe mit einer Futterbelohnung (Wiederholungen). Auf der Ordinate ist die Ausdauer der Tiere als Zahl der Läufe nach Ausbleiben des Futters (Zahl erfolgloser Läufe) eingetragen. Die beiden Kurven stammen von verschiedenen Tieren. Die einen haben vor dem Versuch jeweils drei Stunden kein Futter bekommen (konnten also nur mäßig hungrig sein); die anderen hatten 22 Stunden lang gefastet (mußten also recht hungrig sein). Der Unterschied in der Stärke des Hungers wirkte sich – wie man leicht sehen kann – nach häufiger Übung viel stärker aus als nach geringer Übung. Und wer eine genaue Bestimmung der gefundenen mathematischen Kurvenfunktionen vornimmt, wird bestätigen: Die Kurvenwerte steigen mit dem Produkt aus der Zahl der Wiederholungen (Gewohnheitsstärke) und der Dauer des Fastens (Triebniveau). Damit wird die Deutung möglich: In der Hartnäckigkeit der Tiere (Zahl der erfolglosen Läufe) findet das Reaktionspotential als Produkt aus Gewohnheitsstärke und Triebniveau seinen beobachtbaren Ausdruck.

Aus dem Hullschen Satz vom Reaktionspotential ist zu schließen: Ein starker Antrieb kommt der Ausführung gut etablierter Gewohnheiten mehr zugute als der Ausführung schwacher Gewohnheiten. Je stärker der Antrieb, desto größer der Hang zur Routine. In Zeiten der Not und Belastung hat daher das Neue und Ungewohnte die geringste Chance.

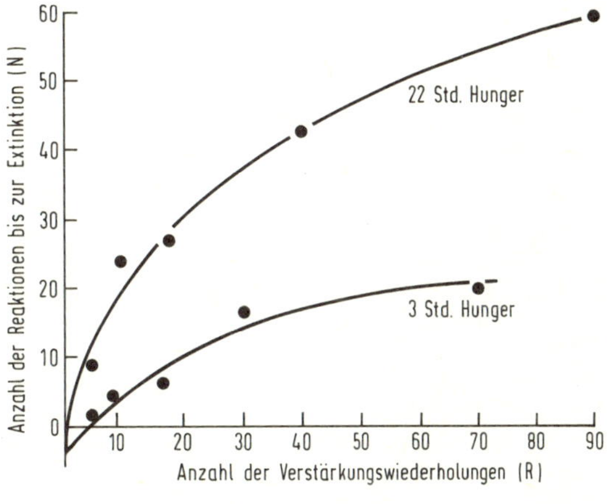

Ausdauer von Ratten in Abhängigkeit von ihrer Übung und dem Grad ihres Hungers (nach Perin 1942).

Zusammenfassung

1. Es lassen sich artspezifische Verhaltensmuster beschreiben, die durch äußere Schlüsselreize ausgelöst sind und eine innere Bereitschaft (Stimmung) voraussetzen. Solches Verhalten wird in der Ethologie Instinktverhalten genannt.
2. Verknüpfungen von Reizen und Reaktionen zu Reflexen bzw. Gewohnheiten bilden die Grundlage des Verhaltens aus der Sicht reflexologischer und behavioristischer Autoren. Die Auftretenswahrscheinlichkeit von Reaktionen wird dabei als Funktion der Häufigkeit vorheriger Übung (bzw. der Stärke der Gewohnheit) dargestellt. Einzelne Reiz-Reaktionsfolgen können sich zu längeren Verhaltensketten aneinanderreihen.
3. Behavioristische Theorien enthalten zum Teil Annahmen über das Wirken von Trieben. Triebe werden dabei verstanden als innere Reize (Körperempfindungen) und als Energiezustände (Spannungen). Mit der Triebstärke wächst – so die Forderung behavioristischer Triebtheorien – die Wahrscheinlichkeit von Reaktionen; starke Gewohnheiten werden durch eine Trieberhöhung mehr begünstigt als schwache Gewohnheiten.

Literaturhinweise

Tinbergen, N.: The study of instincts. London: Oxford University Press 1952. (Dt.: Instinktlehre. Berlin: Parey 1952)

Lorenz, K.: Vergleichende Verhaltensforschung. In: Lorenz, K. u. Leyhausen, P. (Hg.): Antriebe tierischen und menschlichen Verhaltens. München: Piper 1968, 15–47

Eibl-Eibesfeldt, I.: Angeborenes und Erworbenes im Verhalten einiger Säuger. Zeitschrift für Tierpsychologie 20 (1963), 704–754

Hanby, I. P. u. Brown, C. E.: The development of sociosexual behaviors in Japanese Macaques. Behavior 49 (1974), 152–196

Pawlow, I. P.: Der Zielreflex. Sämtliche Werke Bd. 3. Berlin: Akademie Verlag 1953, 222–227 (Erstausgabe 1916)

Oresme, N.: Livre du ciel et du monde. In: Menut, A. D. u. Denomy, A. J. (Hg.): Medieval Studies. Bd. 3–5. Madison: University of Wisconsin Press 1968 (verfaßt 1377)

Descartes, R.: Principia philosophiae. Amsterdam: Ludovicum Elzevirium 1644

Descartes, R.: De Homine. Leyden: Moyardum u. Leffen 1662

Helvétius, Cl. A.: De l'esprit. Oeuvres Bd. 1. Paris: Servières u. Bastien 1792 (verfaßt 1784)

D'Holbach, P.-H. Th.: Système de la nature. Bd. 1. Belaval, Y. (Hg.). Hildesheim: Olms 1966 (Erstausgabe 1770)

Hull, C. L.: Essentials of behavior. New Haven: Yale University Press 1951

Hull, C. L.: A behavior system. New Haven: Yale University Press 1952

Gagné, R. H.: The conditions of learning. New York: Holt, Rinehart u. Winston 1965. (Dt.: Die Bedingungen des menschlichen Lernens. Hannover: Schroedel 1969)

Holt, E. B.: Animal drive and the learning process. An essay toward a radical empiricism. New York: Holt 1931

Hull, C. L.: Principles of behavior. New York: Appleton Century Crofts 1943

Perin, C. T.: Behavior potentiality as a joint function of the amount of training and the degree of hunger at the time of extinction. Journal of Experimental Psychology 30 (1942), 93–113

Der planmäßige Vollzug von Tätigkeiten

Einsicht und Planung im Handlungsablauf

Aus kognitivistischer Sicht liegt dem zielgerichteten Handeln ein Prozeß des Problemlösens zugrunde (vgl. Kap. 7). In diesem Prozeß müssen die Ausgangsbedingungen der Handlung, die Ziele und die Wege zum Ziel innerlich repräsentiert sein, bevor die äußere Tätigkeit beginnen kann. Der beobachtbaren Bewegung, in welcher sich schließlich jedes Verhalten verwirklicht, geht ein gedanklicher Bewegungsentwurf voraus. In einem einflußreichen Kongreßbeitrag aus dem Jahre 1966 hat der Russe Oschanin ausgeführt, der Handelnde schaffe ein inneres Abbild, ein *inneres Modell der auszuführenden Tätigkeit,* bevor er sie vollziehe. Das innere Modell wirke dann wie eine Handlungsanweisung: der Handelnde kann ihm entnehmen, welche konkreten Bewegungen in welcher Reihenfolge auszuführen sind. Durch nachträglichen Vergleich ausgeführter Bewegungen mit ihrem Vorbild im Modell kann er deren Angemessenheit kontrollieren und gegebenenfalls Abweichungen korrigieren.

Die im inneren Modell abgebildete Tätigkeit ist ohne weiteres den detaillierten Lösungsschritten im gedanklichen Problemlösungsprozeß gleichzusetzen. Die Frage ist dann: Wie weit gleichen die Handlungsschritte festen Algorithmen, wie sie bei wohldefinierten Routineproblemen anwendbar sind? Und wie weit erfordert ihr Entwurf den Einsatz von Heuristiken wie beim Lösen neuer und unklarer Probleme (zum Vergleich von Algorithmen und Heuristiken s. S. 248)? Man erkennt an der Fragestellung: Die kognitivistische Handlungstheorie bemängelt an der behavioristischen Verhaltenstheorie die Überbetonung, ja Verabsolutierung von algorithmisch starren Tätigkeitsfolgen und wendet sich selbst bevorzugt den nach heuristischen Prinzipien frei zu gestaltenden Tätigkeiten zu. Vielleicht noch mehr: Die kognitivistisch orientierte Analyse entdeckt auch in Tätigkeiten, die in behavioristischer Beschreibung als algorithmisch festgelegt erscheinen, noch Gestaltungs- und Entscheidungsmöglichkeiten.

So wird zu einem hervorstechenden Merkmal kognitivistischer Analyse die Annahme von *Handlungsspielräumen* und damit die Suche nach Handlungsalternativen und die Entscheidung über die auszuführende Alternative. Gibt es einen und nur einen Weg, einen Schrank zu zimmern, einen Garten zu bestellen oder eine Reise zu unternehmen? Im nachhinein wird der beschrittene Weg gern zum einzig möglichen erklärt. Aber möglicherweise bieten sich dem Handelnden zu Beginn oft viele Wege an, von denen er dann einen auswählt. Und außerdem – das ist der zweite Einwand gegen die behavioristische Theorie: Zu Beginn braucht der beschrittene Weg durchaus noch nicht klar gewesen zu sein, seine Kenntnis braucht keineswegs auf Erfahrung zu beruhen. Handlungsmodelle können durchaus strategisch entwickelt werden, mit einem Minimum an konkreter Vorerfahrung, aber unter Anwendung der Logik und vielleicht auch mit einem Quentchen Findeglück.

Was Einsicht, was Voraussicht für den Handelnden bedeuten, hat Edward Chace Tolman (1886–1959) am Beispiel der Ortskenntnis erläutert. Tolman, Psychologieprofessor an der Universität von Kalifornien und in seiner Eigenschaft als Dekan auch bekannt geworden durch seine Opposition gegen die Kommunistenverfolgung in der von Senator McCarthy geprägten Phase der amerikanischen Innenpolitik, ging es in der Auseinandersetzung mit seinen behavioristischen Kollegen um den Nachweis, daß Situationen mehr sind als einfache Reizquellen. Der Handelnde erlebe in ihnen eine räumliche Ordnung und gliedere in ihnen Gegenstände aus (vgl. auch S. 91 f.). Der Raum werde als Handlungsraum erfahren, die

Aus der Vor- und Frühgeschichte der Handlungspsychologie

Die westliche Philosophie hat für die Theorie des Handelns schon frühzeitig eine eigene Disziplin geschaffen, die *Praktische Philosophie.* Diese diente als Nährboden für die moderne Handlungspsychologie.

Menschliches Handeln, Praxis (von griech. ‚praxis' – Tat), erscheint in der klassischen Phase der Praktischen Philosophie abgegrenzt von dem Naturgeschehen, der Physik (von griech. ‚physis' – Natur), und den Hervorbringungen des Geistes (griech. ‚poiesis' – Herstellung eines Werks). Das Naturgeschehen (z. B. der Wechsel der Jahreszeiten, die Flut und die Ebbe, Sonnenaufgang und Sonnenuntergang) wird dabei in Abhängigkeit von Naturgesetzen gesehen – real, aber unabhängig vom menschlichen Willen. Die Schaffung eines künstlerischen oder wissenschaftlichen Werkes gilt als Ausdruck des menschlichen Geistes, greife jedoch nicht in die Realität ein. Im Handeln schließlich werde menschlicher Wille in die Realität umgesetzt.

Die Praktische Philosophie nimmt ihren Ausgang von der Ethik, der Lehre vom sittlichen Handeln. In seiner „Nikomachischen Ethik" entwickelt Aristoteles eine Lehrmeinung, die heute noch für die Rechtspraxis maßgebend ist und die auch im modernen Kognitivismus weiterlebt: Handeln entspringt einer individuellen Person, ist dieser zurechenbar. Die „Tatherrschaft" setzt Bewußtsein und Freiwilligkeit voraus. (Deshalb geht nach Aristoteles Kindern und Tieren die Zurechnungs- und Schuldfähigkeit ab.)

In der weiteren Geschichte der Ethik steht das sittliche Handeln in seiner Gefährdung durch ungezügelte Affekte im Mittelpunkt der Betrachtung. In der „Ethik" des in Amsterdam lehrenden Philosophen Baruch Spinoza (1632–1677) zeigt sich der Zusammenhang von Handlungs- und Affekttheorie besonders deutlich (s. S. 411).

Auch im 19. Jahrhundert räumt der deutsche Idealismus der Handlung einen bevorzugten Platz ein. Der Philosoph Georg Wilhelm Friedrich Hegel (1770–1831) erklärt: „Was das Subjekt ist, ist die Reihe seiner Handlungen." (Rechtsphilosophie § 124). Als sich die Psychologie von der Philosophie löste, übernahm sie das *Problem der Willenshandlung* als eines ihrer vorrangigen Themen. Die ersten experimentalpsychologischen Beiträge dazu stammen von dem Göttinger Professor für Philosophie Narziß Ach (1871–1946) und dem Berliner Philosophiedozenten Kurt Lewin (s. S. 39).

Insbesondere Lewin ist zum Pionier der

Gegenstände darin als Handlungsobjekte oder -mittel. In seinem Buch über „Zweckbestimmtes Verhalten bei Tier und Mensch" unterscheidet Tolman (1932)

○ Diskriminanda (von lat. ‚discriminare' – unterscheiden); das sind Gegenstände und Merkmale von Situationen, die geeignet sind, das Handeln zu leiten (wie z. B. Wegweiser),

○ Manipulanda (von lat. ‚manipulus' – Handvoll, allgemein: Kunstgriff); das sind Gegenstände, die zum Hantieren geeignet sind.

Im Handlungszusammenhang dienen die Manipulanda als

○ Ziel-Objekte; das sind solche Gegenstände,

modernen Handlungspsychologie geworden. Mit einer engagierten Gruppe von Doktoranden hat er eine Reihe wegweisender experimenteller Studien und theoretischer Analysen veröffentlicht, die zwischen 1921 und 1934 unter dem Rahmentitel „Untersuchungen zur Handlungs- und Affektpsychologie" erschienen sind.

In der philosophischen Diskussion des Handelns hat stets ein doppelter Gegensatz eine erhebliche Rolle gespielt: der Gegensatz zwischen dem menschlichen Willen und dem Naturgesetz (einschließlich der Gesetzlichkeit der eigenen Natur des Menschen), sowie der Gegensatz zwischen der Erkenntnis, der Theorie, und dem Handeln, der Praxis. Die materialistische Philosophie hat dabei konsequent für die Praxis Partei ergriffen. Berühmt geworden sind die „Thesen über Feuerbach" von Karl Marx (1818–1883), deren letzte lautet:

„Die Philosophen haben die Welt nur verschieden interpretiert, es kömmt darauf an, sie zu verändern."
(Marx/Engels 1967/1845 Bd. 3, S. 7).

Die philosophische Theorie-Praxis-Diskussion findet in der *Relevanzdiskussion* (von engl. ‚relevance' – Bedeutsamkeit) der neueren Psychologie ihre Fortsetzung (vgl. Holzkamp 1970; Walker 1970).

die bei Auftreten eines Bedürfnisses geeignet sind, dieses Bedürfnis zu befriedigen,
○ Mittel-Objekte; diese eignen sich als Werkzeuge zur Erreichung von Zielen.
Zu den für das Handeln wesentlichsten Beziehungen gehören die Mittel-Ziel-Beziehungen („Was kann ich benutzen, um ein vorgegebenes Ziel zu erreichen?"). Wichtig ist aber auch die Erkenntnis gangbarer Wege im Handlungsraum („Was führt wozu?"). So baut der Handelnde nach Tolman eine *„geistige Landkarte"* (engl. ‚cognitive map') auf. Mit Hilfe dieser Landkarte läßt sich Zweckmäßigkeit und Unzweckmäßigkeit, Möglichkeit und Unmöglichkeit einer Handlung beurteilen. Es lassen sich neue Handlungen entwerfen. Und nicht zuletzt: Als Weg über eine „geistige Landkarte" erscheint auch eine über längere Zeit erstreckte Handlung als einheitlich und zusammenhängend und nicht etwa als eine beliebig zusammengestellte Folge von einzelnen Akten.

Die innere Abbildung von Manipulanda, Diskriminanda, Ziel- und Mittel-Objekten verbunden mit der Einsicht in ihre Beziehungen bewährt sich nicht nur in der Gegenwart (z. B. „Wie komme ich jetzt schnell zu einer Tasse Kaffee?"). Sie ermöglicht auch eine Vorsorge für die Zukunft (z. B. „Wo bekomme ich denn etwas zu trinken, wenn ich morgen Durst habe?"). Einsicht und Voraussicht werden so Voraussetzungen für Handlungen in späterer Zukunft und mit langfristiger Zeitperspektive (s. S. 286).

Ebenen im Handlungsablauf und operatives Abbildsystem

Die Handlungstheorie, wie sie in ihren Grundzügen bereits in der ersten Hälfte dieses Jahrhunderts skizziert worden war, hat seit Beginn der siebziger Jahre einen beachtlichen Aufschwung genommen. Grundkonzepte haben dabei eine weitere Präzisierung erfahren. Als einer der wichtigsten Beiträge zur modernen Handlungstheorie gilt ein Buch des Dresdener Psychologieprofessors Winfried Hakker (1973) mit dem Titel „Allgemeine Arbeits- und Ingenieurpsychologie". Hacker verwertet darin die Erfahrungen aus zahlreichen Untersuchungen von Industrietätigkeiten, die er zusammen mit seinen Mitarbeitern von der

Technischen Universität Dresden durchgeführt hat. Nach Hacker sind solche Tätigkeiten – wie Handlungen überhaupt – auf drei Ebenen zu analysieren:

○ der *intellektuellen Ebene;* auf dieser Ebene entstehen Handlungsstrategien und Handlungspläne (z. B. Fertigungspläne),

○ der *perzeptiv – begrifflichen Ebene;* auf dieser Ebene wird das Angebot an Signalen mit begrifflichen Schemata in Einklang gebracht (z. B. Erkennen, daß ein Aggregat sich mit einer Schraube bestimmter Paßform an einem Träger befestigen läßt),

○ der *sensumotorischen Ebene;* auf dieser Ebene vollziehen sich automatisierte oder zumindest nach hinreichender Einübung automatisierbare Bewegungen (z. B. die Schraubbewegung).

Die drei Ebenen seien hierarchisch angeordnet. Das soll bedeuten: Die automatische Bewegung (dritte Ebene) ist eingebettet in das gedankliche Schema der Anwendung einer solchen Bewegung (zweite Ebene). Die Anwendung des Schemas wird wiederum geleitet durch übergreifende Strategien und Pläne (erste Ebene).

Hacker und seine Mitarbeiter richten ihr Augenmerk vor allem auf die oberste Ebene und analysieren deshalb den Handlungsablauf vorwiegend als einen intellektuellen Prozeß. In diesen Prozeß gehen zwei Arten von Informationen ein:

○ Informationen über die Handlungssituation; sie werden zu einem *Situationsmodell* verarbeitet,

○ Informationen über auszuführende Handlungen und ihre Wirkungen; sie fügen sich zu einem *Operationsmodell* zusammen.

Situations- und Operationsmodell zusammen bilden ein *operatives Abbildsystem.* Die Autoren stellen sich vor, daß Teile und Rahmenvorgaben zu diesem operativen Abbildsystem langfristig im Gedächtnis gespeichert sind; angesichts aktueller und insbesondere neuer Aufgaben können vorhandene Modelle jedoch stets verändert und dadurch den jeweiligen Anforderungen angepaßt werden. In ihrer allgemeinen Form decken sich operative Abbildsysteme in der Beschreibung Hackers mit den Aktionsbäumen beim Problemlösen in der Beschreibung von Newell und Simon (s. S. 245 f.). Operative Abbildsysteme wie Aktionsbäume bauen sich gleichermaßen auf aus Ausgangszuständen, Zielzuständen und aus Angaben über die Überführung von Ausgangs- in Zielzustände.

Allerdings sind operative Abbildsysteme keineswegs als theoretische Darstellungen

Automontage im Ford-Werk Saarlouis. Die Montagetätigkeit stellt sich dem Beobachter als eine Folge von Handgriffen dar (Anheben und Einsetzen von Teilstücken, Anziehen von Schrauben und Muttern u. ä.). Die Handgriffe ergeben sich dabei aus einem Arbeitsablaufplan.

sämtlicher Vorgehens- und Veränderungsmöglichkeiten konzipiert. Vielmehr suchen sie auf empirische Weise das tatsächliche Situations- und Handlungswissen einzelner Personen zu erfassen. Von der Güte innerer Modelle dürfte sowohl die Qualität der Arbeit als auch die bei der Arbeit entstehende Belastung abhängen. So berichten etwa Matern, Lehmann u. Uebel (1976), daß Arbeiter in der Metallindustrie umso bessere Leistungen zeigten, je genauer sie über den Betriebsprozeß Bescheid wußten – d. h. je besser ihr Situationsmodell war. Eine entsprechende Untersuchung zum Operationsmodell stammt von Wolfgang Skell (1976). Er stellte durch Befragung fest, nach welchem Arbeitsplan Dreher ein Werkstück herzustellen beabsichtigen. Jeder der Befragten benannte die nacheinander auszuführenden Arbeitsschritte wie Langdrehen, exzentrische Bohrung, Ausdrehen, Zentrieren; nachher wurde er bei seiner tatsächlichen Arbeit beobachtet. Dabei erwies sich ein guter Plan als wesentliches Hilfsmittel bei der auszuführenden Arbeit. Zwar wurden Planschritte, die in der Aufzählung fehlten, bei der Ausführung mitunter ergänzt. Aber oft unterblieb auch in der Ausführung, was schon im Plan gefehlt hatte.

Ist ein Handlungsplan neu zu erstellen, so wird die Ausführung einer Tätigkeit nicht alsbald nach der Zielsetzung erfolgen können. Vielmehr wird dann eine Phase der *Planung* zwischen Zielsetzung und Handlungsausführung geschoben. Eine solche Planung ist ein kognitiver Prozeß und wird als solcher – wie Hacker sagt – „bewußtseinspflichtig". Ist die Planung jedoch abgeschlossen, so kann der fertige Plan im Gedächtnis gespeichert und von da nach Bedarf abgerufen werden. Der Abruf eines bereits ausgearbeiteten Plans ist in der Regel schnell und mühelos. Die darauf aufbauende Handlung scheint „automatisch" und „routiniert" zu sein. Automatisierte Tätigkeiten bzw. Routinetätigkeiten folgen der Zielsetzung schnell, sie sind zwar – wieder nach Hacker – „bewußtseinsfähig", aber nicht „bewußtseinspflichtig".

Die Handlung gliedert sich somit in vier Phasen: Zielsetzung, Planung, Ausführung und Erfolgskontrolle. Bei automatisierten Handlungen sind sowohl die Zielsetzung als auch die Planung verkürzt; der Handelnde weiß bei Automatisierung bereits frühzeitig, was er will und wie er das Gewollte bewerkstelligt. In der konkreten Handlungsanalyse wird man die beschriebenen vier Phasen in der Regel an zwei objektiven (bzw. objektivierbaren) Gegebenheiten verankern wollen: der vorgegebenen Aufgabe und dem erzielten Erfolg.

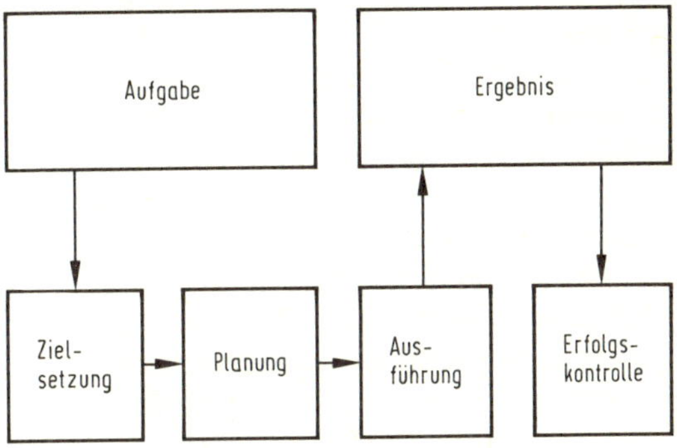

Phasengliederung von Handlungen.

In psychologischen Theorien zur Handlung wird der Fähigkeit zur erfolgreichen Planung und Ausführung von Handlungen besondere Beachtung geschenkt. Diese Fähigkeit – zu veranschaulichen als Besitz von Handlungsplänen und Bewegungsprogrammen – wird als *Handlungskompetenz* oder einfach als Kompetenz bezeichnet. Dem Verhältnis von Aufgabe bzw. Anforderung und Kompetenz kommt dabei eine große Bedeutung zu. Nur wenn die Kompetenz größer ist als die Anforderungen, ist eine Bewältigung von Anforderungen möglich. Übersteigen die Anforderungen jedoch die Kompetenz, so ist der Betroffene entweder zur Resignation verurteilt („das kann ich ja doch nicht") oder zur Überlastung. Überlastung tritt vor allem dann ein, wenn Personen von einer Aufgabe überfordert sind,

Der Schneider von Ulm: Realist oder Phantast?

Ein guter Plan muß zweierlei in Rechnung stellen: die real gestellten Anforderungen und die Fähigkeiten der mit der Ausführung des Plans betrauten Personen. Dies ist vergleichsweise leicht bei Plänen, die bereits früher erfolgreich in die Tat umgesetzt worden sind. Aber wie steht es mit neuen, unerprobten Plänen? Kann man ihnen eine Erfolgschance zubilligen? Oder muß man sie als unrealistisch zurückweisen? Und wann ist die kühne Tat berechtigt, welche die Ausführbarkeit eines Planes unter Beweis stellt?

Wie schwer die Beurteilung neuer Vorhaben ist, zeigt das Schicksal des Schneiders A. Berblinger, der im Jahre 1811 mit einem Gleitflieger von der Adlerbastei in Ulm aus die Donau überqueren wollte. Bert Brecht (1898–1956) hat ihm das folgende Gedicht gewidmet, in dem das historische Ereignis zwei Jahrhunderte vorverlegt wird:

„Der Schneider von Ulm *(Ulm 1552)*

Bischof, ich kann fliegen
Sagte der Schneider zum Bischof.
Paß auf, wie ich's mach!
Und er stieg mit so'nen Dingen
Die aussahn wie Schwingen
Auf das große, große Kirchdach.
Der Bischof ging weiter.
Das sind lauter so Lügen
Der Mensch ist kein Vogel
Es wird nie ein Mensch fliegen
Sagte der Bischof zum Schneider.
Der Schneider ist verschieden
Sagten die Leute zum Bischof.
Es war eine Hatz.
Seine Flügel sind zerspellet
Und er liegt zerschellet
Auf dem harten, harten Kirchenplatz.
Die Glocken sollen läuten
Es waren nichts als Lügen
Der Mensch ist kein Vogel
Es wird nie ein Mensch fliegen
Sagte der Bischof den Leuten.“

(Aus: Brecht, B.: Gedichte, Bd. 4. Frankfurt: Suhrkamp 1976, S. 28).

Wie die zeitgenössische Abbildung zeigt, ist Berblinger – übrigens erfolgreich als Konstrukteur einer Beinprothese – keinesfalls auf dem Münsterplatz zerschellt, sondern in die Donau gefallen und daraus gerettet worden.

aber trotzdem nicht aufgeben. So sind – wie Peter Schulz (1979) anhand von Untersuchungen in der Industrie und im Labor gezeigt hat – fortdauernde Ineffizienz und Streß eng miteinander verbunden.

Funktionsanalyse von Tätigkeiten

Untersucht man zielgerichtete Tätigkeiten genauer, so kann man sie nach verschiedenen Teilschritten gliedern. Solche Teilschritte nennt man *Operationen*. Handlungen sind durch eine bestimmte zeitliche Abfolge (Sukzession) von Operationen zu charakterisieren. So mißt oder wiegt beispielsweise der Bäcker erst das Mehl ab, verrührt es dann zu Teig und formt daraus Brotlaibe, die er schließlich im Ofen bäckt; diese Reihenfolge läßt sich – ohne Schaden für den Handlungszweck – nicht ändern. In manchen Tätigkeiten sind mehrere Operationen gleichzeitig auszuführen. Die Näherin an der Nähmaschine setzt mit dem Fuß die Nadel in Bewegung und führt gleichzeitig mit der Hand das zu nähende Tuch.

Tätigkeit mit Simultanoperationen: Antrieb der Nähnadel mit dem Fuß, Führung des zu nähenden Tuches mit der Hand.

Der Warschauer Psychologe Professor Tadeusz Tomaszewski hat den Versuch unternommen, Operationen in Handlungen nach ihrer Funktion, d. h. ihrem Beitrag zum Handlungszweck zu klassifizieren. Vor allem unterscheidet er produktive Operationen und Hilfsoperationen.

Während *produktive Operationen* im Sinne von Tomaszewski unmittelbar der Erstellung eines bestimmten Produkts dienen, sind *Hilfsoperationen* dazu bestimmt, die hinreichenden Bedingungen für diese produktiven Operationen zu schaffen. Dazu ein Beispiel: Produktiv an der Tätigkeit des Lastwagenfahrers ist der Transport von Gütern; damit er jedoch diese Tätigkeit verrichten kann, wird der LKW-Fahrer mehrere unterstützende Tätigkeiten ausführen müssen: Tanken, Getriebeöl nachfüllen, Reifendruck prüfen.

Tomaszewski (1978) unterscheidet fünf Hauptarten von Hilfsoperationen:

- ○ Orientierungsoperationen: Einholen von Erkundigungen, Anstellen von Messungen, Untersuchen von Gegenständen u. ä.,
- ○ Vorbereitungsoperationen: Aufstellen von Maschinen, Beschaffung von Materialien, Räumung des Arbeitsplatzes u. ä.,
- ○ Sicherungsoperationen: Betrieb von Schutzvorrichtungen, Beseitigung von Gefahrenquellen u. ä.,
- ○ Kontrolloperationen: Vergleich von Arbeitsergebnissen mit Plänen,
- ○ Korrekturoperationen: Beseitigen von Fehlern.

Innerhalb einer konkreten Tätigkeit können diese Operationen verschieden stark vertreten sein. So spielt bei manchen Berufen die Orientierung eine beherrschende Rolle (z. B. beim Copiloten in einer Flugzeugkanzel), bei anderen die Sicherungs- und Korrekturoperationen (wie z. B. bei Sicherheitsingenieuren in Betrieben). Die Zusammensetzung jeder Tätigkeit aus zweckbestimmten Teiloperationen nennt Tomaszewski die *funktionelle Struktur* der jeweiligen Tätigkeit.

Mehrfachtätigkeiten und Werkzeuggebrauch

Dieser Jongleur erregt die Bewunderung der Zuschauer, weil er gleichzeitig mit dem Kopf balanciert, mit den Händen jongliert und mit dem Fuß einen Ball hält. Die Hand- und Kopfbewegungen des Jongleurs erscheinen unabhängig voneinander, sowohl unabhängig in ihrem Bewegungsablauf als auch unabhängig in ihrer Zielsetzung. Man wird also die beiden Tätigkeiten nicht ohne weiteres zu einer einheitlichen Handlung zusammenfassen können, sondern sie als Parallel- oder Mehrfachtätigkeiten betrachten.

Der Jongleur Claude Richard.

Mehrfachtätigkeiten haben aus praktischen wie aus theoretischen Gründen die Aufmerksamkeit psychologischer Untersucher auf sich gezogen (vgl. etwa Brown 1978). Die eingehende Analyse von Handlungen läßt vermuten, daß erstaunlich viele Tätigkeiten Parallelkomponenten enthalten, auch wenn dies nicht immer so auffällig in Erscheinung tritt wie in der Vorführung des Jongleurs. Eine *Parallelisierung von Tätigkeiten* kann von zweierlei Art sein:

○ Phasenverschiebung auf verschiedenen Tätigkeitsebenen. Während etwa der Handelnde noch eine motorische Tätigkeit A ausführt, richten sich seine Planungen bereits auf eine nachfolgende Tätigkeit B (z. B. während einer Autofahrt zu einer Baustelle überlegt ein Ingenieur bereits, wie er am Bau eine Installation vornehmen soll).

○ Die erfolgreiche Bewältigung einer Aufgabe erfordert die gleichzeitige Ausführung mehrerer Teiltätigkeiten.

Eine Demonstration des zuletzt genannten Sachverhalts ist dem Tübinger Psychologieprofessor Gerhard Kaminski (1973) am Beispiel des Skifahrens gelungen. Bei oberflächlicher Betrachtung würde man das Skifahren am Hang als in sich geschlossene Tätigkeit auffassen. Bei genauerer Betrachtung entpuppt es sich jedoch als vielschichtiger Prozeß, in dem zur gleichen Zeit mehrere Teilaufgaben mit Hilfe mehrerer Teilhandlungen zu bewältigen sind:

„Wenn im Zusammenhang mit Skilauf von Teilhandlungen und Teilaufgaben gesprochen wird, ist etwa folgendes damit gemeint: Fährt der Skiläufer beispielsweise im Pflug einen Hang hinunter, so hat er in jedem Zeitquerschnitt gleichzeitig mehrerlei zu leisten: er hat die Skier in einem bestimmten Winkel zu halten, er hat durch Unebenheiten des Geländes auftretende Störungen auszuregeln, dabei stets eine bestimmte Verkantung einzuhalten, eine bestimmte Körperhaltung, eine bestimmte Richtung der Gleitbewegung in bezug auf den relevanten Geländeausschnitt, eine bestimmte Armhaltung, bestimmte Stockhaltung u.a.m. zu bewahren."

(Kaminski 1973, S. 236.)

Das Auftreten von Mehrfachtätigkeiten bzw. von unterschiedlichen Anteilen in einer Handlung ist theoretisch wie praktisch von erheblicher Bedeutung. Gerade wenn man im Sinne der kognitivistischen Handlungstheorie eine intellektuelle Steuerung von Tätigkeiten annimmt, die Steuerungskapazität aber als begrenzt ansetzen muß, ergibt sich aus der Parallelität eine neue Anforderung: die *Koordination von Paralleltätigkeiten*. Die Schwierigkeit dieser Koordination richtet sich nach der Zahl zu koordinierender Paralleltätigkeiten sowie nach der Verträglichkeit zu koordinierender Paralleltätigkeiten.

Eine Koordinationsleistung dürfte regelmäßig beim Werkzeuggebrauch bzw. bei der Benutzung von Maschinen gegeben sein. Der Mensch erleichtert durch den Gebrauch von Werkzeugen und Maschinen seine Arbeit und erhöht deren Wirkungsgrad. Die Arbeit mit einem Gerät erfordert jedoch eine Anpassung an seine Funktionsweise. Es müssen Betriebszeiten und Stillstände abgewartet werden, die Folgen von Eingriffen sind zu kontrollieren usw. Mit seinen technischen Hilfsmitteln ist der Mensch zu einer Betriebseinheit verbunden, zu einem *Mensch-Maschine-System*. Die Einbettung in ein Mensch-Maschine-System verlangt eine Koordination menschlicher und technischer Abläufe, und zwar über die gesamte Arbeitszeit hinweg.

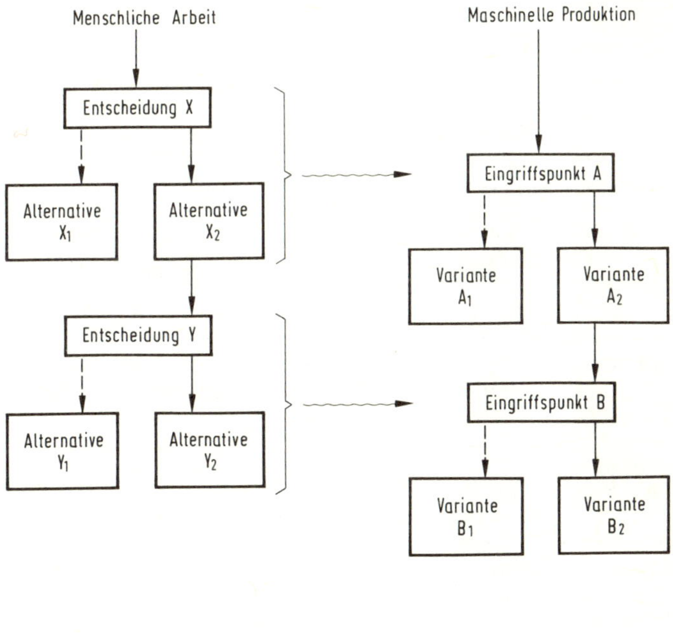

Zusammenhang von menschlichem und technischem Arbeitsablauf im Mensch-Maschine-System (modifiziert nach Hacker 1973, S. 68). Der Produktionsprozeß bietet Eingriffspunkte, an denen sein Ablauf verändert werden kann. Welche Variante möglicher Betriebsabläufe gewählt wird, ist Gegenstand menschlicher Entscheidung (—— gewählte Alternative bzw. Variante, --- nicht gewählte Alternative bzw. Variante).

Zusammenfassung

1. Die kognitivistisch orientierte Handlungstheorie sieht die zielgerichtete Tätigkeit als einen planmäßig gesteuerten Ablauf. Er beruhe auf der Kenntnis des Handlungsraums mit seinen Zielen und Hilfsmitteln sowie auf der Einsicht in die Wirksamkeit von Tätigkeiten.
2. Handlungsvollzüge lassen sich aus kognitivistischer Sicht auf drei Ebenen analysieren: auf der intellektuellen, der perzeptiv-begrifflichen und der sensumotorischen Ebene. Die Ebenen überlagern sich hierarchisch, wobei die intellektuelle Ebene dominiert.
3. Handlungsvollzüge lassen sich in Teiloperationen zerlegen wie Orientierungs-, Sicherungs-, Korrektur- oder Kontrolloperationen; einzelne Arten von Operationen können in Handlungen dominieren (z. B. in Sicherungs- oder Korrekturtätigkeiten).
4. In Mehrfachtätigkeiten werden mehrere Operationen gleichzeitig ausgeführt. Die Mehrfachtätigkeit bedarf auf der intellektuellen Ebene einer besonderen Koordination.

Literaturhinweise

Oschanin, D. A.: Das operative Abbild eines gesteuerten Prozesses. Bericht über den 18. Internationalen Kongreß für Psychologie in Moskau 1966. Zit. n.: Hacker, W.: Allgemeine Arbeits- und Ingenieurpsychologie. Berlin: Deutscher Verlag der Wissenschaften 1973

Tolman, E. C.: Purposive behavior in animals and men. New York: Appleton Century Crofts 1932

Aristoteles, E.: Nikomachische Ethik. In: Grumach, E. (Hg.): Aristoteles Werke Bd. 6. Berlin: Akademie Verlag 1956

Spinoza, B.: Ethik. Stuttgart: Kröner 1955 (Erstausgabe 1677)

Hegel, G. W. F.: Rechtsphilosophie. In: Sämtliche Werke Bd. 7. Frankfurt: Suhrkamp 1970 (Erstausgabe 1821)

Ach, N.: Über den Willensakt und das Temperament. Leipzig: Quelle u. Meyer 1910

Lewin, K. (Hg.): Untersuchungen zur Handlungs- und Affektpsychologie. Psychologische Forschung Bde. 1–19 (1921–1934)

Marx, K. u. Engels, F.: Thesen über Feuerbach. Werke Bd. 3. Berlin: Dietz 1967, 5–7 (verfaßt 1845)

Holzkamp, K.: Zum Problem der Relevanz psychologischer Forschung für die Praxis. Psychologische Rundschau 21 (1970), 1–22

Walker, E. L.: Relevant psychology is a snark. American Psychologist 25 (1970), 1081–1086

Hacker, W.: Allgemeine Arbeits- und Ingenieurpsychologie. Berlin: Deutscher Verlag der Wissenschaften 1973

Newell, A. u. Simon, H. A.: Human problem solving. Englewood Cliffs: Prentice Hall 1972

Matern, B., Lehmann, B. u. Uebel, H.: Zur Ermittlung von inneren Modellen für Tätigkeiten der Prozeßregulation als Voraussetzung zur Optimierung von Arbeits- und Anlernverfahren. In: Hakker, W. (Hg.): Psychische Regulation von Arbeitstätigkeiten. Berlin: Deutscher Verlag der Wissenschaften 1976, 53–57

Skell, W.: Bemerkungen zur Genese und Realisierung von Plänen im Arbeitsprozeß. In: Hacker, W. (Hg.): Psychische Regulation von Arbeitstätigkeiten. Berlin: Deutscher Verlag der Wissenschaften 1976, 66–71

Schulz, P.: Regulation und Fehlregulation im Verhalten. II. Streß durch Fehlregulation. Psychologische Beiträge 21 (1979), 579–621

Tomaszewski, T.: Tätigkeit und Bewußtsein. Weinheim: Beltz 1978

Brown, D.: Dual task methods of assessing workload. Ergonomics 21 (1978), 221–224

Kaminski, G.: Bewegungshandlungen als Bewältigung von Mehrfachaufgaben. Sportwissenschaft 3 (1973), 233–250

Zielsetzung und Leistungsbewertung

Vornahme und Erfolgsfeststellung als Eckpunkte von Handlungen

Für den Behavioristen beginnt eine Tätigkeit mit dem ersten Reiz, der eine Verhaltenskette in Gang setzt; sie endet mit dem Erreichen eines Zielobjekts oder eines Zielorts und der dort ausgeführten Zielreaktion (z. B. Trinken, Essen). Aus behavioristischer Sicht muß der Tätige dem auslösenden Reiz folgen; er hat keine Wahl (s. S. 50f.). Zur Beendigung der Tätigkeit am Ziel wird ebenfalls keine Alternative gesehen. Anders kognitivistische Autoren: für sie ist der Tätige der Herr seines Handelns. Er bestimmt Anfang und Ende seines Tuns nach eigenem Ermessen. Ihren Anfang nimmt die Handlung mit einer *Vornahme*, mit dem Entschluß, ein *Ziel* durch eigenes Zutun zu verwirklichen. Und ihr Ende findet die Handlung mit der Überzeugung, daß das Ziel erreicht sei (oder der Rücknahme des Handlungsentschlusses).

Ein Beispiel: Ein Zimmer soll frisch tapeziert werden. Der Wunsch dazu, ein Bedürfnis danach sind vielleicht schon lange vorhanden. Aber zur Einleitung der Arbeiten ist ein Entschluß vonnöten: „Nun packen wir an!" Was da angepackt wird, wird gleich mitgedacht: Ob etwa auch Tapeten an die Decke geklebt werden, ob alle Wände neu tapeziert werden (vielleicht genügt bei einer Wand ein neuer Anstrich), wann die Arbeit losgeht, wann sie zu Ende sein soll. Der Vornahme folgen die Taten: Es werden Tapeten, Kleister und Werkzeuge besorgt, die Möbel von den Wänden gerückt usw. Nun können sich zwei Arten von Ergebnissen einstellen – wunschgerechte und unerwünschte. Gelangt der Handelnde zu der Überzeugung: „So habe ich mir das Zimmer gewünscht!", wird er mit Befriedigung und Stolz seine Arbeit beenden. Aber es ist seine Sache, das Ergebnis als befriedigend einzuschätzen. Er kann auch erklären: „Das neue Muster an der Wand gefällt mir gar nicht" oder „Die vielen Blasen sind Pfusch!". Dann wird er vielleicht die gerade geklebten Tapeten abreißen und neue kleben; auf jeden Fall wird er seine Tätigkeit fortsetzen.

Der Handelnde hat es auch jederzeit in der Hand, seine Vornahme zurückzunehmen und die Tätigkeit abzubrechen. Noch im Laden bei der Auswahl der Tapeten können ihm etwa Bedenken kommen: „Lohnt sich eigentlich die viele Arbeit?" Und selbst wenn er schon in

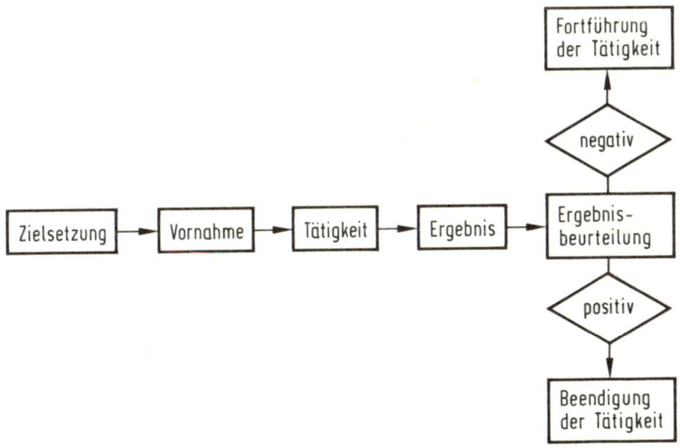

Motivierung der zielgerichteten Tätigkeit aus kognitivistischer Sicht. Eine Tätigkeit wird so lange fortgeführt, wie eine Vornahme erhalten bleibt und das Ergebnis noch nicht dem gesteckten Ziel entspricht.

Willensfreiheit

Der Kognitivismus bekennt sich zur philosophischen Tradition des Indeterminismus, der sich der Gegentradition des Determinismus (von lat. ‚determinatio' – Abgrenzung, Ende, Schluß) widersetzt. Der Indeterminismus behauptet die Freiheit des Menschen, zwischen alternativen Bewußtseinsinhalten, Willensentscheidungen und Handlungen wählen zu können. Der Determinismus bestreitet dies und führt als Gründe für die Festgelegtheit des Menschen an:

○ die Umgebung des Menschen mit ihren physikalischen, biologischen und sozialen Einwirkungen,
○ die eigene Natur des Menschen, insbesondere seine Triebe und Affekte,
○ die transzendentale Vorbestimmung des menschlichen Schicksals.

Die Vorbestimmtheit des menschlichen Lebens durch die Gottheit und durch die Gestirne ist im Geltungsbereich aller großen Religionen Gegenstand heftiger Auseinandersetzungen; ihren theologischen Höhepunkt erreichen diese Auseinandersetzungen in der Frage der Prädestination, der Vorbestimmung zur ewigen Seligkeit oder Verdammnis (s. Maier 1971).

Die philosophische Diskussion zum Determinismusproblem war zu allen Zeiten von einem hohen Maß an Dialektik gekennzeichnet. Die antike Philosophenschule der Stoiker entwickelt den Freiheitsbegriff einerseits in Abgrenzung von der Lehre einer kosmischen Bestimmung des Denkens, andererseits in Abkehr von der Annahme einer völligen Gesetzmäßigkeit der Natur. Gerade der Materialismus des 17. und 18. Jahrhunderts (s. S. 73) nahm die Überzeugung von der uneingeschränkten Kausalität in der Natur aber zum Anlaß, dem Menschen als Bestandteil dieser Natur jedwede Freiheit abzusprechen. Dieser Tradition scheinen sich behavioristische Autoren angeschlossen zu haben. Freilich scheint das materialistische Argument durch Entwicklungen der modernen Physik in seiner Geltung bedroht zu sein; mit Bezug auf Heisenbergs Unschärferelation kann man sogar Elementarteilchen eine eigene Entscheidungsfreiheit zubilligen und damit alle deterministischen Gesetze der Physik in Frage stellen (Wenzl 1947).

Einem ähnlichen Wandel ist die Beurteilung des Zusammenhangs von Freiheit, Sittlichkeit und Vernunft unterworfen. Sokrates soll Freiheit als „Tun des Besten" verstanden haben. Im Sinne des Idealismus bedeutet das eine Autarkie, die eine Zuwendung zu höheren geistigen Gütern und eine Abkehr von der als minderwertig empfundenen natürlichen Welt und der eigenen Körperlichkeit ermöglichen soll. Auf dem Höhepunkt des Idealismus im 18. Jahrhundert ordnet Kant die Freiheit einerseits der Vernunft zu, andererseits der Sittlichkeit (Kant 1781, 1786).

Diesen Zusammenhang hat nun wieder der französische Existentialist Jean-Paul Sartre (1943) radikal aufgegeben. Freiheit sei keinem sozialen Prinzip und keiner vermittelbaren Logik verpflichtet. Freiheit sei jeweils Freiheit des Einzelnen, der sich an der Freiheit des anderen lediglich stoße. Insofern manifestiere sich die Freiheit des Einzelnen gerade in der Ungebundenheit, in der Absurdität und in der Mißachtung der konventionellen Sittengesetze.

seinem Zimmer auf der Leiter steht, kann er beschließen: „Also die eine Wand mache ich noch fertig. Aber den Rest verschiebe ich bis zum nächsten Jahr!"

Mit solchen Begriffen und Beziehungen kann man die Motivierung des Verhaltens charakterisieren. In der Psychologie sind sie spätestens seit Kurt Lewins programmatischer Schrift „Vorsatz, Wille und Bedürfnis" aus dem Jahre 1926 heimisch. In neuerer Zeit bedient sich die Handlungstheorie gerne der Begriffe und der Logik der Regeltechnik, um Ablauf und Motivierung von Handlungen darzustellen. Zum maßgeblichen Modell für die Analyse wird dabei der *Regelkreis.* Im Regelkreis spielen vor allem die folgenden fünf Begriffe eine Rolle:

○ *Ist-Wert;* hierunter versteht man einen jeweils anzutreffenden tatsächlichen Zustand (z. B. die Sauberkeit einer Tapete).

○ *Soll-Wert;* hierunter versteht man den jeweils angestrebten Zustand (z. B. neue Tapete). Psychologisch ist der Soll-Wert eines Handelnden als Zielvorstellung zu deuten, die durch Vornahme zur Realisierung vorgesehen ist.

○ *Ist-Soll-Abweichung;* hierunter versteht man den Unterschied zwischen dem jeweils anzutreffenden und dem erstrebten Zustand.

○ *Regelung;* als Regelung wird jede Tätigkeit bezeichnet, die eine Ist-Soll-Abweichung verringert und möglichst ganz beseitigt (z. B. Tapezieren eines Zimmers, durch welches eine unerwünscht schmutzige Tapete durch eine neue, saubere ersetzt wird). Die Regelung richtet sich nach dem Soll-Wert, dem dadurch die Funktion einer Führungsgröße zufällt. Die Regelung wirkt sich ihrerseits aus auf den Ist-Wert, der damit zu einer Regelgröße, zum Kennwert einer Regelstrecke wird.

○ *Rückmeldung, Rückwirkung* oder *Rückkopplung* heißt der Einfluß, den eine Veränderung des Ist-Wertes auf die Regelung ausübt. Die als Regelvorgang verstandene Handlung wird oft als Handlungsregulation bezeichnet.

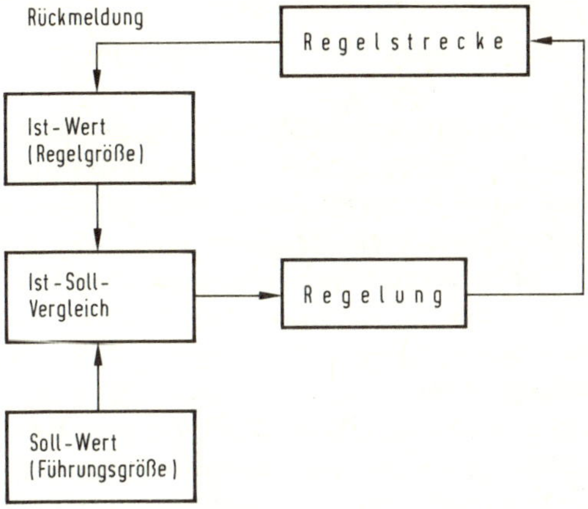

Regelkreismodell.

Handlungsregulation erfordert einen oft erheblichen Aufwand. Individuen werden nicht ohne weiteres dazu bereit sein. Ihre Bereitschaft zur Tätigkeit bezeichnet man als ihre *Motivation.* Die Motivation muß ein Mindestmaß überschreiten, damit eine Tätigkeit überhaupt ausgeführt wird. Auch stehen in der Regel mehrere Zustände gleichzeitig zur Regulation an. Es ist also eine Entscheidung über die Prioritäten bei verschiedenen Tätigkeiten zu treffen. Dabei findet ein Vergleich der Bereitschaften, der Motivationen für die einzelnen zur Ausführung anstehenden Tätigkeiten statt. Bei der Bemessung der Höhe der Motivation für eine Tätigkeit wird in Anschlag gebracht:

○ die Einschätzung von Ist-Soll-Abweichungen (bzw. der Nützlichkeit einer Betätigung),

○ die Einschätzung der Wirksamkeit einer Regulation (bzw. der Erfolgschance einer Tätigkeit),

○ die Einschätzung der Unerläßlichkeit einer Regulation (bzw. der Wahrscheinlichkeit einer anderweitigen Beseitigung einer Ist-Soll-Abweichung).

Diesen Themen sind die beiden folgenden Abschnitte gewidmet.

Kybernetisches Denken in der Psychologie

In den ersten Jahrzehnten dieses Jahrhunderts reifte die Erkenntnis, daß es allgemeine Prinzipien der Regelung und Informationsübertragung geben könnte, die auf Lebewesen und Maschinen in gleicher Weise anwendbar sind. Der deutsche Regelungstechniker Hermann Schmidt schlug 1941 zur Untersuchung dieser Prinzipien eine eigene Disziplin vor, die er „Allgemeine Regelungskunde" nannte. Unabhängig von Schmidt machte der amerikanische Mathematiker Norbert Wiener (1948) den gleichen Vorschlag und führte für die neue Disziplin den Namen „Kybernetik" (von griech. ‚kybernetes' – Steuermann) ein, der sich alsbald durchsetzte.

In die Psychologie und Biologie hat das kybernetische Denken schnell Einzug gehalten. War doch dort der Gedanke durchaus geläufig, daß Organismen von ihrer Umwelt zur Tätigkeit angeregt werden und ihrerseits durch ihre Tätigkeit die Umwelt verändern. Der Biologe Jacob von Uexküll (1864–1944) – bereits 1926 Begründer und Leiter eines Instituts für Umweltforschung – ordnet jedem Lebewesen ein Merkglied und ein Wirkglied zu. Mit dem Merkglied erfasse das Lebewesen die für sein Verhalten bedeutsamen Merkmale von Umgebungsobjekten; so erstelle es eine Merkwelt. Mit dem Wirkglied vermöge das Lebewesen die Merkmale seines Objekts zu verändern; sie machten seine Wirkwelt aus. Merkwelt und Wirkwelt sind in einem Funktionskreis – ein zentraler Begriff bei Uexküll – zusammengeschlossen.

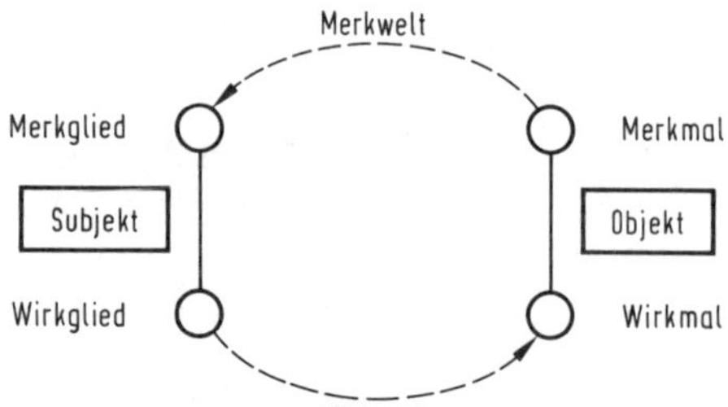

Funktionskreis nach von Uexküll (nach von Uexküll und Kriszat, 1956/1934 S. 27). Im Funktionskreismodell sind wesentliche Teile des Regelkreismodells vorweggenommen.

In der konventionellen kybernetischen Betrachtung erscheint der Mensch als Regler, der Zustände seiner Welt als Ist-Werte wahrnimmt und sie seinen Zielen als Soll-Werten anpaßt. Drei Autoren ist es gelungen, eine für viele Psychologen attraktive Neuformulierung zum Regelkreis zu entwickeln, das sogenannte TOTE-Modell. Das TOTE-Modell sieht als Grundstruktur des Handelns eine Folge von vier Schritten vor: Test-Operation-Test-Exit (abgekürzt TOTE).

Die drei Autoren, welche das TOTE-Modell entwickelt und propagiert haben, sind der Psycholinguist George A. Miller, der Neurophysiologe Karl Pribram und Steve Galanter, der seine wissenschaftlichen Sporen mit psychophysischen Untersuchungen verdiente. Sie hatten sich in einem Forschungszentrum in Kalifornien getroffen, um zu überlegen, wie die Psychologie, die damals sehr stark vom behavioristischen Denken beherrscht war, fortzuentwickeln sei. Ihr Buch, in dem sie ihr TOTE-Modell beschreiben, markiert nicht nur das Ende der Blütezeit des Behaviorismus in den Vereinigten Staaten, sondern hat auch – drei Jahre nach seinem Erscheinen ins Russische übersetzt – wesentlich zur Weiterentwicklung der reflexologischen Psychologie in den östlichen Ländern beigetragen.

Mit dem kybernetischen Denken in der Psychologie ist oft die Erwartung eines sprunghaften Erkenntnisfortschritts verknüpft. So hat der jetzt in Graz lehrende Psychologieprofessor Erich Mittenecker bereits 1962 beim Kongreß der Deutschen Gesellschaft für Psychologie den hohen Erkenntniswert kybernetischer Modelle in der Psychologie gerühmt. Friedhart Klix, Direktor der Sektion Psychologie der Humboldt-Universität in (Ost-)Berlin erwartete 1969 von dem Einbau der Kybernetik in den Studiengang der Psychologen einen „Vorlauf“ von mindestens zwanzig Jahren.

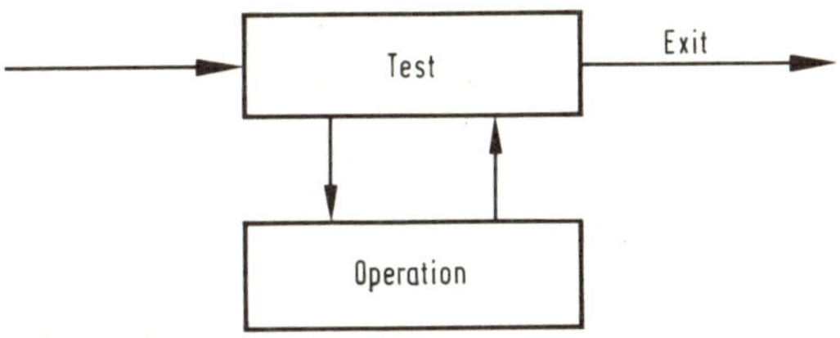

Das TOTE-Modell nach Miller, Galanter u. Pribram 1960.

TEST – Das Prüfen eines Sachverhalts (z. B. Prüfen der Länge eines Fingernagels).
OPERATION – Das Ergebnis der Prüfung setzt eine Tätigkeit in Gang (z. B. Abschneiden des Fingernagels).
TEST – Nun wird der ursprüngliche Sachverhalt erneut geprüft (z. B. „ist der Fingernagel immer noch zu lang?“).
EXIT (AUSGANG) – Besteht der überprüfte Sachverhalt die Prüfung (z. B. „jawohl, jetzt hat der Fingernagel die richtige Länge!“), so findet die Tätigkeit ihr Ende, einen „Ausgang“.

Ursachen und Konsequenzen von Handlungsfolgen

Die Folgen eigenen Handelns treten nicht immer klar zutage. Was bewirkt etwa ein Lehrer mit seinem Schulunterricht? Falko Rheinberg hat für seine Dissertation von 99 Lehrern nicht weniger als 3591 verschiedene Aussagen gesammelt, in denen sie die Gründe für die Leistungen ihrer Schüler zum Ausdruck brachten. Sie lassen sich grob in drei Gruppen einteilen: Gründe, die im Schüler selbst liegen (z. B. Begabung, Interesse), Unterrichtsfaktoren (z. B. Unterrichtsgestaltung, Unterrichtsmaterial) und außerschulische Faktoren (z. B. Einstellung der Eltern, Fernsehen).

Es fällt zunächst auf: Einige dieser Faktoren entziehen sich ganz oder weitgehend dem Einfluß des einzelnen Lehrers (z. B. Begabung, Elternhaus, Fernsehen), nur auf einige wenige kann er Einfluß nehmen (z. B. Unterrichtsgestaltung). Würde nun der Lehrer zu der Einschätzung gelangen, daß die von ihm nicht beeinflußten Ursachenfaktoren außerhalb des Unterrichts ein weitaus stärkeres Gewicht besitzen als seine Unterrichtsmaßnahmen, würde ihn das bei seiner Tätigkeit sehr entmutigen. Die Entmutigung würde zumindest sein Engagement im Unterricht dämpfen; im Extremfall würde er keinen Sinn in seinem Beruf mehr sehen und seine Stelle aufkündigen. Anders der Lehrer, der im Unterricht den durchschlagenden Faktor sieht: Er wird das Mittel des Unterrichts engagiert nutzen, solange ihm das Ziel einer guten Schülerleistung am Herzen liegt. Die Zuschreibung von Ursachen hat auch wesentliche Bedeutung für die Wahl der Tätigkeit. Ein Lehrer, der nur den Unterricht für die Leistung seiner Schüler verantwortlich macht, wird seine Bemühungen auf die Vorbereitung und Durchführung des Unterrichts beschränken. Ein Lehrer, der aber der Einstellung der Eltern eine hohe Bedeutung beimißt, wird sich intensiv um die Eltern bemühen; er wird sie etwa häufig in seine Sprechstunde und in Elternversammlungen einladen, um ihre Unterstützung zu gewinnen.

Die Zuschreibung von Ursachen nennt man auch Kausalattribuierung (von lat. ‚causa' – Ursache, ‚attribuere' – zuteilen). Fritz Heider (s. S. 38) hat in seinem 1958 erschienenen Buch über zwischenmenschliche Beziehungen geltend gemacht, man könne die Fülle der *Kausalattribuierungen für Handlungsfolgen* auf einige wenige Allgemeinbegriffe aus der Alltagssprache zurückführen. Heider selbst konzentriert sich in seiner Analyse, in der er unter anderem aus Tierfabeln die Kategorien der „naiven Jedermann-Psychologie" zu erschließen sucht, auf die Kausalfaktoren, die in der handelnden Person selbst liegen: ihr Können und ihr Wollen. Können (Fähigkeit, Begabung) und Wollen (Anstrengung, Einsatz) unterscheiden sich – so Heiders Deutung des Alltagsverständnisses – hinsichtlich ihrer Stabilität in der Zeit. Würden Fähigkeiten in der Regel als langfristiger Besitz betrachtet, könne die Höhe der Anstrengung kurzfristig schwanken. Einen anderen Gegensatz hebt Julian B. Rotter mit seinen Mitarbeitern hervor: die Möglichkeit einer Begründung von Handlungsfolgen durch die handelnde Person einerseits und ihre Umgebung (Aufgabe, Arbeitsbedingungen, andere Personen) andererseits. Mit Bezug auf die behavioristische Lerntheorie prägt Rotter (1966) den Ausdruck „Kontrolle von Verstärkung" und bezeichnet damit alle Einflüsse, denen Handlungsfolgen unterliegen. Einflüsse, die von der handelnden Person ausgehen, werden unter dem Begriff der *internalen Kontrolle* zusammengefaßt, Einflüsse von seiten der Umgebung unter dem Begriff der *externalen Kontrolle* (zur Umsetzung dieser Begriffe in der Lerntheorie s. S. 367). Bernhard Weiner von der Universität von Kalifornien hat die Ansätze von Heider und Rotter zu einem handlichen Schema vereinigt, das inzwischen zahlreichen Untersuchungen zugrunde gelegt worden ist. Er unterscheidet Personfaktoren und Umweltfaktoren und trennt diese jeweils in zeitlich stabile (konstante) und zeitlich labile (variable).

Ursachen von Handlungsfolgen im subjektiven Erleben (nach Weiner 1974, S. 52).

Stabilität	*Kontrollinstanz*	
	internal	*external*
stabil	Fähigkeit	Aufgabenschwierigkeit
instabil	Anstrengung	Glück

Eine Ursachenattribuierung setzt nun nicht erst am Ende einer Handlung ein, wenn die Folgen feststehen. Sie findet schon bei der Planung statt und bestimmt die Motiviertheit von Handlungen. Vor allem ein Befund hat sich in der neueren Forschung wiederholt bestätigen lassen: Eine gute Motiviertheit für Handlungen setzt die Erwartung internaler Kontrolle voraus, d. h. die Überzeugung, selbst die Folgen der Handlung bestimmen zu können. Ein eindrucksvolles Beispiel hierfür berichten McClelland und Winter (1969) in einer Studie aus Indien. Indische Reisbauern seien nicht bereit gewesen, sich moderner Düngemittel und Anbaumethoden zu bedienen. Sie hätten den Ertrag ihrer Ernte zunächst nur auf Regen und Sonne zurückgeführt – äußere, externale Faktoren, die man nicht kontrollieren könne. Erst als man ihnen demonstrierte, daß man den Ertrag des Bodens durch den Einsatz von Geräten und Zusatzstoffen – d. h. durch eigene Kontrolle – verbessern kann, griffen sie zu diesen Mitteln und gaben ihre abwartende Haltung auf.

Die verschiedenen Ursachenfaktoren scheinen übrigens in modernen Gesellschaften eine unterschiedlich hohe Anerkennung zu genießen. Fähigkeit als Ursache von Erfolgen steht dabei offenbar höher in der Gunst als Anstrengung oder gar äußere Hilfe – wie unter anderem Nicholls (1976) festgestellt hat –, und Erfolge werden gern als Beweis für vorhandene Fähigkeiten gewertet.

Ein ähnlich buntes Bild wie die möglichen Ursachen der Handlungsfolgen bieten die *Handlungsfolgen* selbst. Sie erschöpfen sich ja nicht in dem unmittelbaren Ergebnis. In dem Maße, in dem ein Ergebnis weitere Folgen nach sich zieht, breiten sich die Wirkungen einer Handlung aus. Die Tätigkeit des Lehrers, der oben schon einmal als Beispiel gedient hat, veranschaulicht das. Was bringt der Lehrer im Unterricht hervor? Er schreibt Wörter an die Tafel, deutet mit einem Stock auf eine Landkarte, streicht Fehler in den Heften der Kinder an usw. Aber bleibt es bei diesen unmittelbaren Ergebnissen? Hoffentlich nicht. Das Vorschreiben, Deuten, Anstreichen wird von den Schülern aufgenommen als Demonstration, Erklärung und Korrektur. Es mehrt ihr Wissen und mindert ihre Fehler; es macht sie bereit zur Aufnahme neuen Wissens. Letztlich ist sogar zu folgern: Ohne den Unterricht des Lehrers gäbe es keine berufliche Bildung, keine wissenschaftliche Forschung, keine künstlerische Entfaltung. Ähnlich wie bei der Tätigkeit des Lehrers kann man bei sehr vielen anderen Tätigkeiten behaupten: ihre Ergebnisse haben Konsequenzen in den verschiedensten Bereichen, und diese Konsequenzen können sich über lange Zeitstrecken hinweg fortpflanzen.

Die Vielfalt der Wirkungen eines Handlungsergebnisses und die Dauer dieser Wirkungen faßt man unter dem Begriff der *Instrumentalität* zusammen. Die Instrumentalität eines erzielbaren Handlungsergebnisses trägt wesentlich zu dessen Anreiz und damit zur Motivierung der Handlung bei. Den Begriff der Instrumentalität hat der Amerikaner Vroom im Jahre 1964 eingeführt. Das damit Gemeinte hat bereits vorher der belgische Psychologe Joseph Nuttin in die Motivationstheorie eingebracht. Nuttin unterscheidet in einer Studie aus dem Jahre 1953 offene und geschlossene Aufgaben. Als offen bezeichnet der Autor solche Aufgaben, die sich über ihre Erledigung hinaus als nützlich erweisen. Der Autor demonstriert das am Beispiel des Vokabellernens, das die spätere Übersetzung eines Textes gestattet. Bei geschlossenen Aufgaben ist eine Verknüpfung mit nachgeordneten Zielen nicht zu sehen; Nuttin veranschaulicht das am Beispiel des Schätzens von Punktmengen. Den offenen Aufgaben fließt ein Mehr an Motivation zu, wie Nuttin in eigenen Versuchen belegen kann. Erfolgreiche Mengenschätzungen werden nicht mehr wiederholt; Vokabeln werden aber selbst dann noch wiederholt, wenn sie bereits einmal richtig hergesagt werden konnten. Der Autor zu den geschlossenen Aufgaben:

„... wenn ein gutes Ergebnis einmal erreicht ist, verliert es seine dynamische Wirkung; das hat zur Folge, daß die Wiederholung der Aktivität aufhört, die bereits durch Erfolg gekrönt ist."

Und zu den offenen Aufgaben:

„Ist das gute Ergebnis einmal erreicht, wird ..." die jeweilige Handlung „... wieder aufgenommen, wenn sie sich in ein neues Verhalten einordnet. Das heißt, daß es als Mittel dient, um ein anderes Ziel oder ein anderes gutes Ergebnis zu erreichen."
(Eigene Übersetzung aus Nuttin 1953, S. 50.)

Ergebnisfolgen können verschiedene Gestalt annehmen: Erleichterungen bei späteren Aufgaben (wie z. B. beim Vokabellernen), Honorare und andere materielle Belohnungen (z. B. Leistungsprämien), soziale Anerkennung (z. B. öffentliche Auszeichnungen), Vervielfältigung der eigenen Wirkung (z. B. bei Reden mit Fernsehübertragung).

Man kann somit eine Zwischenbilanz ziehen: Die Handlung ist durch eine Reihe von *Ursachen- und Folgeerwartungen* motiviert. Heckhausen (1977) hat die wichtigsten folgendermaßen definiert:

○ Situations-Ergebnis-Erwartungen (das sind Erwartungen externaler Kontrolle im Sinne Rotters),

○ Handlungs-Ergebnis-Erwartungen (das sind Erwartungen internaler Kontrolle im Sinne Rotters),

○ Ergebnis-Folge-Erwartungen (das sind Instrumentalitätserwartungen im Sinne Vrooms).

Nun hat die Instrumentalität eine bemerkenswerte Eigenart: Je weiter sie sich erstreckt, desto mehr droht sie sich der Kontrol-

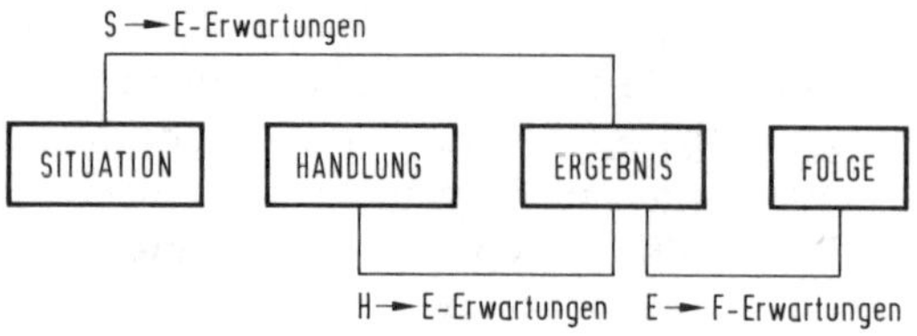

Drei Arten von Erwartungen im Prozeß der Motivierung (vereinfacht nach Heckhausen 1977).

le des Handelnden zu entziehen. Wer für Geld und Anerkennung arbeitet, ist auf die Gunst seiner Förderer und Beurteiler angewiesen. Ob Vokabellernen einen späteren Gewinn bringt, hängt davon ab, ob man einen Text in der gleichen Sprache und mit dem gleichen Wortschatz zur Übersetzung erhält. Es ist daher festgestellt worden: Durch Manipulation der Folgen können andere Menschen in den Motivierungsprozeß eingreifen und Individuen zu Handlungen veranlassen, die sie nicht um ihrer unmittelbaren Ergebnisse willen vollziehen, sondern zur Erlangung ihrer weiteren Folgen. Viele Beispiele für eine solche Art der Motivierung stammen aus der modernen Industriearbeit. Sie beschreiben Arbeiter, die ihre Tätigkeit überwiegend wegen der Entlohnung verrichten und nicht wegen der Freude an dieser Tätigkeit und den dabei hergestellten Gütern. Man nennt eine solche Motivierung *extrinsisch,* von außen kommend, und stellt sie der von innen kommenden, *intrinsischen Motivierung* gegenüber. Intrinsische Motivation in ihrer reinsten Form wird Handlungen ohne erkennbares äußeres Ergebnis zugeschrieben wie Spielen und Erkundungen (s. S. 285). Als überwiegend intrinsisch motiviert gelten aber auch Tätigkeiten, die aufgrund des Interesses am unmittelbaren Ergebnis zustande kommen (z. B. handwerkliche, künstlerische Produktion).

Über die Bewertung und Anwendung von Maßnahmen der extrinsischen Motivierung (z. B. Schulnoten, Leistungsprämien, Berichterstattung in den Medien) hat es lange Kontroversen gegeben, in denen Vertreter der behavioristischen und der kognitivistischen Richtung entgegengesetzte Standpunkte bezogen haben. Behavioristische Autoren haben vor allem die Wirksamkeit von Lohn- und Strafmaßnahmen als Argument ins Feld geführt. An ihrer Spitze forderte Burrhus F. Skinner (s. a. S. 363 f.) die Entwicklung einer auf Lohn- und Strafmaßnahmen aufbauenden Erziehungstechnologie zur Bewältigung der drängenden Lebensprobleme unserer Zeit. Der Autor schreibt:

„Tätigkeitsfolgen kann man setzen; indem wir die Beziehungen zwischen dem Verhalten und der Umwelt verstehen lernen, entdecken wir neue Wege der Verhaltensänderung. Die Grundzüge einer Technologie sind bereits klar. Man nimmt sich vor, ein Verhalten zu erzeugen oder zu modifizieren und schafft dann die einschlägigen Folgen ... Die Technologie ist bisher am erfolgreichsten, wenn das Verhalten einigermaßen fest umschrieben werden kann und wenn angemessene Folgen herzustellen sind – zum Beispiel in Kindergärten und Schulen, bei Behinderten und bei Geisteskranken in Anstalten. Die gleichen Grundsätze sind jedoch anwendbar bei der Entwicklung von Lehrmaterial auf jedem Bildungsniveau, auch bei schwierigeren Aufgaben der Psychiatrie, der Rehabilitation, in der Wirtschaft, bei der Stadtplanung und in vielen anderen Bereichen des menschlichen Verhaltens."
(Eigene Übersetzung aus Skinner 1971, S. 149 f.)

Die Kritik an der extrinsischen Motivierung des Verhaltens entzündet sich an dem Umstand, daß ihre Maßnahmen sozial bestimmt sind. Extrinsisch motiviert zu sein, heißt dann von anderen abzuhängen. Abhängigkeit von anderen verträgt sich jedoch nicht mit Entscheidungsfreiheit und Selbstverantwortung – den Idealen der Kognitivisten. Nun ist die gewaltige Wirksamkeit der sozialen Verhaltenssteuerung unbestreitbar, und der Bestand der Industriekultur wäre ohne gesellschaftlich gesetzte, insbesondere finanzielle Anreize gar nicht mehr denkbar. So warnen die Kritiker der extrinsischen Motivierung wenigstens vor einer Überschätzung und einer Übersteigerung von Belohnungs- und Bestrafungsmaßnahmen.

In der Tat verdichtet sich in letzter Zeit der Verdacht, daß die Aussicht auf Belohnung und die Furcht vor Bestrafung keine unbeschränkt wirksamen Mittel zur Leistungssteigerung sind. Kenneth O. McGraw hat 1978 in einem Überblick über Belohnungsstudien gezeigt, daß es vorwiegend die ungeliebten und routinemäßig zu erledigenden Aufgaben sind, die von einer Belohnung profitieren: einfache Rechenaufgaben, Auswendiglernen von Listen u. ä. Anders die schon von sich aus als reizvoll empfundenen, kreativ zu lösenden Aufgaben wie knifflige Denksportaufgaben: deren Lösung wird durch die Aussicht auf Belohnung eher verzögert. Der Autor erklärt das folgendermaßen: Wo die Freude an der Arbeit selbst fehlt, wird der Gedanke an eine spätere Belohnung die erforderliche Motivation hervorrufen. Wenn es jedoch an der Arbeitsfreude nicht mangelt, erweist sich ein zusätzlicher Lohnanreiz zur Weckung der Begehrlichkeit als überflüssig. Die Begehrlichkeit auf die in Aussicht gestellte Belohnung kann sich dann ungünstig im Verhalten niederschlagen. Die Tätigkeit drängt zu einem schnelleren Ende, bedient sich bewährter Routinen und unterläßt die spielerische, experimentierfreudige Suche nach seltener begangenen Wegen. So seien es vor allem die heuristisch zu lösenden Aufgaben, die unter einer Belohnung leiden.

Die Kritik geht noch weiter: Die unangebrachte Verabreichung äußerer Belohnung sei geeignet, intrinsische Motivation sogar zu zerstören. Lepper, Greene und Nisbett (1973) waren unter den ersten, die diese Behauptung experimentell zu erhärten versuchten. Ihr Experiment fand in einem Kindergarten statt. Dort verteilten die Autoren zunächst Filzstifte, welche die Kinder noch nicht kannten („Zauberstifte"), und ließen die Kinder drei Tage nach Belieben damit malen. Die Kinder wurden zwei Wochen später einzeln aufgefordert, noch einmal mit den „Zauberstiften" zu malen. Einem Drittel von ihnen versprachen die Versuchsleiter dafür eine Urkunde mit ihrem Namen („Good Player Award"), die sie am Schluß der Einzelsitzung mit sehr lobenden Worten auch tatsächlich erhielten. Ein weiteres Drittel der Kinder erhielt zum Abschluß die gleiche Urkunde; allerdings war das für sie eine Überraschung, denn es war vorher nicht angekündigt worden. Das letzte Drittel der Kinder erhielt keine Urkunde; es wurde auch von Anfang an kein Preis in Aussicht gestellt.

Ein bis zwei Wochen nach den Einzelsitzungen erhielten die Kinder erneut die „Zauberstifte"; drei Tage lang konnten sie damit malen – wie zu Beginn. Kinder aller drei Versuchsgruppen beteiligten sich. Zu gewinnen gab es nichts mehr. Wie lange würden sie sich mit den Filzstiften beschäftigen? Das Ergebnis: Kinder, die während der Einzelsitzung in der Erwartung eines Preises gemalt hatten, beschäftigten sich nur noch halb so lange mit den Stiften wie die anderen Kinder. Die Deutung des Ergebnisses: Die Dauer der Betätigung im Nachtest hänge vom Ausmaß der intrinsischen Motivation ab. Mangels äußerer Gewinnanreize habe sich keine extrinsische Motivation entfalten können. Auf eine intrinsische Motiviertheit hätten sich nun diejenigen Kinder eingestellt, die während der Ein-

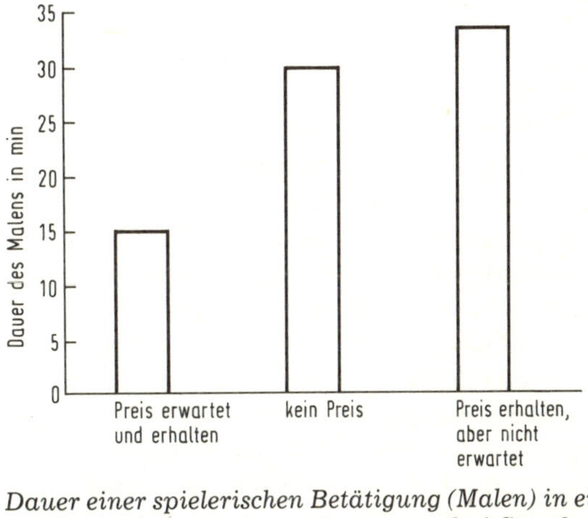

Dauer einer spielerischen Betätigung (Malen) in einer Beobachtungszeit von insgesamt drei Stunden. Verglichen werden Kinder, denen vorher für dieselbe Tätigkeit ein Preis (‚Good Player Award') verliehen worden war, mit anderen Kindern, die entweder keinen Preis erhalten oder einen Preis erhalten, aber nicht erwartet hatten (nach Lepper, Greene u. Nisbett 1973, S. 13).

zelsitzungen ohne ausdrückliche Aussicht auf einen Gewinn gemalt hätten. Bei den anderen Kindern habe die Erwartung eines Preises während der Einzelsitzung eine extrinsische Motivation geweckt, und diese habe die intrinsische Motivation zurückgedrängt; im Nachtest sei dann der Mangel an innerem Antrieb offenbar geworden.

Es gibt schließlich Anzeichen dafür, daß Individuen den Verlockungen äußerer Anreize nicht immer bereitwillig folgen. Dieser Umstand dürfte nicht selten die Faustregel: „Je größer die Aussicht auf Belohnung, desto höher die Bereitwilligkeit zur Handlung" außer Kraft setzen. Belohnungen werden ja oft großzügig bemessen, um den Entscheidungsspielraum einzuengen. Wem aber sein Freiheitsspielraum lieb ist, der wehrt sich gegen dessen Einengung und sträubt sich gegen äußere Abhängigkeit und Kontrolle („Ich lasse mich doch nicht kaufen!"). Brehm hat im Jahre 1966 auf solche Zusammenhänge aufmerksam gemacht und dem Widerstreben gegen einen Verlust der persönlichen Freiheit einen eigenen Namen gegeben: *Reaktanz*. Der Autor schildert auch einen Fall von Reaktanz als Folge überhöhter Geldzuwendungen (Brehm 1966, S. 82ff.). Im Rahmen einer mit Judith Winter durchgeführten Studie wurden in einem Supermarkt Handzettel verteilt, die für eine bestimmte Brotsorte warben. An dem Zettel war ein Vierteldollar befestigt – genau so viel, wie das Brot kostete. Diese Werbemaßnahme führte tatsächlich zu einer Steigerung des Absatzes bei der angepriesenen Sorte. An einem anderen Tag wurden neue, eindringlicher formulierte Werbezettel verteilt; ihnen waren 35 Cents beigefügt – 10 Cents mehr als der Preis des Brotes. Diese Werbemaßnahme eignete sich nicht zur Umsatzsteigerung; die Käufer fühlten sich dadurch unter Druck gesetzt. Hatten sie die Gabe von 25 Cents noch als Einladung zu einem „Gratiseinkauf" annehmen können, so wirkte die zusätzliche Überlassung von 10 Cents bereits als kleiner Versuch einer persönlichen Nötigung. Der geschilderte Reaktanzeffekt zeigte sich übrigens nur bei Frauen, sei es weil Männer – wie die Autoren erklären – in Lebensmittelgeschäften auf einen Entscheidungsspielraum weniger Wert legen, sei es weil sie beim Einkaufen auf kleine Geldbeträge nur selten achten.

Nützlichkeit und Erfolgswahrscheinlichkeit

Die These, daß Menschen zum Erfolg streben, steht im Mittelpunkt der gegenwärtig in großem Umfang betriebenen Forschungen zum Leistungsverhalten in Schule und Wirtschaft, im Sport und in anderen Bewährungssituationen. Die Aussicht auf Erfolg, auf das Erreichen selbst gesetzter oder äußerlich vorgegebener Ziele (vgl. S. 285) bestimmt

- die Wahl von Aufgaben,
- die Intensität der Bearbeitung von Aufgaben,
- die Ausdauer bei der Bearbeitung von Aufgaben,
- die erzielte Leistung.

Der Begriff der *Erfolgserwartung* umfaßt zwei Komponenten. Die Höhe des Erfolges ergibt sich zum einen aus der *Nützlichkeit des zu erzielenden Handlungsergebnisses* (vgl. dazu S. 311). Die Nützlichkeit kann von extrem hohen positiven Werten bis zu extrem hohen negativen Werten variieren; Nützlichkeit negativ gewendet ist als Schädlichkeit zu verstehen. Zum anderen bestimmt sich die Erfolgserwartung aus der *Erfolgswahrscheinlichkeit*, d.h. der Wahrscheinlichkeit, daß das erwünschte oder gefürchtete Ergebnis einer Handlung auch tatsächlich eintritt. Diese Wahrscheinlichkeit erstreckt sich von der völligen Gewißheit bis zur völligen Unsicherheit. Sie ist vor allem einzuschätzen aufgrund der angenommenen Aufgabenschwierigkeit sowie der beim Handelnden vermuteten Fähigkeiten (vgl. S. 314). Im folgenden soll nun die Motivierung von Handlungen durch die Aussicht auf und das Bestreben nach (positivem) Erfolg behandelt werden; die ebenfalls festzustellenden Motivierungen durch die Furcht vor Mißerfolg und das Bestreben, Mißerfolg zu meiden, werden ausgespart (dazu später einige Ergänzungen auf S. 326).

John W. Atkinson und zahlreiche seiner Mitarbeiter an der Universität von Michigan haben das Zusammenspiel der beiden Komponenten Nützlichkeit und Erfolgswahrscheinlichkeit einer eingehenden Analyse unterzogen; insbesondere haben sie deren Bezug zur Wahl von Aufgaben untersucht. Dies erwies sich als recht kompliziert, da Erfolgswahrscheinlichkeit und Nützlichkeit durchaus nicht stets Hand in Hand gehen (Atkinson 1957).

Auf der Suche nach Erfolg wird ein Mensch gern „auf Nummer Sicher gehen" wollen und leichte Aufgaben wählen. Gleichzeitig werden ihn jedoch Aufgaben reizen, deren Bewältigung einen maximalen Nutzen verspricht. Nun schließen sich aber – diese Behauptung bildet jedenfalls den Kern der Atkinsonschen Theorie – im Denken des Menschen leichter Erfolg und hoher Anreiz in der Regel aus. Was ihm sicher und mühelos zufällt, erscheint ihm alltäglich und unattraktiv. Als begehrenswert schätzt er nur ein, was er unter Schwierigkeit und Risiken erreicht. So wird der Erfolgsmotivierte zu einem Kompromiß gezwungen: Er verzichtet auf Ziele mit hohem Anreiz, die er doch zu verfehlen droht, und er meidet die leicht erreichbaren Ziele, weil er sich von ihnen einen zu geringen Nutzen verspricht. Er entscheidet sich für Aufgaben mit mittlerer Erfolgswahrscheinlichkeit (z. B. mittlerer individueller Schwierigkeit), die ihm dann auch einen mittleren Anreiz bieten. Kinder in Wettkämpfen verhielten sich tatsächlich so, wie Atkinson das in seiner Theorie vorhergesagt hatte. Beim Ringwerfen bevorzugten sie jeweils mittlere Distanzen, die Erfolg und Mißerfolg gleich wahrscheinlich erscheinen ließen.

Berufswahlen scheinen der gleichen Tendenz zu folgen. Die meisten Realschüler scheuen – wie eine Untersuchung von Uwe Kleinbeck (1975) ergab – sowohl sehr schwierige, angesehene Berufe (wie etwa Klaviervirtuose) als auch leicht zugängliche, aber wenig

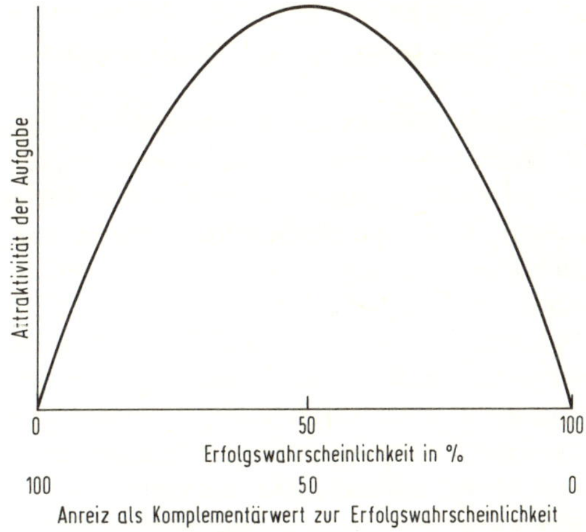

Risikowahlmodell nach Atkinson (1957). Erfolgsmotivierte meiden sowohl Aufgaben mit hoher Erfolgschance (weil sie deren Anreiz als gering erachten) als auch Aufgaben mit hohem Anreiz (weil sie deren Erfolgschance als gering einstufen).

einträgliche Berufe (wie Bürobote). Dafür suchen sie Berufe, die eine mittlere Attraktivität – etwa gemessen an Einkommen, Ansehen, Interessantheit – mit einer mittleren Erfolgschance – etwa hinsichtlich Erreichbarkeit eines Ausbildungsabschlusses, Angebot von Arbeitsplätzen, Aufstiegsmöglichkeiten – verbinden (z. B. Industriekaufmann).

Das theoretische Modell von Atkinson ist als ein *Erwartungs-mal-Wert-Modell* in die Literatur eingegangen. Es verlangt unabhängige subjektive Einschätzungen der Erfolgswahrscheinlichkeit und des Nutzens und sagt dann eine maximale Motiviertheit für die Aufgaben bzw. diejenigen Tätigkeiten voraus, die das höchste Produkt aus Erfolgswahrscheinlichkeit und Nutzen versprechen. Der Autor hat sein Modell auch mathematisch präzise zu formulieren versucht und sich dabei allerlei Kritik ausgesetzt. So lassen etwa Analysen von Klaus Schneider (1976) Zweifel an der These aufkommen, die stärkste Bevorzugung erführen Aufgaben mit genau 50% Erfolgswahrscheinlichkeit. Möglicherweise bevorzugen Erfolgsmotivierte doch etwas schwierigere Aufgaben (etwa mit Erfolgschancen von 30–40%).

Anspruchsniveausetzung und das Peterprinzip

Menschen, die zur Leistung motiviert sind, steigern typischerweise die Schwierigkeit der gewählten Aufgaben, solange sie Erfolg haben. Stellt sich Mißerfolg ein, kehren sie zu leichteren Aufgaben zurück. So steigert etwa ein Hochspringer die Höhe der Sprunglatte, bis ihm gehäufte Mißerfolge anzeigen, daß er die Grenze seiner Leistungsfähigkeit erreicht hat. Diesen Vorgang der Einregelung der optimalen Aufgabenschwierigkeit hat Fritz Hoppe – ebenfalls ein Doktorand aus dem Berliner Kreis um Kurt Lewin (s. S. 300f.) die „Setzung des Anspruchsniveaus" genannt.

In einer (allerdings ernstzunehmenden) satirischen Betrachtung des Systems der Berufskarrieren hat der kanadische Pädagogikprofessor Laurence J. Peter – nach Angabe seines Verlages Direktor des Evelyn Frieden Center for Prescriptive Teaching – die Anspruchsniveausetzung in Betrieben und Behörden unter die Lupe genommen. In Betrieben und Behörden gibt es das Prinzip des Bewährungsaufstiegs. Die Tätigkeiten sind nach ihrer Schwierigkeit in Gruppen geteilt. Der Berufsneuling beginnt in der Regel in der niedrigsten Schwierigkeitsstufe und wird je nach Bewährung „hochgestuft". Irgendwann muß dann bei den meisten Berufstätigen – meint Peter – der Punkt erreicht sein, wo sie den Bereich ihrer Fähigkeiten verlassen und in eine Schwierigkeitsstufe aufsteigen, der sie nicht mehr gewachsen sind. Aber dann gibt es für sie – anders als bei Sportlern und spielenden Kindern – kein Zurück. Das soziale System verbietet eine Rückstufung, die als persönliche „Degradierung" der Betroffenen und als Kritik an der Personalführung Unruhe schaffen würde. So füllen sich – Peter zufolge – Betriebe und Behörden mit Menschen, die jeweils durch ihre Aufgaben überfordert werden und schließlich nur noch damit beschäftigt sind, ihre Inkompetenz zu kaschieren. Peter wörtlich:

„Das geht auch Sie an!

Mein Prinzip ist der Schlüssel zum Verständnis aller hierarchischen Systeme und damit gleichzeitig zum Verständnis der gesamten Struktur unserer Zivilisation.

Einige wenige Exzentriker versuchen, sich den Fängen der Hierarchien zu entziehen, doch jeder, der dem Geschäftsleben, der Industrie, der Politik, den Gewerkschaften angehört, den Streitkräften, den Kirchen oder dem Erziehungswesen, ist ihnen ausgeliefert. Sie alle sind dem Peter-Prinzip unterworfen.

Viele von ihnen kommen sicherlich in den Genuß von einer oder zwei Beförderungen und steigen dabei von einer Kompetenzstufe zu einer höheren auf. Die Fähigkeit in der neuen Position qualifiziert sie für einen weiteren Aufstieg. Doch für jedes Individuum, für Sie genauso wie für mich, bedeutet die allerletzte Beförderung den Wechsel von der Stufe der Fähigkeit zu einer Stufe der Unfähigkeit.

Genügend Zeit und genügend Rangstufen in einer Hierarchie vorausgesetzt, steigt jeder Beschäftigte bis zu seiner Stufe der Inkompetenz auf und verharrt dort. Peters Schlußfolgerung daraus lautet: nach einer gewissen Zeit wird jede Position von einem Mitarbeiter besetzt, der unfähig ist, seine Aufgabe zu erfüllen.

Wer macht die Arbeit?

Man wird natürlich kaum ein System finden, in dem jeder Mitarbeiter seine Stufe der Unfähigkeit bereits erreicht hat. In den meisten Fällen wird immer noch etwas geleistet, um die angeblichen Aufgaben zu erfüllen, für deren Erledigung die Hierarchie existiert. Die Arbeit wird von den Mitarbeitern erledigt, die ihre Stufe der Inkompetenz noch nicht erreicht haben."

(Peter u. Hull 1972, S. 19f.)

Schwerer als eine Korrektur der durchschnittlichen Häufigkeitsverteilung von Aufgabenwahlen wiegt jedoch eine Deutung der vorliegenden Daten, die in den letzten Jahren an Anhängern gewonnen hat. Dieser neuen Deutung zufolge spielt die Optimierung zukünftiger Handlungsergebnisse gar nicht die entscheidende Rolle. Entscheidend sei vielmehr der durch Handeln erzielte Erkenntnisgewinn. Der Mensch suche im Erfolg die Bestätigung seiner Annahmen über die Gründe für Erfolge und Mißerfolge; dabei überprüfe er seine eigenen Fähigkeiten und Bemühungen. Der Bochumer Psychologieprofessor Heinz Heckhausen hat schon 1963 in seinem Buch „Hoffnung und Furcht in der Leistungsmotivation“ die Auffassung vertreten, daß der Mensch in der Auseinandersetzung mit seinen Aufgaben innere Gütemaßstäbe aufbaue. Und der aus Heckhausens Bochumer Arbeitsgruppe hervorgegangene Bielefelder Professor Wulf-Uwe Meyer war in Deutschland der erste, der ausdrücklich die These verfocht, ein wesentliches Motiv für die Aufgabenwahl sei das Bedürfnis nach mehr Information, insbesondere Information über die eigenen Fähigkeiten (Meyer 1973). Wenn Personen Aufgaben mittlerer Schwierigkeit bevorzugten, so stehe das gerade im Dienste des Aufbaus eines eigenen *Selbstbildes*, eines *Selbstkonzepts*. Denn was könnten sie über ihre Fähigkeit lernen, wenn sie (individuell) leichte Aufgaben sicher bewältigen und an (individuell) schweren Aufgaben scheitern? Sie erfahren dadurch nichts, was sie nicht schon vorher wüßten. Ihre Unsicherheit liege im mittleren Bereich der (subjektiven) Erfolgswahrscheinlichkeit. Diese Unsicherheit zu beseitigen, bedeute dann, Gewißheit über die eigene Leistungsfähigkeit zu erhalten.

Auf der Suche nach Erfolg verweilen Individuen auch am längsten bei Aufgaben mittlerer Erfolgswahrscheinlichkeit; sie brechen nicht ab, legen keine Pausen ein u. ä.; so der Norweger Nygard (1975) nach ausgedehnten Versuchsreihen an Schülern. Ebenso werden auf der Suche nach Erfolg Rückmeldungen über die erzielten Erfolge am häufigsten bei mittlerer Aufgabenschwierigkeit eingeholt (Butzkamm 1972). Schließlich gibt es Belege dafür, daß unter Erfolgsmotivation bei mittlerer Schwierigkeit sowohl die angegebene Anstrengungsbereitschaft (Meyer u. Hallermann 1977, bei sportlichen Leistungen wie Gewichtheben und Schleuderball) als auch die tatsächliche körperliche Anstrengung (Krug, Hage u. Hieber 1978, nach Untersuchungen an einem Fahrradergometer) die jeweils höchsten Werte erreicht.

Fehlregulation und unerledigte Handlungen

Der Vorgang der Regelung (s. S. 311) verdient seinen Namen nur dann, wenn er die Abweichung zwischen Ist und Soll verringert und möglichst beseitigt. Tatsächlich glückt nicht jeder Versuch einer Regelung. Mitunter kommt es zu *Minderregulationen*, die einen Teil der ursprünglichen Abweichungen beseitigen, den Rest aber bestehen lassen. Mitunter bleibt der Versuch einer Regelung wirkungslos, oder schafft sogar neue Ist-Soll-Diskrepanzen; diesen Vorgang nennt man *Fehlregulation*. Diese Feststellungen gelten auch für die Handlungsregulation. Handlungen können ein Ende finden, bevor sie noch das ihnen zugedachte Ziel völlig erreicht haben (z. B. im Falle einer Unterbrechung). Manchmal verschlimmert der Handelnde einen Zustand trotz der Absicht, ihn zu verbessern (z. B. Fehlleistungen durch falsche Planung, durch mangelnde Fähigkeit zur Ausführung einer Tätigkeit).

Kurt Lewin (s. S. 300f.) hat vorsätzliche Tätigkeiten, die vor Erreichen ihres Ziels abgebrochen werden, „unerledigte Handlungen“ genannt. Mehrere seiner Schüler haben in umfangreichen Versuchsreihen festgestellt: Unerledigte Handlungen entfalten oft eine erhebliche Dynamik und drängen nach Erledigung. Dafür gibt es vor allem zwei Hinweise:

○ Unerledigte Handlungen werden häufiger erinnert als erledigte,

○ unerledigte Handlungen werden häufiger wiederaufgenommen als erledigte.

So ließ Bluma Zeigarnik, eine Doktorandin Lewins, ihre Probanden – es waren Kinder und Erwachsene – 43 verschiedene Aufgaben bearbeiten, z. B. ein Tier aus Plastilin kneten, ein Puzzle zusammensetzen und ein Gedicht aufschreiben, das der Proband auswendig kennt. Eine Hälfte der Tätigkeiten ließ die Autorin jeweils zu Ende führen, die restlichen Tätigkeiten wurden unterbrochen. Die Unterbrechung nahm die Versuchsleiterin selbst vor, indem sie den Probanden, wenn sie sich am stärksten „im Schwung der Arbeit" (Zeigarnik 1927, S. 20) befanden, eine neue Aufgabe vorlegte mit den Worten: „Jetzt machen Sie bitte dies!" Im Anschluß an die Serie wurde geprüft, an welche Aufgaben sich die Probanden noch erinnerten. Das Ergebnis: Die unterbrochenen Aufgaben wurden doppelt so häufig erinnert wie die erledigten.

Das bevorzugte *Erinnern der unerledigten Aufgaben* entsprang offensichtlich dem Wunsch nach *Wiederaufnahme der Tätigkeiten* und nach ihrem endgültigen Abschluß. Das konnte Zeigarniks Mitdoktorandin Maria Ovsiankina zeigen. Auch sie gab ihren Probanden eine stattliche Reihe von Aufgaben zu lösen. Einen Teil der Tätigkeiten ließ sie zu Ende führen, einen anderen Teil unterbrach sie. Die Unterbrechung konnte dabei auf zweierlei Weise zustande kommen: durch die Anweisung der Versuchsleiterin, die Arbeit an einer Aufgabe vorzeitig abzubrechen und zur nächsten Aufgabe überzugehen, oder durch das Eintreten eines Helfers, der Proband und Versuchsleiterin zum Umstellen von Möbeln ins Nebenzimmer bat. Nach Bearbeiten der letzten Aufgabe wurde der Proband noch nicht entlassen, sondern sollte an seinem Arbeitstisch warten, bis die Versuchsleiterin mit ihren Notizen fertig sei. Das taten die Probanden gerne, denn nun hatten sie Gelegenheit, die vorher abgebrochenen oder unterbrochenen Aufgaben zu Ende zu führen. Fast 100% der durch äußere Störung unterbrochenen Tätigkeiten wurden wiederaufgenommen und immerhin noch 80% der von der Versuchsleiterin unterbrochenen. Die Wiederaufnahmequote der vollendeten Aufgaben lag dagegen bei 10%.

Eigene Handlungen werden nicht nur bevorzugt erinnert und wiederaufgenommen, wenn sie vorzeitig unterbrochen wurden (der Fall der Minderregulation). Wie Erika Junker 1960 dreißig Jahre nach den erwähnten Untersuchungen von Zeigarnik und Ovsiankina zeigen konnte, werden einige Tätigkeiten auch dann bevorzugt erinnert und gedanklich weiterverfolgt, wenn deren Ergebnisse als fehlerhaft bewertet werden (der Fall der Fehlregulation) (Ovsiankina 1928).

In der Hartnäckigkeit, mit der Individuen an Tätigkeiten festhalten, obwohl sie vorher unterbrochen wurden oder gescheitert sind, zeigt sich die enge Bindung dieser Tätigkeiten an die gesetzten Ziele. Sowohl das Scheitern einer Tätigkeit als auch ihr vorzeitiger Abbruch führt – solange am Ziel festgehalten wird – in eine Krise. Diese Krise äußert sich in den Erlebnissen der Enttäuschung, der Trauer, der Ratlosigkeit. Mit den Gefühlen der Beunruhigung geht auch eine körperliche Unruhe einher (vgl. Mandler 1964, s. a. S. 379f.).

Dem erfolgreichen Abschluß einer Handlung folgt dagegen in der Regel eine Phase der Ruhe und der körperlichen Entspannung. Diese Faustregel gilt, obwohl der erzielte Erfolg selbst wieder zu Emotionen und Handlungen Anlaß gibt: zu Gefühlen der Freude und des Stolzes, zu den Tätigkeiten des Feierns. Die psychologische Forschung hat sich bisher mit den Emotionen der Freude und ihrem Ausdruck in der Geselligkeit und im Konsum viel weniger beschäftigt als mit den Folgen der Frustration. Doch wird es kaum Widerspruch zu der Annahme geben, daß Erfolgsemotionen und geselliger Konsum nach vorübergehender Anregung nur umso wirkungsvoller zur Entspannung überleiten. (Mehr über den Zusammenhang von Gefühlen und Handlungen in Kap. 10 über Motivation und Emotion.)

Zusammenfassung

1. Aus kognitivistischer Sicht fußt der Vollzug einer Handlung auf einer Zielsetzung und endet mit der Erreichung des gesetzten Ziels. Handlung läßt sich somit als Regulationsvorgang darstellen, durch den die Abweichung eines Ist-Zustandes von einem Soll-Zustand beseitigt wird.
2. Individuen tendieren dazu, nach Ursachen für die Folgen ihrer Handlungen zu suchen (Kausalattribuierung). Insbesondere unterscheiden sie Ursachen, die in ihrer Person begründet sind (Fähigkeit, Anstrengung) von Ursachen in der Umgebung (fremde Hilfe, Aufgabenschwierigkeit). Je mehr sie sich selbst für die Folgen ihrer Handlung verantwortlich fühlen (Erwartung internaler Kontrolle), und je weniger sie ihre Umgebung hierfür verantwortlich machen (Erwartung externaler Kontrolle), desto mehr sind sie zu der jeweiligen Handlung motiviert.
3. Zur Motivation trägt weiterhin die erwartete Instrumentalität der Handlungsfolgen bei, d. h. ihr Nutzen zur Erreichung weiterer Ziele wie z. B. soziale Anerkennung, finanzielle Honorierung. Die Gewährung weitergehenden Nutzens erwächst jedoch oft nicht unmittelbar aus der eigenen Tätigkeit und kann mit sozialer Abhängigkeit verknüpft sein; so kann ein Gegensatz zwischen einer von innen stammenden (intrinsischen) und einer von außen eingeführten (extrinsischen) Motivation entstehen.
4. Individuen bevorzugen Tätigkeiten, bei denen der geschätzte Nutzen und die angenommene Erfolgswahrscheinlichkeit in einem vorteilhaften Verhältnis stehen. Dies ist in der Regel bei mittlerer Aufgabenschwierigkeit der Fall.
5. Das gesetzte Ziel wird nicht erreicht bei vorzeitigem Abbruch einer Tätigkeit (Minderregulation) und bei fehlerhafter Tätigkeit (Fehlregulation). Bei Festhalten am Ziel neigen Personen zur Wiederaufnahme unerledigter Handlungen und zur Kompensation von Fehlleistungen.

Literaturhinweise

Maier, G.: Mensch und freier Wille. Tübingen: Mohr 1971

Wenzl, A.: Philosophie der Freiheit. München-Pasing: Pilser 1947

Kant I.: Kritik der reinen Vernunft. In: Königliche Preussische Akademie der Wissenschaften (Hg.): Kants Werke Bd. 3. Berlin: Reimer 1911 (Erstausgabe 1781)

Kant, I.: Kritik der praktischen Vernunft. In: Vorländer, K. (Hg.): I. Kant. Sämtliche Werke, 1. T., 1. Bd., 3. Hptst. Leipzig: Meiner 1920 (Erstausgabe 1786)

Sartre, J.-P.: L'être et le néant. Paris: Gallimard 1943. (Dt.: Das Sein und das Nichts. Hamburg: Rowohlt 1952)

Lewin, K.: Vorsatz, Wille und Bedürfnis (mit Vorbemerkungen über die psychischen Kräfte und Energien und die Struktur der Seele). Erschienen als: Untersuchungen zur Handlungs- und Affektpsychologie I und II. In: Psychologische Forschung 7 (1926), 294–385

Schmidt, H.: Regelungstechnik. Zeitschrift des Vereins deutscher Ingenieure 85 (1941), 81–88

Wiener, N.: Cybernetics. New York: Wiley 1948. (Dt.: Kybernetik. Reinbek: Rowohlt 1968)

Uexküll, J. von u. Kriszat, G.: Streifzüge durch die Umwelten von Tieren und Menschen. Hamburg: Rowohlt 1956 (Erstausgabe 1934)

Miller, G. A., Galanter, S. u. Pribram, K.: Plans and the structure of behavior. New York: Holt, Rine-

hart u. Winston 1960. (Dt.: Strategien des Handelns. Stuttgart: Klett 1973)
Mittenecker, E.: Kybernetische Modelle in der Psychologie. In: Lienert, G. (Hg.): Bericht über den 23. Kongreß der Deutschen Gesellschaft für Psychologie 1962. Göttingen: Hogrefe 1963, 68–92
Klix, F.: Über Zusammenhänge zwischen Struktur und Dynamik der Informationsverarbeitung beim Menschen – neue Formen der Wechselwirkung zwischen Grundlagenforschungen und angewandten Forschungen in der Experimentalpsychologie. In: Siebenbrodt, J. (Hg.): Bericht über den 2. Kongreß der Gesellschaft für Psychologie in der DDR. Berlin: Deutscher Verlag der Wissenschaften 1969, 24–53
Rheinberg, F.: Leistungsbewertung und Lernmotivation. Göttingen: Hogrefe 1980
Heider, F.: The psychology of interpersonal relations. New York: Wiley 1958 (Dt.: Die Psychologie der interpersonalen Beziehungen. Stuttgart: Klett 1977)
Rotter, J. B.: Generalized expectancies for internal versus external control of reinforcement. Psychological Monographs 80 (1966), Nr. 609
Weiner, B.: An attributional interpretation of expectancy value theory. In: Weiner, B. (Hg.): Cognitive views of human motivation. New York: Academic Press 1974, 51–69
McClelland, D. u. Winter, D. G.: Motivating economic achievement. New York: Free Press 1969
Nicholls, J. G.: Effort is virtuous, but it's better to have ability: Evaluative responses to perceptions of effort and ability. Journal of Research in Personality 10 (1976), 306–315
Vroom, V. H.: Work and motivation. New York: Wiley 1964
Nuttin, J.: Tâche réussite et échec. Théorie de la conduite humaine. Louvain: Publications Universitaires 1953
Heckhausen, H.: Achievement motivation and its constructs: A cognitive model. Motivation and Emotion 1 (1977), 283–329
Skinner, B. F.: Beyond freedom and dignity. New York: Knopf 1971. (Dt.: Jenseits von Freiheit und Würde. Hamburg: Rowohlt 1973)
McGraw, K. O.: The detrimental effects of reward on performance: A literature review and a prediction model. In: Lepper, M. R. u. Greene, D. (Hg.): The hidden costs of reward. Hillsdale: Erlbaum 1978, 33–60
Lepper, M. R., Greene, D. u. Nisbett, R. E.: Undermining children's intrinsic interest with extrinsic rewards: A test of the „overjustification" hypothesis. Journal of Personality and Social Psychology 28 (1973), 129–137
Brehm, J.: A theory of psychological reactance. New York: Academic Press 1966
Atkinson, J.-W.: Motivational determinants of risk-taking behavior. Psychological Review 64 (1957), 359–372
Kleinbeck, U.: Motivation und Berufswahl. Göttingen: Hogrefe 1975
Schneider, K.: Abschließende Würdigung des Atkinson-Modells und offene Fragen für die weitere Forschung. In: Schneider, K., Gallitz, H. u. Meise, C. (Hg.): Motivation und Erfolgsrisiko. Göttingen: Hogrefe 1976, 239–245
Hoppe, F.: Erfolg und Mißerfolg. Psychologische Forschung 14 (1931), 1–62
Peter, L. J. u. Hull, R.: The Peter principle. New York: Morrow 1969. (Dt.: Das Peter-Prinzip. Hamburg: Rowohlt 1972)
Heckhausen, H.: Hoffnung und Furcht in der Leistungsmotivation. Meisenheim: Hain 1963
Meyer, W.-U.: Leistungsmotiv und Ursachenerklärung von Erfolg und Mißerfolg. Stuttgart: Klett 1973
Nygard, R.: A reconsideration of the achievement motivation theory. European Journal of Social Psychology 5 (1975), 61–92
Butzkamm, J.: Informationseinholung über den eigenen Leistungsstand in Abhängigkeit vom Leistungsmotiv und von der Aufgabenschwierigkeit. Unveröff. Diplomarbeit 1972. Zit. n.: Heckhausen, H.: Motivation und Handeln. Berlin: Springer 1980, 550 f.
Meyer, W.-U. u. Hallermann, B.: Intended effort and informational value of task outcome. Archiv für Psychologie 129 (1977), 131–140
Krug, S., Hage, A. u. Hieber, S.: Anstrengungsvariation in Abhängigkeit von der Aufgabenschwierigkeit, dem Konzept der eigenen Tüchtigkeit und dem Leistungsmotiv. Archiv für Psychologie 130 (1978), 265–278
Zeigarnik, B.: Über das Behalten von erledigten und unerledigten Handlungen. Psychologische Forschung 9 (1927), 1–85
Ovsiankina, M.: Die Wiederaufnahme unterbrochener Handlungen. Psychologische Forschung 11 (1928), 302–379
Junker, E.: Über unterschiedliches Behalten eigener Leistungen. Frankfurt: Kramer 1960
Mandler, G.: The interruption of behavior. In: Levine, D. (Hg.): Nebraska Symposium on Motivation. Lincoln: University of Nebraska Press 1964, 163–219

Verhaltenspsychologische Probleme in der Entwicklungs- Persönlichkeits- und Sozialpsychologie

Entwicklungspsychologie

„Mit einem Monat hebt der Säugling den Kopf, mit vier Monaten kann er sitzen, mit einem Jahr fängt er an zu laufen.“ Solche Feststellungen erfreuen sich großer Beliebtheit bei Eltern und Verwandten, die sich von der normalen Entwicklung neuer Familienmitglieder überzeugen wollen. Tatsächlich scheint es eine bestimmte Reihenfolge zu geben, in der motorische Leistungen auftreten. Nicht nur die Reihenfolge, sondern auch die Zeit des ersten Auftretens läßt sich relativ genau vorhersagen.

Bei der Betrachtung einer solchen Entwicklungsreihe drängen sich vornehmlich vier Fragen auf:

○ Handelt es sich hier um eine Stufenfolge, in der später erreichte Fertigkeiten frühere Fertigkeiten voraussetzen (z. B. setzt das Laufen die Fähigkeit zum Sitzen voraus)?

○ Wie weit ist die Entwicklung motorischer Fertigkeiten abhängig von der körperlichen Entwicklung (vor allem vom Wachstum des Muskelapparats und des Nervensystems)?

○ Wie stark ist die motorische Entwicklung von der Umwelt abhängig? (Welchen Einfluß haben z. B. „Laufställchen“ auf das Krabbeln und Laufen?)

○ Wie weit ist die motorische Entwicklung gebunden an die geistige Entwicklung?

Geistige Voraussetzungen wird man insbesondere bei zielgerichteten Handlungen vermuten müssen. Die Pläne, nach denen Handlungen ausgeführt werden, schließen ja mannigfaltige Einsichten ein: die Einsicht in den Zusammenhang von Handlung und Ergebnis, die begriffliche Trennung von Kausalfaktoren wie Aufgabenschwierigkeit und Fähigkeit, die begriffliche Trennung der Kausalfaktoren Fähigkeit und Anstrengung. Eine zentrale Stellung scheint der Erkenntnis zuzukommen, durch eigenen Einsatz ein Ergebnis herbeiführen zu können. So freuen sich Kinder bis zu einem Alter von etwa drei Jahren genau so sehr über einen Turm aus Holzscheiben,

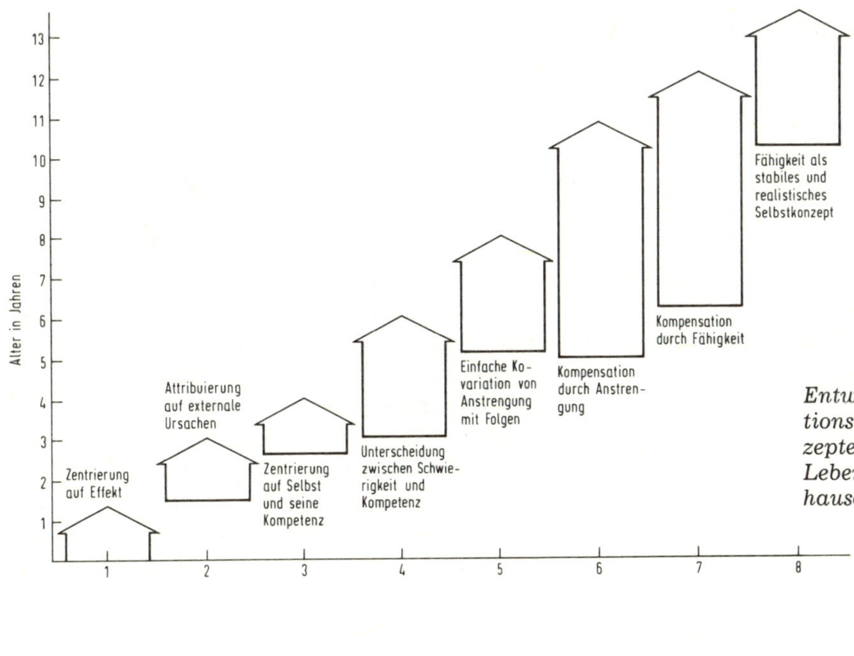

Entwicklung von Motivations- und Handlungskonzepten in den ersten dreizehn Lebensjahren (nach Heckhausen 1979).

den ein Erwachsener gebaut hat, wie über einen selbstgebauten Turm. In diesem Alter kommt es nur auf den Effekt an. Und dieser ist der gleiche, ob nun der Partner oder das Kind selbst den Turm fertigstellt. Erst nach dem dritten Lebensjahr erlebt das Kind den Anreiz, selbst der Urheber eines Ergebnisses zu sein. Der Wettkampf gewinnt in diesem Stadium für das Kind einen Sinn – wie Heckhausen und Roelofsen (1962) herausgefunden haben. Freude über einen gebauten Turm zeigt es dann nur noch, wenn es ihn selbst gebaut hat. Kommt ihm dabei ein Erwachsener zuvor, so senkt es den Blick und ist beschämt.

Heckhausen hat 1980 die verfügbaren Untersuchungen über die Entwicklung von Kausalattribuierungen von Erfolgen und Mißerfolgen zusammengestellt und ist dabei zu dem Schluß gekommen, daß sich die Attribuierungen bis zum 13. Lebensjahr stufenweise entwickeln (s. die Abbildung auf der vorangehenden Seite).

Persönlichkeitspsychologie

Individuelle Unterschiede im (reaktiven) Verhalten und (zielgerichteten) Handeln werden – bei gleicher äußerer Situation – von verschiedenen Autoren zurückgeführt auf

○ nervöse und konstitutionelle Unterschiede,
○ Unterschiede in der Lernerfahrung,
○ Unterschiede in der Zielsetzung,
○ unterschiedliche Handlungsstrategien.

In der Theorie der Leistungsmotivation hat bereits Atkinson in seinem oben (S. 319) behandelten Modell der Risikowahl zwei Motivgruppen unterschieden: die *Erfolgsmotivierten* – sie streben nach Erfolg – und die *Mißerfolgsmotivierten*– sie sind zufrieden, wenn sie den Mißerfolg meiden. Die oben wiedergegebene Kurve gilt nur für Erfolgsmotivierte. Mißerfolgsmotivierte wählen nach Atkinson Theorie bevorzugt leichte Aufgaben (Erfolgswahrscheinlichkeit nahe 1.0), um nicht zu scheitern, auch wenn sie aus dem leichten Erfolg keinen großen Nutzen ziehen können. Oder sie wählen extrem schwere Aufgaben (Erfolgswahrscheinlichkeit nahe 0), weil – eine freie Auslegung von Atkinsons Theorie – Mißerfolg bei schweren Aufgaben ohnehin nicht weh tut.

Menschen bilden weiterhin feste Meinungen über das Entstehen von Erfolgen und Mißerfolgen aus. So schwört der eine unverdrossen auf sein Glück, während ein anderer glaubt, vom Pech verfolgt zu sein. Mancher baut auf seine Fähigkeiten, andere glauben, mit Energie alle Schwierigkeiten überwinden zu können. Julian Rotter, der als einer der ersten auf die Bedeutung *individueller Kontrollerwartungen* hingewiesen hat (s. S. 314), hat auch einen Test entworfen, mit dessen Hilfe man die Kontrollerwartung bei einzelnen Personen bestimmen kann. Der Test versucht, Personen mit überwiegend internalen Kontrollerwartungen (Selbstvertrauen) von Personen mit überwiegend externalen Kontrollerwartungen (Fremdbestimmtheit durch Gesellschaft, Lebensumstände, überirdische Mächte) zu trennen. Allerdings haben Erhebungen mit einer an der Universität Mannheim erprobten, deutschen Version die Vermutung bestätigt, daß man von einer durchgehenden Voreingenommenheit einer Person nur selten sprechen kann (vgl. Rost-Schaude 1982). Die Erwartungen sind bei einzelnen Personen durchaus bereichsspezifisch. So kann etwa ein Angestellter sich im Beruf für einen ausgemachten Pechvogel halten (externale Kontrolle im Bereich I) und zugleich der Überzeugung sein, das Gelingen seiner Ehe hänge nur von seinem verständnisvollen Betragen ab (internale Kontrolle im Bereich II).

Hackers Theorie von der Bildung *innerer Handlungsmodelle* (S. 301 ff.) ist wohl recht geeignet, individuelle Unterschiede in der Tätigkeit als Folge verschiedener Erfahrung zu deuten: Situation und Handlungsmöglichkeiten stellen sich je nach Erfahrung verschieden dar; die Folge ist dann eine unterschiedliche Praxis. Auch die von Tomaszewski (S. 305 f.) vertretene Theorie der *funktionellen Struktur von Handlungen* ist hilfreich für die Erklärung individueller Unterschiede. Die funktionelle Struktur braucht ja – bei gleichem Produktivziel – nicht stets dieselbe zu sein. Einzelheiten dazu berichtet Jan Strelau, wie Tomaszewski Professor für Psychologie an der Universität Warschau, aus einer Untersuchung an Taxifahrern und Gießereiarbeitern. Nach einem von ihm selbst entworfenen Fragebogentest teilte er beide Gruppen ein in Personen mit hoher und niedriger Reaktivität. Die Einteilung erwies sich als bedeutsam: Hoch- und Niedrigreaktive unterschieden sich bei ihrer Arbeit. Hochreaktive führten eine größere Zahl von Operationen aus; dabei beschäftigten sie sich in größerem Maße mit Hilfsoperationen. Hochreaktive Taxifahrer prüften häufiger den Ölstand und den Motor, bastelten und putzten mehr an ihrem Wagen herum; hochreaktive Gießereiarbeiter bereiteten umsichtiger ihre Geräte vor. Strelau bezeichnet hoch und niedrig Reaktive als Personen mit unterschiedlichem Temperament, d. h. mit verschiedener biologischer Ausstattung; diese Ausstattung bestimme Geschwindigkeit, Ausdauer und Leistungsbereitschaft (Strelau 1975).

Sozialpsychologie

Unter dem Begriff *soziales Handeln* kann man zweierlei verstehen:

○ individuelles Handeln mit Auswirkungen auf eine oder mehrere andere Personen (andere Individuen und Gruppen als Objekte der Handlung),

○ gemeinschaftliches Handeln mehrerer Personen, das in Verlauf und Ergebnis zwischen den Beteiligten abgestimmt ist (Gruppen als Subjekte der Handlung).

Soziales Handeln der ersten Art kann Auswirkungen auf andere Personen haben, die diesen erwünscht sind. Solches Handeln schließt alle Arten von Unterstützung ein und wird *prosozial* genannt. Als *antisozial* bezeichnet man dagegen Handlungsweisen, die andere Personen körperlich oder psychisch verletzen. Die neuere Sozialpsychologie hat sich in der Absicht, pro- und antisoziales Handeln genauer zu untersuchen, vor allem zwei Problemen zugewandt: der physischen Aggression und der Hilfeleistung.

Eine der sorgfältigsten Studien zur Hilfeleistung aus dem deutschen Sprachbereich stammt von dem Psychologen Rudolf Wormser (unter dem Namen Swami Veet Sadham auch Leiter gruppendynamischer Sensitiv-Marathons). Für seine an der Universität München vorgelegte Dissertation hat Wormser (1977) mehrere Experimente durchgeführt, darunter auch das folgende „Pannen-Experiment“: An einer Münchner Ausfallstraße stellte er (zu verschiedenen Zeiten) drei verschiedene Autotypen (Klein-, Mittelklasse- und Luxuswagen) mit geöffneter Motorhaube an den Straßenrand; dabei befanden sich jeweil ein Mann oder eine Frau, die nach ihrer Kleidung als „Fahrer“ kenntlich waren und eine Panne vortäuschten. Wer von den vorbeifahrenden Autofahrern würde anhalten und helfen? Zunächst stellte der Autor fest: Männer leisten „Pannenfahrern“ häufiger Hilfe als Frauen. Männer erhalten aber auch (geringfügig) häufiger Hilfe als Frauen. Außerdem scheint es bei Autofahrern eine „Klassensolidarität“ zu geben; sie lassen ihre Hilfe bevorzugt Fahrern zukommen, die ein Auto der gleichen Klasse benutzen wie sie selbst. Sehr aufschlußreich

Prozentsatz von männlichen Autofahrern, die bei (vorgetäuschter) Panne zur Hilfeleistung anhalten (nach Wormser 1977, S. 331).

Wagen des hilfsbereiten Fahrers	*Wagen des hilfsbedürftigen Fahrers*		
	Kleinwagen	*Mittelklasse*	*Luxusklasse*
Kleinwagen	10%	11%	13%
Mittelklasse	8%	19%	9%
Luxusklasse	15%	10%	23%

Hilfeleistung von Passanten – die Parabel vom barmherzigen Samariter

Das Unterlassen von Hilfeleistungen ist nicht erst – wie gelegentlich behauptet wird – ein Problem der modernen Massenzivilisation; es wird bereits im Neuen Testament zum Thema. Dort wird Jesus die Parabel vom barmherzigen Samariter zugeschrieben (Evangelium des Lukas, 10,30–36):

„Es war ein Mensch, der ging von Jerusalem hinab gen Jericho und fiel unter die Mörder; die zogen ihn aus und schlugen ihn und gingen davon und ließen ihn halbtot liegen. Es begab sich aber ungefähr, daß ein Priester dieselbe Straße hinabzog; und da er ihn sah, ging er vorüber. Desgleichen auch ein Levit; da er kam zu der Stätte und sah ihn, ging er vorüber. Ein Samariter aber reiste und kam dahin; und da er ihn sah, jammerte ihn sein, ging zu ihm, verband ihm seine Wunden und goß darein Öl und Wein und hob ihn auf sein Tier und führte ihn in die Herberge und pflegte sein. Des anderen Tages reiste er und zog heraus zwei Groschen und gab sie dem Wirte und sprach zu ihm: Pflege sein; und so du was mehr wirst dartun, will ich dir's bezahlen, wenn ich wiederkomme. Welcher dünkt dich, der unter diesen dreien der Nächste sei gewesen dem, der unter die Mörder gefallen war?“

(Aus: Ketter, P. (Hg.): Das Neue Testament. Stuttgart: Kepplerhaus 1955)

Die Parabel hat einen sozialkritischen Charakter, denn die Adressaten der Erzählung sind Israeliten. Aber nicht deren hochangesehene Priester werden als prosozial geschildert, sondern ein Mann aus der Provinz Samaria. Die Samariter waren ein Mischvolk aus Israeliten und Assyrern, hatten eine eigene Variante des Jahwe-Kultes entwickelt und wurden von den Israeliten aus Galiläa und Judäa diskriminiert; so duldeten sie etwa keine Mischehen mit den Samaritern.

ist eine Zusatzbedingung in dem Pannen-Experiment: Stellte das Untersucherteam einen Kilometer vor der vorgetäuschten Panne ein weiteres „liegengebliebenes“ Fahrzeug auf und führte dort eine „aktive Pannenhilfe“ vor, so stieg durch dieses Vorbild die spätere Hilfeleistung um rund 20% (verglichen mit der Bedingung ohne Vorbild).

Gemeinschaftliches Handeln – auch *Kooperation und Interaktion* genannt – ist eine zweite Erscheinungsform sozialen Verhaltens. Gemeinschaftliches Handeln setzt eine Rollenverteilung voraus. Der Begriff der *Rolle* ist in der darstellenden Kunst geprägt worden: In der Bühnensprache bezeichnet man die Zuweisung einzelner Charaktere (z. B. „der Tischler Engstrand“ in Ibsens „Gespenstern“) an Schauspieler als Rollenverteilung. Der Begriff der Rolle läßt sich jedoch noch weiter fassen. So herrscht im Theater auch eine Rollenteilung zwischen dem Schauspieler, dem Beleuchter, dem Bühnentechniker und dem Dramaturgen; diese Personen besitzen verschiedene Berufsrollen. In der Familie ergeben sich spezielle Rollen wie die des Vaters oder die Rolle der ältesten Tochter. In Betrieben, Schulen und Freizeitgruppen entstehen Anführer-, Sprecher- und Clownrollen.

Das gegenwärtig vorherrschende Verständnis des Begriffs „Rolle“ in der Psychologie (und auch in der Soziologie) kommt recht anschaulich in der folgenden Charakterisierung von Müller und Thomas zum Ausdruck:

„Der Begriff ‚Rolle‘ läßt sich am ehesten definieren, wenn man ihn gegen einen anderen Begriff absetzt, den der sozialen ‚Position‘. Jeder Mensch hat in der Gesellschaft eine bestimmte Stellung inne. Er ist entweder männlich oder weiblich, er hat ein bestimmtes Alter, einen bestimmten Familienstand, Beruf, Wohnort, Herkunft usw. Diese soziologischen Kategorien stellen Dimensionen dar, die den Ort des Menschen im sozialen System bestimmen. Diesen durch soziologische Kategorien bestimmten Ort im sozialen System nennen wir Position oder auch Status.

Mit jeder dieser Ortsbestimmungen im sozialen System ist ein Satz von Erwartungen darüber verbunden, wie der Inhaber einer Position sich verhalten soll. Diese Struktur von Erwartungen, die sich an eine Position knüpft, definieren wir als Rolle. Rolle ist der dynamische Aspekt des statischen Begriffs Position. Beispiel: ‚Arzt‘ bedeutet eine Position in sozialen Systemen. Verbunden mit dieser Position sind Verhaltenserwartungen, z. B. daß ein Arzt Tag und Nacht angesprochen werden kann, daß er über die Krankheiten seiner Patienten Schweigen bewahrt und so fort. Das Verhaltensmuster, das sich aus diesen Erwartungen ergibt, nennen wir die Rolle des Arztes.“
(Müller u. Thomas 1974, S. 77.)

Aus der Rollenverteilung in einer Gruppe erwächst die *Struktur dieser Gruppe* (vgl. Fischer 1962). Die Feuerwehrleute, die beim Löschen eines Brandes die Wassereimer von Hand zu Hand wandern lassen, bilden eine Kette. Eine Kette bezeichnet man auch als Linienstruktur.

Löschkette: Beispiel einer Linienstruktur.

Dagegen besitzt ein Straßenbauteam eher eine Sternstruktur. Arbeiter beim Straßenbau übernehmen in der Regel verschiedene Aufgaben; ihre Tätigkeit wird von einem Meister zentral beaufsichtigt und koordiniert.

Straßenbauteam unter Leitung eines Schachtmeisters: Beispiel einer Sternstruktur.

Zusammenfassung

1. In der Entwicklungspsychologie wird die Entwicklung von motorischen Handlungsvollzügen, aber auch von Attribuierungen und Zielsetzungen untersucht. In der Entwicklung motorischer Abläufe gibt es Regelmäßigkeiten bezüglich der Zeit des ersten Auftretens und der Reihenfolge des Auftretens. Dies gilt auch für die Entwicklung von Attribuierungen, Zielsetzungen und Handlungsplänen.
2. Individuelle Unterschiede im reaktiven Verhalten und zielgerichteten Handeln, wie sie die Persönlichkeitspsychologie untersucht, werden zurückgeführt auf nervöse und konstitutionelle Veranlagung, auf unterschiedliche Lernerfahrung, auf unterschiedliche Zielsetzungen, auf unterschiedliche Handlungsstrategien.
3. Unter sozialem Handeln versteht man einerseits individuelles Handeln mit Auswirkungen auf eine oder mehrere andere Personen (prosoziales und antisoziales Verhalten), andererseits gemeinschaftliches Handeln mehrerer Personen, das im Verlauf und Ergebnis zwischen den Beteiligten abgestimmt ist; im gemeinschaftlichen Handeln (Interaktion) werden den Individuen soziale Rollen zugewiesen.

Literaturhinweise

Heckhausen, H. u. Roelofsen, I.: Anfänge und Entwicklung der Leistungsmotivation. I. Im Wetteifer des Kleinkindes. Psychologische Forschung 26 (1962), 313–397

Heckhausen, H.: Sachimmanente Entfaltungslogik der Attribution. Unveröffentlichtes Referat, 4. Tagung Entwicklungspsychologie in Berlin 1979

Rotter, J. B.: Generalized expectancies for internal versus external control of reinforcement. Psychological Monographs 80 (1966), Nr. 609

Rost-Schaude, E.: Untersuchungen zu einer deutschen Form des IEC Fragebogens von Rotter. In: Mielke, R. (Hg.): Interne/externe Kontrollüberzeugung. Bern: Huber 1982, 156–177

Strelau, J.: Reactivity and activity style in selected occupations. Polish Psychological Bulletin 6 (1975), 199–207

Wormser, R. G.: Taxonomie der Motivation altruistischen Verhaltens. Dissertation Universität München 1977

Müller, E. F. u. Thomas, A.: Einführung in die Sozialpsychologie. Göttingen: Hogrefe 1974

Fischer, H.: Gruppenstruktur und Gruppenleistung. Bern: Huber 1962

Ausgewählte Literatur zur Ergänzung und Vertiefung

von Cranach, M., Kalbermatten, U., Indermühle, K. u. a.: Zielgerichtetes Handeln. Bern: Huber 1980
(Theoretisch anspruchsvolle Analyse handlungspsychologischer Begriffe; Bericht über eigene empirische Studien zum zielgerichteten Handeln)

Cratty, B. J.: Movement behavior and motor learning. Philadelphia: Lea u. Febiger 1973
(Systematische Darstellung der Probleme der Ausführung von Bewegungen sowie des Bewegungslernens)

Gallistel, C. R.: The organization of action: A new synthesis. Hillsdale, N. J.: Erlbaum 1980
(Darstellung der aktuellen Forschungsproblematik in der Handlungspsychologie)

Heckhausen, H.: Motivation und Handeln. Berlin: Springer 1980
(Reichhaltiges Lehrbuch mit vorwiegend kognitivistischer Ausrichtung)

Lorenz, K.: Vergleichende Verhaltensforschung. Grundlagen der Ethologie. Berlin: Springer 1978
(Eine repräsentative Darstellung der vergleichenden Verhaltensforschung)

Volpert, W. (Hg.): Beiträge zur psychologischen Handlungstheorie. Bern: Huber 1980
(Sammelband mit zwölf aktuellen Beiträgen zur psychologischen Handlungstheorie; besondere Berücksichtigung arbeitspsychologischer Fragestellungen)

Werbik, H.: Handlungstheorien. Stuttgart: Kohlhammer 1978
(Studientext zur Einführung in handlungstheoretische Grundbegriffe; Vergleich theoretischer und methodischer Ansätze in der Handlungspsychologie)

Kapitel 9

Lernen von Verhalten

Wie entstehen neue Gewohnheiten?
Wie erwirbt man neue Fertigkeiten?
Wieviel läßt sich aus der Beobachtung lernen?
Was ist mentale Übung?
Was versteht man unter Konditionierung?
Wie wirken Lohn und Strafe auf das Lernen?
Wird man nur aus eigenem Schaden und Nutzen klug?

Lernen – das bedeutet, den Wissensschatz und das Verhaltensrepertoire durch Erfahrung zu erweitern. Das vorliegende Kapitel behandelt die Veränderungen des äußerlich sichtbaren Verhaltens durch Lernen und führt somit die Darstellung aus Kapitel 8 (Zielgerichtetes Verhalten) fort. Außerdem schließt es sich an Kapitel 6 (Gedächtnis) an, das den Erwerb von Wissen zum Thema hatte.

Wie weit kann man den Wissenserwerb einerseits und den Erwerb neuer Fertigkeiten und Gewohnheiten andererseits überhaupt getrennt betrachten? Diese Frage ist in der Lerntheorie umstritten. Kognitivistische Autoren vertreten die Meinung, neues Verhalten erwachse aus neuen Einsichten; insofern seien der Wissenserwerb und die Aneignung neuer Handlungsmuster aufs engste miteinander verknüpft. Für behavioristische und reflexologische Forscher gehört der Begriff des Wissens zu den subjektiven Konzepten, die in einer wissenschaftlichen Theorie sowohl bedenklich als auch entbehrlich sind; daher beschränken sie ihre Betrachtung von vornherein auf die beobachtbaren Verhaltensweisen und deren Veränderung. Die beiden widerstreitenden Positionen prallen in der Lernpsychologie aufeinander wie auf keinem anderen Forschungsgebiet. Entsprechend wird sich eine von den gegensätzlichen theoretischen Standpunkten geprägte Grundsatzdiskussion wie ein roter Faden durch das folgende Kapitel ziehen.

Lernen als psychologisches Problem

Training für Körperbehinderte

Das ist Andreas T., 17 Jahre alt. Seit einem Sportunfall vor einigen Monaten sind seine beiden Beine gelähmt. Die Mitteilung des Arztes, er werde für den Rest seines Lebens an einen Rollstuhl gefesselt sein, war für Andreas ein schwerer Schock.

Aber Andreas gibt nicht auf. Er lernt, sich auf Krücken zu stützen. So kann er wenigstens den Weg vom Bett zum Tisch, vom Tisch zur Couch allein zurücklegen. Er lernt auch, mit einem Rollstuhl umzugehen.

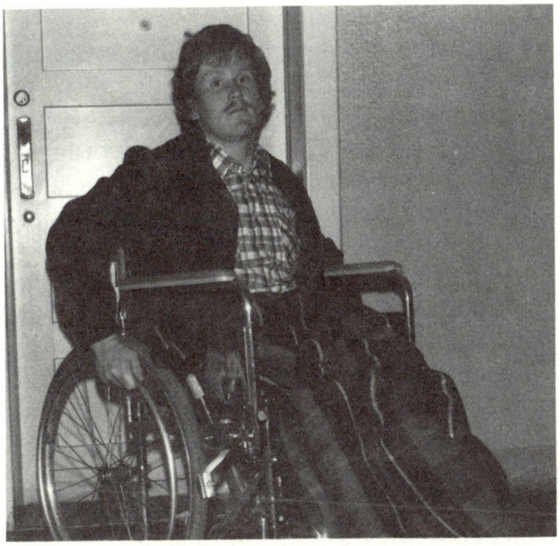

Er hat schnell heraus, wie man mit dem Rollstuhl geradeaus fährt. Um Kurven sicher zu fahren und Hindernissen auszuweichen, braucht er einige Übung. Um größere Entfernungen zu bewältigen, wird er später ein Spezialauto für Behinderte benutzen. Es hat eine automatische Kupplung und einen mit Hand zu bedienenden Gashebel. Wenn er damit vertraut ist, wird er in seinem alten Betrieb eine Stelle als technischer Zeichner einnehmen können.

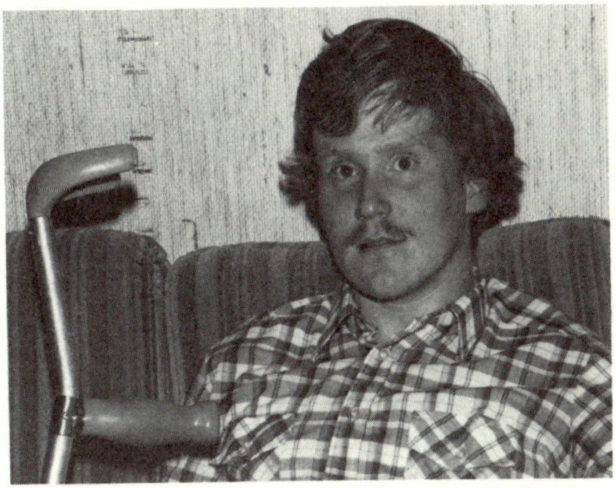

Freilich ist die Welt für Andreas T. seit dem Unfall eine andere geworden. Trotz aller technischer Hilfen kann er nicht mehr alle Wege und Treppen benutzen. In öffentlichen Gebäuden schaut er sich um nach Wegzeichen für Behinderte.

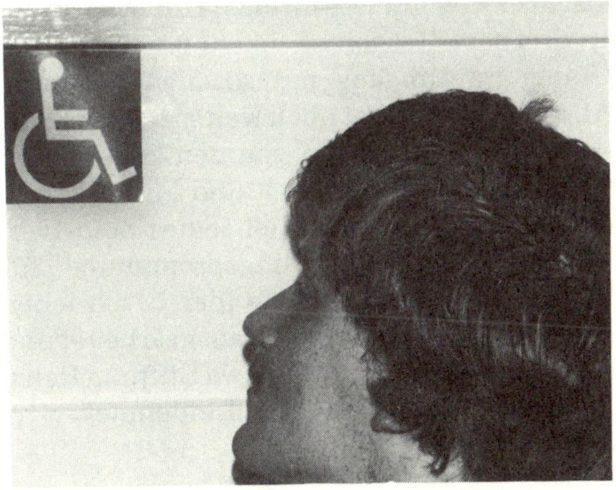

Die scheinbar leichtesten Aufgaben sind mitunter erstaunlich schwer. Andreas muß lernen, Passanten und Freunde um Hilfe zu bitten, wenn er sie nötig hat. Er muß gleichzeitig lernen, unerwünschte Unterstützung und unbedachtes Mitleid abzuwehren. Kann man

Unbekannte einfach ansprechen? Kann man Freundlichkeit ablehnen? Wie erklärt man am besten, was man braucht? Wie bedankt und verabschiedet man sich nach Empfang der Hilfe? Andreas hat das Glück, in eine Rehabilitandengruppe aufgenommen zu werden, in der das Umgehen mit helfenden Partnern geübt wird.

Andreas T. befindet sich in einem umfassenden Lernprozeß. In diesem Lernprozeß macht er sich mit technischen Hilfen vertraut, erwirbt neue Geschicklichkeiten, er bekommt Übung im Umgang mit sozialen Partnern. Aber das Lernen hat noch weitergehende Wirkungen: Es befreit ihn von den belastenden Gefühlen der Hilflosigkeit und Mutlosigkeit, und es gibt ihm einen Teil seines Selbstvertrauens zurück. (Trainingsprogramme für körperlich Behinderte wie hier beschrieben sind inzwischen tatsächlich ausgearbeitet und erprobt worden, vgl. dazu etwa Stiftung Rehabilitation 1976; Schöler, Lindenmeyer u. Schöler 1981).

Was wird gelernt und warum wird gelernt?

Lernprozesse vermitteln
○ Gewohnheiten (z. B. das regelmäßige Bedanken nach Erhalt einer Hilfeleistung),
○ Fertigkeiten (z. B. die Bedienung eines Fahrzeuges).

Manche Autoren sprechen statt von Fertigkeiten lieber von Fähigkeiten, von Kompetenzen (von lat. ‚competentia‘ – Eignung).

In das Lernen ist wohl das gesamte Spektrum menschlicher Verhaltensweisen einbezogen:
○ sensumotorische Tätigkeiten (z. B. das Handgeschick),
○ sprachliche Tätigkeiten (z. B. Fremdsprachen),
○ nichtsprachliche Zeichen (z. B. Handzeichen),
○ Gefühle bzw. Gefühlsausdruck (z. B. konventionelle Trauer),
○ Handlungs- und Problemlösungsabläufe (z. B. Strategien des Problemlösens),
○ Denkabläufe (z. B. Assoziationsketten),
○ Orientierungstätigkeiten (z. B. das Einüben der Leserichtung).

Es sei daran erinnert, daß auf die Frage der Übung von Problemlösungstätigkeiten bereits vorab (S. 265 ff.) eingegangen wurde. Zu diesem speziellen Thema kehrt das vorliegende Kapitel nicht mehr ausführlich zurück. Die Behandlung hier ist allgemeiner und beginnt mit der Unterscheidung zweier Typen von Änderungen durch Lernen, dem Aufbau neuer Verhaltensweisen und der Einstellung auf neue Auslösebedingungen.

Einen *Aufbau neuer Verhaltensweisen* nimmt der Behinderte vor, wenn er einen Rollstuhl zu steuern lernt oder wenn er sich neue soziale Techniken aneignet, um untaugliche Hilfen freundlich abzuwehren. Wenn er dagegen lernt, auf Zeichen zu achten, die Behinderte zu Aufzügen oder Rampen leiten, stellt er sich auf *neue Auslösebedingungen* ein. Er wird dann angesichts eines Behindertenwegweisers etwa wissen: „Dort drüben finde ich für meinen Rollstuhl eine Auffahrt“; daraufhin wird er darauf verzichten, Passanten zu bitten, ihn mit seinem Rollstuhl einen Treppenabsatz hochzutragen.

Im Lernen vollzieht sich eine *Anpassung* des Menschen an seine jeweiligen Lebensbedingungen. Aber gleichzeitig verschafft das Lernen dem Menschen Fähigkeiten zur Anpassung der Umgebung an seine Bedürfnisse. Die Anpassung des Menschen, seine Akkomodation (von lat. ‚accomodare' – anpassen), steht somit in regelhaftem Zusammenhang mit der von ihm herbeigeführten Anpassung seiner Umwelt, ihrer Assimilation (von lat. ‚assimilare' – angleichen). Die mit der Akkomodation zuwachsenden Einsichten, Geschicklichkeiten und Einstellungen bilden unentbehrliche Voraussetzungen für neue und wirkungsvollere Eingriffe zur Assimilation der Umwelt (vgl. Jung 1958, Piaget 1975). Am Anfang des Lernprozesses entfällt oft der größere Anteil auf die Akkomodation; der Lernende erfährt dann vorwiegend seine Abhängigkeit. Mit fortschreitendem Lernen kann die Assimilation die Oberhand gewinnen; dann gelangt der Lernende zur Beherrschung seiner Umwelt. In diesem Sinne leitet Friedhart Klix in seinem Buch „Information und Verhalten" ein Kapitel über das Lernen mit folgenden Worten ein:

„In diesem Kapitel sollen die Formen und die Grundgesetze derjenigen Prozesse behandelt werden, die die kognitive Leistungsfähigkeit der höchstentwickelten Organismen begründen, die die Erfassung tiefliegender Zusammenhänge in der Vielgestaltigkeit der wahrnehmbaren Umgebungsausschnitte ermöglichen und die schließlich im qualitativen Umschlag von der verfeinerten Anpassung des organismischen Verhaltens an die Umgebung zu deren Umgestaltung führt. Sie finden in der Anpassung der Umgebung an den Menschen ihre höchstentwickelte Ausprägung."
(Klix 1971, S. 346)

Im menschlichen Leben gibt es danach *normale und krisenhafte Lernsituationen*. Als normal zu bezeichnen sind gleichbleibende Situationen, in denen der Erwerb von Fähigkeiten, von Wissen und von Gewohnheiten langsam fortschreiten kann (z. B. beim Sprechenlernen des Kleinkindes). Krisenhafte Züge nimmt die Lernsituation jedoch an nach schnellen und unvorhergesehenen Änderungen einer Situation, auf die sich die Fähigkeiten, das Wissen und die Gewohnheiten neu einstellen müssen (z. B. nach Katastrophen) sowie nach dem plötzlichen und unvorhergesehenen Verlust von eigenen Fähigkeiten, die durch neues Lernen wiederhergestellt und kompensiert werden müssen (z. B. bei Rehabilitation nach Krankheit, Verletzungen u. ä.).

Man ist geneigt, Veränderungen durch Lernen als individuellen Fortschritt aufzufassen, der zumeist auch zum sozialen Fortschritt beiträgt. Lernen und Bildung gelten als Mittel zur Besserung der individuellen Lage und zur Höherentwicklung der Kultur. Tatsächlich verdanken berufliche, sprachliche und andere individuelle Fertigkeiten dem Lernen eine erhebliche Steigerung, wenn nicht gar ihre ganze Existenz. Dem Aufbau moderner Industriegesellschaften liegt ein gewaltiger Lernprozeß zugrunde. Trotzdem ist einzuschränken: So wie es Fehlanpassungen gibt, gibt es auch fehlgeleitetes Lernen. Sein Ergebnis erhöht nicht die Effektivität des Verhaltens und dient nicht der Befriedigung vorhandener Bedürfnisse. Mitunter ist die Frage, ob Lernen zur *Fehlanpassung* führt, nur mit Blick auf die Zeitperspektive der Betroffenen (vgl. S. 286) zu beurteilen. Das zunehmende Geschick beim Umgang mit einem Spritzbesteck mag dem Drogensüchtigen tatsächlich auf kurze Frist einen schmerzlosen Einstieg in eine berückende Traumwelt verschaffen. Indem der Drogenkonsum jedoch langfristig den Ruin seiner Gesundheit nach sich zieht, erweist sich das Geschick zur Selbstapplikation von Drogen als verhängnisvoll. Lernen ist auch nur so gut zu heißen wie das Motiv, dessen Befriedigung die gelernte Handlung dient. So lernt manches Kind Alte und Behinderte als wehrlose Opfer für Hänseleien, ja sogar für Aggressionen kennen; sie zu kränken oder gar sich an ihnen zu bereichern mag seinen Selbstwert steigern. Aus sozialer Verantwortung ist ein solches Lernen freilich nicht zu billigen.

Psychologische Lerntheorie – Anspruch und Kontroversen

Lerntheoretiker sind oft *Lernoptimisten* gewesen. Sie waren zutiefst davon überzeugt, daß alles auftretende Verhalten weitgehend durch Lernen entstanden ist und durch geeignete Lernprozesse weiter verändert werden kann. Einen Eindruck von dieser Überzeugung gibt das folgende Zitat aus John Dollards und Neal E. Millers „Personality and Psychotherapy“:

„Menschliches Verhalten ist gelernt; genau das Verhalten, von dem viele Leute annehmen, es charakterisiere den Menschen als rationales Lebewesen oder als Mitglied einer bestimmten Nation bzw. sozialen Klasse, ist gelernt und nicht angeboren. Wir lernen auch Ängste, Schuld und andere sozial erworbene Motivationen, ebenso Symptome und Rationalisierungen – Komponenten einer normalen Persönlichkeit, die aber klarer in einer extremen Form wie der neurotischen Persönlichkeit hervortreten. Erfolgreiche Psychotherapie schafft Bedingungen, in denen die Neurose verlernt werden kann und andere, angepaßtere Gewohnheiten gelernt werden können.“
(Eigene Übersetzung aus Dollard u. Miller 1950, S. 25)

Wenn viele – wenn nicht gar alle – Verhaltensweisen erlernt sind, eröffnet sich für die psychologische Lerntheorie eine einzigartige Chance: durch Ermittlung der allgemeinen Gesetze des Lernens könnte sie den Schlüssel für die Erklärung der verschiedenartigsten psychischen Phänomene liefern (der Wahrnehmung, des Denkens, des Sozialverhaltens, der Persönlichkeit u. ä.). Als Theorie des Verhaltens schlechthin würde sie die Mitte und den Angelpunkt der Psychologie darstellen. So argumentiert Ernest Hilgard in dem wohl am weitesten verbreiteten Buch über psychologische Lerntheorien:

„... eine ... Ursache für das Interesse des Psychologen an Lernvorgängen ... ist die zentrale Stellung, die das Lernen in den breiter angelegten Theorien der Psychologie einnimmt. Ein Wissenschaftler, der seine Wißbegierde über die Natur befriedigen will, muß seine Beobachtungen in zusammenhängende Theorien und Gesetze einordnen ... Für Psychologen, die nach solchen Zusammenhängen streben, besitzt die Lerntheorie eine erhebliche Bedeutung, weil so viele der unterschiedlichsten menschlichen Verhaltensweisen Ergebnisse von Lernprozessen sind. Wenn man die reiche Mannigfaltigkeit des Verhaltens aufgrund weniger Prinzipien verstehen kann, so müssen einige dieser Prinzipien notwendigerweise die Lernvorgänge betreffen.“
(Eigene Übersetzung aus Hilgard 1948, S. 2)

Die Hoffnung auf die baldige Entdeckung *universell anwendbarer Lernprinzipien* hat sich allerdings nicht bestätigt. Vertreter der Lerntheorie wie Edward C. Tolman (1949) und O. H. Mowrer (1947) haben deshalb ihre Kollegen aufgerufen, sich nicht auf die Suche nach einzelnen, alles beherrschenden Lernprinzipien zu versteifen. Angezweifelt wurde auch der Lernoptimismus, der alle Fertigkeiten und Gewohnheiten als individuell erlernt ansieht; demgegenüber wurden verhaltensprägende Erbfaktoren stärker in die Theorie eingebracht (vgl. etwa Eibl-Eibesfeldt 1973; De Fries u. Plomin 1978).

Der Anspruch früher behavioristischer Autoren, die Grundlegung zu einer allgemeinen Verhaltenstheorie zu leisten, hat der von ihnen propagierten Lerntheorie einen hohen Rang in der bisherigen Geschichte der Psychologie verschafft. Es war die behavioristisch formulierte Lerntheorie, an deren Thesen sich die heftigsten Kontroversen zwischen Behavioristen (und Reflexologen) auf der einen Seite und Kognitivisten auf der anderen entzündet haben. Die rigorose Forderung der Behavioristen (und Reflexologen) nach Objektivität der wissenschaftlichen Beobachtung ließ sich bei der Untersuchung von Lernprozessen so weitgehend erfüllen wie in keinem anderen psychologischen Forschungsgebiet. Die methodische Orientierung ging einher mit einer philosophischen: dem Glauben an die Anpassung des Menschen an seine jeweilige Umgebung. Der

Mensch könne sich den durch seine Umgebung gesetzten Reizbedingungen nicht entziehen; in seinem Streben nach Erfolg richte er sich nach den Folgen seiner Tätigkeiten, nach Lohn und Strafe. Die Koppelungen des Verhaltens an die Umgebung stellten sich dabei zwangsläufig, automatenhaft ein und blieben bis zur Änderung der situativen Bedingungen verhaltenswirksam. So werde etwa ein Kind, das eine Angstreaktion auf eine Ratte gelernt habe, diese Angstreaktion bei jedem neuen Erscheinen der Ratte zeigen – es sei denn, diese Reaktion werde ihm wieder abtrainiert.

Wenn Kognitivisten sich gegen diese Grundauffassung wehren, dann wiederum aus methodischen und aus philosophischen Gründen. Zum einen sei es methodisch nicht unstatthaft sondern geboten, die Gedanken und das Wissen der Betroffenen in die Beobachtung mit einzubeziehen. Zum anderen würden solche kognitiven Inhalte gerade die strenge Bindung des Verhaltens und des Verhaltenslernens an die Umgebungsbedingungen mildern, wenn nicht gar ganz aufheben. Der Mensch stelle sich nicht blind auf eine Situation ein, sondern suche bewußt ihren Sinn zu erfassen. Dabei bilde er einsichtige Zusammenhänge zwischen einer Situation, den in ihr möglichen Handlungen und deren Folgen (z. B. „in diesem Kaufhaus ist gerade Hochbetrieb, da fällt es gar nicht auf, wenn ich von einem Stand ein Hemd mitgehen lasse"). Der Betroffene hat mehrere individuelle Möglichkeiten, solche Zusammenhänge zu bilden; die Situation wirkt deshalb nicht eindeutig. Aus kognitivistischer Sicht ist dem Betroffenen viel Freiheit zuzubilligen, zu welchen Handlungen er sich aufgrund seiner Einsichten entscheidet (z. B. „ich könnte hier ja leicht ein Hemd klauen, aber ich will das nicht"). Wird also nach behavioristischer Absicht beim Lernen ein Netz von Reiz-Reaktions-Verbindungen geknüpft, in dem das Verhalten vorprogrammiert ist, entsteht nach kognitivistischer Auffassung beim Lernen ein Wissen, das der Betroffene bei der Entscheidung über seine Handlungen nutzen kann.

Und noch eine weitere Kontroverse durchzieht die Lerntheorie: die Kontroverse über die Rolle der *Verstärkung (Belohnung und Bestrafung)* im Lernprozeß. Für Kognitivisten bietet die Erfahrung des Erfolges selbstverständlich eine wichtige Quelle von Einsichten über bestehende Zusammenhänge (z. B. „daß der Lehrer mir eine Eins gibt, beweist die Richtigkeit meiner Übersetzung"). Aber der äußere Erfolg ist nicht die einzige Richtschnur seiner Einsicht; so ist er auch imstande, ohne äußerlich vergebene Belohnung und Bestrafung Neues zu erlernen (z. B. „der Lehrer hat mir zwar nur eine Drei gegeben, ich weiß aber trotzdem, daß meine Übersetzung richtig ist"). Deshalb kann sich das Lernen anders entwickeln, als der Erzieher es mit seinen Belohnungs- und Bestrafungsmaßnahmen leiten möchte.

Die leidenschaftlichsten Verfechter der Verstärkungstheorie finden sich unter den Behavioristen. Menschen und Tiere – behaupten diese Autoren – lernen nur aus den Folgen ihrer Tätigkeit. Deshalb hängt der Lernerfolg von Art, Dauer und Zeitpunkt der Verstärkung ab. Die Notwendigkeit der Verstärkung für das Lernen ist jedoch auch innerhalb des Behaviorismus umstritten. Manche behavioristische Autoren kommen ohne das Verstärkerprinzip aus. Für das Lernen genüge bereits das raum-zeitliche Nebeneinander von Reiz und Reaktion; eine gesonderte Verstärkung brauche nicht mehr hinzuzutreten.

In der Auseinandersetzung der beiden großen Theorierichtungen über das Lernen spiegelt sich ihr schon oben festgestellter Gegensatz über die Natur der menschlichen Tätigkeit. Die behavioristische Theorie betont den algorithmischen Charakter von Tätigkeiten und sucht die minutiös steuernden Programme zu ermitteln, die den Tätigkeiten unmittelbar zugrunde liegen. Nach dieser Zielsetzung bedeutet Lernen: konkrete Änderung an Details des verhaltenssteuernden Programms. Die kognitivistische Theorie hebt dagegen

Die Anfänge der psychologischen Lerntheorie

Über die Erziehung und die Lernfähigkeit des Menschen hat es schon vor Beginn der psychologischen Lerntheorie pädagogische Beiträge gegeben. Als herausragende Persönlichkeiten aus dem Bereich der Pädagogik seien nur der böhmische Bischof Johann Amos Komensky, genannt Comenius (1592–1670), und der Schweizer Erzieher Johann Heinrich Pestalozzi (1746–1827) genannt.

Von der Pädagogik des 19. Jahrhunderts und früherer Zeiten unterscheidet sich die moderne Lerntheorie von ihrem Beginn an durch ihr Bestreben, durch Sammeln exakter Beobachtungen zur Formulierung von Lerngesetzen zu gelangen. So kann man den Begründer der experimentellen Gedächtnisforschung Herrmann Ebbinghaus (vgl. S. 191) gleichzeitig als den ersten modernen Lernpsychologen bezeichnen. Sofern die Lernpsychologie über das Gedächtnis hinaus den Aufbau von Gewohnheiten und Verhaltensweisen zum Inhalt hat, ist sie zunächst behavioristisch und reflexologisch orientiert.

Der erste weithin bekannt gewordene verhaltenstheoretische Lernpsychologe ist der Amerikaner Edward L. Thorndike (1874–1949). Er war Schüler von William James, der in der Harvard Universität das erste psychologische Laboratorium in den Vereinigten Staaten gegründet hatte (s. S. 14). Thorndike soll seine ersten Versuche nicht im Universitätslabor, sondern im Keller des Wohnhauses seines Lehrers durchgeführt haben. Er setzte Katzen in Käfige, deren Tür sich durch Lösung eines Verschlusses öffnen ließ, und er beobachtete, wie die Tiere lernten, aus ihrem „Problemkäfig" herauszukommen (s. S. 354). Später dehnte er seine Untersuchungen auf andere Tierarten (Affen, Hunde, Fische) aus und wandte sich schließlich dem Lernen des Menschen zu. Thorndike veröffentlichte seine ersten Untersuchungen im Jahre 1898 und hat fünfzehn Jahre später seine Lerntheorie zu einer eigenen pädagogischen Psychologie weiterentwickelt.

Kurz nach der Jahrhundertwende hat in Petrograd (dem heutigen Leningrad) der russische Psychologe Iwan P. Pawlow (s. S. 52) seine Untersuchungen zum Bedingungslernen aufgenommen. Über seine Beziehungen zur frühen behavioristischen Lerntheorie schreibt er 1923:

„Erst einige Jahre nach Beginn unserer Arbeit nach der neuen Methode habe ich erfahren, daß man in Amerika in derselben Richtung an Tieren experimentiert und daß dies nicht die Physiologen tun, sondern die Psychologen. Dann lernte ich die amerikanischen Arbeiten eingehender kennen und muß gestehen, daß die Ehre, als erster den neuen Weg beschritten zu haben, Thorndike eingeräumt werden muß, der unseren Versuchen um zwei bis drei Jahre zuvorgekommen ist und dessen Buch als klassisch sowohl in der kühnen Ansicht als auch der Genauigkeit der erhaltenen Ergebnisse anerkannt werden muß ...

Es ist interessant, daß die Amerikaner nach dem Buch von Thorndike zu urteilen, auf andere Art und Weise diesen Forschungsweg betreten haben als ich mit meinen Mitarbeitern. Aufgrund eines Zitats, das bei Thorndike angeführt ist, kann man erraten, daß der dem praktischen Leben zugewandte amerikanische Geschäftsgeist fand, daß die genaue Kenntnis des äußeren Verhaltens des Menschen wichtiger ist, als über seinen inneren Zustand mit allen seinen Kombinationen und Schwankungen Mutmaßungen anzustellen. Von diesen Folgerungen hinsichtlich des Menschen sind die amerikanischen Psychologen zu ihren Laboratoriumsversuchen an Tieren übergegangen ... Meine Mitarbeiter und ich verhalten uns etwas anders. Wie unsere Arbeit von der Physiologie her begonnen hat, so wird sie auch strikt in dieser Richtung fortgesetzt."

(Pawlow 1953, S. 2f.)

Pawlow bezieht sich hier ausdrücklich auf Thorndikes Buch „Animal intelligence". Ob ihm noch andere frühe Quellen über den amerikanischen Behaviorismus verfügbar waren, ist nicht bekannt.

mehr die globalen verhaltensleitenden Entwürfe mit ihrem heuristischen Charakter hervor. Änderungen in diesen Entwürfen sind oft prinzipieller Natur. Auch sind die im Rahmen dieser Theorie beschriebenen Handlungsentwürfe weit abgehoben von den detailliert auszuführenden Tätigkeiten; und weil der Weg vom Entwurf zum Vollzug so weit ist, ergibt sich bei der Ausführung eine Reihe von Freiheitsgraden. (Zur Unterscheidung von Algorithmen und Heuristiken s. bereits S. 248.)

Zusammenfassung

1. Beim Lernen von Verhaltensweisen ist vor allem zu unterscheiden zwischen dem Aufbau neuer Gewohnheiten und Fertigkeiten sowie der Einstellung auf neue Auslösebedingungen.
2. Lernen erfordert eine Anpassung des Betroffenen an seine Lebensbedingungen (Akkomodation), steigert aber gleichzeitig seine Fähigkeiten zur Anpassung der Umwelt an die eigenen Bedürfnisse (Assimilation).
3. Behavioristisch orientierte Autoren sind mit dem Anspruch aufgetreten, auf der Grundlage allgemeiner Lernprinzipien eine umfassende Verhaltenstheorie begründen zu können.
4. Behavioristische Autoren bezeichnen Koppelungen des Verhaltens an Umgebungsreize als die wesentlichen Lernmechanismen; einige von ihnen – aber nicht alle – nennen eine Belohnung (Verstärkung) als notwendige Voraussetzung einer Reiz-Reaktionskoppelung. Kognitivistische Autoren halten den Erwerb von Einsichten über Situationen, Tätigkeiten und Tätigkeitsfolgen für die wesentlichen Grundlagen der Verhaltensänderung beim Lernen.

Literaturhinweise

Stiftung Rehabilitation (Hg.): Verhaltenstraining für Rollstuhlfahrer. Informationsdienst für Fachkräfte der Rehabilitation. Heidelberg 1976

Schöler, L., Lindenmeyer, J. u. Schöler, H.: Das alles soll ich nicht mehr können? Sozialtraining für Rollstuhlabhängige. Weinheim: Beltz 1981

Jung, C. G.: Psychologische Typen. Gesammelte Werke Bd. 6. Olten: Walter 1950 (Erstausgabe 1921)
Piaget, J.: La naissance de l'intelligence chez l'enfant. Paris: Delachaux u. Niestlé 1948. (Dt.: Erwachen der Intelligenz beim Kinde. Gesammelte Werke Bd. 1. Stuttgart: Klett 1975
Klix, F.: Information und Verhalten. Bern: Huber 1971
Dollard, J. u. Miller, N. E.: Personality and psychotherapy. New York: McGraw Hill 1950
Hilgard, E. R.: Theories of learning. New York: Appleton Century Crofts 1948. (Dt.: spätere Auflage von Hilgard, E. R. u. Bower, G. H.: Theorien des Lernens. Stuttgart: Klett 1971)
Tolman. E. C.: There is more than one kind of learning. Psychological Review 56 (1949), 144–156
Mowrer, O. H.: On the dual nature of learning: A reinterpretation of „conditioning" and „problem solving". Harvard Educational Review 17 (1947), 102–148
Eibl-Eibesfeldt, I.: Der vorprogrammierte Mensch. Das Ererbte als bestimmender Faktor im menschlichen Verhalten. Wien: Molden 1973, 3. Aufl.
De Fries J. C. u. Plomin, R.: Behavioral genetics. Annual Review of Psychology 29 (1978), 473–515
Comenius, J. A.: Große Didaktik. Flitner, A. (Hg.). Stuttgart: Küpper 1970 (Erstausgabe 1627–32)
Pestalozzi, J. H.: Meine Nachforschungen über den Gang der Natur in der Entwicklung des Menschengeschlechts. Stenzel, A. (Hg.). Bad Heilbrunn: Klinkhardt 1968, 2. Aufl. (Erstausgabe 1797)
Ebbinghaus, H.: Über das Gedächtnis. Leipzig: Duncker u. Humblot 1885
Thorndike, E. L.: Animal intelligence. Psychological Review, Monograph Supplement Nr. 8, 1898
Thorndike, E. L.: The psychology of learning. (Educational psychology Bd. 2) 1913. Überarbeitete Fassung: The fundamentals of learning. New York: Teachers College 1932
Pawlow, I. P.: Zwanzigjährige Erfahrungen mit dem objektiven Studium der höheren Nerventätigkeit (des Verhaltens) der Tiere. Sämtliche Werke Bd. 3. Berlin: Akademie Verlag 1953, 1–136 (Erstausgabe 1923)

Lernen von Auslösebedingungen

Klassisches Konditionieren

Als Pawlow (s. S. 52) noch die Verdauungstätigkeit bei Hunden untersuchte, pflegte er ihnen selbst das Futter zu reichen. Dabei machte er die folgende Entdeckung: Der Speichelfluß, der den Beginn der Verdauung einleitete, setzte nach einigen Fütterungen bereits ein, als sich Pawlow erst den Tieren näherte. Es konnte sich hier nicht um eine biologische Reaktion auf das gereichte Futter handeln. Pawlow deutete es vielmehr als eine psychische Reaktion auf den Untersucher, als eine „psychische Sekretion". Mit seinen Schülern an der Petrograder (Leningrader) Militärakademie ging er der Erscheinung nach. Auch andere Personen konnten den Effekt auslösen. Und selbst Ereignisse, die in keinerlei ursächlichem Zusammenhang zur Verabreichung der Nahrung standen, wie der Klang einer Glocke oder das Ticken eines Metronoms konnten den Speichelfluß auslösen, wenn sie nur oft genug vor oder bei der Verabreichung der Nahrung auftraten.

Aus seiner Entdeckung leitete Pawlow ein Prinzip ab, das sich für die Lernpsychologie als grundlegend erweisen sollte: das *Prinzip des bedingten Reflexes*. Der bedingte Reflex entwickelt sich nach Pawlow in drei Stadien:

1. Ein „natürlicher" oder zumindest nicht unmittelbar vorher gelernter Reiz ruft eine Reaktion – in Pawlows Terminologie: einen Reflex – hervor.

Futter

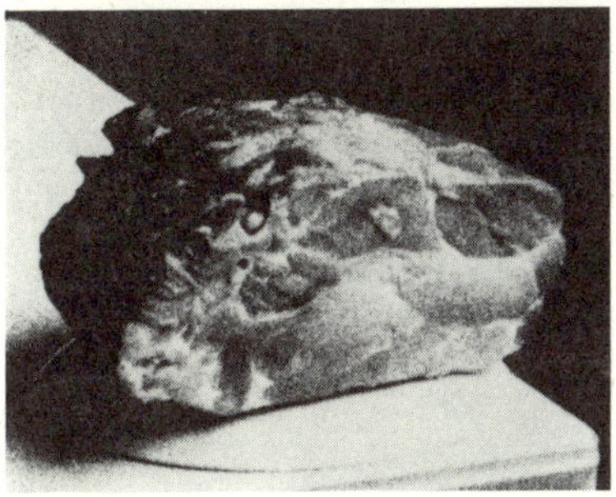

unbedingter Reiz

unbedingte

Verbindung

Speichelfluß

unbedingter Reflex

Beispiel eines unbedingten Reflexes nach Pawlow: Speichelfluß bei Darbietung von Fleisch.

Der Reflex ist in diesem Fall nicht durch einen nachweisbaren Lernprozeß auf die Auslösebedingung „Futter“ eingestellt worden. Pawlow sagt dazu: Der Reflex ist nicht experimentell bedingt oder konditioniert worden (lat. ‚conditio‘ – Bedingung). Er bezeichnet ihn deshalb als unbedingten (unkonditionierten) Reflex, der in einer unbedingten Verbindung zu einem unbedingten (unkonditionierten) Reiz steht.

2. Während der oben beschriebene unbedingte Reflex abläuft, tritt zu dem unbedingten Auslöserreiz ein weiterer, neutraler Reiz hinzu. Nun geschieht der entscheidende Schritt: Zwischen dem unbedingten Reflex und dem hinzutretenden neutralen Reiz entsteht ebenfalls eine Verbindung. Danach folgt:

3. Der vorher neutrale Reiz kann den unbedingten Reiz als Auslöser des Reflexes ersetzen.

Futter

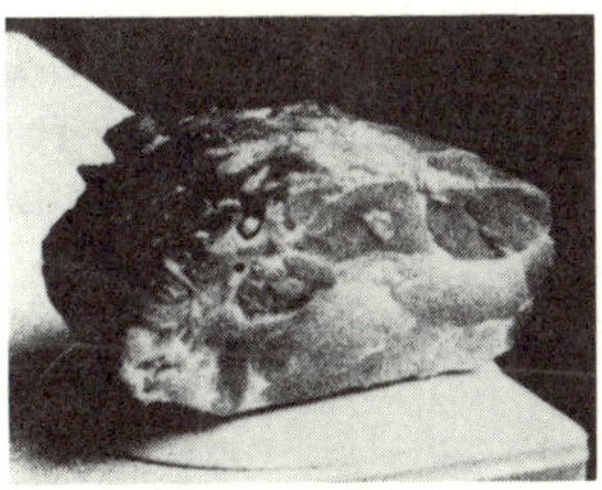

unbedingter Reiz

Glockenton

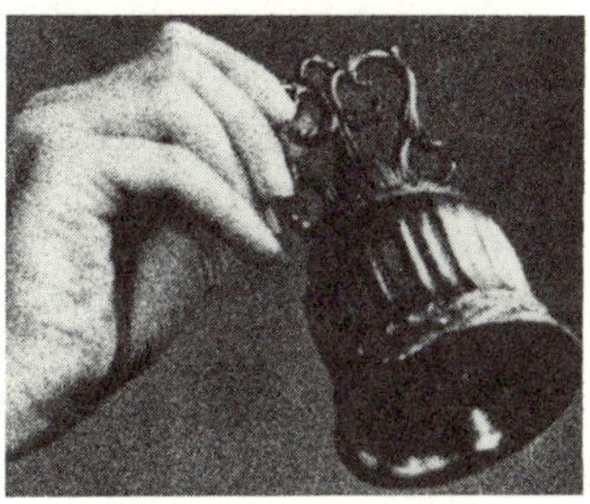

neutraler Reiz

unbedingte

Verbindung

Speichelfluß

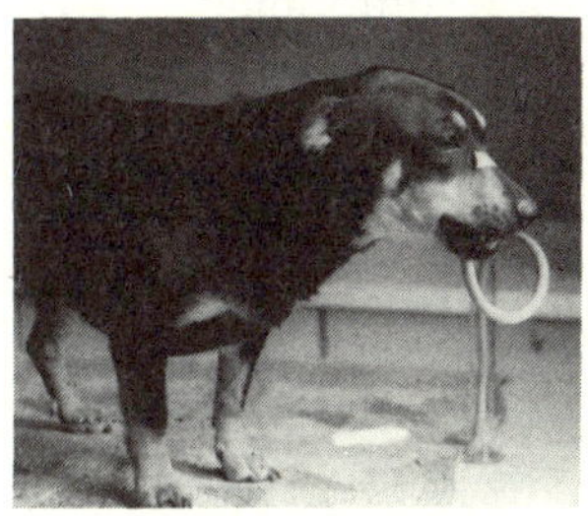

unbedingter Reflex

Paarung eines unbedingten Auslösers (Fleisch) mit einem neutralen Reiz (Glockenton).

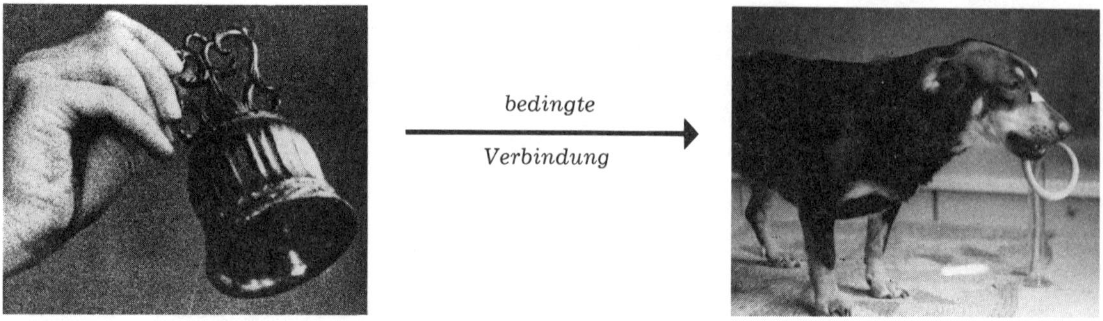

Beispiel eines bedingten Reflexes nach Pawlow: Speichelfluß bei Ertönen der Glocke.

Der Reflex ist nunmehr auf eine neue Auslösebedingung eingestellt, konditioniert worden. Pawlow bezeichnet ihn als bedingten (konditionierten) Reflex, der in einer bedingten (konditionierten) Verbindung zu einem neuen, bedingten (konditionierten) Reiz steht.

Für Pawlow kommt nur eine physiologisch formulierte Erklärung dieser Beobachtung in Frage. Er nimmt an, daß der konditionierte Reiz dem bereits vorher bestehenden Reflexbogen der unkonditionierten Bedingung zugeschaltet wird. Der Autor unterscheidet weiterhin zwei grundlegende nervöse Prozesse beim Konditionieren: *Erregung und Hemmung*. Erregung führt zu einer Ausführung von Reaktionen, Hemmung dagegen zu einer Unterdrückung von Reaktionen.

Pawlows Theorie des bedingten Reflexes. Dem Reflexbogen der unbedingten Verbindung wird der bedingte Reiz zugeschaltet.

Das Wechselspiel von Erregung und Hemmung zeigt sich nach Pawlow etwa im folgenden Versuchsablauf: Ein Hund wird auf einen Ton konditioniert und erhält gleichzeitig Futter; dies entspricht einer Erhöhung der Nervenerregung. Gleichzeitig wird aber die Nervensubstanz in Anspruch genommen, und um ihre Leistungsfähigkeit zu erhalten, schützt sie sich vor weiterer Erregung durch Hemmung. Wird dem Tier ständig weiter Futter gegeben, kann die Hemmung die Erregung nur schwächen, aber nicht unterdrücken. Die bedingte Reaktion wird dann abgeschwächt, aber weiter ausgeführt. Wird dem Tier aber das Futter in weiteren Versuchen vorenthalten, läßt die Erregung nach, und die Hemmung gewinnt die Oberhand: Die bedingte Reaktion hört auf.

Pawlow unterscheidet danach zwei Phasen:
○ eine Phase, in der der unbedingte Reiz als Verstärker zusätzlich zum bedingten Reiz gegeben wird – die Konditionierungsphase – und eine darauf folgende
○ zweite Phase, in welcher der bedingte Reiz ohne Verstärker wirkt – die Löschungs- oder Extinktionsphase (von lat. ‚extinguere' – auslöschen).

Zugunsten der Annahme einer nervösen Hemmung läßt sich dann die folgende zusätzliche Beobachtung deuten: Eine bedingte Reaktion wird gebildet und anschließend zum Erlöschen gebracht. Nun vergehen einige Minuten, und der Versuchsleiter bietet erneut den bedingten Reiz (z. B. einen Glockenton) – jedoch ohne nachfolgende Verstärkung (z. B. Fleisch). Dann kann es sehr wohl sein, daß die bedingte Reaktion (z. B. Speichelfluß) wiederkehrt. Nach Pawlow: Die Hemmung ist in der Ruhezeit abgebaut worden, und aufgrund der noch bestehenden Resterregung zeigt die Reaktion eine Erholung.

Pawlow und seine Mitarbeiter glaubten, im Konditionierungsprinzip das Lernprinzip schlechthin gefunden zu haben. Die an Hunden gesicherten Befunde ließen sich an vielen anderen Arten von Lebewesen, auch am Menschen, nachweisen. Außer dem Speichelfluß ließen sich Hand- und Beinbewegungen, der Lidschlag und weitere Reaktionen konditionieren. Als Signal ließ sich der Glockenton durch eine Fülle anderer Sinnesreize und Ereignisse ersetzen: durch Lichter, Gerüche, Bilder, Wörter, Melodien u. a.

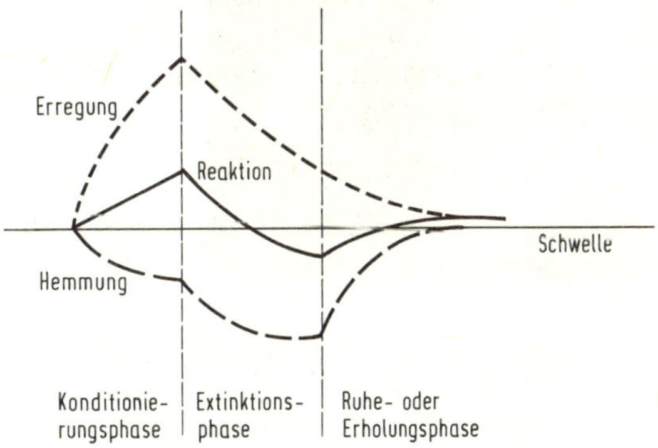

Erregung und Hemmung in den Phasen des Konditionierungsversuchs.

Klassisches Konditionieren als universelles Erziehungsprinzip

In Aldous Huxleys Version einer nach wissenschaftlichen Prinzipien organisierten Gesellschaft spielt das klassische Konditionieren bei der Erziehung eine bedeutsame Rolle. Die Gesellschaft bedient sich der Konditionierungstechniken, um das jeweils gewünschte soziale Verhalten zu erzeugen. Bereits in den Kinderkrippen werden die Babies frühzeitig zu Fabrikarbeitern erzogen:

„In der Kinderkrippe werden Babies Bücher mit in Farbe und Form besonders anziehenden Abbildungen von Rosen und verschiedenen anderen Blumen und Tierarten gezeigt. Sie dürfen die Abbildungen anfassen, auf ihnen herumkrabbeln und sie auf jede Weise manipulieren. In dieses muntere Treiben hinein läßt die Oberschwester eine schrille Sirene in unerträglicher Lautstärke ertönen.

Es erfolgt eine unmittelbare, heftige Schreckreaktion der Babies. Die Oberschwester löst nun einen Hebel aus, der die Krabbelfläche unter Strom setzt, so daß die Babies elektrische Schläge erhalten. Sie wimmern und krümmen sich. Nach kurzer Zeit werden die Reize wieder abgestellt, und die Babies entspannen sich allmählich.

Nun werden die Babies erneut mit den hübschen Abbildungen konfrontiert, aber im Gegensatz zum erstenmal schrecken sie nun vor den Abbildungen zurück, sie fangen an zu schreien und zeigen Fluchtreaktionen. Der Direktor dieser ‚schönen neuen Welt' weist seine Besucher stolz auf dieses Konditionierungsergebnis hin.

Bücher und Sirenengeheul, Blumen und elektrische Schocks werden bereits im Babyalter erbarmungslos miteinander gekoppelt; und nach einer ausreichenden Anzahl von Wiederholungen dieser Reiz-Reaktions-Verbindung wird diese Kopplung unauflösbar sein . . ."

(Aus: Aldous Huxley: Schöne neue Welt. Frankfurt/Main: Fischer 1981, 5. Aufl., S. 32ff.)

Ein knappes Jahrhundert nach der Entdekkung des bedingten Reflexes erkennen viele Autoren das Bedingen nur als eines von mehreren Lernprinzipien an (s. a. S. 336). Unter der Bezeichnung *klassisches Konditionieren* nimmt das Prinzip jedoch einen festen Platz in der Fachliteratur ein.

Konditionieren höherer Ordnung und komplexe Auslösebedingungen

Solange eine Verbindung besteht, kann sie als Grundlage für neues Konditionieren dienen. So berichteten die Psychologen Ross A. Rizley und Robert A. Rescorla (1972) von der amerikanischen Yale-Universität über folgenden Versuch: Sie brachten Ratten zuerst bei, einen der Pfote verabreichten Elektroschock durch Niederdrücken eines Hebels zu beenden. Danach paarten sie den Schock mit einem Lichtsignal. Daraufhin betätigten die Tiere ihren Hebel bereits, wenn das Signal aufleuchtete. Jetzt wurde das Lichtsignal mit einem Ton kombiniert dargeboten – der Schock wurde auch in dieser Phase nicht mehr verabreicht. Nach einigen kombinierten Darbietungen war das Tonsignal allein imstande, den Hebeldruck auszulösen.

Im allgemeinen scheint sich die Erfahrung von Pawlow und seinen Mitarbeitern zu bestätigen, daß, von einer gut eingerichteten Verbindung ausgehend, sich im Tierexperiment ohne Rückkehr zu einem unbedingten Reiz bis etwa drei neue Verbindungen nacheinander herstellen lassen. Man nennt den sukzessiven Aufbau konditionierter Verbindungen *Konditionieren höherer Ordnung.*

Die Theorie des klassischen Konditionierens hat sich oft den Vorwurf gefallen lassen müssen, sie werde der Vielfalt und Reichhaltigkeit möglicher Lernsituationen nicht gerecht. Die These vom Konditionieren höherer Ordnung mildert diesen Vorwurf. Denn mit ihrer Hilfe lassen sich mehr Lernsituationen analysieren als mit der elementaren Annahme vom bedingten Reflex allein. Lernen muß danach nicht immer stets zu den (vergleichsweise biologischen und seltenen) ungelernten Verbindungen zurückgeführt werden. Es kann vielmehr die Fülle der zusätzlich erworbenen Beziehungen nutzen. Dies eröffnet dem Lernen nicht nur quantitativ neue Möglichkeiten, sondern berücksichtigt auch neue Qualitäten von Auslösebedingungen. Insbesondere kann das Lernen beim Menschen auch auf den kulturell erworbenen Bedingungen aufbauen, vor allem den sozialen Symbolen der Sprache.

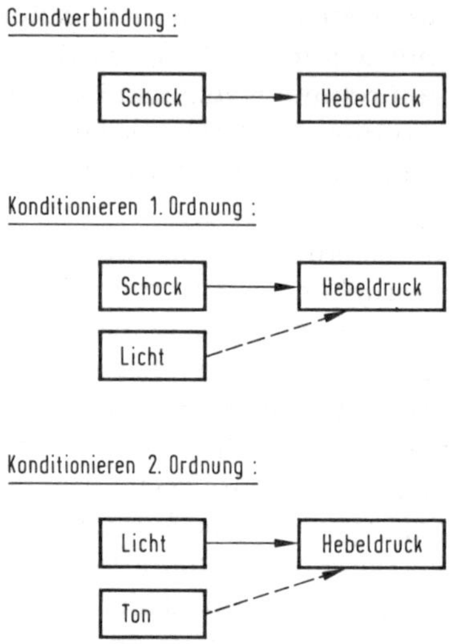

Konditionieren höherer Ordnung bei Rizley u. Rescorla (1972).

Ein weiterer Einwand gegenüber der Theorie der klassischen Konditionierung ist: Wie stereotyp müßte doch das Verhalten sein, wenn es nur den Gesetzen der klassischen Konditionierung folgen würde! Auf jeden Auslöser könnte stets nur eine einzige Reaktion erfolgen. Zum Beispiel: Habe ein Kind gelernt, beim Anblick einer Puppe zu lachen und beim Anblick einer Katze ängstlich zu weinen, so müsse es dies – der Konditionierungstheorie zufolge – stets wieder tun, sooft es Puppe und Katze sähe. Dies ist aber offensichtlich nicht so. Auch die geliebte Puppe kann gelegentlich Schreien und Weinen auslösen – etwa wenn sie sich gerade in der Hand eines feindseligen Eindringlings befindet. Und die gefürchtete Katze kann zum Gegenstand des befreienden Lachens werden – etwa wenn sie sich vor einem Hund auf den Baum flüchten muß.

Kann die Konditionierungstheorie mit diesen Widersprüchen fertig werden? Der georgische Psychophysiologe E. A. Asratjan (1971), der selbst noch mit Pawlow zusammengearbeitet hat und als einer seiner treuesten Schüler gilt, hat sich bemüht, einen Wechsel der Reaktion auf gleiche Reize im Rahmen der Reflexologie zu erklären. Asratjans grundlegende These ist: Reflexe können nicht nur von einem einzigen Reiz ausgelöst werden; sie sind manchmal auch von *Reizkombinationen* abhängig. Er erläutert das u. a. anhand des folgenden Versuchs aus seinem Laboratorium: In einem Versuchsraum A wurde einem Hund ein Futter- (Speichel-) Reflex auf einen Berührungsreiz angelernt. Im gleichen Raum wurde nach dem Ton eines Summers ein elektrischer Schock an die Pfote verabreicht, was den Hund veranlaßte, schon bei dem Ertönen des Summers eine Abwehrbewegung auszuführen. Nun wurde der Hund in einen Versuchsraum B gebracht. Auch dort erhielt er einen Berührungsreiz und einen Schallreiz. Aber in Raum B waren die Folgen umgekehrt als in Raum A: nach dem Schallreiz gab es Futter, nach dem Berührungsreiz gab es einen Schock. In Raum B lernte das Tier also, auf den Summer zu speicheln und auf Berührung die Pfote zu heben. Hatte der Hund in Raum B vergessen, was er in Raum A gelernt hatte? Keineswegs. Sooft er wieder in Raum A zurückgebracht wurde, wo die gleichen Bedingungen herrschten wie zuvor, speichelte er wieder bei Berührung und hob abwehrend die Pfote bei Ertönen des Summers. Er konnte also die Räume genau unterscheiden und hatte für jeden Raum ein eigenes Reflexrepertoire ausgebildet.

Aus Asratjans Labor stammen noch mehrere ähnliche Demonstrationen: Tiere erlernten einen Futterreflex auf einen schnellen Metronomschlag bei einem Versuchsleiter I; bei einem Versuchsleiter II erlernten sie auf denselben Metronomschlag einen Abwehrreflex. Oder sie lernten am Morgen auf dieselben Reize andere Reflexe als am Nachmittag. Übereinstimmend war jeweils festzustellen: Nach einigem Training konnten sie unterscheiden, in welchem Raum, bei welchem Versuchsleiter und zu welcher Tageszeit welche Reaktionsverbindung „dran" war. Asratjan wertete diese Unterscheidungsfähigkeit als Beweis für die unterschiedliche Schaltung von Reflexen. Der Reflex auf einen konditionierten Reiz kann danach durchaus über verschiedene Bahnen laufen; die Wahl der Bahn erfolgt dann aufgrund zusätzlicher Auslösebedingungen. In diesem Sinne kann der Reflexvorgang umgestellt werden. Das Verhalten paßt sich somit verschiedenen Lebensbedingungen an und gewinnt an Flexibilität.

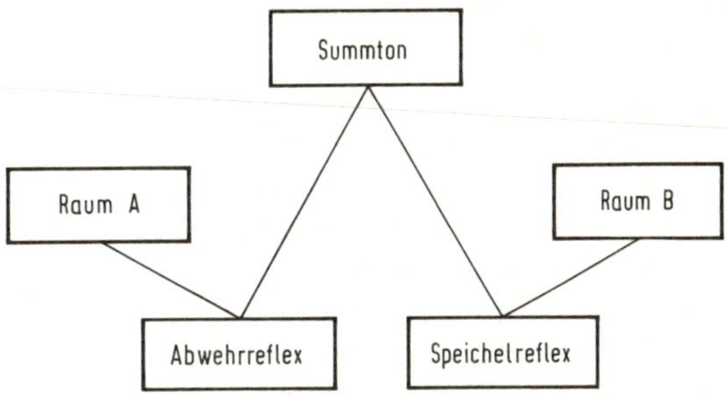

Unterschiedliche Schaltung eines Reflexes in zwei verschiedenen Räumen (nach Asratjan 1971, S. 94).

Obwohl in den bekannt gewordenen Studien von Asratjan jeweils nur zwei verschiedene Auslösebedingungen miteinander kombiniert werden, ist seine Theorie offen für eine größere Zahl zu kombinierender Bedingungen. So wäre etwa die Konditionierung eines Abwehrreflexes auf einen Summton denkbar, der nur am Morgen und nur bei einem Versuchsleiter I und in einem anderen Raum A erfolgt, nicht aber am Nachmittag oder bei einem anderen Versuchsleiter oder in einem anderen Raum.

Konditionierungstechniken bei der Behandlung von Ängsten

In der psychologischen Praxis werden Konditionierungstechniken häufiger im Bereich der Klinischen Psychologie als in der Erziehung angewandt. Besonders verbreitet ist die Methode der Gegenkonditionierung bei Spannungen und Ängsten.

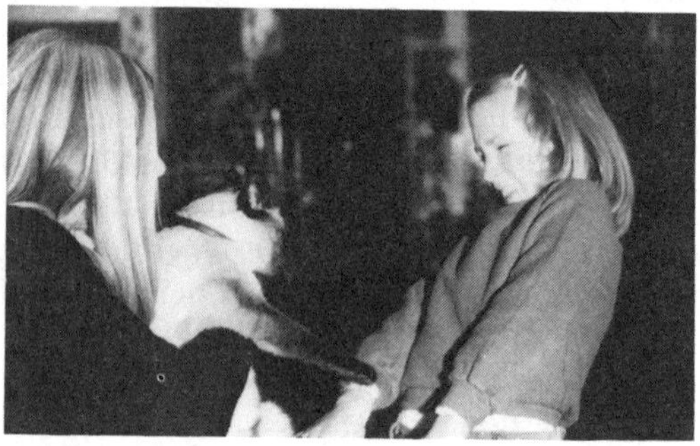

So ist bei Phobien (speziellen Ängsten z. B. vor Tieren, Plätzen o. ä.) der Zustand vor allem durch körperliche Spannung und bedrohliche Vorstellungen gekennzeichnet: hier ein Kind mit einer Katzenphobie. Sein Gesichtsausdruck zeigt seine innere Anspannung und seine vorgestellte Bedrohtheit an.

Der Therapeut sucht zuerst wirksame Auslöser von Entspannung und Sicherheit. Auf dem vorangehenden Bild bringt er das Kind durch eine Puppe zum entspannten Lachen.

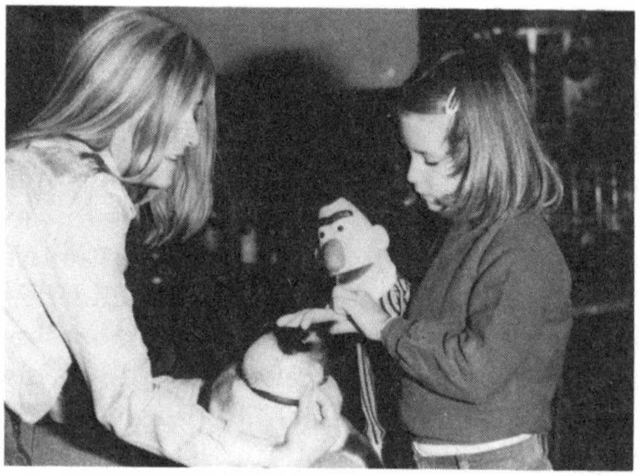

Nun führt der Therapeut den bedrohlichen Gegenstand langsam in die entspannende Situation ein. In dem Beispielfall darf die ursprünglich gefürchtete Katze zuerst „von weitem zugucken“. Nach einer Zeit der Gewöhnung darf sie näher rücken und schließlich „mitspielen“. Die Erwartung des Therapeuten ist dann, daß die entkrampfende Wirkung der Spielpuppe (als unbedingtem Reiz) auf die Katze (als bedingtem Reiz) übergeht.

Lernen durch Kontiguität und die Umschichtung von Reiz-Reaktions-Verbindungen

Dem Prinzip des klassischen Konditionierens aus der Reflexologie entspricht recht genau das Prinzip der Reiz-Reaktions-Verknüpfung aus der behavioristischen Theorie. Hier wie da gilt als wesentliche Bedingung für einen Lernfortschritt: die *Kontiguität* (von engl. ‚contiguity' – Berührung, Nachbarschaft), d. h. die ausreichende raum-zeitliche Nähe des Auftretens von Reiz und Reaktion. Kontiguität hatten bereits die englischen Empiristen zur Bedingung für die Assoziation von Ideen erklärt (vgl. S. 137). Im Behaviorismus wird diese These aufgegriffen und ausgearbeitet. Zur gleichen Zeit, zu der Pawlow und seine Mitarbeiter die Gesetze der Konditionierung erforschen, verficht Thorndike (vgl. S. 338) seine eigene Version einer Verbindungslehre (engl. ‚connectionism'). In einer Schrift aus dem Jahre 1931 erklärt er:

„Die Stärke einer Verbindung zwischen einer Situation S_1 und irgendeiner Reaktion – etwa R_{27} – bedeutet die Wahrscheinlichkeit, daß R_{27} auf S_1 folgt.

Lernen besteht teilweise aus Änderungen der Stärke von S-R-Verbindungen, ...

Das Wort ‚Verbindung' wird ohne jede physiologische oder sonstige Nebenbedeutung benutzt. Es ist einfach der Ausdruck der Wahrscheinlichkeit, daß ein bestimmtes R einem S folgt. Die Begriffe ‚Verknüpfung', ‚Bindung', ‚Beziehung' oder ‚Tendenz' oder ein noch farbloseres Wort könnten an seiner Stelle stehen."
(Eigene Übersetzung aus Thorndike 1931, S. 5ff.)

Noch konsequenter als Thorndike machte der Amerikaner Edwin R. Guthrie (1886–1959) die Assoziation zwischen Reiz und Reaktion zum Mittelpunkt seiner Lerntheorie. Er versucht mit einem einzigen Lerngesetz auszukommen, das er folgendermaßen formuliert:

„Eine Kombination von Reizen, die mit einer Bewegung einhergeht, pflegt beim erneuten Auftreten diese Bewegung nach sich zu ziehen."
(Eigene Übersetzung aus Guthrie 1935, S. 26)

Vor allem durch Guthries Schriften ist das Prinzip der raum-zeitlichen Nähe unter dem Namen Kontiguitätsprinzip in die Lernpsychologie eingegangen.

Guthrie neigte zu einer *Alles-oder-Nichts-Annahme:* Durch Kontiguität werde eine Beziehung zwischen Reiz und Reaktion gestiftet oder die Verbindung unterbleibe; es könne daher nicht von unterschiedlichen Verbindungsstärken gesprochen werden. Dies tut jedoch Thorndike – wie das obige Zitat zeigt – ausdrücklich, und die meisten behavioristischen Autoren sind ihm hierin gefolgt. Die Stärke einer Verbindung wachse mit der Häufigkeit der Paarung von Reiz und Reaktion – so Thorndikes *Gesetz der Übung* (engl. ‚law of exercise'). Häufige Wiederholungen einer Tätigkeit in einer Situation erhöhten die Wahrscheinlichkeit ihres erneuten Auftretens in dieser Situation. Unterschiedliche Übung verschiedener Reaktionen führe zu einem Hervortreten neuer Verhaltensweisen (z. B. ein Kind, das einen Neuankömmling zuerst mit Schlägen empfängt, lernt, ihn mit einem Lächeln zu begrüßen).

Dem Problem der Umschichtung von Reaktionswahrscheinlichkeiten auf denselben Reiz ist vor allem der in der Mitte der fünfziger Jahre führende behavioristische Lernpsychologe Clark L. Hull von der Harvard-Universität (s. S. 51) nachgegangen. Nach seiner Theorie der Gewohnheitshierarchie (s. S. 294f. können mit ein und demselben Reiz mehrere miteinander konkurrierende Reaktionen verknüpft sein. Manche Reaktionen treten dabei mit höherer Wahrscheinlichkeit auf, andere mit geringerer Wahrscheinlichkeit – je nach der Stärke ihrer bisherigen Assoziation. Allerdings kann sich die Hierarchie ändern: Eine ursprünglich hierarchisch niedrige Reaktion B kann im Lernprozeß vermehrt auftreten, dadurch festigt sie ihre Assoziation zu einem situativen Reiz schneller als eine bisher hierarchisch höhere Reaktion A. Die Folge ist: Am Ende des Lernprozesses hat die Reaktion B ihre Konkurrentin A auf dem Weg zur Spitze der Hierarchie überholt.

Die Frage erhebt sich allerdings: Wie kann eine Reaktion in der Hierarchie aufsteigen oder zurückfallen, wenn ihr Platz in der Hierarchie durch ihre Auftretenswahrscheinlichkeit bestimmt ist und umgekehrt ihre Auftretenswahrscheinlichkeit durch ihren Platz in der Hierarchie? Hull macht zwei Ansätze, um diesem Zirkelschluß zu entgehen: Erstens könnte die Anreizwirkung von Belohnungen das Muster vorgegebener Auftretenswahrscheinlichkeiten durchbrechen. Indem während eines Lernprozesses eine hierarchisch niedrigere Reaktion B mehr Belohnung erfährt als eine hierarchisch höhere A, steigt die Auftretenshäufigkeit von B schneller als die von A; das kann sich so lange fortsetzen, bis A und B ihre Plätze in der Hierarchie tauschen (mehr über Hulls Verstärkungstheorie später S. 365).

Noch eine zweite Ursache der Umschichtung zieht Hull in Betracht; er nennt sie Oszillation (von lat. ‚oscillatio' – Schaukeln). Assoziationen seien ihrer Natur nach neurobiologisch, und alle biologischen Größen seien spontanen Schwankungen unterworfen. Diese Schwankungen verteilten sich nach dem Zufall; kleine Veränderungen seien häufiger, in seltenen Fällen ergäben sich aber auch große Änderungen. Deshalb dürfe man im Einzelfall die Gewohnheitshierarchie nie als festes Gefüge betrachten. Das Auftreten hierarchisch hoher Reaktionen könne für eine gewisse Zeit spontan zurückgehen, das Auftreten hierarchisch niedrigerer Reaktionen dafür zunehmen. Mit der tatsächlichen Reaktionshäufigkeit verändere sich dann die Assoziationsfestigkeit der betroffenen Reaktionen und im Zusammenhang damit ihr Rang in der Gewohnheitshierarchie. Oszillationseffekte kann man für den Einzelfall nicht voraussagen; da sie jedoch dem Gesetz der großen Zahl folgten, könne man sie – so Hull – für größere Kollektive berechnen.

Zusammenfassung

1. Unter klassischer Konditionierung wird in der Reflexologie und im Behaviorismus eine nervöse Umschaltung verstanden, durch welche die Fähigkeit zur Auslösung eines Reflexes (einer Reaktion) von einem natürlich vorgegebenen (unbedingten) Reiz auf einen neutralen (bedingten) Reiz übergeht. Geht die Auslösewirkung von einem bedingten Reiz A auf einen weiteren neutralen Reiz B über, spricht man von Konditionieren höherer Ordnung.
2. Konditionierungen können auch auf Reizkombinationen erfolgen.
3. Im Behaviorismus entwickelt sich die Lehre von der Verknüpfung (Assoziation) räumlich und zeitlich naher Reize und Reaktionen (Kontiguitätstheorie). Die Häufigkeit des gemeinsamen Auftretens von Reizen und Reaktionen gilt als maßgeblicher Faktor für deren Assoziationsfestigkeit bzw. ihren Rang in der Hierarchie der Gewohnheiten.

Literaturhinweise

Pawlow, I. P.: Die gemeinsamen Typen der höheren Nerventätigkeit der Tiere und des Menschen. Sämtliche Werke Bd. 3. Berlin: Akademie Verlag 1953, 492–511 (Erstausgabe 1935)
Rizley, R. C. u. Rescorla, R. A.: Associations in second-order conditioning and sensory preconditioning. Journal of Comparative and Physiological Psychology 81 (1972), 1–11
Asratjan, E. A.: Die Schaltung bedingter Reflexe. In: Kussmann, Th. u. Kölling, H. (Hg.): Biologie und Verhalten. Bern: Huber 1971, 77–103
Thorndike, E. L.: Human learning, Cambridge, Mass.: MIT Press 1931
Guthrie, E. R.: The psychology of learning. New York: Harper u. Row 1935
Hull, C. L.: Principles of behavior. New York: Appleton Century Crofts 1943

Erkunden des Handlungsraums

Die Ausbildung situativer Erwartungen

Kognitivistische Autoren haben die Experimente zum Konditionieren sowie zur Reiz-Reaktions-Koppelung mit Skepsis verfolgt; die daraus gezogenen Schlüsse haben sie einhellig abgelehnt. Aus ihrer Kritik schälen sich zwei zentrale Bedenken heraus:

○ Eine Verbindung zwischen Reizen und Reaktionen kann nur als Sinnzusammenhang gestiftet sein; die Auslösung einer Reaktion nach Erscheinen eines Reizes beruhe auf einer aus dem Sinnzusammenhang abgeleiteten Erwartung.

○ Das Herstellen von Sinnzusammenhängen und das Setzen von Erwartungen liege im Ermessen des Lernenden; es erfolge keineswegs reflektorisch oder sonstwie automatisch und richte sich keineswegs nur nach der Menge der Reiz-Reaktions-Paarungen.

Inwiefern kann man etwa in der Beziehung Fleisch-Speichel (nach Pawlow eine unbedingte Verbindung) einen guten Sinn sehen? Welche Erwartungshaltung mag der Sequenz Glocke–Speichel (nach Pawlow eine bedingte Verbindung) unterlegt werden? Hier läßt sich leicht argumentieren: Der Speichelfluß gehört zum Verzehr; er stellt eine sinnvolle instrumentelle Tätigkeit dar. Gegenüber dem Glockenton ist das Speicheln selbstverständlich nicht instrumentell oder sonstwie eine sinnvolle Antwort. Aber – und das ist der Kern der *kognitivistischen Gegenvorstellung* – die Speichelreaktion erfolge ja gar nicht unmittelbar auf den Glockenton; sie erfolge vielmehr auf die Vorstellung einer Futtergabe. Der Glockenton habe lediglich die Wirkung, eine solche Vorstellung hervorzurufen. Aufgrund der vorherigen Erfahrung werde er als Signal gewertet, das die Fütterung ankündige. (Entsprechend könne in einer anderen Anordnung die Glocke eine Fluchtreaktion auslösen, weil sie als Signal für einen bevorstehenden schmerzhaften Elektroschock verstanden werde.)

Der kalifornische Psychologe Edward C. Tolman (s. bereits S. 299 ff.) hat in seinem Buch über „Zielgerichtetes Verhalten bei Tieren und Menschen" den bedingten Reiz ein Zeichen (engl. ‚sign') und den unbedingten Reiz ein Bezeichnetes (engl. ‚significate') genannt. Darauf folgt dann für die Deutung des Verhaltens von Pawlows Hunden:

„Was Pawlows Hunde unserer Auffassung nach erworben haben, war die Zeichen-Gestalt-Erwartung, daß das ‚Warten' in Anwesenheit des Zeichen-Objekts, Farbe oder Ton, zu dem Bezeichneten, dem Futter, führen werde. In diesem Fall ergab es sich, daß sich die Antwort, die ursprünglich dem Bezeichneten galt, sich auch als angemessen für das Zeichen erwies – und zwar als ein Vorsignal des kommenden Bezeichneten. (Das heißt: Wenn es physiologisch richtig ist, bei wirklichem Futter Speichel abzusondern, dann ist es auch gut, dies kurz vor dem Erscheinen von Futter zu tun.) Der Erwerb einer Zeichen-Gestalt-Erwartung zeigt sich deshalb in diesem Fall durch die Übertragung ein- und derselben Verhaltensweise. Das heißt, das Verhalten nach Erlernen der gesamten Zeichen-Gestalt-Erwartung ist dasselbe wie vor dem Lernen das Verhalten gegenüber dem bezeichneten Objekt selbst."
(Eigene Übersetzung aus Tolman 1932, S. 331)

Mit seiner Deutung stellt Tolman das von Pawlow definierte theoretische Prinzip grundsätzlich in Frage. In der Analyse kognitivistisch orientierter Autoren wird aus dem klassischen Konditionieren ein Hypothesenbilden (vgl. S. 153f.). Die betroffenen Probanden – Menschen wie Tiere – fragen demnach: „Was macht eigentlich der Versuchsleiter?" „Auf welche Signale muß ich achten?" „Wie kann ich aus dem Zeitpunkt und der Beschaffenheit eines Signals (z. B. Licht, Ton) auf den Zeitpunkt und die Beschaffenheit eines kritischen Ereignisses (z. B. Schokoladenspende, Elektroschock) schließen?" Das Erlernen von Auslösebedingungen werde dabei von Wissentlichkeit sehr gefördert, obwohl die angenommene Hypothesenbildung auch ohne bewußte Reflektion automatisch ablaufen könne (Brewer 1974).

Das Kennenlernen einer Situation

Nach der kognitivistischen Theorie gibt es eigentlich gar keine festen Auslöser von Verhalten in einer Situation. Das betroffene Individuum entscheidet selbst über sein Verhalten. Um eine solche Entscheidung treffen zu können, bedarf es allerdings der Kenntnis und der *Einsicht in seine Situation.* In Tolmans Laboratorium an der Universität von Kalifornien hat man deshalb großen Wert darauf gelegt, die Wahlmöglichkeit eines Individuums in seiner Situation und die Flexibilität des Lernens in dieser Situation zu demonstrieren.

So baute Tolman mit seinem Studenten Honzik im Jahre 1930 für Ratten ein Labyrinth mit drei verschiedenen Wegen vom Einlaß zur Futterkammer. Der Weg 1 führte direkt vom Einlaß zur Futterkammer. Am Anfang oder am Ende konnte er gesperrt werden. Lag das Hindernis am Anfang des Weges, ließ es sich

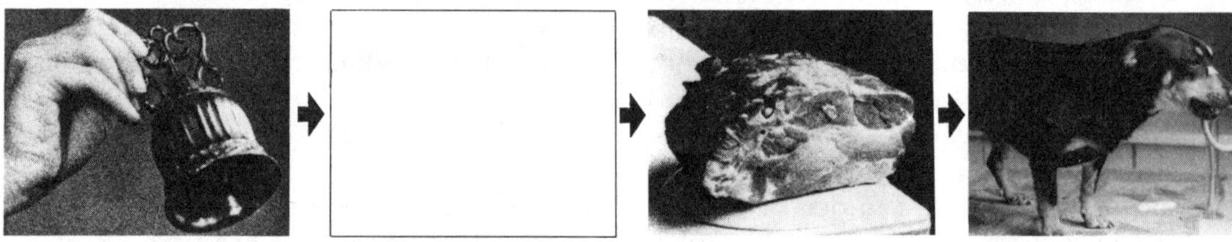

Tolmans Neuinterpretation der von Pawlow beschriebenen Konditionierung.

durch einen kurzen Weg 2 umgehen. Ein Hindernis am Ende des direkten Weges ließ sich durch einen längeren Weg 3 umgehen. Würden die Tiere sich in diesem Labyrinth zurechtfinden? Es hat allen Anschein, daß sie dies taten.

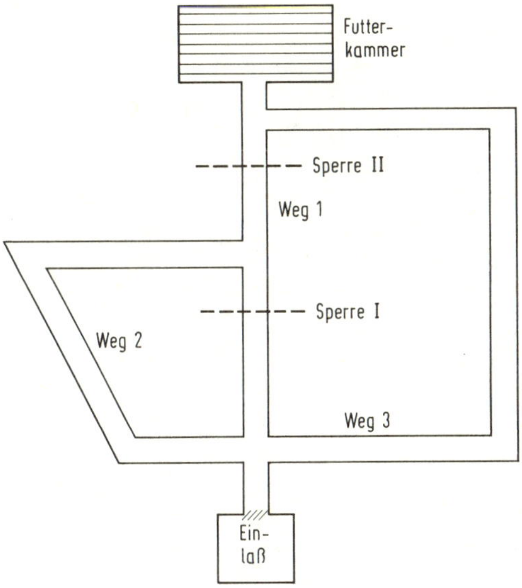

Labyrinth zur Prüfung des Ortslernens bei Ratten (nach Tolman u. Honzik 1930).

Zuerst erhielten die Tiere die Gelegenheit, das gesamte Labyrinth zu erkunden. Sie durchstreiften zunächst das Labyrinth, ohne am Ende Futter zu erhalten und dadurch genötigt zu werden, sich gleich auf den kürzesten Weg festzulegen. Dadurch entstand – nach Meinung der Versuchsleiter – ein Überblick über die Wege des Labyrinths, eine Einsicht. Als es später Futter gab, kam ihnen ihre Kenntnis zugute. Sie bevorzugten den kürzesten Weg 1, wenn dieser frei war. Wenn der Weg 1 an einer Stelle versperrt war, wählten sie geschickt den jeweils günstigeren Umweg 2 oder 3. Und was die Autoren besonders betonen: Die Tiere rannten nicht zur Sperre, um sich dort von der Unmöglichkeit des Durchlassens belehren zu lassen. Sie blickten vielmehr gleich zu Beginn ihres Laufes in den Gang, um dort Hindernisse auszumachen. War der Gang frei, liefen sie geradeaus weiter. War er versperrt, wandten sie sich – je nach Lage des Hindernisses – nach links oder rechts.

Nach Tolman haben die Ratten eine *geistige Landkarte* (engl. ‚cognitive map') erworben, in der sie sich je nach Lage und Bedarf orientierten. Dabei hätten sie stets das gesamte Labyrinth „vor Augen" und nicht etwa nur einzelne Ecken oder Kanten. Entsprechend hätten sie sich sinnvoll im Raum orientiert und nicht nur einfach auf einzelne Auslöserreize durch Rechts-, Links- oder Vorwärtsbewegung reagiert (s. bereits S. 300f.).

Mit geistigen Landkarten gewinnen Individuen – so der Autor weiterhin – Kenntnisse, die sie für den zweckmäßigen Vollzug zukünftiger Handlungen benötigen. In Tolmans Terminologie: Wissen über Diskriminanda, Manipulanda, Ziel-Objekte, Mittel-Objekte und Mittel-Ziel-Beziehungen (s. wieder S. 300f.). Dieses Wissen ist nicht nur als Faktenwissen zu verstehen, das vergangene Zustände festhält, sondern auch als Erwartungswissen, das sich in der Zukunft zu bewähren hat.

Ortskenntnis

„Eine Ente will nicht nur fressen, sie will auch wissen, was es in ihrem Lebensraum theoretisch alles zu fressen gibt."

Diese Äußerung wird dem Verhaltensforscher Konrad Lorenz (s. S. 291) zugeschrieben. Sie würde auch hervorragend in eine Abhandlung Tolmans über die Suche nach Ziel-Objekten beim Ortslernen passen.

Die moderne Forschung zur Kognitions- und Handlungspsychologie hat sich die Tolmansche Konzeption vom Ortslernen als Grundlage des Verhaltenslernens bereitwillig zu eigen gemacht; sie hat diese Konzeption weiter ausgearbeitet und ihre Anwendung auf menschliche Verhältnisse erprobt. Die Konzeption lebt wieder auf in den durch Studien zur künstlichen Intelligenz inspirierten Ansätzen. So schält sich etwa in der Arbeit zum Script-Modell von Schank und Abelson (s. S. 140) als zentrale Frage heraus, welche Elemente des Handlungsraums (Requisiten, Rollen, Örtlichkeiten u. ä.) bekannt sein müssen, damit Tätigkeiten geplant und ausgeführt werden können.

Handlungstheorien, welche die Regulation von Tätigkeiten mit inneren Modellen dieser Tätigkeiten, den operativen Abbildsystemen, in Beziehung setzen (s. S. 301 ff.), erklären zur Grundlage des Verhaltenslernens die zweckmäßige Veränderung jener Modelle bzw. Abbildsysteme. *Veränderungen und Verbesserungen von Handlungsentwürfen* setzen jedoch ein ausreichendes Wissen über den Wirkungsbereich der Handlungen voraus und fordern nicht selten eine Vermehrung dieses Wissens. Das bestätigt sich in den theoretischen und empirischen Untersuchungen der Dresdener Arbeitsgruppe um Winfried Hakker (vgl. wieder S. 301 ff.). Mitglieder dieser Gruppe haben aus ihren Ergebnissen bereits praktische Konsequenzen für den Anwendungsbereich der Industrieproduktion zu ziehen versucht und Empfehlungen für die Gestaltung von Anlernverfahren gegeben.

So haben Gisela Schöne und Sigrid Hartmann von der Technischen Universität Dresden (1976) die Wirksamkeit einer Einweisung untersucht, die sich nicht nur auf die auszuführenden Handgriffe beschränkte, sondern auch einen weiteren Teil des Betriebprozesses umfaßte. Zur Demonstration ausgewählt wurde das Erlernen einer Tätigkeit, wie man sie in der chemischen Industrie findet, die Regelung der Höhe einer Flüssigkeitssäule in einem U-förmigen Rohr. Die Einweisung beschrieb erstens das aufgegebene Arbeitsziel, zweitens die Eingriffsmöglichkeiten bei der Arbeit (verschiedene Gerätetasten und deren Wirkungen auf die Druckverhältnisse im Rohr) und drittens die Wirkung weiterer Einflußfaktoren, die dem Zugriff des Arbeitenden entzogen sind (im Falle der Ausdehnung

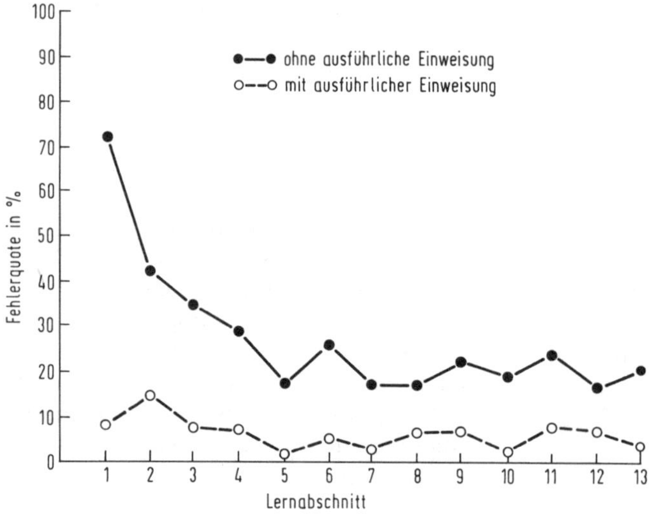

Fehlerquote von Personen mit und ohne ausführliche Einweisung u. a. in den Betriebsprozeß (nach Schöne u. Hartmann 1976, S. 63f.).

von Flüssigkeiten wäre etwa an die Außentemperatur oder die Zusammensetzung der Flüssigkeit zu denken).

In der vorliegenden Erörterung zur Kenntnis des Handlungsraumes verdient vor allem der zuletzt genannte Teil der Instruktion Beachtung. Die Erläuterung jener Teile des Betriebsprozesses, die von dem Tätigen nicht zu gestalten, aber gleichwohl bei der Arbeit zu berücksichtigen sind, scheint sich als durchaus vorteilhaft zu erweisen. Kann der Betriebsablauf als ganzer besser eingeschätzt werden, so ist es leichter und schneller möglich, sich auf veränderte Betriebsbedingungen einzustellen. Dies schlägt sich wohl auch in der Fehlerzahl nieder. Personen mit ausführlicher Einweisung machten jedenfalls von Anfang an weniger Fehler als Personen ohne ausführliche Anweisung; die Überlegenheit der Personen mit ausführlicher Einweisung blieb über dreizehn Lernabschnitte hinweg erhalten.

Zusammenfassung

1. Kognitivistische Autoren deuten den Übergang einer Auslösewirkung von einem natürlich vorgegebenen auf einen neutralen Reiz als Ergebnis einer Erwartungsbildung; durch Paarung werde der neutrale (bedingte) Reiz zu einem Signal für den natürlich vorgegebenen (unbedingten) Reiz und rufe mit der Vorstellung des natürlichen Reizes sinnvolle Vorausreaktionen auf den natürlichen Reiz hervor.
2. Aus kognitivistischer Sicht gibt es gar keine zwingenden Auslöser für Verhaltensweisen. Es gebe nur das Bestreben nach zweckmäßiger Nutzung der vorhandenen Situation. Deshalb könne eine Vermehrung des Wissens über den Handlungsraum Aufschluß über Ziele, Hindernisse und Wege zu Zielen geben und dadurch zur erhöhten Wirksamkeit des Verhaltens beitragen.

Literaturhinweise

Tolman, E. C.: Purposive behavior in animals and men. New York: Appleton Century Crofts 1932

Brewer, W. F.: There is no convincing evidence for operant and classical conditioning in adult humans. In: Weimer, W. B. u. Palermo, D. S. (Hg.): Cognition and the symbolic processes. Hillsdale: Erlbaum 1974, 263–298

Tolman, E. C. u. Honzik, C. H.: „Insight“ in rats. University of California Publications in Psychology 4 (1930), 215–232

Schank, R. C. u. Abelson, R. P.: Scripts, plans, goals and understanding. Hillsdale: Erlbaum 1977

Schöne, G. u. Hartmann, S.: Zum Aufbau innerer Modelle über die Wirkung von Eingriffen bei abhängigem Signalangebot. In: Hacker, W. (Hg.): Psychische Regulation von Arbeitstätigkeiten. Berlin: Deutscher Verlag der Wissenschaften 1976, 58–65

Der Aufbau neuer Verhaltensweisen

Lernen am Erfolg und operantes Konditionieren

Noch einmal zurück zu den ersten Anfängen der Lernpsychologie. Als Edward L. Thorndike im Hause seines Lehrers William James das Lernen von Katzen beobachtete (s. S. 338), ging es ihm nicht um die Wirkung neuer Auslösebedingungen. Ihn bewegte vielmehr die Frage: Wie entsteht neues Verhalten? Denn die von ihm untersuchten Tiere befanden sich in einer durchaus neuen Situation. Sie saßen in einem Käfig, aus dem sie sich nur durch Öffnen eines Verschlusses befreien konnten. Dieses Öffnen hatten sie jedoch noch nicht geübt. Es war ein neues Verhalten, das sie hervorzubringen hatten. Würden sie imstande sein, neues Verhalten zu entwickeln?

Die Beobachtung zeigte, daß die Katzen in der Regel versuchten, zuerst die Stäbe des „Problemkäfigs" mit Kratzen und Beißen zu entfernen. Dies gelang nicht. Wenn die Tiere nun nicht aufgaben, führten sie eine Reihe von Bewegungen mit Kopf und Rumpf, auch den Gliedmaßen aus: sie wälzten sich, sie drückten den Körper gegen die Tür, sie hantierten am Verschlußmechanismus der Tür. Die meisten Handlungen erwiesen sich als nutzlos. Aber das Hantieren am Verschluß brachte den gewünschten Erfolg; die Tür öffnete sich. Kamen die Tiere nun erneut in den verschlossenen Käfig, so konnte sich der gesamte Ablauf wiederholen. Aber die Wahrscheinlichkeit wuchs, daß die nutzlosen Akte des Kratzens, Beißens und Wälzens seltener und kürzer auftraten als die nützlichen des Hantierens am Verschluß. Nach hinreichend vielen Wiederholungen war es dann in der Regel soweit: Die Tiere unterließen alle unnützen Bewegungen und öffneten zielsicher den Verschluß. Ein neues Verhalten war gelernt worden.

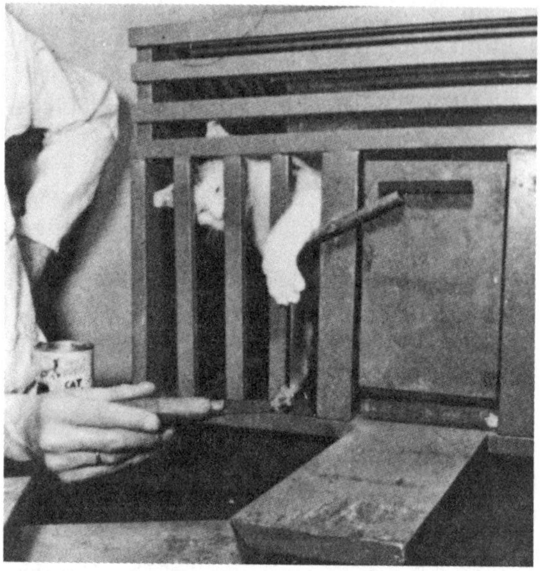

Eine Katze im Thorndikeschen Problemkäfig versucht, aus dem Käfig zu gelangen, um das Futter zu erreichen, das ihr der Versuchsleiter hinhält.

War es wirklich ein neues Verhalten? Im Grunde nicht. Denn die Bewegungen, die das Schloß öffnen, waren früher schon im Repertoire der Katze. Aber daß diese Bewegungen nach einiger Übung zielsicher ausgeführt, andere dagegen unterlassen werden, das macht nach Thorndike den Lernerfolg aus. Für Thorndike (1898) ist das *Lernen ein Selektionsvorgang*. Dabei wird

- die Wiederholung nutzloser Tätigkeiten seltener,
- die Wiederholung nützlicher Tätigkeiten häufiger.

Am Anfang des Lernens stehe jeweils der Zufall, der tastende Versuch, der zumeist das Ziel verfehlt. Aber wenn nur genügend viele Tätigkeiten hervorgebracht werden, führe auch einmal der Zufall zum Erfolg. Hier setze nun das Lernen ein: an den erfolgreichen Tätigkeiten hält das Tier fest, die erfolglosen scheidet es aus. Ein solches Lernen durch den Erfolg nennt Thorndike *Lernen nach Versuch und Irrtum* (engl. ‚trial and error').

Die Auffassung Thorndikes, daß Lernen sich am Erfolg bildet, wird von dem amerikanischen Behavioristen Burrhus F. Skinner (s. S. 51) aufgegriffen und präzisiert. In einer Auseinandersetzung mit seinem Landsmann Miller und dem Polen Konorsky, die beide in Pawlows Labor gearbeitet hatten, kam Skinner im Jahre 1937 zu dem Ergebnis, es seien zwei Arten von Reaktionen zu unterscheiden:

○ die durch Reize ausgelösten (engl. ‚elicited behavior') und
○ die vom Individuum von sich aus hervorgebrachten (engl. ‚emitted behavior').

Antwortverhalten sei gebunden an situative Reize – wie dem Ton einer Glocke oder ein Lichtsignal; dieses werde nach der Art des bedingten Reflexes erlernt (s. S. 340ff.). Das meiste Verhalten sei jedoch nicht an Reize gebunden und durch diese ausgelöst. Das Einnehmen einer Mahlzeit beruhe nicht auf dem Geruch der Speisen, die Benutzung eines Hammers gehe nicht auf dessen Anblick zurück. Mahlzeiten werden vielmehr eingenommen, weil sie sättigen, Hammerschläge werden ausgeführt, um einen Gegenstand zu befestigen. Allgemein: Die meisten menschlichen Tätigkeiten werden um ihrer Wirkung willen hervorgebracht, sie seien also *Wirkreaktionen* (engl. ‚operant behavior').

Wirkreaktionen werden nach Skinner nicht durch Koppelung an die vorangehenden Bedingungen gelernt, sondern durch ihre Beziehung zu den Folgebedingungen. Das Reiz-Reaktionsschema erkennt Skinner daher für das Lernen von Wirkreaktionen nicht an. Er setzt an seine Stelle die Aufeinanderfolge von Tätigkeiten und die von ihnen herbeigeführten Bedingungen. Diese Aufeinanderfolge nennt Skinner *Kontingenz* (engl. ‚contingency'). Die Ausbildung solcher Kontingenzen im Lernprozeß nennt er *operantes Konditionieren* (engl. ‚operant conditioning').

Nach Skinner wird es zur vordringlichen Aufgabe der Psychologie, die Nachfolgebedingungen festzustellen, unter denen sich das jeweils erwünschte Verhalten einstellt. Die Kenntnis der wirksamen Kontingenzen würde danach eine vollständige Kontrolle des (individuellen und sozialen) Verhaltens ermöglichen.

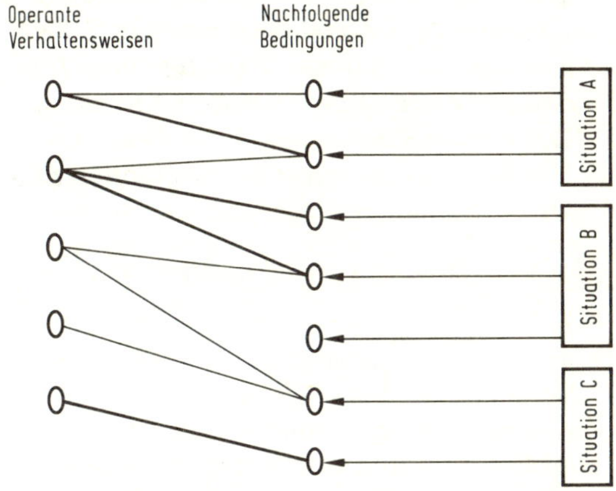

Nach der Theorie des operanten Konditionierens sind für das Lernen die Kontingenzen zwischen Tätigkeiten und den durch sie herbeigeführten Bedingungen maßgebend. (Die Stärke der Kontingenzen wird durch unterschiedliche Strichstärke wiedergegeben.)

Die Idee des operanten Konditionierens wird wohl am eindrucksvollsten in Demonstrationen zur *Verhaltensformung* (engl. ‚shaping') veranschaulicht. Die Verhaltensformung wird auch als *Näherungslernen* (engl. ‚approximation') bezeichnet. Soll etwa eine Ratte lernen, einen Hebel in einer Skinner-Box, dem vom Autor entworfenen Untersuchungskäfig (vgl. S. 54), zu drücken, so braucht man nicht zu warten, bis sie ihn durch Zufall betätigt, bevor man ihr – z. B. durch eine Futtergabe – signalisiert, sie solle dieses Verhalten beibehalten. Man kann schon damit beginnen, ihr Futter zu verabreichen, wenn sie sich in Richtung auf den Hebel in Bewe-

Iwanow-Smolensky und das operante Konditionieren

Das Prinzip des operanten Konditionierens, d. h. das Hervorrufen einer Reaktion durch nachfolgende Belohnung, ist auch im Forscherkreis um Pawlow bald in die Untersuchung einbezogen worden. Der erste bekanntgewordene Bericht über derartige Arbeiten stammt aus dem Jahre 1927. Verfasser ist der Psychiatrie-Professor am Leningrader Hertzen-Institut und Lehrbeauftragter an der Leningrader Militärakademie, an der auch Pawlow lehrte, Anatol G. Iwanow-Smolensky.

Seine Versuchsanordnung beschreibt er folgendermaßen:

„Durch die Wand des Experimentierraums, in welchem sich der Proband befindet, läuft eine geneigte Metallröhre (Länge 55 cm, Durchmesser 3 cm) NN′. Auf der Seite des Versuchsleiters ist die Bahn mit einem einfachen photographischen Verschluß versehen, der verbunden ist (1) mit einem Signal D und (2) mit einem Gummiball R. Durch Drücken dieses Gummiballs öffnet der Versuchsleiter den oberen Einlaß der Röhre NN′; gleichzeitig setzt der Verschluß das Signal in Bewegung, und der Zeitpunkt der Öffnung kann auf einem Schreiber registriert werden.

Vor der Öffnung ist ein kleiner Sims L, auf welchen der Versuchsleiter ein Stück Schokolade legt. Dieses fällt in die Röhre und rutscht schnell zur unteren Öffnung a′. Hier befindet sich der photographische Verschluß, der sich durch einen Gummiball R′ öffnen läßt; der letztere wird von dem Probanden betätigt und ist nicht nur mit dem Photoverschluß verbunden, sondern auch mit einer Vorrichtung M, deren Verschluß sich öffnet, wenn der Proband auf den Ball drückt. Die Bewegung von M wird auf einem Schreiber registriert.

Die Metallröhre hat in ihrem unterem Drittel oben ein Glasfenster V, das dem Probanden erlaubt, die Bewegung der Schokolade zu verfolgen. Vor der unteren Öffnung der Bahn befindet sich ein Metallteller, auf den die Schokolade fällt, wenn der Verschluß sich öffnet.“

(Eigene Übersetzung aus Iwanow-Smolensky (1927/1977), S. 181 ff.)

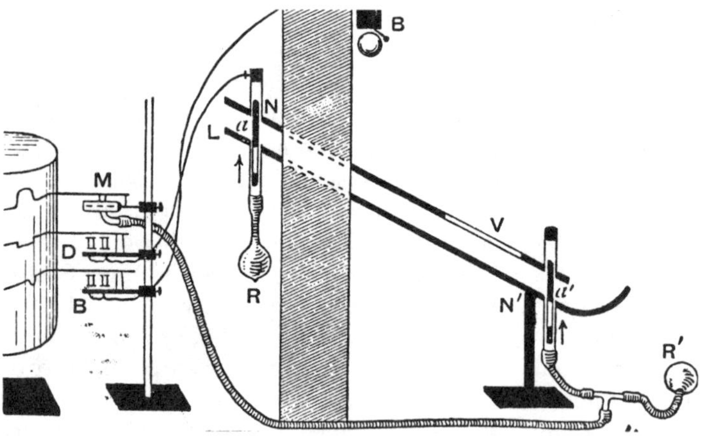

Die erste bekannt gewordene Anordnung zum operanten Konditionieren (Iwanow-Smolensky 1927/1977).

gung setzt. Damit lernt sie, sich bevorzugt am Ort des Hebels aufzuhalten. Am Ort des Hebels kann sie zunächst dafür belohnt werden, daß sie sich aufrichtet (anstatt nur den Boden zu beschnuppern). Richtet sie sich häufiger auf, wird sie belohnt, wenn sie beim Aufrichten den Hebel berührt. So wird sie durch gezielte Belohnung immer näher an das gewünschte Verhalten herangeführt.

Mit der Methode der Verhaltensformung kann man recht possierliches und ungewöhnliches Verhalten antrainieren. So berichtet Skinner etwa:

„Als eine Art Meisterleistung habe ich – durch neuere Untersuchungen an Menschenaffen angeregt – einer Ratte eine komplizierte Folge von Tätigkeiten beigebracht. Sie muß zuerst an einer Schnur ziehen, um eine Murmel von einem Gestell herunterrollen zu lassen. Dann muß sie die Murmel mit ihren Vorderpfoten aufheben, zu einer Röhre tragen, deren Öffnung 5 cm über dem Boden des Käfigs liegt und die Kugel dort hineinwerfen. Jeder Abschnitt dieses Ablaufs mußte in mehreren Näherungsschritten eingeübt werden, weil die darin enthaltenen Reaktionen nicht zum ursprünglichen Repertoire der Ratte gehörten.“ (Eigene Übersetzung aus Skinner 1938, S. 339f.)

Solche Demonstrationen haben den Optimismus begründet, auch komplexes menschliches Verhalten könne durch Näherungslernen neu entstehen.

Skinner kann freilich nicht umhin, in seiner Theorie auch die situativen Reize zu berücksichtigen. Denn schließlich muß er der Tatsache Rechnung tragen, daß gelerntes Verhalten bestimmten Situationen zugeordnet ist. Die oben erwähnte Ratte hat zum Beispiel gelernt, die Murmel in der Nähe des Gestells hochzuhalten, aber nicht mehr in der Röhre. Skinner führt daher den Begriff des Hinweisreizes (engl. ‚cue') in seine Theorie ein. Hinweisreize geben nach Skinner an, wann sich ein Verhalten lohnt. Das ändert jedoch nichts an seiner Behauptung, das Gewicht des Lernens liege auf der Erfahrung der Tätigkeitsfolgen.

Einsichtiges Verhalten und Aufbau von Handlungsplänen

Auf Widerspruch im kognitivistischen Lager stießen nicht nur die behavioristischen Thesen zum Prozeß des Aufbaus von Verhaltensketten, sondern auch die zugehörigen Darstellungen der *Struktur gelernter Verhaltensketten*. Das Verhaltenslernen werde lediglich als mechanisches Zusammensetzen gedeutet, lautete die Kritik, und das Ergebnis des Lernens entsprechend als eine grundsätzlich beliebige Aneinanderreihung isoliert gesehener Verhaltensakte. Dabei sei doch offenkundig: Gerade die gelungensten Hervorbringungen des Verhaltenslernens seien planvoll auf ein Ziel hin geordnete Schrittfolgen. Der Vorgang des Lernens erreiche seinen Höhepunkt, wenn das Ordnungsprinzip der Schrittfolge gefunden wird; insofern gleiche das Lernen mehr einem kreativen Problemlösungsvorgang, der Einsicht in den Zusammenhang aufeinanderfolgender Lösungsoperationen vermittle.

Zum frühen Kronzeugen für den kognitivistischen Standpunkt wurde der deutsche Psychologe Wolfgang Köhler (s. S. 39). Köhler hielt sich während des ersten Weltkriegs auf einer Tierbeobachtungsstation in Teneriffa auf und stellte Untersuchungen an Menschenaffen an. Zu den Versuchstieren gehörte der Schimpanse Sultan. Eine seiner bekanntesten Leistungen: An der Decke des Käfigs hing ein Büschel Bananen; vergebens suchte Sultan die Bananen zunächst durch Hochspringen und Strecken zu erreichen. Plötzlich trug er einige umherliegende Kisten zusammen, stapelte sie übereinander und kletterte an ihnen hoch, um sich der Bananen zu bemächtigen.

Köhler war weit davon entfernt, Sultans Leistung – wie Thorndike das getan hätte (vgl. S. 354) – einem glücklichen Zufall zuzuschreiben. Er führt es vielmehr auf eine Einsicht zurück, die Einsicht in Gesetze der Statik und deren Nutzungsmöglichkeiten. Die Akte des Greifens, Hebens, Tragens, Aufeinanderstellens, Kletterns würden zu einer umfassenden

Der Schimpanse Sultan beim Erreichen einer an der Decke befestigten Banane (Köhler 1917/1921, S. 97).

Handlungsstruktur vereinigt; jeder Akt finde darin einen spezifischen Platz (z. B. ist die zeitliche Reihenfolge von Tragen und Aufeinanderstellen nicht umkehrbar). Für Köhler ist es wesentlich, daß das neue Verhalten nach einer Phase des unbeholfenen Hantierens plötzlich auftritt und sogleich in seinem vollen Ablauf ausgeführt wird. Seine Deutung:

○ Sultan habe die neue Verhaltenskette sogleich in ihrem gesamten Zusammenhang erfaßt; er beweise Einsicht in sein Verhalten.

○ Zu seiner Einsicht sei Sultan in einem schnellen Erkenntnisprozeß gelangt, vergleichbar einem Einfall beim Denken (aus menschlicher Perspektive verbunden mit einem „Aha"-Erlebnis; vgl. S. 263).

Selbst Lernfortschritte, die nicht durch ihre Kreativität beeindrucken, haben nach Meinung kognitivistischer Lerntheoretiker eine gedankliche Handlungsstruktur zur Grundlage. Wenn – wie in der Handlungstheorie der Dresdener Gruppe (vgl. S. 301) und S. 352) – die sichtbaren Gewohnheiten und Tätigkeiten als Ausführungen innerer Handlungspläne verstanden werden, setzt eine Verbesserung der Ausführung eine *Vervollkommnung des inneren Entwurfs* voraus. Dieses Prinzip wird bereits in einer der ersten Untersuchungen aus der Dresdener Gruppe deutlich, einer Studie von Jürgen Neubert (1968).

Neubert untersuchte u. a. Maschinenbaulehrlinge, die im Rahmen ihrer Ausbildung ein Werkstück nach Plan auszufräsen hatten. Beim Fräsen muß man das unbearbeitete Werkstück, den Rohling, zunächst in die Werkbank einspannen und danach in mehreren Arbeitsgängen durch Ausfräsen in die durch eine Zeichnung vorgegebene Form bringen. Mit steigender Übung werden die Lehrlinge immer schneller und machen immer weniger Fehler. Vor allem konnte Neubert beobachten:

○ eine Verringerung der Zahl von Ein-, Aus- und Umspannungen,

○ eine Verringerung der Zahl von Kontrollmessungen,

○ keine wesentliche Veränderung der notwendigen Verrichtungen.

Der Schluß liegt auf der Hand: Im Grunde haben die Lehrlinge keine neuen Handgriffe gelernt. Sie haben vor allem gelernt, die notwendigen Handgriffe gezielt vorzunehmen und unnötige Handgriffe zu vermeiden. Dies deutet Neubert als eine kognitive Leistung. Nach den Worten des Autors gehen „wesentliche Leistungsverbesserungen vor allem auf intellektuell vermittelte Umstrukturierungen der Tätigkeit, weniger auf eine Erhöhung und Stabilisierung im Fertigkeitsniveau der erforderlichen Operationen" zurück. Sie beruhen demnach auf „Veränderungen im operativen Abbild der Aufgaben- und Handlungsbedingungen" (Neubert 1968, S. 34).

Neuere Forschungen haben die Fragestellung vertieft. Für den Zusammenhang zwischen der Güte der Ausführung einer Tätigkeit und ihrer Verankerung im Gedächtnis gibt es inzwischen eine stattliche Reihe von Belegen (vgl. Hacker 1977). Es hat sich weiterhin ergeben: Es werden beim motorischen Lernen verbalisierbare Regeln gelernt. Allerdings werden offenbar nicht sämtliche Regeln gelernt und ausgenutzt, deren Anwendung den erfolgreichen Vollzug einer Tätigkeit sichert. Manche Personen lernen nur einen Teil der Regeln, betätigen sich aber trotzdem erfolgreich, da sie die nicht gemerkten Regeln in der Vollzugssituation selbst hervorbringen (Hacker 1982). Die zuletzt aufgeführte Beobachtung wirft das Problem auf, wieweit Lernen von Tätigkeiten eine komplette Verinnerlichung dieser Tätigkeiten erfordert und wieweit es den Erwerb der Fähigkeit einschließen soll, zu gegebener Zeit den rechten Weg zum Ziel selbständig zu finden.

Bei der Entstehung neuer Handlungsstrukturen scheint der *zeitlichen Organisation von Teiltätigkeiten* eine besondere Aufgabe zuzukommen. So hat sich L. Henry Shaffer (1976) von der englischen Universität Exeter die Frage gestellt, wie sich wohl zeitliche Abfolgen im Verhalten herausbilden. Seiner Meinung nach liegt bei so verschiedenen Tätigkeiten wie dem Maschineschreiben, dem Spielen eines Musikinstrumentes und dem Halten einer Rede das gleiche Merkmal der zeitlichen Koordination vor (und in der Tat scheint bei Versagen der zeitlichen Koordination – im „Buchstabensalat" beim Maschineschreiben, bei der falschen Melodie und bei unverständlichen Wortfolgen – derselbe Typ von Fehlleistung vorzuliegen). Die Ermittlung der Gesetzmäßigkeiten, nach denen sich zeitliche Ordnungen im feinmotorischen und sprachlichen Verhalten bilden, verspricht dann auch die Lösung einiger Rätsel, welche die Lernpsychologie heute noch aufgibt.

Mentales Üben und Beobachtungslernen

Unterstützung hat die kognitivistische Lerntheorie in den letzten Jahren durch den Nachweis des mentalen Übens sowie des Lernens durch Beobachtung erhalten. Wenn Lernen von Verhalten wesentlich auf der zweckmäßigen Ausarbeitung gedanklicher Abbilder beruht, so brauchen die zu lernenden Verhaltensweisen gar nicht praktisch ausgeführt zu werden. Es genügt der zweckmäßige Entwurf von Plänen und Abbildern in der Vorstellung. Und eine Ausarbeitung ist auch durch die Beobachtung von Vorbildern, von Modellen möglich. Die Wirksamkeit des *Lernens durch Vorstellung* – kurz mentales Üben genannt – und des *Beobachtungslernens* ist inzwischen durch mehrere Untersuchungen belegt. Einige der ersten sind unter der Leitung von Eberhard Ulich an der Universität München durchgeführt worden.

Ulich (1965) untersuchte u. a. 14–16jährige Schülerinnen und Schüler einer Handelsschule, die gerade das Maschineschreiben lernten. Eine Gruppe übte eine gewisse Zeit praktisch an ihren Maschinen. Eine zweite Gruppe schaute der ersten Gruppe beim Üben zu; es wurde erwartet, daß diese zweite Gruppe durch Beobachtung lernen würde. Eine dritte Gruppe erhielt für die Dauer der gleichen Zeit keine Maschine, sollte jedoch in der Vorstellung das Tippen weiter üben. Das Ergebnis: Selbstverständlich ist für die Perfektion im Maschineschreiben die Praxis der beste Lehrmeister. Aber die Beobachtung erwies sich keineswegs als unnütz. Die beobachtende Gruppe erzielte in einer anschließenden Prüfung immerhin noch 49% des Lernfortschritts der praktisch übenden Gruppe. Bei der mental übenden Gruppe betrug der Lernfortschritt sogar 91% des Lernerfolgs der praktisch übenden Gruppe.

In einer neueren Arbeit wurde das Verhältnis von Beobachtungslernen, mentalem Üben und praktischem Üben eingehender untersucht. Die Arbeit stammt von Robert Jeffery aus der Forschungsgruppe von Albert Bandura von der Stanford Universität. (Diese Gruppe ist bei der Untersuchung des Beobachtungslernens bisher führend gewesen.) Jeffery (1976) ließ seine Probanden – es waren Studenten – u. a. eine komplizierte Stäbekonstruktion bauen. Das turmähnliche Gebilde bestand aus fünf verschiedenen Arten von Holzstäben und sieben Typen von Verbindungssteckern. Es ruhte auf mehreren Stützen, und um seine Mittelsäule rotierte ein Dreiecksgebilde. In einem ungefähr sechs Minuten langen Film bekamen die Probanden den Turmbau demonstriert. Danach wurden sie in Gruppen den verschiedenen Bedingungen zugeordnet: einige sollten den Turmbau gedanklich üben, andere praktisch; eine letzte Gruppe verbrachte die Zeit vor dem ersten entscheidenden Test mit Lesen, so daß sie weder gedanklich noch praktisch üben konnte.

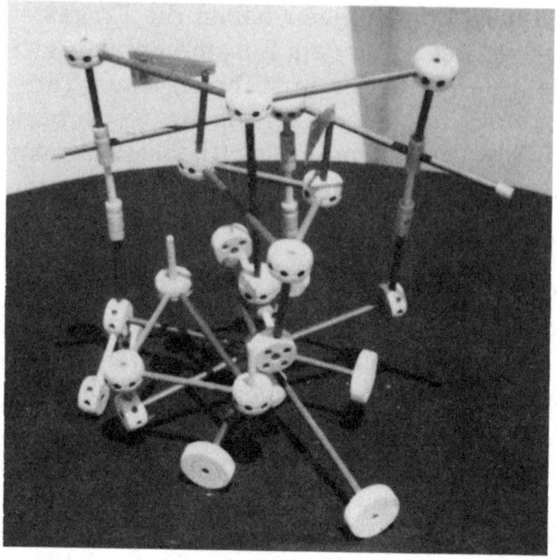

Turmkonstruktion in den Versuchen von Jeffery (1976).

Als die Übungszeit vorüber war, kam die Prüfung des Gelernten. Die Probanden mußten den Turm nun von Anfang bis Ende neu aufbauen. Dabei wurde die benötigte Zeit gemessen und die Genauigkeit des Arbeitens bestimmt; die Genauigkeit des Arbeitens wurde anhand des Prozentsatzes richtig gesteckter Teile festgestellt. Und das waren die Ergebnisse:

○ Die Beobachtung war nicht ohne Erfolg geblieben; 56% der Anforderungen wurden die Probanden ohne Üben gerecht.

○ Mentales Üben brachte darüber hinaus eine nicht unbeträchtliche Steigerung der Genauigkeit und der Geschwindigkeit.

○ Praktisches Üben verbesserte die Geschwindigkeit, aber nicht die Genauigkeit.

○ Eine praktische Vorübung nach einer Phase der mentalen Vorbereitung steigerte die Genauigkeit und die Geschwindigkeit am wirkungsvollsten.

Offenbar hat die Praxis einige Vorteile für die Geschicklichkeit des Umgangs mit dem Material gebracht; die Organisation des Zusammenbaus ist aber durch das gedankliche Verarbeiten am meisten gefördert worden. Jeffery meint sogar: Das unmittelbare Mani-

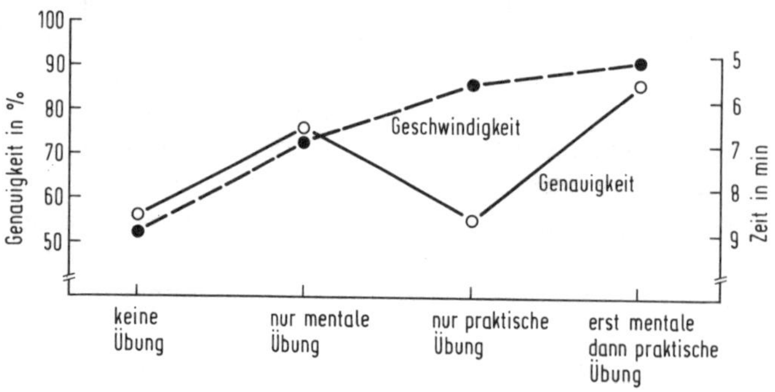

Geschwindigkeit und Genauigkeit beim Turmbau bei Beobachtungslernen und verschiedener Vorübung (nach Jeffery 1976, S. 121f.).

pulieren mit dem Baumaterial hat von der gedanklichen Organisation des Turmbaus abgelenkt.

Die Studie gibt einen guten Einblick in die möglichen kognitiven Anteile einer zu lernenden Handlung. Jefferys Untersuchung zeigt aber auch, daß es über das kognitive Erfassen hinaus besondere motorische Anteile zu geben scheint: Fingerfertigkeit, Gelenkigkeit. Sie werden durch Beobachtung und mentale Vorübung allein nicht erworben, sondern erfordern praktische Übung. Für den Turmbau aus Hölzern bringen die Probanden sicherlich einen Großteil der erforderlichen Fingerfertigkeit bereits mit. Bei anderen Tätigkeiten wäre der Anteil der noch zu erweiternden motorischen Fähigkeiten wohl größer gewesen: etwa beim Trainieren einer Übung am Reck, eines akrobatischen Kunststücks oder auch einer feinen Nadelarbeit. Die gedankliche Erfassung des Ablaufs solcher Tätigkeit ist für deren erfolgreichen Vollzug sicher auch eine erhebliche Hilfe. Die unmittelbare Abstimmung der Bewegung, die sensumotorische Koordination, wird jedoch darüber hinaus ohne bewußte Reflexion eingeübt werden müssen.

Kopfstand auf dem schwingenden Trapez. Solche Leistungen können mental vorgeübt werden; ihr Erlernen erfordert aber auch eine gedanklich nicht voll erfaßbare sensumotorische Koordination (Foto Zirkus Krone).

Zusammenfassung

1. Aus behavioristischer Sicht wird zweckmäßiges Verhalten durch Versuch und Irrtum gelernt; erfolgreiches Verhalten wird jeweils beibehalten. Nach der Theorie des operanten Konditionierens richtet sich die Auftretenswahrscheinlichkeit eines Verhaltens nach seiner Kontingenz zu nachfolgenden Bedingungen.
2. Nach behavioristischer Auffassung werden längere Verhaltensketten Stück für Stück gelernt; auch ein Lernen durch langsame Annäherung ist möglich.
3. Aus kognitivistischer Sicht stehen die Akte einer gelernten Verhaltenskette in einem sinnvollen Zusammenhang; deshalb hat sich das Lernen auf die Erfassung dieses gesamten Zusammenhanges zu richten. Die Tätigkeit wird durch Verbesserung von Handlungsplänen wirksamer.
4. Fortschritte beim Verhaltenslernen lassen sich auch durch Vorstellung und Beobachtung von Tätigkeiten erzielen. Dies wird als Beweis für die Richtigkeit der kognitivistischen Lerntheorie gewertet.

Literaturhinweise

Thorndike, E. L.: Animal intelligence. Psychological Review Monograph Supplement Nr. 8, 1898
Skinner, B. F.: Two types of conditioned reflex: Reply to Konorski and Miller. Journal of General Psychology 16 (1937), 272–279
Skinner, B. F.: The behavior of organisms. New York: Appleton Century Crofts 1938
Iwanow-Smolensky, A. G.: On the methods of examining the conditioned food reflexes in children and in mental discorders. Journal of the Experimental Analysis of Behavior 28 (1977), 181–184 (Nachdruck aus Brain (1927)
Köhler, W.: Intelligenzprüfungen an Anthropoiden. Abhandlungen der Preußischen Akademie der Wissenschaften 1917. Berlin: Springer 1921
Neubert, J.: Zur Aktualgenese aufgabenspezifischer Tätigkeitsstrukturen (vorläufige Mitteilung). In: Hacker, W., Skell, W. u. Straub, W. (Hg.): Arbeitspsychologie und wissenschaftlich-technische Revolution. Berlin: Deutscher Verlag der Wissenschaften 1968, 93–106
Hacker, W.: Bedeutung der Analyse des Gedächtnisses für die Arbeits- und Ingenieurpsychologie – zu Gedächtnisanforderungen in der psychischen Regulation von Handlungen. In: Klix, F. u. Sydow, H. (Hg.): Zur Psychologie des Gedächtnisses. Berlin: Deutscher Verlag der Wissenschaften 1977, 150–174
Hacker, W.: Action control in the task-dependent structure of action-controlling mental representations. In: Hacker, W., Volpert, W. u. von Cranach, M. (Hg.): Cognitive and motivational aspects of action. Amsterdam: North-Holland 1982, 137–158
Shaffer, L. H.: Intention and performance, Psychological Review 83 (1976), 375–393
Ulich, E.: Untersuchungen über sensumotorisches Lernen. In: Heckhausen, H. (Hg.): Bericht über den 24. Kongreß der Deutschen Gesellschaft für Psychologie 1964 in Wien. Göttingen: Hogrefe 1965, 363–367
Jeffery, R. W.: The influence of symbolic and motor rehearsal on observational learning. Journal of Research in Personality 10 (1976), 116–127

Belohnung und Bestrafung beim Lernen

Verstärkung und Verstärkungspläne

In einem psychologischen Laboratorium an der englischen Universität Manchester saßen vor einigen Jahren drei junge Frauen vor einem Apparat, an dem ein Knopf betätigt werden konnte. In der Nähe des Knopfes befanden sich eine grüne und eine rote Lampe, sowie ein Zählwerk. Es handelt sich um eine Versuchsanordnung der Autoren C. M. Bradshaw, E. Szabadi und P. Bevan (1977). Die Probandinnen mußten mehrere Tage an diesem Apparat tätig sein. Am ersten Tag erhielten sie die Instruktion:

„Das ist eine Situation, in der Sie Geld verdienen können. Sie können hier Geld verdienen, indem Sie einfach auf den Knopf drücken. Manchmal, wenn Sie auf den Knopf drücken, wird ein grünes Licht aufleuchten. Das bedeutet: Sie haben einen Penny verdient. Der Ge-

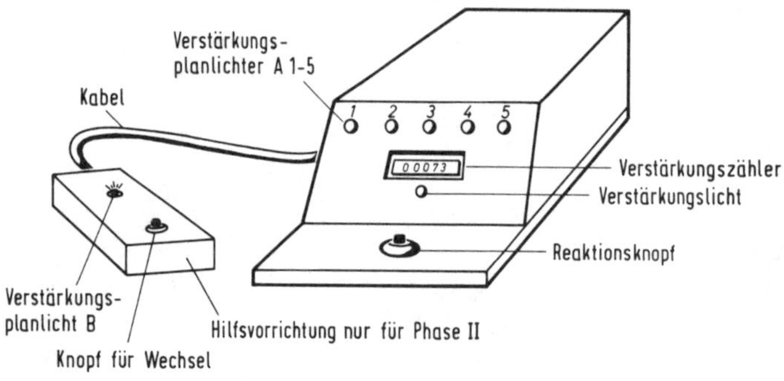

Versuchsapparat von Bradshaw, Szabadi und Bevan (1977).

samtbetrag, den Sie verdient haben, erscheint auf dieser Anzeige. Jeden Tag beginnen Sie mit 25 Pence, die auf dem Zähler angezeigt sind. Jedesmal, wenn das Licht aufleuchtet, springt der Zähler eine Einheit weiter."

Nach dieser Instruktion konnten sie insgesamt 50 Minuten tätig sein, wobei alle zehn Minuten eine fünfminütige Pause eingelegt wurde. Am dritten Tag wurde die Instruktion ergänzt:

„Die beiden letzten Tage waren ‚gute Tage'. Heute und danach – an jedem zweiten Tag – wird es einen ‚schlechten Tag' geben. An ‚schlechten Tagen' werden Sie nicht nur die Chance haben, etwas zu gewinnen; Sie werden auch Geld verlieren können. Manchmal, wenn Sie den Knopf drücken, wird das rote Licht angehen und von ihrem auf dem Zähler angezeigten Betrag wird eine Einheit abgezogen. Gewinne werden wie üblich durch das grüne Licht angezeigt."

Nach dieser Regel verlief der Versuch einige Tage. In unregelmäßigen Abständen leuchtete das grüne Licht auf, an ‚schlechten Tagen' auch das rote. Das rote Licht erschien seltener als das grüne, so daß auf jeden Fall ein kleiner Gewinn übrigblieb.

Die Probandinnen stellten sich auf diese Anordnung ein. Je häufiger sie einen Penny erhielten, desto häufiger drückten sie ihren Reaktionsknopf, bis sie eine maximale Geschwindigkeit erreichten, die sich nicht mehr steigern ließ. Liefen sie an ‚schlechten Tagen' Gefahr, das Gewonnene wieder zu verlieren, so waren ihre Reaktionen merklich zögernder. Ihr Verhalten ließ sich durch eine vergleichsweise einfache Formel beschreiben, die Herrnstein bereits 1970 für solche Fälle entwickelt hatte. Die Ergebnisse bestätigten die allgemeine Regel: Belohnung macht ein Verhalten wahrscheinlicher, Bestrafung macht es unwahrscheinlicher. In diesem Sinne ist *Belohnung ein Verstärker von Verhalten, Strafe ein Unterdrücker.*

Die Studie von Bradshaw, Szabadi und Bevan steht in der Tradition der von Skinner propagierten Theorie des operanten Konditionierens; nach dieser Theorie richtet sich Verhalten ausschließlich nach seinen Folgen (vgl. S. 355). Belohnung baut neues Verhalten auf. Strafe unterdrückt Verhalten, trägt also zum Aufbau nichts bei. Skinner hat mit seinem Mitarbeiter Ferster viel Mühe darauf verwandt zu ermitteln, in welcher zeitlichen Beziehung die Gabe von Belohnungen zum Auftreten des zu lernenden Verhaltens steht.

Ferster und Skinner (1957) unterscheiden zunächst

- die kontinuierliche Verstärkung: dabei folgt jeder Reaktion eine Verstärkung (z. B. für jeden Knopfdruck erhält eine Person einen Penny);
- die intermittierende Verstärkung: Verstärkung gibt es nur für einige Reaktionen (z. B. eine Person muß mehrmals den Knopf drükken, bevor sie einen Penny erhält).

Beim intermittierenden Verstärken gibt es einige Variationsmöglichkeiten. Man kann verstärken

- nach dem Zeitablauf, d. h. in Intervallen;
- nach der Zahl der ausgeführten Reaktionen, d. h. im Verhältnis zur Reaktionsmenge.

Die intermittierende Verstärkung kann dabei regelmäßig oder unregelmäßig sein (Skinner schreibt „fest" oder „variabel"). So gibt es Verstärkungen

- nach festen Intervallen (z. B. einen Penny nach jeweils 10 Sekunden) und nach festen

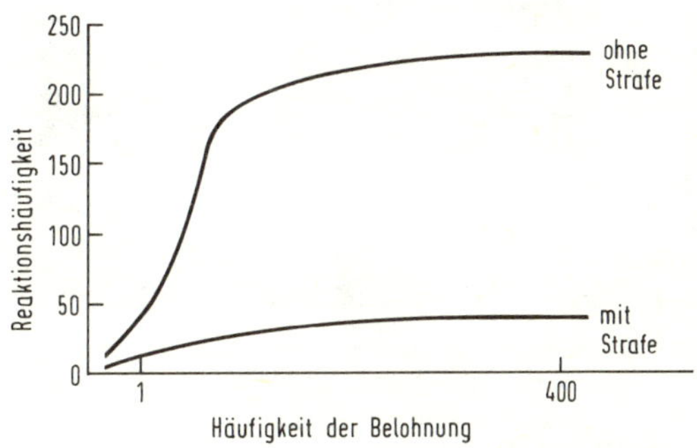

Häufigkeit von Reaktionen (in einem Zeitraum von 10 Min.) in Abhängigkeit von der Häufigkeit der Belohnung – mit und ohne zwischengeschalteter Bestrafung (nach Bradshaw, Szabadi u. Bevan 1977, S. 277).

Verhältnissen (z. B. einen Penny für jeden zehnten Knopfdruck);

○ nach variablen Intervallen (z. B. einen Penny nach unregelmäßigen Zeiten zwischen 5 und 20 sec.) und nach variablen Verhältnissen (z. B. einen Penny nach unterschiedlichen Zahlen zwischen 5 und 20 Reaktionen).

Auf diese Weise lassen sich verschiedene *Schemata zur Verabreichung von Verstärkern* festlegen. Man nennt sie zumeist *Verstärkungspläne* (engl. ‚schedules of reinforcement').

Die Beschaffenheit des Verstärkungsplanes hat einen starken Einfluß auf das Verhalten. Ferster und Skinner haben das eingehend an Tauben demonstriert. Die Tiere mußten jeweils auf einen Schalter picken, um Futter zu erhalten. Der Schalter war mit einem Schreibstift verbunden; jedes Picken verschob den Stift um einen festen Betrag. Ließ man unter dem Schreibstift einen Papierstreifen in konstanter Geschwindigkeit vorbeilaufen, so entstand eine Kurve, aus der die Gesamtzahl der Pickreaktionen im jeweils zurückliegenden Registrationsabschnitt abzulesen war. Diese Art der Aufzeichnung nennt man Kumulativschreibung.

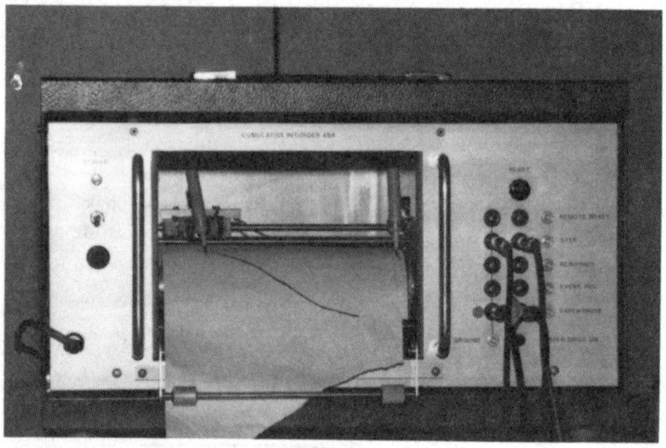

Kumulativschreiber. Jede Reaktion läßt den Schreibstift um einen festen Betrag nach links rükken. Ein Papierstreifen läuft mit konstanter Geschwindigkeit nach unten.

Die folgende Kurve stammt von einer Taube, die Futter in festen Intervallen von vier Minuten erhielt; der Zeitpunkt der Verstärkung ist jeweils durch einen Querstrich markiert. Offensichtlich ist das Tier am Ende des Intervalls mit Eifer tätig; am Anfang des Intervalls, im Anschluß an die Fütterung, ruht die Tätigkeit.

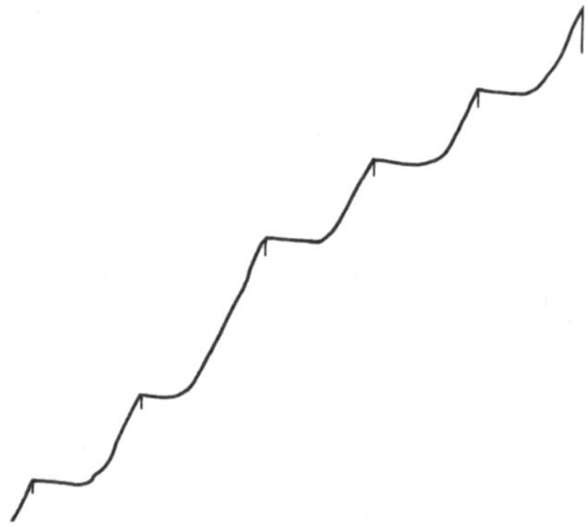

Kumulative Häufigkeit von Verhaltensakten bei Verstärkung in festen Intervallen; eine Fütterung erfolgte regelmäßig in Abständen von vier Minuten (Ferster u. Skinner 1957, S. 159).

Anders dagegen die nächste Aktivitätskurve. Sie steigt ohne wesentliche Unterbrechung steil an und zeugt somit von einer gleichmäßig zügigen Tätigkeit. Die Kurve stammt von einer Taube, die regelmäßig nach 90 Pickreaktionen Futter erhielt.

Kumulative Häufigkeit von Verhaltensakten bei Verstärkung in festem Verhältnis zur Reaktionszahl; eine Fütterung erfolgte regelmäßig nach 90 Pickreaktionen (Ferster u. Skinner 1957, S. 91).

Münzwirtschaft

Die von Skinner und Ferster untersuchte Verhaltenskontrolle durch Verstärkung ist von der Lohnarbeit her gut bekannt. Der Verstärkung in Intervallen entspricht der Zeitlohn, der Verstärkung im Verhältnis zur Leistung der Akkordlohn.

Die Entlohnung als Erziehungsprinzip wird durch die Theorie des operanten Konditionierens auch in die Praxis der pädagogischen und klinischen Psychologie hineingetragen. Vielfach erprobt ist inzwischen die Münzwirtschaft (engl. ‚token economy') in der Psychiatrischen Klinik, in der Rehabilitationsarbeit des Strafvollzugs, in der Schulklasse und in der ambulanten Therapie.

Wohl als erste in einem größeren Praxisobjekt haben Theodoro Ayllon und Nathan Azrin am Anne State Hospital im US-Staat Illinois ein krankenhauseigenes Münzsystem eingeführt. Ihre Patienten konnten sich Bons für nützliche und kooperative Betätigung verdienen: für selbständiges Zähneputzen, Bettenmachen, Duschen usw. Für die erhaltenen Bons konnten sie dann Vergünstigungen erstehen. Sogar die Unterbringung in einem Einzelzimmer und ein persönliches Gespräch mit dem Krankenhauspsychologen konnten sie dafür eintauschen.

In einem Bericht aus dem Jahre 1968 stellten Ayllon und Azrin erhebliche Erfolge durch die eingeführte Münzwirtschaft fest. Das Verhalten der Patienten sei dadurch wesentlich verbessert worden.

Verstärkung – notwendige Voraussetzung für das Lernen?

Skinner ist im modernen Behaviorismus der konsequenteste Vertreter der These, Verstärkung sei eine notwendige Voraussetzung für das Lernen. Diese These ist schließlich identisch mit seiner allgemeinen Aussage, Wirkverhalten sei ausschließlich an seine Folgen gebunden. Reiz-Reaktionstheoretiker haben die Wahl: Sie können annehmen, daß die Reiz-Reaktionsverbindungen der Verstärkung durch nachfolgende Konsequenzen bedürfen; sie können jedoch auch erklären, daß eine reine raum-zeitliche Koppelung von Reiz und Reaktion für ein Lernen ausreicht. So ist die Frage der Notwendigkeit einer Verstärkung im behavioristischen Lager umstritten geblieben.

Thorndike (vgl. S. 354) hat seit 1913 ein *Gesetz der Wirkung* (engl. ‚law of effect') verkündet: Ein lustbetonter Zustand, der einem Verhalten folgt, stärkt die Verbindung zwischen diesem Verhalten und den vorangegangenen Reizen. Clark L. Hull (vgl. S. 294 f.) hat sich ihm in diesem Punkt angeschlossen. Anderer Meinung ist dagegen Edwin R. Guthrie (vgl. S. 347). Für ihn reicht die reine *Kontiguität* zwischen Reiz und Reaktion für das Lernen aus; eine nachfolgende Belohnung könne zum Lerneffekt nichts beitragen. Diese Auffassung macht sich ein weiterer einflußreicher behavioristischer Autor zu eigen, Kenneth W. Spence (1907–1967), der das Hullsche System weiterzuentwickeln versuchte.

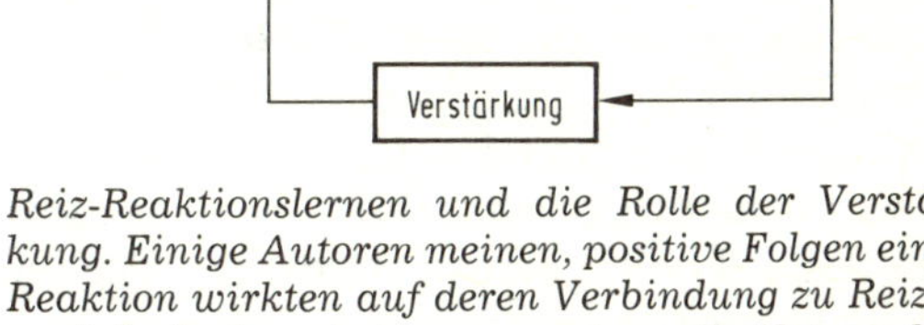

Reiz-Reaktionslernen und die Rolle der Verstärkung. Einige Autoren meinen, positive Folgen einer Reaktion wirkten auf deren Verbindung zu Reizen zurück. Andere Autoren verneinen die Notwendigkeit einer solchen Verstärkung.

Die Argumentation von Spence lautet: Man muß zwei Gegebenheiten unterscheiden, den Schatz des Gelernten – Spence sagt: die Gewohnheiten (engl. ‚habits') – und die Motivation, das Gelernte auch auszuführen. Positive Folgen wirken auf die Motivation, sorgen also für eine häufigere Ausführung des Gelernten. Das bedeutet: Bei häufigerer Bekräftigung wird das Gelernte öfter ausgeführt und dabei noch besser eingeübt. Aber die Umkehrung dieses Satzes wäre nicht richtig: Wenn ein Verhalten keine positiven Folgen hat, so wird es deshalb nicht schlechter gelernt; man merkt nur nicht, daß das Verhalten gelernt worden ist, weil die betroffenen Individuen seltener ausführen, was sie gelernt haben.

Mit dieser Argumentation macht sich Spence (1956) eine wichtige These der kognitivistischen Lerntheorie zu eigen. Kognitivistische Autoren hatten sich mit der Idee einer Verstärkung nie anfreunden können. Warum sollte eine Einsicht besser werden, wenn sie sich nachträglich als nützlich herausstellte? Diese Ansicht setzte freilich wiederum eine Trennung des Gelernten von der Ausführung des Gelernten voraus. Noch genauer: Es war – wie das später auch Spence tat – zu trennen

○ das Gelernte (aus kognitivistischer Sicht etwa die Einsichten in Zusammenhänge zwischen der Situation und den darin möglichen Handlungen),

○ die Motivation, das Gelernte auszuführen und

○ die Ausführung des Gelernten selbst.

Ein Schüler Tolmans, H. C. Blodgett, hatte den Zusammenhang zwischen diesen Größen bereits im Jahre 1929 zu demonstrieren versucht. Er ließ hungrige Ratten durch ein kompliziertes Labyrinth laufen. Eine Gruppe I erhielt vom ersten Tag an am Ende des Labyrinths Futter. Innerhalb von sieben Tagen lernte sie, das Labyrinth fehlerfrei zu durchlaufen. Eine zweite Gruppe machte drei Tage lang zahlreiche Fehler, bis sie am dritten Tag am Ausgang des Labyrinths ebenfalls Futter fand. Als sich danach die Fütterung täglich wiederholte, erreichte sie innerhalb eines Tages die Leistungen der Gruppe I, die von Anfang an Futter erhalten hatte. Genau die gleiche Erscheinung zeigte eine dritte Gruppe. Sie durchlief sieben Tage lang hungrig das Labyrinth und machte viele Fehler. Als sie aber am siebenten Tag Futter bekam, verringerten sich die Fehler von einem Tag auf den anderen beträchtlich.

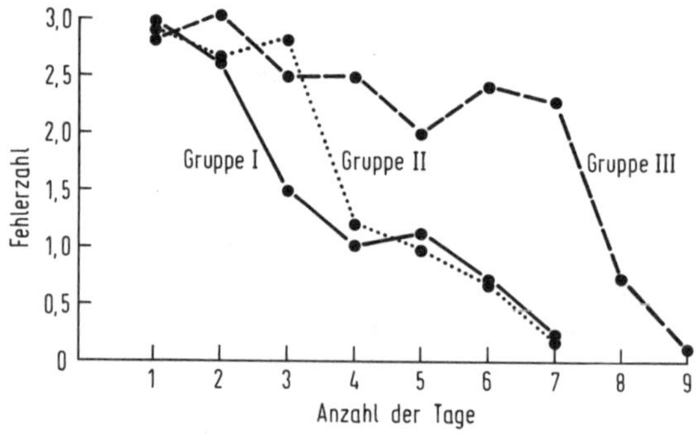

Drei Gruppen von Ratten durchqueren ein Labyrinth. Die Gruppe I, die vom ersten Tag an Futter erhält, ist den beiden anderen Gruppen überlegen, so lange diese hungrig bleiben. Sobald die Tiere der Gruppen II und III aber ebenfalls Futter erhalten, verschwinden die Leistungsunterschiede (nach Tolman 1932, S. 49).

Die Interpretation des Befundes von Blodgett lag auf der Hand: Alle Gruppen hatten das Labyrinth gleich gut gelernt. Aber erst die Belohnung hatte die Tiere veranlaßt – jeweils zu verschiedenen Zeiten – ihre Kenntnis zu nutzen und den kürzesten Weg zu wählen. Tolman (1932) nahm Blodgetts Ergebnisse als Beleg für die Möglichkeit latenten Lernens (von lat. ‚latens' – verborgen). *Latentes Lernen* sei nicht von einer Belohnung abhängig. Belohnung – hier: die Verabreichung des Futters – wecke nur die Motivation, das latent Vorhandene auch in sichtbares Verhalten umzusetzen.

Wenn auch kognitivistische Autoren eine Belohnung für das Lernen von Verhaltensweisen nicht für notwendig halten, so messen sie der Belohnung im Lernprozeß doch eine erhebliche Bedeutung bei. Belohnung kann

- die Richtigkeit gewonnener Einsichten bestätigen (Rückmeldeeffekt),
- das Selbstvertrauen bei der Bewältigung der übernommenen Lernaufgabe heben (Motivierungseffekt).

Rückmelde- und Motivierungswirkungen greifen – so die neuere kognitivistische Interpretation – in das Gefüge der Ursachenattribuierungen (s. S. 313f.) ein. Eine kontinuierliche Verstärkung etwa werde von den Betroffenen – je nach Zusatzbedingungen – als Glückssträhne oder als Beweis der eigenen Tüchtigkeit gedeutet. Wie Rotter, Liverant und Crowne (1961) in einer gegenüber Skinner kritischen Studie zur Wirkung von Verstärkungsplänen festgestellt haben, läßt sich der Effekt von Verstärkungen überhaupt erst vorhersagen, wenn bekannt ist, ob die Betroffenen eine Belohnung internen oder externen Ursachen zuschreiben. Rotter und seine Mitarbeiter haben u. a. belegt: Bleibt die Belohnung nach einer Zeit kontinuierlicher Verabreichung plötzlich aus, so wird bei externaler Zuschreibung auch die vorher belohnte Tätigkeit vergleichsweise schnell eingestellt (etwa nach dem Argument „jetzt hat mich eben mein Glück verlassen"). Herrscht jedoch eine internale Attribuierung vor, wird die Tätigkeit auch nach Absetzen der Belohnung vergleichsweise lange fortgesetzt (etwa nach den Argumenten „das habe ich doch die ganze Zeit gekonnt", „was die ganze Zeit richtig war, kann doch jetzt nicht auf einmal falsch sein").

Unter diesen Umständen halten viele deutschsprachige Autoren, die der kognitivistischen Lerntheorie den Vorzug geben, die Verwendung des Begriffs der Verstärkung nicht für angebracht; letztlich hafte ihm ja doch immer die Bedeutung der Festigung von assoziativen Bedingungen an. Sie benutzen deshalb den Begriff der *Bekräftigung*, um Belohnungs- und Bestrafungswirkungen zu bezeichnen.

Stellvertretende Belohnung und Bestrafung

Wenn Lohn und Strafe mehr symbolische Bedeutung haben, indem sie der Bestätigung von Einsichten in Situations- und Handlungszusammenhänge dienen, so kommt es gar nicht darauf an, daß der Lernende selbst eine Belohnung oder Bestrafung erhält. Lernen kann er auch aus der Beobachtung der Belohnung und Bestrafung anderer Personen. So war es für die kognitivistische Lerntheorie eine wichtige Unterstützung, als sich bei Versuchen zum Beobachtungslernen ergab, daß sich Lernende auch an Lohn und Strafe orientieren, die Modellpersonen zukommen. Eine der ersten Studien zu diesem Problem stammt aus dem Untersuchungsprogramm von Albert Bandura (vgl. bereits S. 359f.).

Die Untersuchung wurde mit Jungen und Mädchen im Alter zwischen vier und sechs Jahren durchgeführt. Die Kinder wurden zum Spielen eingeladen, erhielten jedoch zunächst über einen Fernseher einen Film vorgeführt. Der Film zeigte eine Frau, die mit einer großen Gummipuppe spielte. Den Inhalt des ersten Filmteils beschreibt der Autor folgendermaßen:

> „Zuerst legte das Modell die Puppe Bobo auf die Seite, setzte sich darauf und boxte ihr auf die Nase, indem sie bemerkte: ‚Wumm, gerade auf die Nase, bumm, bumm.' Danach stellte das Modell die Puppe auf und schlug ihr mit einem kleinen Hammer auf den Kopf. Jeder Schlag war von der Äußerung begleitet: ‚Mist, bleib liegen!'. Nach dem Angriff mit dem Hammer trat das Modell die Puppe mit dem Fuß durch das Zimmer und murmelte dazwischen ‚Hau ab!'. Schließlich warf das Modell Gummibälle auf Bobo und rief ‚päng!', wenn es die Puppe traf."
>
> (Eigene Übersetzung aus Bandura 1965, S. 590f.)

Für ein Drittel der Kinder endete der Film an dieser Stelle. Die übrigen Kinder erlebten noch eine Fortsetzung, in der das Modell entweder für sein Verhalten belohnt oder bestraft wurde. Der Inhalt beider Fortsetzungen:

- Version I (Belohnung): Ein Erwachsener

betritt den Raum mit einem Tablett voller Süßigkeiten und Getränke. Er erklärte der Modellperson, sie sei ein starker „Champion" und ihr hervorragender Einsatz verdiene eine große Belohnung. Darauf erhielt das Modell „Kraftspenden" in Form von Süßigkeiten und Getränken.

○ Version II (Bestrafung): Ein Erwachsener tritt ein und tadelt das Modell. Das Modell schreckt zurück und fällt dabei hin. Der Erwachsene droht mit Hieben, wenn das Modell die Puppe noch einmal so schlecht behandeln sollte.

Kurz nach der Filmvorführung wurde jedes Kind in ein Spielzimmer geführt. Dort stand die echte Bobo-Puppe, dazu gab es drei große Bälle, kleine Gummibälle, einen Hammer, ein Puppenhaus, Spielautos und einen Bauernhof mit Tieren. Der Versuchsleiter forderte jedes Kind einzeln auf zu zeigen, was die Frau im Film alles gemacht habe.

Stellte er diese Frage ganz neutral, so beschrieben und demonstrierten die Kinder das Gesehene nur, wenn sie die Belohnung des Modells oder keine Folgen erlebt hatten. Hatten sie jedoch die Bestrafungsszene miterlebt, so waren sie in ihren Äußerungen deutlich zurückhaltender. (Die Mädchen hielten sich durchweg in ihren Äußerungen mehr zurück als die Jungen.)

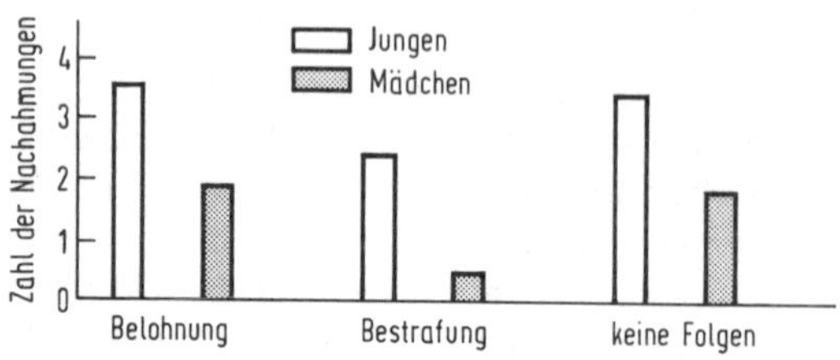

Ausführung des Modellverhaltens bei Jungen und Mädchen nach Belohnung und Bestrafung des Modells (nach Bandura 1965, S. 592).

In dem Versuch von Bandura richten die Kinder offensichtlich ihr Verhalten nach den Konsequenzen aus, die das Modell erfahren hat und deren Zeuge sie geworden sind. Verallgemeinert ausgedrückt: Man wird nicht nur aus eigenem Schaden und Nutzen klug, sondern auch aus dem miterlebten Schaden und Nutzen der anderen. Bandura (1971) prägte für diese Erscheinung den Begriff der *stellvertretenden Verstärkung* (engl. ‚vicarious reinforcement').

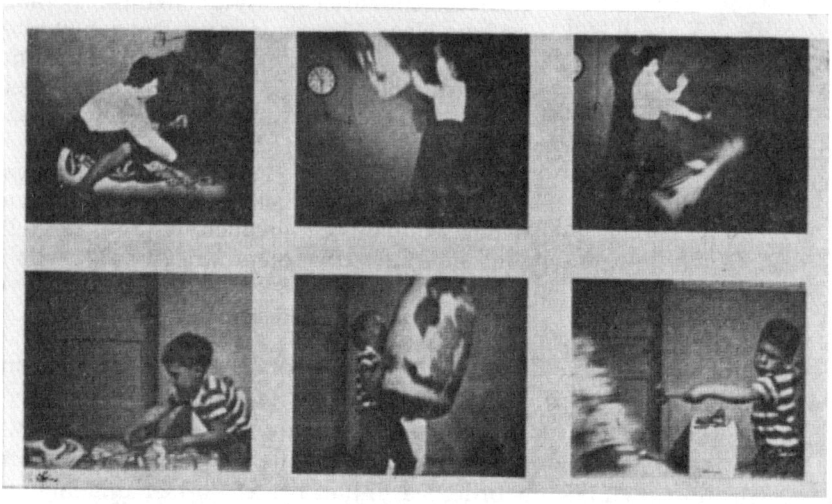

Modell und Proband mit der Puppe Bobo (aus Bandura, Ross u. Ross 1963, S. 8).

Zusammenfassung

1. Einige Autoren halten eine Belohnung (Verstärkung) für eine unverzichtbare Voraussetzung für das Lernen. Andere Autoren nehmen an, das Lernen schreite auch ohne Belohnungen fort; Belohnungen würden nur die Ausführung des gelernten Verhaltens fördern und dadurch seine weitere Vervollkommung begünstigen.
2. In der lernpsychologischen Forschung ist nicht nur die Auswirkung der Menge von Belohnungen und Bestrafungen auf das Lernen untersucht worden, sondern auch dessen Abhängigkeit von der Verteilung der Belohnungen und Bestrafungen (Verstärkungsplan).
3. Lohn und Strafe wirken nicht nur, wenn sie dem Lernenden selbst verabreicht werden. Auch die Beobachtung der Belohnung und Bestrafung einer Modellperson kommen dem Lernen zugute (stellvertetende Verstärkung).

Literaturhinweise

Bradshaw, C. M., Szabadi, E. u. Bevan, P.: Effect of punishment on human variable-interval performance. Journal of the Experimental Analysis of Behavior 27 (1977), 275–279

Herrnstein, R. J.: On the law of effect. Journal of the Experimental Analysis of Behavior 13 (1970), 243–266

Ferster, C. B. u. Skinner, B. F.: Schedules of reinforcement. New York: Appleton Century Crofts 1957

Ayllon, T. u. Azrin, N.: The token economy: A motivational system for therapy and rehabilitation. Englewood Cliffs: Prentice Hall 1968

Thorndike, E. L.: The psychology of learning. (Educational psychology Bd. 2) 1913. Überarbeitete Fassung: The fundamentals of learning. New York: Teachers College 1932

Spence, K. W.: Behavior theory and conditioning. New Haven: Yale University Press 1956

Blodgett, H. C.: The effect of the introduction of reward upon the maze performance of rats. University of California Publications in Psychology 4 (1929), 113–134

Tolman, E. C.: Purposive behavior in animals and men. New York: Appleton Century Crofts 1932

Rotter, J. B., Liverant, S. u. Crowne, D. P.: The growth and extinction of expectancies in chance controlled and skilled tasks. Journal of Psychology 52 (1961), 161–177

Bandura, A.: Influence of model's reinforcement contingencies on the acquisition of imitative responses. Journal of Personality and Social Psychology 1 (1965), 589–595

Bandura, A.: Vicarious and self-reinforcement processes. In Glaser, R. (Hg.): The nature of reinforcement. New York: Academic Press 1971, 228–278

Bandura, A., Ross, D. u. Ross, S. A.: Imitation of film-mediated aggressive models. Journal of Abnormal and Social Psychology 66 (1963), 3–11

Lernpsychologische Probleme in der Entwicklungs- Persönlichkeits- und Sozialpsychologie

Entwicklungspsychologie

Kein ernstzunehmender Autor wird bestreiten, daß die Entwicklung des Menschen zu einem erheblichen Teil auf Lernen beruht. Es gibt jedoch Unterschiede in der Bemessung des Anteils des erlernten Verhaltens im menschlichen Leben. Für den Erwerb von Fertigkeiten und Gewohnheiten werden gleichermaßen das klassische Konditionieren, das operante Konditionieren und das einsichtige Lernen verantwortlich gemacht. Lernpsychologische Kontroversen darüber, wieweit es diese Formen des Lernens gibt und wieweit sie vorfindbar sind, setzen sich in der Entwicklungspsychologie fort.

Die Technik des *klassischen Konditionierens* läßt sich bereits beim Kind im Mutterleib anwenden. So beschreibt etwa David Spelt (1948) die Konditionierung von Bewegungen bei einem sieben Monate alten Fötus; als unkonditionierten Reiz benutzte er einen lauten Ton, als konditionierten Reiz Vibrationen am Bauch der Mutter. Die Technik des *operanten Konditionierens* wird wohl erst nach der Geburt anwendbar sein, verspricht aber schon Erfolge in den ersten Lebensmonaten.

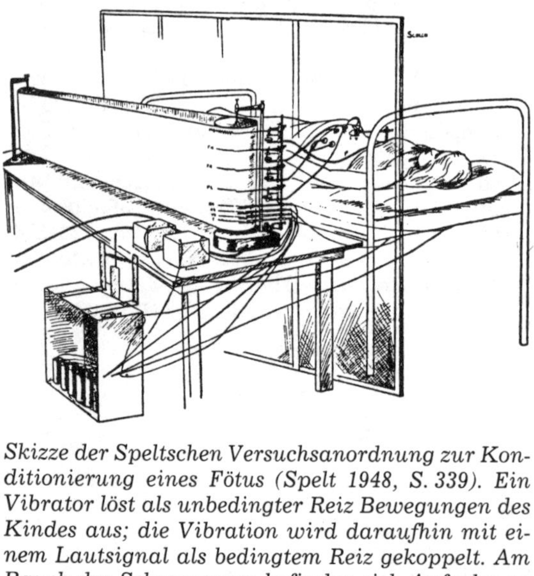

Skizze der Speltschen Versuchsanordnung zur Konditionierung eines Fötus (Spelt 1948, S. 339). Ein Vibrator löst als unbedingter Reiz Bewegungen des Kindes aus; die Vibration wird daraufhin mit einem Lautsignal als bedingtem Reiz gekoppelt. Am Bauch der Schwangeren befinden sich Aufnehmer, die mit einem Schreiber verbunden sind und die Bewegungen der Bauchdecke anzeigen.

Wie früh *einsichtiges Lernen* beginnt, ist schwer nachzuweisen. Folgt man Jean Piaget (1972), so entsteht die absichtliche Bewegung (z. B. das Greifen, absichtliches Ziehen) etwa in der Mitte des ersten Lebensjahres. Zur gleichen Zeit gehen nach Piaget die primären Kreisreaktionen in die sekundären Kreisreaktionen über. Damit ist folgendes gemeint: Das Kind wiederholt Bewegungen zunächst mechanisch oder zufällig und erzielt damit bevorzugt den gleichen Effekt (z. B. Aufheben und Fallenlassen eines Würfels). Später – in der Kreisreaktion der zweiten Art – wiederholt es Bewegungen absichtlich, in der Erwartung und in der Vorfreude des dann entstehenden Effekts (z. B. Wegziehen eines Tuchs im „Guck-guck-da" Spiel).

Das *Erlernen von Bewegungsabläufen* (wie Schwimmen, Turnen, Laufen) ist für sich schon ein wesentliches Ziel der Entwicklung. Dem Lernen äußerer Bewegung kommt darüber hinaus noch eine weitere, kaum zu unterschätzende Bedeutung zu, wenn die Behauptung stimmt, die inneren gedanklichen Abläufe entwickelten sich nach dem Vorbild der äußeren motorischen Abläufe. Dies ist die Grundthese der genetischen Psychologie, wie sie in besonders konsequenter Form von dem Moskauer Psychologen Alexej Leontjew (s. bereits S. 30) vertreten wird. Dem *genetischen Prinzip* folgt auch die Lerntheorie des russischen Psychologen P. J. Galperin (1967) mit seiner These von der *etappenweisen Ausbildung geistiger Handlungen.*

Die These wird recht gut veranschaulicht in einer Untersuchung von zwei Schülerinnen Galperins, S. A. Reschetowa und I. P. Kaloschina (1973): Sie führten ihre Untersuchung durch an Schülern, die eine Berufsausbildung als Dreher erhielten. Zu ihrem Lehrplan gehörte die Fertigung von Wellen. Die Schüler mußten dabei einerseits die Fertigung solcher Wellen erlernen (das Einspannen des Rohlings, das Ausmessen, Schruppen und Schlichten), zum anderen mußten sie theoretische Kenntnisse über verschiedene Arten von Wellen und über Kriterien zu ihrer Beurteilung erwerben.

In Anlehnung an eine allgemeine von Galperin vorgeschlagene Methodik führten die Autorinnen ein Training in drei Stufen (nach Galperin: Etappen) ein:

○ In der ersten Stufe mußten die Schüler nach Vorschrift bestimmte Operationen üben. Sie hatten Messungen auszuführen, die Meßergebnisse in Tabellen einzutragen, Berechnungen anzustellen sowie weitere Arbeitsgänge durchzuführen.

○ Die zweite Stufe vollzog sich in der Form des lauten Sprechens oder Schreibens. Die Schüler mußten in einem Vortrag oder in einer Niederschrift wiedergeben, was sie getan hatten.

○ In der dritten Stufe folgte das Reflektieren und Einprägen der sprachlichen Formulierungen. Diese dritte Stufe stellt nach Galperin die eigentliche geistige Handlung dar. Aus der materialisierten Handlung hat sich – so schreiben die Autoren – ein aktives Wissen gebildet.

Es ist theoretisch durchaus vorstellbar, daß sich auch während der individuellen Entwicklung ein stufenweises Lernen ereignet, das von der konkreten (und wenig reflektierten) Handlung zum abstrakten Wissen führt.

Persönlichkeitspsychologie

Zwischen der Persönlichkeitspsychologie und der Lerntheorie bestehen zwei Arten von Beziehungen:

○ Verschiedene Personen zeigen ein unterschiedliches Lernverhalten (differentielle Psychologie des Lernens),

○ unterschiedliche Persönlichkeiten lassen sich auf verschiedene Lerngeschichten zurückführen (lerntheoretische Ansätze in der Persönlichkeitspsychologie).

Ein Beispiel zur *differentiellen Psychologie des Lernverhaltens:* Trainiert man mehrere Personen nach der Technik des klassischen Konditionierens, so stellt man fest, daß die Zahl der bis zur Auslösung einer bedingten Reaktion benötigten Versuche individuell recht stark variiert. Pawlow (1953/1923) deutet die Schnelligkeit des Konditionierens als Indiz für die Erregbarkeit des Nervensystems. Der Londoner Persönlichkeitstheoretiker Hans-Jürgen Eysenck (1973) betrachtet die nervöse Erregbarkeit als ein Merkmal der Introversion. (Wer durch Außenreize leicht erregbar ist, tendiert zur Abwendung von seiner Umwelt). Daher hat er zu zeigen versucht, daß Introvertierte im allgemeinen schneller zu konditionieren sind als Extravertierte.

In einem Versuch wählte er den Schließreflex des Augenlids als kritische Reaktion. Der Lidschlußreflex läßt sich durch einen das Auge treffenden Luftstoß auslösen; der Luftstoß fungiert dann als unbedingter Reiz. Der Luftstoß wurde mit einem Ton gepaart. Nach hinreichend vielen Paarungen schloß sich das Augenlid bereits bei Darbietung der Töne allein. Introvertierte erlernten die Paarung dabei schneller als Extravertierte.

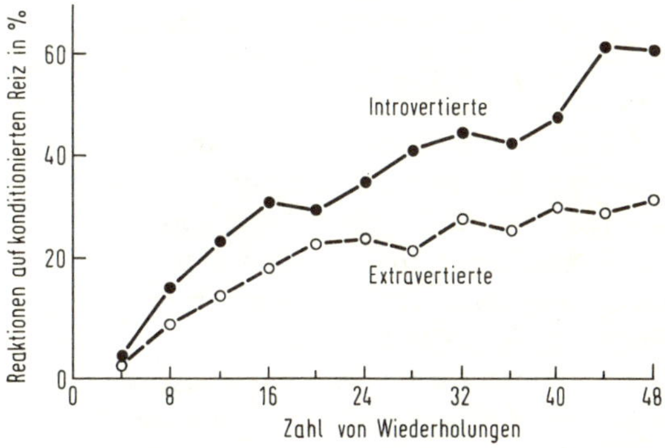

Geschwindigkeit der Konditionierung bei Introvertierten und Extravertierten (nach Eysenck 1973, S. 161).

Bedeutet Lernen das Gewinnen von Einsichten, müßten Hochintelligente sich als besonders lernfähig erweisen. Allerdings läßt sich das Argument auch umkehren: Hohe Intelligenz ist auch als Folge wirkungsvollen Trainings zu deuten (vgl. Knoche 1977).

Zum Bereich der *lerntheoretisch orientierten Persönlichkeitspsychologie* nur so viel: Von einer Persönlichkeitstheorie erwartet man nicht nur die Beschreibung von Persönlichkeitseigenschaften und deren Zusammenhang innerhalb einer übergreifenden Persönlichkeitsstruktur. Man erwartet von ihr auch eine Erklärung der Herkunft dieser Eigenschaften, ja der Persönlichkeitsstruktur überhaupt. Es gibt kaum eine moderne Persönlichkeitspsychologie, die nicht in irgendeiner Weise die Formung der Persönlichkeit durch Erfahrung der Umwelt (und somit auch durch Lernen) in Rechnung stellen würde. Manche Theoretiker meinen, die menschliche Persönlichkeit und ihre Eigenschaften seien vollkommen durch die Lernerfahrung bestimmt – so etwa die bereits erwähnten Dollard und Miller (S. 336). In seinen frühen Schriften bekennt sich auch O. H. Mowrer (1950) in seiner Persönlichkeitstheorie zu einem reinen Lernansatz.

Neben der Grundsatzdiskussion über das Verhältnis von mitgebrachter Anlage und vorgefundener Umwelt steht die Forschung an einzelnen einschlägigen Fragestellungen. Zum Beispiel: Wie weit ist die Depressionsneigung ein erworbener Charakterzug? Der amerikanische Psychologe Martin Seligman (1975) glaubt, die Entstehung (zumindest vieler Fälle) von Depression durch folgende lernpsychologische Erwägung erklären zu können: Am Anfang der Depression steht die Erfahrung einer mangelnden Situationskontrolle. Ein Mann gerät etwa an ein unlösbares Problem. Er verliert vielleicht seinen Arbeitsplatz und ist – trotz erheblicher Anstrengungen – nicht in der Lage, einen neuen zu finden. Das Ergebnis ist die Erfahrung der eigenen Hilflosigkeit, einer erlernten Hilflosigkeit (engl. ‚learned helplessness') – wie Seligman sagt. Diese Hilflosigkeit – die zunächst nur bei der Arbeitssuche besteht – wird nun auf andere Situationen verallgemeinert. Der Betroffene befürchtet auch ein Versagen seiner Gesundheit, seines Familienglücks, seiner freundschaftlichen Beziehungen. Unter dem Druck der Befürchtung läßt dann seine Aktivität nach, seine Zukunftserwartungen werden düster und seine Emotionen negativ. Depression erscheint demnach als Folge einer (pathologischen) Verallgemeinerung einer (möglicherweise durchaus realistischen) Erfahrung.

Sozialpsychologie

Von *sozialem Lernen* ist die Rede, wenn
- ○ ein Lernprozeß durch Interaktion mehrerer Individuen, eventuell sogar Institutionen getragen wird (Lernen als sozialer Prozeß),
- ○ die vermittelten Inhalte und Fertigkeiten sozial bedeutsam sind (soziale Thematik des Lernstoffes).

Sozial lernen in der zuerst genannten Bedeutung heißt: gemeinsam lernen, voneinander lernen, unter Umständen auch unter gesellschaftlich gesetzten Randbedingungen lernen. Ein Beispiel hierfür ist der Fachunterricht in Schulen. Er vollzieht sich weitgehend in Klassengemeinschaften. Schülern und Lehrern fallen darin getrennte Rollen zu. Viele Randbedingungen (z. B. Schulzeit, Unterrichtsstil) sind durch Gesetzgeber, Behörden und öffentliche Erwartungen gesetzt.

Soziales Lernen im zweiten genannten Sinne heißt: sozial bedeutsames Wissen erwerben; darauf sind schon die Kap. 4 (S. 145 f.) und 6 (S. 228) eingegangen. Soziales Lernen heißt weiterhin: sich *soziale Verhaltensweisen und Rollen aneignen;* dieser Punkt soll in den folgenden Absätzen behandelt werden. Ein aktuelles Beispiel ist das Kommunikationstraining. Programme zur Förderung kommunikativer Fähigkeiten werden häufig für Lehrer angeboten, aber auch für Verwaltungsbeamte, Betriebsräte, Studenten und andere Gruppen (vgl. Greif, Rieger u. Semmer 1977; Greif 1976; Semmer u. Pfäfflin 1978).

Zu den Verhaltensweisen, die sich im Kommunikationstraining verbessern lassen, gehören: die aufmerksame Zuwendung zum Gesprächspartner (z. B. gezielte Begrüßung, Blickkontakt), der angemessene sprachliche Ausdruck (z. B. Wortwahl, Satzaufbau, Gliederung von Redebeiträgen), der mimische und gestische Ausdruck (z. B. Gesten der Entschiedenheit, Hinweise auf Kompromißbereitschaft), allgemeine Konventionen des Umgangs (z. B. Anbieten und Entgegennehmen von Hilfen beim Betreten und Verlassen von Räumen, bei gemeinsamen Mahlzeiten). Wesentlich ist, diese Tätigkeiten jeweils in ihrer Wirkung auf die soziale Situation beurteilen zu lernen, z. B. hinsichtlich ihrer Bedeutung für die Durchsetzung eigener Interessen oder der Vertrauensbildung bei den Partnern. Kommunikationstraining erfolgt vorzugsweise in Gruppen, kann aber phasenweise auch individuell betrieben werden (z. B. beim Probesprechen auf Tonband, beim Agieren vor dem Spiegel oder vor einer Videokamera).

Die beiden zu Beginn dieses Abschnitts unterschiedenen Aspekte des sozialen Lernens, der prozessuale und der thematische, fallen bei ausgesprochenen Rollen- und Partnertrainings zusammen. Dabei ist das Lernziel, das Verhalten von – meist langfristig verbundenen – Partnern aufeinander abzustimmen. Ein solches Training erweist sich etwa bei der Rehabilitation Behinderter als wünschenswert. Im Optimalfall läßt man Unfallgeschädigte wie den eingangs (S. 333) geschilderten Rollstuhlfahrer Andreas T. nicht allein lernen, mit seiner Behinderung fertig zu werden; man schließt seine gesunden Partner, seine Familienmitglieder, Freunde und Arbeitskollegen in das Training ein. Es soll ja nicht nur der Rehabilitand seine Ängste und Ungeschicklichkeiten gegenüber seiner Umgebung ablegen: auch seine gesunden Partner zeigen oft Ängste und Unfähigkeiten gegenüber Behinderten. Dürfen sie seine Behinderung ansprechen? Wie können sie mit ihm über seine Behinderung sprechen, ohne ihn zu verletzen? Wann braucht er Hilfe? Wie hilft man ihm am besten? Die Beteiligung am Rehabilitationsprogramm kann dem gesunden Partner helfen, mit diesen Schwierigkeiten fertig zu werden (vgl. wieder Schöler, Lindenmeyer u. Schöler 1981).

Das soziale Lernen wird vielfach zum Thema der Sozialpsychologie, denn die soziale Umwelt entfaltet erhebliche Aktivitäten, um das Lernen von Verhaltensweisen in Gang zu setzen und seinen Erfolg zu kontrollieren; und viele der gelernten Verhaltensweisen sind selbst sozialer Natur, d. h. sie betreffen den Umgang mit sozialen Partnern. Es gibt institutionalisierte Programme zur Sozialerziehung, daneben aber auch vielfältige informelle Ereignisse und Unternehmungen in der Familie, auf Spielplätzen, in Sportvereinen und ähnlichen Gruppen, die soziales Verhalten und soziale Kognitionen prägen. In ihrem Gefolge entsteht eine Einbindung von Neuankömmlingen in bestehende Gruppen und Kulturen; sie ermöglichen auch den kulturellen Wandel. Die Gesamtheit sozialer Lernprozesse, die ein Mensch durchläuft, nennt man *Sozialisation;* als Sozialisation wird oft auch das Ergebnis dieser Lernprozesse bezeichnet.

In den letzten beiden Jahrzehnten ist das

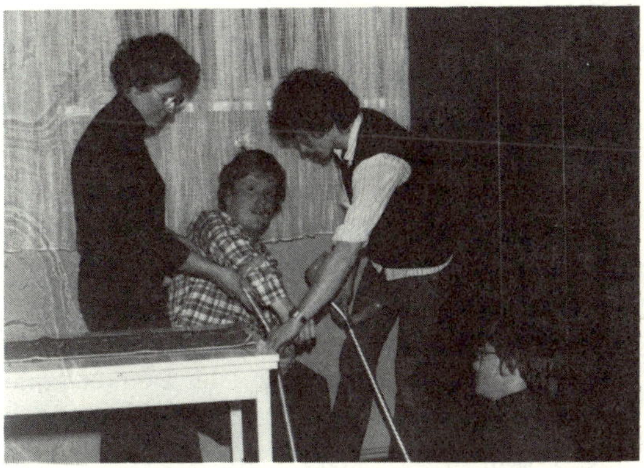

Gemeinsames Rehabilitationstraining eines Behinderten mit seinen gesunden Partnern. Hier wird gerade das richtige Übergeben und Abnehmen von Krücken geübt.

Interesse der Psychologie an der Erforschung der Sozialisation, insbesondere der frühkindlichen Sozialisation sprunghaft angewachsen. Für Untersuchungen in der Bundesrepublik recht repräsentativ ist ein von Horst Nickel geleitetes Forschungsprojekt an der Universität Düsseldorf. Das Projekt beschäftigt sich mit der vorschulischen Sozialisation und vergleicht Erziehungsziele, Erziehungspraktiken und Erziehungswirkungen in institutionalisierten Kindergärten (d. h. Kindergärten der Gemeinden und Kirchen) und freien Kinderläden (in der Regel Eltern-Kinder-Initiativgruppen). Charakteristisch für dieses Projekt ist: Es wird nicht nur kindliches Verhalten beobachtet, sondern auch das Erziehungsverhalten. Die gleichzeitige Beobachtung von Erziehern und Kindern eröffnet dann die Möglichkeit, die Erzieher-Kind-Interaktion in ihrem Wandel zu erfassen (vgl. Nickel 1977).

Zusammenfassung

1. Die Entwicklung eines Menschen ist wohl weitgehend von Lernvorgängen bestimmt. Bereits vor der Geburt lassen sich Konditionierungsvorgänge beobachten. In der genetischen Psychologie wird diskutiert, ob sich innere, gedankliche Abläufe nach dem Vorbild äußerer, motorischer Tätigkeiten entwickeln.
2. Verschiedene Personen zeigen unterschiedliches Lernverhalten (differentielle Psychologie des Lernens); unterschiedliche Persönlichkeiten lassen sich auf verschiedene Lerngeschichten zurückführen (lerntheoretische Ansätze in der Persönlichkeitspsychologie).
3. Lernen spielt sich oft im sozialen Umfeld und mit verteilten Rollen ab. Ziel des Lernens ist häufig der Aufbau sozialer Verhaltensweisen. Die Gesamtheit der sozialen Lernvorgänge, denen ein Mensch in einer Kultur unterworfen ist, nennt man Sozialisation.

Literaturhinweise

Spelt, D.: The conditioning of human fetus in utero. Journal of Experimental Psychology 38 (1948), 338–346

Piaget, J.: Sechs psychologische Studien. In: Piaget, J. (Hg.): Theorien und Methoden der modernen Erziehung. Wien: Molden 1972, 185–351

Leontjew, A.: Probleme der Entwicklung des Psychischen. Frankfurt: Athenäum 1971 (Erstausgabe: Moskau 1959)

Galperin, P. J.: Die Psychologie des Denkens und die Lehre von der etappenweisen Ausbildung geistiger Handlungen. In: Budilowa, E. A., Schochorowa, E. W., Bruschlinski, A. W. u. a. (Hg.): Untersuchungen des Denkens in der sowjetischen Psychologie. Berlin: Volk und Wissen 1967, 81–119

Reschetowa, S. A. u. Kaloschina, I. P.: Psychologische Bedingungen des polytechnischen Unterrichts. In: Lompscher, J. (Hg.): Sowjetische Beiträge zur Lerntheorie. Köln: Pahl-Rugenstein 1973, 71–99

Pawlow, I. P.: Zwanzigjährige Erfahrungen mit dem objektiven Studium der höheren Nerventätigkeit des (Verhaltens) der Tiere. Sämtliche Werke Bd. 3. Berlin: Akademie Verlag 1953, 1–136 (Erstausgabe 1923)

Eysenck, H. J.: Conditioning, introversion-extraversion and the strength of the nervous system. In: Eysenck, H. J. (Hg.): Eysenck on extraversion. London: Crosby Lockwood Staples 1973, 156–169

Knoche, W.: Das Erbe- Umwelt-Problem. Begriffliches und Klärendes zu Begabung und Intelligenzerblichkeit. Weinheim: Beltz 1977

Dollard, J. u. Miller, N. E.: Personality and psychotherapy. New York: McGraw Hill 1950

Mowrer, O. H.: Learning theory and personality dynamics. New York: Ronald Press 1950

Seligman, M.: Helplessness. San Francisco: Freeman 1975. (Dt.: Erlernte Hilflosigkeit. München: Urban u. Schwarzenberg 1979)

Greif, S., Rieger, A. u. Semmer, N.: Verhaltenstraining für Betriebsräte. Psychologie heute 4 (1977), 18–25, 83

Greif, S.: Direktes Verhaltenstraining. Gruppendynamik 7 (1976), 29–46

Semmer, N. u. Pfäfflin, M.: Interaktionstraining. Weinheim: Beltz 1978

Schöler, L., Lindenmeyer, J. u. Schöler, H.: Das alles soll ich nicht mehr können? Sozialtraining für Rollstuhlabhängige. Weinheim: Beltz 1981

Nickel, H.: Überblick über ein Forschungsvorhaben: Erziehungsmerkmale, Sozialverhalten und Erziehungsbedingungen in unterschiedlichen vorschulischen Einrichtungen. In: Tack, W. H. (Hg.): Bericht über den 30. Kongreß der Deutschen Gesellschaft für Psychologie 1976 in Regensburg. Bd. 1. Göttingen: Hogrefe 1977, 245–247

Ausgewählte Literatur zur Ergänzung und Vertiefung

Asratjan, E. A.: Das wissenschaftliche Erbe Pawlows. Stuttgart: Hirzel 1981
(Gibt einen Einblick in die russische Lernpsychologie seit Pawlow)

Bredenkamp, J. u. Wippich, W.: Lern- und Gedächtnispsychologie. Bd. 1. Stuttgart: Kohlhammer 1977
(Studientext mit Schwerpunkt beim Verhaltenslernen)

Hilgard, E. R. u. Bower, G. H.: Theories of learning. New York: Appleton-Century-Crofts, o. J. (3. Aufl. etwa 1969). (Dt.: Theorien des Lernens. 2 Bde. Stuttgart: Klett 1971)
(Eine Darstellung der klassischen Lerntheorien sowie neuerer Theorienansätze in der Lernpsychologie)

Holding, D. H.: Human Skills. New York: Wiley 1981
(Über den Erwerb von motorischen Fertigkeiten, ihre Erhaltung über die Zeit sowie ihre Koordination bei der Ausführung)

Seligman, M. E. P. u. Hagen, J. L.: Biological boundaries of learning. New York: Appleton-Century-Crofts 1972
(Beitrag zur Instinkt-Lernen-Kontroverse mit umfassendem theoretischen und empirischen Material aus zahlreichen Bereichen tierischen und menschlichen Verhaltens)

Volpert, W.: Sensumotorisches Lernen. Frankfurt a. M.: Limpert 1973, 2. Aufl.; Fachbuchhandlung für Psychologie 1981, 3. Aufl.
(Über das Lernen von Bewegungsabläufen; Anwendung der Lernpsychologie beim sportlichen Training)

Watson, D. u. Tharp, R.: Self-directed behavior. Self modification for personal adjustment. Monterey, Calif.: Brooks/Cole 1972. (Dt.: Einübung in Selbstkontrolle. Grundlagen und Methoden der Verhaltensänderung. München: Pfeiffer 1975)
(Anwendung von Lernprinzipien zur Veränderung des eigenen Verhaltens, z. B. Angewöhnung von Studientechniken, Abgewöhnen des Rauchens)

Kapitel 10

Motivation und Emotion

**Was für Bedürfnisse, welche Gefühle bewegen die Menschen?
Sind Gefühle und Bedürfnisse immer bewußt?
Kann der Mensch zum Opfer seiner eigenen Gefühle und Bedürfnisse werden?
Wie weit ist der Mensch Herr seiner eigenen Gefühle?
Sind alle Bedürfnisse egoistisch?
Wie ändern sich Gefühle und Bedürfnisse mit den Lebensumständen?**

Die Psychologie der Motivation und Emotion – für eine breite Öffentlichkeit ist das der Inhalt der Psychologie schlechthin. In der so begriffenen Psychologie spiegelt sich die Dynamik des Menschen, seine Ich-Bezogenheit und seine Individualität, aber auch seine zerstörerische Kraft, seine Schwäche und seine Unberechenbarkeit. Wenn in der Öffentlichkeit die Psychologie das (zweifelhafte) Ansehen einer Geheimlehre genießt, die dem Eingeweihten Macht über die Mitmenschen sowie sich selbst verleiht, so rührt dies wesentlich von ihrer nicht selten vorgenommenen Verengung auf eine Wissenschaft von der Motivation und Emotion her.

Der Zauber des als geheimnisvoll Angekündigten verfliegt freilich rasch mit der eingehenderen Beschäftigung. Schwer zu fassen ist die Dynamik emotionaler und motivationaler Prozesse. Und was im eigenen Erleben vital, mitreißend, ja mitunter überwältigend erscheint, gerät in der wissenschaftlichen Beschreibung leicht zu einem blaß und belanglos wirkenden Abklatsch der Wirklichkeit. In der nüchternen Analyse geht oft vollends jene Spontaneität verloren, welche in der motivationalen und emotionalen Betroffenheit wurzelt.

Immerhin: Der Motivations- und Emotionstheorie innerhalb der Psychologie eine zentrale Stellung einzuräumen, bedeutet nicht, ihre Bedeutung zu überschätzen. Denn Strebungen und emotionale Bewertungen prägen Wahrnehmungen und Denkabläufe; sie lenken das Handeln und das Lernen. Wenn Wahrnehmen und Denken, Handeln und Lernen sich zu koordinierten Aktionen zusammenfügen und daraus das Bild einer einheitlichen Persönlichkeit entsteht, so ist dies wohl dem individuell geprägten und Kontinuität stiftenden Wirken der Motive und emotionalen Einstellungen zu verdanken. Die zentrale Stellung der Motivations- und Emotionspsychologie wird in einer großen Zahl von Verweisen auf andere Kapitel zum Ausdruck kommen, vor allem auf Kapitel 8 über das zielgerichtete Verhalten.

Motivation und Emotion – zwei Seiten derselben Münze?

Die Angst des Beifahrers und die Anspannung des Fahrers

Ein Blick in einen Volkswagen Passat. Ein Mann sitzt am Steuer, neben ihm seine Frau. Ihr Gesicht ist verkrampft, ihr Herz schlägt manchmal bis zum Hals, ihre Hände werden feucht. Sie beobachtet ununterbrochen ihren Mann und leidet darunter, nicht selbst Lenkrad, Gaspedal und Bremse betätigen zu können. Entgegenkommende Fahrzeuge erschrecken sie. Mitunter verschafft sie sich durch Zurufe Erleichterung: „Vorsicht!", „Bremsen!", „Pass' doch auf!" Sie hat Angst.

Man würde der Frau Unrecht tun, wollte man ihr Benehmen als „typisch weibliche Nervosität" abtun. Männer, die ihre Frauen auf dem Beifahrersitz begleiten, stehen ihren Frauen an Nervosität, Gespanntheit und Unbeherrschtheit nicht nach. Was viele Menschen als ihr privates Familienproblem ansehen, entpuppt sich in einer vom Allgemeinen Deutschen Automobil Club angeregten Testreihe als eine verbreitete Erscheinung: Beifahrer haben oft Angst und sind aufgeregter als Fahrer.

Ermittelt wurde dieses Ergebnis in einer von der Bundesanstalt für Straßenwesen durchgeführten Untersuchung. (Aus dieser Untersuchung stammen unsere Bilder.) Eine Woche lang fuhren vor allem Ehepaare in ei-

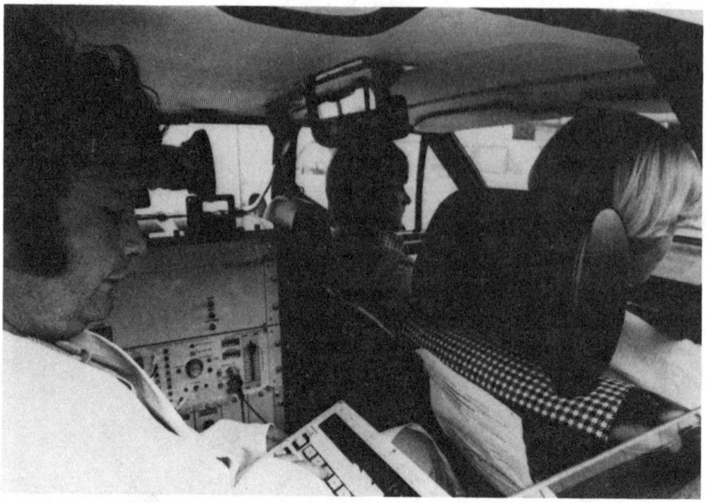

Blick in den Meßwagen. Mit seiner technischen Ausstattung soll der VW-Passat mehr als drei Luxuslimousinen von Rolls Royce gekostet haben. Ein Techniker fährt auf dem Rücksitz mit.

nem Testwagen über das Land und durch die Stadt München – abwechselnd als Fahrer und Beifahrer. Der Testwagen war mit einer Serie von Meßgeräten bestückt. Fahrer und Beifahrer wurden vor der Fahrt an physiologische Registriergeräte angeschlossen, die ihren Herzschlag und ihre Schweißdrüsentätigkeit aufzeichneten (Lieret 1977).

Auch für den routinierten Fahrer kann das Autofahren zu einer aufregenden Sache werden. Steigerungen der Herztätigkeit von rund 80 Schlägen pro Minute in Ruhe auf mehr als 90 Schläge sind bei einer Dauergeschwindigkeit von 90 Stundenkilometern durchaus normal – wie Lisper, Laurell und Stening (1973) von der schwedischen Universität Uppsala mit einem Volvo-Testwagen festgestellt haben. Der Herzschlag steigert sich auf 130 und mehr Schläge in Risikosituationen wie beim Überholen und bei dichtem Auffahren (vgl. Bösser, Lloyd u. Schmidt-Mummendey 1977). Das bedeutet freilich nicht, daß der Fahrer sich als aufgeregt erlebt; er empfindet seinen Zustand eher als Konzentration, als Anspannung.

Die Angst des Beifahrers und die konzentrierte Anspannung des Fahrers haben eines gemeinsam: es sind *Erregungszustände*. Die Steigerung der inneren Erregung wird in beiden Fällen erkennbar in

- ○ dem subjektiven Erleben der Betroffenen,
- ○ dem sprachlichen Ausdruck,
- ○ dem nicht-sprachlichen Ausdruck,
- ○ der äußerlich sichtbaren Tätigkeit,
- ○ der physiologischen Aktivität.

Derart nachweisbare psychophysiologische Erregtheit wird auch *Aktivation* oder *Aktiviertheit* genannt.

Zwischen dem Fahrer und dem Beifahrer besteht jedoch ein wesentlicher Unterschied: Der Fahrer gebietet über Gaspedal und Steuer; er kann Fahrtgeschwindigkeit und Fahrtrichtung bestimmen. Anders ausgedrückt: Er besitzt Einflußmöglichkeiten, Kontrolle. Einfluß und Kontrolle ist aber genau das, was dem Beifahrer fehlt. Man kann demnach sagen: Die Aktiviertheit des Fahrers kommt seiner Tätigkeit zugute, sie wird in den Dienst des von ihm verfolgten Ziels gestellt. Der Beifahrer kann seine Aktiviertheit keiner festen Tätigkeit zuführen; sie wirkt dadurch unnütz und wechselhaft in ihrer Ausrichtung.

Motiviertheit – organisierte Erregung? Emotionalität – unorganisierte Erregung?

Es hat inzwischen gute Tradition, jenem Anteil der Erregung, der Handlungen zufließt und deren Zielen zugute kommt, als Motiviertheit zu bezeichnen. *Motiviertheit* in die-

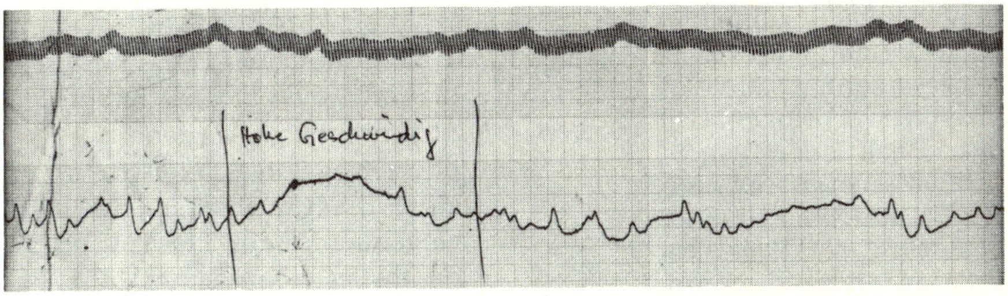

Die Erhebung von physiologischen Aktivitätssteigerungen, die mit einer erhöhten Emotionalität einhergehen, gehört zu den Routineaufgaben in zahlreichen psychologischen Laboratorien. Das oben abgebildete Registrationsbeispiel stammt aus der eingangs geschilderten Studie. Der obere Teil des Streifens zeigt die Blutdruckschwankungen im Ohrläppchen (Ohrpuls), der untere Teil den elektrischen Hautwiderstand als Anzeiger der Schweißdrüsenaktivität. Man sieht u. a.: Bei erhöhter Geschwindigkeit reagiert der Beifahrer mit einer Steigerung der Schweißdrüsenaktivität.

sem Sinne ist als quantitative Größe zu verstehen. Man kann sie als den Betrag an Energie auffassen, die einer Tätigkeit innewohnt. Motiviertheit und Energie einer Tätigkeit kann man zu erschließen versuchen aus Phänomenen der Willensstärke, der Einsatzbereitschaft und der Konzentration auf die Aufgabe. Motiviertheit in diesem Sinne richtet sich auf Ziele; die mit ihr einhergehende Energie entlädt sich im Verfolgen dieser Ziele. Dies sollte vorhin am Beispiel des konzentrierten Autofahrers veranschaulicht werden. Er hat seine Erregung auf eine Aufgabe und ein Ziel hin geordnet; seine Erregung ist organisiert (vgl. etwa Bindra 1955).

In der angesprochenen Tradition wird die *Emotionalität* von der Motiviertheit (beide von lat. ‚movere' – bewegen) abgesetzt. Auch Emotionalität umfasse einen Anteil an Erregung, eine Teilmenge der verfügbaren Energie. Aber es sei jener Anteil an Erregtheit und Energie, der nicht oder noch nicht an Handlungen gebunden sei; deshalb fehle es dort an Ordnung, an Organisation. (Am Fall des Beifahrers läßt sich eine solche Deutung veranschaulichen.) Der Emotionalität kommen aus dieser Sicht vorzugsweise zwei Eigenschaften zu: Unstetigkeit und Störwirkung. Der französische Psychologe Pierre Janet und sein schweizerischer Kollege Edouard Claparède haben im Jahre 1928 gleichzeitig den Gesichtspunkt der unkontrollierten Dynamik der Gefühle in die neuere Emotionstheorie eingebracht. So ist etwa bei Claparède zu lesen:

„Die Nutzlosigkeit, ja sogar die Schädlichkeit des Gefühls ist allgemein bekannt. Nehmen wir einen Menschen, der die Straße überqueren will; wenn er Angst vor Autos hat, verliert er die Fassung und wird überfahren. Angst, Freude, Ärger – sie schwächen unsere Aufmerksamkeit und unser Urteil und lassen uns oft bedauerliche Handlungen begehen. Kurz – der Mensch in der Gewalt einer Leidenschaft verliert seinen Kopf."
(Eigene Übersetzung aus Claparède 1928, S. 127)

Neuere Autoren haben sich der von Janet und Claparède begründeten Tradition angeschlossen. So spricht Dalbir Bindra (1955) von der *Desorganisiertheit der Gefühle,* und Young (1973) definiert das Gefühl in seinem weit verbreiteten Textbuch als einen „Prozeß oder Zustand der Verwirrung" (engl. ‚disturbed process or state').

Nun ist die Theorie von der Unorganisiertheit der Emotionalität nicht ohne Widerspruch geblieben; auch die Nutzlosigkeit und Schädlichkeit der Gefühle ist angezweifelt worden. In seinem Buch über „Denken und Emotion" argumentiert George Mandler:

„... es gibt gut gelerntes (d. h. organisiertes) emotionales Verhalten, und es hat dieselben Merkmale der Geschlossenheit und Ordnung wie jedes andere Reaktionssystem. Ein Zornausbruch läuft in der gleichen Regelmäßigkeit ab wie die alltäglichste und gefühlsarme Verrichtung, und wie diese kann er auch erwünschte Konsequenzen hervorbringen. Gut ausgeführte aggressive Reaktionen gegenüber wohlbekannten Objekten in gut definierten Situationen mögen ein anderer Fall einer geordneten Folgeerscheinung der Unterbrechung sein. Wir müssen uns daran erinnern, daß das augenscheinliche Fehlen eines ‚Ziels' nicht gegen das Vorhandensein einer Organisation spricht."

(Eigene Übersetzung aus Mandler 1975, S. 167)

Woher soll emotionales Verhalten seine Ordnung beziehen? Mandler selbst beantwortet diese Frage nicht. Aber ethologisch orientierte Autoren verweisen auf die phylogenetischen Wurzeln emotionalen Verhaltens. Die Freude – leitet sie sich nicht etwa her aus dem Verzehr der gesicherten Beute? Der Zorn – könnte er nicht aus dem aggressiven Verhalten der Revierverteidigung stammen (vgl. etwa Thorpe 1974)?

George Mandler knüpft in seinem oben genannten Buch weiterhin an Lewins Theorie der unerledigten Handlung an (S. 321 f.) und kehrt das Argument der Desorganisationstheoretiker geradezu um: Emotionalität sei nicht Grund einer Unterbrechung, sondern deren Folge. Unterbrechungen entstünden durch äußere Störung oder durch die Wirkungslosigkeit vorbedachter Maßnahmen. Setze eine Unterbrechung einer Planung oder einer geplanten Handlung ein vorzeitiges Ende, so habe dies zwei Folgen: einerseits (rückgewandt) Enttäuschung, andererseits (gegenwarts- und zukunftsbezogen) Konfrontation mit einer neuen Situation. Damit entsteht eine Krise, zu deren Überwindung Energie zu mobilisieren ist. Der Psychophysiologe Walter Cannon (s. a. später S. 395) hat entsprechend der Emotion eine *Notfallfunktion* (engl. ‚emergency function') zugesprochen. Sie entwickle sich – hier kehrt die phylogenetische Argumentation wieder – in den Krisensituationen des Kampfes und der Flucht und werde sodann auf andere Bewährungssituationen verallgemeinert (Cannon 1939). So betrachtet, fällt der Emotion eine hoch konstruktive Aufgabe zu: Sie stellt in schwierigen und unerwarteten Situationen Energie für Handlungen bereit, erhöht Einsatz und Ausdauer.

Es wäre allerdings wirklichkeitsfremd zu glauben, die der Emotionalität innewohnende Aktivierung komme der Leistung unbegrenzt zugute. Insbesondere ist festzuhalten:

○ Starke Gefühle pflegen der Leistung zu schaden; es sind eher die schwachen Gefühle, welche die Leistung fördern.

○ Es sind zumeist die leichten, routinemäßig zu erledigenden Tätigkeiten, die durch Emotionen gefördert werden; den schwierigeren Tätigkeiten schaden Gefühle eher.

Die obigen Aussagen über das *Verhältnis von Gefühlsstärke, Aufgabenschwierigkeit und Leistung* sind Verallgemeinerungen, die der Überprüfung im Einzelfall bedürfen. Ob sie etwa im Falle der Emotion Angst einer Überprüfung standhalten? Die vorliegenden Beobachtungen passen nicht schlecht in das oben entworfene Bild: Starke Angst läßt den Menschen zittern oder lähmt sein Denken; nennenswerte Leistungen bringt er in diesem Zustand nicht zuwege. Aber milde Angst kann ihn beflügeln und zu gehobenen Leistungen anspornen (z. B. Chiles 1958). Von milder Angst profitieren insbesondere die leichteren Tätigkeiten, während schwierigere eher darunter Schaden leiden (z. B. Tennyson u. Woolley 1971).

So plausibel der Sachverhalt erscheint, so verzwickt sind die für ihn vorgeschlagenen Erklärungen. Zumeist werden drei Arten von Wirkungsmechanismen angenommen:

○ Die der Angst innewohnende emotionale Erregung wirkt wie ein Trieb – so der behavioristisch ausgerichtete Kenneth W. Spence (1958); und da Trieberhöhungen vorwiegend den hierarchisch höheren, oft geübten Reaktionen zugute kommen (vgl. S. 297), profitieren vor allem die routiniert auszuführenden leichteren Tätigkeiten von einer Angsterhöhung. Broen und Storms (1961) ergänzen: Der Effekt ist begrenzt, da es für Reaktionen eine Oberschwelle gibt. Deshalb führt sehr starke

Die Yerkes-Dodson-Regel von der optimalen Aktiviertheit

Eine Fülle von Beobachtungen zum Leistungshandeln unter emotionaler Belastung (z. B. durch Angst) und Beanspruchung durch die Umwelt (z. B. durch Lärm) lassen sich in einem eleganten theoretischen Entwurf zur Deckung bringen: der Yerkes-Dodson-Regel. Als gemeinsame Funktion emotionaler Belastung und äußerer Beanspruchung wird dabei die psychophysische Erregung, die Aktiviertheit des Organismus angenommen. Ein mittlerer Grad an Aktiviertheit sei jeweils für die Leistung optimal. Mit der Schwierigkeit einer Aufgabe wachse jedoch die Irritierbarkeit durch Aktivierung; deshalb sinke das Optimum der Aktiviertheit mit der Aufgabenschwierigkeit (vgl. Duffy 1962).

Die Modellvorstellung der gleitend ∩-förmigen Abhängigkeit der Leistung von der Aktiviertheit wird gewöhnlich den Amerikanern Robert M. Yerkes und John D. Dodson zugeschrieben. Tatsächlich lagen den beiden Autoren so weitreichende Formulierungen fern. Eigentlich wollten sie in ihrer vielzitierten Arbeit aus dem Jahre 1908 nur eine Studie über das Lernen von Tanzmäusen schildern; darin hatten sie unterschiedlich schwere Lernaufgaben verwendet und das Tempo des Lernens durch Verabreichung von Elektroschocks zu verändern versucht. Die Mitteilung, welche die Autoren an ihre Leser geben wollten, war in behavioristischer Manier knapp auf die Beobachtungsdaten zugeschnitten: Schwache Schocks beschleunigen das Lernen, starke Schocks beeinträchtigen es; dabei sind schwierige Aufgaben anfälliger gegen Störungen als leichte. Vorbildlich wurde ihre Arbeit jedoch in formaler Hinsicht. Sie zeigte erstmals ∩-förmige Abhängigkeiten von Leistungsmaßen (hier: des Lernens) von der äußeren Belastung (hier: der Schockintensität), deren Gipfel sich noch dazu mit der Aufgabenschwierigkeit verschob.

Yerkes lehrte zur Zeit seiner Veröffentlichung mit Dodson an der Universität Harvard. Später wurde er Leiter eines bekannten Zentrums für Forschungen an Primaten (Menschenaffen) in Orange Park, Florida. Nach seinem Tod erhielt das Institut zu seinem Gedenken den Namen Yerkes-Center.

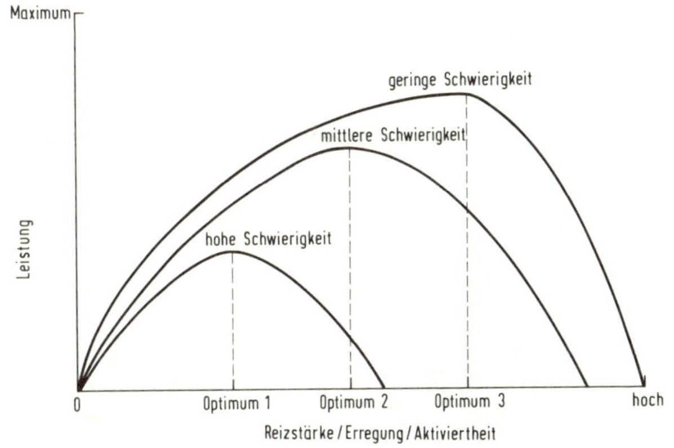

Die Regel von Yerkes und Dodson (1908). Ein Reiz bzw. die durch ihn hervorgerufene Erregung kann die Leistung sowohl fördern als auch beeinträchtigen. Bei geringer Reizstärke bzw. Erregung bzw. Aktiviertheit hat die fördernde Wirkung die Oberhand, bei hoher Reizstärke bzw. Erregung bzw. Aktiviertheit die beeinträchtigende Wirkung. Darüber hinaus sind Beeinträchtigungen umso wahrscheinlicher, je schwieriger die zu bewältigende Aufgabe ist. (Mit der Schwierigkeit sinkt selbstverständlich auch das Leistungsniveau; deshalb die verschiedenen Maxima der drei dargestellten Kurven.)

Verzehrende Angst

Wie übermächtig Angst werden kann, wird recht eindringlich im folgenden (unveröffentlichten) Gedicht von Erich Fried dargestellt.

„Meine Angst
ist so groß geworden,
daß sie vor nichts mehr Angst hat.
Meine Angst
ist so groß geworden,
daß alles Angst hat vor ihr.
In Wirklichkeit ist meine Angst
klein geblieben
und kleinlich.
Auch mich macht sie klein
und kleiner.
Nur dadurch
kommt sie mir so groß vor.“

Erregung zur wahllosen Mobilisierung von Reaktionen über die gesamte Hierarchie hinweg; die Folge sei einerseits ein Reaktionssturm, andererseits eine wechselseitige Blokkade von Reaktionen – beides abträglich für die Leistung.

○ Ängstliche sind eifriger und aktiver als Nichtängstliche (z. B. Eysenck 1979) – man könnte dieses Argument handlungspsychologisch nennen. Ängstliche tun mehr zur Aufdeckung und Korrektur von Fehlern, sie sichern sich stärker bei ihrer Tätigkeit ab – ähnlich den Reaktiven im Sinne Strelaus (s. S. 327). Ein solches Mehr an Aktivität hat sicher seine Vorzüge; ein Autofahrer mit einem Anflug von Ängstlichkeit wird Risiken stärker beachten und mag dadurch eher unfallfrei sein Ziel erreichen. Aber der Vorzug verwandelt sich schnell in einen Nachteil, wenn die Zusatztätigkeit überhandnimmt und unnötige Aufmerksamkeit von der Haupttätigkeit abzieht. So wird der stark ängstliche Autofahrer z. B. unnötige Stopps einlegen.

○ Überhaupt wird im kognitivistischen Lager die Ablenkung der Aufmerksamkeit als Grund für Leistungsverschlechterungen unter Angst stark betont. Angst bedeute einerseits erhöhte emotionale Erregung, zum anderen eine Erschütterung des Selbstvertrauens. In der Kognition gewännen daher Wahrnehmungen der eigenen Erregtheit (z. B. Zittern, Herzklopfen) und Selbstzweifel Raum und zögen Aufmerksamkeit auf sich, die dann dem Leistungshandeln abgehe (z. B. Morris u. Liebert 1970).

Dieser Exkurs in die Angsttheorie mag erneut deutlich machen: Die These von der Desorganisiertheit sowie der desorganisierenden Wirkung von Emotionen hat ihre Gründe. Jedoch zeigt die eingehende Analyse in den Emotionen auch erhebliche konstruktive Anteile. Die Motiviertheit als konstruktive Kraft, die Emotionalität dagegen nur als Destruktivkraft zu charakterisieren, ist demnach kaum zu rechtfertigen.

Und noch ein Gedanke sei in diesem Zusammenhang festgehalten: Wenn Gefühle und emotionale Gedanken laufende Handlungen stören und zu ihrem Abbruch führen, ist dies nicht notwendig und jederzeit als Destruktion zu deuten. Der aus der Forschung zum Problemlösen bekannte Herbert Simon (s. S. 245) hat vielmehr geltend gemacht, daß selbst der Störung eine konstruktive Funktion zukommen kann, nämlich die *Umorientierung auf höherwertige Ziele.* So kann der Schrecken „ich habe ja vergessen, meinen Gasherd abzudrehen“ den Autofahrer zum Abbruch seiner Urlaubsfahrt veranlassen und ist insofern destruktiv. Indem die Rückkehr jedoch die Sicherung von Wohnung und Besitz ermöglicht, rechtfertigt sich die emotionale Störung durch einen vorrangigen Zweck.

Bedürfnisse, Gefühle und ihre Objekte

In der Motivations- und Emotionstheorie wird unterschieden zwischen

○ Subjekten als Trägern von Bedürfnissen, Trieben, Motiven und Emotionen sowie

○ Objekten, auf welche sich Bedürfnisse, Triebe, Motive und Gefühle beziehen.

Eigene Bedürfnisse und das Bild der Umwelt

Je nach Bedürfnislage gewinnt die Umwelt eine eigene Bedeutung. Sie verspricht dem Betroffenen die Befriedigung seiner Bedürfnisse und versagt sie ihm zugleich. Die wissenschaftliche Psychologie hat sich bisher mit ausgewählten Gegenständen der Umwelt und ihren Merkmalen beschäftigt, die für Gefühle und Bedürfnisse bedeutsam sind (z. B. die körperliche Attraktivität von sozialen Partnern), ist aber Beschreibungen komplexer Umwelten aus der subjektiven Perspektive fühlender und verlangender Individuen bisher weitgehend schuldig geblieben. Solche Beschreibungen sind vielmehr die Domäne von Dichtern und Romanschriftstellern geworden. Zu ihnen gehört Marcel Proust (1871–1922), aus dessen siebenteiligem Roman „Auf der Suche nach der verlorenen Zeit" die folgende Passage stammt. Mit unvergleichlicher Differenziertheit und sprachlicher Schönheit schildert er rückblickend seine Empfindungen bei einem Spaziergang durch das ländliche Frankreich:

„Manchmal verband sich mit der überspannten Freude, die mir die Einsamkeit schenkte, noch eine andere, die ich nicht ganz klar davon zu trennen vermochte, und die in mir durch das Verlangen entstand, ein ländliches Mädchen zu sehen, das ich in die Arme schließen könnte. . . . Allem, was in diesem Augenblick meine Sinne erfüllte, dem rosigen Ziegeldach, den wehenden Grasbüscheln, dem Dorfe Roussainville, wohin ich schon längst einmal wollte, den Bäumen seiner Wälder, dem Glockenturm der Kirche, schrieb ich die neue Regung zu, die sie mir noch erwünschter erscheinen ließ, weil ich glaubte, sie nur brächten die Lust hervor, während sie mich offenbar nur umso rascher ihnen entgegentragen wollte, wenn sie mein Segel mit einer mächtigen, unbekannten, in günstiger Richtung wehenden Brise schwellte. Dies Verlangen nach einer Frau gab den Reizen der Natur etwas noch Aufregenderes, die Reize der Natur hoben den Wunsch nach einer Frau aus seiner Begrenztheit heraus. Es kam mir so vor, als sei der Zauber der Bäume auch noch ihr zu verdanken, und als ob das Beseelte der Horizonte, des Dorfes Roussainville, der Bücher, die ich in jenem Jahr las, durch ihren Kuß mir offenbar werden würde. . . Ich verlangte nach einer jungen Bäuerin von Méséglise oder Roussainville, einer Fischerin aus Balbec, so wie ich mich nach Méséglise oder nach Balbec sehnte. . . . In Paris die Bekanntschaft einer Bäuerin aus Méséglise oder einer Fischerin aus Balbec zu machen, wäre mir so vorgekommen wie Muscheln, die ich nicht selbst am Strand gesehen oder ein Farnkraut, das ich nicht in den Wäldern gepflückt, es hätte der Lust, die diese Frau mir schenkte, alles das genommen, womit meine Einbildungskraft sie umwoben hatte. Aber hier in den Wäldern von Roussainville umherirren und keine Dörflerin zum Umarmen haben, bedeutete, daß ich den verborgenen Schatz, die innewohnende Schönheit dieser Wälder nicht kannte. Dies Mädchen, das ich immer nur mit Laub bedeckt vor mir sah, war für mich selbst nur ein Gewächs der Gegend, freilich von höherer Art und ihrer Natur nach so beschaffen, daß man durch sie der auf dem Grunde verborgenen Essenz des Landes näher kommen konnte als auf irgendeinem anderen Weg."

Aus: Proust, M.: Auf der Suche nach der verlorenen Zeit. In Swanns Welt I. Übersetzt von Eva Rechel-Mertens. Frankfurt: Suhrkamp 1964, S. 208–210

Ein *Bedürfnis* wird zumeist als Mangelzustand verstanden, von welchem der Betroffene Kenntnis hat. In der Literatur werden häufig unterschieden

- ○ körperliche Bedürfnisse (z. B. Hunger, Durst)
- ○ soziale Bedürfnisse (z. B. Ehrgeiz)
- ○ kognitive Bedürfnisse (z. B. Wißbegier).

Körperliche Mangelzustände sind in der Regel physiologisch nachweisbar (z. B. Nahrungsmangel u. a. in der Höhe des Blutzuckerspiegels). *Soziale und kognitive Bedürfnisse* muß man den Selbstbeschreibungen der Betroffenen entnehmen. Insofern bedarf es eines kognitivistischen Ansatzes, um sich ein Bild von ihnen zu machen. Worauf beruht etwa das Bedürfnis nach Ordnung oder das Bedürfnis nach sozialer Anerkennung?

Der interessanteste Prüfungsfall: die prosozialen, altruistischen Bedürfnisse, die nicht dem eigenen Wohlergehen gelten, sondern dem Wohl anderer oder der Allgemeinheit. Altruistisch motiviert kann man den Lebensretter nennen, der – vielleicht sogar sein eigenes Leben aufs Spiel setzend – ein Kind aus Flammen befreit. Altruistisch gesinnt ist auch ein Bürger zu nennen, der zugunsten seiner Stadt auf einen eigenen Vorteil verzichtet. Dabei wird jeweils Uneigennützigkeit, d. h. Fehlen von selbstbezogener Instrumentalität (s. S. 315) vorausgesetzt: Den Lebensretter darf keine Geldprämie locken, den genannten Bürger kein öffentliches Lob. Ist ein Interesse denkbar, das nicht der eigenen Person gilt? Der Warschauer Psychologe Janusz Reykowski macht deutlich, daß sich altruistische Motive nicht einfach aus biologischen ableiten lassen. Vielmehr glaubt er an ein kognitives Weltbild, in dem Bedürfnisse nach „Schutz, Erhaltung und Entwicklung von Objekten außerhalb des eigenen Ich“ (Reykowski 1978, S. 65) verankert sind. Das von Reykowski beschriebene Weltbild ist ein kognitives Netz, das in sich Vorstellungen von Dingen, Personen, Werten, Regeln des Zusammenlebens und des ordnungsgemäßen Gebrauchs vereint. Altruistische Bedürfnisse fußen auf den in diesem kognitiven Netz festgehaltenen *Ordnungs- und Wertvorstellungen* – etwa dem Eindruck, den hilflosen Kindern gebühre Fürsorge bis zur Selbstaufopferung oder der Überzeugung, die Achtung der Gesetze habe Vorrang vor dem privaten Gewinn. Wenn es also einen Egoismus im Altruismus gibt, dann diesen: Die Welt und das eigene Handeln möge stets dem inneren Netz der Ordnungsvorstellungen entsprechen. Der Autor führt aus:

„... besitzt der Mensch dank einer bestimmten Ordnung des kognitiven Netzes die Fähigkeit, sich einen Idealzustand vorzustellen, dem ein bestimmtes Objekt entsprechen sollte. ... Der Vergleich des aktuellen Zustandes mit dem Ideal stellt ebenfalls eine Spannungsquelle dar ....“
(Reykowski 1978, S. 71)

Was Reykowski den „aktuellen Zustand“ nennt, entspricht völlig dem Begriff des Ist-Zustandes im Regelkreis-Modell; der Begriff des Idealzustandes ist dort mit dem Begriff des Soll-Zustandes gleichzusetzen; der Vergleich zwischen Ist- und Soll-Wert wird nach den Worten des Autors zur Spannungsquelle (vgl. S. 311). Reykowski erklärt damit kognitive Repräsentationen von Soll-Werten zu Grundlagen von Bedürfnissen. Solche kognitiven Soll-Werte – schlicht Ordnungs- und Wertvorstellungen – sind oft auf die soziale Welt bezogen, aber nicht nur auf diese. Neben der Wertvorstellung „Wohlergehen der anderen“ mögen stehen „Gerechtigkeit“, „Ehrlichkeit“, „Sauberkeit“, aber auch „Fehler meiden“ und „den Dingen auf den Grund gehen“. Kognitive Werte sind häufiger kulturspezifisch. Sie werden also offenbar weitgehend durch Lebenserfahrung und Erziehung vermittelt.

Die Befriedigung eines Bedürfnisses (z. B. Durst) durch ein Zielobjekt (z. B. Wasser) läßt sich nach zwei Prinzipien beschreiben:

- ○ nach dem Prinzip der Triebreduktion (Regelung auf einen Soll-Wert von Null),
- ○ nach dem Homöostaseprinzip (Regelung auf einen Soll-Wert mittlerer Ausprägung).

Dem *Triebreduktionsprinzip* liegt die Annahme von Mangelzuständen zugrunde, die der Organismus zu beseitigen trachtet – je vollständiger desto besser. Aus dieser Sicht erscheint der Hunger als ein Bedürfnis, das durch Entzug von Nahrungsmitteln entsteht und durch Konsum von Nahrungsmitteln vollständig zu beseitigen ist. Diese Sichtweise herrscht bei behavioristischen Autoren vor (s. S. 296).

Anders das *Homöostaseprinzip* (von griech. ‚homoios' – gleich, ‚stasis' – Stand), einzudeutschen als Prinzip des Gleichgewichts. Autoren, welche das Homöostaseprinzip bevorzugen – man trifft sie häufig im kognitivistischen Lager an, verweisen auf die häufige Suche nach einem „goldenen Mittelweg": beim Essen und Trinken, bei sexueller Betätigung, beim Machtstreben, bei der Neugier – jeweils ein Streben nach einem Optimum in der Mitte zwischen Extremen.

Homöostase läßt sich allerdings nicht nur erklären als Regelung auf einen einzigen mittleren Soll-Wert. Homöostatisch wirkt auch die gleichzeitige Regelung auf zwei einander entgegengesetzte Soll-Werte– einen auf maximale Versorgung und einen auf Hemmung eingestellten Soll-Wert. Die zuletzt genannte Form der *antagonistischen Regelung* scheint beim Hunger vorzuliegen. Es gibt eine Tendenz zur Nahrungsaufnahme, die jedoch durch eine entgegengesetzte Tendenz zur Meidung von Übersättigung gebremst wird. Jede der beiden Tendenzen ist in einem eigenen physiologischen Mechanismus verankert. Im Zwischenhirn gibt es eine Region, die den Organismus zur Nahrungsaufnahme veranlaßt – vereinfacht: das Eßzentrum. Eine andere Region im Zwischenhirn scheint dagegen die Nahrungsaufnahme zu hemmen – vereinfacht: das Sättigungszentrum. Man kann dies leicht prüfen: Zerstört man das Eßzentrum, verhungern Versuchstiere bei gefülltem Freßnapf. Zerstört man dagegen das Sättigungszentrum, so werden die Tiere bei reichlichem Futter übergewichtig und können an den Folgen ihrer Übergewichtigkeit zugrunde gehen

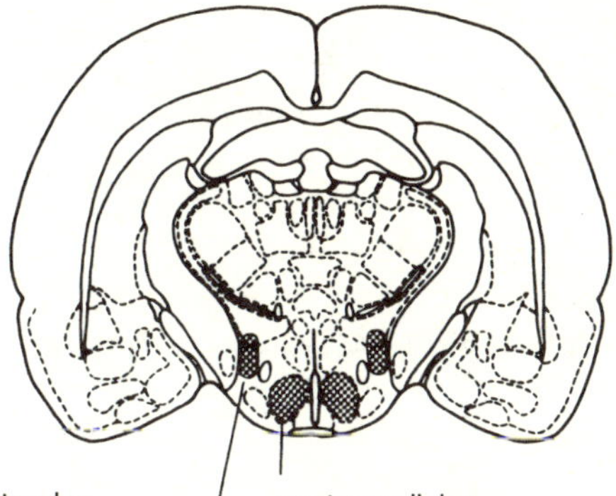

Steuerung der Nahrungsaufnahme über Hirnstrukturen (Pellegrino und Cushman 1967).

(vgl. etwa Teitelbaum u. Epstein 1962). Beim intakten Organismus gibt es offensichtlich für die aufgenommene Nahrung zwei Schwellenwerte, einen oberen und einen unteren. Wird der untere unterschritten, tritt das Eßzentrum in Aktion und treibt zur Nahrungsaufnahme an; wird dann jedoch die obere Schwelle überschritten, so wird das Sättigungszentrum aktiv und beendet die Nahrungsaufnahme.

Übergewichtiger Affe nach operativer Zerstörung des Sättigungszentrums (Hamilton und Brobeck 1964, S. 267).

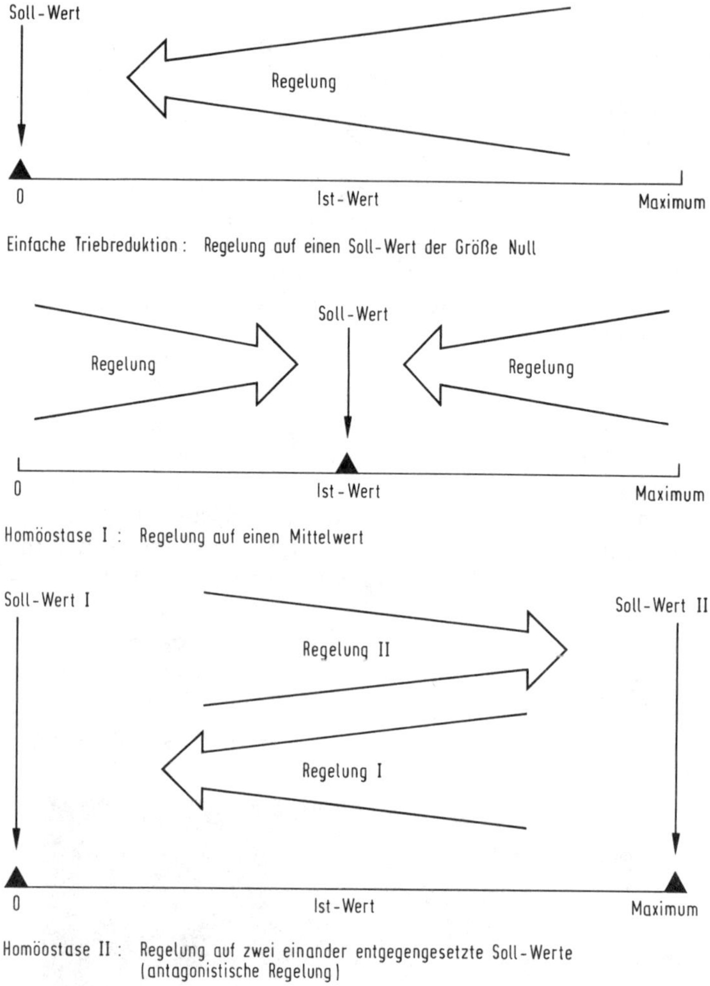

Drei Modelle der Regelung bzw. der Bedürfnisbefriedigung: Triebreduktion, Streben nach einem optimalen Mittelwert, Gleichgewicht zwischen zwei Extremen.

Im Vorgang der Bedürfnisbefriedigung gewinnen *verfügbare Objekte und erreichbare Zustände* eine wesentliche Bedeutung. In dem Maße, in dem ein Objekt geeignet ist, ein Bedürfnis zu befriedigen, wird es motivierende Kraft erlangen, d. h. zum Handeln anregen. So werden etwa bei erotischer Grundstimmung neu auftauchende Partner bezüglich physischer Attraktivität, sozialer Einstellung und äußeren Lebensbedingungen gemustert; je mehr ihre Eigenschaften den eigenen Wünschen und Vorstellungen entsprechen, desto heftiger und hartnäckiger ist das Werben um sie. Insofern sind Motiviertheit auf seiten eines Subjekts und Anreiz auf seiten eines Objekts eng miteinander verknüpft (zur Beziehung zwischen Anreiz und Handlungsmotivation s. a. S. 318f.). Spielt dabei auch die Emotionalität eine Rolle?

Es gibt eine Reihe von Belegen für *Zusammenhänge zwischen der Gefühlsqualität eines Objekts und seiner Funktion in einer Handlung.* In Fortführung mehrerer einschlägiger Untersuchungen hat der deutsche Psychologe Ernst Lantermann (1982) gezeigt, daß die Gefühlsqualität von Objekten bzw. Situationen einen deutlichen Bezug auf drei wichtige Begriffe aus der Handlungspsychologie nimmt (s. S. 313ff.):

○ die Instrumentalität, d. h. die Zieldienlichkeit,
○ die Valenz, d. i. die Bedeutung im Hinblick auf persönliche Wünsche und Interessen,
○ die Kontrolle, d. i. die Möglichkeit der Beeinflussung.

Studenten mußten bekannte Situationen wie „Vorlesung", „Cafeteria", „Bibliothek" nach solchen Merkmalen beschreiben und gleichzeitig ihre Gefühle den genannten Orten gegenüber angeben. Da jedes der drei Merkmale positiv oder negativ zu bewerten war, ergaben sich acht Konstellationen von handlungsrelevanten Einstufungen (z. B. Instrumentalität und Valenz negativ, Kontrolle positiv), und ihnen waren verschiedene emotionale Bewertungen zugeordnet. „Freude" herrschte etwa

Die Reizsummenregel

Ist das Bedürfnis eines Menschen stark, so können viele und unaufdringliche Gegenstände seine Begehrlichkeit und seine Gefühlserregung wecken. Ist sein Bedürfnis jedoch schwach, werden nur wenige und dann vorwiegend aufdringliche Gegenstände seine Begehrlichkeit reizen und seine Gefühle erregen. So ist der Hungrige nicht wählerisch und auch über schlichte Kost entzückt, während der Satte nur noch an ausgefallenen Delikatessen Genuß empfindet.

Der Biologe Alfred Seitz (1940) hat diesen Umstand am Kampf- und Laichverhalten afrikanischer Fische exakter nachgewiesen. Form und Färbung dieser Fische dienen als Auslöser (vgl. S. 289). Der Autor stellt jedoch allgemein fest, den äußeren Auslöserreizen stünden innere instinktive Reize gegenüber. Im Effekt würden Innenreize gegen Außenreize aufgerechnet bzw. beide Arten von Reizen würden akkumuliert (Reizsummenregel).

Charles Chaplin als Goldgräber in dem Film „Goldrausch". Ausgehungert genießt er gekochte Schnürsenkel als Delikatesse.

vorwiegend über zieldienliche, persönlich bedeutsame, beeinflußbare Situationen, während persönlich bedeutsame, aber nicht zieldienliche und unkontrollierbare Situationen (wie z. B. eine stur abgehaltene Vorlesung, in welcher der Student statt des erhofften Wissens nur unbrauchbar erscheinende Belehrungen erhält) eher „Trauer“ und „Niedergeschlagenheit“ hervorriefen. Lantermann rückt in seiner Analyse die Emotionen in die Nähe von Einstellungen. Es sind möglicherweise schnell einfallende, nicht sonderlich überlegte, aber doch vitale Interessen und Intentionen widerspiegelnde Urteile, „heiße Kognitionen“ – wie Robert Zajonc (1980) sie nennt.

Solche Erwägungen lassen Emotionen in ganz neuem Licht erscheinen: als handlungsvorbereitende, handlungsbegleitende und Handlungen nachbewertende Einschätzungen der Welt in ihrem Bezug zur eigenen Person. Sie mischen Objektmerkmale (z. B. „langes, blondes Haar“) mit Personmerkmalen (z. B. „zärtlich gestimmt“) und erhalten eine besondere Dynamik durch Einschluß der persönlichen Erregtheit. Derart zu charakterisierenden Emotionen fehlt es wohl oft an Ausgereiftheit und Klarheit, insbesondere in Situationen der Hilflosigkeit (wie z. B. beim Beifahrer auf S. 377), des Scheiterns oder des krisenhaften Neubeginns. Dieser Umstand mag ihnen zu Unrecht das Pauschalurteil der Destruktivität eingetragen haben (s. S. 379). Aber es ist auch zu bedenken: Aus dem unorganisierten Vorstadium mag sich ein praktikabler Handlungsplan entwickeln. Und mehr noch: In der Gefühlswelt werden langfristige Objektbeziehungen definiert (z. B. Vorlieben für Gegenstände, Bindungen an Mitmenschen). Diese Objektbeziehungen sind imstande, Handlungen zu leiten und zu stützen. Die tätige Fürsorge, das entschlossene Eingreifen, das geduldige Aushalten ist ohne Berücksichtigung von Emotionen im oben umrissenen Sinne wohl gar nicht zureichend zu deuten. Auch in dieser Hinsicht sind Emotionen als außerordentlich konstruktiv zu beurteilen.

Kontroversen über Inhalte und Methoden in der Motivations- und Emotionspsychologie

Für den Leipziger Psychologen Felix Krueger (s. S. 39) stellen Gefühle den „Ursprung“ sowie den „ergiebigsten Nährboden“ für andere Erlebnisse dar. Aus dieser Sicht bildet die Analyse von Gefühlszuständen den Schlüssel zur psychologischen Untersuchung überhaupt. Folgt man Krueger (1928), so sind Gefühle und Antriebsregungen zwar individuell und subtil, können jedoch von dem empfindsamen Beobachter mitsamt ihren Gegenständen erfaßt und beschrieben werden. Dies ist ein *kognitivistischer und phänomenologischer Ansatz* (zum Begriff der Phänomenologie vgl. bereits S. 38).

Manche kognitivistischen und phänomenologisch ausgerichteten Autoren wie Krueger selbst und vor ihm der erst in München, dann in Frankfurt lehrende Philosoph und Psychologe Hans Cornelius (1863–1947) fassen Willens- und Gefühlserlebnisse als komplexe, nuancierte, aber gleichwohl ganzheitliche Erscheinungen auf. Insbesondere Gefühle werden als „Prädikate des Gesamterlebnisses“ (Cornelius 1897) verstanden. Wenn man der Eigenart und Nuanciertheit der Gefühle und Antriebe nur bei ganzheitlicher Betrachtung gerecht wird, so verbietet sich eine getrennte Erfassung einzelner Komponenten (z. B. Skalierung der Intensität unabhängig von der Qualität, Messung und Analyse von einzelnen Körperreaktionen). Diese Variante des kognitivistischen Ansatzes ist der *Ganzheitstheorie* zuzurechnen (vgl. wiederum S. 39).

Der *Behaviorismus* hatte für kognitivistische Positionen in der Emotionstheorie nur Kritik und mitunter auch Spott übrig. Was seien denn subjektive Gefühlserlebnisse? Bestenfalls private Ereignisse, die sich der exakten wissenschaftlichen Behandlung entzögen; schlimmstenfalls seien es Hirngespinste. Und wie könnte die phänomenologische Beschreibung der Gefühle den Rang einer wissenschaftlichen Methode beanspruchen, da sie selbst völlig subjektiv sei? Schließlich der

Holismus: Das Bemühen um „ganzheitliche Schau" sei typisch vorwissenschaftlich; die moderne Wissenschaft bewähre sich gerade im Aufgliedern und Messen von Einzelmerkmalen. So hat 1933 Max F. Meyer von der Universität von Missouri seinen behavioristischen Kollegen wohl aus dem Herzen gesprochen, als er in der angesehenen Zeitschrift „Psychological Review" die Meinung kundtat, das Problem der Gefühlserlebnisse werde unnötig hochgespielt und dürfte bald – der Autor schätzt bis 1950 – aus der wissenschaftlichen Psychologie verschwunden sein. Meyers Artikel beginnt mit den provozierenden Sätzen:

„Der Wal fällt unter den Fischen doppelt auf: Aus der Ferne betrachtet, sieht er aus wie ein besonders großer Fisch. Aus der Nähe sieht man dann: er ist überhaupt kein Fisch. Etwas ähnliches sage ich für die Gefühlstheorie voraus, wie man sie in psychologischen Lehrbüchern und Zeitschriften findet.

Die Psychologie als die Wissenschaft vom menschlichen Verhalten ist noch so jung, daß sie sich des überflüssigen Ballasts nicht zu schämen braucht, den sie noch aus ihrer Frühzeit mit sich herumträgt. Die Physiologie mußte in ihrem Beginn die Theorie der vier Säfte loswerden. Die Physik mußte sich von der Theorie der vier Elemente befreien, die ‚auf der Suche' nach ihrem Platz sein sollten. Die Chemie hatte ihren Humbug, den man Phlogiston nannte. Die Psychologie soll auch ihren Humbug haben; aber nicht mehr lange."
(Eigene Übersetzung aus Meyer 1933, S. 292)

Kein Humbug sind für den Behavioristen Meyer im Emotionsgeschehen lediglich die objektiv meßbaren Muskel-, Gefäß- und Nervenreaktionen.

Ähnliche Einwände wurden von behavioristischer Seite teilweise gegen den Triebbegriff erhoben. Triebe seien – falls überhaupt existent – subjektiv und mit wissenschaftlicher Objektivität nicht zu erfassen (s. die Kritik von Holt auf S. 296). Wenn einige Behavioristen wie Hull (s. wieder S. 296) dem Begriff des Bedürfnisses bzw. dem Begriff des Triebs doch eine Bedeutung abgewinnen, so geschieht das auf dem Umweg über eine beobachtbare und manipulierbare Größe: Hunger ist etwa zu definieren als Entzug von Nahrungsmitteln, Durst als Entzug von Flüssigkeiten. Triebstärke ist dann gleichbedeutend mit der Dauer des Entzugs, vermindert um eine Entkräftungskomponente (engl. ‚inanition') als Folge längerer Entbehrung (Hull 1952, S. 6). Nach mehrstündigem Nahrungsentzug ist somit ein stärkerer Hungertrieb anzunehmen als nach einstündigem Entzug; nach ein- oder mehrtägigem Entzug wird die Entkräftung durch Entbehrung wohl die Oberhand bekommen.

Während kognitivistische Autoren gegenüber Behavioristen die wissenschaftliche Berechtigung verteidigten, bewußte Gefühls- und Antriebserlebnisse zu beschreiben und zu analysieren, traten Vertreter der *Tiefenpsychologie* mit einem noch viel weitreichenderen Anspruch auf. Sie gaben an, Affekte und Triebe nachweisen zu können, die noch nicht einmal in das Bewußtsein der Betroffenen gedrungen seien. Was ihren Anspruch noch provozierender machte: Die unbewußten Motive und Affekte sollten eine durchschlagende Wirkung auf das Verhalten haben. Seine psychoanalytische Affektlehre entwickelt Freud vor der Jahrhundertwende in einer Serie von Studien über Hysterie. In einer ersten Fassung seiner Theorie nimmt Freud an, in einem Vorgang der Abwehr werde von einem belastenden (sexuellen) Erlebnis die Affekterregung abgetrennt und verknüpfe sich mit einer bisher affektiv neutralen Vorstellung, die dadurch überwertig und zwanghaft werde. Ein Fall:

„Ein Mädchen litt unter der Furcht, von Harndrang überfallen zu werden und sich nässen zu müssen, seitdem ein solcher Drang sie einmal wirklich genötigt hatte, einen Konzertsaal während der Aufführung zu verlassen. Diese Phobie hatte sie allmählich völlig genuß- und verkehrsunfähig gemacht. ... Eingehendes Examen wies nach, daß der Harndrang zum ersten Mal unter folgenden Verhältnissen aufgetreten war: In dem Konzertsaale hatte ein Herr nicht weit von ihr Platz genommen, der

ihrem Empfinden nicht gleichgültig war. Sie begann ... sich auszumalen, wie sie als seine Frau neben ihm sitzen würde. In dieser erotischen Träumerei bekam sie jene körperliche Empfindung, die man mit der Erektion des Mannes vergleichen muß, und die bei ihr ... mit einem leichten Harndrang abschloß. Sie erschrak jetzt heftig über die ... sexuelle Empfindung, weil sie bei sich beschlossen hatte, diese wie jede andere Neigung zu bekämpfen, und im nächsten Moment hatte sich der Affekt auf den begleitenden Harndrang übertragen und nötigte sie, nach qualvollem Kampf den Saal zu verlassen."
(Freud 1952/1894, S. 69f.)

Seine Theorie von der Trennung des Bewußten und des Unbewußten hat Freud erst nach 1894 ausgearbeitet. Aufgrund dieser Theorie deutet der Autor später ähnliche Fälle folgendermaßen: Das erotische Erlebnis ist (durch Affektabspaltung) ins Unbewußte verdrängt worden, der Harndrang (durch Affektzufuhr) ist anstatt dessen als Zwang ins Bewußtsein getreten (vgl. Freud 1948/1926, insbesondere S.122f.).

Die psychoanalytische Theorie, der Mensch werde durch unbewußte Motive und Affekte beherrscht, verbunden mit der Zuversicht, das Unbewußte lasse sich durch Anwendung psychoanalytischer Verfahren zutage fördern, ist in der behavioristisch und kognitivistisch ausgerichteten Psychologie zumeist auf entschiedene Ablehnung gestoßen. Trotzdem (oder gerade deshalb) haben die psychoanalytischen Thesen der Motivations- und Emotionspsychologie eine starke Publizität verschafft und zu dem Eindruck beigetragen, die Probleme der Emotion und Motivation umgebe der Zauber des Geheimnisvollen.

Zusammenfassung

1. Motiviertheit und Emotionalität schließen gleichermaßen eine psychophysische Erregtheit, auch Aktiviertheit genannt, ein. Der Motiviertheit wird von einigen Autoren ein konstruktiv zu nennender Anteil an Aktiviertheit zugeschlagen, der zielgerichteten Handlungen zufließt und in Phänomenen wie Willensstärke und Konzentration zum Ausdruck kommt. Auf die Emotionalität entfällt dann nach der Meinung dieser Autoren ein destruktiv zu nennender Anteil an Aktiviertheit, der sich in ungeordneten Tätigkeiten entlädt und zielgerichtete Handlungen stört.
2. Der Theorie von der Desorganisiertheit der Emotionalität ist widersprochen worden unter Hinweis auf den regelmäßigen Ablauf emotionalen Verhaltens (z. B. Zorn) sowie die Prioritäten setzende und Energie mobilisierende Kraft der Emotionen. Ob Emotionalität der Leistung schadet, hängt u. a. von ihrer Stärke ab. Starke Emotionalität (z. B. heftige Angst) beeinträchtigt in der Regel die Leistung, während schwache Emotionalität (z. B. milde Angst) der Leistung durchaus förderlich sein kann.
3. Der Motiviertheit und der Emotionalität liegen Bedürfnisse bzw. Triebe bzw. Motive zugrunde. Diese sind als physiologische oder als kognitiv repräsentierte Mangelzustände zu beschreiben. Die Bedürfnisbefriedigung wird teilweise nach dem Prinzip der Triebreduktion, teilweise nach dem Homöostaseprinzip dargestellt.

4. Je nach ihren Eigenschaften können Objekte und Zustände zur Befriedigung von Bedürfnissen dienen; dadurch erhalten sie einen zu Handlungen motivierenden Anreiz. Die Zieldienlichkeit und Wünschbarkeit eines Objekts schlägt sich auch in der gefühlsmäßigen Einstellung zu diesem Objekt nieder.

5. Kontroversen in der Geschichte der Motivations- und Emotionspsychologie betrafen vor allem die objektive Erfaßbarkeit von Motiven und Emotionen, ihre Bewußtheit sowie ihre Ganzheitlichkeit.

Literaturhinweise

Lieret, J.: Angst des Beifahrers. ADAC-Motorwelt 9 (1977) 41–43

Lisper, H. O., Laurell, H. u. Stening, G.: Effects of experience of the driver on heart-rate, respiration rate, and subsidiary reaction time in a three hours continous reaction task. Ergonomics 16 (1973), 501–506

Bösser, Th. F., Lloyd, I. u. Schmidt-Mummendey, A.: Bedingungen offensiven und gefährlichen Fahrverhaltens auf der Autobahn. Systemanalytische Untersuchungen. In: Tack, W. (Hg.): Bericht über den 30. Kongress der Deutschen Gesellschaft für Psychologie 1976 in Regensburg. Bd. 2. Göttingen: Hogrefe 1977, 375–377

Bindra, D.: Organization in emotional and motivated behavior. Canadian Journal of Psychology 9 (1955), 161–167

Janet, P.: De l'angoisse à l'exstase. Paris: Alcan 1928

Claparède, E.: Feelings and emotions. In: Reymert, M. L. (Hg.): Feelings and emotions: The Wittenberg Symposium. Worcester/Mass.: Clark University Press 1928, 124–139

Young, P. T.: Emotion in man and animal. New York: Krieger 1973

Mandler, G.: Mind and emotion, New York: Wiley 1975. (Dt.: Denken und Fühlen. Paderborn: Junfermann 1979)

Thorpe, W. H.: Animal nature and human nature. London: Methuen 1974

Cannon, W.: The wisdom of the body. New York: Norton 1939 (Erstausgabe 1932)

Chiles, W. D.: Effects of shock-induced stress on verbal performance. Journal of Experimental Psychology 56 (1958), 159–165

Tennyson, R. D. u. Woolley, F. R.: Interaction of anxiety with performance on two levels of task difficulty. Journal of Educational Psychology 62 (1971), 463–467

Spence, K. W.: A theory of emotionally based drive (D) and its relation to performance in simple learning situations. American Psychologist 13 (1958), 131–141

Broen, W. R. u. Storms, L. H.: A reaction potential ceiling and response decrements in complex situations. Psychological Review 68 (1961), 405–415

Duffy, E.: Activation and behavior. New York: Wiley 1962

Yerkes, R. M. u. Dodson, J. D.: The relation of strength of stimulus to rapidity of habit formation. Journal of Comparative Neurology and Psychology 18 (1908), 459–482

Eysenck, M. W.: Anxiety, learning and memory: A reconceptualization. Journal of Research in Personality 13 (1979), 363–385

Morris, L. W. u. Liebert, R. M.: Relationship of cognitive and emotional components of test anxiety to physiological arousal and academic performance. Journal of Consulting and Clinical Psychology 35 (1970), 332–337

Simon, H.: Motivational and emotional controls of cognition. Psychological Review 74 (1967), 29–39

Reykowski, J.: Persönlichkeitspsychologische Mechanismen prosozialen Verhaltens. Probleme und Ergebnisse der Psychologie 67 (1978), 65–86

Pellegrino, L. J. u. Cushman, A. J.: A stereotaxic atlas of the rat brain. New York: Appleton Century Crofts 1967

Teitelbaum, P. u. Epstein, A. N.: The lateral hypothalamic syndrome: Recovery of feeding and drinking after lateral hypothalamic lesions. Psychological Review 69 (1962), 74–90

Hamilton, C. L. u. Brobeck, J. R.: Hypothalamic hyperphagia in the monkey. Journal of Comparative and Physiological Psychology 57 (1964), 271–278

Lantermann, E.: Integration von Kognitionen und Emotionen in Handlungen. In: Hoefert, H.-W. (Hg.): Person und Situation – interaktionspsycho-

logische Untersuchungen. Göttingen: Hogrefe 1982, 67–84
Seitz, A.: Die Paarbildung bei einigen Cichliden. Zeitschrift für Tierpsychologie 41 (1940), 40–84
Zajonc, R. B.: Feeling and thinking. Preferences need no inferences. American Psychologist 35 (1980), 151–175
Krueger, F.: Das Wesen der Gefühle. Entwurf einer systematischen Theorie. Leipzig: Akademische Verlagsgesellschaft 1928
Cornelius, H.: Psychologie als Erfahrungswissenschaft. Leipzig: Teubner 1897
Meyer, M. F.: That whale among the fishes – the theory of emotions. Psychological Review 40 (1933), 292–300
Hull, C. L.: A behavior system. New Haven: Yale University Press 1952
Freud, S.: Die Abwehr- Neuropsychosen. Gesammelte Werke Bd. 1. Frankfurt: Fischer 1952 (Erstausgabe 1894)
Freud, S.: Hemmung, Symptom und Angst. Gesammelte Werke Bd. 14. Frankfurt: Fischer 1948 (Erstausgabe 1926)

Versuche der Beschreibung und Klassifizierung von Motiven und Emotionen

Polythematische Theorien

Man kann den Menschen als ein Wesen begreifen, das von Natur aus oder aufgrund seiner Sozialisation mit einer Reihe von Bedürfnissen bzw. Trieben ausgestattet ist. Diese Voraussetzung hat Folgen: So ausgestattet, müßte der Mensch ein Verhaltensrepertoire entwickeln, das ihm die Befriedigung seiner Bedürfnisse erlaubt. Weiterhin müßten, sofern Bedürfnisse auf Gefühle bezogen sind, der Reihe qualitativ verschiedener Bedürfnisse eine Serie von Gefühlsqualitäten zuzuordnen sein. Wie groß ist die *qualitative Vielfalt von Bedürfnissen, Gefühlen und Tätigkeiten,* die unter diesen Voraussetzungen in Rechnung gestellt werden muß? Der Konstrukteur einer Theorie kann da recht feine Unterscheidungen bezüglich der Bedürfnisse und der sie befriedigenden Objekte treffen (z. B. Durst auf Wasser, Durst auf Saft, Durst auf Wein usw.). Er kann jedoch auch zur Klassenbildung schreiten (vgl. S. 129 ff.) und die erfahrbare Vielfalt auf eine begrenzte Zahl von Kategorien zurückzuführen. Darstellungen, welche diesen Wege gehen und dabei zu mehr als zwei Kategorien gelangen, werden hier polythematische Theorien genannt. Entsprechend werden später behandelte Theorien mit ein oder zwei grundlegenden Motiven sowie Theorien, die auf die ausdrückliche Definition von Motiv- und Emotionsqualitäten verzichten, als mono-, bi- und athematisch bezeichnet. Den Begriff des Themas (von griech. ‚thema' – das Gesetzte, der Satz) hat der amerikanische Persönlichkeitstheoretiker Murray in die Motivationspsychologie eingeführt. Der Autor meint damit einen bestimmten Motivinhalt (s. u.).

Der oben skizzierte Ansatz einer polythematischen Motivations- und Emotionstheorie wird voll entfaltet in einem der ersten Entwürfe zu einer systematischen Sozialpsychologie. Der englische Psychologe William McDougall legte im Jahre 1908 einen Katalog von Grundinstinkten vor. Unter „Instinkt" versteht der Autor einen Komplex, bestehend aus einer Antriebskomponente (entsprechend einem Bedürfnis), einer Affektkomponente (entsprechend einer Emotion) und einer Verhaltenskomponente. Insgesamt schlägt er sieben Grundinstinkte vor.

Grundinstinkte nach McDougall (1908)

Antrieb	*Affekt*	*Verhalten*
Fluchtinstinkt	Angst	Zurückweichen/Flucht
Abwehrinstinkt	Ekel	Zurückstoßen
Kampfinstinkt	Zorn	Angreifen
Neugier	Staunen	Annähern/Prüfen
Elterlicher Pflegeinstinkt	Fürsorge/Zärtlichkeit	Pflege/Füttern
Selbsterhaltung	Positives Selbstgefühl/Überheblichkeit	Vorzeigen/Imponiergehabe
Selbsterniedrigung	Negatives Selbstgefühl/Unterwürfigkeit	Wegschleichen/Sich unterwerfen

Solche *Instinktkataloge und Triebinventare* sind vor und nach McDougall in großer Zahl zur Diskussion gestellt worden. So schlägt vierzig Jahre vorher in Deutschland der Philosoph Immanuel Hermann Fichte (1873) vier Grundklassen von Trieben vor: Selbsterhaltungs-, Persönlichkeits-, Geselligkeits- und Ehrtrieb. Und fünfzig Jahre nach McDougalls „Sozialpsychologie" veröffentlicht Plutchik (1962) eine Liste von acht Grundemotionen, die mit ebenso vielen prototypischen biologischen Verhaltensweisen in Zusammenhang stehen: Begehren, Ekel, Zorn, Liebe, Freude, Traurigkeit, Erstaunen, Hoffnung.

Aufgrund seiner persönlichkeitstheoretischen Forschungen und klinischen Erfahrungen hat Henry A. Murray (1938) eine Liste von *zwanzig Grundbedürfnissen bzw. Motivthemen* (s. o.) zusammengestellt. Dieser Liste geht der Ruf voraus, sie umfasse die wirklich wesentlichen Bedürfnisse des in der westlichen Welt sozialisierten Menschen (und nicht nur biologisch grundlegende Triebe). Zur Probe vier Eintragungen aus Murrays Liste mit einer kurzen Charakterisierung:

1. Leistungsbedürfnis: etwas Schwieriges zustande bringen. Physikalische Gegenstände, menschliche Wesen oder Ideen beherrschen, ordnen, damit umgehen; dieses so schnell und so selbständig wie möglich tun. Hindernisse überwinden und hohen Maßstäben genügen. Mit anderen konkurrieren und sie übertreffen. Den Selbstwert erhöhen durch erfolgreichen Einsatz der eigenen Fähigkeit.
2. Anschlußbedürfnis: einem Partner (der einem gleicht oder einen liebt) näher rücken, mit ihm freundschaftlich zusammenarbeiten, sich mit ihm austauschen. Einer geliebten Person Gefallen erweisen und ihre Zuneigung gewinnen. Einem Freund zugehören und ihm treu bleiben.
3. Bedürfnis aufzufallen: einen Eindruck machen. Gesehen und gehört werden. Anregen, Bewunderung erregen, unterhalten, schockieren, amüsieren, intrigieren, verführen.
4. Empfindsamkeit: Suche nach ästhetischen Eindrücken.

Weiterhin enthält die Murraysche Aufstellung die folgenden sechzehn Bedürfnisse:

5. Unterordnung	14. Ordnung
6. Aggression	15. Spielen
7. Selbständigkeit	16. Zurückweisung
8. Gegenwehr	17. Gewährung von Hilfe
9. Verteidigung	18. Annahme von Hilfe
10. Ehrerbietung	19. Erotik und Sexualität
11. Überlegenheit	20. Verständnis
12. Schmerzmeidung	
13. Mißerfolgsmeidung	

Die verschiedenen Listen weisen große Überlappungen auf; z. B. wird selten auf die ausdrückliche Einbeziehung eines Liebes- und eines Aggressionstriebes verzichtet. Bei der Konstruktion von Motiv- und Gefühlsinventaren sind zumindest zwei Probleme unvermeidbar: das Problem der Abgrenzung (sind z. B. Unterordnung und Flucht vollständig unabhängig voneinander?) und das Problem der Grundständigkeit (gehört z. B. das Macht- und Überlegenheitsmotiv wirklich zur Grundausstattung des Menschen?). Die offenbar unüberwindbaren Schwierigkeiten bei der Konstruktion und Rechtfertigung von Motiv- und Gefühlsinventaren haben den Wunsch nach anderen Formen der Beschreibung und Ordnung aufkommen lassen. Bereits Wilhelm Wundt (s. S. 37) hat die Frage aufgeworfen, ob verschiedene Motive und Emotionen so völlig eigener Natur sind, daß sich ein Vergleich zwischen ihnen verbietet, oder ob sie gemeinsame Eigenschaften besitzen, mit deren Hilfe Ähnlichkeiten zwischen ihnen feststellbar sind. Wundt selbst entschied sich für die zweite Annahme und schlug selbst für Gefühle drei Vergleichsmerkmale vor. Ein Vergleichsmerkmal Wundts war die Intensität. Wenn so verschiedene Gefühle wie der Stolz und die Reue jeweils die gleiche Eigenschaft „Stärke" besitzen, so kann man sie bezüglich dieser Eigenschaft miteinander vergleichen. (Zum Beispiel ist dann die Aussage gerechtfertigt: „Seine Reue ist größer als sein Stolz.") Ein anderes Vergleichsmerkmal ist nach Wundt der Grad der Lust bzw. der Unlust.

In den sechziger Jahren ist am Institut für Psychologie in Marburg Werner Traxel der Wundtschen Frage nach gemeinsamen Eigenschaften von Motiven und Emotionen – Traxel nannte sie inzwischen *Ähnlichkeitsdimensionen* – weiter nachgegangen (Traxel 1962; Traxel u. Heide 1961). Er befragte viele Personen nach der von ihnen empfundenen Ähnlichkeit zwischen verschiedenen Bezeichnungen für Gefühle und Motive und stellte in anschließenden statistischen Analysen der erhobenen Urteile fest: Es gibt tatsächlich übergreifende Vergleichsmerkmale bzw. Ähnlichkeitsdimensionen, wie Wundt das vertreten hatte. Drei Vergleichsmerkmale bzw. Ähnlichkeitsdimensionen reichen aus, um einen großen Teil der angegebenen Ähnlichkeitsbeziehungen zu erklären: Stärke (Intensität im Sinne Wundts), Bewertung (Lust-Unlust nach Wundt) und Dominanz-Submission (etwa „überlegenes Herangehen" – „unterwürfiger Rückzug", vergleichbar Rotters Merkmal der

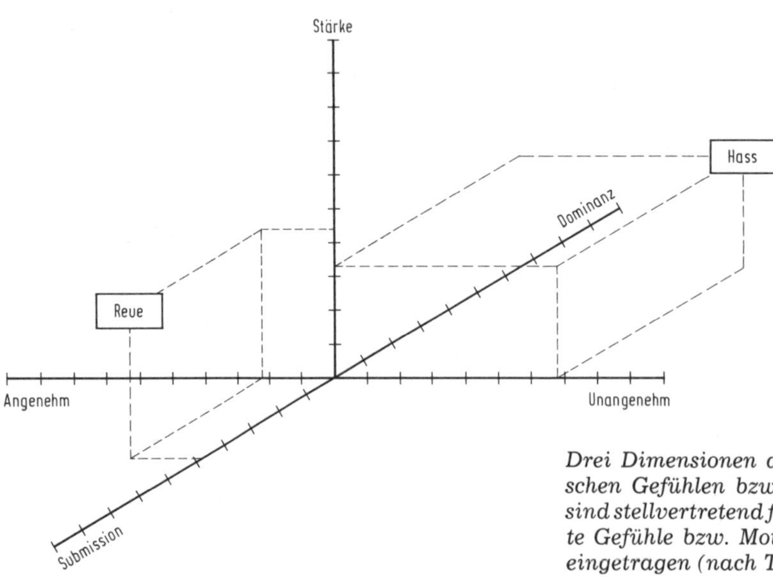

Drei Dimensionen der Ähnlichkeitsbeziehung zwischen Gefühlen bzw. Motiven; „Reue" und „Hass" sind stellvertretend für zahlreiche andere untersuchte Gefühle bzw. Motive in das Koordinatensystem eingetragen (nach Traxel und Heide 1961).

Kontrolle, s. S. 314). Das von Traxel ermittelte Ordnungssystem ist in seiner Einfachheit verblüffend; es bleibt jedoch die Frage offen, ob mit den von ihm gefundenen Dimensionsmerkmalen Motive und Emotionen nicht nur plausibel zu vergleichen, sondern auch in ihrer Eigenart vollständig zu beschreiben sind.

Mono- und bithematische Theorien

Monothematische Theorien führen die Fülle unterscheidbarer Bedürfnisse auf einen einzigen Grundtrieb zurück. Monothematische Triebtheorien sind vor allem innerhalb der Tiefenpsychologie entwickelt worden. In seinen ersten Studien über Hysterie war Freud von der Kraft sexueller Bedürfnisse fasziniert (s. bereits S. 389). Seine „Drei Abhandlungen zur Sexualtheorie" aus den Jahren 1904/5 waren weniger als Spezialabhandlungen zur Sexualpathologie zu verstehen; vielmehr vertraten sie die These, ein nach körperlicher Lust drängendes Energiepotential staue sich in den Menschen und suche – oft unbemerkt von den Betroffenen – eine Abfuhr in den verschiedenartigsten Verhaltensweisen. Verschiedenartig erscheinende Bedürfnisse seien somit Ausfluß ein und desselben Bedürfnisses nach sexuellem Lustgewinn.

Anders dagegen der Tiefenpsychologe Alfred Adler (1927). Er hält ein Macht- und Geltungsstreben für grundlegend. Der (neurotische) Mensch leide an einer Minderwertigkeit und suche diese durch Überflügeln und Beherrschen seiner Mitmenschen auszugleichen, zu kompensieren. Das Macht- und Geltungsmotiv durchdringe sämtliche Bestrebungen; es nähre den politischen Ehrgeiz, den Forschungsdrang, das künstlerische Streben und den wirtschaftlichen Einsatz. Freud und Adler waren sich dabei in einem wesentlichen Punkt einig, der sie beide als Tiefenpsychologen auszeichnet: in der Annahme eines einheitlichen und unbewußten Potentials an Triebenergie – in Freuds Terminologie der *Libido* (von lat. ‚libido' – Begierde, Lust, Verlangen, Willkür). Diese Gemeinsamkeit machte sie zunächst zu Kampfgefährten. Noch 1910 führte Adler den Vorsitz in der Wiener Gruppe der Psychoanalytischen Vereinigung. In mehreren Vorträgen „Zur Kritik der Freudschen Sexualtheorie des Seelenlebens" distanzierte er sich jedoch 1911 von der Freudschen Sexualtheorie und mußte sich von der psychoanalytischen Bewegung trennen.

Die Geschlossenheit der monothematischen Theorien hat diesen zahlreiche Anhänger zugeführt. Aber sie hat auch den Vorwurf der unzulässigen Vereinfachung herausgefordert. Als einfachste Alternative boten sich *bithematische (dualistische) Theorieversionen* an. In der physiologischen Psychologie hat sich die Zuwendung zu dualistischen Ansätzen schon früh ereignet. So schreibt der Physiologe Walter Cannon:

„In der langen Geschichte des Menschengeschlechts waren die Bakterien nicht die einzigen feindlichen Lebewesen, und in der freien Natur waren sie vielleicht nicht einmal die schlimmsten. Es gab grausame Wesen unter den Menschen und Tieren, die heimlich heranschlichen und jeden Augenblick ohne Vorwarnung angreifen konnten. Da mußte man kämpfen, zur Rache, zur Sicherheit und um Beute. In dieser harten Schule haben Angst und Wut zur Vorbereitung von Handlungen gedient ... Angst wurde verbunden mit dem Instinkt zu laufen, zu entkommen; und Wut oder Aggression mit dem Angriffsinstinkt."
(Eigene Übersetzung aus Cannon 1939, S. 226f.)

Zwei Arten von Emotions- und Antriebszuständen, die in polythematischen Theorien neben anderen Motiven auftauchen (vgl. S. 393), rücken damit in das Zentrum der theoretischen Überlegung:

- der Angriff, allgemein das Herangehen und aktive Bewältigen (engl. ‚fight'),
- die Flucht, allgemein das Zurückweichen und Meiden (engl. ‚flight').

Ax (1953) sowie Funkenstein, King und Drolette (1954) haben nachzuweisen versucht, daß *Herangehen und Meiden* auf zwei verschiedenen physiologischen Aktivierungssystemen beruhen. In einer Stimmung des aktiven Her-

Hunger – Grundtrieb und Urtrieb

Aus materialistischer Sicht sind die biologischen Triebe die grundlegenden – allen anderen voran Hunger und Durst. Auch für den marxistischen Philosophen Ernst Bloch (1885–1979) gibt es keinen Trieb „ohne Leib dahinter“ (Bloch 1959, S. 52). Den Hunger beschreibt er mit beschwörenden Worten als Urkraft zur Selbsterhaltung; er schlage durch alle sozio-ökonomischen Bedingungen durch. Blochs beißender Spott trifft die Tiefenpsychologie. Was ihre Vertreter als Grundtrieb vorstellen (Freud die Sexualität, Adler die Macht, Jung u. a. das Eintauchen in die Erfahrung der Vorwelt), sei alles andere als grundlegend, es sei Frucht der historischen Bedingungen und mit ihnen wandelbar. Bloch in seinem Hauptwerk „Prinzip Hoffnung“:

„Sehr wenig, allzu wenig wurde bisher vom Hunger gesprochen. Obwohl dieser Stachel ebenfalls recht ursprünglich oder urtümlich dreinsieht. Denn ein Mensch ohne Nahrung kommt um, während es sich ohne Liebesgenuß immerhin eine Weile leben läßt. Erst recht läßt es sich ohne Befriedigung des Machttriebes leben, erst recht ohne Rückkehr ins Unbewußte fünfhunderttausendjähriger Vorfahren. Aber der zusammenbrechende Arbeitslose, der seit Tagen nicht gegessen hat, ist wirklich an die ältest bedürftige Stelle unseres Daseins geführt worden und macht sie sichtbar. Das Mitgefühl mit Verhungernden ist ohnehin das einzig verbreitete, ja überhaupt in Breite mögliche. Das Mädchen, ja der Mann, der sich nach Liebe sehnt, diese sind nicht mitleiderregend, die Hungerklage dagegen ist wohl die stärkste, einzige, die ohne einen Umweg dargeboten werden kann. Dem Hungernden glaubt man sein eigenes Unglück; selbst der Frierende, selbst der Kranke, gar erst der Liebeskranke wirken dagegen luxushaft. Auch die hartherzigste Hausfrau vergißt gegebenenfalls den Ärger ihres Geizes, wenn der Bettler die geschenkte Suppe ißt. Hier ist zweifellos, bereits im üblichen Mitgefühl, die Not und ihr Wünschen klar. Der Magen ist die erste Lampe, auf die Öl gegossen werden muß. Sein Sehnen ist genau, sein Trieb so unvermeidlich, daß er nicht einmal lange verdrängt werden kann.“
(Bloch 1959, S. 71)

Bloch – geprägt vom politischen Altmarxismus – war mit den Auswirkungen moderner Wirtschaftskrisen aus eigener Erfahrung vertraut; die Grausamkeit von Hungersnöten kannte er aus seinen Studien über die Bauernkriege.

Marxisten der letzten Jahre, die sich an den Bedingungen des Sozialstaates orientieren, räumen den Hunger- und Selbsterhaltungsmotiven keinen zentralen Platz mehr in ihrer Theorie ein. So verlagert sich das Interesse in der marxistischen Motivationstheorie, dargestellt von Ute Holzkamp-Osterkamp, auf die „Aufhebung von Abhängigkeitsbeziehungen durch mit kooperativer Integration erreichbare Kontrolle über die eigenen Lebensbedingungen“ (Holzkamp-Osterkamp 1976, S. 334).

angehens trete vor allem ein andrenerges System in Aktion – kenntlich an einem erhöhten Adrenalinspiegel in Blut und Urin. Der Rückzug sei dagegen stärker durch ein cholinerges System aktiviert – gekennzeichnet durch eine verstärkte Ausschüttung des Hormons Acetylcholin bzw. Noradrenalin. Ax und Funkenstein sowie deren Mitarbeiter haben sich bemüht, ihre Behauptung durch Beobachtungen an frei lebenden Tieren und an Laboratoriumsuntersuchungen an Menschen zu erhärten. Im Laboratorium haben sie Aggressions- und Fluchtreaktionen zu erzeugen versucht; so haben sie z. B. Probanden an physiologische Meßgeräte angeschlossen und einen „gefährlichen Kurzschluß" vorgetäuscht. Dabei war festzustellen, daß sich mit der Adrenalinausschüttung auch andere physiologische Meßgrößen veränderten. Es ergab sich mit erhöhter Adrenalinausschüttung ein Anstieg der Hautleitfähigkeit, der Atemfrequenz und der Muskelspannung; bei erhöhter Ausschüttung von Acetylcholin/Noradrenalin kam es zu einem Blutdruckanstieg, gepaart mit einer Abnahme der Pulsfrequenz.

Der Konflikt von Aufsuchen (Appetenz) und Meiden (Aversion), von Hoffnung und Furcht ist auch ein bevorzugtes Thema kognitivistischer Motivationsanalysen. Phänomenologisch eindrucksvoll etwa die folgende Charakterisierung des Skifahrers, bei dem Wagemut und Verletzungsfurcht miteinander streiten:

„Nehmen wir … das Verhalten eines Skiläufers, der seinen Anfängerkurs erfolgreich absolviert hat und der bei der ersten selbständigen Wahl seiner Abfahrtspiste – einige Schwierigkeitsstufen überspringend – auf der Bergstation eines für ihn viel zu schwierigen Skihanges angelangt ist. Je nach Inhalt seiner vorausgegangenen Erfahrung seiner Könnensgrenzen wird ihm beim Anblick des Steilhangabgrundes mehr oder weniger bänglich zumute, und die Furcht kann … ihn zu einer Rückzugsentscheidung motivieren.

Entscheidet er sich jedoch entgegen der Furchtwarnung zur Abfahrt, so wird er binnen kurzem in einen circulus vitiosus verstrickt werden, bestehend aus …: … erstes Mißlingen, das zum Sturz oder zu verkrampfter Sturzabwehr führt, … Fehlsicherung: er traut sich nicht, das Gewicht bei Schwung auf den Außenski zu legen, … erhöhte Unfallserwartung, vermehrte Furcht, vermehrte Verkrampfung.

Für die Differenzierung und den Abbau der Furchtreaktion kann der Skiläufer auf seine Erfolgserfahrung im Anfängerkurs zurückgreifen. Kehrt er auf den Anfängerhügel zurück und ‚fängt wieder klein an', so wird er … nach kurzer Zeit sein Selbstvertrauen wieder zurückgewinnen. Aber die Erfahrung der Furchtblockade wird ihre Spuren hinterlassen: Fortan muß er sich, wenn er den Schwierigkeitsgrad einer Piste abschätzt, nicht nur mit der Sorge auseinandersetzen, daß diese vielleicht seine Könnensgrenze überschreitet, sondern auch mit dem Problem, daß ihre Schwierigkeit nicht jenseits der Angstgrenze liegt, …"

So weit Rainer Fuchs (1976, S. 102ff.), Professor für Psychologie und Pädagogik in München, früher selbst Leistungssportler.

Innerhalb der Tiefenpsychologie war es Freud selbst, der seine ursprüngliche monothematische Theorie (s. o.) zu einer dualistischen erweitert hat. Führt Freud zunächst das gesamte Triebgeschehen auf ein einheitliches Streben nach Lust zurück, so beschreibt er in seiner Abhandlung „Jenseits des Lustprinzips" die Entdeckung eines weiteren Antriebes: des Strebens zum Anfang, zur Ruhe, zum Tode. Freud schildert in der genannten Schrift das Verhalten von Menschen mit „traumatischen Neurosen", die nach Kriegsverletzungen, Verkehrsunfällen u. ä. immer wieder in Gedanken zu der traumatischen Situation zurückkehren. Er erinnert an Kinder, die immer wieder belastende Erlebnisse wie die Trennung von der Mutter durchspielen. Eine solche Rückkehr zu beschwerlichen und beunruhigenden Situationen könne nicht im Dienst des Lustgewinns stehen; sie müsse vielmehr auf einem eigenen Trieb beruhen, einem Konservierungstrieb.

„Wenn also alle organischen Triebe konserva-

tiv, historisch erworben und auf Regression, Wiederherstellung von Früherem, gerichtet sind, so müssen wir die Erfolge der organischen Entwicklung auf die Rechnung äußerer, störender und ablenkender Einflüsse setzen. Das elementare Lebewesen würde sich von seinem Anfang an nicht haben ändern wollen, hätte unter sich gleichbleibenden Verhältnissen stets nur den nämlichen Lebensablauf wiederholt. Aber im letzten Grunde müßte es die Entwicklungsgeschichte unserer Erde und ihres Verhältnisses zur Sonne sein, die uns in der Entwicklungsgeschichte der Organismen ihren Abdruck hinterlassen hat. Die konservativen organischen Triebe haben jede dieser aufgezwungenen Abänderungen des Lebenslaufes aufgenommen und zur Wiederholung aufbewahrt und müssen so den täuschenden Eindruck von Kräften machen, die nach Veränderung und Fortschritt streben, während sie bloß ein altes Ziel ... zu erreichen trachten. ... Der konservativen Natur der Triebe widerspräche es, wenn das Ziel des Lebens ein noch nie erreichter Zustand wäre. Es muß vielmehr ein alter, ein Ausgangszustand sein, ... zu dem es über alle Umwege der Entwicklung zurückstrebt. Wenn wir es als ausnahmslose Erfahrung annehmen dürfen, daß alles Lebende aus *inneren* Gründen stirbt, ins Anorganische zurückkehrt, so können wir nur sagen: *Das Ziel alles Lebens ist der Tod ...*"
(Freud 1972/1920, S. 39f.)

Freud hat diese Zeilen unter dem Eindruck der Massenvernichtung des Ersten Weltkrieges geschrieben, und man könnte meinen, er sei dabei, zugunsten des von ihm neu in die Diskussion gebrachten Todestriebs die These vom Sexualtrieb zurückzunehmen. Freud selbst beugt dieser Auffassung vor, indem er die obige Passage einen „extremen Gedankengang" nennt, „der ..., wenn die Sexualtriebe in Betracht gezogen werden, Einschränkung und Berichtigung findet" (Freud 1972/1920, S. 39). So gelangt die Psychoanalyse zu dem Dualismus zwischen

○ *Todestrieb(en),* auch Ich-Trieb(e) genannt; sie sind rückwärts gerichtet, streben ins Unbelebte und suchen das Leben zur Ruhe zu bringen, und

○ *Sexualtrieb(en),* auch Lebenstrieb(e) genannt; sie drängen vorwärts, nach (körperlicher) Lust strebend, nach Neuem begierig, neues Leben schaffend.

Nach Freud (1946/1915) können sich die beiden von ihm angenommenen Grundtriebe auf die eigene Person oder auf Gegenstände und Personen in der Umwelt richten (Triebfixierung). Daraus ergeben sich vier Partialtriebe (Teiltriebe): Narzißmus, Masochismus, Liebe und Sadismus.

Vier Partialtriebe nach Freud (1946/1915)

Fixierung	*Sexualtrieb*	*Todestrieb*
Eigene Person	Narzißmus	Masochismus
Äußeres Objekt	Liebe	Sadismus

Athematische Theorien

Ist die Festlegung von Triebqualitäten in einer Motivationstheorie unverzichtbar? Oder kann man die Menge wirksamer Antriebe als ein Energiepotential auffassen, das nicht von vornherein eine bestimmte Qualität besitzt und insofern auch nicht an feste Objekte gebunden ist? Solche theoretischen Ansätze sind in der Tat erprobt worden. Sie werden hier als athematisch bezeichnet.

Das Konzept eines einheitlichen und thematisch nicht von vornherein festgelegten Energiepotentials hat der schweizerische *Tiefenpsychologe* Carl Gustav Jung (1875–1961) vertreten. Von Freud, mit dem ihn zunächst eine lebhafte Korrespondenz und freundschaftliche Begegnungen verbanden, übernahm er zur Bezeichnung jenes hypothetischen Energiepotentials die Bezeichnung *‚Libido'* (s. S. 44). Allerdings weigerte er sich, eine feste Koppelung der Libido mit der Sexualität anzunehmen. Vielmehr war er der Meinung, die innere Energie wende sich frei den verschiedenen seelischen Prozessen und den vielfältigen Objekten der Umwelt zu. Diese Zuwendung bedeute einerseits eine verstärkte Betonung geistiger Haltungen und Abläufe (z. B. der Intuition) andererseits eine erhöhte Orientierung an Personen und an Gegenständen (z. B. erhöhtes Interesse an der Umwelt, Mutterbindung).

Mit seiner Theorie stellte Jung nicht nur die von Freud zugrunde gelegte sexuelle Fixierung der Libido in Frage, sondern auch ihren Ursprung aus dem Unbewußten. Dem Bewußtsein wende sich die Libido – so Jung – ebenso leicht zu wie den Bildern des Unbewußten. Und mehr noch: Die Besetzung von unbewußten Inhalten mit Libido fördere keineswegs ihre Verhaftung im Unbewußten sondern ihr Aufsteigen ins Bewußtsein. Damit meldete Jung den Anspruch einer kognitivistisch ausgerichteten Tiefenpsychologie an. Dies führte zum Zerwürfnis mit Freud und seinen Anhängern. Jung legte – 1911 noch zum Präsidenten der „Internationalen Psychoanalytischen Gesellschaft" gewählt– im Jahre 1914 den Vorsitz nieder und trat aus der Gesellschaft aus.

Wohl völlig unbeeinflußt von Jungs Beiträgen ist die These von einem einheitlichen Energiepotential ohne vorgegebene Objektfixierung in der *physiologischen Psychologie* in neuer Form hervorgetreten. Im Jahre 1951 propagierte Elizabeth Duffy, Professorin am Women's College der Universität von North Carolina, den Begriff der *Energiemobilisierung*. Am Verhalten seien jeweils zwei Aspekte zu unterscheiden: seine Richtung und sein Energieaufwand. Die Richtung des Verhaltens mache seine Qualität aus (z. B. Angreifen, Essen, Trinken). Der Energieaufwand bestimme dagegen die Intensität und Dauer des Verhaltens (z. B. zurückhaltender oder heftiger Angriff, lustloses und gieriges Trinken). Der Energieaufwand trete als Schnelligkeit, Kraft und Ausdauer in Erscheinung sowie in der Stärke von Trieben und Gefühlen. Der Grad der Energiemobilisierung zeige sich in der autonomen Aktivität des Herzens, der Schweißdrüsen und der Muskelspannung. Ab 1957 hat Duffy den Begriff der Energiemobilisierung zunehmend durch die Begriffe (physiologische) *Erregung* (engl. ‚arousal‘) und *Aktivierung* (engl. ‚activation‘) ersetzt. Dem letzten Begriff verdankt die Duffysche Theorie ihren Namen: Aktivierungstheorie (vgl. bereits S. 381).

Nach der Aktivierungstheorie verfügt der Organismus über eine Menge an Energie, die er erhalten oder in Tätigkeiten umsetzen kann. Grundsätzlich kann die Energie allen Tätigkeiten zugute kommen. Da die Energiemenge jedoch begrenzt ist, wird Energie, die für eine Tätigkeit bereitsteht, anderen Tätigkeiten entzogen. Energie, die etwa für das Musizieren aufgewandt sei, könne nicht noch einmal für das Rechnen eingesetzt werden. Andererseits läßt sich Energie, die für eine Tätigkeit mobilisiert, aber nicht aufgebraucht wurde, ohne Schwierigkeiten einer anderen Tätigkeit zuführen. Vor allem die Breitenwirkung der Energiemobilisierung hat die Aktivierungstheorie zu demonstrieren versucht. Die Überlegung dabei: Wenn Energie, ursprünglich für eine bestimmte Tätigkeit aufgebracht, einer ganz andersartigen Tätigkeit zugute kommt, läßt sich daraus auf die beliebige Einsetzbarkeit, die Unspezifität der Energie schließen.

Einer der ersten Belege für die Hypothese der Unspezifität hat die Studie von Stauffacher aus dem Jahre 1937 erbracht. Stauffacher beobachtete Studenten beim Lernen von Buchstabenkombinationen, einer recht schwierigen Aufgabe. Vorher prüfte er ihre Kraft beim Halten von Gewichten. Beim nachfolgenden Lernen verschiedener Reihen konnten sie entweder entspannt sitzen oder sie mußten ein Viertel oder die Hälfte oder drei Viertel des im Vorversuch festgestellten Maximalgewichts halten. Das Ergebnis: Die Muskelspannung steigerte die Lernleistung. Die Deutung des Ergebnisses: Energie aus der Muskelarbeit war zur Lerntätigkeit „übergeflossen".

Belege für die Übertragbarkeit von Erregung und damit für deren Unspezifität haben sich seit Stauffachers Studie gehäuft. Dabei

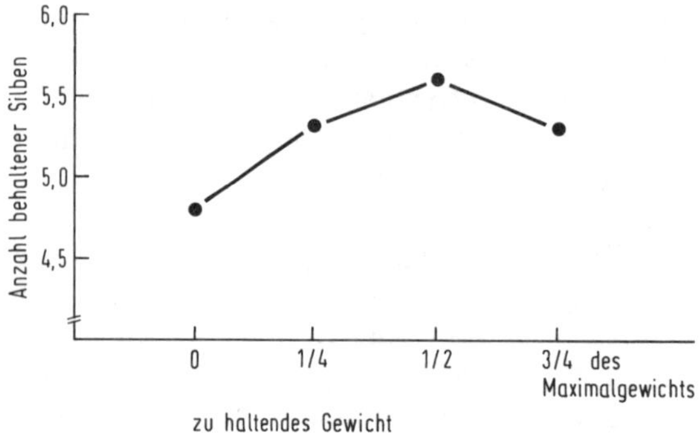

Zahl behaltener Silben nach fünf Wiederholungen in Abhängigkeit von der Muskelspannung (nach Stauffacher 1937, S. 29).

fand sich eine wichtige Entdeckung: Geistige und körperliche Tätigkeiten werden nicht nur durch zusätzliche Muskelspannung gefördert, sondern auch durch Sinnesreizung. So konnten z. B. Hörmann und Todt 1960 in Göttingen experimentell nachweisen, daß selbst bedeutungsloses Rauschen in einem Kopfhörer das Einprägen von Paaren sinnloser Silben beschleunigt.

Was sich bereits in der Stauffacher-Kurve (s. o.) andeutet, ist später zu einem bevorzugten Thema der Aktivierungstheoretiker geworden: die Leistungsminderung bei starker Beanspruchung bzw. Aktiviertheit. Hier schließen sich die Überlegungen zur Yerkes-Dodson-Regel an, die bereits auf S. 381 wiedergegeben wurden. Die Gründe für die Grenzen des Aktivierungseffektes sind dabei umstritten. Frühere Autoren wie Duffy neigten eher zur Annahme einer Überaktivierung, d. h. einer Energiemobilisierung, welche der Betroffene nicht unter Kontrolle bringen und daher auch nicht in gezielte Tätigkeiten umsetzen könne. Neuere Autoren wie der Finne Risto Näätänen (1973) verweisen dagegen auf die Ablenkung, welche schwere Muskeltätigkeit (z. B. Gewichtheben) oder starke Sinnesreizung (z. B. durch Lärm) verursachen, und deuten die Leistungsverschlechterung unter diesen Bedingungen als Effekt einer verminderten Konzentration auf die Haupttätigkeit.

In der Theorie der unspezifischen Aktiviertheit lebt unverkennbar die Tradition auf, die Wundt mit seiner Forderung nach einer unabhängigen Dimension der Gefühlsintensität begründet hat (s. S. 394). Die Aktivierungstheorie liefert die theoretischen Grundlagen für die Einführung physiologischer Größen in viele psychologische Untersuchungen. Die Herzfrequenz, die Hautelektrizität, die Hormonausschüttung und vergleichbare Größen können nach der Aktivierungstheorie als Indikatoren des Engagements, der Anstrengung und der emotionalen Beteiligung gedeutet werden.

Einen Zusammenhang zwischen der Emotionalität und Leistungsbereitschaft auf der einen Seite und Körperfunktionen auf der anderen hat der Psychophysiologe Donald B. Lindsley (1951) anhand neurophysiologischer Befunde herzustellen versucht. Die Motorik, die Sensorik und die autonomen Körperfunktionen seien alle über dasselbe Gebiet im Hirnstamm, die Retikulärformation, miteinander verschaltet. Jede motorische Aktion und jede Wahrnehmung steigere die Erregung der Retikulärformation, und die Erregungssteigerung der Retikulärformation teile sich den bisher in Ruhe befindlichen Teilen des Bewegungs- und Sinnesapparats mit. So führe jede Tätigkeit und jeder Sinneseindruck zu einem „Weckeffekt“. Ein solcher allgemeiner Weckeffekt wäre durchaus als biologisch sinnvoll zu erachten, da eine gesteigerte Wahrnehmung (z. B. bei Gefahr) in der Regel eine verstärkte Motorik nach sich zieht und umgekehrt eine erhöhte Motorik (z. B. schneller Lauf) zu einer vermehrten Wahrnehmung Anlaß gibt. Die autonomen Funktionen (wie die Herztätigkeit) wären dabei mitzuaktivieren, weil ihnen die Aufgabe der Versorgung (z. B. der Sauerstoffzufuhr zum Muskel) zukommt.

Die von Autoren wie Duffy und Lindsley verbreitete Theorie der unspezifisch-einheitlichen Aktivierung ist durch neuere Forschungen wohl überholt. Nicht nur Befunde über unterschiedliche Aktivierungsmuster bei Aufsuchen und Meiden stehen ihr entgegen (s.

S. 397). Es finden sich auch Belege für eine getrennte Aktivierung des Wahrnehmungssystems und des motorischen Systems (Pribram u. McGuinness 1975). Das mindert keineswegs ihre Bedeutung für die moderne Emotions- und Motivationstheorie. Die Annahme einer unspezifischen körperlichen Erregung ist nämlich auch zu einer der Grundlagen der neueren kognitivistischen Gefühlstheorie geworden. Diese Theorie baut keineswegs auf dem Libido-Konzept aus Jungs kognitivistischer Version der Tiefenpsychologie auf (s. o.), sondern auf der psychophysiologischen Aktivierungstheorie. Die Kernthese der neueren kognitivistischen Gefühlstheorie lautet, daß Individuen ihre Körpererregungen beobachten und ihnen – je nach wahrgenommener Situation – eine eigene Deutung zu geben versuchen. Der später (S. 406) folgende Abschnitt zur Wahrnehmung eigener Gefühle wird ausführlich auf diese These eingehen.

Wachstums- und Lerntheorien

Bereits Freud lehrt die Wandelbarkeit der Libido. Sie könne oral fixiert als Trinklust, genital fixiert als Sexualtrieb, anal fixiert als Geiz in Erscheinung treten (vgl. bereits S. 60). In einem Prozeß der Sublimation könne die Libido gar die Gestalt ästhetischer Bedürfnisse annehmen; der große Florentiner Künstler und Wissenschaftler Leonardo da Vinci (1452–1519) habe seine berühmten Madonnen – so Freud nach biographischen Recherchen (1969/1910) – aus verdrängter Liebe zu seiner (Stief-) Mutter gemalt. Mehr als nur Wandel wären Veränderungen der Motivation und Emotion aufgrund von Wachstum und Lernen. Wandel durch Wachstum käme einer Entfaltung nach einem inneren Plan gleich, Wandel durch Lernen einer Veränderung aufgrund von Erfahrung.

Eine *Wachstumslogik für Motive* entwirft in seinem Buch „Motivation and Personality" Abraham Maslow (s. S. 40). Sein Motivationsmodell umfaßt in der Version von 1954 fünf aufeinander aufbauende Stufen:

○ Die physiologischen Triebe – Bedürfnisse nach Sauerstoff, Flüssigkeit, Zucker u. ä. Diese Triebe beherrschen den Menschen nach seiner Geburt, und er ist darauf bedacht, den jeweils aktuellen Bedarf zu befriedigen.

○ Die Sicherheitsbedürfnisse. Sicherheitsbedürfnisse treten erst auf, wenn aktuelle physiologische Triebe befriedigt sind. Das hungrige Kind – so der Autor – nimmt Speisen wahllos zu sich. Das stärker gesättigte Kind prüft etwa, ob eine Speise ihm Leibschmerzen verursachen könnte. Es sorgt sich um die Anwesenheit der Eltern, weil es von ihnen Schutz erwartet.

○ Zugehörigkeits- und Liebesbedürfnisse. Sind körperliche Befriedigung und Sicherheit hergestellt, entsteht der Wunsch, Liebe zu empfangen und Liebe zu geben. Es ist dies zu verstehen als Wunsch nach sozialem Austausch, der mehr will als nur Versorgung und Absicherung.

○ Bedürfnis nach Anerkennung, Leistungsbedürfnisse. Es ist dies einerseits das Bedürfnis, sich vor einer Aufgabe zu bewähren, andererseits das Bedürfnis, für die erzielte Leistung die Anerkennung der Partner zu erlangen. Diese Bedürfnisse stellen sich ein, wenn die Liebesbedürfnisse erfüllt sind.

○ Bedürfnis nach Selbstverwirklichung. Dieses Bedürfnis entspricht in der Fassung von 1954 der höchsten Wachstumsstufe. Dazu der Autor:

„Ein Musiker muß einfach Musik machen, ein Maler muß malen, ein Dichter muß schreiben, um letztlich seinen Frieden zu finden. Was ein Mensch sein *kann, muß* er auch sein."
(Eigene Übersetzung aus Maslow 1954, S. 91)

Dieser höchsten Stufe des Zu-sich-selbst-Kommens fügt Maslow 1968 eine weitere Stufe hinzu:

○ Das Bedürfnis nach Transzendenz. Damit gemeint ist ein Bedürfnis, über sich selbst hinauszugelangen und einzugehen in eine höhere Welt des Kosmischen und des Göttlichen.

Maslow bezeichnet seine Theorie als „ganzheitlich-dynamisch" (Maslow 1954, S. 80).

Wandlung eines biologischen Motivs zum sozialen Motiv: Geselliges Trinken nach festgelegten Regeln zur Kräftigung des Gruppenzusammenhalts (Korporierte Studenten beim Festkommers).

Wandlung eines biologischen Motivs zum transzendentalen Motiv: Weingenuß als symbolische Vereinigung mit dem christlichen Erlöser (Abendmahlsfeier beim Ökumenischen Pfingsttreffen in Augsburg 1978).

Ganzheitlich, weil jeweils höhere Stufen die niedrigeren Stufen mit enthalten: So sei etwa im Bedürfnis nach Selbstverwirklichung das Liebesbedürfnis nicht erstickt; vielmehr erfülle sich die liebende Zuwendung als Teil der Selbstverwirklichung in einer besonders individuellen Weise. Dynamisch nennt Maslow seine Theorie, weil auch in ihr – wie in den tiefenpsychologischen Ansätzen – Kräfte angenommen werden, deren Verteilung auf die verschiedenen Stufen ein dynamischer Prozeß ist. So kann eine Fixierung auf eine frühe Stufe das Gebäude der höheren Stufe zusammenbrechen lassen. Der Verdurstende in der Wüste (Fixierung auf die Stufe der physiologischen Bedürfnisse) wird zum Beispiel gierig aus jedem Tümpel trinken und die mögliche Infektionsgefahr gering schätzen (Vernachlässigung des Sicherheitsbedürfnisses); in seiner Gier mag er sogar seinen Begleiter von dem Wasserloch wegstoßen (Vernachlässigung des Liebesbedürfnisses).

Ähnliche Stufenfolgen oder „Zwiebelmodelle" lassen sich für den Bereich der Gefühle entwerfen. So spricht der deutsche Psychologe Philipp Lersch von einem „Schichtaufbau der Persönlichkeit" (vgl. bereits S. 3f.) und unterscheidet

○ Gefühlsregungen des lebendigen Daseins wie Schmerz, Lust, Langeweile, Ekel, Freude, Trauer,

○ Gefühlsregungen des individuellen Selbstseins wie Erschrecken, Aufregung, Wut, Furcht, Vertrauen,

○ Gefühlsregungen des Über-sich-Hinaus-seins wie Sympathie, Verehrung, Spott, Mitleid, Liebe, Schaffensdrang, religiöse Ergriffenheit,

○ Schicksalsgefühle wie Erwartung, Hoffnung, Sorge, Verzweiflung.

Aus dem behavioristischen Lager stammt die These, Bedürfnisse und Gefühle seien zu erwerben wie Gewohnheiten. Der von behavioristischen Autoren gerne verwendete Begriff der *erworbenen Bedürfnisse* (engl. ‚acquired drives') ist freilich etwas mißverständlich. Geht man zurück auf die Entstehung des

Das Maslowsche Modell der Motiventfaltung wird gerne als Stufenmodell bezeichnet, erweist sich aber bei genauerer Betrachtung als „Zwiebelmodell". Die Entwicklung schreitet nämlich nach diesem Modell nicht einfach von Stufe zu Stufe fort, wobei alte Stufen verlassen werden; vielmehr schließt jede neue Stufe die früheren Stufen ein.

Begriffs in einer Studie von N. E. Miller (1948), so entpuppt sich der Trieberwerb als ein Lernen von Auslösebedingungen (s. S. 340). Was war zu beobachten? Ratten befanden sich in einem weiß gestrichenen Käfig mit einem Metallboden. Wurde der Metallboden unter Strom gesetzt, flüchteten sie vor den Schocks in einen nebenan gelegenen schwarzen Käfig. In späteren Stadien des Versuchs entwickelten die Tiere „Angst vor dem weißen Käfig". Auch ohne daß der Boden unter Strom gesetzt wurde, flüchteten sie in den schwarzen Käfig. Die Autoren deuteten diese „Angst vor Weiß" als neuen Trieb. Der Trieb ist dabei nach behavioristischer Manier definiert durch den Reiz „weißer Käfig".

Aus anderer Sicht läßt sich freilich kritisieren: es ist keinesfalls ein neuer Trieb gelernt worden, wirksam ist jeweils der gleiche Trieb nach Schmerzvermeidung. Die Tiere haben lediglich die weißen Wände als Signal kennengelernt, welches das Eintreten eines Schocks anzeigte.

Indem behavioristische Autoren Gefühle auf beobachtbare Körperreaktionen wie Weinen oder Zittern reduzieren (vgl. S. 389), unterstellen sie gleichzeitig deren Modifizierbarkeit durch Lernen. Dies gilt auch für die sprachlichen und nicht sprachlichen Ausdruckserscheinungen der Gefühle (vgl. Kap. 11).

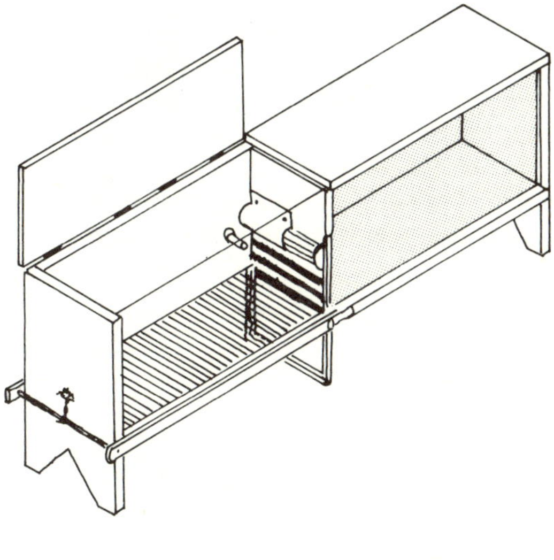

Apparat zur Erzeugung von Furcht bei Ratten (Miller 1948, S. 90). Der linke Käfigteil ist weiß gestrichen, der rechte schwarz. Der Boden des weißen Abteils besteht aus einem Gitter, das unter Strom gesetzt werden kann. Aus Furcht vor einem Schock flüchten die Tiere aus dem weißen Abteil in das schwarze.

Kognitivistisch orientierte Autoren erörtern ebenfalls die Möglichkeiten der Veränderung von Gefühlen und Bedürfnissen. Insbesondere ziehen sie eine Veränderung kognitiv verankerter Bedürfnisse in Betracht; diese gehen einher mit *Umstellungen im kognitiven Wert- und Normensystem* (vgl. S. 384). Bei Änderungen des Wertsystems spielen Vorbilder oft eine erhebliche Rolle (zum Modellernen vgl. bereits S. 367). Ein Beispiel einer Wertänderung durch Vorbilder haben 1979 Bortz und Leitner vorgestellt. Als Vorbilder dienten dabei die Berichte und Kommentare in zwei großen deutschen Tageszeitungen, der „Frankfurter Rundschau" und der „Welt". Sie betrafen grundsätzliche politische Fragen (u. a. Marktwirtschaft, staatliche Ordnungsmaßnahmen, Gewerkschaftspolitik), wobei die beiden Zeitungen verschiedene Bewertungen vornahmen. Zwei Jahre lang erhielten Fachhochschulstudenten (Ingenieure und Wirtschaftler) eine der beiden Zeitungen zugeschickt. Und in regelmäßigen Abständen wurden die Werturteile der Leser zu den oben genannten Grundsatzfragen erhoben. Das Ergebnis der Untersuchung: Die Leser näherten ihre Einstellung der Einschätzung der Redaktionen an, auch wenn sie diesen gegenüber kritisch gesonnen waren. Es läßt sich getrost ergänzen: Mit den Einstellungen werden sowohl die Gefühle gegenüber Politikern der verschiedenen Parteien und ihren Programmen als auch die Bereitschaft zu deren Unterstützung eine Veränderung erfahren haben.

Zusammenfassung

1. Je nach der Zahl unterschiedener Gefühls- bzw. Bedürfnisqualitäten lassen sich polythematische, bithematische (dualistische) und monothematische Emotions- und Motivationstheorien unterscheiden. Zu den am häufigsten genannten Trieben gehören die Selbsterhaltung, die Aggression und der Sexualtrieb.
2. Auf eine Festlegung von Triebqualitäten verzichten die athematischen Motivationstheorien. Sie nehmen das Vorhandensein eines Potentials an ursprünglich ungerichteter Energie an; diese Energie könne wahlweise verschiedenen Tätigkeiten oder Zielen zugeführt werden. Die Mobilisierung des Energiepotentials läßt sich auch als unspezifische psychophysiologische Aktivierung deuten.
3. Die Wandelbarkeit von Motiven und Gefühlen steht im Mittelpunkt von Wachstums- und Lerntheorien. Wachstumstheorien versuchen eine den Motiven innewohnende Entfaltungslogik zu beschreiben. Lerntheorien wenden Lerngesetze auf Motivation und Emotion an (z. B. klassisches Konditionieren, Einstellungsänderung durch Modellernen).

Literaturhinweise

McDougall, W.: Social psychology. London: Methuen 1908. (Dt.: Grundlagen einer Sozialpsychologie. Jena: Fischer 1928)

Fichte, I. H.: Psychologie. 2. T.: Die Lehre vom Denken und vom Willen. Leipzig: Brockhaus 1873

Plutchik, R.: The emotions. New York: Random House 1962

Murray, H. A.: Explorations in personality. New York: Oxford 1938

Wundt, W.: Grundzüge der Physiologischen Psychologie. Leipzig: Engelmann 1911, 6. Aufl. (Erstausgabe 1873)

Traxel, W.: Grundzüge eines Systems der Motivierungen. Archiv für die gesamte Psychologie 114 (1962), 143–172

Traxel, W. u. Heide, H. J.: Dimensionen der Gefühle. Psychologische Forschung 26 (1961), 179–204

Freud, S.: Drei Abhandlungen zur Sexualtheorie. Gesammelte Werke Bd. 5. Frankfurt: Fischer 1972 (Erstausgabe 1905)

Adler, A.: Über die Minderwertigkeit von Organen. München: Bergmann 1927

Cannon, W. B.: The wisdom of the body. New York: Norton 1939, 2. Aufl. (Erstausgabe 1932)

Ax, A.: The physiological differentiation between fear and anger in humans. Psychosomatic Medicine 15 (1953), 433–442

Funkenstein, D. H., King, J. H. u. Drolette, M.: The direction of anger during a laboratory stress situation. Psychosomatic Medicine 16 (1954), 404–413

Bloch, E.: Das Prinzip Hoffnung. Bd. 1. Frankfurt: Suhrkamp 1959

Holzkamp- Osterkamp, U.: Motivationsforschung. Bd. 2. Frankfurt: Campus 1976

Fuchs, R.: Furchtregulation und Furchthemmung des Zweckhandelns. In: Thomas, A. (Hg.): Psychologie der Handlung und Bewegung. Meisenheim: Hain 1976, 97–162

Freud, S.: Jenseits des Lustprinzips. Gesammelte Werke Bd. 13. Frankfurt: Fischer 1972 (Erstausgabe 1920)

Freud, S.: Triebe und Triebschicksale. Gesammelte Werke Bd. 10. Frankfurt: Fischer 1946 (Erstausgabe 1915)

Jung, C. G.: Symbole der Wandlung. Gesammelte Werke Bd. 3. Olten: Walter 1977 (Erstausgabe: Wandlungen und Symbole der Libido 1912)

Duffy, E.: The concept of energy mobilization. Psychological Review 58 (1951), 30–40

Duffy, E.: The psychological significance of the concept of „arousal" or „activation". Psychological Review 64 (1957), 265–275

Stauffacher, J. C.: The effect of induced muscular tension upon various phases of the learning process. Journal of Experimental Psychology 21 (1937), 26–46

Hörmann, H. u. Todt, E.: Lärm und Lernen. Zeitschrift für experimentelle und angewandte Psychologie 7 (1960), 422–426

Näätänen, R.: The inverted U-relationship between activation and performance – a critical review. In: Kornblum, S. (Hg.): Attention and performance. Bd. 4. New York: Academic Press 1973, 155–174

Lindsley, D. B.: Emotion. In: Stevens, S. S. (Hg.): Handbook of experimental psychology. New York: Wiley 1951, 473–516

Pribram, K. H. u. McGuinness, D.: Arousal, activation, and effort in the control of attention. Psychological Review 82 (1975), 116–149

Freud, S.: Eine Kindheitserinnerung des Leonardo da Vinci. Gesammelte Werke Bd. 8. Frankfurt: Fischer 1969 (Erstausgabe 1910)

Maslow, A. H.: Motivation and personality. New York: Harper 1954

Maslow, A. H.: Various meanings of transcendence. Journal of Transpersonal Psychology 1 (1968), 56–66

Lersch, Ph.: Aufbau der Person. München: Barth 1962, 8. Aufl. (vorher: Aufbau des Charakters. München: Barth 1938)

Miller, N. E.: Studies of fear as an acquirable drive. Journal of Experimental Psychology 38 (1948), 89–101

Bortz, J. u. Leitner, K.: Zur Frage der Beziehung zwischen der attitüdenändernden Wirkung zweier Tageszeitungen und ihrer Bewertung. Zeitschrift für Sozialpsychologie 10 (1979), 70–84

Selbstwahrnehmung und Selbstkontrolle von Motiven und Emotionen

Emotionen und Motive als Gegenstände der Selbstwahrnehmung

Der betroffene Mensch kann selbst zum Zeugen seines Gefühls- und Motivationszustandes werden. Er bemerkt: „Jetzt habe ich Hunger" oder „Heute bin ich wahnsinnig aufgeregt". In seiner behavioristischen Motivationstheorie sucht Hull diesem Umstand durch die Annahme eigener Triebreize Rechnung zu tragen (vgl. bereits S. 296). Im übrigen waren es mehr die psychophysiologischen und in neuerer Zeit die kognitivistischen Ansätze, die sich mit der Wahrnehmung eigener Motive und Emotionen auseinandergesetzt haben; dabei wurde den Phänomenen der Emotion mehr Beachtung geschenkt als den Erscheinungen der Motivation.

Bereits in der ersten modernen Emotionstheorie tritt die *Selbstwahrnehmung als Voraussetzung von Gefühlserlebnissen* auf. Es ist eine psychophysiologische Theorie und sie wurde annähernd gleichzeitig von dem Kopenhagener Medizinprofessor Carl Georg Lange (1885) und dem amerikanischen Psychologen (s. bereits S. 14) William James (1884) entwickelt. Die Theorie behauptet den Vorrang von körperlichen Erregungen. Insbesondere Eingeweide-, Drüsen- und Muskelreaktionen bildeten den eigentlichen Emotionsprozeß. Das Gefühlserlebnis stelle sich erst nach der Körperreaktion ein, und zwar aufgrund der Beobachtung der eigenen Körpererregung. James hat seine Theorie in die folgenden Worte gefaßt:

„Gewöhnlich meinen wir, die heftigeren Gefühle kämen zustande, wenn die Wahrnehmung einer Sache die geistige Betroffenheit erregt, die man Emotion nennt, und dieser Bewußtseinszustand zu den körperlichen Ausdruckserscheinungen führt. Meine Theorie ist – ganz im Gegensatz dazu –, daß die körperlichen Veränderungen sich direkt aus der Wahrnehmung des erregenden Sachverhalts ergeben, und daß unser Empfinden dieser Veränderungen mit der Emotion identisch ist. Man sagt einfach: Wir verlieren unser Hab und Gut, sind traurig und weinen; wir stoßen auf einen Bären, haben Angst und laufen weg; wir werden von einem Gegner beleidigt, sind zornig und wehren uns. Nach der Hypothese, die hier vertreten wird, kehrt dies die wahre Reihenfolge um; der eine Bewußtseinszustand folgt nicht unmittelbar aus dem anderen, die körperlichen Erscheinungen müssen erst zwischen sie treten. Die Vernunft legt die Behauptung nahe, wir seien traurig, weil wir weinen, zornig, weil wir schlagen, ängstlich, weil wir zittern, und nicht, daß wir weinen, schlagen oder zittern, weil wir traurig, zornig oder ängstlich sind ..."
(Eigene Übersetzung aus James 1884, S. 190)

Der letzte Satz ist zu einem geflügelten Wort geworden.

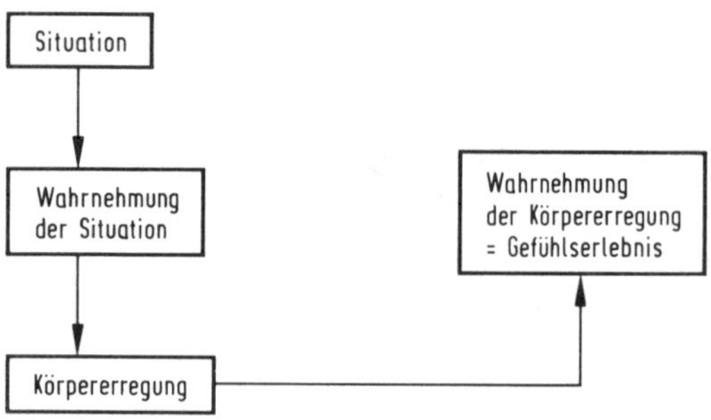

Gefühlstheorie nach James (1884) und Lange (1885).

Eingehendere Untersuchungen haben Schwächen der James-Lange-Theorie aufgedeckt und Revisionen nahegelegt. Der erste Einwand ist: Innere physiologische Reaktionen stellen sich oft langsamer ein als die zuge-

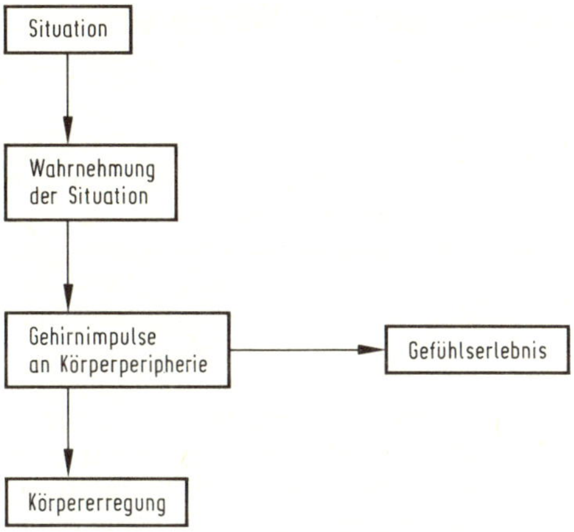

Gefühlstheorie nach Cannon (1927).

hörigen Gefühlserlebnisse. So läuft nach einem lauten Knall das Schreckerlebnis der Darmbewegung als physiologischer Schreckreaktion voraus. Eine Erklärung dafür, die Walter Cannon (1927) zu einer Revision der James-Lange-Theorie benutzt hat: In der Selbstbeobachtung erfaßt werden nicht erst die peripheren physiologischen Reaktionen (z. B. die Darmbewegung, der Herzschlag), sondern bereits die Hirnimpulse, welche die peripheren Reaktionen hervorrufen; wenn sich also das Schreckerlebnis schneller einstellt als die Darmbewegung, so liegt das nach der Cannonschen Revision daran, daß bereits der an die inneren Organe gehende Nervenimpuls erfaßt und im Erlebnis verarbeitet wird.

Zum anderen ist an der James-Lange-Theorie zu bemängeln: Wenn das Gefühlserlebnis nichts anderes sein soll als die Beobachtung der eigenen Körpererregung, dann muß der Vielfalt verschiedener Gefühlserlebnisse eine ebensolche Vielfalt von körperlichen Reaktionsmustern entsprechen. Das ist jedoch nicht der Fall. Während Gefühlserlebnisse zwischen Freude, Zorn und Ärger die verschiedensten Nuancen aufweisen, sind Körperreaktionen recht gleichförmig: Eine Steigerung des Herzschlags kann etwa die Wut ebenso begleiten wie die ausgelassene Freude. Zwei amerikanische Psychologen, Stanley Schachter und Jerome Singer (1962), haben deshalb ihre *kognitiv-soziale Emotionstheorie* in die Diskussion gebracht:

○ Das betroffene Individuum nimmt in der Tat seine Körpererregung wahr.

○ Die Wahrnehmung der eigenen Erregung genügt nicht; man will vielmehr die Ursachen seiner Erregung kennen (z. B. soziale Partner, Gegenstände in der Umgebung). Dies ist ein Vorgang der Ursachenzuschreibung oder Kausalattribuierung, wie er bereits im Zusammenhang mit Handlungsfolgen erörtert wurde (S. 314).

○ Die wahrgenommene Erregung und die hierfür angenommenen Gründe gehen gemeinsam in das Gefühlserlebnis ein; die Ursachenzuschreibung ist vor allem für die Qualität des Gefühlserlebnisses maßgebend.

Die Theorie von Schachter und Singer ist unverkennbar eine kognitivistische Theorie. Sie schreibt letztlich das Entstehen von Gefühlserlebnissen dem Bewußtsein selbst zu. Der Mensch verschafft sich danach in seinem Gefühlserlebnis Klarheit über seinen eigenen Zustand und dessen Ursachen; und er tut das in einem *Urteilsprozeß*. Zur Beurteilung zieht er ein eigenes *Kategoriensystem von Gefühlen* heran; es enthält Kategorien wie „Liebe", „Freude", „Ärger". Diese Kategorien sind Gegenstandsbegriffen und ihren Bezeichnungen wie „Haus", „Kind" (vgl. S. 129 ff. über Begriffsbildung) vergleichbar. Seine vielfältigen Eindrücke von seinem eigenen Zustand und dessen Ursachen faßt der Mensch mit Hilfe der vorgegebenen Gefühlskategorien zusammen. Schachter und Singer schreiben ausdrücklich: Den Eindrücken wird ein Etikett (engl. ‚label') mit einer Bezeichnung angeheftet (z. B. Herzklopfen in Anwesenheit eines sexuell attraktiven Partners fällt in die Kategorie „Liebe"; dieselbe Reaktion beim Anblick eines defekten Geräts ist als „Ärger" zu deuten).

Schachter und Singer haben ihre Theorie in einem Experiment zu belegen versucht. Zwei Bedingungen sind darin wesentlich:

○ Die Stärke der Körpererregung. Diese wurde durch eine Adrenalinspritze bei einem Teil

der Probanden erhöht. Adrenalin – ein Hormon der Nebennieren – regt die Aktivität des sympathischen Nervensystems erheblich an.
○ Die soziale Anregung. Ein Teil der Probanden wurde einem Partner zugesellt, der sich als „Stimmungskanone" betätigte, indem er mit einem Hula-Hoop-Reifen tanzte und Papierflieger in die Luft warf. Ein anderer Teil der Probanden wurde in eine verärgernde Situation gebracht (u. a. durch einen Fragebogen mit peinlichen und widerwärtigen Fragen wie „Mit wievielen Männern hatte Ihre Mutter außerehelichen Geschlechtsverkehr – außer mit Ihrem Vater?").
Daß die Spritze Adrenalin enthielt, wurde den hier interessierenden Probanden zunächst verheimlicht. Als sich bei ihnen nach einiger Zeit Schweißausbruch, Zittern und ein erhöhter Puls einstellten, fehlte ihnen dafür eine zutreffende Begründung. Die Autoren sagten nun voraus: Um zu einer Erklärung zu gelangen, würden diese Probanden ihre Erregung auf die euphorische Stimmung des Partners oder den ärgerlichen Fragebogen zurückführen. Sie würden daher nach Verabreichung einer Adrenalspritze sowohl ihre freudige Erregung als auch ihre Verärgerung höher einstufen als Vergleichspersonen ohne Adrenalin.

Die Schachter-Singer-Studie war bahnbrechend in ihrer Fragestellung und elegant in ihrem experimentellen Plan. Deshalb wird sie häufig zitiert und fehlt selten in einschlägigen psychologischen Lehrbüchern. Dabei wird viel zu selten darauf hingewiesen, daß schon die von Schachter und Singer 1962 erhobenen Daten ihrer Theorie nicht voll entsprechen und spätere Nachuntersuchungen bedenkliche Abweichungen zeigten. So haben etwa Gisela Erdmann und Wilhelm Janke 1978 an der Universität Düsseldorf zwar bestätigen können, daß unerkannte Gaben von einem Adrenalinpräparat den Eindruck der Euphorie in einer Erfolgssituation verstärken. Waren jedoch Elektroschocks angekündigt, trat trotz unerkannter Gaben von Adrenalin keine gesteigerte Angst auf, obwohl das Mittel nachweislich Blutdruck und Herzschlag erhöhte und die Betroffenen ihr verändertes Befinden auch bemerkten.

In einer Arbeit aus dem Jahre 1979 hat Christina Maslach von der Universität von Kalifornien in Berkeley den Schachter-Singer-Ansatz einer eingehenden Kritik unterzogen. Zwar stellt sie nicht das Prinzip der kognitiv-sozialen Determiniertheit von Gefühlserlebnissen in Frage. Aber sie zeigt, daß Individuen nicht einfach nach der nächstbesten Erklärung greifen, wenn sie eine Körpererregung an sich beobachten. Vielmehr reagieren sie auf körperliche Erregung, für die sie keine plausible Erklärung haben, erst einmal mit Unsicherheit, Ratlosigkeit und Unmut.

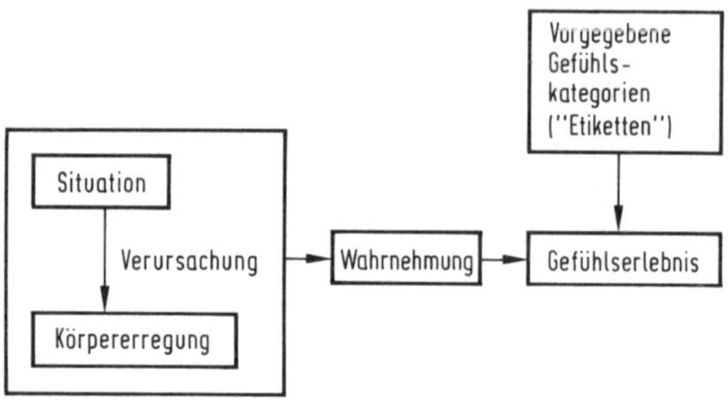

Kognitiv-soziale Theorie der Entstehung von Gefühlserlebnissen.

Die ausdrücklich auf Gefühlszustände gemünzten Aussagen der kognitiv-sozialen Theorie kann man ohne weiteres auf Motivzustände ausweiten. Auch Bedürfnisse schließen ja Organempfindungen ein (z. B. Magen-, Muskel-, Genitalempfindungen) und sind zumeist von charakteristischen nervös bedingten Stimmungen begleitet. Diese sind der Beobachtung und der Reflexion zugänglich. Sofern einige Bedürfnisse von vornherein kognitiver Natur sind (vgl. wieder S. 384), bedarf es ohnehin der Selbstbeobachtung, um ihre Exi-

Unsicherheit der Gefühle

Über die Schwierigkeit, seine Empfindungen einzuschätzen, klagt bereits der junge Page Cherubino im ersten Akt der Mozart/da Ponteschen Oper „Die Hochzeit des Figaro“:

„Ihr, die Ihr wißt,
was Liebe ist,
Damen, seht,
ob ich sie im Herzen habe.

Was ich empfinde,
werde ich Euch erklären,
es ist neu für mich,
ich kann es nicht verstehen.

Ich spüre ein Gefühl
voller Verlangen,
das mal Lust ist,
das mal Leiden ist.

Ich erfriere, und dann fühle
ich die Seele auflodern,
und im nächsten Augenblick
erfriere ich wieder....
Ich seufze und klage,
ohne es zu wollen.
Ich zittere und bebe,
ohne es zu merken.

Ich finde keinen Frieden,
weder Nacht noch Tag,
und doch gefällt es mir,
mich so zu verzehren....“

(Übersetzung aus dem Italienischen von Karl Dietrich Gräwe)

Der Page ist recht beredt, und angesichts der schönen Gräfin Almaviva und ihrer anmutigen Zofe Susanne, die sich seiner annehmen, zweifelt der Zuhörer nicht, daß er das Gefühl der Liebe bald genauer kennen wird.

Anders ist das bei den bäuerlichen und proletarischen Gestalten in dem Stück „Wildwechsel“ des bayrischen Dramatikers Franz Xaver Kroetz (geb. 1946). Den Personen in diesem Stück fehlt die Sprache, um ihre Gefühle zum Ausdruck zu bringen. Sie isolieren sich gegenüber ihren Partnern und kommen mit ihren Empfindungen nicht ins Reine. Einerseits drohen ihre Gefühle unter diesen Umständen zu versiegen, andererseits brechen sie in unbeherrschten und gewaltsamen Handlungen hervor.

(Kroetz, F. X.: Wildwechsel. Wollerau: Lentz 1973)

Evelyn Lear als Cherubin und Erika Köth als Susanne in einer Aufführung von „Die Hochzeit des Figaro“ an der Städtischen Oper Berlin.

Eva Matthes als Hanni und Jörg von Liebenfels als Franz im Film „Wildwechsel“ von R. W. Fassbinder.

stenz bzw. Stärke festzustellen (z. B. Abwechslungsbedürfnis, Ehrgeiz). Umweltgegebenheiten lassen sich bei der Beurteilung eigener Motivzustände ebenfalls in Anschlag bringen. Sie betreffen die Versorgung (z. B. „wann habe ich das letzte Mal etwas zu essen bekommen?“), Beanspruchung (z. B. „ist das eine Hitze!“), Gefahren (z. B. „der Kerl da hat sicher nichts Gutes im Sinn!“) und Anreize (z. B. „dort gibt es Geld wie Heu!“). Und um die Analogie vollkommen zu machen: Ähnlich wie über Gefühlskategorien dürften Menschen über Motivkategorien verfügen (z. B. „jeder Mensch braucht Liebe“). Diese wenden sie dann auf sich persönlich an, um ihr Selbst- und Weltbild in Einklang zu bringen (z. B. „auf Schwarzhaarige fahre ich immer ab!“).

Möglichkeiten der Veränderung von Motiv- und Emotionszuständen

Es mag das Lebensziel aller Menschen sein, ihren Bedürfnissen Befriedigung zu verschaffen und sich an angenehmen Gefühlen zu erfreuen. Die Verwirklichung dieses Ziels stößt freilich mitunter auf bemerkenswerte Widersprüche. Wie soll man sich etwa an der reich gedeckten Tafel freuen, wenn man keinen Appetit verspürt? Hier muß das Bedürfnis erst stimuliert werden – am unmittelbarsten durch Einnahme von appetitanregenden Mitteln. Pharmaka und Drogen werden auch eingenommen, um Mißstimmungen zu beseitigen (vgl. bereits S. 123). Veränderungen der Bedürfnisse und Gefühle können also in zwei Richtungen gehen: Sie lassen sich dämpfen, aber auch steigern.

Die Kontrolle eigener Gefühle und Motive ist ein Akt der Regulation (vgl. S. 311 sowie S. 386). Die Regelung kann dabei an Gefühls- und Motivzuständen selbst ansetzen oder bei Gegebenheiten, welche Einfluß auf sie nehmen:

○ durch Eingriffe in die Umwelt sowie durch Ortswechsel, um in den Genuß von Personen, Objekten oder Ereignissen zu gelangen, auf welche sich Bedürfnisse und Gefühle beziehen, oder um diesen zu entgehen,
○ durch Veränderung der Wahrnehmung und Einschätzung derjenigen Teile der Umgebung, die für Bedürfnisse und Emotionen bedeutsam sind,
○ durch Veränderung von Vorstellungen über Personen, Gegenstände und Ereignisse,
○ durch Einflußnahme auf Gefühls- und Willenserlebnisse selbst,
○ durch Einflußnahme auf den eigenen körperlichen Zustand.

Die an erster Stelle genannte Einflußnahme erstreckt sich auch auf die Umgebung, schließt also eine *Außenregulation* ein. Das Mittel dieser Einflußnahme ist die Handlung, deren oberstes Ziel, eigene Bedürfnis- und Gefühlszustände langfristig zu verbessern, hier erneut hervortritt (s. bereits Kap. 8). Die weiteren vier Möglichkeiten der Einflußnahme ereignen sich in dem Betroffenen selbst; sie sind daher als Maßnahmen der *Selbstkontrolle bzw. der Selbstregulation* zu bezeichnen (darüber mehr in den beiden folgenden Abschnitten).

Wie weit besitzen Menschen die Fähigkeit zur Selbstregulation? Wie weit stößt diese Fähigkeit auf Widerstände
○ von seiten einer übermächtigen Umwelt,
○ von seiten des sich sperrenden oder in Zwängen verhafteten menschlichen Geistes,
○ von seiten des sich autonom gebärdenden Körpers?

Den Begriffen der Selbstkontrolle und Selbstregulation stehen somit die Begriffe der Fremdkontrolle und Fremdregulation entgegen. Damit ist nicht nur im Sinne Rotters bzw. Heiders (s. S. 314) die unmittelbare äußere Einflußnahme auf Ergebnisse und Folgen eigener Handlungen gemeint, sondern auch die Einschätzung, ein Mensch sei nicht mehr Herr seiner Gefühle und Bedürfnisse. Das mag mitunter bedeuten: Anstelle seiner ursprünglichen Gefühle und Bedürfnisse würden ihm neue aufgezwungen.

Ein äußerer Zwang wird oft von seiten der physikalischen und sozialen Umgebung gesehen: Zum Beispiel würden Lohnarbeiter zur Übernahme von monotonen und ihnen sinnleer erscheinenden Aufgaben durch die herrschende Wirtschaftsordnung gezwungen (Bravermann 1977). Aber auch das eigene Bewußtsein und der eigene Körper können als Quelle von Zwängen erscheinen. So können quälende Gedanken die erwünschten positiven Gefühle zerstören (z. B. „der Gedanke an diesen Unfall läßt mich nicht in Ruhe!"); aufdringliche Körperempfindungen und körperlicher Drang können als wichtig erlebte Pläne und Absichten zunichte machen (z. B. „meine Nerven machen mich ganz fertig!"). Tritt im

Affekt – Selbstbeherrschung – Ethik

Das Thema der Emotionen und Triebe verfolgt die abendländische Philosophie seit ihren Anfängen. Sie faßt sie zusammen unter dem Begriff der Leidenschaften (griech. ‚pathos' – das Leiden) und der Affekte (von lat. ‚afficere' – antun). Leidenschaften und Affekte werden dabei als eigenwillige und ungebärdige Kräfte im Menschen verstanden, die diesen selbst in Gefahr bringen. So etwa der Stoiker Zenon (~336–~264 v. Chr.) über die Affekte:

„... unvernünftige und widernatürliche Regungen der Seele oder das Maß überschreitender Triebe ..."
(Zenon in Stoicorum ... I, Nr. 205.)

Damit drängt sich das Problem auf: Wie wird der Mensch Herr über seine Affekte? Ist er überhaupt zur willentlichen Selbstbeherrschung in der Lage? Die Antwort auf diese Fragen kann einerseits empirisch, andererseits normativ gefaßt sein. Empirisch: Der Mensch kann seine Leidenschaften – etwa durch Gebrauch seiner Vernunft – im Zügel halten. Normativ: Es gibt ein sittliches Prinzip, welches das rechte Maß befiehlt. So wird die Lehre von den Leidenschaften zu einem Thema der philosophischen Ethik.

Charakteristisch für die Ethik zu Beginn der Neuzeit ist die 1677 nach dem Tod des Autors erschienene Schrift „Ethik, in geometrischer Weise dargestellt und in fünf Teile geschieden" des in Amsterdam lebenden Baruch Spinoza (1632–1677). Die beiden letzten Teile lauten charakteristischerweise:

IV. Von der menschlichen Knechtschaft oder von der Macht der Affekte.
V. Von der Macht der Erkenntnis oder von der menschlichen Freiheit.

In diesen Teilen werden theologisch-sittliche Probleme erörtert. Der vorangehende Teil III „Von dem Ursprunge und der Natur der Affekte" entwirft dagegen eine systematische Psychologie der Gefühle und Antriebe, eine Psychologie übrigens, die weithin den modernen kognitiv-sozialen Ansatz (s. S. 407) vorwegnimmt. Dort liest man etwa:

„Liebe ist Freude, begleitet von der Idee einer äußeren Ursache."

Und ein wenig später:

„Spott ist eine Freude, daraus entsprungen, daß wir uns vorstellen, es sei an einem gehaßten Dinge etwas, das wir verachten."
(Spinoza (1955), Teil III, 59. Lehrsatz.)

Weiterhin ethischen Fragen zugewandt, ist die Philosophie bis in die Neuzeit hinein reich an Analysen von Gefühlsregungen und Motivierungen (vgl. Sartre 1939). Die Wirkung der Kultur, menschliche Bedürfnisse und Gefühle zu kanalisieren oder gar ganz zu unterdrücken, ist dabei zunehmend kritisch beurteilt worden (vgl. Elias 1939).

Fall des Umweltzwanges ein Konflikt zwischen der eigenen Person, dem Ich, und der Umgebung auf, so verlagert sich bei dem Menschen, der sich seinen eigenen Gedanken und Körperempfindungen ausgeliefert sieht, der Konflikt ins eigene Ich. In fortgeschrittenen Fällen ist geradezu eine Ich-Spaltung (s. Freud 1969/1932) festzustellen. Das Ich trennt sich in zwei Teile: ein als ursprünglich empfundenes und erwünschtes Stück Ich; im Konflikt damit ein unerwünschtes Stück Ich, einen Anteil des Bewußtseins oder einen Körperbereich umfassend. Dieses unerwünschte Ich erscheint dann als Eindringling und Fremdkörper – wie eine fremde Macht im eigenen Haus (vgl. auch S. 310 über das Problem der Willensfreiheit).

Motivierte Wahrnehmung und Wunschvorstellung

Bevor Gegebenheiten aus der Realität auf Gefühle und Bedürfnisse Einfluß nehmen können, müssen sie in einem Akt der Wahrnehmung kognitiv repräsentiert sein. An die Stelle von Wahrnehmungen können jedoch auch Vorstellungen und Erinnerungen treten. Die Regulation eigener Motive und Emotionen kann daher bei der kognitiven Repräsentation ansetzen. So entsteht die motivierte Wahrnehmung (s. bereits S. 93) und die Wunschvorstellung (s. bereits S. 117). Die motivierte Wahrnehmung und die Wunschvorstellung haben dabei vorwiegend zwei Wirkungen:

○ Inhalte, welche Bedürfnisse und Gefühle in unwillkommener Weise verändern (z. B. Wahrnehmungen von Mängeln, Vorstellungen von angstauslösenden Situationen), werden aus der Kognition ausgeschlossen *(Verleugnung)* oder erscheinen in geeignet abgewandelter Gestalt *(Verkennung)*.

○ Wunschgerechte und emotional befriedigende Inhalte werden in der Kognition bevorzugt repräsentiert und spiegeln im äußersten Fall dem Betroffenen eine gar nicht vorhandene *Wunschwelt* vor.

Dies alles gilt nicht nur für Gegebenheiten der Umwelt wie schöne Kleider oder lobende Worte bzw. schlechte Wohnverhältnisse oder langwierige Krankheiten. Sofern Motive und Emotionen selbst Wahrnehmungen und Einschätzungen des eigenen körperlichen Zustands einschließen, sind es auch Eigenempfindungen, die in der Kognition illusionär oder verzerrt abgebildet werden können. Menschen haben offenbar unterschiedliche Fähigkeiten oder Bereitschaften zur wahrheitsgetreuen Berichterstattung über ihre Körperreaktionen wie Herzschlag, Schweißabsonderung usw. Man kann unterstellen, daß sie sich manchmal gegen das Eingeständnis eines Erregungszustandes oder eines Bedürfnisses sträuben, manchmal aber in ihrer Selbstbeschreibung die Stärke einer Erregung oder eines Bedürfnisses übertreiben (Mandler, Mandler u. Uviller 1958; Weinstein, Averill, Opton u. Lazarus 1968).

Richard Lazarus von der Universität von Kalifornien in Berkeley hat 1966 sogar einen *doppelten Bewertungsprozeß* angenommen, dem emotional und motivational bedeutsame Gegebenheiten unterzogen werden:

○ eine Erstbewertung (engl. ‚primary appraisal‘), der zunächst die bedrohlichen und herausfordernden Eigenschaften einer Situation oder eines Gegenstandes darin unterzogen werden,

○ eine Zweitbewertung (engl. ‚secondary appraisal‘), in welche die Möglichkeiten der Bewältigung (Fähigkeiten, Hilfen, Ressourcen) eingehen.

Die beiden Bewertungsschritte sind nicht unabhängig voneinander zu sehen. Denn je höher die Möglichkeiten der Bewältigung angesetzt werden, desto mehr verlieren die bedrohlichen und herausfordernden Eigenschaften an erschreckender und ängstigender Wirkung. Die Bewertungen liegen nach Lazarus – ein unverkennbar kognitivistischer Einschlag – nicht ein für allemal fest, sondern können in einem Prozeß der Neubewertung (engl. ‚reappraisal‘) stets revidiert werden (Lazarus 1966).

Die Bedeutung von Bewertungsprozessen hat Lazarus mit seinen Kollegen auch experimentell demonstriert. Dazu wurde Studenten u. a. ein ethnologischer Film über Beschneidungsriten bei dem australischen Stamm der Arunta vorgeführt. Einige Szenen über primitiv durchgeführte Operationen im Genitalbereich waren geeignet, bei westlichen Beobachtern heftige Abwehrtendenzen und Ekelgefühle auszulösen. Um verschiedene Bewertungen nahezulegen, wurde der Film bei verschiedenen Betrachtern mit drei unterschiedlichen Kommentaren versehen:

- einem emotionalisierenden Kommentar, der die Gefährlichkeit und Schmerzhaftigkeit der Operation hervorhob,
- einem sachlich distanzierenden Kommentar, der die Unterschiede in den Kulturen betonte und die anthropologische Bedeutung der Beschneidung erläuterte,
- einem ironischen, distanzierenden Kommentar, der die Gefährlichkeit und Schmerzhaftigkeit der Operation zu bagatellisieren trachtete.

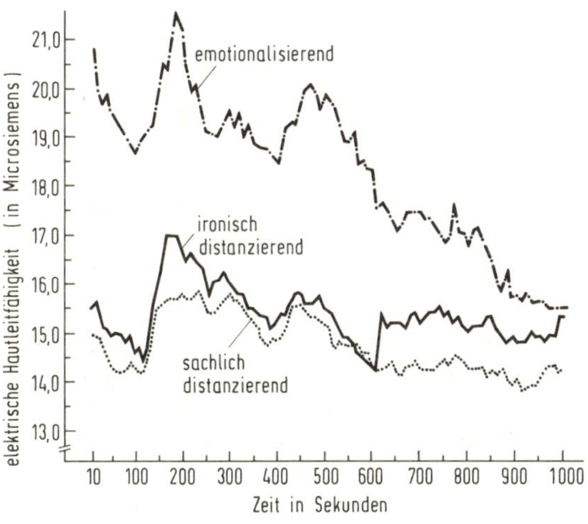

Die elektrische Hautleitfähigkeit als Maß der emotionalen Reaktion auf belastende Filmszenen. Distanzierende Kommentare dämpfen die Reaktionen, emotionalisierende Kommentare erhöhen sie (nach Speisman u. a. 1964).

Während der Darbietung wurde die elektrische Leitfähigkeit der Haut als Maß der emotionalen Erregung gemessen. Tatsächlich trat ein, was theoretisch vorhergesagt war: Die durch den emotionalisierenden Kommentar gesteigerte Einschätzung der Bedrohlichkeit förderte die Erregung, während die distanzierenden Kommentare im Vergleich dazu die Erregung dämpften.

Unmittelbare Selbstregulation von Affekt-, Motiv- und Organzuständen

Gefühle sind offenbar der unmittelbaren Regulation zugänglich. Der Trauernde ist imstande, seine schmerzlichen Gefühle zu unterdrücken; er kann sie aber auch, indem er sich ihnen willig hingibt, steigern. Dasselbe gilt wohl für *Bedürfnisse:* Wirtschaftliche, sexuelle und andere Begehrlichkeiten lassen sich durch Verzicht ebenso bezwingen wie durch erneuerte Ansprüche verstärken. Philosophen, Theologen und Pädagogen haben es als Aufgabe des Menschen als Kulturwesen gesehen, seine Affekte und Bedürfnisse zu beherrschen (vgl. bereits S. 411). Der Philosoph Epiktet (~50–~138 n. Chr.) aus der Schule der Stoiker hat sogar ein Übungsprogramm zur Zügelung der Affekte entworfen:

> „Wenn du nun nicht jähzornig sein willst, so ziehe in dir nicht die Gewohnheit groß und gibt ihr keine Gelegenheit zum Wachsen. Anfangs suche dich zu beruhigen und zähle die Tage, an denen du nicht zornig bist: Gewöhnlich war ich jeden Tag zornig, jetzt bin ich es nur über den anderen Tag, dann immer erst nach zwei Tagen, dann erst nach dreien; wenn du sogar dreißig Tage hast vorbeigehen lassen können, dann opfere der Gottheit. Die Gewohnheit bekommt zuerst Unterbrechungen, zuletzt hört sie ganz auf: Heut war ich nicht traurig, morgen werde ich es auch nicht sein und so zwei, drei Monate fort; aber gib Obacht, wenn irgendwelche Versuchungen kommen.“

(Epiktet. Aus dem Griechischen übersetzt von J. Grabisch 1905, Buch II, 18)

Selbstregulation und Ärgerkontrolle

Viele Menschen leiden unter ihren Gefühlen des Mißmuts, der Trauer, des Überschwangs, der Gehässigkeit; und ihre Umwelt leidet mit ihnen. Wenn es an der Fähigkeit zur Selbstregulation mangelt, kann diese planmäßig trainiert werden.

So neigen manche Personen zu Ärgerreaktionen und fallen dadurch sich selbst und ihrer Umgebung zur Last. Ist die Ärgerreaktion nicht als normale Antwort auf eine unzumutbare Umgebung anzuerkennen und will man die Verwendung von Beruhigungsmitteln vermeiden, so bleibt als Hilfe nur ein Training, das die Veränderung der eigenen Gedanken und Körperreaktionen zum Ziel hat. Ein solches Programm zur Ärgerkontrolle ist von Raymond W. Novaco (1975) in den Vereinigten Staaten entwickelt und von Madlen Siebert (1977) in Deutschland erprobt worden. Nach diesem Verfahren erhalten zu ungewöhnlichen Unmutsreaktionen und Aggressionen neigende Personen ein Kognitions- und Entspannungstraining. Im Kognitionstraining sollen sie lernen, ihre Aufmerksamkeit nicht ständig auf ärgerliche Umstände zu richten, sondern in einer Situation Unangenehmes gegen Angenehmes abzuwägen und nicht alles negativ einzuschätzen. Im Entspannungstraining lernen sie, insbesondere ihre Muskelspannung – und in Verbindung damit auch ihre Atmung und ihre Herz-Kreislaufreaktionen – willentlich zu senken.

Gelingt das Training, verlieren Belastungssituationen für die Betroffenen einen Teil ihrer verärgernden Bedeutung, und die Betroffenen gewinnen darüber hinaus an Gelassenheit gegenüber ärgerlichen Erfahrungen.

Nun hat sich die Frage des unmittelbaren Umgangs mit komplexen Emotionen und Motiven bisher der genaueren Untersuchung entzogen. Die Forschung hat sich dafür umso eingehender einer Teilfrage aus diesem Bereich zugewandt, der *Selbstregulation bzw. der Selbstkontrolle eigener Körperfunktionen:* der Muskeltätigkeit, der Atmung, des Herzschlags, der Durchblutung, der Hirnstromaktivität. Den an Emotions- und Motivationsproblemen interessierten Autoren in diesem Forschungsbereich schwebt dabei offenbar die Idee vor, daß mit der Selbstregulation der Organtätigkeit auch ein Teil der Affekt- und Motivregelung geleistet ist. Daß etwa, wer das Zittern seiner Hände oder die Geschwindigkeit seiner Atmung nach seinem Willen steuern kann, auch ein Stück seiner Gefühlserregung und seiner Begehrlichkeit dem Einfluß seines Willens unterworfen hat. Kriterien des Regulationserfolgs sind zumeist:

- ○ Veränderung von Organzuständen nach eigener Vornahme (Selbstinstruktion),
- ○ Anpassung von Organzuständen an Bekräftigungsbedingungen, d. h. an Lohn und Strafe (operantes Konditionieren).

Die beiden Kriterien sind recht gut von Muskeltätigkeiten (einchschließlich der Atmung) zu erfüllen. Rumpf und Gliedmaßen gehorchen weitgehend dem eigenen Willen. Körperbewegungen lassen sich darüber hinaus recht gut durch Lohn und Strafe beeinflussen. (Über das hierfür verantwortlich gemachte Prinzip der operanten Konditionierung s. S. 355). Der dem Willen und der Bekräftigung nicht unterworfene Anteil der Muskelfunktionen (z. B. Angstzittern, fliegende Atmung, ausfahrende Bewegung) wird daher im allgemeinen als gering angesehen. Als autonom, d. h. weder als willentlich steuerbar noch als konditionierbar, galten dagegen für lange Zeit die Drüsen- und Gefäßfunktionen.

Die Ansichten über die Selbständigkeit von Drüsen- und Gefäßfunktionen, insbesondere der Autonomie des Herz-Kreislaufsystems haben sich freilich in den vergangenen zwei

Jahrzehnten drastisch gewandelt. Angeregt durch Berichte über indische Yogis, die ihre Herztätigkeit bis zum Herzstillstand drosseln konnten, fuhr der amerikanische Psychophysiologe Wenger nach Indien, um dort mit indischen Kollegen den Umfang möglicher Willenseinflüsse auf das Herz zu untersuchen. Sein Ergebnis erregte Aufsehen: Seine Probanden waren imstande, ihren Puls in völlig ruhiger Lage (d. h. ohne zusätzliche Bewegung) um bis zu 30 Schläge zu steigern und bei voller Aufmerksamkeit (d. h. ohne zu schlafen) um bis zu 16 Schläge zu senken. Das gewählte Verfahren: Die beobachteten Personen erhielten Prämien für jede instruktionsgemäße Änderung des Herzschlags. Und sie konnten die Veränderungen ihres Pulsschlags deutlich mitverfolgen, denn dieser wurde entweder über akustische Signale hörbar oder über optische Anzeigen sichtbar gemacht (Wenger, Bagchi u. Anand 1961). Vor allem die zuletzt genannte Methode erwies sich als wegweisend: die (optische oder akustische) *Rückmeldung körperlicher Zustände* (engl. ‚*biofeedback*'). Sie hat inzwischen auch Eingang in die Psychotherapie gefunden (vgl. etwa Birbaumer u. Kimmel 1979).

Bis 1973 konnten Blanchard und Young siebzehn weitere Studien zur Selbstkontrolle des Herzschlags zusammenfassen. Sie zeigten: Eine Einflußnahme auf den Herzschlag durch Belohnung und Selbstinstruktion gibt es nicht nur bei Angehörigen asiatischer Kulturen; auch in der westlichen Kultur sind sie nachzuweisen – selbst bei Personen, denen die fernöstlichen Philosophien und Meditationstechniken fremd sind. Allerdings: Es gibt große individuelle Unterschiede in der Fähigkeit zur Selbstregulation des Herzschlags, und die von Wenger, Bagchi und Anand angegebenen Maximalwerte (s. o.) werden in den neueren amerikanischen und europäischen Studien nicht erreicht. Inzwischen geht die Suche nach anderen Körperfunktionen weiter, die der Selbstkontrolle zugänglich sind. So ist es spätestens nach den Studien von Shapiro, Schwartz und Tursky von der Havard Medical School (1972) nicht mehr zu bezweifeln, daß auch – wie schon lange vorher von Verfechtern der Technik des autogenen Trainings (vgl. Schultz 1964) behauptet – der Blutdruck nach Vornahme erhöht und gesenkt werden kann.

Eine Mischform aus externer und interner Regulation stellen die Versuche der Steigerung oder Dämpfung von Gefühlen, Stimmungen und Bedürfnissen sowie der sie begleitenden organischen Prozesse durch *Einnahme von Drogen bzw. Pharmaka* dar. Die dazu angewandten Mittel, ihre Wirksamkeit, die ihre Wirkung vermittelnden Mechanismen sowie die Problematik des Arzneimittel- und Drogenkonsums sind Gegenstände eines eigenen interdisziplinär angelegten Faches, der Psychopharmakologie (zur Einführung s. Linden u. Manns 1977).

Zusammenfassung

1. Gefühle und Bedürfnisse sind Gegenstände der Wahrnehmung. In die Wahrnehmung gehen nicht nur Organtätigkeiten wie Muskelzittern und Herzschlag ein, sondern wahrscheinlich bereits die nervösen Impulse, welche solche Organtätigkeiten steuern.
2. Aus kognitivistischer Sicht vermittelt die Wahrnehmung eigener körperlicher Tätigkeit und Erregung noch kein ausreichendes Bild eigener Bedürfnisse und Gefühle. Ein vollständiges Bild entstehe erst durch Einbeziehung möglicher situativer und sozialer Ursachen der wahr-

genommenen körperlichen Zustände. Je nach Einschätzung des eigenen Zustandes und seiner Ursachen werde eine Zuordnung zu vorgegebenen Gefühls- und Motivkategorien (Etiketten) vorgenommen.

3. Zu verändern sind Motive und Gefühle durch aktive Eingriffe in die sie auslösenden realen Situationen. Aber auch die Vorstellung geeigneter Situationen sowie Verleugnungen und Verkennungen in der Wahrnehmung sind Mittel zur Regulation von Motiv- und Emotionszuständen.
4. Weiterhin scheint es Möglichkeiten der unmittelbaren Regulation von Gefühlen und Bedürfnissen zu geben (Unterdrükkung und Steigerung von Gefühlen, Triebverzicht und Steigerung von Triebansprüchen). Nachweisbar ist bei vielen Personen die Selbstkontrolle eigener Körperfunktionen, wie sie Gefühls- und Antriebserlebnisse begleiten (z. B. Herzschlag).

Literaturhinweise

Lange, C. G.: Om sindsbevägelser. Kopenhagen: Lund 1885. (Dt.: Über Gemütsbewegungen. Leipzig: Thomas 1887)

James, W.: What is emotion? Mind 9 (1884), 188–205

Cannon, W. B.: The James-Lange theory of emotions: A critical examination and an alternative theory. American Journal of Psychology 39 (1927), 106–124

Schachter, S. u. Singer, J. S.: Cognitive, social and physiological determinants of emotional state. Psychological Review 69 (1962), 379–399

Erdmann, G. u. Janke, W.: Interaction between physiological and cognitive determinants of emotions: Experimental studies on Schachter's theory of emotions. Biological Psychology 6 (1978), 61–74

Maslach, Ch.: The emotional consequences of arousal without reason. In: Izard, C. E. (Hg.): Emotions in Personality and Psychopathology. New York: Plenum 1979, 565–590

Bravermann, H.: Die Arbeit im modernen Produktionsprozeß. Frankfurt: Campus 1977

Zenon: Stoicorum veterum fragmenta collegit Ioannes ab Armin 1–4. Leipzig: Teubner 1905

Spinoza, B.: Ethik. Stuttgart: Kröner 1955 (Erstausgabe 1677)

Sartre, J. P.: Esquisse d'une théorie phénoménologique des emotions. Actualités scientifiques et industrielles No. 838. Paris: Hermann 1939

Elias, N.: Über den Prozeß der Zivilisation. Bd. 2. Basel: Haus zum Falken 1939

Freud, S.: Neue Folge der Vorlesungen zur Einführung in die Psychoanalyse. 31. Vorlesung: Die Zerlegung der psychischen Persönlichkeit. Gesammelte Werke Bd. 15. Frankfurt: Fischer 1969 (Erstausgabe 1932)

Mandler, G., Mandler, J. M. u. Uviller, E. T.: Autonomic feedback: The perception of autonomic activity. Journal of Abnormal and Social Psychology 56 (1958), 367–373

Weinstein, J., Averill, J. A., Opton, E. M. u. a.: Defensive style and discrepancy between self-report and physiological indexes of stress. Journal of Personality and Social Psychology 10 (1968), 406–413

Lazarus, R. S.: Psychological stress and the coping process. New York: McGraw Hill 1966

Speisman, J. C., Lazarus, R. S., Mordkoff, A. u. a.: The experimental reduction of stress based on egodefense theory. Journal of Abnormal and Social Psychology 68 (1964), 367–380

Epiktet: Unterredungen. Jena: Diederichs 1905

Novaco, R. W.: Anger control: The development and evaluation of experimental treatment. Lexington/Mass.: Lexington Books 1975

Siebert, M.: Ärgerkontrolle: Eine Methode der Aggressionsbewältigung. Zeitschrift für klinische Psychologie 6 (1977), 59–69

Wenger, M. A., Bagchi, B. K. u. Anand, B. K.: Experiments in India on „voluntary" control of the heart and pulse. Circulation 24 (1961), 1319–1325

Birbaumer, N. u. Kimmel, H. D. (Hg.): Biofeedback and self-regulation. Hillsdale: Erlbaum 1979

Blanchard, E. B. u. Young, L. D.: Self-control of cardiac functioning. A promise as yet unfulfilled. Psychogical Bulletin 79 (1973), 145–163

Shapiro, D., Schwartz, G. E. u. Tursky, B.: Control of diastolic blood pressure in man by feedback and reinforcement. Psychophysiology 9 (1972), 296–304

Schultz, J. H: Das autogene Training. Stuttgart: Thieme 1964

Linden, M. u. Manns, M.: Psychopharmakologie für Psychologen. Salzburg: Müller 1977

Motivations- und emotionspsychologische Probleme in der Entwicklungs-, Persönlichkeits- und Sozialpsychologie

Entwicklungspsychologie

Die ersten Tage nach seiner Geburt verbringt ein Kind zumeist im Schlaf, der lediglich zur Aufnahme der Nahrung unterbrochen wird. Die Stillzeit kündigt sich mit Schreien und aufgeregten Bewegungen an. Entwicklungspsychologen sehen im Wachen den Beginn der psychischen Funktionen und stellen mit großer Einmütigkeit fest, Hunger und die damit einhergehenden Körpererregungen seien die frühesten Erscheinungen menschlicher Motivation und Emotion. Im Laufe der menschlichen Entwicklung nähmen die Gefühle und Bedürfnisse an Zahl zu. Gleichzeitig gewinne der Mensch an Fähigkeit, seine Gefühle und Bedürfnisse zu regulieren.

Es gibt zahlreiche Theorien, welche die *Entwicklung von Motiven und Gefühlen als Wachstumsprozeß, Stufenfolge oder Differenzierungsvorgang* beschreiben. Sie versuchen nachzuweisen, wie später zu beobachtende Gefühle und Bedürfnisse auf früher festzustellenden aufbauen oder sich von ihnen abspalten. Einen Eindruck von solchen Theorien haben bereits die oben erwähnte Phasentheorie Freuds und die Wachstumstheorie Maslows vermittelt (s. S. 401). Eine häufig gestellte Frage ist: In welches Lebensalter fallen die verschiedenen Phasen und Stufen? Die Beantwortung dieser Frage bereitet oft erhebliche Schwierigkeiten. Manche sind theoretisch bedingt. So könnte man geneigt sein, den Anfang eines biologisch so eindeutig bestimmbaren Motivs wie das der Sexualität mit der Ausreifung der Geschlechtsorgane, d. h. etwa im Alter von vierzehn Jahren anzunehmen. Aber lehrt nicht die Psychoanalyse die sexuelle Natur aller Triebhaftigkeit, so daß der Beginn der kindlichen Sexualität schon bei der Geburt, spätestens in der von der Psychoanalyse angenommenen genitalen Phase im dritten Lebensjahr anzusetzen ist?

Wachstumsmodelle der Motivation verbieten geradezu eine feste Zuordnung von Lebensjahren zu Aufbaustufen, denn eine neue Stufe ist erst zu erreichen bei ausreichender Befriedigung der vorangehenden Stufe. Diese Befriedigung hängt aber ab von Lebensumständen und Lebensschicksal und nicht allein vom Lebensalter. Einem Individuum oder einer gesamten Kultur mag die Befriedigung auf einer frühen oder mittleren Stufe verwehrt werden; dann verharrt das Wachstum auf dieser Stufe. Wenn beispielsweise durch Widrigkeiten der Natur die Sicherheit auf längere Dauer gefährdet ist, wird das Streben sich auf den Erhalt von Schutz und Sicherung konzentrieren und nicht zur Geselligkeit oder gar zur individuellen Selbstverwirklichung fortschreiten. So gibt es – ontogenetisch betrachtet – Individuen und – phylogenetisch betrachtet – Völkerstämme, die auch nach langer Lebenszeit nie sämtliche Stufen des Wachstumsmodells durchlaufen. Auch ist der Weg über die Stufen keineswegs nur als Aufstieg zu verstehen; es gibt die Rückkehr von einer höheren zu einer niedrigeren Stufe. Gerät etwa ein Mensch, der – materiell wohl versorgt und sozial gestützt – sich seiner Selbstverwirklichung gewidmet hat, in eine wirtschaftliche Krisensituation, die ihn seiner Versorgung und seiner sozialen Unterstützung beraubt, wird er auf elementare Bedürfnisse zurückgeworfen: die Sorge um Nahrung, Wohnung und soziale Hilfe. Tendenzen zur Selbstverwirklichung (z. B. im künstlerischen Bereich) werden dann ruhen. Diese Rückkehr zu niedrigeren Stufen – in der Terminologie der Psychoanalyse eine Regression (von lat. ‚regredi' – zurückgehen) – ist ebenfalls nicht fest an ein Lebensalter gebunden, sondern eher an das Lebensschicksal.

Die Entwicklung von Gefühlen folgt der Entwicklung von Motiven. Insofern ist das erste Auftreten von Gefühlen nicht eindeutig bestimmten Lebensaltern zuzuordnen. Gleichwohl hat sich der Versuch als sinnvoll erwiesen, für eine definierte Stichprobe normal sozialisierter europäischer Kinder die Differenzierung von Gefühlen mit dem Lebensalter zu erheben. Häufig zitiert wird eine Erhebung Katherine M. Banham Bridges aus dem Jahre 1932. Die Beobachtungen der Autorin belegen, daß sich im Alter von etwa drei Monaten von der Allgemeinerregung spezifische Lust- und Unlustgefühle abspalten. Diese teilen sich bis zum Ende des ersten Lebensjahres in Furcht-, Ekel-, Ärger- und Unlustemotionen einerseits, sowie in Lust, Heiterkeit und Liebe andererseits auf. Nach dieser Theorie hat die Unlust übrigens einen Entwicklungsvorsprung vor der Lust.

Betrachtungen des Wachstums bzw. der Differenzierung im Bereich der Motive allein oder im Bereich der Emotionen allein schließen allerdings einen wichtigen Gesichtspunkt von vornherein aus: die *Beziehung von Motiven und Emotionen.* Zu Beginn der Entwicklung – darauf hat Carrol E. Izard (1979) eindringlich aufmerksam gemacht – sind ja Motive und Emotionen noch untrennbar miteinander verknüpft. Erst im Laufe der Entwicklung scheint die Kopplung zwischen Gefühlen und Bedürfnissen schwächer zu werden. Hier scheint es sich um einen Differenzierungsvorgang zu handeln, der sich einerseits im Laufe der Ontogenese, der Geschichte des Einzelmenschen, andererseits in der Phylogenese, der Stammesgeschichte vollzieht. Erst der Mensch mit (ontogenetisch) höherem Entwicklungsalter und (phylogenetisch) höherer Entwicklungsstufe verfügt über eine „kalte Entschlossenheit" (d. h. Motiviertheit bei geringer emotionaler Beteiligung) und ein „reines Gefühl" (d. h. emotionale Beteiligung ohne Handlungsabsicht, wie u. U. beim Hören eines Konzerts).

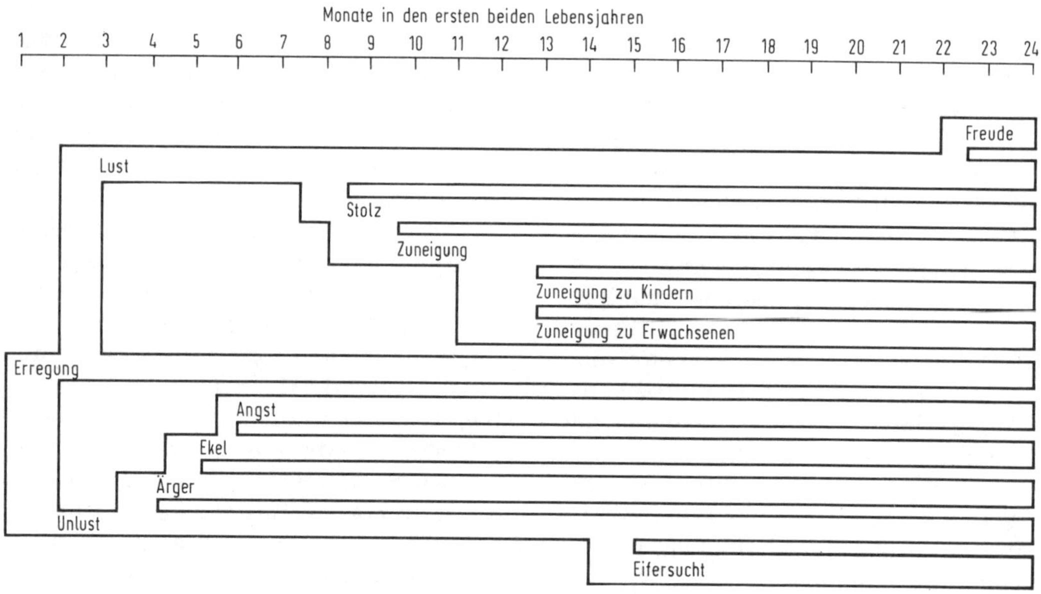

Entwicklung der Gefühle in den beiden ersten Lebensjahren (nach Bridges 1932, S. 340). Die wenig trennscharfen Gefühlsbezeichnungen werden von der Autorin durch Verhaltensbeschreibungen genauer umrissen.

Persönlichkeitspsychologie

Daß Menschen sich in ihren Gefühlen und Bedürfnissen unterscheiden, ist eine Binsenwahrheit. Daß sie in der Selbstwahrnehmung des eigenen Zustands und ihrer Selbstregulation, in ihrer Zuwendung zu Annehmlichkeiten und ihrer Abwendung von Bedrohlichkeiten ebenfalls variieren, ist bisher weniger bekannt. In ihrem Bestreben, Art und Ausmaß der individuellen Unterschiede in der Motiviertheit und Emotionalität zu ermitteln, stößt die differentielle Psychologie mitunter auf paradox anmutende Befunde. Wer sich etwa an den alten hedonistischen Grundsatz hält, die Menschen strebten nach Ruhe, Sicherheit und Zufriedenheit, wird mit Überraschung feststellen, daß eine Reihe von Personen Ruhe und beschauliches Glück als Erlebnisarmut und Langeweile empfinden; solche Personen suchen die Abwechslung und das Abenteuer. Aus dieser Gruppe rekrutieren sich zahlreiche Fallschirmspringer, Tiefseetaucher, Fernreisende, Glücksspieler und neuerdings auch Heroinsüchtige. Der individuellen Messung und Deutung der Abenteuerlust, des Erlebnishungers und der Risikofreude hat Marvin Zuckerman von der Universität in Delaware, Kanada, ein jahrzehntelanges Forschungsprogramm gewidmet, und seine Untersuchungen haben eine Vielzahl von Vergleichsstudien in mehreren Ländern angeregt (vgl. Zuckerman 1979).

Bei der Klassifikation von Personen kann man bestehende Trieb- und Gefühlsinventare zugrunde legen. So sind etwa Meßinstrumente für einige Bedürfnisse aus der Murrayschen Triebliste (s. S. 393) entwickelt worden, vor allem für das Leistungsmotiv (Heckhausen 1963) und das Anschlußmotiv (Heyns, Veroff u. Atkinson 1958). Daneben wird gerne auf eine ältere Typologie des deutschen Pädagogen und Psychologen Eduard Spranger (1882–1963) zurückgegriffen. Spranger (1930) sieht die menschliche Motivation vor allem durch die Werte seiner Kultur bestimmt. Er nimmt an allen diesen Werten teil. Wenn aber ein Wert gegenüber den anderen die Oberhand gewinnt, bildet sich ein hervorstechender Typ. Insgesamt unterscheidet Spranger sechs Arten von kulturellen Werten und im Anschluß daran ebenso viele Grundtypen:

- den theoretischen Menschen; er strebt vor allem nach kognitiver Ordnung,
- den ökonomischen Menschen mit vorrangigem Streben nach wirtschaftlichem Gewinn,
- den sozialen Menschen, den vor allem das Wohl seiner Mitmenschen und der Allgemeinheit bewegt,
- den politischen Menschen mit seinem Streben nach Macht,
- den religiösen Menschen,
- den ästhetischen Menschen, der am liebsten „dem Bilderspiel des Lebens" zusieht – so Spranger (1930, S. 168) – „freilich nicht theoretisch reflektierend, sondern einfühlend und genießend-beschauend".

Innerhalb der Persönlichkeitspsychologie wird auch die Frage nach der *Bedeutung von Motiven und Emotionen im Gesamtgefüge der Persönlichkeit* aufgeworfen. Viele wichtige Probleme der allgemeinen Motivations- und Emotionstheorie stellen sich im Zusammenhang der Persönlichkeitsforschung aufs neue: das Problem der elementaren Bedürfnisausstattung (s. o. S. 392 f.), das Problem der Entfremdung (s. o. sowie später), die Frage nach der Rolle des Ichs – um nur einige zu nennen. Dem *Ich* hat übrigens nicht nur die Tiefenpsychologie eine zentrale Stellung in der Emotionstheorie eingeräumt. Auch die kognitivistischen Theorien schenken ihm viel Beachtung. So demonstrieren etwa O'Brien und Epstein (nach Epstein 1976) anhand einer Erhebung des Auftretens von Gefühlen in Alltagssi tuationen, daß sowohl die positiven Affekte wie Glück und Zuneigung als auch die negativen Affekte wie Ärger sich von persönlicher Betroffenheit herleiten. Positive Affekte treten dabei vor allem auf, wenn der Selbstwert sich durch soziale Anerkennung und durch Nachweis der eigenen Leistungsfähigkeit erhöht; negative Affekte sind die Folge einer

Selbstwertminderung durch soziale Zurückweisung und durch Beweise der eigenen Inkompetenz.

Sozialpsychologie

Ein Hundegrab auf dem Tierfriedhof in Berlin-Lankwitz. Darauf die Inschrift:

> *„Du warst mein*
> *bester Freund*
> *die anderen gingen*
> *Du bliebst immer“*

Und nicht weit davon liest man auf einem anderen Stein:

> *„Hab Dank Nora für deine Treue*
> *Du bist uns im Sturm treu geblieben*
> *Der Mensch nicht mal im Winde“*

Man mag über Denkmäler für Tiere zunächst den Kopf schütteln. Aber selbst wenn man die Gefühle ihrer Besitzer nicht teilt, wird man sich durch sie in mancherlei Hinsicht belehren lassen: über die Stärke, ja Unabweisbarkeit des Bedürfnisses nach sozialer Partnerschaft, über den emotionalen Gehalt sozialer Bindungen, über die Bitterkeit des Mißlingens zwischenmenschlicher Beziehungen, über die Möglichkeit emotional befriedigender Partnerschaft zwischen Mensch und Tier, über den Fortbestand sozialer und emotionaler Beziehungen über den Tod des Partners hinaus.

Die Emotionalität und die Motiviertheit kann durch sozialen Bezug in doppelter Hinsicht eine neue Qualität gewinnen und dadurch zur *sozialen Emotion* und zur *sozialen Motivation* werden:

○ Das Erlebnis der Anwesenheit bzw. der Unterstützung sozialer Partner verstärkt bestehende und weckt neue Emotionen und Motive,

○ soziale Partner, Gruppen und Institutionen werden selbst zum Gegenstand des Gefühls und dem Ziel des Willens.

Es war der zuerst genannte Aspekt, der in der frühen Sozialpsychologie stärker herausgestellt wurde. In einem erstmals 1895 gedruckten und ungewöhnlich stark beachteten Buch des französischen Arztes und Anthropologen Gustave Le Bon (1841–1931) mit dem Titel „Psychologie der Massen“ wird vor allem auf die Veränderung der Motivation in der Großgruppe hingewiesen:

„Die mannigfachen Triebe, denen die Massen gehorchen, können je nach dem Anreiz edel oder grausam, heldenhaft oder feige sein, stets sind sie aber so unabweisbar, daß der Selbsterhaltungstrieb vor ihnen zurücktritt.

... Die Masse wird leicht zum Henker, ebenso leicht aber auch zum Märtyrer. Aus ihrem Herzen flossen die Ströme von Blut, die für den Triumph jedes Glaubens notwendig sind. Man braucht nicht zu den Zeitaltern der Helden zurückzugehen, um zu erkennen, wozu die Massen fähig sind. Nie bangten sie bei einem Aufstand um ihr Leben, und erst vor wenigen Jahren hätte ein General, der plötzlich volkstümlich geworden war, wenn er es verlangt hätte, leicht hunderttausend Menschen gefunden, bereit, sich für seine Sache töten zu lassen. ...

Die Masse ist nicht nur triebhaft und wandelbar. Gleich dem Wilden läßt sie nicht zu, daß sich zwischen ihre Begierde und die Verwirklichung dieser Begierde ein Hindernis erhebt, umso weniger, als ihre Überzahl ihr das Gefühl unwiderstehlicher Macht gewährt. Für den Einzelnen in der Masse schwindet der

Begriff des Unmöglichen. Der alleinstehende Einzelne ist sich klar darüber, daß er allein keinen Palast einäschern, keinen Laden plündern könnte, und die Versuchung hierzu kommt ihm kaum in den Sinn. Als Glied einer Masse aber übernimmt er das Machtbewußtsein, das ihm die Menge verleiht, und wird der ersten Anregung zu Mord und Plünderung augenblicklich nachgeben. Ein unerwartetes Hindernis wird wütend zertrümmert. Wenn der menschliche Organismus dauernde Wut zuließe, so könnte man die Wut als den normalen Zustand der gehemmten Masse bezeichnen."

(Le Bon 1895/1953, S. 22 ff. Aus dem Französischen übersetzt von Hermann Dingeldey)

Der Autor bezieht sich hier offensichtlich auf Extremsituationen, wie sie die Kriege und Revolutionen in Frankreich seit dem Sturm auf die Bastille hervorgebracht haben; auch das zwanzigste Jahrhundert hat Extremsituationen erlebt, auf welche die Beschreibungen des Autors passen.

Allerdings wäre es eine unzulässige Verallgemeinerung zu behaupten, jedweder Gruppenkontakt führe zur Enthemmung und zu gesteigerter Emotionalität. Die Steigerung der Erregung in Gruppen ist vielmehr ein subtiler Vorgang, den die Gruppenmitglieder peinlich zu regeln trachten, denn gemeinsame Aktion und gemeinsame Stimmung bedeutet gleichzeitig erhöhte Intimität. Und es überlegt sich mancher, ob er in ein Lachen einstimmt, ob er an einem fröhlichen Spiel teilnimmt, oder ob er sich an einer leidenschaftlichen Debatte beteiligt, wenn dadurch die Distanz zu anderen abgebaut wird und partnerschaftliche Verpflichtungen entstehen (Patterson 1976). So ist – eine spezielle Veranschaulichung dieses Grundsatzes – das Lachen eines Freundes ansteckender als das Lachen eines Fremden; das berichteten jedenfalls drei Untersucher von der Universität von Wales in Cardiff in einer Studie über 7–8jährige Jungen und Mädchen, denen sie paarweise einen lustigen „Tom und Jerry"-Film vorführten (Foot, Chapman u. Smith 1977).

Damit ist bereits der zweite der beiden obengenannten Aspekte angesprochen: Partner (z. B. Arbeitskollegen), Gruppen (z. B. Schulklassen) und Institutionen (z. B. Verbände, Firmen) als Gegenstände der Sympathie und Antipathie, als Ziele eigener Tätigkeit und als Quellen von Forderungen. Die soziale Motivation ist auf Austausch von Leistungen und Gütern ausgerichtet – so jedenfalls der Kern der Theorie des sozialen Austauschs (engl. ‚social exchange') von Kelley und Thibaut (1978); Ziel des Austauschs ist die Herstellung von Gerechtigkeit (vgl. Mikula 1980). Freilich ist die gerechte Verteilung (engl. ‚equity') stets gefährdet durch Macht und körperliche Attraktivität. So haben etwa – wie Heinz Schuler und Walter Berger (1979) an der Universität Augsburg in einer Simulationsstudie ermittelt haben – gut aussehende (männliche und weibliche) Stellenbewerber eine erhöhte Chance, für die Einstellung vorgeschlagen zu werden. Wo die rechte Verteilung gefährdet ist, droht der emotionale belastende Konflikt.

Im Prozeß des sozialen Austausches bzw. des Konflikts besteht die Wahl zwischen einer prosozialen, altruistischen (von lat. ‚alter' – der andere) und einer antisozialen Haltung. Dabei

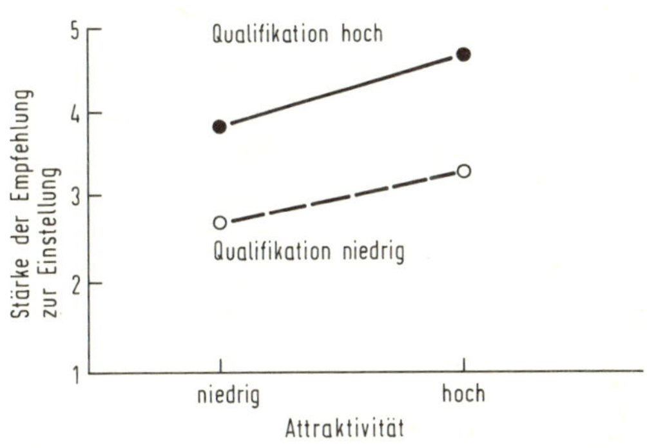

Personalleiter neigen bei hoher wie bei niedriger Qualifikation der Bewerber dazu, gut aussehende Männer und Frauen bei der Stellenbesetzung zu bevorzugen (nach Schuler und Berger 1979). In der Beurteilung von männlichen und weiblichen Bewerbern gab es dabei keine statistisch bedeutsamen Unterschiede.

kann sich das Gleichgewicht entweder zugunsten egoistischer oder zugunsten altruistischer Motive verschieben. Im ersten Fall verkümmert unter dem Bestreben, den Nutzen und das Wohlbefinden der eigenen Person zu mehren, die prosoziale Motivation. Im zweiten Fall treten im Interesse von Partnern, Gruppen und Institutionen die eigenen Wünsche zurück. Es spricht viel für die Annahme, daß die altruistische Motivation ein Produkt der Sozialerziehung ist (vgl. dazu bereits S. 384). Insofern wäre ein Übergewicht des Egoismus als Mangel an Sozialisation zu deuten, ein Übergewicht des Altruismus als ein Übermaß an Sozialisation. Eine übermäßige Sozialisation kann sich zu einer speziellen Form der Entfremdung zuspitzen, der Selbstentfremdung durch soziale Kontrolle (zum Begriff der Entfremdung s. bereits S. 410ff.). Dem Druck oder den Verlockungen sozialer Partner, Gruppen oder Institutionen erliegend, entwickeln Individuen Bedürfnisse, Gewissensforderungen und Zielsetzungen, die ihre eigenen unverzichtbaren persönlichen Motive ersticken oder zumindest deren Befriedigung verhindern.

Zusammenfassung

1. Beim Säugling scheinen Motive und Emotionen noch eine Einheit zu bilden. Im Laufe der Entwicklung trennen sich beide und bringen je für sich schrittweise neue Formen hervor (z. B. bildet sich aus dem undifferenzierten Unlustgefühl der ersten Lebensmonate einerseits Angst, andererseits Eifersucht heraus). Bei der Gefühls- und Motiventwicklung gibt es auch Rückbildungen auf frühere Stufen (Regression).
2. Menschen unterscheiden sich in ihren Gefühlen und Bedürfnissen (z. B. vorwiegend ökonomisch und religiös motovierte Menschen). Manche bevorzugen Ruhe, Sicherheit und Befriedigung, andere genießen Abenteuer und Risiken. Der Bezug auf das eigene Ich (Selbst) spielt bei der Entstehung von Gefühlen eine wesentliche Rolle.
3. Die Emotionalität und Motiviertheit gewinnt durch Partner oder Gruppen eine neue Qualität. Die Anwesenheit von Partnern verstärkt bestehende und weckt neue Emotionen und Motive. Soziale Partner und Organisationen werden außerdem zu Gegenständen von Gefühlen und zu Zielen des Willens. Sozial konstruktive Motivation ist auf Austausch und Gerechtigkeit gerichtet. Eine übermäßige Sozialisation kann ein Übergewicht sozialer Motive gegenüber persönlichen entstehen lassen und zu Erscheinungen der Selbstentfremdung führen.

Literaturhinweise

Bridges, K. M. B.: Emotional development in early infancy. Child Development 3 (1932), 324–341

Izard, C. E.: Emotions as motivations. An evolutionary-developmental perspective. In: Dienstbier, R. A. (Hg.): Nebraska Symposium on Motivation. Bd. 26. Lincoln: University of Nebraska Press 1979, 163–200

Zuckerman, M.: Sensation seeking: Beyond the optimal level of arousal. Hillsdale: Erlbaum 1979

Heckhausen, H.: Hoffnung und Furcht in der Leistungsmotivation. Meisenheim: Hain 1963

Heyns, R. W., Veroff, J. u. Atkinson, J. W.: A scoring manual for the affiliation motive. In: Atkinson,

J. W. (Hg.): Motives in fantasy, action and society. Princeton: Van Norstrand 1958

Spranger, E.: Lebensformen. Halle: Niemeyer 1930

Epstein, S.: Anxiety, arousal and the self-concept. In: Spielberger, Ch. D. (Hg.): Stress and anxiety. Bd. 3. Washington: Wiley/Hemisphere 1976, 185–224

Le Bon, G.: Psychologie de foules. Paris: Alcan 1895. (Dt.: Psychologie der Massen. Stuttgart: Kröner 1953)

Patterson, M. L.: An arousal model of interpersonal intimacy. Psychological Review 83 (1976), 235–245

Foot, H. C., Chapman, A. J. u. Smith, J. R.: Friendship and social responsiveness in boys and girls. Journal of Personality and Social Psychology 35 (1977), 401–411

Kelley, H. H. u. Thibaut, J. W.: Interpersonal relations. A theory of interdependence. New York: Wiley 1978

Mikula, G. (Hg.): Gerechtigkeit und soziale Interaktion. Bern: Huber 1980

Schuler, H. u. Berger, W.: The impact of physical attractiveness on an employment decision. In: Cook, M. u. Wilson, G. (Hg.): Love and attraction. Oxford: Pergamon 1979, 33–36

Ausgewählte Literatur zur Ergänzung und Vertiefung

Feger, H.: Konflikterleben und Konfliktverhalten. Bern: Huber 1978
(Psychologische Untersuchungen zu alltäglichen Entscheidungen, Konfliktsituationen im sozialen Bereich)

Izard, C. E.: Human emotions. New York: Plenum Press 1977. (Dt.: „Die Emotionen des Menschen. Eine Einführung in die Grundlagen der Emotionspsychologie". Weinheim: Beltz 1981)
(Kategorisierung, Messung, Entwicklung von Gefühlen)

Keller, J. A.: Grundlagen der Motivation. München: Urban & Schwarzenberg 1981
(Systematisch angelegtes Lehrbuch zur Motivationspsychologie)

Krohne, H. W.: Angst bei Schülern und Studenten. Hamburg: Hoffmann und Campe 1977
(Empirische Befunde und theoretische Analysen)

Mitscherlich, M.: Müssen wir hassen? München: Piper 1972
(Tiefenpsychologisch orientierte Abhandlung über Liebe und Hass)

Schmidt-Atzert, L.: Emotionspsychologie. Stuttgart: Kohlhammer 1981
(Einführung in Geschichte, Methoden und Ergebnisse der Emotionsforschung)

Schneider, K. u. Schmalt, H.-D.: Motivation. Stuttgart: Kohlhammer 1981
(Einführungstext mit eingehender Behandlung einzelner Motive wie Hunger, Sexualität, Aggression und Machtstreben)

Zimbardo, P. G.: The cognitive control of motivation. Glenview: Scott, Foresman 1969
(Sammelband mit Studien über den Einfluß von Wahlfreiheit, kognitiver Dissonanz und anderen kognitiven Faktoren auf Einstellungen und Bedürfnisse)

Kapitel 11

Kommunikation, Sprache, Ausdruck

Was ist Sprache?
Welchen Zwecken dient Sprache?
In welcher Beziehung stehen Sprache und Denken?
Welche Formen des Ausdrucks bestehen neben der (gesprochenen und geschriebenen) Lautsprache?
Was ist Metakommunikation?
Wie werden Wörter zu Sätzen organisiert?
Was versteht man unter einem Erzählschema?

Das Hervorbringen von Lauten und anderen Ausdruckserscheinungen bildet eine besondere Form menschlicher Tätigkeit (s. bereits S. 285). Die hervorgebrachten Ausdruckserscheinungen dienen als Zeichen im Prozeß der partnerschaftlichen Verständigung, der Kommunikation (vgl. S. 427f.). Es ist in der Psychologie üblich geworden, Sprache, Ausdruck und Kommunikation als ein eigenes Gebiet zu behandeln; dieser Tradition folgt das vorliegende Kapitel. Als Schlußkapitel dieses Lehrbuchs kann es dabei an zahlreiche frühere Ausführungen anknüpfen: über die Entstehung von Verhalten im allgemeinen, über die Motivierung des Verhaltens sowie dessen Veränderbarkeit durch Lernen (Kap. 8, 9, 10); weiterhin über die Wahrnehmung, den Aufbau und das Behalten von Wissen (Kap. 3, 4, 6).

Zwei Besonderheiten heben dieses Kapitel von den vorangehenden ab: seine starke sozialpsychologische und seine interdisziplinäre Ausrichtung. Kommunikation ist ihrer Natur nach ein sozialer Prozeß; die Sprache als Mittel der Kommunikation ist tragender Bestandteil der Kultur. Sozialpsychologische Aspekte werden daher in diesem Kapitel nur zum Teil für den abschließenden Abschnitt ausgespart; in wesentlichen Teilen werden sie von Anfang an in den laufenden Text eingebracht. Die Betonung interdisziplinärer Bezüge kommt dadurch zustande, daß die Sprache wie kein anderes Thema der Psychologie zum Gegenstand anderer Wissenschaften geworden ist. Dabei ist die Sprach- und Kommunikationspsychologie eine vergleichsweise junge Disziplin. Ihr steht seit ihrem Beginn eine lange etablierte Philologie (mit den Schwerpunkten Linguistik und Literaturwissenschaft) gegenüber. Und von anderen Wissenschaften her sind weitere Disziplinen entstanden, welche sich der Sprache und Kommunikation widmen (vor allem die Soziolinguistik, die Kunst- und Kommunikationswissenschaften). Der interdisziplinäre Austausch ist rege; das folgende Kapitel soll dies widerspiegeln.

Kommunikation: Austausch von Wissen

Ein Abend im „Exzess" oder wer teilt wem wie was mit?

Brigitte ist Oberschülerin in einer Großstadt. Am Montagmorgen auf dem Weg zur Schule trifft sie ihre Freundin Martina. Am Wochenende davor hatte Brigitte mit ihrem Freund Klaus ein Punk-Lokal besucht. Sie beginnt gleich, davon zu erzählen:

„Am Samstag, da wußten wir nicht wohin, da sind wir ins ‚Exzess'. Wir kamen da rein, die Musik war so kaputt, die wälzten sich nur so auf'm Boden. Die Punks waren total ausgerastet, die flippten da rum, als ob sie epileptische Anfälle hätten. Gerade im Moment, wo wir reinkamen, ist so'ne Band aufgetreten mit so'nem ausgeflippten Typ als Sänger, da war wohl gerade das letzte Lied. Und die haben sich da in die Haare gekriegt und sich angeschrien: ‚Du Schwein, hau hier ab, wir wollen dich gar nich mehr sehn.' Und der eine: ‚Mich kotzt das alles hier an!' und so. Und dann gab's ne Prügelei da oben auf der Bühne und so. Und der eine Sänger auf der Bühne hat dann angefangen und hat da rumgeschrien: ‚Ich kann nich mehr, ich will nich mehr!' Die haben sich gar nicht aufgeregt, die haben da weitergemacht. Dann kam das letzte Lied, und dann haben die da rumgerastet. Also, das könnt ich nicht. Ich hatte Angst, von Klaus wegzugeh'n, denn wenn man da so einen Heinz anrempelt, denn fühlt der sich noch angemacht und dröhnt mir eine."

Ein Auto hält. Die Mädchen erkennen ihren Physiklehrer; er nimmt sie das letzte Stück des Schulwegs mit. Brigitte erzählt noch einmal ihre Geschichte:

„Exzess, das ist so eine Punkdiskothek, total verdreckt und verqualmt, wo wirklich die schlimmsten Punks aller Zeiten hinkommen. Dann sind wir da so reingegangen und schon gleich zu Anfang hat eine Band gespielt. Aus dem Hintergrund haben immer so ein paar Leute geschrien: ‚Haut ab, wir wollen euch nicht mehr hören.' Und dann haben sie plötzlich abrupt auf der Bühne aufgehört zu spielen und geschrien: ‚Haut doch endlich ab, ihr könnt uns alle mal!' Und dann haben sie sich innerhalb der Gruppe noch in die Haare gekriegt. Dann sind noch Zuschauer hochgekommen. Dann hat der Sänger von der Gruppe wirklich angefangen zu heulen und zu schreien: ‚Ich seh das gar nicht ein, ich spiel

nie wieder!‘ Und dann hat er noch gesagt: ‚Ich spiel nur noch für Gäste aus anderen Städten!‘ Beim Tanzen haben die Punks so ruckartige Bewegungen gemacht, sie sind so rauf und runter gehüpft mit so krampfartigen Bewegungen. Dazu haben sie geschrien. Nachher bleiben sie auf der Erde liegen, weil sie so erschöpft sind.“

Die beiden Wiedergaben haben den gleichen Gegenstand. Und doch unterscheiden sie sich in ihrem Inhalt und ihrem Stil. Zum Inhalt etwa: Dem Lehrer wird erläutert, das „Exzess“ sei ein Punk-Lokal; Martina erhält keine solche Erläuterung. Offenbar setzt Brigitte bei ihrer Freundin die Kenntnis des Lokals voraus, nicht jedoch bei ihrem Lehrer. Dafür wird Martina gegenüber der Sänger genau beschrieben („ausgeflippter Typ“); in dem Bericht an den Lehrer fehlt eine solche Charakterisierung. Möglicherweise vermutet Brigitte bei ihrer Freundin mehr Interesse für die Person des Sängers als bei ihrem Lehrer.

Von der Unterschiedlichkeit des Stils der beiden Berichte überzeugt man sich am einfachsten durch lautes Lesen. Am auffälligsten sind Unterschiede in der Wortwahl. Ihrer Freundin Martina gegenüber verwendet Brigitte Wörter aus der Umgangssprache von Jugendlichen (z. B. „kaputt“, „ausgerastet“, „rumflippen“, „eine dröhnen“). Dem Lehrer gegenüber bevorzugt sie Ausdrücke aus der Hochsprache (z. B. „sich in die Haare kriegen“, „ruckartige Bewegungen machen“). Zur Unterscheidung solcher Sprachstile hat der Psychologe Theo Herrmann den Begriff der *Sprachschichthöhe* eingeführt. Eines der maßgeblichen Kriterien für die Bemessung der Sprachschicht ist nach Herrmanns Darstellung die soziale Situation. In offiziellen, formalen Situationen erscheint eine höhere Sprachschicht angemessener als in vertrauten, intimen Situationen. Erhöhte Intimität geht einher mit dem Gebrauch von Cliquensprachen (von franz. ‚clique‘ – beifällig klat-

Plattdeutsches Mißverständnis

Das Bedürfnis nach Rechtssicherheit und Allgemeinverständlichkeit hat in den Verwaltungen zur fast ausschließlichen Verwendung des Hochdeutschen, d. h. einer hohen Sprachschicht, geführt. In den Schulen ist die Übung der Hochsprache vorrangig. Wer die Hochsprache nicht beherrscht, gerät leicht in den Verdacht der Unangepaßtheit, ja sogar der geistigen Behinderung. Das veranschaulicht der folgende Pressebericht aus Aurich in Ostfriesland:

„Ein nur plattdeutsch ‚snackender‘ Landwirt aus dem ostfriesischen Landkreis Leer soll keinen Führerschein erhalten, da er des Hochdeutschen nicht mächtig ist. Diese Meinung vertritt das Landtagsamt des Kreises, das einen Antrag des 40 Jahre alten Mannes auf einen Führerschein der Klasse III abgelehnt hat. Zu Begründung hieß es, eine psychiatrische Untersuchung hat gezeigt, daß der Mann zum Führen eines Fahrzeugs nicht in der Lage sei. Der Landwirt suchte sich daraufhin einen plattdeutsch sprechenden Anwalt und klagte vor dem Verwaltungsgericht. Während der Verhandlung stellte sich gestern heraus, daß der Kläger nach Feststellung des Gerichts im Gegensatz zur Annahme des Gutachters sehr wohl logisch und zusammenhängend sprechen kann – allerdings nur auf Plattdeutsch. Der Psychiater hatte mit dem Kläger hochdeutsch sprechen wollen und sich nicht verständlich machen können. Die Kammer entschied nun, einen Psychiater zu suchen, der in der Lage ist, den Kläger auf Plattdeutsch zu untersuchen.“
(Deutsche Presseagentur, 23. 8. 1980)

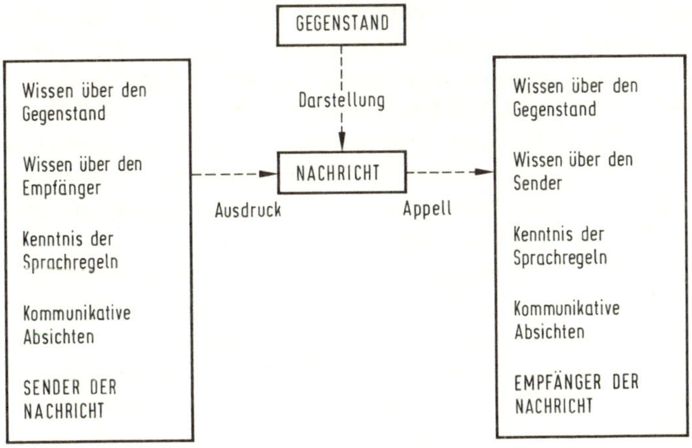

Faktoren im Prozeß der Kommunikation; nach einem Ansatz von Bühler (erweitertes Organonmodell) (1934, S. 28).

schende Gruppe) oder Jargons (von franz. ‚jargon' – Gemurmel, Gezwitscher) bzw. den Spezialsprachen von Expertengruppen (z. B. Juristendeutsch, Sportlerdeutsch).

Brigitte hat offenbar mit ihrem Ansprechpartner die Sprachschicht gewechselt. Für die Wahl der Sprachschicht nennt Herrmann (1976) zwei Bedingungen, deren Wirksamkeit er in einer eigenen Untersuchung überprüft hat: soziale Distanz des Partners und Objektbereichsrelevanz. Erscheint die soziale Distanz zum Partner hoch – wie zwischen Schüler und Fachlehrer –, so wird eine hohe Sprachschicht gewählt. Zur Überbrückung der als getrennt erlebten Positionen werden dann bevorzugt allgemein verbreitete Wörter und Sprachregeln herangezogen. Erst die geringe Distanz, wie sie etwa zwischen Freunden herrscht, läßt jenes Maß an Übereinstimmung erwarten, das die Verständigung mit Hilfe einer Gruppensprache geboten erscheinen läßt. Eine geringe soziale Distanz ist allerdings keine ausreichende Bedingung für die Verringerung der Sprachschichthöhe. Als zweite Bedingung muß die Vertrautheit mit und das Interesse an dem besprochenen Gegenstand hinzutreten; Herrmann faßt beides unter dem Begriff der hohen Objektrelevanz zusammen. Über ihr Erlebnis mit der Punk-Band äußert sich Brigitte ihrer Freundin gegenüber auch deshalb so unbefangen im Cliquenjargon, weil sie gerne tanzt und Musik hört. Spricht sie dagegen mit Martina über einen Gegenstand, der ihr fremd und gleichgültig ist, so wechselt sie zu einer höheren Sprachschicht über. Sie erzählt ihr beispielsweise über ein Fußballspiel, das sie nur ihrem Freund Klaus zu Gefallen angesehen hat: „Das Feld war schrecklich holprig. Die Spieler hatten Mühe, den Ball bis zum Tor zu bringen." Ihr fußballbegeisterter Freund hätte anstatt dessen gesagt: „Das Feld war ein echter Acker. Da warste kaputt, eh du mit dem Ei an den Kasten rankamst."

Im Prozeß der Kommunikation (von lat. ‚communicare' – teilnehmen lassen, sich verständigen) sind also von Bedeutung:

- der Gegenstand, über den eine Mitteilung gemacht wird,
- ein Partner, der die Mitteilung macht,
- ein Partner, der die Mitteilung aufnimmt.

Jedem dieser drei *Bezugspunkte der Kommunikation* dient die Sprache in einer anderen Weise – so bereits der deutsche Psychologe Karl Bühler (s. S. 113): dem Gegenstand gegenüber hat sie eine *Darstellungsfunktion,* dem Mitteilenden verhilft sie zum *Ausdruck* des Gemeinten, dem Empfänger der Mitteilung übermittelt sie einen *Appell* (Ansprache). Der Kommunikationswissenschaftler H. D. Lasswell (1948) brachte diese Zusammenhänge auf die Formel: „Wer teilt wem wie was mit?"

Wie der oben geschilderte Fall der Schülerin Brigitte zeigen sollte, sind in der Formel „wer teilt wem wie was mit?“ die psychischen Voraussetzungen und Konsequenzen der Kommunikation noch gar nicht ausdrücklich enthalten. Für die psychologische Analyse sind folgende Bereiche maßgebend: Gegenstandswissen, Wissen über den Partner (einschließlich sozialer Bezüge), Kenntnis von Sprachregeln, kommunikative Absichten. Offensichtlich kann eine Nachricht nicht Anspruch darauf erheben, einen Gegenstand schlechthin darzustellen. In der Nachricht zum Ausdruck gebracht wird vielmehr das (vermeintliche oder vielleicht sogar nur vorgespielte) *Wissen über den Gegenstand* (zum Problem des Wissens vgl. bereits S. 136ff.). Bei der Erstellung der Nachricht wird das (vermutete) Wissen des Empfängers in Rechnung gestellt; der Sender der Nachricht sucht das Wissen des Empfängers zu vermehren, zu bestätigen, zu korrigieren. Dabei baut er auf dem vorhandenen Wissen auf (so braucht z. B. Brigitte in ihren Erzählungen weder der Freundin noch dem Lehrer zu erklären, was eine Musikband ist, die Kenntnis des besuchten Lokals kann sie je-

Geheimzeichen

Gruppen, deren Mitglieder sich untereinander verständigen wollen, ohne sich anderen offenbaren zu müssen, entwickeln geheime Zeichensysteme oder Geheimkodes. Ein (freilich nicht sonderlich geheimnisumwitterter) Kode sind Zeichen, die Landstreicher früher an Hauswänden anbrachten.

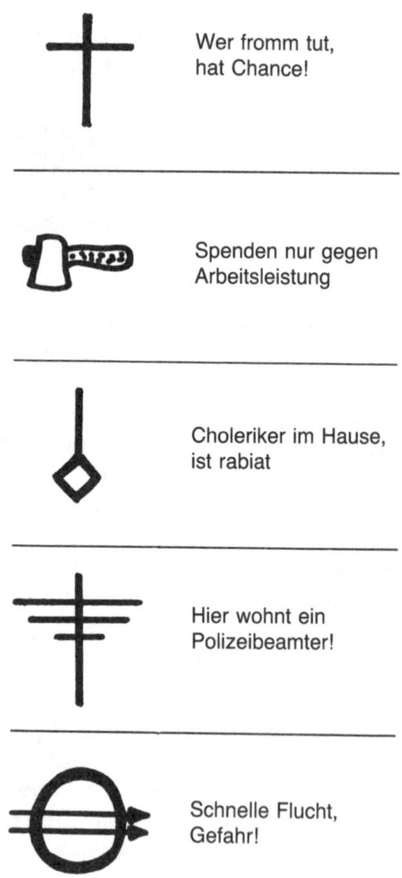

Zinken, gefunden an einem Wohnhaus in Hannover. (Aus: Herren, R.: Lehrbuch der Kriminologie. Bd. 1. Freiburg: Rombach 1980, S. 64)

doch nur bei ihrer Freundin voraussetzen). Nicht nur das beim Empfänger vermutete Gegenstandswissen spielt eine Rolle, sondern auch das *Wissen über den Partner,* über seine Einstellungen und Interessen sowie über die beiderseitig eingenommene soziale Position. Dasselbe gilt für das Verstehen auf seiten des Empfängers der Nachricht. Er stellt in Rechnung, was er von seinem Partner überhaupt an Mitteilungen erwarten kann.

Wie weit das Gegenstandswissen der beiden Partner von vornherein in sprachlicher Form repräsentiert ist, ist – wie bereits früher (S. 116) ausführlich erörtert – eine umstrittene Frage. Auf jeden Fall wird die spezielle Formulierung der Nachricht (z. B. die Wahl der Sprachschichthöhe) bei jeder Mitteilung neu zu leisten sein. Dies setzt auf seiten des Senders die *Kenntnis von Zeichen und Sprachregeln* voraus. Das Verständnis der Nachricht auf seiten des Empfängers gelingt nur, wenn er über das gleiche Zeichenrepertoire sowie die gleichen Sprachregeln verfügt. Insofern wird der Sender sich im Regelfall vergewissern, über welche sprachlichen Fertigkeiten der Empfänger verfügt und sich bei der Abfassung seiner Nachricht danach richten, wenn er verstanden werden will.

Die Nachricht hat den Charakter eines (u. U. zusammengesetzten) Zeichens, eines Symbols (s. S. 95f.). In der Terminologie der Nachrichtentechnik heißt ein System, nach dem Zeichen ausgewählt und miteinander verknüpft werden (z. B. Buchstaben und Schriften), ein *Kode* (von engl. ‚code', abgeleitet von lat. ‚codex' – Gesetzessammlung). Sowohl die Linguistik als auch die Kommunikationstheorie haben diesen Begriff übernommen. Der Vorgang der Umsetzung eines Nachrichteninhalts in ein Zeichensystem wird als Verschlüsselung oder Enkodierung bezeichnet; die Enkodierung ist eine Leistung des Senders. Das Verständnis der Nachricht durch den Empfänger umfaßt dagegen eine Umsetzung der übermittelten Zeichen in einen Inhalt; diesen Vorgang nennt man Entschlüsselung oder Dekodierung.

Kommunikative Absicht und die Theorie des sprachlichen Handelns

Die psychologische Analyse der Kommunikation bliebe unvollständig, würde man nicht auf seiten des Senders ebenso wie auf seiten des Empfängers *kommunikative Absichten* annehmen. Brigitte verfolgt in ihrem Bericht offensichtlich die Absicht, ihr Erlebnis im „Exzess" als abstoßend erscheinen zu lassen. Wahrscheinlich will sie sogar ihre Zuhörer vor einem Besuch des Lokals warnen. Die Freundin und der Lehrer sind möglicherweise mit dieser Einschätzung einverstanden; für die Warnung sind sie vielleicht sogar dankbar. Vielleicht sträuben sie sich aber auch gegen solche Mitteilungen und lehnen Brigittes Warnung als Miesmacherei ab.

Mit seiner Nachricht hat der Sender somit ein Mittel, auf deren Empfänger einen Einfluß auszuüben. In klassizistischem Gelehrtendeutsch hat Bühler (1934, S. 123) auf die durch einen Sprecher vollzogene „Deixis am Phantasma" hingewiesen – in schlichtem Deutsch: auf das Zeigen in der Vorstellung. Ein solches Zeigen wird nicht nur ausdrücklich durch Zeigewörter wie „dieser", „jener", „hier", „damals" geleistet; jeder Satz, jeder Gesichtsausdruck hebt einen neuen Sachverhalt ins Bewußtsein. Das Aussenden einer Nachricht zielt darauf ab, beim Empfänger zwei Arten von Veränderungen herbeizuführen: *Änderungen des Wissens und Urteilens* und *Änderungen des Handelns.*

Sofern der Empfänger einer Nachricht bereit ist, solche Veränderungen an sich zuzulassen, wird er die Nachricht bereitwillig aufnehmen. Widerstreben ihm solche Änderungen, wird er die Kommunikation verweigern (z. B. Briefe ungeöffnet lassen, sich von einem Sprecher abwenden); kann er sich der Mitteilung nicht entziehen, wird er ihrer Aufnahme Widerstand entgegensetzen. So ereignen sich auf seiten des Empfängers die Vorgänge der Selektion und der Abwehr, wie sie unter Motivationseinfluß bei der Wahrnehmung generell zu beobachten sind (s. bereits S. 99ff.).

Der Gedanke, Sprache in Zusammenhang mit ihren Benutzern zu analysieren, ist 1938 von Charles Morris in die Sprachwissenschaft eingeführt worden. Für eine derartige Analyse hat sich die von Morris vorgeschlagene Bezeichnung *Pragmatik* (von griech. ‚pragma‘ – Tat, Handlung) eingebürgert. Nach Vorschlag des Autors soll sich die Pragmatik der Untersuchung „der Beziehung von Zeichen zu ihren Interpreten“ (Morris 1973, S. 52) widmen. Er grenzt damit die Pragmatik ab von dem ebenfalls in den Sprachwissenschaften etablierten Forschungszweig der *Semantik*, welche sich mit der Beziehung von Zeichen zu Gegenständen und Sachverhalten außerhalb des Zeichensystems befaßt (zum Begriff der Semantik vgl. S. 95 f.). In neuerer Zeit weitet sich die Pragmatik zu einer Theorie sprachlichen und kommunikativen Handelns aus. Sprechen wird dabei als eine Form des Handelns aufgefaßt, als ein Handeln nämlich, das sich der Mittel der Sprache bedient und sich als Kommunikation entfaltet. Sprache und Kommunikation lassen sich dann im Rahmen der allgemeinen Handlungstheorie deuten; so stehen etwa Begriffe wie Zielgerichtetheit, Instrumentalität und Rückmeldung (s. S. 309 ff.) zu ihrer Interpretation zur Verfügung. In Deutschland wurde ein solcher Ansatz durch die Sprachwissenschaftler Utz Maas (1977) und Dieter Wunderlich (1970) vertreten. Die beiden Autoren heben in ihren Abhandlungen hervor, daß Sprache durch soziale Konventionen geregelt sei. Daher schaffe die Sprache gesellschaftliche Möglichkeiten, „Handlungen zu kontrollieren, zu reflektieren und damit gewisse Voraussetzungen dafür, sich aus Handlungszwängen zu befreien“ (Maas 1977, S. 145).

Innerhalb der pragmatisch orientierten Sprachwissenschaft wurden erhebliche Anstrengungen unternommen, kommunikative Akte zu definieren. Besonders haben sich Autoren aus der Linguistik und Psycholinguistik mit der Frage auseinandergesetzt, wie die kommunikativen Absichten eines Sprechers (und Schreibers) seine Sprache prägen. So ist ja unverkennbar: Dem gleichen Sachverhalt kann ein Sprecher ganz verschiedenen Ausdruck verleihen, je nach Betonung oder Wahl der Satzkonstruktion. Die Formulierung

FRITZ VERPRÜGELT FRANZ

bedeutet keineswegs dasselbe wie die Formulierung

FRANZ WIRD VON FRITZ VERPRÜGELT.

Das Beispiel stammt von Ertel (1973, S. 130). Im ersten Fall wird die Prügelei aus der Perspektive des Täters Fritz geschildert, im zweiten Fall aus der Perspektive des Opfers Franz. Der Standpunkt des Erzählers deutet seine Nähe zu den beteiligten Personen an; im ersten Fall liegt ihm mehr an Fritz, im zweiten mehr an Franz. Mit der Wendung des Satzes aus der Aktiv- in die Passivform ist demnach – so der Autor – ein Wechsel der Ich-Perspektive verbunden. Die eingenommene Ich-Perspektive dürfte dann Auswirkungen bis zu den Handlungsabsichten haben. Maßnahmen gegen Fritz (z. B. Strafe, Schutz vor Vergeltung) erscheinen dringlicher, wenn dieser als Täter herausgestellt wird. Entsprechend werden Maßnahmen gegenüber Franz (z. B. Tröstung, Vorwürfe wegen Feigheit) wahrscheinlicher, wenn dieser in den Vordergrund der Darstellung rückt.

Bekannt ist auch der enge Zusammenhang zwischen Einstellung und Wortwahl. Sachlich eng benachbarte Bezeichnungen können mit erheblich abweichenden Bewertungen und Handlungsintentionen verknüpft sein – z. B. „Krüppel“ und „Behinderter“, „Gastarbeiter“ und „Fremdarbeiter“ (vgl. Schönbach 1970).

In seinem 1962 veröffentlichten Buch „How to do things with words“ versucht der amerikanische Sprachwissenschaftler John L. Austin die Merkmale von *Sprechakten* genauer zu bestimmen. Er definiert: Ein lokutionärer Akt, d. i. eine sprachliche Äußerung, wird zu einem illokutionären Akt, wenn ihm vom Sprecher eine kommunikative Absicht unterlegt wird, d. h. wenn er sich auf einen Ansprechpartner richtet. Indem der illokutionä-

Antike Rhetorik und moderne Persuasionsforschung

Durch Geschick und Kraft der Rede die Zuhörer für den eigenen Standpunkt zu gewinnen, sie zu Entscheidungen und Taten hinzureißen, galt im klassischen Athen als eine hohe Kunst. Mit der Einführung der Demokratie im fünften vorchristlichen Jahrhundert diente die freie Rede als wichtiges Mittel zur Durchsetzung von Interessen, sowohl in der Volksversammlung als auch in Strafprozessen. Berühmte Redner wie Gorgias, Antiphon und Demosthenes gaben ihre Kunst als Rhetoriklehrer weiter (vgl. Volkmann 1963).

Die Grundzüge der antiken Rhetorik (von griech. ‚rhetorike techne' – Redekunst) sind noch dem ältesten erhaltenen lateinischen Rhetoriklehrbuch zu entnehmen, dem – wohl fälschlich dem römischen Politiker Marcus Tullius Cicero (106–43 v. Chr.) zugeschriebenen – „Rhetorica ad Herennium". Das Werk gliedert sich in fünf Teile:

- Erfindung (lat. ‚inventio') – das Ausdenken von Argumenten,
- Anordnung (lat. ‚dispositio') – der Aufbau des Vortrags,
- Vortrag (lat. ‚pronunciatio') – die Stimmführung,
- Gedächtnis (lat. ‚memoria') – das Behalten der vorbereiteten Redeteile während des freien Vortrags (vgl. S. 212),
- Stil (lat. ‚elocutio') – Satzbau, Wortwahl u. ä.

In der modernen Psychologie sind Fragestellungen der Rhetorik unter dem Namen *Persuasionsforschung* (von lat. ‚persuadere' – überreden, überzeugen) wieder aufgegriffen worden (vgl. Hovland, Janis u. Kelley 1953). Geprüft wurde vor allem die Wirkung von Argumenten auf die Einstellung von Zuhörern. Zum Beispiel: Beschleunigen Angst einflößende Argumente die Einstellungsänderung oder erzeugen sie emotionale Widerstände? Läßt sich der Zuhörer schneller und nachhaltiger beeindrukken, wenn er nur die Pro-Argumente erfährt? Oder ist es zweckdienlich, den Pro-Argumenten zur Erhöhung der Glaubwürdigkeit einige Anti-Argumente beizumischen?

Der Regensburger Psychologieprofessor Adolf Vukovich (1977) hat angemerkt, daß sich Rhetorik und Persuasionsforschung bisher im wesentlichen mit Monologen (z. B. Ansprachen von Staatsmännern, Predigten, Werbesendungen) befaßt haben; weitere Forschungen sollten sich auch den rhetorischen Momenten im Dialog (z. B. im privaten Gespräch) zuwenden. Dieser Forderung entsprechen inzwischen mehrere Arbeiten zur Konversationsanalyse (vgl. Dittmann 1979).

re Akt tatsächlich beim Partner eine Veränderung von Gedanken, Gefühlen und Verhalten hervorbringt, erreicht er die Stufe eines perlokutionären Aktes. Austin unterscheidet verschiedene Klassen von Sprechakten, von denen hier vier genannt werden:

- verdiktive Äußerungen (Abgabe von Urteilen): Schätzen, Bewerten, Vergleichen, Schiedssprüche,
- exerzitive Äußerungen (Ausübung von Einfluß, Macht): Ernennen, Stimmen für, Anweisen, Drängen, Warnen,

○ konduktive Äußerungen (öffentliche Äußerung von Einstellungen): sich Entschuldigen, Glück Wünschen, Empfehlen, Beileid Aussprechen, Verwünschen, Herausfordern,
○ expositive Äußerungen (Erklärung bzw. Relativierung des eigenen Standpunkts): Voraussetzen, Einräumen, Behaupten, ein Beispiel Geben.

Die Sprachakttheorie Austins hat viel Beachtung gefunden, ihr Verständnis und ihre Anwendung stoßen jedoch stellenweise auf nicht geringe Schwierigkeiten. So ist man beispielsweise geneigt, den Satz „kalt ist es hier" seinem Wortlaut nach als Behauptung, d. h. als eine expositive Äußerung zu deuten. Von einem Gast zu einem Gastgeber gesprochen, kann der Satz jedoch auch als Aufforderung gemeint sein, die Heizung anzustellen, das Fenster zu schließen o. ä.; dann ist er unter die exerzitiven Äußerungen einzureihen.

Im übrigen erschöpft sich die Kommunikation nicht in einzelnen Akten. Die einzelnen Akte sind vielmehr in einen regelhaften Ablauf, in eine *Sequenz* eingebettet. Manchmal ereignen sich kurze Sequenzen wie: Gruß und Gegengruß, Frage und Antwort, Vorwurf und Verteidigung. Mitunter sind die Sequenzen lange ausgedehnt und gestatten einer Vielzahl von Partnern die Teilnahme (z. B. bei Familienfeiern, in Parlamentsdebatten). Sie können sich spontan entfalten, sind jedoch nicht selten in ihrem Ablauf festgelegt, konventionalisiert. Eine Konventionalisierung kann durch ausdrückliche Regeln erfolgen – wie etwa durch die Strafprozeßordnung im Strafprozeß; sie kann sich jedoch auch aufgrund von Gebräuchen ergeben – wie z. B. beim Telefonieren (Schlegloff u. Sacks 1973).

Metakommunikation

Ebenso wie man über Denken nachdenken kann, kann man über Sprache und Sprechen sprechen, sich über die Verständigung verständigen. Hat sich für das erste der Name Metakognition eingebürgert (s. bereits S. 154 ff.), so bezeichnet man letzteres auf Vorschlag von Bateson u. a. (1956) als Metakommunikation. In der Metakommunikation werden mehrere *Mitteilungsebenen* aufgebaut. Zum Beispiel:

Ebene 1: „Du gehst mir auf die Nerven."
Ebene 2: „Es tut mir leid, daß ich gesagt habe, du gingest mir auf die Nerven."
Ebene 3: „Ich habe mich doch schon dafür entschuldigt, daß ich gesagt habe, du gingest mir auf die Nerven."

Der Satz von Ebene 1 wird Gegenstand der Aussage auf Ebene 2; der Satz von Ebene 2 wird seinerseits Gegenstand der Aussage auf Ebene 3.

Die Metakommunikation enthält Aussagen über
○ den Zustand und die Absichten des Senders (z. B. „ich sage das nicht gerne ...", „ich will damit folgendes sagen ..."),
○ den Zustand und das Verständnis des Empfängers (z. B. „kannst du mir folgen?", „das bedeutet natürlich für dich ...", „wenn du das liest, dann wirst du gleich deine Koffer packen wollen, aber ..."),
○ die Beziehungen zwischen den Partnern (z. B. „wir können ja offen miteinander reden"),
○ den Inhalt auszutauschender Mitteilungen sowie die Organisation des Austauschs (z. B. „sollen wir nicht besser morgen darüber sprechen?"),
○ die Form auszutauschender Mitteilungen (z. B. „soll ich das mündlich vortragen oder soll ich es schriftlich verteilen?").

Gesprächspartner messen der Metakommunikation oft ein großes Gewicht bei; gelegentlich gewinnt die Metakommunikation die Oberhand gegenüber dem Austausch weiterer Informationen. Dies erlebt man u. a. bei Tagesordnungsdebatten und bei öffentlichen Selbstdarstellungen von Politikern. So ist etwa Schwitalla (1979) eine Häufung metakommunikativer Aussagen in zwei Fernsehinterviews der Politiker Josef Ertl und Franz-Josef Strauß aufgefallen. Einige Proben aus seiner Belegliste (Schwitalla 1979, S. 115 ff., z. T. in phonetischer Wiedergabe):

Metakommunikation, Ethik, Recht

Für die Sprache gibt es eine eigene Ethik (vgl. Grewendorf u. Meggle 1974). Sie verlangt

○ Übereinstimmung von Aussage und Sachverhalt (Wahrheit),

○ Übereinstimmung von Aussage und Denken (Ehrlichkeit).

Die Erfüllung dieser Forderungen ist ein bevorzugtes Thema der Metakommunikation. Fragen und Beteuerungen (z. B. „Hast du dich da nicht geirrt?", „Du willst mich wohl an der Nase herumführen?", „So glaube mir doch!") sollen Irrtümer und Täuschungen aufdekken oder auszuschließen helfen.

Die feierlichste und am stärksten verpflichtende Form der Beteuerung ist der Eid. Er bezeugt die Wahrheit einer Aussage (Aussageeid) oder die Verbindlichkeit einer Zusage (Versprechenseid). Der Eid ist religiösen Ursprungs; er ruft ursprünglich Götter oder Ahnen als Zeugen an. Auch atheistische und religiös neutrale Staaten der Neuzeit haben den Eid in ihr Recht aufgenommen. Im Zivil- und Prozeßrecht dient er als Beweismittel zur Feststellung der Richtigkeit von Zeugen-, Sachverständigen- und Parteienaussagen. Nach dem Staatsrecht dient er zur Verpflichtung des Staatsoberhaupts und der Minister, der Beamten, Richter und Soldaten (Verfassungseid, Diensteid, Fahneneid).

„... Wissen Sie, diese Überfallfragen liebe ich nicht ... Hätten Sie mir das vorher geschickt, wie es sich für normale journalistische Gepflogenheiten gehört hätte, hätte ich Ihnen dazu die Auskunft ... mitgebracht."

„... bei Lebensmitteln müssen Sie ein glein bißchen mehr differenzieren, und drum muß ich sagen, können Sie so die Frage nich stellen."

„Ich weiß genau wie Sie, welche Antwort Sie gerne von mir hören würden."

„Ich bin hier nicht im Wahlkampf mit Ihnen, ich hab auch nicht die Absicht, scharf oder ironisch zu werden ..."

Die Metakommunikation wird für die Beteiligten deshalb so wichtig, weil sie dadurch ihre sozialen Beziehungen erkunden und regeln: ihr Vertrauensverhältnis, ihre Rangordnung, ihre Rollenverteilung. Die Bedeutung des Beziehungsaspekts in der Kommunikation haben zunächst Bateson und seine Mitarbeiter eindrucksvoll belegt. Die Psychiater Paul Watzlawick, Janet Beavin und Don Jackson (1967) bauen in ihrem Buch „Pragmatics of human communication" darauf ihre Kommunikationstheorie auf. Die Bücher dieser Autoren haben auch deshalb viel Aufsehen erregt, weil sie Zusammenhänge zwischen Störungen der Metakommunikation und der Partnerbeziehung nachzuweisen versuchen. Die Autoren haben weiterhin die Vielfalt der Möglichkeiten zur Metakommunikation veranschaulicht. Beziehungsaspekte werden ja keineswegs nur mit Worten vermittelt, sondern auch durch körperliches Verhalten: Zu- und Abwendung, Gesichtsausdruck, Körperspannung.

Sprache und Denken

In einer Gesellschaft kann Wissen von Generation zu Generation und von Zeitgenosse zu Zeitgenosse weitgehend nur dann weitergegeben werden, wenn es gelingt, seinem Inhalt eine sprachliche Form zu geben. Man ist daher geneigt, Geist und Sprache einer Kultur in einem unauflöslichen Zusammenhang zu sehen. Bedeutet ein solcher Zusammenhang auch eine Abhängigkeit? Ist Sprache ein Zwangskorsett, dem sich der Geist anzupassen hat? Verkümmert kulturelles Wissen bereits im Ansatz, wenn es keinen sprachlichen Ausdruck findet? Oder ist die Sprache ein flexibles Instrument, das neue Ausdrucksmöglichkeiten entwickelt, sobald neue Wissensbestände auftreten? Sofern man Sprache als ein konventionelles Zeichensystem auffaßt, das ein Individuum in seiner Umgebung vorfindet, stellen sich diese Fragen, bezogen auf einzelne Personen, noch mit erhöhter Schärfe. Kann ein Mensch nur in den Kategorien denken, welche ihm durch die Sprache in seiner Kultur vorgegeben sind? Stehen ihm etwa nur die *Begriffe* zur Verfügung, für welche seine Sprache auch Bezeichnungen anbietet (zur Psychologie der Begriffsbildung vgl. bereits S. 129ff.)? Kann er *Bedeutungszusammenhänge* lediglich im Rahmen der ihm vorgegebenen Sprache herstellen – ist etwa das Denken über Zusammenhänge zwischen einem Handelnden, dem behandelten Gegenstand und dem Nutznießer der Handlung nur auf der Grundlage einer Kasusgrammatik (s. S. 139) möglich?

Diskussionen zu solchen Fragen ziehen sich durch sprachwissenschaftliche, sprachphilosophische, anthropologische, sozio- und psycholinguistische Diskussionen. Dabei sind die Fragestellungen selbst nicht unumstritten, beruhen sie doch ihrerseits auf kontroversen Voraussetzungen. Die zwei wohl wichtigsten *Grundsatzprobleme:* Erstens, ist Sprache wirklich ein vom Denken und von der Wirklichkeit abgehobenes und deshalb der Konvention unterworfenes Zeichensystem? Zweitens, ist eine Trennung von Sprache und Denken überhaupt wissenschaftlich zu rechtfertigen?

Entschiedene Argumente gegen eine Sonderstellung der Sprache trägt der Philosoph Ludwig Wittgenstein (1960) vor: Sprachliche Zeichen entstünden durch ihren Gebrauch und könnten auch im Gebrauch verändert werden. Nutzung und Gestaltung der Sprache glichen dem Befolgen und Vereinbaren von Spielregeln; sie stellten – ein vielzitierter Wittgensteinscher Begriff – ein *Sprachspiel* dar. Das Spiel mit der Sprache entspringe der menschlichen Lebenstätigkeit und werde aufrechterhalten, weil es sich im Alltag bewähre. Die Gegenposition zu dieser These bildet die *Theorie der natürlichen Sprache* (z. B. Gadamer 1962): Sprache bedürfe eigentlich nicht des Menschen. Sie sei Ausdruck der Objekte selbst; der Mensch könne daher nicht beliebig über sie verfügen. Am anschaulichsten wird diese Theorie am Phänomen der lautmalerischen Worte (z. B. „lallen", „summen").

Die *Gleichsetzung von Denken und Sprechen* entstammt der behavioristischen und reflexologischen Tradition und beruht auf der These, Denken als geistiger Prozeß sei kein objektivierbarer und damit wissenschaftlich faßbarer Vorgang (vgl. S. 50f.). Was dem Betroffenen als Denken erscheine, sei in Wirklichkeit ein lautloses Zu-sich-selbst-Sprechen. Dazu bereits der Begründer des Behaviorismus:

„Der Behaviorist vertritt die Ansicht, daß das, was die Psychologen bisher als Denken bezeichneten, kurz gesagt nichts anderes ist als ein ‚Zu-uns-selbst Sprechen'. ... Ich möchte hier ausdrücklich betonen, daß ich bei der Entwicklung dieses Standpunktes nie der Meinung war, daß die Kehlkopfbewegungen als solche ... die dominierende Rolle beim Denken spielten.... Wir alle haben immer wieder erlebt, daß der Kehlkopf entfernt werden kann, ohne daß dabei die Fähigkeit des Menschen zu denken zerstört wird. Die Entfernung des Kehlkopfs macht eine artikulierte Sprache unmöglich, nicht aber die Flüstersprache. Die geflüsterte Sprache (ohne Artikulation) hängt von den Muskelreaktionen der Wange, Zunge, Kehle und Brust ab ... Meine Theorie ... behauptet, ... daß es Hunderte von Muskelkombinationen gibt, mit denen man entweder laut oder zu sich selbst fast jedes Wort sagen kann; so reichhaltig und flexibel ist die Sprachorganisation und so mannigfaltig sind unsere Sprachgewohnheiten."
(Watson 1968, S. 240)

Indem Watson das Denken auf die Muskeltätigkeit zurückführt, sucht er einen Zugang zur objektiven Messung. Die Tätigkeit der feinen, an der Artikulation beteiligten Muskeln zu erfassen, ist freilich nicht einfach. Mit Hilfe fortgeschrittener Methoden der Messung von Elektropotentialen der Muskeln (Elektromyographie) ist es jedoch durchaus möglich – wie u. a. der Moskauer Psychophysiologe A. N. Sokolow in einem umfangreichen Forschungsprogramm gezeigt hat. Es lassen sich tatsächlich Zungenbewegungen registrieren, wenn Personen Worte nicht aussprechen, sondern lediglich still lesen oder vorstellen (Sokolow 1972, S. 157ff.). Die Bewegungen sind jedoch nur sehr klein und in ihrem Ablauf formen sich keine erkennbaren, den Lauten und Wörtern der Sprache entsprechenden Zeichen oder Zeichenfolgen aus.

Trotz grundsätzlicher Einwände ist die Auffassung, Denken und Sprache stellten zwei voneinander abzusetzende menschliche Leistungen dar, vorherrschend geblieben, und damit stellt sich nach wie vor das oben bereits aufgeworfene Problem der *Abhängigkeitsbeziehung von Sprache und Denken.* Eine Abhängigkeitsbeziehung kann drei Formen annehmen:

○ Denken steht in Abhängigkeit von der Sprache,

○ Sprache steht in Abhängigkeit vom Denken,

○ Sprache und Denken sind wechselseitig voneinander abhängig.

Alle drei Möglichkeiten haben ihre Befürworter.

Mit der These, die *Sprache einer Gemeinschaft bestimme das Weltbild ihrer Mitglieder,* haben die beiden amerikanischen Sprachwissenschaftler und Ethnologen Edward Sapir (1884–1939) und Benjamin Whorf (1897–1941) eine Reihe kulturanthropologischer Untersuchungen eingeleitet. Clyde Kluckhohn und Dorothea Leighton (1946) erläutern an einem Beispiel aus der Navaho-Sprache die Sapir-Whorfsche These. Die Navahos sind ein Indianerstamm im Südwesten der Vereinigten Staaten. Will ein Navaho ausdrücken, daß ein Gegenstand zu Boden fällt, obwohl er ihn festzuhalten trachtet, so sagt er (in angenäherter Übersetzung): „Ich lasse es fallen". Will er dagegen ausdrücken, daß er den Fall durch sein Ungeschick verursacht hat, wählt er eine andere Formulierung. Außerdem bringt er zum Ausdruck: das Ausmaß, in dem der Handelnde das Fallen kontrolliert; die Qualität des Objekts (je nach der Beschaffenheit – rund, länglich, flüssig, belebt – wird ein anderer Wortstamm gewählt), ob eine Handlung soeben vollzogen wird, gerade anfangen soll oder im Begriff ist aufzuhören, ob sie gewohnheitsmäßig ausgeführt oder einfach wiederholt wird. Kluckhohn und Leighton wollen hier den Zwang demonstrieren, den die Spra-

Sprache als Spiegel des Denkens?

Über Schwierigkeiten, Gedachtes, Erlebtes und Empfundenes in Worte zu fassen, klagen am meisten (und gewandtesten) die Schriftsteller und Wissenschaftler, zu deren Beruf das Schreiben gehört. Eine Begründung für die Begrenztheit der sprachlichen Ausdrucksfähigkeit versucht der französische Schriftsteller René Daumal:

„Ich bestreite, daß ein klarer Gedanke unaussprechbar sein kann. Der Anschein spricht indessen gegen mich; denn wie es eine gewisse Intensität des Schmerzes gibt, an der der Körper nicht mehr teilhat, weil er, ließe er sich darauf ein, und sei es nur mit einem Seufzer, wahrscheinlich auf der Stelle in Asche zerfiele, wie es also einen Höhepunkt gibt, wo der Schmerz sich verselbständigt, so gibt es eine Intensität des Denkens, an der die Wörter nicht mehr teilhaben. Die Wörter entsprechen einer gewissen Genauigkeit des Denkens wie die Tränen einem gewissen Grad von Schmerz. Das ganz Verschwommene ist unbenennbar, das ganz Genaue unaussprechlich. Doch mehr als ein Anschein ist das wirklich nicht. Wenn die Sprache nur eine durchschnittliche Intensität des Denkens genau auszudrücken vermag, dann deshalb, weil der Durchschnitt der Menschheit in diesem Intensitätsgrad denkt; diese Intensität billigt sie, diesen Genauigkeitsgrad erkennt sie an. Gelingt es uns nicht, uns klar verständlich zu machen, sollten wir nicht unserem Werkzeug die Schuld geben."

(Aus: Daumal, R.: Das große Besäufnis. Berlin: Henssel 1981. Vorwort. (Franz.: La grande beuverie. Paris: Gallimard 1938)) che auf das Denken des Sprechers ausübt. Da der Sprachbenutzer zwischen verschiedenen vorgegebenen Ausdrucksformen zu wählen habe, werde für ihn die Analyse sprachlich ausdrückbarer Aspekte verbindlich. Damit gilt nach Sapir und Whorf allerdings auch die Negation: Sprachlich nicht verankerte Denkkategorien fehlen in der Kognition der Sprecher. Diese These läßt sich nun nicht durchweg bestätigen. So konnten Greenfield und Childs (1980) bei einem Indianerstamm im Süden Mexikos nur einen einzigen Farbnamen für drei verschiedene rötliche Farbtöne (Rot, Rosa, Orange) feststellen, die in den Teppichen zu rot-weißen Mustern verwoben sind. Auf Anforderung konnten die Indianer die drei Farbtöne jedoch sicher unterscheiden und richtig sortieren.

Mildert man die Strenge der Sapir-Whorf-These ab, gelangt man zu Gippers „sprachlichem Relativitätsprinzip". Danach ist „das Denken eines Menschen relativ zu den Ausdrucksmöglichkeiten der verfügbaren Sprachsysteme zu bewerten" (Gipper 1972, S. 248).

Die Argumentation von Kluckhohn und Leighton kann man freilich umkehren und ihre Beobachtungen an den Navahos als Beleg für die *Abhängigkeit der Sprache vom Denken* werten. In der Formulierung „ich lasse es fallen" erblickt Harry Hoijer (1951) den Ausdruck einer Lebenseinstellung der Navahos, den Dingen ihren natürlichen Lauf zu lassen. Ebenso könnten die differenzierten Ausdrucksformen für die Beschaffenheit von Objekten sowie für den Stand und die Gewohnheitsmäßigkeit von Handlungen in der Sprache der Navahos (s. o.) nicht Grund, sondern Folge entsprechender Kategorisierungen im Denken sein.

Sag, was du denkst – denk, was du sagst

Die wechselseitigen Spiegelungen des Denkens und Sprechens werden von Peter Handke in seinem Stück „Kaspar" zur Sprache gebracht:

„Sag, was du denkst. Du kannst nichts anderes sagen, als was du denkst. Du kannst nichts sagen, was du nicht auch denkst. Sag, was du denkst. Wenn du sagen willst, was du nicht denkst, mußt du es im gleichen Augenblick auch zu denken anfangen. Sag, was du denkst. Du kannst anfangen zu sprechen. Du mußt anfangen zu sprechen. Wenn du zu sprechen anfängst, wirst du zu denken anfangen, was du sprichst, auch wenn du etwas anderes denken willst. Sag, was du denkst. Sag, was du nicht denkst. Wenn du zu sprechen angefangen hast, wirst du denken, was du sagst. Du denkst, was du sagst, das heißt, du kannst denken, was du sagst, das heißt, es ist gut, daß du denkst, was du sagst, das heißt, du sollst denken, was du sagst, das heißt sowohl, daß du denken darfst, was du sagst, als auch, daß du denken mußt, was du sagst, weil du nichts anderes denken darfst als das, was du sagst. Denk, was du sagst."

Nachdem „Einsager" dem Kaspar – einer Figur nach dem Vorbild des historischen, in Einsamkeit aufgewachsenen Kaspar Hauser – diese Sätze eingeflüstert haben, beginnt seine Selbstreflexion, die mit der Entdeckung seiner Ich-Identität endet: „Ich bin, der ich bin".

(Aus: Handke, P.: Stücke I. Frankfurt: Suhrkamp 1972, S. 150 f.)

Im Bereich der Psychologie ist Jean Piaget (s. S. 57) der exponierteste Vertreter der Theorie, dem Denken gebühre der Primat über die Sprache. Piaget (1945/1969) sieht die Sprache als einen Ausdruck der Fähigkeit des Menschen, in Symbolen zu denken. Diese Fähigkeit entwickle sich in einem vorsprachlichen Stadium aus der sensumotorischen Intelligenz des Kleinkindes. Aktionsschemata (z. B. im Greifen) bildeten sich vor den sprachlichen Schemata; die Denkentwicklung laufe somit der Sprachentwicklung voraus. Nach dieser Theorie überrascht es nicht, daß bei 5–6jährigen Kindern ein sprachliches Training der Begriffe „mehr" oder „weniger" den konkreten Umgang mit unterschiedlich großen Mengen – z. B. dem Verteilen von verschieden großen Mengen Modellierknete an zwei Puppen – nicht fördert (Sinclair 1967). Freilich räumt auch Piaget (1923/1972) der Sprache eine wichtige Funktion bei der Intelligenzentwicklung ein – jedoch erst für Lebensalter über zwölf Jahre.

Da somit zwischen den beiden Alternativpositionen „Sprache vor Denken" und „Denken vor Sprache" nicht schlüssig zu entscheiden ist, erscheint eine Kombination beider Alternativen zu einer *Interaktionstheorie* als salomonische Lösung: Sprache und Denken prägen und befruchten sich wechselseitig. Eine Interaktionshypothese hat bereits im Jahre 1934 der russische Psychologe Lew Semjanowitsch Wygotski vorgetragen. Nach seiner Theorie entwickeln sich Sprache und Denken zunächst unabhängig voneinander; vom dritten Lebensjahr ab werde das Sprechen jedoch zunehmend verinnerlicht und übernehme dann verhaltenssteuernde Funktion.

Zusammenfassung

1. Sprache dient der Darstellung von Gegenständen, dem Ausdruck eines Mitteilenden und der Ansprache (Appell) an einen Aufnehmenden. Im Vorgang der Kommunikation tauschen die Beteiligten ihr (tatsächliches oder vorgebliches) Wissen aus. Dabei können die Beteiligten verschiedene Sprachformen benutzen (z. B. unterschiedliche Sprachschichten).
2. Kommunikation hat Einfluß auf Gedanken, Einstellungen, Gefühle und Verhalten. Sender und Empfänger nehmen mit der Absicht an der Kommunikation teil, einen solchen Einfluß herbeizuführen oder ihn zu verhindern. Die Übermittlung einer Nachricht läßt sich somit als Sprechakt bzw. als Sprechhandlung deuten.
3. Sprache und Sprechen kann selbst zum Gegenstand der Mitteilungen werden. Eine Verständigung über die Verständigung nennt man Metakommunikation. Die Metakommunikation dient der Organisation des Kommunikationsablaufs sowie der Einflußnahme auf das Verständnis beim Partner. Die Metakommunikation steht in engem Zusammenhang mit den sozialen Beziehungen zwischen Kommunikationspartnern.
4. Es ist umstritten, wieweit sich die Sprache überhaupt vom Denken trennen läßt. Nimmt man eine Trennung an, so stellt sich die Frage nach der Beziehung von Sprache und Denken. Drei Möglichkeiten sind in der Diskussion: Abhängigkeit der Sprache vom Denken, Abhängigkeit des Denkens von der Sprache, wechselseitige Abhängigkeit (Interaktion) von Sprache und Denken.

Literaturhinweise

Herrmann, Th.: Zur situativen Determination der Sprachschichthöhe. Zeitschrift für Sozialpsychologie 7 (1976), 355–371

Bühler, K.: Sprachtheorie. Jena: Fischer 1934

Lasswell, H. D.: The structure and function of communication in society. In: Bryson, L. (Hg.): The communication of ideas. New York: Harper 1948, 37–51

Morris, Ch.: Signs, language and behavior. Englewood Cliffs: Prentice Hall 1938. (Dt.: Zeichen, Sprache und Verhalten. Düsseldorf: Schwann 1973)

Maas, U.: Sprachliches Handeln. In: Funkkolleg Sprache. Bd. 2. Frankfurt: Fischer 1977, 144–172

Wunderlich, D.: Die Rolle der Pragmatik in der Linguistik. Der Deutschunterricht 4 (1970), 5–45

Ertel, S.: Satzsubjekt und Ich-Perspektive. In: Ekkensberger, L. H. u. Eckensberger, U. S. (Hg.): Bericht über den 28. Kongreß der Deutschen Gesellschaft für Psychologie 1972 in Saarbrücken. Bd. 1. Göttingen: Hogrefe 1973, 129–139

Schönbach, P.: Sprache und Attitüden. Bern: Huber 1970

Austin, J. L.: How to do things with words. Cambridge/Mass.: Cambridge University Press 1962. (Dt.: Zur Theorie der Sprechakte. Stuttgart: Reclam 1972)

Volkmann, R.: Die Rhetorik der Griechen und Römer. Hildesheim: Olms 1963

Cicero, M. T. (Autorschaft fraglich): Rhetoricum ad C. Herennium. In: Orelius, C. u. Baiterus, G. (Hg.): M. Tullii Ciceronis opera. Bd. 1. Turici: Orelli, Fuesslini u. a. 1845

Hovland, C. I., Janis, I. L. u. Kelley, H. H.: Communication and persuasion. New Haven: Yale University Press 1953

Vukovich, A.: Der rhetorische Forschungsansatz in der Kommunikationspsychologie. In: Tack, H. W. (Hg.): Bericht über den 30. Kongreß der Deutschen Gesellschaft für Psychologie 1976 in Regensburg. Bd. 1. Göttingen: Hogrefe 1977, 157–166

Dittmann, J. (Hg.): Arbeiten zur Konversationsanalyse. Tübingen: Niemeyer 1979

Schegloff, E. A. u. Sacks, H.: Opening up closings. Semiotica 8 (1973), 289–327

Bateson, G., Jackson, D. D., Haley, J. u. a.: Toward a theory of schizophrenia. Behavioral Science 1 (1956), 251–264. (Dt.: Auf dem Wege zu einer Schizophrenie-Theorie. In: Bateson, G., Jackson, D. D., Haley, J. u. a.: Schizophrenie und Familie. Frankfurt: Suhrkamp 1969, 11–43)

Schwitalla, J.: Metakommunikation als Mittel der Dialogorganisation und der Beziehungsdefinition. In: Dittmann, J. (Hg.): Arbeiten zur Konversationsanalyse. Tübingen: Niemeyer 1979, 111–143

Grewendorf, G. u. Meggle, G. (Hg.): Sprache und Ethik. Zur Entwicklung der Metaethik. Frankfurt: Suhrkamp 1974

Watzlawick, P., Beavin, J. H. u. Jackson, D. D.: Pragmatics of human communication. A study of interactional patterns, pathologies, and paradoxes, New York: Norton 1967. (Dt.: Menschliche Kommunikation – Formen, Paradoxien, Störungen. Bern: Huber 1971)

Wittgenstein, L.: Philosophische Untersuchungen. In: Wittgenstein, L.: Schriften. Frankfurt: Suhrkamp 1960, 279–544

Gadamer, H. G.: Die Natur der Sache und die Sprache der Dinge. In: Kuhn, H. u. Wiedmann, F. (Hg.): Das Problem der Ordnung. 6. Deutscher Kongreß für Philosophie München 1960. Meisenheim: Hain 1962

Watson, J. B.: Behaviorism. New York: Norton 1925. (Dt.: Behaviorismus. Köln: Kiepenheuer u. Witsch 1968

Sokolow, A. N.: Vnutrennyaya Rech' i Myshlenie. Moskwa: Prosveshchenie 1968. (Engl.: Inner speech and thought. New York: Plenum 1972)

Sapir, E.: Language. New York: Harcourt 1921. (Dt.: Die Sprache. München: Hueber 1972)

Whorf, B. L.: Language, thought, and reality. Cambridge/Mass.: MIT Press 1956. (Dt.: Sprache, Denken, Wirklichkeit. Reinbek: Rowohlt 1963)

Kluckhohn, C. u. Leighton, D.: The Navaho. Cambridge: Cambridge University Press 1946

Greenfield, P. M. u. Childs, C. P.: Weaving skill, color terms, and pattern representation: Cultural influences and cognitive development among the Zinacantecos of Southern Mexico. Interamerican Journal of Psychology 2 (1977), 23–48

Gipper, H.: Gibt es ein sprachliches Relativitätsprinzip? Frankfurt: Fischer 1972

Hoijer, H.: Cultural implications of some Navaho linguistic categories. Language 27 (1951), 111–120

Piaget, J.: La formation du symbole chez l'enfant. Imitation, jeu et rêve, image et représentation. Neuchâtel, Paris: Delachaux u. Niestlé 1945. (Dt.: Nachahmung, Spiel und Traum. Stuttgart: Klett 1969)

Sinclair, H.: Langage et opérations. Paris: Dunod 1967

Piaget, J.: Le langage et la pensée chez l'enfant. Neuchâtel, Paris: Delachaux u. Niestlé 1923. (Dt.: Sprechen und Denken des Kindes. Düsseldorf: Schwann 1972)

Wygotski, L. S.: Denken und Sprechen. Frankfurt: Fischer 1967 (Erstausgabe in russischer Sprache 1934)

Nichtverbaler Ausdruck

Merkmale und Erscheinungsformen nichtverbalen Ausdrucks

Die Lautsprache, die in der Schrift festgehalten wird und aus der sich weitere Sprachen ableiten lassen (z. B. die Flaggensprache der Schiffahrt, die Zeichensprache der Taubstummen) bildet in ihrem Formenreichtum und ihrer Wandelbarkeit ein höchst leistungsfähiges Zeichensystem; das einzige dem Menschen verfügbare Zeichensystem ist es nicht. Neben dem verbalen (von lat. ‚verbum' – Wort), d. h. lautsprachlichen und schriftsprachlichen Ausdruck steht der nichtverbale als Mittel der Kommunikation.

Grundsätzlich kann jede Tätigkeit und jedes Produkt einer Tätigkeit zum Träger symbolischer Information (vgl. wieder S. 95 f.) werden. Manche Tätigkeiten sind als *Symbolhandlungen* kulturell fest verankert: das Überreichen von Brot und Salz beim Empfang eines Gastes als Zeichen des Willkommens, das Niederlegen eines Kranzes an einem Grab oder einem Denkmal als Zeichen des Gedenkens und der Trauer u. ä. Manche Handlungen erhalten ihren Symbolwert mehr aus individuellem Verständnis (z. B. „Kavalierstart", d. h. schnelles Anfahren eines Autofahrers) oder aus individueller Übereinkunft, wie z. B. jenes Zeichen, das in einer Schelmennovelle des italienischen Dichters Boccaccio die ungetreue Ehefrau Tessa des Wollwebers Johann mit ihrem Liebhaber Friedrich vereinbart:

„Er sollte, wenn er am Tage an ihrem Weinberge vorüberginge, einen Eselskopf auf einen Pfahl gesteckt finden, kehrte derselbe die Schnauze nach Florenz, so sollte er sich des Nachts bei ihr einfinden ... Stünde die Schnauze aber nach Fiesole, dürfte er nicht kommen, weil alsdann Johann zugegen wäre."

(Boccaccio, G.: Das Decameron. München: Goldmann 1964, S. 263)

Selbst Unterlassungen kann ein Symbolwert zugedacht sein (z. B. „daß immer weniger junge Paare Kinder in die Welt setzen, ist ein Protest gegen die Inhumanität unserer Kultur"). Vor allem tiefenpsychologisch orientierte Ethnologen (z. B. Roheim 1972) haben die Symbolik von Handlungen in zahlreichen Kulturen zu erschließen versucht; sie findet sich nicht nur in Ausnahmesituationen wie bei kultischen Ritualen, sondern auch in der alltäglichen Auseinandersetzung mit der Umwelt (vgl. Boesch 1980).

Zahlreiche nichtverbale Tätigkeiten dienen ausschließlich oder zumindest weit überwiegend der Kommunikation. Sie bringen *nichtverbale Zeichen* hervor; diese unterscheiden sich in

- dem sie tragenden Körperbereich,
- ihrer Modalität,
- ihrer Dynamik,
- der Intentionalität des Senders.

Als *Träger bzw. Quellen nichtverbaler Zeichen* werden zumeist genannt: das Gesicht, die Stimme, die Hände, die Beine, die Gesamtheit des Körpers mit Kopf, Rumpf und Gliedmaßen. Die Zeichen selbst sind verschiedenen *Sinnesmodalitäten* (vgl. S. 80 f.) zuzuordnen – zumeist den Bereichen des Sehens, Hörens und Riechens. Dabei bringt ein Körperbereich mitunter Zeichen in mehreren Modalitäten hervor. Der vielseitigste Zeichengeber ist wohl die Hand, welche einen sichtbaren Ausdruck erzeugt (z. B. in der Abschiedsgeste des Winkens), einen hörbaren (z. B. durch Fingerschnalzen) und einen taktilen (z. B. beim zärtlichen Streicheln). Das Merkmal der *Dynamik* erfaßt die Geschwindigkeit, mit der sich ein Ausdruck zu verändern vermag. So vollzieht sich das Verzerren des Gesichts beim Erschrecken recht schnell; fast ebenso schnell kann sich der schreckhafte Ausdruck lösen. Demgegenüber ist der Ausdruck der Klugheit im Gesicht eines Menschen fest eingeprägt; er verändert sich in der Regel nur langsam. Die unterschiedliche Dynamik des Ausdrucksgeschehens hielt der Schweizerische Theologe und Schriftsteller Johann Kaspar Lavater (s. u. in diesem Abschnitt) für so wesentlich, daß er für das Studium dynamischer und statischer (d. h. nicht dynamischer) Ausdruckserscheinungen zwei verschiedene Disziplinen zu begründen versuchte: die *Physiognomik* (von griech. ‚physis' – Körper, Natur; griech. ‚gnome' – Erkenntnis) zur Deutung der Seele aus der überdauernden Körperbeschaffenheit (z. B. Gesichtsform, Behaarung) und die *Pathognomik* (von griech. ‚pathos' – Gemütsbewegung; griech. ‚gnome' – Erkenntnis) als Deutung des Charakters aus dem aktuellen Ausdrucksgeschehen (z. B. Augen- und Mundbewegungen).

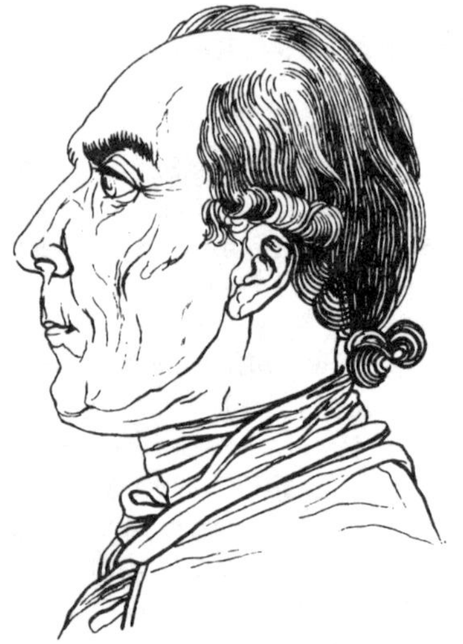

Eine Demonstration Lavaters zur Physiognomik: der Abenteurer. Dazu die Charakterisierung des Autors: „Das ‚Heitere, Fröhliche, Witzreiche' ist hier nicht unmittelbar zu sehen. Aber man kann aus der Schmalheit und elastischen Gespanntheit des Kopfes, aus dem Fluß des Profils von der beinahe flüchtig zurückgeneigten, anmutig gewölbten Stirne über die elegante spielerische Nase zum locker spannungsvollen langen Untergesicht auf den Sanguiniker schließen – auf den Mann mit flüssigen Gefühlen, leichter Reizbarkeit und Elastizität des Wollens und wenig Ausdauer" (Lavater 1948, S. 166).

Eine kritische Größe ist die *Intentionalität,* d. h. die Absichtlichkeit des Ausdrucks. Folgt man dem Kommunikationswissenschaftler D. M. MacKay (1972), so kann man eine Äußerung nur dann als kommunikativ gelten lassen, wenn sie von einem Sender mit der Absicht der Mitteilung hervorgebracht wird und bei dem Empfänger den ihr zugedachten Einfluß auf Denken und Verhalten ausübt. Dieser strengen Forderung genügen am ehesten die konventionellen Gesten: Zeige-, Droh- und Grußbewegungen. Nicht selten wird jedoch nur eine der von MacKay genannten Bedingungen erfüllt sein. Entweder: Der Sender vollzieht eine Tätigkeit in der Absicht der Mitteilung, findet aber keinen verständnisvollen Empfänger – so etwa beim Hilfsbedürftigen am Straßenrand, dessen Haltezeichen die Vorbeifahrenden übersehen. Oder: Ein Beobachter gewinnt aus einer Äußerung seines Partners Aufschluß über dessen Gefühl oder Einstellung, ohne daß dieser die Absicht hatte, ihm einen solchen Aufschluß zu vermitteln – so etwa beim Weinenden, der glaubwürdig beteuert, seine Rührung habe ihn ganz gegen seinen Willen erfaßt und er wolle keineswegs sein Gegenüber damit anstecken; ja bereits in diesem Zustand beobachtet worden zu sein, sei ihm peinlich. Wenn somit nicht beide von MacKay geforderten Bestimmungsmerkmale gleichzeitig gegeben sind, ist der Begriff des kommunikativen Aktes und des Zeichens auf nichtverbale Äußerungen nur eingeschränkt anwendbar (vgl. dazu erneut das Kommunikationsmodell nach Bühler, S. 427). Insbesondere wird man zu trennen haben zwischen *informativem Verhalten,* welches der Sender mit der Absicht der Mitteilung an einen Empfänger hervorbringt und *symptomatischem Verhalten,* welches ohne Mitteilungsabsicht entsteht, gleichwohl aber als Anzeichen für einen zugrundeliegenden Zustand u. ä. zu verstehen ist. Treffende Beispiele für symptomatisches Verhalten sind das Erröten als Ausdruck der Verlegenheit, des peinlichen Überraschtseins oder das Erblassen in Schreck- und Angstsituationen.

Informatives Verhalten: Die amerikanischen Hürdenläufer Tommy Smith und John Carlos ballen während der Siegerehrung bei den Olympischen Spielen in Mexiko 1968 die Faust als Bekenntnis zur „Black Power"-Bewegung – eine auf Publikumswirkung bedachte demonstrative Geste.

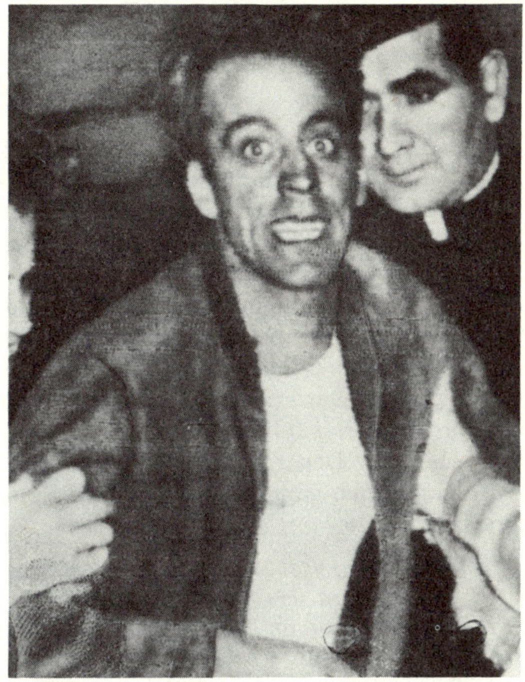

Symptomatisches Verhalten: Der Farmer Reginald de Baggis beim Anblick seines brennenden Hauses, in dem fünf von seinen sechs Kindern umkommen. Seine aufgerissenen Augen mit weit geöffneten Pupillen bringen sein Entsetzen zum Ausdruck – ohne die Absicht, sich anderen Menschen mitzuteilen.

Nichtverbale Äußerungen sind oft unabhängig von verbalen. Mitunter kommen jedoch auch *Verknüpfungen von nichtverbalen Äußerungen mit verbalen* vor; teilweise beruhen sie auf der gemeinsamen Herkunft der Äußerungen aus dem Sprechapparat, teilweise sind sie durch deren gemeinsames Auftreten beim Sprechen bedingt. Hinde (1972) benennt folgende, gemeinhin zu den nichtverbalen Äußerungen gerechnete Formen, die mit lautsprachlichen Mitteilungen in enger Beziehung stehen:

○ reflexhafte Äußerungen wie Husten und Räuspern (als Zeichen des Erstaunens, der Verlegenheit u. ä.),

○ Stimmeigenschaften wie die Stimmlage (als Anzeichen der Erregung, der Ängstlichkeit u. ä.),

○ prosodische Äußerungen (von griech. ‚prosodos' – Herangehen, Prozession), das sind die Gestaltungsmomente des auf Wirkung beim Zuhörer ausgerichteten Sprechens wie Sprachmelodie, Akzent, Betonung,

○ paralinguistische Äußerungen, das sind die Begleitbewegungen beim Sprechen (z. B. Gebärden zur Bekräftigung des Gesagten und zur Beteuerung der Glaubwürdigkeit des Sprechers).

Äußerungen, die ihrer Art nach nicht lautsprachlich sind und von der Lautsprache getrennt auftreten, bezeichnet Hinde als extralinguistisch. Paralinguistische und extralinguistische Ausdrucksformen werden gleichermaßen unter dem Begriff der *Körpersprache* zusammengefaßt.

Ausdruckskunde: eine Disziplin mit Tradition

Bis zum Beginn der Neuzeit werden Erscheinungen des nichtsprachlichen Ausdrucks vorwiegend in Schriften zur Kunst und Rhetorik behandelt. Der Aufbruch zu einer psychologischen Ausdruckskunde wird erstmals erkennbar in den „Physiognomischen Fragmenten zur Beförderung der Menschenkenntnis und Menschenliebe“ des schweizerischen Theologen und Schriftstellers Johann Kaspar Lavater (1741–1801). Der Körper und seine Ausdrucksformen galten für Lavater als Spiegel der Seele:

„Die unleugbaren Beyspiele, da entscheidende Züge des Characters sich von außen zeigen, sind völlig hinzulänglich, die Möglichkeit zu beweisen, daß die Seele im Körper sichtbar gemacht werde . . . Wir sehen in dem Körper die Seele, den Grad ihrer Stärke und Wirksamkeit.“
(Lavater 1775, S. 107 f.)

Ähnliche Ansichten vertrat Lavaters Zeitgenosse Johann Jakob Engel (1741–1802) in seinen „Ideen zu einer Mimik“. Er gab den Anstoß zu der bis heute vertretenen Auffassung, das Ausdrucksgeschehen des Menschen sei universal (d. h. allen Kulturen gemeinsam) und gehöre damit zur Natur des Menschen wie sein Körperbau. Zur gleichen Zeit bemühte sich der deutsche Arzt Joseph Gall (1758–1828) um den hirnanatomischen Nachweis eines Zusammenhangs von Schädelform und Charakter. So lokalisierte er etwa die Eigenschaft der Ruhmsucht in ein am Hinterhaupt gelegenes Hirnareal; Auswölbungen des Hinterhauptes konnte er dann als Anzeichen des Ehrgeizes deuten.

An dem Aufschwung der Naturwissenschaften im 19. Jahrhundert hat auch die Ausdruckskunde Anteil. Der berühmte Schöpfer der Evolutionstheorie Charles Darwin (1809–1882) verfaßte 1872 eine Schrift über den „Ausdruck der Gemütsbewegungen beim Menschen und den Tieren“. Darin deutete er den Ausdruck als Rudiment, d. h. als Restbestand wichtiger Verhaltensweisen aus der Phylogenese. So habe etwa das Fletschen der Zähne ursprünglich der Vorbereitung auf einen Kampf gedient; außerhalb des Kampfes ums Dasein äußere sich in der Fletschbewegung eine Drohung, der nicht einmal die Absicht eines Angriffs innewohnen müsse. Der Schweizer Theodor Piderit (1826–1912) maß den Muskelbewegungen des Gesichts sogar im Vollzug einen Zweck bei: Die typischen Muskelbewegungen im Zustand der Freude erleichterten die Aufnahme von angenehmen Außenreizen, während die Muskelbewegungen bei Wut, Zorn und ähnlichen Stimmungen der Abwehr von unangenehmen Außenreizen dienten.

Nach dem ersten Weltkrieg begann die experimentelle Untersuchung von Ausdruckserscheinungen und ihrer Wirkung. In Dresden war es Philipp Lersch (vgl. S. 447 f.), in Wien Egon Brunswik (vgl. S. 445) und in Berlin Rudolf Arnheim (vgl. S. 444), die sich mit den Ausdrucksmerkmalen des menschlichen Gesichts befaßten. Zur gleichen Zeit wuchsen Tendenzen, die Ausdrucksdeutungen zu einer umfassenden Methode der Persönlichkeitsdiagnostik auszubauen, d. h. Begabungen, Interessen und persönliche Eigenarten aus Gesicht, Handschrift, Sitzhaltung u. ä. herauszulesen (vgl. etwa Herland 1938). Zum maßgeblichsten Theoretiker der charakterologischen Richtung der Ausdrucksdeutung wurde der zuerst in München, dann in Zürich wirkende Privatgelehrte Ludwig Klages (1872–1956).

Wohl vor allem wegen der ihr beigemessenen Bedeutung für die psychologische Diagnostik in der Berufs- und Erziehungs-, Lebens- und Partnerberatung wurde die Ausdruckskunde bei der Formulierung der ersten Diplomprüfungsordnung für Psychologen in Deutschland in die Reihe der Prüfungsfächer aufgenommen. Obwohl sie nach dem zweiten Weltkrieg in Robert Kirchhoff (1957) noch einen engagierten Vertreter fand, schwand die Anerkennung der Ausdruckskunde als breit angelegte und zentrale Teildisziplin der Psychologie. Vielmehr wird in neuerer Zeit die Ausdruckspsychologie als eines der zahlreichen aufschlußreichen Forschungsgebiete (unter dem Aspekt der nichtverbalen Kommunikation) zum Teil der Sozialpsychologie zugeschlagen, zum Teil der Emotionspsychologie.

Statische Ausdruckserscheinungen

Die äußere Erscheinung eines Menschen, zum Teil allein sein Gesicht vermittelt dem Betrachter nicht selten einen Eindruck von seinen überdauernden Eigenschaften – etwa seiner Klugheit, seiner Freundlichkeit, seines Humors, seiner Energie. Eine solche *Persönlichkeitsdiagnostik für jedermann* muß sich freilich die kritischen Fragen gefallen lassen, die an jedwede diagnostische Untersuchung zu stellen sind: Wie verläßlich ist das gleichzeitige Auftreten von Symptom und zu erschließender Eigenschaft? (Wie häufig geht z. B. die Aufrichtigkeit eines Menschen mit einem offenen Blick einher? Wie häufig trifft man unaufrichtige Menschen mit einem offenen Blick?) Wie hoch ist die Übereinstimmung verschiedener Beurteiler in der Erfassung ein und desselben Symptoms? (Wie einig sind sich verschiedene Betrachter z. B. in der Feststellung eines offenen Blicks bei derselben Person?) Wie hoch ist die Übereinstimmung verschiedener Beurteiler in dem Schluß vom Symptom auf die zu findende Eigenschaft? (Wie einig sind sich die Betrachter z. B. in der Annahme, ein offener Blick deute auf ein aufrichtiges Wesen hin?). Wie gut stimmen die Annahmen der Beurteiler über Zusammenhänge zwischen Symptom und Eigenschaft mit der Wirklichkeit überein? (Wenn z. B. Beurteiler annehmen, zwischen der Aufrichtigkeit eines Menschen und der Offenheit seines Blicks bestünde eine Beziehung: Ist diese Annahme auch zutreffend?). Die Diagnose von Eigenschaften einer Person nach ihrem äußeren Erscheinungsbild bildet den Sonderfall eines Wahrscheinlichkeitsschlusses (s. S. 175 ff.). Dabei kann sich das Urteil der Wirklichkeit annähern; es kann sich aber auch von der Wirklichkeit entfernen und lediglich zu subjektiven Vorstellungsbildern oder – bei Übereinstimmung mehrerer subjektiv Urteilender – zu sozialen Stereotypen (vgl. S. 146) führen.

Eine der ersten breit angelegten Reihenuntersuchungen zur Eindrucksbildung gelangt zu einer günstigen Einschätzung der diagnostischen Fähigkeiten im Alltag. Sie stammt von dem später als Kunstpsychologen hervorgetretenen Rudolf Arnheim und wurde 1928 an der Berliner Universität durchgeführt. Der Autor legte zahlreichen Beurteilern u. a. Fotografien der Gesichter von bedeutenden Künstlern und Wissenschaftlern vor, von Menschen aus dem Alltag sowie von geistig Behinderten. Die Gesichter ließ er zum Teil frei beschreiben, zum Teil miteinander vergleichen. Zum Vergleich gab er Persönlichkeitsbeschreibungen vor. So hatten die Beurteiler die Fotografien zu ordnen nach dem Scharfsinn und der Vertrauenswürdigkeit der auf ihnen abgebildeten Männer und Frauen, nach ihrer Geselligkeit, ihrem Hang zur Rührseligkeit, zur Weichherzigkeit und ihren Lebensgewohnheiten (z. B. „. . . trinkt gern, feierlich, froh, oft Chianti und Burgunder . . ." – Arnheim 1928, S. 11). Die Dargestellten hatte der Autor so ausgewählt, daß er glaubte, sich selbst ein objektives Urteil über sie erlauben zu können. Würden die Beurteiler lediglich aus den Fotografien erschließen können, was der Autor aus zahlreichen anderen und wohl verläßlicheren Quellen über die Abgebildeten wußte? Faßt man alle Ergebnisse zusammen, so stellt man nicht nur ein hohes Maß an Übereinstimmung zwischen verschiedenen Beurteilern fest, sondern auch eine hohe Trefferquote. Die besten Leistungen erzielten die Beurteiler, wenn die vorgegebenen Charakterbeschreibungen ausführlich waren; dann stieg die Trefferquote auf 64% an – weit mehr als durch einfaches Raten zu ereichen war.

I II III

Drei Frauenbilder in dem Versuchsmaterial Arnheims (1928, S. 128). Die Frage hierzu: „Welche führt nach dem Tode ihres Mannes einen großen Geschäftsbetrieb tüchtig, umsichtig, willenskräftig?" 84% der Beurteiler entschieden sich zutreffenderweise für Bild I (Arnheim 1928, S. 45).

Ist also wirklich den meisten Menschen die Fähigkeit gegeben, Persönlichkeit, Lebensgewohnheiten und Schicksal ihren Mitmenschen aus dem Gesicht zu lesen? Offenbar gibt das Gesicht einige Hinweise, welche Betrachter ausnutzen können. Allerdings muß man auch berücksichtigen, daß Allgemeinvorstellungen existieren, soziale Stereotypen über Personen mit bestimmten Eigenarten und Lebensweisen: das Stereotyp des fröhlichen Trinkers, des scharfsinnigen Denkers, der energischen Geschäftsfrau. Arnheim dürfte bei der Auswahl seiner Bilder auch von solchen stereotypen Allgemeinvorstellungen geleitet gewesen sein. Insofern darf man die hohe Trefferzahl in seinen Versuchen im Alltag nur dann wieder erwarten, wenn alle Menschen den Allgemeinvorstellungen entsprechen. Dies wird aber nicht immer der Fall sein; nicht jeder hagere Mensch ist ein Asket, nicht jeder verträumte Lockenkopf ein Künstler.

Von theoretischer Bedeutung ist auch nicht nur die globale Frage, ob das Gesicht insgesamt Merkmale enthält, welche als Signale der Persönlichkeit aufzufassen sind. Vielmehr interessiert die genaue Identifikation der *Merkmale, nach denen sich der Eindruck der Beurteiler richtet.* Diesen Punkt greift eine Untersuchung von Egon Brunswik und seiner Doktorandin Lotte Reiter (1938) an der Universität Wien auf. Die Studie unterwirft sich einer doppelten Beschränkung. Zum einen befaßt sie sich lediglich mit dem Ausdruck des Gesichts (ohne Halsansatz, Haar, Kleidung, Schmuck), zum anderen werden die gezeigten Gesichter im Interesse einer guten Vergleichbarkeit hoch schematisiert: Alle Gesichter werden als Strichzeichnungen dargestellt. Ihr Umriß wird jeweils von dem gleichen Oval gebildet; in dem Oval befinden sich jeweils zwei Punkte als Augen und zwei Striche als Nase und Mund. Planmäßig variiert werden nun aber Augen- und Mundhöhe, Augenabstand, Nasenlänge und Nasenhöhe. Durch diese Variation entstehen 189 Gesichter, die den Probanden zur Eindrucksbeurteilung vorgelegt werden. Tatsächlich wirken die Gesichter auf die Betrachter in ihrem Ausdruck verschieden. So erzeugt etwa eine hohe Stirn gepaart mit mittlerer Nasenlänge und großem Augenabstand den Eindruck einer weichen Intellektualität, eine lange Nase mit eng zusammenliegenden Augen fördert den Eindruck des Verbitterten, Berechnenden.

Hubert Rohracher hat später mit einer Reihe von Doktoranden an der Universität Wien die Versuche von Brunswik und Reiter fortgeführt, dabei weitere Gesichtsmerkmale wie Bart- und Haartracht eingeführt und die Schematisierung gemildert. So ließen sich weitere

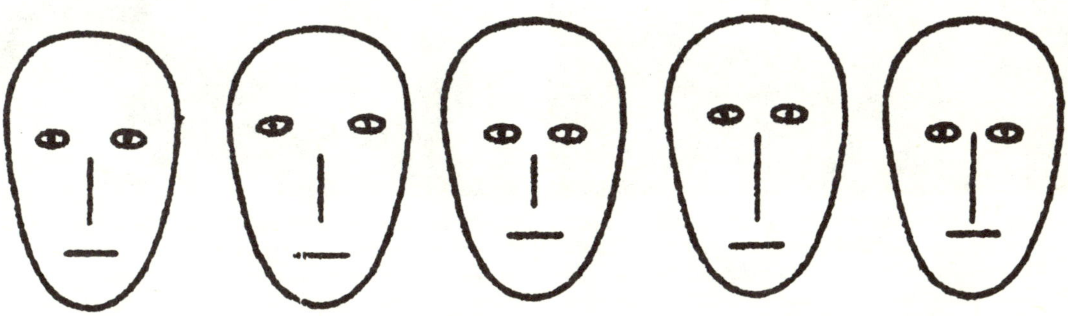

Fünf schematisierte Gesichter mit ausgeprägten Beurteilungen (Brunswik und Reiter 1938).

für den subjektiven Eindruck maßgebliche Eigenschaften ermitteln. Von besonders hohem Einfluß scheint die Mundform zu sein: Eine breite Mundspalte mit abwärts gezogenen Mundwinkeln wirkt bösartig, ein schmaler Mund introvertiert, eine breite Spalte mit aufwärts gezogenen Mundwinkeln leichtsinnig (Rohracher 1956, S. 146ff.).

Derartige Eindrucksurteile spielen eine höchst bedeutsame Rolle bei der Ausbildung sozialer Beziehungen und in der daraus erwachsenden sozialen Interaktion. Mit der Wirklichkeit brauchen sie deshalb nicht übereinzustimmen. Konkret: Haben Intellektuelle wirklich eine höhere Stirn? Sind die Mundwinkel fröhlicher Menschen tatsächlich stärker nach oben gekrümmt? Darüber sind objektive Erhebungen nicht bekannt. Entsprechende Erhebungen liegen jedoch vor zur Beziehung zwischen Körperbautypus insgesamt und allgemeinen Persönlichkeitseigenschaften. Der deutschen Psychiater Ernst Kretschmer (1888–1964) hat vor allem die langwüchsigen Leptosomen (von griech. ‚leptos' – schmal, dünn, griech. ‚soma' – Körper) von den breitwüchsigen Pyknikern (von griech. ‚pyknos' – dicht, fest, stark) unterschieden. Bei Langwüchsigen findet er eine größere Empfindsamkeit für Reize, die einhergeht mit Introversion und Gehemmtheit. Die Pykniker würden dagegen stärker affektiv reagieren, abwechselnd zu Niedergeschlagenheit und zu Begeisterung neigen und sich bereitwillig ihrer Umwelt zuwenden (Kretschmer 1929). Der amerikanische Konstitutionsforscher Sheldon (1940) hat Kretschmers Befunde in recht präzisen Untersuchungen bestätigt und zur Erklärung des Zusammenhangs von Körperbau und Persönlichkeit eine Theorie der biologischen Entwicklung entworfen.

Der deutsche Kirchenreformer Martin Luther (1483–1546) – in der Beschreibung Kretschmers (1948, S. 126f.) ein typischer Vertreter des pyknischen Typus. Dem Charakter nach aufbrausend, zu Depressionen neigend, dabei voll im politischen Leben, in der Gemeinde und Familie engagiert.

Der französische Schriftsteller Voltaire (1694–1778) – nach Kretschmer (1948, S. 143f.) ein Vertreter des feingliedrigen leptosomen Typus. Dem Charakter nach ein feinsinniger Ästhet, eifersüchtig und boshaft; in der Gesellschaft linkisch und ohne freundschaftliche Bindungen.

Kleidung als Ausdrucksträger

Der Ausdruck der menschlichen Gestalt und des Gesichts wird oft nachhaltig verändert und ergänzt durch die Kleidung. Die Kleidung kann u. a. Aufschluß geben über Rang und Ansehen eines Menschen (z. B. Offiziersuniform, Richtertalar), über seine Herkunft (z. B. Trachten) sowie über seine Stimmungen und Absichten (z. B. Fest-, Trauer- und Arbeitskleidung). Die Kleidung kann symptomatisch sein, d. h. sie kann einen Eindruck von ihrem Träger vermitteln, ohne daß dieser es beabsichtigt. Die Wahl der Kleidung vollzieht sich jedoch auch oft als informativer Akt, durch den der Träger seinen Betrachter zu beeindrucken sucht (zur Unterscheidung von symptomatischen und informativen Äußerungen s. bereits S.440f.). Die verfügbare Kleidung in einer Kultur kann man somit als eigenes Zeichensystem betrachten, als vestimentären Kode (von lat. ‚vestimentum' – Kleid). In Situationen, die genügend Freiheit bei der Wahl der Kleidung lassen (z. B. bei Maskeraden), können vestimentäre Zeichen auch Illusionen zum Ausdruck bringen – vor allem die Illusionen der Männlichkeit, der Weiblichkeit und der unbeschwerten Kindlichkeit (Hoffmann 1982).

Dynamische Ausdruckserscheinungen

Die dynamischen, d. h. schneller wechselnden, Ausdruckserscheinungen werden als Symptome oder gezielte Informationen über Gefühle, Gedanken und Absichten gewertet. Wie schon bei den statischen Ausdruckserscheinungen stellt sich das Problem der Verläßlichkeit sowie der übereinstimmenden und wirklichkeitsgetreuen Erfassung des dynamischen Ausdrucks (vgl. S. 439). Die Anlässe eines zeitlich begrenzten äußeren Ausdrucks sind oft unschwer erkennbar (z. B. ein Knall als Anlaß einer Schreckreaktion); deshalb fällt es der Forschung bei dynamischen Erscheinungen leichter, die Eindrucksbildung mit der Ausdruckserzeugung zu vergleichen.

Ein zentrales Thema der Ausdrucksforschung ist die Eindeutigkeit der Wiedergabe von Gefühlen durch die Gesichtsmuskulatur, die *Mimik*. Gibt es etwa einen typischen Ausdruck des Schmerzes, der Trauer, der Freude, des Erstaunens? Frühere Fallbeschreibungen hat erstmals Philipp Lersch (1951) durch systematische Fotostudien erhärtet. Die Gefühlszustände seiner Fotoobjekte bestimmte er anhand ihrer Berichte sowie anhand der Situation, in welcher sie sich befanden: als Schmerz, hervorgerufen durch (ungefährliche) elektrische Stromstöße in anwachsender Stärke; als Anstrengung hervorgerufen durch das Auseinanderziehen eines Expanders; als Ablehnung und Unmut, ebenfalls durch Expanderziehen entstanden. Die beiden wichtigsten Ergebnisse der Studien Lerschs: Verschiedenen Gefühlen ist jeweils eine verschiedene Mimik zugeordnet. Das gleiche Gefühl wird – auch zu verschiedenen Zeiten und bei unterschiedlichen Personen – von der gleichen Mimik begleitet. Die Folgerung des Autors: Der mimische Ausdruck ist spezifisch für Gefühle und universell für Personen und Zeiten.

Ist die Erzeugung des Gefühlsausdrucks inhaltsspezifisch und universell, so muß es für den Betrachter ein Leichtes sein, ihn zu verstehen. Tatsächlich zeigen Personen, denen man Abbildungen von Gesichtern mit unterschiedlicher Mimik vorlegt, ein hohes Maß an Sicherheit und Übereinstimmung bei der Ausdrucksbewertung. Zumindest prägnante Äußerungen der als wichtig erachteten Gefühle des Glücks, des Erstaunens, der Angst, des Ekels, des Interesses und der Trauer werden von den meisten Menschen erkannt (vgl. Frijda 1968).

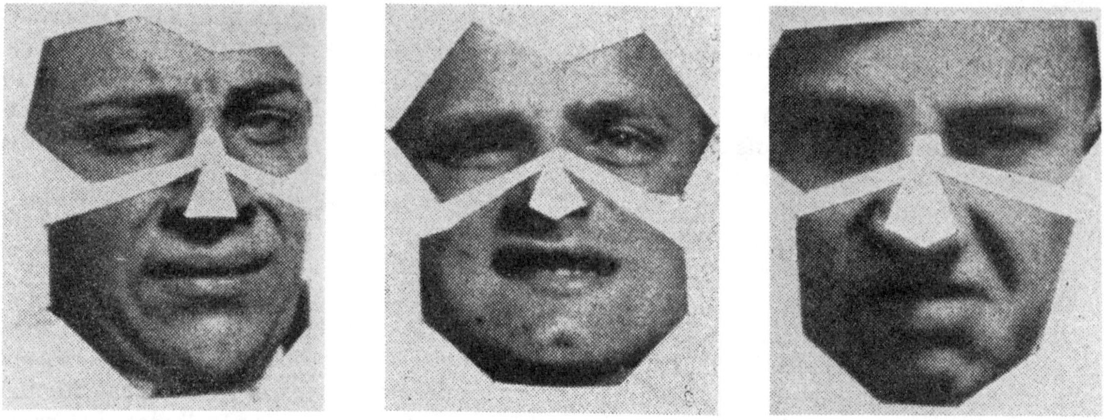

Ausdruck des Unangenehm-Berührtseins bei verschiedenen Personen (Lersch 1951, Tafel V, 3, 4, 5).

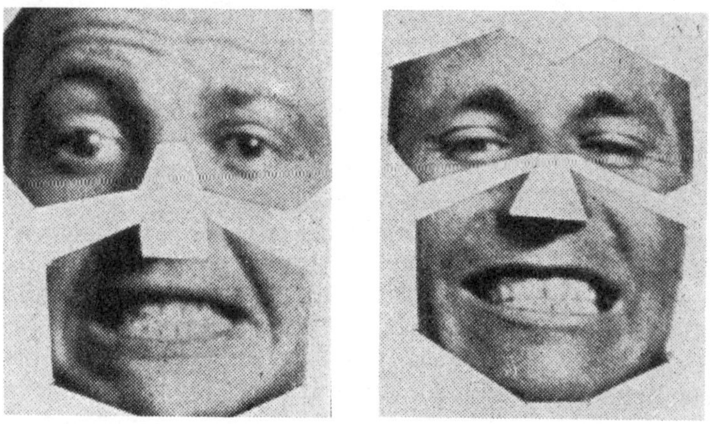

Ausdruck der Anstrengung bei verschiedenen Personen (Lersch 1951, Tafel IV, 8, 10).

Man kann auch Gesichter mit verschiedenem Ausdruck nach ihrer Ähnlichkeit ordnen lassen. Dann treten – wie ein Überblick über sechs große Studien lehrt – zwei große Vergleichsdimensionen hervor: die Angenehmheit und die Intensität (Ekman, Friesen u. Ellsworth 1972, S. 71). Das sind dieselben Faktoren, die auch zum Vergleich von Gefühlsbezeichnungen herangezogen werden (s. S. 394f.). Daraus ist zu folgern: Mimische und lautsprachliche Kennzeichnungen von Gefühlen decken sich in ihrer Bedeutung.

Mit der Mimik eng verbunden ist die *Sprechstimme*. Sie besitzt ein vielfältiges Spektrum von Ausdrucksweisen: Stimmhöhe und Stimmhöhenwechsel (Melodie), Lautheit, Volumen, Klangfarbe (Timbre), Geschwindigkeit. Zahlreiche Untersuchungen zum Ausdruck der Sprechstimme beschäftigen sich mit der Geschwindigkeit des Sprechens. Im Sprechtempo spiegelt sich der Zustand des Sprechers. Bei starkem Antrieb und im Affekt, bei Sorglosigkeit und Engagement schlägt er ein schnelles Tempo an; ein langsames Tempo deutet dagegen auf Antriebsmangel, gedrückte Stimmung und Sorge, aber auch auf Gelassenheit und Nachdenklichkeit hin. Die Sprechgeschwindigkeit ist jedoch auch ein Ausdrucksmittel zur Einflußnahme auf den Hörer. Ein erhöhtes Tempo soll schlagkräftige Argumente und Rechtfertigungen unterstützen, soll allgemein die Überredungskunst steigern; ein langsames Tempo wird dagegen vorgelegt, wenn der Eindruck der Wichtigkeit geweckt werden soll. So ist es vom Sprecher gemeint, und so wird es von Hörern im allgemeinen auch verstanden (Görlitz 1972).

Von besonderer Lebendigkeit sind die Ausdrucksbewegungen der Hände, die *Gestik*. Der Ablauf der Handbewegungen, an denen auch Arme und Schultern beteiligt sind, ist allerdings schwer zu beschreiben. So bedeutete es einen großen wissenschaftlichen Fortschritt, als der Argentinier David Efron (1972/1941) ein Beschreibungssystem für Gesten entwarf. Seine wichtigsten Beschreibungsmerkmale:

○ Raumzeitliche Merkmale: Radius der Bewegung, Form der Bewegung (eckig, rund), Ebene der Bewegung (vertikal, horizontal), beteiligte Körperteile (Kopf, Rumpf).

○ Interaktive Merkmale: Vertrautheit der interagierenden Personen, Simultaneität von Körperbewegungen verschiedener Partner, Gruppierung der Partner zueinander, Gebrauch zusätzlicher Objekte.

○ Bedeutungsgehalt der Körperbewegungen: deiktische Bewegungen (Zeigen auf Objekte), physiographische Bewegungen (gestische Darstellung von Objekten), logisch-diskursive Bewegungen (Körperbewegungen, die sich auf den Gedankenfluß beziehen, z. B. Verlegenheitsgebärden).

Der Autor führte seine Untersuchungen zu Beginn der vierziger Jahre in New York an Angehörigen verschiedener Immigrantengruppen durch. Die gefundene Gestik erwies sich – anders als vorhin für Gesichtsausdrükke festgestellt – keineswegs als universell; vielmehr war sie für verschiedene Volksgruppen spezifisch. Die Gestik der Einwanderer aus jüdischen Ghettos war vor allem durch Bewegungen im Handgelenk sowie durch Unterarmbewegungen gekennzeichnet. Dagegen zeichnet sich die Gestik des traditionsgebundenen Italieners durch einen großen Radius um das Schultergelenk aus. Die kulturspezifische Gestik verschwindet – stellte

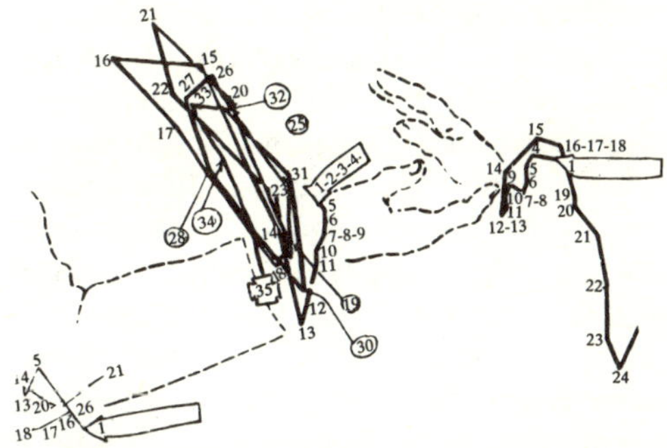

Darstellung der Gestik von Juden aus osteuropäischen Ghettos (Efron 1972, S. 165). Die Zahlen geben sukzessive Bewegungsphasen wieder.

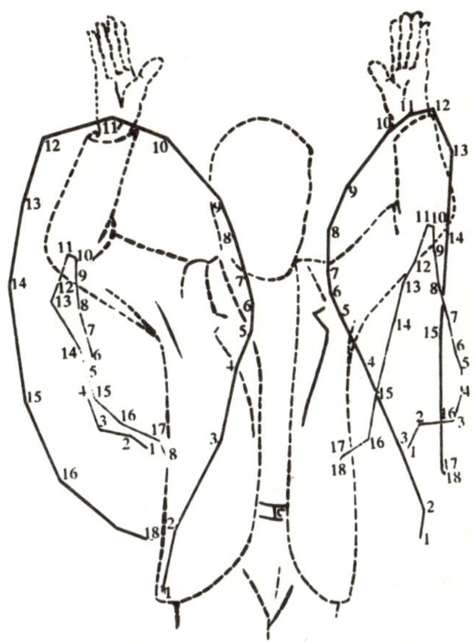

Darstellung der Gestik von traditionsgebundenen Italienern (Efron 1972, S. 177). Die Zahlen geben sukzessive Bewegungsphasen wieder.

Efron fest – mit der Anpassung der Einwanderer an ihre neue Heimat.

Obwohl auch die Gestik zur Darstellung von Objekten geeignet ist (z. B. durch Nachfahren von Konturen) und Gefühle auszudrücken vermag (z. B. Trauer), dürfte sie sich vorwiegend in der Metakommunikation (s. S. 432f.) bewähren (vgl. Goffman 1961). So dient sie vornehmlich dem Ausdruck sozialer Beziehungen (z. B. zur Kennzeichnung des Ranges) und zur Regelung des Gesprächsablaufs (z. B. Ankündigung eines Redebeitrags, Unterbrechen des Partners). Eine Fülle von Gesten und Haltungen zur Herstellung und Kundgabe sozialer Ordnungen hat Scheflen (1972) dokumentiert: das Händereiben des Dienstfertigen, das Vorwölben der Brust beim sich überlegen glaubenden Partner, die vertrauliche Kontaktnahme durch Berühren des Unterarms, der Klaps auf die Schulter als Zeichen der Beendigung einer Behandlung.

Entlarvende Körpersprache

Freud ist als Analytiker der Erlebnisberichte und Wortassoziationen seiner Patienten weltberühmt geworden. Er kannte aber auch den Erkenntniswert der nichtverbalen Bekundungen. Im Jahre 1905 schrieb er:

„Als ich mir die Aufgabe stellte, das, was die Menschen verstecken, ... aus dem was sie sagen und zeigen ans Licht zu bringen, hielt ich die Aufgabe für schwerer, als sie wirklich ist. Wer Augen hat zu sehen und Ohren zu hören, überzeugt sich, daß die Sterblichen kein Geheimnis verbergen können. Wessen Lippen schweigen, der schwätzt mit den Fingerspitzen; aus allen Poren dringt Verrat. Und darum ist die Aufgabe, das verborgenste Seelische bewußt zu machen, sehr wohl lösbar."
(Freud 1972/1905, S. 240)

Mehrkanalige Kommunikation

Jede Klasse von Botschaften, sei es die Lautsprache, die Stimme, die Mimik, die Gestik o. ä., definiert – so der aus der Nachrichtentechnik zu übernehmende Fachausdruck – einen eigenen *Übertragungskanal.* Für die Kommunikation stehen in der Regel mehrere Kanäle zur simultanen oder sukzessiven Informationsübertragung bereit. Die auf verschiedenen Kanälen übermittelten Botschaften können beziehungslos nebeneinander herlaufen oder aufeinander folgen. Sie können sich auch in ihrem Inhalt völlig decken. Oft weichen sie in ihrem Inhalt völlig voneinander ab, ohne den Bezug zueinander zu verlieren. Der Gießener Sozialpsychologe Klaus Scherer (1979, S. 26ff.) zählt vier Arten der beziehungsvollen Abweichung auf:

○ *Substitution* (Ersatz): Ein Ausfall auf einem Kanal wird durch eine Äußerung auf einem anderen Kanal ausgeglichen (z. B. kann das Antippen der Schläfe mit dem Zeigefinger an die Stelle des Satzes „du hast ja einen Vogel" treten).

○ *Amplifikation* (Verstärkung): Die Äußerung auf einem Kanal wird mit Hilfe eines anderen Kanals verstärkt (z. B. der klagende Ausdruck einer hohen Stimmlage wird durch einen Augenaufschlag unterstrichen).

○ *Modifikation* (Abänderung): Durch eine Äußerung auf einem Kanal gewinnt die Äußerung auf einem anderen Kanal eine neue Bedeutungsnuance (z. B. wird durch eine skeptische Miene eine gleichzeitige Mitteilung in Frage gestellt).

○ *Kontradiktion* (Widerspruch): Die Inhalte von Mitteilungen auf verschiedenen Kanälen stehen im Gegensatz (z. B. freundliches Lächeln bei drohend erhobener Faust).

Die Mehrkanaligkeit der Kommunikation stellt an die Kapazität von Sender und Empfänger mitunter hohe Anforderungen. Das gleichzeitige Hervorbringen mehrerer Botschaften ist ein Akt der Mehrfachtätigkeit, der Koordinationsanstrengungen verlangt und geeignet ist, eine Mehrfachbelastung zu erzeugen (vgl. S. 306f.). Aber auch das Verfolgen von Botschaften auf mehreren Kanälen kann beschwerlich sein; es bindet mehrfach die oft knappe Aufmerksamkeit (vgl. S. 100f.). Sender und Empfänger können sich der erhöhten Inanspruchnahme entziehen, indem sie sich auf einzelne Kanäle konzentrieren und andere weniger beachten.

Lüge, Witz und paradoxe Kommunikation

Widersprüche zwischen Botschaften aus verschiedenen Kanälen (z. B. Beteuerungen der Unschuld bei gleichzeitigem wie schuldbewußt gesenktem Blick) untergraben die Glaubwürdigkeit und werden leicht als verräterischer Hinweis auf eine Lüge ausgelegt (Mehrabian 1971). Das Herstellen von Widersprüchen kann jedoch auch ein mit Bedacht gewähltes Ausdrucksmittel sein, das nicht täuschen, sondern zu differenzierter Einsicht hinführen will. So stellt der Seufzer richtig, daß der Ausruf „das ist ja eine schöne Bescherung!" durchaus nicht als Freudenkundgebung, sondern als Ausdruck der Überraschung zu werten ist. Der Großvater, der vor Weihnachten mit verschmitztem Lächeln verkündet: „Dieses Jahr kriegt ihr aber nichts!" will in Wirklichkeit seine Enkel auf das Fest einstimmen.

Widersprüchlichkeiten, auch Paradoxien (von griech. ‚para' – gegen, griech. ‚doxa' – Meinung) genannt, gelten – insbesondere wenn gerade aus der Gegensätzlichkeit ihrer Bestandteile ein eigener Sinn entspringt – oft als geistreich, witzig und ironisch. Sie werden von vielen hoch geschätzt; denn beziehungsreiche Paradoxien zu erfinden und beim Verstehen ihre inneren Gegensätze aufzulösen, ist für viele Menschen ein Gesellschaftsspiel, das den Beteiligten Vergnügen bereitet und sie enger aneinander bindet („Wir kennen uns doch, alter Kumpel!"). Manche Menschen versetzen ihre Partner mit widersprüchlichen Botschaften jedoch in Ratlosigkeit und Verwirrung, und darunter leidet die soziale Beziehung. Auf solche Fälle verweisen vor allem Watzlawick, Beavin und Jackson (1967) in ihrem oben (S. 432 f.) bereits eingeführten Werk zur Metakommunikation.

G. Bateson – übrigens ein Lehrer Watzlawicks – führt sogar schwere psychische Erkrankungen auf eine paradoxe Kommunikation in der Familie zurück. Die Krankheit der Schizophrenie entsteht seiner Auffassung nach durch Widersprüche zwischen einer Berichts- und einer Anweisungsebene; solchen Widersprüchen seien manche Menschen von Kindheit an ausgesetzt. Viel zitiert wird der von Bateson u. a. (1969, S. 29) beschriebene Fall eines schizophrenen jungen Mannes: Seine Mutter besucht ihn auf der psychiatrischen Station. Er geht auf sie zu und begrüßt sie mit spontaner Herzlichkeit. Sie erstarrt bei seiner Umarmung. Enttäuscht läßt der Junge von ihr ab und steht nun steif und teilnahmslos da. Dieses Verhalten wird von der Mutter nunmehr mit der Bemerkung kommentiert: "Liebst du mich nicht mehr? Lieber, du mußt nicht so leicht verlegen werden und Angst vor deinen Gefühlen haben!" Diese Bemerkung stellt die wahren Verhältnisse auf den Kopf, denn es ist ja die Mutter, die seinen Gefühlsausdruck blokkiert. Der Junge kann die Mutter aber nicht korrigieren, weil damit der Vorwurf verbunden wäre, sie würde ihrer Mutterrolle nicht gerecht. Er steht also in einem für ihn unauflöslichen Dilemma zwischen seiner Bindung an die Mutter und seinem Bedürfnis nach zutreffender kognitiver Verarbeitung ihrer gegenseitigen Beziehung. Bateson nennt diesen Zustand eine Doppelbindung (engl. ‚double bind').

Tatsächlich läßt sich nachweisen, daß bei mehrkanaliger Information die verschiedenen Kanäle nicht immer gleich stark beachtet werden. So kamen etwa Bugenthal, Kaswan und Love in einer Studie aus dem Jahre 1970 zu dem Ergebnis, die Miene eines Sprechers hinterlasse bei den Beobachtern einen nachhaltigeren Eindruck als die von ihm gesprochenen Sätze. Auch nach einer Erhebung von Ekman und Friesen (1969) steht das Gesicht eines Sprechers im Mittelpunkt der Aufmerksamkeit des Betrachters; seltener werden die Hände beachtet und nur gelegentlich die Beine. Allerdings schlossen die erwähnten Versuche keinen Vergleich zwischen Gesichts- und Stimmausdruck ein; die Sprecher wurden auf Videoband vorgeführt, wobei der Ton abgeschaltet war.

Interessanterweise scheint die *Aufmerksamkeitsverteilung* der Betrachter in etwa derjenigen der Sprecher selbst zu entsprechen. In einer späteren Studie haben Ekman und Friesen (1974) ihre Interviewpartner – es waren angehende Kindergärtnerinnen – gefragt, welche Ausdrucksmittel sie bevorzugten. Dabei wurde die Miene häufiger genannt als Gesten und Haltungen.

Nun wird man sich hüten müssen, solche Befunde ohne Kenntnis ihrer Voraussetzungen zu verallgemeinern. Zu den wichtigsten Voraussetzungen gehören die Erwartungen der Kommunikationspartner und das Informationsangebot auf den verschiedenen Kanälen. Diese Voraussetzungen dürften mit der Situation wechseln. So muß man zur Einschätzung der vorhin geschilderten Befunde von Bugenthal, Kaswan und Love wissen, daß teilweise widersprüchliche Mitteilungen zu deuten waren. Die Sprecher – auf Videobändern festgehalten – trugen einzelne Sätze vor; die Sätze waren ihrem Inhalt nach zur Hälfte freundlich (z. B. „das hast du wirklich prima gemacht!"), zur Hälfte unfreundlich (z. B. „du bist unmöglich, ich geb's jetzt auf!"). Die Hälfte der Sätze freundlichen Inhalts wie die Hälfte der Sätze unfreundlichen Inhalts wurden in freundlichem Tonfall vorgetragen, die andere Hälfte beider Arten von Sätzen in barschem Ton. So konnte es zu widersprüchlichen Darbietungen kommen: Ein Satz mit freundlichem Inhalt konnte auf unfreundliche Weise gesprochen sein, ein dem Inhalt nach unfreundlicher Satz dagegen auf freundliche. So ergaben sich vier Arten von Aussagen. Jede Art wurde nun teilweise mit freundlich-lächelnder Miene vorgetragen, teilweise mit unwirscher Miene. Dadurch ergaben sich insgesamt acht Arten von Darbietungen, darunter einige, deren Inkongruenz erhebliche Rätsel aufgab. Wie würden die Zuhörer die Freundlichkeit der Mitteilungen insgesamt einstufen? Das oben bereits vorweggenannte Ergebnis, daß für die Beurteilung die Miene wichtiger war als Tonfall und Satzinhalt, mag die schlichte Volksweisheit widerspiegeln, daß mit Worten mehr gelogen wird als mit der Miene bzw. daß der Wortlaut und die Aussprache von Sätzen dem sozial Wünschbaren leichter anzupassen sind als der Gesichtsausdruck. Nach dieser Regel wäre im Zweifelsfall dem Gesicht mehr zu trauen. Wären die Beurteiler mit der Vermutung in die Untersuchung gegangen, sie würden hier routinierten Schauspielern begegnen, die sie durch ihr Mienenspiel narren wollten, hätte die sprachliche Information vermutlich an Gewicht gewonnen.

Eine ähnliche Deutung geben Ekman und Friesen (1969, 1974) ihren oben erwähnten Ergebnissen: Sender und Empfänger konzentrieren sich mehr auf das Gesicht und weniger auf Hände und Beine, weil alle Beteiligten annehmen, die Mimik biete die reichhaltigsten Ausdrucksmöglichkeiten und stelle somit die ergiebigste Informationsquelle dar. Was folgt daraus für den Fall der Täuschung? Der Sender wird vor allem seinen Gesichtsausdruck zu verstellen trachten; eben darum wird der Betrachter dem Gesichtsausdruck mit Mißtrauen begegnen. Ekman und Friesen (1974) überprüften diese Hypothese in einer eigenen Versuchsreihe, in der ehrliche und unehrliche Äußerungen zu unterscheiden waren. (Um unehrliche Äußerungen zu erhalten, ließen die Autoren einige Kindergärtnerinnen Gefallen an einem Film heucheln, der ihnen in Wirklichkeit gründlich mißfallen hatte.) Tatsächlich war zum Erkennen der Täuschung die Beobachtung des Mienenspiels weniger hilfreich als die Beobachtung von Haltung und Gestik. Das Gesicht sei noch der Täuschungsabsicht gefolgt; den restlichen Körper hätten die Sprecherinnen weniger unter Kontrolle gehabt und dort sei – so die Autoren – „die Wahrheit durchgesickert“. Beurteiler taten deshalb gut daran, ihre Aufmerksamkeit vom Gesicht ab- und dem restlichen Körper zuzuwenden.

Zusammenfassung

1. Zur Kommunikation benutzt man nicht nur das verbale Zeichensystem der Lautsprache, sondern auch zahlreiche nichtverbale Zeichen (Körpersprache). Nichtverbale Zeichen entstammen verschiedenen Körperbereichen (z. B. Mimik, Gestik, Stimme) und gehören verschiedenen Modalitäten an (z. B. visuell, akustisch). Manche Zeichen werden intentional als Mitteilungen verwendet, andere verweisen ohne die Absicht ihres Trägers auf dessen Befinden.
2. Es gibt eine Reihe von überdauernden Merkmalen in der äußeren Erscheinung (Körperbautypus, Gesicht), die als Hinweise auf die Persönlichkeit und die Lebensgewohnheiten eines Menschen gedeutet werden. Zum Teil werden solche Zusammenhänge durch die Konstitutionsforschung plausibel erklärt.
3. Die grundlegenden Gefühle finden vor allem im Mienenspiel einen gut erkennbaren Ausdruck. Auch die Stimmführung, Gestik und Haltung sind geeignet, Gefühle auszudrücken und auf Objekte hinzuweisen; insbesondere dienen sie jedoch der Metakommunikation (Kennzeichnung sozialer Beziehungen und Regelung des Kommunikationsablaufs).
4. Botschaften, die über verschiedene Übertragungskanäle zugehen, können sich gegenseitig ersetzen, verstärken und modifizieren, oder sie können einander widersprechen. Im Falle des Widerspruchs wird der Kanal mit der größten Informationsdichte oder mit der höchsten Glaubwürdigkeit bevorzugt.

Literaturhinweise

Roheim, G.: Animism, magic, and the divine king. London: Routledge u. Paul 1972 (Erstausgabe 1930)

Boesch, E. E.: Kultur und Handlung. Bern: Huber 1980

Lavater, J. K.: Physiognomische Fragmente. Oldenburg: Heimeran 1948

MacKay, D. M.: The nature of communication. In: Hinde, R. A. (Hg.): Non-verbal communication. Cambridge: Cambridge University Press 1972, 3–26

Hinde, R. A.: Comments on part A. In: Hinde, R. A. (Hg.): Non-verbal communication. Cambridge: Cambridge University Press 1972, 86–98

Lavater, J. K.: Physiognomische Fragmente zur Beförderung der Menschenkenntnis und Menschenliebe. Leipzig: Weidmanns Erben Neudruck (Erstausgabe 1775)

Engel, J.: Ideen zu einer Mimik. Berlin: Mylius 1785/86

Gall, F. J. u. Spurzheim, J. C.: Anatomie et physiologie du système nerveux en général et du cerveau

en particulier, avec des observations sur la possibilité de reconnaître plusieurs dispositions intellectuelles et morales de l'homme et des animaux, par la configuration de leurs têtes. 4 Bde. Paris: Schoell 1810–1819
Darwin, Ch.: The expressions of the emotions in man and animals. London: Murray 1872. (Dt.: Der Ausdruck der Gemütsbewegungen bei dem Menschen und den Tieren. Stuttgart: Hendel 1896)
Piderit, T.: Mimik und Physiognomik. Detmold: Staercke 1867
Herland, L.: Gesicht und Charakter. Handbuch der praktischen Charakterdeutung. Zürich: Rascher 1938
Klages, L.: Ausdrucksbewegung und Gestaltungskraft. Leipzig: Barth 1913, 3. u. 4. Aufl. unter dem Titel: Grundlegung der Wissenschaft vom Ausdruck. Leipzig: Barth 1923
Kirchhoff, R.: Allgemeine Ausdruckslehre. Göttingen: Hogrefe 1957
Arnheim, R.: Experimentell-psychologische Untersuchungen zum Ausdrucksproblem. Psychologische Forschung 11 (1928), 2–132
Brunswik, E. u. Reiter, L.: Eindruckscharaktere schematischer Gesichter. Zeitschrift für Psychologie 142 (1938), 67–134
Rohracher, H.: Kleine Charakterkunde. Wien: Urban u. Schwarzenberg 1956
Kretschmer, E.: Körperbau und Charakter. Berlin: Springer 1929
Kretschmer, E.: Geniale Menschen. Berlin: Springer 1948
Sheldon, W. H.: The varieties of human physique. An introduction to constitutional psychology. New York: Harper 1940
Hoffmann, H.-J.: Kommunikation mit Kleidung. Communications 1982 (im Druck)
Lersch, Ph.: Gesicht und Seele. München: Reinhardt 1951 (Erstausgabe 1932)
Frijda, N. H.: Recognition of emotion. In: Berkowitz, L. (Hg.): Advances in Experimental Social Psychology. Bd. 4. New York: Academic Press 1968, 167–223
Ekman, P., Friesen, W. V. u. Ellsworth, Ph.: Emotion in the human face. New York: Pergamon 1972
Görlitz, D.: Ergebnisse und Probleme der ausdruckspsychologischen Sprechstimmenforschung. Meisenheim: Hain 1972
Efron, D.: Gesture, race and culture. Den Haag: Mouton 1972. (Neudruck der Erstausgabe von 1941)
Goffmann, E.: Encounters. Indiana: Bobs-Merill 1961
Scheflen, A. E.: Body language and the social order. Englewood Cliffs: Prentice-Hall 1972
Freud, S.: Bruchstücke einer Hysterieanalyse. Gesammelte Werke Bd. 5. Frankfurt: Fischer 1972 (Erstausgabe 1905)
Scherer, K.: Die Funktionen des nonverbalen Verhaltens im Gespräch. In: Scherer, K. R. u. Wallbott, G. H. (Hg.): Nonverbale Kommunikation. Forschungsberichte zum Interaktionsverhalten. Weinheim: Beltz 1979, 25–32
Mehrabian, A.: Nonverbal betrayal of feeling. Journal of Experimental Research in Personality 5 (1971), 64–73
Watzlawick, P., Beavin, J. H. u. Jackson, D. D.: Pragmatics of human communication. A study of interactional patterns, pathologies, and paradoxes. New York: Norton 1967. (Dt.: Menschliche Kommunikation – Formen, Paradoxien, Störungen. Bern: Huber 1971)
Bateson, G., Jackson, D. D., Haley, J. u. a.: Toward a theory of schizophrenia. Behavioral Science 1 (1956), 251–264. (Dt.: Auf dem Wege zu einer Schizophrenie-Theorie. In: Bateson, G., Jackson, D. D., Haley, J. u. a.: Schizophrenie und Familie. Frankfurt: Suhrkamp 1969, 11–43
Bugenthal, D. E., Kaswan, J. W. u. Love, L. R.: Perception of contradictory meanings conveyed by verbal and nonverbal channels. Journal of Personality and Social Psychology 16 (1970), 647–655. (Dt.: Die Wahrnehmung von Mitteilungen mit Widersprüchen zwischen verbalen und nichtverbalen Komponenten. In: Scherer, K. R. u. Wallbott, H. G. (Hg.): Nonverbale Kommunikation: Forschungsberichte zum Interaktionsverhalten. Weinheim: Beltz 1979, 256–270)
Ekman, P. u. Friesen, W. V.: Nonverbal leakage and clues to deception. Psychiatry 32 (1969), 88–105
Ekman, P. u. Friesen, W. V.: Detecting deception from the body or face. Journal of Personality and Social Psychology 29 (1974), 288–298

Gesprochene und geschriebene Sprache

„Tarzan, Herr des Schunkel“ – eine Sprachprobe und vier Ebenen der Sprachanalyse

Der vierzehnjährige Matthias F. hat für den Deutschunterricht eine Comic-Geschichte geschrieben. (Die Geschichte ist auf den beiden nächsten Seiten wiedergegeben.) Die Lehrerin hatte Bilderbögen ausgeteilt, auf denen Phantasiefiguren dargestellt waren. Die Schüler sollten die Figuren ausschneiden, aufkleben und durch den Text und weitere Zeichnungen ergänzen; dabei sollte eine fortlaufende Geschichte entstehen. Matthias wählt eine Figur als Helden, die er als Tarzan bezeichnet. Die Geschichte wird in Form von Dialogen und Selbstgesprächen dargestellt. Tarzan wird darin verfolgt; es gelingt ihm aber, seine Widersacher unschädlich zu machen. Sprache, Stil und Rechtschreibung sind nicht ganz altersgemäß. Matthias war bereits vor seiner Einschulung durch eine Sprachentwicklungsstörung aufgefallen. Sein Lispeln, Stottern und seine fehlerhafte Grammatik machten eine Sprachtherapie (logopädisches Training) notwendig. Wegen einer diagnostizierten Lese- und Rechtschreibschwäche (Legasthenie, von griech. ‚legein‘ – lesen; griech. ‚astheneia‘ – Kraftlosigkeit) erhielt er während seiner gesamten Schulzeit Förderstunden.

Man kann die Sprachprobe unter vier psycholinguistisch bedeutsamen Aspekten betrachten: dem phonologischen Aspekt, dem semantischen Aspekt, dem syntaktischen Aspekt und dem pragmatischen Aspekt. Weil die Betrachtung der Sprache unter jedem der Aspekte wie ein mikroskopischer Schnitt durch ein biologisches oder medizinisches Präparat erscheint, bezeichnet man die abgehobene Untersuchung eines Aspekts auch als Analyse einer spezifischen Ebene. Man spricht dann von Analysen auf phonologischer Ebene, auf semantischer Ebene, auf syntaktischer und pragmatischer Ebene.

Gegenstand der Betrachtung auf *phonologischer Ebene* (von griech. ‚phone‘ – Ton, Laut) sind die Laute; dabei interessiert sowohl das Vorkommen von einzelnen Lauten in einer Sprache als auch die Regeln ihrer Aneinanderreihung. Jede natürliche Sprache besitzt ein charakteristisches Lautrepertoire. Die kleinsten, eben noch unterscheidbaren und für die Unterscheidung von Bedeutungen wesentlichen Lautelemente einer Sprache heißen Phoneme. Die Phoneme der deutschen Sprache werden recht gut durch die Buchstaben der Schreibschrift angenähert. Eine vollständige Zuordnung von Buchstaben und Phonemen ist jedoch nicht möglich. Daher wurde eine eigene Umschrift zur genauen Wiedergabe von Phonemen geschaffen. Beim Lernen einer Fremdsprache begegnet ihr jeder Schüler. Wenn Matthias das Schriftwort „Dschungel“ als „Schunkel“ wiedergibt, so deutet dies entweder darauf hin, daß er die phonetische Struktur dieses Wortes noch nicht erfaßt hat oder daß ihm die Umsetzung dieser Struktur in die Schriftform nicht vollständig geglückt ist. Ebenso ist bei seinen anderen Rechtschreibfehlern zu fragen, wieweit sie auf Unsicherheit im Bereich der Phonemdiskrimination beruhen.

Einige Phoneme aus dem Deutschen sind anderen Sprachen fremd; dafür weisen andere Sprachen Laute auf, die im Deutschen fehlen (z. B. die Nasale des Französischen, die Zischlaute des Slavischen, die Schnalzlaute mancher afrikanischer Stammessprachen). Sprachspezifisch sind auch die Regeln der Aneinanderreihung. So ist eine Häufung von Konsonanten wie in dem Wort „sprzaczka“ (phonet. ‚spʃɔntʃka‘ – Schnalle) für das Polnische charakteristisch, käme aber für das Deutsche nicht in Frage, erst recht nicht für das Italienische, das zu einem häufigen Wechsel zwischen Konsonanten und Vokalen neigt.

Tarzan der Herr des Schunkel
Tarzan zwillings Bruder

Bin wieder daheim Tarzan ist da nanu warum kommen sie nicht sonst sind sie immer da
Tarzan nicht gut. Tarzan böse feuer machen
was ich habe feuer gemacht nein

Auf der *semantischen Ebene* werden die sprachlich zum Ausdruck gebrachten Bedeutungen sowie die sprachlichen Träger von Bedeutungen untersucht (vgl. S. 95f. sowie S. 430). Würde man sagen: Träger von Bedeutung innerhalb der Sprache sind die Wörter, so wäre dies – genau genommen – nicht richtig. Es wäre deshalb nicht richtig, weil bedeutungsträchtige Einheiten kleiner als Wörter sein können. Nimmt man etwa aus dem dritten Bild der Geschichte von Matthias das Wort „Schreie" (aus dem Satz „... meine Schreie und alles wurde übergespielt"), so erkennt man zwei bedeutungstragende Komponenten in einem Wort: Den Stamm „Schrei-" sowie die Pluralendung „-e". So wie der Stamm mit anderen Endungen gekoppelt neue Bedeutungsnuancen annehmen kann z. B. mit der Endung „-en" zum Tätigkeitswort „schreien" in der Grundform wird), kann die Endung „-e", an andere Wortstämme gehängt, dort die Mehrzahl ausdrücken (z. B. in „Tisch-e"). Die kleinsten Bedeutung tragenden Einheiten der Sprache (Wortstämme, Präfixe – d. h. Vorsätze – sowie Suffixe – d. h. Anhängsel) werden als Morpheme (von griech. ‚morphe' – Gestalt) bezeichnet. Die größte Variation weisen unter den Morphemen die Wortstämme auf; sie werden in Standardform zu Lexika zusammengestellt.

Der Sinn eines Satzes, ja eines ganzen Textes geht allerdings oft über die Summe der Bedeutungen der im Satz oder Text enthaltenen Wörter und Morpheme hinaus. Wenn etwa in der Geschichte von Matthias (Bild 2) das zottige Wesen sagt: „Tarzan böse Feuer machen", so klingt dies nach dem „gebrochenen" Deutsch eines Primitiven oder eines Fremden; durch eine bestimmte Art, wie Wörter aneinandergereiht sind, entsteht ein Sinn, der jedem einzelnen der Wörter abgeht.

Die Regeln des Zusammenfügens von Wörtern werden zum Gegenstand der Betrachtung unter dem *syntaktischen Aspekt* (von

Das war der Professor der wollte meine Stimme haben und ich durfte nicht alle Räume sehen????
ja er hat meine Stimme die P. aufgenommen hat
wer bist du du siehst aus ich ich
In dem Raum dar war er meine Schreie und alles wurde übergespielt
Tarzan muß ich Töden Töden
befehl ist befehl

Du wirst sterben und dem Professor ist erledigt. Dem haben schon die Affen. Hilfe ich lalle

Acht Zeichnungen aus einer Comic-Serie mit Textergänzungen eines vierzehnjährigen Schülers.

griech. ‚syntaxis' – Anordnung). Am häufigsten behandelt wird die Bildung von Sätzen; die hierfür anzuwendenden Regeln werden ebenfalls unter dem Begriff der Grammatik zusammengefaßt. Die Textsyntax, auch Textgrammatik genannt, umfaßt darüber hinaus jedoch auch Regeln des Textaufbaus (wie z. B. des Dialogs, der Erzählung usw.). Die Syntax weist den Wörtern im Satz und den Sätzen im Text bestimmte Rollen zu. So bauen sich einfache Aussagesätze weitgehend aus den Komponenten des Subjekts, des Prädikats und des Objekts auf. Verschiedene Fallformen von Substantiven sind vorgesehen für das Subjekt als Träger einer Handlung (Nominativ), für das Objekt (Akkusativ), für den Besitzer eines Objekts (Genitiv) sowie für den Nutznießer (Dativ); Präpositionen wie AUF, IN, VOR ermöglichen den Ausdruck weiterer Beziehungen im Satz (zur Kasusgrammatik s. bereits S. 139). Wie streng und informativ die Konstruktionsregeln im Satz sind, fällt am meisten auf, wenn sie verletzt werden. So etwa in Bild 4 der Geschichte von Matthias: „Du wirst sterben und dem Professor ist erledigt. Dem haben schon die Affen." Im zweiten Teil des ersten Satzes ist nämlich das unbedingt erforderliche Subjekt im Nominativ durch ein Substantiv im Dativ ersetzt; entsprechend ist im zweiten Satz (durch „dem" statt „den") die an dieser Stelle nicht einsichtige Rolle eines Nutznießers eingeführt, anstelle des unverzichtbaren Objekts im Akkusativ.

Hinzu kommt die bereits oben (S. 430) behandelte *pragmatische Ebene*. Bei der Deutung der Geschichte von Matthias ist zu berücksichtigen: sie entstammt einer Schulsituation, und der Schreiber ist bestrebt, dafür eine gute Note zu erhalten. Da Matthias weiß, daß seine Lehrerin mit seinen bisherigen Rechtschreibleistungen unzufrieden war, konzentriert er sich auf die Schreibweise der einzelnen Worte und hat daher keine Zeit, einen langen Text zu verfassen. So wird seine Geschichte ein Mittel zur Einflußnahme auf die Lehrerin, und dies schlägt sich in ihrer Gestaltung nieder.

Auf der phonologischen, der semantischen und der syntaktischen Ebene formulieren Sprachforscher immer wieder das Problem der *Beziehung zwischen idealer und realer Sprache.* An Matthias läßt sich dieses Problem veranschaulichen: Seine Sprache wirkt unbeholfen, ja manchmal sogar fehlerhaft. Ein solches Urteil setzt die Vorstellung einer idealen Sprache voraus. Der französische Sprachwissenschaftler Ferdinand de Saussure (1931) postuliert eine solche ideale Sprache (franz. ‚langue') als ein vollständiges und einheitliches Regelsystem für den Gebrauch von Zeichen in einer Sprachgemeinschaft; in Gegensatz dazu setzt er die jeweils tatsächlich gesprochene oder geschriebene Sprache eines Individuums (franz. ‚parole'). Ähnlich unterscheidet der amerikanische Sprachwissenschaftler Noam Chomsky zwischen *sprachlicher Kompetenz* und *sprachlicher Performanz.* Kompetenz nennt er die Fähigkeit zur Beherrschung der Sprachregeln, der Regeln, nach denen Sprachproduktionen zu verstehen und hervorzubringen sind. Kompetenz ist Wissen um eine ideale Sprache. Chomsky (1970, S. 49) wörtlich:

„Kompetenz heißt ein internalisiertes Regelsystem, das Laut und Bedeutung auf besondere Weise in Beziehung setzt."

Performanz (von engl. ‚performance' – Ausführung) ist dagegen ein individuelles, aktuelles Sprechen und Schreiben mit seinen Abweichungen vom Ideal.

Die Analyse des Sprechens und Schreibens als Tätigkeiten von Individuen ist für den Psychologen auf allen Ebenen ein Stück Verhaltensforschung; seine Analyse des individuellen Sprachverstehens ist ein Stück Wahrnehmungsforschung. Kann und soll er sich aber darüber hinaus der Frage einer Sprache an sich zuwenden? Oder anders ausgedrückt: Besitzt Sprache als ein linguistisch nachweisbares System von Regeln eine psychische Realität? Vor allem in der Grammatikforschung hat diese Frage eine lebhafte Diskussion ausgelöst (s. später S. 466 ff.).

Idealsprache – vollkommene Sprache?

Was Linguisten als Idealsprache bezeichnen, ist als sprachlicher Standard unbestritten, überzeugt aber nicht immer durch seine Regelhaftigkeit und Schlüssigkeit. Unregelmäßigkeiten und Ungereimtheiten sind in natürlichen Sprachen häufig. Der Münchener Komiker Karl Valentin (1882–1948) karikiert das in einem (noch ungedruckten) Dialog aus dem Jahre 1940:

„. . . die Höhe des Wortunfugs sind die Tätigkeitswörter: Der Koch kocht, der Bäcker bäckt, der Schmied schmiedet; was ist das bei einem Dienstmann? Man kann doch nicht sagen: der Dienstmann dienstmandelt, der Arzt arztelt, der Zimmermann zimmermandelt. – Wenn man etwas ißt, sagt man: ich habe es gegessen; richtiger wäre es: ich habe es vergessen. Wenn einer zuviel sauft, sagt man: der hat sein Geld versoffen und wenn einer viel ißt, müßte man sagen, der hat sein Geld vergessen. – Aus all diesem können Sie ersehen, daß die deutsche Sprache noch sehr unvollkommen ist . . ."

(Valentin, K.: Der Sprachforscher. Stadtarchiv München. 1. Fassung 1940)

Wortbedeutungen

Die auffälligsten Bedeutungsträger in der gesprochenen und geschriebenen Sprache sind die Wörter. Ihnen kommen zwei Arten von Bedeutungen zu: die Denotation (von lat. ‚denotare' – bezeichnen, hinweisen), d. h. die

Sprache – ein interdisziplinärer Gegenstand

Die Sprache als zentrale kulturelle Erscheinung ist nicht nur ein traditionsreiches wissenschaftliches Thema, sondern auch ein facettenreiches Phänomen, an dessen Untersuchung – wie bereits eingangs hervorgehoben – mehrere wissenschaftliche Disziplinen Anteil haben. Nun haben die verschiedenen beteiligten Disziplinen unterschiedliche Interessenschwerpunkte, die zum nicht geringen Teil durch ihre Methodik bedingt sind. Die folgende Tabelle sucht diese Schwerpunkte im Rückblick auf das letzte Jahrzehnt anzugeben; Schwerpunktänderungen in der Zukunft sind selbstverständlich nicht auszuschließen.

Fachdisziplin	Schwerpunkt					
	Phonologie	*Semantik (allgemein)*	*Lexikon*	*Syntax*	*Pragmatik*	*Störungen (allgemein)*
Philosophie		●			●	
Sprachwissenschaft (Linguistik)	●	●	●	●	○	○
Kommunikationswissenschaft (einschl. Publizistik)	○	●	○	○	●	
Soziologie (Soziolinguistik)		●	○	○	●	
Psychologie (Psycholinguistik)		●	○	○	○	○
Physiologie	○					
Psychiatrie		○				●
Physik	●					

Schwerpunkte der an der Untersuchung der Sprache beteiligten Fachdisziplinen (● stark ausgeprägter Schwerpunkt; ○ Schwerpunkt; fehlende Schwerpunktangaben schließen maßgebliche Einzelbeiträge nicht aus.)

Hauptbedeutung nach der Festlegung im Lexikon; die Konnotation (von engl. ‚connotation' – Nebenbedeutung), das sind zusätzliche emotional-bewertende oder kognitive Bedeutungsinhalte.

Die *Denotation* umfaßt den präzisen Bezug eines Wortes zu einem Sachverhalt, einer Person, einem Gegenstand oder einem Ereignis. Mit Präzision bezeichnet etwa der Ausdruck MUTTER eine Frau mit einem Kind oder mehreren Kindern. Darüber hinaus besitzt der Ausdruck noch untergründige und auch nicht restlos von allen Menschen geteilte Zusatzbedeutungen: Quelle liebevoller Fürsorge, Stifterin von Geborgenheit. Die Grenzen zwischen Denotation und Konnotation sind nicht leicht zu ziehen, und manche Autoren verzichten ganz auf die Unterscheidung.

Eine gängige Modellvorstellung ist: Menschen verfügen über ein *inneres Lexikon,* d. h. ein Wortverzeichnis mit den Bedeutungen der einzelnen Wörter. Nach Katz und Fodor (1963) muß ein inneres Lexikon u. a. drei Arten von Eintragungen zu jedem Wort enthalten: die syntaktische Definition (z. B. „dieses Wort ist ein Adjektiv", „dieses Wort ist ein Adverb"), die semantische Definition, das sind Sinnmerkmale, welche das Wort mit anderen teilt (z. B. „ist ein Gebäude", „ist eßbar") sowie semantische Unterscheidungsmerkmale, d. h. spezifische Sinngehalte, welche das Wort aus der Menge der anderen lexikalischen Einheiten heraushebe (z. B. „Polizist im Vatikan", „Tintenschreiber"). Mit Hilfe solcher Eintragungen lassen sich dann ein und demselben Wort sogar verschiedene alternative Bedeutungen zuerkennen.

Diese von Katz und Fodor entworfene und seitdem häufig diskutierte Logik der Bedeutungsdefinition deckt sich weitgehend mit der Merkmalstheorie zur Beschreibung von Begriffen; dort wie hier tauchen Beschreibungsdimensionen, allgemeinere Merkmale und spezifischere Merkmale im Modell auf (s. S. 129 ff.). An dieser Stelle tritt erneut die enge Verknüpfung von Sprache und Denken in Erscheinung (s. S. 433 ff.). Es gibt aus psychologischer Sicht keinen Sinn, die Definition der Wortbedeutung von der Begriffsbildung zu trennen; beide gehen offensichtlich miteinander einher. Insofern lassen sich Wortbedeutungen auch in semantischen Netzen darstellen. Oder anders ausgedrückt: Semantische Netze lassen sich als komplexe Lexika auffassen (zum Aufbau semantischer Netze vgl. S. 138 ff.).

Von besonderem Interesse bei der Analyse von Wortbedeutungen sind die *Homonyma* (von griech. ‚homoios' – gleich, griech. ‚onoma' – Name), gleichlautende Namen für verschiedene Gegenstände. Im Deutschen gibt es zahlreiche solcher Wörter: HAHN (s. o.), SCHLOSS (1. fürstliches Gebäude, 2. Verschluß), PFLASTER (1. Straßenabdeckung, 2. Wundschutz) – um vorerst nur drei zu nennen. Woher soll der Hörer wissen, welche der

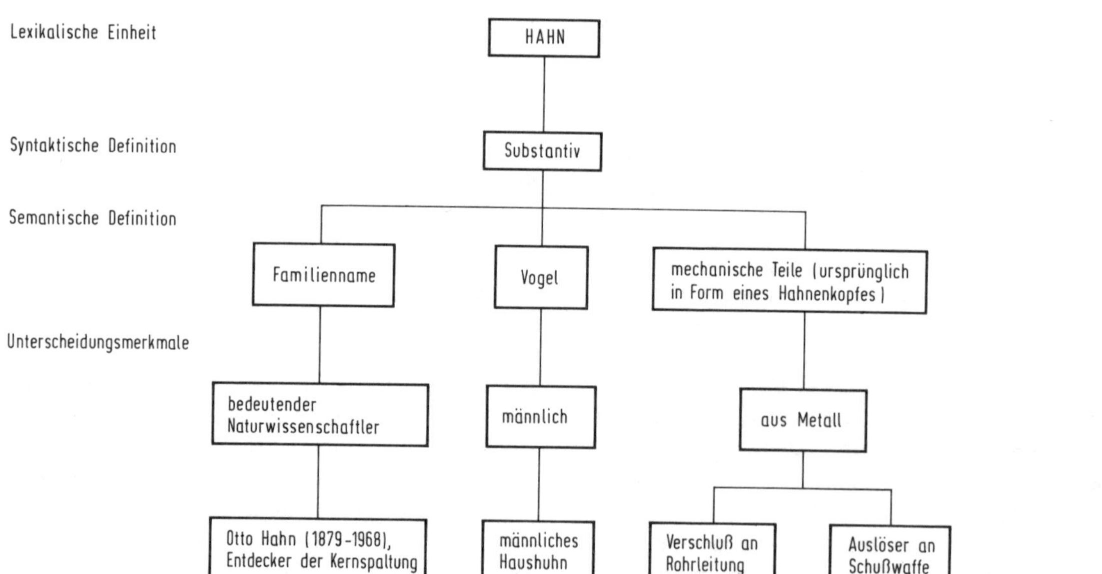

Hypothetischer Fall einer Eintragung ins subjektive Lexikon nach der Theorie von Katz und Fodor (1963).

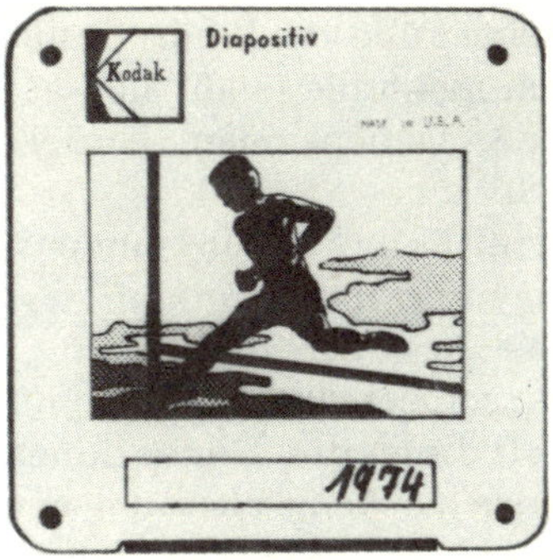

Kongruent mit der dominierenden Bedeutung.

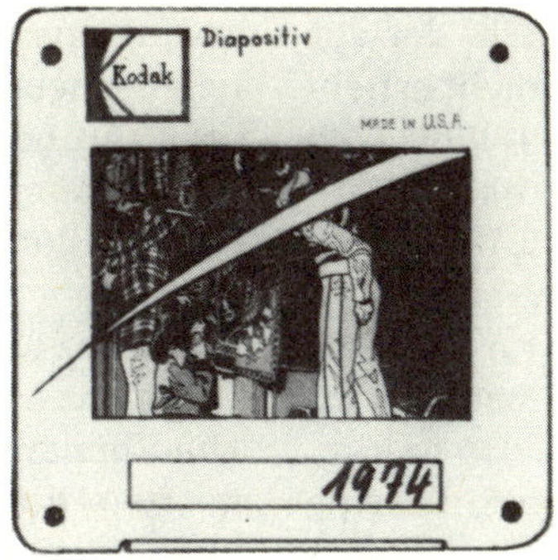

Inkongruent mit der dominierenden Bedeutung.

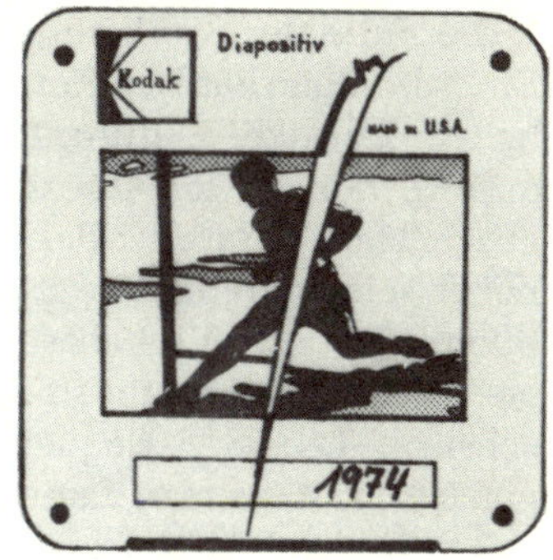

Mehrdeutig

Ergänzende bildliche Darstellungen zum Satz SPRÜNGE DIESER ART SIND RELATIV UNGEWÖHNLICH. Wird dieser Satz isoliert dargeboten, so wird das Wort SPRUNG zumeist als „sportliche Leistung“ aufgefaßt. (Unveröffentlichte Abbildungen aus der Untersuchung von Bock 1978.)

vorhandenen Bedeutungen der Sprecher bei der Benutzung von Homonyma gerade im Sinn hat? Tatsächlich ereignen sich manchmal Verwechslungen. Das Verständnis wird jedoch durch drei Umstände gefördert: Zum einen weiß der Hörer recht gut zwischen wahrscheinlichen und unwahrscheinlichen Bedeutungen zu unterscheiden. So wird er beim Hören des Wortes BAUER in der Regel zunächst an die Bedeutung „Landmann“ denken und erst in zweiter Linie an die Bedeutung „Vogelkäfig“; die für den Hörer näherliegende Bedeutung wird zumeist auch die vom Sprecher gemeinte sein. Zum zweiten ergibt sich die Bedeutung eines Wortes oft auch aus dem Satzzusammenhang. In dem Satz

DIE ÄRZTIN ENTFERNT DAS PFLASTER

kann mit PFLASTER eigentlich nur das Wundpflaster gemeint sein. Drittens spielt für das Verständnis auch die Sprechsituation eine Rolle. Im Satz

DEN TOURISTEN GEFÄLLT DIE KAPELLE

bleibt zunächst durchaus offen, ob mit KAPELLE eine Dorfkirche oder eine Gruppe von Musikern gemeint ist. Die Unsicherheit schwindet jedoch, wenn man die Touristen bei einem Folkloreabend mit Blasmusik erlebt; dann paßt sich die Deutung des Satzes der wahrgenommenen Situation an.

Wie die Mehrdeutigkeit von Wörtern und Sätzen teils übersehen, teils entdeckt und beseitigt wird, hat Michael Bock (1978) in einer Studie demonstriert. In seiner Untersuchung hat er Bilddarstellungen zusammen mit mehrdeutigen Sätzen zum Lesen geboten. Die Bilder konnten dreierlei darstellen: die beim Lesen des Satzes dominierende Bedeutung (kongruente Bilder), die beim Lesen des Satzes seltenere Bedeutung (inkongruente Bilder) sowie eine Mischung aus dominierenden und seltenen Bedeutungsinhalten (mehrdeutige Bilder); zum Vergleich wurden die Sätze auch ohne Bilder vorgelegt. Die Ergebnisse: Ohne Bildergänzung geboten wurden die Sätze von Studenten zu 32% als mehrdeutig anerkannt. Diese Quote sank auf 14%, wenn kongruente Bilder die Leser in ihrem Verständnis der dominanten Version bestärkten. Machten inkongruente Bilder auf die seltenere Version aufmerksam, so wurde in 54% der Fälle eine Mehrdeutigkeit bemerkt. Diese Zahl blieb nur knapp unter der Quote von 58%, die erreicht wurde, wenn auf Bildern die Mehrdeutigkeit des Satzes ausdrücklich vorgeführt wurde.

Die Fülle der *Konnotationen,* d. h. der zur Einordnung in das Lexikon nicht mehr erheblichen Zusatzbedeutungen (s. o.) läßt sich durch Erhebung von Assoziationen (s. S. 136ff.) abschätzen. Wenn etwa das Wort FLUGZEUG neben seiner streng zu bestimmenden Wörterbuchdefinition „Verkehrsmittel für Luftwege" noch Bedeutungsinhalte wie „Fortschritt", „Luxus", „Bequemlichkeit" anklingen läßt, so kann man damit rechnen, daß sich solche Begriffe beim freien Assoziieren ebenfalls häufen. Nach einem Vergleich verschiedener Erhebungsverfahren für Assoziationen hat der amerikanische Psychologe Charles Osgood (1952) einen Standardsatz von Eigenschaftspaaren wie „heiß–kalt", „schön-häßlich" zur Beurteilung vorgelegt, um Wörter (sowie andere mögliche Urteilsgegenstände) nach ihrer Nähe zu den einzelnen Eigenschaften auf mehrstufigen Skalen einzustufen. Damit war eines der beliebtesten Meßinstrumente der modernen Psychologie geboren, das *semantische Differential* (engl. ‚semantic differential'), im Deutschen auch Eindrucksdifferential oder Polaritätenprofil genannt.

Peter R. Hofstätter, ein Schüler von Karl Bühler aus Wien und später Psychologieprofessor an der Universität Hamburg, hat die Differentialmethode während seiner Lehrtätigkeit an der Katholischen Universität in Washington kennengelernt und im Jahre 1955 deutschen Lesern vorgestellt. Er benutzte einen Satz von zwölf Eigenschaftspaaren, mit deren Hilfe er die Ähnlichkeit bzw. Unähnlichkeit von Begriffen wie SCHLAF, HÖFLICHKEIT, REVOLUTION und SIEG anhand eigener Daten demonstrierte. Er konnte zeigen, daß SCHLAF und HÖFLICHKEIT – obwohl denotativ deutlich voneinander unterschieden – denselben Konnotationsbereich teilten, sich aber in ihrer Konnotation klar von Begriffen wie REVOLUTION und SIEG absetzten, die ihrerseits konnotativ nahe beieinander lagen.

Was bereits Osgood und sein Mitarbeiter Suci (1955) ermittelt haben, hat sich später in zahlreichen Nachuntersuchungen bestätigt (vgl. Fuchs 1975): eine Fülle von Eindrucksurteilen – wenn auch nicht alle – läßt sich auf drei grundlegende Dimensionen zurückführen:

○ Aktivität („schnell/aktiv" – „langsam/passiv")
○ Potenz („stark" – „schwach")
○ Valenz („gut" – „schlecht").

Die Verwandtschaft dieser drei Dimensionen mit den Dimensionen zur Kennzeichnung von Gefühlserlebnissen ist unverkennbar: Aktivität hier entspricht Intensität dort, Potenz entspricht der Dominanz und Valenz dem Lust/Unlustfaktor (vgl. S. 394f.). Wegen dieser Gleichartigkeit hat man die im Eindrucksdifferential erfaßten Konnotationen als emotionale Bedeutungskomponenten interpretiert, in denen sich Bewertungen und Einstellungen gegenüber dem bezeichneten Objekt widerspiegeln (z. B. Ertel 1964).

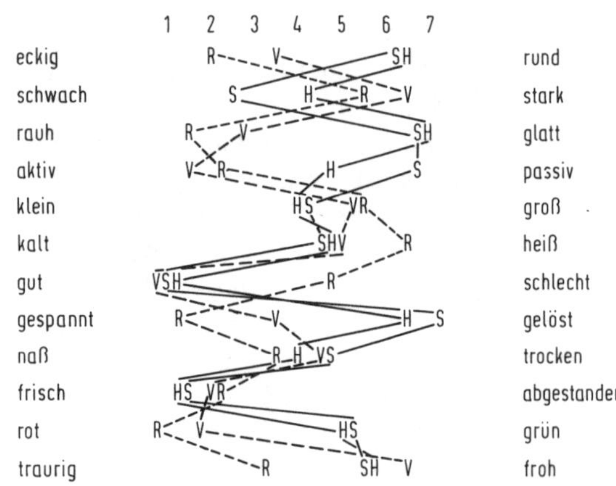

Einstufungen der Begriffe Schlaf (S), Höflichkeit (H), Revolution (R), Sieg (V) nach der Methode des Eindrucksdifferentials zur Ermittlung von Konnotationen (nach Hofstätter 1955, S. 68).

Ärgernis Kultur – Ärgernis Wort

Während des Ersten Weltkriegs bildete sich eine vor allem von Künstlern getragene Bewegung, die mit dem Krieg auch der bürgerlichen Kultur den Kampf ansagte: der Dadaismus. Die nihilistisch-satirischen Angriffe der Dadaisten richteten sich mit Vehemenz auch gegen die Sprache, gegen die Festgefügtheit des Lexikons. Die Wörter der konventionellen Sprache zu zerstören und durch neue Ausdrucksmittel zu ersetzen, das war ein zentrales Vorhaben im dadaistischen Programm. Dazu einer der Wortführer, der deutsche Schriftsteller Hugo Ball (1886–1927) bei der Eröffnung einer Dada-Zusammenkunft in Zürich am 14. Juli 1916:

„Ich will keine Worte, die andere erfunden haben. Alle Worte haben andere erfunden. Ich will meinen eigenen Unfug, und Vokale und Konsonanten dazu, die ihm entsprechen . . .

Ich lasse die Laute ganz einfach fallen. Worte tauchen auf, Schultern von Worten; Beine, Arme, Hände von Worten. Au, oi, u. Man soll nicht zuviel Worte aufkommen lassen. Ein Vers ist die Gelegenheit, möglichst ohne Worte und ohne die Sprache auszukommen. Diese vermaledeite Sprache, an der Schmutz klebt wie von Maklerhänden, die die Münzen abgegriffen haben . . .

Jede Sache hat ihr Wort; da ist das Wort selber zur Sache geworden. Warum kann der Baum nicht Pluplusch heißen und Pluplubasch, wenn es geregnet hat? Und warum muß er überhaupt etwas heißen? Müssen wir denn überall unseren Mund dran hängen? Das Wort, das Wort, das Weh gerade an diesem Ort, das Wort . . . ist eine öffentliche Angelegenheit ersten Ranges."

(Ball, H.: Entwurf zu „Eröffnungsmanifest des 1. Dada-Abends". Du-Atlantis 26 (1966) 738)

Syntax (Grammatik) von Sätzen

Der folgende Satz gibt keinen rechten Sinn, genügt aber völlig den Regeln der deutschen Grammatik:

GRÜNE IDEEN SCHLAFEN WÜTEND

Der Linguist Noam Chomsky (s. bereits S. 458) hat diesen Beispielsatz erfunden, um mit seiner Hilfe die Eigenständigkeit der Grammatikalität zu demonstrieren. Von ihm stammt auch ein Ansatz zur Analyse von Satzstrukturen, der die Psycholinguistik in den vergangenen Jahrzehnten nachhaltig beeinflußt hat: die *generative Grammatik* (Chomsky 1957, 1965). Die generative Grammatik begreift den Satz als eine Einheit, die sich zur Zerlegung anbietet. Sätze lassen sich erzeugen bzw. aufschließen, indem man sie nach und nach durch immer kleinere Einheiten ersetzt. So bildet der Satz

DER LEHRER TRÖSTET DAS KIND

eine Wortgruppe, die sich zunächst durch den Verbund einer Nominalgruppe DER LEHRER und einer Verbalgruppe TRÖSTET DAS KIND ersetzen läßt. Die Nominalgruppe läßt sich sodann differenzieren in den Artikel DER und das Nomen LEHRER. In der Verbalgruppe ist das Verbum TRÖSTET von einer weiteren Nominalgruppe DAS KIND zu trennen; die zuletzt genannte Nominalgruppe gliedert sich wiederum in einen Artikel und ein Nomen. Chomsky nennt Wortgruppen Phrasen (Konstituenten) und die durch Satzzerlegung ermittelte Beziehung zwischen Wörtern die Phrasenstruktur des Satzes.

Die Phrasenstruktur des obigen Satzes läßt sich somit durch eine Reihe von Gleichungen darstellen (s. a. die Abb. auf S. 466):

S (Satz) = NP (Nominalphrase) + VP (Verbalphrase)

NP = ART (Artikel) + N (Nomen)

VP = V (Verb) + NP (Nominalphrase)

NP = ART (Artikel) + N (Nomen)

Die Bestimmung der Phrasenstruktur folgt eigenen Regeln. Woher stammen diese Regeln? Dazu Chomsky: Sie seien eben Teil der

Haben Tiere eine Sprache?

Zweifellos können sich Tiere miteinander verständigen. Zu ihrer Verständigung benutzen sie arteigene Zeichensysteme. So können etwa Bienen ihren Artgenossen durch die Form ihres Tanzes anzeigen, wo Blütenstaub und Nektar zu finden sind (von Frisch 1953). Aber besitzen Tiere auch ein Sprachsystem, das sie – wie der Mensch – mit Absicht und Bedacht zur Darstellung ihres Wissens einsetzen, ein Sprachsystem wie das menschliche, mit lexikalischen Einheiten und syntaktischen Regeln? Und wenn sie es nicht selbst besitzen: Sind sie in der Lage, sich die menschliche Sprache anzueignen?

Aufgrund des Aufbaus ihres Stimmapparats kann man von Tieren ein Sprechen, d. h. die Artikulation der Menschenlaute nicht erwarten. Man kann aber versuchen, ihnen eine Zeichensprache beizubringen, die den Regeln der menschlichen Lautsprache folgt. Diesen Weg sind erstmals zwei amerikanische Tierpsychologen, das Ehepaar B. und R. Gardner (1969) gegangen. Sie zogen eine junge Schimpansin mit Namen Washoe auf und entwickelten für sie eine Zeichensprache. So bedeutete die Hand auf dem Kopf „Hut", das Aneinanderreiben der Handflächen „genug", „fertig". Washoe war bald ebenso bekannt wie Köhlers intelligenter Schimpanse Sultan (s. S. 357 f.), denn sie erlernte über hundert Zeichen, die sie auch zu kurzen Folgen aneinanderreihen konnte (z. B. „gib mir Süßes"). Sprachforscher äußerten sich trotzdem skeptisch: Washoe beherrsche keine Satzglieder; die von ihr erzeugten Reihenfolgen von Wörtern seien nicht konsistent. In einem Vergleich zwischen seiner Schimpansin Nim mit Kleinkindern kommt H. Terrace (1979) zu dem Schluß: Auch intelligente Tiere wie Schimpansen kommen trotz intensiven Trainings nicht über eine Leistungsgrenze hinaus, die Menschenkinder mit etwa zwei Jahren erreichen. Nim schaffte Zweiwortsätze (z. B. „Keks essen", „Baby müde"), war aber nicht sehr flexibel in der Kombination von Wörtern.

Zu sehr viel günstigeren Einschätzungen der sprachlichen Leistungsfähigkeit von Schimpansen gelangte der amerikanische Lernpsychologe David Premack (1976). Er entwickelte zur Verständigung eine Zei-

Sprache, und der Zugang zu ihnen mache u. a. die Kompetenz des Sprachbenutzers aus (vgl. S. 458).

Jeder Satz soll einen Gedanken ausdrükken; im obigen Beispielsatz betrifft dieser Gedanke die Beziehung zwischen LEHRER, KIND und TRÖSTEN. Ein Gedanke kann nach Chomsky auf vielerlei Weise ausgedrückt werden, unter anderem als Behauptung (z. B. DER LEHRER TRÖSTET DAS KIND), als Verneinung (z. B. DER LEHRER TRÖSTET DAS KIND NICHT), als Frage (z. B. TRÖSTET DER LEHRER DAS KIND?) als Wendung ins Passiv (z. B. DAS KIND WIRD VOM LEHRER GETRÖSTET). Für die Herstellung der äußeren sprachlichen Form kämen eigene syntaktische Regeln zum Einsatz, die Transformationsregeln.

Nach der Theorie der generativen Grammatik kann also der gleiche Inhalt in verschiedener sprachlicher Form zum Ausdruck gelangen. Gleichzeitig ist jedoch festzustellen: Äußerlich gleich erscheinende Sätze besitzen keinesfalls immer die gleiche Phrasenstruktur. So etwa bei den Sätzen

HANS HAT SEIN BROT MIT ABSICHT LIEGEN LASSEN

chensprache, deren Elemente aus verschieden geformten Plastikstücken bestanden. Die Elemente entsprachen Worten und ließen sich nach bestimmten Regeln zu Sätzen zusammenfügen. Von vier Schimpansen brachte es das Weibchen Sarah am weitesten in der Beherrschung des Sprachsystems. Sie bildete und verstand mehrgliedrige Sätze wie „Sarah legt Banane in den Napf und Apfel in die Schale". Sie konnte mit Wenn-dann-Verknüpfungen umgehen (z. B. „wenn Sarah nimmt Apfel, dann Mary gibt Sarah Schokolade") und damit Nebensätze bilden. Sie wurde mit Verneinungen vertraut und mit Mengenbezeichnungen („alle", „einige"). Sie erlernte sogar den Gebrauch des Fragezeichens und somit die Unterscheidung zwischen Fragen und Feststellungen. Angesichts dieser Leistungen zieht Premack die grundsätzliche Überlegenheit des Menschen über das Tier in Zweifel. Er schließt sein Buch „Intelligenz bei Affen und Menschen" mit den Worten:

„Selbst wenn meine Intuition meine Logik außer Gefecht setzt und mein ‚Ich' darauf beharrt, daß der Mensch einmalig ist, kann ich nicht die arrogante Haltung einnehmen, die zu wissen glaubt, worin diese Einmaligkeit besteht."
(Eigene Übersetzung aus Premack 1976, S. 355)

Die Schimpansin Elisabeth mit ihrer Trainerin Amy Samuels vor dem vertikal geschriebenen Satz „Elisabeth gibt den Apfel Amy" (Premack 1976, S. 24).

HANS HAT SEIN BROT MIT KÄSE LIEGEN LASSEN
Im ersten Satz ist die Präposition MIT der Verbalphrase MIT ABSICHT LIEGEN LASSEN zugehörig, im zweiten Fall der Nominalphrase BROT MIT KÄSE. Weil innere und äußere Struktur somit nicht immer übereinstimmen, nehmen die Vertreter der generativen Theorie eine doppelte Repräsentation an: eine Tiefenstruktur und eine Oberflächenstruktur. Die *Oberflächenstruktur* kommt in den jeweils gesprochenen und geschriebenen Sätzen zum Ausdruck. Ihnen zugrunde liegt aber eine Grundaussage als *Tiefenstruktur*. Die funktionalen Beziehungen zwischen den Phrasen machen die Tiefenstruktur aus. Die Tiefenstruktur sei durch die Phrasenregeln bestimmt, die Oberflächenstruktur jedoch durch die Transformationsregeln wesentlich überformt.

Die generative Grammatik ist ein linguistisches Beschreibungsmodell; sie zielt auf die Idealsprache bzw. die erforderliche Kompetenz des Sprachbenutzers. Die Performanz, das heißt, das tatsächliche Verstehen und Produzieren von Sätzen, betrachtet Chomsky als psychologisches Problem, zu dessen Lösung sein linguistisches Modell nicht bestimmt sei:

„Der Versuch, zu einer vernünftigen Aussage über den Sprecher zu gelangen, ist, wie ich glaube, fehlgeleitet worden durch die allgemein verbreitete, aber dennoch völlig falsche Ansicht, daß die generative Grammatik selber auf irgendeine Weise zu einem Sprechermodell führen könnte oder mit einem solchen verwandt sei.“

(Eigene Übersetzung aus Chomsky 1961, Fußnote 16)

Der Psychologie zugewiesen wurde damit das Problem, ob den linguistischen Regeln der generativen Grammatik eine psychologische Realität zukommt, d. h. ob diese Regeln tatsächlich das Sprechen und Verstehen leiten.

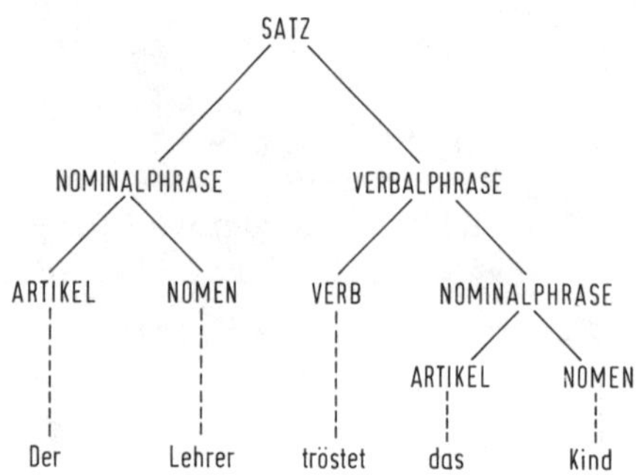

Phrasenstruktur eines Satzes nach Maßgabe der generativen Grammatik.

Vom Ursprung der Sprache

Obwohl sich die Abstammung vieler moderner Sprachen von früheren Formen nachweisen läßt (z. B. sind die romanischen Sprachen aus dem Lateinischen ableitbar), beruhen Annahmen über einen gemeinsamen Sprachursprung der Menschheit und über mehrere regionale Ursprachen vorerst auf Spekulation. Es gibt jedoch verschiedene Theorien in der Sprachwissenschaft, die den Vorgang der Sprachentstehung zu beschreiben versuchen (vgl. auch Revesz 1946, Hockett 1960):

○ Die *onomatopoetische Theorie* (von griech. ‚onoma' – Name, griech. ‚poiesis' – Schöpfung, Dichtung): Am Anfang allen Sprechens habe die Nachahmung von Tierlauten und Umweltgeräuschen gestanden.

○ Die *synergastische Theorie* (von griech. ‚syn' – mit, zusammen; griech. ‚ergon' – Werk, Arbeit): Zurufe zur Koordination der Zusammenarbeit mehrerer Individuen hätten den Anfang des Sprechens gebildet.

○ Die *Ausdruckstheorie*: Es hätten zunächst spontane menschliche Lautäußerungen der Freude, der Trauer, des Schmerzes usw. vorgeherrscht; aus ihnen habe sich die Mitteilungsfunktion entwikkelt.

Höhepunkte in der Auseinandersetzung um den Sprachursprung sind zwei Abhandlungen von Johann Gottfried Herder (1744–1803) und Wilhelm von Humboldt (1767–1835). Es ist wohl kein Zufall, daß sie aus einer Epoche stammen, in der im Zuge

Der Sprachpsychologe George A. Miller (1962) gehörte zu den ersten Autoren, die das Problem der *psychologischen Realität linguistischer Regeln* experimentell zu klären versuchten. So konnte er etwa zeigen, daß der Umgang mit Sätzen umso schwieriger und zeitaufwendiger wurde, je mehr Transformationen (Wendungen ins Passiv, Verneinung u. ä.) diese Sätze unterzogen worden waren. Andere Untersuchungen erbrachten Argumente für die Annahme, die von Chomsky beschriebene Phrasenstruktur von Sätzen (s. o.) finde ihre Entsprechung in der Organisation des Satzverstehens und der Satzproduktion. Hierzu zwei Befunde als Beispiele: Während des Hörens einer Phrase (s. o.) dringen leise Töne nicht ins Bewußtsein; dafür glauben die Betroffenen, die Töne im Anschluß an diese Phrase gehört zu haben (Garrett, Bever u. Fodor 1966). Weiterhin findet man Sprechpausen vorzugsweise an denjeni-

der romantischen Bewegung eine verstärkte Besinnung auf die Wurzeln der geistigen Erscheinungen einsetzte. Herder verwarf in seiner Preisschrift für die Akademie der Wissenschaften in Berlin „Abhandlung über den Ursprung der „Sprache“ (1772) sowohl die Lehre Süßmilchs (1766), Sprache beruhe auf göttlicher Eingebung, als auch die onomatopoetische Deutung des Philosophen Etienne Bonnot de Condillac (1746), Sprache entstehe aus der Nachahmung des Tierschreis. Herder setzt diesen Lehrmeinungen die These entgegen, Sprache sei aus der Besonnenheit, der Verstandesbegabtheit zu erklären. Geräusche würden zunächst in stimmlichen Ausdruck umgesetzt. Die ersten Laute seien noch allgemeine Bezeichnungen der mit den Geräuschen verbundenen Handlungen und gingen später in die Form von Verben über. Erst danach hätten sich Nomina und andere Wortformen entwickelt.

Wilhelm von Humboldt setzte mit seiner Schrift „Über die Verschiedenheit des menschlichen Sprachbaus und ihren Einfluß auf die geistige Entwicklung des Menschengeschlechts“ aus dem Jahre 1836 die Tradition Herders fort. Er nimmt gleichzeitig Gedanken der modernen Kulturanthropologie über die Wechselwirkung von Sprache und Denken (vgl. S. 433ff.) vorweg.

Einen empirischen Beleg zur Herleitung der Sprache aus der Ausdrucksfunktion hat in diesem Jahrhundert der Schweizer Linguist Wilhelm Oehl (1932, nach Bühler 1934, S. 210) versucht. Zur Stützung seiner These, die Wörter aller Sprachen seien ursprünglich Schall-, Lall- oder Bildwörter gewesen, sammelte er Material aus etwa 1400 lebenden und toten Sprachen aller fünf Erdteile. Sein Zeitgenosse Karl Bühler (s. S. 427) nimmt an, daß die ersten Worte der Benennung sinnlich erfaßbarer Gegenstände in der Umgebung des Menschen dienten. Die Menschen hätten durch Benennung Gegenstände nach Merkmalen (Erkennungszeichen) auseinandergehalten, die sie auf unmittelbaren Nutzen und Schutz aufmerksam machten. Die magische Denkweise habe die Benennung in den Dienst der Magie gestellt – als hilfreiche oder gefährliche Appelle des Sprechers an seine Umgebung. Dies zeige sich nicht nur im Vergleich verschieden weit fortgeschrittener Kulturen, sondern auch in der Ontogenese; hierzu verweist Bühler auf die entwicklungspsychologischen Befunde von Jean Piaget (1923).

Der Enthusiasmus, mit dem man im 19. Jahrhundert das Problem des Sprachursprungs angegangen hat, ist in neuerer Zeit einer resignativen Haltung gewichen. Maßgebliche Modellvorstellungen sind seit vielen Jahrzehnten ausgearbeitet, aber mangels ausreichender Befunde und neuer Methoden gelingt es nicht, vorhandene Vorstellungen zu erhärten, zu revidieren und fortzuentwickeln.

gen Stellen von Sätzen, an denen Phrasen einander ablösen (Goldman-Eisler 1968). Man gewinnt also den Eindruck: Sprecher und Hörer arbeiten Sätze abschnittsweise ab, wobei die Grenzen der Abschnitte die Phrasenstruktur der Sätze widerspiegeln; das Abarbeiten eines Abschnitts erfordert erhöhte Aufmerksamkeit, weshalb Zusatzreize subjektiv in die Zeit zwischen Phrasen verschoben werden.

Von grundsätzlichem Interesse für psychologische Forscher war weiterhin die Unterscheidung einer sprachlichen Oberflächenstruktur von einer Tiefenstruktur. Tatsächlich ließ sich zeigen, daß die grammatikalische Form des Satzes als Merkmal der Oberflächenstruktur (z. B. Passivform) schlechter behalten wird als die dem Satz innewohnende Bedeutung als Merkmal der Tiefenstruktur (Anderson u. Bower 1971, s. a. S. 192ff.). Aus solchen Beobachtungen jedoch den Schluß zu ziehen, man könne zwischen Form und Inhalt von Sätzen eine strenge Unterscheidung treffen, hielten kritische Autoren nicht für angebracht. Bedeutungszusammenhänge zwischen Wörtern könnten grammatikalische Bestimmungen überspielen. Das versuchte Engelkamp (1973, S. 125f.) zu belegen anhand des Satzes

DER FISCHER MIT DER UHR STOPPTE DIE ZEIT FÜR DEN WETTLAUF

Obwohl in diesem Satz der Ausdruck MIT DER UHR grammatikalisch eindeutig dem Nomen FISCHER zugeordnet ist, stellten Probanden beim Reproduzieren des Satzes die Bedeutungsbeziehung zwischen UHR und ZEITSTOPPEN heraus und formulierten neu:

DER FISCHER STOPPTE DIE ZEIT FÜR DEN WETTLAUF MIT DER UHR

Weiterhin läßt sich in Zweifel ziehen, ob Transformationen wie die Wendung eines Satzes aus dem Aktiv in das Passiv lediglich die oberflächliche Formulierung verändert. Der damit verbundene Perspektivenwechsel (s. bereits S. 430) kann durchaus als tiefgreifender Bedeutungswandel aufgefaßt werden. Ist dies aber so, verliert die Unterscheidung von Tiefen- und Oberflächenstruktur ihren Sinn.

In den achtziger Jahren ist die Theorie der generativen Grammatik zunehmend von der Theorie der *Kasusgrammatik* verdrängt worden. Dieser von Fillmore (1968) begründete Ansatz betrachtet den Satz von vornherein als ein semantisches Gebilde, dessen Form einer Allgemeinbedeutung entspricht. Der Satz

DER LEHRER TRÖSTET DAS KIND

ist demnach eine spezielle Ausprägung der allgemeinen Aussage

EIN HANDELNDER WIRD TÄTIG AN EINEM GEGENSTAND

Sätze dieses Typs vereinen in sich drei Aussagefälle – eine Handlung (z. B. TRÖSTEN), einen Handelnden (z. B. LEHRER) sowie ein Objekt (z. B. KIND). Indem man zusätzliche Aussagefälle in die Analyse einbezieht (z. B. einen Nutznießer, ein Instrument, ein Ziel), erweitert sich die Satzstruktur. Die Theorie der Kasusgrammatik ist in der Psychologie selbst weiterentwickelt worden – einerseits durch Norman und Rumelhart (1975) zur Theorie semantischer Netze (s. bereits S. 138ff.), andererseits durch Kintsch (1974) zur Theorie semantischer Relationen.

Narrative Strukturen: Das Erzählen von Geschichten

Auch zusammenhängende Texte wie Berichte, Erzählungen, Romane haben ihre Syntax und ihre Semantik. Die Syntax erscheint als ihr formaler Aufbau, in dem Sätze und Satzgruppen einen eigenen Platz einnehmen und regelhafte Beziehungen eingehen.

Textuntersuchungen von psychologischer Seite haben die semantische Funktion der *Textgliederung* unterstrichen. Es gibt Regeln für den Aufbau von Geschichten. Diese Regeln betreffen vor allem die in der Geschichte zu erwähnenden Inhalte und die Reihenfolge ihrer Wiedergabe. In der westlichen Kultur gliedern sich Geschichten üblicherweise in drei Teile (vgl. Brémond 1973): die Einleitung (Exposition) mit Einführung des Helden, des Ortes und der Zeit (z. B. „Unter der Regierung des Kalifen Harun al Raschid lebten in Bagdad zwei Männer namens Sindbad"), die Komplikation, d. h. ein Ereignis, das die Geschichte in Gang bringt (z. B. „Da lief die Kunde durch die Stadt: Vor den Toren liegt ein großes Untier"), sowie die Auflösung der Komplikation (Resolution) (z. B. „Ein tapferer Schneider erlegt das Untier").

Exposition, Komplikation und Resolution bilden übergreifende Sinneinheiten; Kintsch und van Dijk (1975) nennen sie Makropropositionen. Die genannten Sinneinheiten bzw. Makropropositionen bedürfen der differenzierten Ausfüllung durch Einzelsätze bzw. durch Propositionen (zum Textaufbau vgl. bereits S. 213f.). Die gesamte Gliederung einer Geschichte nennt man auch *narrative Struktur* (von lat. ‚narrare' – erzählen) oder Erzählschema. Manche Autoren sprechen in diesem Zusammenhang von einer Geschichtengrammatik (engl. ‚story grammar').

Ist die Struktur einer Geschichte vertraut, so ist die Geschichte leicht zu verstehen und einfach zusammenzufassen. Das haben etwa die amerikanischen Studenten bewiesen, die Erzählungen von Boccaccio (Länge jeweils rund 1800 Wörter) in knappen Sätzen (insgesamt etwa 70 Wörter) zusammenzufassen hatten. Dieselben Studenten hatten jedoch große Schwierigkeiten, ebenso lange Indianermärchen zu verstehen und zusammenzufassen, denn diese Märchen hatten keinen durchgehenden Helden, keinen kausalen Zusammenhang zwischen Episoden und keinen Handlungsablauf mit Komplikation und Lösung (Kintsch u. van Dijk 1975).

Die Vertrautheit mit einem Schema erleichtert auch das Anfertigen einer Erzählung. Bereits Vorschulkinder folgen in ihren Erzählungen konventionellen Schemata. So zeigten Dorothy Poulson, Eileen und Walter Kintsch sowie David Premack (1979) Kindern eine Serie von Tierbildern in verschiedenen Reihenfolgen und ließen dazu eine Geschichte erzählen. Es war für die Kinder ohne weiteres einsichtig, daß ihre Geschichte Zusammenhänge zwischen den Einzelbildern herzustellen hatte. Ihre Äußerungen ließen sich zu einem großen Teil als Stücke von Expositionen, Komplikationen und Resolutionen deuten; die meisten Äußerungen entfielen dabei auf die Komplikation.

Innerhalb des beschriebenen Erzählschemas lassen sich die verschiedensten Themen ansiedeln, die ihrerseits wieder Konventionen unterliegen, Moden unterworfen sind und sich unterschiedlicher Beliebtheit erfreuen. So gibt es bevorzugte Themen für Komplikationen (z. B. Betrug, Abschied, Eintreffen eines Übeltäters, Heirat). Diese zu ermitteln ist Aufgabe der Inhaltsanalyse von Märchen, Romanen u. ä., wie sie vor allem von Literaturwissenschaftlern und Ethnologen betrieben wird (vgl. Blood 1978). Vergleichbare Schemata gibt es für andere Berichtsformen wie wissenschaftliche Abhandlungen oder Zeitungsmeldungen.

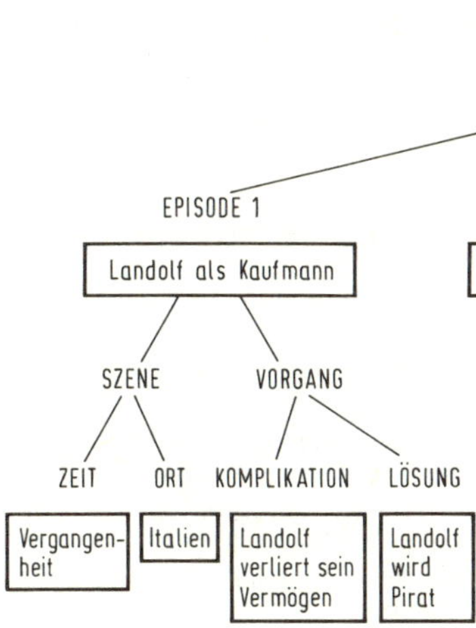

Schema (narrative Struktur) der Erzählung IV, 2. Tag von Giovanni Boccaccio (1313–1375) aus „Das Decameron" (München: Goldmann 1964, S. 57–60) nach Kintsch und van Dijk (1975).

Zusammenfassung

1. Die gesprochene Sprache ist aus Phonemen aufgebaut; die Auswahl und Kombination von Phonemen erfolgt sprachspezifisch.
2. Die kleinsten Bedeutungsträger einer Sprache sind die Morpheme (insbesondere Stämme und Endungen von Worten). Den Bestand einer Sprache an Worten nennt man ein Lexikon. Unterschieden wird häufig die denotative Bedeutung der Worte (ihr präziser Bezug zu Gegenständen, Ereignissen u. ä.) und ihre konnotative Bedeutung (vorwiegend emotional-bewertende Nebenbedeutung).
3. Die Regeln der Satzgrammatik bzw. der Syntax des Satzes bestimmen die Zusammensetzung von Sätzen aus Wörtern. Die Theorie der generativen Grammatik betrachtet gesprochene und geschriebene Sätze als Oberflächenstrukturen, die in Tiefenstrukturen enthaltene Bedeutungsbeziehungen zum Ausdruck bringen. Die damit angenommene Trennbarkeit von Inhalt und Form des Satzes ist umstritten. Ansätze, die auf der Kasusgrammatik aufbauen, betrachten dagegen den Satz auch in seiner äußeren Struktur als semantisches Gebilde.
4. Die Konstruktion von Texten aus mehreren Sätzen ist ebenfalls von Regeln geleitet. In Kulturen bilden sich Erzählschemata (narrative Strukturen) aus. Die Benutzung solcher Schemata erleichtert sowohl das Herstellen von Texten als auch deren Verständnis.

Literaturhinweise

De Saussure, F.: Grundfragen der allgemeinen Sprachwissenschaft. Berlin: De Gruyter 1931

Chomsky, N.: Language and mind. Del Mar (Calif.): CRM-Books 1969. (Dt.: Sprache und Geist. Frankfurt: Suhrkamp 1970)

Katz, J. J. u. Fodor, J.: The structure of semantic theory. Language 39 (1963), 170–210. (Dt.: Die Struktur einer semantischen Theorie. In: Steger, H. (Hg.): Vorschläge für eine strukturale Grammatik des Deutschen. Darmstadt: Wissenschaftliche Buchgemeinschaft 1970, 202–268)

Bock, M.: Levels of processing of normal and ambiguous sentences in different contexts. Psychological Research 40 (1978), 37–51

Osgood, Ch. E.: The nature and measurement of meaning. Psychological Bulletin 49 (1952), 197–237

Hofstätter, P. R.: Über Ähnlichkeit. Psyche 9 (1955), 54–80

Osgood, Ch. E. u. Suci, G. J.: Factor analysis of meaning. Journal of Experimental Psychology 50 (1955), 325–338

Fuchs, A.: Das Eindrucksdifferential als Instrument zur Erfassung emotionaler Bedeutungsprozesse. In: Bergler, R. (Hg.): Das Eindrucksdifferential – Theorie und Technik. Bern: Huber 1975, 69–100

Ertel, S.: Die emotionale Natur des „semantischen" Raumes. Psychologische Forschung 28 (1964), 1–32

Chomsky, N.: Syntactic structure. 'S Gravenhage: Mouton 1957

Chomsky, N.: Aspects of the theory of syntax. Cambrigde/Mass.: MIT Press 1965. (Dt.: Aspekte der Syntaxtheorie. Frankfurt: Suhrkamp 1969)

Chomsky, N.: On the notion ‚rule of grammar'. In: Proceedings of Symposia in Applied Mathematics. American Mathematical Society 12 (1961), 6–24

Frisch, K. von: Aus dem Leben der Bienen. Berlin: Springer 1953

Gardner, B. T. u. Gardner, R. A.: Teaching sign language to a chimpanzee. Science 165 (1969), 664–672

Terrace, H.: Nim: A chimpanzee who learned sign language. New York: Knopf 1979

Premack, D.: Intelligence in ape and man. New York: Wiley 1976

Miller, G. A.: Some psychological studies of grammar. American Psychologist 17 (1962), 748–762. (Dt.: Einige psychologische Aspekte der Grammatik. In: Leuninger, H., Miller, H. M. u. Müller, F. (Hg.): Linguistik und Psychologie. Bd. 1. Frankfurt: Fischer Athenäum 1974, 3–31)

Revesz, G.: Ursprung und Vorgeschichte der Sprache. Bern: Francke 1946

Hockett, Ch.: The origin of speech. Scientific American 103 (1960), 88–96
Herder, J. G.: Abhandlung über den Ursprung der Sprache. Berlin: Voss 1772
Humboldt, W. von: Über die Verschiedenheit des menschlichen Sprachbaus und ihren Einfluß auf die geistige Entwicklung des Menschengeschlechts. Berlin: Schneider 1935 (Erstausgabe 1836/38)
Süßmilch, J. P.: Versuch eines Beweises, daß die erste Sprache ihren Ursprung nicht vom Menschen, sondern allein vom Schöpfer erhalten habe. Berlin: Voss 1766
De Condillac, E. B.: Essai sur l'origine des connaissances humaines. In: Oeuvres de Condillac. Bd. 1. posthum 1789. Paris: Houel (verfaßt 1746)
Oehl, W.: Das Lallwort. Rektoratsrede an der Universität Freiburg/Schweiz 1932. (Nach Bühler, K.: Sprachtheorie. Jena: Fischer 1934)
Bühler, K.: Sprachtheorie. Jena: Fischer 1934
Piaget, J.: Le langage et la pensée chez l'enfant. Neuchâtel/Paris: Delachaux u. Niestlé 1923. (Dt.: Sprechen und Denken des Kindes. Düsseldorf: Schwann 1972)
Garrett, M. F., Bever, T. u. Fodor, J. A.: The active use of grammar in speech perception. Perception and Psychophysics 1 (1966), 30–32
Goldman-Eisler, F.: Psycholinguistics: Experiments in spontaneous speech. London: Academic Press 1968
Anderson, J. R. u. Bower, G. H.: On an associative trace for sentence memory. Journal of Verbal Learning and Verbal Behavior 10 (1971), 673–680
Engelkamp, J.: Semantische Struktur und Verarbeitung von Sätzen. Bern: Huber 1973
Fillmore, C. J.: The case for case. In: Bach, E. u. Harms, T. R. (Hg.): Universals in linguistic theory. New York: Holt, Rinehart u. Winston 1968, 1–88. (Dt.: Plädoyer für Kasus. In: Abraham, W. (Hg.): Kasustheorie. Frankfurt: Athenäum 1971, 1–118)
Norman, D. A. u. Rumelhart, D. E.: Explorations in cognition. San Francisco: Freeman 1975. (Dt.: Strukturen des Wissens. Stuttgart: Klett-Cotta 1978)
Kintsch, W.: The representation of meaning in memory. Hillsdale: Erlbaum 1974
Brémond, C.: Logique du recit. Paris: Seuil 1973
Kintsch, W. u. Dijk, T. A. van: Comment on se rapelle et on résume des histoires. Langages 40 (1975), 98–116
Poulsen, D., Kintsch, E., Kintsch, W. u. a.: Children's comprehension and memory for stories. Journal of Experimental Child Psychology 28 (1979), 379–403
Blood, D.: Some aspects of Cham discourse structure. Anthropological Linguistics 20 (1978), 110–132

Kommunikationspsychologische Probleme der Entwicklungs-, Persönlichkeits- und Sozialpsychologie

Entwicklungspsychologie

Sprache kann sich offensichtlich nicht ohne Kontakt mit anderen sprechenden Menschen entwickeln. Dies zeigt u. a. der Fall eines Mädchens namens Genie, das von seinen Eltern bis zum Alter von 13 Jahren in völliger sozialer Isolation aufgezogen wurde (vgl. Curtiss 1977). Aber wie lernt ein Kind im Umgang mit seiner sozialen Umgebung sprechen? Zwei einander entgegengesetzte *theoretische Positionen* beherrschen die Diskussion: die empiristische (Sprache wird erworben) und die nativistische (Sprache gehört zu den Anlagen des Menschen).

Der *empiristische Standpunkt* findet seine radikalsten Vertreter in den Behavioristen B. F. Skinner (1957) und A. W. Staats (1968). Sie führen in Experimenten vor, daß Sprache nach den Gesetzen des Konditionierens gelernt werden kann: Laute und Lautkombinationen (Wörter, Sätze) werden mit Ereignissen, Objekten und Zuständen der Umwelt verknüpft (operantes oder klassisches Konditionieren; vgl. S. 354ff. und S. 340ff.). Die gelernten sprachlichen Reaktionen werden ihrerseits wieder zu Reizen, mit denen weitere sprachliche Reaktionen zu verbinden sind. So ist auch ein Lernen von Sprache durch Sprache möglich. Im Falle des Mädchens Genie fehlten nach Auffassung der Behavioristen vor allem die verstärkenden Bedingungen. Andere Lerntheoretiker meinen, das Mädchen Genie habe keine Gelegenheit zur Nachahmung gehabt; sie deuten damit sprachliches Verhalten als eine Form sozialen Verhaltens, das wesentlich über Nachahmung erworben wird (vgl. Slobin u. Welsh 1971. Wie Bloom, Hood und Lightbown (1974) zeigen konnten, scheint Nachahmung jedoch nur den Erwerb weniger sprachlicher Aspekte zu regeln. Aus der Sicht der Kognitivisten entwickelt sich Sprache zusammen mit den übrigen kognitiven Fähigkeiten des Kindes; zum Beispiel würden Bedeutungen sprachlicher Zeichen auf gleiche Weise erworben wie Begriffe (s. S. 143f.). So wäre zu argumentieren, Genie habe in ihrer Isolation über keine ausreichenden Anreize verfügt, eine kognitive Organisation aufzubauen; somit fehlten ihr auch die kognitiven Voraussetzungen für die Entwicklung von Sprache.

Die *nativistische Position* geht von der These aus, Sprache sei im Menschen – und nur im Menschen – durch seine intellektuelle Ausstattung angelegt. Sprache sei das Produkt eines sich entfaltenden Entwicklungsprogramms. Der regelmäßige Beginn und Ablauf des Spracherwerbs unterstützt diese These. Noam Chomsky (1971) nennt dieses Programm den Spracherwerbmechanismus (engl. ‚language acquisition device'). Umweltbedingungen könnten den Entfaltungsprozeß nur oberflächlich verändern. Eine nativistische Erklärung des Falles Genie steht noch aus; bis zum Gegenbeweis durch die nachgeholte Sprachentwicklung des Kindes nach dessen Eingliederung in eine soziale Umgebung würde ein Nativist zunächst die „gesunde" intellektuelle Ausstattung des Mädchens anzweifeln.

Die Kontroverse zwischen Nativisten und Empiristen im Bereich der Spracherwerbsforschung bestimmt mehr als ein Jahrzehnt die theoretische Diskussion (vgl. Grimm 1977). Sie wird gegenwärtig noch weitgehend von Linguisten bestritten. Angeregt durch diese Kontroversen sind wichtige Erkenntnisse über den Verlauf des Spracherwerbs gewonnen worden.

Der *Erwerb von Lauten* einer Sprache baut auf einem Repertoire von Lautäußerungen auf, das Säuglinge und Kleinkinder spontan äußern (Gurr- und Lall-Repertoire). Es erscheint universal. Die erste beobachtbare Anpassung an die Sprache der Umgebung erfolgt im Bereich der Betonungs- und Satzmelodienmuster. Danach differenzieren sich aus dem Spontanrepertoire gegen Ende des ersten Lebensjahres die ersten Einzellaute der Umgebungssprache aus. Je sprachspezifischer ein Laut ist (z. B. die Nasallaute im Französischen), umso später wird er erworben (Jakobson 1942).

Den Anfang der kindlichen Sprachentwicklung bilden Ein-Wort-Äußerungen (z. B. „Mama"). Inwieweit in diesem Stadium auch der Anfang einer *Entwicklung der Syntax* gesehen werden kann, wird heftig diskutiert. Steht dieses Wort für einen ganzen Satz (etwa „wo ist Mama?"), so handelt es sich zumindest um eine Vorform einer syntaktischen Äußerung. Es schließt sich das Zwei-Wort-Stadium an, in dem einzelne Worte wie im Telegrammstil aneinandergereiht werden (z. B. „Mama kommen"). Eine eindeutige sprachliche Verständigung ist in diesem Stadium schwierig.

Der Übergang zum Mehr-Wort-Stadium wird nach Roger Brown (1973) durch den Umgang mit fremden Menschen erzwungen. Die Mehrdeutigkeit der Zwei-Wort-Sätze wird in der Familie meist kompensiert durch die genaue Kenntnis der Erfahrungswelt des Kindes. Will sich das Kind jedoch mit unvertrauten Partnern verständigen, wird es gezwungen, eindeutige Äußerungen zu produzieren; eindeutige Inhalte können aber meist nur über komplexere Sätze vermittelt werden.

Der *Aufbau eines Lexikons,* das heißt der *Erwerb von Wortbedeutungen,* ist ein langwieriger Entwicklungsprozeß. Das Erkennen von Bedeutungen und ihre Zuordnung zu sprachlichen Zeichen erfordern einen Diskriminierungsprozeß, der die wahrnehmbaren Merkmale des Bezeichneten voneinander abhebt und für die sprachliche Verarbeitung bereitstellt. Diese Hypothese wurde zuerst von Eve Clark (1973) vertreten und hat starke Unterstützung gefunden (vgl. auch S. 143f.). Ihre Analyse setzt bei der Erscheinung der Übergeneralisation im Ein- und Zwei-Wort-Stadium an. Kinder bezeichnen mit dem Lautgebilde WAUWAU zunächst eine Vielzahl von Tierarten. Diese globale Bedeutung wird durch die Umwelt ständig korrigiert, indem für die verschiedenen Arten von WAUWAU neue Namen angeboten werden. Diese Korrektur veranlaßt das Kind, auf Merkmale bei der Wahrnehmung zu achten, die zu den verschiedenen Benennungen führen. Sobald es die diskriminierenden Merkmale erfaßt hat, kann es die Übergeneralisation aufgeben: es erkennt, daß die Bezeichnung WAUWAU nur dann gerechtfertigt ist, wenn über die Merkmale „lebendiges Wesen", „Tier" hinaus noch die Merkmale „vier Beine", „Fell", „bellen" usw. gegeben sind. Bei den diskriminierenden Merkmalen braucht es sich jedoch nicht immer um Objekteigenschaften zu handeln; es können auch Funktionen sein, wie z. B. „Kuscheln" (Nelson 1980). Auch Prototypen (s. S. 132f.) stellen möglicherweise eine Hilfe bei der Zuordnung von Bedeutungen zu Zeichen dar (Bowerman 1977).

Aus dem Blickwinkel der *Pragmatik* bedeutet Spracherwerb eine Umsetzung von Handlungsabläufen in sprachliche Symbole. Im vorsprachlichen Stadium bestimmen Handlungsabläufe – mit und ohne begleitende Lautäußerungen – den gesamten Aktionsspielraum eines Kindes. Im Laufe der Entwicklung wird dieser Spielraum immer mehr durch sprachliches Handeln angereichert. Die Umwandlung vom nicht-sprachlichen zum sprachlichen Handeln wird zu einem beträchtlichen Teil über das Spiel vermittelt (vgl. Bruner 1975). Der fiktive Charakter des Spiels erlaubt, Varianten und Ersatzmuster in den Handlungsablauf einzuführen. Das Kind gewinnt damit die Freiheit, neue Kombinationen von Handlungssequenzen zu erproben und dabei auch Zeichen an die Stelle früherer Handlungen zu setzen. Die amerikanische Entwicklungspsychologin Elizabeth Bates (1979) skizziert aufgrund ihrer experimentellen Beobachtungen folgendes typische Beispiel für eine Umsetzung von Handlungen in Symbole: Ein Säugling versucht, durch unruhiges Hin- und Herblicken und unspezifische Lautäußerungen eine für den nahestehenden Erwachsenen verständliche Beziehung zwischen sich, dem Erwachsenen und einem gewünschten Gegenstand herzustellen. Er will deutlich machen, daß er einen Gegenstand auf dem Umweg über den Erwachsenen erreichen möchte. Bereits ein Vierteljahr später gehört es zu seinem Erfahrungsschatz, daß die Lautäußerung allein ausreicht, den Erwachsenen zu der gewünschten Vermittlung zu bewegen. Die Äußerung hat damit Signalwirkung bekommen; sie wird als Zeichen verwendet.

In einem Überblick über die *Entwicklung nichtsprachlicher Verständigungsformen* heben Mayo und La France (1978) hervor, daß zunächst wenige nichtverbale Kommunikationsformen zur Verständigung eingesetzt werden; z. B. dominiert die Gestik bis zum Beginn des zweiten Lebensjahres (McNamara 1977). Erst im Laufe der Entwicklung wird das Repertoire erweitert. Mit der Erweiterung muß bei mehrkanaliger Kommunikation auch die Koordination einzelner Formen geleistet werden. Kleinere Kinder schenken bei mehrkanaliger Kommunikation dem sprachlich dargebotenen Inhalt der Botschaft größere Beachtung als den gleichzeitig übermittelten nichtsprachlichen Informationen (Bugenthal, Kaswan u. Love 1970).

Die Regeln der Zuordnung von nichtverbalen Verständigungsformen zu bestimmten sozialen Kontexten (engl. ‚display rules'), d. h. die Konventionen, welche Ausdrucksform für welche Situation angemessen erscheint, müssen ebenfalls erlernt werden (z. B. Ausdruck der Trauer anläßlich eines Begräbnisses).

Persönlichkeitspsychologie

Die Erwartung, daß sich die Persönlichkeit in Sprache und Ausdruck manifestiert, hat zu Versuchen geführt, Sprache und Ausdruck diagnostisch zu verwerten. So ist vor allem versucht worden, aus Gesichtsausdruck, Schrift und Schreib- bzw. Redestil Persönlichkeitseigenschaften zu erschließen (vgl. bereits S. 442 f.). Das Problem ist nur: Zwar lassen sich Individuen anhand ihrer Schrift, ihrer Stimme, ihrer sprachlichen Ausdrucksweise oft recht gut identifizieren, aber es fällt schwer, einzelne ihrer psychologisch bedeutsamen Eigenschaften abgrenzbaren Merkmalen ihres Ausdrucks zuzuordnen.

In welcher Beziehung stehen etwa *paralinguistische Begleiterscheinungen des Sprechens* wie Betonung, Akzentuierung, Satzmelodie und Stimmhöhe zu überdauernden Persönlichkeitsdispositionen? Klaus Scherer (1979) versuchte anhand von Stimmproben – der Inhalt des Gesprochenen wurde dabei durch einen technischen Kunstgriff unkenntlich gemacht – einen Zusammenhang zwischen einigen Merkmalen wie Stimmhöhe, Lautstärke, Präzision der Artikulation, Hauchen, Näseln usw. und einigen Persönlichkeitsmerkmalen wie Gewissenhaftigkeit, emotionale Stabilität, Extraversion, Durchsetzungstendenz und Liebenswürdigkeit herauszufinden. Die Sprecher waren Deutsche und Amerikaner mittleren Alters. Ihre Persönlichkeitszüge wurden durch Bekanntenurteile ermittelt; die Stimmerkmale beurteilten Phonetiker. Sprecher, die als extravertiert, sozial und emotional stabil beurteilt wurden, zeigten mehr Stimmaufwand, nicht jedoch dominante Sprecher.

Zur Analyse des *Sprechstils* hat der deutsche Entwicklungspsychologe Adolf Busemann bereits in den zwanziger Jahren vorgeschlagen, einen „Aktionsquotienten" als Verhältnis von Handlungsaussagen (Verben) zu qualifizierenden Aussagen (meist Adjektive, Partizipien, Substantive) zu bilden; der Aktionsquotient sollte nicht nur das Vorherrschen der Emotionalität in verschiedenen Entwicklungsphasen, sondern auch bei verschiedenen Personen anzeigen. Weiterhin kann die Zahl verwendeter Wörter und die Ausgefeiltheit der Satzkonstruktion (u. a. erkennbar an der Zahl von Nebensätzen) Personen durchaus verläßlich charakterisieren. So fand etwa Gerda Lazarus-Mainka (1973), als sie zu einer Serie von Bildern Geschichten erzählen und Deutungen abgeben ließ: Personen, die sich in einem Persönlichkeitstest (Prüfung der Interferenzneigung) vorher als leichter störbar erwiesen hatten, gebrauchten mehr Wörter und setzten diese zu komplexeren Sätzen zusammen.

Recht groß war das Aufsehen unter deutschsprachigen Psychologen, als Suitbert Ertel in seiner Antrittsvorlesung als Professor an der Universität Göttingen behauptete, man könne zu autoritärem Gebaren neigende, autoritär gebundene Personen an ihrer *Wortwahl* erkennen. Die hervorstechendsten Symptome einer autoritären Haltung: die Häufung von Superlativen („größter", „geringster" usf. anstelle von „sehr groß", „ziemlich groß" usf.), die vermehrte Verwendung von Alles- oder-Nichts Aussagen („alle", „nie-

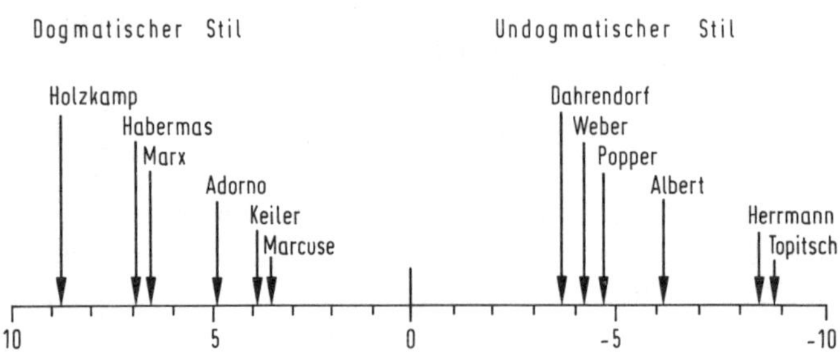

Von Ertel untersuchte Autoren und ihre Einstufung auf der nach Ausdruckskriterien konstruierten Dogmatismus-Skala (Ertel 1972, S. 258).

mand" usf. anstelle von „viele", „wenige" usf.), die Akzentuierung von Zeitangaben („immer", „nie" anstelle von „oft", „selten"), die gehäufte Betonung von Notwendigkeiten und Gewißheiten („muß" anstelle von „kann", „notwendig" anstelle von „wahrscheinlich").

Die Thesen Ertels hätten vermutlich wenig Aufsehen erregt, hätte er sie nicht an Schriften einiger gerade heftig umstrittener Autoren zu belegen versucht (Ertel 1972). Es waren Autoren aus der Philosophie, Soziologie und Psychologie, die sich zwei Richtungen zuordnen ließen: einer emanzipatorisch-gesellschaftskritischen und einer positivistisch-erfahrungswissenschaftlichen Richtung. Tatsächlich unterschieden sich die beiden Autorengruppen nach den Erhebungen Ertels in ihrer sprachlichen Ausdrucksweise. Dabei waren es die emanzipatorisch-gesellschaftskritischen Autoren, darunter prominente Vertreter der Frankfurter Schule der „Kritischen Theorie" sowie der Berliner Schule der „Kritischen Psychologie", in deren Schriften sich die Ertelschen Symptome des Dogmatismus auffällig häuften. Die Befunde waren von wissenschaftspolitischer Brisanz: die geistigen Vorkämpfer der Emanzipation, die unermüdlichsten Streiter gegen die Autorität – selbst unter Dogmatismusverdacht? Peter Keiler (1975), selbst der Berliner Gruppe der „Kritischen Psychologie" zugehörig, wies die Vorhaltungen Ertels mit inhaltlichen und methodischen Begründungen zurück. Ertel (1975) seinerseits verwarf Keilers Einwände und legte neue Daten zur Stützung seiner Thesen vor. Danach verebbte die Kontroverse.

Schließlich sei wenigstens kurz festgehalten, daß die Bereitschaft zur Kommunikation und das Geschick in der Verständigung mit anderen Menschen zu den überdauernden Persönlichkeitsdispositionen zählen dürfte. *Kommunikationsbereitschaft und -geschick* bilden jedenfalls eine wesentliche Komponente des häufig untersuchten Persönlichkeitsfaktors der Extraversion (vgl. etwa Eysenck 1967).

Sozialpsychologie

Aus sozialpsychologischer Sicht entspringt Sprache dem Leben in der Gemeinschaft, und Kommunikation dient dem Aufbau, der Erhaltung und der Fortentwicklung sozialer Organisationen. Ohne Sprache und Kommunikation gäbe es keine sozialen Kognitionen und kein soziales Handeln. Sprache ist gleichzeitig für den Einzelnen ein Werkzeug zur Schaffung von Macht und zur Sicherung von Vorteilen in der Gruppe. Aber nicht alle Menschen gelangen gleichermaßen in den Besitz dieses Werkzeugs. Insbesondere in westlichen Kulturen scheinen die Ausdrucksmöglichkeiten von Angehörigen der sozioökonomischen Unterschicht in engeren Grenzen zu liegen als diejenigen von Mittelschichtangehörigen. Das schlechtere Abschneiden von Unterschichtangehörigen in Schule und Wirtschaft, ihr geringeres Durchsetzungsvermögen in Politik und Verwaltung dürfte mit der Begrenzung ihres Ausdrucksvermögens in engem Zusammenhang stehen. Der englische Soziolinguist Basil Bernstein (1959) hat zur *Schichtabhängigkeit der Sprache* genaueres und für viele seiner Leser alarmierendes Material vorgelegt. Nach seinen Befunden verfügen Angehörige der Unterschicht und solche der Mittelschicht gleichermaßen über ein lexikalisches und syntaktisches Repertoire für die Alltagssprache. Nur die Mittelschichtangehörigen besitzen darüber hinaus jedoch einen Sprachvorrat für Anlässe, die sich aus dem Alltag abheben (z. B. für den Schriftverkehr mit Ämtern, für öffentliche Erklärungen).

Dies gilt nicht nur für die englische Bevölkerung, an der Bernstein seine Untersuchungen durchgeführt hat, sondern – wie inzwischen Nachuntersuchungen von Oevermann (1972) ergeben haben – auch im (westlichen) Deutschland. Bernstein führte zur Kennzeichnung des eingeengten Sprachrepertoires der Unterschicht den Ausdruck *restringierter Kode* (von lat. ‚restringere' – einengen, beschränken) ein, für die der Mittelschicht zusätzlich verfügbare Sprache den Ausdruck *elaborierter Kode* (von lat. ‚elaborare' – ausarbeiten). Da sich der elaborierte Kode besser zur Wiedergabe abstrakter Sachverhalte und differenzierter Beziehungen eignet, liegt nahe, ihn als den leistungsfähigeren und überlegenen zu bewerten; der Kode der Unterschicht weist demgegenüber ein Defizit auf. Spätere Autoren (vgl. Schlee 1974) stehen der Defizithypothese kritisch gegenüber. Der eingeschränkte Kode setze die soziale Distanz zwischen Kommunikationspartnern herab und erhöhe ihr Solidaritätsgefühl; diese Eigenschaften gingen jedoch dem elaborierten Kode ab. Da Wärme und Vertrautheit nicht minder positiv zu beurteilen seien als Differenziertheit und Abstraktion, könne man zwischen den beiden schichtspezifischen Ausdrucksweisen lediglich Differenzen feststellen, jedoch keine Wertunterschiede.

Der *soziale Status* findet in der Sprache seinen unmittelbaren Ausdruck. Bereits zwischen dem sozialen Status und der Wortzahl in Äußerungen herrscht ein unverkennbarer Zusammenhang. Gegenüber Höherrangigen gilt es als akzeptabel, mehr Worte zu machen; insbesondere tragen metakommunikative (vgl. S. 432f.) Zusätze (z. B. „wenn ich mir diese Bemerkung erlauben darf") und ehrende Hinzufügungen (z. B. „verehrter Herr Doktor") zum Anschwellen der Äußerungen gegenüber Höherrangigen bei. Bei einem Höherrangigen erscheinen knappe Formulierungen angemessen; wird er ausführlicher, verliert er an positiver Wertung bei seinem Gesprächspartner (Schönbach 1979). Der soziale Status drückt sich weiterhin in paralinguistischen Eigenheiten wie Sprechtempo, Betonung, Pausen und Akzentuierung aus. So konnten unvorbereitete Beurteiler in einem Versuch von Ellis (1967) mit recht hoher Treffsicherheit die Schichtzugehörigkeit von Sprechern erkennen, die den gleichen Text auf ein Tonband gesprochen hatten.

Daß Kommunikation (einschließlich der Metakommunikation) ein *sozialer Prozeß* ist, sollte bereits aus früheren Abschnitten dieses Kapitels hervorgehen. Wie vielfältig der verbale und nicht-verbale Ausdruck in das soziale Leben eingreift, kann hier nicht mehr ausgeführt werden. Zum Abschluß sei nur in Erinnerung gerufen, in welch hohem Maße –

Ein eindringlicher Appell war 1926 die Rede des deutschen Außenministers Gustav Stresemann vor der Völkerbundsversammlung in Genf. Nach den Zerrüttungen des Ersten Weltkriegs rief Stresemann zu Frieden und Völkerverständigung auf: „. . . es kann nicht der Sinn der göttlichen Weltordnung sein, daß die Menschen ihre nationalen Höchstleistungen gegeneinander kehren und damit die allgemeine Kulturentwicklung immer wieder zurückwerfen" (Stresemann – Reden und Schriften. Bd. 2. Dresden: Reissner 1926, S. 305).

insbesondere im Zeitalter der Massenkommunikation – der Alltag von Nachrichten und Zeichen bestimmt wird und welche Kraft Rede, Schrift, Mimik und Gestik besitzen, um die Erlebnisse der Erschütterung, der Einsicht und des Aufbruchs zu vermitteln, die sowohl individuellen als auch sozialen Wandel einleiten.

Zusammenfassung

1. Der Spracherwerb vollzieht sich hinsichtlich sämtlicher Aspekte der Sprache mit hoher Regelmäßigkeit; dies gilt für den Erwerb von Lauten, von Syntax, von Bedeutungen, für den Aufbau eines Lexikons sowie für die Aneignung pragmatischer Regeln. Weiterhin gibt es Belege für den Erwerb eines nichtsprachlichen Ausdrucksrepertoires.
2. Zwischen der Persönlichkeit eines Sprachbenutzers auf der einen Seite und seinem Sprachstil, seiner Wortwahl und seinen paralinguistischen Merkmalen auf der anderen scheinen Zusammenhänge zu bestehen.
3. Kommunikation ist selbst ein sozialer Prozeß und greift in das soziale Leben von Gruppen nachhaltig ein. Kommunikation wird zur Grundlage sozialer Kognitionen und sozialen Handelns. Der soziale Status eines Partners schlägt sich deutlich in der Sprache nieder. Viel Beachtung hat die These gefunden, daß die Sprache als soziales Instrument nicht allen Mitgliedern einer Kultur gleichermaßen zur Verfügung steht; vielmehr seien Unterschichtsangehörige aufgrund der Einengung ihres Sprachrepertoires benachteiligt.

Sechsundzwanzig Jahre nach Beendigung der verbrecherischen Besetzung Polens durch das Deutsche Reich kniet der deutschen Bundeskanzler Willy Brandt in Warschau vor dem Denkmal für die Opfer des Ghettoaufstandes nieder. Diese stumme Kundgabe der Trauer und des Versöhnungswillens ist zu der wohl bewegendsten Geste eines deutschen Politikers nach dem zweiten Weltkrieg geworden.

Literaturhinweise

Curtiss, S.: Genie: A psycholinguistic study of a modern day ‚wild child'. New York: Academic Press 1977

Skinner, B. F.: Verbal behavior. London: Methuen 1957

Staats, A. W.: Learning, language, and cognition. New York: Holt, Rinehart u. Winston 1968

Slobin, D. u. Welsh, C.: Elicited imitation as a research tool in developmental psycholinguistics. In: Lavatelli, C. (Hg.): Language training in early childhood education. Champaign: University of Illinois Press 1971, 170–185

Bloom, L., Hood, L. u. Lightbown, P.: Imitation in language development: If, when and why. Cognitive Psychology 6 (1974), 380–420

Chomsky, N.: Selected readings. In: Allen, J. P. B. u. van Buren, P. (Hg.). London: Oxford University Press 1971

Grimm, H.: Psychologie der Sprachentwicklung. Stuttgart: Kohlhammer 1977

Jakobson, R.: Kindersprache, Aphasie und allgemeine Lautgesetze. Universitets Arsskrift (Uppsala) 9 (1942), 1–83

Brown, R.: A first language: The early stages. Cambridge/Mass.: MIT Press 1973

Clark, E.: What's in a word? The child's acquisition of semantics in his first language. In: Moore, T. E. (Hg.): Cognitive development and the acquisition of language. New York: Academic Press 1973, 65–110

Nelson, K.: Explorations in the development of a functional system. In: Collins, W. A. (Hg.): The 12th Minnesota Symposium on child psychology. Hillsdale: Erlbaum 1980, 47–81

Bowerman, M.: The acquisition of word meaning: An investigation of some current conflicts. In: Johnson-Laird, P. N. u. Wason, P. C. (Hg.): Thinking. Cambridge: Cambridge University Press 1977, 239–253

Bruner, J. S.: The ontogenesis of speech acts. Journal of Child Language 2 (1975), 1–19

Bates, E.: The emergence of symbols: Communication and cognition in infancy. New York: Academic Press 1979

Mayo, C. u. La France, M.: On the acquisition of nonverbal communication: A review. Merrill Palmer Quarterly 24 (1978), 213–228

McNamara, J.: From sign to language. In: McNamara, J. (Hg.): Language learning and thought. New York: Academic Press 1977, 11–45

Bugenthal, D. E., Kaswan, J. W. u. Love, L. R.: Perception of contradictory meanings conveyed by verbal and nonverbal channels. Journal of Personality and Social Psychology 16 (1970), 647–655. (Dt.: Die Wahrnehmung von Mitteilungen mit Widersprüchen zwischen verbalen und nichtverbalen Komponenten. In: Scherer, K. R. u. Wallbott, H. G. (Hg.): Nonverbale Kommunikation: Forschungsberichte zum Interaktionsverhalten. Weinheim: Beltz 1979, 256–270)

Scherer, K. R.: Personality markers in speech. In: Scherer, K. R. u. Giles, H. (Hg.): Social markers in speech. Cambridge: Cambridge University Press 1979, 147–209

Busemann, A.: Über typische und phasische Unterschiede der kategorialen Sprachform. Zeitschrift für pädagogische Psychologie 27 (1926), 415–419

Lazarus-Mainka, G.: Persönlichkeitsspezifisches im Sprachverhalten. Zeitschrift für experimentelle und angewandte Psychologie 20 (1973), 68–91

Ertel, S.: Erkenntnis und Dogmatismus. Psychologische Rundschau 23 (1972), 241–269

Keiler, P.: Ertels „Dogmatismus"-Skala. Eine Dokumentation. Psychologische Rundschau 26 (1975), 1–25

Ertel, S.: Die Dogmatismus-Skala „darf" nicht zuverlässig sein. Replik auf Keilers „Replikation". Psychologische Rundschau 26 (1975), 30–59

Eysenck, H. J.: The biological basis of personality. Springfield/Illinois: Thomas 1977, 3. Aufl.

Bernstein, B.: A public language: Some sociological implications of a linguistic form. British Journal of Sociology 10 (1952), 311–326

Oevermann, U.: Sprache und soziale Herkunft. Frankfurt: Suhrkamp 1972

Schlee, J.: Sprache, Wortschatz und Intelligenz bei Vorklassenschülern. Heftreihe „Modellversuch im Bildungswesen", Heft 5, Kiel 1974

Schönbach, P.: Sprachstrukturelle Einflüsse auf Personenbeurteilungen. Zeitschrift für experimentelle und angewandte Psychologie 26 (1979), 621–642

Ellis, D. S.: Speech and social status in America. Social Forces 45 (1967), 431–437

Ausgewählte Literatur zur Ergänzung und Vertiefung

Argyle, M.: Bodily communication. London: Methuen 1975. (Dt.: „Körpersprache und Kommunikation". Paderborn: Junfermann 1979)

Argyle, M. u. Trower, P.: Signale von Mensch zu Mensch. Weinheim: Beltz 1981
(Reichhaltige und anschauliche Beschreibung vom Ausdruck des Gesichts, der Körperhaltung u. ä. in sozialen Situationen)

Blumenthal, A. L.: Language and psychology. Historical aspects of psycholinguistics. New York: Wiley 1970
(Problemgeschichte der Psycholinguistik)

Dittmar, N.: Soziolinguistik. Exemplarische und kritische Darstellung ihrer Theorie, Empirie und Anwendung. Königstein: Athenäum 1980, 4. Aufl.
(Auseinandersetzung mit Problemen der schichtspezifischen Sprache sowie anderen gruppenspezifischen Sprachen. Kommentierte Bibliographie)

Grimm, H. u. Engelkamp, J.: Sprachpsychologie. Handbuch und Lexikon der Psycholinguistik. Berlin: Schmidt 1981
(Sammlung von Überblicksartikeln zum Gesamtgebiet der Sprachpsychologie. Lexikonteil als Nachschlagewerk für die wichtigsten Begriffe)

Hörmann, H.: Einführung in die Psycholinguistik. Darmstadt: Wissenschaftliche Buchgesellschaft 1981
(Breit angelegte Darstellung über Aufbau, Erwerb und Verwendung von Sprache aus der Sicht der Psychologie)

Meggle, G.: Grundbegriffe der Kommunikation. Berlin: de Gruyter 1981
(Anspruchsvolle Darstellung der Kommunikationswissenschaft aus der Sicht der Sprachwissenschaft)

Scherer, K. R. u. Giles, H.: Social markers in speech. Cambridge: Cambridge Univ. Press 1979
(Die Auswirkungen von sozialen Situationen, Konstellationen, Variablen wie Gruppenzugehörigkeit, Status, Geschlecht und Persönlichkeitsunterschiede auf sprachliche Merkmale)

Literatur

(Gesamtverzeichnis der zitierten wissenschaftlichen Schriften sowie der zur weiterführenden Lektüre empfohlenen Bücher)

Abell, W.: Representation and form. A study of aesthetic values in representational art. London: Scribner 1936

Abelson, R. P. u. Rosenberg, M. J.: Symbolic psycho-logic: A model of attitudinal cognition. Behavioral Science 3 (1958), 1–13

Ach, N.: Über den Willensakt und das Temperament. Leipzig: Quelle u. Meyer 1910

Adams, A. E.: Informationstheorie und Psychologie des Gedächtnisses. Berlin: Springer 1971

Adams, J. A. u. Dijkstra, S.: Short-term memory for motor responses. Journal of Experimental Psychology 71 (1966), 314–318

Adler, A.: Studie über die Minderwertigkeit von Organen. Darmstadt: Wissenschaftliche Buchgemeinschaft 1945 (Erstausgabe 1907)

Adler, A.: Die Theorie der Organminderwertigkeit und ihre Bedeutung für Philosophie und Psychologie. Nachdruck in: Adler, A. u. Furtmüller, C.: Heilen und Bilden. Frankfurt: Fischer 1973 (Erstausgabe 1907)

Adler, A.: Über die Minderwertigkeit von Organen. München: Bergmann 1927

Adler, A.: Menschenkenntnis. Leipzig: Hirzel 1929

Aebli, H.: Das Denken als Ordnen des Tuns. Stuttgart: Klett-Cotta Bd. 1 1980, Bd. 2 1982

Allport, G. W.: Personality. New York: Holt 1948. (Dt.: Persönlichkeit. Mainz: Klett 1949)

Allport, G. W.: Pattern and growth in personality. New York: Holt, Rinehart u. Winston 1961. (Dt.: Werden der Persönlichkeit. Bern: Huber 1958) (Erstausgabe 1937)

Ammon, G.: Psychoanalytische Pädagogik. Hamburg: Hoffmann u. Campe 1973

Anderson, J. R. u. Bower, G. H.: On an associative trace for sentence memory. Journal of Verbal Learning and Verbal Behavior 10 (1971), 673–680

Andrejewa, E. A., Vergiles, N. J. u. Lomow, B. F.: Der Mechanismus elementarer Augenbewegungen als Folgesystem. In: Lomow, B. F. u. Vergiles, N. J. (Hg.): Motorie komponenti srenia. Moskau: Isdatelswo Nauka 1975. (Dt.: Motorische Komponenten des Sehens. Berlin: Verlag der Wissenschaften 1979, 11–53)

Anthrobus, J. S., Singer, J. L., Goldstein, S. u. a.: Mindwandering and cognitive structure. Transactions of the New York Academy of Sciences 32 (1970), 242–252

Aquin, Th. von: Zu Aristoteles „Über die Seele". Wien: Hegener 1937 (verfaßt ca. 1270–1272)

Argyle, M.: Bodily communication. London: Methuen 1975. (Dt.: Körpersprache und Kommunikation. Paderborn: Junfermann 1979)

Argyle, M. u. Dean, J.: Eye-contact, distance and affiliation. Sociometry 28 (1965), 289–304

Argyle, M. u. Trower, P.: Signale von Mensch zu Mensch. Weinheim: Beltz 1981

Aristoteles Werke. Gohlke, P. (Hg.). Übersetzt von Rolfes, E. Hamburg: Meinersche Philosophische Bibliothek 1948

Arnheim, R.: Experimentell-psychologische Untersuchungen zum Ausdrucksproblem. Psychologische Forschung 11 (1928), 2–132

Arnheim, R.: Kunst und Sehen. Eine Psychologie des schöpferischen Auges. Berlin: De Gruyter 1965

Asratjan, E. A.: Die Schaltung bedingter Reflexe. In: Kussmann, Th. u. Kölling, H. (Hg.): Biologie und Verhalten. Bern: Huber 1971, 77–103

Asratjan, E. A.: Das wissenschaftliche Erbe Pawlows. Stuttgart: Hirzel 1981

Atkinson, J.-W.: Motivational determinants of risk-taking behavior. Psychological Review 64 (1957), 359–372

Austin, J. L.: How to do things with words. Cambridge/Mass.: Cambridge University Press 1962. (Dt.: Zur Theorie der Sprechakte. Stuttgart: Reclam 1972)

Ax, A.: The physiological differentiation between fear and anger in humans. Psychosomatic Medicine 15 (1953), 433–442

Ayllon, T. u. Azrin, N.: The token economy: A motivational system for therapy and rehabilitation. Englewood Cliffs: Prentice Hall 1968

Baddeley, A. D.: The influence of acoustic and semantic similarity on long-term memory for word sequences. Quarterly Journal of Experimental Psychology 18 (1966), 302–309

Baddeley, A. D.: Short-term memory for word sequences as a function of acoustic, semantic, and formal similarity. Quarterly Journal of Experimental Psychology 18 (1966), 362–365

Baddeley, A. D. u. Hitch, G.: Working memory. In: Bower, G. H. (Hg.): The psychology of learning and motivation. Bd. 8. New York: Academic Press 1974, 47–90

Baddeley, A. D. u. Levy, B. A.: Semantic coding and memory. Journal of Experimental Psychology 89 (1971), 132–136

Bandura, A.: Influence of model's reinforcement contingencies on the acquisition of imitative responses. Journal of Personality and Social Psychology 1 (1965), 589–595

Bandura, A.: Vicarious and self-reinforcement processes. In: Glaser, R. (Hg.): The nature of reinforcement. New York: Academic Press 1971, 228–278

Bandura, A., Ross, D. u. Ross, S. A.: Imitation of film-mediated aggressive models. Journal of Abnormal and Social Psychology 66 (1963), 3–11

Bartlett, F. C.: Thinking. London: Allen u. Unwin 1958 (Erstausgabe in: Manchester Memoirs 93 (1951), 3)

Bates, E.: The emergence of symbols: Communication and cognition in infancy. New York: Academic Press 1979

Bateson, G., Jackson, D. D., Haley, J. u. a.: Toward a theory of schizophrenia. Behavioral Science 1 (1956), 251–264. (Dt.: Auf dem Wege zu einer Schizophrenie-Theorie. In: Bateson, G., Jackson, D. D., Haley, J. u. a.: Schizophrenie und Familie. Frankfurt: Suhrkamp 1969, 11–43)

Baust, W.: Die Phänomenologie des Schlafes. In: Baust, W. (Hg.): Ermüdung, Schlaf und Traum. Stuttgart: Wissenschaftliche Verlagsgesellschaft 1970, 99–144

Bayes, Th.: An essay towards solving a problem in the doctrine of chances. The Philosophical Transactions 53 (1763), 370–418. Nachdruck in Biometrika 45 (1958), 296–315

Begg, I. u. Denny, J. P.: Empirical reconciliation of atmosphere and conversion interpretation of syllogistic reasoning errors. Journal of Experimental Psychology 81 (1969), 351–354

Bekésy, G. von: Experiments in hearing. New York: McGraw Hill 1960

Berkeley, G.: A treatise concerning the principles of human knowledge. Dublin: Rhames 1710. (Dt.: Abhandlungen über die Prinzipien der menschlichen Erkenntnis. Überweg, F. u. Klemmt, A. (Hg.). Leipzig: Meiner 1869)

Berkowitz, L.: The concept of aggression drive: Some additional considerations. Advances in Experimental Social Psychology 2 (1965), 301–329

Berlyne, D. E.: The influence of complexity and novelty in visual figures on orienting responses. Journal of Experimental Psychology 55 (1958), 289–296

Berlyne, D. E.: Conflict, arousal, and curiosity. New York: McGraw Hill 1960. (Dt.: Konflikt, Erregung und Neugier. Stuttgart: Klett 1974)

Berlyne, D. E.: Structure and direction in thinking. New York: Wiley 1965

Bernstein, B.: A public language: Some sociological implications of a linguistic form. British Journal of Sociology 10 (1952), 311–326

Bettelheim, B.: Individual and mass behavior in extreme situations. Journal of Abnormal and Social Psychology 38 (1943), 417–452

Bindra, D.: Organization in emotional and motivated behavior. Canadian Journal of Psychology 9 (1955), 161–167

Birbaumer, N. u. Kimmel, H. D. (Hg.): Biofeedback and self-regulation. Hillsdale: Erlbaum 1979

Blanchard, E. B. u. Young, L. D.: Self-control of cardiac functioning. A promise as yet unfulfilled. Psychological Bulletin 79 (1973), 145–163

Bloch, E.: Das Prinzip Hoffnung. Bd. 1. Frankfurt: Suhrkamp 1959

Blodgett, H. C.: The effect of the introduction of reward upon the maze performance of rats. University of California Publications in Psychology 4 (1929), 113–134

Blood, D.: Some aspects of Cham discourse structure. Anthropological Linguistics 20 (1978), 110–132

Bloom, L., Hood, L. u. Lightbown, P.: Imitation in language development: If, when and why. Cognitive Psychology 6 (1974), 380–420

Blumenthal, A. L.: Language and psychology. Historical aspects of psycholinguistics. New York: Wiley 1970

Bock, M.: Levels of processing of normal and ambiguous sentences in different contexts. Psychological Research 40 (1978), 37–51

Boesch, E. E.: Zwischen zwei Wirklichkeiten. Prolegomena zu einer ökologischen Psychologie. Bern: Huber 1971

Boesch, E. E.: Kultur und Handlung. Bern: Huber 1980

Bösser, Th. F., Lloyd, I. u. Schmidt-Mummendey, A.: Bedingungen offensiven und gefährlichen Fahrverhaltens auf der Autobahn. Systemanalytische Untersuchungen. In: Tack, W. H. (Hg.): Bericht über den 30. Kongreß der Deutschen Gesellschaft für Psychologie 1976 in Regensburg. Bd. 2. Göttingen: Hogrefe 1977, 375–377

Bortz, J. u. Leitner, K.: Zur Frage der Beziehung zwischen der attitüdenändernden Wirkung zweier Tageszeitungen und ihrer Bewertung. Zeitschrift für Sozialpsychologie 10 (1979), 70–84

Bower, G. H. u. Reitman, J. S.: Mnemonic elabora-

tion in multilist learning. Journal of Verbal Learning and Verbal Behavior 11 (1972), 478–485
Bowerman, M.: The acquisition of word meaning: An investigation of some current conflicts. In: Johnson-Laird, P. N. u. Wason, P. C. (Hg.): Thinking. Cambridge: Cambridge University Press 1977, 239–253
Bradshaw, C. M., Szabadi, E. u. Bevan, P.: Effect of punishment on human variable-interval performance. Journal of the Experimental Analysis of Behavior 27 (1977), 275–279
Brainerd, C. D.: Childrens logical and mathematical cognition. Berlin: Springer 1982
Bransford, J. D. u. Johnson, M. K.: Contextual prerequisites for understanding: Some investigations of comprehension and recall. Journal of Verbal Learning and Verbal Behavior 11 (1972), 717–726
Bravermann, H.: Die Arbeit im modernen Produktionsprozeß. Frankfurt: Campus 1977
Bredenkamp, J. u. Wippich, W.: Lern- und Gedächtnispsychologie. Stuttgart: Kohlhammer 1977
Brehm, J.: A theory of psychological reactance. New York: Academic Press 1966
Brémond, C.: Logique du recit. Paris: Seuil 1973
Brentano, F.: Psychologie vom empirischen Standpunkt. Leipzig: Meiner 1874
Brentano, F.: Untersuchungen zur Sinnespsychologie. Leipzig: Duncker u. Humblot 1911
Brewer, W. F.: There is no convincing evidence for operant and classical conditioning in adult humans. In: Weimer, W. B. u. Palermo, D. S. (Hg.): Cognition and the symbolic processes. Hillsdale: Erlbaum 1974, 263–298
Bridges, K. M. B.: Emotional development in early infancy. Child Development 3 (1932), 324–341
Broadbent, D. E.: Perception and communication. London: Pergamon Press 1958
Broen, W. R. u. Storms, L. H.: A reaction potential ceiling and response decrements in complex situations. Psychological Review 68 (1961), 405–415
Brown, D.: Dual task methods of assessing workload. Ergonomics 21 (1978), 221–224
Brown, J. S.: Über die dynamischen Eigenschaften der Realitäts- und Irrealitätsschicht. Psychologische Forschung 18 (1933), 2–26
Brown, R.: A first language: The early stages. Cambridge/Mass.: MIT Press 1973
Brožek, J.: Psychologia of Marcus Maurulus (1450–1524). Episteme 7 (1973), 125–131
Brožek, J. u. Pongratz, L. J.: Historiography of modern psychology. Göttingen: Hogrefe 1980
Bruner, J. S.: The course of cognitive growth. American Psychologist 19 (1964), 1–15
Bruner, J. S.: The ontogenesis of speech acts. Journal of Child Language 2 (1975), 1–19
Bruner, J. S., Goodnow, J. J. u. Austin, G. A.: A study of thinking. New York: Wiley 1956
Brunswik, E.: Wahrnehmung und Gegenstandswelt. Leipzig: Deuticke 1934
Brunswik, E.: The conceptual framework of psychology. In: International Encyclopedia of Unified Science. Bd. 10/1. Chicago: Chicago University Press 1952
Brunswik, E. u. Reiter, L.: Eindruckscharaktere schematischer Gesichter. Zeitschrift für Psychologie 142 (1938), 67–134
Bühler, Ch. u. Bugenthal, J. F.: Broschüre der Association for Humanistic Psychology. In: Bühler, Ch. u. Allen, M.: Einführung in die humanistische Psychologie. Stuttgart: Klett 1974 (Erstausgabe 1962)
Bühler, K.: Eine Analyse komplizierter Denkvorgänge. In: Schumann, F. (Hg.): Bericht über den 2. Kongreß für experimentelle Psychologie 1906. Leipzig: Barth 1907, 263–266
Bühler, K.: Tatsachen und Probleme zu einer Psychologie der Denkvorgänge. I. Über Gedanken. Archiv für die gesamte Psychologie 9 (1907), 297–365
Bühler, K.: Die geistige Entwicklung des Kindes. Jena: Fischer 1920, 2. Aufl.
Bühler, K.: Sprachtheorie. Jena: Fischer 1934
Bugenthal, D. E., Kaswan, J. W. u. Love, L. R.: Perception of contradictory meanings conveyed by verbal and nonverbal channels. Journal of Personality and Social Psychology 16 (1970), 647–655. (Dt.: Die Wahrnehmung von Mitteilungen mit Widersprüchen zwischen verbalen und nichtverbalen Komponenten. In: Scherer, K. R. u. Wallbott, H. G. (Hg.): Nonverbale Kommunikation: Forschungsberichte zum Interaktionsverhalten. Weinheim: Beltz 1979, 256–270)
Bunge, M.: Scientific Research. Berlin: Springer 1967
Busemann, A.: Über typische und phasische Unterschiede der kategorialen Sprachform. Zeitschrift für pädagogische Psychologie 27 (1926), 415–419
Buss, A. H.: The psychology of aggression. New York: Wiley 1961
Butzkamm, J.: Informationseinholung über den eigenen Leistungsstand in Abhängigkeit vom Leistungsmotiv und von der Aufgabenschwierigkeit. Unveröff. Diplomarbeit 1972. Zit. n.: Heckhausen, H.: Motivation und Handeln. Berlin: Springer 1980
Cannon, W. B.: The James- Lange theory of emotions: A critical examination and an alternative theory. American Journal of Psychology 39 (1927), 106–124
Cannon, W. B.: The wisdom of the body. New York: Norton 1939. (Erstausgabe 1932)

Carnap, R.: Psychologie in physikalischer Sprache. Erkenntnis 3 (1932), 107–142

Cattell, R. B.: Personality. New York: McGraw Hill 1950

Chiles, W. D.: Effects of shock-induced stress on verbal performance. Journal of Experimental Psychology 56 (1958), 159–165

Chomsky, N.: Syntactic structure. 'S Gravenhage: Mouton 1957

Chomsky, N.: On the notion ‚rule of grammar'. In: Proceedings of Symposia in Applied Mathematics. American Mathematical Society 12 (1961), 6–24

Chomsky, N.: Aspects of the theory of syntax. Cambridge/Mass.: MIT Press 1965. (Dt.: Aspekte der Syntaxtheorie. Frankfurt: Suhrkamp 1969)

Chomsky, N.: Language and mind. Del Mar (Calif.): CRM-Books 1969. (Dt.: Sprache und Geist. Frankfurt: Suhrkamp 1970)

Chomsky, N.: Selected readings. In: Allen, J. P. B. u. van Buren, P. (Hg.). London: Oxford University Press 1971

Cicero, M. T. (Autorschaft fraglich): Rhetoricum ad C. Herennium. In: Orelius, C. u. Baiterus, G. (Hg.): M. Tullii Ciceronis opera. Bd. 1. Turici: Orelli, Fuesslini u. a. 1845

Claparède, E.: Comment diagnostiquer les aptitudes chez les écoliers. Paris: Flammarion 1924

Claparède, E.: Feelings and emotions. In: Reymert, M. L. (Hg.): Feelings and emotions: The Wittenberg Symposium. Worcester/Mass.: Clark University Press 1928, 124–139

Clark, E.: What's in a word? The child's acquisition of semantics in his first language. In: Moore, T. E. (Hg.): Cognitive development and the acquisition of language. New York: Academic Press 1973, 65–110

Clark, H. H.: Linguistic processes in deductive reasoning. Psychological Review 76 (1969), 387–404

Cohen, A. S.: Augenbewegungen des Autofahrers beim Vorbeifahren an unvorhergesehenen Hindernissen und auf freier Strecke, Zeitschrift für Verkehrssicherheit 22 (1976), 68–75

Cohen, D. B.: Sleep and dreaming. Oxford: Pergamon 1979

Cole, M., Frankel, F. u. Sharp, D.: Development of free recall learning in children. Developmental Psychology 4 (1971), 109–123

Cole, M., Gay, J., Glick, J. A. u. a.: The cultural context of learning and thinking. London: Methuen 1971

Comenius, J. A.: Große Didaktik. Flitner, A. (Hg.). Stuttgart: Klett-Cotta 1982, 5. Aufl. (Erstausgabe 1627–1632)

De Condillac, E. B.: Essai sur l'origine des connaissances humaines. In: Oeuvres de Condillac. Bd. 1. posthum 1789. Paris: Houel (verfaßt 1746)

Cornelius, H.: Psychologie als Erfahrungswissenschaft. Leipzig: Teubner 1897

Coutts, L. M. u. Schneider, F. W.: Visual behavior in an unfocused interaction as a function of sex and distance. Journal of Experimental Social Psychology 11 (1975), 64–77

Craik, F. I. M. u. Lockhart, R. S.: Levels of processing: A framework for memory research. Journal of Verbal Learning und Verbal Behavior 11 (1972), 671–684

Craik, F. I. M. u. Tulving, E.: Depth of processing and the retention of words in episodic memory. Journal of Experimental Psychology: General 104 (1975), 268–294

Cranach, M. von, Kalbermatten, U., Indermühle, K. u. a.: Zielgerichtetes Handeln. Bern: Huber 1980

Cratty, B. J.: Movement behavior and motor learning. Philadelphia: Lea u. Febiger 1973

Cremerius, J.: Kurt Tucholsky über Psychoanalyse. Psyche 29 (1975), 355–359

Crott, H.: Soziale Interaktion und Gruppenprozesse. Stuttgart: Kohlhammer 1979

Curtiss, S.: Genie: A psycholinguistic study of a modern day ‚wild child'. New York: Academic Press 1977

D'Holbach, P.-H. Th.: Système de la nature. Bd. 1. Belaval, Y. (Hg.). Hildesheim: Olms 1966 (Erstausgabe 1770)

Darmstädter, L.: Naturforscher und Erfinder. Bielefeld: Velhagen u. Klasing 1926

Darwin, Ch.: The origin of species. London: Murray 1859. (Dt.: Die Entstehung der Arten durch natürliche Zuchtwahl. Leipzig: Kröner o. J.)

Darwin, Ch.: The expressions of the emotions in man and animals. London: Murray 1872. (Dt.: Der Ausdruck der Gemütsbewegungen bei dem Menschen und den Tieren. Stuttgart: Hendel 1896)

Davidson, A. D.: The relationship of reported sexual daydreaming to sexual attitude, sexual knowledge and reported sexual experience in college women. Dissertation Abstracts (International) 35 (1975), (7 B) 3574–3575

De Fries J. C. u. Plomin, R.: Behavioral genetics. Annual Review of Psychology 29 (1978), 473–515

Deese, J.: From the isolated verbal to the connected discourse. In: Cofer, C. N. (Hg.): Verbal learning and verbal behavior. New York: McGraw Hill 1961, 11–31

Descartes, R.: Meditationes de prima philosophia. Paris: Soly 1641. (Dt.: Meditationen über die Grundlagen der Philosophie. Gäbe, L. (Hg.). Hamburg: Meiner 1959)

Descartes, R.: Principia philosophiae. Amsterdam: Ludovicum Elzevirium 1644

Descartes, R.: De Homine. Leyden: Moyardum u. Leffen 1662
Deutsch, J. A. u. Deutsch, D.: Attention: Some theoretical considerations. Psychological Review 70 (1963), 80–90
Dewey, J.: The quest for certainty. New York: Minton u. Blach 1929
Dijk, T. A. van: Semantic macrostructure and knowledge frames in discourse comprehension. In: Just, M. A. u. Carpenter, P. A. (Hg.): Cognitive processes in comprehension. Hillsdale: Erlbaum 1977, 3–32
Dittmann, J. (Hg.): Arbeiten zur Konversationsanalyse. Tübingen: Niemeyer 1979
Dittmar, N.: Soziolinguistik. Exemplarische und kritische Darstellung ihrer Theorie, Empirie und Anwendung. Königstein: Athenäum 1980, 4. Aufl.
Dixon, N. F.: Subliminal perception. London: McGraw Hill 1971
Dixon, N. F.: Preconscious processing. Chichester: Wiley 1981
Dörner, D.: Problemlösen als Informationsverarbeitung. Stuttgart: Kohlhammer 1976
Dörner, D.: Kognitive Merkmale erfolgreicher und erfolgloser Problemlöser beim Umgang mit sehr komplexen Systemen. In: Ueckert, H. u. Rhenius, D. (Hg.): Komplexe menschliche Informationsverarbeitung. Bern: Huber 1979, 185–195
Dörner, D.: Ut desint vires . . . Scheidewege 9 (1979), 167–188
Dörner, D.: The construction and use of memory structures in controlling very complex systems. In: Klix, F. u. Hoffmann, J, (Hg.): Cognition and memory. Berlin: Deutscher Verlag der Wissenschaften 1980, 244–252
Dollard, J. u. Miller, N. E.: Personality and Psychotherapy. New York: McGraw Hill 1950
Drachmann, A. G.: Große griechische Erfinder. Zürich: Artemis 1967
Duffy, E.: The concept of energy mobilization. Psychological Review 58 (1951), 30–40
Duffy, E.: The psychological significance of the concept of „arousal" or „activation". Psychological Review 64 (1957), 265–275
Duffy, E.: Activation and behavior. New York: Wiley 1962
Duncker, K.: A qualitative (experimental and theoretical) study of productive thinking (solving of comprehensible problems). Journal of Genetic Psychology 33 (1926), 642–708
Duncker, K.: Zur Psychologie des produktiven Denkens. Berlin: Springer 1935
Dutta, S. u. Kanungo, R. N.: Affect and memory: A reformulation. New York: Pergamon 1975
Ebbinghaus, H.: Über das Gedächtnis. Leipzig: Duncker u. Humblot 1885
Ebbinghaus, H.: Abriß der Psychologie. Leipzig: Veit 1908
Eberlein, G. u. Pieper, R. (Hg.): Psychologie – Wissenschaft ohne Gegenstand? Frankfurt: Campus 1976
Eccles, J. C.: Excitatory responses of spinal neurons. In: Eccles, J. C. u. Schade, J. P. (Hg.): Progress in brain research. Bd. 12. Physiology of spinal neurons. Amsterdam: Elsevier 1964, 1–34
Efron, D.: Gesture, race and culture. Den Haag: Mouton 1972. (Neudruck der Erstausgabe von 1941)
Egan, D. E. u. Greeno, J. G.: Theory of rule induction: Knowledge acquired in concept learning, serial pattern learning and problem solving. In: Green, L. W. (Hg.): Knowledge and cognition. Potomac: Erlbaum 1974, 43–104
Ehrenfels, Chr. von: Über Gestaltqualitäten. Vierteljahresschrift für Philosophie 14 (1890), 249–292
Eibl-Eibesfeldt, I.: Angeborenes und Erworbenes im Verhalten einiger Säuger. Zeitschrift für Tierpsychologie 20 (1963), 704–754
Eibl-Eibesfeldt, I.: Der vorprogrammierte Mensch. Das Ererbte als bestimmender Faktor im menschlichen Verhalten. Wien: Molden 1973, 3. Aufl.
Ekman, P. u. Friesen, W. V.: Nonverbal leakage and clues to deception. Psychiatry 32 (1969), 88–105
Ekman, P. u. Friesen, W. V.: Detecting deception from the body or face. Journal of Personality and Social Psychology 29 (1974), 288–298
Ekman, P., Friesen, W. V. u. Ellsworth, Ph.: Emotion in the human face. New York: Pergamon 1972
Elias, N.: Über den Prozeß der Zivilisation. Bd. 2. Basel: Haus zum Falken 1939
Ellis, D. S.: Speech and social status in America. Social Forces 45 (1967), 431–437
Engel, J.: Ideen zu einer Mimik. Berlin: Mylius 1785/86
Engelkamp, J.: Semantische Struktur und Verarbeitung von Sätzen. Bern: Huber 1973
Engen, T. u. Ross, B. M.: Long-term retention of orders with and without verbal descriptions. Journal of Experimental Psychology 100 (1973), 221–227
Ephron, H. S. u. Carrington, P.: Rapid eye movement sleep and cortical homeostasis. Psychological Review 73 (1966), 500–526
Epiktet: Unterredungen. Jena: Diederichs 1905
Epstein, S.: Toward a unified theory of anxiety. In: Maher, B. A. (Hg.): Progress in Experimental Personality Research 4 (1967), 1–89
Epstein, S.: Anxiety, arousal and the self-concept. In: Spielberger, Ch. D. (Hg.): Stress and anxiety. Bd. 3. Washington: Wiley/Hemisphere 1976, 185–224
Epstein, W.: Varieties of perceptual learning. New York: Mc Graw Hill 1967

Erdmann, G. u. Janke, W.: Interaction between physiological and cognitive determinants of emotions: Experimental studies on Schachter's theory of emotions. Biological Psychology 6 (1978), 61–74

Erikson E. H.: Childhood and society. New York: Norton 1959. (Dt.: Kindheit und Gesellschaft. Stuttgart: Klett 1968)

Erismann, T.: Das Werden der Wahrnehmung, In: Allesch, J. von, Jacobsen,W., Munsch, G. u.a. (Hg.): Bericht über den Kongreß des Berufsverbandes Deutscher Psychologen 1947 in Bonn. Bd. 1. Hamburg: Nölke 1948, 51–86

Ernst, G. W. u. Newell, A.: GPS: A case study in generality and problem solving. New York: Academic Press 1969

Ertel, S.: Die emotionale Natur des „semantischen" Raumes. Psychologische Forschung 28 (1964), 1–32

Ertel, S.: Ein differentiell-methodischer Versuch zum Intelligenzproblem. Psychologische Forschung 30 (1966), 151–195

Ertel, S.: Erkenntnis und Dogmatismus. Psychologische Rundschau 23 (1972), 241–269

Ertel, S.: Satzsubjekt und Ich-Perspektive. In: Ekkensberger, L. H. u. Eckensberger, U. S. (Hg.): Bericht über den 28. Kongreß der Deutschen Gesellschaft für Psychologie 1972 in Saarbrükken. Bd. 1. Göttingen: Hosrefe 1973, 129–139

Ertel, S.: Die Dogmatismus-Skala „darf" nicht zuverlässig sein. Replik auf Keilers „Replikation". Psychologische Rundschau 26 (1975), 30–59

Essler, W. K.: Einführung in die Logik. Stuttgart: Kröner 1969, 2. Aufl.

Estes, W. K.: The cognitive side of probability learning. Psychological Review 83 (1976), 37–64

Evans, J. St.: The psychology of deductive reasoning. Henley-on-Thames: Routledge u. Paul 1982

Eysenck, H. J.: Conditioning, introversion-extraversion and the strength of the nervous system. In: Eysenck, H. J. (Hg.): Eysenck on extraversion. London: Crosby Lockwood Staples 1973, 156–169

Eysenck, H. J.: The biological basis of personality. Springfield/Illinois: Thomas 1977, 3. Aufl.

Eysenck, M. W.: Anxiety, learning and memory: A reconceptualization. Journal of Research in Personality 13 (1979), 363–385

Fechner, G. Th.: Elemente der Psychophysik. Leipzig: Breitkopf u. Härtel 1860

Fechner, G. Th.: In Sachen der Psychophysik. Leipzig: Breitkopf u. Härtel 1877

Feger, H.: Konflikterleben und Konfliktverhalten. Bern: Huber 1978

Ferster, C. B. u. Skinner, B. F.: Schedules of reinforcement. New York: Appleton Century Crofts 1957

Festinger, L.: A theory of social comparison processes. Human Relations 7 (1954), 117–140

Festinger, L.: A theory of cognitive dissonance. Stanford: Stanford University Press 1957. (Dt.: Theorie der kognitiven Dissonanz. Bern: Huber 1978)

Feuerbach, L.: Grundsätze der Philosophie der Zukunft. Schuffenhaul, W. (Hg.): Werke. Berlin: Akademie Verlag 1909 (Erstausgabe 1843)

Fichte, I. H.: Psychologie. 2. T.: Die Lehre vom Denken und vom Willen. Leipzig: Brockhaus 1873

Fiedler, K.: Urteilsbildung als kognitiver Vorgang. München: Minerva 1980

Fietkau, H. J., Kessel, H. u. Tischler, W.: Umwelt im Spiegel der öffentlichen Meinung. Frankfurt: Campus 1982

Fillmore, C. J.: The case for case. In: Bach, E. u. Harms, R. T. (Hg.): Universals in linguistic theory. New York: Holt, Rinehart u. Winston 1968, 1–88. (Dt.: Plädoyer für Kasus. In: Abraham, W. (Hg.): Kasustheorie. Frankfurt: Athenäum 1977, 1–118)

Fischer, H.: Gruppenstruktur und Gruppenleistung. Bern: Huber 1962

Flavell, J. H.: Developmental studies of mediated memory. In: Reese, H. P. u. Lipsit, L. P. (Hg.): Advances in child development and behavior. Bd. 5. New York: Academic Press 1970, 182–211

Flavell, J. H.: Metacognition and cognitive monitoring. A new area of cognitive-developmental inquiry. American Psychologist 34 (1979), 906–911

Flavell, J. H. u. Wellman, H.: Metamemory. In: Kail, R. V. u. Hagen, J. W. (Hg.): Perspectives on the development of memory and cognition. Hillsdale: Erlbaum 1977, 3–33

Foot, H. C., Chapman, A. J. u. Smith, J. R.: Friendship and social responsiveness in boys and girls. Journal of Personality and Social Psychology 35 (1977), 401–411

Foulkes, W. D.: Theories of dream formation and recent studies of dream consciousness. Psychological Bulletin 62 (1964), 236–247

Frank, H.: Kybernetik, Brücke zwischen den Wissenschaften. Frankfurt: Umschau 1966

Frank, L. K.: Time perspectives. Journal of Social Philosophy 4 (1939), 293–312

Frenkel-Brunswik, E., Adorno, T. W., Levison, D. J. u.a.: The authoritarian personality. New York: Harper 1950

Freud, A.: Das Ich und die Abwehrmechanismen. München: Kindler 1975 (Erstausgabe 1936)

Freud, S.: Die Abwehr-Neuropsychosen. Gesammelte Werke Bd. 1. Frankfurt: Fischer 1952 (Erstausgabe 1894)

Freud, S.: Die Traumdeutung. Gesammelte Werke Bd. 2/3. Frankfurt: Fischer 1942 (Erstausgabe 1900)

Freud, S.: Zur Psychopathologie des Alltagslebens.

Gesammelte Werke Bd. 4. Frankfurt: Fischer 1973 (Erstausgabe 1904)
Freud, S.: Drei Abhandlungen zur Sexualtheorie. Gesammelte Werke Bd. 5.Frankfurt: Fischer 1972 (Erstausgabe 1905)
Freud, S.: Bruchstücke einer Hysterieanalyse. Gesammelte Werke Bd. 5. Frankfurt: Fischer 1972 (Erstausgabe 1905)
Freud, S.: Charakter und Analerotik. Gesammelte Werke Bd. 7. Frankfurt: Fischer 1972 (Erstausgabe 1908)
Freud, S.: Analyse der Phobie eines fünfjährigen Knaben. Gesammelte Werke Bd. 7. Frankfurt: Fischer 1941 (Erstausgabe 1909)
Freud, S.: Eine Kindheitserinnerung des Leonardo da Vinci. Gesammelte Werke Bd. 8. Frankfurt: Fischer 1965 (Erstausgabe 1910)
Freud, S.: Totem und Tabu. Gesammelte Werke Bd. 9. Frankfurt: Fischer 1973 (Erstausgabe 1912/13)
Freud, S.: Zur Geschichte der psychoanalytischen Bewegung. Gesammelte Werke Bd. 10. Frankfurt: Fischer 1969 (Erstausgabe 1914)
Freud, S.: Triebe und Triebschicksale. Gesammelte Werke Bd. 10. Frankfurt: Fischer 1946 (Erstausgabe 1915)
Freud, S.: Jenseits des Lustprinzips. Gesammelte Werke Bd. 13. Frankfurt: Fischer 1972 (Erstausgabe 1920)
Freud, S.: Das Ich und das Es. Gesammelte Werke Bd. 13. Frankfurt: Fischer 1972 (Erstausgabe 1923)
Freud, S.: Hemmung, Symptom und Angst. Gesammelte Werke Bd. 14. Frankfurt: Fischer 1948 (Erstausgabe 1926)
Freud, S.: Neue Folge der Vorlesungen zur Einführung in die Psychoanalyse. Gesammelte Werke Bd. 15. Frankfurt: Fischer 1969 (Erstausgabe 1932)
Freud, S.: Abriß der Psychoanalyse. Gesammelte Werke Bd. 17. Frankfurt: Fischer 1972 (Erstausgabe 1940)
Frijda, N. H.: Recognition of emotion. In: Berkowitz, L. (Hg.): Advances in Experimental Social Psychology. Bd. 4. New York: Academic Press 1968, 167–223
Frisch, K. von: Aus dem Leben der Bienen. Berlin: Springer 1953
Fröhlich, W. D.: Sozialisation und kognitive Stile. In: Graumann, C. F. (Hg.): Handbuch der Psychologie. Bd. 7, 2. Halbband. Göttingen: Hogrefe 1972, 1020–1039
Fuchs, A.: Das Eindrucksdifferential als Instrument zur Erfassung emotionaler Bedeutungsprozesse. In: Bergler, R. (Hg.): Das Eindrucksdifferential – Theorie und Technik. Bern: Huber 1975, 69–100
Fuchs, R.: Furchtregulation und Furchthemmung des Zweckhandelns. In: Thomas, A. (Hg.): Psychologie der Handlung und Bewegung. Meisenheim: Hain 1976, 97–162
Funkenstein, D. H., King, J. H. u. Drolette, M.: The direction of anger during a laboratory stress situation. Psychosomatic Medicine 16 (1954), 404–413
Gadamer, H. G.: Die Natur der Sache und die Sprache der Dinge. In: Kuhn, H. u. Wiedmann, F. (Hg.): Das Problem der Ordnung. 6. Deutscher Kongreß für Philosophie München 1960. Meisenheim: Hain 1962
Gagné, R. H.: The conditions of learning. New York: Holt, Rinehart u. Winston 1965. (Dt.: Die Bedingungen des menschlichen Lernens. Hannover: Schroedel 1969)
Gall, F. J. u. Spurzheim, J. C.: Anatomie et physiologie du système nerveux en général et du cerveau en particulier, avec des observations sur la possibilité de reconnaître plusieurs dispositions intellectuelles et morales de l'homme et des animaux, par la configuration de leurs têtes. 4 Bde. Paris: Schoell 1810–1819
Gallistel, C. R.: The organization of action: A new synthesis. Hillsdale: Erlbaum 1980
Galperin, P. J.: Die Psychologie des Denkens und die Lehre von der etappenweisen Ausbildung geistiger Handlungen. In: Budilowa, E. A., Schochorowa, E. W., Bruschlinski, A. W. u.a. (Hg.): Untersuchungen des Denkens in der sowjetischen Psychologie. Berlin: Volk und Wissen 1967, 81–119
Gardner, B. T. u. Gardner, R. A.: Teaching sign language to a chimpanzee. Science 165 (1969), 664–672
Gardner, R. W., Holzman, P. S., Klein, G. S. u. a.: Cognitive control: A study of individual consistencies in cognitive behavior. Psychological Issues 1 (1959), Nr. 4
Garrett, M. F., Bever, T. u. Fodor, J. A.: The active use of grammar in speech perception. Perception and Psychophysics 1 (1966), 30–32
Gentner, D.: Evidence for the psychological reality of semantic components: The verbs of possession. In: Norman, D. A. u. Rumelhart, D. E. (Hg.): Explorations in cognition. San Francisco: Freeman 1975, 211–246. (Dt.: Der experimentelle Nachweis der psychologischen Realität semantischer Komponenten: Die Verben des Besitzes. In: Norman, D. A. u. Rumelhart, D. E. (Hg.): Strukturen des Wissens. Stuttgart: Klett-Cotta 1978, 213–247)
Getzels, J. W.: Problem finding: A theoretical note. Cognitive Science 3 (1979), 167–172
Getzels, J. W. u. Csikszentmihalyi, M.: From problem solving to problem finding. In: Taylor, I. A. u. Getzels, J. W. (Hg.): Perspectives in creativity. Chicago: Aldine 1975, 90–116

Gibson, E. J. u. Walk, R. D.: The visual cliff. Scientific American 202 (1960), 67–71

Gibson, J. J.: The senses considered as a perceptual system. Boston: Houghton u. Mifflin 1966. (Dt.: Die Sinne und der Prozeß der Wahrnehmung. Bern: Huber 1973)

Gilbert, J. G.: Memory loss in senescence. Journal of Abnormal and Social Psychology 36 (1941), 73–86

Gilfillan, F. C.: The sociology of invention. Cambridge/Mass.: Massachusetts Institute of Technology Press 1970

Gilson, C. u. Abelson, R. P.: The subjective use of inductive evidence. Journal of Personality and Social Psychology 2 (1965), 301–310

Gipper, H.: Gibt es ein sprachliches Relativitätsprinzip? Frankfurt: Fischer 1972

Görlitz, D.: Ergebnisse und Probleme der ausdruckspsychologischen Sprechstimmenforschung. Meisenheim: Hain 1972

Goffmann, E.: Encounters. Indiana: Bobs-Merill 1961

Goldfried, M. R. u. D'Zurilla, T. J.: A behavioral analytic model for assessing competence. In: Spielberger, C. D. (Hg.): Current topics in clinical and community psychology. Bd. 1. New York: Academic Press 1969, 151–196

Goldman-Eisler, F.: Psycholinguistics: Experiments in spontaneous speech. London: Academic Press 1968

Goldstein, K. u. Scheerer, M.: Abstract and concrete behavior. An experimental study with special tests. Psychological Monographs 53 (1941), Nr. 239

Goldstein, K. M. u. Blackman, S.: Cognitive style. New York: Wiley 1978

Graumann, C. F.: Psychology and the world of things. Journal of Phenomenological Psychology 4 (1974), 389–405

Graumann, C. F.: Die ökologische Fragestellung – 50 Jahre nach Hellpachs ‚Psychologie der Umwelt'. In: Kaminsky, G. (Hg.): Umweltpsychologie. Stuttgart: Klett 1976, 20–25

Greenfield, P. M. u. Childs, C. P.: Weaving skill, color terms, and pattern representation: Cultural influences and cognitive development among the Zinacantecos of Southern Mexico. Interamerican Journal of Psychology 2(1977), 23–48

Gregory, R. L.: Concepts and mechanisms of perception. London: Duckworth 1974

Greif, S.: Direktives Verhaltenstraining. Gruppendynamik 7 (1976), 29–46

Greif, S., Rieger, A. u. Semmer, N.: Verhaltenstraining für Betriebsräte. Psychologie heute 4 (1977), 18–25, 83

Grewendorf, G. u. Meggle, G. (Hg.): Sprache und Ethik. Zur Entwicklung der Metaethik. Frankfurt: Suhrkamp 1974

Grimm, H.: Psychologie der Sprachentwicklung. Stuttgart: Kohlhammer 1977

Grimm, H. u. Engelkamp, J.: Sprachpsychologie. Handbuch und Lexikon der Psycholinguistik. Berlin: Schmidt 1981

Groeben, N.: Literaturpsychologie. Stuttgart: Kohlhammer 1972

De Groot, A. D.: Het Denken von den Schaker. Amsterdam: Utig 1946. (Engl.: Thought and choice in chess. Den Haag: Mouton 1978)

Guilford, J. P.: Psychometric methods. New York: Mc Graw Hill 1954, 2. Aufl.

Guilford, J. P.: The nature of human intelligence. New York: McGraw Hill 1967

Guthrie, E. R.: The psychology of learning. New York: Harper u. Row 1935

Guttmann, G.: Lehrbuch der Neuropsychologie. Bern: Huber 1982

Habermas, J.: Analytische Wissenschaftstheorie und Dialektik. In: Adorno, Th. W., Dahrendorf, R., Pilot, H. u. a.: Der Positivismusstreit in der deutschen Soziologie. Neuwied: Luchterhand 1969, 155–191

Hacker, W.: Allgemeine Arbeits- und Ingenieurpsychologie. Berlin: Deutscher Verlag der Wissenschaften 1973

Hacker, W.: Bedeutung der Analyse des Gedächtnisses für die Arbeits- und Ingenieurpsychologie – zu Gedächtnisanforderungen in der psychischen Regulation von Handlungen. In: Klix, F. u. Sydow, H. (Hg.): Zur Psychologie des Gedächtnisses. Berlin: Deutscher Verlag der Wissenschaften 1977, 150–174

Hacker, W.: Action control in the task-dependent structure of action-controlling mental representations. In: Hacker, W., Volpert, W. u. von Cranach, M. (Hg.): Cognitive and motivational aspects of action. Amsterdam: North-Holland 1982, 137–158

Hadamard, J.: A propos de la psychologie de l'invention. Acta Psychologica 8 (1951), 147–153

Haith, M. M.: Visual competence in early infancy. In: Held, R., Leibowitz, H. W. u. Teuber, H.-L. (Hg.): Handbook of sensory physiology. Bd. 8. Perception. Heidelberg: Springer 1978, 311–356

Hajos, A.: Einführung in die Wahrnehmungspsychologie. Darmstadt: Wissenschaftliche Buchgesellschaft 1980

Hall, C. S. u. Castle, R. van de: The content analysis of dreams. New York: Appleton Century Crofts 1966

Hamilton, C. L. u. Brobeck, J. R.: Hypothalamic hyperphagia in the monkey. Journal of Comparative and Physiological Psychology 57 (1964), 271–278

Hamilton, V.: Socialization anxiety and information processing: A capacity model of anxiety-induced performance deficits. In: Sarason, I. G. u. Spielberger, C. D. (Hg.): Stress and anxiety, Bd. 2. Washington: Hemisphere 1975, 45–68

Hanawalt, N. G. u. Demarest, I. H.: The effect of verbal suggestion in the recall period upon the reproduction of visually perceived forms. Journal of Experimental Psychology 25 (1939), 159–174

Hanby, I. P. u. Brown, C. E.: The development of sociosexual behaviors in Japanese Macaques. Behavior 49 (1974), 152–196

Harper, R. S.: The first psychological laboratory. Isis 41 (1950), 158–161

Harris, G. J. u. Burke, D.: The effects of grouping on short term serial recall of digits by children: Developmental trends. Child Development 43 (1972), 710–716

Hartmann, N.: Grundzüge einer Metaphysik der Erkenntnis. Berlin: De Gruyter 1921

Hartmann, N.: Systematische Darstellung. Berlin: Duncker u. Dünnhaupt 1933

Haygood, R. C. u. Bourne, L. E.: Attribute- and rule-learning aspects of conceptual behavior. Psychological Review 72 (1965), 175–195

Heckhausen, H.: Entwurf einer Psychologie des Spielens. Psychologische Forschung 27 (1963), 225–243

Heckhausen, H.: Hoffnung und Furcht in der Leistungsmotivation. Meisenheim: Hain 1963

Heckhausen, H.: Achievement motive research: Current problems and some contributions towards a general theory of motivation. In: Arnold, W. J. (Hg.): Nebraska Symposium on Motivation 16 (1968), 103–174

Heckhausen, H.: Achievement motivation and its constructs: A cognitive model. Motivation and Emotion 1 (1977), 283–329

Heckhausen, H.: Sachimmanente Entfaltungslogik der Attribution. Unveröffentlichtes Referat, 4. Tagung Entwicklungspsychologie in Berlin 1979

Heckhausen, H.: Motivation und Handeln. Berlin: Springer 1980

Heckhausen, H. u. Roelofsen, I.: Anfänge und Entwicklung der Leistungsmotivation. I. Im Wetteifer des Kleinkindes. Psychologische Forschung 26 (1962), 313–397

Hegel, G. W. F.: Rechtsphilosophie. Sämtliche Werke Bd. 7. Frankfurt: Suhrkamp 1970 (Erstausgabe 1821)

Heidbreder, E.: The attainment of concepts: I. Terminology and methodology. Journal of General Psychology 35 (1946), 173–189

Heidbreder, E.: The attainment of concepts: II. The problem. Journal of General Psychology 35 (1946), 191–223

Heider, F.: Social perception and phenomenal causality. Psychological Review 51 (1944), 359–374

Heider, F.: The psychology of interpersonal relations. New York: Wiley 1958. (Dt.: Die Psychologie der interpersonalen Beziehungen. Stuttgart: Klett 1977)

Heller, T.: Logik und Axiologie der analogen Rechtsanwendung. Berlin: De Gruyter 1961

Hellpach, W.: Psychologie der Umwelt. In: Abderhalden, E. (Hg.): Handbuch der biologischen Arbeitsmethoden. Abt. VI, Teil C, Heft 3. Wien: Urban u. Schwarzenberg 1924

Helmer, O.: Social technology. New York: Basic Books 1966. (Dt.: 50 Jahre Zukunft. Hamburg: Mosaik 1966)

Helmholtz, H.: Handbuch der physiologischen Optik. Leipzig: Voss 1867

Helson, H.: Adaptation level as frame of reference for prediction of psychophysical data. American Journal of Psychology 60 (1947), 1–29

Helson, H.: Adaptation level theory. New York: Harper u. Row 1964

Helvétius, Cl. A.: De l'esprit. Oeuvres Bd. 1. Paris: Servières u. Bastien 1792 (verfaßt 1784)

Herder, J. G.: Abhandlung über den Ursprung der Sprache. Berlin: Voss 1772

Herland, L.: Gesicht und Charakter. Handbuch der praktischen Charakterdeutung. Zürich: Rascher 1938

Herrmann, Th.: Die Psychologie und ihre Forschungsprogramme. Göttingen: Hogrefe 1976

Herrmann, Th.: Zur situativen Determination der Sprachschichthöhe. Zeitschrift für Sozialpsychologie 7 (1976), 355–371

Herrmann, Th.: Psychologie als Problem. Stuttgart: Klett-Cotta 1979

Herrnstein, R. J.: On the law of effect. Journal of the Experimental Analysis of Behavior 13 (1970), 243–266

Hessische Stiftung für Friedens- und Konfliktforschung (Hg.): Friedensanalysen für Theorie und Praxis. Vierteljahreszeitschrift für Erziehung, Politik und Wissenschaft. Frankfurt: Suhrkamp 1975–1977

Heyns, R. W., Veroff, J. u. Atkinson, J. W.: A scoring manual for the affiliation motive. In: Atkinson, J. W. (Hg.): Motives in fantasy, action and society. Princeton: Van Norstrand 1958

Hilgard, E. R.: Theories of learning. New York: Appleton Century Crofts 1948

Hilgard, E. R.: Theories of learning. New York: Appleton Century Crofts 1948. (Dt. Hilgard, E. R. u. Bower, G. H.: Theorien des Lernens. Stuttgart: Klett 1971)

Hinde, R. A.: Comments on part A. In: Hinde, R. A. (Hg.): Non-verbal communication. Cambridge: Cambridge University Press 1972, 86–98

Hockett, Ch.: The origin of speech. Scientific American 103 (1960), 88–96

Hönigswald, R.: Die Grundlagen der Denkpsychologie. Leipzig: Teubner 1925
Hörmann, H.: Einführung in die Psycholinguistik. Darmstadt: Wissenschaftliche Buchgesellschaft 1981
Hörmann, H. u. Todt, E.: Lärm und Lernen. Zeitschrift für experimentelle und angewandte Psychologie 7 (1960), 422–426
Hoffmann, H.-J.: Kommunikation mit Kleidung. Communications 1982 (im Druck)
Hofstätter, P. R.: Über Ähnlichkeit. Psyche 9 (1955), 54–80
Hoijer, H.: Cultural implications of some Navaho linguistic categories. Language 27 (1951), 111–120
Holding, D. H.: Human skills. New York: Wiley 1981
Holt, E. B.: Animal drive and the learning process. An essay toward a radical empiricism. New York: Holt 1931
Holbach, P. H. Th. de: Système de la nature. Bd. 1. Belaval, Y. (Hg.). Hildesheim: Olms 1966 (Erstausgabe 1770)
Holzkamp, K.: Zum Problem der Relevanz psychologischer Forschung für die Praxis. Psychologische Rundschau 21 (1970), 1–22
Holzkamp, K.: Sinnliche Erkenntnis. Frankfurt: Athenäum 1973
Holzkamp-Osterkamp, U.: Motivationsforschung. Bd. 2. Frankfurt: Campus 1976
Hoppe, F.: Erfolg und Mißerfolg. Psychologische Forschung 14 (1931), 1–62
Horowitz, M. J.: Image formation and cognition. London: Butterworth 1970
Hovland, C. I., Janis, I. L. u. Kelley, H. H.: Communication and persuasion. New Haven: Yale University Press 1953
Hull, C. L.: Principles of behavior. New York: Appleton Century Crofts 1943
Hull, C. L.: Essentials of behavior. New Haven: Yale University Press 1951
Hull, C. L.: A behavior system. New Haven: Yale University Press 1952
Humboldt, W. von: Über die Verschiedenheit des menschlichen Sprachbaus und ihren Einfluß auf die geistige Entwicklung des Menschengeschlechts. Berlin: Schneider 1935 (Erstausgabe 1836/38)
Hume, D.: A treatise of human nature: Being an attempt to introduce the experimental method of reasoning into moral subjects. Bd. 1 (anonym). Später als: An enquiry concerning human understanding. London: Noon 1739. (Dt.: Eine Untersuchung über den menschlichen Verstand. Leipzig: Dürr 1907, 6. Aufl.)
Hummel, H. J. u. Opp, H. D.: Die Reduzierbarkeit von Soziologie auf Psychologie. Braunschweig: Vieweg 1971
Hunt, J. McV.: Experience and the development of motivation: Some reinterpretations. Child Development 31 (1960), 489–504
Huttenlocher, J.: Constructing spatial images: A strategy in reasoning. Psychological Review 75 (1968), 550–560
Hydén, H.: Neuronal plasticity, protein conformation and behavior. In: Zippel, H. P. (Hg.): Memory and transfer of information. New York: Plenum 1973, 511–520
Ittelson, W. H.: The Ames demonstrations in perception. Princeton: Princeton University Press 1952
Ittelson, W. H. u. Cantril, H. Perception. A transactional approach. Garden City: Doubleday 1954
Iwanow-Smolensky, A. G.: On the methods of examining the conditioned food reflexes in children and in mental disorders. Journal of the Experimental Analysis of Behavior 28 (1977), 181–184. Nachdruck aus Brain (1927)
Izard, C. E.: Human emotions. New York: Plenum Press 1977. (Dt.: Die Emotionen des Menschen. Eine Einführung in die Grundlagen der Emotionspsychologie. Weinheim: Beltz 1981)
Izard, C. E.: Emotions as motivations. An evolutionary-developmental perspective. In: Dienstbier, R. A. (Hg.): Nebraska Symposium on Motivation Bd. 26. Lincoln: University of Nebraska Press 1979, 163–200
Jacobsohn, H.: Das Gespräch eines Lebensmüden mit seinem Ba. In: Jacobsohn, H., Franz, M.-L. von u. Hornwitz, S. (Hg.): Zeitlose Dokumente der Seele. Zürich: Rascher 1952
Jäger, A. O.: Dimensionen der Intelligenz. Göttingen: Hogrefe 1967
Jaensch, E. R.: Das Verhältnis der Integrationstypologie zu anderen Formen der Typenlehre. Zeitschrift für Psychologie 125 (1932), 113–148
Jaensch, E. R.: Wozu Psychologie? Eröffnungsrede des Vorsitzenden, gehalten in der Weihehalle des Hauses deutscher Erziehung. In: Klemm, O. (Hg.): Charakter und Erziehung. Bericht über den 16. Kongreß der Deutschen Gesellschaft für Psychologie. Leipzig: Barth 1939
Jakobson, R.: Kindersprache, Aphasie und allgemeine Lautgesetze. Universitets Arsskrift (Uppsala) 9 (1942), 1–83
James, W.: What is emotion? Mind 9 (1884), 188–205
James, W.: The principles of psychology. New York: Holt 1890
Janet, P.: De l'angoisse à l'exstase. Paris: Alcan 1928
Janis, I. L.: Victims of groupthink. A psychological study of foreign policy decisions and fiascoes. Boston: Houghton u. Mifflin 1972
Janis, I. L. u. Frick, F.: The relationship between attitudes towards conclusions and errors in judging logical validity of syllogisms. Journal of Experimental Psychology 33 (1943), 73–77
Jeffery, R. W.: The influence of symbolic and motor

rehearsal on observational learning. Journal of Research in Personality 10 (1976), 116–127
Johnson-Laird, P. N.: Reasoning with quantifiers. In: Johnson-Laird, P. N. u. Wason, P. C. (Hg.): Thinking. Cambridge: Cambridge University Press 1977, 129–142
Jones, E.: Das Leben und Werk Sigmund Freuds. Bern: Huber 1960–1962
Jüttner, C.: Gedächtnis. Grundlagen der psychologischen Gedächtnisforschung. München: Reinhardt 1979
Jung, C. G.: Symbole der Wandlung. Gesammelte Werke Bd. 3. Olten: Walter 1977 (Erstausgabe: Wandlungen und Symbole der Libido 1912)
Jung, C. G.: Psychologische Typen. Zürich: Rascher 1921. Nachdruck in: Gesammelte Werke Bd. 6. Olten: Walter 1958
Jung, C. G.: Über die Entwicklung der Persönlichkeit. Gesammelte Werke Bd. 17. Olten: Walter 1972 (Erstausgabe Vorlesungen 1924)
Jung, C. G.: Psychologie und Alchemie. Gesammelte Werke Bd. 12. Olten: Walter 1972 (Erstausgabe 1944)
Jungermann, H.: Rationale Entscheidungen. Bern: Huber 1976
Junker, E.: Über unterschiedliches Behalten eigener Leistungen. Frankfurt: Kramer 1960
Kagan, J., Klein, R. E., Haith, M. M. u. a.: Memory and meaning in two cultures. Child Development 44 (1973), 221–223
Kaminski, G.: Verhaltenstheorie und Verhaltensmodifikation. Stuttgart: Klett 1970
Kaminski, G.: Bewegungen als Bewältigung von Mehrfachaufgaben. Sportwissenschaft 3 (1973), 233–250
Kaminski, G. (Hg.): Umweltpsychologie. Perspektiven – Probleme – Praxis. Stuttgart: Klett 1976
Kant, I.: Kritik der reinen Vernunft. In: Königliche Preußische Akademie der Wissenschaften (Hg.): Kants Werke Bd. 3 Berlin: Reimer 1911 (Erstausgabe 1781)
Kant I.: Kritik der praktischen Vernunft. In: Vorländer, K. (Hg.): I. Kant Sämtliche Werke. 1. T., 1. Bd., 3. Hptst. Leipzig: Meiner 1920 (Erstausgabe 1786)
Katz, J. J. u. Fodor, J.: The structure of semantic theory. Language 39 (1963), 170–210. (Dt.: Struktur einer semantischen Theorie. In: Steger, H. (Hg.): Vorschläge für eine strukturale Grammatik des Deutschen. Darmstadt: Wissenschaftliche Buchgemeinschaft 1970, 202–268)
Katz, J. J. u. Halstead, W. C.: Protein organization and mental functions. Comparative Psychology Monographs 20 (1950), 1–38
Katzenberger, L. F.: Gedächtnis oder Gedächtnisse? München: Ehrenwirth 1967
Keiler, P.: Ertels „Dogmatismus"-Skala. Eine Dokumentation. Psychologische Rundschau 26 (1975), 1–25
Keller, J. A.: Grundlagen der Motivation. München: Urban u. Schwarzenberg 1981
Kelley, H. H. u. Thibaut, J. W.: Interpersonal relations. A theory of interdependence. New York: Wiley 1978
Kelly, G. A.: The psychology of personal constructs. New York: Norton 1955
Kintsch, W.: Models for free recall and recognition. In: Norman, D. A. (Hg.): Models of human memory. New York: Academic Press 1970, 331–373
Kintsch, W.: The representation of meaning in memory. Hillsdale: Erlbaum 1974
Kintsch, W.: Memory and cognition. New York: Wiley 1977. (Dt.: Gedächtnis und Kognition. Berlin: Springer 1982)
Kintsch, W. u. Dijk, T. A. van: Comment on se rapelle et on résume des histoires. Langages 40 (1975), 98–116
Kintsch, W. u. Dijk, T. A. van: Toward a model of text comprehension and production. Psychological Review 85 (1978), 363–394
Kirchhoff, R.: Allgemeine Ausdruckslehre. Göttingen: Hogrefe 1957
Klages, L.: Ausdrucksbewegung und Gestaltungskraft. Leipzig: Barth 1913, 3. und 4. Aufl. unter dem Titel: Grundlegung der Wissenschaft vom Ausdruck. Leipzig: Barth 1923
Klaus, G.: Beiträge zu philosophischen Problemen der Einzelwissenschaften. Berlin: Akademie Verlag 1958
Kleinbeck, U.: Motivation und Berufswahl. Göttingen: Hogrefe 1975
Klix, F.: Über Zusammenhänge zwischen Struktur und Dynamik der Informationsverarbeitung beim Menschen – neue Formen der Wechselwirkung zwischen Grundlagenforschungen und angewandten Forschungen in der Experimentalpsychologie. In: Siebenbrodt, J. (Hg.): Bericht über den 2. Kongress der Gesellschaft für Psychologie in der DDR. Berlin: Deutscher Verlag der Wissenschaften 1969, 24–53
Klix, F.: Information und Verhalten. Bern: Huber 1971
Klix, F.: On the representation of semantic information in human long-term memory. Zeitschrift für Psychologie 186 (1978), 26–38
Klix, F.: Erwachendes Denken. Berlin: Deutscher Verlag der Wissenschaften 1980
Klix, F.: On the structure and function of semantic memory. In: Klix, F. u. Hoffmann, J. (Hg.): Cognition and memory. Berlin: Deutscher Verlag der Wissenschaften 1980, 11–25
Kluckhohn, C. u. Leighton. D.: The Navaho. Cambridge: Cambridge University Press 1946
Kluwe, R. H.: Metakognition. In: Michaelis, W.

(Hg.): Bericht über den 32. Kongreß der Deutschen Gesellschaft für Psychologie in Zürich 1980. Bd. 1. Göttingen: Hogrefe 1981, 246–258

Knoche, W.: Das Erbe-Umwelt-Problem. Begriffliches und Klärendes zu Begabung und Intelligenzerblichkeit. Weinheim: Beltz 1977

Köhler, W.: Intelligenzprüfungen an Anthropoiden. Abhandlungen der Preußischen Akademie der Wissenschaften 1917. Berlin: Springer 1921

Köhler, W.: Die physischen Gestalten in Ruhe und im stationären Zustand. Erlangen: Weltkreis Verlag 1920

Koestler, A.: The act of creation. London: Hutchinson 1964. (Dt.: Der göttliche Funke. München: Scherz 1966)

Koffka, K.: Die Grundlagen der psychischen Entwicklung. Osterwieck/Harz: Zickfeldt 1921

Kohlberg, L.: The development of children's orientation towards a moral order: I. Sequence in the development of moral thought. Vita Humana 6 (1963), 14–33

Kohler, I.: Der Brillenversuch in der Wahrnehmungspsychologie mit Bemerkungen zur Lehre von der Adaptation. Zeitschrift für experimentelle und angewandte Psychologie 3 (1956), 381–417

Kosslyn, S. M. u. Pomerantz, J. R.: Imagery, propositions, and the form of internal representations. Cognitive Psychology 9 (1977), 52–76

Krause, R.: Produktives Denken bei Kindern. Weinheim: Beltz 1977

Kreibig, J. K.: Die intellektuellen Funktionen. Untersuchungen über Grenzfragen der Logik, Psychologie und Erkenntnistheorie. Wien: Hölder 1909

Kretschmer, E.: Körperbau und Charakter. Berlin: Springer 1929

Kretschmer, E.: Geniale Menschen. Berlin: Springer 1948

Kreutzer, M. A., Leonhard, C. u. Flavell, J. H.: An interview study of children's knowledge about memory. Monographs of the Society of Child Development 40 (1975), Nr. 159

Kreuzig, H. W.: Gütekriterien für die kognitiven Prozesse bei Entscheidungssituationen in sehr komplexen Realitätsbereichen und ihr Zusammenhang mit Persönlichkeitsmerkmalen. In: Ueckert, H. u. Rhenius, D. (Hg.): Komplexe menschliche Informationsverarbeitung. Bern: Huber 1979, 196–209

Kroh, O.: Experimentelle Beiträge zur Typenkunde. Bd. 1–3. Leipzig: Barth 1929–1934 (Zeitschrift für Psychologie 1. Abt., Ergänzungsband 2)

Krohne, H. W.: Theorien zur Angst. Stuttgart: Kohlhammer 1976

Krohne, H. W.: Angst bei Schülern und Studenten. Hamburg: Hoffmann u. Campe 1977

Krowalewski, H. E., Peters, T. u. Zerbst, E.: Prozessorgesteuerte Reizparameteroptimierung für ein rückgekoppeltes Nervenschrittmachersystem. Biomedizinische Technik 24 (1979), 229–230

Krstič, N: Marko Maurulič-the author of the term „psychology". Acta Instituti Psychologici Universitatis Zagrebiensis. Nos. 35–48 (1964), 7–17

Krueger, F.: Das Wesen der Gefühle. Entwurf einer systematischen Theorie. Leipzig: Akademische Verlagsgesellschaft 1928

Krug, S., Hage, A. u. Hieber, S.: Anstrengungsvariation in Abhängigkeit von der Aufgabenschwierigkeit, dem Konzept der eigenen Tüchtigkeit und dem Leistungsmotiv. Archiv für Psychologie 130 (1978), 265–278

Kruse, L. u. Kumpf, W.: Psychologische Grundlagenforschung: Ethik und Recht. Bern: Huber 1979

Külpe, O.: Versuche über Abstraktion. In: Schumann, F. (Hg.): Bericht über den 1. Kongreß für Experimentelle Psychologie 1904. Leipzig: Barth 1904, 56–68

Kugemann, W.: Lern- und Studientechniken. Erlangen: Fernstudium im Medienverbund (Psychologie) 1980

Kuhn, T. S.: The structure of scientific revolutions. Chicago: University Press 1962. (Dt.: Die Struktur wissenschaftlicher Revolutionen. Frankfurt: Suhrkamp 1967)

Kutschera, F. von u. Breitkopf, A.: Einführung in die moderne Logik. Freiburg: Alber 1971

Lakatos, I.: Falsification and the methodology of scientific research programs. In: Lakatos, I. u. Musgrave, A. (Hg.): Criticism and the growth of knowledge. Cambridge: University Press 1970, 91–195. (Dt.: Falsifikation und die Methodologie wissenschaftlicher Forschungsprogramme. In: Lakatos, I. u. Musgrave, A. (Hg.): Kritik und Erkenntnisfortschritt. Braunschweig: Vieweg 1974, 89–189)

Lange, C. G.: Om sindsbevaegelser. Kopenhagen: Lund 1885. (Dt.: Über Gemütsbewegungen. Leipzig: Thomas 1887)

Lange, F. A.: Geschichte des Materialismus. Iserlohn: Baedeker. Bd. 1: 1873, 2. Aufl., Bd. 2: 1875, 2. Aufl.

Lantermann, E.: Integration von Kognitionen und Emotionen in Handlungen. In: Hoefert, H.-W. (Hg.): Person und Situation – interaktionspsychologische Untersuchungen. Göttingen: Hogrefe 1982 67–84

Larenz, K.: Methodenlehre der Rechtswissenschaft. Berlin: Springer 1975

Lasswell, H. D.: The structure and function of communication in society. In: Bryson, L. (Hg.): The communication of ideas. New York: Harper 1948, 37–51

Laucken, U. u. Schick, A.: Einführung in das Studium der Psychologie. Stuttgart: Klett-Cotta 1978

Lavater, J. K.: Physiognomische Fragmente zur Beförderung der Menschenkenntnis und Menschenliebe. Leipzig: Weidmanns Erben Neudruck (Erstausgabe 1775)

Lazarus, R. S.: Psychological stress and the coping process. New York: McGraw Hill 1966

Lazarus-Mainka, G.: Persönlichkeitsspezifisches im Sprachverhalten. Zeitschrift für experimentelle und angewandte Psychologie 20 (1973), 68–91

Le Bon, G.: Psychologie des foules. Paris: Alcan 1895. (Dt.: Psychologie der Massen. Stuttgart: Kröner 1953)

Le Faivre, R.: Fuzzy problem-solving. Ann Arbor: University of Wisconsin (Dissertationsdruck) 1974

Leeuw, G. van der: Phänomenologie der Religion. München: Reinhardt 1925

Leibniz, G. W.: Essais de théodicée sur la bonté de dieu, la liberté de l'homme et l'origine du mal. Amsterdam: I. Troyel 1710. (Dt.: Die Theodicee. Neu übersetzt und herausgegeben von Buchenau, A. Leipzig: Meinersche Philosophische Bibliothek 1925)

Leontjew, A. N.: Probleme der Entwicklung des Psychischen. Frankfurt: Athenäum Fischer 1973 (Erstausgabe: Moskau 1959)

Lepper, M. R., Greene, D. u. Nisbett, R. E.: Undermining children's intrinsic interest with extrinsic rewards: A test of the „overjustification" hypothesis. Journal of Personality and Social Psychology 28 (1973), 129–137

Lersch, Ph.: Gesicht und Seele. München: Reinhardt 1951 (Erstausgabe 1932)

Lersch, Ph.: Aufbau der Person. München: Barth 1962, 8. Aufl. (vorher: Aufbau des Charakters. München: Barth 1938)

Lesser, H. u. Hlavacek, P.: Problem-solving rigidity of children on perceptual tasks as a function of parental authoritarianism. Journal of Genetic Psychology 131 (1977), 97–106

Leuba, C.: Toward some integration of learning theories: The concept of optimal stimulation. Psychological Reports 1 (1955), 27–33

Levine, R., Chein, I. u. Murphy, G.: The relation of the intensity of a need to the amount of perceptual distortion: A preliminary report. Journal of Psychology 13 (1942), 283–293

Lewin, K. (Hg.): Untersuchungen zur Handlungs- und Affektpsychologie. Psychologische Forschung Bde. 1–19 (1921–1934)

Lewin, K.: Vorsatz, Wille und Bedürfnis (mit Vorbemerkungen über die psychischen Kräfte und Energien und die Struktur der Seele). Untersuchungen zur Handlungs- und Affektpsychologie I und II. Psychologische Forschung 7 (1926), 294–385

Liebhart, E.: Nationalismus in der Tagespresse. Meisenheim: Hain 1971

Lieret, I.: Angst des Beifahrers. ADAC-Motorwelt 9 (1977), 41–43

Linden, M. u. Manns, M.: Psychopharmakologie für Psychologen. Salzburg: Müller 1977

Lindsley, D. B.: Emotion. In: Stevens, S. S. (Hg.): Handbook of experimental psychology. New York: Wiley 1951, 473–516

Lindworsky, J.: Das schlußfolgernde Denken. Freiburg: Herder 1916

Lippmann W.: Public opinion. New York: Macmillan 1922

Lisper, H. O., Laurell, H. u. Stening, G.: Effects of experience of the driver on heart-rate, respiration rate, and subsidiary reaction time in a three hours continuous reaction task. Ergonomics 16 (1973), 501–506

Little, B. R.: Psychological man as scientist, humanist, and specialist. Journal of Experimental Research in Personality 6 (1972), 95–118. (Dt. (gekürzt): Der Mensch in der Psychologie – Wissenschaftler, Humanist und Spezialist. In: Schönpflug, W. (Hg.): System Mensch – Beispiele aus der psychologischen Fachliteratur. Stuttgart: Klett-Cotta 1977, 26–32)

Locke, J.: An essay concerning human understanding. Menston, Yorkshire: Solar Press 1970 (Erstausgabe 1690)

Lorenz, K.: Das sogenannte Böse. Wien: Borotha-Schoeler 1963

Lorenz, K.: Vergleichende Verhaltensforschung. In: Lorenz, K. u. Leyhausen, P. (Hg.): Antriebe tierischen und menschlichen Verhaltens. München: Piper 1968, 15–47

Lorenz, K.: Vergleichende Verhaltensforschung. Grundlagen der Ethologie. Berlin: Springer 1978

Lorenzen, P.: Einführung in die operative Logik und Mathematik. Berlin: Springer 1955

Lorge, I., Fox, D., Davitz, J. u. a.: A survey of studies contrasting the quality of group performance and individual performance (1920–1957). Psychological Bulletin 55 (1958), 337–372

Lott, A. J. u. Lott, B. E.: Group cohesiveness as interpersonal attraction: A review of relationships with antecedent and consequent variables. Psychological Bulletin 64 (1965), 259–309

Luchins, A. S.: Mechanization in problem solving: The effect of „Einstellung". Psychological Monographs 54 (1942), Nr. 248. (Dt.: Mechanisierung beim Problemlösen. Die Wirkung der „Einstellung". In: Graumann, C. F. (Hg.): Denken. Köln: Kiepenheuer u. Witsch 1965, 171–202)

Lück, H. E.: Prosoziales Verhalten. Köln: Kiepenheuer u. Witsch 1975

Luh, C. W.: The conditions of retention. Psychological Monographs 31 (1922), Nr. 142

Luria, A. R.: Toward the problem of the historical nature of psychological processes. International Journal of Psychology 6 (1971), 259–272

Maas, U.: Sprachliches Handeln. In: Funkkolleg Sprache. Bd. 2. Frankfurt: Fischer 1977, 144–172

MacKay, D. M.: The nature of communication. In: Hinde, R. A. (Hg.): Non-verbal communication. Cambridge University Press 1972, 3–26

Mach, E.: Analyse der Empfindungen. Jena: Fischer 1885

Mahler, W.: Ersatzhandlungen verschiedenen Realitätsgrades. Psychologische Forschung 18 (1933), 27–89

Maier, G.: Mensch und freier Wille. Tübingen: Mohr 1971

Maier, N. R. F.: Reasoning in humans. I. On direction. Journal of Comparative Psychology 10 (1930), 115–143

Maltzmann, I.: Thinking: From a behavioristic point of view. Psychological Review 62 (1955), 275–286

Mandl, H. u. Huber, G. L. (Hg.): Kognitive Komplexität. Göttingen: Hogrefe 1978

Mandler, G.: The interruption of behavior. In: Levine, D. (Hg.): Nebraska Symposium on Motivation. Lincoln: University of Nebraska Press 1964, 163–219

Mandler, G.: Mind and emotion. New York: Wiley 1975. (Dt.: Denken und Fühlen. Paderborn: Junfermann 1979)

Mandler, G., Mandler, J. M. u. Uviller, E. T.: Autonomic feedback: The perception of autonomic activity. Journal of Abnormal and Social Psychology 56 (1958), 367–373

Marx, K.: Zur Kritik der Hegelschen Rechtsphilosophie. In: Marx, K. u. Engels, F.: Werke Bd. 1. Berlin: Dietz 1972, 378–391 (Erstausgabe 1844)

Marx, K.: Das Kapital. In: Marx, K. u. Engels, F.: Werke Bd. 23. Berlin: Dietz 1962 (Erstausgabe 1867)

Marx, K.: Thesen über Feuerbach. Werke Bd. 3. Berlin: Dietz 1967, 5–7 (verfaßt 1845)

Maslach, Ch.: The emotional consequences of arousal without reason. In: Izard, C. E. (Hg.): Emotions in personality and psychopathology. New York: Plenum 1979, 565–590

Maslow, A. H.: Motivation and personality. New York: Harper 1954

Maslow, A. H.: Emotional blocks to creativity. Journal of Individual Psychology 14 (1958), 51–56

Maslow, A. H.: Various meanings of transcendence. Journal of Transpersonal Psychology 1 (1968), 56–66

Masters, R. E. L. u. Houston, J.: The varieties of psychedelic experience. New York: Holt, Rinehart u. Winston 1966

Matern, B., Lehmann, B. u. Uebel, H.: Zur Ermittlung von inneren Modellen für Tätigkeiten der Prozessregulation als Voraussetzung zur Optimierung von Arbeits- und Anlernverfahren. In: Hacker, W. (Hg.): Psychische Regulation von Arbeitstätigkeiten. Berlin: Deutscher Verlag der Wissenschaften 1976, 53–57

Mayer, R. E. u. Revlin, R.: An information processing framework for research on human reasoning. In: Revlin, R. u. Mayer, R. E. (Hg.): Human reasoning. New York: Wiley 1978, 1–32

Mayo, C. u. La France, M.: On the acquisition of nonverbal communication: A review. Merrill Palmer Quarterly 24 (1978), 213–228

McClearn, G. E. u. De Fries, J. C.: Introduction to behavioral genetics. San Francisco: Freeman 1973

McClelland, D. u. Winter, D. G.: Motivating economic archievement. New York: Free Press 1969

McDougall, W.: Social psychology. London: Methuen 1908. (Dt.: Grundlagen einer Sozialpsychologie. Jena: Fischer 1928)

McGraw, K. O.: The detrimental effects of reward on performance: A literature review and a prediction model. In: Lepper, M. R. u. Greene, D. (Hg.): The hidden costs of reward. Hillsdale: Erlbaum 1978, 33–60

McGuigan, F. J.: Thinking. Studies of covert language processes. New York: Appleton Century Crofts 1966

McNamara, J.: From sign to language. In: McNamara, J. (Hg.): Language learning and thought. New York: Academic Press 1977, 11–45

Mees, U.: Vorausurteil und aggressives Verhalten. Stuttgart: Klett 1974

Mees, U. u. Fieguth, G.: Sequentielle Beobachtungen und Analyse aggressiven Kinderverhaltens. In: Tack, W. (Hg.): Bericht über den 30. Kongreß der Deutschen Gesellschaft für Psychologie 1976 in Regensburg. Bd. 2. Göttingen: Hogrefe 1977, 77–79

Meggle, G.: Grundbegriffe der Kommunikation. Berlin: De Gruyter 1981

Mehrabian, A.: Some determinants of affiliation and conformity. Psychological Reports 27 (1970), 19–29

Mehrabian, A.: Nonverbal betrayal of feeling. Journal of Experimental Research in Personality 5 (1971), 64–73

Mehrabian, A.: Public places and private spaces. New York: Basic Books 1976. (Dt.: Räume des Alltags. Frankfurt: Campus 1978)

Meichenbaum, D.: Cognitive behavior modification. New York: Plenum 1977. (Dt.: Kognitive Verhaltensmodifikation. München: Urban u. Schwarzenberg 1979)

Meili, R.: Struktur der Intelligenz. Faktorenanaly-

tische und denkpsychologische Untersuchungen. Bern: Huber 1981
Melton, A. W.: Implications of short-term memory for a general theory of memory. Journal of Verbal Learning and Verbal Behavior 2 (1963), 1–21
Mesarovič, M. D.: Toward a formal theory of problem solving. In: Saff, M. A. u. Wilkinson, W. D. (Hg.): Computer augmentation of human reasoning. Washington: Macmillan 1965, 37–64
Mesarovič, M. D.: Mathematical theory of general systems. In: Klir, G. J. (Hg.): Trends in general systems theory. New York: Wiley 1972, 251–269
Metzger, W.: Gesetze des Sehens. Frankfurt: Kramer 1953
Metzger, W.: Psychologie. Darmstadt: Steinkopff 1954
Metzger, W.: Das einäugige Tiefensehen. In: Metzger, W. (Hg.): Die allgemeine Psychologie. 1. Halbband. Gottschaldt, K., Lersch, P., Sander, F. u. a. (Hg.): Handbuch der Psychologie. Bd. 1. Göttingen: Hogrefe 1966, 533–555
Meyer, M. F.: That whale among the fishes – the theory of emotions. Psychological Review 40 (1933), 292–300
Meyer, W.-U.: Leistungsmotiv und Ursachenerklärung von Erfolg und Mißerfolg. Stuttgart: Klett 1973
Meyer, W.-U. u. Hallermann, B.: Intended effort and informational value of task outcome. Archiv für Psychologie 129 (1977), 131–140
Mikula, G. (Hg.): Gerechtigkeit und soziale Interaktion. Bern: Huber 1980
Miler, A.: Vergleich der Vergessenskurven für Reproduzieren und Wiedererkennen von sinnlosem Material. Zeitschrift für experimentelle und angewandte Psychologie 7 (1960), 29–38
Mill, J. St.: Analysis of the phenomenon of the human mind. London: Longmans u. Dyer 1829
Miller, G. A.: The magical number seven, plus or minus two: Some limits on our capacity for processing information. Psychological Review 63 (1956), 81–97 Dt. (gekürzt): Die magische Zahl sieben plus oder minus zwei: Einige Grenzen unserer Fähigkeit zur Informationsverarbeitung. In: Schönpflug, W. (Hg.): System Mensch – Reader. Stuttgart: Klett-Cotta 1977, 125–131)
Miller, G. A.: Some psychological studies of grammar. American Psychologist 17 (1962), 748–762. (Dt.: Einige psychologische Aspekte der Grammatik. In: Leuninger, H., Miller, H. M. u. Müller, F. (Hg.): Linguistik und Psychologie. Bd. 1. Frankfurt: Fischer Athenäum 1974, 3–31)
Miller, G. A., Galanter, S. u. Pribram, K.: Plans and the structure of behavior. New York: Holt, Rinehart u. Winston 1960. (Dt.: Strategien des Handelns. Stuttgart: Klett 1973)
Miller, N. E.: Studies of fear as an acquirable drive. Journal of Experimental Psychology 38 (1948), 89–101
Miller, P. H., Kessel, F. S. u. Flavell, J. H.: Thinking about people thinking about people thinking about . . .: A study of social cognitive development. Child Development 41 (1970), 613–623
Mitscherlich, A.: Auf dem Wege zur vaterlosen Gesellschaft. München: Piper 1963
Mitscherlich, M.: Müssen wir hassen? München: Piper 1972
Mittenecker, E.: Kybernetische Modelle in der Psychologie. In: Lienert, G. (Hg.): Bericht über den 23. Kongreß der Deutschen Gesellschaft für Psychologie 1962. Göttingen: Hogrefe 1963, 68–92
Mommaers, P.: Was ist Mystik? Frankfurt: Insel 1979
Moreno, J.: Gruppentherapie und Psychodrama. Stuttgart: Klett 1959
Morf-Rohr, U.: Tagträume in der Vorpubertät. In: Michaelis, W. (Hg.): Bericht über den 32. Kongreß der deutschen Gesellschaft für Psychologie 1980 in Zürich. Bd. 1. Göttingen: Hogrefe 1981, 444–446
Morris, Ch.: Signs, language and behavior. Englewood Cliffs: Prentice Hall 1938. (Dt.: Zeichen, Sprache und Verhalten. Düsseldorf: Schwann 1973)
Morris, L. W. u. Liebert, R. M.: Relationship of cognitive and emotional components of test anxiety to physiological arousal and academic performance. Journal of Consulting and Clinical Psychology 35 (1970), 332–337
Mowrer, O. H.: On the dual nature of learning: A reinterpretation of „conditioning" and „problem solving". Harvard Educational Review 17 (1947), 102–148
Mowrer, O. H.: Learning theory and personality dynamics. New York: Ronald Press 1950
Müller, E. F. u. Thomas, A.: Einführung in die Sozialpsychologie. Göttingen: Hogrefe 1974
Müller, G. E.: Zur Analyse der Gedächtnistätigkeit und des Vorstellungsverlaufs. Zeitschrift für Psychologie. Ergänzungsband 8 (1913)
Müller, G. E. u. Pilzecker, A.: Experimentelle Beiträge zur Lehre vom Gedächtnis. Leipzig: Barth 1900
Müller-Lyer, F. C.: Optische Urteilstäuschungen. Archiv für Psychologie o. Bd. 1889 (Ergänzungsband), 263–270
Münch, H.: Die gegenstandslose Kunst – ein Denkfehler. Wels: Wancara 1960, 2. Aufl.
Murray, H. A.: Explorations in personality. New York: Oxford 1938
Mussen, P. H., Conger, J. J. u. Kagan, I.: Child development and personality. London: Harper u. Row 1956. (Dt.: Lehrbuch der Kinderpsychologie. Stuttgart: Klett 1976)
Muthig, K. P. u. Schönpflug, W.: Externe Speicher

und rekonstruktives Verhalten. In: Michaelis, W. (Hg.): Bericht über den 32. Kongreß der Deutschen Gesellschaft für Psychologie 1980 in Zürich. Bd. 1. Göttingen: Hogrefe 1981, 225–229

Näätänen, R.: The inverted U-relationship between activation and performance – a critical review. In: Kornblum, S. (Hg.): Attention and performance IV. New York: Academic Press 1973, 155–174

Neel, A. F.: Theories of psychology: A handbook. Cambridge: Schenkman 1969. (Dt.: Handbuch der psychologischen Theorien. München: Kindler 1974)

Neisser, U.: Cognition and reality. San Francisco: Freeman 1976. (Dt.: Kognition und Wirklichkeit. Stuttgart: Klett-Cotta 1979)

Nelson, K.: Explorations in the development of a functional system. In: Collins, W. A. (Hg.): The 12th Minnesota Symposium on child psychology. Hillsdale: Erlbaum 1980, 47–81

Neubert, J.: Zur Aktualgenese aufgabenspezifischer Tätigkeitsstrukturen (vorläufige Mitteilung). In: Hacker, W., Skell, W. u. Straub, W. (Hg.): Arbeitspsychologie und wissenschaftlich-technische Revolution. Berlin: Deutscher Verlag der Wissenschaften 1968, 93–106

Newell, A. u. Simon, H. A.: Human problem solving. Englewood Cliffs: Prentice Hall 1972

Nicholls, J. G.: Effort is virtuous, but it's better to have ability: Evaluative responses to perceptions of effort and ability. Journal of Research in Personality 10 (1976), 306–315

Nickel, H.: Überblick über ein Forschungsvorhaben: Erziehungsmerkmale, Sozialverhalten und Erziehungsbedingungen in unterschiedlichen vorschulischen Einrichtungen. In: Tack, W. H. (Hg.): Bericht über den 30. Kongreß der Deutschen Gesellschaft für Psychologie 1976 in Regensburg. Bd. 1. Göttingen: Hogrefe 1977, 245–247

Nietzsche, F.: Jenseits von Gut und Böse. Leipzig: Kröner 1930 (Erstausgabe 1885)

Nietzsche, F.: Wille zur Macht. Förster-Nietzsche, E. u. Gast, P. (Hg.). Leipzig: Kröner 1930 (posthum)

Nisbett, R. u. Ross, L.: Human inference: Strategies and shortcomings of social judgment. Englewood Cliffs: Prentice Hall 1980

Norman, D. A. u. Rumelhart, D. E.: Explorations in cognition. San Francisco: Freeman 1975. (Dt.: Strukturen des Wissens. Stuttgart: Klett-Cotta 1978)

Novaco, R. W.: Anger control: The development and evaluation of experimental treatment. Lexington/Mass.: Lexington Books 1975

Nuttin, J.: Tâche, réussite et échec. Théorie de la conduite humaine. Louvain: Publications Universitaires 1953

Nygard, R.: A reconsideration of the achievement motivation theory. European Journal of Social Psychology 5 (1975), 61–92

O'Mahony, M. u. Brown, M.: The interstimulus humour effect. European Journal of Social Psychology 7 (1977), 253–257

Ockham: Philosophical writings. Boehner, Ph. (Hg.). London: Nelson 1957

Oehl, W.: Das Lallwort, Rektoratsrede an der Universität Freiburg/Schweiz 1932. (Nach Bühler, K.: Sprachtheorie. Jena: Fischer 1934)

Oerter, R.: Psychologie des Denkens. Donauwörth: Auer 1971

Oerter, R., Dreher, E. u. Dreher, M.: Kognitive Sozialisation und subjektive Struktur. München: Oldenbourg 1977

Oevermann, U.: Sprache und soziale Herkunft. Frankfurt: Suhrkampf 1972

Olechowski, R.: Das alternde Gedächtnis. Bern: Huber 1969

Olton, R. M.: Experimental studies of incubation: Search for the elusive. Journal of Creative Behavior 13 (1979), 9–22

Oppenheimer, L.: The development of processing the social perspectives: A cognitive model. International Journal for Behavior Development 1 (1978), 149–171

Oppenheimer, L.: Die Beziehung zwischen rekursivem Denken und sozialer Perspektivenübernahme: Eine Entwicklungsstudie. In: Eckensberger, L. u. Silbereisen, R. K. (Hg.): Entwicklung sozialer Kognitionen. Stuttgart: Klett-Cotta 1980, 211–227

Oresme, N.: Livre du ciel et du monde. In: Menut, A. D. u. Denomy, A. J. (Hg.): Medieval studies. Bd. 3–5. Madison: University of Wisconsin Press 1968 (verfaßt 1377)

Ornstein, P. A.: Memory development in children. Hillsdale: Erlbaum 1978

Oschanin, D. A.: Das operative Abbild eines gesteuerten Prozesses. Bericht über den 18. Internationalen Kongreß für Psychologie in Moskau 1966. (Nach Hacker, W.: Allgemeine Arbeits- und Ingenieurpsychologie. Berlin: Deutscher Verlag der Wissenschaften 1973)

Osgood, Ch. E.: The nature and measurement of meaning. Psychological Bulletin 49 (1952), 197–237

Osgood, Ch. E. u. Suci, G. J.: Factor analysis of meaning. Journal of Experimental Psychology 50 (1955), 325–338

Oswald, I., Taylor, A. M. u. Treisman, M.: Discriminative responses to stimulation during human sleep. Brain 83 (1960), 440–453

Ovsiankina, M.: Die Wiederaufnahme unterbrochener Handlungen. Psychologische Forschung 11 (1928), 302–379

Paivio, A.: Imagery and verbal processes. New York: Holt, Rinehart u. Winston 1971

Paivio, A., Yuille, J. C. u. Rogers, T. B.: Noun imagery and meaningfulness in free recall and serial recall. Journal of Experimental Psychology 79 (1969), 509–514

Palmer, S. E.: Visual perception and world knowledge. In: Norman, D. A. u. Rumelhart, D. E. (Hg.): Explorations in cognition. San Francisco: Freeman 1975, 279–307. (Dt.: Visuelle Wahrnehmung und Wissen. In: Norman, D. A. u. Rumelhart, D. E. (Hg.): Strukturen des Wissens. Stuttgart: Klett-Cotta 1978, 281–307)

Patry, J.-L. (Hg.): Feldforschung. Bern: Huber 1982

Patterson, M. L.: An arousal model of interpersonal intimacy. Psychological Review 83 (1976), 235–245

Paulsen, F.: Geschichte des gelehrten Unterrichts auf den deutschen Schulen und Universitäten vom Ausgang des Mittelalters bis zur Gegenwart. Berlin: De Gruyter 1965

Pawlik, K.: Ökologische Validität. Ein Beispiel aus der Kulturvergleichsforschung. In: Kaminski, G. (Hg.): Umweltpsychologie. Stuttgart: Klett 1976, 59–72

Pawlow, I. P.: Der Zielreflex. Sämtliche Werke Bd. 3. Berlin: Akademie Verlag 1953, 222–227 (Erstausgabe 1916)

Pawlow, I. P.: Zwanzigjährige Erfahrungen mit dem objektiven Studium der höheren Nerventätigkeit (des Verhaltens) der Tiere. Sämtliche Werke Bd. 3. Berlin: Akademie Verlag 1953, 1–136 (Erstausgabe 1923)

Pawlow, I. P.: Die gemeinsamen Typen der höheren Nerventätigkeit der Tiere und des Menschen. Sämtliche Werke Bd. 3. Berlin: Akademie Verlag 1953, 492–511 (Erstausgabe 1935)

Pawlow, I. P.: Sämtliche Werke. Berlin: Akademie Verlag 1953–1955

Pellegrino, L. J. u. Cushman, A. J.: A stereotaxic atlas of the rat brain. New York: Appleton Century Crofts 1967

Penfield, W. u. Rasmussen, Th.: The cerebral cortex of man. New York: Macmillan 1957

Perin, C. T.: Behavior potentiality as a joint function of the amount of training and the degree of hunger at the time of extinction. Journal of Experimental Psychology 30 (1942), 93–113

Pestalozzi, J. H.: Meine Nachforschungen über den Gang der Natur in der Entwicklung des Menschengeschlechts. Stenzel. A. (Hg.). Bad Heilbrunn: Klinkhardt 1968, 2. Aufl. (Erstausgabe 1797)

Peter, L. J. u. Hull, R.: The Peter principle. New York: Morrow 1969. (Dt.: Das Peter-Prinzip. Hamburg: Rowohlt 1972)

Piaget, J.: Le langage et la pensée chez l'enfant. Neuchâtel, Paris: Delachaux u. Niestlé 1923. (Dt.: Sprechen und Denken des Kindes. Düsseldorf: Schwann 1972)

Piaget, J.: La formation du symbole chez l'enfant. Imitation, jeu et rêve, image et représentation. Neuchâtel: Delachaux u. Niestlé 1945. (Dt.: Nachahmung, Spiel und Traum. Stuttgart: Klett 1969)

Piaget, J.: La construction du réel chez l'enfant. Neuchâtel: Delachaux u. Niestlé 1950. (Dt.: Der Aufbau der Wirklichkeit beim Kinde. Stuttgart: Klett 1974)

Piaget, J.: Sechs psychologische Studien. In: Piaget, J. (Hg.): Theorien und Methoden der modernen Erziehung. Wien: Molden 1972, 185–351

Piaget, J.: La naissance de l'intelligence chez l'enfant. Paris: Delachaux u. Niestlé 1948 (Dt.: Erwachen der Intelligenz beim Kinde. Gesammelte Werke Bd. 1. Stuttgart: Klett 1975)

Piaget, J.: Die Äquilibration der kognitiven Strukturen. Stuttgart: Klett 1976

Piaget, J. u. Inhelder, B.: De la logique de l'enfant à la logique de l'adolescent. Paris: Presses Universitaires de France 1955. (Dt.: Von der Logik des Kindes zur Logik des Heranwachsenden. Olten: Walter 1977)

Piderit, T.: Mimik und Physiognomik. Detmold: Staercke 1867

Platon: Theatet. Übersetzt von Apelt, O. Leipzig: Meiner 1920, 3. Aufl.

Plutchik, R.: The emotions. New York: Random House 1962

Polya, G.: Schule des Denkens. Bern: Francke 1949

Pongratz, L. J.: Problemgeschichte der Psychologie. Bern: Francke 1967

Pongratz, L., Traxel, W. u. Wehner, E. G.: Psychologie in Selbstdarstellungen. Bern: Huber Bd. 1 1972, Bd. 2 1979

Portele, G.: Lernen und Motivation. Weinheim: Beltz 1975

Postman, L. u. Keppel, G. (Hg.): Norms of word association. New York: Academic Press 1970

Poulsen, D., Kintsch, E., Kintsch, W. u. a.: Children's comprehension and memory for stories. Journal of Experimental Child Psychology 28 (1979), 379–403

Preiser, S.: Kreativitätsforschung. Darmstadt: Wissenschaftliche Buchgesellschaft 1976

Premack, D.: Intelligence in ape and man. New York: Wiley 1976

Pribram, K. H.: Languages of the brain. Englewood Cliffs: Prentice Hall 1971

Pribram, K. H. u. McGuinness, D.: Arousal, activation, and effort in the control of attention. Psychological Review 82 (1975), 116–149

Putz-Osterloh, W.: Über die Effektivität von Problemlösungstraining. Zeitschrift für Psychologie 182 (1974), 253–276

Putz-Osterloh, W.: Problemlöseprozeß und Intelligenztestleistung. Bern: Huber 1981
Pylyshin, Z.: What the mind's eye tells the mind's brain: A critique of mental imagery. Psychological Bulletin 80 (1973), 1–24
Rank, O.: Das Trauma der Geburt. Wien: Psychoanalytischer Verlag 1924
Rapaport, D.: Emotions und memory. Baltimore: Williams u. Wilkins 1942
Rausch, E.: Zum Ganzheitsproblem in der Psychologie des Denkens. Studium Generale 5 (1952), 473–489
Raven, J. C.: Standard progressive matrices. London: Watt 1956. (Dt.: Raven-Matrizen-Test. Deutsche Bearbeitung von Schmidtke, A., Schaller, S. u. Becker, P. Weinheim: Beltz 1978)
Rechenberg, I.: Bionik, Evolution und Optimierung. Naturwissenschaftliche Rundschau 26 (1973), 465–472
Reik, Th.: Über kollektives Vergessen. Internationale Zeitschrift für Psychoanalyse 6 (1920), 202–215
Reither, F.: Über die kognitive Organisation bei der Bewältigung von Krisensituationen. In: Uekkert, H. u. Rhenius, D. (Hg.): Komplexe menschliche Informationsverarbeitung. Bern: Huber 1979, 210–222
Reschetowa, S. A. u. Kaloschina, I. P.: Psychologische Bedingungen des polytechnischen Unterrichts. In: Lompscher, J. (Hg.): Sowjetische Beiträge zur Lerntheorie. Köln: Pahl-Rugenstein 1973, 71–99
Revesz, G.: Ursprung und Vorgeschichte der Sprache. Bern: Francke 1946
Revlis, R.: Syllogistic reasoning: Logical decisions from a complex data base. In: Falmagne, R. J. (Hg.): Reasoning: Representation and process in children and adults. Hillsdale: Erlbaum 1975, 93–133
Reykowski, J.: Persönlichkeitspsychologische Mechanismen prosozialen Verhaltens. Probleme und Ergebnisse der Psychologie 67 (1978), 65–86
Rheinberg, F.: Leistungsbewertung und Lernmotivation. Göttingen: Hogrefe 1980
Rizley, R. C. u. Rescorla, R. A.: Associations in second-order conditioning and sensory preconditioning. Journal of Comparative and Physiological Psychology 81 (1972), 1–11
Rogers, C. R.: Counseling and psychotherapy. Boston: Houghton u. Mifflin 1942. (Dt.: Die nichtdirektive Beratung. München: Kindler 1976)
Roheim, G.: Animism, magic, and the divine king. London: Routledge u. Paul 1972 (Erstausgabe 1930)
Rohr, A. R.: Kreative Prozesse und Methoden der Problemlösung. Weinheim: Beltz 1975
Rohracher, H.: Kleine Charakterkunde. Wien: Urban u. Schwarzenberg 1956
Romberch, Host von, J.: Congestorium artificiose memorie. Venedig 1533. (Nach: Yates, F. A.: The art of memory. Chicago: Chicago University Press 1966)
Rosch, E.: Principles of categorization. In: Rosch, E. u. Lloyd, B. B. (Hg.): Cognition and categorization. Hillsdale: Erlbaum 1978, 27–48
Rosch, E.: Cognitive representations of semantic categories. Journal of Experimental Psychology: General 104 (1975), 192–233
Rosch, E., Mervis, C. D., Gray, W. D. u.a.: Basic objects in natural categories. Cognitive Psychology 8 (1976), 382–439
Rost-Schaude, E.: Untersuchungen zu einer deutschen Form des IEC Fragebogens von Rotter. In: Mielke, R. (Hg.): Interne/Externe Kontrollüberzeugung. Bern: Huber 1982, 156–177
Roth, E., Oswald, W. D. u. Daumenlang, K.: Intelligenz. Stuttgart: Kohlhammer 1975, 3. Aufl.
Rothkopf, Z. E. u. Billington, M. J.: Goal-guided learning from text: Inferring a descriptive processing model from inspection times and eye movements. Journal of Educational Psychology 71 (1979), 310–327
Rotter, J. B.: Generalized expectancies for internal versus external control of reinforcement. Psychological Monographs 80 (1966), Nr. 609
Rotter, J. B., Liverant, S. u. Crowne, D. P.: The growth and extinction of expectancies in chance controlled and skilled tasks. Journal of Psychology 52 (1961), 161–177
Rubinstein, S. L.: Das Denken und die Wege seiner Erforschung. Berlin: Deutscher Verlag der Wissenschaften 1977, 6. Aufl.
Sachs, J. S.: Recognition memory for syntactic and semantic aspects of connected discourse. Perception and Psychophysics 2 (1967), 437–442
Sahakian, W. S.: History and systems of psychology. New York: Schenkman/Wiley 1975
Saling, G.: Assoziative Massenversuche. Zeitschrift für Psychologie 49 (1908), 238–253
Sanders, C.: De behavioristische revolutie in de psychologie. (Dt.: Die behavioristische Revolution in der Psychologie. Salzburg: Müller 1978)
Sapir, E.: Language. New York: Harcourt 1921. (Dt.: Die Sprache. München: Huber 1972)
Sarris, V.: Die Abhängigkeit des Adaptationsniveaus von Ankerreizen. Zeitschrift für experimentelle und angewandte Psychologie 14 (1967), 1–53
Sarris, V.: Wahrnehmung und Urteil. Göttingen: Hogrefe 1971
Sartre, J. J.: Esquisse d'une théorie phénoménologique des emotions. Actualités scientifiques et industrielles No. 838. Paris: Hermann 1939
Sartre, J. P.: L'être et le néant. Paris: Gallimard

1943. (Dt.: Das Sein und das Nichts. Hamburg: Rowohlt 1952)

Saugstad, P. u. Raaheim, K.: Problem solving and availability of functions. Acta Psychologica 13 (1957/58), 263–278. (Dt. (gekürzt): Problemlösen und Verfügbarkeit von Funktionen. In: Schönpflug, W. (Hg.): System Mensch – Reader. Stuttgart: Klett-Cotta 1977, 146–150)

Saussure, F. de: Grundfragen der allgemeinen Sprachwissenschaft. Berlin: De Gruyter 1931

Schachter, S.: Emotion, obesity and crime. New York: Academic Press 1971

Schachter, S. u. Singer, J. S.: Cognitive, social and physiological determinants of emotional state. Psychological Review 69 (1962), 379–399

Schäfer, B.: Konstruktion eines Eindrucksdifferentials zur Erfassung der ideologiespezifischen Bewertung politischer Schlüsselwörter. In: Bergler, R. (Hg.): Das Eindrucksdifferential. Bern: Huber 1975, 139–156

Schank, R. C. u. Abelson, R. P.: Scripts, goals, plans and understanding. Hillsdale: Erlbaum 1977

Scheerer, M.: Problem solving. Scientific American 208 (1963), 118–128

Scheflen, A. E.: Body language and the social order. Englewood Cliffs: Prentice-Hall 1972

Schegloff, E. A. u. Sacks, H.: Opening up closings. Semiotica 8 (1973), 289–327

Scherer, K. R.: Die Funktionen des nonverbalen Verhaltens im Gespräch. In: Scherer, K. R. u. Walbott, G. H. (Hg.): Nonverbale Kommunikation. Forschungsberichte zum Interaktionsverhalten. Weinheim: Beltz 1979, 25–32

Scherer, K. R.: Personality markers in speech. In: Scherer, K. R. u. Giles, H. (Hg.): Social markers in speech. Cambridge: Cambridge University Press 1979, 147–209

Scherer, K. R. u. Giles, H.: Social markers in speech. Cambridge: Cambridge University Press 1979

Scherer, K. R. u. Walbott, G. H. (Hg.): Nonverbale Kommunikation. Forschungsberichte zum Interaktionsverhalten. Weinheim: Beltz 1979

Schlee, J.: Sprache, Wortschatz und Intelligenz bei Vorklassenschülern. Heftreihe „Modellversuch im Bildungswesen", Heft 5, Kiel 1974

Schlick, M.: Allgemeine Erkenntnislehre. Berlin: Springer 1918

Schmidt, H.: Regelungstechnik. Zeitschrift des Vereins deutscher Ingenieure 85 (1941), 81–88

Schmidt-Atzert, L.: Emotionspsychologie. Stuttgart: Kohlhammer 1981

Schneewind, K. A. (Hg.): Wissenschaftstheoretische Grundlagen der Psychologie. München: Reinhardt 1977

Schneider, K.: Die psychopathischen Persönlichkeiten. Wien: Deuticke 1946

Schneider, K.: Abschließende Würdigung des Atkinson-Modells und offene Fragen für die weitere Forschung. In: Schneider, K., Gallitz, H. u. Meise, C. (Hg.): Motivation und Erfolgsrisiko. Göttingen: Hogrefe 1976, 239–245

Schneider, K. u. Schmalt, H.-D.: Motivation. Stuttgart: Kohlhammer 1981

Schneider, W. u. Shiffrin, R. M.: Controlled and automatic human information processing. I. Detection, search, and attention. Psychological Review 84 (1977), 1–66

Schöler, L., Lindenmeyer, J. u. Schöler, H.: Das alles soll ich nicht mehr können? Sozialtraining für Rollstuhlabhängige. Weinheim: Beltz 1981

Schönbach, P.: Sprache und Attitüden. Bern: Huber 1970

Schönbach, P.: Sprachstrukturelle Einflüsse auf Personenbeurteilungen. Zeitschrift für experimentelle und angewandte Psychologie 26 (1979), 621–642

Schöne, G. u. Hartmann, S.: Zum Aufbau innerer Modelle über die Wirkung von Eingriffen bei abhängigem Signalangebot. In: Hacker, W. (Hg.): Psychische Regulation von Arbeitstätigkeiten. Berlin: Deutscher Verlag der Wissenschaften 1976, 58–65

Schönpflug, W. u. Beike, P.: Einprägen und Aktivierung bei gleichzeitiger Variation der Absichtlichkeit des Lernens und der Ich-Bezogenheit des Lernstoffs. Psychologische Forschung 27 (1964), 366–376

Scholl, R.: Theorie und Typologie der teilinhaltlichen Beachtung von Form und Farbe. Zeitschrift für Psychologie 101 (1927), 281–320

Schopenhauer, A.: Die Welt als Wille und Vorstellung. Stuttgart: Cotta-Insel 1960 (Erstausgabe 1818)

Schoppe, K. J.: Verbaler Kreativitätstest. Handanweisung. Göttingen: Hogrefe 1975

Schuler, H. u. Berger, W.: The impact of physical attractiveness on an employment decision. In: Cook, W. u. Wilson, G. (Hg.): Love and attraction. Oxford: Pergamon 1979, 33–36

Schulman, A. I.: Memory for words recently classified. Memory and Cognition 2 (1974), 47–52

Schultz, D.: A history of modern psychology. New York: Academic Press 1981

Schultz, J. H.: Das autogene Training. Stuttgart: Thieme 1964

Schulz, P.: Regulation und Fehlregulation im Verhalten. II. Streß durch Fehlregulation. Psychologische Beiträge 21 (1979), 579–621

Schwarz, M.: Verstehen und Erinnerung – ihre Auswirkungen als vorgegebene Zielkriterien auf die Verarbeitung von Texten. In: Mandl, H. (Hg.): Zur Psychologie der Textverarbeitung. München: Urban u. Schwarzenberg 1981, 41–62

Schwitalla, J.: Metakommunikation als Mittel der

Dialogorganisation und der Beziehungsdefinition. In: Dittmann, J. (Hg.): Arbeiten zur Konversationsanalyse. Tübingen: Niemeyer 1979, 111–143

Scribner, S.: Recall of classical syllogisms: A cross-cultural investigation of error on logical problems. In: Falmagne, R. S. (Hg.): Reasoning: Representation and process in children and adults. Hillsdale: Erlbaum 1975, 153–173

Sechenow, I. M.: Selected physiological and psychological works. Gibbons, G. (Hg.). Moskau: Foreign Language Publication House 1960

Seiffge-Krenke, J.: Probleme und Ergebnisse der Kreativitätsforschung. Bern: Huber 1974

Seitz, A.: Die Paarbildung bei einigen Cichliden. Zeitschrift für Tierpsychologie 41 (1940), 40–84

Selfridge, O. G.: Pandemonium: A paradigm for learning. Symposium on the mechanization of thought processes. London: HM Stationary Office 1959

Seligman, M. E. P.: Helplessness. San Francisco: Freeman 1975. (Dt.: Erlernte Hilflosigkeit. München: Urban u. Schwarzenberg 1979)

Seligman, M. E. P. u. Hagen, J. L.: Biological boundaries of learning. New York: Appleton Century Crofts 1972

Semmer, N. u. Pfäfflin, M.: Interaktionstraining. Weinheim: Beltz 1978

Semon, R.: Die Mneme als erhaltendes Prinzip im Wechsel des organischen Geschehens. Leipzig: Engelmann 1908

Sexton, V. S. u. Misiak, H.: Psychology around the world. Monterey: Brooks u. Cole 1976

Shaffer, L. H.: Intention and performance. Psychological Review 83 (1976), 375–393

Shallice, T. u. Warrington, E. K.: Independent functioning of verbal memory stores: A neuropsychological study. Quarterly Journal of Experimental Psychology 22 (1970), 261–273

Shapere, D.: Scientific theories and their domains. In: Suppe, F. (Hg.): The structure of scientific theories. Urbana/Illinois: University Press 1974, 518–565

Shapiro, D., Schwartz, G. E. u. Tursky, B.: Control of diastolic blood pressure in man by feedback and reinforcement. Psychophysiology 9 (1972), 296–304

Sheldon, W. H.: The varieties of human physique. An introduction to constitutional psychology. New York: Harper 1940

Shepard, R. N.: Recognition memory for words, sentences and pictures. Journal of Verbal Learning and Verbal Behavior 6 (1967), 156–163

Sherif, M. u. Sherif, C. W.: Groups in harmony and tension. New York: Harper u. Row 1953

Shiffrin, R. M. u. Atkinson, R. C.: Storage and retrieval processes in long-term memory. Psychological Review 76 (1969), 179–193

Siebert, M.: Ärgerkontrolle: Eine Methode der Aggressionsbewältigung. Zeitschrift für klinische Psychologie 6 (1977), 59–69

Simon, H. A.: Motivational and emotional controls of cognition. Psychological Review 74 (1967), 29–39

Sinclair, H.: Langage et opérations. Paris: Dunod 1967

Singer, J. L.: Daydreaming. New York: Random House 1966

Sinz, R.: Lernen und Gedächtnis. Stuttgart: Fischer 1974

Sixtl, F.: Meßmethoden der Psychologie. Weinheim: Beltz 1967

Skell, W.: Bemerkungen zur Genese und Realisierung von Plänen im Arbeitsprozeß. In: Hacker, W. (Hg.): Psychische Regulation von Arbeitstätigkeiten. Berlin: Deutscher Verlag der Wissenschaften 1976, 66–71

Skinner, B. F.: Two types of conditioned reflex: Reply to Konorski and Miller. Journal of General Psychology 16 (1937), 272–279

Skinner, B. F.: The behavior of organisms. New York: Appleton Century Crofts 1938

Skinner, B. F.: Verbal behavior. London: Methuen 1957

Skinner, B. F.: Beyond freedom and dignity. New York: Knopf 1971. (Dt.: Jenseits von Freiheit und Würde. Hamburg: Rowohlt 1973)

Skinner, B. F.: About behaviorism. New York: Knopf 1974, 2. Aufl. (Dt.: Was ist Behaviorismus? Hamburg: Rowohlt 1978)

Slobin, D. u. Welsh, C.: Elicited imitation as a research tool in developmental psycholinguistics. In: Lavatelli, C. (Hg.): Language training in early childhood education. Champaign: University of Illinois Press 1971, 170–185

Sokolow, A. N.: Vnutrennyaya rech' i myshlenie. Moskwa: Prosveshchenie 1968. (Engl.: Inner speech and thought. New York: Plenum 1972)

Sokolow, E. N.: Perception and the conditioned reflex. Oxford: Pergamon 1963

Speisman, J. C., Lazarus, R. S., Mordkoff, A. u. a.: The experimental reduction of stress based on ego defense theory. Journal of Abnormal and Social Psychology 68 (1964), 367–380

Spelt, D.: The conditioning of human fetus in utero. Journal of Experimental Psychology 38 (1948), 338–346

Spence, K. W.: Behavior theory and conditioning. New Haven: Yale University Press 1956

Spence, K. W.: A theory of emotionally based drive (D) and its relation to performance in simple learning situations. American Psychologist 13 (1958), 131–141

Sperling, G.: The information available in brief visual presentations. Psychological Monographs 74 (1960), Nr. 498

Spinoza, B.: Ethik. Stuttgart: Kröner 1955 (Erstausgabe 1677)

Spranger, E.: Lebensformen. Halle: Niemeyer 1930

Staats, A. W.: Learning, language, and cognition. New York: Holt, Rinehart u. Winston 1968

Stadler, M., Seeger, F. u. Raeithel, A.: Psychologie der Wahrnehmung. München: Juventa 1975

Stauffacher, J. C.: The effect of induced muscular tension upon various phases ot the learning process. Journal of Experimental Psychology 21 (1937), 26–46

Steinberg, S.: Memory scanning: New findings and current controversies. Quarterly Journal of Experimental Psychology 27 (1975), 1–32

Steiner, G.: Visuelle Vorstellungen beim Lösen von elementaren Problemen. Stuttgart: Klett-Cotta 1980

Stephan, E. (Hg.): Ausbildung und Weiterbildung in Psychologie. Weinheim: Beltz 1980

Stevens, S. S.: Psychophysics. New York: Wiley 1975

Stierlin, H. u. Ravenscroft, K.: Trennungskonflikte bei Jugendlichen. Psyche 28 (1974), 719–746

Stiftung Rehabilitation (Hg.): Verhaltenstraining für Rollstuhlfahrer. Informationsdienst für Fachkräfte der Rehabilitation. Heidelberg 1976

Störring, G.: Experimentelle Untersuchungen über einfache Schlußprozesse. Archiv für die gesamte Psychologie 11 (1908), 1–127

Störring, G.: Das urteilende und schließende Denken in kausaler Behandlung. Leipzig: Akademische Verlagsgesellschaft 1926

Strelau, J.: Reactivity and activity style in selected occupations. Polish Psychological Bulletin 6 (1975), 199–207

Süßmilch, J. P.: Versuch eines Beweises, daß die erste Sprache ihren Ursprung nicht vom Menschen, sondern allein vom Schöpfer erhalten habe. Berlin: Voss 1766

Sydow, H.: Zur metrischen Erfassung von subjektiven Problemzuständen und deren Veränderungen im Denkprozeß. Zeitschrift für Psychologie 177 (1970), 145–198

Tajfel, H.: Social and cultural factors in perception. In: Lindzey, G. u. Aronson, E. (Hg.): The handbook of social psychology. Reading/Mass.: Addison Wesley 1969, 315–394

Tausch, R.: Optische Täuschungen als artifizielle Effekte der Gestaltungsprozesse von Größen- und Formkonstanz in der natürlichen Raumwahrnehmung. Psychologische Forschung 24 (1954), 299–348

Tausch, R.: Gesprächspsychotherapie. Göttingen: Hogrefe 1974, 6. Aufl.

Tausk, V.: Falsche Fahrtrichtung. Internationale Zeitschrift für Psychoanalyse 4 (1916/17), 157–158

Taylor, C. W. u. Ellison, R. L.: Moving towards working models in creativity: Utah creativity experiences and insights. In: Taylor, I. A. u. Getzels, J. W. (Hg.): Perspectives in creativity. Chicago: Aldine 1975, 191–223

Teitelbaum, P. u. Epstein, A. N.: The lateral hypothalamic syndrome: Recovery of feeding and drinking after lateral hypothalamic lesions. Psychological Review 69 (1962), 74–90

Tennyson, R. D. u. Wooley, F. R.: Interaction of anxiety with performance on two levels of task difficulty. Journal of Educational Psychology 62 (1971), 463–467

Terrace, H.: Nim: A chimpanzee who learned sign language. New York: Knopf 1979

Tholey, P.: Der Klartraum. Seine Funktion in der experimentellen Traumforschung. In: Tack, W. (Hg.): Bericht über den 30. Kongreß der Deutschen Gesellschaft für Psychologie 1976 in Regensburg. Bd. 1. Göttingen: Hogrefe 1977, 376–378

Thomae, H.: Psychologie in der modernen Gesellschaft. Hamburg: Hoffmann u. Campe 1977

Thomae, H. u. Feger, H.: Hauptströmungen der neueren Psychologie. Bern: Huber 1969

Thomas, J. C.: An analysis of behavior in the hobbits-orcs problem. Cognitive Psychology 6 (1974), 257–269

Thorndike, E. L.: Animal intelligence. Psychological Review, Monograph Supplement Nr. 8, 1898

Thorndike, E. L.: The psychology of learning. (Educational psychology Bd. 2) 1913. Überarbeitete Fassung: The fundamentals of learning. New York: Teachers College 1932

Thorndike, E. L.: Human learning. Cambridge, Mass.: MIT Press 1931

Thorndyke, P. W.: Cognitive structures in comprehension and memory for narrative discourse. Cognitive Psychology 9 (1977), 77–110

Thorpe, W. H.: Animal nature and human nature. London: Methuen 1974

Tichomirow, O. K.: Struktur der Denkfähigkeit des Menschen. In: Bruschlinski, A. W. u. Tichomirow, O. K. (Hg.): Zur Psychologie des Denkens. Berlin: Deutscher Verlag der Wissenschaften 1975, 133–352

Tinbergen, N.: The study of instincts. London: Oxford University Press 1952. (Dt.: Instinktlehre. Berlin: Parey 1952)

Titchener, E. B.: Lectures on the elementary psychology of feeling and attention. New York: Macmillan 1908

Tolman, E. C.: Purposive behavior in animals and men. New York: Appleton Crofts 1932

Tolman, E. C.: There is more than one kind of learning. Psychological Review 56 (1949), 144–156

Tolman, E. C. u. Honzik, C. H.: „Insight" in rats. University of California Publications in Psychology 4 (1930), 215–232

Toman, W.: Tiefenpsychologie. Stuttgart: Kohlhammer 1978

Tomaszewski, T.: Tätigkeit und Bewußtsein. Weinheim: Beltz 1978

Topitsch, E.: Mythos – Philosophie – Politik. Freiburg: Rombach 1969

Trabasso, T., Riley, C. A. u. Wilson, E. G.: The representation of linear order and spatial strategies in reasoning: A developmental study. In: Falmagne, R. J. (Hg.): Reasoning: Representation and process in children and adults. Hillsdale: Erlbaum 1975, 201–229

Traxel, W.: Grundzüge eines Systems der Motivierungen. Archiv für die gesamte Psychologie 114 (1962), 143–172

Traxel, W. u. Heide, H. J.: Dimensionen der Gefühle. Psychologische Forschung 26 (1961), 179–204

Tulving, E.: Episodic and semantic memory. In: Tulving, E. (Hg.): Organisation of memory. New York: Academic Press 1972, 381–403

Tulving, E. u. Thomson, D. M.: Encoding specificity and retrieval processes in episodic memory. Psychological Review 80 (1973), 352–373

Uexküll, J. von u. Kriszat, G.: Streifzüge durch die Umwelten von Tieren und Menschen. Hamburg: Rowohlt 1956 (Erstausgabe 1934)

Ulich, E.: Untersuchungen über sensumotorisches Lernen. In: Heckhausen, H. (Hg.): Bericht über den 24. Kongreß der Deutschen Gesellschaft für Psychologie 1964 in Wien. Göttingen: Hogrefe 1965, 363–367

Underwood, B. J. u. Richardson, J.: Studies of distributed practice: XIII. Interlist interference and the retention of serial nonsense lists. Journal of Experimental Psychology 50 (1955), 39–46

Volkmann, R.: Die Rhetorik der Griechen und Römer. Hildesheim: Olms 1963

Volpert, W.: Sensumotorisches Lernen. Frankfurt: Limpert 1973, 2. Aufl. Fachbuchhandlung für Psychologie 1981, 3. Aufl.

Volpert, W. (Hg.): Beiträge zur psychologischen Handlungstheorie. Bern: Huber 1980

Voss, H. G. u. Keller, H. (Hg.): Neugierforschung. Weinheim: Beltz 1981

Vroom, V. H.: Work and motivation. New York: Wiley 1964

Vukovich, A.: E. A. Dölles linguistische Durchbrüche. In: Herrmann, Th. (Hg.): Dichotomie und Duplizität – Ernst August Dölle zum Gedächtnis. Bern: 1974, 165–183

Vukovich, A.: Der rhetorische Forschungsansatz in der Kommunikationspsychologie. In: Tack, H. W. (Hg.): Bericht über den 30. Kongreß der Deutschen Gesellschaft für Psychologie 1976 in Regensburg. Bd. 1. Göttingen: Hogrefe 1977, 157–166

Wacker, A. (Hg.): Vom Schock zum Fatalismus? Frankfurt: Campus 1978

Wagner, I. u. Cimiotti, E.: Impulsive und reflexive Kinder prüfen Hypothesen: Strategien beim Problemlösen, aufgezeigt an Blickbewegungen. Zeitschrift für Entwicklungspsychologie und Pädagogische Psychologie 7 (1975), 1–15

Walker, E. L.: Relevant psychology is a snark. American Psychologist 25 (1970), 1081–1086

Wallach, M. A.: Creativity. In: Mussen, P. H. (Hg.): Carmichael's manual of child psychology. Bd. 1. New York: Wiley 1970, 1211–1272

Wallmann, J.: Kirchengeschichte Deutschlands. Bd. 2. Frankfurt: Ullstein 1973

Wandersman, A., Poppen, P. u. Ricks, D.: Humanism and behaviorism: Dialogue and growth. Oxford: Pergamon 1976

Watson, D. u. Tharp, R.: Self-directed behavior. Self modification for personal adjustment. Monterey: Brooks u. Cole 1972. (Dt.: Einübung in Selbstkontrolle. Grundlagen und Methoden der Verhaltensänderung. München: Pfeiffer 1975)

Watson, G.: Some personality differences in children related to strict or permissive parental discipline. Journal of Psychology 44 (1957), 227–249

Watson, J. B.: Behaviorism. New York: Norton 1925. (Dt.: Behaviorismus. Köln: Kiepenheuer u. Witsch 1968)

Watzlawick, P., Beavin, J. H. u. Jackson, D. D.: Pragmatics of human communication. A study of interactional patterns, pathologies, and paradoxes. New York: Norton 1967. (Dt.: Menschliche Kommunikation – Formen, Paradoxien, Störungen. Bern: Huber 1971)

Webb, W. W.: The university-wide department of psychology model. American Psychologist 25 (1970), 424–427

Weber, E. H.: Die Lehre vom Tastsinne und Gemeingefühle. Braunschweig: Vieweg 1851

Wechsler, D.: Die Messung der Intelligenz Erwachsener. Bern: Huber 1964

Weiner, B.: An attributional interpretation of expectancy value theory. In: Weiner, B. (Hg.): Cognitive views of human motivation. New York: Academic Press 1974, 51–69

Weinert, F. E. u. Kluwe, R.: Metakognition, Motivation und Lernen. Stuttgart: Kohlhammer 1981

Weinert, Th.: Aggression und Depression. Göttingen: Verlag für medizinische Psychologie 1976

Weinstein, J., Averill, J. A., Opton, E. M. u. a.: Defensive style and discrepancy between self-report and physiological indexes of stress. Journal of Personality and Social Psychology 10 (1968), 406–413

Wender, K. F., Colonius, H. u. Schulze, H. H.: Modelle des menschlichen Gedächtnisses. Stuttgart: Kohlhammer 1980

Wenger, M. A., Bagchi, B. K. u.Anand, B. K.: Experiments in India on „voluntary" control of the heart and pulse. Circulation 24 (1961), 1319–1325

Wenzl, A.: Philosophie der Freiheit. München-Pasing: Pilser 1947

Werbik, H.: Handlungstheorien. Stuttgart: Kohlhammer 1978

Werner, H. u. Wapner, S.: An experimental approach to the organismic-developmental point of view. In: Werner, H. u. Wapner, S. (Hg.): The body percept. New York: Random House 1965, 9–25

Wertheimer, M.: Experimentelle Untersuchungen zur Tatbestandsdiagnostik. Archiv für die gesamte Psychologie 6 (1905), 59–131

Wertheimer, M.: Drei Abhandlungen zur Gestalttheorie. Erlangen: Palm u. Enke 1925, 164–184

Wertheimer, M.: Productive thinking. New York: Harper u. Row 1943. (Dt.: Produktives Denken. Frankfurt: Kramer 1957)

Whorf, B. L.: Language, thought, and reality. Cambridge/Mass.: MIT Press 1956. (Dt.: Sprache, Denken, Wirklichkeit. Reinbek: Rowohlt 1963)

Wickelgren, W. A.: How to solve problems. San Francisco: Freeman 1974

Wiener, N.: Cybernetics. New York: Wiley 1948. (Dt.: Kybernetik. Reinbek: Rowohlt 1968)

Willems, E. P. u. Raush, H. L. (Hg.): Naturalistic viewpoints in psychological research. New York: Holt 1969

Witkin, H. A., Lewis, H. B., Hertzman, M. u. a.: Personality through perception. New York: Harper 1954

Witte, W.: Mnemische Determination und Dynamik des reproduktiven Tatonnements. Psychologische Beiträge 4 (1960), 174–205

Witte, W.: Experimentelle Untersuchungen von Bezugssystemen. I. Struktur, Dynamik und Genese von Bezugssystemen. Psychologische Beiträge 4 (1960), 218–252

Wittgenstein, L.: Philosophische Untersuchungen. Schriften. Frankfurt: Suhrkamp 1960, 279–544

Wolff, Chr.: Philosophia prima sive ontologia. Gesammelte Werke 2. Abt. Bd. 3. Ecole, J. (Hg.). Hildesheim: Olms 1962 (Erstausgabe 1730)

Woodworth, R. S. u. Sells, S. B.: An atmosphere effect in syllogistic reasoning. Journal of Experimental Psychology 18 (1935), 451–460

Wormser, R. G.: Taxonomie der Motivation altruistischen Verhaltens. Dissertation Universität München 1977

Wulf, F.: Über die Veränderungen von Vorstellungen (Gedächtnis und Gestalt). Psychologische Forschung 1 (1922), 333–373

Wunderlich, D.: Die Rolle der Pragmatik in der Linguistik. Der Deutschunterricht 4 (1970), 5–45

Wundt, W.: Beitrag zur Theorie der Sinneswahrnehmung. Leipzig: Winter 1862

Wundt, W.: Grundzüge der Physiologischen Psychologie. Leipzig: Engelmann 1911, 6. Aufl. (Erstausgabe 1873)

Wundt, W.: Grundriß der Psychologie. Leipzig: Engelmann 1896

Wyer, R. S. u. Podeschi, D. M.: The acceptance of generalizations about persons, objects and events. In: Revlin, R. u. Mayer, R. E. (Hg.): Human reasoning. New York: Wiley 1978, 101–137

Wygotski, L. S.: Denken und Sprechen. Frankfurt: Fischer 1967 (Erstausgabe in russischer Sprache 1934)

Yando, R., Seitz, V. u. Zigler, E.: Imitation : A developmental perspective. Hillsdale: Erlbaum 1978

Yarbus, A. L.: Eye movements and vision. New York: Plenum 1976

Yates, F. A.: The art of memory. Chicago: Chicago University Press 1966

Yerkes, R. M. u. Dodson, J. D.: The relation of strength of stimulus to rapidity of habit formation. Journal of Comparative Neurology and Psychology 18 (1908), 459–482

Young, P. T.: Emotion in man and animal. New York: Krieger 1973

Zajonc, R. B.: Feeling and thinking. Preferences need no inferences. American Psychologist 35 (1980), 151–175

Zeigarnik, B.: Über das Behalten von erledigten und unerledigten Handlungen. Psychologische Forschung 9 (1927), 1–85

Zenon: Stoicorum veterum fragmenta collegit Ioannes ab Armin 1–4. Leipzig: Teubner 1905

Zimbardo, P. G.: The cognitive control of motivation. Glenview: Scott u. Foresman 1969

Zuckerman, C. B. u. Rock, I.: A reappraisal of the roles of past experience and innate organizational perception. Psychological Bulletin 54 (1957), 269–296

Zuckerman, M.: Sensation seeking: Beyond the optimal level of arousal. Hillsdale: Erlbaum 1979

Personenverzeichnis

Sachverzeichnis

Bildnachweis

Kapitel 1

Seite 7: Presseagentur Otto-Stark, Berlin. Seite 19: W. u. U. Schönpflug (2 Bilder). Seite 20: W. u. U. Schönpflug (3 Bilder).

Kapitel 2

Seite 35: W. u. U. Schönpflug (3 Bilder). Seite 39: Metzger 1953. Seite 41: A. u. R. Tausch. Seite 42: W. u. U. Schönpflug. Seite 50: W. u. U. Schönpflug. Seite 54: C. T. Morgan u. R. A. King. New York, modified from C. Pfizer & Co. Inc.

Kapitel 3

Seite 67: Ullstein Berlin. Seite 68: W. u. U. Schönpflug. Seite 71: L. Buchheim/Picasso Berlin, Deutsche Buchgemeinschaft 1958 (oben), A. Leclerc/Rodin, Paris, Gibert Jeune. Seite 89: W. u. U. Schönpflug (4 Bilder). Seite 90: W. u. U. Schönpflug (2 Bilder). Seite 91: Associated Press, Frankfurt/Main. Seite 94: Arnheim; Kunst und Sehen 1965, Walter de Gruyter Verlag, Berlin. Seite 95: W. u. U. Schönpflug (5 Bilder). W. u. U. Schönpflug. Seite 107: Ullstein Berlin (links), Suhrkamp Frankfurt (rechts).

Kapitel 4

Seite 111: 20th Century Fox of Germany, Frankfurt/Main. Seite 115: Kandinsky, große Kunstencyclopädie, Bd. 12 Tafel XXIII, Propyläen Verlag, Berlin. Seite 118: Chanson Edition Reinhard Mey, Bonn. Seite 122: Fidibusz, Ungarn. Seite 143: W. u. U. Schönpflug. Seite 147: Ullstein Berlin (oben), E. Volland Berlin (unten). (Postkarte Nr. 27; Müll).

Kapitel 5

Seite 151: Ullstein Berlin (3 Bilder). Seite 152: Ullstein Berlin. Seite 171: Kennedy Brüder: aus Kennedy and his Family in pictures, by the Editor of Look, Copyright 1963 by Cowles Magazines and Broadcasting, USA. Seite 175: W. u. U. Schönpflug.

Kapitel 6

Seite 197: Ullstein Berlin. Seite 201: Staatsbibliothek-Stiftung Preußischer Kulturbesitz Berlin. Seite 204: W. u. U. Schönpflug (2 Bilder). Seite 216: Ullstein Berlin. Seite 217: Ullstein Berlin. Seite 228: Associated Press Frankfurt/Main.

Kapitel 7

Seite 232: D. Dörner 1979. Seite 237: W. u. U. Schönpflug. Seite 240: Tech. Universität Fotoarchiv Berlin. Seite 245: DIFF Tübingen. Seite 246: DIFF Tübingen. Seite 255: W. u. U. Schönpflug (3 Bilder). Seite 277: Ullstein Berlin.

Kapitel 8

Seite 281: aus Schuld und Sühne, s. Gambaroff, Pegasus-Film Berlin. Seite 291: Ullstein Berlin. Seite 293: Menschenautomat Louvre Paris; aus Jahrbuch der Berliner Museen, 12. Band 1970 Berlin, Verlag Mann. Seite 302: Ullstein Berlin. Seite 304: Ullstein Berlin. Seite 305: Ullstein Berlin. Seite 306: Ullstein Berlin. Seite 328: Ketter P. (Hg.) Das Neue Testament, Kepplerhaus 1955.

Kapitel 9

Seite 333: W. u. U. Schönpflug (3 Bilder). Seite 334: W. u. U. Schönpflug. Seite 346: W. u. U. Schönpflug. Seite 354: Thorndike. Seite 360: Jeffery, R. W. USA, Minneapolis, Minnesota. Seite 361: Zirkus Krone, Programmheft 1981. Seite 364: W. u. U. Schönpflug. Seite 373: W. u. U. Schönpflug.

Kapitel 10

Seite 377: ADAC München. Seite 378: ACAC München. Seite 379: ADAC München. Seite 387: Goldrausch; Atlas Film Duisburg. Seite 402: Ullstein Berlin (2 Bilder). Seite 409: Harry Croner, Berlin (oben) Atlas Film Duisburg (unten). Seite 420: W. u. U. Schönpflug.

Kapitel 11

Seite 425: W. u. U. Schönpflug (2 Bilder). Seite 441: Ullstein Berlin (2 Bilder). Seite 446: Ullstein Berlin (2 Bilder). Seite 456 + 457: W. u. U. Schönpflug (4 Bilder). Seite 476: Ullstein Berlin. Seite 477: Ullstein Berlin.